Barbara Friebertshäuser, Annedore Prengel (Hrsg.)
Handbuch Qualitative Forschungsmethoden
in der Erziehungswissenschaft

Barbara Friebertshäuser, Annedore Prengel (Hrsg.)

Handbuch Qualitative Forschungsmethoden in der Erziehungswissenschaft

Studienausgabe

Juventa Verlag Weinheim und München 2003

Bibliografische Information Der Deutschen Bibliothek

Die Deutsche Bibliothek verzeichnet diese Publikation in der Deutschen Nationalbibliografie; detaillierte bibliografische Daten sind im Internet über http://dnb.ddb.de abrufbar.

Das Werk einschließlich aller seiner Teile ist urheberrechtlich geschützt. Jede Verwertung außerhalb der engen Grenzen des Urheberrechtsgesetzes ist ohne Zustimmung des Verlags unzulässig und strafbar. Das gilt insbesondere für Vervielfältigungen, Übersetzungen, Mikroverfilmungen und die Einspeicherung und Verarbeitung in elektronischen Systemen.

© 1997 Juventa Verlag Weinheim und München
Umschlaggestaltung: Atelier Warminski, 63654 Büdingen
Printed in Germany

ISBN 3-7799-0786-0

Inhalt

Barbara Friebertshäuser & Annedore Prengel:
Einleitung: Profil, Intentionen, Traditionen und Inhalte des Handbuches 11

Teil I: Qualitative Forschung in der Erziehungswissenschaft

Ewald Terhart:
Entwicklung und Situation des qualitativen Forschungsansatzes in
der Erziehungswissenschaft 27

Heinz-Hermann Krüger:
Erziehungswissenschaftliche Biographieforschung 43

Reinhard Fatke:
Fallstudien in der Erziehungswissenschaft 56

Teil II: Methodologische Grundlagen

Hans Oswald:
Was heißt qualitativ forschen? Eine Einführung in Zugänge und Verfahren ... 71

Eckard König & Annette Bentler:
Arbeitsschritte im qualitativen Forschungsprozeß - ein Leitfaden 88

Hans Merkens:
Stichproben bei qualitativen Studien 97

Agi Schründer-Lenzen:
Triangulation und idealtypisches Verstehen in der (Re-) Konstruktion
subjektiver Theorien 107

Steffani Engler:
Zur Kombination von qualitativen und quantitativen Methoden 118

Gabi Abels:
Zur Methodologie-Debatte in der feministischen Forschung 131

Marlies Hempel:
Pädagogische Frauenforschung und methodologische Grundlagen
der Erforschung pädagogischer Probleme in der DDR 144

Marianne Leuzinger-Bohleber & Ariane Garlichs:
Theoriegeleitete Fallstudien im Dialog zwischen Psychoanalyse
und Erziehungswissenschaft 157

Volker Schmid:
Fallstudien in der psychoanalytischen Pädagogik.. 177

Helga Kelle:
Die Komplexität sozialer und kultureller Wirklichkeit als Problem
qualitativer Forschung... 192

Hans Lenk & Matthias Maring:
Welt ist real, aber Welterfassung interpretativ. Zur Reichweite
der interpretatorischen Erkenntnis 209

Jörn Garber:
„Wahrheit ist das Verhältnis der Dinge unter einander und zu uns".
Empirismus - Konstruktion - „Gedankenbild" (Georg Forster: 1754-1794) .. 221

Teil III: Methoden und Verfahren

Klaus Mollenhauer:
Methoden erziehungswissenschaftlicher Bildinterpretation 247

Burkhard Fuhs:
Fotografie und qualitative Forschung. Zur Verwendung fotografischer
Quellen in den Erziehungswissenschaften 265

Rachel Monika Herweg:
Historisch-hermeneutische Quellenanalyse anhand von Bildern,
Texten und überlieferten Zeugnissen 286

Dorle Klika:
Methodische Zugänge zur historischen Kindheitsforschung 298

Jutta Ecarius:
Qualitative Methoden in der historischen Sozialisationsforschung 309

Theodor Schulze:
Interpretation von autobiographischen Texten.. 323

Charlotte Heinritz:
Autobiographien als erziehungswissenschaftliche Quellentexte 341

Luise Winterhager-Schmid:
Jugendtagebuchforschung 354

Inhalt 7

Barbara Friebertshäuser:
Interviewtechniken - ein Überblick ... 371

Friederike Heinzel:
Qualitative Interviews mit Kindern ... 396

Manuela Lutz, Imbke Behnken, Jürgen Zinnecker:
Narrative Landkarten. Ein Verfahren zur Rekonstruktion aktueller
und biographisch erinnerter Lebensräume. ... 414

Eva Marsal:
Erschließung der Sinn- und Selbstdeutungsdimensionen mit den
Dialog-Konsens-Methoden ... 436

Gisela Jakob:
Das narrative Interview in der Biographieforschung ... 445

Klaus Kraimer:
Narratives als Erkenntnisquelle ... 459

Friederike Heinzel:
Wiederholte Gesprächsinteraktion und tiefenhermeneutische Analyse ... 468

Michael Meuser & Ulrike Nagel:
Das ExpertInneninterview - Wissenssoziologische Voraussetzungen
und methodische Durchführung ... 481

Ralf Bohnsack:
Gruppendiskussionsverfahren und Milieuforschung ... 492

Barbara Friebertshäuser:
Feldforschung und teilnehmende Beobachtung ... 503

Detlef Garz:
Die Methode der Objektiven Hermeneutik - Eine anwendungsbezogene
Einführung ... 535

Christiane Schmidt:
„Am Material": Auswertungstechniken für Leitfadeninterviews ... 544

Hildegard Macha & Monika Klinkhammer:
Auswertungsstrategien methodenkombinierter biographischer Forschung 569

Udo Kuckartz:
Qualitative Daten computergestützt auswerten: Methoden, Techniken,
Software ... 584

Teil IV: Qualitativ forschen in Praxisfeldern und Ausbildungsvorhaben

Annedore Prengel:
Perspektivität anerkennen - Zur Bedeutung von Praxisforschung in
Erziehung und Erziehungswissenschaft 599

Wiltrud Döpp:
Das Lehrer-Forscher-Modell an der Laborschule Bielefeld 628

Herbert Altrichter, Waltraud Lobenwein, Heike Welte:
PraktikerInnen als ForscherInnen. Forschung und Entwicklung durch
Aktionsforschung 640

Michael Schumann:
Qualitative Forschungsmethoden in der (sozial)pädagogischen
Ausbildung 661

Gertrud Beck & Gerold Scholz:
Fallstudien in der Lehrerausbildung 678

Dietlind Fischer:
Das Tagebuch als Lern- und Forschungsinstrument 693

Wolfgang Nitsch & Ingo Scheller:
Forschendes Lernen mit Mitteln des szenischen Spiels als aktivierende
Sozial- und Bildungsforschung 704

Ursula Carle:
Kind-Umfeld-Diagnose zwischen schulischem Handwerkszeug und
qualitativem Forschungsverfahren 711

Ulrike Graff:
Selbstevaluative Forschung in einem feministischen Projekt.
Überlegungen zu einem Prozeß in Nähe und Distanz 731

Jochen Kade & Dieter Nittel:
Biographieforschung - Mittel zur Erschließung von Bildungswelten
Erwachsener 745

Sigrid Nolda:
Interaktionsanalysen in der Erwachsenenbildung 758

Marianne Horstkemper:
Schulische Reformen unterstützen: Konzepte und Methoden der
Schulentwicklungsforschung 769

Jörg Voigt:
Unterrichtsbeobachtung 785

Christian Lüders:
Qualitative Kinder- und Jugendhilfeforschung 795

Heino Reimers & Waldemar Pallasch:
Entwurf eines Designs für die begleitende Forschung in der Supervisionsausbildung 811

Teil V: Hinweise für Forschende

Georg Rückriem & Joachim Stary:
Wissenschaftlich arbeiten - Subjektive Ratschläge für ein
objektives Problem 831

Hannelore Faulstich-Wieland & Barbara Friebertshäuser:
Forschungsmittel beantragen - Kriterien und Hinweise 847

Deutsche Gesellschaft für Erziehungswissenschaft:
Standards erziehungswissenschaftlicher Forschung. 857

Sachregister 865

Personenregister 883

Die Autorinnen und Autoren.. 902

Barbara Friebertshäuser und Annedore Prengel

Einleitung: Profil, Intentionen, Traditionen und Inhalte des Handbuches[1]

Qualitative Forschungsmethoden haben in der Erziehungswissenschaft, in Forschung, Lehre, Ausbildung und beruflicher Praxis an Bedeutung gewonnen. Zum einen arbeiten zahlreiche Forschungsprojekte mit Methoden der qualitativen Sozialforschung, zum anderen finden sich vermehrt Ansätze, qualitative methodische Zugänge für pädagogisches Handeln und für das Pädagogik-Studium zu nutzen - es sind Ansätze, die auch auf historische Traditionen in der Erziehungswissenschaft zurückgreifen können. Gleich zu Beginn betonen wir: Das Etikett „Qualitative Forschungsmethoden" kennzeichnet *nicht* eine Frontstellung gegenüber der quantitativen Forschung, die für viele Fragestellungen der angemessene methodische Zugang ist und überdies häufig auch in qualitativ arbeitenden Projekten zum Einsatz kommt.
Zentral für dieses Handbuch-Projekt sind folgende Einsichten: Gerade ErziehungswissenschaftlerInnen benötigen Analyseinstrumente, um komplexe soziale Lebenszusammenhänge, biographische Lebensverläufe, institutionelle Rahmenbedingungen, Interaktions- Sozialisations-, Konstruktions-, Erziehungs- und Bildungsprozesse systematisch erfassen, beschreiben und interpretieren zu können. Dabei gilt es, sowohl der Einzigartigkeit jeder Person und jedes pädagogischen Feldes gerecht zu werden als auch deren Typik und strukturelle Regelmäßigkeiten herauszuarbeiten. Diesen Aufgaben erziehungswissenschaftlicher Forschung trägt das vorliegende Handbuch Rechnung. Es stellt ein breites Spektrum qualitativer Forschungszugänge, -methoden und -verfahren in der Erziehungswissenschaft sowie grundlegende Debatten um methodologische Fragen, Traditionen und Anwendungsmöglichkeiten in Beiträgen von mehr als 60 Autorinnen und Autoren vor.

Zum Profil des Handbuches

Die Arbeit an dem vorliegenden Handbuch orientiert sich an folgenden Zielen: Wir wollen qualitative Forschungsmethoden dem gegenwärtigen Entwicklungsstand gemäß darstellen, sie theoretisch und methodologisch begründen, verschiedene Zugänge und Verfahren vorstellen, Einblicke in diverse Forschungswerkstätten eröffnen und Anwendungen in verschiedenen pädagogi-

---

[1] Für ihre hilfreichen Rückmeldungen zu dieser Einleitung bedanken wir uns herzlich bei Wolfgang Klafki und Hanno Schmitt. Auch gilt unser Dank Friederike Heinzel für zahlreiche Hinweise. Den Teilnehmerinnen und Kolleginnen aus dem Forschungskolloquium „Qualitative Forschungsmethoden in der Erziehungswissenschaft", das an den Universitäten in Paderborn und Halle (Köthen) stattgefunden hat, danken wir für Diskussionen und vielfältige Anregungen.

schen Arbeitsfeldern zeigen. Dabei sollen die Beiträge ihre Themen auf einführende und verständliche Weise präsentieren. Das Handbuch wendet sich an einen breiten Kreis von Leserinnen und Lesern: An Studierende, Lehrende und Forschende in der Erziehungswissenschaft, an Praktikerinnen und Praktiker in allen pädagogischen Arbeitsfeldern sowie an Interessierte aus anderen Disziplinen. Es möchte innerhalb der Disziplin Erziehungswissenschaft und bei den Praktikerinnen und Praktikern in den pädagogischen Arbeitsfeldern für die Auseinandersetzung mit Forschungsmethoden werben und zur ständigen Weiterentwicklung methodischer Standards im Fach beitragen.

Mit der Konzentration auf qualitative *erziehungswissenschaftliche* Forschung und den oben genannten Fokussierungen hebt sich das vorliegende Buch von ähnlichen Publikationen zur qualitativen Forschung ab. Die bisher in Deutschland erschienenen vergleichbaren Werke haben andere Schwerpunkte gesetzt, sie führen disziplinübergreifend in qualitative Forschungsmethoden in den Sozialwissenschaften ein, stellen Forschungskonzeptionen im interdisziplinären Zusammenhang vor, konzentrieren sich auf methodologische Fragen oder geben einen Überblick über das Forschungsfeld (HOPF & WEINGARTEN 1984; LAMNEK 1988/1989; FLICK u.a. 1991; KÖNIG & ZEDLER 1995; DIEZINGER u.a. 1994; KRÜGER & MAROTZKI 1995 u.a.). Unser Vorhaben konnte von den genannten Veröffentlichungen in vielerlei Hinsicht profitieren - sind doch erziehungswissenschaftliche Forschungsmethoden Teil interdisziplinärer, sozialwissenschaftlicher Entwicklungen und ohne diese gar nicht denkbar.[2] Interessant sind auch die aktuellen Diskussionen um die Qualitative Sozialforschung in den USA und im englischsprachigen Raum (DENZIN & LINCOLN 1994; LeCOMPTE/MILLROY/PREISSLE 1992), da sie die Bedeutung soziokultureller Differenzen einschließlich der Geschlechterdifferenzen für qualitative Forschungsprozesse reflektieren.[3]

Intentionen des Handbuches

In die Auseinandersetzung mit Forschungsmethoden fließen wissenschaftstheoretische Annahmen ein. „Wissenschaft mit ihren Forschungsmethoden setzt sich die Aufgabe, Wirklichkeit angemessen zu analysieren, sei es mit dem Ziel, sie zu beschreiben und zu erklären, sei es, um handelnd in sie einzugreifen (ROTH 1994, S. 62) Was aber heißt „angemessen"? Diese Frage wird sehr unterschiedlich beantwortet. TENORTH & LÜDERS verstehen Wissenschaft als das Bemühen um Erkenntnisse „aus der systematischen, methodisch begründeten, reflektierten und überprüfbaren Beobachtung, Beschreibung und Rekonstruktion historischer und gesellschaftlicher Wirklichkeiten" (TENORTH & LÜDERS 1994, S. 519). - Karl POPPER formuliert: „Wissenschaft ist Wahrheitssuche; und es ist durchaus möglich, daß manche unserer Theorien in der Tat wahr sind.

---

[2] Erziehungwissenschaftliche Forschung ist immer auch Sozialforschung, da ihr Gegenstand „Erziehung" stets auch soziale Verhältnisse umfaßt.
[3] Siehe die Rezension von LÜDERS 1996. Hier lassen sich Anknüpfungspunkte zwischen unseren früheren Arbeiten zur Frauen- und Geschlechterforschung und der Arbeit an diesem Handbuch bilden (FRIEBERTSHÄUSER 1995, PRENGEL 1995).

Aber auch wenn sie wahr sind, so können wir das niemals sicher wissen" (POPPER 1990, S. 50). Auch angesichts vielfältiger wissenschaftskritischer Arbeiten (z.b. FEYERABEND 1991) und den Analysen der Konstruktions- und Interpretationstheorien bleibt das Postulat, Wissenschaft solle Wahrheitssuche sein, bestehen. Bedeutsam wird dabei das Prinzip, Regeln für die Prüfbarkeit wissenschaftlicher Aussagen zu entwickeln[4], so können kritische Diskussionen über die Grenzen wissenschaftlicher Erkenntnisse helfen, diese weiterzuentwickeln und durch Kritik Fehler zu erkennen. - Herbert TSCHAMLER betont einen zentralen Gedanken der „Kritischen Theorie"[5]: „Wissenschaft ist das methodisch gewonnene, systematische, durch die Sprache vermittelte Wissen über die Wirklichkeit. Dabei werden die Interdependenzen dessen, der Wissenschaft betreibt, des Wissenschaftlers, mit einbezogen" (1983, S. 19). Dieser letzte Gesichtspunkt verweist auf prägende persönliche, historische, wissenschaftspolitische und gegebenenfalls ideologische Kontexte, in denen sich Forschende und Forschungsrichtungen stets bewegen. - Pierre BOURDIEU fordert dazu auf, das wissenschaftliche Feld selbst zum Gegenstand einer reflexiven Analyse zu machen, um die Verzerrungen, die kollektiven und unbewußten Voreinstellungen und „Vor-Urteile", die bereits in den Fragestellungen, den Kategorien und dem jeweiligen Wissenschaftsverständnis der Forscherin oder des Forschers liegen, aufzuklären (vgl. BOURDIEU 1993, S. 366): „Sobald wir die soziale Welt beobachten, unterliegt unsere Wahrnehmung dieser Welt einem *bias*, der damit zusammenhängt, daß wir, um sie zu untersuchen, zu beschreiben, über sie zu reden, mehr oder weniger vollständig aus ihr heraustreten müssen. *Der theoretizistische oder intellektualistische bias besteht darin, daß* man vergißt, in die von uns konstruierte Theorie der sozialen Welt auch den Tatbestand eingehen zu lassen, daß diese Welt das Produkt eines theoretischen Blicks ist, eines 'schauenden Auges' *(theorein)*" (BOURDIEU & WACQUANT 1996, S. 100).

Vor dem Hintergrund dieses Wissenschaftsverständnisses interessieren wir uns dafür, wie sich unproduktive, erkenntnishemmende Polarisierungen überwinden lassen: die Alternative quantitative versus qualitative Forschung, die Hierarchisierungen zwischen Grundlagenforschung und handlungsorientierter Forschung und die Dreiteilung in geisteswissenschaftliche, empirische und kritische Denkweisen.

Die in den 60er und 70er Jahren verstärkte Hinwendung der Erziehungswissenschaft zu empirischen Forschungsmethoden erweiterte im Fach den Einfluß sozialwissenschaftlicher Methoden und Fragestellungen. *Quantitative* empirische Verfahren sind zu einem wichtigen Bestandteil von Forschung, Lehre, Ausbildung und beruflicher Praxis geworden (vgl. INGENKAMP u.a. 1992). Seit Mitte der 70er Jahre hat sich parallel dazu auch die *qualitative* Forschung weiterentwickelt und etabliert. Durch diesen Prozeß, der zum Teil auch als „Alltagswende" bezeichnet wird (LENZEN 1980), rückten die Adressatinnen und

---

[4] vgl. POPPER 1973
[5] Vgl. die umfassende Auseinandersetzung mit Perspektiven 'kritischer' Sozialforschung bei BONSS 1982.

Adressaten pädagogischer Maßnahmen mit ihren subjektiven Deutungsmustern, Handlungsorientierungen und ihren soziokulturellen Lebenswelten stärker in den Blick der Forschung. „Verstehen" bildet den Kern des neuen Paradigmas einer erziehungswissenschaftlichen Forschung, die sich aus Traditionen des Symbolischen Interaktionismus, der Phänomenologie, der Psychoanalyse, der Ethnomethodologie und der Ethnologie heraus entwickelt, auch hermeneutische Traditionen wiederbelebt und frühe Forschungsansätze wiederentdeckt.[6] In vielen Projekten findet sich eine Kombination von quantitativen und qualitativen Zugängen zum Forschungsgegenstand. Alte Polarisierungen lösen sich auf, sowohl quantitative wie qualitative Verfahren erweisen sich als unverzichtbare Bestandteile methodischer Standards gegenwärtiger Erziehungswissenschaft.

Maßgeblich für uns ist die schon in den 70er Jahren von Wolfgang KLAFKI in seinem kritisch-konstruktiven Entwurf begründete Notwendigkeit der Integration der geisteswissenschaftlich-hermeneutischen, empirischen und kritischen Denkweisen innerhalb der Erziehungswissenschaft im Interesse umfassender Erkenntnis. KLAFKI spricht davon, „daß empirische Forschungen sozusagen von zwei Seiten her immer von Voraussetzungen und Konsequenzen umklammert werden, die wissenschaftlich nur mit Hilfe von hermeneutischen, interpretierenden Methoden aufgeklärt werden können" (KLAFKI 1976, S. 35). Zur kritisch-konstruktiven Erziehungswissenschaft gehören u.a. drei Elemente: erstens die Aufklärung über die Verflechtung pädagogischer Probleme in historische, politische, gesellschaftliche und wirtschaftliche Zusammenhänge im Sinne einer ideologiekritischen Forschung; zweitens die Entwicklung von Folgerungen für die pädagogische Praxis, indem Handlungsalternativen theoretisch und praktisch „durchgespielt" werden; sie können zu neuen Hypothesen für weitere Forschungen und zu wissenschaftlich aufgeklärten Entscheidungen führen; drittens das Engagement für eine kritisch-emanzipatorische, demokratische Entwicklung der Gesellschaft als Bedingung für die Entwicklung der Individuen zu Selbstbestimmungs-, Mitbestimmungs- und Solidaritätsfähigkeit.[7]

Zur Auflösung unproduktiver disziplinärer Polarisierungen kann auch die erkenntnistheoretische Einsicht in den interpretativen Charakter alles Wissens beitragen: „Welt ist real, aber Welterfassung stets interpretativ" (vgl. ausführlich LENK & MARING in diesem Band). Perspektivitätstheorien klären seit den klassischen Formulierungen von LEIBNIZ darüber auf, daß ein und derselbe Gegenstand „von verschiedenen Seiten betrachtet, immer wieder anders und gleichsam perspektivisch vervielfältigt erscheint; so geschieht es auch, daß es (...) ebensoviele verschiedene Welten gibt, die gleichwohl nichts anderes sind als die perspektivischen Ansichten des einzigen Universums, je nach den verschiedenen Gesichtspunkten (...)" (LEIBNIZ 1714/1979, S. 26). Je nach Standpunkt und Gesichtspunkt eröffnen sich also spezifische Erkenntnismöglichkeiten, aber auch spezifische Erkenntnisbegrenzungen. Karl MANNHEIM zeichnet dazu ein anschauliches Bild: „Die Landschaft *als Landschaft* - dies ist das

---

[6] Siehe dazu auch die Beiträge und zahlreichen Literaturhinweise in diesem Handbuch, die ebenfalls diese Entwicklung dokumentieren.

[7] Siehe dazu auch KLAFKI 1996.

Beispiel, an dem der Perspektivismus am klarsten exemplifizierbar ist - kann sich für ein menschliches Bewußtsein nur perspektivisch konstituieren, und dennoch löst sich die Landschaft nicht in die verschiedenen von ihr möglichen Bilder auf, weil ein jedes dieser Bilder sich an etwas orientiert (weshalb nicht ein jedes willkürliche Bild möglich ist) ..." (MANNHEIM 1925/1964, S. 357).

Für wissenschaftliche Auseinandersetzungen wesentlich erscheint uns daher das Ausloten der in Forschungsprozessen je eingenommenen Perspektive und des je praktizierten Erkenntnismodus mit den zugehörigen Potentialen und Begrenzungen. Darum haben die Forschenden stets genau zu klären, von welchem Ort aus, mit welcher Fragestellung und mit welchen Instrumenten sie welche sozialen, räumlichen, zeitlichen Aspekte eines Gegenstandes erkunden (wollen). Die zu erforschende Einheit kann dabei prinzipiell jeder für die eigene Forschungsfrage relevante Ausschnitt der Welt sowie jede Zeiteinheit sein: eine Szene, eine Unterrichtsstunde, eine Kinderbiographie, Gruppierungen von konkreten Kleingruppen oder ganze Subkulturen bis hin zu großen Ausschnitten - zum Beispiel die SchulanfängerInnen eines Jahrgangs eines Landes - und schließlich können sogar globale Dimensionen in den Blick genommen werden. Ob große Zahl oder Einzelfall, Vogel- oder Froschperspektive: Jedes Erkenntnisinteresse erfordert passende Instrumente und führt spezifische Begrenzungen mit sich. Im Lichte der Perspektivitätstheorie lassen sich zentrale Differenzen zwischen qualitativer und quantitativer Forschung oder zwischen wissenschaftlicher Forschung und Praxisforschung als Differenzen hinsichtlich der Dimensionen von Untersuchungsgegenständen interpretieren, die alle ihr eigenes Recht besitzen: Wissenswert - z.B. für Erziehungswissenschaftler - sind sowohl Befunde auf der universellen Ebene aller Kinder der Welt als auch Erkenntnisse auf der Ebene eines einzelnen Kindes (vgl. PRENGEL in diesem Band).

Grundlegend sind diese Einsichten auch innerhalb des Spektrums qualitativer Forschungsansätze: Jeder methodische und theoretische Zugang eröffnet stets spezifische, einerseits Weltsichten erschließende, andererseits zugleich Weltsichten verdeckende Ausblicke. Das gilt auch für Forschungsprozesse selbst, in denen eine Annäherung an die Perspektiven der Erforschten methodisch hergestellt wird und anschließend in Phasen der Distanzierung das so gewonnene Material unter einer wissenschaftlichen Perspektive betrachtet und analysiert wird. Dieses Wechselspiel zwischen Nähe und Distanz und damit das Spannungsverhältnis zwischen unterschiedlichen Perspektiven fördert den Erkenntnisprozeß. Die Perspektivengebundenheit wissenschaftlicher Aussagen macht es notwendig, in Forschungsprozessen den eigenen Standort und die Beziehungen zwischen Forschenden und Forschungsgegenständen sorgfältig zu reflektieren. Dazu gehört auch, daß sich Forschende stets mit den durch die Wahl des Ausschnitts und die methodischen Zugänge bedingten Grenzen der Aussagefähigkeit ihrer Erkenntnisse und dem Geltungsbereich ihrer Ergebnisse kritisch auseinandersetzen.

Dieses Handbuch enthält eine reflexive Methodologie, die einer reflexiven Erziehungswissenschaft verpflichtet ist. Wir siedeln unsere Arbeit innerhalb des qualitativen Ansatzes an, halten aber auch die besonderen Erkenntnismöglichkeiten quantitativer Untersuchungen für unverzichtbar. Wir betrachten die Erkenntnismöglichkeiten sowohl der Wissenschaftlerinnen und Wissenschaftler, die als Fremde im Feld forschen, als auch der professionell ihre eigene Praxis erforschenden Pädagoginnen und Pädagogen für nützlich und für prinzipiell gleichwertig, da sie einander ergänzende Erkenntnischancen enthalten und unterschiedliche Wissensschätze heben. Nicht zuletzt halten wir den reflexiven, kritischen Dialog zwischen den unterschiedlichen Forschungs- und Theorierichtungen innerhalb der Erziehungswissenschaft im Hinblick auf möglichst umfassende Erkenntnis für unverzichtbar.

Forschungstraditionen in der Erziehungswissenschaft

Als Anfang der 60er Jahre in der Erziehungswissenschaft eine Hinwendung zu empirischen Verfahren und zu pädagogischen Versuchen und Experimenten sich vollzog, bezeichnete man das als „realistische Wende"[8] (ROTH 1963). Pädagogische Forschung besitzt jedoch eine weiter zurückreichende, wechselhafte und widersprüchliche Tradition. Wir möchten deshalb hier auf einige Traditionslinien qualitativer erziehungswissenschaftlicher Forschung hinweisen, die für uns interessante Anknüpfungspunkte bieten, auch wenn Sprache und Denkweisen ihrer Zeit uns heute teilweise fremd erscheinen.
Ernst Christian TRAPP, der 1779 als erster deutscher Pädagogik-Professor an die Universität Halle berufen wurde, stellte bereits in seinem 1780 erschienenen Buch „Versuch einer Pädagogik" die Bedeutung „anthropologischer Beobachtungen und daraus fließender zuverlässiger Erfahrungen" für die Erziehung heraus. „Denn man muß die menschliche Natur erst kennen, ehe man Menschen erziehen kann. Kennt man sie nicht, so läuft man Gefahr, alles verkehrt zu machen... Der unterscheidende Charakter der menschlichen Natur ist die Unbestimmtheit, oder die Nichteinschränkung auf einen besonderen Trieb, oder auf eine bestimmte Fähigkeit und Fertigkeit. Dieser negative Vorzug des Menschen ist die Quelle aller [seiner] ... Vollkommenheiten" (TRAPP 1780/1977, S. 22). - Unseren Anknüpfungspunkt sehen wir in der Offenheit Trapps für die Beschaffenheit der zu Erziehenden, für ihre „Unbestimmbarkeit" und in seiner Forderung nach Beobachtung (vgl. ROTH 1994, S. 40).
Aus dem gleichen Geist der Aufklärung wurde 1799 in Paris eine „Société des Observateurs de L'homme" (Gesellschaft der Beobachter des Menschen) gegründet (vgl. MORAVIA 1989). Man strebte an, den Menschen zu beobachten, zu beschreiben und sein Verhalten systematisch zu entschlüsseln. Dabei arbeiteten verschiedene Wissenschaften eng zusammen.[9] Aus diesem Forschungszusammenhang erwuchs auch das Werk des Arztes Jean-Marc Gaspard ITARD, der ab 1801 acht Jahre lang seine gemeinsam mit der Haushälterin und Erzie-

---

[8] Angeregt wurde dieser Begriff durch Heinrich ROTHS Antrittsvorlesung 1962 in Göttingen zum Thema „Die realistische Wende in der pädagogischen Forschung".

[9] Das forschungsbezogene Programm der „*Société des Observateurs de L'homme*" dokumentieren die Auszüge aus den Protokollen der Sitzungen und Veröffentlichungen der Mitglieder der Gesellschaft (vgl. MORAVIA 1989, S. 209ff). Zur Vorgeschichte der empirischen Sozialforschung insgesamt und den interessanten Bezügen zur amerikanischen und französischen Entwicklung siehe auch MAUS 1962.

herin Mme Guérin durchgeführten *Erziehungsversuche* mit einem „Wilden Kind", dem „Wolfsjungen", dem er den Namen „Victor" gab, dokumentierte, darüber Vorträge vor der Gesellschaft der Beobachter des Menschen hielt und Berichte schrieb (ITARD 1801/1972). - Unsere Anknüpfungspunkte sehen wir in der Interdisziplinarität des Ansatzes und der Entwicklung einer wissenschaftlichen Pädagogik, die auf exakte Beobachtung, ausführliche Beschreibung, selbstkritische Reflexion und pädagogische Experimente setzt. Aufbauend auf diese frühen Arbeiten ITARDs und seines Schülers SÉGUIN und gegründet auf eigene Beobachtungen, Experimente und Forschungsarbeiten entwickelte zu Beginn des 20. Jahrhunderts Maria MONTESSORI ihre wegweisenden Arbeiten zum Unterricht von Behinderten, zur Vorschulerziehung und zur Grundschulpädagogik (vgl. KRAMER 1995).

Einige weitere Richtungen früher empirischer Forschung in der Pädagogik entwickelten sich zu Beginn des 20. Jahrhunderts. Wesentlich von der empirisch-psychologischen Forschung beeinflußt wurde dabei der Zweig der „experimentellen Pädagogik", die an die frühen Arbeiten von Wilhelm WUNDT (1873) anknüpfen konnte. Zu ihren führenden Vertretern gehören Ernst MEUMANN und Wilhelm August LAY, die auch Methoden der experimentellen Psychologie für pädagogische Fragestellungen nutzbar machten[10] (vgl. den Überblick bei BENNER 1978, S. 135ff). - Einen Anknüpfungspunkt sehen wir in den Möglichkeiten experimenteller Designs für praxisbezogene Fragestellungen.

Enge Bezüge zu pädagogischen Fragestellungen findet man auch bei der von Peter PETERSEN, gemeinsam mit seiner Frau Else MÜLLER-PETERSEN und zahlreichen MitarbeiterInnen, in der Zeit zwischen 1927/28 und 1950 entwickelten pädagogischen Tatsachenforschung. Das eigene Schulreformprojekt in Jena, dessen Ideen PETERSEN 1927 im Großen Jenaplan veröffentlichte, wurde durch die pädagogische Tatsachenforschung forschend begleitet (PETERSEN 1965; MERKENS 1975). - Interessant erscheinen uns die im Rahmen der pädagogischen Tatsachenforschung entwickelten methodischen Ansätze in mehrfacher Hinsicht. Zum einen wurden hilfreiche Instrumentarien zur systematischen Erfassung, Beschreibung und Analyse pädagogischer Situationen erarbeitet, die auf teilnehmender Beobachtung basieren (vgl. MÜLLER-PETERSEN 1965, 470ff). Zum anderen wurde die Erforschung pädagogischer Situationen in der Jenaer Universitätsschule für die Lehrerausbildung genutzt, um eine forschende Haltung gegenüber der Erziehungspraxis auszubilden und so die „erzieherische Sensibilität" zu verbessern (vgl. WULF 1983, S. 71; KLEINESPEL 1997).

Die Geschichte der Versuchsschulen läßt sich auch als Geschichte von Ansätzen rekonstruieren, in denen - mehr oder weniger systematisch - auf Einzelschulen bezogene Fallstudien erstellt wurden. Solche Schulporträts mit deskriptiven und bewertenden Textteilen liegen über die philanthropischen Musterschulen,

---

[10] Wilhelm August LAY veröffentlichte bereits 1896 einen „Führer durch den Rechtschreibeunterricht" und 1898 eine Abhandlung über den „Rechenunterricht der Unterstufe", in denen durch gezielte Experimente neue Methoden überprüft und auf dieser Grundlage weiterentwickelt wurden.

die Pestalozzischen „Normalschulen", die Jenaer Universitätsübungsschule und über zahlreiche reformpädagogische Versuchsschulen der Weimarer Republik vor (SCHMITT 1993). Auch zahlreiche Dokumentationen sozialpädagogischer und sozialtherapeutischer Experimente können als kritik- und diskussionswürdige Beiträge früher pädagogischer Kasuistik gelesen werden (umfassende Literaturverweise bei KAMP 1995)[11]. - Unseren Anknüpfungspunkt sehen wir in der Auseinandersetzung mit den Spannungsverhältnissen zwischen: Einzelexperiment und Typologie, Theorie und Praxis, Tradition und Innovation - Polaritäten, denen sich keine pädagogische Einrichtung entziehen kann und in die qualitative erziehungswissenschaftliche Forschung stets eingebunden ist (vgl. auch HÖRSTER 1995).

Auch auf die frühen empirischen Arbeiten von Frauen aus dem Kontext der Frauenbewegung um die Jahrhundertwende sei hier hingewiesen. Bearbeitet wurden Themen der frühen sozialen Arbeit, da sie seit den letzten Jahrzehnten des 19. Jahrhunderts einer der wenigen Bereiche war, in denen Frauen öffentlich und maßgeblich wirksam werden konnten. Darunter finden sich Arbeiten zur sozialen Lage der Arbeiterinnen, der Hausfrauen, der Heimarbeiterinnen, Dienstboten und Prostituierten, die immer auch auf Notstände aufmerksam zu machen versuchten; viele dieser Arbeiten gerieten in Vergessenheit. Erinnert sei hier an Alice Salomon, Marie Baum, Mathilde Vaerting (vgl. dazu den Überblick bei HERING 1997, MEYER-RENSCHHAUSEN 1996 und die Arbeit von KRAUL 1987). - Anknüpfungspunkte liegen in der Fokussierung der Forschung auf gesellschaftliche Problemfelder, und sie verweisen auf die notwendige Einbeziehung der Kategorie Geschlecht in die Analysen.

Wir brechen unsere punktuelle erziehungsgeschichtliche Suche nach frühen Forschungsansätzen an dieser Stelle ab. Die hier nur streiflichtartig sichtbar gemachten Anknüpfungspunkte können exemplarisch verdeutlichen, daß qualitative Forschung auch in der Pädagogik nicht erst mit ihrem Aufblühen in den siebziger Jahren begonnen hat, sondern aus langen interdisziplinären und pädagogischen Erfahrungen schöpfen und diese kritisch diskutieren kann (vgl. auch GARBER; HEINRITZ und zur neueren Entwicklung TERHART; KRÜGER; FATKE in diesem Band).[12]

Zu den Inhalten des Handbuches

Das Buch umfaßt fünf Teile. Die Beiträge des *ersten Teils* geben Überblicke und erörtern die Bedeutung qualitativen Forschens für die Erziehungswissen-

---

[11] Vgl. auch SCHMID in diesem Buch.
[12] Weitere Überblicke über historische Traditionslinien und aktuelle Tendenzen qualitativer Forschung in der Erziehungswissenschaft finden sich bei OPPOLZER 1966; BENNER 1978; THIERSCH/RUPRECHT/HERRMANN 1978; WULF 1983; MERKENS 1989; ROTH 1994; TENORTH & LÜDERS 1994; SCHULZE 1995; MAROTZKI 1995; KRÜGER 1995, um hier nur einige Autoren zu nennen. Mit Methodenfragen der Erziehungswissenschaft befassen sich zudem die Arbeiten von MOLLENHAUER & RITTELMEYER 1977; KÖNIG & ZEDLER 1982, HAFT & KORDES (Hg.) 1995, INGENKAMP u.a. 1992.

schaft, zeichnen historische Entwicklungen nach und führen in die theoretischen Grundlagen ein.

Im *zweiten Teil* stehen Erörterungen methodologischer Fragen, Forschungsstrategien und zentrale Probleme qualitativer Forschung im Zentrum (z.B. Zugänge und Verfahren qualitativer Forschung, Spezifika dieses Forschungszugangs, Arbeitsschritte im qualitativen Forschungsprozeß, Stichproben bei qualitativen Untersuchungen, das Problem der Komplexität, der Umgang mit der Kategorie „Geschlecht", die Triangulation [die Kombination methodisch verschiedener Zugänge zum Forschungsgegenstand], die Kombination von qualitativen und quantitativen Methoden). Der zweite Teil schließt mit zwei Beiträgen (LENK & MARING; GARBER), die den oben skizzierten Rahmen des Handbuches sprengen, sie geben Einblicke in für unsere erkenntnistheoretischen und methodologischen Auseinandersetzungen höchst interessante philosophische und kulturhistorische Debatten, die zu weiteren Studien jenseits der eigenen Zeit und Zunft anregen können.

Der *dritte Teil* stellt verschiedene methodische Zugänge und einzelne Forschungsmethoden vor. Die Beiträge behandeln Methoden der Arbeit mit verschiedensten Quellen: mit Dokumenten, Bildern, Fotos, narrativen Landkarten, Tagebüchern, autobiographischen und anderen Texten. Interviewmethoden werden sowohl im Überblick als auch detailliert beschrieben. Dazu gehören unter anderem auch das „narrative Interview", „ExpertInnen-Interview" und „wiederholte Gesprächsinteraktionen". Erstmals wird eine zusammenfassende Einführung in die Probleme und Techniken der Befragung von Kindern gegeben. Verfahren der Gruppendiskussion, der Feldforschung und teilnehmenden Beobachtung werden vorgestellt. Weitere Beiträge behandeln verschiedene Auswertungsstrategien, darunter auch computergestützte Analysesysteme. Die Beispiele beziehen sich auf unterschiedliche Forschungsfelder und Praxisbereiche, dazu gehören: aktuelle und historische Kindheits- und Jugendforschung, Sozialisations- und Kulturforschung, Biographieforschung, Schul- und Unterrichtsforschung, Frauen- und Geschlechterforschung. Vermittelt werden Hintergrund- und Kontextwissen, theoretische und praktische Zugänge, konkrete methodische Schritte und Verfahren - von der Datenerhebung bis zur Auswertung - und Beispiele aus der Forschungspraxis.

Der *vierte Teil* zeigt Möglichkeiten der Verwendung qualitativer Methoden in einigen konkreten Forschungsfeldern sowie in der erziehungswissenschaftlichen Ausbildung auf. Praxisforschung wird begründet als forschende Tätigkeit von Praktikerinnen und Praktikern mit dem Ziel, ihre pädagogische Arbeit zu fundieren. In diesem Kapitel finden sich sowohl Beispiele für Forschungsvorhaben, die die Tätigkeit des Forschens WissenschaftlerInnen vorbehalten, als auch Beispiele des Forschens durch PraktikerInnen sowie Ansätze der engen Kooperation von WissenschaftlerInnen und PraktikerInnen. Dabei spielen sowohl die Aktions- und Selbstevaluationsforschung als auch Konzepte des Forschenden Lernens eine Rolle.

Im *fünften Teil* werden Informationen für die Planung und Vorbereitung von Forschungsvorhaben bereitgestellt: Hinweise zum wissenschaftlichen Arbeiten, zur Beantragung von Forschungsmitteln und zur Frage ethischer Prinzipien in der erziehungswissenschaftlichen empirischen Forschung. Die Motivation zu diesem Handbuch und seine Konzeption entstanden aus dem Bedürfnis nach einem Werk, das für Forschung, Lehre, Studium und Praxis umfassend und detailliert in die qualitativen Methoden der Erziehungswissenschaft einführt, die verschiedenen Forschungsmethodologien, -zugänge und -verfahren vorstellt und dabei auch konkrete und praktisch nutzbare Hilfen und Hinweise gibt. Herausgeberinnen und Autorinnen und Autoren haben mehr als zwei Jahre lang an diesem Vorhaben gearbeitet.

Möglich geworden ist dieses Projekt durch das Engagement der vielen Kolleginnen und Kollegen, die mit ihren Beiträgen das Handbuch zu einem Spiegel der lebendigen Forschung in der Erziehungswissenschaft machen. Bei allen Mitwirkenden, insbesondere den Autorinnen und Autoren, bedanken wir uns herzlich. Unser Dank gilt auch dem Juventa Verlag und unserem Verleger, Lothar Schweim, der durch sein Angebot, ein Handbuch zu publizieren, dieses Projekt ermöglicht und gefördert hat. Der Martin-Luther-Universität Halle-Wittenberg danken wir für die finanzielle Unterstützung dieses Vorhabens. Für ihre Hilfe bei der Fertigstellung dieses Handbuches (unter anderem bei der Erstellung der Register und den vielfältigen Schreib- und Korrekturarbeiten) danken wir Angehörigen des Instituts für Grundschulpädagogik dieser Universität in der Außenstelle Köthen: den Studentinnen Nicole Beer, Annett Heidemann, Nicole Publikowsky, Angela Rösel; den Sektretärinnen Dagmar Franke und Bianka Springer sowie Dr. Monika Scheer. Und nicht zuletzt danken wir Matthias Zürn und Sibylle Schwab, die beim Juventa Verlag die sorgfältige und teilweise schwierige Umsetzung der Texte und Abbildungen ins Buchformat leisteten.

Wir wünschen allen Leserinnen und Lesern, daß dieses Handbuch für sie ein nützliches Nachschlagewerk in vielen Fragen der Forschung, Lehre und Praxis wird. Über Rückmeldungen und auch kritische Stellungnahmen unserer Leserinnen und Leser würden wir uns freuen.

Literatur

BENNER, Dietrich 1978: Hauptströmungen der Erziehungswissenschaft. Eine Systematik traditioneller und moderner Theorien. München. (1. Aufl. 1973).
BONSS, Wolfgang 1982: Die Einübung des Tatsachenblicks. Zur Struktur und Veränderung empirischer Sozialforschung. Frankfurt/M.
BOURDIEU, Pierre 1993: Narzißtische Reflexivität und wissenschaftliche Reflexivität. In: BERG, Eberhard/Martin FUCHS (Hg.): Kultur, soziale Praxis, Text. Die Krise der ethnographischen Repräsentation. Frankfurt/M.
BOURDIEU, Pierre/Loïe J.D. WACQUANT 1996: Reflexive Anthropologie. Frankfurt/M. (Paris 1992).
DENZIN, Norman K./Yvonna S. LINCOLN (Eds.) 1994: Handbook of Qualitative Research. Thousand Oaks, London, New Delhi: Sage.
DIEZINGER, Angelika/Hedwig KITZER/Ingrid ANKER/Irma BINGEL/Erika HAAS/Simone ODIERNA (Hg.) 1994: Erfahrung mit Methode. Wege sozialwissenschaftlicher Frauenforschung. Freiburg i.Br.
FEYERABEND, Paul 1991: Wider den Methodenzwang. Frankfurt/M. (engl. 1975).

FLICK, Uwe/Ernst v. KARDORFF/Heiner KEUPP/Lutz v. ROSENSTIEL/Stephan WOLFF (Hg.) 1991: Handbuch qualitative Sozialforschung. Grundlagen, Konzepte, Methoden und Anwendungen. München.

FRIEBERTSHÄUSER, Barbara 1995: Jugendsubkulturen - Orte der Suche nach einer weiblichen oder männlichen Geschlechtsidentität. In: Deutsche Jugend. Zeitschrift für die Jugendarbeit, Heft 4/April 1995, S. 180-189.

HAFT, Henning/Hagen KORDES (Hg.) 1995: Methoden der Erziehungs- und Bildungsforschung. Enzyklopädie Erziehungswissenschaft hrsg. von Dieter LENZEN, Band 2. Stuttgart, Dresden. (1. Aufl. 1984).

HERING, Sabine 1997: Die Anfänge der Frauenforschung in der Sozialpädagogik. In: FRIEBERTSHÄUSER, Barbara/Gisela JAKOB/Renate KLEES-MÖLLER (Hg.): Sozialpädagogik im Blick der Frauenforschung. Reihe: „Einführungen in pädagogische Frauenforschung" der Kommission Frauenforschung in der Deutschen Gesellschaft für Erziehungswissenschaft. Weinheim. (in Druck).

HOPF, Christel/Elmar WEINGARTEN (Hg.) 1984: Qualitative Sozialforschung. Stuttgart.

HÖRSTER, Reinhard 1992: Zur Rationalität des sozialpädagogischen Feldes in dem Erziehungsexperiment Siegfried Bernfelds. In: ders. & Burkhard MÜLLER (Hg.): Jugend, Erziehung und Psychoanalyse. Zur Sozialpädagogik Siegfried Bernfelds. Neuwied, Kriftel, Berlin, S. 143-162.

INGENKAMP, Karlheinz/Reinhold S. JÄGER/Hanns PETILLON/Bernhard WOLF (Hg.) 1992: Empirische Pädagogik 1970-1990. Bd 1. Weinheim.

ITARD, Jean-Marc Gaspard 1801: De l'Education d'un homme sauvage ou des premiers développements physique et meraux du jeune sauvage de l'Aveyron. Paris. (deutsche Übersetzung in: MALSON, Lucien (Hg.) 1972: Die wilden Kinder. Frankfurt/M.

KAMP, Johannes-Martin 1995: Kinderrepubliken. Geschichte, Praxis und Theorie radikaler Selbstregierung in Kinder- und Jugendheimen. Opladen.

KLAFKI, Wolfgang 1976: Aspekte kritisch-konstruktiver Erziehungswissenschaft. Gesammelte Beiträge zur Theorie-Praxis-Diskussion. Weinheim und Basel.

KLAFKI, Wolfgang 1983: „Verändert Schulforschung die Schulwirklichkeit?" In: Zeitschrift für Pädagogik, Heft 29, 1983, S. 281-296.

KLAFKI, Wolfgang 1996: Neue Studien zur Bildungstheorie und Didaktik. Zeitgemäße Allgemeinbildung und kritisch-konstruktive Didaktik. Weinheim und Basel. (5. erw. Aufl.; 1. Aufl. 1985).

KLAFKI, Wolfgang u.a. 1982: Schulnahe Curriculumentwicklung und Handlungsforschung. Forschungsbericht des Marburger Grundschulprojekts. Weinheim.

KLEINESPEL, Karin 1997: Schulpädagogik als Experiment. Zur Theorie und Praxis der Universitäts-Versuchsschulen in Jena, Chicago und Bielefeld. Weinheim und Basel (in Druck).

KÖNIG, Eckard/Peter ZEDLER (Hg.) 1982: Erziehungswissenschaftliche Forschung: Positionen, Perspektiven, Probleme. Paderborn, München.

KÖNIG, Eckard/Peter ZEDLER (Hg.) 1995: Bilanz qualitativer Forschung. Band I: Grundlagen qualitativer Forschung; Band II: Methoden. Weinheim.

KRAMER, Rita 1995: Maria Montessori, Biographie. Frankfurt.

KRAUL, Margret 1987: Geschlechtscharakter und Pädagogik - Mathilde Vaerting, Professorin für Erziehungswissenschaft (Jena 1923-1933). In: Zeitschrift für Pädagogik, Heft 33, 1987, S. 475-489.

KRÜGER, Heinz-Hermann/Winfried MAROTZKI (Hg.) 1995: Erziehungswissenschaftliche Biographieforschung. Opladen.

KRÜGER, Heinz-Hermann 1995: Erziehungswissenschaftliche Forschung: Hochschulen, außeruniversitäre Forschungseinrichtungen, Praxisforschung. In: ders & Thomas RAUSCHENBACH (Hg.): Einführung in die Arbeitsfelder der Erziehungswissenschaft. Opladen, S. 287-301.

LAMNEK, Siegfried 1988: Qualitative Sozialforschung. Band 1: Methodologie. München, Weinheim.
LAMNEK, Siegfried 1989: Qualitative Sozialforschung. Band 2. Methoden und Techniken. München.
LeCOMPTE, Margaret D./Wendy L. MILLROY/Judith PREISSLE (Eds.) 1992: The Handbook of Qualitative Research in Education. San Diego, New York, Boston, London, Sydney, Tokyo & Toronto: Academic Press.
LEIBNIZ, Gottfried Wilhelm 1714/1979: Monadologie. Neu übersetzt, eingeleitet und erläutert von Hermann Glockner. Stuttgart.
LENZEN, Dieter (Hg.) 1980: Pädagogik und Alltag. Methoden und Ergebnisse alltagsorientierter Forschung in der Erziehungswissenschaft. Stuttgart.
LÜDERS, Christian 1996: „Between stories - Neue Horizonte der qualitativen Sozialforschung? Norman K. Denzin/Yvonna S. Lincoln (Eds.): Handbook of Qualitative Research. Thousand Oaks, London, New Delhi: Sage 1994" In: Sozialwissenschaftliche Literatur Rundschau. SLR 31/32 (1996) Neuwied, S. 19-29.
MANNHEIM, Karl 1964: Wissenssoziologie, Neuwied.
MAROTZKI, Winfried 1995: Forschungsmethoden der erziehungswissenschaftlichen Biographieforschung. In: KRÜGER, Heinz-Hermann/Winfried MAROTZKI (Hg.): Erziehungswissenschaftliche Biographieforschung. Opladen.
MAUS, Heinz 1962: Zur Vorgeschichte der empirischen Sozialforschung. In: KÖNIG, René (Hg.): Handbuch der empirischen Sozialforschung. 1. Band. Stuttgart, S. 18-37.
MERKENS, Hans 1975: Die pädagogische Tatsachenforschung Else und Peter Petersens als Beispiel empirischer Unterrichtsforschung. In: Zeitschrift für Pädagogik 21, 1975, S. 835-842.
MERKENS, Hans 1989: Forschungsmethode. In: LENZEN, Dieter (Hg.): Pädagogische Grundbegriffe. Band 1. Reinbek bei Hamburg. S. 614-632.
MEYER-RENSCHHAUSEN, Elisabeth 1996: Frauen in den Anfängen der Empirischen Sozialforschung. In: KLEINAU, Elke/Claudia OPITZ (Hg.): Geschichte der Mädchen und Frauenbildung. Band 2: Vom Vormärz bis zur Gegenwart. Frankfurt/M., New York.
MOLLENHAUER, Klaus/Christian RITTELMEYER 1977: Methoden der Erziehungswissenschaft. München.
MORAVIA, Sergio 1989: Beobachtende Vernunft. Philosophie und Anthropologie in der Aufklärung. Frankfurt/M. (Italien 1970).
MÜLLER-PETERSEN, Else 1965: Analyse von Frontunterrichtsaufnahmen und Synthese ihrer pädagogischen Bestandteile. In: Peter und Else PETERSEN: Die Pädagogische Tatsachenforschung. Paderborn: Schöningh.
OPPOLZER, Siegfried (Hg.) 1966: Denkformen und Forschungsmethoden der Erziehungswissenschaft. Band 1: Hermeneutik, Phänomenologie, Dialektik, Methodenkritik. München.
PETERSEN, Peter 1965: Von der Lehrprobe zur Pädagogischen Tatsachenforschung. In: Peter und Else PETERSEN: Die Pädagogische Tatsachenforschung. Paderborn: Schöningh.
POPPER, Karl R. 1973: Objektive Erkenntnis. Ein evolutionärer Entwurf. Hamburg. (engl. 1972).
POPPER, Karl R. 1990: Über Wissen und Nichtwissen. (Vortrag, gehalten am 8. Juni 1979 in der Aula der Universität Frankfurt/M. anläßlich der Verleihung der Ehrendoktorwürde). In: ders: Auf der Suche nach einer besseren Welt. Vorträge und Aufsätze aus dreißig Jahren. München, Zürich. S. 41-54.
PRENGEL, Annedore 1995: Pädagogik der Vielfalt. Verschiedenheit und Gleichberechtigung in Interkultureller, Feministischer und Integrativer Pädagogik. Opladen.
ROTH, Heinrich 1963: „Die realistische Wendung in der pädagogischen Forschung" Antrittsvorlesung 1962. In: Die Deutsche Schule 55, 1963, S. 109-119.
ROTH, Leo 1994: Forschungsmethoden der Erziehungswissenschaft. In: ders. (Hg.): Pädagogik: Handbuch für Studium und Praxis. München. S. 32-67.

SCHMITT, Hanno 1993: Versuchsschulen als Instrumente schulpädagogischer Innovation vom 18. Jahrhundert bis zur Gegenwart. In: Historische Kommission der Deutschen Gesellschaft für Erziehungswissenschaft (Hg.): Jahrbuch für Historische Bildungsforschung, Band 1, Weinheim und München, S. 153-179.

SCHULZE, Theodor 1995: Erziehungswissenschaftliche Biographieforschung. Anfänge - Fortschritte - Ausblicke. In: KRÜGER, Heinz-Hermann/Winfried MAROTZKI (Hg.): Erziehungswissenschaftliche Biographieforschung. Opladen.

TENORTH, H.-Elmar/Christian LÜDERS 1994: Methoden erziehungswissenschaftlicher Forschung. In: LENZEN, Dieter (Hg.): Erziehungswissenschaft. Ein Grundkurs. Reinbek bei Hamburg. (S. 519ff).

THIERSCH, Hans/Horst RUPRECHT/Ulrich HERRMANN 1978: Die Entwicklung der Erziehungswissenschaft. Grundfragen der Erziehungswissenschaft, Band 2, München.

TSCHAMLER, Herbert 1983: Wissenschaftstheorie. Eine Einführung für Pädagogen, Bad Heilbrunn.

WULF, Christoph 1983: Theorien und Konzepte der Erziehungswissenschaft. München. (1. Aufl. 1977).

Teil I
Qualitative Forschung in der Erziehungswissenschaft

Ewald Terhart

Entwicklung und Situation des qualitativen Forschungsansatzes in der Erziehungswissenschaft

1. Grundlagen

Die neuere Diskussion um qualitative Forschungsmethoden in der Erziehungswissenschaft kann mittlerweile auf eine zwei Jahrzehnte währende Geschichte zurückschauen. Der qualitative Ansatz hat im Laufe dieser Zeit einen Großteil seines ehedem 'alternativen' oder gar exotischen Charakters verloren und ist zu einem etablierten, akzeptierten, kurzum: zu einem 'normalen' Segment im Spektrum erziehungswissenschaftlicher Forschungsmethoden geworden. Wichtig, ja ausschlaggebend für diese Entwicklung war, daß qualitative Methoden nicht einfach *nur propagiert,* sondern in den verschiedenen Forschungsfeldern der Erziehungswissenschaft (Kindheits- und Jugendforschung, Unterrichts-, Schul- und Hochschulforschung, Sozialpädagogik, Erwachsenenbildung etc.) *erfolgreich praktiziert* worden sind. Dies erlaubt und ermöglicht es, eine Rückschau auf die bisherige Entwicklung dieses Forschungstypus innerhalb der Erziehungswissenschaft zu vollziehen.

Ein Hinweis auf die Begrifflichkeit: Die Bezeichnung „qualitative" Methoden hat selbstverständlich nichts mit der Qualität von Forschungsprojekten oder der Qualifikation von Forschungspersonal zu tun. Während empirisch-quantitative Forschung auf eine streng theorie- und hypothesengeleitete Quantifizierung von Ereignissen, Abläufen und Zusammenhängen in der sozialen Wirklichkeit ausgerichtet ist, wobei dies *Zergliederung,* Dimensionierung, Messung bedeutet, orientiert sich qualitativ-empirische Forschung am Ziel einer möglichst gegenstandsnahen Erfassung der *ganzheitlichen,* kontextgebundenen Eigenschaften sozialer Felder. Diese ganzheitlichen Eigenschaften *(qualia)* stehen in enger Verbindung zu den Bedeutungen, die sie für die in diesem sozialen Feld handelnden Personen haben. Um eine vielstrapazierte Analogie zu bemühen: Die Farbe „rot" läßt sich durch Hinweis auf Lichtfrequenzen physikalisch quantitativ definieren - was es aber bedeutet, die Farbe „rot" zu sehen (gar noch in unterschiedlichen Kontexten), erschöpft sich eben nicht in dem Hinweis auf Wellenlängen im Spektrum des Lichts. Oder um ein Beispiel aus der Bildungsforschung zu wählen: Schulerfolg bzw. -mißerfolg. Die Zahl der jährlichen Abbrecher innerhalb des Gymnasiums läßt sich quantitativ vergleichsweise leicht ermitteln - was es bedeutet, eine erfolglose Gymnasialkarriere zu erleben und zu verarbeiten, ist damit noch nicht erfaßt. In beiden Beispielen wird übrigens keinesfalls eine Aussage über die Berechtigung der beiden Strategien wissenschaftlicher Erkenntnisbildung getroffen - es geht nur darum, die besonderen Ziele und daraus resultierenden Eigentümlichkeiten des Zugriffs auf den Gegenstandsbereich deutlich zu machen. Richtig angewandt, sind beides legitime Formen wissenschaftlicher Erkenntnisbildung.

„Quantitativ-empirisch" werden solche Forschungsprojekte genannt, die ihre Fragestellungen zu einem System von Hypothesen ausarbeiten, diesen Hypothesen dann Variablen (veränderliche Größen) zuordnen und schließlich Instrumente der Datenerhebung einsetzen, die die jeweilige Ausprägung eines Merkmals möglichst quantitativ (numerisch) abbilden. Das so gewonnene Zahlenmaterial kann dann statistisch ausgewertet werden (Verteilungen, Zusammenhänge, Faktoren etc.); diese Auswertung erfolgt zum Zweck der Überprüfung der vorab definierten Hypothesen, die schließlich widerlegt oder (vorläufig) bestätigt werden. Als „qualitativ-empirisch" werden demgegenüber solche Forschungsprojekte gekennzeichnet, die zwar auch von Fragestellungen ausgehen, jedoch darauf ausgerichtet sind, durch einen möglichst (!) unvoreingenommenen, unmittelbaren Zugang zum jeweiligen sozialen Feld und unter Berücksichtigung der Weltsicht der dort Handelnden ausgehend von dieser unmittelbaren Erfahrung Beschreibungen, Rekonstruktionen, Strukturgeneralisierungen vorzunehmen. Entscheidend ist, daß das *jedem* Erkenntnisakt zugrunde liegende Verhältnis von Wirklichkeit und Abstraktion, von Erfahrung und Theorie *sowohl* für quantitative wie für qualitative Forschung konstitutiv ist, jedoch unterschiedlich akzentuiert wird: In quantitativ-empirischer Forschung wird ein streng theorie- und hypothesengeleitetes Verfahren bzw. Instrumentarium auf die Wirklichkeit gerichtet, die - derartig zubereitet - dann nur noch im Rahmen der vorab erfolgten Kanalisierung des Blicks auf die Abstraktionsebene zurückwirken kann. In qualitativ-empirischer Forschung wird umgekehrt versucht, Abstraktionen aus der Erfahrung zu generieren und dabei einen Rückbezug auf die Erfahrungsbasis kontinuierlich aufrechtzuerhalten.

Natürlich ist eine einführende Darstellung wie die folgende notwendig von leitenden Vorannahmen bestimmt, die offengelegt sein wollen. Meine Vorannahmen sind: (1) Bei qualitativen Methoden handelt es sich um empirische Forschungsmethoden, d.h. um Methoden der Erforschung von (gegebener) Sozialisations- und Erziehungswirklichkeit. (2) Quantitativ-empirische und qualitativ-empirische Methoden stehen nicht im Verhältnis der Konkurrenz, sondern der Ergänzung und Kooperation zueinander; über die Tauglichkeit von methodischen Zugängen läßt sich kein pauschales Vorab-Urteil fällen, sondern kann immer nur im Blick auf die jeweilige Forschungsfragestellung und den Forschungsgegenstand entschieden werden. (3) Wie bei den quantitativen Methoden der Datenerhebung und -auswertung, so umfassen auch qualitative Methoden ein breites Spektrum sehr unterschiedlicher Verfahren, die sich untereinander genauso stark, wenn nicht noch stärker unterscheiden als die (überholte) Gegenüberstellung 'qualitativer versus quantitativer Ansatz' suggeriert. (4) Die Entwicklung und Erprobung qualitativer Methoden in der Erziehungswissenschaft muß immer in enger Verbindung zur Methodendiskussion und Methodenpraxis in den anderen Sozialwissenschaften, m.a.W. unter dem Gesichtspunkt der Interdisziplinarität gesehen werden; das Potential aus der empirischsoziologischen, aus der empirisch-psychologischen sowie auch aus der kulturanthropologischen sowie sprachwissenschaftlichen Forschung ist sehr groß, ebenso die Einflüsse aus der Frauen- bzw. Geschlechterforschung. (5) Neben der Interdisziplinarität ist für die Entwicklung und Etablierung des qualitativen Ansatzes innerhalb der deutschsprachigen Diskussion der in diesem Fall enge Zusammenhang zur internationalen Szene von Bedeutung gewesen: Ohne einen parallel laufenden internationalen Trend wäre vermutlich auch im deutschsprachigen Raum der qualitative Ansatz ein Exotikum geblieben[1].

Die zentralen Elemente des qualitativen Ansatzes basieren auf bestimmten gegenstandstheoretischen Annahmen über den Charakter individuellen Handelns, zwischenmenschlicher Interaktion und der daraus resultierenden Konstitution der sozialen Welt. Aus diesen Annahmen über den Gegenstand resultieren bestimmte forschungsmethodische Konsequenzen sowie schließlich Vorstellungen über den pragmatischen Nutzen qualitativer Methoden:

Gegenstandsannahmen: Grundlegend ist die Vorstellung von der sozialen Welt als einer durch interaktives Handeln konstituierten Welt, die für die Einzelnen, aber auch für Kollektive sinnhaft strukturiert ist. Das heißt nicht, daß die soziale Welt jederzeit beliebig zur Disposition steht, ständig neu zu konstruieren und/oder umzukonstruieren ist. Vielmehr haben sich bestimmte Elemente zu Traditionen, Institutionen, Strukturen verdichtet, welche den Einzelnen wie auch sozialen Gruppen nunmehr 'fremd' und 'starr' entgegentreten, welche aber gleichwohl sozial erzeugt und prinzipiell änderbar sind. In gewisser Weise wird hiermit die bekannte Annahme von der grundsätzlichen Geschichtlichkeit der sozialen Welt - ausgehend von einer handlungstheoretischen Argumentation - bekräftigt.

Nachvollzug der subjektiven Perspektive: Wenn soziale Welt als sinnhaft strukturierte, immer schon gedeutete erlebt wird, so ist es im Rahmen von Sozialforschung, die sich am Handeln von Menschen orientiert, zuvörderst und zunächst wichtig, die soziale Welt 'mit den Augen der Handelnden selbst' zu sehen, d.h. subjektive Sinnstrukturen nachzuvollziehen. Manche Formen qualitativer Forschung beschränken sich hierauf, andere wiederum überschreiten diese Ebene des Nachvollzugs, indem sie Regeln, Muster, Strukturen zu erkennen suchen, die die Ebene des subjektiven Sinns übersteigen und insofern auch den Handelnden nicht unmittelbar bewußt sind, gleichwohl aber eine folgenreiche Bedeutung für ihr Handeln haben. - Auch hier läßt sich eine Parallele zur historischen Forschung ziehen: Zwar leben Menschen immer in 'ihrer' Geschichte. Geschichte selbst geht aber nicht im je (inter)subjektiv vermeinten bzw. realisierten Sinn auf, deshalb kann und darf sich etwa historische Forschung in ihrem Erkenntnisanspruch auch nicht an den puren Nachvollzug subjektiver Erlebnisperspektiven binden.

Offenheit des Forschungsprozesses: Besteht der grundlegende Forschungsansatz in einem möglichst authentischen Erfassen der Perspektive(n) der Handelnden auf ihre soziale Wirklichkeit, so ist drittens schließlich die Offenheit des Feld-

---

[1] Im folgenden wird auf die Erörterung des biographischen Ansatzes verzichtet; vgl. hierzu die Beiträge von H.-H. KRÜGER und TH. SCHULZE in diesem Band.

zugangs von zentraler Bedeutung. Qualitative Forschung will dem jeweiligen Gegenstandsbereich keine vorab formulierten Theoriemodelle überstülpen, sondern Verallgemeinerungen, Bilder, Modelle, Strukturen aus der möglichst unverstellten Erfahrung des Forschers im Gegenstandsbereich selbst gewinnen: Erfahrung sozialer Wirklichkeit 'aus erster Hand'. Der Forschungsprozeß ist durch Fragestellungen angeleitet, die Weiterentwicklung und Variation von Fragestellungen bereits im Prozeß der Datenbildung bzw. -aufnahme ist jedoch feste Option; verschiedene Blickperspektiven bzw. methodische Zugriffe werden aus unterschiedlichen Richtungen auf den fraglichen Gegenstand gerichtet (Triangulation); erste Konstrukte werden versuchsweise erstellt. Theorien sind erfahrungsbasierte, aus dem Material generierte Konstruktionen (gegenstandsbegründete Theorie, „grounded theory"). Ihnen kommt im Dreieck zwischen Forschungsgegenstand, Forscher und Leser von Forschungsberichten grundsätzlich ein immer vorläufiger Status bzw. Geltungsanspruch zu. - Will man erneut eine Parallele zur historischen Forschung ziehen, so liegt der Hinweis auf die Spiralstruktur des sinnauslegenden Erkennens (Vorannahme, Applikation, Variation der Vorannahme, erneute Applikation, vgl. hermeneutischer Zirkel) auf der Hand.

Interpretation und Intervention: Hinsichtlich der pragmatischen Dimension, d.h. der praktischen Bedeutung qualitativer Forschung gehen die Meinungen sehr weit auseinander: Bewußte ethnographische Indifferenz, die nur verstehen und beschreiben will, wie es 'da draußen wirklich ist', rekonstruktive Verfahren, die sich nicht auf die Duplizierung von subjektiven Bewußtseinsstrukturen beschränken, sondern darunterliegende subjektive oder objektive latente Sinnstrukturen zu dechiffrieren suchen, kommunikativ-dialogische Verfahren, die Lernprozesse bei Forschern und Erforschten auszulösen trachten (aktivierende Sozialforschung), schließlich dezidiert und von vornherein parteiliche Strategien, in deren Rahmen sich Forscher z.B. auf die Seite diskriminierter, marginalisierter, unterdrückter Personengruppen stellen und Veränderungen anstreben. Um ein letztes Mal eine analoge Problematik aus der Geschichtswissenschaft zu bemühen: Es geht um Fragen des Verhältnisses von Beschreibung und Bewertung, von zyklischem oder teleologischem Geschichtsbild, von wissenschaftlicher Erkenntnis zwischen praxisenthaltsamer Neutralität und praxisgestaltender Parteilichkeit - letztere ausgerichtet an normativen (politischen) Zielen. Diese Problematik ist innerhalb der Erziehungswissenschaft (aber auch z.B. in der Politikwissenschaft) von besonderer Bedeutung, weil ihre Gegenstände - erzieherisches Handeln, pädagogische Institutionen, Bildungsvorstellungen etc. - auf der kulturell repräsentierten Ebene durchweg intentional gerichtet bzw. von normativen Vorstellungen durchzogen sind, pädagogisches Handeln, bildungspolitisches Entscheiden immer Ziele verfolgt, in Praxis eingreifen will. Die Frage ist aber, ob und inwieweit die *Wissenschaft* von der Erziehung *selbst* ebenfalls in diese normativen Strukturen eingebunden ist, eingebunden sein darf, eingebunden sein muß.

2. Entwicklungen

2.1 Rezeptionslinien

Wenn weiter oben gesagt wurde, daß qualitative Forschung in der Erziehungswissenschaft auf eine nunmehr gut zwanzigjährige Tradition zurückschauen kann, so gilt dies mit zwei Einschränkungen: Es ist damit erstens die *neuere* Diskussion um qualitativ-empirische Methoden in der Erziehungswissenschaft gemeint, und zweitens bezieht sich diese Aussage auf den *deutschsprachigen* Raum, denn in der angloamerikanischen Tradition der Sozial- und Bildungsforschung existiert eine längere Tradition qualitativ-empirischer Forschung. Die allgemeine methodische Forderung, Pädagogik als Wissenschaft habe die historisch gewordene Erziehungswirklichkeit als eine sinnhaft strukturierte, kulturell geformte Realität in ihrer Sinnhaftigkeit und normativen Struktur zu verstehen, ist allerdings auch in Deutschland sehr viel älter und mit der Tradition der geisteswissenschaftlichen Pädagogik verknüpft. Diese hatte sich unter Rückgriff auf die Theorie und das Selbstverständnis der Geisteswissenschaften und des Historismus sowie im (Rück)Blick auf die pädagogischen Reformbewegungen seit der Jahrhundertwende in den 20er Jahren etabliert und sich sowohl gegen weltanschaulich (politisch, konfessionell) gebundene normative Pädagogiken wie auch gegen strikt empirisch-erfahrungswissenschaftliche („positivistische") Forschung und Theoriebildung ausgesprochen. Allerdings wurde das „Verstehen"-Postulat der geisteswissenschaftlichen Pädagogik auf der Ebene der Forschungspraxis vornehmlich im Sinne der Auslegung von (wissenschaftlichen) *Texten über* Erziehung realisiert. Neben diesem hermeneutisch-pragmatischen Theorie- und Methodenansatz existierte in Deutschland nur eine sehr schmale Tradition empirisch orientierter Forschung zu pädagogischen Fragen. Dies änderte sich im Laufe der sechziger Jahre durch die stärkere Hinwendung der *Pädagogik* zu empirisch-quantitativen Methoden (incl. des dazugehörigen wissenschaftstheoretischen Denkens), die sich auf diese Weise in weiten Teilen zur *Erziehungswissenschaft* wandelte. Die Orientierung an den modernen Denkmodellen und Methoden der Pädagogischen Psychologie, der Sozialisationsforschung, der Bildungssoziologie etc. war inhaltlich begleitet von einer zunehmenden Kritik des Wissenschaftscharakters der traditionellen geisteswissenschaftlichen Pädagogik und sozial abgestützt durch die Ära der Bildungsreform (1965-1975). Im Kontext dieser Reform entstand nämlich eine starke Nachfrage nach empirischen Erkenntnissen über Erziehung, Bildung und Sozialisation in Familie, Schule, in Ausbildung und Weiterbildung - nach Erkenntnissen also, die eine *konstruktive* Hilfe bei der politisch-administrativen Planung und Gestaltung des Bildungswesens darstellten. Bildungsreform und die Öffnung der Pädagogik für sozialwissenschaftliche Modelle und Methoden sind zwei Seiten *einer* Münze: Modernisierung des Bildungswesens in Deutschland und eben auch: der Wissenschaft, die sich mit Erziehung und Bildung beschäftigt. Ein optimistisches, auf rationale Gestaltung von Bildungs- und Sozialstrukturen setzendes Politikverständnis verband sich mit einem technokratischen, die Erkennbarkeit und Gestaltbarkeit von Sozial- und Bildungsverhältnissen behauptenden Wissenschaftsverständnis. Beides wiederum gründete in dem festen Vertrauen auf die überlegene Rationalität von (empirischer) Wissenschaft und die (staatliche) Organisierbarkeit kontinuierlichen gesellschaftlichen Fortschritts.

Das Ende des Bildungsoptimismus bedeutete zugleich ein Umschlagen dieses Optimismus' in eine skeptische Haltung sowohl hinsichtlich der Leistungsfähigkeit empirisch-quantifizierender Bildungsforschung wie auch administrativ gesteuerter Bildungsplanung. Seit der Mitte der 70er Jahre ist die 'große Erzählung' vom immerwährenden Fortschritt, von der wissenschaftlichen Erkennbarkeit und politischen Gestaltbarkeit von Bildungsstrukturen ausgeklungen, wobei dieser Wandel nur *ein* Element in einem geistesgeschichtlich breiteren Skeptizismus hinsichtlich der Leistungsfähigkeit von Vernunft und Fortschritt bildet. Neue Themen, Probleme, Ansätze und Bedürfnisse wurden im Diskurs der Erziehungswissenschaftler teils aus anderen Disziplinen aufgegriffen, teils intern erzeugt. Für das wachsende Interesse an qualitativen Methoden spielte dabei die Verbindung von Strukturfragen mit Fragen der Interaktion, des Subjekts, der gelebten Lebenswelt in den Bildungs- und Erziehungsverhältnissen eine entscheidende Rolle - auf der Theorieebene gefördert bzw. begleitet durch eine Wiederentdeckung von Phänomenologie (HUSSERL), Hermeneutik (DILTHEY, GADAMER u.a.) und Verstehender Soziologie (WEBER, SCHÜTZ), sowie durch eine breite Rezeption von Symbolischem Interaktionismus (MEAD, BLUMER), Kommunikationstheorien (WATZLAWICK, HABERMAS), kulturanthropologischer Forschung (GEERTZ u.a.) etc. Die Bedingungen für eine erfolgreiche Konjunktur des qualitativen Methodenansatzes waren insofern in der zweiten Hälfte der 70er Jahre denkbar günstig: Die sehr weitgehenden Hoffnungen auf die Leistungsfähigkeit empirisch-quantitativer Bildungsforschung waren abgeebbt; in Gestalt der qualitativen Methoden konnte man innerhalb der Erziehungswissenschaft sowohl an die eigene, hermeneutische Tradition anknüpfen wie zugleich durch die Rezeption entsprechender Theorien aus den Sozialwissenschaften Modernität und Internationalität dokumentieren. Insofern ist - ähnlich wie die Hinwendung zur quantitativen Forschung - das Interesse an qualitativen Methoden als ein Ausdruck der gewandelten gesellschaftlichen Bedingungen erziehungswissenschaftlicher Forschung zu verstehen: Qualitative Forschung ist Ausdruck einer weniger struktur- und administrations- als vielmehr kultur- und subjektorientierten Perspektive.

Dementsprechend war die *erste Phase* der Rezeption qualitativer Forschungsansätze in der deutschen Erziehungswissenschaft durch eine *Konfrontationshaltung* zu den quantitativen Methoden bestimmt. Die Konfrontation und polemische Abgrenzung ist dabei nicht primär auf der Ebene der Forschungsmethodik, sondern auf der allgemeineren Ebene wissenschafts- und erkenntnistheoretischer Argumentationen vollzogen worden: Herausstellung der Erkenntnisgrenzen quantitativer Forschung; empirische Sozialforschung als Herrschaftswissenschaft etc. Insbesondere innerhalb der Schul- und Unterrichtsforschung, aber auch im Rahmen sozialpädagogischer Analysen sowie innerhalb der Erwachsenenbildung/Weiterbildung wurde dieses neue Paradigma dann praktisch erprobt und weiterentwickelt[2].

Gerade hierdurch aber zeigte sich sehr schnell in der *zweiten Phase*, daß eine pauschale Frontstellung 'quantitativ *versus* qualitativ' zwar noch auf der Ebene methodologischer Aussagen und Forderungen, nicht aber auf der Ebene des konkreten Forschungsprozesses in reiner Form durchzuhalten ist. So entstand etwa aus dem Kontext der kognitiven Wende der Psychologie das Forschungsprogramm 'Subjektive Theorien', das sich methodisch sehr weit in den Bereich der qualitativen Methoden hineingeschoben und erfolgreich vielfältige Formen der Kombination von quantitativer und qualitativer Datenauswertung erprobt hat. Umgekehrt bedienen sich zahlreiche qualitative Projekte etwa der computerisierten Text- und Inhaltsanalyse zur Unterstützung des Interpretationsprozesses. Und zweitens zeigte sich, daß *die Differenzen innerhalb des qualitativen Methodenansatzes* größer sind als zunächst angenommen - Differenzen, die aufgrund der zunächst dominierenden pauschalen Frontstellung zu den quantitativen Methoden verdeckt waren. Diese Differenzen waren und sind nicht zuletzt deshalb so groß, weil die Karriere qualitativer Forschung in allen Sozialwissenschaften zu verzeichnen ist; insofern ergeben sich sehr unterschiedliche Gegenstandsbereiche sowie Zugriffsformen und -interessen (s.u.).

Nach der ersten Phase der Rezeption qualitativer und der Konfrontation zu quantitativen Konzepten und der zweiten Phase der internen Ausdifferenzierung des qualitativen Methodenspektrums ist die *dritte Phase* nunmehr durch den Prozeß der *Normalisierung des* ehedem exotischen Außenseiters gekennzeichnet. Qualitative Forschung ist sowohl in der Erziehungswissenschaft wie auch innerhalb anderer Sozialwissenschaften national wie international akzeptiert. Diese Forschungsrichtung ist durch entsprechende Lehr- und Handbücher, Zeitschriften, institutionalisierte Forschungsgruppen etc. auch sozial etabliert, wenngleich nicht in der Breite, die bei der quantitativen Forschung zu verzeichnen ist. Kontroverse Diskussionen bewegen sich nicht mehr an der Trennlinie 'quantitativ/qualitativ', sondern richtigerweise entlang der Unterscheidung von 'guter Forschung/schlechter Forschung'[3].

2.2 Gegenstandsbereiche

Als bisherige Gegenstandsbereiche bzw. Themen qualitativer Forschung seien genannt: Untersuchungen zur *Interaktion* vor Gericht, an Bankschaltern, am

---

[2] Für eine Übersicht über qualitative Forschung in den einzelnen Bereichen der Erziehungswissenschaft vgl. Teil H des ersten Bandes von KÖNIG/ZEDLER (1995) sowie die Beiträge in Teil D dieses Handbuchs.

[3] Übrigens lag der Anteil qualitativ-empirischer Projekte an den im Forschungsinformationssystem Sozialwissenschaften (FORIS) enthaltenen Projekten in den Jahren zwischen 1978 und 1990 insgesamt bei 11,7%, wobei innerhalb dieser Zeitspanne der Anteil Jahr für Jahr geringfügig um diesen Wert schwankte. Die massive Intensivierung der methodologischen Diskussion hat also kein Gegenstück auf der Ebene der konkreten Projektpraxis! „Es drängt sich der Eindruck auf, daß die methodologische Diskussion von Abgrenzungsbemühungen bestimmt wird, die für die Praxis qualitativer Sozialforschung von untergeordneter Bedeutung sind" (WEISHAUPT 1995, 94)

Krankenbett, in Sterbezimmern und Intensivstationen, in Paarbeziehungen und Familien, in Beratungs- und Therapiesitzungen, in Kurbetrieben, bei polizeilichen Verhören, im Blick auf Telefonkommunikation, im Unterricht, in Lehrerzimmern, in sozial- und erwachsenenpädagogischen Einrichtungen etc. Solche eher mikroskopischen Interaktionsstudien werden überschritten, wenn es um die Exploration gewöhnlicher wie auch ungewöhnlicher *Lebenswelten* geht. Als Beispiele seien genannt: Obdachlosenszene, Hooligans und Fan-Clubs, Eheanbahnungsinstitute, Schüler- und Studenten(sub)kulturen, Berufskulturen in den unterschiedlichsten Feldern (pädagogische Berufe wie Lehrer, Sozialarbeiter, Erwachsenenbildner, andere Berufsbereiche), Bodybuilder, Angehörige der sog. Flakhelfer-Generation, der 68er-Generation, Intensivstationen, Drogensüchtige, Heimwerkerszene, Altennachmittage, Rotlichtmilieu, Techno-Szene, rechtsradikale Jugendliche, Tupper-Parties etc. Schließlich sind noch die verschiedenen Formen der Interpretation von sinnhaltigen *Dokumenten* zu nennen: Geschäftsbriefe, amtliche Bekanntmachungen und Mitteilungen, Autobiographien, Fotos, Filmsequenzen, Kunstwerke, Architekturen, Fernsehansagen, Wortzeugnissen von Grundschullehrerinnen, dienstliche Abmahnungen und Beurteilungen, Werbetexte, -bilder oder -spots, verschiedene Szenezeitschriften (Jugend-, Frauen-, Computermagazine etc.).

2.3 Formen der Datenerhebung

Die o.g. Beispiele für Gegenstandsbereiche qualitativer Forschung sind mit ganz unterschiedlichem Instrumentarium erschlossen worden: Hierbei lassen sich - je nach Zustandekommen des Materials - drei methodische Formen unterscheiden[4]:

Dokumentenanalyse: Bei der Analyse und Interpretation von *Dokumenten* (i.w.S.) handelt es sich um eine überaus intensive, kleinste Details miteinbeziehende Exploration und Inspektion von sinnhaltigen Materialien unterschiedlichster Natur, wobei dieses Material bereits vorliegt, d.h. *nicht durch bestimmte Forschungsaktivitäten erst erzeugt werden mußte* - sieht man einmal davon ab, daß die Entscheidung für ein bestimmtes Thema bzw. ein bestimmtes Dokument in gewisser Weise bereits ein konstruktiver, 'erzeugender' Akt ist.

Beobachtung: Diese methodische Zugangsform verlangt Aktivitäten des Forschers, damit überhaupt Interpretationsmaterial entsteht. D.h. der Forscher muß sich Zugänge zum Feld erarbeiten, muß eine bestimmte Position und Rolle am Rande oder innerhalb des Feldes einnehmen, muß ggf. (verdeckt oder unverdeckt) Informanten gewinnen, muß Feldnotizen erstellen, muß im Zuge der Beobachtung ein bestimmtes Verhältnis von Distanz und Nähe einpendeln, muß ethische Fragen erwägen etc. Seine Feldnotizen sind das *von ihm selbst erzeugte Material,* welches dann im weiteren Gang kontinuierlich ausgewertet, gedeutet, interpretiert wird. Die verschiedenen Beobachtungsverfahren unterscheiden

---

[4] Die Einteilung dieser drei Formen der Datenerhebung orientiert sich an WOLCOTT (1992, 19 ff.), der als Basishandlungen qualitativer Forschung *reviewing, watching und asking* unterscheidet.

sich hinsichtlich des Grades an Vorstrukturierung des Beobachtungsprozesses sowie hinsichtlich des Ausmaßes an Nähe bzw. Distanz zum Beobachtungsfeld. *Interview:* Bei dieser methodischen Zugangsform ist der Forscher auf die intensive Kooperation einer oder mehrerer erforschter Personen angewiesen; das Interview (in seinen verschiedenen Spielarten) ist eine *kooperative Form der Datenerzeugung im Forschungsprozeß.* Die verschiedenen Formen des Interviews innerhalb qualitativer Forschung unterscheiden sich hinsichtlich der Grades an Vorstrukturiertheit seitens des Forschers sowie der Phasenstruktur innerhalb einer Interviewsitzung. Selbstverständlich spielt bei der Entscheidung für eine bestimmte Interviewform (offenes Interview, fokussiertes Interview, Leitfadeninterview, biographisches Interview, narratives Interview; vgl. dazu die entsprechenden Beiträge in diesem Band) die Fragestellung des Projekts bzw. die besonderen Verhältnisse im Gegenstandsbereich die entscheidende Rolle.

Diese drei Formen der Datenerhebung unterscheiden sich - allgemein betrachtet - hinsichtlich des Aktivitätsgrades des Forschers: Dokumente findet man vor und entscheidet sich für deren Berücksichtigung; Beobachtungen verlangen bereits eine materialerzeugende Eigenaktivität des Forschers, und Interviews schließlich setzen darüber hinaus eine gewisse Kooperationsfähigkeit und -bereitschaft der Befragten voraus. In vielen qualitativ angelegten Projekten werden Varianten dieser drei Formen kombiniert eingesetzt.

Eine Radikalisierung des erwähnten Kooperationsgebots in Richtung auf *Kollaboration* (i. S. v. Zusammenarbeit) zwischen Forschern und Erforschten wird im Rahmen sog. interventiver Formen der Datenerhebung und -auswertung vollzogen: Die Aktivitäten der Forscher stehen unter dem Motiv der Veränderung der vorgefundenen Strukturen im jeweiligen sozialen Feld, wobei die rollenbedingte Distanz zwischen Forschern und Erforschten zumindest zeitweise aufgegeben wird. Qualitative Forschung geht hier in praxisverändernde Forschung bzw. Handlungsforschung über, wobei Datenerhebung und Datenauswertung kontinuierlich miteinander verwoben sind, denn nicht distanzierte Erkenntnis (Grundlagenforschung), sondern engagierte Partizipation und unmittelbare Veränderung durch Kooperation aller Beteiligten ist das Ziel. Insofern kann man fragen, ob diese Form von eingreifender, aktivierender Forschung im strengen Sinne noch als Forschung zu bezeichnen ist, da hier qualitative Methoden in den Dienst von Entwicklungen im Feld gestellt werden. Jedenfalls handelt es sich dann nicht um Grundlagenforschung, sondern um angewandte, entwicklungsorientierte Forschung. In einem weiteren Sinne ist qualitative Forschung dann nicht zuvörderst wissenschaftliche „Methode", sondern Teil von sozialen „Bewegungen"[5].

---

[5] Zum Verhältnis von „Method" and „Movement" im Blick auf qualitative Forschung vgl. RIST (1980).

2.4 Formen der Datenauswertung

Neben den Unterschieden hinsichtlich der Erzeugung der Materialbasis (Datenerhebung) ist auf Unterschiede hinsichtlich der Ausrichtung des Interpretationsprozesses (Datenauswertung) hinzuweisen[6]:

Interpretation: Im Rahmen dieser ersten Stufe richtet sich der Prozeß der Datenauswertung auf einen Nachvollzug subjektiven Sinns, auf eine Erschließung von (fremden) Kleinkulturen und Lebenswelten. Versuche zur Deutung und Theoretisierung setzen an den Deutungen der Handelnden an und systematisieren diese in Richtung auf Typologien, Modelle, die den subjektiven/kulturellen Sinn verständlich machen. Ziel der Materialauswertung ist das verstehende und systematisierende Nachvollziehen, welches den Horizont subjektiv gemeinten Sinns nicht durchbricht, keine Bewertung vornimmt und keinesfalls eine wie immer motivierte Intervention in den Gegenstandsbereich vollzieht.

Rekonstruktion: Bei dieser Form der Auswertung wird der subjektive Sinnhorizont überschritten in Richtung auf Sinnsphären, die von den Handelnden mental nicht repräsentiert werden. Der Zugang auf Tiefenschichten kann dabei auf subjektiv/kollektiv falsch Gewußtes bzw. Verdrängtes gerichtet sein, wie dies bei psychoanalytischen Textinterpretationen, aber auch im Rahmen von ideologiekritischen Analysen vollzogen wird. Hiervon scharf zu trennen sind solche rekonstruktiven Verfahren, die ohne ein auf die Handelnden gerichtetes Aufklärungsinteresse solche Strukturen zu dechiffrieren versuchen, die sich unabhängig vom Wissen und Wollen der Handelnden als universale generative Muster durchsetzen. In diesem Fall wird die Rekonstruktion der latenten Sinnstruktur völlig unabhängig von der subjektiven Repräsentanz vollzogen.

Intervention: Dort, wo Datenauswertung direkt auf Datenänderung abzielt, werden Interpretation und Intervention bewußt nicht voneinander getrennt. Natürlich: In einem grundsätzlichen Sinne ist jede Interpretation an sich bereits eine Intervention und steht insofern in der Gefahr, soziale Realität zu objektivieren, dem 'Willen zum Wissen' zu unterwerfen, gar: sie zu kolonisieren. Phänomenologische, aber auch vom Strukturalismus inspirierte Formen der Interpretation halten sich in dieser Hinsicht bewußt zurück (wenngleich aus ganz unterschiedlichen Gründen), wohingegen aktivierende, „kritische" Formen von Sozialforschung (Handlungsforschung, Praxisforschung) am Motiv der Veränderung des Forschungsfeldes festhalten. Lebenswelten und Kleinkulturen werden (zunächst) erschlossen und ko-existentiell „verstanden", wobei dies die Voraussetzung für gemeinsames Handeln bildet. Diese kritisch gemeinten Formen des Einsatzes qualitativer Methoden haben die Rezeption des qualitativen Ansatzes gerade innerhalb der Erziehungswissenschaft sehr beschleunigt. Denn aktivierende Praxisforschung läßt sich analog zum Modell einer „pädagogischen Situation" verstehen, in der zwar nicht mehr Erzieher und Zöglinge, sondern Forscher und Erforschte zunächst asymmetrisch zusammentreffen, hier wie dort aber das Ziel der Herstellung symmetrischer Beziehungen angestrebt wird.

---

[6] Basis für die verschiedenen Varianten der Datenauswertung sind je spezifische Verständnisse von Zielen und Möglichkeiten von Hermeneutik als Instrument sozialwissenschaftlicher Forschung. Vgl. dazu die Übersicht bei MÜLLER-DOOHM (1990).

3. Probleme und Perspektiven

3.1 Qualitative Forschung = pädagogische Forschung?

Warum hat gerade der qualitative Methodenansatz innerhalb der Erziehungswissenschaft eine so schnelle Verbreitung gefunden? Ist qualitative Forschung das für die Erziehungswissenschaft besonders geeignete Forschungskonzept - gar der spezifisch erziehungswissenschaftliche Forschungsansatz schlechthin? Zur Klärung dieses Fragenkomplexes ist es notwendig, sich noch einmal die erziehungswissenschaftliche Forschungsdiskussion in der zweiten Hälfte der 70er Jahre vor Augen zu halten: Die Konkurrenzsituation zwischen den drei großen Theorie- und Methodenansätzen - geisteswissenschaftliche Pädagogik, empirische Erziehungswissenschaft, kritische Erziehungswissenschaft - hatte sich entspannt; die kognitive Bedeutung und soziale Bindewirkung dieser drei „Paradigmen" begann zu schrumpfen. Auch Aktionsforschung als eine der letzten Wellen innerhalb der Methodendiskussion war sehr schnell an ihre theoretischen, aber auch praktisch-politischen Grenzen gelangt. Durch Rezeption des qualitativen Ansatzes war es nunmehr möglich, sowohl einen aktuellen Trend innerhalb der sozialwissenschaftlichen Theorie- und Methodenentwicklung insgesamt mitzuvollziehen und hierbei zugleich an eigene, innerwissenschaftliche Traditionen des hermeneutischen Denkens anzuknüpfen, *ohne* doch zugleich an die praktisch-politische Stoßrichtung von Aktionsforschung gebunden zu sein! Sicherlich spielten bei der positiven Aufnahme des qualitativen Ansatzes auch die innerhalb der geisteswissenschaftlichen Tradition gepflegte Negativ-Haltung gegenüber empirisch-quantifizierender Forschung (positivistisch, mechanisch, dehumanisierend, sinnlos, technokratisch etc.) eine große Rolle; ein Teil dieser Polemik wurde - in der Anfangsphase - auch von Protagonisten qualitativer Forschung vorgebracht. In den achtziger Jahren kam mit der Frauen- bzw. Geschlechterforschung ein ebenfalls auf internationaler Ebene bereits vergleichsweise breit entwickelter neuer Diskussionskontext hinzu, in dessen Rahmen ebenfalls die etablierte Form der sozial- und erziehungswissenschaftlichen Forschung zurückgewiesen und nach 'anderen', alternativen Forschungskonzepten gesucht wurde: Auch hier boten sich qualitative Modelle als erfolgversprechende Alternative an - ein Umstand, der die Rezeption dieses Ansatzes zusätzlich beflügelt hat.

Dies alles sind sicherlich begünstigende Rezeptionsfaktoren gewesen. Gleichwohl wird man aber sagen können, daß 'der' qualitative Ansatz - wenn man einmal unter Vernachlässigung der internen Unterschiede und Kontroversen pauschal formulieren will - *kein genuin erziehungswissenschaftliches Forschungskonzept ist.* Hierfür gibt es zwei Begründungen: Zunächst einmal wird das gesamte Spektrum qualitativer Methodik auch in anderen Sozialwissenschaften angewandt. Insofern gibt es schon de facto kein Exklusivrecht der Erziehungswissenschaft. Aber auch de jure kann und darf es zwischen Disziplinen eigentlich keine Exklusivrechte bzw. Monopolansprüche auf Methoden geben. Zweitens - und dies ist entscheidender - ist auch gar nicht recht vorstellbar, was denn eigentlich eine genuin erziehungswissenschaftliche Forschungsmethode sein könnte, d.h. eine solche, die spezifisch erziehungswissenschaftliche Belange aufnimmt und als solche dann in keiner anderen Disziplin sinnvoll einzusetzen wäre[7]. Sicherlich: Man könnte nun sagen, daß das Spezifikum erziehungswissenschaftlicher Forschung eben darin besteht, daß sie *sämtliche* Formen der Forschung einsetzt (Empirie, Hermeneutik und Ideologiekritik, Grundlagenforschung und angewandte Forschung) - aber damit wäre nur behauptet, daß sie eigentlich unspezifisch ist, weil sie - je nach Gegenstand bzw. Fragestellung - *alles* einsetzt. Als einigendes Band bleibt dann vielleicht noch ein grundsätzlich artikuliertes, normativ fundiertes Interesse der Erziehungswissenschaft an einer Verbesserung der menschlichen Verhältnisse (u.a. auch) durch Erziehung i.w.S., wofür wiederum erziehungswissenschaftliche Forschung geeignete Erkenntnisse und Wege bereitzustellen habe. Ein solches Interesse kann man artikulieren. Man kann es auch teilen. Dies entbindet allerdings nicht von der Notwendigkeit, im jeweiligen Einzelfall sowohl den normativen Bezugspunkt zu begründen, von dem ausgehend Veränderung als „Verbesserung" definiert wird, wie auch die instrumentelle Tauglichkeit des gewonnenen Wissens sowie der empfohlenen Wege im Blick auf die angestrebten Zielvorstellungen nachzuweisen. Und hierzu gehört selbstverständlich auch ein Folgenbewußtsein: auf mögliche unbeabsichtigte und ungewollte, aber einzukalkulierende Nebenwirkungen der angestrebten Ziele und empfohlenen Strategien ist hinzuweisen.

3.2 Darstellbarkeit

Im Zusammenhang mit der Frage nach der Geltungsbegründung qualitativ gewonnener Ergebnisse wurde bereits darauf hingewiesen, daß im diskursiven Feld zwischen Text, Forscher und Leser die Art der Darstellung der Ergebnisse von entscheidender Bedeutung ist. Dies nicht deshalb, weil sie darauf gerichtet sein muß, einen bestimmten Sachverhalt innerhalb der sozialen Wirklichkeit möglichst adäquat abzubilden, darzustellen, sondern weil eben genau eine solche abbildtheoretische Wahrheitsauffassung innerhalb qualitativer Forschung stark bezweifelt werden muß: Hier begegnen sich seit einigen Jahren qualitative Forschung, der soziale und epistemologische Konstruktivismus sowie schließlich bestimmte post-moderne Auffassungen über die Unmöglichkeit, überhaupt noch irgend etwas darzustellen. Die vielzitierte „Krise der Repräsentation", d.h.

---

[7] Am ehesten noch kann der biographische Ansatz in eine genuine Verbindung zu bestimmten theoretischen Grundproblemen der Erziehungswissenschaft gebracht werden, und zwar aufgrund des gemeinsamen Kontextes 'Lebenslauf, Erziehung, Bildung & Biographie'. Allerdings muß man sehen, daß der biographische Forschungsansatz in sich sehr heterogen ausgestattet ist: Zunächst einmal werden Biographien auch von quantitativen Längsschnittuntersuchungen erfaßt (Lebensverlaufsforschung, Kohortenvergleich); diese Form setzt auf Massendaten und Zeitreihenanalyse und ist insofern 'subjektfern'. Qualitative Biographieforschung kann einerseits rein rekonstruierende Aufgaben übernehmen oder aber auch normative Bezugspunkte in ihre Analysen mit einbauen. Das letztere ist dann der Fall, wenn etwa Biographie als Thema bzw. Biographien im Horizont von Bildungstheorien bearbeitet werden (vgl. MAROTZKI 1990).

die Verunsicherung hinsichtlich der Möglichkeit, Eigenerfahrung darzustellen und gar noch im Blick auf andere kommunizierbar zu machen, führt in der qualitativen Forschung zu experimentellen, non-linearen Formen der Repräsentation von Eigenerfahrung des Forschers im Feld: Womöglich kann dann nur noch über Erfahrungen erzählt werden, am Ende sind sie nur noch anhand offener, expressiver, poetischer Formen (Gedichte, Lieder, Bilder, szenische Spiele, Kostüme, Tänze o.ä.) repräsentierbar. Damit hätte sich dann qualitative Forschung bzw. die Repräsentation ihrer Ergebnisse als eine eigenständige soziale Welt zwischen die ursprünglich 'im Feld' Beobachteten und die Außenbeobachter (scientific community) geschoben. Ethnographie wäre dann allerdings womöglich genauso okkult wie der Gegenstandsbereich, der der Anlaß für ihre (Selbst)Inszenierung war[8]. Allgemeiner - und weniger polemisch - formuliert kann man sagen, daß durch repräsentationskritische, i.w.S. konstruktivistische Vorbehalte am Ende die Eigenprobleme des Forschers beim Umgang mit Repäsentationsfragen zum eigentlichen Gegenstand des Forschungsberichts werden, der dann für die Leser selbst wiederum stark interpretationsbedürftig ist: das endlose Gespräch.

3.3 Geltungsbegründung

Seit Beginn der neueren Diskussion um qualitative Methoden wird als eines der entscheidenden systematischen Probleme dieses Ansatzes die Frage nach der Notwendigkeit und Möglichkeit der Geltungsbegründung von interpretativ gewonnen Aussagen gestellt. Während die quantitative Forschung diese Frage auf die höherliegende Ebene des wissenschaftstheoretischen Diskurses verfrachtet und damit erfolgreich aus dem praktischen Geschäft ausgelagert hat, sehen sich qualitative Forscher kontinuierlich der kritischen Rückfrage nach der 'Wahrheit' ihrer Resultate ausgesetzt: Der Verdacht steht im Raum, daß es sich doch 'nur' um subjektiv eingefärbten Journalismus, nichtverallgemeinerbare Einzelfallschilderungen, kurzum: um unkontrollierte und unkontrollierbare, bloß literarische, womöglich gar für irgendeine Mission engagierte Aktivitäten handele - nicht aber um Wissenschaft. Dieser kontinuierliche Legitimationsdruck ist grundsätzlich zu begrüßen - sofern er tatsächlich in einem konstruktiven Sinne ausgeübt wird und dabei auch die stillgestellten erkenntnismethodischen Probleme quantitativ-empirischer Forschung mit einschließt! Selbstverständlich muß sich jede Form der wissenschaftlichen Erkenntnisbildung sowohl auf theoretischer wie auf forschungspraktischer Ebene Rechenschaft über den Geltungsgrund ihrer Resultate ablegen. Es wäre fatal, wenn qualitative Forschung sich diesem Legitimationsdiskurs entzöge, etwa indem sie auf die Intuition ihrer Forschungs-Subjekte und oder auf deren (jeweiligen) guten Absichten im Interesse dieser oder jener Gruppe oder Mission verweist oder aber die Geltungsfrage abweist, weil sie Begründungsdruck als Terror versteht und qualitative Forschung existentialistisch als eine Art Lebensform begreift. Demgegenüber ist es

---

[8] Erinnert sei in diesem Zusammenhang an die von EISNER (1981) vollzogene Unterscheidung zwischen „szientifischen" und „künstlerisch-ästhetischen" *(artistic)* Formen qualitativer Forschung.

im Sinne des für Wissenschaft konstitutiven Prinzips des diskursiven Universalismus unverzichtbar, jede Form von Wissenschaftlichkeit in Methode und Ergebnis kommunizierbar und für den Austausch kritischer Argumente offen zu halten. Abschließung und Kommunikationsverweigerung dagegen bedeuten das genaue Gegenteil von Wissenschaft. Gerade aufgrund ihres anspruchsvollen Erkenntnisprogramms ist qualitative Forschung generell wie auch innerhalb der Erziehungswissenschaft gut beraten, diesen grundsätzlichen Imperativ neuzeitlicher Wissenschaft peinlich genau zu befolgen und alle Anstrengungen zu unternehmen, ihre Erkenntnisform in Prozeß und Resultat zu einer Sache von nachvollziehbarer Argumentation und nicht von geteilter Überzeugung zu machen.

Literatur

A Zitierte Literatur
EISNER, Elliot 1981: On the Differences between Scientific and Artistic Approaches to Qualitative Research. In: Educational Researcher 10, Nr.4, 5-9.
MAROTZKI, Winfried 1990: Entwurf einer strukturalen Bildungstheorie. Biographietheoretische Auslegung von Bildungsprozessen in hochkomplexen Gesellschaften. Weinheim.
MÜLLER-DOOHM, Stefan 1990: Vom Positivismusstreit zur Hermeneutikdebatte - Die Aktualität des interpretativen Paradigmas. In: KulturAnalysen 2, 292-307.
RIST, Ray C. 1980: Blitzkrieg Ethnography: On the Transformation of a Method into a Movement. In: Educational Researcher 9, Nr.2, 8-10.
WEISHAUPT, Horst 1995: Qualitative Forschung als Forschungstradition. In: König, Eckard/Peter ZEDLER (Hg.): Bilanz qualitativer Forschung, Bd. 1. Weinheim, 75-96.
WOLCOTT, Harry S. 1992: Posturing in Qualitative Inquity. In: LECOMPTE, Margaret/Wendy MILLROY/Judith PREISSLE 1992 (Eds.): Handbook of Qualitative Research in Education. San Diego, 3-52.

B Lehrbücher
BOGDAN, Robert C./Sari K. BICKLEN 1982: Qualitative Research for Education. An Introduction to Theory and Methods. Boston.
BOHNSACK, Ralf 1993: Rekonstruktive Sozialforschung. Einführung in Methodologie und Praxis qualitativer Forschung. Opladen (2. Auflage).
FLICK, Uwe 1995: Qualitative Forschung. Reinbek.
HEINZE, Thomas 1987: Qualitative Sozialforschung. Opladen (3.Auflage 1995).
KLEINING, Gerhard 1996: Lehrbuch entdeckende Sozialforschung. Band 1: Von der Hermeneutik zur qualitativen Heuristik. Weinheim.
MAYRING, Philipp 1996: Einführung in die qualitative Sozialforschung. München (3. Auflage).

C Handbücher
DENZIN, Norman K./Yvonna S. LINCOLN 1994 (Eds.): Handbook of Qualitative Research. London.
FLICK, Uwe et al. (Hg.) 1991: Handbuch Qualitative Sozialforschung. München (2. Auflage 1995).
KÖNIG, Eckard/Peter ZEDLER (Hg.) 1995: Bilanz qualitativer Forschung. 2 Bd. Weinheim.
LAMNEK, Siegfried 1989: Qualitative Sozialforschung. 2 Bd. München (3. Auflage 1995).
LECOMPTE, Margaret D./Wendy L. MILLROY/Judith PREISSLE 1992 (Eds.): The Handbook of Qualitative Research in Education. San Diego.

D Monographien und Sammelwerke
AUFENANGER, Stefan/Margrit LENSSEN (Hg.) 1986: Handlung und Sinnstruktur. Bedeutung und Anwendung der objektiven Hermeneutik. München.
DENZIN, Norman K. 1989: Interpretive Interactionism. London.
EISNER, Elliot/Alan PESHKIN 1990 (Eds.): Qualitative Inquiry in Education. New York 1990.
GARZ, Detlef (Hg.) 1994: Die Welt als Text. Zur Theorie, Kritik und Praxis der Objektiven Hermeneutik. Frankfurt.
GARZ, Detlef/Klaus KRAIMER (Hg.) 1983: Brauchen wir andere Forschungsmethoden? Beiträge zur Diskussion interpretativer Verfahren. Frankfurt.
GARZ, Detlef/Klaus KRAIMER (Hg.) 1991: Qualitativ-empirische Sozialforschung. Opladen.
GEERTZ, Clifford 1983: Dichte Beschreibung. Beiträge zum Verstehen kultureller Systeme. Frankfurt.
HOFFMEYER-ZLOTNIK, Jürgen (Hg.) 1992: Analyse verbaler Daten. Über den Umgang mit qualitativen Daten. Opladen.
HOPF, Christel/Elmar WEINGARTEN (Hg.) 1979: Qualitative Sozialforschung. Stuttgart.
HUBER, Günter L. (Hg.) 1992: Qualitative Analyse. München.
INTERNATIONAL PERSPECTIVES ON QUALITATIVE RESEARCH IN EDUCATION; Themenheft der Zeitschrift 'Qualitative Studies in Education', 1994, Nr.3.
JUNG, Thomas/Stefan MÜLLER-DOOHM (Hg.) 1993: „Wirklichkeit" im Deutungsprozeß. Verstehen und Methode in den Kultur- und Sozialwissenschaften. Frankfurt.
KELLE, Udo 1994: Empirisch begründete Theoriebildung. Zur Logik und Methodologie interpretativer Sozialforschung. Weinheim 1994.
LECOMPTE, Margaret D./Judith PREISSLE 1993: Ethnography and Qualitative Design in Educational Research. New York (2. Auflage).
MILES, Matthew B. Michael HUBERMAN 1994: Qualitative Data Analysis: An Expanded Sourcebook. Newbury Park (2. Auflage).
MOSER, Heinz 1995: Grundlagen der Praxisforschung. Freiburg.
SHERMAN, Robert R./Rodman B. WEBB 1990 (Eds.): Qualitative Research in Education. Focus and Methods. London 1990 (2. Auflage).
SCHRATZ, Michael 1993 (Ed.): Qualitative Voices in Educational Research. London.
SCHRÖER, Norbert (Hg.) 1994: Interpretative Sozialforschung. Opladen.
SOEFFNER, Hans-Georg (Hg.) 1979: Interpretative Verfahren in den Sozial- und Textwissenschaften. Stuttgart.
SPÖHRING, Walter 1989: Qualitative Sozialforschung. Stuttgart.
STRAUSS, Anselm L. 1994: Grundlagen qualitativer Sozialforschung. München.
STRAUSS, Anselm L./Juliet CORBIN 1996: Grounded Theory: Grundlagen qualitativer Sozialforschung. Weinheim.

E Zeitschriftenbeiträge
ANDERSON, Gary L. 1989: Critical Ethnography in Education: Origins, Current Status, and New Directions. In: Review of Educational Research 59, 249-270.
HOFFMANN-RIEM, Christel 1980: Die Sozialforschung einer interpretativen Soziologie. In: Kölner Zeitschrift für Soziologie und Sozialpsychologie 32, 339-372.
JACOB, Evelyn 1987: Qualitative Research Traditions: A Review. In: Review of Educational Research 57, 1-50.
REICHERTZ, Jo 1988: Verstehende Soziologie ohne Subjekt. In: Kölner Zeitschrift für Soziologie und Sozialpsychologie 40, 207-221.
TERHART, Ewald 1981: Intuition - Interpretation - Argumentation. Zum Problem der Geltungsbegründung von Interpretationen. In: Zeitschrift für Pädagogik 27, 769-793.
WILSON, Thomas P. 1973: Theorien der Interaktion und Modelle soziologischer Erklärung. In: ARBEITSGRUPPE BIELEFELDER SOZIOLOGEN (Hg.): Alltagswissen, Interaktion und gesellschaftliche Wirklichkeit, Bd. 1. Reinbek, 54-79.

WILSON, Thomas P. 1982: Qualitative 'oder' quantitative Methoden in der Sozialforschung. In: Kölner Zeitschrift für Soziologie und Sozialpsychologie 34, 487-508.

F   *Zeitschriften/Buchreihen*

BIOS. Zeitschrift für Biographieforschung und Oral History. Opladen: Leske & Budrich 1988 ff.

International Journal of Qualitative Studies in Education (QSE). London: Taylor & Francis 1987 ff.

Journal of Contemporary Ethnography, 1970 ff.

Qualitative Inquiry (1995 ff.).

Qualitative Research Methods. Beverly Hills: Sage, 1983 ff.

Qualitative Research in Psychology. Pittsburg: Duquesne, 1983 ff.

Qualitative Sociology. New York: Human Sciences Press, 1978 ff.

(Studies in) Symbolic Interaction. An Annual Compilation of Research. Greenwich: JAI-Press, 1978 ff. (Supplements: 1985 ff.).

Heinz-Hermann Krüger

Erziehungswissenschaftliche Biographieforschung

1. Einleitung

Im Kontext des breiten Spektrums von Konzepten und Methoden der qualitativen Forschung stellt die Biographieforschung gegenwärtig ein zentrales Forschungsgebiet dar. Bei der Biographieforschung handelt es sich um einen Arbeitsbereich, der vor allem von einem empirischen Interesse und von einem spezifischen Datenmaterial her begründet ist. Sie umfaßt die Wege der Erhebung und Auswertung von lebensgeschichtlichen Dokumenten, von erzählten bzw. berichteten Darstellungen der Lebensführung (vgl. FUCHS 1984). In diesem Forschungsfeld geht es jedoch nicht nur um den instrumentellen Einsatz von biographischen Verfahren. Vielmehr versucht die Biographieforschung insbesondere in den letzten Jahren als Forschungsfeld mit theoriegenerierender Kraft Anschluß an grundlegende erziehungs- und sozialwissenschaftliche Diskurse zu finden (vgl. KRÜGER /VON WENSIERSKI 1995; FISCHER/KOHLI 1987).

Am Arbeitsfeld der Biographieforschung sind verschiedene Wissenschaftsdisziplinen mit unterschiedlichem Gewicht sowie differenten Zielsetzungen und Erkenntnisinteressen beteiligt. So untersucht etwa die Soziologie, wie Gesellschaftsmitglieder gemeinsam Biographien aufbauen, welche gesellschaftlichen Baupläne es dazu gibt und welche sozialen Aufgaben Biographien haben (vgl. FISCHER-ROSENTHAL 1991). Die Psychologie vor allem in ihren psychoanalytischen Varianten, versucht von lebensgeschichtlichen Erzählungen auf grundlegende Persönlichkeitsstrukturen zu schließen oder aber wie die neuere Entwicklungspsychologie der Lebensspanne durch die Analyse von mündlich erhobenen Autobiographien gerade die Problematik einer phasenorientierten Gliederung des Lebenslaufs deutlich zu machen (vgl. THOMAE 1991). Die oral-history-Forschung in der Geschichtswissenschaft teilt mit der volkskundlichen Erzählforschung das Interesse, mit Hilfe mündlicher Befragungen die Alltagsgeschichte der 'kleinen Leute' oder gesellschaftlicher Minderheiten zu rekonstruieren (vgl. WIERLING 1991; JEGGLE 1991).

Die Erziehungswissenschaft hat auf der einen Seite seit der Umorientierung der historischen Pädagogik in den 80er Jahren in Richtung auf eine historische Sozialisationsforschung vielfältige Berührungspunkte zur sozialgeschichtlichen Autobiographieforschung und zur oral-history-Forschung gesucht, wenn sie Wirksamkeit von Sozialisationsinstanzen, die lebensgeschichtliche Konstituierung von Sinn und Bedeutung im vergangenen Lebensalltag in der Familie, der Nachbarschaft, in den pädagogischen Institutionen und die daraus entstehenden subjektiven Verarbeitungsformen untersucht (vgl. HERRMANN 1991a; KRÜGER 1993). Auf der anderen Seite hat die erziehungswissenschaftliche Biographieforschung jedoch ein ganz spezifisches eigenständiges Erkenntnisinteresse an Biographisierungsprozessen. Sie ist bemüht, Lebensgeschichten unter dem Fokus von Lern- und Bildungsgeschichten zu rekonstruieren (vgl. MAROTZKI 1990; SCHULZE 1995).

Im folgenden soll nun in einem ersten Schritt die Geschichte der pädagogischen Biographieforschung seit dem 18. Jahrhundert in knappen Zügen skizziert werden. In einem zweiten Schritt wird der aktuelle empirische, methodologische und theoretische Diskussionsstand der erziehungswissenschaftlichen Biographieforschung bilanziert und in einem dritten Schritt werden einige theoretische, methodologische und thematische Perspektiven für die zukünftige Forschung aufgezeigt.

2. Zur Geschichte der pädagogischen Biographieforschung

Die Anfänge der wissenschaftlichen Beschäftigung mit Biographien sind im 18. Jahrhundert zu lokalisieren. Neben der Historiographie, der Literaturwissenschaft und der Philosophie war auch die Pädagogik an der Begründung der Biographieforschung beteiligt.

So heißt es bei ROUSSEAU auf den ersten Seiten seines autobiographischen Erziehungsromans 'Emile': „Leben ist die große Kunst, die der Mensch zu lernen hat" (ROUSSEAU 1762) und die beiden Hallenser Pädagogen NIEMEYER und TRAPP betonen bei ihren Bemühungen, eine moderne wissenschaftliche Pädagogik zu formulieren, die grundlegende Bedeutung des lebensgeschichtlich-biographischen Ansatzes für die Theorie und Praxis der Erziehung. Lebensläufe und Autobiographien bilden daher neben der Beobachtung von Kindern eine der empirischen Grundlagen modernen pädagogischen Denkens, die im 18. Jahrhundert formuliert werden. Allerdings ging dann die pädagogische Theoriebildung, folgt man der Lesart von Ulrich HERRMANN (1991a, 44-47), im 19. Jahrhundert als Bildungsphilosophie und Unterrichtswissenschaft bei HUMBOLDT und HERBART und ihren Nachfolgern andere Wege.

Eine neue Blütezeit erlebte die Biographieforschung in Pädagogik und Psychologie im deutschsprachigen Raum in den 20er Jahren diesen Jahrhunderts, während sie in der deutschen Soziologie anders als in den USA, wo die Biographieforschung im Umkreis der Studien der Chigago-Schule einen enormen Aufschwung erlebte, keine Rolle spielte (FISCHER-ROSENTHAL 1991, 115-118). In der Pädagogik waren es jedoch nicht die großen Mandarine der Geisteswissenschaftlichen Pädagogik, die zu einer Renaissance der Biographieforschung beitrugen. Dies ist um so erstaunlicher, als „Das Erleben und die Selbstbiographie" für Wilhelm DILTHEY geradezu den Angelpunkt zum „Aufbau der geschichtlichen Welt in den Geisteswissenschaften" (1910) bilden und einer seiner Schüler, Georg MISCH, die erste umfassendere Darstellung einer „Geschichte der Autobiographie" (1900) vorgelegt hat (vgl. SCHULZE 1991, S. 157). Vielmehr waren es die Vertreter der Pädagogischen Psychologie und der Entwicklungspsychologie wie Clara und William STERN sowie Karl und Charlotte BÜHLER, denen es gelang, die biographische Methode für die Psychologie und Pädagogik fruchtbar zu machen. Vor allem Charlotte BÜHLER legte eine umfangreiche Sammlung von Tagebüchern an, und sie untersuchte diese Quellen unter generationsvergleichender Perspektive sowie im Kontext einer Psychologie des Lebenslaufes (vgl. BÜHLER1932, 1934). Wichtige Anstöße für eine biographisch orientierte Jugendforschung gingen auch von dem österreichischen Pädagogen und Psychoanalytiker Siegfried BERNFELD aus, der das Tagebuch als Quelle kultureller Selbstdarstellungen Jugendlicher interpretierte sowie von einigen deutschen Jugendpädagogen, wie z.b. DEHN und DINSE, die in den 20er Jahren Schüler Aufsätze schreiben ließen, um auf der Basis dieser Materialien die Lebenswelten und Lebensvorstellungen von Arbeiterjugendlichen untersuchen zu können (vgl. DUDEK 1990, 288-320). Im deutschsprachigen Raum fand die Blütezeit der Biographieforschung in Pädagogik und Psychologie durch den Nationalsozialismus jedoch ein jähes Ende, dessen zentrale Ideologeme - Rasse und Vererbung - den Prämissen biographischen Denkens widersprachen.

In der Nachkriegszeit spielte die Biographieforschung weder in der Pädagogik, noch in den Nachbardisziplinen, der Psychologie und der Soziologie, die sich an quantitativ ausgerichteten amerikanischen Vorbildern orientierten, in Westdeutschland eine große Rolle. Erneut waren es Vertreter der Jugendpädagogik, wie ROESSLER (1957) und BERTLEIN (1960), die an Traditionen biographischer Forschung der 20er Jahre anknüpften, indem sie auf der Basis der Analyse von Schüleraufsätzen das Selbstverständnis und die Mentalität der westdeutschen Jugendgeneration herauszuarbeiten suchten. In den 60er Jahren erschienen dann noch einige methodologisch - programmatische Beiträge zur pädagogischen Biographieforschung. HENNINGSEN (1962, S. 461) formulierte Überlegungen zur Autobiographie als idealem Gegenstand der Erziehungswissenschaft, weil sie nicht nur als erziehungswissenschaftliche Quelle einen Blick auf vergangenes pädagogisches Geschehen gewährt, sondern zugleich Ausdruck des Lebenslaufes als sprachlich gestaltetem Bildungsprozeß ist. GAMM (1967) verlangte die Ausarbeitung einer pädagogischen Kasuistik, die neben Orientierungshilfen für die Lösung pädagogischer Handlungssituationen auch Forschungsleistungen erbringen sollte. Mit der realistischen Wende in der Erziehungswissenschaft kam es im Laufe der 60er Jahre und frühen 70er Jahre jedoch zu einer Hinwendung zu den quantitativen Methoden der empirischen Sozialforschung, während biographische Ansätze in der Erziehungswissenschaft in dieser Zeit keine Rolle mehr spielen.

Erst in den späten 60er Jahren kam es in mehreren Disziplinen zugleich und zeitgleich auch in Frankreich, Kanada, USA, Italien und anderen Ländern zu einer Renaissance der Biographieforschung. Zu vermuten ist, daß dieses neu erwachende Interesse am Gegenstand Biographie im Prozeß eines weitreichenden Individualisierungsschubes der modernen Gesellschaft seine wissenschaftsexternen Ursachen hat. Wissenschaftsinterne Impulse für das Revival der Biographieforschung kamen im Bereich der Soziologie aus der Industriesoziologie, die die Lebenszusammenhänge von Arbeitern nun auch aus soziobiographischer Perspektive untersuchen wollte, aus dem Kontext der Alltagssoziologie, die sozialphänomenologische, ethnomethodologische und interaktionistische Theorietraditionen aufgriff und theoretisch und methodologisch weiterentwickelte sowie aus dem Umfeld der Lebenslaufforschung (vgl. KOHLI 1978), die die bisherige Beschränkung auf eine Soziologie einzelner Altersphasen überwinden wollte. In der Psychologie war es vor allem die in den 70er Jahren weiterentwickelte Psychologie der Lebensspanne, die zu ihrer empirischen Fundierung verstärkt auf biographische Methoden zurückgriff, um Prozesse und Verläufe während mehr oder minder großer Abschnitte des Lebenslaufes untersuchen zu können. Auch in der westdeutschen Geschichtswissenschaft, ähnlich übrigens in der Volkskunde, setzte in der zweiten Hälfte der 70er Jahre ein Perspektivenwechsel hin zur Alltagsgeschichte und zur oral-history-Forschung ein, wo zunächst an jahrzehntelange Traditionen der amerikanischen oral-history-Forschung angeknüpft wurde (vgl. NIETHAMMER 1980).

In der Erziehungswissenschaft wurde vor allem in dem von BAACKE und SCHULZE im Jahre 1979 herausgegebenen Sammelband 'Aus Geschichten lernen' der programmatische Bezugsrahmen für die Ausarbeitung einer biographischen und narrativen Orientierung in der Pädagogik formuliert und zugleich daran erinnert, daß Lebensgeschichten zuerst einmal Lerngeschichten sind. Außerdem kam es aufgrund der Weiterentwicklung der historischen Pädagogik hin zur historischen Sozialisationsforschung zu einer Wiederbelebung der erziehungswissenschaftlichen Biographieforschung, da diese an die Methoden und Materialien der oral-history-Forschung und der sozialgeschichtlichen Autobiographieforschung mit dem Ziel anknüpfte, vergangene Sozialisations- und Erziehungswelten zu rekonstruieren.

3. Inhaltliche Ergebnisse und gegenwärtige Problemlagen der erziehungswissenschaftlichen Biographieforschung

War die Situation im Bereich der erziehungswissenschaftlichen Biographieforschung zu Beginn der achtziger Jahre vor allem durch das Bemühen um methodologische Selbstverständigung und forschungsprogrammatische Begründungen bestimmt, so ist seit Mitte der achtziger Jahre - übrigens ähnlich wie in der Soziologie oder Psychologie - die Zahl der empirischen Projekte gravierend angestiegen. So gibt es nach meinen eigenen Recherchen in der pädagogischen Biographieforschung gegenwärtig weit über 30 Forschungsprojekte, die bereits abgeschlossen sind oder noch laufen. Versucht man sich nun einen Überblick über die Studien und Projekte zu verschaffen, die in den vergangenen anderthalb Jahrzehnten durchgeführt wurden und die aufgrund des gewählten Untersuchungsgegenstandes und teilweise auch wegen entsprechender Zugehensweisen dem Bereich der pädagogischen Biographieforschung zugerechnet werden können; so lassen sich drei Richtungen von Studien und Projekten unterscheiden: biographische Untersuchungen aus dem Umfeld der historischen Erziehungs- und Sozialisationsforschung, Arbeiten aus dem Kontext der pädagogisch orientierten Kindheits-, Jugend-, Schul- und Hochschulsozialisationsforschung und Studien, die sich mit biographischen Problemstellungen in verschiedenen erziehungswissenschaftlichen Teildisziplinen beschäftigen.

Unter der auch in der Erziehungswissenschaft im letzten Jahrzehnt enorm angestiegenen Zahl von Veröffentlichungen mit biographischem Erkenntnisinteresse nehmen die historisch orientierten Arbeiten, die auf die Rekonstruktion vergangener Sozialisationsbedingungen, Erziehungspraktiken, Bildungseinrichtungen oder Verlaufsformen des Erwachsenwerdens zielen, einen breiten Raum ein. Zum einen werden Autobiographien als Quelle zur Geschichte der Erziehung und Sozialisation genutzt. Dies gilt vor allem für eine Reihe von Untersuchungen, die sich mit der Geschichte der Kindheit beschäftigen (vgl. z.B. CLOER/KLIKA/SEYFARTH-STUBENRAUCH 1991). Ein weiterer Forschungsschwerpunkt der erziehungswissenschaftlichen Biographieforschung befaßt sich mit dem Alltag und der Identitätsentwicklung von Kindern und Jugendlichen (vgl. etwa KLAFKI 1991) oder mit der Situation von Lehrern während der NS-Zeit (vg. KLEWITZ 1991).

Daneben gibt es inzwischen auch schon einige historische Regionalstudien, die sich gestützt auf archivalische Quellenbestände und oral-history-Interviews mit der Geschichte des ländlichen Jugendbrauchtums um die Jahrhundertwende (vgl. HERRMANN 1991b) oder mit der Geschichte der Kindheit in den ersten Jahrzehnten des 20. Jahrhunderts (vgl. BEHNKEN/DU BOIS-REYMOND/ ZINNECKER 1989) beschäftigt haben.

Einen weiteren Schwerpunkt im Rahmen der erziehungswissenschaftlichen Biographieforschung machen Untersuchungen aus dem Kontext der sozialwissenschaftlich orientierten pädagogischen Kindheits-, Jugend- und Hochschulsozialisationsforschung aus. Dabei lassen sich einerseits Projekte unterscheiden, die sich mit generellen Fragen der Statuspassagen vom Kindes- ins Jugendalter bzw. Erwachsenenalter beschäftigen (vgl. etwa KRÜGER/ECARIUS/GRUNERT 1994; FUCHS-HEINRITZ/KRÜGER 1991). Andererseits kann man davon Studien thematisch abgrenzen, die sich mit bestimmten Übergangsphasen, z.B. von der Schule in den Beruf (vgl. HEINZ/KRÜGER 1990) bzw. von der Schule in die Hochschule (vgl. FRIEBERTSHÄUSER 1992), oder dem Verlauf und den Schwierigkeiten oder Erfolgen von Bildungsbiographien in Schule bzw. Hochschule auseinandersetzten (vgl. etwa NITTEL 1992; KOKEMOHR/ MAROTZKI 1989).

Im Unterschied zur historischen Erziehungs- und Sozialisationsforschung nehmen Arbeiten mit biographischem Akzent in den verschiedenen erziehungswissenschaftlichen Teildisziplinen, etwa der Schulpädagogik, der Erwachsenenbildung oder der Sozialpädagogik bislang noch einen eher bescheidenen Raum ein. So werden von TERHART (1995) in einem Überblicksartikel zwar sechs Studien zu Berufsbiographien von Lehrern und Lehrerinnen vorgestellt, von denen zwei jedoch einen deutlichen Bezug zur quantitativen Forschungslogik haben. Ebenso hat sich in der Erwachsenenbildungsforschung noch kein breites biographisches Forschungsprogramm entwickelt (vgl. TIETGENS 1991, 207). Und auch in der Sozialpädagogik steht die Biographieforschung noch am Anfang, obgleich hier durch die Studien von Fritz SCHÜTZE (1992) bzw. durch das narrationsstrukturelle Verfahren angeregte Analysen von JAKOB (1993) zur lebensgeschichtlichen Bedeutung von ehrenamtlicher Tätigkeit und von REICHWEIN/FREUND (1992) zur biographischen Relevanz der Mitgliedschaft in einem Jugendverband erste entscheidende Markierungspunkte gesetzt worden sind (vgl. auch MOLLENHAUER/UHLENDORFF 1995).

Zieht man eine Bilanz zum aktuellen Entwicklungsstand der erziehungswissenschaftlichen Biographieforschung, so läßt sich zunächst einmal feststellen, daß gegenwärtig nicht mehr programmatische Vorschläge und methodologische Begründungen, sondern empirische Zugänge und Konkretisierungen dominieren. Allerdings hat die Steigerung der Quantität der durchgeführten biographischen Projekte keineswegs eine generelle Verbesserung der methodischen Qualität der Untersuchungen zur Folge gehabt.

Vor allem zwei Defizite kennzeichnen eine Reihe von Studien aus dem Bereich der pädagogischen Biographieforschung. Erstens finden sich methodologische Unzulänglichkeiten, die sich mit dem Stichwort Vermischung quantitativer und qualitativer Forschungslogiken charakterisieren lassen. So versuchen einige Studien durch eine Samplebildung, die sich an äußeren sozialstrukturellen Merkmalen, also an quantitativen Quotierungskriterien orientiert (vgl. etwa HEINZ/KRÜGER u.a. 1985; HIRSCH 1990) gleich zwei Fragen auf einmal zu lösen. Zum einen will man an der methodischen Option für ein qualitatives Vorgehen festhalten, gleichzeitig will man jedoch durch die Auswahl der Untersuchungsgruppe typische Erfahrungskonstellationen abbilden und deren wichtigste Ausprägungen in quantitativ hinreichenden und weitgehend realistischen Größenordnungen vertreten haben. Abgesehen von dem Problem, ob man unter Bezug auf die Aussagen von zehn oder oft noch weniger Interviewten noch sinnvoll quantitative Verteilungsaussagen machen kann, stellt sich die Frage, ob hier nicht forschungslogische Mißverständnisse vorliegen und ob mit solchen Auswertungsstrategien nicht wichtige Erkenntnischancen qualitativer Forschung verschenkt werden (KRÜGER 1989, S. 13-14).

Ein zweites zentrales methodisches Defizit, das immer noch eine Reihe von Studien charakterisiert, sind eher deskriptive und oft recht handgestrickt anmutende Auswertungsverfahren. Dabei wird die Ebene der Einzelfallanalyse oft rasch verlassen und ohne die innere Sequenziertheit eines Interviewtextes zu berücksichtigen, das Interviewmaterial vorschnell zu themenbezogenen Synopsen, zentralen Kernaussagen und typischen Deutungsmustern verdichtet (vgl. FUCHS-HEINRITZ 1993, S. 262). Als Beispiele für Studien, die ohne eine intensive Interpretation des Einzelfalls rasch zur Identifikation von zentralen Mustern voranschreiten, lassen sich die Deutungsmuster - Analysen von SANDER/VOLLBRECHT (1985) (vgl. auch VOLLBRECHT 1993), oder das diesem verwandte Auswertungsverfahren der Bremer Projektgruppe (HEINZ/ KRÜGER u.a. 1985) nennen.

In der erziehungswissenschaftlichen Biographieforschung läßt sich im letzten Jahrzehnt nicht nur eine Ausweitung der empirischen Projekte, sondern auch eine Ausdifferenzierung der theoretischen Konzepte feststellen. So hat Theodor SCHULZE (1993, S. 24-34) jüngst in einem Überblicksartikel darauf hingewiesen, daß nicht nur sozialisationstheoretische Ansätze, die Biographien unter der Perspektive von Statuspassagen, Laufbahnen und Zyklen sowie entwicklungspsychologische Ansätze, die Biographien als Folge von Herausforderungen durch kritische Lebensereignisse verstehen, in die erziehungswissenschaftliche Diskussion Eingang gefunden haben. Vielmehr seien in der Erziehungswissenschaft im letzten Jahrzehnt auch einige genuin pädagogische theoretische Zugänge entwickelt worden; so der phänomenologisch-anthropologische Ansatz von LOCH (1979) und SPANHEL (1988), in dessen Mittelpunkt die Biographie als Bewältigung einer Folge von curricularen Situationen oder Entwicklungsaufgaben steht, so der hermeneutische Ansatz von BAACKE (1979), dem es um die Wiedergewinnung des Narrativen für die Pädagogik als Rückbesinnung auf ihr Propium geht, so der lerntheoretische Ansatz von SCHULZE (1993) und MAURER (1981), die im Unterschied zu psychologischen Lerntheorien Lernen als Aufbau von Lebenssinn und Ich-Erfahrung begreifen.

Diese Vielfalt an theoretischen Ansätzen darf jedoch nicht darüber hinwegtäuschen, daß die verschiedenen Konzepte jeweils nur einen spezifischen Ausschnitt des umfassenden Gegenstandsfeldes der pädagogischen Biographieforschung beleuchten. Ein komplexes biographietheoretisches Konzept, das in der Lage ist, Biographien als Lern- und Bildungsgeschichten im Rahmen subjekt- und gesellschaftstheoretischer Bezugsgrößen analytisch zu fassen, ist hingegen in der erziehungswissenschaftlichen Biographieforschung noch weitgehend ein Desiderat.

4. Perspektiven der erziehungswissenschaftlichen Biographieforschung

4.1 Theoretische Bezugspunkte

In der Soziologie haben vor allem FISCHER und KOHLI (1987) erste interessante Theorievorschläge formuliert, die darauf abzielen, Biographieforschung jenseits der traditionellen Unterscheidungen in Mikro- und Makrotheorie zu verorten sowie handlungs- und strukturtheoretische Ansätze zu verknüpfen. Sie plädieren dafür, in der biographietheoretischen Diskussion den Erfahrungs- und Handlungsbegriff durch die Aufnahme von Strukturelementen von seiner situativen Engführung zu befreien sowie umgekehrt den Strukturbegriff zu dynamisieren und temporal im Sinne einer Emergenzdimension zu erweitern. Auf diese Weise wollen sie einen Referenzrahmen für Biographieanalysen entwickeln, der biographisches Handeln und biographische Entwicklung im Spannungsfeld von gesellschaftlicher Heteronomie und individuellen Optionen, von vorgegebenen institutionalisierten Programmen und einer Individualisierung und Biographisierung der Lebensführung begreifen kann.

An diese Diskurse anknüpfend gilt es auch einen theoretischen Bezugsrahmen für die erziehungswissenschaftliche Biographieforschung zu entwickeln, der die Möglichkeit bietet, Biographien als Lern- und Bildungsgeschichten im Spannungsfeld individueller Voraussetzungen und gesellschaftlicher Determinanten zu verorten. Um die veränderten gesellschaftlichen Bedingungen und individuellen Ausdrucksformen der biographischen Aneignung von Bildungsangeboten in pädagogischen Institutionen analytisch fassen zu können, scheinen mir gesellschaftstheoretische Ansätze aus dem Kontext der Theorien zur reflexiven Modernisierung (vgl. etwa BECK 1986, 1993) und identitätstheoretische Ansätze (vgl. etwa HEITMEYER/OLK 1990; KRÜGER 1993a) als Interpretationsfolien geeignet zu sein.

Wichtige Vorarbeiten für eine bildungstheoretisch orientierte und empirisch fundierte Biographieforschung, die Biographisierungsprozesse als Bildungsprozesse in der Ambiguität von vorgegebener Regelhaltigkeit und Emergenz kategorial faßt und untersucht, haben vor allem KADE (1989a) und MAROTZKI (1990) in neueren Studien vorgelegt. Zum anderen haben sie in ihren biographischen Studien die empirische Brauchbarkeit und methodologische Anschlußfähigkeit der elaborierten sozialwissenschaftlichen Interpretationsverfahren von OEVERMANN bzw. von SCHÜTZE für die erziehungswissenschaftliche Biographieforschung überzeugend demonstriert (HARNEY/KADE 1990; MAROTZKI 1990; vgl. auch FUCHS-HEINRITZ/KRÜGER 1991).

4.2 Methodologische Perspektiven

Ich plädiere hier somit dafür, das narrationsstrukturelle Verfahren von SCHÜTZE (1983) und das Konzept der objektiven Hermeneutik von OEVERMANN (1979,1988) bzw. das diesem verwandte Verfahren der strukturalen Rekonstruktion von Lebenskonstruktionen von BUDE (1987) zukünftig verstärkt auch in der erziehungswissenschaftlichen Biographieforschung aufzugreifen, da diese Konzepte geeignet sind, den traditionellen Hiatus von Bildungstheorie einerseits und empirischer Bildungsforschung andererseits zu überwinden. Beide methodologischen Ansätze zeichnen sich zudem dadurch aus, daß sie bei der Biographieanalyse nicht bei der Rekonstruktion des subjektiven Sinns der Befragten stehenbleiben, sondern orientiert an einer phänomenologischen bzw. strukturalen Interpretationsperspektive, jene objektiven Bedingungen mit berücksichtigen, in die biographische Handlungsmöglichkeiten eingebunden sind.

Außerdem sind diese methodologischen Konzepte im Kontext produktiver Forschungserfahrungen entstanden und es gelingt ihnen, genaue Regeln für sequentielle Fallanalysen sowie einen sensiblen Umgang mit biographischem Material zu formulieren. Insbesondere das narrationsstrukturelle Verfahren folgt darüber hinaus in allen Forschungsschritten konsequent den Kriterien einer qualitativen Methodologie, in dem es über eine am „theoretical sampling" orientierte Fallauswahl und über kontrastive Fallinterpretationen allmählich zu einer „theoretischen Sättigung", zur Verallgemeinerung von Einzelfällen und zu einer Typologie von biographischen Mustern gelangt. Ich halte es in diesem Zusammenhang im übrigen für wenig sinnvoll, einen künstlichen Gegensatz zwischen einer sozialwissenschaftlichen Biographieforschung, die sich für eine Verallgemeinerbarkeit mindestens im Sinne einer Typenbildung interessiert und einer pädagogischen Biographieforschung, in deren Zentrum die Analyse des

Einzelfalls steht (vgl. MAROTZKI 1991, S. 186), zu konstruieren, da sich auch die erziehungswissenschaftliche Biographieforschung den Qualitätsstandards qualitativer Sozialforschung und dem Problem der Generalisierbarkeit ihrer Aussagen stellen muß.

4.3 Empirische Forschungsaufgaben

Unter Berücksichtigung der hier nur angedeuteten theoretischen und forschungsmethodischen Programmatiken stellen sich für die erziehungswissenschaftliche Biographieforschung zukünftig vorrangig folgende empirische Forschungsaufgaben:

– Erstens die Fortführung und Intensivierung von biographischen Studien, die sich mit den ambivalenten Folgewirkungen einer reflexiven Modernisierung und einer Individualisierung der Lebensführung auf pädagogische Handlungskontexte beschäftigen. Notwendig sind Studien zum Wandel der Geschlechterbeziehungen und -rollen, zur Verflüssigung des pädagogischen Generationsverhältnisses, zur Entstrukturierung, Individualisierung und Restandardisierung des Lebenslaufes, zur Universalisierung von Bildung und zur Pädagogisierung der Lebensführung sowie zur Ausdifferenzierung und zum Wandel pädagogischer Berufsrollen (vgl. KRÜGER 1994, S. 124);

– Zweitens die Fortsetzung von Arbeiten zur sozialgeschichtlichen Autobiographieforschung und von historischen Regionalstudien zu vergangenen Lebensgeschichten, Erziehungs-, Bildungs- und Sozialisationsprozessen sowie Sozialisationsbedingungen in Nachfolgestudien, die zeitgeschichtliche, sozioökonomische und kulturelle Rahmenbedingungen systematisch variieren. Desiderate sind zudem etwa Studien zu Frauen- und Mädchenbiographien im 19. Jahrhundert oder zur Genese historischer Kindergenerationen im 20. Jahrhundert.

– Drittens die Initiierung und Intensivierung von biographischen Projekten, deren Themen sich aus den vielfältigen Folgewirkungen des deutsch-deutschen Vereinigungsprozesses ergeben. Zu denken ist hierbei zum einen an historische Arbeiten zur biographischen Relevanz der Mitgliedschaft in der Pionierorganisation oder der FDJ (vgl. VON WENSIERSKI 1994) oder zur Alltagsgeschichte von Kindheit, Jugend, Familie oder Schule in spezifischen ostdeutschen Regionen seit der Nachkriegszeit, zum anderen an Projekte zu aktuellen Fragestellungen, z.B. der unterschiedlichen biographischen Verarbeitung der Wende in mehreren Generationen, zu der Jutta ECARIUS und ich ein Projekt durchführen (vgl. ECARIUS 1995) oder zu Schüler-, Lehrer- oder Studentenbiographien vor dem Hintergrund der Transformationsprozesse der ostdeutschen Schul- und Hochschullandschaft. Leider können die vorgeschlagenen sozialisationsgeschichtlichen Studien kaum auf biographische Untersuchungen aus der Zeit der DDR zurückgreifen, da in der DDR-Soziologie und erst recht in der Erziehungswissenschaft eine biographische Forschungstradition kaum existiert hat (vgl. LINDNER 1991, 252).

– Viertens die Ingangsetzung einer interkulturell vergleichenden Biographieforschung. Trotz eines angesichts der Internationalisierung von Lebenslagen und Lebensläufen steigenden Bedarfs an grenzüberschreitenden Projekten steckt die kulturvergleichende Biographieforschung in der Erziehungswissenschaft noch in den Kinderschuhen. Finanzierungsprobleme und sprachlich-kulturelle Verständigungsprobleme erweisen sich oft als Hemmnisse. Hinzu kommt die Tatsache, daß die Methodik einer interkulturellen Biographieforschung noch kaum erarbeitet ist, so daß jedes Projekt, das sich mit komperativen Fragestellungen beschäftigt, Neuland betritt. Dennoch gibt es erste Studien im Bereich der Jugendbiographieforschung (DU BOIS-REYMOND/OECHSLE 1990) und auch im Bereich der Kindheitsforschung, z.B. ein Projekt zum Vergleich von Kinderbiographien in Ost-, Westdeutschland und den Niederlanden, das wir vor kurzem abgeschlossen haben (vgl. DU BOISREYMOND/ BÜCHNER/ KRÜGER u.a. 1994). Es bleibt zu hoffen, daß zukünftig auch in anderen Arbeitsfeldern der pädagogischen Biographieforschung interkulturelle Fragestellungen zunehmend an Bedeutung gewinnen.

Notwendig ist im Bereich der pädagogischen Biographieforschung zudem eine stärkere institutionelle Vernetzung der Forschungsaktivitäten. Denn anders als in der Soziologie, wo bereits seit Anfang der 80er Jahre fest institutionalisierte Kooperations- und Kommunikationsformen existieren, gab es solche Netzwerke zwischen pädagogischen Biographieforschern bis vor kurzem nicht. Mit der Gründung der Arbeitsgemeinschaft Erziehungswissenschaftliche Biographieforschung im Rahmen der DGfE ist im Jahre 1994 jedoch eine solche Kooperationsstruktur mit dem Ziel eingerichtet worden, den Arbeitsbereich der pädagogischen Biographieforschung zukünftig professions- und forschungspolitisch besser zu koordinieren und abzusichern.

Literatur

BAACKE, Dieter 1979: Ausschnitt und Ganzes - theoretische und methodologische Probleme bei der Erschließung von Geschichten. In: BAACKE, Dieter/Theodor SCHULZE (Hg.): Aus Geschichten lernen. München, 11-50.
BAACKE, Dieter/Theodor SCHULZE (Hg.) 1979: Aus Geschichten lernen. München
BECK, Ulrich 1976: Risikogesellschaft. Frankfurt a.M.
BECK, Ulrich 1993: Die Erfindung des Politischen. Frankfurt a.M.
BEHNKEN, Imbke/Manuela DU BOIS-REYMOND/Jürgen ZINNECKER 1989: Stadtgeschichte als Kindheitsgeschichte. Opladen.
BERTLEIN, Hans 1960: Das Selbstverständnis der Jugend heute. Hannover/Berlin/Darmstadt/Dortmund.
DU BOIS-REYMOND, Manuela/Peter BÜCHNER/Heinz-Hermann KRÜGER u.a. 1994: Kinderleben. Modernisierung von Kindheit im interkulturellen Vergleich. Opladen.
DU BOIS-REYMOND, Manuela/Mechthild OECHSLE (Hg.) 1990: Neue Jugendbiographie?
BUDE, Heinz 1987: Deutsche Karrieren. Lebenskonstruktionen sozialer Aufsteiger der Flakhelfer-Generation. Frankfurt a.M.
BÜHLER, Charlotte (Hg.) 1932: Jugendtagebuch und Lebenslauf. Jena.
BÜHLER, Charlotte 1934.: Drei Generationen im Jugendtagebuch. Jena.
CLOER, Ernst/Dorle KLIKA/Michael SEYFARTH-STUBENRAUCH 1991: Versuch zu einer pädagogisch-biographisch-historischen Sozialisations- und Bildungsforschung, Kindsein in Arbeiter- und Bürgerfamilien des Wilhelminischen Reiches. In: BERG, Christa (Hg.): Kinderwelten, Frankfurt a.M., 68-103.

DILTHEY, Wilhelm 1910: Der Aufbau der geschichtlichen Welt in den Geisteswissenschaften. In: DILTHEY, Wilhelm ³1961: Gesammelte Schriften, Bd. 7, Stuttgart/Göttingen, 79-291.
DUDEK, Peter 1990: Jugend als Objekt der Wissenschaften. Opladen.
ECARIUS, Jutta 1995: Generationenbeziehungen in ostdeutschen Familien. In: LÖW, Martina u.a. (Hg.) 1995: Pädagogik im Umbruch. Opladen, 171-186.
FISCHER, Wolfram/Martin KOHLI 1987: Biographieforschung. In: VOGES, Wolfgang (Hg.): Methoden der Biographie- und Lebenslaufforschung. Opladen, 25-50.
FISCHER-ROSENTHAL, W. 1991: Williams Thomas/Florian Znaniecki: „The Polish Peasant in Europe and America". In: FLICK, Ulrich u.a. (Hg.): Handbuch Qualitative Sozialforschung. München, 115-118.
FRIEBERTSHÄUSER, Barbara 1992: Übergangsphase Studienbeginn. Weinheim/München.
FUCHS, Werner 1984: Biographische Forschung. Opladen.
FUCHS-HEINRITZ, Werner 1993: Methoden und Ergebnisse der qualitativ orientierten Jugendforschung. In: KRÜGER, Heinz-Hermann (Hg.) ²1993: Handbuch der Jugendforschung. Opladen, 249-275.
FUCHS-HEINRITZ, Werner/Heinz-Hermann KRÜGER 1991: Feste Fahrpläne durch die Jugendphase? Jugendbiographien heute. Opladen.
GAMM, Hans-Jochen 1967: Zur Frage einer pädagogischen Kasuistik. In: Bildung und Erziehung 20, 1967, 321-329.
HARNEY, Klaus/Jochen KADE 1990.: Von der konventionellen Berufsbiographie zur Weiterbildung als biographischem Programm - Generationslage und Betriebserfahrung am Beispiel von Industriemeistern. In: KRÜGER, Heinz-Hermann (Hg.): Abschied von der Aufklärung? Perspektiven der Erziehungswissenschaft. Opladen, 211-223.
HEINZ, Walter/Helga KRÜGER 1990: Jugendliche vor den Hürden des Arbeitsmarktes. In: DU BOIS-REYMOND, Manuela/Mechthild OECHSLE (Hg.): Neue Jugendbiographie? Opladen, 79-93.
HEINZ, Walter/Helga KRÜGER u.a. 1985: „Hauptsache eine Lehrstelle." Jugendliche vor den Hürden des Arbeitsmarktes. Weinheim/Basel.
HEITMEYER, Wilhelm/Thomas OLK (Hg.) 1990: Individualisierung von Jugend. Weinheim/München.
HENNINGSEN, Jürgen 1962: Autobiographie und Erziehungswissenschaft. Eine methodologische Erörterung. In: Neue Sammlung 1962, 450-461.
HERRMANN, Ulrich 1991a: 'Innenansichten', Erinnerte Lebensgeschichte und geschichtliche Lebenserinnerung, oder: Pädagogische Reflexion und ihr Sitz im Leben! In: BERG, Christa (Hg.): Kinderwelten, Frankfurt, 41-67.
HERRMANN, Ulrich 1991b: Kindheit., Jugendalter und Familienleben in einem schwäbischen Dorf vor dem Ersten Weltkrieg. In: HERRMANN, Ulrich: Historische Bildungsforschung und Sozialgeschichte der Bildung. Weinheim, 161-174.
HIRSCH, Gertrude 1990: Biographie und Identität des Lehrers. Weinheim/München.
JAKOB, Gisela 1993.: Zwischen Dienst und Selbstbezug. Opladen.
JEGGLE, Ulrich 1991: Volkskunde. In: FLICK, Uwe u. (Hg.): Handbuch Qualitative Sozialforschung. München, 56-59.
KADE, Jochen 1989: Erwachsenenbildung und Identität. Weinheim.
KLAFKI, Wolfgang 1991: Typische Faktorenkonstellation für Identitätsprozesse von Kindern und Jugendlichen im Nationalsozialismus im Spiegel autobiographischer Berichte. In: BERG, Christa/Siglind ELLGER-RÜTTGARDT (Hg.): „Du bist nichts, Dein Volk ist alles". Forschungen zum Verhältnis von Pädagogik und Nationalsozialismus. Weinheim, 159-172.
KLEWITZ, Marion 1987: Lehrersein im Dritten Reich. Weinheim/München.
KOHLI, Martin 1978: Erwartungen an eine Soziologie des Lebenslaufes. In: KOHLI, Martin (Hg.): Soziologie des Lebenslaufes. Darmstadt/Neuwied, 9-31.

KOKEMOHR, Rainer/Winfried MAROTZKI (Hg.) 1989: Biographien in komplexen Institutionen. Studentenbiographien I. Frankfurt a.m./Bern/New York.

KRÜGER, Heinz-Hermann 1994: Allgemeine Pädagogik auf dem Rückzug? In: KRÜGER, Heinz-Hermann/Thomas RAUSCHENBACH (Hg.): Erziehungswissenschaft. Weinheim/München, 115-130.

KRÜGER, Heinz-Hermann 1993: Theoretische und methodische Grundlagen der historischen Jugendforschung. In: KRÜGER, Heinz-Hermann (Hg.): Handbuch der Jugendforschung. Opladen, 279-304.

KRÜGER, Heinz-Hermann 1989: Qualitative Jugendforschung. In: HELD, Josef (Hg.): Subjektbezogene Jugendforschung. Hamburg, 1-15.

KRÜGER, Heinz-Hermann/Jutta ECARIUS/Cathleen GRUNERT 1994: Kinderbiographien: Verselbständigungsschritte und Lebensentwürfe. In: DU BOIS-REYMOND, Manuela/Peter BÜCHNER/Heinz-Hermann KRÜGER u.a.: Kinderleben. Opladen, 212-271.

KRÜGER, Heinz-Hermann/Hans-Jürgen VON WENSIERSKI 1995: Biographieforschung. In: KÖNIG, Eckard/Peter ZEDLER (Hg.): Bilanz qualitativer Forschung, Bd. II, Weinheim, 183-224.

LINDNER, Bernd 1991: Biographische Forschung in Ostdeutschland. In: BIOS. Zeitschrift für Biographieforschung und Oral History 4, 247-259.

LOCH, Werner 1979: Lebenslauf und Erziehung. Essen.

MAROTZKI, Winfried 1990.: Entwurf einer strukturalen Bildungstheorie. Weinheim.

MAROTZKI, Winfried 1991: Ideengeschichtliche und programmatische Dimensionen pädagogischer Biographieforschung. In: HOFFMANN, Dietrich (Hg.): Bilanz der Paradigmendiskussion in der Erziehungswissenschaft. Weinheim, 81-110.

MAURER, Friedemann (Hg.) 1991: Lebensgeschichte und Identität. Beiträge zu einer biographischen Anthropologie. Frankfurt a.M.

MISCH, Georg 1900: Geschichte der Autobiographie 4 Bde., Frankfurt 1949.

MOLLENHAUER, Klaus/Uwe UHLENDORFF 1995: Sozialpädagogische Diagnosen II. Weinheim/München.

NIETHAMMER, Lutz (Hg.) 1980: Lebenserfahrung und kollektives Gedächtnis. Frankfurt a.M.

NITTEL, Dieter 1992: Gymnasiale Schullaufbahn und Identitätsentwicklung. Weinheim.

OEVERMANN, Ulrich 1988: Eine exemplarische Fallrekonstruktion zum Typus versozialwissenschaftlicher Identitätsformation. In: BROSE, Hans-Gerd/Bruno HILDENBRAND (Hg.): Vom Ende des Individuums zur Individualität ohne Ende. Opladen, 243-286.

OEVERMANN, Ulrich u.a. 1979: Die Methodologie einer objektiven Hermeneutik und ihre allgemeine forschungslogische Bedeutung in den Sozialwissenschaften. In: SOEFFNER, H. G. (Hg.): Interpretative Verfahren in den Sozial- und Textwissenschaften. Stuttgart, 352-433.

REICHWEIN, Susanne/Thomas FREUND 1992: Karrieren, Action, Lebenshilfe. Jugend im Verband. Opladen.

ROESSLER, Wilhelm 1957: Jugend im Erziehungsfeld. Düsseldorf.

ROUSSEAU, Jean-Jacques: Emile 1762. Hrsg. von Ludwig Schmidts. Paderborn 1971

SANDER, Uwe/Ralf VOLLBRECHT 1985: Zwischen Kindheit und Jugend. Weinheim/München.

SCHULZE, Theodor 1993: Biographisch orientierte Pädagogik. In: BAACKE, Dieter/ Theodor SCHULZE (Hg.): Aus Geschichten lernen. Weinheim/München, 2. Auflage, 13-40.

SCHULZE, Theodor 1991: Pädagogische Dimensionen der Biographieforschung. In: HOERNING, Erika u.a. Biographieforschung und Erwachsenenbildung. Bad Heilbrunn, 135-181.

SCHULZE, Theodor 1995: Erziehungswissenschaftliche Biographieforschung. Anfänge, Fortschritte, Ausblicke. In: KRÜGER, Heinz-Hermann/Winfried MAROTZKI (Hg.): Erziehungswissenschaftliche Biographieforschung. Opladen, 55-89.
SCHÜTZE, Fritz 1983: Biographieforschung und narratives Interview. In: Neue Praxis, 283-293.
SCHÜTZE, Fritz 1992: Sozialarbeit als „bescheidene" Profession. In: DEWE, Bernd u.a. (Hg.): Erziehen als Profession. Opladen, 132-170.
SPANHEL, Dieter (Hg.) 1988: Curriculum vitae. Beiträge zu einer biographischen Erziehungstheorie. Essen.
TERHART, Ewald 1995: Lehrerbiographien. In: KÖNIG, Eckard/Peter ZEDLER (Hg.): Bilanz qualitativer Forschung. Bd. 2, Weinheim, 225-264.
TIETGENS, Hans 1991: Ein Blick der Erwachsenenbildung auf die Biographieforschung. In: HOERNING, Erika u.a.: Biographieforschung und Erwachsenenbildung. Bad Heilbrunn, 206-223.
THOMAE, Hans 1991: Biographische Methoden in der Psychologie. In: FLICK, Uwe u.a. (Hg.): Handbuch Qualitative Sozialforschung. München, 249-253.
VOLLBRECHT, Ralf 1993: Ost-west-deutsche Widersprüche. Ostdeutsche Jugendliche nach der Wende und im Westen. Opladen.
VON WENSIERSKI, Hans-Jürgen 1994: Mit uns zieht die alte Zeit. Biographie und Lebenswelt junger DDR-Bürger im Umbruch. Opladen.
WIERLING, Dorothea 1991: Geschichte. In: Flick, Uwe u.a.: Handbuch Qualitative Sozialforschung. München, 47-52.

Reinhard Fatke

Fallstudien in der Erziehungswissenschaft[1]

„*De singularibus non est scientia.*" („Aus Einzelfällen entsteht keine Wissenschaft.") Dieser Grundsatz bestimmt seit der Antike den Charakter von Wissenschaft. Spätestens seit ARISTOTELES ist das Wesen einer Erscheinung durch die Regelmäßigkeit und die Häufigkeit ihres Auftretens bestimmt und ist Wissenschaft begrifflich dadurch ausgezeichnet, daß sie Allgemeingültiges, Regelhaftes, Gesetzmäßiges aussagt - also Allgemeines, das über den jeweiligen Einzelfall hinausweist. Der Wissenschaftscharakter von Aussagen erweist sich darin, daß diese den Einzelfall subsumieren und nach allgemeinen Regeln erklären. Auch wenn dies manchmal so weit geht, daß konkrete Einzelfälle von den allgemeinen Aussagen nicht mehr gedeckt werden, tut es der genannten Bestimmung von Wissenschaft keinen Abbruch, insofern als dies Besondere dann lediglich als Sonderfall oder Ausnahme von der Regel gilt.

Auch in der Geschichte der Pädagogik als wissenschaftlicher Disziplin ist - bei aller Besonderheit, mit der die Pädagogik als Praxis jeweils zu tun hat - immer wieder das Allgemeine im Sinne des Allgemeingültigen und Regelhaften angestrebt worden. Dies gilt sowohl für die aus der Philosophie hervorgegangene systematisch-theoretische Pädagogik als auch für die aus den modernen Erfahrungswissenschaften, vor allem Psychologie und Soziologie, heraus entstandene empirische Erziehungswissenschaft. In beiden Strömungen geht es nicht vorrangig darum, in induktiver Weise vom Besonderen zum Allgemeinen zu gelangen, sondern es geht um die Anwendung allgemeiner Aussagensysteme auf jeweils besondere Gegebenheiten (Personen, Situationen, Aufgaben usw.) bzw. um die Aggregation von Einzeldaten nach wissenschaftstheoretisch und methodologisch festgelegen Verfahren zwecks Formulierung von (allgemeingültigen) Regelhaftigkeiten. Grundsatz dieser Auffassung von Wissenschaft ist, daß das Besondere nicht zum Allgemeinen führen könne und nur im Allgemeingültigen sich der Wissenschaftscharakter der Pädagogik erweise.

Diesen Strömungen jedoch steht in der Pädagogik auch eine Gegenrichtung gegenüber, die historisch auf jeden Fall älteren Ursprungs ist (Jean-Jacques ROUSSEAU, Joachim Heinrich CAMPE, Christian Gotthilf SALZMANN u.a. wären zu nennen; s. auch die Hinweise bei HERRMANN 1991; LARCHER 1996), die von konkreten Fällen des Erziehungsgeschehens, von Geschichten ausgeht und von dort zu allgemeinen und allgemeingültigen Einsichten gelangen will. In sehr dezidierter Weise postulierte beispielsweise HÖNIGSWALD (1927, S. 214f.): „Ein einziger, wirklich analysierter Fall eines pädagogischen

---

[1] Dieser Beitrag ist ursprünglich nicht für das vorliegende Handbuch konzipiert worden, sondern aus einer Bearbeitung zweier Aufsätze in der "Zeitschrift für Pädagogik" (FATKE 1995a; 1995b) entstanden. Er kam kurzfristig auf Bitten der Herausgeberinnen zustande, weil der ursprünglich vorgesehene Beitrag eines anderen Autors ausblieb.

Verhaltens [...] hat für die Theorie der Pädagogik mehr wissenschaftlichen Wert als ein ganzes Heer statistischer Angaben über das Zusammenbestehen von Merkmalen und Reaktionsweisen. Der gedankliche Querschnitt durch einen einzigen Fall eines pädagogischen Vorgangs und dessen Verknüpfung mit anderen bedeutet unendlich viel mehr als die üppigste Zusammenstellung nach Gesichtspunkten der äußeren Zweckmäßigkeit und der Konvention."
Heutzutage ist die Frontstellung gegenüber der empirisch-analytischen Erziehungswissenschaft in der Regel nicht mehr so schroff, sondern es wird eher ein sich gegenseitig befruchtendes Nebeneinander angestrebt. Dennoch tun sich auch heute noch Befürworter von Fallstudien in der Pädagogik schwer, den Diskurs um den Wissenschaftscharakter der Pädagogik, offensiv zu führen. Dabei könnten sie, zumindest teilweise, sogar auf Verständnis von seiten der empirisch orientierten Erziehungswissenschaft hoffen, hatte doch schon H. ROTH (1958, S. 36), ein Erneuerer der erfahrungswissenschaftlichen Pädagogik nach dem Zweiten Weltkrieg, die Einzelfallforschung gleichrangig neben die Statistik und das Experiment gestellt. Und auch ein jüngerer, ebenfalls prononcierter Vertreter der empirischen Erziehungswissenschaft spricht von einer „traditionellen Unterschätzung der Möglichkeiten der E[inzelfall]-Forschung und einer traditionellen Überschätzung der Gruppenforschung" (KRUMM 1981, S. 96).

Kurzer historischer Rückblick: Fallarbeit und Fallstudie

In den vergangenen rund 15 Jahren hat es zahlreiche, in zwei Wellen auftretende Versuche gegeben, die Beschäftigung mit Einzelfällen nicht nur als die weithin geübte Form pädagogischer *Praxis* auszuweisen, sondern vor allem als ein legitimes und zudem ertragreiches Verfahren wissenschaftlicher *Erkenntnisgewinnung* in der Pädagogik als Disziplin zu begründen.
Anfang der 80er Jahre gab es einen ersten Trend, dem verschiedene Faktoren zugrunde lagen und der zwar nicht ein grundsätzliches wissenschaftstheoretisches und methodologisches Umdenken in der Pädagogik bewirkte, aber doch eine (erneute) Hinwendung des pädagogischen Sehens und Denkens zu dem konkreten Geschehen im Erziehungsalltag und den daran beteiligten Personen, den „Fällen und Unfällen in der Erziehung" (ERTLE/MÖCKEL 1981) zur Folge hatte. Als Faktoren, die diese Entwicklung begünstigten, sind vor allem die folgenden zu nennen (auf die ersten drei hat bereits BINNEBERG [1985, S. 773 f.] aufmerksam gemacht):
(1) ein „Bedürfnis der pädagogischen Praxis nach höherer Anschaulichkeit und Wirksamkeit der pädagogischen Theorie";
(2) Kasuistik „als Teil einer Bewegung, die auch in anderen Wissenschaften eine Interessenverschiebung und Aspektverlagerung bewirkt hat";
(3) der „Wunsch nach einer methodischen Korrektur in der erziehungswissenschaftlichen Forschung";
(4) eine gewisse Ernüchterung, zum Teil auch Enttäuschung hinsichtlich des Ertrags und der pädagogisch-praktischen Ergiebigkeit der empirischen Forschung in der Pädagogik; vor allem ihr Mangel an ökologischer Validität

und lebensweltlicher Relevanz wurden beklagt (weitere Hinweise bei BILLER 1988, S. 3);

(5) eine stärkere Hinwendung von pädagogischer Theorie und Praxis zum „Alltag" und zur „Lebenswelt" der in erzieherische Prozesse Involvierten, womit sich die Hoffnung verband, der Vielschichtigkeit und Mehrdimensionalität des erzieherischen Geschehens besser entsprechen und die Kompetenzen der Adressaten zur Gestaltung ihrer Lebenswelt unverstellter entdecken und konstruktiv umsetzen zu können (LENZEN 1980; SCHRÜNDER 1982; THIERSCH 1986);

(6) eine narrative Orientierung, die in einige Bereiche der Pädagogik Einzug hielt und den pädagogisch-theoretischen Erkenntniswert vor allem von erzählten Geschichten, Autobiographien und Bildungsromanen herauszuarbeiten versuchte (siehe z.b. BAACKE/SCHULZE 1979; HENNINGSEN 1981; OELKERS 1985);

(7) eine zunehmende Betonung qualitativer Verfahren zur Datengewinnung und -auswertung, die sowohl durch die lebensweltlich orientierte Perspektive als auch durch den narrativen Ansatz nahegelegt wurden und damit auch der „klassischen Methode" pädagogischer Erkenntnisgewinnung, der Fallanalyse, zu neuer Aufmerksamkeit verhalfen.

Diese Entwicklungen innerhalb der pädagogischen Disziplin haben in der Folge eine größere Zahl von Publikationen hervorgebracht, die die Bedeutung von Fallstudien für die Gewinnung pädagogischer Erkenntnisse diskutierten und z.T. auch anhand konkreter Beispiele zu belegen versuchten (an dieser Stelle seien lediglich die wichtigsten Bücher und einige Artikel genannt, die die Diskussion wesentlich mitbestimmt haben): AUFENANGER 1986; BRÜGELMANN 1982; FISCHER 1982, 1983; HASTENTEUFEL 1980; KAISER 1983; KERKHOFF 1981, S. 69-184; LEHMANN/VOGEL 1984; MÜLLER et al. 1986; PETERMANN/HEHL 1979; TERHART 1985.

Doch trotz dieser vielen Bemühungen gibt es immer noch keinen einheitlichen, klaren Begriffsgebrauch, sondern vielmehr herrscht eine verwirrende Vielfalt: So wird von Fallbericht, Fallanalyse, Fallstudie, Fallmethode, Falldarstellung, Fallgeschichte, Fallbeschreibung u.ä. gesprochen, ohne daß immer genaue Abgrenzungen vorgenommen würden. Desgleichen werden keine klaren Unterschiede zwischen den praktischen und den wissenschaftlichen Dimensionen, die bei der Bearbeitung eines Falls eine Rolle spielen, getroffen. Ferner bleibt unklar, worin sich eine pädagogische Beschäftigung mit Fällen von anderen pädagogischen Tätigkeiten, sofern sie auf einzelne Personen gerichtet sind, unterscheidet. Schließlich wird nicht hinreichend differenziert, worin das spezifisch Pädagogische einer Fallarbeit oder einer Fallstudie im Unterschied z.B. zu einer psychologischen, therapeutischen oder sozialen Fallarbeit bzw. Fallstudie besteht.

Weitgehende Einigkeit jedoch scheint darin zu bestehen, daß die Tätigkeiten, die mit den genannten Begriffen umschrieben sind, jeweils mehrere Facetten haben, die auseinandergehalten werden müßten, aber deren Beziehung zueinander es auch näher zu klären gälte. So ist grundsätzlich zu unterscheiden zwischen einer *Fallarbeit* in der Praxis, in der - meist zu einer konkreten Person (z.B. Schüler, Klientin u.ä.) - alle erreichbaren Informationen zusammengetragen und durch eigene Beobachtungen, Befragungen oder sonstige Erhebungen ergänzt werden, damit auf dieser Grundlage eine (Erziehungs-)Maßnahme oder eine (sozialarbeiterische) Intervention geplant und ausgeführt werden kann, wobei die fortlaufende Evaluation der Auswirkungen dieser Maßnahme bzw. Intervention konstitutiver Bestandteil der Fallarbeit ist. Fallarbeit zielt also vorrangig auf die praktische Lösung eines Praxisproblems, das sich in der Regel in der Auffälligkeit - eben in auf-*fall*-enden Verhaltensmustern - einer Person (oder einer Gruppe) manifestiert.

Eine *Fallstudie* geht darüber hinaus, insofern als sie die Informationen über eine bestimmte Person wissenschaftlich analysiert, d.h. auf methodisch kontrollierte (i.e. in der Regel hermeneutische) Weise den Einzelfall mit vorhandenen allgemeinen Wissensbeständen in Beziehung setzt, um zu prüfen, was am Fall aus diesen Wissensbeständen heraus erklärbar ist und was an den Wissensbeständen aus diesem Fall heraus zu differenzieren und gegebenenfalls zu korrigieren ist. Die Fallstudie zielt also auf (Prüfung oder Erweiterung bestehender oder Gewinnung neuer wissenschaftlicher) *Erkenntnis*. Diese kann dann auch, je nach Gegebenheit, auf den konkreten Ausgangsfall oder aber auf einen anderen, ähnlich strukturierten Fall praktisch angewendet werden; aber dieser Vorgang der Anwendung ist nicht mehr unbedingt Bestandteil der Fallstudie.

Der häufig gebrauchte Begriff „Kasuistik" kann beides meinen, hat somit den Vorzug, daß er als übergeordneter, umfassender Begriff verwendet werden kann, hat aber zugleich den Nachteil, daß meist im unklaren bleibt, ob vorrangig die praktische Arbeit am Fall oder das wissenschaftliche Erkenntnisbemühen gemeint ist. Beides schließt einander zwar nicht aus, sondern sollte sogar günstigstenfalls zusammengeführt werden, aber es sind doch unterschiedliche Aufgaben und Tätigkeiten, denen auch unterschiedliche Handlungslogiken zugrunde liegen. Aus diesem Grund ist ein differenzierender Begriffsgebrauch (*Fallarbeit* und *Fallstudie*) vorzuziehen.

In der Mitte der achtziger Jahre ist es um die Fallstudien in der Pädagogik wieder stiller geworden. Zwar ist noch eine kleine Monographie zum Thema erschienen (BILLER 1988), und hier und da findet sich noch ein einschlägiger Zeitschriftenaufsatz (z.B. HEILIGENMANN 1989); aber eine breitere Diskussion und vor allem eine Verankerung von Fallstudien in wissenschaftstheoretischen und methodologischen Begründungen der Pädagogik sind nicht festzustellen. Erst in jüngerer Zeit hat das Thema wieder größere Aufmerksamkeit erlangt, und zwar mindestens in vier verschiedenen Diskurszusammenhängen:

(1) Die Sozialpädagogik und noch stärker die Sozialarbeit, in deren Tradition die praktische Einzelfallhilfe (*case work*) einen festen methodischen Bestandteil bildet (NEUFFER 1990; POSSEHL 1990), haben im Zusammenhang mit der Erörterung professioneller Kompetenzen von Sozialpädagogen und Sozialarbeiterinnen neuerdings auch die Diskussion um die Fallarbeit wiederbelebt (DEWE et al. 1992; C. W. MÜLLER 1992; GILDEMEISTER 1992). Auf dem Hintergrund des Lebenswelt-Konzepts (THIERSCH 1992; DEWE et al. 1993; RAUSCHENBACH et al. 1993) wird die Fallarbeit als ein besonders geeignetes Instrument gesehen, den bei den Adressaten vor-

handenen Kompetenzen und Ressourcen gerecht zu werden und ihnen zu einem „gelingenderen Alltag" (THIERSCH) zu verhelfen. KRAIMER (1994) betrachtet die „qualitative Einzelfallstudie" geradezu als den „Königsweg in der Sozialen Arbeit" (S. 162 ff.) und postuliert, daß mit dem Konzept der Lebenswelt und insbesondere dem der lebensweltlichen Kasuistik das Pädagogische in der Sozialarbeit und Sozialpädagogik zurückgewonnen werden könne bzw. daß das Fallverstehen, neben der „stellvertretenden Deutung", die disziplinäre „Heimatlosigkeit" der Sozialarbeit/Sozialpädagogik aufheben und den „Weg zu einer eigenständigen Profession" ebnen könne (HAUPERT/KRAIMER 1991). B. MÜLLER (1994) sieht die professionelle Kompetenz von Sozialpädagogen, das „sozialpädagogische Können", geradezu in der (multiperspektivischen) Fallarbeit konzentriert.

(2) Die Erkenntnis, daß Erziehung immer eingebettet ist in - und forschungsmäßig zu rekonstruieren ist aus - Lebensläufen, hat in der Pädagogik zu einem neuen Interesse an dem Zusammenhang von Biographie und Erziehungs- und Bildungsprozessen geführt. Nach mehreren Beispielen pädagogischer Biographie- und Autobiographieforschung in den achtziger Jahren (s. die Übersicht bei SCHULZE 1993a) wird in jüngerer Zeit verstärkt auch theoretisch und methodologisch das Verhältnis von Lebensgeschichten und erziehungswissenschaftlicher Erkenntnis erörtert (BAACKE 1993a; SCHULZE 1993b; KOLLER/KOKEMOHR 1994 KRÜGER/MAROTZKI 1995).

(3) Aus dem immer noch bestehenden bzw. stets neu entstehenden Unbehagen der Pädagogik an der mangelnden theoretischen und praktischen Ergiebigkeit einer ausschließlich quantitativ verfahrenden erziehungswissenschaftlichen Forschung heraus werden vermehrt qualitative bzw. interpretative Verfahren aus anderen wissenschaftlichen Disziplinen rezipiert, die der Komplexität, der ökologischen Validität und der Praxisrelevanz der zu untersuchenden Fragen stärker Rechnung tragen. In diesem Zusammenhang seien - außer den beiden Verfahren, die sich besonders gut für die obengenannte pädagogische Biographie- und Autobiographieforschung eignen, nämlich der „objektiven Hermeneutik" (OEVERMANN 1993; GARZ 1994) und dem „narrativen Interview" (SCHÜTZE 1983; 1994) - exemplarisch genannt: die qualitative Inhaltsanalyse (MAYRING 1993) und die ethnographische Feldforschung (FRIEBERTSHÄUSER 1996).

(4) Die Psychoanalytische Pädagogik, die bereits in den 20er Jahren einen großen Teil ihrer Theorieentwicklung auf der Grundlage der Analyse von Einzelfällen vorgenommen hatte (das zentrale Publikationsorgan „Zeitschrift für Psychoanalytische Pädagogik", 1926-1937, war geradezu eine Fundgrube von Falldarstellungen und -analysen), ist nach dem Zweiten Weltkrieg zunächst nur in vereinzelten Ansätzen wiederbelebt worden, hat dann aber mit der Einrichtung einer Wissenschaftlichen Arbeitsgemeinschaft auf Zeit „Pädagogik und Psychoanalyse" in der Deutschen Gesellschaft für Erziehungswissenschaft und der 1993 erfolgten Gründung der Kommission „Psychoanalytische Pädagogik" in der DGfE eine neue Wirksamkeit entfaltet. In diesem Zusammenhang wurden auch die grundlegenden Fragen nach

dem Verhältnis der beiden Disziplinen Pädagogik und Psychoanalyse zueinander, aber auch das Verhältnis von Einzelfall-Erkenntnis und allgemeingültigem Wissen bearbeitet (s. dazu auch das Themenheft „Pädagogisches Fallverstehen" der „Zeitschrift für Pädagogik" 1995, Heft 5; ferner STUHR/DENEKE 1993).
Allerdings ist nach wie vor ein Problem wenig geklärt, das sowohl für die Begründung von Fallstudien als auch für die Vermittlung von pragmatischer Pädagogik und empirisch-analytischer Erziehungswissenschaft bzw. von qualitativer und quantitativer Forschung zentral ist: das Verhältnis von Besonderem und Allgemeinem in Fallstudien[2]. Diesem Problem widmen sich die folgenden Überlegungen, indem zunächst gefragt wird, was einen „Fall" überhaupt ausmacht, und anschließend überlegt wird, wie allgemeine theoretische Aussagen aus Besonderheiten herausgearbeitet werden können (ausführlicher dazu FATKE 1995b).

Was ist ein „Fall"?

Es wird zwar immer wieder unterstrichen, daß der Begriff „Fall" nicht ausschließlich auf individuelle Personen und ihre Lebens- oder Erziehungs-/Bildungsgeschichte - bzw. ihre Problem- oder Krankheitsgeschichte - beschränkt werden dürfe, sondern auch auf Gruppen (z.B. eine Familie, eine Schulklasse, eine Jugendclique) und sogar auf noch größere und letztlich auch abstrakte Einheiten, wie z.B. eine Bildungsinstitution, einen Lehrplan oder gar eine Erziehungstheorie, angewendet werden könne (s. dazu BILLER 1988, S. 35 ff.); aber im Zentrum kasuistischer Diskussionen stehen letztlich doch immer wieder einzelne Personen mit (Ausschnitten aus) ihren Lebensgeschichten.
Wichtiger als diese Begriffsabgrenzung bzw. -ausweitung jedoch ist es, sich darüber klar zu sein, daß ein Fall - gleichgültig welche Einheit damit gemeint ist - nur unter besonderen Bedingungen in die Aufmerksamkeit eines Betrachters tritt. Diese Bedingungen können dann gegeben sein, wenn ein Geschehen auf-*fällt*, d.h. sich vom Gewohnten, Normalen, Durchschnittlichen abhebt. „Das Alltägliche, Selbstverständliche, Wiederkehrende, immer schon Vorhandene und Bewältigte wird selten als Fall vorgestellt, sondern das, was sich als Konflikt, als besonderes Ereignis, als Denkwürdiges und Merkwürdiges, als Unerwartetes und Unvorhergesehenes aus dem Geschehensablauf heraushebt." (GÜNTHER 1978, S. 167) Erst so wird es sichtbar und registriert, wie eine Figur auf einem Grund. Darstellungen von Einzelfällen können aber auch der exemplarischen Illustration dienen (z.B. BÜCHNER/FUHS 1993). Damit ist zugleich gesagt, daß an jeglicher Wahrnehmung von etwas Besonderem, Eigenartigem, Individuellem immer schon etwas Allgemeines, Allgemeingültiges in Form einer Wahrnehmungsfolie oder eines Wahrnehmungsgrundes beteiligt ist, wie ein Ausschnitt erst im Ganzen seine Bedeutung erlangt (BAACKE 1993 b).

---

[2] Ein weiteres Problem, das freilich noch seltener erörtert wird, ist, worin das spezifisch Pädagogische in Fallstudien besteht und wie sich dies von anderen (z.B. psychologischen) Dimensionen unterscheiden läßt. Dem Problem kann in diesem Beitrag jedoch nicht nachgegangen werden.

Dies gilt auch für die Praxis der *Fallarbeit*, insofern als ihre primäre Aufgabe darin besteht, daß sich derjenige, der einen Fall bearbeitet, zunächst und vor allem Rechenschaft darüber abzulegen hat, aus welchem Grunde der Fall in seine Aufmerksamkeit und damit in seine Bearbeitungskompetenz tritt. Das Einmalige, Individuelle ist also auf das Normativ-Allgemeine des Wahrnehmungs- und Beurteilungshintergrundes hin zu prüfen. Nur so läßt sich verhindern, daß vorgefaßte Kategorien, etwa von Abweichungen im Sozial- oder Leistungsverhalten (beispielsweise „delinquent", „krank", „gestört", „minderbegabt" o.ä.), den spezifischen Ausprägungen des Einzelfalls übergestülpt werden und damit das Einmalige und Besondere zudecken (dies ist aus der Devianzforschung als Etikettierungs- und Stigmatisierungseffekt hinlänglich bekannt).

In der *Fallstudie*, die auf wissenschaftliche Erkenntnis zielt, ergibt sich das zusätzliche Problem, daß das Ergebnis der Fallanalyse zu den vorhandenen allgemeinen Wissensbeständen in Beziehung gesetzt werden muß, um den Fall als einen typischen, exemplarischen auszuweisen, der eine wissenschaftlich-theoretische Erkenntnis sichtbar macht und die allgemeinen Wissensbestände bereichert. *Daß* dies zu geschehen hat, wird zwar wiederholt postuliert (allerdings nicht immer, denn viele Autoren geben sich mit einer rein illustrativen Funktion von Fallstudien - besser: Fallschilderungen - für theoretische Aussagen zufrieden); aber *wie* das geschehen kann, wird relativ selten oder aber in unzulänglicher Weise erörtert. „Leider wird das Verfahren, allgemeine Aussagen aus dem empirischen Material [...] zu generieren, selten konkret beschrieben. Damit ist eine eigentlich entscheidende Phase des qualitativen Forschungsprozesses schwer durchschaubar und tendenziell einer wissenschaftlichen Kritik entzogen." (FALTERMAIER 1990, S. 207; aus dem Bereich der Sozialarbeit hat in jüngerer Zeit SCHÜTZE [1993] eine überzeugende exemplarische Fallanalyse vorgelegt.)

B. MÜLLER (1994) nimmt eine recht einfache Bestimmung des Verhältnisses von Besonderem und Allgemeinem im Einzelfall vor. Zwar geht es ihm in erster Linie um eine „praktische Anleitung zur Arbeit mit Fällen" (S. 150), also um *Fallarbeit* und nicht um *Fallstudien* in wissenschaftlicher Absicht; aber dennoch streift er immer wieder grundsätzliche Fragen. Er geht durchgängig davon aus, daß „Interpretationsperspektiven" bzw. „Verallgemeinerungen" an die Fälle „herangetragen" würden (S. 16); somit würden die Fälle zu „Testfälle[n] ..., sofern sie beispielhaft überprüfbar machen sollen, ob die benutzten Interpretationsschemata heuristisch fruchtbar sind, d.h. ein besseres Fallverstehen ermöglichen" (S. 16). Wie jedoch der Vorgang, in welchem das „Herantragen von Verallgemeinerungen" das Besondere der Fallgeschichten besser verständlich macht, aussehen soll, wird nicht näher erläutert.

Das Verhältnis von Besonderem und Allgemeinem

Das Problem ist vielschichtig und theoretisch kompliziert, jedenfalls dann, wenn dem Einzelfall eine Funktion zugemessen werden soll, die über die didaktischen Zwecke hinausgeht, für die „Fallgeschichten" üblicherweise in der Pädagogik und Erziehungswissenschaft verwendet werden. In vielen Fällen beschränkt sich nämlich die Vermittlung von Besonderem und Allgemeinem darauf, entweder anhand von Fallbeispielen aus der Erziehungspraxis theoretische Aussagen didaktisch zu veranschaulichen oder wissenschaftliche Sätze mit Fallbeispielen zu „bestätigen". Gerade bei letzterem Vorgehen besteht immer die Gefahr, die Fälle nur unter der Perspektive dieser wissenschaftlichen Sätze zu betrachten, so daß Neuartiges gar nicht erst in den Blick gelangen kann. Die eigentliche wissenschaftliche Leistungsfähigkeit von Fallstudien für allgemeine Erkenntnisse besteht aber vielmehr darin, diese zu erweitern, gegebenenfalls zu korrigieren, besteht mithin in der Funktion der *Theoriebildung* (s. auch GAMM 1967, S. 324; ERTLE/MÖCKEL 1981, S. 165f.; TERHART 1985; BILLER 1988, S. 43ff.). Das setzt größtmögliche Offenheit, Unvoreingenommenheit und Selbstkritik in der Betrachtung und Analyse des Einzelnen und Besonderen des Falls voraus.

Natürlich wäre es ein Mißverständnis, wenn man meinte, allein aus einer einzigen Fallschilderung ließen sich bereits allgemeine Aussagen von solcher Tragweite ableiten. Verallgemeinerungen treten nicht voraussetzungslos aus der empirischen Realität hervor. Somit kann es ein induktives Verfahren in Reinform letztlich nicht geben. Vielmehr haben solche „allgemeinen" theoretischen Aussagen zunächst vorläufigen, hypothetischen Charakter, und obwohl die Erforschung eines Einzelfalls bereits starke Hinweise auf *Typisches im Individuellen* liefert, bedarf es weiterer Fallstudien. Dabei ist es freilich nicht nötig, eine repräsentative Gesamtzahl von Fällen zu untersuchen - wie dies bei einem empirisch-analytischen Forschungsvorgehen üblich ist -, sondern jeder andere Fall, der in gleicher Weise das Typische im Individuellen zeigt, kann schon als weitere Bestätigung der Richtigkeit der theoretischen Aussagen gelten. Denn im Grunde geht es nicht um die Anzahl der Fälle - aus der Häufigkeit ist nämlich *nicht* auf die Bedeutsamkeit zu schließen! -, sondern es geht, im Anschluß an LEWIN (1931), um „eine präzise Erfassung der Gesamtsituation in allen ihren Eigentümlichkeiten"; nur darin lasse sich das Wesen eines Gegenstandes erkennen (FALTERMAIER 1990, S. 211). Wenn die *strukturellen Elemente* eines Falls herausgearbeitet werden, kann das Besondere „als eine prinzipielle Möglichkeit des Allgemeinen" erscheinen „und umgekehrt, das Allgemeine als eine spezifische individuelle Variante" (AUFENANGER 1986, S. 236).

FALTERMAIER gibt Hinweise auf drei verschiedene Strategien, wie man zur Verallgemeinerung aus Einzelfällen gelangen könne: Es sind dies (1) die von GLASER/STRAUSS (1967) entwickelte Methode des ständigen Vergleichens, wobei aus Vergleichen von Einzelfällen „allmählich immer allgemeinere Kategorien und Zusammenhänge entstehen [... und] sich die Grundlage für Vergleiche vom empirischen Material allmählich in allgemeinere Ebenen verlagert, dabei aber die konkreten empirischen Ereignisse immer als Korrektiv fungieren" (FALTERMAIER 1990, S. 208); ferner (2) die von JÜTTEMANN (1981) entwickelte „komparative Kasuistik", bei der zunächst an verschiedenen Personen über bestimmte Phänomene sog. 'Individualtheorien' formuliert und anschließend verglichen werden, so daß daraus dann eine allgemeine Theorie entsteht; und schließlich (3) die von GERHARDT (1985; 1986) entwickelte Konstruktion von Typen, die mit fallvergleichenden Kontrastierungen beginnt und in einen (im Sinne von MAX WEBER) „idealtypischen Aufriß von dem Gesamtprozeß oder -phänomen" mündet (FALTERMAIER 1990, S. 209). In diesem Zusammenhang wäre auch an die „analogische Methode" zu erinnern, die BINNEBERG (1985) als in Fallstudien anzuwendendes methodisches Verfahren postuliert, aber leider nicht weiter ausgearbeitet hat. Neuerdings hat HERBER (1996, S. 115 f.) in ähnlicher Absicht ein Verfahren vorgeschlagen, das er „analogisierendes Mapping" nennt und worunter er - allerdings in recht abstrakter Weise - folgendes versteht: „Entlang einzelner Kategorien oder Dimensionen, die als Metakriterien einzelne Elemente verschiedener Theorien in Beziehung setzen können, wird ein Netz geknüpft, das Elemente verschiedener hierarchischer Qualität miteinander verbindet, sobald zwischen diesen Begriffen oder Teilsystemen Schnittmengen definiert werden können."

Halten wir fest: Aus dem Besonderen eines Einzelfalls läßt sich stets noch anderes von allgemeiner Relevanz ableiten als nur das, was dem Theoretiker in seinen kategorialen Blick gelangt. Vorausgesetzt sind eine generelle Abstinenz gegenüber vorschnellen subsumptionslogischen Kategorisierungen, eine große und sensible Aufmerksamkeit für Details, eine Flexibilität der verstehenden Verarbeitung und nicht zuletzt ein gewisser Mut zu einer Entscheidung für einen theoretischen Satz von allgemeiner Gültigkeit, wie BUDE mit Bezug auf den „abduktiven Schluß" von Charles S. PAIRCE herausstellt: Es ist ein „'Blitz der Einsicht', der sich dann einstellen kann, wenn wir verschiedene Elemente unserer Beobachtung zusammenbringen, die zusammenzubringen wir uns vorher nicht hätten träumen lassen. Es scheint Mut dazu zu gehören, die zwischen den einzelnen Äußerungen eines Falls rotierenden Verweisungen auf den Punkt einer Deutung zu bringen, die die 'individuelle Allgemeinheit des Falls' [...] enthüllt." (BUDE 1988, S. 425) Insofern also läßt sich an einem Einzelfall durchaus ein theoretischer Satz gewinnen, „der nicht aus dem vorhandenen Korpus theoretischer Sätze abgeleitet werden kann" (ibid.). Dabei wird dieser das Allgemeine enthaltende theoretische Satz im Besonderen stets indirekt mit wahrgenommen: „Kasuistisches Wahrnehmen ist eine *prädikative Mitwahrnehmung* des Allgemeinen im Einzelfall, und die Fallanalyse versucht, das Allgemeine an dem Fall als das an ihm Wesentliche auszusprechen. Denn der Gedanke an das Allgemeine hat die Kraft, über diesen Fall hinauszuweisen und den Gedanken an andere Fälle derselben Art geradezu zu provozieren." (BINNEBERG 1985, S. 781; Hervorhebung im Original)

So gesehen, können Fallstudien im Hinblick auf Allgemeines also tatsächlich mehr leisten, als nur bereits existierende theoretische Sätze zu veranschaulichen oder sie zu überprüfen oder auch Hypothesen für empirische Forschungen zu generieren; sie können, gründlich und methodisch kontrolliert durchgeführt, durchaus zur Gewinnung neuer wissenschaftlicher Erkenntnisse und letztlich zur Theoriebildung beitragen. Darüber hinaus - und darauf hat insbesondere HERRMANN (1991) aufmerksam gemacht - sind Fallstudien (HERRMANN spricht von „Kasuistik") bestens geeignet, zwischen den Wissens- und Diskursformen „Pädagogik" einerseits und „Erziehungswissenschaft" andererseits zu vermitteln: „Die Kasuistik als *Verfahren* will - im Unterschied zur Deduktion - mit Hilfe einer möglichst exakten Beschreibung von Einzelfällen deren *Ge-*

meinsames ermitteln, und als Methode will sie konkrete Erscheinungen unter allgemeine *Normen und Prinzipien* fassen, ordnen, abgrenzen, beurteilen, um das Gemeinsame als das *Regelhafte* formulieren zu können" (op. cit., S. 193). Die beiden Wissensformen sollten über die Kasuistik „Übersetzungsregeln für pädagogisches und erziehungswissenschaftliches Wissen" entwickeln, womit sowohl dem Charakter der pragmatischen Wissenschaft Pädagogik als auch dem der erfahrungswissenschaftlich begründeten Erziehungswissenschaft Rechnung getragen würde, weil sowohl Genauigkeit und Gültigkeit als auch Praxisrelevanz hergestellt würden. In diesem Sinne ließe sich folgern, daß aus dem Besonderen des Einzelfalls durchaus Allgemeines, mithin Wissenschaft entstehen kann (s. auch VOLLMER 1981): „Aus Einzelfällen kann durchaus Wissenschaft entstehen." („*De singularibus tamen est scientia.*")

Literatur

AUFENANGER, Stefan 1986: Am Fall lernen - Sozialpädagogische Kasuistik. In: AMMANN, Wiebke, et al. (Hg.): Pädagogik - Theorie und Menschlichkeit. Festschrift für Enno Fooken zum 60. Geburtstag. Oldenburg, S. 233-242.

BAACKE, Dieter 1993a: Biographie: Soziale Handlung, Textstruktur und Geschichten über Identität. In: BAACKE, Dieter/Theodor SCHULZE, S. 41-84.

BAACKE, Dieter 1993b: Ausschnitt und Ganzes. In: BAACKE, Dieter/Theodor SCHULZE, S. 87-125.

BAACKE, Dieter/Theodor SCHULZE (Hg.) 1979: Aus Geschichten lernen. Zur Einübung pädagogischen Verstehens. München.

BAACKE, Dieter/Theodor SCHULZE (Hg.) 1993: Aus Geschichten lernen. Zur Einübung pädagogischen Verstehens. Neuausgabe Weinheim/München.

BILLER, Karlheinz 1988: Pädagogische Kasuistik. Eine Einführung. Baltmannsweiler.

BINNEBERG, Karl 1979: Pädagogische Fallstudien. Ein Plädoyer für das Verfahren der Kasuistik in der Pädagogik. In: Zeitschrift für Pädagogik 25, S. 395-402.

BINNEBERG, Karl 1985: Grundlagen der pädagogischen Kasuistik. Überlegungen zur Logik der kasuistischen Forschung. In: Zeitschrift für Pädagogik 31, S. 773-788.

BRÜGELMANN, Hans 1982: Fallstudien in der Pädagogik. In: Zeitschrift für Pädagogik 28, S. 609-623.

BUDE, Heinz 1988: Der Fall und die Theorie. Zum erkenntnislogischen Charakter von Fallstudien. In: Gruppendynamik 19, S. 421-427.

BÜCHNER, Peter/Burkhard FUHS 1993: Außerschulisches Kinderleben im deutschdeutschen Vergleich. In: Aus Politik und Zeitgeschichte vom 11.6.1993, S.21-31.

DEWE, Bernd/Wilfried FERCHHOFF/Frank-Olaf RADTKE (Hg.) 1992: Erziehen als Profession. Zur Logik professionellen Handelns in pädagogischen Feldern. Opladen, S. 132-170.

DEWE, Bernd/Wilfried FERCHHOFF/Albert SCHERR/Gerd STÜWE (Hg.) 1993: Professionelles soziales Handeln. Soziale Arbeit im Spannungsfeld zwischen Theorie und Praxis. Weinheim/München.

ERTLE, Christoph/Andreas MÖCKEL (Hg.) 1981: Fälle und Unfälle in der Erziehung. Stuttgart.

FALTERMAIER, Toni 1990: Verallgemeinerung und lebensweltliche Spezifität: Auf dem Weg zu Qualitätskriterien für die qualitative Forschung. In: JÜTTEMANN, Gerd (Hg.): Komparative Kasuistik. Heidelberg, S. 204-217.

FATKE, Reinhard 1995a: Fallstudien in der Pädagogik. Einführung in den Themenschwerpunkt. In: Zeitschrift für Pädagogik 41, S. 675-680.

FATKE, Reinhard 1995b: Das Allgemeine und das Besondere in pädagogischen Fallgeschichten. In: Zeitschrift für Pädagogik 41, S. 681-695.
FISCHER, Dietlind (Hg.) 1982: Fallstudien in der Pädagogik. Aufgaben, Methoden, Wirkungen. Bericht über eine Tagung des Comenius-Instituts Münster 14.-16. September 1981 in Bielefeld-Bethel. Konstanz.
FISCHER, Dietlind (Hg.) 1983: Lernen am Fall. Zur Interpretation und Verwendung von Fallstudien in der Pädagogik. Konstanz.
FRIEBERTSHÄUSER, Barbara 1996: Feldforschende Zugänge zu sozialen Handlungsfeldern. Möglichkeiten und Grenzen ethnographischer Feldforschung. In: Neue Praxis 26, S. 75-86.
GAMM, Hans-Jochen 1967: Zur Frage einer pädagogischen Kasuistik. In: Bildung und Erziehung 20, S. 321-329.
GARZ, Detlef (Hg.) 1994: Die Welt als Text. Theorie, Kritik und Praxis der objektiven Hermeneutik. Frankfurt a. M.
GERHARDT, Uta 1985: Erzähldaten und Hypothesenkonstruktion. Überlegungen zum Gültigkeitsproblem in der biographischen Sozialforschung. In: Kölner Zeitschrift für Soziologie und Sozialpsychologie 37, S. 230-256.
GERHARDT, Uta 1986: Patientenkarrieren. Eine medizinsoziologische Studie. Frankfurt/M.
GILDEMEISTER, Regine 1992: Neuere Aspekte in der Professionalisierungsdebatte. Soziale Arbeit zwischen immanenten Kunstlehren des Fallverstehens und Strategien kollektiver Statusverbesserung. In: Neue Praxis 22, S. 207-219.
GLASER, Barney G./Anselm L. STRAUSS 1967: The Discovery of Grounded Theory: Strategies for Qualitative Research. Chicago.
GÜNTHER, Karl Heinz 1978: Pädagogische Kasuistik in der Lehrerausbildung. Vorbemerkungen zum Diskussionsstand. In: Zeitschrift für Pädagogik, 15. Beiheft. Weinheim, S. 165-174.
HASTENTEUFEL, Paul 1980: Fallstudien aus dem Erziehungsalltag. Bad Heilbrunn.
HAUPERT, Bernd/Klaus KRAIMER 1991: Die Heimatlosigkeit der Sozialarbeit/Sozialpädagogik. Stellvertretende Deutung und typologisches Verstehen als Wege zu einer eigenständigen Profession. In: Pädagogische Rundschau 45, S. 177-196.
HEILIGENMANN, Ursula 1989: Einzelfallstudien in der erziehungswissenschaftlichen Forschung. In: Zeitschrift für internationale erziehungs- und sozialwissenschaftliche Forschung 6, S. 175-192.
HENNINGSEN, Jürgen 1981: Autobiographie und Erziehungswissenschaft. Essen.
HERBER, Hans-Jörg 1996: Grüne Erfahrung und graue Theorie. Wie kann Fremdes zu Eigenem werden? In: SCHRATZ, Michael/Josef THONHAUSER, S. 91-122.
HERRMANN, Ulrich 1991: Pädagogisches Argumentieren und Erziehungswissenschaftliche Forschung: Zur Verhältnisbestimmung der beiden Wissens- und Diskursformen 'Pädagogik' und 'Erziehungswissenschaft'. In: HOFFMANN, Dietrich (Hg.): Bilanz der Paradigmendiskussion in der Erziehungswissenschaft. Leistungen, Defizite, Grenzen. Weinheim, S. 185-198.
HÖNIGSWALD, Richard 1927: Über die Grundlagen der Pädagogik. München.
JÜTTEMANN, Gerd 1990: Komparative Kasuistik als Strategie psychologischer Forschung (1981). In: JÜTTEMANN, Gerd (Hg.): Komparative Kasuistik. Heidelberg, S. 21-42.
KAISER, Franz-Josef (Hg.) 1983: Die Fallstudie. Theorie und Praxis der Fallstudiendidaktik. Bad Heilbrunn.
KERKHOFF, Engelbert (Hg.) 1981: Handbuch Praxis der Sozialarbeit und Sozialpädagogik. Bd. 2: Praktische Sozialarbeit und Sozialpädagogik. Düsseldorf.
KOLLER, Hans-Christoph/Rainer KOKEMOHR (Hg.): Lebensgeschichte als Text. Zur biographischen Artikulation problematischer Bildungsprozesse. Weinheim 1994.
KRAIMER, Klaus 1994: Die Rückgewinnung des Pädagogischen. Aufgaben und Methoden sozialpädagogischer Forschung. Weinheim/München.

KRÜGER, Heinz-Hermann/Winfried MAROTZKI (Hg.) 1995: Erziehungswissenschaftliche Biographieforschung. Opladen.
KRUMM, Volker: Einzelfallanalyse (Einzelfalluntersuchung). In: SCHIEFELE, Hans/Andreas KRAPP (Hg.) 1981: Handlexikon zur Pädagogischen Psychologie. München, S. 95-100.
LARCHER, Dietmar 1996: Sheherazade als Sozialforscherin. Ein Essay über Fallgeschichten. In: SCHRATZ, Michael/Josef THONHAUSER, S. 13-60.
LEHMANN, Rainer H./Dankwart VOGEL 1984: Einzelfallstudie. In: HAFT, Henning/Hagen KORDES (Hg.): Methoden der Erziehungs- und Bildungsforschung. (Enzyklopädie Erziehungswissenschaft. Bd. 2.) Stuttgart, S. 349-355.
LENZEN, Dieter (Hg.) 1980: Pädagogik und Alltag. Methoden und Ergebnisse alltagsorientierter Forschung in der Erziehungswissenschaft. Stuttgart.
LEWIN, Kurt 1981: Der Übergang von der aristotelischen zur galileischen Denkweise in Biologie und Psychologie (1931). In: LEWIN, Kurt: Werkausgabe. Bd. 1. Stuttgart.
MAYRING, Philipp 1993: Qualitative Inhaltsanalyse. Grundlagen und Techniken. 4. Aufl. Weinheim.
MÜLLER, Burkhard 1994: Sozialpädagogisches Können. Ein Lehrbuch zur multiperspektivischen Fallarbeit. 2. Aufl. Freiburg i. Br.
MÜLLER, Burkhard/Christian NIEMEYER/Hilmar PETER (Hg.) 1986: Sozialpädagogische Kasuistik. Analysen und Arbeitsmaterial zu einem Fall. Bielefeld.
MÜLLER, C. Wolfgang 1992: Frühe Fallberichte als Beitrag zur Professionalisierung in der Sozialen Arbeit. In: Soziale Arbeit 41, S. 78-80.
NEUFFER, Manfred 1990: Die Kunst des Helfens. Geschichte der Sozialen Einzelhilfe in Deutschland. Weinheim/Basel, Kapitel 6: Methodenkritik und Machtwechsel, S. 202-222.
OELKERS, Jürgen 1985: Die Herausforderung der Wirklichkeit durch das Subjekt. Literarische Reflexionen in pädagogischer Absicht. Weinheim/München.
OEVERMANN, Ulrich 1993: Die objektive Hermeneutik als unverzichtbare methodologische Grundlage für die Analyse von Subjektivität. Zugleich eine Kritik der Tiefenhermeneutik. In: JUNG, Th./Stefan MÜLLER-DOOHM (Hg.): „Wirklichkeit" im Deutungsprozeß. Verstehen und Methoden in den Kultur- und Sozialwissenschaften. Frankfurt a. M., S. 106-189.
PETERMANN, Franz/Franz-Josef HEHL (Hg.) 1979: Einzelfallanalyse. München.
POSSEHL, Kurt 1993: Methoden der Sozialarbeit. Theoretische Grundlagen und 15 Praxisbeispiele aus der Sozialen Einzelhilfe. Frankfurt/M.
RAUSCHENBACH, Thomas/Friedrich ORTMANN/Marie Eleonore KARSTEN (Hg.) 1993: Der sozialpädagogische Blick. Lebensweltorientierte Methoden in der sozialen Arbeit. Weinheim/München.
ROTH, Heinrich 1957: Pädagogische Psychologie des Lehrens und Lernens. Hannover.
SCHRATZ, Michael/Josef THONHAUSER (Hg.) 1996: Arbeit mit pädagogischen Fallgeschichten: Anregungen und Beispiele für Aus- und Fortbildung. (Studien zur Bildungsforschung und Bildungspolitik. Bd. 12.) Innsbruck.
SCHRÜNDER, Agi 1982: Alltagsorientierung in der Erziehungswissenschaft. Studien zu ihrem Anspruch und ihrer Leistung auf dem Hintergrund alltagstheoretischer Ansätze in den Sozialwissenschaften. Weinheim.
SCHÜTZE, Fritz 1983: Biographiefoschung und narratives Interview. In: Neue Praxis 13, S. 283-293.
SCHÜTZE, Fritz 1993: Die Fallanalyse. Zur wissenschaftlichen Fundierung einer klassischen Methode der sozialen Arbeit. In: RAUSCHENBACH, Thomas/Friedrich ORTMANN/Marie Eleonore KARSTEN, S. 191-221.
SCHULZE, Theodor 1993a: Biographisch orientierte Pädagogik. In: BAACKE, Dieter/Theodor SCHULZE, S. 13-40.
SCHULZE, Theodor 1993b: Lebenslauf und Lebensgeschichte. In: BAACKE, Dieter/Theodor SCHULZE, S. 174-226.

STUHR, Ulrich/Friedrich-Wilhelm DENEKE (Hg.) 1993: Die Fallgeschichte. Beiträge zu ihrer Bedeutung als Forschungsinstrument. Heidelberg.

TERHART, Ewald 1985: Das Einzelne und das Allgemeine. Über den Umgang mit Fällen im Rahmen erziehungswissenschaftlicher Forschung. In: Zeitschrift für erziehungs- und sozialwissenschaftliche Forschung 2, S. 283-312.

THIERSCH, Hans 1986: Die Erfahrung der Wirklichkeit. Perspektiven einer alltagsorientierten Sozialpädagogik. Weinheim/München.

THIERSCH, Hans 1992: Lebensweltorientierte Soziale Arbeit. Aufgaben der Praxis im sozialen Wandel. Weinheim/München.

VOLLMER, Gerhard 1981: Kann es von einmaligen Ereignissen eine Wissenschaft geben? In: Redliches Denken. Festschrift für Gerd-Günther Grau zum 60. Geburtstag. Hg. v. Friedrich Wilhelm Korff. Stuttgart, S. 180-194.

Teil II
Methodologische Grundlagen

Hans Oswald

Was heißt qualitativ forschen?

Eine Einführung in Zugänge und Verfahren [1]

Qualitative Forschung ist sehr arbeitsaufwendig, sie dauert lange und die Dauer ist vorweg oft schwer kalkulierbar. Zusätzlich ist der Ertrag oft ungewiß, zumindest in den üblichen Förderzeiträumen kaum zu erbringen. Die oft beklagte Zurückhaltung von Forschungsförderinstitutionen und Stipendiengebern in bezug auf qualitative Projekte mag in dieser Kombination von hohen Kosten und ungewissem Ertrag ihren einsehbaren Grund haben. Einerseits geht es somit darum, die Kosten-Nutzen-Relation zu verbessern und die Qualität solcher Projekte durch gute Vorplanung und in Kenntnis der Schwierigkeiten zu steigern, andererseits sollte man aber vor dem Einsatz qualitativer Methoden auch warnen und die damit verbundenen Gefahren aufzeigen, damit sie nur in wohlüberlegten und aussichtsreichen Fällen eingesetzt werden. Daß manche qualitative Untersuchungen, in denen viel Arbeit steckt, nie veröffentlicht werden oder nur magere Ergebnisse erbringen, dürfte zu einem erheblichen Teil auf ihrem unüberlegten Einsatz beruhen. Zusätzlich gilt es, die Einsicht zu verbreiten, daß Quantitätsangaben, Statistiken und Standardisierungen oft auch in qualitativen Studien zur Verbesserung des Ergebnisses angebracht sind, und daß es aussichtsreiche Möglichkeiten gibt, die beiden Typen von Vorgehensweisen, quantitative und qualitative, zu verbinden. Die Professionalisierung der qualitativen Forschung erfordert darüber hinaus die Steigerung ihrer theoretischen Relevanz.

1. Warnung vor den qualitativen Methoden

Oft geben sich gerade junge Forscherinnen und Forscher, die eine Qualifikationsarbeit schreiben, der Illusion hin, qualitativ zu forschen sei leichter und befriedigender als sich auf Statistik einzulassen. Zu diesem Mißverständnis kommt es, weil das Sammeln der Daten in qualitativen Projekten unseren Alltagsexplorationen sehr ähnlich ist. Von klein auf haben wir gelernt zu beobachten, mit Leuten zu reden und ihre schriftlichen Äußerungen zu berücksichtigen. Aber heißt dies auch, daß wir systematisch beobachten, einfühlsam interviewen und Texte verstehen können? Heißt es, daß wir die Fähigkeit haben, in ungeordneten Daten Strukturen zu erkennen und daraus verallgemeinernde Schlußfolgerungen zu ziehen? Und heißt es, daß wir imstande sind, auf der Grundlage

---

[1] Bei diesem Aufsatz handelt es sich um eine überarbeitete Fassung meines mehrfach gehaltenen Beitrages zur Ringvorlesung im Graduiertenstudiengang „Qualitative Methoden in den Sozialwissenschaften" an der Freien Universität Berlin.

solcher Daten und Analysen einen wissenschaftlich anspruchsvollen Text zu formulieren?
Sicherlich sind auf der einen Seite die Erfahrungen der Feldarbeit oft aufregend, abenteuerlich, fordernd und auf eine befriedigende Weise anstrengend. Auf der anderen Seite ist es sehr schwierig, Ordnung in die ungeordnet anfallenden Daten zu bringen und sie zu analysieren, und vielen Menschen fällt es schwer, auf der Grundlage qualitativer Daten einen Interesse weckenden Text zu formulieren. In den meisten Projekten ist entsprechend diesen zwei Seiten der Forschungsprozeß in zwei Phasen gegliedert, von denen die erste, das Sammeln und Aufbereiten der Daten, oft zu lange dauert, so daß für die zweite, das Analysieren und Schreiben, zu wenig Zeit bleibt. In Vorplanungen und Forschungsanträgen werden für die beiden Phasen oft je die Hälfte der Zeit veranschlagt, tatsächlich ist das Verhältnis dann aber oft zwei Drittel zu einem Drittel oder noch ungünstiger. Unter dem Gesichtspunkt eines zufriedenstellenden Endproduktes, also eines Interesse weckenden wissenschaftlichen Berichtes, müßte das Verhältnis aber umgekehrt sein. Nach meinen Erfahrungen ist für die zweite im Verhältnis zur ersten Phase, für Analysieren und Schreiben im Verhältnis zum Sammeln und Aufbereiten, die zwei- bis vierfache Zeit erforderlich. Ich kenne kaum ein qualitatives Projekt einschließlich derer, an denen ich beteiligt war, in denen nicht zu viele Daten gesammelt wurden, weil mangels Vorausplanung nicht vorausgesehen wurde, daß zum Analysieren und Schreiben zu wenig Zeit blieb. Vor und während der Feldphase werden in interessanten inhaltlichen Diskussionen gute Gründe für den Umfang der zu erhebenden Daten gefunden. Doch was nützen die besten Begründungen, wenn die Daten nicht ausgewertet werden? Das Problem der Machbarkeit wird im Stadium der Begeisterung zu Beginn eines Forschungsprozesses zu wenig diskutiert, *die Machbarkeit ist aber das zentrale Problem der qualitativen Forschung.*
In der Situation der Verzweiflung am Ende eines Förderzeitraumes oder eines Anstellungsvertrages werden oft Auswege ergriffen, welche die qualitativen Methoden zu Recht in Mißkredit bringen. Da werden nur einige von vielen Interviews in den Endbericht einbezogen, da werden Interviews paraphrasiert, statt daß sie interpretiert und vergleichend analysiert werden, da wird für die Organisation des Textes die zeitliche Reihenfolge der Erhebung anstelle systematischer Gesichtspunkte gewählt, da werden insgesamt die Forderungen nach Generalisierbarkeit und theoretischer Relevanz mißachtet.
Das Auswählen einiger weniger Interviews aus dem gesamten Datenkorpus erweckt immer den Verdacht, daß genau die Fälle herausgegriffen wurden, die die eigene Meinung belegen.[2] Das Nacherzählen von Interviews kann passagenweise erhellend sein, als Endprodukt eines Forschungsprozesses ist es keine wis-

---

[2] Falls man aus Arbeitskapazitätsgründen gezwungen ist, nur einen Teil der Daten auszuwerten, dann muß man die Auswahl gut begründen, und man sollte das restliche Material sichten und plausibel machen, daß seine Analyse nicht zu einer Revision der Ergebnisse führen würde. Dies ist schon deshalb nötig, weil negative (nicht ins Ergebnis passende) Fälle gelegentlich unterschlagen werden, anstatt daß sie als besonders lehrreich in die Analyse einbezogen werden (BECKER/GEER 1979; vgl. auch BECKER 1973).

senschaftliche Leistung, weil es die Analyse dem Leser überläßt. In das Forschungstagebuch und die Feldnotizen oder -protokolle viel Arbeit zu stecken und sich dabei auch mit den Formulierungen Mühe zu geben, ist als Grundlage für die Analyse nützlich, doch das Forschungstagebuch ist normalerweise noch kein systematischer wissenschaftlicher Text.
Qualitative Forschung zielt wie quantitative Forschung auf Verallgemeinerung.
Der Einzelfall interessiert nur, wenn er auf etwas Allgemeineres verweist, wenn seine Interpretation zu Erkenntnissen führt, die über ihn hinausreichen. Dies gilt in gewisser Weise auch für den Roman oder die Reportage, aber für den wissenschaftlichen Text ist die Verallgemeinerbarkeit der qualitativ gewonnenen Ergebnisse in derselben Weise ein Kriterium für die Publikationswürdigkeit wie für den auf Statistiken beruhenden Text. Insofern ist es bei der Planung einer qualitativen Studie sehr wichtig, die Entscheidung über Zahl, Variationsbreite und Auswahl der Fälle gut begründet zu fällen, damit man angeben und glaubhaft machen kann, auf welche anderen Fälle die Ergebnisse übertragbar sein sollen, wofür sie exemplarisch und in diesem Sinne generalisierbar sind (vgl. unten die Abschnitte 2.2c und 4.3, sowie MERKENS in diesem Band). Auch bei der Einzelfallforschung, auf die ich hier nicht eingehen kann, muß plausibel gemacht werden, daß die Ergebnisse anderweitig zutreffen und anwendbar sind, das Exemplarische (Generalisierbare) muß begründet werden.
Qualitative Forschung zielt wie quantitative Forschung auf Erklärung, auf Theorie. Zwar kann die Beschreibung gesellschaftlicher und psychischer Zustände von wissenschaftlichem und praktischem Gewinn sein, das Geschäft des Beschreibens soll also keineswegs als gering erachtet werden, aber immer sollte es uns auch darum gehen, das Beschriebene zu verstehen. Und ein wichtiger Aspekt des Verstehens besteht darin, daß wir Ursachen und Folgen, Bedingendes und Bedingtes zueinander in Beziehung setzen können (vgl. unten Abschnitt 5).
Viele berühmte qualitative Studien zeichnen sich dadurch aus, daß sie hervorragend geschrieben sind. Das kann man sicher nicht als Standard setzen, und doch ist die Forderung nicht von der Hand zu weisen, daß qualitativ Forschende über eine gewisse Schreibbegabung verfügen sollten. Auf qualitativen Daten beruhende Texte kommen normalerweise nicht ohne größere Passagen aus, in denen Realität detailliert beschrieben wird. Solche Passagen erhalten ihren Wert für die systematische Analyse nur dann, wenn der Leser bei der Lektüre gehalten, wenn er gefesselt wird, wenn seine Phantasie angeregt wird. Solche Beschreibungen werden um so beweiskräftiger je treffender und damit überzeugender die Formulierungen gelingen. Aber auch in den Teilen, in denen systematisiert und generalisiert wird, ist die schriftstellerische Aufgabe schwieriger als bei quantitativer Forschung, da die Beweise nicht numerisch sondern als Aussagen und Situationsbeschreibungen vorliegen. Ein Musterbeispiel systematisierenden Beschreibens findet sich im Eingangskapitel von „Tally's Corner" (LIEBOW 1967). Dort versucht der Chauffeur eines die Straße herunterkommenden Lastwagens herumlungernde Arbeitslose anzuheuern. In der Beschreibung dieser Szene gelingt dem Autor die Systematisierung der rationalen Gründe, die gegen eine Arbeitsaufnahme sprechen und die das Vorurteil vom

faulen schwarzen Arbeitslosen widerlegen. Nicht immer wird man einen solch glänzenden Einfall haben. Aber wer Schwierigkeiten mit dem Schreiben hat, wird in der Abschlußphase des Projektes eine harte Zeit durchmachen.

2. Qualitative und quantitative Methoden liegen auf einem Kontinuum

Der Begriff „qualitative Methoden" hat sich für eine bestimmte Art, empirische Forschung zu treiben, durchgesetzt, und auch das vorliegende Buch folgt dieser Konvention. Die Fraglosigkeit des Gebrauchs verdeckt indessen, daß es sich bei qualitativen und quantitativen Methoden nicht um diametral entgegengesetzte oder sich ausschließende Typen wissenschaftlicher Forschung handelt, sondern daß es Gemeinsamkeiten und Überschneidungen ebenso gibt wie vielfältige sinnvolle Kombinationsmöglichkeiten.

2.1 Schwierigkeiten der begrifflichen Unterscheidung

Bereits das Wort „*qualitativ*" trennt nicht eindeutig. So gibt es auch in qualitativen Studien Merkmale, die sich nur quantitativ ausdrücken lassen wie etwa die Größe von Schulklassen oder die Lehrer-Schüler-Relation. *Quantitäten sind qualitative Merkmale der Realität*. Wo es zum Verständnis eines Problems beiträgt, müssen demgemäß auch qualitativ Forschende quantifizieren und sich dabei an die Regeln halten, die die quantifizierende Forschung entwickelt hat (vgl. unten Abschnitt 2.2b). Umgekehrt werden in der quantifizierenden Sozialforschung Kategorialdaten wie etwa das Geschlecht als qualitative Daten bezeichnet, für deren statistische Verarbeitung eigene Verfahren entwickelt wurden, die als „qualitative Analysen" bezeichnet werden (z.B. ENGEL/WUGGENIG 1991). Dort wo sich Merkmale der Realität wie „männlich-weiblich" nicht in eine numerisch ausdrückbare Rangfolge bringen lassen, verwendet quantitative Forschung qualitative Daten.

Der Ausweg, statt von qualitativer Forschung von „*interpretativer* Sozialforschung" zu sprechen, birgt ebenfalls Schwierigkeiten. Es wäre auf Unkenntnis beruhende Selbstüberhebung, wenn die qualitative Forschung das Monopol auf Interpretation in Anspruch nähme. Auch quantifizierende Forscher interpretieren ihre Daten und die modernen multivariaten Verfahren von der Faktorenanalyse bis zu den Strukturgleichungen haben die Interpretationsmöglichkeiten enorm verfeinert und machen von dort her den interpretativ-qualitativen Verfahren ernsthafte Konkurrenz.[3] Man kann sogar die Behauptung wagen, daß diejenigen empirisch-quantifizierenden Forschungen, die unser Wissen wirklich bereichert haben und zu theoretischen Fortschritten führten, in ihren Interpretationen stets weit über das statistisch Bewiesene hinausgingen, gleichwohl aber ohne die statistische Analyse nicht entstanden wären. Was die qualitativen

---

[3] Auch von hier aus ergibt sich ein Argument, daß es für qualitativ Forschende günstig sein kann, fortgeschrittene statistische Verfahren zur Kenntnis zu nehmen und genau zu prüfen, wann der Einsatz welcher Verfahren maximalen Erkenntnisgewinn erbringt.

Verfahren hiervon meist unterscheidet, ist die Interpretation des Einzelfalles. Ein wie auch immer geartetes interpretatives Verfahren wird in der qualitativen Sozialforschung auf zwei Ebenen angewandt, nämlich auf der Ebene des Einzelfalles und auf der Ebene der Generalisierung. Bei guter qualitativer Forschung müssen beide Ebenen vorhanden sein, wohingegen in der quantifizierenden Forschung die Interpretation auf der Ebene der Generalisierung meist ausreicht.

Dem entspricht in der quantifizierenden Forschung die standardisierte Erhebungsweise. Es liegt in der Logik der Quantifizierung, daß die Untersuchungseinheiten mit standardisierten Instrumenten (Fragebogen, Beobachtungsschema, experimentelle Anordnung) erhoben werden, so daß gleiche Fälle addiert werden können, wobei die Gleichheit durch den Meßvorgang erzeugt wird.[4] Der Einzelfall muß damit nicht mehr interpretiert werden, häufig, etwa bei einer angekreuzten Antwortvorgabe, kann er gar nicht mehr interpretiert werden. In der qualitativen Sozialforschung erheben wir dagegen *nichtstandardisiert*. Damit sind die einzelnen Fälle (Personen, Situationen, Handlungen oder woraus sonst die Untersuchungseinheiten bestehen) nicht ohne weiteres vergleichbar. Sie müssen interpretiert werden, und auf diesen Einzelinterpretationen beruhend werden beispielsweise induktiv Typen (Kategorisierungen) gebildet und Zuordnungen vorgenommen. Eine Umschreibung, die den Unterschied zu quantifizierenden Verfahren angemessen ausdrückt, wäre also etwa folgende: *Qualitative Sozialforschung benutzt nichtstandardisierte Methoden der Datenerhebung und interpretative Methoden der Datenauswertung, wobei sich die Interpretation nicht nur, wie* (meist) *bei den quantitativen Methoden, auf Generalisierungen und Schlußfolgerungen beziehen, sondern auch auf die Einzelfälle.*

Obgleich eine derartige Begriffsbestimmung den Unterschied vieler qualitativer und quantitativer Untersuchungen klar und ausreichend bezeichnen mag, so belegt sie doch nicht die diametrale Entgegengesetztheit der beiden Methodentypen. Auch die Standardisierung ist kein ganz eindeutiges Abgrenzungskriterium. Auf der einen Seite gibt es hochkomplexe statistische Analysen, die nichtstandardisiert erhobene Daten, beispielsweise Videofilme, verwenden. Hier wird die Standardisierung nachträglich erzeugt, das heißt die Filme werden mittels eines Kategorienschemas kodiert. Dies bedeutet Interpretation der Einzelfälle, wobei oft ein großer Aufwand getrieben wird, um zu zuverlässigen Zuordnungen zu kommen (Verkodung durch mehrere Personen und Berechnung der Übereinstimmung, d.h. der Interraterreliabilität). Auf der anderen Seite kommen auch viele qualitativen Studien nicht ohne Quantifizierungen und Standardisierungen aus. Im folgenden gehe ich auf einen trivialen und zwei weniger triviale Aspekte dieses Sachverhaltes ein.

---

[4] Dies war und ist einer der Hauptkritikpunkte von seiten der qualitativ-interpretativen Sozialforschung, auf den ich hier nicht weiter eingehen kann. Ich möchte lediglich darauf hinweisen, daß sich auch in qualitativer Forschung immer wieder das Problem der Operationalisierung stellt, auch wenn sich das viele qualitativ Forschenden nicht eingestehen möchten (vgl. unten Abschnitt 2.2 b).

2.2 Zahlen und Standardisierungen in qualitativen Studien

a) Ein triviales aber ärgerliches Problem in qualitativer Forschung bilden die „*missing data*". In intensiven Tonbandinterviews werden auch von guten Interviewerinnen und Interviewern bestimmte Fragen vergessen, besonders auch dann, wenn die Reihenfolge nicht festgelegt ist und das Gespräch einen „natürlichen" Verlauf nimmt, was häufig explizit angestrebt wird und zu den Vorzügen der Methode gerechnet werden kann. Dieses Problem ist nicht zu vermeiden. Man kann es aber entschärfen, wenn man für bestimmte Informationen, zu denen immer auch die Sozialdaten gehören sollten, eine Checkliste oder einen kleinen Fragebogen entwirft, den man am Ende des Interviews durchgeht. In diesem standardisierten Teil des Interviews kann alles enthalten sein, bei dem es nicht auf die genaue Ausdrucksweise des Befragten ankommt, wo es also um eine nicht weiter zu interpretierende Information geht. So vorzugehen ist sinnvoll, selbst wenn keine Quantifizierung dieser Aspekte angestrebt wird, denn gerade bei kleinen Fallzahlen kann es sehr ärgerlich sein, wenn nach einer für die Interpretation wichtigen Information, beispielsweise nach dem Alter, zu fragen vergessen wurde.

b) Ein weniger trivialer Aspekt besteht in der weitverbreiteten verdeckten Quantifizierung, die man auch als *Quasiquantifizierung* bezeichnen kann. Kaum eine qualitative Studie kommt ohne das Wort „typischerweise" aus. Ebenso beliebt ist der Ausdruck „in der Regel". Auch Mengenbegriffe wie „häufig" und „selten" und Komparative wie „Typ A macht dies häufiger als Typ B" sind weitverbreitet. Dies ist auch verständlich, vielleicht sogar unvermeidbar, es führt aber zu Nachfragen nach der Genauigkeit. Wie viele Personen einer bestimmte Kategorie müssen etwas tun, damit es als typisch gelten kann? Genügt es, wenn es mehr als die Hälfte der in Frage stehenden Personen tut oder sollten es drei Viertel oder mehr sein? In wievielen Situationen muß etwas geschehen, damit die Ausdrucksweise „in der Regel" gerechtfertigt ist? Offensichtlich muß es nicht immer geschehen; aber sind zehn Prozent Ausnahmen zulässig oder gar zwanzig? Wie häufig ist „selten"?

Oft mag es auf entsprechende Genauigkeit im Detail nicht ankommen, dann können diese Fragen als kleinlich beiseite geschoben werden. Oft mag eine präzise quantitative Ausdrucksweise keinen zusätzlichen Erkenntnisgewinn bringen, dann können die monierten Quasiquantifizierungen unbeanstandet bleiben. Aber man sollte sich im Einzelfall Rechenschaft darüber geben, wie sich die Interpretation verändern muß, wenn die quantitativen Grenzen für Ausnahmen verschoben werden. Man sollte sich darüber Rechenschaft geben, ob mit einer Quasiquantifizierung nicht doch eine ganz gewöhnliche Mengenangabe gemeint ist, diese aber hinter einer unpräzisen Formulierung versteckt wird. Jede Quasiquantifizierung sollte zunächst einmal mißtrauisch machen und auf Präzisierungsmöglichkeiten und -notwendigkeiten hin geprüft werden. Und man sollte sich darüber klar werden, wie abgesichert diese Quasiquantifizierungen sind. Gerade bei kleinen Fallzahlen kann das Hinzufügen weniger Fälle ein „häufiger" in ein „seltener" verwandeln.

In jedem Fall problematisch ist der Komparativ bei Gruppen- oder Typenvergleichen. Wenn geschrieben wird, daß bei Mädchen eine bestimmte Handlung häufiger vorkomme (oder typischer sei) als bei Jungen, dann hat diese Aussage einen klaren und beabsichtigten quantitativen Sinn. Und für die Absicherung derartiger quantitativer Aussagen bestehen Regeln, deren Mißachtung auch in qualitativer Forschung nicht gerechtfertigt ist. Es trägt nicht eben zum Ansehen der qualitativen Methoden bei, wenn mit dem Argument, es handle sich ja um qualitative Forschung, auf korrekte quantitative Darstellung verzichtet wird. Man muß entweder auf die mit dem komparativen Vergleich implizierte quantitative Aussage verzichten oder quantitativ korrekt vorgehen, denn die Richtigkeit oder Falschheit des quantitativen Anteils an einer Aussage kann nur durch Zählen und Rechnen nachgewiesen werden. Ob der Komparativ zu Recht gebraucht wird, weiß man erst dann mit Sicherheit, wenn gezählt wurde.

Offene Interviews oder Beobachtungsprotokolle erwecken oft einen deutlichen Eindruck von Mehr oder Weniger (z.B. durch besonders prägnante Fälle), der dem Nachzählen nicht standhält. Noch größer ist diese Irrtumsmöglichkeit, wenn man Zusammenhänge zwischen zwei Merkmalen, also ihr häufiges gemeinsames Auftreten, feststellt. Doch die so einfach und selbstverständlich klingende Forderung, man solle nachzählen, wenn man einen komparativ-quantitativen Unterschied behauptet, ist nicht einfach zu erfüllen. Vor dem Zählen muß man genau festlegen, in welchen Einheiten gezählt werden soll (z.B. bezogen auf interviewte Personen oder auf Interviewpassagen oder auf Situationen) und wie die Information beschaffen sein muß, damit sie in die eine oder die andere Rubrik fällt. Das Zählen setzt also ein am bereits vorliegenden Material vorzunehmendes Standardisieren bzw. Operationalisieren (das Kategorienschema) voraus. Zusätzlich entsteht dann das Problem, daß zwei Personen über die Zuordnung einer Textstelle zu der zu zählenden Kategorie durchaus unterschiedlicher Meinung sein können. Für die Lösung dieses Reliabilitätsproblems existieren akzeptierte empirisch-statistische Verfahren.[5]

Außerdem sollte geprüft werden, ob der gefundene Unterschied auf Zufall beruht. Habe ich nur zufällig mehr Mädchen als Jungen mit einem bestimmten Merkmal befragt oder würde ich denselben Unterschied auch finden, wenn ich andere oder mehr Mädchen und Jungen untersucht hätte? Wenn man mit einer gewissen Wahrscheinlichkeit ausschließen will, daß gefundene Unterschiede zufällig zustande gekommen sind, dann sollte man auch in qualitativer Forschung Signifikanztests durchführen.

c) Ein weiterer nichttrivialer Aspekt bezieht sich auf die Untersuchungsanlage. Dieses Problem wird in der Praxis der qualitativen Forschung häufig sehr leicht genommen. Die Zahl und Art der in die Untersuchung einzubeziehenden Subjekte wird oft willkürlich bestimmt. Auch die Rekrutierung dieser Einbezogenen beruht oft nicht auf einem rationalen, das meint begründeten Auswahlprozeß. Dabei wird nicht bedacht, welch enger Zusammenhang zwischen der Fra-

---

[5] Das Reliabilitätsproblem entsteht in der qualitativen Forschung nicht erst beim Kodieren, sondern bereits beim Interpretieren einzelner Äußerungen oder beobachteter Ereignisse. Oft wird dieses Problem ignoriert, obgleich es Vorschläge zur Lösung solcher Probleme gibt (KIRK/MILLER 1986; KRAPPMANN/OSWALD 1995b).

gestellung einer Untersuchung und der Untersuchungsanlage besteht. Die Untersuchungsanlage entscheidet wie bei der quantitativen Forschung darüber, ob eine Frage beantwortet werden kann oder nicht. Alle Kontraste, die analysiert werden sollen, müssen durch eine ausreichende Anzahl von Fällen vertreten sein. Wenn man beispielsweise den Unterschied zwischen Mädchen und Jungen in unterschiedlichem Alter, in unterschiedlichen Schultypen und für verschiedene Familienkonstellationen analysieren will, dann muß man in jeder Untergruppe ausreichend viele Mädchen und Jungen befragen. Bei beispielsweise zwei Altersgruppen, zwei Schultypen und zwei Familienkonstellationen ergeben sich bereits acht Untergruppen, in denen je etwa fünf Mädchen und fünf Jungen[6] kontrastierend analysiert werden sollten. Das sind bereits sehr viele Fälle. Gerade qualitativ Forschende dürften aber der Meinung sein, daß je zwei Altersgruppen, Schultypen und Familienkonstellationen zuwenig sind (die Realität zu sehr vereinfachen). Doch wenn man komplexere Kontraste (Fragestellungen) wählt, kommt man schnell zu Fallzahlen, die durch Interpretation der Einzelfälle nicht mehr zu bewältigen sind, es sei denn, man geht den in Abschnitt 4.3 gewiesenen Weg. Will man aber die Einzelfälle intensiv interpretieren, dann sollte man sich im Sinne der Machbarkeit in seiner Fragestellung auf wenige Kontraste, vielleicht sogar auf ein zentrales Problem beschränken (z.B. die Wirkung mütterlicher Berufstätigkeit auf die Geschlechtstypisierung von Mädchen und Jungen) und statt dessen lieber die Zahl der Fälle in jeder Untergruppe vergrößern. Technisch gesprochen sollte man die Varianz, die durch die in die Untersuchungsanlage einzubauenden Kontraste entsteht, klein halten und statt dessen die Varianz in jeder Untergruppe, die nach der Verkleinerung bleibt, erhöhen. Falls man nicht den Ausweg des „theoretischen Sampling" geht (GLASER/STRAUSS 1967), müssen diese Probleme sehr sorgfältig vor Beginn der Studie durchdacht werden, weil nach Abschluß der Feldarbeit Kontraste (Fragen), die einem während der Interpretationsphase wichtig werden und die in der Untersuchungsanlage nicht berücksichtigt sind, nur schwer und meist in nicht den wissenschaftlichen Standards genügender Weise analysiert werden können.

Überlegungen zur Untersuchungsanlage und damit zu einer gewissen Standardisierung auch qualitativer Forschungen sollten die Kontextabhängigkeit menschlichen Handelns berücksichtigen. Wenn beispielsweise die Reaktion von Passanten auf Kunst im Straßenraum untersucht werden soll und man befragt und beobachtet je drei oder vier Passanten vor Plastik A, B und C, dann weiß man nicht, ob gefundene Unterschiede auf unterschiedliche Einstellungen der Personen oder auf Unterschiede der Kunstwerke zurückzuführen sind. Man müßte also vor jeder Plastik mehr Personen untersuchen, und die vor jeder Plastik befragten Personen müßten sich in der Variationsbreite ihres kunstbezogenen persönlichen Hintergrundes ähneln. Ein anderes Beispiel: Es macht einen Unterschied, ob ich Kinder im Schwimmbad oder auf dem Schulhof, im Kunst-

---

[6] Diese Zahl ist willkürlich gewählt. Sie muß so groß angesetzt werden, daß möglichst viele Varianten des Mädchen- bzw. Jungenseins in der entsprechenden Untergruppe (z. B. Hauptschüler und -schülerinnen mit alleinerziehenden Müttern) vertreten sind.

oder im Mathematikunterricht, bei Lehrer X oder Lehrerin Y beobachte. Überlegungen zur Untersuchungsanlage müssen dies in bezug auf die Fragestellung berücksichtigen. Wenn sich das Unterrichtsfach bei unterschiedlichen Kindern unterschiedlich auf das Verhalten auswirkt und dies für die Fragestellung der Untersuchung bedeutsam ist, dann muß für das Fach eine Vereinheitlichung vorgenommen werden, oder die Fächer müssen systematisch variiert werden. Nicht nur in der quantifizierenden Forschung ist also die Standardisierung von Beobachtungssituationen sinnvoll.

3. Wann ist der Einsatz qualitativer Methoden angebracht?

Oft lautet die Antwort auf diese Frage, daß es von der Fragestellung abhänge, ob man qualitativ oder quantitativ forsche. Auch wenn man dem Satz kaum widersprechen kann, daß die Methode der Fragestellung adäquat sein sollte, so ist die im ersten Satz vorgeschlagene Antwort doch kurzschlüssig. Es gibt kaum ein Problem, das nicht sinnvoll quantitativ *oder* qualitativ erforscht werden könnte. Es gibt kein Thema, dessen Bearbeitung zwingend einen der beiden Methodentypen erforderte. Wohl aber kann die verfolgte Absicht und entsprechend der Ertrag unterschiedlich sein, und unter diesem Aspekt kann eine Antwort auf die gestellte Frage gesucht werden:

3.1 Entdeckung und Beschreibung fremder Welten

Das Vorbild ist hier die Ethnographie. Es geht dabei um fremde Lebenswelten und Deutungssysteme in der eigenen Gesellschaft, über die wenig bekannt ist, an deren Beschreibung aber Interesse besteht, insofern sie der Aufklärung oder dem Abbau von Vorurteilen dient. Je weniger über solche Welten bekannt ist, desto deutlicher empfiehlt sich ein qualitativ-exploratives Vorgehen, wobei jede zugängliche Informationsquelle genutzt wird. Schlüsselinformanten sind dabei oft wichtiger als Stichproben, wie sie oben gefordert wurden, da über die wichtigen Kontraste noch nichts bekannt ist. Ein Beispiel bietet etwa die Lebensweise türkischer Mitbürger (GEIERSBACH 1989) oder Jugendsekten, die einerseits als bedrohlich empfunden werden, andererseits nahezu unbekannt sind (STRAUS 1976).
Vorbild für solche Beschreibungen fremder Lebenswelten sind die Studien der legendären Chicago School über Landstreicher, „taxi dance girls", professionelle Diebe oder unangepaßte Frauen (ANDERSON 1967; CRESSEY 1932; SUTHERLAND 1963; THOMAS 1923). GIRTLER steht in Deutschland mit seinen Studien über Wilddiebe, Prostituierte und andere Außenseiter oder fremdartige Subkulturen in dieser Tradition (z.B. 1980). Die Nähe zur Reportage ist unverkennbar, die Beschreibung soll ein Informationsbedürfnis decken und aufklären. Große Reporter wie Egon Erwin KISCH oder Enthüllungsspezialisten wie WALLRAFF haben oft mehr zur Aufklärung beigetragen als die vergleichsweise langsame und unspektakuläre Wissenschaft. Man wird sich im Vorfeld einer Studie deshalb immer auch fragen, ob die Aufgabe nicht besser

von Journalisten gelöst werden kann. Der wissenschaftliche Wert wird allerdings um so größer sein, je systematischer die Analyse durchgeführt wird. Dies ist etwa bei der großartigen Beschreibung der Zustände in psychiatrischen Kliniken durch GOFFMAN der Fall (1972). Besonders bei diesem Typ qualitativer Forschung kommt es auch auf die schriftstellerische Qualität des Berichtes an, auf die „dichte" Beschreibung (GEERTZ 1983), in der die wesentlichen Strukturen und Funktionsweisen der fremden Welt plausibel gemacht werden.

3.2 Entdeckung und Beschreibung unbekannter Aspekte in vertrauten Welten

Nähe kann blind machen. Dinge in unserer Nahumgebung können uns so selbstverständlich sein, daß wir sie nicht benennen können. Auch hier empfiehlt sich die nichtstandardisiert-explorative Vorgehensweise, solange die eine Standardisierung ermöglichenden Informationen fehlen. GOFFMAN hat zahlreiche Techniken beschrieben, die wir im Alltag zur Selbstdarstellung und zum Selbstschutz benötigen, die wir also genau kennen müßten und die uns dennoch erst durch seine Beschreibung bewußt werden (1969). Eigene Forschungen enthalten eine Reihe von Entdeckungen in der Welt von Grundschulkindern, die so der Forschung nicht bekannt waren, etwa über Gruppenformationen wie Gruppen, Geflechte und Interaktionsfelder (KRAPPMANN/OSWALD 1995a, Kap. 3) oder über die großen Probleme, die Kinder mit Hilfeleistungen haben (ebd., Kap. 9). Die intensive Beobachtung verbunden mit einer systematischen Analyse erbringt neue Beschreibungen, die bestimmte Aspekte der Realität erst für Erklärungsversuche zugänglich machen. Anders als bei der Entdeckung fremder Welten besteht hier die Konkurrenz weniger in Reportern als in Dichtern, die eine einfühlsame Beobachtungsgabe haben und so verborgene Aspekte der Alltagsrealität enthüllen. Sie können eine wichtige Quelle auch für unsere qualitativen Forschungen sein. GOFFMAN griff immer wieder auf literarische Texte zurück, um die Plausibilität und Lebendigkeit seiner Analysen zu erhöhen.

3.3 Entdeckung neuer Zusammenhänge (grounded theory)

Es wird immer wieder zu Recht betont, daß die standardisierte, hypothesentestende empirische Forschung selten Neues entdeckt, daß vielmehr neue Ideen auch in den Naturwissenschaften meist durch induktives Vorgehen entstehen. GLASER und STRAUSS (1967), neuerdings STRAUSS und CORBIN (1990 und 1994) haben systematisch eine Forschungspraxis entwickelt, die das theoretische Potential qualitativer Forschung steigern soll. Nicht nur die Konzepte, mit denen in der Wissenschaft die Wirklichkeit geordnet wird, sondern auch Zusammenhänge, Bedingungskonstellationen, Erklärungen, kurz Theorien, sollen aus den Daten heraus entwickelt werden, sollen in den Daten gegründet werden. STRAUSS ist der in deutschen Lehrbüchern qualitativer Methoden meistzitierte Autor (FLECK 1992, 747), die in seinem Team entwickelte Vorgehensweise, insbesondere das theoretische Sampling wird in Deutschland dagegen selten angewandt. Wohl aber hat sich die Meinung verbreitet, daß es auf den systematischen Vergleich kontrastierender Fälle ankomme. STRAUSS und seine Mitarbeiter suchen neue kontrastierende Fälle während der Analyse. Theoretisches Sampling heißt, daß der Stand der Analyse darüber entscheidet, welche neuen zu kontrastierenden Fälle gesucht werden. Die Zahl der Fälle wird dabei nicht vor Beginn der Studie festgelegt, es wird vielmehr parallel zum Interpretieren und gesteuert durch den Interpretationsprozeß solange weitergesammelt, bis keine neuen Informationen mehr auftauchen. Wenn man auf diesen Teil der Vorgehensweise verzichtet und die Erhebung vollständig vor der Analysephase durchführt, was in der deutschen Forschungspraxis die Regel ist, dann fehlt ein entscheidendes Element dieser Methode und es muß vorweg im Sinne einer vorher formulierten Fragestellung entschieden werden, wie man zu kontrastierenden Interviews kommt. Man steht aber dann auch in der Situation, daß man vorweg nach möglichst rationalen Kriterien entscheiden muß, wie viele Fälle man einbeziehen will.

3.4 Anwendungen von Theorien auf einen Einzelfall

Die bisher besprochenen Anwendungsfälle sind zeitlich meist sehr aufwendig. Es verwundert deshalb, warum so selten qualitative Analysen durchgeführt werden, in denen eine bestehende Theorie oder ein „conceptual framework" auf einen Einzelfall angewandt wird, obgleich schon FREUDs Buch über den Fall Hans (1993) die Fruchtbarkeit einer derartigen Vorgehensweise belegt. Andere hervorragende Beispiele bietet die Analyse einer psychiatrischen Klinik von FENGLER/FENGLER (1980) oder CLAUSENs Deutung des Fürsten PÜCKLER (1985). Bei dieser Art von Forschung kann entweder die anzuwendende Theorie oder der Anwendungsfall im Vordergrund stehen. Im ersten Fall geht es wie bei FREUD darum, die Fruchtbarkeit einer Theorie durch die intensive qualitative Anwendung auf einen Einzelfall plausibel zu machen. Wie weit kommt man mit einer Theorie beim Einzelfall? Wo muß die Theorie geändert oder ergänzt werden? Wo reichen die Konzepte zur Erfassung der Realität aus und wo müssen sie erweitert werden? SPITTLERs an solchen theoretischen Fragen interessierten Anwendungen der POPITZschen Konzeptualisierungen zu Norm- und Sanktionsprozessen in einer Restaurantgruppe und in einem Therapiesetting (1967) hatten für die endgültige Formulierung der Konzeption Konsequenzen (POPITZ 1980). Im zweiten Fall steht nicht die Theorie auf dem Prüfstand, sondern ein bestimmter Ausschnitt der Realität. Bei der Untersuchung der FENGLERs (1980) etwa ging es darum, eine bestimmte Klinik, die allerdings als typischer Fall genommen werden kann, zu verstehen und zu kritisieren, als Analyseinstrument wurde die ethnomethodologische Theorie der Gesellschaft genommen. Zur Prüfung der Leistungsfähigkeit von Theorien wie zur Aufklärung über Realität ist diese Anwendung qualitativer Methodik vorzüglich geeignet. Gerade in Qualifikationsarbeiten sollte diese Anwendung öfter gewählt werden, weil solche Untersuchungen in ihrer Aufwand-Ertrag-Relation leichter als andere Anwendungen geplant werden können.

3.5 Qualitative Evaluation

Auftraggeber von Evaluationsstudien sind meist am Nachweis der Wirksamkeit von Programmen interessiert. Derartige Wirkungsforschung kann nur quantitativ durchgeführt werden (vgl. ROSSI u.a. 1988, Kap. 5-8). Oft ist es aber von ebenso großem Interesse, die Schwierigkeiten bei der Implementation von Programmen darzustellen und zur Programmverbesserung beizutragen. Hierzu eignen sich qualitative Zugänge vorzüglich (ebd., Kap. 3 und 4; PATTON 1990; KRAUS 1991). Bei zunehmendem Evaluationsbedarf der Öffentlichen Hand eröffnen sich hier für qualitativ Forschende berufliche Perspektiven auch außerhalb des engeren Wissenschaftsbetriebes. Qualitative Evaluationsforschung kann und soll deshalb auch in Qualifikationsarbeiten betrieben werden.

4. Verbindung von qualitativen und quantitativen Methoden

Im Vorstehenden wurde mehrfach darauf hingewiesen, daß quantitative Angaben und Berechnungen in qualitativen Untersuchungen durchaus angebracht ja erforderlich sein können. Darüber hinausgehend soll in diesem Abschnitt überlegt werden, welche sinnvollen Kombinationen der beiden Methodentypen bereits in der Untersuchungsanlage vorgesehen werden können (vgl. auch VILLAR/ MARCELOS 1992).

4.1 Die qualitative Untersuchung geht der quantitativen voraus

Die klassische Verbindung qualitativer und quantitativer Methoden besteht darin, daß zur Vorbereitung einer standardisierten Untersuchung, die zu quantitativen Generalisierungen führen soll, eine qualitative Exploration durchgeführt wird (BARTON/LAZARSFELD 1979). Dies empfiehlt sich um so eher, je weniger über ein Problem in einem bestimmten Untersuchungsfeld bekannt ist. Die Exploration dient dazu, die Problemlage kennenzulernen und adäquate Operationalisierungen für die zu erhebenden Konzepte zu finden. Von besonderer Wichtigkeit ist dabei herauszufinden, welche Bedeutung die Worte der standardisierten Fragen für die Befragten haben und ob diese Bedeutungen in allen zu befragenden Untergruppen dieselben sind. Diese Vorgehensweise soll die Validität der standardisiert erhobenen Daten verbessern. Meist werden die Ergebnisse der qualitativen Exploration nicht publiziert, sie dienen lediglich der Verbesserung der standardisierten Untersuchungsinstrumente. Obgleich diese Vorgehensweise in Lehrbüchern der empirischen Forschung empfohlen wird, fehlen oft die zeitlichen und finanziellen Ressourcen für intensive Voruntersuchungen und man begnügt sich damit, Pretests mit Vorfassungen des standardisierten Fragebogens durchzuführen.

Eine günstigere Vorgehensweise kann darin bestehen, daß die qualitative Untersuchung mit einer kleinen Stichprobe als eigenständiges Projekt durchgeführt wird, dessen Daten einer sorgfältigen Analyse unterzogen werden mit dem Ziel, die Ergebnisse zu publizieren. Die Ergebnisse bestehen dabei in Typologien und in begründeten Hypothesen über Zusammenhänge, Bedingungskonstellationen und Erklärungen. Oft ist die Verallgemeinerungsfähigkeit einer Typologie oder gefundener Zusammenhänge so evident, daß eine nachfolgende standardisierte Untersuchung keinen zusätzlichen Erkenntnisgewinn verspricht. Viele gerühmte Feldstudien (z.B. GLASER/STRAUSS 1974) gehören in diese Kategorie. Oft mag aber ein wissenschaftliches oder praktisches Interesse daran bestehen, die quantitative Verbreitung bestimmter Typen zu kennen, die Enge bestimmter Zusammenhänge festzustellen oder die Reichweite einer Erklärung nachzuprüfen. In diesen Fällen wird man der eigenständigen qualitativen Forschung eine standardisierte Untersuchung nachfolgen lassen.

4.2 Die qualitative Untersuchung ergänzt die quantitative

Bei dieser Vorgehensweise wird eine repräsentative standardisierte Untersuchung durchgeführt. Gleichzeitig oder danach wird mit einer kleinen für dieselbe Grundgesamtheit stehenden Gruppe oder mit einer Teilstichprobe der Repräsentativuntersuchung eine Intensivbefragung durchgeführt. Die so gewonnenen qualitativen Daten dienen zur Interpretation und Illustration der quantitativen Zusammenhänge und helfen, spekulative Interpretationen statistischer Ergebnisse zu korrigieren. Aus den Tiefeninterviews kann man erschließen, was gemeint ist, was hinter den dürren Zahlen steht. Besonders günstig ist es, wenn durch die statistischen Analysen bestimmte Typen gefunden werden und wenn dann die Probanden für die Tonbandinterviews gezielt so ausgewählt werden, daß sie das gesamte interessierende Spektrum repräsentieren, wodurch reichhaltige Informationen über alle relevanten Typen gewonnen werden. Je intensiver diese zusätzlichen qualitativen Interviews ausgewertet werden, desto wahrscheinlicher werden auch neue, über das quantitativ Nachgewiesene hinausgehende Erkenntnisse auftauchen. Durch die Verknüpfung mit bestimmten quantitativ erhobenen Indikatoren ergibt sich dann sogar die Möglichkeit, das neu Gefundene auf die Grundgesamtheit hochzurechnen und begründete Hypothesen zur quantitativen Generalisierbarkeit zu formulieren. Durch die Verbindung quantitativer und qualitativer Methoden kann sowohl das Validitätsproblem der quantitativen, als auch das Generalisierungsproblem der qualitativen Forschung gelöst werden.

4.3 Qualitative und quantitative Analyse derselben unstandardisiert erhobenen Daten

Dabei werden Interviews oder Beobachtungen zunächst interpretiert. Aus diesen Interpretationen ergeben sich Kategorien und Typologien, die die Systematik einer qualitativ-interpretativen Darstellung bilden. Zusätzlich können solche Kategorien und Typen kodiert und über die Kodierung quantitativ verarbeitet werden. Im einfachsten Fall ermöglicht dies, die oben angeprangerten Quasi-quantifizierungen durch Angabe der präzisen Relationen zu ersetzen. Aus „in der Regel" kann dann beispielsweise „in 85 Prozent der Fälle" werden. Darüber hinaus ermöglichen solche Kodierungen die Anwendung von Teststatistik und multivariaten Verfahren. In manchen Fällen wird dadurch der Bereich der qualitativen Forschung verlassen, oft mag das Ziel von vornherein in der statistischen Analyse gelegen haben. Entsprechende Softwarepakete (z.B. KUCKARTZ in diesem Band) ermöglichen es aber, je nach Erkenntnisinteresse zwischen quantitativen und qualitativen Analysen abzuwechseln und beispielsweise nach der statistischen Darstellung wieder gezielt zur Beschreibung typischer Einzelfälle zurückzukehren.

Ein entscheidender Vorteil dieser Methode besteht darin, daß große Fallzahlen bewältigbar sind, weil die EDV-Programme mannigfaltige Such- und Sortiermöglichkeiten anbieten. Dies bedeutet erstens, daß bei der Planung der Untersuchungsanlage mehr Kontraste einbezogen werden können, so daß die Fragestellung komplexer und die oben empfohlene Einschränkung aufgegeben werden kann. Auch wenn man auf Statistik verzichtet, können nach meinen Erfahrungen mit solchen Such- und Sortiersystemen hundert und mehr Fälle interpretiert werden. Es bedeutet zweitens, daß komplexe statistische Auswertungen zusätzlich zur qualitativen Analyse möglich werden und die Generalisierung der gefundenen Zusammenhänge gut begründet ist. Dies erfordert allerdings, daß die Auswahl der Fälle unter Repräsentativitätsgesichtspunkten reflektiert werden muß.

5. Schlußbemerkungen zur theoretischen Relevanz qualitativer Forschung

Von seiten der qualitativen Forschung wird den Quantifizierern nicht selten vorgeworfen, sie arbeiteten ohne Theorie oder ihre Arbeiten seien theoretisch irrelevant, metaphorisch wird dies schon mal als Fliegenbeinzählerei bezeichnet. Dieser Vorwurf ist sicherlich gelegentlich berechtigt, und es kann noch heute lohnen, die entsprechende scharfsinnige Kritik bei CICOUREL (1974) nachzulesen. Die Ironie liegt aber darin, daß auch viele qualitativen Studien theorielos und in ihrer empirischen Substanz reine Deskription sind. Es ist geradezu eine der Gefahren der qualitativen Forschung, daß sie zu theorielosen oder theoretisch irrelevanten Beschreibungen führt. Besonders Anfänger, die dem schlechten Rat folgen, man müsse ohne theoretische Vorannahmen die Wirklichkeit beobachten, stehen in der Gefahr, sich an die Oberfläche der Dinge zu verlieren und nur noch diese zu beschreiben. Dem kann man entgegenwirken, indem man an die Anfänge der CHICAGO SCHOOL OF SOCIOLOGY und deren Emphase auf „theoretisch angeleitete Sozialforschung" (BULMER 1984, 5) erinnert. Die Leistung dieses Fachbereiches, der die qualitative Forschung zum ersten Mal in einer systematischen Anstrengung zur Blüte brachte, bestand geradezu darin, daß „Theorie und Forschung in fruchtbarer Weise" zusammengebracht wurde; direkte Erfahrung mit sozialer Realität, „firsthand inquiry", wurde mit Allgemeiner Soziologischer Theorie verbunden (ebd., XV und 3).

Studierende der Soziologie an der Universität Chicago hatten eine Pflichtvorlesung bei Georg Herbert MEAD zu absolvieren, dessen Begriffe und Erörterungen zu „Geist, Identität und Gesellschaft" (1968) zum Kernbestand der Theoreme des Symbolischen Interaktionismus wurden. In den qualitativen Forschungsprojekten der Hochschullehrer, an erster Stelle wäre hier die Studie über den polnischen Bauern in Europa und Amerika zu nennen (THOMAS/ ZNANIECKI 1984), wurde die soziologische Theorie weiterentwickelt. Den jungen Forschern wurde unmißverständlich bedeutet, daß man ein gründliches Wissen über die Natur des Menschen und der Gesellschaft haben müsse, bevor man einen besonderen Aspekt des menschlichen Zusammenlebens in der Gegenwart erforscht. Zusätzlich wurde ihnen klargemacht, daß man Wissen über den Gegenstand, den man erforscht, haben muß. Alle Informationen über diesen Gegenstand, seien sie empirischer oder theoretischer, wissenschaftlicher oder literarischer Art, sollten gesammelt und verarbeitet werden, bevor die eigentliche Feldforschung beginnt.

Das klingt selbstverständlich und ist es doch nicht. Die Forderung, man solle unvoreingenommen ins Feld gehen, wenn man Neues entdecken wolle, wird vielfach dahingehend interpretiert, man dürfe über den zu erforschenden Gegenstandsbereich nichts lesen, man dürfe sowenig wie möglich wissen. Dem liegt das Mißverständnis zugrunde, daß es unvoreingenommene Forschung geben könne. Dies ist nicht der Fall. Vielmehr gehen wir alle mit Wissen und Erfahrungen, mit Vorannahmen und Vorurteilen ins Feld. Erst eine weitgestreute Lektüre, die psychologische und soziologische Theorien und in diesem Sinne eine breite theoretische Bildung ebenso einschließt wie alle Informationen über den Gegenstandsbereich im weitesten Sinne [7], gibt uns die Möglichkeit, kontrolliert und distanziert mit unseren Annahmen und Vorurteilen umzugehen. Dies kann uns dann frei dafür machen, offen für neue Erkenntnisse während der Feldarbeit zu sein und in diesem Sinne eine unvoreingenommene Haltung einzunehmen.

Es zeichnet die Forscher der ersten Generation der Chicago School um PARK und BURGESS, und zwar die Professoren ebenso wie die Forschungsstudenten, aus, daß sie viele neue und überraschende Ergebnisse fanden, mit denen sie über die Wirklichkeit aufklärten, und daß sie diese neuen Kenntnisse gleichzeitig für die Weiterentwicklung der Theorie nutzbar machten. Auch in der zweiten Generation um Everett C. HUGHES und Herbert BLUMER blieb dies selbstverständliche Übung, wofür unter anderem die oben beispielhaft zitierten Bücher von BECKER, GLASER/STRAUSS oder GOFFMAN zeugen. Es ist eine gute Empfehlung, in diesen Hinsichten - *theoretische und empirische Belesenheit, Offenheit für neue Erkenntnisse, theoretische Relevanz der Forschung* - der Chicago School of Sociology nachzueifern, auch wenn wir heute in methodischer Hinsicht vielfach über diese Vorbilder hinausgehen. Sich auf die Schultern dieser Riesen zu stellen (MERTON 1980), kann uns helfen, etwas weiter zu sehen, um so die Risiken der qualitativen Methoden zu verringern und gute Forschung zu betreiben.

---

[7] Wer Chicago unter einem bestimmten Gesichtspunkt erforschen wollte, informierte sich über das entsprechende Problem in Berlin (vgl. die annotierte Bibliographie in PARK u.a. 1967).

Literatur

ANDERSON, Nels 1967, zuerst 1923: The Hobo. The sociology of the homeless man. Chicago, London.
BARTON, Allen H./Paul F. LAZARSFELD 1979: Einige Funktionen von qualitativer Analyse in der Sozialforschung. In: HOPF, Christel/Elmar WEINGARTEN (Hg.): Qualitative Sozialforschung. Stuttgart, S. 41-114.
BECKER, Howard S. 1973, zuerst 1963: Außenseiter. Zur Soziologie abweichenden Verhaltens. Frankfurt/M.
BECKER, Howard S./Blanche GEER 1979: Teilnehmende Beobachtung: Die Analyse qualitativer Forschungsergebnisse. In: HOPF, Christel/Elmar WEINGARTEN (Hg.): Qualitative Sozialforschung. Stuttgart, S. 139-168.
BULMER, Martin 1984: The Chicago school of sociology. Chicago.
CICOUREL, Aaron V. 1974, zuerst 1964: Methode und Messung in der Soziologie. Frankfurt/M.
CLAUSEN, Lars 1985: Zu allem fähig: Versuch einer Sozio-Biographie des Dichters Leopold Schefer. Frankfurt/M.
CRESSEY, Paul G. 1932: The taxi-dance-hall. Chicago.
ENGEL, Uwe/Ulf WUGGENIG 1991: Statistische Auswertungsverfahren nominalskalierter Daten. In: FLICK, Uwe/Ernst v. KARDORFF/Heiner KEUPP u.a. (Hg.): Handbuch Qualitative Sozialforschung. München, S. 237-243.
FENGLER, Christa/Thomas FENGLER 1980: Alltag in der Anstalt. Wenn Sozialpsychiatrie praktisch wird. Eine ethnomethodologische Untersuchung. Rehburg-Loccum.
FLECK, Christian 1992: Vom „Neuanfang" zur Disziplin? Überlegungen zur deutschsprachigen qualitativen Sozialforschung anläßlich einiger neuer Lehrbücher. In: Kölner Zeitschrift für Soziologie und Sozialpsychologie, H.4, Jg. 44, S. 747-765.
FREUD, Sigmund 1993, zuerst 1941: Analyse der Phobie eines fünfjährigen Knaben. In: Gesammelte Werke, chronologisch geordnet, Bd VII. Frankfurt/M., S. 241-377.
GEERTZ, Clifford 1983: Dichte Beschreibung. Beiträge zum Verstehen kultureller Systeme. Frankfurt/M.
GEIERSBACH, Paul 1989: Warten bis die Züge wieder fahren. Ein Türkenghetto in Deutschland. Berlin.
GIRTLER, Roland 1980: Vagabunden der Großstadt. Stuttgart.
GLASER, Barney G./Anselm L. STRAUSS 1967: The discovery of grounded theory. London.
GLASER, Barney G./Anselm L. STRAUSS 1974: Interaktion mit Sterbenden. Beobachtungen für Ärzte, Schwestern, Seelsorger und Angehörige. Göttingen.
GOFFMAN, Erving 1969, zuerst 1959: Wir alle spielen Theater. Die Selbstdarstellung im Alltag. München.
GOFFMAN, Erving 1972, zuerst 1961: Asyle. Über die soziale Situation psychiatrischer Patienten und anderer Insassen. Frankfurt/M.
KIRK, Jerome/Marc L. MILLER 1986: Reliability and validity in qualitative research. Newbury Park, London, New Delhi.
KRAPPMANN, Lothar/Hans OSWALD 1995a: Alltag der Schulkinder. Beobachtungen und Analysen von Interaktionen und Sozialbeziehungen. Weinheim, München.
KRAPPMANN, Lothar/Hans OSWALD 1995b: Unsichtbar durch Sichtbarkeit. Der teilnehmende Beobachter im Klassenzimmer. In: BEHNKEN, Imbke/Olga JAUMANN (Hg.): Kindheit und Schule. Weinheim, München, S. 39-50.
KRAUS, Wolfgang 1991: Qualitative Evaluationsforschung. In: FLICK, Uwe/Ernst v. KARDORFF/Heiner KEUPP u.a. (Hg.): Handbuch Qualitative Sozialforschung. München, S. 412-415.

LIEBOW, Elliot 1967: Tally's corner. A study of Negro streetcorner men. Boston, Toronto.
MEAD, George H. 1968, zuerst 1934: Geist, Identität und Gesellschaft. Frankfurt/M.
MERTON, Robert K. 1980, zuerst 1965: Auf den Schultern von Riesen. Frankfurt/M.
PARK, Robert E./Ernest W. BURGESS/Roderick D. McKENZIE 1968, zuerst 1925: The city. Chicago, London.
PATTON, Michael Q. 1990: Qualitative evaluation and research methods. Newbury Park, London, New Delhi.
POPITZ, Heinrich 1980: Die normative Konstruktion von Gesellschaft. Tübingen.
ROSSI, Peter H./Howard E. FREEMAN/Gerhard HOFMANN 1988: Programm-Evaluation. Einführung in die Methoden angewandter Sozialforschung. Stuttgart.
SPITTLER, Gerd 1967: Norm und Sanktion - Untersuchungen zum Sanktionsmechanismus. Olten, Freiburg.
STRAUS, Roger 1976: Role-scale inquiries. In: LOFLAND, John (Hg.): Doing social life. New York, London, Sydney, Toronto, S. 251-273.
STRAUSS, Anselm/Juliet CORBIN 1990: Basics of qualitative research: Grounded theory procedures and techniques. Newbury Park, CA.
STRAUSS, Anselm/Juliet CORBIN 1994: Grounded Theory methodology: An overview. In: DENZIN, Norman, K./Yvonne S. LINCOLN (Hg.): Handbook of qualitative research. Thousand Oaks, London, New Delhi, S. 273-285.
SUTHERLAND, Edwin H. 1963, zuerst 1937: The professional thief. Chicago, London.
THOMAS, William I. 1937, zuerst 1923: The unadjusted girl. Boston.
THOMAS, William I./Florian ZNANIECKI 1984, zuerst 1918/19: The polish peasant in Europe and America. Urbana, Chicago.
VILLAR, Luis/Carlos MARCELO 1992: Kombination quantitativer und qualitativer Methoden. In: HUBER, Günter L. (Hg.): Qualitative Analyse. München/Wien, S. 177-218.

Eckard König und Annette Bentler

Arbeitsschritte im qualitativen Forschungsprozeß - ein Leitfaden

1. Konzepte wissenschaftlicher Forschung: Landkarten- versus Beobachter-Modell

Wissenschaftlicher Forschung liegt üblicherweise eine ganz bestimmte Annahme zugrunde: die Annahme nämlich, es gehe darum, neue Themen, neue Gegenstände zu „erforschen". Eine solche Annahme suggeriert ein Bild von einer Landkarte: Ähnlich wie bei der Entdeckung fremder Kontinente durch neue Forschungsreisen weiße Flecken auf der Landkarte zunehmend beseitigt wurden, die Karten zunehmend genauer, aber auch umfassender wurden, stellt man sich nach diesem Modell offenbar Wissenschaft vor. Es gibt bereits erforschte Gebiete, aber es gibt auch „weiße Flecken", die bislang noch nicht erforscht sind und die dann Gegenstand für eine Diplomarbeit, eine Dissertation oder ein sonstiges Forschungsvorhaben sein könnten.
Offensichtlich ist dieses Landkartenmodell weit verbreitet. Es liegt z.B. der Frage von Doktoranden zugrunde, ob denn dieses Thema noch nicht bearbeitet sei, oder ihrer Besorgnis, daß dieses Thema möglicherweise hinfällig werden könnte, wenn eine andere Arbeit zu demselben Thema zwischenzeitlich erscheint - oder ihrer Begeisterung, ein neues Thema bearbeitet zu haben.
Was man sich aber in der Forschungspraxis häufig nicht klarmacht, ist, daß dieses Landkartenmodell keineswegs das einzige Modell wissenschaftlicher Forschung ist, sondern daß mit ihm ein bestimmtes wissenschaftstheoretisches „Paradigma" zugrundegelegt wird: nämlich letztlich das Paradigma des Empirismus (zurückgehend auf den Logischen Empirismus des Wiener Kreises, z.B. CARNAP 1959; vgl. auch POPPER 1973). Voraussetzung des Landkartenmodells ist die empiristische These, daß es die „Wirklichkeit an sich" gibt, die es im Rahmen wissenschaftlicher Forschung genauer zu entdecken und zu erklären gälte.
Nur unter dieser empiristischen Annahme, daß Wissenschaft die Aufgabe hat, die Wirklichkeit so, wie sie ist, zu beschreiben, ist es plausibel, daß z.B. ein Doktorand nach weißen Flecken auf der wissenschaftlichen Landkarte sucht oder glaubt, mit seiner Arbeit Schwierigkeiten zu erhalten, wenn jemand anders diese weißen Flecken zwischenzeitlich untersucht.
Nun ist die klassische empiristische Tradition im Zusammenhang mit dem Symbolischen Interaktionismus (z.B. BLUMER 1973), der Paradigmendiskussion (z.B. KUHN 1973; FEYERABEND 1978) und dem Konstruktivismus (z.B. KAMLAH/LORENZEN 1973; KELLY 1955) deutlich in Frage gestellt worden. Im Grunde hat ja schon KANT (1966) in Abgrenzung vom englischen

Empirismus darauf hingewiesen, daß die „Wirklichkeit an sich" („das Ding an sich") nicht erkennbar ist, sondern daß Erkenntnis immer von unseren Anschauungsformen, z.b. Unterscheidungen im Blick auf räumliche und zeitliche Anordnung, abhängt.

Durchaus in dieser Tradition von KANT wird dann etwa von H.R. MATURANA (1985) in der Tradition des Radikalen Konstruktivismus die Bedeutung des Beobachters für den Erkenntnisprozeß betont: In Abgrenzung von einer Abbildtheorie, der zufolge Wissenschaft nur eine Abbildung der Wirklichkeit ist, weist MATURANA darauf hin, daß wissenschaftliche Ergebnisse nicht vom Beobachter gelöst gesehen werden können: „Alles, was gesagt wird, wird von einem Beobachter gesagt... Beobachter ist ein lebendes System, und jede Erklärung der Kognition als eines biologischen Phänomens muß eine Erklärung des Beobachters und seiner dabei gespielten Rolle beinhalten" (MATURANA 1985, 34f.; vgl. z.B. auch SCHMIDT 1987, 34ff.; 1992; VON GLASERSFELD 1987).

Dahinter steht die These, daß wissenschaftliche Erkenntnisse immer von Unterscheidungen abhängen, die ein Beobachter trifft. Konkret: Ich kann z.B. eine empirische Untersuchung über Auswirkungen eines autokratischen oder eines sozial-integrativen Erziehungsstils erst dann durchführen, wenn ich zuvor definiert habe, was ich unter autokratischem und sozial-integrativem Erziehungsstil verstehe. Diese Definition, d.h. die Unterscheidung zwischen verschiedenen Erziehungsstilen, ergibt sich aber nicht aus dem Untersuchungsgegenstand selbst, sondern ist, wie MATURANA (1985, 264) es formuliert, durch Entscheidungen des Beobachters immer mit bestimmt.

Das bedeutet, daß wissenschaftliche Erkenntnisse grundsätzlich immer nur ein Bild der Wirklichkeit aus einer bestimmten Perspektive wiedergeben, so wie dies auch schon KELLY (1955; 1986, 59ff.) mit der These, daß sich Menschen ein Bild von der Wirklichkeit machen, vertreten hat. Diese Beobachterperspektive bestimmt sich zum einen aus dem vorausgesetzten begrifflichen Rahmen (dem theoretischen, d.h. den zugrundegelegten theoretischen Begriffen) und zum anderen aus den diesem Rahmen entsprechenden Forschungsmethoden.

Aus der Wissenschaftsgeschichte lassen sich zahlreiche Beispiele anführen, wo der Wechsel der Beobachterperspektive zu anderen Fragestellungen und zu neuen - im Sinne von KUHN (1973) „inkomensurablen" - wissenschaftlichen Ergebnissen geführt hat. Das klassische Beispiel in den Sozialwissenschaften ist der Wechsel von einer Verhaltenstheorie zu einer Handlungstheorie (vgl. HERZOG 1984; GROEBEN 1986; KÖNIG 1991). Wenn, wie in der klassischen empirischen Sozialforschung längere Zeit üblich, als theoretischer Rahmen ein Verhaltensbegriff zugrundegelegt wird, richtet sich die Aufmerksamkeit ausschließlich auf Verhalten als beobachtbaren Sachverhalt. Aus einer solchen Beobachterperspektive ergeben sich dann z.B. die Forderung nach Operationalisierung der Begriffe, aber auch nach konkreten Beobachtungs- oder Befragungsverfahren. Wenn andererseits von einem handlungstheoretischen Begriffsrahmen ausgegangen wird, demzufolge menschliches Tun als sinnhaftes Handeln gedeutet wird, kommen beispielsweise eher Subjektive Theorien (z.B. BERGOLD/FLICK 1987; FROMM 1987; GROEBEN et al. 1988), Deutungsmuster (z.B. SCHÜTZ 1974; SCHÜTZ/LUCKMANN 1979; 1984) oder Regeln

(z.B. OEVERMANN et al. 1979, 352ff.; REICHERTZ 1995, 379ff.) in den Blick, die natürlich auch zu anderen Forschungsmethoden führen (z.B. HOFFMEYER-ZLOTNIK 1992; FLICK et al. 1991; LAMNEK 1989).
Die These, daß wissenschaftliche Erklärungen stets von dem theoretischen Rahmen des Beobachters abhängen, erklärt übrigens auch, daß in den Sozialwissenschaften so wenig „abschließende" Ergebnisse vorliegen: Der Wechsel des theoretischen Rahmens führt automatisch dazu, daß der Gegenstand auf der Basis neuer Unterscheidungen und neuer Begriffssysteme neu untersucht wird, was in der Tat auch zu neuen Ergebnissen führt. So läßt sich etwa die Zusammenarbeit in einer Arbeitsgruppe aus verschiedenen Perspektiven, d.h. auf der Basis unterschiedlicher theoretischer Begriffssysteme (z.B. der Verhaltenstheorie, Handlungstheorie, Systemtheorie usw.) untersuchen, was aber aufgrunddessen zu anderen Ergebnissen führen wird.
Welche Konsequenzen ergeben sich daraus für erziehungswissenschaftliche Forschung?
Die erste Konsequenz ist, daß wissenschaftliche Forschungsarbeiten in der Erziehungswissenschaft auf dem Hintergrund der vorherigen Ausführungen dem Beobachtermodell zuzuordnen sind.
Die zweite Konsequenz - aus der ersten resultierend - ist, daß Forschungsergebnisse in der Erziehungswissenschaft nicht losgelöst von der Beobachterperspektive betrachtet werden können, d.h. immer abhängig sind vom jeweils zugrundeliegenden theoretischen Rahmen und den innerhalb dieses Rahmens entwickelten Forschungsmethoden.
Die dritte Konsequenz ist, daß in wissenschaftlichen Arbeiten die Einbindung in die jeweilige Beobachterperspektive transparent gemacht werden muß.
Im einzelnen lassen sich hieraus dann Schritte ableiten, die im Grunde ebenso für die Erstellung einer Diplomarbeit, aber auch für eine Dissertation, ein wissenschaftliches Forschungsvorhaben oder praktisch orientierte Projektarbeiten Anwendung finden. Auf diese wird im folgenden Punkt ausführlicher eingegangen.

2. Schritte qualitativer Forschung in der Erziehungswissenschaft

In wissenschaftlichen Arbeiten müssen auf dem Hintergrund des vorherigen die folgenden Schritte geleistet werden:
1. Schritt: Entwicklung einer präzisen Fragestellung
2. Schritt: Übersicht über den Forschungsstand
3. Schritt: Festlegung des theoretischen Begriffsrahmens
4. Schritt: Festlegung der Forschungsmethodik und Durchführung der Untersuchung
5. Schritt: Darstellung und Interpretation der Ergebnisse
6. Schritt: Pädagogische Konsequenzen

Diese Schritte gelten allgemein für Forschungs- und Projektarbeiten in der Erziehungswissenschaft, die stets von theoretischem Interesse geleitet sind. Sie werden im folgenden jedoch am Beispiel der qualitativen Forschung verdeutlicht.

1. Schritt: Entwicklung einer präzisen Fragestellung

In diesem Schritt soll die eigene Fragestellung der Arbeit ausführlich entwickelt und begründet werden. Hier reicht es allerdings nicht aus, z.B. zu schreiben, ich will mich in meiner Arbeit mit dem Thema „Lernprozesse beim Einsatz neuer Technologien" beschäftigen. Eine solche Fragestellung ist in dieser Form - auch wenn sich ähnliche in zahlreichen Arbeiten entdecken lassen - unserer Ansicht nach viel zu allgemein und viel zu weit gefaßt. Aufgrunddessen gestaltet sich dann auch die Ein- bzw. Abgrenzung eines Themas oftmals als recht schwierig bzw. unmöglich. Denn bezogen auf die obige Fragestellung bleibt z.B. unklar, um was für Lernprozesse es sich genau handelt oder wessen Lernprozesse untersucht werden sollen.

In unserem Verständnis muß aber gerade bei diesem Schritt präzise festgelegt werden, in welche Richtung in der eigenen Arbeit genau geblickt werden soll bzw. in welche auch nicht. Zwei Fragen sind an dieser Stelle konkret zu beantworten:
1.: Was genau will ich herausfinden?
2.: Was ist das dahinterstehende praktische Interesse?
Eine mögliche konkrete Fragestellung könnte z.B. folgende sein:
„Wie haben sich die subjektiven Theorien über neue Technologien bei den Versuchspersonen... zwischenzeitlich verändert?" (KÖNIG 1991a, 3).
Günstig ist es, die Fragestellung auch in Form einer Frage zu formulieren. Wichtig ist es dann allerdings zum Abschluß, die jeweilige Fragestellung nochmals explizit als Zielstellung der Arbeit zu benennen, z.B. „Die Zielstellung des Projektes ist die Untersuchung von Veränderungen Subjektiver Theorien der Anwender neuer Technologien vom Lern- bis zum Arbeitsfeld." (BENTLER 1994, 3f.), und noch kurz zu begründen, wie man auf diese Zielstellung gekommen ist.

2. Schritt: Übersicht über den Forschungsstand

Hier soll die Darstellung der für die eigene Fragestellung relevanten Literatur (dies umfaßt sowohl theoretische Arbeiten als auch empirisch-quantitative und empirisch-qualitative Studien) und die Einbindung in den inhaltlichen Stand des Themas im Rahmen der Forschung vorgenommen werden.
D.h. hier muß ein Überblick über den jeweiligen Forschungsstand gegeben werden, wobei dann jeweils die unterschiedlichen Ansätze vorliegender Forschung, die verwendete Methodik und die erzielten Ergebnisse deutlich gemacht werden sollten. Der Focus ist hier immer der, was es an wichtigen Ergebnissen im Blick auf die eigene Fragestellung gibt.
Bezogen auf unser Beispiel hieße das zu schauen, was sich in der Literatur zum Thema „Neue Technologien" finden läßt und was dann an wichtigen inhaltlichen Ergebnissen dargestellt werden kann.

Hierbei ist es wichtig, nicht zu allgemein und damit zu oberflächlich zu bleiben. Günstiger ist demgegenüber, zunächst mit einem kurzen Überblick zu beginnen, sich dann zwei, maximal drei Ansätze bzw. Autoren herauszugreifen und diese dann ausführlicher darzustellen. Zum Abschluß sollte dann ein Fazit gezogen werden, das sich an folgenden Fragen orientieren kann:
- Was gibt es an zentralen Ergebnissen?
- Wo gibt es Anknüpfungspunkte hinsichtlich der eigenen Fragestellung?
- Wo gibt es Defizite im Blick auf die eigene Fragestellung?
- Was gibt es an offenen Fragen?

3. Schritt: Festlegung des theoretischen Begriffsrahmens

Hier wird nun festgelegt, welche „Brille" aufgesetzt wird, unter der die „Wirklichkeit" im Rahmen einer wissenschaftlichen Arbeit betrachtet werden soll. Folgende Punkte sind hier zu erarbeiten:
1.: Festlegung des theoretischen Rahmens
2.: Explizierung und Präzisierung des verwendeten zentralen theoretischen Begriffs.

Zunächst wird als erstes eine kurze Einordnung des zentralen Begriffs (z.B. Burn out, Soziale Kompetenz, Regeln) vorgenommen. Im Anschluß daran wird dieser zentrale Begriff genauer definiert und erläutert. Zum Schluß sollte hieraus die eigene Arbeits-Definition entwickelt und begründet werden, die dann die Grundlage für die jeweilige weitere Arbeit darstellt.

Bezogen auf unser Beispiel hieße das, den Begriff der Subjektiven Theorie genauer zu erläutern und zu klären, was hierunter genau zu verstehen ist. Hierbei ist insbesondere wichtig, möglichst konkret zu werden. Günstig an dieser Stelle ist es, mit Hilfe von Beispielen und Gegenbeispielen zu arbeiten, um auf diese Weise eine saubere Begriffsexplikation vorzunehmen (vgl. hierzu KAMLAH/ LORENZEN 1973, S. 29ff.). Mit dem sog. „exemplarischen Prinzip" lassen sich gerade auch abstrakte Sachverhalte - wie z.B. der Begriff der Subjektiven Theorie - besser verdeutlichen und verständlich machen.

4. Schritt: Festlegung der Forschungsmethodik und Durchführung der Untersuchung

In diesem Schritt wird festgelegt, welche Untersuchungsinstrumente angewendet werden sollen, um darauf basierend das eigene Forschungsdesign (Erhebung und Auswertung) fundiert zu entwickeln. Zwei Fragen müssen hier gezielt verfolgt und detailliert beantwortet werden:
1.: Welche forschungsmethodischen Möglichkeiten finden sich in der Literatur, um den Gegenstand der Arbeit untersuchen zu können?
2.: Welcher forschungsmethodische Ansatz wird begründet für die eigene Arbeit ausgewählt?

Diese beiden Fragen müssen bei qualitativen Arbeiten sowohl für die Erhebungs- als auch für die Auswertungsmethodik erarbeitet werden. Die zentrale

Forderung, die hier erfüllt werden muß, ist die nach methodischer Absicherung und Nachvollziehbarkeit des eigenen Vorgehens.
Für das *Erhebungs-Design* ist - basierend auf den obigen Fragen - folgendes zu leisten:

a) Auswahl geeigneter Untersuchungsmethoden
Hier sollten kurz mehrere Möglichkeiten skizziert werden, wie der zu untersuchende Gegenstand erfaßt werden könnte. Dann muß die Entscheidung für eine Methode oder auch mehrere getroffen werden - z.b. für das Leitfaden-Interview (vgl. z.B. ATTESLANDER 1991, 174ff.) oder das Nachträgliche Laute Denken (vgl. HUBER/MANDL 1982) als qualitative Befragungsformen oder eine Form der teilnehmenden Beobachtung (vgl. z.B. ATTESLANDER 1991, 102ff.; LEGEWIE 1991, 189ff.).

b) Begründung des forschungsmethodischen Vorgehens
Hier sollte kurz die Wahl des eigenen Verfahrens begründet werden. D.h. es ist zu erläutern, warum die Entscheidung z.B. bei unserem Beispiel auf das Konstrukt-Interview (KÖNIG 1990; KÖNIG/VOLMER 1993) fiel und z.B. nicht auf das narrative Interview (vgl. z.B. SCHÜTZE 1983).

c) Festlegung der Grundgesamtheit und Stichprobe
Hier ist zunächst zu klären, für welche Grundgesamtheit eine Untersuchung gelten soll (z.B. für eine bestimmte CAD-Arbeitsgruppe von technischen Zeichnern oder für alle technischen Zeichner eines Unternehmens).
Die Grundgesamtheit - d.h. die Personen, für die die Untersuchung gelten soll - kann dabei von der Größe unterschiedlich sein; im Extremfall kann es sich auch um nur eine Person handeln, wie z.B. im Rahmen einer Einzelfallstudie.
Danach ist aus der definierten Grundgesamtheit eine Stichprobe zu ziehen. D.h. es muß festgelegt werden, welche und wieviele Personen aus der Grundgesamtheit an der Untersuchung beteiligt sein sollen.

d) Festlegung des Untersuchungsdesigns
An dieser Stelle muß nun das konkrete Untersuchungsdesign entwickelt werden. Bezogen auf unser Beispiel sind hier folgende Fragen zu beantworten:
– Wie lautet das genaue Interviewziel?
– Wie lauten die einzelnen Leitfragen?
– Wie lassen sich die Leitfragen begründen?
D.h. hier steht die Entwicklung und Begründung des Leitfadens im Mittelpunkt, der dann die Arbeitsgrundlage für die konkreten Interviewdurchführungen im Rahmen der Erhebungsphase bildet.
Zum Abschluß muß hier dann nur noch festgelegt werden, welche Form der Untersuchung gewählt werden soll. D.h. hier muß entschieden werden, ob die Untersuchung z.B. als Längsschnitts- oder Querschnittsstudie angelegt werden soll.

e) Durchführung der Untersuchung
Hier wird nun die Durchführung der konkreten Untersuchung dargestellt. Auf unser Beispiel übertragen heißt das z.B., genau anzuführen, wieviele Interviews in welcher Personenzusammensetzung (Alter, Geschlecht u.ä.) stattgefunden

haben. D.h. hier geht es darum, die relevanten Informationen bezüglich der eigenen Untersuchung knapp zusammenzustellen.
Für das *Auswertungs-Design* sind folgende Punkte analog zu erarbeiten:
a) Auswahl geeigneter Auswertungsmethoden
Es ist zu fragen, wie das erhobene Datenmaterial (z.b. verbale Interview-Daten) ausgewertet werden kann. Auch hier erfolgt die theoretische Anbindung an die jeweils relevante Literatur zu dieser Thematik. Bei qualitativen Interview-Daten bezogen auf unser Beispiel könnte dies z.b. die qualitative Inhaltsanalyse nach MAYRING (1988) sein.
b) Begründung des forschungsmethodischen Vorgehens
Hier sollte kurz die Wahl des ausgewählten Verfahrens begründet werden. D.h. es ist genauer zu erläutern, warum die Wahl z.b. auf die Form der strukturierenden Inhaltsanalyse (MAYRING 1988) gefallen ist.
c) Festlegung des Auswertungsdesigns
Hier muß nun das konkrete Auswertungsdesign entwickelt werden, welches im Rahmen der Arbeit genutzt werden soll. Dabei sind folgende Fragen im einzelnen zu beantworten:
– Wie lauten die einzelnen Kategorien?
– Wie lassen sich die Kategorien begründen?
D.h. hier steht die Entwicklung des Kategorienschemas im Mittelpunkt, mit dessen Hilfe dann das Interview-Datenmaterial ausgewertet und analysiert werden soll.

5. Schritt: Darstellung und Interpretation der Ergebnisse

Hier sollen die wichtigen Ergebnisse der eigenen Untersuchung dargestellt und interpretiert werden. Günstig kann es hier sein, zunächst Einzelergebnisse und dann die Gesamtergebnisse zu skizzieren. Die Interpretation des Datenmaterials muß an dieser Stelle durch relevante Literatur theoretisch fundiert und ausführlich diskutiert werden.
Auf unser Beispiel übertragen müßten hier z.b. die Veränderungen Subjektiver Theorien der Befragten zwischen den beiden Meßzeitpunkten genauer erklärt werden. D.h. hier wären dann im einzelnen z.b. folgende Fragen zu diskutieren:
– Welche Teilaspekte Subjektiver Theorien (z.b. subjektive Konstrukte, subjektive Erklärungen) haben sich verändert bzw. welche nicht?
– Wie und wodurch sind diese Veränderungen zu erklären?
– Wie lassen sich die über die Zeit stabil gebliebenen Subjektiven Theorien erklären?

6. Schritt: Pädagogische Konsequenzen

Bei diesem Schritt geht es darum, die zentralen Ergebnisse der eigenen Untersuchung in den Rahmen pädagogischer Praxis zu stellen. Hierbei sollen verschiedene Konsequenzen, die sich aus den Ergebnissen schlüssig ergeben müssen, für die pädagogische Arbeit aufgezeigt und ausführlich diskutiert werden. Sinnvoll erscheint es auch hier, sich nicht in der Breite möglicher Überlegungen zu verlieren. Vielmehr ist es günstiger, sich einen, maximal zwei Punkte herauszugreifen und zu konkretisieren. Die Ausführungen hierzu sollten ebenfalls in Anbindung an mögliche relevante Literatur vorgenommen werden. Bezogen auf unser Beispiel hieße das z.b., ausführlich zu diskutieren, was im Rahmen von Aus- und Weiterbildung in Unternehmen getan werden kann, um Motivationsverluste durch das negative Erleben von Routine beim Übergang vom Lernfeld der Ausbildung in den konkreten Arbeitsalltag möglichst gering halten zu können. Hier wäre dann im einzelnen zu überlegen, wie sich z.B. schon im Rahmen der Ausbildung mit den Themen „Motivation", „Routine" und „Zusammenhänge von Motivation und Routine" auseinandergesetzt werden könnte, um mit diesen Phänomenen im späteren beruflichen Alltag besser umgehen zu können.

Literatur

ATTESLANDER, Peter 1991: Methoden der empirischen Sozialforschung. Berlin, New York, 6. Aufl.
BENTLER, Annette 1994: Veränderung Subjektiver Theorien über neue Technologien bei Anwendern im Anschluß an die Lernphase (Projektbericht). Paderborn.
BERGOLD, Jörg B./Uwe FLICK (Hg.) 1987: Einsichten. Zugänge zur Sicht des Subjekts mittels qualitativer Forschung. Tübingen.
BLUMER, Herbert 1973: Der methodologische Standort des Symbolischen Interaktionismus. In: ARBEITSGRUPPE BIELEFELDER SOZIOLOGEN: Alltagswissen, Interaktion und gesellschaftliche Wirklichkeit. Bd.1: Symbolischer Interaktionismus und Ethnomethodologie. Reinbek, S. 80-146.
CARNAP, Rudolf 1959: Induktive Logik und Wahrscheinlichkeit. Wien.
FEYERABEND, Paul K. 1978: Ausgewählte Schriften, Bd. 1: Der wissenschaftstheoretische Realismus und die Autorität in den Wissenschaften. Braunschweig.
FLICK, Uwe et al. (Hg.) 1991: Handbuch Qualitative Sozialforschung. München.
FROMM, Martin 1987: Die Sicht der Schüler in der Pädagogik. Untersuchungen zur Behandlung der Sicht von Schülern in der pädagogischen Theoriebildung und in der quantitativen und qualitativen empirischen Forschung. Weinheim.
GLASERSFELD, Ernst v. 1987: Wissen, Sprache und Wirklichkeit: Arbeiten zum radikalen Konstruktivismus. Braunschweig.
GROEBEN, Norbert et al. 1988: Das Forschungsprogramm Subjektive Theorien. Tübingen.
GROEBEN, Norbert 1986: Handeln, Tun, Verhalten als Einheiten einer verstehenderklärenden Psychologie. Tübingen.
HERZOG, Walter 1984: Modell und Theorie in der Psychologie. Göttingen.
HOFFMEYER-ZLOTNIK, Jürgen H. P. (Hg.) 1992: Analyse verbaler Daten. Opladen.
HUBER, Günther L./Heinz MANDL (Hg.) 1982: Verbale Daten. Basel, Weinheim.
KAMLAH, Wilhelm/Paul LORENZEN 1973: Logische Propädeutik. Mannheim, 2. Aufl.
KANT, Immanuel 1966: Kritik der reinen Vernunft. Stuttgart.
KELLY, George A. 1955: The psychology of personal constructs. 2 Bde. New York.
KELLY, George A. 1986: Die Psychologie der persönlichen Konstrukte. Paderborn.
KÖNIG, Eckard/Gerda VOLMER 1993: Systemische Organisationsberatung. Grundlagen und Methoden. Weinheim.
KÖNIG, Eckard 1991: Verstehend-erklärende Sozialwissenschaft: Konstruktion oder Ontologie? In: Ethik und Sozialwissenschaften, 2/1991.
KÖNIG, Eckard 1991a: Veränderung subjektiver Theorien über neue Technologien bei Anwendern im Anschluß an die Lernphase (Projektantrag an das Heinz-Nixdorf-Institut Paderborn). Paderborn.

KÖNIG, Eckard 1990: Das Konstruktinterview: Wissenschaftstheoretische Grundlagen, Forschungsmethodik und Probleme (unveröffentl. Arbeitspapier). Paderborn.
KUHN, Thomas S. 1973: Die Struktur wissenschaftlicher Revolutionen. Frankfurt/Main.
LAMNEK, Siegfried 1989: Qualitative Sozialforschung. Methoden und Techniken. Bd.2. München.
LEGEWIE, Heiner 1991: Feldforschung und teilnehmende Beobachtung. In: FLICK, Uwe et. al. (Hg.): Handbuch Qualitative Sozialforschung. München, S. 189-193.
MATURANA, Humberto R. 1985: Erkennen: Die Organisation und Verkörperung von Wirklichkeit. Braunschweig, 2. Aufl.
MAYRING, Philipp 1988: Qualitative Inhaltsanalyse. Grundlagen und Techniken. Weinheim.
OEVERMANN, Ulrich et al. 1979: Die Methodologie einer „objektiven Hermeneutik" und ihre allgemeine forschungslogische Bedeutung in den Sozialwissenschaften. In: SOEFFNER, Heinz G. (Hg.): Interpretative Verfahren in den Sozial- und Textwissenschaften. Stuttgart, S. 352-434.
POPPER, Karl R. 1973: Objektive Erkenntnis. Ein evolutionärer Entwurf. Hamburg.
REICHERTZ, Jo 1995: Die objektive Hermeneutik - Darstellung und Kritik. In: KÖNIG, Eckard/Peter ZEDLER (Hg.): Bilanz qualitativer Forschung. Bd. 2: Methoden. Weinheim, S. 379-423.
SCHMIDT, Siegfried F. (Hg.) 1992: Kognition und Gesellschaft. Der Dis-kurs des Radikalen Konstruktivismus. Frankfurt.
SCHMIDT, Siegfried J. 1987: Der Radikale Konstruktivismus: Ein neues Paradigma im interdisziplinären Diskurs. In: SCHMIDT, Siegfried J. (Hg.) (1987): Der Diskurs des radikalen Konstruktivismus. Frankfurt, S. 11-88.
SCHÜTZ, Alfred 1974: Der sinnhafte Aufbau der sozialen Welt. Eine Einleitung in die verstehende Soziologie. Frankfurt.
SCHÜTZ, Alfred/Thomas LUCKMANN 1979/1984: Strukturen der Lebenswelt. 2 Bde. Frankfurt.
SCHÜTZE, Fritz 1983: Biographieforschung und narratives Interview. In: Neue Praxis, 13/1983, S. 283-293.

Hans Merkens

Stichproben bei qualitativen Studien

Die Mächtigkeit von Stichproben differiert bei qualitativen Studien in der Regel zwischen einem und maximal hundert Fällen. Über das Problem ihrer Ziehung wird im Rahmen solcher Untersuchungen meistens explizit wenig nachgedacht. So finden sich auch in neueren Handbüchern keine eigenen Artikel über das Ziehen von Stichproben (vgl. z.b. DENZIN, LINCOLN 1994). Die Nähe zum Feld und die damit verknüpfte Authentizitätsannahme führen dazu, daß einer an Kriterien festgemachten Auswahl von Fällen wenig Bedeutung zugemessen wird. In der Ethnographie hat man anfangs beispielsweise generell auf besondere methodische Standards weniger Wert gelegt und dem einzelnen Forscher und dessen Geschick vertraut (vgl. MULDER VAN DE GRAAF, ROTTENBURG 1989, 20f). Eine Wende ist hier erst mit SPRADLEY (1979, 1980) zu verzeichnen, der aber auch dem Stichprobenproblem keine besondere Beachtung geschenkt hat. So kommentieren DENZIN, LINCOLN (1994, 200), daß ganz allgemein in Studien, die man der qualitativen Forschung zurechnet, kaum Wert auf eine sorgfältige Bestimmung des Rahmens der Stichprobe gelegt werde. SCHEIN (1987, 26) beschreibt z.B., daß er seine Interviewpartner fand, indem er herumling und mit einzelnen Mitgliedern der untersuchten Organisation allein oder in Gruppen sprach. Einige andere Interviews wurden bei geplanten Treffen in Büros durchgeführt. Auf diese Weise führte er etwa 75 Interviews in der Organisation, ohne daß ersichtlich wird, ob es einen Auswahlmodus für die Interviewpartner gab.

Es gibt eine Variante qualitativer Studien, die man auch in der pädagogischen Forschung häufiger antrifft, bei der sich eine Erörterung von Stichprobenproblemen zu erübrigen scheint: Das ist die Vollerhebung. So wird bei Untersuchungen in Schulen, vor allem in Grund- und Hauptschulen, häufig das gesamte amtliche Personal - Lehrkräfte, Sekretärin und Hausmeister - interviewt, bezogen auf diesen untersuchten Fall handelt es sich also um eine Vollerhebung (vgl. ASTER 1990, 96). Schon bei den anderen an der Schule und ihrem pädagogischen Alltag direkt oder indirekt Beteiligten läßt sich diese Vorgehensweise nicht mehr beibehalten, es muß vielmehr eine Auswahl getroffen werden, bei der häufig als erstes Kriterium die Erreichbarkeit der Informanten genannt wird (vgl. ASTER 1990).

Qualitative Studien werden ähnlich wie quantitative häufig mit dem Ziel durchgeführt, Erkenntnisse zu gewinnen, die über den untersuchten Fall hinausreichen. Das heißt, es wird angestrebt, zu generalisieren. Die Möglichkeit zu generalisieren, hängt neben der gefundenen theoretischen Rahmung der empirischen Resultate auch von der Qualität der Stichproben ab. Typenbildungen sind z.B. erst dann von wissenschaftlichem Wert, wenn es über die Beschreibung der Stichprobe ermöglicht wird, die Ergebnisse auf andere, ähnlich gelagerte Fälle zu übertragen. BILLIG (1988, 199) nennt zusätzlich die Erwartung, daß unterschiedliche Forscher, die den gleichen Gegenstand untersuchen, zu einem übereinstimmenden Resultat kommen sollen. Dagegen nimmt AGAR (1986) an, daß unterschiedliche Ethnologen wegen Unterschieden in der eigenen Herkunft oder möglichen Veränderungen in der untersuchten Gruppe zu unterschiedlichen Befunden bei der Studie über eine bestimmte Gruppe gelangen. Damit ist ein Kernproblem des Verständnisses von Forschungen mit qualitativen Methoden verbunden: Wenn man von der Einmaligkeit des Ereignisses ausgeht, wie das der Fall ist, wenn man die Praxis des Erziehens in ihrem jeweiligen Vollzug als nicht wiederholbar annimmt, die Grundannahme also die Besonderheit der jeweiligen pädagogischen Praxis ist (vgl. BENNER, RAMSEGER 1981, 8) und damit die Einmaligkeit der pädagogischen Praxis zum Prinzip erhoben wird, wie das z.b. DILTHEY (1968a) als programmatisch für die beschreibenden Wissenschaften angesehen hat, dann stellt sich die Frage der angemessenen Stichprobe im Sinne der Fallzahl nicht, weil die Untersuchung nur auf die sorgfältige Dokumentation eines Einzelfalles eingegrenzt sein kann. Es wird nur noch erforderlich, die Auswahl des Falls zu begründen, weil erst so der Charakter des Besonderen im Verhältnis zum Alltäglichen bestimmt werden kann. So ist beispielsweise DILTHEYs (1968b; 1968c) Forderung zu verstehen, zur Bestimmung der allgemeinen Kultur einer Epoche die herausragenden Menschen als Zeugen auszuwählen und das Allgemeine in der Erforschung ihrer Besonderung zu entdecken. Schaut man genauer hin, so wird deutlich, daß die tatsächliche Auswahl eines Falles häufig solchen Ansprüchen nicht folgt. Pragmatische Gründe geben gerade in pädagogischen Kontexten oft den Ausschlag dafür, daß eine bestimmte Institution in die Untersuchung einbezogen wird.

Damit ist die Frage angesprochen, welches Erkenntnisinteresse zugrunde liegt, wenn ein einzelner Fall untersucht wird: Es muß vor der Untersuchung bestimmt werden, wofür dieser Fall typisch sein soll, wie das z.B. bei der Studie über die Gesamtschule Kierspe der Fall gewesen ist (vgl. DIEDERICH, WULF 1979). An diesem Beispiel sollte der Alltag an einer neuen Schulform, also etwas Allgemeineres, untersucht werden. Fehlt eine Bestimmung des Rahmens bei der Untersuchung eines Einzelfalls, dann folgt daraus, daß der Fall nur noch als Fall untersucht wird und jegliche Form der Generalisierung auf andere Fälle nicht möglich ist. Ein anderer Weg, etwas Allgemeineres zu entdecken, wird darin gesehen, eine angemessene Auswahl von Ereignissen in die Untersuchung aufzunehmen, um auf diese Weise in der betreffenden Studie eine Population von Fällen zu repräsentieren (vgl. STAKE 1994, 243). Die in die Stichprobe aufgenommenen Ereignisse müssen einer Grundgesamtheit[1] zugeordnet werden können. Um die damit notwendigen Auswahlentscheidungen treffen zu können, müssen Kriterien definiert werden. Dabei muß zwei häufig sich widersprechenden Kriterien genügt werden:
– der Ökonomie und
– der Vollständigkeit.

---

[1] Mit Grundgesamtheit wird die tatsächlich vorhandene Gesamtzahl der Ereignisse bezeichnet; die Stichprobe umfaßt dann die aus dieser Gesamtzahl in die Untersuchung aufgenommene Zahl.

So besteht bei dem Versuch, erziehungstheoretische und erziehungspraktische Entwicklungen in der ehemaligen DDR zu rekonstruieren, das Problem darin, daß man auf der einen Seite von der Materialfülle überwältigt wird, wenn etwa Lehrpläne nach dem Verhältnis von reflexiven und affirmativen Aussagen analysiert werden sollen (vgl. BENNER, GÖSTEMEYER, SLADEK (1993) oder die Indoktrination anhand von Bilddokumenten rekonstruiert werden soll (vgl. TENORTH, WÜNSCHE 1993), man andererseits aber auch eine hinreichende Breite des Materials in die Untersuchung aufnehmen muß, um eine faire und angemessene Untersuchung zu gewährleisten.

Vom Typ her lassen sich zwei unterschiedliche Arten von qualitativen Studien unterscheiden. Während einerseits in Untersuchungen eine bestimmte Fragestellung verfolgt werden kann, gibt es einen anderen Typ, der sich der grounded theory (GLASER, STRAUSS 1967) zurechnen läßt und in dem die genaue Fragestellung am Beginn noch nicht formuliert werden kann. Bei diesem zweiten Ansatz wird davon ausgegangen, daß am Beginn der Untersuchung keine theoretischen Annahmen über den Untersuchungsgegenstand existieren, sondern alle theoretischen Annahmen erst im Forschungsprozeß generiert werden. Deshalb bleiben die Beobachtungen der Forscher am Beginn unfokussiert. Im ersteren Fall kommt es dagegen darauf an, aus forschungsstrategischen Gründen eine für die Prüfung der Fragestellung günstige Stichprobe zu ziehen. Dabei lassen sich zwei unterschiedliche Stadien unterscheiden. In einem ersten Schritt wird es darum gehen, eine Stichprobe zu ziehen, die eine Bestätigung der Forschungshypothese wahrscheinlich werden läßt. Es wird also eine Stichprobe mit möglichst homogenen Fällen angestrebt. Mit dieser Vorgehensweise wird aus wissenschaftstheoretischer Sicht ein universeller 'Es-gibt-Satz' bestätigt werden, wenn die Prüfung für die Hypothese günstig ausfällt. Anschließend muß aber auch die Reichweite der Hypothese geprüft werden. Das kann über den Einbezug von für die Hypothese kritischen Fällen geschehen. Nunmehr werden stichprobentechnisch heterogene Fälle oder Ereignisse zu der ersten Stichprobe ergänzt. Das heißt, die Varianz der Ereignisse in der Stichprobe wird vergrößert. Wird die formulierte Hypothese dabei nicht widerlegt, dann hat sie sich als robust erwiesen und die Wahrscheinlichkeit ihrer Angemessenheit ist erhöht worden. Der Charakter der bestätigten Aussage wird sich in Richtung 'Allsatz' zu verändern beginnen (zur Unterscheidung vgl. POPPER 1966).

Mit diesem Hinweis ist deutlich geworden, daß sich im wissenschaftlichen Aussagensystem der Charakter von Sätzen unabhängig davon, ob sie mit Hilfe quantitativer oder qualitativer Methoden gewonnen worden sind, aus wissenschaftstheoretischer Sicht nicht unterscheiden läßt, es sei denn, es handele sich um eine Untersuchung, die in der Tradition der 'grounded theory' durchgeführt wird. Ist letzteres der Fall, dann liegt ein anderes Rational des Forschungsprozesses zugrunde. In einer ersten Phase, die man mit BLUMER (1969, 40f) als Exploration bezeichnen kann, wird es darauf ankommen, eine möglichst hohe Variation unterschiedlicher Hypothesen über den Untersuchungsgegenstand zu generieren. Dazu bedarf es keiner besonderen Methode des Stichprobenziehens. Die Anweisung wird vielmehr lauten, sich auf einem mittleren Niveau der Intensität mit möglichst vielen Fällen vertraut zu machen. In den ersten Tagen kommt es in diesem Fall vor allem darauf an, zu lernen „Wer Wer" ist (MORSE

1994, 228). Auf der Basis dabei gewonnener Einsichten kann anschließend gezielter eine Stichprobe von Fällen aufgebaut werden, an der die zunächst locker verbundenen, sich dann aber in ihrer Konsistenz verdichtenden Hypothesen einer Prüfung unterzogen werden können.

Damit ergeben sich vom Design her zwei unterschiedliche Methoden des Stichprobenziehens: Während bei dem ersten Typ wesentliche Entscheidungen bezüglich der Stichprobe bereits vor der Untersuchung gefällt werden können, ist der Prozeß des Stichprobenziehens beim zweiten Typ ein wesentlich anderer: Am Beginn der Untersuchung steht die Herausforderung, sich mit dem Feld vertraut zu machen. Unabhängig von diesen prinzipiellen Differenzen lassen sich Kriterien dafür angeben, wie eine Stichprobe zusammengestellt sein sollte: In einem ersten Schritt müssen Gegenstand und Fragestellung der Untersuchung bestimmt werden. Dann können im zweiten Schritt die Art der Stichprobe und deren Umfang festgelegt werden.

1. Qualität von Stichproben in Studien mit qualitativen Methoden

Verglichen mit quantitativen Untersuchungen spielt bei qualitativen Untersuchungen das Kriterium der statistischen Repräsentativität in der Regel keine Rolle. An seine Stelle tritt die Forderung der inhaltlichen Repräsentation, die über eine angemessene Zusammenstellung der Stichprobe erfüllt werden soll. Eine angemessene Repräsentation in diesem Sinne ist immer dann erreicht, wenn einerseits der Kern des Feldes in der Stichprobe gut vertreten ist und andererseits auch die abweichenden Vertreter hinreichend in die Stichprobe aufgenommen worden sind.

Die Repräsentation des Untersuchungsfeldes, die mit Hilfe dieses Rationals erreicht werden kann, kann wiederum für die Fallstudie und die Studie des einzelnen Falles unterschieden werden. So haben BOURGEOIS, EISENHART (1988, 818) bei einer Untersuchung zur Geschwindigkeit von Entscheidungen in der Computerindustrie eine Stichprobe von vier Unternehmen mit der Erwartung gezogen, über deren Erforschung allgemeinere Aussagen zu ihrer Fragestellung gewinnen zu können. Sie bezeichnen ihr Vorgehen mit 'multiple case' (mehrere Fälle) und fassen die einzelnen Untersuchungen als Replikationen auf. Dabei wird jede Folgeuntersuchung benutzt, um Ergebnisse der vorangehenden zu bestätigen oder zu widerlegen. Sie begründen diese Art des Vorgehens damit, daß diese Vorgehensweise das Gewinnen zuverlässigerer Modelle erlaube. Für die Studie des einzelnen Falles besteht die Forderung darin, wenn es sich um eine Organisation handelt, die einzelnen Bereiche der Organisation angemessen zu berücksichtigen. Handelt es sich um eine Person, geht es darum, diese Person in unterschiedlichen Situationen bzw. in bezug auf unterschiedliche Ereignisse zu untersuchen. Die Stichprobe wird hier also auf andere Weise gezogen, es bleiben aber die allgemeinen Regeln bestehen, die bisher formuliert worden sind.

2. Kriterien für die Zusammenstellung von Stichproben

In allen qualitativen Studien besteht unabhängig vom Typ die wesentliche Herausforderung darin, gute Informanten zu finden (vgl. SPRADLEY 1979). So müssen auch bei Fallstudien, wenn es sich beispielsweise um eine Organisation handelt, Personen ausgewählt werden, die beobachtet oder interviewt werden sollen (vgl. STAKE 1994, 244). MORSE (1994, 228) beschreibt gute Informanten mit folgenden Merkmalen:
- Sie verfügen über das Wissen und die Erfahrung, deren die Forscher bedürfen,
- sie haben die Fähigkeit zu reflektieren,
- sie können sich artikulieren,
- sie haben die Zeit, interviewt zu werden und
- sie sind bereit, an der Untersuchung teilzunehmen.

Primäre Selektion von Teilnehmern betrifft die Stichprobenziehung unter Nutzung dieser Kriterien. PATTON (1990) faßt das in der Forderung zusammen, daß die Mitglieder der Stichprobe über reiche Informationen in bezug auf die zu untersuchende Frage verfügen sollten.

Sekundäre Selektion findet dann statt, sobald diese Kriterien nicht angewendet werden können, wenn der Forscher beispielsweise die Informanten über Anzeigen zu gewinnen versucht.

Vier andere Kriterien lassen sich mit MORSE (1994, 229) folgendermaßen benennen:
1. Man sammelt abweichende oder extreme Fälle.
2. Intensitäts-Stichproben enthalten Fälle, die im Zentrum des Geschehens stehen und über entsprechende Erfahrungen verfügen.
3. Bei Variations-maximierten Stichproben geht es darum, möglichst viele unterschiedliche Fälle in die Stichprobe aufzunehmen.
4. Stichproben mit kritischen Fällen enthalten die Fälle, die für die Identifikation von kritischen Ereignissen wichtig sind. (Bei quantitativen Stichproben könnte man sie als klinische Stichproben bezeichnen.)

3. Das Ziehen von Stichproben

Praktisch verlangt die Untersuchung eines Falles einen gate keeper (Türwächter). Der „Türwächter" ist eine Person, die von der Stellung her in der Lage ist, dem Forscher Zugang zum Feld zu verschaffen. Der Türwächter muß, wenn es sich bei dem Fall um eine Organisation handelt, eine relativ hohe Position innerhalb dieser Organisation einnehmen, weil ohne seine Unterstützung die Auswahl der Personen, die zur Stichprobe gehören sollen, kaum erfolgreich gestaltet werden kann. Türwächter sind in der Regel diejenigen, die auch die ersten Informanten benennen und zu diesen Kontakt herstellen können. Informanten in der Schulforschung sind Schulleiter, Lehrer und Eltern. Anhand dieses Beispiels wird erkennbar, daß man häufig verschiedene Türwächter benötigt. So sind im Anschluß an die Genehmigung einer Untersuchung durch die Schulbürokratie (1. Türwächter) weitere Türwächter - Leiter der betreffenden

Schule (2. Türwächter), Elternvertreter (3. Türwächter), eventuell Schülervertreter (4. Türwächter) - zu gewinnen. Auf diese Weise entsteht auch bei der Untersuchung ein Netz von Türwächtern; deren Einfluß und Unterstützung entscheidet mit über den Erfolg einer Untersuchung.
Eine andere Methode der Stichprobenziehung besteht im Nutzen eines sogenannten Schneeballsystems. Man beginnt die Untersuchung mit einem Fall und läßt sich von diesem mögliche weitere Fälle benennen (vgl. HERWARTZ-EMDEN 1986).
Wird innerhalb einer Untersuchung einem top down approach[2] gefolgt, kann man sich in einer Kombination beider bisher benannten Vorgehensweisen die Informanten der nächst unteren Ebene auch immer von den jeweiligen Vorgesetzten benennen lassen. Zusätzlich wird man aber auch auf der Basis der zunehmenden Kenntnis der Organisation und ihrer Mitglieder eigene Vorstellungen über Personen entwickeln, die auch noch in die Untersuchung aufgenommen werden sollten.
Alle diese Hinweise lassen erkennen, daß der Prozeß des Stichprobenziehens am Beginn der Durchführung der Untersuchung noch nicht abgeschlossen ist. Vielmehr besteht die Methode des Vorgehens auch in den Untersuchungen, in denen von einer festen Fragestellung ausgegangen wird darin, die ursprünglich geplante Stichprobe sinnvoll zu ergänzen.
Ist der Untersuchungsgegenstand eine einzelne Person, so muß man nach einem Katalog 'normaler' und 'kritischer' Ereignisse verfahren, die in der Untersuchung repräsentiert sein sollten. Auch in diesem Fall ist der Prozeß des Stichprobenziehens am Beginn der Untersuchung noch nicht abgeschlossen, sondern kann in dieser Zeit fortgesetzt werden.
Allgemein kann man das Stichprobenproblem bei qualitativen Studien dahingehend auslegen, daß Forscher dieser Richtung sich kritische Fälle in dem Sinne heraussuchen, daß die Prozesse, an deren Untersuchung Interesse besteht, mit höchster Wahrscheinlichkeit auftreten (DENZIN, LINCOLN 1994, 202). Damit ist es aber auch wichtig, außerdem nach Fällen zu suchen, die erwarten lassen, das gefundene Resultat nicht zu bestätigen, also nicht nur günstige, sondern anschließend der Erwartung nach eher ungünstige Fälle herauszusuchen (KUZEL, LIKE 1991).
Wichtig ist es außerdem, daß der Einzelfall bzw. die Fälle in ihren wesentlichen Aspekten in der Studie repräsentiert sind. MORGAN (1988, 42) fordert z.B., daß die vorhandenen Subgruppen in einer Organisation, z.B. in einer Schule oder dem Schulsystem, in die Untersuchung einbezogen werden müssen. Das setzt voraus, daß Prozesse, Ereignisse, Orte und Zeiten angemessen in die Stichprobe aufgenommen worden sind (vgl. HUBERMAN, MILES 1994, 440). Das kann nur theoriegeleitet gesichert werden und ist weniger eine Frage der Repräsentativität (vgl. GLASER, STRAUSS 1967).

---

[2] Anmerkung: Das ist eine Abfolge der Untersuchungsschritte, bei der an der Spitze begonnen wird und anschließend nacheinander die unterschiedlichen Hierarchieebenen einbezogen werden.

4. Forschungspraxis

Neben solchen theoretischen Problemen ergeben sich in der Forschungspraxis auch für das Ziehen von Stichproben in Organisationen zusätzliche Schwierigkeiten, die z.b. MULDER VAN DE GRAAF, ROTTENBURG (1989) anschaulich benannt haben. Zuerst ist das Problem des gate keepers zu nennen, der häufig nicht nur den Zugang verschafft, sondern zusätzlich auch die Auswahl der Informanten vornimmt oder zumindest zu überwachen versucht. Der gate keeper versucht auf diese Weise, seine Sicht der Organisation wirksam werden zu lassen. Ein weiteres Problem resultiert daraus, daß nicht alle gewünschten Interviewpartner für ein Interview zur Verfügung stehen. Damit kann ein erheblicher Informationsverlust verbunden sein, wenn diese Interviewpartner nicht durch andere, gleichwertige ersetzbar sind. Soll z.B. die Unternehmenskultur eines Betriebes untersucht werden, und alle Betriebsratsmitglieder verweigern die Mitarbeit, dann ist ein wesentliches Erkenntnisdefizit mit diesem Ausfall verbunden.

Wichtig ist auch, daß man versucht, in die Abfolge der Interviews ein System zu bringen. Eine Möglichkeit besteht darin, einem top down approach zu folgen (vgl. BERGS-WINKELS 1994). Diese Vorgehensweise ist immer dann angebracht, wenn es darum geht zu überprüfen, ob bestimmte Sichtweisen an der Spitze der Organisation auf unterschiedlichen Hierarchieebenen auch geteilt oder wie sie abgewandelt werden. Ein anderes Prinzip ist die Segmentierung einer Organisation nach formalen Kriterien und der anschließende Versuch, auf den unterschiedlichen Segmentebenen die Zusammenarbeit mit anderen Organisationssegmenten in die Untersuchung einzubeziehen. Beide hier genannten Vorgehensweisen haben sich in der Untersuchungspraxis bewährt, sie setzen aber ein Vorverständnis über die Organisation voraus.

Wird eine Schule als Fall untersucht, dann muß vor allem bei den Schülern und, soweit sie in die Untersuchung einbezogen sind, bei den Eltern eine Auswahlentscheidung getroffen werden. Bei dem Versuch einer Rekonstruktion schulischer Wirklichkeit, bei dem auch Schüler als Informanten einbezogen worden waren, nannte ASTER (1990, 96) für deren Auswahl folgende Kriterien:
– Schüler aller Klassenstufen sollten einbezogen werden,
– Mädchen und Jungen sollten vertreten sein,
– Schüler, die als Schulopponenten bezeichnet werden konnten, sollten in die Stichprobe aufgenommen werden
– Schüler, die als angepaßt galten, sollten ebenfalls befragt werden.

Mit einem Kriterienkatalog dieser Art kann ein Netz gespannt werden, das im Sinne der Vollständigkeit sichert, daß die im Feld von den Schülern eingenommenen unterschiedlichen Positionen angemessen repräsentiert sind. Gleichzeitig wird auch dem Aspekt der Ökonomie genüge geleistet, weil die Auswahlkriterien sichern, daß man die Zahl der befragten Personen nicht zu groß werden lassen muß, um dem erstgenannten Ziel genügen zu können.

Handelt es sich dagegen um eine offene Feldforschung, dann beginnt bei bestimmten Untersuchungen das Problem bereits bei der Zuordnung von Personen zu Gruppen. So führte der Beobachtungsauftrag 'Türken beim Einkaufen' dazu, daß zunächst Kriterien dafür formuliert werden mußten, wer der Gruppe der Türken zugerechnet werden konnte (vgl. MERKENS 1986). In einem solchen Falle entscheidet die Klischeebildung darüber, wer in die Stichprobe der Untersuchten aufgenommen werden kann.

Häufig gilt es, was in der Regel gar nicht als ein Stichprobenproblem behandelt wird, bei der Analyse von schriftlichen Dokumenten aus einem Korpus von vorhandenen Dokumenten eine Auswahl zu treffen, die nicht nach statistischen Prinzipien, sondern nach inhaltlichen Kriterien erfolgt. So mußte beispielsweise bei der Analyse der Curricula in der ehemaligen DDR eine Auswahl nach Klassenstufen, Fächern und Zeiträumen getroffen werden, wenn die Prüfung auf reflexive und affirmative Bestimmungen in den Lehrplanwerken sinnvoll sein sollte (vgl. BENNER, GÖSTEMEYER, SLADEK 1993).

5. Zusammenfassung

An Beispielen aus der Literatur und aus der Forschungspraxis konnte gezeigt werden, daß bei qualitativen Untersuchungen, ähnlich wie bei quantitativen Untersuchungen, ein zentrales Problem darin liegt, Kriterien für die Stichproben zu definieren. Dabei tritt an die Stelle der statistischen Repräsentativität die Forderung nach inhaltlicher Repräsentation. Die Stichprobenziehung erfolgt unter den Aspekten der Ökonomie und der Vollständigkeit der für die Untersuchung relevanten Ereignisse. Stichprobenprobleme ergeben sich sowohl bei der Einzelfallstudie, der Vollständigkeit der für die Untersuchung relevanten Ereignisse, bei der Untersuchung mehrerer Fälle als auch bei der Analyse von Dokumenten. Die Stichproben hängen darüber hinaus nach Umfang und Typ vom Untersuchungsgegenstand und der Fragestellung der Untersuchung ab. Zusätzliche Differenzierungen zwischen Stichproben resultieren daraus, wie die theoretische Einbindung der Untersuchung erfolgt. Bei theoriegeleiteten Untersuchungen können Stichprobenpläne vor Beginn der Untersuchung erstellt werden, bei exploratorischen Untersuchungen werden sie demgegenüber erst im Gang der Untersuchung erstellt. Unwichtig sind sie nur dann, wenn mit der Untersuchung nicht angestrebt wird, etwas Typisches über einen Fall oder ein Feld zu ermitteln und keinerlei Generalisierungen angestrebt werden. Weil Untersuchungen in der Regel mit dem Ziel durchgeführt werden, Erkenntnisse zu gewinnen, die über den speziellen Gegenstand der Untersuchung hinausreichen, wird es im Normalfall darauf ankommen, der Stichprobenproblematik zukünftig erhöhte Aufmerksamkeit zu widmen.

Literatur

AGAR, Michael H. 1986: Speaking of Ethnography. Beverly Hills.
ASTER, Reiner 1990: Schule und Kultur. Zur Rekonstruktion schulischer Wirklichkeit aus dem Blickwinkel von Schülern und Lehrern. Monographie einer Hauptschule als Beitrag zur ethnographischen Schulforschung. Frankfurt.

BENNER, Dietrich/Jörg RAMSEGER 1981: Wenn die Grundschule sich öffnet. Erfahrungen aus dem Grundschulprojekt Gievenbeck. München.

BENNER, Dietrich/Karl-Franz GÖSTEMEYER/Horst SLADEK 1993: Bildungstheorie und Unterricht. Untersuchungen zum Verhältnis von systematischer Pädagogik, Lehrplanlegitimation und Didaktik in SBZ und DDR (1945-1989). Berlin. DFG-Antrag.

BERGS-WINKELS, Dagmar 1994: Weiterbildung in Zeiten organisationskultureller Revolution. Diss., FU Berlin.

BILLIG, Michael 1988: Methodology and Scholarship in Understanding Ideological Explanation. In: ANTAKI, C. (Ed.): Analysing Everyday Explanation. A Casebook of Methods. London, S. 199-215.

BLUMER, Herbert 1969: Symbolic Interactionism. Perspective and Method. Berkeley.

BOURGEOIS III., L.J./Kathleen M. EISENHARDT 1988: Strategic Decision Processes in High Velocity Environments: Four Cases in the Microcomputer Industry. Management Science, Vol. 7, S. 816-835.

DENZIN, Norman K./Yvonna S. LINCOLN 1994: Strategies of Inquiry. In: DENZIN, Norman K./Y.S. LINCOLN: Handbook of Qualitative Research, Thousand Oaks, S. 200-208.

DIEDERICH, Jürgen/Christoph WULF 1979: Gesamtschulalltag. Die Fallstudie Kierspe. Paderborn.

DILTHEY, Wilhelm 1968a: Ideen über eine beschreibende und zergliedernde Psychologie. In: DILTHEY, Wilhelm: Gesammelte Schriften Bd. V.: Die geistige Welt. Einleitung in die Philosophie des Lebens. Erste Hälfte: Abhandlungen zur Grundlegung der Geisteswissenschaften. Stuttgart, Göttingen, 5. Aufl., S. 139-240.

DILTHEY, Wilhelm 1968b: Der Aufbau der geschichtlichen Welt in den Geisteswissenschaften. In: DILTHEY, Wilhelm: Gesammelte Schriften Bd. VII. Stuttgart, Göttingen, 5. Aufl.

DILTHEY, Wilhelm 1968c: Die Entstehung der Hermeneutik. In: DILTHEY, Wilhelm: Gesammelte Schriften Bd. V.: Die geistige Welt. Einleitung in die Philosophie des Lebens. Erste Hälfte: Abhandlungen zur Grundlegung der Geisteswissenschaften. Stuttgart, Göttingen, 5. Aufl., S. 317-338.

GLASER, Barney G./Anselm L. STRAUSS 1967: The Discovery of Grounded Theory: Strategies for Qualitative Research. Chicago.

HERWARTZ-EMDEN, Leonie 1986: Türkische Familien und Berliner Schule. Die deutsche Schule im Spiegel von Einstellungen, Erwartungen und Erfahrungen türkischer Eltern - eine empirische Untersuchung. Berlin.

HUBERMAN, A. Michael/Matthew B. MILES 1994: Data Management and Analysis Methods. In: DENZIN, Normann K./Yvonna S. LINCOLN: Handbook of Qualitative Research, Thousand Oaks, S. 428-444.

KUZEL, A.J./R.C. LIKE 1991: Standards of Trustworthiness for Qualitative Studies in Primary Care. In: NORTON, P.G./M. STEWART/F. TUDIVER/M.J. BASS/E.V. DUNN (Hg.): Primary Care Research: Traditional and Innovative Approaches. Newbury Park, S. 138-158.

MERKENS, Hans 1986: Vorwissen und Hypothesenbildung beim Prozeß des Beobachtens - Überlegungen zu den Grenzen der Beobachtung in der Arbeitsmigrantenforschung. In: HOFFMEYER-ZLOTNIK, Jürgen H.P. (Hg.): Qualitative Methoden der Datenerhebung in der Arbeitsmigrantenforschung. Mannheim, S. 78-108.

MORGAN, David L. 1988: Focus Groups as Qualitative Research. Newbury Park.

MORSE, Janice M. 1994: Designing Funded Qualitative Research. In: DENZIN, Norman K./Yvonna S. LINCOLN: Handbook of Qualitative Research, Thousand Oaks, S. 220-235.

MULDER VAN DE GRAAF, Josè/Richard ROTTENBURG (1989): Feldforschung in Unternehmen - Ethnographische Explorationen in der eigenen Gesellschaft. In:

ASTER, Reiner/Hans MERKENS/M. REPP (Hg.): Teilnehmende Beobachtung. Werkstattberichte und methodologische Reflexionen. Frankfurt.
PATTON, Michael Q. 1990: Qualitative Evaluation and Research Methods (2nd ed). Newbury.
POPPER, Karl R. 1966: Logik der Forschung (2. Aufl.). Tübingen.
SCHEIN, Edgar H. 1987: The Clinical Perspective in Fieldwork. Newbury Park.
SPRADLEY, J.P. 1979: The Ethnographic Interview. New York.
SPRADLEY, J.P. 1980: Participant Observation. New York.
STAKE, R.E. 1994: Case Studies. In: DENZIN, Norman K./Yvonna S. LINCOLN: Handbook of Qualitative Research, Thousand Oaks, S. 236-247.
TENORTH, H.-Elmar/Konrad WÜNSCHE 1993: Umgang mit Indoktrination: Erziehungsintentionen, -formen und -wirkungen in deutschen Erziehungsstaaten. Berlin. DFG-Antrag.

Agi Schründer-Lenzen

Triangulation und idealtypisches Verstehen in der (Re-) Konstruktion subjektiver Theorien

Analyseziel qualitativer Forschung ist häufig die Ordnung, merkmalsbezogene Bündelung von Erscheinungen, Dimensionierung und Kategorisierung des Materials, um letztlich zu einer typisierenden Erfassung des Forschungsgegenstandes zu gelangen. Wie läßt sich aber das, was andere tun, sagen oder schreiben überhaupt verstehen? Ist nicht jede Form von Interpretation willkürlich und beliebig? In der methodologischen Diskussion gibt es verschiedene Verfahren aber auch erkenntnistheoretische Überlegungen, wie man diesem Problem begegnen kann. Eine dieser Antworten lautet, Variation des methodischen settings, um hierdurch die Anzahl möglicher Fehlinterpretationen zu verringern (Triangulation); eine andere Antwort ist die Eingrenzung des Anspruchs dessen, was wir überhaupt erkennen können: Nicht die eine interpretative Wahrheit ist entdeckbar, auch das Verstehen des Anderen ist immer nur annäherungsweise möglich, denn: *Interpretation ist immer Konstruktion*. Typenbildung ist mithin ein Prozeß idealtypischen Verstehens, ist Konstruktbildung. Diese Überlegungen sollen hier eingehen in die Interpretation alltäglichen Denkens, also in die „(Re-) Konstruktion subjektiver Theorien."

1. Konzepte der Triangulation

Der Begriff der Triangulation stammt eigentlich aus der Landvermessung und bezeichnet dort die Fixierung eines Punktes durch die Verwendung eines Netzes von Dreiecken. In die allgemeine Methodendiskussion wurde diese Idee einer Präzisierung von Meßvorgängen zunächst von CAMPBELL und FISKE (1959) übernommen und dann auch von WEBB u.a. (1966). Im Hintergrund dieser Überlegungen stand bereits die Erkenntnis, daß der Forschungsgegenstand durch die Wahl einer Methode und durch den Meßvorgang selbst beeinflußt bzw. verfälscht wird. Um diesem Dilemma zu entgehen, sollte eine Kombination unterschiedlicher Meßverfahren und Methoden (die „multitrait-multimethod-matrix") eingesetzt werden, um letztlich zu überprüfen, „ob eine Hypothese die Konfrontation mit einer Serie komplementärer Testmethoden übersteht" (CAMPBELL/FISKE 1959, 82).
Von DENZIN (1970, 1978) wurde dann die Triangulation als Validierungsstrategie auch in den Kontext qualitativer Methodendiskussion gestellt. Er unterscheidet verschiedene Bereiche der Triangulation: Als *Daten-Triangulation* fordert er die Untersuchung desselben Phänomens zu verschiedenen Zeitpunkten, an verschiedenen Orten und Probanden. Als *Investigator-Triangulation* be-

zeichnet er den Einsatz verschiedener Beobachter bzw. Interviewer, um den Einfluß verschiedener Forscher auf die Untersuchungsergebnisse kontrollierbar zu machen. Von *Theorien-Triangulation* spricht DENZIN, wenn er an die Interpretation von Daten unter Einbeziehung verschiedener theoretischer Erklärungsmodelle denkt. Zentrales Konzept ist aber die *Methodentriangulation*, womit er erneut die Reaktivität von Methoden durch ihre vielfältige Kombination zu überwinden sucht. Diese Triangulation „between-method" läßt sich von der Triangulation „within-method" unterscheiden, worunter er die Variation der Operationalisierung von Kategorien meint.

Die Kritik an DENZINs Verständnis von Triangulation richtet sich insbesondere auf seinen Anspruch, eine Validierungsstrategie formuliert zu haben. Die skizzierten Triangulationstechniken richten sich darauf, die *eine* Realität zum Vorschein zu bringen, die *eine* Wahrheit der Interpretation zu finden, aber, was in dem einen setting passiert, kann nicht einfach zum Korrektiv dessen werden, was woanders passiert, denn mit welchem Grund wäre der Geltungsanspruch des einen Ergebnisses höher als der eines anderen? So stellen denn auch FILDING und FILDING (1986, 33) fest: „Es gibt gewichtige Gründe für Triangulation, aber nicht diejenigen, von denen Denzin ausgeht. Wir sollten Theorien und Methoden vorsichtig und zielbewußt in der Absicht kombinieren, unserer Analyse mehr Breite und Tiefe zu verleihen, aber nicht mit dem Ziel, 'objektive' Wahrheit anzustreben."

Die Idee der Triangulation gerät damit deutlich in die Nähe des von GLASER und STRAUSS (1967, 1979; STRAUSS 1991) propagierten „theoretical sampling", in dem Variation und Vergleich von Ereignissen, Handlungen, Populationen und theoretischen Konzepten zur Generierung von Hypothesen eingesetzt werden, allerdings nicht zu ihrer Überprüfung. Diese alternative Funktionsbestimmung der Triangulation wird auch von KÖCKEIS-STANGEL (vgl. 1980, 363) und FLICK (1990, 1992) favorisiert, die von mehrperspektivischer oder systematischer Perspektiven-Triangulation sprechen.

Seit einiger Zeit findet sich nun auch der Begriff der Triangulation, um die Verbindung qualitativer und quantitativer Forschungsmethoden zu bezeichnen, wobei beide bisher aufgezeichneten Funktionsbestimmungen der Triangulation wieder Aktualität gewinnen. So sieht beispielsweise LAMNEK (1988, 234f.) die Chancen der Triangulation darin, daß „auch vom quantitativen Sozialforscher qualitative Methoden (...) zum Zwecke der Exploration, (...) zur Illustration, zur Plausibilisierung, mithin auch zur Absicherung ihrer quantitativen Daten" verwendet werden. Validierung quantitativer Daten durch qualitative (Pilot-) Studien und vice versa Objektivierung interpretativer Ergebnisse durch Quantifizierung von Interpretamenten scheint also das Kompromißangebot zu lauten. Wenn man sich aber an dieser Stelle noch einmal vergegenwärtigt, daß gerade die Einsicht in die Interdependenz von Methode und Forschungsgegenstand, die Konstruiertheit des Erkenntnisobjektes durch den jeweiligen methodischen Zugriff den Ausgangspunkt für die Idee der Triangulation bildete, dann stellt sich doch an dieser Stelle die Frage, welches *eine* Forschungsinteresse sich mit der Kombination von Forschungsstrategien verbinden soll, die unterschiedlichen paradigmatischen Setzungen folgen (zur Abgrenzung zwischen dem „normativen" und „interpretativen" Paradigma vgl. WILSON 1973). Wie soll forschungspraktisch entschieden werden, welchen Indikatoren mehr Relevanz zugemessen wird, den numerischen Daten jenes Kunstproduktes, das nach dem Zugriff der Statistiker bleibt, der Empirie-Realität, oder jenen Interpretamenten, die aus der Beobachtung, den Dokumenten, den Aktionen und Kommunikationen der Alltagsrealität entstammen? Selbst wenn man die Komplementarität quantitativer und qualitativer Strategien postuliert, so bleibt ein Ordnungsproblem, denn unter welchem *gemeinsamen* Ordnungsprinzip lassen sich numerische und nicht-numerische Daten subsumieren? Ich denke, daß bereits Max Weber mit seiner Konzeption des Idealtypus (vgl. hierzu Punkt 3) diese Schnittstelle markiert hat, denn die Realtypenbildung qualitativer Forschung zielt letztlich auf die Abstraktion der Einzelfälle, auf die Fallstruktur; gleichzeitig setzt aber Typenbildung immer schon Quantifizierbares voraus. Mit dieser Formulierung wird allerdings bereits eine bestimmte Forschungsperspektive qualitativer Forschung favorisiert, die es im folgenden zu präzisieren gilt.

2. Subjektive Theorien zwischen Rekonstruktion und Konstruktion

Da es nicht mehr gerechtfertigt erscheint, von „der" qualitativen Forschung zu sprechen, könnte man sich in einem ersten Zugriff auf den Systematisierungsvorschlag von LÜDERS und REICHERTZ (1986, 92ff.) beziehen, die zwischen folgenden drei Forschungsperspektiven unterscheiden:
– dem Nachvollzug subjektiv gemeinten Sinns
– der Deskription sozialen Handelns und sozialer Milieus und
– der Rekonstruktion deutungs- und handlungsgenerierender Tiefenstrukturen.
Eine weitere Differenzierung qualitativer Forschungsansätze findet sich bei FLICK (1991; 150f.), der entsprechend dem Standort der Modellbildung im Forschungsprozeß unterscheidet zwischen jenen qualitativen Forschern, die der klassischen Variante der Modellbildung aus den quantitativen Sozialwissenschaften folgen und ein Modell bzw. Hypothesengerüst der vermuteten Bedingungszusammenhänge an den Anfang der Untersuchung stellen und jenen qualitativen Forschern, die das Prinzip der Offenheit des interpretativen Paradigmas radikal umsetzen. HOFFMANN-RIEM (1980, 343) führt hierzu aus: „Das Prinzip der Offenheit besagt, daß die theoretische Strukturierung des Forschungsgegenstandes zurückgestellt wird, bis sich die Strukturierung des Forschungsgegenstandes durch die Forschungssubjekte herausgebildet hat." Bekanntestes Beispiel für diese Art des Vorgehens ist die „grounded theory" von GLASER und STRAUSS (1967, STRAUSS 1991). Das Prinzip der Offenheit deuten manche allerdings als naiven Empirismus, denn sie gehen davon aus, „daß es in der Soziologie, wie in der Naturwissenschaft, keine theoriefreien Beobachtungen oder Daten gibt" (GIDDENS 1984, 179), eine Einsicht, die bereits Alfred SCHÜTZ formuliert hatte: „Was in der biographischen Situation des Alltags als selbstverständlich gilt, kann für den Wissenschaftler fragwürdig werden und umgekehrt; was auf einer Ebene höchst relevant zu sein scheint, kann auf der

anderen völlig irrelevant werden. Das Bezugssystem ist radikal verändert worden und mit ihm die Hierarchie der Pläne und Entwürfe" (SCHÜTZ 1971, 42f.). Solange also ein Wissenschaftler sein Forschungsinteresse nicht aufgibt, wird für ihn die Erfahrung der zu untersuchenden Wirklichkeit immer durch ein anderes Relevanzsystem strukturiert sein als für den alltäglich Handelnden (zum Verhältnis von Analyse und Intention vgl. auch TIEMANN 1987). HOPF (1985) bezweifelt ebenfalls, ob die postulierte Offenheit des Forschers der tatsächlichen Forschungspraxis entspricht. Bedeutet der Verzicht auf explizite Hypothesen nicht die Gefahr des Einschleichens impliziter Hypothesen und noch pragmatischer, welche Forschungsprojekte verfügen schon über hinreichende Ressourcen, die Zeit der freischwebenden Aufmerksamkeit zu realisieren? Ich möchte mich daher an dieser Stelle darauf beschränken, das Ablaufmodell eines Forschungsprozesses nachzuzeichnen, in dem die Modellbildung, also ein kategorialer Bezugsrahmen für die Auswertung der Daten, den Ausgangspunkt bildet. Inhaltlich wird es dabei um die (Re-)Konstruktion subjektiver Theorien gehen, wobei die methodischen Schritte der Triangulation und idealtypischen Konstruktion exemplifiziert werden sollen.

Es gehört zu den Grundannahmen qualitativer Forschung, daß soziale Wirklichkeit durch die handelnden Subjekte erzeugt wird und diese die Möglichkeit haben, sich reflexiv auf vorausgegangene Erfahrungen und Handlungen zu beziehen. Diese Reflexivität der alltäglich Handelnden ist zumindest strukturell dem Theoretisieren des Wissenschaftlers vergleichbar. Der nur noch graduelle Unterschied wird durch Bezeichnungen wie „naive Theorien" oder „subjektive Theorien" markiert. Das gegenwärtig methodologisch wohl elaborierteste Forschungsprogramm zur Analyse subjektiver Theorien ist in dem Ansatz von SCHEELE und GROEBEN (1988) und GROEBEN u.a. (1988) zu sehen. Sie gehen davon aus, daß bei der Erforschung subjektiver Theorien eine Vereinigung hermeneutischer und empirischer Methoden notwendig und erreichbar ist. Die postulierte Strukturparallelität zwischen subjektiven und „objektiven" wissenschaftlichen Theorien impliziert, daß Kognitionen für das reflexive Alltagssubjekt eine parallele Funktion haben wie die objektiven Theorien für den Wissenschaftler: die Funktion der Erklärung, Prognose und Technologie (vgl. BECKER u.a. 1987, 460f.; DANN 1983, 82f.; GROEBEN/SCHEELE 1977, 72ff.). Dieses „epistemologische Subjektmodell" läßt die traditionelle Subjekt-Objekt-Trennung im Forschungsprozeß fragwürdig erscheinen, denn mit dem reflexiven Subjekt kann man in Kommunikation treten und die Angemessenheit der Rekonstruktion der subjektiven Theorie im Dialog feststellen (vgl. GROEBEN u.a. 1988, 23). Diese Idee kommunikativer Validierung scheint auf den ersten Blick besonders geeignet für Analysen im pädagogischen Feld zu sein, denn sie verpflichtet den Forscher auf ein geradezu pädagogisches Untersuchungssetting:

„ ... es gehört zur Aufgabe des Forschers, die Untersuchungsbedingungen so zu gestalten, daß die Fähigkeit des Erkenntnis-Objekts zur Reflexivität und Rationalisierung optimale Realisierungschancen erhält. Dazu gehört beispielsweise eine umfassende Aufklärung über den Untersuchungszweck und -ablauf. Die Untersuchungssituation und ihre Hintergründe sollen für das Erkenntnis-Objekt von vornherein größtmögliche Transparenz besitzen. Im Verlauf der Untersuchung sind Sinn und Bedeutung der einzelnen Untersuchungsschritte und -maßnahmen vom Forscher metakommunikativ zu erläutern. Das persönliche Verhältnis zwischen dem Erkenntnis-Objekt und dem Forscher sollte durch das Bemühen um Verständigung und Vertrauen gekennzeichnet sein. Durch eine Reihe von Hilfen kann dem Erkenntnis-Objekt bei der Explizierung seiner Subjektiven Theorien geholfen werden" (SCHEELE/ GROEBEN 1988, 26).

Der Alltagstheoretiker kann sich aber in den von ihm angegebenen Gründen seines Tuns täuschen bzw. seine Handlungen können ggf. anderen als den explizierten Handlungsmaximen folgen. Es geht also um die Frage, ob die als deskriptive Konstrukte rekonstruierten subjektiven Theorien sich auch als explanative Konstrukte bewähren. Diese Überprüfung der „Realitätsadäquanz" der rekonstruierten Theorien wollen GROEBEN und SCHEELE (1977, 57f.) anhand des klassischen Falsifikationskriteriums, der externen Beobachtung, entschieden wissen. Das Beobachtungsexperiment, in dem geprüft wird, ob die rekonstruierten Kognitionen tatsächlich das beobachtete Verhalten steuern, wird als Handlungsvalidierung bezeichnet (vgl. WAHL 1982, 259ff.). Es ist der kommunikativen Validierung zeitlich nachgeordnet, von seinem Stellenwert her aber übergeordnet (vgl. GROEBEN/SCHEELE 1988, 19ff.). FLICK (1992, 18ff.) hat darauf hingewiesen, daß auch dieser Validierungspraxis die Idee der Triangulation zugrundeliegt, wenn sie auch nicht explizit genannt wird. Seine Kritik richtet sich auf die Zirkularität eines derartigen Vorgehens, denn, immer dann, wenn eine Methode dazu benutzt wird, um eine andere Methode und deren Ergebnisse zu validieren, dann muß notwendig unterstellt werden, daß die zur Überprüfung eingesetzte Methode selbst valide ist. Man könnte an dieser Stelle natürlich den Einsatz von Validierungsschleifen fordern, deren Ende aber forschungspraktisch gesetzt werden muß und für dessen Rechtfertigung es dann allenfalls noch externe Kriterien geben kann. Bleibt also nur noch die Möglichkeit, den Anspruch einer Validierung in der Rekonstruktion subjektiver Theorien aufzugeben? Sollte man sich jenen Positionen anschließen, die die Kriterien quantitativer Sozialforschung für nicht übertragbar halten auf qualitative Forschung? Würde eine weitere Standardisierung qualitativer Methoden „alle Anstrengungen eines Sozialwissenschaftlers nur hemmen oder sogar ersticken" (STRAUSS 1991, 32)? Ich denke, man muß sich hier auf die Funktionsbestimmung von Methode im Kontext qualitativer Forschung rückbesinnen, sie hat nicht die Funktion der Hypothesenüberprüfung, der Feststellung von Kausalzusammenhängen, sie will keine nomothetischen Sätze produzieren; sondern sie will Hypothesen generieren, Sinn- und Handlungszusammenhänge explorieren, dichte Beschreibungen ermöglichen, Denk- und Handlungsmuster konzeptualisieren. Qualitative Forschung ist aus der erkenntnistheoretischen Einsicht in die Unmöglichkeit des Nachvollzugs subjektiv gemeinten Sinns, in der Selbstbescheidung auf die Annäherung an das „eigentlich Gemeinte", konstruktiv. Diese Konstruktivität oder Interpretationsgebundenheit jeglicher Wahrnehmung ist eigentlich eine alte Einsicht, die schon von den Gestalttheoretikern in der Psychologie erarbeitet worden ist und jetzt durch Ergebnisse der neuronalen Hirnforschung neue Aktualität gewonnen hat (vgl. hierzu LENK 1994). Ich möchte daher vorschlagen, nicht von der Rekonstruktion subjektiver Theorien zu sprechen, sondern das, was methodisch leistbar ist, als „ein Zwischen" von Rekonstruktion und Konstruktion zu bezeichnen. Der Begriff der Rekonstruktion behält seine Gültigkeit, sofern hiermit zum Ausdruck gebracht wird, daß qualitative Forschung an etwas Gegebenes anknüpft und dieses möglichst präzise zu erfassen sucht, allerdings ist dieses Gegebene selbst konstruiert und konstituiert (vgl. LENK 1994, 91). Es ist nicht einfach im positivistischen Sinne gegeben. Diesen konstruktiven Aspekt qualitativer Forschung möchte ich im folgenden unter Bezugnahme auf die Bildung von Idealtypen näher kennzeichnen.

3. Idealtypisches Verstehen durch die Kombination qualitativer und quantitativer Auswertungstechniken

Der in der Tradition der Verstehenden Soziologie entwickelte Begriff des Idealtypus verbindet sich in besonderer Weise mit dem Namen Max WEBERs. Seine Methode idealtypischen Verstehenss wird teilweise als „Königsweg des typologischen Verstehens" herausgestellt (GERHARDT 1991, 436). Für ihn bedeutet „Verstehen" die deutende Erfassung des durchschnittlich und annäherungsweise Gemeinten und nicht „die deutende Erfassung des im Einzelfall real Gemeinten" (WEBER 1964, 7). Typisierung ist der zentrale Verstehensmodus in der Alltagswelt aber auch in der wissenschaftlichen Betrachtung, wobei letztere den Prozeß der Typenbildung kontrolliert und nachvollziehbar vornehmen sollte. Ausgehend vom empirischen Material bemüht sich die Soziologie, die Phänomene in theoretischen (sinnadäquaten) Begriffen zu erfassen, wozu sie notwendigerweise ein Stück weit von der Realität abstrahieren muß. Am Ziel möglichst vollständiger Sinnadäquanz orientiert, werden so „reine" Typen, Idealtypen, entworfen. Die methodische Vorgehensweise zur Bildung von Idealtypen hat Weber gekennzeichnet „durch einseitige Steigerung eines oder einiger Gesichtspunkte und durch den Zusammenschluß einer Fülle von diffus und diskret, hier mehr, dort weniger, stellenweise gar nicht vorhandener Einzelerscheinungen, die sich jenen einseitig herausgehobenen Gesichtspunkten fügen, zu einem in sich einheitlichen Gedankengebilde" (WEBER 1973, 181). Idealtypenen haben also eine empirische Basis, sie sind aber gleichzeitig konstruiert, so daß sie zwar in der Wirklichkeit vorkommen können, ihre Existenz in dieser reinen Form aber unwahrscheinlich ist (vgl. WEBER 1973, 191). Der Idealtypus ist mithin keine rein logische, artifizielle Klassifikation, sondern basiert auf den empirischen Beobachtungen von Merkmalen und Merkmalskombinationen; er ist zwar eine Konstruktionsleistung des Forschers, aber weder willkürlich noch wirklichkeitsfern. Idealtypisches Verstehen ist in diesem Sinne ein tentatives Sinnverstehen: Reflexiv in der Bezugnahme auf die Sinnkonstruktionen der Alltagssubjekte und konstruktiv in dem Entwurf des Idealtypischen. Eine derartige Akzentuierung idealtypischen Verstehens entspricht wohl dem, was LENK (1994, 90) als „interpretationskonstruktivistischen Ansatz" bezeichnet.

Fragt man sich nun, wie unter Einsatz der heute möglichen Forschungstechniken die Webersche Konzeption des Idealtypus, in ihrer geradezu paradigmatischen Konzeption der Verbindung von hermeneutischer und statistischer Argumentation (vgl. KUCKARTZ 1988, 60ff.) umgesetzt werden kann, so wird man zunächst feststellen müssen, daß unter den sozialwissenschaftlichen Forschungstechniken solche, die auf Gruppierung von Fällen abzielen, bislang weitaus weniger Beachtung gefunden haben, als die auf Variablen bezogenen statistischen Techniken. Die meisten Sozialwissenschaftler denken in Termini der Variablen-Korrelation, während es ihnen fremd ist, fallbezogen zu gruppieren (vgl. BAILEY 1983, 261). Allerdings gibt es mittlerweile Softwareprogramme, die eine einzelfallbezogene Verknüpfung von Daten ermöglichen (vgl. hierzu den Überblick von KUCKARTZ i.d. Band). Die Addition von Analysedaten aus unterschiedlichen Erhebungsphasen, denen ggf. auch noch unterschiedliche Erhebungsmethoden (Triangulation) zugrunde liegen, wird auf diese Weise themenzentriert möglich. Die computergestützte Auswertung der einzelnen Ergebnisse erweist sich als besonders hilfreich in der sukzessiven Clusterbildung einzelner Merkmalsausprägungen und die Konstruktion idealtypischer Analysebegriffe wird nachvollziehbar und transparent. Die Kompatibilität qualitativer Softwareprogramme mit gängigen Statistikpaketen wie SPSS ermöglicht dann auch quantitative Auswertungen und Kontrollen derartiger heuristischer Typisierungen. Die einzelnen Stationen einer derartigen Auswertungspraxis sollen im folgenden exemplifiziert werden anhand einer Studie zur Typisierung der subjektiven Bedeutung des Computers für Mädchen (vgl. SCHRÜNDER-LENZEN 1995).

4. Ein Modell idealtypischen Verstehens subjektiver Theorien

Der Hintergrund dieses Forschungsprojektes kann hier nur grob umrissen werden: Ausgangspunkt der Untersuchung ist die Fragestellung, ob nicht die je subjektive Interpretation des weiblichen Selbstkonzeptes den Computerzugang von Mädchen präformiert. Während bisher vorliegende Erklärungsansätze weiblicher Computerdistanz in ihrem analytischen Zugriff zumeist männliche und weibliche Probanden ohne weitere Differenzierung gegenüberstellen, sollte es in dieser Studie darum gehen, gerade die Pluralität und Spezifik weiblicher Bedeutungszuschreibungen an den Computer aufzuzeigen. Die Typisierung subjektiver Bedeutungszuschreibungen an den Computer läßt sich so als erste Analyseebene markieren und die Kategorisierung unterschiedlicher Profile weiblichen Selbstkonzeptes als zweite. Definition und Reichweite eines Typus ist in hohem Maße davon abhängig, welche Personengruppe im Kontext einer Gesamtpopulation von analytischem Interesse ist. So findet sich beispielsweise im Kontext von Analysen zur Computerthematik häufig die typisierende Bezeichnung „Spieler", ein typologischer Zugriff, der aber im Hinblick auf die Mädchenpopulation kaum Aussagekraft hat, da eine anhaltende Faszination durch Computerspiele bei 16-18jährigen Mädchen kaum vorkommt. Insofern galt es also, eine Typisierung des Computerzugangs zu erarbeiten, die zwar für beide Geschlechter anwendbar ist, aber insbesondere die Differenzen innerhalb der Mädchenpopulation abzubilden vermag. Die zweite Typisierungsebene ergab sich aufgrund der forschungsleitenden Hypothese, die von einer Korrespondenz der Variabilität des Comuterzugangs innerhalb der weiblichen Population und dem jeweiligen Selbstverständnis von „Weiblichkeit" ausging. Es war also zu prüfen, ob nicht die unterschiedlichen Formen weiblicher Bezugnahme auf den Computer in der jeweiligen Spezifik des Weiblichkeitskonzeptes liegen könnte. Versucht man die theoretische Prämisse von „Geschlecht als sozialer Kategorie" forschungspraktisch umzusetzen, dann hat dies Konsequenzen für die Kategorienbildung, denn „weibliche" und „männliche" Verhaltensmuster sind zumindest analytisch von der biologischen Geschlechtszugehörigkeit zu trennen. Variablen können also nicht vorab als „männlich" oder „weiblich" definiert werden, sondern dieses Geschlechtsprofil von Handlungs- und Sinnzusammenhängen ist für den faktischen Untersuchungszusammenhang zuallererst zu erheben. Hieraus ergibt sich die Notwendigkeit eines gleichsam aufgeschichteten Analyseprozesses, in dem die sukzessive Konstruktion beider Typisierungsebenen verzahnt wird.

Materialer Ausgangspunkt der Untersuchung waren Klassenaufsätze und Antworttexte auf offene Fragen, deren inhaltsanaloge Textpassagen zunächst zu Schlagwörtern und dann zu Argumentationsmustern gebündelt wurden. Ergebnis dieses ersten Analyseschrittes war somit die Gruppierung von Äußerungen zunächst einer Schulklasse zu typischen Argumentationszusammenhängen. Die Auswertung des Gesamtmaterials ermöglicht dann eine erste personale Typisierung, indem jeweils unterschiedliche Bündelungen von Einstellungsmustern als repräsentiert durch einen Typ A, B, C etc. vorgestellt werden. In enger Anlehnung an den Stil der Originaltexte wurden Prototexte für die Argumentationsmuster eines jeden personalen Typus formuliert. Diese Explikation des vom (Forscher-) Interpreten Verstandenen, beschränkte sich nicht nur auf die Wiedergabe formaler Inhaltssegmente, sondern es wurde versucht, auch die emotionale Komponente des jeweiligen Typus abzubilden. Diese „Message des latenten Inhalts" erwies sich als zentral für die Grenzziehung zwischen den Typen. Prototexte für alle personalen Typen wurden den Probanden vorgelegt mit der Aufforderung, die jeweilige Personennummer (hierdurch waren die schriftlichen Dokumente der Ersterhebung gekennzeichnet worden) nur jeweils einem Typus zuzuordnen. Falls diese Zuordnung im Einzelfall nicht eindeutig möglich war, hatten die Schüler und Schülerinnen die Möglichkeit, einzelne Textpassagen zu streichen bzw. neue hinzuzufügen. Durch dieses Verfahren konnte einerseits überprüft werden, ob die vorgenommene idealtypische Beschreibung vollständig im Hinblick auf die subjektiv relevanten Argumentationsmuster ist, eine Sinnadäquanz in dem Interpretationsprozeß des Forschers erreicht werden konnte und eine hinreichende Trennschärfe in der Konzeptionalisierung der Idealtypen erreicht wurde. Im Anschluß an diese Kontrolle der heuristischen Typisierung durch die Probanden fanden Gruppendiskussionen jeweils im Klassenverband (natürliches setting) statt, in denen die Repräsentanten eines Typus die Aufgabe hatten, ihre Gruppenmeinung gegenüber anderen zu vertreten (Prinzip minimaler und maximaler Kontrastierung).

Abb. 1: Ein Modell idealtypischen Verstehens subjektiver Theorien

Aufarbeitung bisher vorliegender Theorien oder Modellvorstellungen
über den Forschungsgegenstand
⬇
Explikation der Fragestellung
⬇
Definition eines kategorialen Bezugsrahmens
für die Interpretation des empirischen Materials

1. Erhebungsphase	2. Erhebungsphase	3. Erhebungsphase
Fragebögen mit offenen Antwortmöglichkeiten	Gruppendiskussionen	Einzelinterviews
Schriftliche Selbstdokumentation von Einzelfällen	Kollektive Typisierung unter Mechanismen sozialer Kontrolle	Exploration prototypischer Repräsentanten einer subjektiven Theorie
Inhaltsanalyse: Gruppierung ähnlicher Fälle durch Zusammenfassung, Selektion, Reduktion und Quantifizierung des Erhebungsmaterials	Gruppenexperiment: Exploration der Selbstgruppierung der Probanden unter dem Prinzip minimaler und maximaler Kontrastierung der Typen	Kommunikative Validierung: Prüfen der Sinnadäquanz von Argumentationsmustern im Dialog zwischen Forschungssubjekt und -objekt
⬇	⬇	⬇
Rekonstruktion der rationalen Struktur der "naiven" Theorien	Reformulierung der Typik unter Bezugnahme auf die emotionale Dimension subjektiven Sinns und seine Handlungsrelevanz	Rekonstruktion typischer explanativer Konstrukte

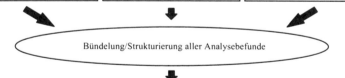

Bündelung/Strukturierung aller Analysebefunde
⬇
Idealtypische Konstruktion

Durch dieses Verfahren sollten auch kollektive Typisierungsprozesse in Gang gesetzt werden. Die Tendenz, sich unter Bedingungen sozialer Kontrolle einer Gruppe zuzuordnen, der man sich persönlich nahe fühlt, sind für die letztlich handlungswirksamen Einstellungsmuster gerade bei jugendlichen Probanden so bedeutsam, daß es gerechtfertigt erschien, dieses Entscheidungsverhalten in Zweifelsfällen zum Kriterium der Zuordnung zu machen. Dieses Arrangement der Gruppendiskussion, Auflösung des Klassenverbandes durch die Notwendigkeit einer Neugruppierung in Kleingruppen unter bestimmten inhaltlichen Kriterien, erzeugte partiell die Situation eines Gruppenexperiments. Im Zentrum des Interesses stand dabei die Beobachtung der Konsolidierung der Gruppenmeinung.

Eine zweite Phase der Datenerhebung erfolgte durch themenzentrierte Gruppendiskussionen nur mit den Mädchen der jeweiligen Klasse. Hierdurch sollten insbesondere die Argumentationsmuster der 2. Typisierungsebene, also der Struktur des weiblichen Selbstkonzeptes ermittelt werden. Während also eine gleichsam geschlechtsneutrale Dimensionierung des Selbstkonzeptes theoriebezogen möglich war, sollten die analytischen Ergebnisse der Gruppendiskussion dazu führen, diesen kategorialen Bezugsrahmen geschlechtsspezifisch zu strukturieren (zu den Technika der Typenbildung vgl. SCHRÜNDER-LENZEN 1996).

In der 3. Erhebungsphase wurden Einzelinterviews mit jenen Probanden geführt, die sich in den Gruppendiskussionen als „opinion leader" zeigten. Hierin kann man eine Exploration der „Prototypen" des Computerzugangs sehen.

Abstrahiert man nunmehr von den konkreten Inhalten dieses Forschungsprojektes, so läßt sich ein allgemeines Ablaufmodell in der Konstruktion von Idealtypen beschreiben, ein Modell, in dem die Triangulation der Methoden die Funktion hat, zu einer hinreichenden Sättigung des idealtypischen Verstehensprozesses zu gelangen. Idealtypisches Verstehen wird so zu einer Art von Systematisierung, die sukzessive hergestellt, überprüft und verbessert wird, wobei durch den Einsatz computerunterstützter Auswertungstechniken die Transparenz des Konstruktionsprozesses unterstützt wird.

Literatur

BAILEY, K.D. 1983: Sociological Classification and Cluster Analysis. In: Quality and Quantity 1983, S. 251-268.
BECKER, Dietrich u.a. 1987: Motivation und Emotion. In: LÜER, Gerd (Hg.): Allgemeine Experimentelle Psychologie, Stuttgart, S. 431-470.
CAMPBELL, Donald/Donald FISKE 1959: Convergant and discriminant Validation by the Multitrait-Multimethod Matrix. In: Psychological Bulletin 56 (1959), S. 81-105.
DANN, Hanns-Dietrich 1983: Subjektive Theorien: Irrweg oder Forschungsprogramm? Zwischenbilanz eines kognitiven Konstrukts. In: MONTADA, Leo u.a. (Hg.): Kognition und Handeln, Stuttgart, S. 77-92.
DENZIN, Norman 1978: The Research Act, New York.
DEUSINGER, Ingrid M. 1986: Die Frankfurter Selbstkonzeptskalen (FSKS), Handanweisung, Göttingen, Toronto, Zürich 1986.
FIELDING, Nisel G./Jane L. FIELDING 1986: Linking Data, Beverley Hills.
FLICK, Uwe 1990: Fallanalysen: Geltungsbegründung durch Systematische Perspektiven-Triangulation. In: JÜTTEMANN, Gerd (Hg.): Komparative Kasuistik, Heidelberg, S.184-204.
FLICK, Uwe 1991: Stationen des Qualitativen Forschungsprozesses. In: FLICK, Uwe u.a. (Hg.): Handbuch qualitativer Sozialforschung, München, S. 147-173.
FLICK, Uwe 1992: Entzauberung der Intuition. Systematische Perspektiven-Triangulation als Strategie der Geltungsbegründung qualitativer Daten und Interpretationen. In: HOFFMEYER-ZLOTNIK, Jürgen H.P. (Hg.): Analyse verbaler Daten, Opladen, S.11-55.
GERHARDT, Uta 1991: Typenbildung. In: FLICK, Uwe u.a. (Hg.): Handbuch qualitativer Sozialforschung, München, S. 435-439.

GIDDENS, Anthony 1984: Interpretative Soziologie, Frankfurt, New York.
GLASER, Barney G./Anselm STRAUSS 1967: The discovery of grounded theory: Strategies for qualitative Research, Chicago.
GLASER, Barney G./Anselm STRAUSS 1979: Die Entdeckung gegenstandsbezogener Theorie: Eine Grundstrategie qualitativer Forschung. In: HOPF, Christel/Elmar WEINGARTEN (Hg.): Qualitative Sozialforschung, Stuttgart, S. 91-111.
GROEBEN, Norbert/Brigitte SCHEELE 1977: Argumente für eine Psychologie des reflexiven Subjekts, Darmstadt.
GROEBEN, Norbert u.a. 1988: Das Forschungsprogramm Subjektive Theorien. Eine Einführung in die Psychologie des reflexiven Subjekts, Tübingen.
HOFFMANN-RIEM, Christa 1980: Die Sozialforschung einer interpretativen Soziologie. Der Datengewinn. In: Kölner Zeitschrift für Soziologie und Sozialpsychologie 32 (1980), S. 339-372.
HOPF, Christel 1985: Nichtstandardisierte Erhebungsverfahren in der Sozialforschung. Überlegungen zum Forschungsstand. In: KAASE, Max/Manfred KÜCHLER (Hg.): Herausforderungen der empirischen Sozialforschung, ZUMA, Mannheim, S. 86-108.
KÖCKEIS-STANGEL, Eva 1982: Methoden der Sozialisationsforschung. In: HURRELMANN, Klaus/Dieter ULICH (Hg.): Handbuch der Sozialisationsforschung, Weinheim, S. 321-370.
KUCKARTZ, Udo 1988: Computer und verbale Daten. Chancen zur Innovation sozialwissenschaftlicher Forschungstechniken, Frankfurt a.M., Bern, New York, Paris.
LAMNEK, Siegfried 1988: Qualitative Sozialforschung, Bd.1: Methodologie, München, Weinheim.
LENK, Hans 1994: Von Deutungen zu Wertungen, Frankfurt/M.
LÜDERS, Christian/Jo REICHERTZ 1986: Wissenschaftliche Praxis ist, wenn alles funktioniert und keiner weiß warum. Bemerkungen zur Entwicklung qualitativer Sozialforschung. In: Sozialwissenschaftliche Literaturrundschau 12 (1986), S. 90-102.
SCHEELE, Brigitte/Norbert GROEBEN 1988: Dialog-Konsens-Methoden zur Rekonstruktion subjektiver Theorien, Tübingen.
SCHRÜNDER-LENZEN, Agi 1995: Weibliches Selbstkonzept und Computerkultur, Weinheim.
SCHRÜNDER-LENZEN, Agi 1996: Inhaltsanalyse als Instrument methodisch kontrollierter Typenbildung: Das Textanalysesystem MAX in der Forschungspraxis. In: BOS, Wilfried/Christian TARNAI (Hg.): Computerunterstützte Inhaltsanalyse in den Empirischen Sozialwissenschaften. Theorie - Anwendung - Software, Münster, S. 135-148.
SCHÜTZ, Alfred 1971: Gesammelte Aufsätze. Das Problem der sozialen Wirklichkeit, Bd.1, Den Haag.
STRAUSS, Anselm L. 1991: Grundlagen qualitativer Sozialforschung. Datenanalyse und Theoriebildung in der empirischen soziologischen Forschung, München.
TIEMANN, Friedrich 1987: Analyse und Intention. Zur Bewältigung des Pilatus-Syndroms in den Sozialwissenschaften, Opladen.
WAHL, Dieter 1982: Handlungsvalidierung. In: HUBER, Günter L./Heinz MANDL (Hg.): Verbale Daten. Eine Einführung in die Grundlagen und Methoden der Erhebung und Auswertung, Weinheim, Basel, S. 259-274.
WEBB, Eugene John u.a. 1966: Unobtrusive Measures: Nonreactive Research in the Social Sciences, Chicago.
WEBER, Max 1964: Wirtschaft und Gesellschaft. Grundriß der Verstehenden Soziologie. Studienausgabe hrsg. v. J. Winckelmann, Köln/Berlin.
WEBER, Max 1973: Gesammelte Aufsätze zur Wissenschaftslehre. 4. Aufl. hrsg. v. J. Winckelmann, Tübingen.
WILSON, Thomas P. 1973: Theorien der Interaktion und Modelle soziologischer Erklärung. In: ARBEITSGRUPPE BIELEFELDER SOZIOLOGEN (Hg.): Alltagswissen, Interaktionen und gesellschaftliche Wirklichkeit, Bd. 1, Reinbek b. Hamburg, S. 54-79.

Steffani Engler

Zur Kombination von qualitativen und quantitativen Methoden

In einem Handbuch mit dem Titel „qualitative Forschungsmethoden in der Erziehungswissenschaft" einen Beitrag zur Kombination von qualitativen und quantitativen Methoden zu schreiben, erscheint mir wie ein Sitzen zwischen zwei Stühlen, und bekanntlich kann man da entweder gar nicht oder nur recht unbequem sitzen. Hinzu kommt, daß zwar in der Bundesrepublik in den letzten Jahren häufig von „Methodenvielfalt", „Methodenmix", „Triangulation" usw. die Rede ist, jedoch vorliegende Erfahrungen mit der Kombination von qualitativen und quantitativen Methoden selten geschildert werden. Gibt es dergleichen etwa nicht, oder findet lediglich keine Auseinandersetzung über forschungspraktische Erfahrungen statt?

Aus der Frühphase der empirischen Sozialforschung gibt es Beispiele, in denen methodisch breit angelegte Forschungsvorhaben durchgeführt wurden. Eine dieser Studien, „Die Arbeitslosen von Marienthal," soll vorgestellt und im Hinblick auf methodische Fragen diskutiert werden. Danach geht es um das Verhältnis von qualitativen und quantitativen Methoden und im Anschluß daran um ein forschungspraktisches Beispiel, in dem der Versuch der Kombination unternommen wurde.

„Die Arbeitslosen von Marienthal"

Die 87 Jahre alte weißhaarige Frau stand auf, ging an das Pult, legte ihr Blatt mit Stichworten ab, blickte zum Publikum und sprach mit klarer Stimme. Sie sagte zum Thema lebensnahe Sozialpsychologie: „Was meine ich mit lebensnah? Im Unterschied von der zumindest in den Vereinigten Staaten dominierenden Richtung stammt die Themenwahl einer lebensnahen Sozialpsychologie nicht von abstrakten Theorien, sondern aus der Problematik der sozialen Gegenwart. Sie sucht nicht nach zeitunabhängigen Antworten, sondern erkennt die Zeitgebundenheit sozialen Geschehens und menschlichen Verhaltens. Sie will nicht beweisen, sondern entdecken, sie will das Unsichtbare sichtbar machen. Weil im sozialen Geschehen Dinge zählen, die nicht gezählt werden können, sind hier qualitative Methoden ebenso am Platz wie quantitative". Marie JAHODA bezeichnete das, was sie ausführte, als ihr Testament für die nächste Generation in den Sozialwissenschaften. Der Anlaß dieser Rede von Prof. Dr. Marie JAHODA war die Einrichtung der internationalen Gastprofessur für Frauenforschung an der Ruhr Universität in Bochum im November 1994, die ihren Namen trägt: Marie-Jahoda Professur.

Ein Beispiel für diese „Lebensnähe" ist die klassische Studie „Die Arbeitslosen von Marienthal" von Marie JAHODA, Paul F. LAZARSFELD und Hans ZEI-

SEL (1933). Die methodologische Unterscheidung zwischen qualitativen und quantitativen Verfahren war bei dieser Studie (noch) kein Thema, es ging vielmehr darum, unterschiedliche Zugänge zu entwickeln und zu erproben, die es erlaubten, „Arbeitslosigkeit" aus unterschiedlichen Perspektiven darzustellen. In Lehrbüchern und Handbüchern zu quantitativer und qualitativer empirischer Sozialforschung wird diese Studie immer wieder angeführt (vgl. SCHNELL u.a. 1988; FLICK u.a. 1991) und beschrieben als eine, in der eine Vielfalt von Erhebungstechniken kreativ eingesetzt, eine Verbindung von qualitativer Beobachung und quantitativer Datenanalyse vorgenommen wurde (vgl. PELZMANN 1991, 294), als methodologisch phantasievoll und sozial engagierter Versuch (SCHRADER 1994, 272) und als Studie, die ebenso beeindruckt in bezug auf theoretische Fundierung wie Interpretation (vgl. SCHNELL u.a. 1988, 21).

Ein Dorf im Süden Wiens mit rund 1.500 EinwohnerInnen war von der Schließung der Textilfabrik geprägt, die Bevölkerung fast ohne Ausnahme arbeitslos. Arbeitslosigkeit war das zentrale Problem in der Wirtschaftskrise Ende der 20er Jahre. „Was wissen wir über Arbeitslosigkeit? Es gibt statistische Nachweisungen über den Umfang der Arbeitslosigkeit und das Ausmaß der Unterstützung, ... und es gibt soziale Reportagen ... Zwischen den nackten Ziffern der offiziellen Statistik und den allen Zufällen ausgesetzten Eindrücken der sozialen Reportagen klafft eine Lücke, die auszufüllen der Sinn unseres Versuches ist" (JAHODA u.a. 1975, 24). Das Forschungsteam, das bestrebt war, diese Lücke zu füllen, wurde von Paul LAZARSFELD geleitet und bestand aus 15 geschulten MitarbeiterInnen. Von Anfang Dezember 1931 bis Mitte Januar 1932 war die Phase, in der das Hauptmaterial erhoben und gesammelt wurde.

Die Forschungsarbeit begann „weder mit einer Theorie noch mit einem Methodenplan, sondern mit einer Liste von offenen Fragen, die allen Feldarbeitern während ihrer Anwesenheit in Marienthal als Richtschnur dienen sollte" (JAHODA 1991, 120). Ein Grundsatz galt für alle MitarbeiterInnen, nämlich daß irgendeine auch für die Bevölkerung nützliche Funktion im Ort übernommen werden sollte.

Um Kontakt zur Bevölkerung zu bekommen und um ihr Vertrauen zu gewinnen, wurde z.B. eine Kleideraktion durchgeführt. In Wien gesammelte Kleider wurden in Marienthal verteilt, Schnittkurse wurden eingerichtet, und von den vier im Team mitarbeitenden ÄrztInnen wurden regelmäßig Sprechstunden abgehalten und Medikamente verteilt. Wöchentlich fanden Sitzungen der MitarbeiterInnen statt, in denen Erlebnisse und Erfahrungen mitgeteilt, Einzelbeobachtungen geschildert und Überlegungen angestellt wurden, wie Eindrücke, Beobachtungen quantifiziert und festgehalten werden können. Hier war Kreativität im Erfinden und Entwickeln von Erhebungstechniken notwendig, um den Gegenstand Arbeitslosigkeit von möglichst vielen Seiten zu beschreiben und umfassend darstellen zu können. Das gesammelte Material wog ca. 30 Kilo. Es wurde statistisches Material zusammengetragen, das teilweise schon vorlag, wie Mitgliederzahlen der Vereine, Ausleihzahlen der örtlichen Bibliothek, Geschäftsbücher des Konsumvereins, Bevölkerungsstatistik etc. Und es wurden Protokolle angefertigt von Gesprächen mit den Lehrern über die Schulleistungen der Kinder, von den ärztlichen Untersuchungen, von Auskünften über die Umsätze beim Wirt und in Geschäften. In 40 Familien wurden Aufzeichnungen über die Mahlzeiten während einer Woche gemacht, von 32 Männern und 30 Frauen wurde die Lebensgeschichte aufgenommen, von Schülerinnen und Schülern aus Volks- und Hauptschulklassen wurden zu unterschiedlichen Themen Aufsätze gesammelt, von 80 Personen wurden Zeitverwendungsbögen ausgefüllt usw.

Wie kam diese Fülle an Material zustande? LAZARSFELD drängte bei der Materialerhebung auf Quantifizierung dessen, was quantifizierbar war (vgl. LAZARSFELD 1975). Beobachtetes sollte zahlenmäßig dargestellt und somit belegt werden. Den SozialwissenschaftlerInnen fehlte es nicht an Einfallsreichtum, was das Ersinnen von Erhebungssituationen anbelangte, um Beobachtungen zu quantifizieren. Das soll am Beispiel „Zeit" demonstriert werden. Wie sollte das »Zeiterleben« der MarienthalerInnen gemessen werden? Wie der Eindruck quantifiziert, daß Zeit völlig wertlos geworden war? Wie sollte dargestellt werden, daß sich die Frauen und die Männer in ihrem Zeiterleben unterschieden?

Die Stoppuhr kam zum Einsatz. Die Gehgeschwindigkeit von Frauen und Männern wurde gemessen, und das Stehenbleiben der Erwachsenen Beim-durch-die-Ortsstraße-gehen wurde notiert. Zudem wurden Zeitverwendungsbögen eingesetzt, bei denen Zeitintervalle von einer Stunde vorgegeben waren und die von 80 Personen ausgefüllt wurden. Das so gewonnene Material wurde mit Beobachtungen verbunden, die das Zeiterleben anschaulich machten. Im Zusammenspiel dieser Materialien liegt eine wesentliche Stärke dieser Studie. Dies wird an der Präsentation der Ergebnisse deutlich. Bleiben wir beim Thema „Zeit":

„Viele Stunden stehen die Männer auf der Straße herum, einzeln oder in kleinen Gruppen; sie lehnen an der Hauswand, am Brückengeländer. Wenn ein Wagen durch den Ort fährt, drehen sie den Kopf ein wenig; mancher raucht eine Pfeife. Langsame Gespräche werden geführt, für die man unbegrenzt Zeit hat. Nichts mehr muß schnell geschehen, die Menschen haben verlernt, sich zu beeilen.

Gegen Mittag, wenn der Verkehr in Marienthal seinen bescheidenen Höhepunkt erreicht, bietet die Ortsstraße auf den 300 m, die man überblicken kann, folgendes Bild. Von 100 Erwachsenen, die durch die Straße gehen, bleiben stehen:

	Männer	*Frauen*	*insgesamt*
3 x und mehr	39	3	42
2x	7	2	9
1 x	16	15	31
0 x	6	12	18
	68	32	100

Fast 2/3 der Männer also bleiben wenigsten zweimal stehen. Der Unterschied gegenüber den Frauen fällt auf: etwa 1/6 der Frauen nur hält sich zweimal oder öfter auf. Sie haben, wie wir später noch sehen werden, erheblich weniger Zeit.

Von unserem verborgenen Fensterplatz aus versuchten wir, mit der Uhr in der Hand die Geschwindigkeit zu ermitteln. Von 50 Marienthalern, die, ohne sich aufzuhalten, eine längere Wegstrecke gehen, gehen mit einer Geschwindigkeit von

Stundenkilometer	*Männer*	*Frauen*	*insgesamt*
1	*7*	*10*	*17*
2	*8*	*3*	*11*
3	*18*	*4*	*22*
	33	*17*	*50*

Da auf hundert, die durch die Straße gehen, immer ca. 30 kommen, die gerade irgendwo herumstehen, ist die durchschnittliche Geschwindigkeit recht gering. Einmal läuft einer im leichten Trab: das ist der Dorfnarr. Von hundert Männern tragen 88 keine Uhr bei sich, nur 31 davon haben eine zu Hause liegen.

Doppelt verläuft die Zeit in Marienthal, anders den Frauen und anders den Männern. Für die letzteren hat die Stundeneinteilung längst ihren Sinn verloren. Aufstehen - Mittagessen - Schlafengehen sind die Orientierungspunkte im Tag, die übriggeblieben sind. Zwischendurch vergeht die Zeit, ohne daß man recht weiß, was geschehen ist. Die Zeitverwendungsbogen zeigen das drastisch. Ein 33jähriger Arbeitsloser schreibt:

6 - 6.^{30} steh ich auf,
7 - 8 wecke ich die Buben auf, da sie in die Schule gehen müssen,
8 - 9 wenn sie fort sind, gehe ich in den Schuppen, bringe Holz und Wasser herauf,
9 - 10 wenn ich hinaufkomme, fragt mich immer meine Frau, was sie kochen soll; um dieser Frage zu entgehen, gehe ich in die Au.
10 - 11 einstweilen wird es Mittag,
11 - 12 (leer)...,

Das Aufwecken der Kinder hat gewiß keine volle Stunde in Anspruch genommen. Der Kaufmann Treer (15-16) ist 3 Minuten vom Wohnort dieses Arbeiters entfernt, und der Weg vom Park nach Hause, den er zwischen 17-18 zurücklegt, ist 300 Schritte lang. Was ist also in der fehlenden Zeit geschehen? Und so wie dieser Bogen sind alle ausgefüllt. ...

Es ist immer dasselbe: nur an wenige »Ereignisse« erinnert sich der Marienthaler Arbeitslose, wenn er den Bogen ausfüllt. Denn was zwischen den drei Orientierungspunkten Aufstehen - Essen -Schlafengehen liegt, die Pausen, das Nichtstun ist selbst für den Beobachter, sicher für den Arbeitslosen schwer zu beschreiben. Er weiß nur »einstweilen« wird es Mittag...

„Das alles gilt aber nur für die Männer, denn die Frauen sind nur verdienstlos, nicht arbeitslos im strengen Wortsinn geworden. Sie haben den Haushalt zu führen, der ihren Tag ausfüllt. Ihre Arbeit ist in einem festen Sinnzusammenhang, mit vielen Orientierungspunkten, Funktionen und Verpflichtungen zur Regelmäßigkeit ... So ist der Tag für die Frauen von Arbeit erfüllt: Sie kochen und scheuern, sie flicken und versorgen die Kinder, sie rechnen und überlegen und haben nur wenig Muße neben ihrer Hausarbeit, die in dieser Zeit eingeschränkter Unterhaltsmittel doppelt schwierig ist. ... So grundverschieden ist die Zeitverwendung bei Männern und Frauen, daß man für sie nicht einmal dieselben Kategorien aufstellen konnte. Zuweilen machen kleine Konflikte diese verschiedene Bedeutung der Zeit für den Mann und die im Haushalt arbeitende Frau anschaulich. Eine Frau erzählt:
»Trotzdem ich jetzt viel weniger zu tun habe als früher, bin ich eigentlich den ganzen Tag beschäftigt und habe gar keine Zerstreuung. Früher hat man den Kindern Kleider gekauft, jetzt muß man sie den ganzen Tag flicken und stopfen, damit sie ordentlich aussehen. Mein Mann schimpft immer, weil ich nicht fertig werde, und ich werd den ganzen Tag nicht fertig. ...« - Eine andere Frau erzählt: »Wir haben jetzt regelmäßig Krach beim Mittagessen, weil mein Mann nie pünktlich da sein kann, obwohl er doch früher die Uhr selbst war.«
Man sieht: Nicht einmal die wenigen Termine, die es noch gibt, werden genau eingehalten. Denn Pünktlichkeit hat jeden Sinn verloren, wenn nichts auf der Welt mehr unbedingt geschehen muß" (JAHODA 1975, 83-91).

Zur Kombination von unterschiedlichen Methoden bei der Präsentation der Ergebnisse

Das Herumstehen der Männer wird verbunden mit der Gehgeschwindigkeit und der Häufigkeit des Stehenbleibens, und hierbei werden Unterschiede zwischen Frauen und Männern deutlich. Anhand der Zeitverwendungsbögen werden die unterschiedlichen Tätigkeiten dargestellt und in diesem Zusammenhang verdeutlicht, weshalb die Frauen schneller gehen und seltener stehenbleiben. Sie haben den Haushalt zu führen und sind den ganzen Tag beschäftigt. Während die Aufhebung gewohnter Zeitrhythmen und Zeiteinteilungen zum Verlust von Sinnzusammenhängen und Orientierungspunkten bei den Männern führt, ist der Tag der Frauen ausgefüllt mit Arbeit. Aus den ausführlichen Lebensgeschichten der Frauen werden Zitate eingeflochten, die sichtbar machen, mit was sie den ganzen Tag beschäftigt sind und zu welchen Unstimmigkeiten das verschiedene Zeiterleben zwischen Frauen und Männern führt. Bei diesen Ausführungen, in denen es darum geht zu zeigen, wie sich die Arbeitslosigkeit im Zeiterleben der MarienthalerInnen niederschlägt, hat man den Eindruck, das unterschiedliche Material greift ineinander und fließt zusammen. Dabei handelt es sich jedoch nicht einfach um eine wechselseitige Validierung. Vielmehr enthalten beispielsweise die oben angeführten Zitate aus den Frauenbiographien Aspekte, die mittels Zeitverwendungsbögen nicht erhoben werden können. Anhand von unterschiedlichen Materialien werden verschiedene Facetten dessen betrachtet, was als Zeiterleben bezeichnet wird.

Die Einschätzung, was die Kombination von Methoden und die Präsentation der Ergebnisse anbelangt, wurde damals unterschiedlich gesehen. LAZARSFELD beschrieb in der Einleitung der Marienthal-Studie (1933) methodische Überlegungen und berichtete, daß „alle Impressionen wieder verworfen wurden, für die keine zahlenmäßigen Belege zu finden waren". Leopold von WIESE, der 1934 eine ausführliche Besprechung der Marienthal-Studie vornahm, kritisierte diesen Grundsatz, der ihm als „zu große Konzession an die Statistiker" erschien und stellte zugleich fest, daß dieser Grundsatz „erfreulicherweise" nicht allzu strikt angewendet worden sei (nach LAZARSFELD 1975, 163).

Es ist ebenso aufschlußreich, sich anzuschauen, wie die WissenschaftlerInnen den damaligen Stand der Forschung beschrieben, denn so manche „neue" Einsicht entpuppt sich dann als „vergessene" Erkenntnis. Hans ZEISEL skizzierte die Geschichte der soziographischen Methoden im Anhang der Studie und stellte hierbei die amerikanische Survey-Technik dar. Neben vorwiegend statistischen Surveys habe sich dort eine zweite Form herausgebildet, in der auf eine Quantifizierung weitgehend verzichtet werde.[1] Die Unterschiede zwischen beiden Formen charakterisierte er damals wie folgt: „... es ist kaum verkennbar, daß auch der amerikanischen Soziographie die Synthese zwischen der Statistik und dem Inventar der Merkmale noch nicht vollends geglückt ist. Dort, wo die adäquate Begriffsbildung ihren Höhepunkt erreicht, etwa im Polnischen Bauern, fehlt die Statistik völlig - und die statistischen Surveys lassen zuweilen einen bedenklichen Schematismus erkennen" (JAHODA u.a. 1975, S. 136). Er verwies zugleich auf Studien, in denen unterschiedliche Erhebungstechniken eingesetzt wurden, und betont die Vorzüge einer »kombinierenden Methode« (ebd. 140). So wurden in der Marienthal-Studie unterschiedliche Methoden eingesetzt und zugleich wurden diese, wie wir gesehen haben, „bewußt zu einer Einheit verbunden" (ebd. 142). Die potentielle Wirkung dieser Studie im deutschsprachigen Raum wurde durch den Nationalsozialismus zunichte gemacht. LAZARSFELD wanderte 1933 und Zeisel vor Beginn des Krieges in die Vereinigten Staaten aus. Marie JAHODA wurde 1937 nach neunmonatiger Haft ihre Staatsbürgerschaft aberkannt.

Zum Verhältnis von qualitativen und quantitativen Methoden

Die Weiterentwicklung der empirischen Sozialforschung nach dem zweiten Weltkrieg konzentrierte sich in Westdeutschland auf standardisierte Befragungstechniken als Datenerhebungsinstrumente (vgl. HOPF/MÜLLER 1994). Das standardisierte Interview, der Königsweg der empirischen Sozialforschung, wurde gesehen als „die wohl wichtigste Möglichkeit ..., die Wahrnehmung und

---

[1] ZEISEL nennt hier die Untersuchung von William I. THOMAS & Florian ZNANIECKI 1918-20: „The Polish Peasant in Europe and America". Vgl. dazu FISCHER-ROSENTHAL 1991.

Interpretation von Sachverhalten zu ermitteln" (FRIEDRICHS 1979, 208). Dies bedeutet jedoch nicht, daß qualitative Methoden gänzlich ausgeblendet wurden, vielmehr wurde ihnen eine dienende Funktion zugewiesen. Sogenannte „Intensivinterviews" (mündliche Befragungen mit nicht-standardisierten Fragen) und auch Gruppendiskussionen wurden als Hilfsmittel zur Generierung von Hypothesen betrachtet. Dem Forschenden dienten diese Methoden dazu, Einsichten in Probleme zu erhalten, die ihm noch wenig bekannt waren. Als eigenständiger methodischer Zugang zur sozialen Wirklichkeit wurden qualitative Verfahren nicht behandelt, denn sie galten (und gelten) als subjektiv. Sie wurden jedoch genutzt zur Vorbereitung der eigentlichen wissenschaftlichen Forschung, in der dann eine objektivierende Prüfung der mittels qualitativer Verfahren aufgeworfenen Hypothesen erfolgte.

Zu Beginn der 70er Jahre setzt eine intensive Methodendebatte ein, und im Gefolge ist ein Wiederaufleben qualitativer Methoden zu verzeichnen. In den vehement und kontrovers geführten Auseinandersetzungen über den Einsatz von qualitativen und quantitativen Methoden dominierten Gegenüberstellungen[2] und Abgrenzungen, die vorzugsweise festgemacht wurden an Fragen der Konstruktion sozialer Wirklichkeit sowie des Einsatzes und der Reichweite von Erhebungs- und Analyseverfahren (vgl. z.B. FUCHS 1988; FERCHHOFF 1986; TREUMANN 1986). In diesen Debatten wurden Unterschiede zwischen qualitativen und quantitativen Methoden als einander ausschließende Forschungsmethodologien thematisiert. Das Verhältnis wurde verkürzt auf die Polarisierung von qualitativen versus quantitativen Methoden. So ist die Entwicklung der empirischen Sozialforschung in der Bundesrepublik dadurch gekennzeichnet, „daß sich quantitative und qualitative Forschung in einem hohen Grad getrennt voneinander entwickelt haben" (HOPF/MÜLLER 1994, 44). Während die Komplexität der Erhebungs- und Auswertungsverfahren in der qualitativen Forschung, insbesondere was die Interview- und Beobachtungstechniken anbelangt, erheblich zugenommen hat, ist bezogen auf die Analyse quantitativer Verfahren festzustellen, daß zunehmend komplexere Auswertungsverfahren entwickelt und angewendet werden. ZINNECKER (1993) weist zudem darauf hin, daß anders als im angelsächsischen und angloamerikanischen Raum die Tradition sozialwissenschaftlicher bzw. kulturanthropologischer Feldforschung im deutschen Bereich fehlt. Die getrennte Entwicklung ist geprägt von Methodendebatten, in denen Unterschiede zwischen qualitativen und quantitativen Zugangsweisen aufgezeigt wurden und die zur Herausarbeitung von neuen Standards in der qualitativen Forschung führten (z.B. LAMNEK 1988/89; FLICK u.a. 1991; BOHNSACK 1993). Zugleich ging es bei diesen Debatten auch um die Etablierung qualitativer Methoden als eigenständige Zugänge zur sozialen Wirklichkeit.

Nachdem die methodologisch geführten Debatten über den Einsatz qualitativer oder quantitativer Methoden abgeklungen sind, wird von einigen Autoren eine Verknüpfung bzw. Kombination von qualitativen und quantitativen Verfahren

---

[2] Vgl. hierzu die schematisch zusammengefaßten Unterschiede in LAMNEK 1988, 228.

propagiert (z.B. LAMNEK 1988; HURRELMANN 1991) und für „eine interparadigmatische methodische Vorgehensweise" plädiert (KRÜGER 1988). Andere wiederum gehen weiter und bezeichnen die Gegenüberstellung als irritierend und wenig nützlich (STURM 1994, 91). Zwar ist hierbei häufig von Methodenmix, Methodenvielfalt, Methodenkombination, Triangulation[3] etc. die Rede, doch das Verhältnis von qualitativen und quantitativen Methoden ist weitgehend ungeklärt. Hinzu kommt, daß unter Methodenvielfalt etc. offensichtlich unterschiedliches verstanden wird, nämlich sowohl Kombinationen aus unterschiedlichen qualitativen Zugängen wie diese im Kontext von Feldforschung praktiziert werden (teilnehmende Beobachtung, Gesprächsführung und z.B. Dokumentenanalyse etc.) als auch die Kombination von qualitativen und quantitativen Methoden.

Die Fruchtbarkeit der Kombination unterschiedlicher methodischer Zugangsweisen wird untermauert durch den Verweis auf klassische Studien, wie beispielsweise die Arbeitslosen von Marienthal, und durch die Tatsache, daß es Untersuchungen gibt, in denen qualitative und quantitative Methoden eingesetzt werden. Ein beliebtes Beispiel in diesem Zusammenhang sind die Jugendstudien, die vom Jugendwerk der Deutschen Shell herausgegeben werden. In der Studie von 1981 wurde, wie auch in den folgenden Studien 1985 und 1992, eine Mischung aus quantitativen und qualitativen methodischen Verfahren beabsichtigt. Bei diesen Studien sollte ein möglichst differenziertes Bild der Jugendlichen gezeichnet werden. Dieses Bild entsteht durch ein Nebeneinander von biographischen Porträts und Auswertungen der standardisierten Erhebungen. Die angestrebte „Methodenintegration von qualitativen und quantitativen Zugängen" scheint jedoch noch nicht optimal gelungen (vgl. FUCHS 1988, 188f; FERCHHOFF 1986, 234). Eine „Verknüpfung" (TREUMANN 1986, 211) der mittels qualitativer und quantitativer Zugänge gewonnenen Daten bleibt aus. Wenn von Kombination qualitativer und quantitativer Daten die Rede ist, stellt sich auch die Frage, ob sich dies lediglich auf die Erhebung oder auch auf die Auswertung der Daten bezieht. Bisher ist zudem ungeklärt, wie die mittels quantitativer und qualitativer Methoden gewonnenen Daten aufeinander zu beziehen sind. Handelt es sich hierbei um Daten, die in einem Ergänzungsverhältnis zu sehen sind, so daß unterschiedliche Facetten des Untersuchungsgegenstandes puzzleartig zusammengefügt werden können? Oder werden durch den Einsatz von quantitativen und qualitativen Methoden Dimensionen beleuchtet, die miteinander verflochten sind und den Untersuchungsgegenstand lediglich aus verschiedenen Perspektiven darstellen? Dies sind m. E. jedoch nicht einfach methodische Fragen, sondern diese sind verbunden mit dem jeweiligen theoretischen Hintergrund und der Fragestellung einer Untersuchung.

---

[3] Vgl. zum Konzept der Triangulation, das vor allem von Norman K. DENZIN (1970) vorgestellt wurde, LAMNEK 1988; FLICK 1991. DENZIN geht davon aus, daß durch unterschiedliche Zugriffsweisen der einzelnen Methoden auf einen Gegenstand jede Verfahrensweise Forschungsergebnisse liefert, die mit Stärken und Schwächen behaftet sind. Deshalb schlägt DENZIN eine Kombination von unterschiedlichen Methoden bei der Untersuchung ein und desselben Phänomens vor.

Die Vorzüge der Kombination von qualitativen und quantitativen Methoden sind evident. Sie werden, obgleich hierbei noch viele Fragen offen sind, darin gesehen, daß unterschiedliche Aspekte und Facetten des Untersuchungsgegenstandes beleuchtet werden, die Komplexität des sozialen Geschehens dargestellt und analysiert werden kann und somit eine differenziertere Erkenntnis gewonnen werden kann. Ebenso wird ein Vorteil darin gesehen, daß die Schwächen der jeweiligen Einzelmethoden durch die Kombination mit anderen erkannt und ausgeglichen werden können.

Ein Beispiel aus der Forschungspraxis

Sogenannte Intensivinterviews und Gruppendiskussionen wurden und werden dazu benutzt, eine quantitative Hauptstudie vorzubereiten. Diese Reihenfolge ist keineswegs zwingend, denn ebenso ist der umgekehrte Weg - erst quantitative Studie, dann Gruppendiskussion - möglich. Standardisierte Erhebungen dienen dann dazu, Forschungsfragen zu generieren, denen mittels qualitativer Methoden nachgegangen wird. Ebenso ist es möglich, daß qualitative und quantitative Erhebungen nahezu zeitgleich erfolgen. Praktische Erfahrungen mit der Kombination von qualitativen und quantitativen Methoden werden jedoch selten geschildert. Daher soll hier zumindest ansatzweise eine Untersuchung vorgestellt werden, in der sowohl eine standardisierte schriftliche Befragung als auch Gruppendiskussionen durchgeführt wurden. Es handelt sich um die wissenschaftliche Begleitforschung eines Modellversuches.[4] Ausgangspunkt des Modellversuches war die anhaltende Unterrepräsentanz von Studentinnen in ingenieurwissenschaftlichen Studiengängen an der Technischen Universität Hamburg-Harburg und der Fachhochschule Hamburg. Um Studentinnen der Ingenieurwissenschaften zu stützen und zu stärken, wurden an den genannten Hochschulen Veranstaltungen ausschließlich für Frauen angeboten, die jedoch auf unterschiedliche Akzeptanz bei den Studentinnen trafen. Eine Aufgabe der Begleitforschung sollte sein herauszufinden, wie diese unterschiedliche Akzeptanz zu erklären ist und womit diese zusammenhängt.

Ansatzpunkt der Begleitforschung war, zunächst die grundlegende Annahme, die zu Veranstaltungen für Frauen führte, zu überprüfen. Die Annahme war, daß Studentinnen ihr Studium anders erleben und bewerten als Studenten und daher mehr Schwierigkeiten mit dem Studium haben als ihre Kommilitonen. Gestützt wurde dies auf Untersuchungen, in denen Studentinnen im Zentrum standen und zumeist keine Vergleichsgruppe einbezogen war. Da bei Untersuchungen ohne Vergleichsgruppe die Gefahr besteht, Besonderheiten festzustellen und diese möglicherweise als „spezifische weibliche Eigenschaften" zu beschreiben, war es wichtig, sowohl Studentinnen als auch Studenten zu befragen. Denn es galt herauszufinden, ob zwischen den Geschlechtern Unterschiede oder Gemeinsamkeiten festzustellen waren. Im Vorhandensein bzw. Nichtvorhandensein von Unterschieden wurde ein Schlüssel zur Erklärung der unterschied-

---

[4] Ausführliche Angaben zum Modellversuch, zur standardisierten Erhebung und zu den Gruppendiskussionen sowie deren Auswertungen sind nachzulesen in ENGLER/ FAULSTICH-WIELAND 1995.

lichen Akzeptanz der Veranstaltungen nur für Frauen vermutet. Aus diesen Gründen wurde eine standardisierte schriftliche Erhebung durchgeführt. Zudem wurden Gruppendiskussionen mit Teilnehmerinnen von jener Art von Veranstaltungen für Frauen durchgeführt, die auf recht große Resonanz bei den Studentinnen trafen. Erwartet wurde hier, daß die Studentinnen ihre Überlegungen schildern, die sie zur Teilnahme veranlaßten, und daß sie das Für und Wider solcher Veranstaltungen diskutieren.

Die Auswertung erfolgte in der Weise, daß sowohl die Ergebnisse der Gruppendiskussionen als auch die der standardisierte Erhebung unter der oben genannten Fragestellung betrachtet wurden. Im Fragebogen wurden die Studentinnen und Studenten u.a. gefragt, ob sie es gut finden, wenn an ihrer Hochschule Veranstaltungen nur für Frauen stattfinden. Knapp ein Drittel der Studentinnen und Studenten befürwortete solche Veranstaltungen, zwei Drittel lehnten dies jedoch ab. Zusammenhänge zwischen den Befunden, wie beispielsweise, daß die Befürwortung der Studentinnen mit steigender Semesterzahl zunähme oder mit dem Selbstbild bzw. Fremdbild zusammenhinge, konnten nicht festgestellt werden. Bei den Gruppendiskussionen mit den Studentinnen konnte zunächst auch kein Erklärungsmuster herauskristallisiert werden, die Begründungs- und Argumentationsfiguren der Studentinnen erschienen widersprüchlich. Einerseits war die Rede davon, daß keine Unterschiede zwischen Studentinnen und Studenten empfunden würden und deshalb Veranstaltungen ausschließlich für Frauen nicht sinnvoll seien, andererseits wurde hervorgehoben, daß gerade solche Veranstaltungen nützlich seien, und es gut sei, daß diese ohne Männer stattfänden.

Im Zusammenhang mit Befunden der quantitativen Befragung deutete sich an, daß die scheinbar widersprüchlichen Äußerungen der Studentinnen in den Gruppendiskussionen mit dem Erleben von Gleichheit und Differenz zusammenhingen. Was in den Gruppendiskussionen als widersprüchlich erschien, korrespondierte mit Unterschieden und Gemeinsamkeiten zwischen den Geschlechtern, die in den quantitativen Befunden herauskristallisiert werden konnten. Das, was die Studentinnen erzählten, gestaltete sich vor diesem Hintergrund als differenzierte Betrachtung.

In den quantitativen Befunden zeigte sich, daß keine nennenswerten Unterschiede zwischen Studentinnen und Studenten auftreten bei Fragen, die sich auf Probleme mit dem Studium, der Studienorganisation und Selbsteinschätzungen der Studienpraxis beziehen. In den Gruppendiskussionen betonten die Studentinnen, daß es Studenten in ihrer Arbeitsgruppe gebe, die genauso oder noch mehr Schwierigkeiten mit dem Studium und mit Klausuren hätten wie sie, und Prüfungsdruck und Stoffülle nichts mit dem Geschlecht zu tun hätten. Die standardisierte Befragung zeigte keine nennenswerten Geschlechterunterschiede bezogen auf das Erleben des Studium. Die Gruppendiskussionen machten deutlich, daß Studentinnen bezogen auf das Studium auch keine Differenzen empfanden, die dem Muster der Geschlechterdifferenz folgten. Quantitative und qualitative Daten „passen" hier zusammen, sie stimmen überein. Vor diesem Hintergrund läßt sich verstehen und erklären, weshalb bestimmte Veranstaltungen nur für Frauen von den Studentinnen nicht angenommen wurden. Es han-

delte sich dabei um jene Veranstaltungen, die Stoffülle des Studiums, Bewältigung von Prüfungs- und Zeitdruck etc. zu thematisieren suchten, also auf jenen Bereich abzielten, in dem weder in den quantitativen Befunden noch in den Äußerungen der Studentinnen Geschlechtsunterschiede hervortraten bzw. genannt wurden.
Gleichzeitig wurde, wie oben angedeutet, in den Gruppendiskussionen von Unterschieden zwischen den Geschlechtern geredet. Diese betrafen jedoch handwerklich-technische Fähigkeiten, Begrenzungen von Möglichkeiten und Zuschreibungen von Fähigkeiten durch Studenten, die sich auf das weibliche Geschlecht bezogen, und auf unterschiedliche Erfahrungen zwischen den Geschlechtern. So zitierte beispielsweise eine Studentin einen Kommilitonen, um dessen Haltung gegenüber Frauen zu verdeutlichen: „Naja, komm, ich zeig dir das mal, aber du selber, naja, du selber mach da mal lieber nichts, weil, du hast ja sowieso nur zwei linke Hände, und kriegst das sowieso nicht zustande."
Vor diesem Hintergrund wurde nun verständlich, daß jene Veranstaltungsart, in der handwerklich-technische Fähigkeiten ohne Behinderungen durch Kommilitonen erprobt bzw. weiterentwickelt werden konnten, bei Studentinnen der Ingenieurwissenschaften auf relativ großes Interesse traf. In den quantitativen Befunden finden sich wiederum Ergebnisse, welche die Vermutung stützen, daß viele Studentinnen weniger Gelegenheit hatten oder behindert wurden, handwerklich-technische Kompetenzen zu erproben (z.B. bei den Kinderspielvorlieben; anhand des Besitzes von Werkzeug etc.).
Hier ergänzen sich quantitative und qualitative Erhebung. Erst das Zusammenspiel ermöglicht die Interpretation, daß Studentinnen jene Veranstaltungen besuchen, in denen sie die Möglichkeit erhalten, handwerklich-technisch experimentieren zu können. So führt die Kombination von quantitativen und qualitativen Daten zu dem Ergebnis, daß jene Angebote für Frauen abgelehnt wurden, die das Erleben des Studiums, Erfahrungsaustausch, Prüfungsdruck, Streßbewältigung etc. betreffen, da bezogen auf diese Studienpraxis keine Unterschiede zwischen den Geschlechtern von den Studentinnen benannt und auch keine quantitativ festgestellt werden konnten. Jener Typus von Veranstaltungen, der auf handwerklich-technisches Experimentieren abzielte, setzte offensichtlich an Bedürfnissen von Studentinnen der Ingenieurwissenschaften an, und hier äußerten sie auch Unterschiede im Vergleich zu ihren Kommilitonen, und ebenso sind Unterschiede in den quantitativen Daten festzustellen.
Doch diese Interpretation ist unvollständig, denn es könnte allzu leicht die Schlußfolgerung daraus gezogen werden, Studentinnen der Ingenieurwissenschaften befürworten Veranstaltungen für Frauen, wenn es sich um handwerklich-technisch orientierte handelt. Aus den Gruppendiskussionen ging zudem hervor, daß selbst jene Studentinnen, die an dieser Veranstaltungsart für Frauen teilgenommen hatten, sich in einer paradoxen Situation befanden. Denn der Besuch von Veranstaltungen für Frauen ermöglichte den Studentinnen, ungehindert ihren handwerklich-technischen Interessen nachzugehen, gleichzeitig führte er jedoch außerhalb dieses Situationsrahmens zu Geschlechtszuschreibungen aufgrund der Teilnahme an Veranstaltungen nur für Frauen. So berichteten die Studentinnen in den Gruppendiskussionen von Äußerungen von Be-

kannten und Freunden, welche die „Frauenveranstaltungen" belächelten oder von „Frauenspezialförderung" redeten. Hier gehen die Ergebnisse der Gruppendiskussion über die quantitativen Befunde hinaus, und gleichzeitig verlagert sich die Frage der Akzeptanz von Veranstaltungen für Frauen, die bisher lediglich aus der Perspektive von Gleichheits- und Differenzerlebnissen thematisiert wurde. Die mit der Separierung verbundene Problematik der Re-Produktion von Zuschreibungen, die sich auf Geschlechtsunterschiede beziehen, wird deutlich. Ohne hier weiter auf die Ergebnisse einzugehen, zeigt dieses Beispiel, daß der Versuch unternommen wurde, quantitatives und qualitatives Material aufeinander zu beziehen, Anregungen zur Auswertung der Gruppendiskussion aus den qualitativen Befunden gezogen wurden und umgekehrt.

Ausblick

Seitdem die vehement geführten Methodendebatten (quantitativ versus qualitativ) abgeklungen sind, ist häufig von Methodenpluralismus, - mix, -vielfalt, -kombination etc. die Rede. Als Begründung wird Erkenntnisgewinn, Ausgleich der Schwächen von Einzelmethoden angeführt, von gegenseitiger Anregung geredet, und es wird auf die Forschungspraxis hingewiesen. Es sind auch Stimmen zu vernehmen, die generell für ein „multimethodisches Vorgehen" plädieren (vgl. z.B. LAMNEK 1988). Doch läßt sich eine solche generelle Aussage überhaupt treffen? Sollte die Auswahl der Methode(n) losgelöst vom jeweiligen Forschungsgegenstand, Stand der Forschung, theoretischen Hintergrund, Fragestellung (von Finanzierungsmöglichkeiten ganz zu schweigen) schon entschieden sein und ein „multimethodisches Vorgehen" angestrebt werden? Unabhängig vom Forschungsgegenstand Ansprüche zu formulieren und generell für Methodenkombinationen etc. einzutreten, ist sicherlich problematisch, d.h. auch wenn hier Ausführungen zur Kombination von qualitativen und quantitativen Daten vorgenommen wurden, heißt dies nicht, daß dies immer angebracht ist. Sicherlich ist in vielen Fällen eine Kombination aus unterschiedlichen methodischen Zugängen sinnvoll, obgleich hierbei noch viele Fragen offen und möglicherweise viele noch gar nicht formuliert sind, insbesondere solche, die sich auf das Verhältnis der durch unterschiedliche Zugänge gewonnenen Daten im Prozeß der Auswertung beziehen.

Literatur

BOHNSACK, Ralf 1993: Rekonstruktive Sozialforschung. Einführung in Methodologie und Praxis qualitativer Forschung. Opladen.
ENGLER, Steffani/Hannelore FAULSTICH-WIELAND 1995: Ent-Dramatisierung der Differenzen. Studentinnen und Studenten in den Technikwissenschaften. Bielefeld.
FERCHHOFF, Wilfried 1986: Zur Differenzierung qualitativer Sozialforschung. Mit einem Vergleich von qualitativer und quantitativer Jugendforschung. In: HEITMEYER, Wilhelm (Hg.): Interdisziplinäre Jugendforschung. Weinheim/München. S. 215-244.
FISCHER-ROSENTHAL, Wolfram 1991: William I. THOMAS/Florian ZNANIECKI: „The Polish Peasant in Europe and America. In: FLICK u.a. (Hg.). Handbuch Qualitativer Sozialforschung. München. S. 115-118.

FLICK, Uwe 1991: Triangulation. In: FLICK u.a. (Hg.): Handbuch Qualitativer Sozialforschung. München. S. 432-434.
FLICK, Uwe/Ernst v. KARDORFF/Heiner KEUPP/Lutz v. ROSENSTIEL/Stephan WOLFF 1991: Handbuch Qualitativer Sozialforschung. München.
FRIEDRICHS, Jürgen 1979: Methoden empirischer Sozialforschung. Frankfurt/M.
FUCHS, Werner 1988: Methoden und Ergebnisse der qualitativ orientierten Jugendforschung. In: KRÜGER, Heinz-Hermann (Hg.): Handbuch der Jugendforschung. Opladen. S. 181-204.
HOPF, Christel/Walter MÜLLER 1994: Zur Entwicklung der empirischen Sozialforschung in der Bundesrepublik Deutschland. In: ZUMA Nachrichten, Nr. 35, S. 28-53.
HURRELMANN, Klaus 1991: Jugend. In: FLICK u.a. (Hg.): Handbuch Qualitativer Sozialforschung. München. S. 358-362.
JAHODA, Marie 1907: Sozialpsychologin. In: BUNDESMINISTERIUM FÜR UNTERRICHT UND KUNST (Hg.) 1990: Wir sind die ersten, die es wagen. Biographien deutschsprachiger Wissenschaftlerinnen, Forscherinnen, intellektueller Frauen. Wien. S. 59-64.
JAHODA, Marie 1991: Marie Jahoda/Paul F. Lazarsfeld/Hans Zeisel: „Die Arbeitslosen von Marienthal". In: FLICK u.a. (Hg.): Handbuch qualitativer Sozialforschung. München. S. 119-122.
JAHODA, Marie 1997: „Ich habe die Welt nicht verändert." Erinnerungen einer Sozialforscherin. Hg. von ENGLER, Steffani/Brigitte HASENJÜRGEN Frankfurt/M. (erscheint Herbst 1997).
JAHODA, Marie/Paul F. LAZARSFELD/Hans ZEISEL 1975: Die Arbeitslosen von Marienthal. Frankfurt/Main.
JUGENDWERK DER DEUTSCHEN SHELL (Hg.) 1982: Jugend '81. Lebensentwürfe, Alltagskulturen, Zukunftsbilder. Opladen.
JUGENDWERK DER DEUTSCHEN SHELL (Hg.) 1985: Jugendliche und Erwachsene '85. Generationen im Vergleich. (5 Bde.) Opladen.
JUGENDWERK DER DEUTSCHEN SHELL (Hg.) 1992: Jugend '92. Lebenslagen, Orientierungen und Entwicklungsperspektiven im Vereinigten Deutschland. (4 Bde.) Opladen.
KRÜGER, Heinz-Hermann 1988: Geschichte und Perspektiven der Jugendforschung - historische Eintwicklungslinien und Bezugspunkte für eine theoretische und methodische Neuorientierung. In: DERS. (Hg.): Handbuch der Jugendforschung. Opladen. S. 13-26.
LAMNEK, Siegfried: 1988: Qualitative Sozialforschung. Bd. 1. München/Weinheim.
LAZARSFELD, Paul 1975: Eine Episode in der Geschichte der empirischen Sozialforschung (An Episode in the History of Social Research: A Memoir). In: PARSONS, Talcott/Edward SHILS/Paul LAZARSFELD: Soziologie - autobiographisch. Stuttgart. S. 147-225.
PELZMANN, Linda 1991: Arbeitslosigkeit. In: FLICK u.a. (Hg.): Handbuch Qualitativer Sozialforschung. München. S. 294-297.
SCHNELL, Rainer/Paul B. HILL/Elke ESSER 1992 (3): Methoden der empirischen Sozialforschung. München.
SCHRADER Achim, 1994: Empirische Sozialforschung. Vom Vorteil des Studiums ihrer Methoden. In: KNEER, Georg/Klaus KRAEMER/Armin NASSEHI (Hg.): Soziologie. Zugänge zur Gesellschaft. Bd. 1. Münster. S. 271-287.
STURM, Gabriele 1994: Wie forschen Frauen. Überlegungen zur Entscheidung für qualitatives oder quantifizierendes Vorgehen. In: DIEZINGER, Angelika u.a. (Hg.): Erfahrung mit Methode. Freiburg. S. 85-104.
TREUMANN, Klaus 1986: Zum Verhältnis von qualitativer und quantitativer Forschung. In: HEITMEYER, Wilhelm (Hg.): Interdisziplinäre Jugendforschung. Weinheim/München. S. 193-214.
ZINNECKER, Jürgen 1993: Jugendforschung in Deutschland. Eine Zwischenbilanz. In: DGfE. 4. Jg. Heft 8. Weinheim. S. 96-113.

Gabi Abels

Zur Methodologie-Debatte in der feministischen Forschung

Seit Ende der 70er Jahre wird in der deutschsprachigen feministischen Forschung über Methodologien und Methoden im empirischen Forschungsprozeß diskutiert.[1] Die „Methodologie-Debatte" (BEER 1989, 167) wurde durch die programmatischen „methodischen Postulate" von MIES (1978) initiiert; ihren Höhepunkt erreichte sie jedoch erst zwischen 1983 und 1985. Dies dokumentiert sich in dem Tagungsband „Methoden in der Frauenforschung" (ZENTRALEINRICHTUNG 1984), dem Themenheft „Frauenforschung oder feministische Forschung?" der *Beiträge zur feministischen Theorie und Praxis* (11/1984) sowie dem Diskussionsschwerpunkt „Methoden und Methodologie" der *Feministischen Studien* (2/1985). Weitere Schlüsseltexte stammen von WOESLER DE PANAFIEU (1980) und GÖTTNER-ABENDROTH (1984a/b). Einer der neuralgischen Punkte war die Frage, welche Bedeutung qualitativen, d.h. induktiven, verstehenden, und welche quantitativen Methoden zukommt, und ob es spezifisch feministische Methoden gibt.
Nach der ersten Diskussionswelle setzte eine intensive Forschungsphase ein, in der pragmatisch und flexibel das gesamte Methodeninventar empirischer Sozialforschung genutzt wurde. Neuerdings werden die Erfahrungen mit der „Etablierung von Frauenforschung als methodischem Projekt" (DIEZINGER u.a. 1995, 13) wieder verstärkt in methodologisch orientierten Veröffentlichungen reflektiert, so daß von einer zweiten Welle der „Methodologie-Debatte" gesprochen werden kann (BECKER-SCHMIDT/BILDEN 1991; ABELS 1993; HAGEMANN-WHITE 1993; WOHLRAB-SAHR 1993; PATZAK 1994; DIEZINGER u.a. 1995). Im Gegensatz zur ersten Phase ist die Situation heute eher von einem Nebeneinander verschiedener Ansätze, aber auch von Gelassenheit und Selbstbewußtsein (MÜLLER 1995, 34) einerseits, andererseits durch tiefgreifende Verunsicherungen aufgrund der Verflüssigung zentraler Begriffe wie Frau und Mann, Subjekt und Identität in postmodernen und dekonstruktivistischen feministischen Theorien gekennzeichnet.
Das Anliegen dieses Beitrags ist es, einen Überblick über die sozialwissenschaftlich-feministische Diskussion zu geben. Dabei werden die grundlagentheoretischen und methodologischen Prämissen (MÜLLER 1984, COOK/ FONOW 1990, 72ff., ABELS 1993) sowie die wichtigsten Konzepte und deren

---

[1] Ich befasse mich hier mit der Diskussion in der Alt-BRD; für die ehemalige DDR siehe HEMPEL in diesem Band. Da die bundesdeutsche Debatte stark von der angelsächsischen, insbesondere der US-amerikanischen Diskussion geprägt ist, wo bereits 1983 die erste Bibliographie zur Frauenforschung erschien (REINHARZ/BOMBYK/ D'WRIGHT 1983), wird die deutsche Literatur an entsprechender Stelle um englischsprachige Veröffentlichungen ergänzt.

Probleme dargelegt, die grundsätzlich auch für die Pädagogik Gültigkeit haben. Die Entwicklung der Methodologie-Debatte ist nur vor dem Hintergrund zu verstehen, daß zum einen über lange Zeit die Lebenslauf- und Biographieforschung strategisch wichtig war. Diese Ansätze sind auch heute noch attraktiv (DAUSIEN 1995; BECKER-SCHMIDT 1993, 1995), um Frauen als Subjekten und dem Geschlecht als sozialer Strukturkategorie Geltung zu verschaffen. Der Impetus war dabei immer auch ein politischer; ein Gruppengefühl angesichts der „Alltagserfahrung von Unterdrückung" stellte zumindest am Anfang *den* zentralen Ausgangspunkt feministischer Forschung dar (MÜLLER 1992, 60). Zum anderen sind seit den 70er Jahren auch im bundesdeutschen Mainstream qualitativ-empirische Methoden in den verschiedenen Disziplinen - in der Pädagogik insbesondere im Zuge der „Alltagswende" - im Aufbruch (GARZ/ KRAIMER 1991).

Grundlagentheoretische Prämissen

Feministische Forschung stützt sich auf zwei wesentliche Annahmen: herkömmliche Wissenschaft ist „geschlechtsblind", und Forschung ist immer eine Interaktionsbeziehung zwischen Menschen.

Androzentrismus-Kritik

Seit den 70er Jahren wird von Feministinnen im Rahmen einer allgemeinen Wissenschafts- und Gesellschaftskritik eine umfassende Kritik am „erkenntnistheoretischen Androzentrismus" formuliert. Es wurde versucht, auf verschiedenen Stufen den Nachweis zu führen, daß „Männlichkeit und Wissenschaft in inhärenten Zusammenhängen stehen und gleichzeitig auf Mechanismen des Ausschlusses von Frauen oder als von 'weiblich' definierten Prinzipien beruhen" (WOESLER DE PANAFIEU 1989, 95). Wissenschaft sei „unzulässig verallgemeinerte Wirklichkeitskonstruktion durch männliche Subjekte aus deren sozial konstituierter Perspektive" (BECKER-SCHMIDT/BILDEN 1991, 27), und dies sei kein „Kavaliersdelikt" (KLINGER 1990, 24). Dieser Einwand gilt grundsätzlich auch für gesellschaftskritische Traditionen wie etwa die Frankfurter Schule, wenngleich die feministische Wissenschaftskritik in ihren erkenntnistheoretischen und methodologischen Positionen der „kritischen Theorie" und deren Positionen im „Positivismus-Streit" nahesteht (BEER 1987, 169ff; NADIG 1992, 165).

Als „Gegenwehr" gegen die unhinterfragte Parteilichkeit herrschender Wissenschaft (BOCK 1984, 21; MÜLLER 1992, 57) will feministische Forschung Frauen und ihre Erfahrungen zum Mittel- und Ausgangspunkt des Erkenntnisprozesses machen. Hierin kommt eine „Sicht von unten" auf Gesellschaft zum Tragen, die bald wegen ihrer Beschränktheit kritisiert wurde; so plädiert MÜLLER (1992, 61) für einen „Blick von der Seite".

Der Androzentrismus ist zwar der einzig *originäre* feministische Kritikpunkt an der Wissenschaft, doch eine fundamentale Kritik, denn damit wird deren Grundlage, die behauptete Objektivitätsnorm und der Universalitätsanspruch, die Unterscheidung zwischen wissenschaftlichem und Alltagswissen, radikal in Frage gestellt. Die Aufgabe feministischer Wissenschaft ist eine doppelte: zum einen muß sie mit dem „anderen Blick" bestehende „blinde Flecken" und Verzerrungen in der Wissenschaft auffüllen und zum anderen Theorien ideologiekritisch auf ihre implizit androzentrischen Annahmen hin überprüfen, kritisieren und reformulieren.

Forschung als Interaktion

Da Methoden keine wertfreien Meßinstrumente sind, ging mit der erkenntnistheoretischen Kritik auch eine am „methodologischen Androzentrismus" (BEER 1987, 203) einher. Eine der Gemeinsamkeiten feministischer Methodologien besteht darin, den Forschungsprozeß als Interaktion zwischen *geschlechtlichen* Subjekten zu begreifen. Diese Prämisse beruht auf dem *interpretativen Paradigma*, welches davon ausgeht, daß soziale Wirklichkeit nicht einfach gegeben ist, sondern von menschlichen *Subjekten* durch *Kommunikation* und *Interaktion* konstruiert, interpretiert und modifiziert wird. Nur über die Rekonstruktion kollektiver Deutungsmuster, d.h. über „methodisch kontrolliertes Fremdverstehen", ist sie als sinnhaft zu erfassen: Erkennen und Handeln ist „interpretationsimprägniert" (s. LENK in diesem Band). Damit kommt Verfahren der Selbstreflexion - neben der Intaktheit des Materials und der Plausiblität der Interpretation als weiteren Gütekriterien - eine zentrale Rolle zu. Nach HAGEMANN-WHITE (1988a, 14) ist die „Entwicklung zu einer stärkeren Berücksichtigung von lebensweltlichen Zusammenhängen" einer feministischen Wissenschaftskritik geschuldet.

Die Hauptkritik feministischer Methodologien an quantitativen Methoden richtet sich auf deren Gütekriterien (Quantifizierbarkeit, Repräsentativität, Validität u.a.), die hierarchisierten Beziehungen im Forschungsprozeß und schließlich auf den fehlenden Praxisbezug (BOCK 1984, 17). In Abgrenzung dazu stellt feministische Forschung sowohl die herkömmliche Aufteilung in Forschungssubjekt und -objekt als auch Hierarchien in der Forschungsgruppe selbst in Frage. Sie betont die Subjektivität *aller* im Forschungsfeld interagierender Personen. Subjektivität ist keinesfalls Forschungs*ziel*, sondern vielmehr ein notwendiges Erkenntnisinstrument, um Fremdes, Unbekanntes und Unbewußtes überhaupt wahrnehmen zu können (NADIG 1992, 159). Während einige Autorinnen davon ausgehen, daß feministische Wissenschaft die „bessere", weil vollständigere und damit objektivere sei (Empirizismus), unterstellen andere, daß wissenschaftliche Rationalität per se männlich-patriarchal sei, und es demgegenüber einen weiblichen oder feministischen Erkenntnisstandpunkt gibt (Standpunkt-Epistemologien). Als dritte Richtung lassen sich postmoderne Theorien ausmachen, die Geschlecht gegenüber anderen Kategorien nicht länger privilegieren (OLESEN 1994, 162ff.).

Feministische Forschung will praxisorientiert und gesellschaftsverändernd sein. „Bewußtseinsbildung" ist sowohl eine bis heute wirksame allgemeine Orientierung, die noch aus der Phase der In-eins-Setzung von Frauen- mit Aktionsforschung stammt, als auch ein methodologisches Instrument. Der Forschungsprozeß soll wechselseitiges Lernen und Veränderung für alle Forschungsteilnehmerinnen ermöglichen (MIES 1978, LATHER 1995). Hier stellen sich im Bereich der Lebenslauf- und Biographieforschung besondere Probleme der Forschungsethik (FINCH 1993, PUNCH 1994, SMITH 1987). Auch für feministische Forschung gilt der prinzipielle Einwand, daß gerade die über induktive Verfahren ermöglichte subtile Vermittlung der Binnenperspektive der Subjekte in ihre Alltagspraxis die Möglichkeit größerer sozialer Kontrolle in sich birgt. Während MIES, aber auch andere davon ausgehen, daß die Forschung selbst politische Ziele zu erfüllen habe, und die Wahl des Forschungsgegenstandes an die Fragestellungen der Frauenbewegung(en) einfordern, aus der die feministische Forschung erst hervorging, weil sie eine „Verakademisierung", „Re-Integration" und damit Entpolitisierung feministischer Forschung befürchten (MIES 1978, 51; MIES 1995, 110ff.), werden solche Forderungen der engen Anbindung von anderen Autorinnen problematisiert (THÜRMER-ROHR 1984, PROSS 1984). Das Verständnis von Wirkungs- und Gestaltungsmöglichkeiten hat sich über die enge Interaktionsbeziehung hinaus ausgeweitet (MÜLLER 1995, 37; JAYARATNE/STEWART 1991).

Qualitative versus quantitative Methoden

In der Praxis haben Forscherinnen immer auch quantitative Methoden verwendet, dennoch war die theoretische Debatte der ersten Phase von der Annahme geprägt, die weibliche Stimme sei notwendigerweise qualitativ. Dieses Phänomen wird von OSTNER (1987) im Sinne einer „Identitätssuche" und damit - so ihre These - als „notwendige Requisite" einer feministischen Wissenschaft gedeutet. Die Bevorzugung reichte zum Teil soweit, daß ein systematischer Zusammenhang zwischen Geschlecht und Methode behauptet wurde. Dieser ergebe sich daraus, daß qualitative Methoden erstens aufgrund kommunikativer und empathischer Kompetenzen den Forscherinnen als Erbe der weiblichen Sozialisation näher stünden und zweitens dem erst noch zu explorierenden Gegenstand feministischer Sozialwissenschaften angemessener seien. MIES erinnert zwar an die historische Herrschaftsfunktion „weicher" Methoden im Kontext der Ethnologie, hält diese Methoden dennoch für brauchbarer, da durch diese lebendige Zusammenhänge nicht zerrissen würden (MIES 1984, 46). In ihrer extremen Ausprägung fordert diese Position, quantitative Verfahren als prinzipiell objektivierend, hierarchisch und herrschaftsstabilisierend ad acta zu legen (STANLEY/WISE 1983, REINHARZ 1983). OAKLEY (1981) bezeichnet in ihrem inzwischen klassischen Aufsatz Interviews mit Frauen als Widerspruch in sich.
Empirisch finden sich - z.B. in der Pädagogik (INGENKAMP u.a. 1992, 60f.) - zwar einige Hinweise auf einen solchen Zusammenhang, insgesamt ist er jedoch weder empirisch hinreichend erhärtet noch theoretisch geklärt (GRANT u.a. 1987). Gegen diese Hypothese gibt es weitere politisch-praktische wie methodologische Einwände. Zum einen ist die Ablehnung quantitativer Methoden insofern erstaunlich, als sich die Frauenbewegung und die feministische Forschung an zentralen Stellen ihrer Argumentation gleichermaßen auf quantitativ

erhobene Daten gestützt haben, so z.b. bei der Notwendigkeit der Frauenförderung in der Wissenschaft aufgrund der Unterrepäsentation von Wissenschaftlerinnen oder in der gesamten Diskussion um Gewalt gegen Frauen und Mädchen in ihren verschiedensten Facetten. Zweitens ist die Argumentation im Kern eine essentialistische, da sie einen gleichsam „natürlichen" Zusammenhang nahelegt. Und drittens ist die positionale Diskussion um „Zählen oder Nichtzählen" (OSTNER) eine falsche, irreführende und unfruchtbare Frontstellung; die Unterschiede liegen - so STURM - nur im Abstraktionsgrad (STURM 1995, 91). Wenngleich es keine speziellen feministischen Methoden gibt, so wurden in der feministischen Forschung, wenn auch nicht immer und überall, freilich eigenständige methodologische Pfade eingeschlagen (MÜLLER 1984; PROSS 1984; OSTNER 1987; HARDING 1989; JAYARATNE 1993; KELLY/REGAN/ BURTON 1995; STURM 1995). Feministische Forschung muß das *gesamte* Methodeninventar empirischer Sozialforschung ausnutzen, denn trotz vielfacher Begrenzungen bieten quantitative Methoden auch Vorteile. Standardisierte Daten liefern „Markierungspunkte", mit denen „die objektive Zeit und ihre Trends näher bestimmt werden können, in denen sich subjektive Geschichte entfaltet" (OSTNER 1987, 112; PROSS 1984), und sie können gerade wegen ihrer angeblichen oder kritisierten Objektivität politisch nützlich sein (MÜLLER 1984, 36; JAYARATNE/STEWART 1991, 99f.).

Einzelne Methoden wurden zwar in feministischen Forschungsprojekten entwickelt (REINHARZ 1992), sind aber prinzipiell auch in anderen Forschungskontexten verwendbar. Der innovative Charakter feministischer Forschung liegt in der Spezifik der Anwendung, Modifizierung und Weiterentwicklung erprobter und neuer Methoden. Denn in besonderer Weise fallen hier epistemologische, methodologische und ontologische Anliegen zusammen und werden auf ihren Gegenstand, die Geschlechterverhältnisse, hin ausgerichtet.

Allerdings hat sich in den letzten 25 Jahren der Blick in der feministischen Forschung und Frauenbewegungen auf diesen Gegenstand sehr verändert. Für die Pädagogik läßt sich der Perspektivwechsel und die Erweiterung der Denkhorizonte feministischer Theorie in den 80er Jahren beispielhaft an den beiden Artikeln zur geschlechtsspezifischen Sozialisation von BILDEN (1980; 1991) nachvollziehen. Eine Folge dieser Veränderungen ist, daß sich das Problem der Interaktion zwischen Subjekten im Forschungsprozeß - wie es im interpretativen Paradigma angelegt ist - methodologisch kompliziert; dieses Problem soll im folgenden entlang der dominanten Diskurse genauer entfaltet werden. Denn an dessen produktiver Bewältigung muß sich meines Erachtens das weitere innovative Potential feministischer Forschung für die Sozialwissenschaften beweisen.

Die „methodischen Postulate" und ihre Rezeption

Feministische Forscherinnen, allen voran MIES in ihren „methodischen Postulaten", propagierten in den 70er Jahren Betroffenheit und Parteilichkeit der Forscherin mit den „beforschten" Frauen als zentrale erkenntnisleitende Verfahren im Forschungsprozeß; Betroffenheit wurde als „Erlebnis- und Praxiskategorie"

gedeutet (GÖTTNER-ABENDROTH 1984, 35). Was Frauen - Forscherinnen und Forschungsteilnehmerinnen - verbinde, sei ihre gemeinsame Unterdrükkung. Der Opferstatus war wichtiger Antrieb für feministische Forschung; Frauenforschung war gleichbedeutend mit Widerstand (THÜRMER-ROHR 1984). Die Gleichgeschlechtlichkeit der Forschungsteilnehmerinnen sollte idealiter ein besseres Verständnis für die Lebensrealitäten von Frauen ermöglichen.
Seit Ende der 80er Jahre begann sich - angestoßen durch die schon früher geäußerte Kritik US-amerikanischer farbiger Frauen am weißen Feminismus - ein Diskurs zu entwickeln, der einer generalisierten Betroffenheit als Opfer eine Absage erteilte. Stattdessen wurde der Blick über die Unterschiede zwischen den Geschlechtern (in diesem Sinne war „Frauenforschung" auch damals schon relationale „Geschlechterforschung") hinaus auf die Unterschiede zwischen Frauen gerichtet. Die „Postulate" wurden in verschiedene Richtungen weiterentwickelt (MIES 1987, 1991, 1995; BEER 1987, 164f., HAGEMANN-WHITE 1988, 12f.; GIEBELER 1992, 75ff.); ein exponierter Ansatz ist THÜRMER-ROHRs Mittäterschafts-These (1989). Betroffenheit und Parteilichkeit wurden in der Folge sehr viel vorsichtiger interpretiert und daraufhin kritisiert, daß das darin angelegte induktive, verstehende Verfahren nicht ausreiche, um die versteckten Determinanten von Unterdrückung aufzuspüren (GORELIK 1991, 463ff.). Die spezifische Differenz zwischen „subjektiver Wahrnehmung eines gesellschaftlichen Sachverhalts" und „der objektiven Erkenntnis dieses Sachverhalts auf der Grundlage einer sozialwissenschaftlichen Theorie" sei hiermit nicht zu erfassen (BEER 1987, 165). Das Geschlecht allein sei zudem keine hinreichende Kategorie, darüber hinaus würden auch geteilte kulturelle und Klassenannahmen benötigt (RIESSMAN 1987; BAST-HAIDER 1995). Auf generalisierte „blinde Flecken" war bereits von der Ethnopsychoanalyse hingewiesen worden. Eine zumeist wenig beachteter Unterschied ist der zwischen behinderten und nicht-behinderten Frauen (und Männern) (MORRIS 1994), den PRENGEL (1993) mit ihrer „Pädagogik der Vielfalt" aufzuarbeiten beginnt.
BECKER-SCHMIDT (1985, 1988, 1990, 1995) betont in ihrer Kritik am Parteilichkeitspostulat, daß weibliche Lebenswelten als Folge der „doppelten Vergesellschaftung" von Frauen durch patriarchale *und* kapitalistische Gesellschaftsverhältnisse hoch komplex und extrem widersprüchlich seien. Gemeinsamkeit sei nicht einfach gegeben, sondern müsse erst hergestellt werden. Möglicherweise werde die Subjekthaftigkeit der Frau eben dadurch verfehlt, wenn sie als Objekt der Realität und der Forschung verleugnet werde. Methodische Reflexion sei nicht zwangsläufig ausreichend, um sich im Spannungsfeld von Gleichem und Anderem angemessen zu bewegen und allen Forschungsteilnehmerinnen gerecht zu werden.
Über die aktuelle Wirkung der „Postulate" besteht Uneinigkeit: MIES (1995) selbst führt an, daß die „Postulate" bis heute sinnvoll gewesen, aber - zumindest in der BRD - vernachlässigt worden seien. Laut WOHLRAB-SAHR (1993) entfalten sie trotz aller Distanzierung von ihnen bis heute „ihr problematisches Erbe" als Entdifferenzierung und Reflexivitätsverlust. GERHARD (1993) hin-

gegen sieht deren Wirkung, die im positiven darin bestand, „den Mut zur Kritik an der Einseitigkeit und Voreingenommenheit bisheriger Forschungspraxis" zu stärken, als längst vergangen an.

Die Etablierung eines Diskurses der Vielfalt

Die Debatte um die Unterschiede unter Frauen ist eine der wichtigsten Debatten der 80er Jahre (BOCK 1992, 185). Der Blick auf die Verschiedenheit und Vielfalt weiblicher Lebenswelten schlug sich unter anderem in einer grundlegenden Kritik an den „Postulaten" nieder. Der Wunsch nach egalitären Forschungsbeziehungen führte vor dem Hintergrund eines Blickwechsels und Offenheit für faktische Unterschiede in den 80er Jahren in ein methodologisches Dilemma, aus dem Selbstreflexion über die Spannungen zwischen den Subjekten im Forschungsprozeß der einzig mögliche Ausweg ist. Zu Beginn dieses Diskurses wurde Geschlecht immer noch als Voraussetzung gedacht. BECKER-SCHMIDT/BILDEN (1991) konstatieren für diese Zeit drei grundlegende Verfahren der Selbstreflexion: 1) die kollektive Diskussion im Forscherinnenteam (DIEZINGER u.a 1983); 2) die Methode der kollektiven „Erinnerungsarbeit", die von HAUG und HAUSER (1992) aufbauend auf die Kritische Psychologie entwickelt wurde. Bei diesem Verfahren wird die Selbstreflexion dadurch radikalisiert, daß Subjekt und Objekt der Forschung wie auch Forschung und Selbstveränderung in eins gesetzt werden. 3) Die in hohem Maße anspruchsvolle ethnopsychoanalytische Methode von NADIG (1986, 1992), bei der letzlich im gewissen Sinn die problematisierte Subjekt-Objekt-Spaltung aufgehoben wird. Diese Aufzählung ist meines Erachtens zu aktualisieren, so z.B. um das Verfahren der „wiederholten Gesprächsinteraktion", welches die üblicherweise unterdrückte Beziehungsdynamik zwischen Interviewter und Interviewerin auf verschiedenen Ebenen des Forschungsprozesses für wissenschaftliche Erkenntnisse nutzbar macht (HEINZEL in diesem Band). Damit wird aber kein Anspruch auf Vollständigkeit erhoben.

Die soziale Konstruktion des Geschlechts

Seit Anfang der 90er Jahre wird auch in der deutschsprachigen Forschung - ausgelöst durch die provokative Zuspitzung BUTLERs (1991) - allmählich ein angloamerikanischer (und französischer) Diskurs rezipiert, der im Hinblick auf Geschlecht gewissermaßen „voraussetzungslos" argumentiert (KESSLER/ McKENNA 1978; WEST/ZIMMERMAN 1987). Die Kategorie Geschlecht wird verflüssigt, indem behauptet wird, daß jegliche Bezugnahme auf Geschlecht immer diskursiv und damit sozial konstruiert sei („doing gender"). Die empirischen und theoriegeschichtlichen Wurzeln dieses Denkens, das sich in der Folgezeit wiederum reichhaltig ausdifferenziert hat, sind dabei nicht originär feministisch; sie liegen in der Ethnomethodologie (insbesondere in der Studie von GARFINKEL (1967) über die Transsexuelle Agnes), dem symbolischen Interaktionismus, der phänomenologischen Soziologie und schließlich der Kulturanthropologie (HAGEMANN-WHITE 1993, 69).

Für die späte und nur allmähliche Rezeption wird eine deutsche Neigung zur Polarisierung und dem Festhalten an der Geschlechterdifferenz als sozialer Tatsache wie einer „Naturtatsache" verantwortlich gemacht. Dabei räumt HAGEMANN-WHITE allerdings ein, daß diese Tendenz lange Zeit unbedingt erforderlich gewesen sei, um der herrschenden Sichtweise der „defizitären Frau" eine positive Bezugnahme auf Weiblichkeit entgegenzusetzen. Gerade aus dem daraus begründeten Autonomiestreben und Separatismus hätte die (autonome) Frauenbewegung in der BRD einen großen Teil ihrer Stärke gewonnen (HAGEMANN-WHITE 1988a, 1995; GILDEMEISTER/WETTERER 1992; SEITZ 1995, 188).

Aus methodologischer Sicht bringt diese Perspektive eine weitere Komplexitätserhöhung im Hinblick auf die Subjektspannungen im Forschungsprozeß mit sich, denn „sowohl die Gruppe, die zu erforschen wir uns vornehmen, wie auch die Grundfesten der eigenen Identität lösen sich gewissermaßen auf, wenn wir das Geschlecht nicht mehr als gegebenes Merkmal der Person betrachten" (HAGEMANN-WHITE 1993, 75). Daß heißt, die *gender*-Zugehörigkeit ist nicht länger eine vertraute und voraussetzbare Ressource, aus der die Forscherin schöpfen kann; sie ist vielmehr in der ständigen Position des „Neuankömmlings" (THÜRMER-ROHR 1995, 96). Mit dem Ziel der Demontage werden Geschlechtlichkeit sowie die Mechanismen und Regeln zu ihrer Herstellung (Sexuierungsprozesse) - auch in der Forschungsinteraktion selbst - zum Gegenstand der Analyse. Dabei dürfe, wie HIRSCHAUER (1993, 60ff.) betont, auch nicht davon ausgegangen werden, daß die Regelsysteme der Geschlechterkonstruktion „das Weibliche" immer als „sekundäre Kategorie" darstellten. Ebenso müsse konzeptionell eine Abkehr von der Zwei- zur Vielgeschlechtlichkeit hin stattfinden.

Die dekonstruktivistische Perspektive verlangt je nach Forschungsphase von der Forscherin - so HAGEMANN-WHITE - den Wechsel zwischen der Innenansicht und dem „Blick von außen" (HAGEMANN-WHITE 1993, 74f.). Wichtigstes Verfahren der Auswertung sei die „Desexualisierung" der Daten, wodurch „lehrreiche Verfremdungseffekte" erzielt werden könnten, die in einer „erzwungenen Reflexion über die scheinbaren Selbstverständlichkeiten in der Zuordnung" einmündeten (HAGEMANN-WHITE 1995, 312ff.). Um das *Wie* der Geschlechterkonstruktion entlarven zu können, müsse die Forscherin zwischen dem Subjekt und dessen Äußerungen unterscheiden, was allerdings mit bisherigen forschungsethischen Ansprüchen konfligiert (HAGEMANN-WHITE 1993, 77).

Schlußfolgerungen

Feministische Forscherinnen waren in den letzten 25 Jahren sehr kreativ in der Entwicklung und Ausdifferenzierung von Methodologien, die dem Verhältnis zwischen Forschungsteilnehmerinnen gerecht werden sollen und gerade Interaktion und Subjektivität als Erkenntnisinstrumente nutzen. In der Weiterentwicklung von Ansätzen der Selbstreflexion und der bewußtseinsverändernden Gestaltung des Forschungsprozesses nimmt feministische Forschung insgesamt eine Vorreiterrolle ein. Die Stärke feministischer Methodologien liegt in der radikalen Konzeptualisierung der Forschungs- als sozialer Situation; hierdurch vermögen sie auf die empirischen Sozialwissenschaften positiv auszustrahlen und ihr innovative Impulse zu geben (BECKER-SCHMIDT/BILDEN 1991; ABELS 1993).

Ganz selbstverständlich wird heute in feministischen Forschungsprozessen das gesamten Methodeninventar genutzt; die Vorbehalte gegenüber quantifizierenden Verfahren haben sich zwar nicht aufgelöst, sind aber einer differenzierten Betrachtung ihrer Potentiale gewichen. Frauenbewegung und feministische Forschung haben sich seit den 70er Jahren ein Stück weit auseinanderentwickelt, sind aber nach wie vor nicht losgelöst voneinander zu betrachten. Dieses war meines Erachtens eine notwendige Entwicklung.

Die aktuelle Debatte um die (De-)Konstruktion von Geschlecht ist zumindest bisher in der BRD weitgehend als theoretische und nicht als methodische geführt worden; für diese Ansätze stellen sich auf unterschiedlichen Ebenen noch viele ungelöste Probleme: Ihre Politikfähigkeit, also die Frage danach, wie eine geschlechteranalytische, dekonstuktivistische feministische Politik machbar ist, ist noch ungeklärt. BRAUN (1995) argumentiert, daß diese Positionen lediglich das Ende von „Identitätspolitik" bedeuten, was aber nicht das Ende feministischer Politik schlechthin sei. Ferner wäre zu überlegen, ob es als Alternative zur offerierten Utopie der Geschlechtslosigkeit oder Vielgeschlechtlichkeit nicht auch eine Vorstellung von einer Geschlechterdifferenz geben kann, die nicht affirmativ ist (PRENGEL 1995).

Dekonstruktivistische Ansätze müssen sich zunächst noch im großen Umfang empirisch bewähren, denn bisher wurden erst vereinzelte Studien v.a. an Trans- und Homosexuellen sowie Professorinnen, also mehr oder weniger „GrenzgängerInnen" zwischen den Geschlechtern, unternommen. HAGEMANN-WHITE (1993, 72) spricht hier von einer „fast botanisierenden Grundlagenforschung". Die Pädagogik, insbesondere die Sozialisationsforschung, bietet hier interessante, weitere Forschungsfelder. Zur Bewältigung der sich verschärfenden Probleme der Selbstreflexion über die Subjektspannungen im Forschungsprozeß bedarf es der Entwicklung neuer Verfahren; andererseits liegt in diesem Zugang gerade die Chance eines weiteren selbstreflexiven Zuwachses (BRAUN 1995). Forschungspolitisch bringt diese Perspektive einen Wandel von der Forschung *von* Frauen *für* Frauen hin zu einer komparativen, relationalen *Geschlechter*forschung mit sich, die konsequenterweise auch männliche Forschende stärker in die Pflicht nimmt (BRAUN 1995, 109).

Die derzeitige Zustimmung zu dieser Perspektive liegt zweifelsohne in der Eröffnung neuer Denk- und Erlebnishorizonte, die dabei zum Glauben an die Beliebigkeit und Relativität der Konstruktion und Inszenierung von Geschlecht verführen können, die angesichts bestehender Institutionen und struktureller Bedingungen in der realen Welt nicht unbedingt gegeben sind. Hier besteht ein erheblicher Bedarf an Koordinierung mit Ansätzen, die Geschlecht als Strukturkategorie begreifen. Eine abschließende Bewertung der gesellschaftstheoretischen und politischen Potentiale dieser Perspektive muß nachfolgenden Resümees vorbehalten bleiben. Entscheidende Bedingung ist in jedem Fall die weitere, dabei auch institutionelle Entfaltung feministischer Forschung.

Literatur

ABELS, Gabriele 1993: „Zur Bedeutung des Female-Stream für die Methodendiskussion in den Sozialwissenschaften". *Soziologie.* H. 1, 6-17.
BAST-HAIDER, Kerstin 1995: „Kultureller Kontext der Forschenden und die Methodik der Transformationsforschung". In: DIEZINGER u.a. (Hg.), 201-217.
BECKER-SCHMIDT, Regina 1984: „Probleme einer feministischen Theorie und Empirie in den Sozialwissenschaften". In: ZENTRALEINRICHTUNG (HG.), 224-238.
BECKER-SCHMIDT, Regina 1985: „Probleme einer feministischen Theorie und Empirie in den Sozialwissenschaften". *Feministische Studien.* H. 2, 93-104.
BECKER-SCHMIDT, Regina 1993: „Ambivalenz und Nachträglichkeit: Perspektiven einer feministischen Biographieforschung". In: KRÜGER, Marlies (Hg.): Was heißt hier eigentlich feministisch? Bremen, 93-120.
BECKER-SCHMIDT, Regina 1995: „Diskontinuität und Nachträglichkeit. Theoretische und methodische Überlegungen zur Erforschung weiblicher Lebensläufe". In: DIEZINGER u.a. (Hg.), 155-182.
BECKER-SCHMIDT, Regina/Helga BILDEN 1991: „Impulse für die qualitative Sozialforschung aus der Frauenforschung". In: FLICK, Uwe/Ernst VON KARDOFF/Heiner KEUPP/Lutz VON ROSENSTIEL/Stephan WOLFF (Hg.): Handbuch Qualitative Sozialforschung. München, 23-30.
BEER, Ursula (Hg.) 1989: Klasse Geschlecht. 2. durchgesehene Aufl., Bielefeld.
BEER, Ursula 1989: „Objektivität und Parteilichkeit - ein Widerspruch in feministischer Forschung? Zur Erkenntnisproblematik von Gesellschaftsstruktur". In: BEER (Hg.), 162-212.
BILDEN, Helga 1980: „Geschlechtsspezifische Sozialisation". In: HURRELMANN, Klaus/Dieter ULICH (Hg.): Handbuch der Sozialisationsforschung. Weinheim, Basel, 777-812.
BILDEN, Helga 1991: „Geschlechtsspezifische Sozialisation". In: HURRELMANN, Klaus/Dieter ULICH (Hg.): Neues Handbuch der Sozialisationsforschung. Weinheim, Basel, 279-301.
BRAUN, Kathrin 1995: „Frauenforschung, Geschlechterforschung und feministische Politik". *Feministische Studien.* H. 2, 107-117.
BOCK, Ulla 1984: „Einführung in die Diskussion der Methoden bzw. Methodologie in der Frauenforschung". In: ZENTRALEINRICHTUNG (Hg.), 16-28.
BOCK, Gisela 1992: „Perspektiven der Frauenforschung im internationalen Vergleich". In: KRAMER (Hg.), 179-192.
CAMPBELL, Rebecca 1995: „Weaving a new tapestry of research. A bibliography of selected readings on feminist research methods". *Women's Studies International Forum* 18, 215-222.
COOK, Judith A./Mary Margaret FONOW 1990: „Knowledge and Women's Interests: Issues of Epistemology and Methodology in Feminist Sociological Research". In: McCARL NIELSEN, Joyce (Hg.): Feminist Research Methods. Boulder, Col., 69-93.
DAUSIEN, Bettina 1995: „Biographieforschung als 'Königinnenweg'? Überlegungen zur Relevanz biographischer Ansätze in der Frauenforschung". In: DIEZINGER u.a. (Hg.), 129-128.
DENZIN, Norman/Yvonna LINCOLN (Hg.) 1994: Handbook of Qualitative Research. Thousand Oaks, Ca.
DIEZINGER, Angelika u.a. 1983: Zukunft mit beschränkten Möglichkeiten. Entwicklungsprozesse arbeitsloser junger Mädchen. München.
DIEZINGER, Angelika/Hedwig KITZER/Ingrid ANKER/Irma BINGEL/Erika HAAS/ Simone ODIERNA (Hg.) 1995: Erfahrung mit Methode. Freiburg.

FINCH, Janet 1993: „'It's Great to have Someone to Talk to': Ethics and Politics of Interviewing Women". In: HAMMERSLEY (Hg.), 166-180.
FONOW, Mary Margaret/Judith A. COOK (Hg.) 1991: Beyond Methodology. Feminist Scholarship as Lived Research. Bloomington, IN.
GARZ, Detlef/Klaus KRAIMER 1991: „Qualitativ-empirische Sozialforschung im Aufbruch". In: GARZ, Detlef/Klaus KRAIMER (Hg.): Qualitativ-empirische Sozialforschung. Opladen, 1-33.
GARFINKEL, Harold 1967: Studies in Ethnomethodology. Englewood Cliffs.
GERHARD, Ute 1993: „Differenz und Vielfalt: Die Diskurse der Frauenforschung". *Zeitschrift für Frauenforschung*. H. 1/2, 10-21.
GIEBLER, Cornelia 1992: Zwischen Protest und Disziplin. Bielefeld.
GILDEMEISTER, Regine/Angelika WETTERER 1992: „Wie Geschlechter gemacht werden. Die soziale Konstruktion der Zweigeschlechtlichkeit und ihre Reifizierung in der Frauenforschung". In: KNAPP/WETTERER (Hg.), 201-254.
GÖTTNER-ABENDROTH, Heide 1984a: „Wissenschaftstheoretische Positionen in der Frauenforschung". In: ZENTRALEINRICHTUNG (Hg.), 250-267
GÖTTNER-ABENDROTH, Heide 1984b: „Zur Methodologie von Frauenforschung am Beispiel Biographie". *Beiträge zur feministischen Theorie und Praxis*. H. 11, 35-39.
GORELIK, Sherry 1991: „Contradictions of Feminist Methodology". *Gender & Society* 5, 459-477.
GRANT, Linda/Kathryn B. WARD/Xue Lan RONG 1987: „Is there an association between gender and methods in sociological research?" *American Sociological Review* 52, 856-862.
HAGEMANN-WHITE, Carol 1988a: „Zur Geschichte und zum Selbstverständnis von Frauenforschung". In: RAPIN, Hildegard (Hg.): Frauenforschung und Hausarbeit. Frankfurt/M., 9-24.
HAGEMANN-WHITE, Carol 1988b: „Wir werden nicht zweigeschlechtlich geboren ..." In: HAGEMANN-WHITE, Carol/Maria S. RERRICH (Hg.): FrauenMännerBilder. Bielefeld, 224-235.
HAGEMANN-WHITE, Carol 1993: „Die Konstrukteure des Geschlechts auf frischer Tat ertappen? Methodische Konsequenzen einer theoretischen Einsicht". *Feministische Studien*. H. 2, 68-78.
HAGEMANN-WHITE, Carol 1995: „Der Umgang mit Zweigeschlechtlichkeit als Forschungsaufgabe". In: DIEZINGER u.a. (Hg.), 301-318.
HAMMERSLEY, Martyn (Hg.) 1993: Social Research. Philosophy, Politics and Practice. London.
HARDING, Sandra (Hg.) 1987: Feminism and Methodology. Milton Keynes.
HARDING, Sandra 1989: „Is there a feminist method?" In: TUANA, Nancy (Hg.): Feminism & Science. Bloomington, IN, 17-32.
HAUG, Frigga/Cornelia HAUSER 1992: „Marxistische Theorien und feministischer Standpunkt". In: KNAPP/WETTERER (Hg.), 115-149.
HIRSCHAUER, Stefan 1993: „Dekonstruktion und Rekonstruktion. Plädoyer für die Erforschung des Bekannten". *Feministische Studien*. H. 2, 56-67.
HOLLAND, Janet/Maud BLAIR/Sue SHELDON (Hg.) 1995: Debates and Issues in Feminist Research and Pedagogy. Clevedon.
HOLLAND, Janet/Caroline RAMAZANOGLU 1995: „Accounting for Sexuality, Living Sexual Politics: Can Feminist Research be Valid?" In: HOLLAND u.a. (Hg.), 273-291.
INGENKAMP; Karlheinz/Reinhold S. JÄGER/Hanns PETILLON/Bernhard WOLF (Hg.) 1992: Empirische Pädagogik 1970-1990. Eine Bestandsaufnahme der Forschung in der Bundesrepublik Deutschland. Weinheim.
JAYARATNE, Toby Epstein/Abigail J. STEWART 1991: „Quantitative and qualitative methods in the social sciences: Current feminist issues and practical strategies". In: FONOW/COOK (Hg.), 85-106.

JAYARATNE, Toby Epstein 1993: „The Value of Quantitative Methodology for Feminist Research". In: HAMMERSLEY (Hg.), 109-123.

KELLY, Liz/Linda REGAN/Sheila BURTON 1995: „Defending the Indefensible? Quantitative Methods and Feminist Research". In: HOLLAND u.a. (Hg.), 235-247.

KESSLER, Suzanne/Wendy McKENNA 1978: Gender: an ethnomethodological approach. Chicago, London.

KLINGER, Cornelia 1990: „Bis hierher und wie weiter? Überlegungen zur feministischen Wissenschafts- und Rationalitätskritik". In: KRÜLL, Marianne (Hg.): Wege aus der männlichen Wissenschaft. Pfaffenweiler, 21-56.

KNAPP, Gudrun Axeli/Angelika WETTERER (Hg.) 1992: TraditionenBrüche. Freiburg.

KRAMER, Helgard (Hg.) 1992: Zweierlei Welten? Feministische Wissenschaftlerinnen im Dialog mit der männlichen Wissenschaft. Frankfurt/M.

LATHER, Patti 1995: „Feminist Perspectives on Empowering Research Methodologies". In: HOLLAND u.a. (Hg.), 292-307.

MIES, Maria 1978: „Methodische Postulate zur Frauenforschung. Dargestellt am Beispiel der Gewalt gegen Frauen". *Beiträge zur feministischen Theorie und Praxis.* H. 1, 41-63 (geringfügig überarbeiteter Nachdruck in: *Beiträge* H. 11/1984, 7-25).

MIES, Maria 1984: „Frauenforschung oder feministische Forschung? Die Debatte um feministische Wissenschaft und Methodologie". *Beiträge zur feministischen Theorie und Praxis.* H. 11, 40-60.

MIES, Maria 1991: „Women's Research or Feminist Research? The Debate Surrounding Feminist Science and Methodology". In: FONOW/COOK (Hg.), 60-83.

MIES, Maria 1995: „Frauenbewegung und 15 Jahre 'Methodische Postulate zur Frauenforschung'". In: DIEZINGER u.a. (Hg.), 105-128.

MORRIS, Jenny 1994: „Feminismus und Behinderung". *Beiträge zur feministischen Theorie und Praxis.* H. 37, 65-76.

MÜLLER, Ursula 1984: „Gibt es eine 'spezielle' Methode in der Frauenforschung?" In: ZENTRALEINRICHTUNG (Hg.), 29-50.

MÜLLER, Ursula 1992: „Soziologie: Wissenschaftstheorie und Methodologie. Dialog zwischen Ursula Müller und Harmut Esser". In: KRAMER (Hg.), 56-90.

MÜLLER, Ursula 1995: „Feminismus in der empirischen Forschung: eine methodologische Bestandsaufnahme". In: DIEZINGER u.a. (Hg.), 31-68.

NADIG, Maya 1986: Die verborgene Kultur der Frau. Ethnopsychoanalytische Gespräche mit mexikanischen Bäuerinnen. Frankfurt/M.

NADIG, Maya 1992: „Der ethnologische Weg zur Erkenntnis. Das weibliche Subjekt in der Wissenschaft". In: KNAPP/WETTERER (Hg.), 151-200.

OAKLEY, Anne 1981: „Interviewing women: a contradiction in terms". In: ROBERTS, Helen (Hg.): Doing Feminist Research. London, New York, 30-61.

OLESEN, Virginia 1994: „Feminism and Models of Qualitative Research". In: DENZIN/LINCOLN (Hg.), 158-174.

OSTNER, Ilona 1987: „Scheu vor der Zahl? Die qualitative Erforschung von Lebenslauf und Biographie als Element einer feministischen Wissenschaft". In: VOGES, Wolfgang (Hg.): Methoden der Biographie- und Lebenslaufforschung. Opladen, 103-124.

PATZAK, Melitta 1994: „Paradigmenpromoter Frauenforschung? Methodologische und methodische Überlegungen zur Frauenforschung". *Soziologie.* H. 4, 7-26.

PRENGEL, Annedore 1993: Pädagogik der Vielfalt. Opladen.

PRENGEL, Annedore 1995: „Wer sagt, daß Mädchen Mädchen sind ...? Forschen und Erziehen im Wissen um die Widerspüche der Geschlechterverhältnisse". In: HEMPEL, Marlies (Hg.): Verschieden und doch gleich. Schule und Gechlechterverhältnisse in Ost und West. Bad Heilbrunn, 14-26.

PROSS, Helge 1984: „Gibt es politische Ziele für Frauenforschung beziehungsweise feministische Forschung? Ist es möglich, mit herkömmlichen Methoden der Sozial-

forschung diese Forschung zu betreiben?" In: ZENTRALEINRICHTUNG (Hg.), 198-205.
PUNCH, Maurice 1994: „Politics and Ethics in Qualitative Research". In: DENZIN/ LINCOLN (Hg.), 83-97.
REINHARZ, Shulamit/Marti BOMBYK/Janet D'WRIGHT 1983: „Methodological issues in feminist research: A bibliography of literature in Women's Studies, sociology, and psychology". *Women's Studies International Forum* 6, 437-454.
REINHARZ, Shulamit 1992: Feminist Methods in Social Research. Oxford, New York.
RIESSMAN, Catherine Kohler 1987: „When gender is not enough: women interviewing women". *Gender & Society* 1, 172-207.
SEITZ, Rita 1995: „`Prisoner of gender`or prisoner of discourse`? Diskurstheoretische Analyse sozialwissenschaftlicher Daten" In: Diezinger u.a. S. 183-199.
SMITH, Dorothy 1987: The Everyday World As Problematic. A Feminist Sociology. Boston.
THÜRMER-ROHR, Christina 1984: „Der Chor der Opfer ist verstummt". *Beiträge zur feministischen Theorie und Praxis.* H. 11, 71-84.
THÜRMER-ROHR, Christina (Hg.) 1989: Mittäterschaft und Entdeckungslust. Berlin.
THÜRMER-ROHR, Christina 1995: „Denken der Differenz: Feminismus und Postmoderne". *Beiträge zur feministischen Theorie und Praxis.* H. 39, 87-97.
STANLEY, Liz/Sue WISE 1983: Breaking Out: Feminist Consciousness and Feminist Research. London.
STURM, Gabriele 1995: „Wie forschen Frauen? Überlegungen zur Entscheidung für qualitatives oder quantifizierendes Vorgehen". In: DIEZINGER u.a. (Hg.), 85-104.
WEST, Candace/Don H. ZIMMERMAN 1987: „Doing gender". *Gender & Society* 1, 125-151.
WOESLER DE PANAFIEU, Christine 1980: „Ein feministischer Blick auf die empirische Sozialforschung". In: Dokumentation II der Tagung Frauenforschung in den Sozialwissenschaften. Dortmund.
WOESLER DE PANAFIEU, Christine 1989: „Feministische Kritik am wissenschaftlichen Androzentrismus". In: BEER (Hg.), 95-131.
WOHLRAB-SAHR, Monika 1993: „Empathie als methodisches Prinzip? Entdifferenzierung und Reflexivitätsverlust als problematisches Erbe der 'methodischen Postulate' zur Frauenforschung". *Feministische Studien.* H. 2, 128-139.
ZENTRALEINRICHTUNG zur Förderung von Frauenstudien und Frauenforschung an der FU Berlin 1984 (Hg.): Methoden in der Frauenforschung. Symposium an der FU Berlin vom 30.11.-2.12.1983. Berlin.

Marlies Hempel

Pädagogische Frauenforschung und methodologische Grundlagen der Erforschung pädagogischer Probleme in der DDR

In diesem Beitrag soll über eine kurze Darstellung des Wissenschafts- und Theorieverständnisses der marxistischen Pädagogik die Frage diskutiert werden, welchen Stellenwert qualitative Forschung in der pädagogischen Wissenschaft der DDR hatte und inwieweit es im Rahmen dieses Forschungsparadigmas und eingebunden in das politische System des „Sozialismus" eine pädagogische Frauenforschung geben konnte.

Wissenschafts- und Theorieverständnis der marxistischen Pädagogik

Die theoretische Grundstruktur der Pädagogik der DDR war durch ein handlungstheoretisches Konzept (Ziel-Inhalt-Methode-Relation) bestimmt, das sich zunehmend von einer strukturell-funktionalen zu einer dynamischen Betrachtungsweise, einem Prozeß- und Entwicklungsdenken hin entwickelte. Termini wie „Theorie und Handlungsanweisung", und „Aufstieg vom Abstrakten zum Geistig-Konkreten" bestimmten in den letzten Jahren zunehmend die wissenschaftstheoretische Diskussion in der Pädagogik. Ausgehend von der Tätigkeitskonzeption der marxistischen Wissenschaftstheorie (vgl. KRÖBER 1988, LAITKO 1981) ging es in Abgrenzung zur nichtmarxistischen Pädagogik zunehmend um die weitere Modifikation des Konzepts der sozial-ökonomischen und gegenständlichen Determiniertheit der marxistischen Pädagogik (vgl. STIERAND 1984, SALZWEDEL 1984, PROTZ 1989). Aufgrund der historischen Grenzen und Bedingungen, unter denen die wissenschaftliche Tätigkeit in der DDR ausgeübt wurde, konnten und durften die Zusammenhänge der Erziehungswirklichkeit nicht im „akademischen Vakuum frei von Einflüssen der Klasseninteressen und Wertvorstellungen" analysiert werden, so daß Bewertung und gesellschaftliche Verwertung pädagogisch-wissenschaftlicher Erkenntnisse selbst zum wissenschaftlichen Problem wurden (vgl. KLIMPEL/JÜRS 1973, RAUSCHER 1982, PISKUNOW/WOROBJOW 1984). Die Theorieauffassung in der Pädagogik durch Aufnahme normativer Elemente im Sinne der genannten Ziele zu erweitern hatte letztlich zur Folge, daß es in der Pädagogik als Wissenschaft auch um die Wahrheit der Wertvorstellungen und die wissenschaftlichen Grundlagen der Bewertung gehen mußte. Pädagogische Theorien hatten demnach so strukturiert zu sein, daß sie sowohl objektive Wirklichkeitserkenntnis als auch mobilisierende Potenzen für die Erziehungspraxis darstellten. Diese Theorie bestimmte das Forschungshandeln und die Interpretation der Forschungsergebnisse, die demzufolge „"...keinesfalls nur Verallgemeinerung empirisch gewonnenen Wissens..." (PROTZ 1989, 45) zu sein hatten.

Methodologie und Methodik empirischer pädagogischer Forschung

Die Methodologie der marxistischen Pädagogik war geprägt durch die marxistisch-leninistische Erkenntnistheorie und deren dialektisch-materialistische Herangehensweise. Sie beanspruchte, den pädagogischen Gegenstand in seinen „objektiv-realen", „entwicklungsgeschichtlichen" und „strukturell-funktionalen" Zusammenhängen ganzheitlich zu erfassen und darzustellen. Die Wechselwirkung von empirischer und theoretischer Tätigkeit galt als methodische Grundstruktur wissenschaftlicher Erkenntnistätigkeit in der Pädagogik (vgl. WESSEL 1977, RAUSCHER 1982).

Zu den marxistisch-leninistischen methodologischen Prinzipien der theoretischen und empirischen Forschung in der Pädagogik (vgl. DANILOW/BOLDYREW 1974, RAUSCHER 1982, PISKUNOW/WOROBJOW 1984) gehörten danach:

a) die dialektische Einheit von Wissenschaftlichkeit und Parteilichkeit,
das bedeutete, daß die wissenschaftliche Arbeit mit der Arbeit von Partei und Staat zu verbinden war. Parteilichkeit wurde als Ausdruck des Klassenbewußtseins des Forschers und seiner politisch-ideologischen Einstellung verstanden, die vom wissenschaftlich-erkennenden Vorgehen nicht zu trennen war;

b) die dialektische Einheit von Empirie und Theorie,
damit war gemeint, daß die theoretische und empirische Forschungstätigkeit ebenfalls untrennbar miteinander verbunden sein mußte. Als Ausgangsprämisse galt, daß sich theoretische und empirische Tätigkeit wechselseitig zu durchdringen hatten. Die Parameter der empirischen Forschung waren weitgehend durch die theoretischen Vorgaben bestimmt;

c) die dialektische Einheit von Abstraktem und Konkretem
hier ging man davon aus, daß das erkennende Denken über Empfindungen und Wahrnehmungen, die ein sinnlich-konkretes Wissen vom Gegenstand vermitteln, zu abstrakten Bestimmungen gelangt, wodurch dann das Wesentliche widergespiegelt würde. Im Ergebnis (Einheit des Mannigfaltigen) entstünden so Abstraktionen höherer Ordnung, also allseitigeres geistig-konkretes Wissen;

d) die dialektische Einheit von Logischem und Historischem,
das heißt, das es Logisches und Historisches in der Bewegung des Denkens miteinander zu verbinden galt, weil nur auf diese Weise das Aufdecken der Struktur eines Untersuchungsgegenstandes und gleichzeitig das Verständnis seiner Entwicklung möglich sei;

e) die dialektische Einheit von Qualität und Quantität,
das bedeutete, daß immer die qualitative und die quantitative Seite der Erscheinungen und Prozesse in ihrem dialektischen Zusammenhang aufzudecken seien. Betont wurde dabei die Notwendigkeit, daß bei aller Dringlichkeit der Anwendung mathematischer Methoden in der pädagogischen Forschungsarbeit zu-

nehmend die Erforschung qualitativer Zusammenhänge als entscheidender Ausgangspunkt des Erkenntniszuwachses betrachtet werden müsse (vgl. RAUSCHER 1982, 55).

Unter der oben angeführten Voraussetzung einer von Klasseninteressen gestützten Theorie, dem das erste Prinzip (Einheit von Wissenschaftlichkeit und Parteilichkeit) entsprach, erwiesen sich diese methodologischen Prinzipien oft nicht als realisierbar. SCHIEK kommt auf der Grundlage einer Analyse der empirischen pädagogischen Forschung in der DDR über den Zeitraum von 1945-1967 zu einem ähnlichen Schluß:

„In zahlreichen Abhandlungen wird der präjudizierten theoretischen Erkenntnis eindeutig Vorrangstellung zugesprochen. Mithin erweist sich das vielzitierte Verhältnis zwischen empirischer und theoretischer Erkenntnis als nichtexistent, als bloßer Verbalismus: einerseits werden empirische und theoretische Erkenntnis auf Grund der Umdeutung der Begriffe 'Tatsache, empirisch, Erfahrung' in nichtempirische Begriffsinhalte a priori gleichgesetzt, andererseits werden die beiden Erkenntnisformen durch Diffamierung der empirischen Erkenntnis im ursprünglichen Sinne sowie durch apriorigesetzte Vorrangstellung der theoretischen Erkenntnis in einen unzulässigen Gegensatz gebracht." (SCHIEK 1970, 16).

Zur qualitativen pädagogischen Forschung

Da die Einheit von Qualität und Quantität als methodologischer Ausgangspunkt für die Einheit der Methoden und ihre wechselseitige Durchdringung galt, hatte sich auch die jeweilige Forschungsmethodik durch die Einheit quantitativer und qualitativer Erfassung und Auswertung auszuzeichnen. Jede Verabsolutierung einer Seite, so das Wörtebuch der marxistisch-leninistischen Soziologie von 1969, habe die Tendenz des „puren Empirismus" oder verharre in leerem Kategoriendenken. Beide Tendenzen würden nicht zur Reproduktion des geistig Konkreten führen, sondern bei abstrakten Bestimmungen verbleiben. Die Kritik am Empirismus der bürgerlichen Soziologie richtete sich vor allem darauf, daß zwar detailgetreu einzelne soziale Erscheinungen erfaßt würden, daß aber durch die Beschränkung auf die Erfahrungsdaten ihr Erfassen als vermittelnde Glieder gesamtgesellschaftlicher Zusammenhänge nicht möglich sei. Dieser Ansatz und die in der Wissenschaftsentwicklung der DDR zunehmende Forderung nach Überwindung subjektivistischer Auffassungen und Wertungen, führte letztlich zu einer Präferenz mathematisch-statistischer Methoden. Das erfolgte auch unter Hinweis auf die Marx'sche Aussage, daß innere Gesetze, die sich in Zufällen durchsetzen und sie regulieren, nur dann sichtbar würden, wenn diese Zufälle in Massen zusammengefaßt werden (vgl. MARX 1964, 836). Bereits Ende der siebziger Jahre kritisierte RAUSCHER, bezugnehmend auf sowjetische Wissenschaftler, daß in der pädagogischen Forschung eine Überbewertung quantitativer Untersuchungen zu konstatieren sei, obwohl eigentlich die qualitative Erkenntnis, die die Bedingung für die Erkenntnis der Quantität ist, das Primat haben müsse. Es sei nichts gegen die These einzuwenden, daß die Exaktheit der Aussage mit quantitativen Methoden verbunden ist, daß es aber falsch wäre, die Exaktheit einer Aussage ausschließlich darauf begründen zu wollen (vgl. RAUSCHER 1982, 56).

In einzelnen wissenschaftlichen Arbeiten, in Erfahrungsberichten, pädagogischen Lesungen[1] und auch in Dissertationen[2] wurden durchaus Einzelfälle auf der Grundlage teilnehmender Beobachtungen analysiert[3]. In den Publikationen für die Öffentlichkeit[4] waren sie oft nur Illustrationen für fortgeschrittene Erfahrungen oder - im negativen Fall - für noch anzutreffende Einzelfälle (vgl. z.B. RAUSCH 1986[5] oder DREFENSTEDT/SCHOLZ 1974). Dieses Vorgehen entspricht einem Wissenschaftsverständnis, das - entsprechend den Leninschen Stufen der Erkenntnis - das empirisch Konkrete der Aneignungsstufe zuordnet und das theoretisch Abstrakte (wozu nachstehender Autor die gesellschftlichen Bedürfnisse und Ziele rechnete) als zweite Stufe der Erkenntnis bewertet. Zur dritten und letzten Stufe der Erkenntnis - dem theoretisch Konkreten - gehören danach die konkreten Vorschläge zur Veränderung der Lehrpläne und Dokumente der Bildungsplanung (vgl. PLÖTZ 1975).

So war das vorrangige Ziel der pädagogischen Forschung nicht das Individuelle und Einzelne, sondern die Erkenntnis des Allgemeinen. Forschungsvorhaben

---

[1] Pädagogische Lesungen waren eine besondere Form der schriftlichen Fixierung und des Austausches in der Praxis bewährter Erfahrungen von einzelnen Pädagogen oder von Kollektiven. Sie galten als Ausdruck des schöpferischen Bemühens der Pädagogen, ihren bildungspolitischen Aufgaben gerecht zu werden und sie waren eine wichtige Grundlage für die wissenschaftliche Verallgemeinerung. Jährlich wurden als Bestandteil der Weiterbildung zentrale Tage Pädagogischer Lesungen durchgeführt und auch entsprechende Preise verliehen.

[2] Die in den pädagogischen Dissertationen üblichen Methoden zur Erfassung von Daten bzw. Informationen aus der Praxis der Bildung und Erziehung waren vor allem Beobachtungen, Befragungen und Tests, die den im Westen üblichen Standards entsprachen. Aufgrund ihrer Analyse aus der Perspektive einer westdeutschen Wissenschaftlerin bestätigte SCHIEK, daß neben der Übereinstimmung mit Definition, Kriterien und Formen der einzelnen Methoden nach international üblicher Konvention ein wesentlicher Unterschied in der ideologischen Akzentsetzung bestand. In einer Stichprobe von 106 empirischen pädagogischen Dissertations- und Habilitationsschriften ermittelte sie die Häufigkeit des Vorkommens folgender Forschungsmethoden: Analyse der pädagogischen Wirklichkeit 75 mal, Befragung 65 mal, Beobachtung 54 mal, Gespräch 54 mal, Experiment 30 mal, Test 23 mal (SCHIEK 1970, 26/27).

[3] Dabei war bis in die 80er Jahre eine verbreitete Ablehnung hermeneutischer Methodenansätze zu konstatieren, ebenso wie eine Entgegensetzung von beschreibenden und erklärenden auf der einen und interpretativen Methoden auf der anderen Seite (vgl. KIRCHHÖFER 1995, S. 230).

[4] Als bemerkenswerte Ausnahme erschien dabei ein Buch, das in Form von Tagebuchnotizen in der Reihe „Bibliothek für Horterzieher" erschien, in dem der Kinderalltag in einem Moskauer Hort sehr genau dokumentiert ist (vgl. Violetta ARTAMONOWA: Tag für Tag. Notizen einer Horterzieherin. Berlin (Ost) 1982.

[5] In dieser „Grünen Reihe" erschienen z.B. als Ratschläge für den Lehrer: DREWS, Ursula/ Elisabeth FUHRMANN: Fragen und Antworten zur Gestaltung einer guten Unterrichtsstunde 1980; Reich, Werner: Wie erreiche ich im Unterricht Disziplin?, 1981; STOLZ, Helmuth/Roland RUDOLF: Wie erziehe ich zu moralischem Verhalten?, 1982; BABING, Heide/Marianne BERGE: Differenzierung im Unterricht, 1982; DÖBERT, Hans/Günther SCHOLZ: Ordnung und Disziplin in der Schule, 1983; MEHLHORN, Gerlinde/Hans-Georg MEHLHORN: Begabungsentwicklung im Unterricht, 1985.

zielten z.B. auf den *charakteristischen* Inhalt sozialer Erfahrungen und die *typischen* sozialen Handlungen und Beziehungen (Vgl. KÖPPEN/PETERSEIN 1982) und damit auf das „Aufdecken objektiver Gesetzmäßigkeiten der Erziehung" (BABANSKI/NEUNER 1983, S. 131).
Die zunehmende Wertschätzung der sozialen Erfahrungen als Gegenstand der pädagogischen (vgl. BERGER 1983) und der bildungssoziologischen Forschung (vgl. MEIER 1983), die daraus resultierte, daß die marxistische Sozialwissenschaft das Wesen des Menschen nicht als 'sinnlichen Gegenstand', sondern als 'sinnliche Tätigkeit' faßte und in diesen Tätigkeiten danach Objektives und Subjektives zusammenfiel (vgl. KIRCHHÖFER 1995, S. 229), kann als Beginn eines Prozesses seit den 80er Jahren betrachtet werden, der eine verstärkte Hinwendung zu Individualität ermöglichte. Das spiegelte sich insbesondere in der künstlerischen Umsetzung der DDR-Realität durch Filmemacher und Schriftsteller wider[6]. Zunehmend interessant, besonders in der Wendezeit, wurden so endlich auch die bis dahin stark vernachlässigten biographischen Forschungsansätze (vgl. dazu LINDNER 1991, BERTRAM 1992, KIRCHHÖFER 1995, SCHLEGEL 1995).[7]

Die Kategorie „Geschlecht" in der pädagogischen Forschung

Als eine „Grundwahrheit" des Marxismus-Leninismus wurde die Erkenntnis betrachtet, daß der Prozeß der Befreiung der Frau untrennbarer Bestandteil des Kampfes der Arbeiterklasse um die Befreiung der Menschheit sei. Theoretisch wurde begründet, daß *nur* die Arbeiterklasse aufgrund ihrer „historischen Mission" führend im Kampf um die Gleichberechtigung der Frau sein konnte.

„Eine wirkliche Gleichberechtigung von Mann und Frau kann nach meiner Meinung erst eine Wahrheit werden, wenn die Ausbeutung beider durch das Kapital beseitigt und die private Hausarbeit in eine öffentliche Industrie verwandelt ist." (ENGELS [1885] 1972, 525)

Mit dem „Sieg der Arbeiterklasse und ihrer marxistisch-leninistischen Partei" galt damit auch - gleichsam genuin - die Befreiung der Frau als verwirklicht und die Gleichberechtigung von Mann und Frau als realisiert. Das wurde durch eine Fülle gesetzlicher Bestimmungen (vgl. HELWIG 1993)[8] gesichert, die vor allem die

---

[6] Als wichtigstes Buch für viele DDR-Bürger sei hier genannt: Maxi WANDER: „Guten Morgen, Du Schöne" (1982), als Kinderfilm besonders „Moritz in der Litfaßsäule", als Frauenfilm: „Alle meine Mädchen" und als bemerkenswerte filmische Dokumentation: „Die Chronik der Kinder von Golzow".

[7] Weitere Literatur zur Kindheits- und Jugendforschung vor und nach der Wende: STARKE 1979, BOLZ/GRIESE 1995; BEHNKEN 1991; LEUZINGER-BOHLEBER/GARLICHS 1993; BERTRAM 1992; BERTRAM u.a. 1994.

[8] Im § 2 des Familiengesetzbuches der DDR vom 20.12.1965 hieß es z.B.: „Die Gleichberechtigung von Mann und Frau bestimmt entscheidend den Charakter der Familie in der sozialistischen Gesellschaft. Sie verpflichtet die Ehegatten, ihre Beziehungen zueinander so zu gestalten, daß beide das Recht auf Entfaltung ihrer Fähigkeiten zu eigenen und gesellschaftlichen Nutzen voll wahrnehmen können. Sie erfordert

Vereinbarkeit von Berufstätigkeit und Mutterschaft ermöglichen sollten. Damit wird einsichtig, daß es in der vierzigjährigen Existenz des „ersten deutschen Arbeiter- und Bauernstaates" offiziell keine „Frauenforschung" geben konnte, wie sie in der bundesdeutsche Wissenschaftslandschaft seit Ende der siebziger Jahre entstanden war (vgl. DÖLLING 1994, HEMPEL 1995, NICKEL 1992, 1994) Forschungsarbeiten zum Geschlechterverhältnis konnten nicht dort ansetzen, wo Frauen wegen ihres Geschlechts benachteiligt waren und sie zielten auch nicht darauf ab, die strukturelle Benachteiligung des weiblichen Geschlechts in der Gesellschaft durch Bildung und Erziehung zu kompensieren. Das hätte das Eingeständnis einer weiblichen Benachteiligung durch patriarchale Strukturen - die auch in der sozialistischen Gesellschaft noch nicht beseitigt waren - bedeutet und hätte grundlegende Theoriepositionen infrage gestellt. Es galt aber als eine nicht in Frage zu stellende Tatsache, daß mit der Beseitigung des Privateigentums an Produktionsmitteln die gesellschaftliche Nachrangigkeit der Frau überwunden war und daß durch die Einbeziehung der Frau in die gesellschaftliche Produktion[9] deren Gleichberechtigung als gesichert gelten konnte. Hier wird die oben erwähnte Vorrangstellung der präjudizierten theoretischen Erkenntnis offensichtlich. Das Verhältnis zwischen empirischer und theoretischer Erkenntnis war hier besonders deutlich durch die „apriorigesetzte Vorrangstellung der theoretischen Erkenntnis" charakterisiert. Forschungsarbeiten über Frauen und die Geschlechterverhältnisse dienten so vor allem dazu, den in der DDR aufgebauten Gleichberechtigungsmythos zu untermauern und zu fundieren. Da eine feministische Sozialwissenschaft fehlte und es somit auch keine eigenständige, ausdifferenzierte Frauenforschung gab, die von der Benachteiligung der Frauen wegen ihres Geschlechts[10] ausgeht (vgl. DÖLLING 1993), gab es nur „...mehr

---

zugleich, die Persönlichkeit des anderen zu respektieren und ihn bei der Entwicklung seiner Fähigkeiten zu unterstützen."

[9] Soziologische Untersuchungen (vgl. NICKEL 1990a, RADKE 1990, TRAPPE 1992) verweisen darauf, daß sich besonders aufgrund des gestiegenen Qualifikationsniveaus bei Frauen fast aller Altersgruppen ein allgemeines Bedürfnis nach Berufstätigkeit entwickelt hatte. Die berufliche Tätigkeit bedeutete ihnen im wesentlichen Selbstbestätigung und Selbstverwirklichung und gab das Gefühl der Gleichberechtigung. Die Frauen galten als gleichwertige Partner bei der Erwirtschaftung des Familienbudgets. Nach Berechnungen des Deutschen Instituts für Wirtschaftsforschung Berlin-West betrug der Anteil, den berufstätige Frauen in der DDR zum Familieneinkommen leisteten, 41% und lag damit weit höher im Vergleich zu den Verhältnissen in der BRD, wo der Anteil, den Frauen erwirtschafteten, 18% betrug (RADKE 1990, S. 4). Frauen fühlten sich nicht mehr als „Zuverdiener". Trotzdem darf nicht übersehen werden, daß das in vielen Fällen eine außerordentliche psychische und physische Belastung der Frauen bedeutete, die vor allem aus doppelt und dreifach belastet waren durch die in vielen Familien immer noch dominierenden patriarchalen Strukturen. Die veröffentlichten Forschungen über Frauen verklärten das Bild eher, als daß sie aufklärten. Diese „Aufklärungsarbeit" wurde durch die Künstler, Schriftsteller und Filmemacher geleistet.

[10] Fälle von z.B. Gewalt gegen Frauen, von Diskriminierung und sexueller Belästigung wurden als „Einzelfälle" abgewertet und als „Überreste" der kapitalistischen Gesellschaft angesehen, die dem Wesen der sozialisitischen gesellschaftlichen Verhältnisse nicht adäquat waren, ohne sie dialektisch konsequent auch als eine Erscheinung der

oder weniger auf der Parteilinie liegende und sie legitimierende Forschungen über Frauen." (NICKEL 1992, 382).

Dazu gehörten Forschungsvorhaben zur Vereinbarkeit von Beruf und Mutterschaft; zur weiblichen Berufsmotivation und -qualifikation, zu Frauen in leitenden Berufen, zu Kinderwunsch und Abtreibung, zur Lebensorientierung und zu Lebenskonflikten (vgl. DÖLLING 1994, 398) sowie zur gesellschaftlichen Rolle der Frau beim umfassenden Aufbau des Sozialismus und zu Problemen sozialistischer Familienbeziehungen in der DDR (vgl. SCHARNHORST 1994, 52). Auch hier war bis in die späten 80er Jahre eine qualitativ ausgerichtete Forschungsmethodik eher unüblich.

Neben diesen wenigen Arbeiten zur Rolle der Frau blieb die Kategorie „Geschlecht" in der pädagogischen Wissenschaft der DDR aber weitgehend ausgeblendet und geschlechtsspezifische Besonderheiten fanden in der pädagogischen Literatur der DDR kaum Erwähnung. Das typische Unsichtbarmachen der Geschlechterdifferenz reichte ansonsten von der geschlechtsneutralen Redeweise bis zur Verdrängung geschlechtsspezifischer Lebensweisen[11].

Wie in der gesamten Gesellschaft, so galt das Problem „Gleichberechtigung" im wesentlichen auch in der Schule als realisiert. Die ideologische Botschaft, daß die Gleichberechtigung der Geschlechter im wesentlichen bereits realisiert und die Frauenfrage als soziales Problem gelöst sei, hatte auch erhebliche Folgen für das Curriculum der DDR-Schule. Hier wurde mit der Schwerpunktsetzung auf die Errungenschaften des Sozialismus die Vorstellung gefestigt, daß die DDR das Vermächtnis der proletarischen Frauenbewegung längst erfüllt hat. Der durch die Institution Schule gefestigte Gleichberechtigungsmythos förderte den unkritischen Blick auf die gesellschaftlichen (Geschlechter)verhältnisse, der für das Nichterkennen einer strukturellen Benachteiligung des weiblichen Geschlechts im real existierenden Sozialismus von besonderer Bedeutung war.

„Der Mythos von der bereits erreichten Gleichberechtigung hat sich in den Köpfen vieler Frauen festgesetzt und sie blind gemacht für die realen Benachteiligungen, die sie täglich erfahren haben... „ (NICKEL, 1990 b, 39).

Frauen und Männern, Mädchen und Jungen gleiche Rechte und Möglichkeiten in der sozialistischen Gesellschaft unterstellend, gab es auch für die erziehungswissenschaftliche Forschung und Lehre[12] keinen Anlaß, auf Geschlechts-

---

Macht- und Herrschaftsverhältnisse des real existierenden Sozialismus zu interpretieren und zu analysieren.

[11] Dieser neutralisierende Diskurs war nicht nur unter den politischen Bedingungen einer sozialistischer Staatsmacht üblich, sondern - wie Annedore PRENGEL feststellt - gab es auch in der bürgerlich-parlamentarischen Demokratie eine „Pädagogik der übergangenen Geschlechterdifferenz" (vgl. PRENGEL 1993, 110/111).

[12] In dem gemeinsam von den Akademien der Pädagogischen Wissenschaften der UdSSR und der DDR herausgegebenen Buch „Pädagogik" erfolgt selbst im Abschnitt „Berücksichtigung altersbedingter und individueller Besonderheiten der Schüler im Unterrichtsprozeß" (BABANSKI/NEUNER 1993, 392-404) kein Hinweis auf geschlechtsspezifische Besonderheiten im Entwicklungsprozeß der Kinder, die auch von DDR-Psychologen und Bildungssoziologen durchaus konstatiert wurden (siehe Fußnote 13).

identitäten zu verweisen oder empirische Untersuchungen anders als geschlechtsneutral zu konzipieren.
Die sehr vereinzelten pädagogischen und didaktischen Arbeiten, die explizit das Geschlechterproblem bzw. das Problem der Gleichberechtigung der Geschlechter aufgriffen (vgl. BABING 1975, BABING/BERGE 1982, BORRMANN 1983, SCHILLE 1976, HAUSER 1978, SCHARNHORST 1970, VOGT 1984, SCHARNHORST/WALTHER 1975), betrafen vornehmlich die Sexual- und Familienpädagogik. Hier konnte man sich trotz der methodologischen Ausgangsposition der marxistischen Pädagogik mit dem Geschlechterverhältnis auseinandersetzen und auf die geschlechtsspezifische Entwicklung und eine entsprechende Erziehungsnotwendigkeit verweisen. Allerdings blieben auch diese Arbeiten zumeist bei den „biologischen Entwicklungsunterschieden" stehen oder es wurde auf überlieferte bürgerliche Verhaltensmuster bzw. (West)Medieneinflüsse verwiesen, eine kritische Reflexion der gesellschaftlichen (patriarchalen) Verhältnisse fehlte. Während allerdings psychologische und bildungssoziologische Arbeiten[13] das Geschlechterproblem thematisierten, ignorierte man offiziell - der oben dargestellten wissenschaftstheoretischen und methodologischen Ausgangsposition „logisch" folgend - in der Allgemeinen Pädagogik, Didaktik und Erziehungstheorie die vorliegenden empirischen Befunde zu den Geschlechterverhältnissen. So fand OTTO heraus, daß sich die innere Struktur des Disziplinverhaltens der Geschlechter auf charakteristische Weise unterschieden, daß die Haupternährer-Ideologie auch in der DDR noch weit verbreitet war, daß Vorurteile über die Ungleichwertigkeit der Geschlechter existierten. OTTO verwies hier auf Extremgruppenuntersuchungen, die zeigten, daß bei Eltern der positiven Schülergruppen die sozialistischen Normen der Gleichberechtigung in der Familie signifikant besser ausgeprägt waren als bei jenen Eltern, deren Kinder Leistungs- und Disziplinschwierigkeiten zeigten. Die Methodik der Ende der sechziger Jahre durchgeführten umfangreichen empirischen Arbeit von Karlheinz OTTO zur Disziplin bei Jungen und Mädchen beruhte auf qualitativen und quantitativen Methoden in der Erscheinungs- und Bedingungsanalyse von psychischen Geschlechtsunterschieden. Dabei wurden repräsentative Stichproben gewonnen. OTTO erfaßte in seiner Untersuchung 33000 SchülerInnen und 2000 LehrerInnen. 480000 Informationen wurden mathematisch-statistisch getestet, analysiert und schließlich psychologisch interpretiert. Die Erhebungen erfolgten durch Befragungen, durch eine Zensurenanalyse, durch eine Zuordnungserhebung und durch Lob- und Tadelerhebungen (vgl. OTTO 1970).

---

[13] Zu den bekanntesten psychologischen Forschungsergebnissen und Veröffentlichungen gehören Arbeiten zu den Disziplinunterschieden bei Jungen und Mädchen (OTTO 1970), zu psychischen Leistungsdifferenzen zwischen Jungen und Mädchen (HEILHECKER 1969), zu psychischen Geschlechtsunterschieden in der Ontogenese (DANNHAUER 1969 und 1973), zur unterschiedlichen Leistungshaltung der Geschlechter (GUTHKE 1972) und die entwicklungspsychologischen Untersuchungen zum Sozialverhalten der Jungen und Mädchen (KOSSAKOWSKI 1965, FRIEDRICH 1966, FRIEDRICH/MÜLLER 1980). Unter bildungssoziologischem Aspekt sind hier vor allem die Arbeiten zu den Lebensbedingungen und Erfahrungen der Schuljugendlichen zu nennen (KABAT VEL JOB 1979, MEIER 1980 und 1983, SCHLEGEL 1981, NICKEL 1986).

Aber auch die seit Ende der siebziger Jahre im Westen geführte Koedukationsdebatte sowie die Ergebnisse der westeuropäischen feministischen Schulforschung wurden - wegen des anderen politischen Systems - nicht zur Kenntnis genommen. Damit blieb den Lehrerinnen und Lehrern die Sicht auf die Realität des Lebens in einem kulturellen System der Zweigeschlechtlichkeit verstellt. Das hat bis heute Auswirkungen auf eine geschlechterbezogene Pädagogik in den neuen Bundesländern.

Fazit

Mit den wissenschaftstheoretischen und methodologischen Prämissen einer weltanschaulich-ideologisch normierenden Konstruktion und Bewertung der Realität[14] und der mit ihr einhergehenden „Verdrehung" der materialistisch-dialektischen Methode - entsprechend der parteipolitischen Ziele und Ideale -, in der nicht mehr das Sein das Bewußtsein bestimmte sondern eher die Umkehrung versucht wurde, mußte die (offizielle) pädagogische Forschung in der DDR eher spekulativ bleiben. Sie mußte, zum Beispiel hinsichtlich des Geschlechterverhältnisses, spekulativ bleiben, weil sie die reale Qualität des schulischen Alltags, die tatsächliche Qualität der Beziehungen zwischen den Geschlechtern nicht thematisierte.

Der gesellschaftliche Wandel in der DDR Ende der achtziger Jahre und die „Wende" durch die deutsch-deutsche Vereinigung zeigten aber, daß die Erforschung pädagogischer Probleme durch die Wissenschaftlerinnen und Wissenschaftler trotz des offiziellen „Forschungsapparates" wesentlich differenzierter und wirklichkeitsbezogener war, als es in den Theoriediskussionen und offiziellen Veröffentlichungen den Anschein hatte. Gerade im Hinblick auf die Kategorie „Geschlecht" ist das augenscheinlich. Als sich die Akademie der Pädagogischen Wissenschaften Ende der 80er Jahre gezwungen sah, die vielen in Vorbereitung des IX. Pädagogischen Kongresses der DDR[15] im Juni 1989 eingegangenen, aber geheim gehaltenen Kritiken, Zuschriften, Forderungen, empirischen Daten und Analysen zu veröffentlichen (vgl. HEMPEL 1995) und sich mit dem Problem der Ge-

---

[14] Dieses Dilemma bringt KIRCHHÖFER in seinem Aufsatz über das Paradigma der Individualität in der sozialistischen Erziehungswissenschaft zum Ausdruck: „Der 'reale Sozialismus' war von Beginn an mit dem Gegensatz behaftet, einerseits die individuelle Verantwortung und ein selbstbestimmtes Engagement als inhärentes Moment eigener Selbstbestimmung zu benötigen, andererseits dem Individuum diese Autonomie unter depravierten weltweiten und systeminternen Bedingungen verweigern und das Individuum als Citoyen ständig disziplinieren und organisieren zu müssen. Es könnte dieser Widerspruch gewesen sein, der dazu führte, daß sich in der Erziehungswissenschaft der DDR zu diesen Fragen keine theoretische Diskussion entfaltete und unverzichtbare Inhalte des Paradigmas wie Selbstbestimmung, Autonomie, Würde oder Gewissen des Individuums kaum anthropologisch oder pädagogisch problematisiert wurden." (KIRCHHÖFER 1993, S. 105/106)

[15] Pädagogische Kongresse in der DDR hatten die Funktion, aus den Beschlüssen der SED detaillierte Konsequenzen zur Bildungspolitik und Pädagogik zu ziehen und erreichte Ergebnisse zu bilanzieren. Der IX. und letzte Pädagogische Kongreß fand im Juni 1989 statt und konstatierte, die Fülle der kritischen Einwände von LehrerInnen und ForscherInnen ignorierend, daß Bildungspolitik und Pädagogik auf der Höhe der Zeit seien.

schlechterverhältnisse zu befassen, wurde deutlich, daß dennoch in der pädagogischen Forschung der DDR die Kategorie „Geschlecht" nicht gänzlich unberücksichtigt geblieben war. Die diesbezüglichen Daten konnten vor der „Wende" weder besonders ausgewertet noch veröffentlicht werden, da sie nicht in das postulierte Idealbild gepaßt hätten. Mit dem gesellschaftlichen Wandel in der DDR konnte aber so eine Fülle empirischen Materials innerhalb eines neuen interpretativen Rahmens zur Verfügung gestellt werden (vgl. z.B. KRAUSE 1990, KRAUSE/ NEUKIRCH 1992). Die Aufarbeitung einer Geschichte der Frauenforschung in der DDR und das Verständnis für die Lebenssituationen von Frauen in den 40 DDR-Jahren wird aber besonders dadurch erschwert, daß kaum auf autobiographische und ethnographische Ansätze oder eine erziehungswissenschaftlich angelegte Biographieforschung zurückgegriffen werden kann. Mit ungeheuren Anstrengungen versuchen seit der „Wende" Frauenforscherinnen sowohl die zu DDR-Zeiten schwer zugänglichen Arbeiten, besonders der Akadamie der Wissenschaften[16], zu analysieren und aufzuarbeiten, aber auch über biographische Ansätze[17] Vergangenes transparent zu machen. Besonders die Frage nach den Ursachen für die Etablierung eines Mythos von Gleichberechtigung bei gleichzeitiger Verdrängung realer Ungleichheiten und Ungerechtigkeiten bleibt interessant und ist nach wie vor nicht beantwortet.

Der für eine breite Öffentlichkeit und viele Lehrerinnen und Lehrer unsichtbar gebliebene Zusammenhang von Machtstrukturen und Geschlechterverhältnissen, die noch unerforscht gebliebenen geschlechtsspezifischen Sozialisationsprozesse in der koedukativen DDR-Schule, die Auswirkungen der spezifischen Sozialisationsbedingungen in der DDR - die fast 100%ige Berufstätigkeit der Frauen und die Akzeptanz der Minderbeteiligung der Männer an häuslichen Pflichten gehörte hier zur Normalität des Alltags - auf die Identitätsentwicklung der Geschlechter und auch die Tatsache, daß die 'symbolische Ordnung' mit ihrer Welt von Imaginationen (u.a. dem Gleichheitsideal) ebenso wie die materiellen Produktions- und Reproduktionsbedingungen die Vergesellschaftung der Geschlechter bestimmen (vgl. KNAPP 1992, 300), stellen neue Aufgaben für die Schulforschung der nächsten Jahre.

---

[16] So wurden z.B. die „Informationen des Wissenschaftlichen Beirates 'Die Frau in der sozialistischen Gesellschaft' bei der Akademie der Wissenschaften" nach einem Verteilerschlüssel ausgeliefert, „...z.T. auch wissenschaftliche Bibliotheken bedacht wurden" (vgl. Scharnhorst 1994, S. 66). Hier ging es z. B. um Rechtsfragen der Stellung der Frauen in der DDR (Heft 2/1976), um sozialökonomische Probleme der Arbeitsteilung zwischen Männern und Frauen (Heft 6/1977), um Aspekte der Teilzeitarbeit von Frauen (Heft 1/1980, um methodologische Probleme der Erforschung weiblicher Jugendlicher (Heft 2/1980), um Geschlechtsrollenbilder in Schulbüchern (Heft 4/1982).

[17] Vgl. dazu: ROHNSTOCK, Katrin: Stiefschwestern. Was Ost- und Westfrauen voneinander denken. Fischer Taschenbuchverlag 1994. HELWERTH, Ulrike/Gieslinde SCHWARZ: Von Muttis und Emanzen. Feministinnen in Ost- und Westdeutschland. Fischer Taschenbuchverlag 1995. SZEPANSKY, Gerda: Die stille Emanzipation. Frauen in der DDR. Fischer Taschenbuchverlag 1995.

Literatur

BABANSKI, Juri K./Gerhart NEUNER (Hg.) 1983: Pädagogik. Berlin (Ost).
BABING, Heide: Probleme des Verhältnisses von Gleichheit und Unterschiedlichkeit in der ideologischen Entwicklung von Schülern der Oberstufen. In: BERGE, Marianne 1975: Einheitlicher Unterricht - individuelle Förderung der Schüler. Berlin (Ost), S. 102-130.
BEHNKEN, Imbke u.a. 1991: Schülerstudie '90. Weinheim und München.
BERGER, Hans 1983: Theoretische Grundlagen erziehungswissenschaftlicer Untersuchungen von determinierenden Wechselwirkungen zwischen der Erziehung Jugendlicher zur Kollektivität und zum Leistungsstreben durch die Organisation ihrer sozialen Erfahrungen im Schülerkollektiv. In: Potsdamer Forschungen. Erziehungswissenschaftliche Reihe, Heft 57.
BERTRAM, Barbara u.a. 1994: Gelungener Start - unsichere Zukunft? Weinheim und München.
BERTRAM, Hans (Hg.) 1992: Die Familie in den neuen Bundesländern. Opladen.
BOLZ, Alexander/M. Hartmut GRIESE (Hg.) 1995: Deutsch-deutsche Jugendforschung. Weinheim und München.
BORRMANN, Rolf 1983: Geschlechterbeziehungen - ein Kriterium des politischen, sozialen und kulturellen Niveaus der Gesellschaft. In: Jahrbuch der Akademie der Pädagogischen Wissenschaften der DDR. Berlin (Ost), S. 339-348.
CLAUß, Günter/Hans HIEBSCH 1960: Kinderpsychologie. Berlin (Ost).
CLAUß, Günter 1987: Differentielle Lernpsychologie. Berlin (Ost).
DANILOV, M. A./N. I. BOLDYREV (Hg.) 1974: Zur Methodologie der Pädagogik. Berlin (Ost).
DANNHAUER, Heinz 1969: Untersuchungen zur geschlechtspsychologischen Differenzierung. In: Pädagogik, 2. Beiheft, Berlin (Ost), S. 21-33.
DANNHAUER, Heinz 1973: Geschlecht und Persönlichkeit. Berlin (Ost).
DÖLLING, Irene 1993: Gespaltenes Bewußtsein. Frauen- und Männerbilder in der DDR. In: HELWIG, Gisela/Hildegard Maria NICKEL (Hg.) 1993: Frauen in Deutschland 1945-1992. Bundeszentrale für politische Bildung. Bonn, S. 23-52.
DÖLLING, Irene 1993: Aufbruch nach der Wende - Frauenforschung in der DDR und in den neuen Bundesländern. In: HELWIG, Gisela/Hildegard Maria NICKEL (Hg.) 1993: Frauen in Deutschland 1945-1992. Bundeszentrale für politische Bildung. Bonn, S. 397-407.
ENGELS, Friedrich 1974: Brief an Gertrud Guillaume-Schack. In: Marx-Engels Ausgewählte Werke, Band VI, Berlin (Ost), S. 525.
FRIEDRICH, Walter 1966: Jugend heute. Berlin (Ost).
FRIEDRICH, Walter/Harry MÜLLER (Hg.) 1980: Soziale Psychologie älterer Schüler. Berlin (Ost).
GUTHKE, Jürgen 1972: Zur Diagnostik der intellektuellen Lernfähigkeit. Berlin (Ost).
HAUSER, Karl 1978: Zum Anteil von Mutter und Vater an der politisch-moralischen Erziehung der Kinder. Berlin (Ost).
HEILHECKER, Paul 1967: Zum Problem psychischer Leistungsdifferenzen zwischen Jungen und Mädchen. Dissertation A. Berlin (Ost).
HELWIG, Gisela 1993: Einleitung. In: HELWIG Gisela/Hildegard Maria NICKEL (Hg.) 1993: Frauen in Deutschland 1945-1992. Bundeszentrale für politische Bildung. Bonn, S. 9-21.
HEMPEL, Marlies 1995: Geschlechterverhältnisse und pädagogische Frauenforschung in der DDR. In: HEMPEL, Marlies (Hg.): Verschieden und doch gleich. Schule und Geschlechterverhältnisse in Ost und West. Bad Heilbrunn, S. 48 -72.
HENNIG, Werner (Hg.) 1978: Zur Erforschung der Persönlichkeit. Berlin (Ost).
HENNIG, Werner/Walter FRIEDRICH (Hg.) 1991: Jugend in der DDR. Weinheim und München.

KABAT VEL JOB, Otmar 1979: Geschlechtstypische Einstellungen und Verhaltensweisen bei Jugendlichen. Theoretisch und empirische Untersuchungen unter besonderer Berücksichtigung familiärer Bedingungen. Berlin (Ost).
KIRCHHÖFER, Dieter 1993: Abschied von der Individualität. In: STEINHÖFEL, Wolfgang (Hg.): Spuren der DDR-Pädagogik. Weinheim, S. 103-119.
KIRCHHÖFER, Dieter 1995: Biographiestudien in der vergleichenden Jugendforschung. In: BOLZ, Alexander/M. Hartmut GRIESE (Hg.): Deutsch-deutsche Jugendforschung. Weinheim und München, S. 228-141.
KLIMPEL, Paul/Ilstraut JÜRS 1973: Zu einigen Grundfragen der Methodologie der Pädagogik in Auswertung der IV. Session des Allunionsseminars zu Fragen der Methodologie und Methodik der Pädagogik der APW der UdSSR. In: Jahrbuch 1972 der Akademie der Pädagogischen Wissenschaften der DDR, Berlin (Ost), S. 65-86.
KNAPP, Gudrun-Axeli 1992: Macht und Geschlecht. Neuere Entwicklungen in der feministischen Macht- und Herrschaftsdiskussion. In: KNAPP, Gudrun-Axeli/Angelika WETTERER (Hg.): TraditionenBrüche. Entwicklungen feministischer Theorie. Freiburg, S. 287-325.
KÖPPEN, Sigrid/Alfred PETERSEIN 1982: Soziale Erfahrungen der Schuljugend. In: „Pädagogik" Berlin (Ost), Heft 6, S. 532-535.
KOSSAKOWSKI, Adolf 1965: Über die psychischen Veränderungen in der Pubertät. Berlin (Ost).
KOSSAKWSKI, Adolf/Karlheinz OTTO (Hg.) 1973: Psychologische Untersuchungen zur Entwicklung sozialistischer Persönlichkeiten. Berlin (Ost).
KRAUSE, Christina 1990: Mädchen und Jungen in der Schule der DDR. In: HORST-KEMPER, Marianne/Luise WAGNER-WINTERHAGER (Hg.): Mädchen und Jungen - Männer und Frauen in der Schule. In: Die Deutsche Schule. 1. Beiheft, S. 126-138.
KRAUSE, Christina/Martina NEUKIRCH 1992: Jungen und Mädchen in der DDR der 80er Jahre. In: TILLMANN, Klaus-Jürgen (Hg.): Jugend weiblich- Jugend männlich. Opladen 1992, S. 79-93.
KRÖBER, Günter (Hg.) 1988: Wissenschaft: Das Problem ihrer Entwicklung. Berlin (Ost).
KÜHN, Horst/Elke METZ 1989: Geschlechtsspezifische psychische Entwicklungsunterschiede zwischen Mädchen und Jungen. In: Pädagogik, Heft 12, Berlin (Ost), S. 922-935.
LAITKO, Hubert 1981: Das Tätigkeitskonzept der Wissenschaft - seine heuristischen Möglichkeiten und seine Grenzen. In: Deutsche Zeitschrift für Philosophie, Heft 2, S. 199-219. Berlin (Ost).
LINDNER, Bernd: Biographische Forschung in Ostdeutschland. Ein Rückblick und mehrere Ausblicke. In: BIOS. Zeitschrift für Biographieforschung und Oral History. Heft 2/1991, S. 247-259.
LEUZINGER-BOHLEBER, Marianne/Ariane GARLICHS 1993: Früherziehung West-Ost. Zukunftserwartungen, Autonomieentwicklung und Beziehungsfähigkeit von Kindern und Jugendlichen.Weinheim und München.
MEIER, Arthur u.a. 1980: Lebensbedingungen und Lebensweise von Schuljugendlichen. Forschungsbericht. APW, Berlin (Ost).
MEIER, Arthur u.a. 1983: Soziale Erfahrungen der Schuljugend und ihre Bedeutung für deren Bewußtseinsentwicklung und Erziehung. APW, Berlin (Ost).
NICKEL, Hildegard Maria 1986: Geschlechtersozialisation in der Familie und als Funktion gesellschaftlicher Arbeitsteilung. Dissertation B, Berlin (Ost).
NICKEL, Hildegard Maria 1990 a: Frauenarbeit im Beruf und in der Familie - Geschlechterpolarisierung in der DDR. In: SACHS, Anne/Christiane LINDECKE (Hg.): Frauen zwischen Ost und West, Kassel, S. 26-40.
NICKEL, Hildegard Maria 1990 b: Frauen in der DDR. In: Aus Politik und Zeitgeschichte. Beilage zur Wochenzeitung Das Parlament. B 16-17, S. 39-45.

NICKEL, Hildegard Maria 1992: Geschlechtererziehung und -sozialisation in der Wende. Modernisierungsschübe oder -brüche? Berliner Journal für Soziologie, Heft 3/4, S. 381-387.

OTTO, Karlheinz 1970: Disziplin bei Jungen und Mädchen. Berlin (Ost).

PLÖTZ, Rudolf 1975: Darstellung der methodologischen Struktur der Untersuchungen zur Weiterentwicklung der sozialistischen Allgemeinbildung. In: Pädagogische Forschung (Berlin-Ost), Heft 5, S. 48-53.

PISKUNOW, A.I./G.W. WOROBJOW (Hg.) 1984: Methoden der pädagogischen Forschung. Berlin (Ost).

PROTZ, Siegfried 1989: Ansätze für die Weiterentwicklung der Methodologie und ihre Bedeutung für die Forschungspraxis der marxistisch-leninistischen Pädagogik. Dissertation (B), Berlin (Ost).

RAUSCHER, Horst. 1982: Zur Anlage und Durchführung empirischer pädagogischer Untersuchungen. Manuskriptdruck, Humboldt-Universität zu Berlin. Berlin (Ost).

RADKE, Heidrun. 1991: Erwerbsarbeit von Frauen im Gebiet der ehemaligen DDR. In: LINDECKE, SACHS (Hg.): Offene Frauenhochschule. Dokumentation '90 Teil I - Frauen zwischen Ost und West, Kassel, S. 1-25.

SALZWEDEL, Werner. 1985: Zu theoretischen und methodologischen Grundfragen der Theorieentwicklung in der Allgemeinen Pädagogik. In: Pädagogische Forschung. Heft 1, Berlin (Ost), S. 51-60.

SCHARNHORST, Erna/Rosemarie WALTHER 1975: Aktuelle Fragen der Gleichberechtigung der Frau und sozialistische Erziehung. In: Pädagogik, Heft 10. Berlin (Ost), S. 914-924.

SCHARNHORST, Erna 1994: Die Geschlechterfrage in der Pädagogik der DDR. In: Jahrbuch für Pädagogik 1994, Frankfurt am Main, S. 43-68.

SCHIEK, Gudrun 1970: Die empirische pädagogische Forschung in der DDR. Entwicklungslinien und Schwerpunkte im Zeitraum 1945-1967. Inaugural-Dissertation zur Erlangung des Doktorgrades der Philosophischen Fakultät der Justus Liebig-Universität Gießen.

SCHILLE, Joachim 1976: Zur Vorbereitung der Jugend auf Ehe und Familie in ausgewählten sozialistischen Ländern. Fortschrittsbericht. Akademie der Pädagogischen Wissenschaften der DDR, Berlin (Ost).

SCHLEGEL, Uta 1982: Junge Frauen heute: wie sie sind, was sie wollen. Leipzig.

SCHLEGEL, Uta 1995: Wo sind sie geblieben? Berufsbiographien ostdeutscher Jugendforscher seit der „Wende". In: BOLZ, Alexander/M. Hartmut GRIESE (Hg.): Deutsch-deutsche Jugendforschung. Weinheim und München, S. 128-173.

STARKE, Kurt 1979: Jugend im Studium. Berlin (Ost).

STIERAND, Günter 1983: Diskussion zum Thema: Entwicklung, Darstellung und Lehre der pädagogischen Theorie. In: Pädagogische Forschung. Berlin (Ost) Heft 4, S. 67-68.

TRAPPE, Heike 1992: Erwerbsverläufe von Frauen und Männern in verschiedenen historischen Phasen der DDR-Entwicklung. In: OTT, Notburga/Gert WAGNER (Hg.) 1992: Familie und Erwerbstätigkeit im Umbruch. Deutsches Institut für Wirtschaftsforschung. Sonderheft 148. Berlin, S. 172-208.

VOGT, Ellen 1984: Inhalt und Struktur von Geschlechtsrollenbildern in Schulbüchern der unteren Klassen. Dissertation A, Erfurt.

WESSEL, Harald 1979: Methodologie der empirischen Wissenschaften als Bestandteil der Logik. In: Wessel, Harald (Hg.): Logik der empirischen Wissenschaften, Berlin (Ost). S. 1-37.

Marianne Leuzinger-Bohleber und Ariane Garlichs

Theoriegeleitete Fallstudien im Dialog zwischen Psychoanalyse und Erziehungswissenschaft

1. Einleitung

Das Handeln im pädagogischen Feld wirft zahlreiche Fragen auf, die mit erziehungswissenschaftlichen Forschungsmethoden und Theoriekonzeptionen nicht zureichend beantwortet werden können. Erzieherisches und unterrichtliches Handeln ist - zumindest, wo es auf Widerstand stößt - auf differentielles Verstehen von Individuen angewiesen, deren Verhalten an der Oberfläche nicht sogleich die Motive und Beweggründe preisgibt und sich der schnellen Erklärung widersetzt. Hier können psychoanalytische Theoriekonzepte und Forschungsmethoden eine wesentliche Hilfe sein, weil sie Individuen auf dem Hintergrund ihrer je eigenen, teilweise unbewußt gewordenen Biographie und im Schnittpunkt ihrer aktuellen Lebenssituation zu verstehen bemüht sind. Im Zentrum des psychoanalytischen Interesses stehen nicht isolierte Verhaltensweisen, sondern Fragen nach den Bedingungen ihres Zustandekommens und ihrer Veränderung, nach der mit ihnen verbundenen Erlebnisqualität und nach den symbolischen, unbewußten Gehalten, die sich in ihnen ausdrücken. Die tiefenhermeneutische Sichtweise fügt dem pädagogischen Denken eine Dimension hinzu, die - wie wir an zwei Beispielen zeigen wollen - ein adäquateres Verstehen erziehungswissenschaftlich relevanter Phänomene erlaubt und im gleichen Maße Handlungskonzepte entwerfen hilft (s. u.a. FÜRSTENAU 1977).

Während sich SCHMID in seinem Beitrag zu diesem Band mit der Geschichte und einigen aktuellen Problemstellungen des Dialogs zwischen Erziehungswissenschaft und Psychoanalyse vor allem aus dem Bereich der psychoanalytischen Pädagogik befaßt, möchten wir anhand von zwei interdisziplinären Forschungsprojekten das eben erwähnte Zusammenspiel beider Disziplinen exemplarisch konkretisieren. Wir gehen in unseren Projekten jeweils von einem spezifischen Theoriekonzept aus und bedienen uns genuin psychoanalytischer Forschungsmethoden (wie des Tiefeninterviews, projektiver Tests, eines von Psychoanalytikern konzipierten Fragebogens zur Erfassung psychosomatischer Beschwerden u.a.). Qualitative und quantitative Instrumente ergänzen sich, werden in Beziehung zueinander gesetzt und erlauben eine bessere Abstützung einzelfallbezogener Daten. Dadurch werden auch viele der generellen Forschungsprobleme konkretisiert, die FATKE in seinem Beitrag zu Fallstudien in der Erziehungswissenschaft theoretisch entfaltet.

In den Dialog von Psychoanalyse und Erziehungswissenschaft bringt jede der Verfasserinnen ihre eigene disziplinäre Kompetenz ein und lernt gleichzeitig, ihr Vorgehen aus der Position der jeweils anderen Disziplin zu reflektieren. So werden Grenzen sichtbar und Grenzüberschreitungen möglich. Den Ausgangspunkt bildeten in den hier referierten Beispielen pädagogisch relevante Fragen (Erziehungs- und Unterrichtsfragen, Fragen der universitären Ausbildung und dergleichen). Theoriekonzeptionen und Untersuchungsverfahren haben wir dagegen mehrheitlich der Psychoanalyse entlehnt, so daß auch die Interpretationen zunächst vornehmlich psychoanalytisch bestimmt sein mußten. Die Schlußfolgerungen und Konsequenzen bezogen sich dann jedoch wieder auf die Ausgangsfragestellungen und reflektierten Erziehungs- und Ausbildungskonzeptionen sowie gesellschaftstheoretische Positionen und Perspektiven im pädagogischen Feld.

Bevor wir zwei konkrete interdisziplinäre Projekte vorstellen (3.), soll versucht werden, wenigstens fragmentarisch auf einige wissenschaftstheoretische und methodologische Probleme hinzuweisen, die immer mit psychoanalytischer Forschung - auch im Dialog mit den Erziehungswissenschaften - verbunden sind. Wir zentrieren uns dabei auf eine These, die in allen Humanwissenschaften Geltung beanspruchen kann, nämlich daß der Wahrnehmungs- und Erkenntnisprozeß sowohl in der qualitativen als auch in der quantitativen Forschung analoge Stadien durchläuft und die Qualität der Forschung eher von der Fähigkeit zur Selbstkritik (auch den eigenen wissenschaftlichen Methoden gegenüber) als von der Wahl einer bestimmten Forschungsstrategie abhängt. Aus dieser Perspektive ergibt sich auch ein neuer, vielleicht vorerst einmal ungewohnter Blick auf das von FATKE und SCHMID diskutierte Problem des „Besonderen und des Allgemeinen". Die Spannung zwischen individueller und generalisierbarer wissenschaftlicher „Wahrheit" erweist sich dabei als unauflösbares Dilemma und zwar sowohl in der qualitativen als auch in der quantitativen („empirischen") Forschung. Diese Überlegungen waren daher auch entscheidend, warum wir uns in unseren Studien für ein theoriegeleitetes, einzelfallbezogenes Vorgehen entschieden haben (2.), worauf wir abschließend noch einmal Bezug nehmen (4.).

2. Analoge Wahrnehmungs- und Forschungsprozesse in qualitativer und quantitativer Forschung

a) wissenschaftstheoretische Vorüberlegungen

Viele der Fragen, die im Bemühen um „qualitative Forschungsmethoden in den Erziehungswissenschaften" diskutiert werden, erinnern an einen Diskurs in der psychoanalytischen Community zur spezifischen wissenschaftstheoretischen und methodologischen Position der Psychoanalyse als einer Wissenschaft des Unbewußten. Auf einige der darin entwickelten Überlegungen soll hier wenigstens kurz hingewiesen werden, da sie u.E. auch für die Erziehungswissenschaften von Interesse sind (vgl. dazu auch LEUZINGER-BOHLEBER 1995).

MODELL (1984) charakterisiert die Psychoanalyse als „eine Wissenschaft zwischen den Wissenschaften", die zum einen, ähnlich wie die hermeneutischen Wissenschaften, die Empathie als Beobachtungsmethode verwende und den Menschen von innen sehe, aber zum anderen ihre Beobachtungen den organisierenden Prinzipien der Metapsychologie unterwerfe, die den Menschen von außen sehen. Dieser rasche Wechsel von der Ich-Du-Beziehung (der empathischen Identifikation) zur Ich-Es-Beziehung (der naturwissenschaftlichen Beobachtungsposition) sei ein Charakteristikum der Psychoanalyse, die aus diesem Grunde in keine der vorhandenen wissenschaftstheoretischen Positionen passe. Diese Zwischenposition stellt die psychoanalytische Forschung vor schwierige und klippenreiche Probleme (vgl. dazu auch LORENZER 1985,1987), die in jeder psychoanalytischen Studie zu bedenken sind, da von ihrer Beantwortung nicht nur das konkrete Forschungsdesign, sondern auch die darin enthaltenen Wahrheitskriterien und das eigene Erkenntnisinteresse (vgl. HABERMAS 1968) - unreflektiert oder reflektiert - determiniert werden. So legte STRENGER (1991) kürzlich eine sorgfältige Analyse zu den Unterschieden zwischen verschiedenen psychotherapeutischen Ansätzen, vor allem den behavioristischen und psychoanalytischen, aus einer philosophischen, erkenntnistheoretischen und wissenschaftstheoretischen Perspektive vor. Er zeichnet nochmals nach, wie die akademische Psychologie, geprägt durch eine *behavioristische Tradition, ein hochspezifisches Kriterium von „Wahrheit", das Empirieparadigma,* erstmals von John Locke u.a. im 17. Jahrhundert formuliert, *als alleiniges Kriterium stilisiert* (vgl. dazu auch WURMSER 1989; KÖRNER 1985, 1990; LEITHÄUSER/BENDER 1985; MERTENS 1994 u.a.). Dieses scheinbar „objektive empirische Wahrheitskriterium" verschleiert u.a. die unterschiedlichen weltanschaulichen, philosophischen und ethischen Basisannahmen, die unterschiedlichen Therapieformen zugrundeliegen.[1]
Eine analoge Problematik finden wir auch in anderen Humanwissenschaften, in denen lange Zeit aus ähnlichen wissenschaftshistorischen Gründen die „empirische Meßbarkeit" von komplexen Phänomenen, i.a.W. *quantitative Methoden,* als die allein wissenschaftlichen betrachtet wurden - ungeachtet der Frage, ob sie dem spezifischen Forschungsgegenstand, z.B. einer Fragestellung im Zusammenhang mit einem spezifischen Kind oder Jugendlichen in einer erziehungswissenschaftlichen Studie, *qualitativ* auch wirklich angemessen sind (vgl. dazu u.a. FALLER/FROMMER 1994); JÜTTEMANN 1990; HASTENTEUFEL 1980).
U. MOSER (1991) zeigte auf, daß das Kriterium der „Wissenschaftlichkeit" in der psychoanalytischen Forschung nicht einseitig mit irgendeiner Form von Quantifizierung gleichgesetzt werden kann, sondern auf einer völlig anderen Ebene liegt. Er benutzte für seine Argumente zwei neutrale, aus der Welt der Informatik stammende Termini, um *zwei sich unterscheidende,* aber *gleichwertige* Forschungsstrategien in der psychoanalytischen Forschung zu definieren:

---

[1] In dieser Dimension liegen die „wirklichen Gräben", die die Psychoanalyse von der Verhaltenstherapie auch in ihren modernistischen Formen trennt. Wir können in diesem Rahmen aber nicht auf den zentralen Diskurs zu diesen Fragen eingehen, der sich vor allem um die kulturkritische Position der Psychoanalyse verglichen mit behavioristischen Ansätzen dreht (vgl. dazu u.a. LEUZINGER-BOHLEBER, 1995).

die klinisch *qualitative* „Junktim-Forschung"[2] charakterisierte er als *"On-Line-Forschung"* [3] und stellte ihr die *"Off-Line-Forschung"* gegenüber, die sich der nachträglichen Untersuchung von Materialien aus Psychoanalysen oder psychoanalytisch orientierten Psychotherapien (auf der Basis von Tonbändern, Videoaufzeichnungen, Tagebüchern etc.) mit Hilfe eines breitgestreuten, i.d.R. *quantitativen* methodischen Arsenals widmet. Aus den oben angedeuteten wissenschaftspolitischen Gründen reklamierte die Off-Line-Forschung bis kürzlich in der Psychotherapieforschungsliteratur für sich einen exklusiven Anspruch auf „Wissenschaftlichkeit". Moser relativiert diese Überzeugung: Für ihn können beide Forschungsstrategien Ausdruck eines wissenschaftlichen Bemühens darstellen, sich dem komplexen Forschungsgegenstand der Psychoanalyse, dem Unbewußten, anzunähern. On-Line- und Off-Line-Forschung stellen daher unterschiedliche, gleichwertige und sich potentiell ergänzende Forschungsstrategien dar. Beide Forschungsstrategien weisen ihre Vorzüge, aber auch ihre Schwächen auf, die durch Forscherpersönlichkeiten mit einer skeptischen, selbstkritischen Forschungsidentifikation wahrgenommen und kritisch reflektiert, jedoch durch andere Persönlichkeiten, die eher auf der Suche nach letzten Sicherheiten und Glaubensüberzeugungen sind, eher negiert und überspielt werden. I.a.W.: sowohl in der On-Line- als auch in der Off-Line-Forschung, sowohl in der nomothetischen als auch in der hermeneutisch ausgerichteten psychoanalytischen Forschung finden wir Forscher im aufklärerischen Sinne neben „Gläubigen". Das unerschütterliche Vertrauen in narrative Sinnstrukturen ist nicht weiter von einer selbstkritischen Forschung entfernt als das unerschütterliche Vertrauen in objektive Zahlen. Im Gegensatz dazu ist nach MOSER (1991) die forschende Grundhaltung immer durch „Verdacht und Irrtum" gekennzeichnet, sowohl in der On-Line- als auch in der Off-Line-Forschung:

„Auf diese Grundprinzipien („Verdacht und Irrtum", M. L.-B.) werden sich Forschung und Praxis einigen können. Beide Tätigkeiten bestehen aus Irrtümern, und beide produzieren immer wieder Verdacht. Mit Statistik und Modellen wird der Täuschung und allfälligem Irrtum in der Wissenschaft begegnet. In der therapeutischen Situation gilt die Regel, daß nichts, kein Thema, kein Pfad, keine emotionale Regung zugunsten einer anderen außer Acht gelassen wird." (S. 131)

---

[2] Dieser Begriff geht bekanntlich auf eine berühmt gewordene Äußerung von FREUD (1927) im „Nachwort zur Frage der Laienanalyse" zurück: „ In der Psychoanalyse bestand von Anfang an ein *Junktim zwischen Heilen und Forschen*, die Erkenntnis brachte den Erfolg, man konnte nicht behandeln, ohne etwas Neues zu erfahren, man gewann keine Aufklärung, ohne ihre wohltätige Wirkung zu erleben. Unser analytisches Verfahren ist das einzige, bei dem dies kostbare Zusammentreffen gewahrt bleibt. Nur wenn wir analytische Seelsorge betreiben, vertiefen wir unsere eben aufdämmernde Einsicht in das menschliche Seelenleben. Diese Aussicht auf wissenschaftlichen Gewinn war der vornehmste, erfreulichste Zug der analytischen Arbeit". (S. 386, Hervorhebung M. L.-B.)

[3] On-Line-Forschung zeichnet sich u.a. dadurch aus, daß der forschende Psychoanalytiker in der analytischen Situation immer zum Handeln gezwungen ist, i.a.W. beeinflussen die Ergebnisse seines ständigen Forschungsprozesses (z.B. seiner Minitheorien, Konzepte etc.) fortlaufend seine psychoanalytische Interaktion (z.B. durch seine Interpretationen, aber auch durch Gegenübertragungsreaktionen, nonverbale Äußerungen etc.).

MOSER zeigt anhand der folgenden Abbildung auf, daß sowohl On-Line- als auch Off-Line-Wissenschaftler, klinische und extraklinische Forscher *analoge Wahrnehmungs- und Erkenntnisprozesse durchlaufen, wenn sie von ihren Beobachtungen zu einem theoretischen Verständnis,* i.a.W. zu Theorien über diese Einzelbeobachtungen, gelangen. In der klinischen wie in der pädagogischen Praxis und in der Forschungssituation ist unsere Wahrnehmung nie „neutral", sondern abhängig von unseren bisherigen Erfahrungen, von unseren „Theorien im Hinterkopf": „Wir nehmen stets durch die 'Brille' unseres Gedächtnisses wahr, denn das, was wir wahrnehmen, ist durch frühere Wahrnehmungen entscheidend mitbestimmt" (ROTH 1992, 147; vgl. dazu auch ROSENFIELD 1988).

b) *zum Wahrnehmungs- und Erkenntnisprozeß in der psychoanalytischen Forschung*

Ob unsere Wahrnehmungs- und Erkenntnisprozesse als „wissenschaftlich" bezeichnet werden können, hängt folglich eher von der *Qualität* der Selbstreflexion des einzelnen Forschers, d.h. seiner selbstkritischen Introspektion in diese Wahrnehmungs- und Urteilsprozesse, als von einer spezifischen Methode ab.

Abbildung 1: Wege der Instantiierung

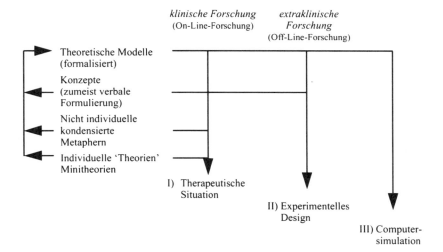

Legende:
Mit „Instantiierung" wird die Rückführung theoretischer Modelle bzw. Konzepte auf Praxissituationen (bzw. Experimente, Computersimulationen) verstanden. Die Konzepte werden praktiziert, sie sind zu „guidelines", zu Bestandteilen der Regulierung des analytischen Prozesses geworden. Wir bezeichnen diesen Prozeß als Instantiierung eines Modells. Im Unterschied zur bloßen Aktivierung, die lediglich darstellt und der Betrachtung zugänglich macht, bezeichnet die Instantiierung Benützung in Prozessen oder in der Regulierung von Prozessen (vgl. MOSER, a.a.O.169). In der Psychoanalyse werden die drei in der Abbildung enthaltenen Typen von Instantiierung von Modellen unterschieden. (Zu weiteren Erklärungen der Abbildung vgl. folgenden Text.)

Moser erläutert die Abbildung bezogen auf den psychoanalytischen Forschungsprozeß, doch gelten u.E. seine Überlegungen weitgehend in analoger Weise für erziehungswissenschaftliche Forschungen.

Im Deutungsprozeß, z.B. wenn ein Erziehungswissenschaftler ein Kind oder einen Jugendlichen zu verstehen versucht, werden Minitheorien generiert. Interpretationen stellen Minitheorien, individualspezifische Modelle einer hochspezifischen, komplexen sensomotorisch-affektiven, bildhaften und sprachlichen Interaktionssituation dar. Jeder Deutung liegen schon komplexe, einzelfallbezogene Vergleichsprozesse klinischer oder auch pädagogischer Interaktionssituationen zugrunde, die - in der Interpretation - generalisiert werden. Auf diese Weise hat sich in der Psychoanalyse *das Lernen an Einzelfällen* („case based learning") zu einem Grundprinzip[4] entwickelt:

„Auch dieser Prozeß führt mit der Zeit zu Verallgemeinerungen von Wissen, das, in irgendeiner Weise formuliert, auf weitere Fälle übertragen wird. Doch jede Generalisierung bringt auch einen höheren Grad an Abstraktion mit sich, und die wiederum führt schließlich zu einer besseren Übertragbarkeit. Die affektiven und kognitiven Signifikationssysteme werden mit Hilfe von kondensierten Metaphern (condensed metaphors) so formuliert, daß sie sich auf viele Fälle anwenden lassen. Kondensierte Metaphern sind immer Darstellungen der bereits genannten generalisierten Situationen. Sie enthalten eine Erzählung einer generalisierten Szene, die jedoch eine strukturelle Ähnlichkeit mit der individuellen Situation hat, auf die sie sich, z.B. als Deutung, bezieht. Kondensierte Metaphern sind somit eine anschauliche, narrative Vorstufe des Konzeptualisierungsniveaus, deren Bedeutungsstruktur über den Einzelfall hinausgeht." (163, 164).

Aus diesen kondensierten Metaphern werden - nun auf einem abstrakteren Niveau - Konzepte extrahiert. In den Konzepten sind die an Einzelfällen gewonnenen Erfahrungen und Einsichten gebündelt und generalisiert. In der Folge werden nun diese Konzepte an weiteren Einzelfällen überprüft und ständig der neuen Erfahrung angepaßt.[5]

Auf einem noch höheren Abstraktionsniveau bewegen sich die „theoretischen Modelle", von denen Moser dann spricht, „wenn ein formales System eingeführt wird, um Strukturen und Relationen von Konzeptverbänden zu exemplifizieren" (165). Es gibt stärkere und schwächere Formalisierungen. Zudem ist die Modellbildung im formalisierten Bereich stark abhängig von der allgemeinen Wissenschaftsgeschichte. Konzepte und Prinzipien werden historisch von Zeit zu Zeit ausgewechselt.

---

[4] Das Interesse an Falldarstellungen hatte auch in der Pädagogik eine ehrwürdige Tradition, die aber mit dem Einbruch der quantifizierenden sozialwissenschaftlichen Methoden in die jüngere Erziehungswissenschaft eine Zeitlang an den Rand gedrängt wurde, um gegen Ende der 70er Jahre erneut aufgenommen zu werden (u.a. MAURER, 1970; BAACKE/SCHULZE, 1979; BINNEBERG, 1979; HASTENTEUFEL, 1980, BRÜGELMANN, 1982; FISCHER, 1982).

[5] Typische Konzepte der Psychoanalyse sind z.B. Abwehr, Wunsch, Überich, Narzißmus, Selbstideal u.a.

Auf diese Weise beschreibt Moser die sukzessiven Generalisierungsprozesse, immer ausgehend von Vergleichen zwischen einzelnen klinischen Beobachtungen oder anderen Daten zum Einzelfall. Je höher das Abstraktionsniveau der Generalisierungen schließlich ausfällt, desto breiter wird der Anspruch darin enthaltener Aussagen, i.a.W. deren Übertragbarkeit, desto problematischer wird aber auch die stringente Rückführung bzw. Anwendung dieser abstrakten Aussagen auf neue, konkrete Einzelfälle[6]. Für die therapeutische Situation ist entscheidend, daß sowohl kondensierte Metaphern als auch Konzepte und schließlich die noch abstrakteren Modelle in Beziehung gesetzt werden müssen zu neuen, konkreten klinischen Beobachtungen, um der Idiosynkrasie des einzelnen Analysanden bzw. einer spezifischen psychoanalytischen Situation adäquat zu entsprechen, was in der Abbildung mit den verbundenen Strichen dargestellt wird. Moser spricht hier von einem *Prozeß der symbolisierten Individualisierung*. Es ist wichtig zu betonen, daß durch diesen Prozeß der symbolisierten Individualisierung ein grundsätzliches Dilemma der Human- und Sozialwissenschaften - und zwar sowohl in der qualitativen als auch in der quantitativen Forschung - nicht aufgelöst wird: Jeder neue Einzelfall kann durch bisher erworbenes theoretisches Wissen nur teilweise verstanden werden und wird sich durch seine Einmaligkeit jeder „generalisierten Festlegung" partiell entziehen. Der Wunsch, den Einzelfall in seiner Unverwechselbarkeit zu verstehen, ihn aber - bewußt oder vorbewußt - mit allem bisherigen Wissen in Beziehung zu setzen, führt zu einer unauflöslichen Spannung im klinischen, pädagogischen und forschenden Erkenntnisprozeß und kann auch nicht durch Rückgriff auf ein nomothetisches empirisches Vorgehen prinzipiell vermieden werden (vgl. dazu u.a. FLICK 1990; STUHR/DENEKE 1993; FATKE in diesem Band). Alle diese Prozesse können hingegen reflektiert oder unreflektiert, selbstkritisch oder affirmativ ablaufen - in der klinischen, der pädagogischen und/oder in der empirischen Forschungssituation - und sind, wie erwähnt, für uns ein Hauptkriterium der „Wissenschaftlichkeit" einer Studie.

Moser unterscheidet drei Möglichkeiten, in der Psychoanalyse Theorien zu überprüfen: die klinisch- psychoanalytische Forschung (I), die empirisch-psychoanalytische Forschung („experimentelles Design": II) und schließlich die Computersimulation (III).

Klinisch-psychoanalytische Forschung (I)

Diese Art der Forschung, die „Junktim-Forschung", ist bisher weitaus die wichtigste Strategie zur Generierung und Überprüfung psychoanalytischer Theorien. Unbestritten hat sie zu einem Reichtum an Wissen zu unbewußten Determinanten individuellen und kollektiven Verhaltens, von Denken, Fühlen und Handeln geführt, ein Grund, warum die Psychoanalyse, wie in der Einleitung erwähnt, für manche Nachbarwissenschaften ein interessanter Dialogpartner geworden ist. Allerdings ist diese Art der Forschung, weil sie so sehr von

---

[6] Diese Problematik wurde in der oben erwähnten „Theoriekrise" der Psychoanalyse intensiv diskutiert. Z.B. ist das Unbehagen an metapsychologischen Konzepten oft durch deren hohes Abstraktionsniveau und seine Ferne von der klinischen Beobachtung bedingt (vgl. u.a. GILL/HOLZMANN, 1976).

den akademischen Forschungsusancen abweicht, immer Gegenstand von Skepsis und Kritik gewesen. Die damit verbundenen wissenschaftstheoretischen Hintergründe haben wir soeben anzudeuten versucht und damit das unauflösbare Dilemma zwischen konsequenter Einzelfallorientierung und „generalisierter" wissenschaftlicher Theorie benannt, das sowohl in der klinischen (und pädagogischen) als auch in der Forschungspraxis einer ständigen kritischen Reflexion und sorgfältiger Diskussion bedarf. Daher wurde inzwischen in der psychoanalytischen Community eine spezifische Forschungskultur entwickelt, zum einen um die kritische Selbstwahrnehmung des Klinikers zu stützen und zum anderen um die klinisch-psychoanalytische Forschung einer Kritik von außen zu erschließen (vgl. dazu u.a. LEUZINGER-BOHLEBER 1995, 452ff)[7].

Empirische Forschung (II) und Computersimulation (III)

Als *Off-line-Forschung* (extraklinische Forschung) nennt Moser zwei Möglichkeiten, die Forschung in der *Experimentalsituation* und die durch *Computersimulation*.

In der psychoanalytischen Forschung wurde inzwischen verschiedentlich versucht, klinische (qualitative) Forschung durch (quantitative) Off-Line-Forschung zu ergänzen. Es liegen bereits eine Reihe beeindruckender, sorgfältiger empirischer Studien vor (vgl. z.B. BACHRACH et al. 1991; FISCHER 1989; HOROWITZ 1981; KÄCHELE 1992; LUBORSKY et al. 1988, 1993; NEUDERT 1987; LEUZINGER-BOHLEBER 1987, 1989; STRUPP 1993; WALLERSTEIN 1986; WEISS/SAMPSON 1986; etc). Allerdings sind die methodischen Probleme bei einer solchen externen Annäherung an den psychoanalytischen Prozeß ausgesprochen schwierig und daher kaum ohne solide Kenntnis des Forschungsgegenstandes und einen großen selbstreflexiven, methodischen und ökonomischen Aufwand zu leisten. Wie wir anhand exemplarischer Beispiele noch illustrieren werden, gilt dies auch für analoge theoriegeleitete Studien bei erziehungswissenschaftlichen Fragestellungen.

Die Möglichkeit, mit Hilfe von *Computersimulation* psychoanalytische Theorien wissenschaftlich, d.h.im Sinne der Off-Line-Forschung intersubjektiv zu untersuchen, möchten wir hier nur kurz erwähnen, da diese Möglichkeit kaum bekannt geworden ist, obschon sie eine außerklinische Methode darstellt, die zu einer hohen Intersubjektivität, Objektivität und begrifflicher Präzison führt, ohne die Komplexität des psychoanalytischen Forschungsgegenstandes und die Einzelfalloptik zu vernachlässigen. Sie scheint daher für den interdisziplinären Dialog mit der nichtpsychoanalytischen Wissenschaftscommunity besonders geeignet. U. Moser und seine Forschungsgruppe in Zürich gehörten zu den ersten Psychoanalytikern, die versucht haben, diesen interdisziplinären Dialog und die darin entwickelten Möglichkeiten zur Überprüfung psychoanalytischer Theorien beizuziehen. Sie haben z.B. schon in den 70er Jahren die psychoana-

---

[7] Es sind auch Versuche, psychoanalytische Beobachtungen, Konzepte und Theorien sowohl der wissenschaftlichen Kritik der nichtpsychoanalytischen scientific Community zu öffnen (LEUZINGER-BOHLEBER 1987, 1989) als auch sich im Sinne Strengers um „externe Kohärenz" psychoanalytischer Theorien zu bemühen (vgl. LEUZINGER-BOHLEBER, 1995, S. 439ff).

lytische Abwehrlehre und die Traumtheorie detailliert untersucht und einen Beitrag dazu geleistet, daß psychoanalytische Theorien vermehrt transparent und daher z.b. bezüglich ihrer begrifflichen und logischen Präzision auch im interdisziplinären Dialog mit anderen Wissenschaften kritisierbar wurden (vgl. dazu u.a. MOSER et al. 1991; MOSER/v. ZEPPELIN 1996).
Zusammenfassend ist festzuhalten, daß psychoanalytische Theorien bisher fast ausschließlich auf der *klinisch-psychoanalytischen* Forschung (I) beruhen, d.h. aus Erkenntnisprozessen in intensiven psychoanalytischen Behandlungen von einzelnen Individuen, hervorgegangen sind. Wie in der Abbildung angedeutet, ist ein Vorteil dieser Forschung, daß ihre Theorien ständig in der klinischen Praxis durch eine Vielzahl von einzelnen Psychoanalytikern überprüft und zur Diskussion gestellt werden, wohl ein Grund für die große Vielfalt und Weiterentwicklung psychoanalytischer Theorien in den letzten Jahrzehnten. Darüber hinaus wurden inzwischen Teile der psychoanalytischen Theorie in empirischen Designs im Sinne der Off-Line-Forschung getestet oder mittels Computersimulation auf ihre logische und begriffliche Präzision und Konsistenz überprüft.
Der zirkuläre Fluß der Forschung, wie er vor allem die psychoanalytische Junktim- Forschung auszeichnet (klinische Situation --- Theoriebildung --- klinische Situation etc.), motiviert uns daher, von *theoriegeleiteter* Forschung zu sprechen, wenn wir psychoanalytische Theorien in einer interdisziplinären Studie zur Anwendung bringen. Gerade die Anwendung von Theorien in interdisziplinären Studien bietet für die beteiligten Forscher und Forscherinnen die Chance, durch die Begegnung mit der fremden Disziplin, einen neuen, *verfremdenden* Blick auf die eigene Wissenschaft bzw. die eigenen Theorien zu werfen, eine Chance, von der wir nun anhand einiger eigener Forschungserfahrungen kurz berichten möchten.

3. Theoriegeleitete, einzelfallbezogene Forschung: Beispiele aus einer interdisziplinären, psychoanalytisch-pädagogischen Forschungspraxis

3.1 Lehrerausbildung für die Arbeitslosigkeit:

Eine empirische Studie zu den Auswirkungen der erschwerten Berufssituation (insbesondere von Arbeitslosigkeit) auf spätadoleszente Identitätsbildungsprozesse bei Absolventen der Lehrerstudiengänge der Gesamthochschule Kassel.

Problemstellung
Anfang der 80er Jahre wurden Absolventen unserer Lehramtsstudiengänge völlig unerwartet mit dem Phänomen der Akademikerarbeitslosigkeit konfrontiert. Die meisten von ihnen hatten ihre Ausbildung in der Gewißheit begonnen, nach dem Abschluß in den Schuldienst übernommen zu werden. Für uns als Wissenschaftlerinnen, die die Kasseler Lehrerausbildung mitverantworten, drängten sich u.a. folgende Fragen auf, die wir im Rahmen eines Forschungsprojekts untersuchen wollten:

a) Wie bewältigen die Absolventen und Absolventinnen die Berufsunsicherheit? Welche Lösungsstrategien entwickeln sie?
b) Wie beurteilen sie angesichts ihrer je spezifischen beruflichen Situation die Qualifizierungsangebote und Erfahrungen im Kasseler Lehramtsstudium?
c) Welcher Reformbedarf ergibt sich daraus für die Kasseler Lehrerausbildung? Welche Ausbildungselemente müßten unter den veränderten Berufsaussichten neu konzipiert werden und welche haben sich bewährt?

Theoretischer Hintergrund
Die Komplexität der Fragestellung erforderte einen entsprechend weitgesteckten theoretischen Bezugsrahmen. Unter anderem haben wir die zentralen Ergebnisse der Arbeitslosenforschung berücksichtigt (s. KIESELBACH/WACKER 1987) und psychoanalytische Adoleszenztheorien zugrundegelegt (s. u.a. BLOS 1979; ERIKSON 1959, LAUFER 1965). Wichtigstes theoretisches Bezugssystem war eine neuere psychoanalytische Identitätstheorie der Spätadoleszenz (BOHLEBER 1987, 1990, 1993), nach der wir unser forschungsmethodisches Vorgehen strukturierten. Nach dieser Konzeptualisierung sind bei der Identitätsbildung drei Bereiche bestimmend. Erstens wird *Identität als ein Bestandteil des intermediären Bereichs nach Winnicott definiert*; denn Identität gehört weder ganz zur inneren psychischen Realität des einzelnen, noch zur realen äußeren Welt, in der er lebt. Identität ist daher immer „von außen", soziologisch, wie auch „von innen", psychologisch, zu beschreiben. Ichidentität wird als Fähigkeit der Balance zwischen persönlicher und sozialer Identität verstanden und kann nur durch Pendelprozesse zwischen Innen und Außen, Ich und Du, Selbst und Objekt in einem inneren Spielraum gebildet werden. Verschwindet z.B., bedingt durch die drohende Arbeitslosigkeit, das psychosoziale Moratorium (ERIKSON 1959), sind dadurch auch die inneren Spielräume des Spätadoleszenten bedroht und mit ihnen die Basis für die Stabilisierung eines tragenden Identitätsgefühls. Zweitens hat die *Bildung von Identität wesentlich zu tun mit einem Spiegelprozeß im Ich*. Das Selbst spiegelt mittels des Ichs seine Selbstrepräsentanzen am Ort des dritten Bereichs in „von außen hereingeholten Identitätselementen" (z.B. einer Berufsvorstellung). In einem kreativen Prozeß wird „vor dem inneren Auge", also in der Phantasie, z.B. eine bestimmte in der Realität erlebte Berufsrolle ausprobiert und geprüft, ob man sich mit dieser identisch fühlen kann, sich in ihr wiederfindet und sie daher in die eigene Identität integriert oder aber davon ausgeschlossen werden kann. Durch solche Probeidentifizierungen und identifikatorische Festlegungen wird eine eigene Identität gebildet.- Sowohl für die Vorläufer dieser Identitätsbildungsprozesse in der frühen Kindheit als auch für jene während der Spätadoleszenz ist nun die Erfahrung eines bedeutsamen Anderen, eines spiegelnden Objekts unverzichtbar. Da lange dauernde Arbeitslosigkeit oft, wie viele Untersuchungen belegen (vgl. u.a. KIESELBACH/WACKER 1987), mit Rückzug und sozialer Isolation, auch vom „bedeutsamen Anderen", verbunden ist, sahen wir in der erschwerten Berufssituation junger Lehrer eine Gefahr für die in unserer Gesellschaft ohnehin störungsanfälligen Identitätsbildungsprozesse. Als drittes wird in der Spätadoleszenz in unserer Kultur in vielen Bereichen eine *Festlegung, eine Auswahl*

von „innerlich gespiegelten Identitätsentwürfen" verlangt (z.B. Entscheidung für einen bestimmten Beruf, einen Liebespartner, bestimmte politische und ethische Einstellungen etc). *Diese Festlegungsprozesse reaktivieren immer auch Trauer- und Trennungsprozesse* (man muß sich trennen von früheren Selbst- und Selbstidealvorstellungen). Eine solche Trauerarbeit ist meist nur produktiv zu leisten, wenn reale narzißtische Gratifikationen (z.b. durch reale Erfolgserlebnisse im Beruf oder einer Partnerschaft etc.) auf der anderen Seite der Waagschale liegen und die Verzichtleistung psychisch aufwiegen. Eine solche narzißtische Kompensation fehlt bei längerer Arbeitslosigkeit oft, was ebenfalls die spätadoleszente Identitätsbildung belastet.

Mit dieser theoretischen Sichtweise versuchten wir uns den Blick zu öffnen für die komplexe Wechselwirkung zwischen innerer und äußerer Realität bei den hier untersuchten jungen arbeitslosen Lehrern.

Methodisches Vorgehen

Da wir möglichst die ganze Breite von Reaktionsweisen auf die momentane erschwerte Berufssituation für junge Lehrer erfassen wollten, haben wir einen ganzen Jahrgang von GhK-Absolventen in unsere Studie einbezogen: alle 230 Absolventen, die 1983 das erste Staatsexamen absolviert hatten, wurden angeschrieben und um Mitarbeit gebeten. 120 dieser Absolventen waren im Raum Kassel erreichbar und konnten von uns interviewt werden.

Ausgehend von dem o.g. Identitätskonzept entwickelten wir einen Leitfaden für ein halbstandardisiertes Interview, in dem die für die spätadoleszente Identitätsbildung relevanten drei Bereiche (vgl. oben) befragt wurden (vgl. u.a. LEUZINGER-BOHLEBER/GARLICHS 1991,11ff.). 7 MitarbeiterInnen (unter ihnen zwei arbeitslose Absolventen des Kasseler Lehrerstudiengangs) wurden intensiv in der Durchführung solcher Interviews geschult (mit Rollenspiel, Pretests mit Bekannten etc.). Die Daten aus den halbstandardisierten Interviews wurden mit Hilfe eines detaillierten Code-Buchs erfaßt und inhaltsanalytisch ausgewertet.

Den halbstandardisierten Interviews stellten wir einen Fragebogen zu sozioökonomischen Daten (modifiziert nach PARMENTIER 1988; siehe WIEDENHÖFT 1995), den Gießentest und die Gießener Beschwerdeliste gegenüber. Mit Einzelnen wurden zudem noch psychoanalytische Tiefeninterviews durchgeführt. Alle diese *qualitativen und quantitativen Daten* wurden - im Sinne der Indikatorenforschung- bezugnehmend auf die o.g. Theorie spätadoleszenter Identitätsbildungsprozesse gestalthaft und integrativ interpretiert. Dabei wurden Interpretationen der quantitativen Daten (z.B. gewonnen durch eine Clusteranalyse) systematischen und psychoanalytischen Einzelfallstudien gegenübergestellt und damit sowohl eine Übersicht über alle unsere Befunde als auch eine Berücksichtigung von Einzelfällen und ihrer idiosynkratischen Verarbeitungsweise der Arbeitslosigkeit angestrebt (vgl. dazu auch WIEDENHÖFT 1995). Wie die folgende Übersicht über die Studie zeigt, kombinierten wir darin schließlich auch sog. *Top-Down-Verfahren,* d.h. ein theoriegeleitetes Vorgehen, mit sog. *Bottom-Up-Verfahren*, in denen wir neue, noch nicht in unseren theoretischen

Konzepten enthaltene Beobachtungen zu berücksichtigen und zur Modifikation unseres bisherigen theoretischen Verständnisses fruchtbar zu machen versuchten.

Abbildung 2:

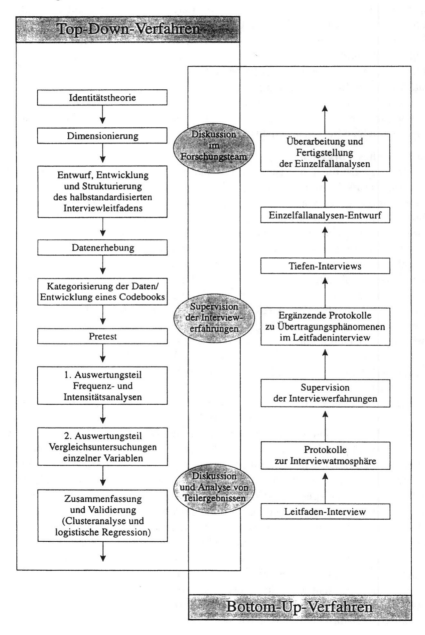

Zu den Ergebnissen:
Das eben skizzierte methodische Vorgehen brachte uns vor allem Ergebnisse in zwei Richtungen:
a) die idiosynkratischen Verarbeitungsmuster der erschwerten Berufssituation und ihr Zusammenhang mit der bisherigen Identitätsentwicklung, z.b. Ablösungsprozesse von den Eltern, Selbst- und Selbstidealbildung, Festlegungsprozesse im beruflichen und persönlichen Bereich etc.
b) die kritische Einschätzung der Kasseler Ausbildungssituation unter besonderer Beachtung ihrer entwicklungsanregenden und identitätsstärkenden Potentiale.
Auf eine Darstellung der Ergebnisse müssen wir in diesem Rahmen verzichten. Letztere sind bei LEUZINGER-BOHLEBER/GARLICHS (1991) (ausschnitthaft) und bei WIEDENHÖFT (1995) (ausführlich) nachzulesen.

3.2 Aufgewachsen in zwei Deutschlands:

Zu Zukunftshoffnungen und Zukunftsängsten von Kindern und Jugendlichen in beiden Teilen Deutschlands - eine psychoanalytische Pilotstudie im pädagogischen Feld

Problemstellung
In dieser Pilotstudie interessierte uns u.a. die Frage, wie Kinder und Jugendliche in Jena und Kassel die großen Veränderungen 1989/90 erlebt haben. Wir fragten uns, wie die Heranwachsenden auf die tiefgreifenden Umwälzungen reagierten, die auch uns Erwachsene in ein Wechselbad von Hoffnung und Sorge, Freude und Angst versetzten. Es fiel uns immer wieder auf, wie wenig in den Medien von den Kindern und Jugendlichen die Rede war. Die Erwachsenen waren zu sehr mit sich selbst, mit den auf sie zukommenden Veränderungen beschäftigt und - sofern sie bisher in der DDR gelebt hatten - mit dem Verlust bisheriger Werte und gesellschaftlicher Realitäten, mit der Aufarbeitung der Stasi-Vergangenheit u.ä.. Nur wenige dachten an die heranwachsende Generation, die doch die Folgen der Gegenwart in ihrer Zukunft zu tragen hat. Als Pädagogen und Psychoanalytiker richteten wir schon von Berufs wegen unser besonderes Augenmerk auf diese gesellschaftliche Gruppe und fragten uns, welche Hoffnungen und Sorgen sie bewegten. Dies motivierte uns zu einer empirisch-psychoanalytischen Studie, die wir im Herbst 1990 mit 180 Schülern aus 2., 4. und 8. Schuljahren in Jena und Kassel durchführten.

Theoretischer Hintergrund
Sehr früh im Laufe unserer Untersuchung sind wir auf die unterschiedliche, kollektive Frühsozialisation im Bereich von Autonomie- und Beziehungsfähigkeit gestoßen. Daraufhin haben wir unsere Beobachtungen mit Hilfe psychoanalytischer Theorien zur Autonomie- und Identitätsentwicklung zu verstehen versucht. Wir haben sowohl Konzepte und Theorien der „klassisch-psychoanalytischen" Entwicklungstheorie (z.B. das Konzept der analen Phase) als auch spätere Studien, die z.B. von Margret Mahler und ihren Mitarbeitern durchgeführt wurden und in ihrer Theorie der Individuation und Separation mündeten,

beigezogen als auch den aktuellen Diskurs zwischen der Psychoanalyse und der Neuen Säuglingsforschung. Die Untersuchungen von D. STERN (1985) weisen z.b. auf frühe Vorläufer der Autonomieentwicklung hin, die schon im ersten Lebensjahr zu beobachten sind (vgl. seine verschiedenen Stadien der Selbstentwicklung) und wurden von uns bei der Interpretation unserer Beobachtungen herangezogen (vgl. GARLICHS/LEUZINGER-BOHLEBERR/GARLICHS 1993; vgl. dazu auch KÖHLER 1990).

Diese theoretischen Überlegungen dienten uns in unserer Untersuchung als Folie, um unsere empirischen, einzelfallbezogenen Beobachtungen mit Faktoren der kollektiven Früherziehung in beiden deutschen Staaten in Verbindung zu setzen und dadurch sowohl Phänomene bei einzelnen Kindern und Jugendlichen als auch charakteristische Unterschiede zwischen den Schülerinnen und Schülern in Ost und West theoriegeleitet, integrativ und einzelfallbezogen zu interpretieren.

Methodisches Vorgehen
Methodisch wurde mit einem breitgefächerten Instrumentarium vorgegangen:

Abbildung 3:

Übersicht über das Design

	Jena Bertolt Brecht Schule			Kassel Herkules Schule / Offene Schule Waldau		
	2.Kl.	4.Kl.	8.Kl.	2.Kl.	4.Kl.	8.Kl.
Zeichenaktion „Traumreise in die Zukunft"	x x	x x	x	x	x	x x
Einzelgespräche zu den Zeichnungen	x x	x x	x	x	x	x x
Schwarzfuß-Test	x x	x x	x	x	x	x x
Schüler-Aufsätze „Ein Tag, wenn ich 35 bin..."	x x	x x	x	x	x	x x
Gießener-Beschwerdebogen für Kinder u. Jugendliche	(x x)	x x	x	(x)	x	x x
Familieninterviews	(x x	x x	x	x	x	x x)
Psychoanalytische Tiefeninterviews	x x	x x	x	x	x	x x

Um den Schülern nicht unsere eigenen Zukunftsvisionen zu suggerieren, war es uns wichtig, sie zu ganz persönlichen Phantasien über ihre Zukunft anzuregen. Daher führten wir als meditativen Einstieg eine *Traumreise in die Zukunft* durch. Anschließend gestalteten die Kinder in einer Zeichnung, wie sie sich die Welt vorstellen, wenn sie erwachsen sind, und erläuterten in *Tiefeninterviews* diese Zukunftsphantasien detailliert. Außerdem sprachen wir mit ihnen über ihre momentane familiäre Situation, Eindrücke des letzten Jahres, ihre persönlichen Wünsche und Sorgen für die Zukunft etc. Ergänzend wurde ein *projektives*

Testverfahren durchgeführt (der Schwarzfuß-Test, SFT) und der *Gießener Beschwerdebogen* zur Erfassung psychosomatischer Befunde ausgefüllt. Zudem fanden intensive *Lehrergespräche* zur schulischen, familiären und sozialen Situation der Kinder und Jugendlichen statt.
Leider können wir in diesem Rahmen auf Auswertungsprobleme nicht eingehen und verweisen dazu auf unsere Ausführungen zur Indikatorenforschung an anderer Stelle (LEUZINGER-BOHLEBER/GARLICHS 1993, 37f).

Einige Ergebnisse
Das eindrücklichste Ergebnis unserer Studie ist, daß sich einmal mehr die psychoanalytische und pädagogische Erfahrung bestätigt, daß *Kinder und Jugendliche oft sensibler gesellschaftliche Prozesse wahrnehmen und zukünftige Gefahren erahnen als Erwachsene*. Diese Erkenntnis haben wir anhand vieler Fallportraits entfaltet, worauf wir in diesem Rahmen nur hinweisen können (LEUZINGER-BOHLEBER/GARLICHS, 1993). Wir möchten nur noch erwähnen, daß sich als globaler Trend der Untersuchung zeigte, daß sich die beiden unterschiedlichen Gesellschaftssysteme in der BRD und der DDR institutionelle Formen der Frühsozialisation geschaffen hatten, die - mit großer Wahrscheinlichkeit - jene Menschen hervorgebracht haben, die das jeweilige System brauchte: hochindividualistische, konkurrenzfähige Individuen im spätkapitalistischen Westen, ins Kollektiv sich einfügende, in ihrer Eigeninitiative oftmals gebremste, zu solidarischem Verhalten bereite Menschen im Osten. Auf beiden Seiten gibt es spezifische gesellschaftlich geprägte Stärken und Defizite im Autonomie- und Beziehungsbereich, die - allerdings in verhüllter Form psychischer Tiefstrukturen bei einzelnen Menschen in Ost und West - wohl noch lange unbemerkt ihre Wirkung entfalten können.

4. Abschließende Überlegungen

Wie sich aus den beiden dargestellten Beispielen unschwer erkennen läßt, bewegen wir uns mit ihnen auf theoretisch unterschiedlich abgesichertem Terrain. Dem Anspruch theoriegeleiteter Fallstudien, wie er z.B. in der Psychotherapieforschung erhoben wird, entsprechen wir weitgehend im Arbeitslosenprojekt. Hierbei konnten wir uns auf eine differenzierte, psychoanalytische Identitätstheorie (BOHLEBER 1987, 1993) stützen, die ein sicheres Fundament für das methodische Vorgehen und die Interpretation abgab. Daher wollten wir anhand dieser Studie exemplarisch einen ersten Prototyp theoriegeleiteter Fallstudien vorstellen.
Bei dem zweiten Beispiel, der Studie über „Zukunftshoffnungen und -ängste bei Kindern und Jugendlichen in beiden Teilen Deutschlands", haben wir eine aktuelle Problematik aufgegriffen, die nur im Rahmen einer Pilotstudie zu untersuchen war. Die theoretische Durchdringung der vielen miteinander verwobenen Fragen konnte erst im Laufe der Untersuchung geschehen. Z.B. stießen wir erst während der Durchführung der Untersuchung und bei den ersten Auswertungsschritten auf die zentrale Bedeutung der frühen Autonomie- und Selbstentwicklung um auffallende Unterschiede bei den untersuchten Aufwachsenden

in den beiden deutschen Ethnien besser zu erklären. Daher konnten wir auch erst nach diesem Zeitpunkt geeignete psychoanalytische Konzepte (aus der „klassisch-psychoanalytischen" Entwicklungstheorie und aus der Neuen Säuglingsforschung) zur systematischen Reflexion unserer Daten beiziehen. Das probeweise Anwenden solcher psychoanalytischer Konzepte auf die Fallstudien und die Weiterentwicklung der theoretischen Erklärungsversuche war eine faszinierende und produktive Forschungserfahrung, die uns charakteristisch scheint für ein theoriegeleitetes Vorgehen in einer Pilotstudie. Wir sehen darin einen zweiten Prototyp theoriegeleiteter Fallstudien in interdisziplinären Forschungsprojekten.

Gemeinsam ist beiden Beispielen, daß wir hinter manifesten Phänomenen latente Sinnstrukturen und Bedeutungszusammenhänge aufspüren, die Aufschluß über die Bedeutung der jeweiligen Problematik bei Individuen und Gruppen geben können sowie einen Einblick in Entstehungszusammenhänge und Veränderungsmöglichkeiten. An dieser Stelle trifft sich das psychoanalytische Forschungsinteresse mit dem pädagogischen. In beiden Disziplinen geht es um mehr als Oberflächenphänomene. Erst das Erkennen von Tiefenstrukturen führt zu Interpretationen, die auch im pädagogischen Handlungskontext hilfreich sind. Wie wir anhand unseres Flußdiagramms zu diskutieren versuchten (vgl. 2.), durchlaufen die Wahrnehmungs- und Erkenntnisprozesse des pädagogischen und des psychoanalytischen Forschers teilweise analoge Stadien, wenn einzelfallspezifische Beobachtungen in Konzepten und Theorien generalisiert werden sollen. Dabei bleibt allerdings ein Anliegen, die Idiosynkrasie des Subjekts bei der Theoriebildung in diesen angewandten Wissenschaften nicht zu verleugnen. Die daraus resultierende Spannung sollte daher in beiden Disziplinen nicht harmonisiert, sondern reflektiert und ausgehalten werden.

Pädagogisch-psychoanalytische Forschung respektiert die Einzigartigkeit unwiederholbarer Lebensgeschichten und versucht gleichzeitig die Fülle und Vielgestaltigkeit verschiedener Entwicklungsverläufe auf strukturelle Gemeinsamkeiten zu beziehen. Sie geht davon aus, daß Forschung und Theoriebildung immer Versuche der Annäherung bleiben, die nie ganz an ihr Ende kommen. Menschen sind „nicht festgestellte Wesen", die sich in jeder neuen familiären, sozialen, kulturellen und historischen Situation ein Stück weit neu konstituieren (vgl. auch ZWIEBEL 1994). Der Beitrag der Forschung, gerade auch über theoriegeleitete Fallstudien, kann es sein, in spezifischen Ausschnitten diesen Konstitutionsprozeß zu rekonstruieren und theoretisch zu konzeptualisieren. Diese Forschung steht im Dienste einer Pädagogik des Dialogs, deren Ziel es ist, die Subjekte in ihrer sowohl individuell als auch gesellschaftlich bedingten Lebenssituation im realen Lebenskontext zu stärken und ihre Identitätsentwicklung zu fördern.

Allerdings ist die Verbindung zwischen Forschungsergebnissen und Handlungsentwürfen nicht direkt herstellbar. Aus Forschungsergebnissen lassen sich nicht einfach Handlungsentwürfe deduzieren. Letztere sind immer ein konstruktiver Vorgriff, der sich in der Erprobung bewähren muß oder der Veränderung bedarf. Daher ist uns wichtig, die Unterschiede zwischen Psychoanalyse und Erziehungswissenschaft trotz der eben dargestellten Analogien des Forschungs- und Erkenntnisprozesses zu betonen. Die psychoanalytische Praxis ist bekanntlich keine erzieherische und das pädagogische Handeln kein therapeutisches! Daher hängt das Gelingen des interdisziplinären Dialogs zwischen den beiden Disziplinen u.a. auch daran, ob - trotz aller Ängste und Irritationen, die dies immer auch auslöst - in der Wahrnehmung und Wertschätzung der beteiligten ForscherInnen das Fremde der jeweils anderen Disziplin erhalten bleibt und weder verwischt noch ins Eigene inkorporiert und auf diese Weise in seiner Einzigartigkeit ausgelöscht wird.[8] Erst wenn das Fremde als Fremdes erhalten bleibt, kann es die erforschende Neugierde wecken und einen ergänzenden und bereichernden Blick auf das Eigene ermöglichen.

Literatur

BAACKE, Dieter, SCHULZE, Theodor (Hg.) 1979: Aus Geschichten lernen. Zur Einübung pädagogischen Verstehens. München (Juventa).
BACHRACH, Henry M./R. GALATZER-LEVY/A. SKONIKOFF/S. WALDRIN 1991: On the efficacy of psychoanalysis. J. Am. Psychoanal. Assoc. 39, 871-916.
BINNEBERG, Karl 1979: Pädagogische Fallstudien. Ein Plädoyer für das Verfahren der Kasuistik in der Pädagogik. In: Z.f.Päd., 25, 3, 395-402.
BLOS, Peter 1979: The Adoleszent Passage. New York (Int. Univ. Press).
BOHLEBER, Werner 1987: Die verlängerte Adoleszenz. Identitätsbildung und Identitätsstörungen im jungen Erwachsenenalter. Jahrbuch der Psychoanalyse, 21, 58-84.
BOHLEBER, Werner 1990: Der Begriff der Identität. Seine Rezeption in der Psychoanalyse. Unveröffentlichtes Manuskript.
BOHLEBER, Werner 1992: Das Phantasma der Nation. Nationalismus, Fremdenhaß und Antisemitismus. Psychoanalytische Überlegungen. Psyche, 46, 8, 689-710.
BOHLEBER, Werner 1993: Seelische Integrationsprozesse in der Spätadoleszenz. In: LEUZINGER-BOHLEBER, Marianne/Eugen MAHLER (Hg.): Phantasie und Realität in der Spätadoleszenz. Gesellschaftliche Veränderungen und Entwicklungsprozesse bei Studierenden. Opladen (Westdeutscher Verlag), 49-64.
BRÜGELMANN, Hans 1982: Fallstudien in der Pädagogik. Z.f.Päd., 28, 4, 609-623.
CORMANN, Louis 1977: Der Schwarzfuß-Test. München (Ernst Reinhardt Verlag).
DEVEREUX, George 1967: Angst und Methode in den Verhaltenswissenschaften. München (Carl Hanser Verlag).
ERIKSON, Erik 1959: Identität und Lebenszyklus. Frankfurt (Suhrkamp).
FALLER, Hermann/Jörg FROMMER (Hg.) 1994: Qualitative Psychotherapieforschung. Grundlagen und Methoden. Heidelberg (Ansanger).

---

[8] Spezifische Chancen und Klippen des interdisziplinären Dialogs zwischen der *Psychoanalyse* und Nachbarwissenschaften haben wir an anderer Stelle ausführlich diskutiert (vgl. LEUZINGER-BOHLEBER/SCHNEIDER/PFEIFER, 1992). Z.B. ist für einen fundierten Umgang mit dem Unbewußten bekanntlich eine langjährige und aufwendige Spezialausbildung notwendig, die leider kaum abzukürzen ist. Doch erfordert das Verständnis des Unbewußten auch vom interdisziplinären Gesprächspartner eine große Bereitschaft, sich mit den Widerständen, die sich immer dem Erkennen des Unbewußten entgegenstellen, auseinanderzusetzen und sich in diesem Sinne „dem Fremden" zu stellen. Anderseits ist auch für Psychoanalytiker das Verständnis anderer Disziplinen nicht ohne weiteres zu erreichen und erfordert z.B. eine große Bereitschaft, eigene Vorurteile zu überwinden und lange Phasen der Nichtverständigung auszuhalten. Daher gelten psychodynamisch manche Überlegungen aus der Psychoanalyse im Umgang mit dem Fremden auch für die konkrete interdisziplinäre Zusammenarbeit (vgl. dazu u.a. BOHLEBER, 1992).

FISCHER, Dietlind (Hg.) 1982: Fallstudien in der Pädagogik. Aufgaben, Methoden und Wirkungen. Konstanz (Faude).

FISCHER, Gottfried 1989: Dialektik der Veränderung in Psychoanalyse und Psychotherapie. Modell, Theorie und systematische Fallstudie. Heidelberg (Ansanger).

FLICK, Uwe 1990: Fallanalysen: Geltungsbegründung durch Systematische Perspektiven-Triangulation. In: JÜTTEMANN, Gerd (Hg.). Komparative Kasuistik. Heidelberg (Ansanger), 184-204.

FONAGY Peter/Mary TARGET 1994: Predictors of the efficacy of child psychoanalysis: a retrospective study of 768 patientes treated at the Anna Freud Center. Unveröffentlichter Vortrag am Kongreß der Deutschen Gesellschaft für Psychologie in Hamburg, 25.9.94.

FREUD, Sigmund 1927: Nachwort zur Frage der Laienanalyse. GW XIV, 287-296.

FÜRSTENAU, Peter 1977: Über die politische Relevanz psychoanalytischer Praxis. In: LOCH, W. u.a.: Psychoanalyse im Wandel. Frankfurt (Suhrkamp), 148-172.

GARLICHS, Ariane/Marianne LEUZINGER-BOHLEBER 1992a: Selbständigkeit beginnt beim Säugling. Autonomieentwicklung als lebenslange Aufgabe. In: Die Grundschulzeitschrift, 6. Jg., S. 5-7.

GARLICHS, Ariane/Marianne LEUZINGER-BOHLEBER 1992b: Vom Glück und Schmerz des Andersseins. Von der Autonomieentwicklung bei Grundschülern. In: Die Grundschulzeitschrift, 6. Jg., S. 22-31.

GILL, Merton M./Philip S. HOLZMAN (eds) 1976: Psychology versus Metapsychology. Psychoanalytic Essays in Memory of George Klein. New York (Psychol. Issues, Mon).

HABERMAS, Jürgen 1968: Technik und „Wissenschaft" als Ideologie. Frankfurt a.M. (Suhrkamp).

HASTENTEUFEL, Paul 1980: Fallstudien aus dem Erziehungsalltag. Bad Heibrunn.

HOROWITZ, Mardi J. 1981: States of Mind: Analysis of Change in Psychotherapy. New York (Plenum).

JÜTTEMANN, Gerd (Hg.) 1990: Komparative Kasuistik. Heidelberg (Ansanger).

KÄCHELE, Horst 1992: Psychoanalytische Therapieforschung. Psyche, 3, 259-285.

KIESELBACH, Thomas/Ali WACKER (Hg.) 1987: Individuelle und gesellschaftliche Kosten der Massenarbeitslosigkeit. Weinheim (Deutscher Studien Verlag).

KÖHLER, Lotte 1990: Neuere Ergebnisse der Kleinkindforschung. Ihre Bedeutung für die Psychoanalyse. Forum der Psychoanalyse, 6, 32-51.

KÖRNER, Jürgen 1985: Vom Erklären zum Verstehen in der Psychoanalyse. Göttingen (Vandenhoeck u. Ruprecht).

KÖRNER, Jürgen 1990: Die Bedeutung kasuistischer Darstellungen in der Psychoanalyse. In: JÜTTEMANN, G. (Hg.): (vgl. oben), 93-104.

LAUFER, Moses 1965: Assessment of adolescent disturbances. Psa Study Child, 20, 99-123.

LEITHÄUSER, Thomas/Thomas BENDER 1985: Vorwort zu JAHODA, Marie: Freud und das Dilemma der Psychologie. Frankfurt a.M. (Fischer).

LEUZINGER-BOHLEBER, Marianne 1987: Veränderung kognitiver Prozesse in Psychoanalysen. Bd 1: Eine hypothesengenerierende Einzelfallstudie. Berlin (Springer) (PSZ).- (1989): Bd 2: Veränderung kognitiver Prozesse in Psychoanalysen. Fünf aggregierte Einzelfallstudien. Berlin (Springer) (PSZ).

LEUZINGER-BOHLEBER, Marianne 1990: „Komparative Kasuistik" in der Psychoanalyse? In: JÜTTEMANN, G. (Hg.) 1990: Komparative Kasuistik. Vgl. oben, 104-122.

LEUZINGER-BOHLEBER, Marianne. 1992: Interdisziplinary Exchange or „Turning a Blind Eye"? Defense Mechanisms of Psychoanalysts: A Case Study. In: LEUZINGER-BOHLEBER, Marianne/Henri SCHNEIDER/Rolf PFEIFER (eds): „Two Butterflies on My Head..." Psychoanalysis in the Interdisciplinary Scientific Dialogue. New York (Springer), 47-75.

LEUZINGER-BOHLEBER, Marianne. 1994a: Veränderungen kognitiv-affektiver Prozesse in Psychoanalysen. Versuch einer Kombination von (qualitativer) On-Line- und (quantitativer) Off-Line-Forschung bei der Untersuchung psychoanalytischer Prozesse. In: FALLER, Hermann/Jörg FROMMER (Hg.): Qualitative Psychotherapieforschung (vgl. oben), 195-228.
LEUZINGER-BOHLEBER, Marianne 1995: Die Einzelfallstudie als psychoanalytsiches Forschungsinstrument. Psyche, 5, 49, 434-480.
LEUZINGER-BOHLEBER, Marianne/Ariane GARLICHS 1991: Lehrerausbildung für die Arbeitslosigkeit. Spätadoleszente Identitätsbildugnsprozesse unter erschwerten Berufsperspektiven. Jahrbuch für Psychoanal. Päd., 3. 7-49.
LEUZINGER-BOHLEBER, Marianne/Ariane GARLICHS 1993: Früherziehung West-Ost. Zukunftserwartungen, Autonomieentwicklung und Beziehungsfähigkeit von Kindern und Jugendlichen München (Juventa).
LORENZER, Alfred 1985: Spuren und Spurensuche bei Freud. fragmente, 17/18, 160-197.
LORENZER, Alfred 1987: Zum Widerstandspotential der Pschoanalyse. fragmente, 19, 185-197.
LUBORSKY, Lester/P. CRITS-CHRISTOPH/J. MINTZ/A. AUERBACH 1988: Who Will Benefit From Psychotherapy. New York (Basic Books).
LUBORSKY, Lester/L. DUGUER/E. LUBORSKY/B. SINGER/D. DICKTER/K.A. SCHMIDT 1993: The efficacy of dynamic psychotherapies: Is it true that „Everyone Has Won and All Must Have Prizes"? In: MILLER, N.E./L. LUBORSKY/J.P. BARBER/J.P. DOCHERTY (eds) 1993: Psychodynamic Treatment Research A Handbook For Clinical Practice. New York (Basic Books), 496-516.
MAURER, Friedemann 1970: Unterrrichtsbeobachtung und didaktische Kasuistik. In: DOHMEN, Günther/Friedemann MAURER/Walter POPP (Hg.): Unterrichtsforschung und didaktische Theorie. München (Piper), 130-144.
MERTENS, Wolfgang 1994: Psychoanalyse auf dem Prüfstand? Eine Erwiderung auf die Meta-Analyse von Klaus Grawe. Berlin: Quintessenz.
MODELL, Arnold H. 1984: Gibt es die Metapsychologie noch? Psyche, 38, 214-235.
MOSER, Ulrich 1991: Vom Umgang mit Labyrinthen. Praxis und Forschung in der Psychoanalyse - eine Bilanz. Psyche, 45, 315-335.
MOSER, Ulrich/Ilka v. ZEPPELIN/Werner SCHNEIDER 1991: Cognitive-Affective Processes: New Ways of Psychoanalytic Modeling. Berlin (Springer).
MOSER Ulrich/Ilka v. ZEPPELIN 1996: Der geträumte Traum. Wie Träume entstehen und sich verändern. Stuttgart: Kohlhammer.
NEUDERT, Lisbeth 1987: Das Leiden des Patienten und Aspekte seiner Bewältigung als Variablen im psychotherapeutischen Prozeß. Eine Einzelfallstudie. Dissertation an der Univ. Ulm.
PARMENTIER, Kurt 1988: Wege aus der Arbeitslosigkeit. Zum Berufsverbleib von ehemals arbeitslos gemeldeten Lehrern, Erziehungs- und Geisteswissenschaftlern. Unveröffentlichtes Manuskript, Nürnberg.
PFEIFER, Rolf/Marianne LEUZINGER-BOHLEBER 1986: Applications of cognitive science methods to psychoanalysis: A case study and some theory. Int. Review of Psychoanal., 13, 221-240.
ROSENFIELD, Israel 1988: The Intervention of Memory. A New View of the Brain. New York (Basic Books).
ROTH, Gerald 1992: Neuronale Grundlagen des Lernens und des Gedächtnisses. In: SCHMIDT, S.J. (Hg.): Gedächtnis. Frankfurt (Suhrkamp).
STERN, Daniel N. 1985: The interpersonal world of the infant. A view from psychoanalysis and developmental psychology. New York (Basic Books).
STRENGER, Carlo 1991: Between Hermeneutics and Science. An Essay on the Epistemology of Psychoanalysis. New York (Int. Univ. Press).
STRUPP, Hans H. 1993: The Vanderbilt Psychotherapy Studies: Synopsis. J. Consult Clin. Psychol. 61, 431-433.

STUHR, Ulrich/Friedrich W. DENEKE 1993: Die Fallgeschichte. Beiträge zu ihrer Bedeutung als Forschungsinstrument. Heidelberg (Ansanger).

WALLERSTEIN, Robert S. 1986: Forty-two Lives in Treatment - A Study of Psychoanalysis and Psychotherapy. New York (Guilford Press).

WEISS, Joseph/H. SAMPSON/Mount Zion Psychotherapy Research Group 1986: The psychoanalytic process: theory, clinical observation and empirical research. New York (Guilford Press).

WIEDENHÖFT, Almut 1995: „In der Warteschleife." Zur Bedeutung der Integrationsfähigkeit bei der Bewältigung von Berufsunsicherheit und Arbeitslosigkeit. Eine empirische Studie der Lehramtsabsolventen von 1983 der Universität Gesamthochschule Kassel. Dissertation im FB 01 der Universität Gesamthochschule Kassel.

WURMSER, Leon 1989: „Either-Or": Some Comments in Professor Grünbaum's Critique of Psychoanalysis: Psychoan. Inquiry, 9, 2, 220-249.

ZWIEBEL, Ralf 1994: Die Beziehung von „Anfänger-Geist und Experten-Geist" in der analytischen Situation. Vortrag auf dem DGPT-Kongreß am 17.9.94 in Lindau.

Volker Schmid

Fallstudien in der psychoanalytischen Pädagogik

1. Psychoanalytische Pädagogik - Anliegen und Erkenntnisgewinn

Psychoanalyse hat bereits früh das Interesse von kritischen und reformbereiten PädagogInnen gefunden. Waren es in den 10er-Jahren dieses Jahrhunderts noch einzelne Arbeiten (aber auch PFISTERs 1913 veröffentlichter waghalsiger Versuch des seelsorgerlich-psychoanalytischen Amalgams, das er als „Pädanalyse" bezeichnete), so dokumentiert sich die erste Blütezeit der psychoanalytischen Pädagogik in den 20er-Jahren in einer rasch zunehmenden Zahl von Veröffentlichungen. Mit der Gründung der „Zeitschrift für Psychoanalytische Pädagogik" (1926-1937) erfährt diese Bewegung eine wichtige Konsolidierung, wird dann unter der Nazi-Diktatur praktisch gänzlich abgebrochen und kann sich erst im Lauf der 60er-Jahre wieder etablieren. Dieser Wiederbeginn verläuft zunächst recht zögerlich, erfährt dann durch die antiautoritäre Erziehung im Rahmen der Studentenbewegung eine breite Stärkung und führt in der Folge zu nachhaltiger fachlicher und teilweise auch zu institutioneller Etablierung.[1]

An der Psychoanalyse faszinierte PädagogInnen zunächst vor allem der nachdrückliche Verweis auf die Bedeutung des Unbewußten und - eng damit verknüpft - die Erkenntnisse über die frühkindliche Sexualität, über deren Bedeutung im Leben der Kinder, aber auch die Befreiung aus einem verengten Verständnis von Sexualität als ausschließlich genitaler Sexualität. Damit war ein fachlich begründendes Fundament gewonnen für eine kritische Auseinandersetzung mit herkömmlicher Auffassung und Praxis von Erziehung und mit zeitgenössischen pädagogischen Reformbewegungen.

Wesentliches Interesse der psychoanalytischen Pädagogik war, den individuellen Zögling mit seiner bewußten und unbewußten Subjektivität pädagogisch zur Geltung zu bringen. Und so ging es darum, „Kinderfehler" als subjektiv nachvollziehbare, kreative wenngleich unglückliche, oft leidvolle Problem- und Konfliktlösungen einem aufklärenden Verständnis zugänglich zu machen; sexuelle Aufklärung, Onanie, Selbstmord und Strafe sind beispielhafte große Themen, die die frühe psychoanalytische Pädagogik beschäftigen.

Stellvertretend für die Arbeitsweise eines psychoanalytisch orientierten Pädagogen sei auf eine Episode verwiesen, die ZULLIGER (1927) aus seiner Pra-

---

[1] Zur Geschichte der psychoanalytischen Pädagogik vgl. DATLER (1995, 23 ff) mit weiterführenden Literaturhinweisen. Verwiesen sei auch auf die historische Untersuchung von MOLL (1989) mit einer eingehenden Einordnung in die zeitgenössische Pädagogik, sowie auf DATLER u.a. (1994).

xis als Dorfschullehrer mitteilt. Emma, im 7. Schuljahr, möchte zu unüblicher Zeit während der Schulstunde austreten. Von Zulliger darauf angesprochen, errötet sie. In der nächsten Stunde stößt sie zweimal das Tintenfaß um, schließlich fällt es auf den Boden und zerbricht. ZULLIGER geht damit wie ein ordentlicher Schulmeister jener Zeit um, ist aber dann erstaunt, daß Emmas Unglück sich nicht aufhellt, als er ihr die 10 Rappen Wertersatz erläßt, weil sie's ja nicht mutwillig getan habe. Jetzt wird er hellhörig und beginnt ein kleines forschendes Gespräch. „Zulliger stürzt sich nicht in die Symboldeuterei wie ein schlechter Amateuranalytiker; es ist wie bei Faust und Mephisto: 'Du mußt es dreimal sagen', das heißt, das Unbewußte muß sich wieder und wieder artikulieren, ehe Zulliger den psychoanalytischen Dialog aufnimmt. Und dann kommt die Phantasie des Mädchens 'zur Sprache' in ganz schlichter Form: Daß Du deine erste Blutung hast, bedeutet nicht, daß etwas in Dir 'zerbrochen' ist. Damit ist die Dialogsequenz zu Ende und der Schulalltag tritt wieder in sein Recht" (BITTNER 1995, 57).[2]

Zunehmend deutlicher zeichnet sich ab, wie Psychoanalyse fruchtbar in den erzieherischen Bereich verwoben werden kann: Nicht als eigenständiges pädagogisches Programm und auch nicht als Kompendium erzieherischer Techniken, sondern als eine Hilfe, sehender für die erzieherische Realität zu werden. BERNFELD hat darauf besonders nachdrücklich verwiesen, indem er die Pädagogik immer wieder auf die notwendige „Tatbestandsgesinnung" verwies, also auf jenes beharrliche, forschende Beobachten, dessen Ergebnisse dann daraufhin zu prüfen sind, inwieweit sie als Spuren auf die innere Realität des Subjekts verweisen. Dadurch wird das Beobachtete, seinen expliziten Oberflächen-Sinn oder auch dessen scheinbare Sinnlosigkeit transzendierend, auf das Individuum bezogen und als etwas subjektiv Bedeutsames interpretierbar (SCHMID 1993, 70 ff).

Diese forschend-aufklärende Haltung in der psychoanalytischen Pädagogik steht in engster Beziehung zu jenem Junktim von Forschen und Heilen, das S. FREUD als methodischen Kernpunkt der Psychoanalyse herausstellte: „In der Psychoanalyse bestand von Anfang an ein Junktim zwischen Heilen und Forschen, die Erkenntnis brachte den Erfolg, man konnte nicht behandeln, ohne etwas Neues zu erfahren, man gewann keine Aufklärung, ohne ihre wohltätige Wirkung zu erleben" (FREUD 1927, 347).[3]

---

[2] Diese Episode kann ebenso gelesen werden als Hinweis darauf, wie im psychoanalytisch-pädagogischen Blick Lernstörungen *auch* begründet sein können.

[3] Allerdings gilt es festzuhalten, daß diese Junktimformulierung auch zu einer Idealisierung der Forschungsleistung von Psychoanalytikern beigetragen hat. Denn längst führt keineswegs jede Anwendung von Psychoanalyse zu einer produktiven Weiterentwicklung der Theorie, sondern vieles verharrt in vorhandenen Theorierahmen (BITTNER & HELLER 1983, LEUZINGER-BOHLEBER 1995). Auf einer 2. Ebene jedoch - grundlegend für jede Anwendung von Psychoanalyse - nämlich für das Entdecken sinnhafter Zusammenhänge, ist eine forschende Haltung unverzichtbar. Schließlich ist auch eine forschend-kreative Leistung unbestreitbar notwendig, um abstrakte Theoriekonzepte und konkretes Material in eine bedeutungserschließende Beziehung zu bringen. Zur neueren Diskussion über das Junktim von Forschen und Heilen vgl. DATLER (1995, 171 ff).

Praxisrelevante Wirkungen der psychoanalytischen Pädagogik gehen in vielfältige Richtungen:
- Die psychoanalytisch orientierte Aufklärung von Einzelepisoden des pädagogischen Alltags (beispielhaft ZULLIGER) bildet auch in der Gegenwart den Kernbereich. Neuere Entwicklungen zeichnen sich insbesondere dadurch aus, daß sie klarer getragen sind von dem Anliegen, die Entwicklung von Kindern und Jugendlichen zu fördern, indem die pädagogischen Handlungsangebote sich eben auch auf innere Konflikte und unbewußte Phantasien beziehen und eine Hilfe für deren angemessenere Bearbeitung anbieten sollen.[4]
- Daneben hat sich die Konzeption und Gestaltung von Erziehungsmilieus unter dem Einfluß von Gesichtspunkten der psychoanalytischen Pädagogik entwickelt. Am ausgeprägtesten betrifft dies die Heimerziehung, angefangen bei AICHHORNs (1925) Verwahrlostenerziehung, deren Grundorientierung aufgegriffen und weiterentwickelt wurde von BETTELHEIM (1970) und REDL & WINEMAN (1979). Auf A. Freuds Hampstead War Nurseries gilt es hier hinzuweisen (BURLINGHAM & FREUD 1971), ebenso wie auf das von M. Mannoni geleitete Heim in Bonneuil (MANNONI 1973) oder auf BECKER & NEDELMANN (1987).

Erziehungsfeldkonstruktionen für die Vorschulerziehung liegen in geringerem Umfang vor. Der Bericht über das Moskauer Kinderheim-Laboratorium von SCHMIDT (1924) fand insbesondere in den 70er Jahren in der Kinderladenbewegung erhebliche Beachtung. Wichtige Aspekte psychoanalytischer Pädagogik auf dem Weg zu einer umfassenderen Konzeption dieses Handlungsfeldes wurden von LEBER u.a. (1989) sowie jüngst von SCHÄFER (1995) vorgelegt.

Für den Bereich der Schule wurde durch GÖPPEL (1991) eine erste Rekonstruktion und Bewertung der Burlingham-Rosenfeld-Schule zugänglich, die aus dem Kreis von psychoanalytischen Pädagogen um A. Freud eingerichtet worden war. Über einen Schulversuch, der von der Adlerschen Individualpsychologie inspiriert wurde, berichten SPIEL & DATLER (1987). Aus der Gegenwart kann auf die Glocksee-Schule verwiesen werden, deren Konzeption und Arbeitsweisen stark von Gesichtspunkten der psychoanalytischen Pädagogik beeinflußt sind (MEHLER 1994, WINTERHAGER-SCHMID (1993). Weiterhin hat sich in Frankreich aus der Freinet-Pädagogik heraus die psychoanalytisch beeinflußte „pédagogie institutionnelle" entwickelt (VASQUEZ u.a. 1976, OURY & VASQUEZ 1982, IMBERT 1985). Von NEIDHARDT (1977) wurde zwar kein geschlossener schulpädagogischer Entwurf vorgelegt, aber seine systematische Analyse didaktischer Modelle aus psychoanalytisch-pädagogischer Perspektive führte zu einflußreichen Erweiterungen. Insbesondere wurde dadurch der Blick auf Konflikte als fruchtbare Momente der Schulpädagogik gelenkt und deren Übertragung in Handlungsvorschläge weiterverfolgt.

---

[4] Neuere Beispiele finden sich u.a. in MUCK & TRESCHER (1993) oder in den Bänden des Jahrbuchs für Psychoanalytische Pädagogik (1989 ff).

- Aus den Praxisfeldern der Sozialpädagogik ist für den Bereich der Erziehungs- und Jugendberatung beispielhaft auf die einflußreiche Wirkung der Wiener psychoanalytischen Pädagogik hinzuweisen (AICHHORN 1972). Eine in sich geschlossene neuere Bearbeitung zu diesem Feld findet sich bei ERTLE (1976).
Gegen ein Übergewicht psychotherapeutischer Orientierung in anderen Handlungsfeldern der Sozialpädagogik erwies sich insbesondere der Ansatz der „Alltagsorientierung" (THIERSCH) fruchtbar, auf dessen Hintergrund es dann auch wieder möglich wurde, den spezifischen Beitrag psychoanalytisch-pädagogischen Denkens genauer zu bestimmen. MÜLLER (1991) sieht hierfür die Funktion von Psychoanalyse und psychoanalytischer Pädagogik vor allem als Potential für methodisch gerichtete kritische Analyse von alltagsorientierter Praxis, um dann nachgängig einem besser gelingenden, sinnorientierten Handeln mehr Chancen zu geben.
- Von Beginn an richtete sich in der psychoanalytischen Pädagogik beträchtliches Interesse auf die Psychologie und die „Erziehung der Erzieher" im Hinblick auf eine theorie- und besonders auch erfahrungsbezogene qualifizierte Weiterbildung. Die affektiv-emotionale Verwicklung der PädagogInnen mit den Zöglingen machte gerade die Kultivierung der Analyse der (Selbst-)Erfahrung vordringlich, wobei die gelegentlich vorgebrachte Forderung nach einer eigenen Psychoanalyse jedoch bald als utopisch fallengelassen wurde (A. FREUD 1927, BERNFELD 1930). Neben Konsultation bzw. Supervision hat sich hierzu inzwischen vor allem die Methode der Balint-Gruppen bewährt (ROTH 1988, SCHMID 1988, SUPERVISION 1994, GARZ 1995).
- Schließlich sollte nicht übersehen werden, daß das ganze Feld der Kinderpsychotherapie und Kinderanalyse sich im Rahmen der psychoanalytischen Pädagogik entwickelt hat. Erst in der Folge des Exodus der Psychoanalyse löste sich dieses Handlungsfeld während der Emigration völlig aus dem pädagogischen Zusammenhang heraus und wurde weitestgehend klinifiziert (A. FREUD 1927, ZULLIGER 1966).

Aus einem Rückblick über die Entwicklung der psychoanalytischen Pädagogik ist vor allem festzuhalten, daß sich in diesem Rahmen in lebendiger Referenz auf das Freudsche Junktim von Forschen und Heilen eine Tradition begründet hat, in einer forschenden und erkundenden Haltung den Blick auf konkrete pädagogische Prozesse und ihre Individuen zu richten. Die psychoanalytische Perspektive schärft diesen Blick für die eher verborgenen Aspekte, in denen sich Nicht-Bewußtes des Subjekts interpretierend erschließen läßt.

Überblick über den Beitrag: Im 2. Abschnitt geht es um das Verhältnis von Pädagogik und Psychoanalyse, der 3. Abschnitt stellt die Fallstudie als wichtigste Forschungsmethode der psychoanalytischen Pädagogik dar. Im 4. Abschnitt finden sich Klärungen zu den dafür unverzichtbaren theoretischen Konzepten von Übertragung und Gegenübertragung und im 5. Abschnitt wird die Frage nach der Gültigkeit von Fallstudien eingeordnet in die wissenschaftstheoretische Spezifik, die sich durch die Psychoanalyse ergibt.

2. Pädagogik und Psychoanalyse - Gesichtspunkte zu einem nicht ganz einfachen Verhältnis

Von psychoanalytischer Pädagogik zu sprechen ist leichthin geeignet die Vorstellung zu befördern, es gehe um eine in sich geschlossene Teildisziplin der Erziehungswissenschaft. Eine solche Auffassung würde das aktuelle Selbstverständnis dieser Arbeitsrichtung verfehlen. Denn bei den Bemühungen, Psychoanalyse und Erziehungswissenschaft in einen produktiven Dialog zu bringen, geht es darum, zwei humanwissenschaftliche Disziplinen wechselseitig zu erschließen, die von ihren Grundauffassungen her unterschiedlichen Aufgaben und Zielrichtungen verpflichtet sind.[5]

Psychoanalyse ist von ihrer Entstehung her aufs engste verknüpft mit der Entwicklung einer Methode zur psychotherapeutischen Behandlung von seelischem Leiden. Diese Behandlung zielt auf die Förderung einer breiten und zunehmend unverstellteren Selbstreflexion und darauf, den Analysanden die Freiheit gewinnen zu lassen, sich in inneren wie äußeren Konflikten möglichst frei von einengenden Wiederholungszwängen entscheiden zu können und Widersprüchen mit größerer Kreativität standzuhalten. Diese Arbeit geschieht gebunden an das therapeutische Arbeitsbündnis und an dessen beständige Bearbeitung (Bearbeitung von Übertragung und Gegenübertragung). Bei dieser Aufgabe setzt Psychoanalyse das kulturelle Eingebundensein von Psychoanalytiker wie Analysand voraus, kann es also in wesentlichen Zügen aus der psychotherapeutischen Arbeit und deren Theoretisierung ausblenden. Deshalb gehören auch Bildungsaufgaben im engeren Sinn nicht zur psychoanalytischen Therapie. Nur unter ganz besonderen Bedingungen und Gesichtspunkten gewinnen Psychoanalytiker Funktionen als Lehrer und „Gesetzgeber" (LOCH 1975)[6]

Pädagogik nun hat es im Kern ihrer Aufgaben mit der formierenden und bildenden Einführung der jüngeren Generation in die Kultur zu tun (beispielgebend SCHLEIERMACHER 1826, 13 ff). Hierbei werden idealiter Prozesse der Selbsttätigkeit angestrebt (MOLLENHAUER 1983) und Autonomie wie auch Mündigkeit bilden zentrale Ziele. Dies rückt zwar Psychoanalyse und Pädagogik in unübersehbare Nähe, aber sowohl ihre Aufgaben im Detail als auch die konstitutiven Bedingungen, unter denen sie je ihre Arbeit organisieren, setzen deutliche Differenzen.

Diese Unterschiede sind auch theoretisch bedeutsam, weshalb KÖRNER (1980) in einem für die Diskussion in der psychoanalytischen Pädagogik einflußrei-

---

[5] Neuere Diskussionen hierzu, die diesen Problemkreis in unterschiedlichen Auffassungen behandeln, finden sich bei FIGDOR 1989 und 1990), KÖRNER (1990), SCHMID (1990), DATLER (1995), GARZ (1996), WINTERHAGER-SCHMID (1992).

[6] Wenn S. FREUD (1905, ausführlich dazu DATLER 1995, 111 ff) aus dem Kontext solcher psychotherapeutischen Prozesse auch von einer notwendigen Nacherziehung schrieb, so ist damit keine im engeren Sinn pädagogisierende oder herkömmlich erzieherische Aufgabe gemeint. Dennoch wurde aber folgenreichen Fehlinterpretationen Vorschub geleistet, aus denen heraus eine unmittelbare Entsprechung von Psychoanalyse und Pädagogik gestützt zu werden schien.

chen Artikel zunächst die prinzipielle Unvereinbarkeit von Psychoanalyse und Pädagogik gegen alle Versuche einer raschen Amalgamierung betonte.
Nun gilt es sich aber zu vergegenwärtigen, daß Psychoanalyse für Pädagogen und Erziehungswissenschaftler interessant geworden ist, weil sie einen bedeutenden Beitrag zur Psychologie und zur Kulturtheorie in diesem Jahrhundert repräsentiert. Diese Bedeutung gewinnt Psychoanalyse jedoch nicht als Theorie einer psychotherapeutischen Praxis, sondern weil sich bereits früh abzeichnete, daß die theoretisierende Bearbeitung klinischer Erfahrungen zu einer erweiterten und neuartigen Sicht auf die conditio humana führt und damit zu Ergebnissen von allgemeiner Reichweite. Von S. Freud selbst und der ersten Schülergeneration werden dann auch bereits psychoanalytische Sichtweisen an nichttherapeutische Felder herangetragen und erweisen sich als fruchtbar, beispielsweise in der Aufklärung der Bedingungen von Fehlleistungen, in der erweiternden Klärung und Deutung von künstlerischen Produktionen und von Mythen (NUNBERG & FEDERN 1976 ff).
Neuere wissenschaftskritische Arbeiten, wie sie beispielsweise von Feyerabend oder Rorty vorgelegt wurden (GARZ 1996, 75 ff, STRENGER 1991, 213 f), argumentieren gerade aus einem hermeneutischen Wissenschaftsverständnis heraus für die kreative Nutzung von nachbarwissenschaftlichen Anregungspotentialen sowohl für die Etablierung von Handlungstraditionen als auch für die Anreicherung von interpretativen Zugängen. Damit greifen sie implizit ebenfalls auf die breitgelagerte Relevanz der Psychoanalyse zurück und nehmen Stellung gegen überhöhte disziplinäre Abgrenzung. Dies kann nun aber nicht bedeuten, theoretische psychoanalytische Konzepte für pädagogische Handlungsfelder oder bei erziehungswissenschaftlicher Theoriebildung einfach anzuwenden, indem beispielsweise psychoanalytische Erkenntnisse in isolierte Stücke von „Wissen" transformiert und in normativ-aufklärerischer Absicht (etwa zur sexuellen Aufklärung) benutzt werden. Das angeführte Beispiel von Zulliger zeigt, daß im Erfahrungsmaterial überhaupt erst deutlich werden muß, ob Unbewußtes im Spiel ist und daß Erkundungsprozeß wie auch die Intervention sich an das halten müssen, was schulisches Miteinanderumgehen erlaubt und verträgt. Es gilt also die spezifischen Grundqualitäten der pädagogischen Handlungsfelder einzuhalten.
Das Interesse der Psychoanalytiker an der Pädagogik speiste sich vor allem aus den vielfältigen Verweisen in Psychoanalysen auf die eminente Bedeutung der frühen Kindheit und also auch der Erziehung für die Persönlichkeit des Erwachsenen (vgl. die Arbeiten von A. FREUD). Pädagogen wiederum waren fasziniert von dem erweiterten Verstehen, das sich aus dieser Psychologie von Kindern und Jugendlichen ergab und aus dem hieraus entwickelbaren psychoanalytisch orientierten Arbeiten in pädagogischen Handlungsfeldern.
In jüngster Zeit hat sich nun die Bezeichnung „psychoanalytische Pädagogik" für das interdisziplinäre Arbeitsfeld von Erziehungswissenschaft und Psychoanalyse erneut breiter durchgesetzt. Damit wurden zurückhaltendere Bezeichnungen, die sich von der Emphase der 20er und 30er Jahre abzugrenzen suchten und die Kooperativität der Disziplinen betonten, in den Hintergrund gedrängt (DATLER u.a. 1994).

3. Zur Tradition und Funktion der Fallstudie in der psychoanalytischen Pädagogik

3.1 Historischer Rückgriff

Ein zentraler Kern der Psychoanalyse und der psychoanalytischen Haltung liegt in der entschiedenen Orientierung auf die subjektive Einzigartigkeit des Individuums und auf dessen Entfaltung in der psychoanalytischen Beziehung. Aus diesem Grund bestand von Anfang an eine konstitutive Bindung der Psychoanalyse als Theorie wie als therapeutische Praxis an die Fallstudie als Forschungsinstrument.[7] Inzwischen als klassisch geltende Fallstudien von S. FREUD (1895, 1909 a u. b, 1918) hatten modellhaften Einfluß auf die Gestaltung und Handhabung dieser Methode. Dies gilt insbesondere für die Zweiteilung der Studie in einen Handlungsbericht und in eine systematisierende und theoretisierende Auswertung des Berichts. Wiewohl die Entwicklung der Psychoanalyse seit ihren Anfängen an die fallvergleichende Arbeit gebunden ist (LEUZINGER-BOHLEBER 1990), hat sich eine eigenständige Diskussion zum Forschungsstand erst später als Teil der Fallstudie etabliert. Sie leistet die explizite vergleichende und systematische Einordnung der vorgelegten Studie.

Die sich entwickelnde psychoanalytische Pädagogik traf auf diese bereits entfaltete Forschungskultur mit Fallstudien und übernahm sie als Forschungsinstrument, das ihren Blickrichtungen und Zielsetzungen angemessen war. Beispielhaft sei aus dieser ersten Epoche der psychoanalytischen Pädagogik auf ZULLIGER (1921) und AICHHORN (1925 u. 1972) hingewiesen. Der Handlungsbericht als Material für Fallstudien erhält sich als Haupttypus bis in die Gegenwart und erfährt mit zunehmender Rezeption der Konzepte von Übertragung und Gegenübertragung eine Stärkung und klarere Orientierung von Material und Analyse. BERNFELD (1924 u. 1931) legt dann in Fallstudien über Tagebücher und über dichterische Produktionen persönliche schriftliche Dokumente von Jugendlichen zugrunde und bringt damit wichtige Aufschlüsse über Bildungsprozesse im Zusammenhang von subjektivem Erleben und der Aneignung von kulturellen Formen.

Mit dem Erscheinen der „Zeitschrift für Psychoanalytische Pädagogik" erreicht die Veröffentlichung von Fallstudien eine große Breite. Neben der längsschnittorientierten ausführlichen Fallstudie haben sich nun auch die Episode oder Vignette etabliert. Nach dem Wiederbeginn psychoanalytisch-pädagogischen Arbeitens in den 60er Jahren wird die Fallstudie als leitende Forschungs- und Dokumentationsmethode wieder aufgenommen.[8]

---

[7] Einen ausgezeichneten problemorientierenden Überblick über die Entwicklung und Bedeutung der Fallstudie als Forschungsmethode in der Psychoanalyse gibt LEUZINGER-BOHLEBER (1995), siehe auch LEUZINGER-BOHLEBER & GARLICHS in diesem Buch.

[8] Die im Jahrbuch für psychoanalytische Pädagogik regelmäßig veröffentlichte Literaturumschau bietet einen breiten Überblick.

In der Zeit bis zum Abbrechen der psychoanalytischen Pädagogik unter dem Nazi-Faschismus, schwächer ausgeprägt auch noch seit ihrem Wiederbeginn, scheinen viele Fallstudien in einem Duktus zu verharren, als ob die Fallstudie ausschließlich als demonstrierendes Beispiel für bereitliegende Konzepte der psychoanalytischen Theorie diene (zuletzt dazu GARZ 1996). Dies trifft teilweise zweifellos zu. Die Fallstudie steht dann nicht mehr in einem Forschungs- sondern in einem Lehrinteresse, einer anerkannten Funktion von Fallstudien (ERTLE & MÖCKEL 1980, 153 ff). Dennoch sollte gesehen werden, daß manche dieser Fallstudien durchaus in einem Forschungszusammenhang stehen können. Denn zum einen kannte Psychoanalyse in ihrer therapeutischen Anwendung Kindheit und Jugend nur aus Erinnerungen, wie sie in Behandlungen mehr oder weniger episodenhaft auftauchten. Deshalb gab es großes Interesse, ob sich die daraus gewonnenen Konstruktionen bei Kindern auch erkennen ließen. Zum anderen können manche dieser subsumtionslogischen Fallstudien insofern forschungsorientiert sein, als es ja durchaus auch darum geht nachzuprüfen, ob sich psychoanalytische Konzepte in pädagogischen Erfahrungskontexten als gültig erweisen lassen. Differenzierende historische Untersuchungen hierzu stehen noch aus.

3.2 Orientierungslinien für psychoanalytisch-pädagogische Fallstudien

– Psychoanalytisch-pädagogische Fallstudien haben Fallberichte zur Grundlage, die sich unter den Bedingungen und Zielsetzungen eines pädagogischen Feldes auf ein an psychoanalytischen Gesichtspunkten orientiertes Handlungs- und Erkenntnisinteresse beziehen. Dieses Interesse richtet sich auf eine vertiefte Erschließung der inneren psychischen Realität (LAPLANCHE & PONTALIS 1972, 425 ff). Die beobachtende Wahrnehmung des/der ForscherIn sollte möglichst breit gelagert und insbesondere auch für die affektiv-gefühlshaften Aspekte des Kommunikations- und Handlungsverlaufs sensibilisiert sein. Sie bezieht sich auf das Gegenüber, auf PädagogIn bzw. ForscherIn, auf die Beziehung und auf die Inhaltsebene des Geschehens. Bereits der Bericht ist nicht einfach eine Präsentation des Materials, sondern dessen repräsentierend-interpretierende Erarbeitung.
– Die Fallberichte sind in der Regel narrativ-essayistisch abgefaßt und kombinieren zusammenfassende Darstellungen und detaillierte Wiedergabe von Episoden. Die essayistische Erzählweise steht zwar in Spannung zu methodischen Anforderungen in der empirischen Sozialforschung. Für geschulte ForscherInnen bietet sie aber immer noch „unersetzbare Möglichkeiten, Einsichten in unbewußte Informationsgestalten zu kommunizieren" (LEUZINGER-BOHLEBER 1995, 456).
– Arbeitsmaterialien für den Fallbericht sind in der Regel Protokolle, die möglichst unmittelbar nach den Arbeitsphasen (Unterricht, Spielstunden, Gespräche etc.) erstellt werden. Sie sollten möglichst spontan geschrieben sein, um zunächst die sekundäre Bearbeitung gering zu halten. Wird das Handlungsgeschehen über ein technisches Medium dokumentiert (z.B. auf Tonkassette

oder mittels Video aufgezeichnet), kann auf solche Protokolle dennoch nicht verzichtet werden, da nur über sie Zugang zu den situationsbezogenen subjektiven Aspekten mit ihren allerersten, vorwiegend impliziten Deutungen gewonnen werden kann.

- Die Interpretation richtet sich dann auf das Herausarbeiten von sinnhaften Strukturmustern, über die sich sukzessive das Verstehen des Individuums konkretisiert, wie es sich innerhalb der Beziehung und der in diese einbezogenen bildenden Angebote zu erkennen gibt. In der psychoanalytischen Pädagogik geht es deshalb nicht um die Interpretation einer quasi-monadischen Selbstthematisierung des Individuums. In der Interpretation sind die in den Protokollen weitgehend implizit und in erlebnisnaher Sprache enthaltenen Deutungen (z.T. auch emotionale Reaktionen als spontane „Antworten" in der Situation) zunächst zu erarbeiten. Sie sind im Hinblick auf weiterreichende Verlaufsprozesse zu interpretieren (vgl. 5. Übertragung und Gegenübertragung).
- Eine kleinschrittige Sequenzierung des Materials ist einer psychoanalytischen Interpretation nicht angemessen, da sich psychodynamisch bedeutsame Sinnstrukturen oft erst aus weiträumigeren Verläufen erkennen lassen.
- Für die Erstellung des Fallberichts ist in Orientierung an den erarbeiteten Linien der Interpretation zu entscheiden, welche Auswahl aus dem Material aufzunehmen ist, wo Zusammenfassungen zu erstellen sind und welche Sequenzen detailliert aufgenommen werden sollen.
- Jede interpretierende Arbeit auf der Ebene des Protokollmaterials wie auch am Fallbericht ist eingespannt in die hermeneutische Grundbewegung, die darauf verweist, daß das Verständnis des Teils aus einem Vorverstehen des Ganzen und das Verständnis des Ganzen aus dem Verstehen des Teils beeinflußt werden.
- Neben den Fallbericht tritt dessen theoretisierende und systematisierende Verarbeitung, die sich in der Regel auf spezielle Fragestellungen hin ausrichtet, in der Fallvergleiche erarbeitet und die Ergebnisse mit relevanten anderen Wissensbeständen in Beziehung gesetzt und diskutiert werden.
- Während der praktischen Arbeit wie auch bei der Interpretation von Protokollen und Fallbericht ist es dringend zu empfehlen, eine begleitende psychoanalytische Konsultation oder Supervision verfügbar zu machen. Denn die psychoanalytische Orientierung erlaubt kein fiktives Ausblenden der eigenen subjektiven Involviertheit des/der ForscherIn in den Handlungs- und Gesprächsprozeß. Vielmehr sieht psychoanalytische Pädagogik darin ja gerade eine wichtige Quelle für ein erweitertes Verstehen. Dieses subjektive Beteiligtsein ist aber nur sehr begrenzt durch Selbstreflexion aufklärbar, zumal wenn es um unbewußte Gegenübertragungen geht. Aufgabe der Konsultation ist deshalb, die unvermeidlichen Wahrnehmungsverzerrungen zu mindern und unerkannte Anteile dieser inneren Verflochtenheit in ein vertieftes Verstehen zu überführen.

3.3 Vier Arten von Fallstudien in der psychoanalytischen Pädagogik

- Es finden sich Fallstudien, in denen das zugrundliegende Material ohne psychoanalytische Orientierung erhoben wurde. Psychoanalytische Konzepte werden erst zur Interpretation des Materials herangezogen. Damit bleibt die Beziehungsdimension zwischen ForscherIn und Beforschtem ausgeschlossen. Als Beispiel sei auf ROSE (1991) verwiesen, wo auch eindrucksvoll belegt wird, welcher Gewinn an Erklärungskraft möglich ist durch eine am Material kontrollierte Einbeziehung von Konzepten der psychoanalytischen Entwicklungs- und Persönlichkeitstheorie.
- Fallstudien, deren gesprächs- und handlungsbezogenes Material bereits unter psychoanalytischer Orientierung gewonnen wurde, womit die Analyse der kommunikativ-affektiven Verflechtung eine interpretationsleitende Funktion gewinnt. Aus einer Vielzahl von Beispielen seien DIEM-WILLE (1992) und HIRBLINGER (1991) angeführt.
- Fallstudien, ebenfalls mit psychoanalytisch orientierter Materialerhebung, die zusätzlich projektive Testverfahren als gewichtige Quelle für Fallmaterial heranziehen. Beispiele sind BITTNER & THALHAMMER (1989), LEUZINGER-BOHLEBER & GARLICHS (1993) und FIGDOR (1991), insbesondere zur Auswertungsplanung (225 ff).
- Fallstudien, die sich auf die Analyse von Gruppenprozessen richten, liegen beispielsweise vor von BOSSE (1991) und HOFMANN (1993). Zu dem für die psychoanalytische Pädagogik bedeutsamen Arbeitsbereich der Balint-Gruppen mit PädagogInnen erschien eine empirisch-inhaltsanalytische Fallstudie von GARZ (1996).

4. Übertragung - Gegenübertragung

Die Konzepte von Übertragung und Gegenübertragung (LAPLANCHE & PONTALIS 1973,164 f u. 550 ff, RACKER 1978) sind zunächst in erster Linie auf die psychische Geschichte des Individuums hin angelegt: Übertragung als eine Wiederholung von Wünschen und Affekten, welche die Beziehungen zu wichtigen Bezugspersonen qua Eltern gestalteten, aber aus unlösbarer Konflikthaftigkeit ins Unbewußte abgewehrt wurden. Deshalb wurden sie völlig zu einem strukturbestimmenden Teil der inneren Realität, des innerpsychischen Beziehungskosmos, und wirken von da aus beständig auf das aktuelle Erleben, die subjektive Bedeutungsstiftung und die Gestaltung von aktuellen (äußeren) Beziehungen ein. Entgegen weitverbreiteter vereinfachender Rezeption handelt es sich nicht um direkte Wiederholungen kindlicher Erlebnis- und Beziehungsmuster, sondern um zentrale Faktoren, die sich auf jene Wünsche und Ängste im Zusammenhang mit Personen (Objekten) beziehen, die die Abwehr ins Unbewußte erzwangen. Sie erhalten sich als unbewußte Muster und persönliche Struktureigentümlichkeiten.

Diese Aspekte unbewußter strukturähnlicher Gestaltung von Beziehungen (den anderen in eine bestimmte Position und Funktion zu rücken) bleiben nicht ohne

Wirkung auf den handelnd-forschenden Partner, werden aber auch von ihm nur bedingt bewußt wahrgenommen (Gegenübertragung). Was am verläßlichsten aus dieser unbewußten Beziehungsverflechtung bemerkt wird, das sind Affekte und Selbstgefühle, die als mehr oder weniger ich-fremd erlebt werden, weil sie sich nicht mit der bewußt wahrgenommenen Kommunikationssituation in Übereinstimmung bringen lassen, eben weil sie einer unbewußten affektiven Ebene zugehören. Der bewußten Selbstwahrnehmung von ForscherIn oder PädagogIn werden also vor allem derartige Gegenübertragungs*reaktionen* zugänglich. Wenn sie als solche mit hinreichender Plausibilität erkannt werden können und als Auswirkung unbewußter Wünsche und Affekte des Gegenübers interpretierbar werden, dann ergibt sich ein vertiefter Zugang zum Verstehen des anderen als Erschließen unbewußt wirksamer Motivanteile bei ihm. Solche erschließenden Interpretationen sind zu verstehen als begründete Hypothesen.

Das Vorstehende entspricht einer (psychoanalytischen) Erweiterung des Verstehens aus der interpretierenden Erschließung vor- und unbewußter Determinanten der aktuellen Kommunikationssituation, soweit sie auf das beforschte Subjekt hin interpretiert werden können. Eine derartige Analyse setzt erhebliche psychoanalytische Kompetenz voraus, weshalb seriöse Forschungsprojekte regelmäßige Möglichkeiten einer fachlichen Supervision mit umfassen.[9]

Um von Übertragung beziehungsweise Gegenübertragung im engen Sinn sprechen zu können, wäre es notwendig, diese Situationsanalyse mit entsprechendem Material soweit vorantreiben zu können, daß die Interpretationen hinreichend begründet mit infantilen Konstellationen der inneren Realität in Zusammenhang gestellt werden können. Derartiges Material wird in pädagogischen Forschungskontexten in der Regel nicht verfügbar. Deshalb ist häufig ein methodisch zweifelhafter Schritt festzustellen, daß nämlich anstelle des notwendigen Materials Kenntnisse über die Realbiographie des beforschten Subjekts hilfsweise eingesetzt werden. Die Konzepte Übertragung und Gegenübertragung werden deshalb in der psychoanalytisch-pädagogischen Forschung eher inflationär benutzt und dadurch unspezifisch.

Zu dieser Entwicklung erheblich beigetragen hat die Übernahme von Lorenzers Konzept des „szenischen Verstehens" (LORENZER 1970, LEBER 1972, TRESCHER 1985). Damit schien eine handliche Denkfigur gewonnen zu sein, um psychoanalytisches Verstehen methodisch zu konkretisieren. Die verkürzte Rezeption des „szenischen Verstehens" innerhalb der psychoanalytischen Pädagogik ist inzwischen eingehender Kritik unterzogen worden (PETRIK 1992, DATLER 1995), die seine Tauglichkeit als forschungsmethodisches Konzept zur Interpretation sehr einschränkt.

Für die Weiterentwicklung der psychoanalytisch-pädagogischen Fallstudie ist es dringend angezeigt, für die interpretative Auswertung auf der Ebene des Protokollmaterials weitere methodische Zugänge zu erschließen. Die Konzepte von Übertragung und Gegenübertragung sind hierfür unverzichtbare theoretische Orientierungen, aber für die Bearbeitung von Protokollmaterial zu ab-

---

[9] Eindrückliche Beispiele finden sich bei BITTNER & THALHAMMER (1989), BOSSE (1991) oder DIEM-WILLE (1992).

strakt. Ein vielversprechender Weg zeichnet sich bei KÖNIG (1996) ab. In dieser Arbeit zur Psychologie des Deutungsprozesses geht es um die Klärung jenes Vorgangs, wie aus dem komplexen Gemenge von Beobachtungen, emotionaler Erfahrung und theoretischem Vorwissen eine allererste Ordnung des Materials, also eine erste Interpretation gewonnen wird. Für diesen Prozeß erschließt König die Praxisrelevanz eines auf BION (1991) zurückgehenden Konzepts von „Modellkonstruktion". Derartigen „Mustern, noch an die situative Erfahrung gebunden, können, von der abstrakten Seite her Theorien, sofern sie als Präkonzepte aktiviert werden, gleichsam entgegenkommen und zu einer bewußten Bearbeitung von Konzepten führen" (KÖNIG 1996, 156).

5. Das Allgemeine und das Besondere

Fragen nach der Gültigkeit von psychoanalytisch-pädagogischen Fallstudien sind nicht ablösbar von einer Klärung des wissenschaftstheoretischen Standorts der psychoanalytischen Pädagogik.

Interpretative Verfahren sind als nicht abschließbarer Prozeß der Sinnstiftung im offenen hermeneutischen Raum verortet. Dies gilt auch dann, wenn Psychoanalyse als Referenztheorie hinzugezogen wird. Allerdings kommt durch die psychoanalytische Sicht auf den Menschen eine spezifische Schwierigkeit ins Spiel. Psychoanalyse als Methode zur Bearbeitung von Selbstdeutungen bezieht sich grundlegend auch auf den Körper, und zwar nicht nur im Sinn von Körperbildern als Bedeutungen von Körper und Körperlichkeit. Körper ist vielmehr ebenso direkte Quelle von Kraft, Energie, drängenden Antrieben. Dieser Aspekt nun durchkreuzt den hermeneutischen Raum, der sich auf den Geist und dessen Freiheit bezieht. Für diese Antinomie gilt nach wie vor das zentrale Ergebnis der epochemachenden Studie von RICOEUR (1969), daß in der Psychoanalyse die (hermeneutisch) interpretierende Ebene sich auf ein Geschehen bezieht, das durch die Kraft von (Trieb-) Wünschen Begrenzung erfährt. Psychoanalyse wird deshalb zur gemischten, zwiespältigen Rede, „die bald Aussagen über - einer Energetik unterworfene - Kräftekonflikte macht, bald Aussagen über - einer Hermeneutik unterworfene - Sinnbeziehungen, (so daß) die Energetik durch eine Hermeneutik *hindurchgeht* und die Hermeneutik eine Energetik *entdeckt"* (RICOEUR 1969, 79). Auch die Erarbeitung einer psychoanalytischen Affekttheorie ohne den Rekurs auf das hypothetische Konstrukt „Trieb" bestätigt diesen doppelten Bezug (STEIN 1991).

Das damit gesetzte Problem ist forschungsmethodisch nicht eindeutig lösbar, da das Unbewußte als wichtigster Wirkungsbereich der „Kraft" - und damit ist auch die Ebene von Motiven betroffen - immer nur interpretierend erschlossen werden kann. STRENGER (1991), der die aktuellste Diskussion zu diesem Fragenkreis vorgelegt hat, schlägt deshalb als näherungsweise Lösung des Gültigkeitsproblems vor, das hermeneutische Gültigkeitskriterium der narrativen Kohärenz von Fallstudien zu ergänzen durch die kritische Prüfung der Kohärenz und Konsistenz der Ergebnisse mit nichtpsychoanalytischen Wissensbeständen.

Literatur

AICHHORN, August 1925: Verwahrloste Jugend. Bern (1951).
AICHHORN, August 1972: Erziehungsberatung und Erziehungshilfe. Reinbek.
BECKER, Hellmuth/Carl NEDELMANN (Hg.) 1987: Psychoanalytische Sozialarbeit mit psychotischen Kindern und Jugendlichen. In: psychosozial, H. 32, 3-101.
BERNFELD, Siegfried 1924: Vom dichterischen Schaffen der Jugend. Wien.
BERNFELD, Siegfried 1930: Der analytische Unterricht für Pädagogen. In: BERNFELD, Siegfried: Antiautoritäre Erziehung und Psychoanalyse. Hrsg. v. Lutz von WERDER/Reinhart WOLFF, Frankfurt/M. 1974, Bd. 2, 346-347.
BERNFELD, Siegfried 1931: Trieb und Tradition im Jugendalter. Kulturpsychologische Studien an Tagebüchern. Frankfurt/M. (1978).
BETTELHEIM, Bruno 1970: Liebe allein genügt nicht. Stuttgart.
BION, Wilfried 1990: Lernen durch Erfahrung. Frankfurt/M.
BITTNER, Günther 1995: Hans Zulliger. In: FATKE, Reinhard/Horst SCARBATH (Hg.): Pioniere psychoanalytischer Pädagogik. Frankfurt, 53-66.
BITTNER, Günther/Peter HELLER 1983: Eine Kinderanalyse bei Anna Freud (1929-1932). Würzburg.
BITTNER, Günther/Manfred THALHAMMER (Hg.) 1989: „Das Ich ist vor allem ein körperliches ....". Würzburg.
BOSSE, Hans 1991: Zugänge zur verborgenen Kultur der Jugendlichen. In: COMBE, Arno/Werner HELSPER (Hg.): Hermeneutische Jugendforschung. Opladen, 200-229.
BURLINGHAM, Dorothy/Anna FREUD 1971: Heimatlose Kinder. Frankfurt/M.
DATLER, Wilfried 1995: Bilden und Heilen. Mainz.
DATLER, Wilfried 1995 (b): Musterbeispiel, exemplarische Problemlösung und Kasuistik. In: Z.f.Päd., 719-728.
DATLER, Wilfried/Reinhard FATKE/Luise WINTERHAGER-SCHMID 1994: Zur Institutionalisierung der Psychoanalytischen Pädagogik in den 80er und 90er Jahren: Die Einrichtung der Kommission „Psychoanalytische Pädagogik" in der Deutschen Gesellschaft für Erziehungswissenschaft. In: Jahrbuch für Psychoanalytische Pädagogik 6, 132-161.
DIEM-WILLE, Gertrud 1992: Selbstreflexion als konstitutives Merkmal einer psychoanalytisch orientierten empirischen Forschung. In: FRÖHLICH, Volker/Rolf GÖPPEL (Hg.): Sehen, Einfühlen, Verstehen. Würzburg, 47-63.
ERTLE, Christoph [2] 1976: Erziehungsberatung. Stuttgart.
ERTLE, Christoph/Andreas MÖCKEL (Hg.) 1980: Fälle und Unfälle in der Erziehung. Stuttgart.
FATKE, Reinhard: Fallstudien in der Pädagogik. In: Z. f Päd. 1995, 675-680.
FIGDOR, Helmuth 1989: „Pädagogisch angewandte Psychoanalyse" oder „Psychoanalytische Pädagogik"? In: Jahrbuch für Psychoanalytische Pädagogik 1, 136-172.
FIGDOR, Helmuth 1991: Kinder aus geschiedenen Ehen: Zwischen Trauma und Hoffnung. Mainz.
FREUD, Anna 1927: Einführung in die Technik der Kinderanalyse. Leipzig.
FREUD, Anna 1930: Einführung in die Psychoanalyse für Pädagogen. Bern.
FREUD, Sigmund (mit J. BREUER) 1895: Studien über Hysterie. GW I, Frankfurt/M.
FREUD, Sigmund 1905: Über Psychotherapie. Stud. Ausg. Erg. Bd. Frankfurt/M. (1975), 107-119.
FREUD, Sigmund 1909 (a): Analyse der Phobie eines fünfjährigen Knaben. Stud. Ausg. VIII, Frankfurt/M. (1969), 13-122.
FREUD, Sigmund 1909 (b): Bemerkungen über einen Fall von Zwangsneurose. Stud. Ausg. VII, Frankfurt/M. (1973), 35-103.
FREUD, Sigmund 1918: Aus der Geschichte einer infantilen Neurose. Stud. Ausg, VIII, Frankfurt/M. (1969), 129-232.
FREUD, Sigmund 1927: Nachwort zur „Frage der Laienanalyse". Stud., Ausg. Erg. Bd., Frankfurt/M. (1975), 342-349.

GARZ, Hans-Günter 1996: Wege zum schwierigen Kind. Mainz.
GÖPPEL, Rolf 1991: Die Burlingham-Rosenfeld-Schule in Wien (1927-1933) - Schule und Unterricht für die Kinder des psychoanalytischen Clans. In: Z.f.Päd., 413-330.
HIRBLINGER, Heiner 1991: Über Symbolbildung in der Adoleszenz. In: Jahrbuch für Psychoanalytische Pädagogik 3, S. 90-117.
HOFMANN, Christiane 1993: Gruppenanalytisch orientierte Arbeit mit geistig behinderten Männern und Frauen. In: Jahrbuch für Psychoanalytische Pädagogik 5, 146-174.
IMBERT, Francis 1985: Pour une praxis pédagogique. Paris.
JAHRBUCH FÜR PSYCHOANALYTISCHE PÄDAGOGIK, Mainz 1989 - (jährlich).
KÖNIG, Hartmuth 1996: Gleichschwebende Aufmerksamkeit, Modelle und Theorien im Erkenntnisprozeß des Psychoanalytikers. In: Psyche, 337-375.
KÖRNER, Jürgen 1980: Über das Verhältnis von Psychoanalyse und Pädagogik. In: Psyche, 769-789.
KÖRNER, Jürgen 1990: Welcher Begründung bedarf die psychoanalytische Pädagogik? In: Jahrbuch für Psychoanalytische Pädagogik 2, 130-140.
LAPLANCHE, Jean/Jean Bertrand PONTALIS 1973: Das Vokabular der Psychoanalyse. Frankfurt/M.
LEBER, Aloys 1972: Psychoanalytische Reflexion - ein Weg der Selbstbestimmung in Pädagogik und Sozialarbeit. In: LEBER, Aloys/Helmut REISER (Hg.): Sozialpädagogik, Psychoanalyse und Sozialkritik. Neuwied, 13-52.
LEBER, Aloys/Georg TRESCHER/Elise WEISS-ZIMMER 1989: Krisen im Kindergarten. Frankfurt/M.
LEUZINGER-BOHLEBER, Marianne 1990: „Komparative Kasuistik" in der Psychoanalyse? In: JÜTTEMANN, Gerd (Hg.): Komparative Kasuistik. Heidelberg, 104-121.
LEUZINGER-BOHLEBER, Marianne 1995: Die Einzelfallstudie als psychoanalytisches Forschungsinstrument. In: Psyche, 434-480.
LEUZINGER-BOHLEBER, Marianne/Ariane GARLICHS 1993: Früherziehung Ost-West. Weinheim.
LOCH, Werner 1975: Der Analytiker als Gesetzgeber und Lehrer. In: ders.: Über Begriffe und Methoden. Bern, 197-230.
MANNONI, Maud 1976: „Scheißerziehung". Von der Antipsychiatrie zur Antipädagogik. Frankfurt/M.
MEHLER, Frank (Hg.) 1994: Texte zur Glocksee-Pädagogik 3. Hannover.
MOLL, Jeanne 1989: La pédagogie psychanalytique. Origine et histoire. Paris.
MOLLENHAUER, Klaus 1983: Vergessene Zusammenhänge. München.
MUCK, Mario/Hans-Georg TRESCHER (Hg.) 1993: Grundlagen der Psychoanalytischen Pädagogik. Mainz.
MÜLLER, Burkhard [2] 1991: Die Last der großen Hoffnungen. Weinheim.
MÜLLER, Burkhard 1995: Das Allgemeine und das Besondere beim sozialpädagogischen und psychoanalytischen Fallverstehen. In: Z.f.Päd. 697-707.
NEIDHARDT, Wolfgang 1977: Kinder, Lehrer und Konflikte. München.
NUNBERG, Herman/Ernst FEDERN (Hg.) 1976-1981: Protokolle der Wiener Psychoanalytischen Vereinigung. 4 Bde., Frankfurt/M.
OURY, Fernand/Aida VASQUEZ 1982: Vers une pédagogie institutionnelle. Paris.
PETRIK, Regina 1992: Szenisches Verstehen - Forschungsinstrument und/oder Handlungskonzept Psychoanalytischer Pädagogik? In: Jahrbuch für Psychoanalytische Pädagogik 4, 163-178.
PFISTER, Oskar 1913: Die psychoanalytische Methode. Leipzig/Berlin.
RACKER, Heinrich 1978: Übertragung und Gegenübertragung. München.
REDL, Fritz/David WINEMAN 1979: Kinder, die hassen. München.
RICOEUR, Paul 1969: Die Interpretation. Frankfurt/M.
ROSE, Lotte 1991: Das Drama des begabten Mädchens. Weinheim.
ROTH, Jörg Kaspar [3] 1988: Hilfe für Helfer: Balint-Gruppen. München.

SCHÄFER, Gerd 1995: Bildungsprozesse im Kindesalter. Weinheim.
SCHLEIERMACHER, Friedrich 1826: Die Vorlesungen aus dem Jahr 1826 (= Pädagogische Schriften I hrsg. von Erich WENIGER), Frankfurt/M. 1983.
SCHMID, Volker 1988: Konsultation im Förderkindergarten. In: KAUTTER, Hansjörg u.a.: Das Kind als Akteur seiner Entwicklung. Heidelberg, 287-301.
SCHMID, Volker 1990: Einige Bemerkungen in kritischer Absicht zu H. Figdor: „Pädagogisch angewandte Psychoanalyse" oder „Psychoanalytische Pädagogik"? In: Jahrbuch für Psychoanalytische Pädagogik 2, 122-129.
SCHMID, Volker 1993: „Aufklärung des Gefühls" zwischen Individualisierung und Tradition. Zur Widerständigkeit des Dialogs zwischen Psychoanalyse und Pädgogik bei Siegfried Bernfeld. In: Jahrbuch für Psychoanalytische Pädagogik 5, 60-77.
SCHMID, Volker 1995: Anmerkungen zum Zusammenhang von Bildungsprozessen und psychischer Strukturbildung. In: HAAS, Johann-Peter/Gemma JAPPE (Hg.): Deutungsoptionen. Tübingen, 76-92.
SCHMIDT, Vera 1924: Psychoanalytische Erziehung in Sowjetrußland. Leipzig/Wien/Zürich.
SPIEL, Walter/Wilfried DATLER 1987: Von der gezielten Förderung der gemeinschaftlichen Kooperation zwischen Schülern, Lehrern und Eltern: In: DATLER, Wilfried: Verhaltensauffälligkeit und Schule. Frankfurt/M., 172-192.
STEIN, Ruth 1991: Psychoanalytic theories of affect. New York.
STRENGER, Carlo 1991: Between hermeneutics and science. Madison.
SUPERVISION IN DER PSYCHOANALYTISCHEN SOZIALARBEIT. Herausg. v. Verein für Psychoanalytische Sozialarbeit 1994. Tübingen.
WINTERHAGER-SCHMID, Luise 1992: „Wählerische Liebe" - Plädoyer für ein kooperatives Verhältnis von Pädagogik, Psychoanalyse und Erziehungswissenschaft. In: Jahrbuch für Psychoanalytische Pädagogik 4, 52-65.
WINTERHAGER-SCHMID, Luise 1993: Idealisierung und Identifikation. In: Die Deutsche Schule, 133-140.
ZULLIGER, Hans 1921: Psychoanalytische Erfahrungen aus der Volksschulpraxis. Bern.
ZULLIGER, Hans [2] 1927: Aus dem unbewußten Seelenleben unserer Schuljugend. Bern.
ZULLIGER, Hans [2] 1966: Bausteine zur Kinderpsychotherapie. Bern.

Helga Kelle

Die Komplexität sozialer und kultureller Wirklichkeit als Problem qualitativer Forschung

> *Wie könnte ein wissenschaftlicher Ausdruck ein Leben erklären? Er erklärt nicht einmal eine Tatsache; er bezeichnet sie nur, und zwar jedesmal auf die gleiche Art; und doch gibt es nie und nirgends zwei gleiche Tatsachen - weder in zwei verschiedenen Leben noch aller Voraussicht nach in einem einzigen Leben.*
>
> M. Yourcenar, Alexis

In den letzten 15 Jahren ist der Begriff „Komplexität" durch die Rezeption der Systemtheorie LUHMANNS zu einem der prominentesten Begriffe der Sozialwissenschaften avanciert. Es hat dieser Popularisierung bisher keinen Abbruch getan, daß systemtheoretischen Ansätzen selbst, wegen ihres Defizits im Hinblick auf empirische Forschung, der Vorwurf der „Unterkomplexität" gemacht wird (vgl. KNORR-CETINA 1992). Begriffskonjunkturen spiegeln die Konzentrationen des wissenschaftlichen Problembewußtseins, dies relativ unabhängig von dem Bezugsrahmen und den Angeboten, die die Theorie macht, aus deren Kontext ein Begriff ursprünglich stammt. Ich setze in diesem Beitrag bei den allgemeinen sozialwissenschaftlichen Problemen an, die mit dem Begriff „Komplexität" diskutiert werden. Mit dem kurzen Hinweis auf darüber hinaus gehende theoriepolitische Debatten ist aber zumindest auf den doppelten Gebrauch dieses Begriffs in den Sozialwissenschaften aufmerksam gemacht: Er dient, je nach Bedarf, als analytischer oder als normativer Begriff. Der Vorwurf der *mangelhaften* Komplexität trifft nicht die soziale Wirklichkeit, sondern ihre wissenschaftlichen Konzeptualisierungen.

Qualitative Forschung bemüht sich um eine differenzierte Darstellung der Komplexität sozialer Wirklichkeit. Das „Handbuch qualitative Sozialforschung" (FLICK u.a. 1991) nennt als „komplexe Methoden" biographische Methoden, fallrekonstruktive Forschung, klinische Einzelfallforschung, das qualitative Experiment, Handlungsforschung, Ethnomethodologie, projektive Verfahren, dialogische Hermeneutik und psychoanalytische Methoden in der Sozialforschung. All diese Verfahren sind bestrebt, der Komplexität der Gegenstände, die sie untersuchen, methodisch gerecht zu werden. Selbst zu „komplexen" werden diese Methoden, indem sie mehrere unterschiedlich gelagerte Einzelmethoden verbinden. Solche Methodenkomplexität firmiert gemeinhin unter dem Etikett „Triangulation" (vgl. SCHRÜNDER-LENZEN in diesem Band). Das Interesse dieser Verfahren ist eher auf zeitliche Ausdehnung gerichtet wie bei der Biografieforschung oder aber bezieht sich stärker auf räumliche, strukturelle, interaktive u.a. Dimensionen mehr.

Die Stichworte zeigen bereits an, daß die abstrakte Modellvorstellung „Komplexität" mit ganz unterschiedlich akzentuierten sozialwissenschaftlichen, psychologischen und pädagogischen Theorien und Verfahren kompatibel ist, wie die Computerfachleute sagen würden. In jedem Fall geht es den entsprechenden empirischen Verfahren darum, die Komplexität von sozialen Phänomenen nicht abstrakt zu konstatieren, sondern *konkret zu veranschaulichen*. Um dieses methodologische und methodische Problem soll es hier zentral gehen. Es erfordert Nähe zum Objekt, ein Sich-Einlassen auf Fälle oder Felder, wenn unsere Beschreibungen und Interpretationen eine „hohe Auflösung" oder „Dichte" erreichen sollen.

Mein Beitrag zielt darauf, diese Relevanz des Komplexitätsbegriffs für die qualitative Forschung zu klären. Die Systematik des folgenden Textes orientiert sich demnach nicht vorrangig an einer Begriffskritik, die auch geübt wird, sondern an einer Entfaltung der methodologischen Ressourcen, die der Begriff „Komplexität" enthält.

Dieser Aufsatz bleibt auf der allgemeineren Ebene sozialer und kultureller Bedeutungen, und zwar nicht deshalb, weil sich die Gegenstände pädagogischer Forschung nicht noch weiter spezifizieren ließen. Vielmehr soll in Probleme qualitativer Forschung eingeführt werden, die nicht auf pädagogische Forschung eingegrenzt sind. Ein zentrales Problem stellt der sinnvolle 'Zuschnitt' der zu untersuchenden Gegenstände dar.

Ich gehe nicht direkt zur Methodenkomplexität über, sondern wende mich zunächst einmal der Vorstellung von der Komplexität der sozialen Wirklichkeit selbst zu, weil diese Vorstellung methodologische Probleme hervorbringt (1. Teil). Eine neuere sozialwissenschaftliche Forschungsrichtung, die die hierfür relevanten (wissens-)theoretischen Hintergründe zusammenhängend reflektiert und auf die ich mich deshalb zentral beziehe, ist der empirische Konstruktivismus (KNORR-CETINA 1989). Diese Richtung ist im deutschen Sprachraum bisher wenig in programmatischer Art und Weise in Erscheinung getreten und wird in der Erziehungswissenschaft infolgedessen wenig rezipiert. Die Methode der Wahl in dieser Richtung ist die Ethnographie, die auch den forschungspraktischen Hintergrund meiner Ausführungen abgibt. Die auf diesem Weg formulierten Probleme werden dann im Hinblick auf ihre Relevanz für die Erziehungswissenschaft diskutiert (2. Teil). Ich stelle den allgemeinen Bezug zur Erziehungswissenschaft her (2.1) und führe eine konkrete kulturtheoretische Reflexion komplexer Bedeutungen durch (2.2). Im folgenden geht es dann darum, anhand eines Beispiels aus meiner eigenen Forschung diese 'konstruktive' Problematisierung im Hinblick auf Forschungspragmatik noch weiter zu konkretisieren (2.3).

Der allgemeine und populäre Begriff „Komplexität" eignet sich dafür, methodologische Fragen aufzuwerfen und zu diskutieren, die sich im Verhältnis zu einzelnen Forschungsrichtungen als richtungsübergreifend erweisen: Welche Probleme und welche Hilfestellungen für die qualitative Forschung produziert die Annahme der Komplexität sozialer Wirklichkeit? Wie kann die Komplexität sozialer Phänomene angemessen erforscht und zur Darstellung gebracht werden?

1. Der Begriff Komplexität

Betrachten wir als erstes eine der allgemeinen Definitionen, wie Lexika sie zur Verfügung stellen. Komplexität bedeutet zum einen Vielschichtigkeit und zum anderen die Gesamtheit der Merkmale eines Phänomens (vgl. Duden 5). Auf dieser allgemeinen, phänomenologisch-begrifflichen Ebene läßt sich zunächst feststellen, daß mit Komplexität eine sehr abstrakte, modellhafte Annahme über die Beschaffenheit von Phänomenen ausgedrückt werden kann. In dieser Eigenschaft wird Komplexität häufig parallel zu anderen Begriffen verwendet wie z.B. Heterogenität, Ambiguität, Diversität. All diese Begriffe verweisen auf den hier in Rede stehenden Problemzusammenhang der qualitativen Forschung: Sie bezeichnen Qualitäten empirischer Phänomene, die die Forschung berücksichtigen und darstellen sollte. Den Komplexitätsbegriff im Verhältnis zu den anderen Begriffen qualifiziert sowohl die Modellvorstellung der Geschichtetheit als auch die einer Ganzheit von Phänomenen.

Was aber ist nun ein Phänomen, das zum Gegenstand pädagogischer oder sozialwissenschaftlicher Untersuchung gemacht werden kann? Im Kontext von Forschungsfragestellungen wird „Komplexität" meist nicht allein, sondern fast immer in Verbindung mit „Reduktion" benutzt. LUHMANN zählt „Komplexitätsreduktion" zu den Aufgaben von zentralen sozialen Mechanismen - wie z.B. dem Vertrauen -, die die Funktionalität von Systemen sichern (vgl. LUHMANN 1989). Mit diesem Begriffspaar kann auch die methodologische Frage jeglicher Sozialforschung aufgeworfen werden, wie soziale Phänomene angemessen zu vereinfachen seien, so daß sie in Forschungspragmatik übersetzt und damit untersucht werden können. Im qualitativen Forschungskontext verweist das Wort „angemessen" auf den wissenschaftlichen Anspruch, daß empirische Forschung die soziale Wirklichkeit „originalgetreu" beschreiben und analysieren sollte bzw. daß diese Beschreibungen und Analysen sich von der Lebenswirklichkeit in den behandelten Bereichen leiten lassen sollten. Das Wort von der „Komplexitätsreduktion" impliziert aber auch die Voraussetzung, daß komplexe soziale Wirklichkeit nur als reduzierte bewältigbar, bearbeitbar, untersuchbar und darstellbar ist. Komplexität wird so zu einem Negativbegriff, der das abstrakte Wissen darüber verkörpert, daß die Dinge komplizierter liegen, als wir in der Lage sind es wahrzunehmen, zu verstehen oder darzustellen. Komplexität ist also auch ein wissenssoziologisch und verstehenstheoretisch relevanter Begriff und auch in diesem Sinne von LUHMANN gebraucht.[1] Ohne damit auf LUHMANNS Theorie einzugehen, kommt es mir hier auf die Feststellung an, daß die allgemeine Annahme der notwendigen Unvollkommenheit unseres Wis-

---

[1] LUHMANN greift den Begriff für eine Theorie der Selbstreferentialität sozialer und psychischer Systeme auf. Für ihn geht es beim Verstehen - „Systeme verstehen Systeme" - „um das Nachvollziehen der strukturierten Komplexität, die entsteht, wenn ein System selbstreferentiell zu operieren beginnt" (LUHMANN 1986, 89).

sens weitestgehend konsensfähig zu sein scheint.[2] Auch einer qualitativen Forschung setzt die Einsicht in diese Unvollkommenheit pragmatische Grenzen, an die Konzepte von Methodenkomplexität stoßen.

Die im vorangegangenen Abschnitt entwickelten Vorstellungen zur Komplexitätsreduktion implizieren die erkenntnistheoretische Annahme, daß die soziale Wirklichkeit und mithin ihre Phänomene vor ihrer Untersuchung, Analyse und Beschreibung da seien. Diese Annahme der Vorgängigkeit der Phänomene wird jedoch in jüngster Zeit vom „radikalen Konstruktivismus" bezweifelt (vgl. von GLASERSFELD 1991). Man muß sich nicht unbedingt auf diese radikalisierte Erkenntnistheorie einlassen, um die Leistungen des sozialen Konstruktivismus und der Diskursanalyse anzuerkennen. Sie haben darauf aufmerksam gemacht, daß wir über soziale und diskursive Praktiken in Wissensprozessen das zu Wissende immer auch konstruieren und - wie eine Schneiderin oder Schriftstellerin ihren Stoff - zuschneiden (für einen Überblick über konstruktivistische Ansätze s. SCHWANDT 1994).

Konstruktivistische Voraussetzungen weisen in mindestens zwei Richtungen: Zum einen geht es um die kognitiven Konstruktionen und damit einen individuellen Status von Wissen, zum anderen geht es um die sozialen Konstruktionen, das sind die Prozesse und Produkte historisch und lokal situierter Aushandlungen zwischen Menschen. Die Schnittstelle des kognitionstheoretischen und des sozialen Konstruktivismus liegt in der Frage nach der Erzeugung von Wissen. Während der kognitive Konstruktivismus diese im Hinblick auf das Individuum beantwortet - d.h. die kognitiven Konstruktionsleistungen der Einzelnen in den Blick nimmt -, entwickelt der empirische soziale Konstruktivismus „ein Modell, das die Kommunikation und Interaktion zwischen Beteiligten in Betracht zieht" (KNORR-CETINA 1989, 90). Eben diese, Kommunikationen und Interaktionen, seien empirisch zu erforschen.

Zur Veranschaulichung der zentralen erkenntnistheoretischen Frage: Die Bezweiflung der Vorgängigkeit von Phänomenen mag uns in bezug auf materiale Gegenstände zunächst wenig einleuchten - wer würde etwa bezweifeln, daß geologische Schichten vor ihrer Beschreibung da sind? Es wird uns jedoch sicher ins Grübeln bringen, wenn wir uns die abstrakten Gegenstände sozialwissenschaftlicher Forschung vor Augen führen. Kann man z.B. allen Ernstes davon sprechen, daß der in den 70er und 80er Jahren vielzitierte „Neue Sozialisationstyp", als gewissermaßen gebündeltes Phänomen, vor seiner sozialwissenschaftlichen Beschreibung da war?

Mit dem Konstruktivismus verlagert sich auch die Frage der angemessenen wissenschaftlichen Komplexitätsreduktion. Wenn die „Welt" oder die „soziale Wirklichkeit" nicht immer schon da sind, sondern fortlaufend kognitiv oder interaktiv in kulturellen Praktiken hergestellt und verändert werden, dann kann sich auch Angemessenheit nicht auf etwas immer schon Bestehendes, sondern muß sich auf etwas je Erzeugtes oder Auszuhandelndes beziehen. Der Kon-

---

[2] In diesem Zusammenhang sei daran erinnert, daß sich in der Geschichte der empirischen Forschung schon der Kritische Rationalismus nicht mehr auf Verifikation, sondern auf Falsifikation von Hypothesen einstellte (vgl. POPPER 1972).

struktivismus erhebt mithin nicht die angemessene Abbildung bzw. Wahrheit zum Gültigkeitskriterium des Wissens, sondern die Eröffnung von Handlungs- und Denkmöglichkeiten, die „Erweiterung von Welt" (KNORR-CETINA 1989). Das impliziert: Wir müssen unsere sozialwissenschaftlichen Konstruktionen von sozialen Phänomenen dem wissenschaftlichen Diskurs aussetzen, sie plausibel machen, ohne daß wir uns auf 'sicheres', selbstgewisses wissenschaftliches Terrain zurückziehen könnten. Wissenschaft gleicht einem fortlaufenden Kommunikationsprozeß, der über wechselseitige Reflexivität und Selbstreflexivität der Beteiligten kontrolliert wird. „Erweiterung von Welt" bedeutet auch: Komplexitätsproduktion statt -reduktion.[3]

Bleiben wir vorläufig bei dem Problem der Komplexitätsreduktion. Es stellt sich, wie bereits angedeutet, nicht als wissenschaftsimmanentes, es stellt sich vielmehr immer bei der Aneignung oder Konstruktion von Wirklichkeit über Erfahrung. Es kann also auch als allgemeines wissens- oder erfahrungstheoretisches Problem aufgefaßt werden: wie werden soziale Erlebnisse bewältigt und mit Sinn ausgestattet? Diese Anlehnung der sozialwissenschaftlichen an die alltägliche Sinnerzeugung geht auf SCHÜTZ zurück (vgl. SCHÜTZ/LUCKMANN 1979). SCHÜTZ spricht nicht von Komplexität, aber z.B. von der „Aufschichtung der Lebenswelt" (ebd., 62). In Akten der Auslegung begreifen wir unsere Lebenswelt. Im Verhältnis zu dieser lebensweltlichen Bedeutung von „Verstehen" ist sozialwissenschaftliches Verstehen eine Auslegung zweiter Ordnung. Im Hinblick auf den wissenschaftlichen Geltungsanspruch des interpretativen Paradigmas ist diese Anlehnung - qualitative Forschungsmethoden sollten lebensweltliche Bedeutungserzeugung nachvollziehen - ein wichtiger Baustein zur methodologischen Argumentation, da für diese andere Kriterien als Quantifizierbarkeit oder Repräsentativität gelten (müssen). Für den empirischen Konstruktivismus drückt KNORR-CETINA (1989, 93) diesen Punkt mit dem Symmetriepostulat aus. Theoretische Konzepte wie z.B. „Persönlichkeitsentwicklung" oder „Biographie" sollten nicht immer schon vorausgesetzt werden, sondern nur dann ins Spiel kommen, wenn sie im untersuchten Feld (SCHÜTZ würde sagen lebensweltlich) artikuliert werden oder an Kategorien der Teilnehmer des Feldes angelehnt werden können. Am dezidiertesten haben sich GLASER und STRAUSS (1967) diesem Problem mit der Entwicklung der Methode der „Grounded Theory" gewidmet.

Wissenschaftsgeschichtlicher Exkurs

Die Erziehungswissenschaft verfügt mit der Geisteswissenschaftlichen Pädagogik über eine Tradition, in der hermeneutische Verfahren im Vordergrund standen. Seit den frühen 70er Jahren ist die Erziehungswissenschaft aber in Abgrenzung von der Tradition um eine „Verwissenschaftlichung" im Sinne sozialwissenschaftlicher Forschungsmethoden bemüht gewesen. Verschiedene Verstehensbegriffe sollen deshalb im folgenden differenziert werden, um nicht, an neueren Entwicklungen vorbei, eine kurzschrittige und bruchlose Anknüp-

---

[3] Weiter unten werde ich für die Forschungspragmatik das Wechselspiel und nicht die Ausschließlichkeit beider Begriffe darstellen.

fung neuer qualitativer Methoden an ältere hermeneutische Traditionen zu suggerieren. SCHWANDT (1994) geht in seinem Überblick über interpretative und konstruktivistische Ansätze von gemeinsamen wissenschaftshistorischen Bezügen und aktuellen Interessen aus. An die von SCHÜTZ vorangetriebene sozialwissenschaftliche Fassung eines phänomenologischen Verstehensbegriffs, die als Grundlage des interpretativen Paradigmas angesehen werden kann, knüpfen z.B. auch BERGER und LUCKMANN (1970) in ihrer Fassung des Sozialkonstruktivismus an. Der phänomenologische Verstehensbegriff von SCHÜTZ ist jedoch nicht identisch mit einem hermeneutischen Verstehensbegriff, wie er für die Tradition der Geisteswissenschaftlichen Pädagogik maßgeblich ist. Während es SCHÜTZ um die für das soziale Leben konstitutiven intersubjektiven Bedeutungen und deren Erzeugung geht, sind als Kontrast dazu für die hermeneutische Tradition zwei Richtungen zu unterscheiden. Entweder wird „Bedeutung als determinierte, objektgleiche Entität (begriffen), die darauf wartet, in einem Text, einer Kultur oder dem Geist eines sozialen Akteurs entdeckt zu werden" (hermeneutische Ansätze im Anschluß an DILTHEY) oder aber man befaßt sich in Anknüpfung an HEIDEGGER mit Ontologie, mit den existentiellen Bedingungen des Daseins (philosophische Hermeneutik; vgl. SCHWANDT 1994, 121).

Dem an SCHÜTZ anknüpfenden Sozialkonstruktivismus bei BERGER und LUCKMANN geht es dagegen um das Gemachtsein, „die soziale Konstruktion der Wirklichkeit", dabei aber besonders um deren als objektiv erfahrene Verfaßtheit, die durch Objektivierungsprozesse (Habitualisierungen, Typisierungen, Symbolisierungen u.a.) zustandekommt. In der Darstellung dieser Objektivierungsprozesse abstrahiert diese Richtung von konkreten lokalen Reproduktionen, sie hat also nicht vorrangig ein ethnographisches Interesse.

Von dieser Fassung des Sozialkonstruktivismus profitiert und unterscheidet sich der empirische Konstruktivismus KNORR-CETINAS (1989). Sie betont die Notwendigkeit der empirischen Erschließung der (raum-zeitlich) *lokalen* Konstruktionsprozesse von Teilnehmern in ihren sozialen Feldern. Sie erhebt damit die *Diversität* von interaktiv erzeugten sozialen Wirklichkeiten zum Orientierungsmaßstab für empirische Forschung und vollzieht so eine Abkehr von Perspektiven, die objektivistisch oder existentialistisch argumentieren. Diese Richtung verlangt eine hinreichend theoriefreie Analyse sozialer Konstruktionen, die sich auf ethnographische Forschung gründet und mit dem weiter oben schon genannten Symmetriepostulat auch das Postulat der Selbstanwendung verbindet (Reflexion auf die eigenen Konstruktionen). Eine „auf Distanz bleibende Modellbildung" lehnt diese Richtung ab.

Der empirische Konstruktivismus setzt „anstelle des Objektivitätsprinzips des traditionellen Wissenschaftsverständnisses, aber auch anstelle von dessen Gegenteil, dem Fiktionalitätsprinzip der Kognitionstheorie und ihrer Ableitungen, ein *Analysierbarkeitsprinzip*. Entdeckungsräume mögen nicht 'erkennbar' sein, aber sie können der Analyse zugänglich gemacht werden" (KNORR-CETINA 1989, 95).

Andere Autoren, die konstruktivistische Theorien rezipieren, setzen andere Akzente (vgl. z.B. RUSCH 1986; vgl. auch LENK in diesem Band). Ich gehe wenigstens kurz auf ein anderes Beispiel ein, um zu zeigen, daß es hier nicht um die Vorstellung einer 'gültigen' Version von Konstruktivismus gehen kann.
H. BERGER (1993) unterscheidet wie KNORR-CETINA (1989) drei, aber nur zum Teil die gleichen, Richtungen. Er nennt erstens ebenfalls den „Sozialkonstruktivismus" (BERGER/LUCKMANN). Zweitens bezieht sich BERGER auf den „Radikalen (erkenntnistheoretischen) Konstruktivismus", der ursprünglich im Kontext der Biologie von MATURANA und VARELA (1987) entwickelt wurde (von mir weiter oben als kognitionstheoretischer Konstruktivismus bezeichnet). Diese Richtung habe ihre Wurzeln in Systemtheorie und Kybernetik und rücke die Theorie autopoietischer (sich selbst erzeugender und reproduzierender) Systeme ins Zentrum, die auch in LUHMANNS Theorie eine zentrale Stelle einnimmt. Und schließlich drittens nennt BERGER den „sozialen Kon*struktion*ismus" (GERGEN 1985), der methodisch wesentlich eine Sprach- und Diskursanalyse sei und die gesellschaftliche Herstellung sozialpsychologischer Gegenstände thematisiere, um die traditionelle Subjekt-Objekt-Spaltung und Dichotomisierungen (wie krank/gesund) in den Betrachtungen psychologischer Phänomene zu überwinden. BERGER (1993, 206ff) selbst verfolgt das Interesse, alle drei Richtungen für eine konstruktivistische Sozialpsychologie zusammenzubringen.
Trotz dieser zu berücksichtigenden Differenzierungen in bezug auf konstruktivistische Ansätze scheint es mir im Kontext dieses Handbuchs am plausibelsten, an die Richtung anzuknüpfen, die im Hinblick auf qualitative Methoden aktuell am innovativsten *arbeitet*, den empirischen Konstruktivismus KNORR-CETINAS.

2. Relevanz des Komplexitätsbegriffs für Erziehungswissenschaft und Forschungspragmatik

2.1 Bezug zur Erziehungswissenschaft

Die Modellvorstellung in bezug auf soziale Phänomene, die in „Komplexität" steckt und von konstruktivistischen Ansätzen zum Maßstab genommen wird, steht im Kontrast zum veralteten Forschungsverständnis: Forschungsergebnisse können keine einfachen semantischen Beziehungen - sei es in kausalistischer, funktionalistischer oder deterministischer Manier - behaupten. Qualitative Methoden zumal gehen davon aus, daß nicht isolierte Aussagen nach dem Muster „A ist eine Ursache von B" oder „B folgt aus A" getroffen werden können, sondern davon, daß es sich bei sozialen und kulturellen Phänomenen immer um Bedeutungsschichten oder -gewebe handelt.
Das Komplexitätskonzept besetzt allerdings dann im Hinblick auf Forschung einfach eine Leerstelle, wenn immer wieder die Komplexität von allem und jedem abstrakt-theoretisch konstatiert wird. Die angesprochene erkenntnistheoretische Negativität des Begriffs entbindet nicht von der Aufgabe, empirische

Forschung im Angesicht von Komplexität zu konzipieren. Der empirische Sozialkonstruktivismus verlagert in dieser Hinsicht das qualitative Forschungsinteresse: Weg von einer Erklärungslogik und hin zu der *genauen Beschreibung sozialer Ordnungen*. Angesichts der allgültigen Komplexitätsannahme ist man hier wie auch in anderen Forschungstraditionen mit Grund vorsichtig geworden. Die Frage nach dem *Warum* wird - wie bei GOFFMAN oder der Ethnomethodologie auch - durch die Frage nach dem *Wie*, nach der Machart der erforschten Gewebe abgelöst. Die Webtechniken kommen in den empirischen Blick. Oder läßt die Struktur erkennen, daß ein Stoff doch eher durch Stricken, Knüpfen, Klöppeln oder Verfilzen erzeugt wurde? Solche Metaphern sind hier nur begrenzt angemessen, denn sie stehen für die Erkennbarkeit der Machart am fertigen Produkt. Im Sozialen haben wir es allerdings weniger mit Produkten, als vielmehr mit Prozessen zu tun, die sich nicht als Status quo fixieren lassen.

Welche spezifischen Semantiken, welche Bezugssysteme ziehen wir heran oder konstruieren wir, um zu verstehen? Der zentrale Begriff „Bedeutung" ist bisher nicht genauer qualifiziert worden. In verschiedenen sozialwissenschaftlichen Disziplinen konstruieren wir soziale, kulturelle, pädagogische, psychische, subjektive, biographische und dergleichen Bedeutungen mehr. Im ausdifferenzierten Wissenschaftsbetrieb macht „Bedeutung" nur mit solchen qualifizierenden Adjektiven Sinn. Die wissenschaftliche Ausdifferenzierung erzeugt und reduziert Komplexität zur gleichen Zeit, nämlich durch eine Spezialisierung von Wissensgebieten, die immer mehr und immer fragmentierteres Wissen erzeugen. Die genannten Qualifikationen, die nicht mit disziplinären Grenzen ineinsgesetzt werden sollten, beanspruchen aber eine höchst unterschiedliche Reichweite: Die Begriffe „sozial" und „kulturell" - zum Teil zusammengezogen zu „soziokulturell" - sind hinreichend komplex, um sich dafür zu eignen, die anderen Begriffe einzuklammern. Pädagogische Forschung könnte man z.B. als Suche nach kulturellen Bedeutungen in einem bestimmten Bezug oder nach sozialen Bedeutungen in einem bestimmten gesellschaftlichen Bereich bezeichnen.

Ich bleibe hier vor allem deshalb auf der allgemeineren Ebene sozialer und kultureller Bedeutungen, weil sich aufgrund der angerissenen theoretischen Diskussion pädagogische Forschung als problematischer erweist, als sie es ihrem Selbstverständnis nach vielfach ist. Die Evaluation pädagogischer Maßnahmen betreibt immer schon eine ganz spezifische Komplexitätsreduktion: Sie konzentriert sich auf funktionale Zusammenhänge, d.h. hier auf Bedingungen und Wirkungen von Pädagogik. Wie kann aber bei komplexen Bedingungsgefügen und Interaktionszusammenhängen gewußt werden, welche Effekte der Pädagogik oder anderen Faktoren geschuldet sind? LUHMANN und SCHORR (1982) haben auf dieses Problem verwiesen, als sie das „Technologiedefizit" der (praktischen) Pädagogik diagnostizierten. Mein Interesse für die Forschung in pädagogischen Feldern ist nun nicht, 'Technologisierungsressourcen' zu entdecken, sondern es geht m.E. darum, die Konsequenzen aus dem systematischen Mangel zu ziehen. Der Wechsel von den Warum-Fragen zu den Wie-Fragen bietet sich an, weil er auf der normativen, der pädagogischen Seite entlasten kann und auf der empirischen Seite dazu zwingt, genau hinzugucken. So könnte eine Forschung in pädagogischen Feldern darauf verzichten, die pädagogische Beziehung zu isolieren, und statt dessen die Perspektive ausweiten auf zu entdeckende vielfältige Phänomene im Feld, die auch nicht notwendig zu pädagogisieren wären. Ethnographische Forschungsmethoden, auf die eigene (pädagogische) Kultur angewandt, streben eine Reflexivität an, die über die Enthaltsamkeit in bezug auf normative Vorgaben und Ziele und über die methodische „Verfremdung" des Blicks Neues sieht (vgl. auch LUTZ/BEHNKEN/ ZINNECKER in diesem Band). Eine „pädagogische Ethnographie" (ZINNECKER 1995) könnte vor allem dafür stehen, daß Kinder und Jugendliche auch jenseits eines Status als Objekten von Pädagogik wahrgenommen werden.

2.2 Komplexe kulturelle Bedeutungen

Ich wähle im folgenden GEERTZ' (1987) Methode der „Dichten Beschreibung" und sein Beispiel des „Zwinkerns" als eine Möglichkeit, um zu ermessen, wie sich die komplexe soziale und kulturelle Bedeutungsstruktur konkret darstellt und darstellen läßt.[4]

Der Begriff „dichte Beschreibung" stammt nicht von GEERTZ selbst, sondern von dem Philosophen RYLE, und von diesem stammt auch das Beispiel des Zwinkerns (oder Nicht-Zwinkerns), das veranschaulichen soll, was eine dichte im Unterschied zu einer dünnen Beschreibung leisten sollte. „Blitzschnelles Bewegen des Augenlides" ist eine dünne Beschreibung. RYLE stellt sich zwei Jungen vor, bei dem einen ist diese Bewegung ein ungewolltes Zucken, bei dem anderen transportiert sie die kulturelle Bedeutung „Zwinkern", ein „heimliches Zeichen an seinen Freund". GEERTZ betont, daß beide Bewegungen als solche identisch sind, ihre kulturellen Bedeutungen sind aber von den Teilnehmern zu interpretierende. Schon auf dieser Ebene der Differenzierung des Beispiels wird deutlich, welch komplexes Zusammenspiel von Komponenten eine so einfache Handlung wie das Zwinkern konstituiert: „Der Zwinkerer teilt etwas mit, und zwar auf ganz präzise und besondere Weise: (1) er richtet sich absichtlich (2) an jemand Bestimmten, (3) um eine bestimmte Nachricht zu übermitteln, (4) und zwar nach einem gesellschaftlich festgelegten Code und (5) ohne daß die übrigen Anwesenden eingeweiht sind." (GEERTZ 1987, 10f.)

Diese Ausführungen beinhalten, daß kulturelle Bedeutungen intersubjektiv, dynamisch, interaktiv und situativ erzeugt werden. Die Konnotationen changieren, sie hängen auch von dem Gelingen, im Sinne einer Übereinstimmung, der wechselseitigen Interpretation der Teilnehmer an der Situation ab. Dieses Changieren und die je differente Summe der Merkmale der Situation, ihre Komplexität eben, bewirken, daß jedes Zwinkern in seiner situierten Bedeutung einen Einzelfall darstellt, auch wenn ein kultureller oder gesellschaftlicher Code eingesetzt wird. Der allgemeine Code ist nur ein konstituierendes Merkmal der Situation. Die Möglichkeit des Mißlingens bedeutungtragender und -erzeugender Interaktionen - wobei falsche Interpretationen auch Interpretationen sind - verweist zudem darauf, daß verschiedene Sinnebenen unterschiedlich

---

[4] GEERTZ ist einer kulturanthropologischen Terminologie mit soziologischem Einschlag verpflichtet, die für die Forschung, die an erziehungswissenschaftlichen Fakultäten gemacht wird, als Bezugsgröße gelten kann.

offensichtlich oder versteckt sein können, dies sowohl für Teilnehmer wie auch für Forscher. Kulturelle Tabus, persönliche Widerstände, situative Dispositionen u.a.m. stellen zusätzliche Schwierigkeiten für die wissenschaftliche (Re)-konstruktion kultureller Bedeutungen dar. Neben subjektiven Faktoren ist hiermit auch das methodische Problem der prinzipiell unterschiedlichen 'sinnlichen' Zugänglichkeit von Sinnebenen, die theoretisch konstruiert werden, angesprochen.[5]

Die geschichtete Struktur von Bedeutungen wird mit der weiteren Differenzierung obigen Beispiels noch klarer. RYLE führt als weitere Bedeutungsebene an, daß es sich auch um eine Parodie von Zwinkern handeln kann, die nicht zur geheimen Verständigung, sondern zum Lächerlichmachen dient. Oder, noch eine weitere Ebene, jemand übt, das Zwinkern eines Anderen zu parodieren, was nicht der Bedeutung der Parodie selbst entspricht. Wenn sich GEERTZ auch noch weitere Variationen der Situation vorstellen kann, will ich es hier dabei bewenden lassen. Wichtig bleibt festzuhalten, daß die unterschiedlichen Bedeutungen nur durch die *Kontextualisierung* des jeweiligen Zwinkerns oder eben Nicht-Zwinkerns erschlossen werden kann, die Einzelfälle konstituiert, denen bestimmte kulturelle Codes oder Symbolsysteme gemeinsam sind oder sein können, und doch sind sie durch das spezifische Ensemble ihrer Merkmale je besondere Fälle.

Das Verfahren der Kontextualisierung in der qualitativen Forschung kann nur zum Teil formalisiert werden, weil auch auf dieser Ebene die Komplexitätsannahme durchschlägt. Es kann nicht systematisch im voraus gewußt werden, welche spezifischen der vielschichtigen situativen Bedingungen in einem Einzelfall von Bedeutung sind.

GEERTZ betont, daß das Gültigkeitskriterium dichter Beschreibungen - wir können auch sagen: qualitativer Forschung allgemein - nicht die Kohärenz einer Summe von Phänomenen ist (also die Quantifizierbarkeit), sondern die Genauigkeit im Detail, die der empirischen Vielfalt und Heterogenität von Phänomenen gerecht wird. Es geht bei qualitativen Methoden um die Beschreibung allgemeinerer kultureller Muster, aber gewissermaßen ohne in der Darstellung zu vergessen, daß alle konkreten Einzelbeispiele in ihrer Komplexität über diese Muster hinauslappen.[6]

Es geht hier nicht darum zu behaupten, quantitative Verfahren betreiben Komplexitätsreduktion und qualitative nicht. Notwendigerweise tun dies beide. Die

---

[5] Man denke hier z.B. an die Annahme der systematischen Verzerrungen von Erfahrungen, die zur Formulierung und Untersuchung des sogenannten „falschen Bewußtseins" durch das Institut für Sozialforschung geführt hat (vgl. ADORNO 1973).

[6] Das entsprechende Problem der sozialpsychologischen Forschung, daß sie Einzelne auf Exemplare reduziert, hat wissenschaftshistorisch gesehen das Institut für Sozialforschung schon seit den 40er Jahren bewegt (Untersuchungen zum autoritären Charakter). Im Positivismusstreit anempfiehlt ADORNO später der Soziologie die Sprachkritik KRAUS' und die Texte FREUDS als ästhetische Vorbilder, weil diese den Einzelfall würdigen (vgl. ADORNO 1972, 329ff). Was neuerdings in der ethnographischen Forschung als Literarisierung, auch gerade anhand des Einflusses von GEERTZ (1990), diskutiert wird (vgl. CLIFFORD/MARCUS 1986), weist Bezüge zu in ganz anderen Wissenschaftstraditionen repräsentiertem Problembewußtsein auf.

Art und Weise aber, soziale und kulturelle Phänomene zu fassen, deren 'Zuschnitt', ist im quantitativen und im qualitativen Paradigma grundsätzlich unterschiedlich. Während unter dem quantitativen Paradigma Phänomene vorab definiert und operationalisiert werden (wobei die Definition dem kulturellen Feld selbst äußerlich sein kann), ist qualitativen Verfahren der Anspruch gemeinsam, daß die Methoden flexibel und in einem fortlaufenden rekursiven Prozeß an das jeweilige Feld angepaßt werden und die Teilnehmersichtweisen berücksichtigt werden müssen. Beim Herantreten von ForscherInnen an das Feld sind die Forschungsgegenstände noch bewußt undeutlich, um erst im Prozeß geformt zu werden. Während mit quantitativen Verfahren stark reduzierte einzelne Zusammenhänge von Variablen untersucht werden, dies aber in großer bzw. repräsentativer Zahl, bieten qualitative Methoden die Möglichkeit, durch die Konzentration auf wenige oder Einzelfälle eine Vielzahl von Zusammenhängen in einem Phänomenbereich genau zu beschreiben.

Trotz der Tatsache, daß heute immer mehr Forschungsprojekte quantitative und qualitative Verfahren im Sinne einer Methodenkomplexität verbinden, ist darauf hinzuweisen, daß die angesprochenen, prinzipiell unterschiedlichen 'Zuschnitte' von Phänomenen in den verschiedenen Verfahren damit nicht aufgelöst oder integriert werden. Es soll hier nicht die Sinnhaftigkeit solcher Kombinationen diskutiert oder das wechselseitige Anregungspotential bezweifelt werden. Ich möchte nur den Punkt festhalten, daß qualitative Methoden phänomenologisch etwas *anderes* als quantitative untersuchen und darstellen. Das Bild von Wirklichkeit, das als untersuchungsrelevant unterstellt und im Ergebnis angestrebt wird, ist bei beiden grundsätzlich verschieden. Eines von GEERTZ wesentlichen Argumenten für qualitative Forschung besagt, daß der Zusammenhang von Daten und Interpretationen nicht aufspaltbar ist: „Eine gute Interpretation von was auch immer ... versetzt uns mitten hinein in das, was interpretiert wird" (GEERTZ 1987, 26). Er setzt den Akzent demnach nicht nur auf analytische, sondern vor allem auch auf Darstellungsfragen.

Das Beispiel des Zwinkerns hat uns vor Augen geführt, welchen Interpretationsschwierigkeiten wir aufgrund der Komplexität kultureller Bedeutungen ausgesetzt sind, und zwar nicht erst bei der Auswertung von vorliegenden Daten, sondern bereits auf der Ebene der Erhebungstechniken.

2.3 Methodische Komplexitätsreduktion und -produktion konkret

An GEERTZ' grundsätzliche kulturtheoretische Einsichten, die an einem kulturellen Mikrobeispiel gewonnen sind, schließe ich die Schilderung eines Beispiels aus meiner eigenen Forschung an und verdeutliche daran die typischen Komplexitätsreduktionen und -produktionen im Forschungsprozeß. Es handelt sich um einen Forschungsprozeß mit teilnehmender Beobachtung. Ich möchte zeigen, wie Komplexitätsreduktionen und -produktionen methodisch gesteuert werden, damit die Komplexität des Beobachteten nicht unreflektiert unter den Tisch fällt. Es kann hier nicht um eine Einführung in die ethnographische Methode gehen; ich werde nur so weit ins Detail gehen, wie es für mein Thema erforderlich ist. Insbesondere die analytischen Schritte im Forschungsprozeß mögen deshalb verkürzt erscheinen.

Ich zitiere zunächst eine Sequenz aus einem Beobachtungsprotokoll. Beobachtet werden 9-12jährige Jungen und Mädchen in der Laborschule Bielefeld, und zwar mit dem Fokus auf Gleichaltrigeninteraktionen.[7] Diese Eingrenzung ist pragmatisch gesetzt und hat sich aus Überlegungen im Anschluß an vorliegende Forschungsliteratur ergeben. Anders als GEERTZ möchte ich hier nicht die *interpretativen* Variationsmöglichkeiten im Hinblick auf eine ganz bestimmte und geläufige kulturelle Praxis (das Zwinkern) exemplifizieren. Meine Ausführungen vollziehen vielmehr den Forschungsweg nach, der kulturelle Praktiken in einem spezifischen Feld an ganz konkret situierten Beobachtungen erst herausschält und der Interpretation zugänglich macht.

Bereits die Entscheidung für die Methode der teilnehmenden Beobachtung bedeutet, daß bestimmte Komplexitätsproduktionen und -reduktionen gegenüber anderen vorgezogen werden. Ins Feld zu gehen und alltagskulturelle Praktiken zu beobachten, heißt, daß man sich auf andere Weise auf die Komplexität dieser Alltagskultur einläßt als im Falle von Interviews. Mit Interviews lassen sich die Konzepte der Teilnehmer über ihre Kultur, aber nicht der alltagskulturelle Vollzug selbst erheben. In bezug auf das folgende Beispiel würde etwa die Frage in einem Interview „Wie stellt ihr die Zimmer für die Klassenfahrt zusammen?" spezifisch anderes Material hervorbringen, als es durch teilnehmende Beobachtung geschehen ist.

Als die Pause zuende ist, fordert die Lehrerin die Kinder auf, vor der Tafel zusammen zu kommen. Sie malt fünf gleichgroße Quadrate an die Tafel und erklärt, die wichtigste Frage vor der Klassenfahrt sei ja immer die Frage der Zimmerbelegung. Dann nennt sie die Bedingungen: es gebe nur 4er-Zimmer; mit Jungen und Mädchen, das sei ihr egal. Es gebe ja auch Jugendherbergen, wo man trennen müsse in einen Jungen- und einen Mädchenflur, aber hier könnten sie das machen, wie sie wollten.

Dann fragt die Lehrerin nach ersten Wünschen.

Christian meldet sich: „Ich möchte mit Daniel." Karin fragt: „Wer möchte dazu?" Alexander meldet sich: „Ich und Malte." Aber Christian sagt: „Ich fänd's auch gut mit zwei Mädchen. Und Daniel ist das egal", ergänzt er für seinen Freund. Karin fragt also, welche Mädchen bereit seien, mit Daniel und Christian auf das Zimmer zu gehen. „Wir vier", melden sich Carola, Uta, Mona und Lisa, da sie sich aber keinesfalls trennen wollen, kommen sie doch nicht in Frage. Außerdem hatten sich Jasmin, Judith und Nina für das Zimmer gemeldet. Karin fragt Christian, wen er sich aussuche, der sagt: „Astrid und Nina", Daniel ist es egal. Karin schreibt also die ersten vier Namen in ein Zimmer: Nina, Astrid, Christian, Daniel.

Jasmin meldet sich, sie möchte mit Tanja und „mit Jungen" auf ein Zimmer. Karin fragt: „Wer möchte?" Arne und Malte melden sich, und dann auch Nils. Jasmin entscheidet: „Mit Arne". Der wiederum will mit Malte zusammen. Ka-

---

[7] Die Beobachtungen stammen aus einem von der DFG geförderten Forschungsprojekt, das die Autorin zusammen mit Georg Breidenstein und Juliane Jacobi durchführt.

rin schreibt Jasmin, Tanja, Arne und Malte in ein Zimmer. (Beobachter Georg Breidenstein)
Für die Darstellung von Situationen wie dieser liegt eine erste methodische Form der Komplexitätsreduktion schon vor der Beobachtung. Über explizite Selektionskriterien wird die Aufmerksamkeitsrichtung von teilnehmend Beobachtenden vorab eingegrenzt, gelenkt und reflektiert. Damit sie überhaupt etwas Spezifisches sehen, muß die Komplexität von Situationen bewußt gefiltert werden. Im Falle unserer Forschung, die sich für die Herstellung von sozialen Unterschieden unter Kindern in der Schulklasse interessiert, beziehen sich die Selektionen vorab auf bestimmte Sorten von Interaktionen: Konflikte, Regelaushandlungen und solche Interaktionen, in denen die Kategorie Geschlecht oder andere Differenzierungskriterien relevant gemacht werden. Wird über diese Selektionen die Komplexität des Beobachtbaren reduziert, ist das Feld wieder offen für Komplexitätsproduktionen in bezug auf die selektiven Interessen. Die Schwierigkeit liegt allerdings darin, daß solche Selektionskriterien eine Orientierung, aber keine formalisierbare Systematik bieten können, denn bei ethnographischer Forschung ist nicht vorab entscheidbar, was im Feld wichtig ist und wie Situationen beschaffen sind, die die spezifischen Interaktionen enthalten. Auch kann nicht vorab gewußt werden, ob und in welcher Gestalt solche Interaktionen auftreten. So unterliegen die Selektionskriterien als abstrakte Konzeptualisierungen der ForscherInnen der *Rekursivität* des Forschungsprozesses: sie werden im Prozeß durch das und am Feld entwickelt, mit dem Feld konfrontiert und modifiziert, vor allem aber spezifiziert. In bezug auf obiges Beispiel: im Laufe unserer Forschung hat sich gezeigt, daß unser abstraktes Interesse für die Herstellung sozialer Unterschiede sich im Feld besonders an den Stellen konkretisiert, wo es für die Kinder, in vielfältigen Situationen, um die Frage „wer mit wem?" geht.

Befinde ich mich schließlich in einer konkreten Beobachtungssituation wie der obigen, so greifen auch all die Komplexitätsreduktionen, die unser Wahrnehmungsapparat üblicherweise vornimmt und die zumeist der Selbstreflexion nicht, jedenfalls situativ nicht, zugänglich sind. Der Umstand, daß wir auf sinnlicher Ebene immer schon Komplexität reduzieren, wenn wir soziale Situationen durchleben, ist in der Forschung nicht umgehbar oder gar ausschaltbar. Er entspricht aber der Bewältigung einer Aufgabe, der sich die Teilnehmer im Feld mit prinzipiell den gleichen Mitteln widmen. Die Wahrnehmung des Beobachtenden ist wie die der Teilnehmer keine notwendige, aber eine mögliche Form der Wahrnehmung (Kontingenzproblem).

Zu weiteren Komplexitätsreduktionen und -produktionen kommt es bei der Verschriftlichung von Beobachtetem. Technisch gesehen gehen wir so vor, daß wir in der Situation Notizen machen, die später zu ausführlichen Beobachtungsprotokollen ausformuliert werden. Begreift man diesen Vorgang als Übertragung, so kann man sich vorstellen, daß beim Übertragungsvorgang im Verhältnis zum Live-Erlebnis immer auch etwas verloren geht - und anderes hinzukommt. Neben den eingesetzten Medien - es sind auch Ton- und Videoaufzeichnungen denkbar, über die anderes Material produziert würde - spielt hier auch die Subjektivität des Beobachtenden eine Rolle. Ein anderer Beobachter würde sehr wahrscheinlich obige Situation anders dargestellt, würde andere Details stärker ausgeschmückt haben, z.b. wie das jeweilige Melden und Drannehmen abläuft. Der ethnographischen Forschung ist die Subjektivität der Beobachtenden kein Mangel, sondern sie begreift die ForscherInnen als *Prozessoren* der Forschung, die analog zu den TeilnehmerInnen im Feld subjektiven Sinn produzieren und zur Selbstreflexion fähig sind. Anders als bei der unmittelbaren Wahrnehmung/Beobachtung der Situationen sind die hier in Rede stehenden Selektionen der Reflexion leichter zugänglich und damit methodisch kontrollierbar, weil sie nicht dem Tempo und der zeitlichen Begrenztheit der Situation selbst unterliegen. Damit soll nicht gesagt werden, daß sich die ProtokollantInnen bei jedem Satz genau überlegen könnten, was sie hinschreiben. Dem Protokollieren sind auf verschiedenen Ebenen pragmatische Beschränkungen auferlegt, die nicht bis ins Letzte methodisierbar sind. Das fertige Protokoll gibt aber in gewisser Weise immer auch Auskunft darüber, daß es bestimmte Aspekte *nicht* beschreibt, es ist nicht vollständig oder vollkommen, aber transparent. In dem, was es beschreibt, reduziert und produziert es wieder Komplexität gleichermaßen.

Schon vor und während der Erhebungen kommt es also zu spezifischen Komplexitätsbearbeitungen. Diese Reihe setzt sich fort, wenn die Beobachtungsprotokolle analysiert und interpretiert werden. Ein gängiges Analyseverfahren ist die Kodierung von Beobachtungs- oder anderem Material (STRAUSS 1991): Das Material wird in Sequenzen zerlegt und anhand von Kodierungen (analytischen Kategorien) neu sortiert. Der Prozeß der Kodierung und Kategorienbildung ist wiederum als rekursiver zu sehen, die Kategorien werden aus dem Material heraus gebildet. Unter der oben erwähnten Überschrift „wer mit wem?" läßt sich unser Beispiel in die Kategorien „Geschlechterdifferenz" und „Freundschaft" einordnen. Solche Analysen lösen die Sequenzen aus ihren situativen Kontexten und stellen sie in einen Zusammenhang mit ähnlichen Sequenzen. Obiger Ausschnitt ist bereits aus dem weiteren Kontext einer Beobachtungsstunde, eines Schultages oder -jahres einer bestimmten Gruppe ausgeschnitten. In der kategorialen Abstraktion wird analytische Komplexität erzeugt, die spezifische Situations- und deren historische Komplexität hinsichtlich aller Einzelbeispiele tritt aber in den Hintergrund. Das Material bleibt parallel aber auch in seiner 'ursprünglichen' Gestalt erhalten und potentiell anders bearbeitbar. Die Entscheidung für eine sequentielle Analyse bedeutet also auch wieder eine Präferenz für bestimmte Komplexitätsbearbeitungen gegenüber anderen, nämlich der von kulturellen Mustern gegenüber der situationsspezifischen Interpretation von Einzelfällen. Bei der weiteren Bearbeitung der Kategorien, in die sich unser Beispiel einordnet, würden dann z.B. aus allen Beispielen der Kategorie „Geschlechterdifferenz" Subkategorien entwickelt, die im Anschluß an die Analysen eine differenzierte Darstellung der vielschichtigen Bedeutungen der Geschlechterdifferenz im Feld erlaubten. An unserem Beispiel ließe sich besonders gut ein Muster in der differenzierenden Bezugnahme auf gleich- und gegengeschlechtliche Kinder zeigen: Christian möchte mit Daniel und „mit zwei Mädchen" in ein Zimmer gehen, das Muster wiederholt sich noch einmal, als Jasmin Tanja und „mit Jungen" als Wunsch anmeldet. Erst im zweiten, entscheidenden Schritt des Auswählens werden bei beiden auch die Angehörigen des anderen Geschlechts über die Nennung von Namen individualisiert. Außerdem sagt das Beispiel einiges aus über den Zusammenhang von Geschlechtszugehörigkeit und Freundschaft im Feld.

Der Prozeß der materialen Komplexitätsreduktion und -produktion geht unterdessen weiter, denn nicht alle Kategorien, die über Sequenzanalysen gefunden werden, können unter üblichen Forschungsvoraussetzungen weiterbearbeitet, also interpretiert und - im Verhältnis zu den anderen analytischen Kategorien - relationiert werden. Wahrscheinlich ist, daß man sich für die Interpretation und Darstellung einer begrenzten Anzahl von systematisch zusammengehörenden Kategorien entscheidet. Der Auswertungsprozeß stellt so eine Reihe von selektiven Entscheidungen dar, die jeweils plausibel gemacht und begründet werden müssen, potentiell aber auch anders ausfallen könnten. Die untersuchte Wirklichkeit ist so komplex, daß sie auch andere analytische Akzente zuließe; die eigenen analytischen Entscheidungen sollten angesichts dieser Komplexität nicht objektivistisch, sondern reflexiv aufgefaßt werden. Man wählt bestimmte Ausschnitte der Kultur, um diese exemplarisch darzustellen und zu interpretieren; der Anspruch auf Darstellung der Komplexität der kulturellen Bedeutungen bleibt aber erhalten, auch wenn die Analysen und Darstellungen nicht alle Details erfassen können. Beim Schreiben ethnographischer Texte (im Sinne von GEERTZ' „dichten Beschreibungen") können über Zitate aus Beobachtungsprotokollen komplexe Situationen wieder in die Darstellung hereingeholt werden. Damit werden die Reduktionen der analytischen Schritte nicht rückgängig gemacht, es wird aber sozusagen vorgeführt, von woher sie kommen.

In den letzten Schritten habe ich den ethnographischen Forschungsprozeß als Prozeß der sukzessiven Erzeugung von analytischer Komplexität und Reduktion von situativer Komplexität beschrieben. Die Situationskomplexität aller beobachteten Einzelbeispiele kann zumindest in den Darstellungsweisen präsent und damit für LeserInnen transparent bleiben. Implizit dokumentiert werden so auch all die offenen Fragen, die an das Material gestellt werden können, *gegen* deren Bearbeitung man sich aber in der vorliegenden Studie entschieden hat. Am komplexen Material zeigt man auch die Begrenztheit der eigenen Bearbeitung. Und es wird die situative Begrenztheit der Beobachtungen mitdokumentiert und damit die Unmöglichkeit der Beantwortung bestimmter Fragesorten. Dazu gehören die bereits weiter oben inkriminierten Warum-Fragen: Warum - ich beziehe mich noch einmal auf obige Beobachtungssequenz - möchten z.B. Carola, Uta, Mona und Lisa unter den gegebenen Bedingungen doch lieber zusammen in ein Zimmer, während Jasmin, Judith und Nina gerne mit Christian und Daniel ein Zimmer teilen würden? Nach diesem Muster ließen sich viele Fragen an Einzelbiographien, Beziehungsbiographien und die Geschichte der Gruppe aufwerfen, und es ließen sich - je nach Präferenz - sozialpsychologische oder pädagogische Spekulationen daran knüpfen, die das spezifisch 'zugeschnittene' Material aber nicht so recht zulassen will. Die genaue Beobachtung und Beschreibung der kollektiven Entscheidungsprozesse für die Zimmerbelegung verweist auf ganz andere Akzente, nämlich die situative Rahmung und den interaktiven Vollzug dieser Entscheidungen, die schon dadurch eine be-

stimmte Dynamik bekommen, daß Christian der erste ist, der seine Wünsche äußern darf - alle weiteren Aushandlungen bauen darauf auf.
Zusammenfassend und abstrakt gesprochen: Im Forschungsprozeß konstruiert man durch aufeinander bezogene und z.T. pragmatisch begründete Schritte der Komplexitätsbearbeitung spezifische theoretische Perspektiven. Der Forschungsprozeß ist in dieser Hinsicht ein selbstbezüglicher 'Verdichtungsprozeß'.

Zusammenfassung

Theoretisch gesehen ist Komplexität eine abstrakte Modellvorstellung, die negativ subsumiert, daß wir grundsätzlich nicht *auf einmal* alle Bedeutungsschichten eines Phänomens erfassen und darstellen können. In dieser Eigenschaft des Begriffs liegt die Gefahr, daß er als Sammelbegriff und Platzhalter benutzt wird für alle Verstehensprobleme, die wir nicht lösen können.
Besonders der empirische Konstruktivismus untersucht die komplexen alltagskulturellen Praktiken von Teilnehmern in ihren sozialen Feldern. Die methodische Weiterentwicklung gegenüber SCHÜTZ und BERGER/LUCKMANN liegt in der Anwendung der ethnographischen Methode und Darstellung, die geeignet ist, die analytischen Objektivierungen durch die Forschung zu plausibilisieren *und* zu brechen. Die Ethnographie läßt Platz für Widersprüche, Ambivalenzen, für Diverses, Mehrdeutiges, Disparates, Heterogenes. Diese Bedeutungsvielfalt zeigt sich in der Differenz von Material und Interpretation.
Nicht zufällig greift die deutsche Übersetzung von GEERTZ' „thick description" auf den Begriff „dicht" zurück. Angesichts der Dichte sozialer Wirklichkeit steht die Forschung nicht nur vor analytischen und interpretatorischen Problemen, sondern auch vor Fragen der angemessenen Darstellung, die eher aus ästhetisch-theoretischen Debatten geläufig sind. Der Anspruch „dichter Beschreibung" fordert die spezifischen Reduktionen theoretischer Begriffe heraus: Indem diese vom Einzelfall abstrahieren, tendieren sie zu Vereinheitlichung statt Varianz, indem sie bezeichnen statt zu beschreiben, verdünnen sie das Darzustellende.
Komplexe Probleme erfordern komplexe Bearbeitungen. Mit einer additiven Kombination verschiedener Methoden werden wir den hier angesprochenen wissenstheoretischen und forschungslogischen Problemen nicht gerecht. Es bedarf einer Methodologie, die all den diskutierten theoretischen Dimensionen gegenüber offen und in der Lage ist, das Wechselspiel von Komplexitätsreduktion und -produktion im je konkreten Forschungsprozeß zu methodisieren, ohne daß die Kreativität in der Abarbeitung an Prinzipien auf der Strecke bleibt. Letztlich entscheiden dann Transparenz und Dichte der Darstellung über Plausibilität und Rezeptionserfolg.

Literatur

ADORNO, Theodor W. 1972: Einleitung zum „Positivismusstreit in der deutschen Soziologie". Gesammelte Schriften Bd. 8. Frankfurt, S. 280-353.
ADORNO, Theodor W. 1973: Studien zum autoritären Charakter. Frankfurt.
BERGER, Heinrich 1993: Konstruktivistische Perspektiven in der Sozialpsychologie. Schizophrenie als andere Seite der Normalität. In: KEUPP, Heiner (Hg.): Zugänge zum Subjekt. Perspektiven einer reflexiven Sozialpsychologie. Frankfurt, S. 186-225.
BERGER, Peter/Thomas LUCKMANN 1970: Die soziale Konstruktion der Wirklichkeit. Frankfurt.
CLIFFORD, James/G.E. MARCUS (Eds.) 1986: Writing Culture: The Poetics and Politics of Ethnography. Berkeley.
DENZIN, Norman K./Yvonna S. LINCOLN (Eds.) 1994: Handbook of Qualitative Research. Thousand Oaks/London/New Delhi.
FLICK, Uwe u.a. (Hg.) 1991: Handbuch qualitative Sozialforschung. München.
GEERTZ, Clifford 1987: Dichte Beschreibung. Frankfurt.
GEERTZ, Clifford 1990: Die künstlichen Wilden. München.
GERGEN, Kenneth J. 1985: The Social Constructionist Movement in Modern Psychology. American Psychologist 40: 266-275.
GLASER, Barney/Anselm STRAUSS 1967: The Discovery of Grounded Theory. Chicago.
KNORR-CETINA, Karin 1992: Die Unterkomplexität der Differenzierungstheorien. Empirische Anfragen an die Systemtheorie. ZfS 21: 406-419.
KNORR-CETINA, Karin 1989: Spielarten des Konstruktivismus. Soziale Welt, 1/2 (40): 86-96.
LUHMANN, Niklas 1986: Systeme verstehen Systeme. In: LUHMANN/SCHORR, S. 72-117.
LUHMANN, Niklas 1990: Die Wissenschaft der Gesellschaft. Frankfurt.
LUHMANN, Niklas 1989^3: Vertrauen. Ein Mechanismus der Reduktion sozialer Komplexität. Stuttgart.
LUHMANN, Niklas/Karl-Eberhard SCHORR (Hg.) 1982: Zwischen Technologie und Selbstreferenz. Fragen an die Pädagogik. Frankfurt.
LUHMANN, Niklas/Karl-Eberhard SCHORR (Hg.) 1986: Zwischen Intransparenz und Verstehen. Fragen an die Pädagogik. Frankfurt.
MATURANA, Humberto/Francisco G. VARELA 1987: Der Baum der Erkenntnis. Die biologischen Wurzeln des menschlichen Erkennens. Bern.
POPPER, Karl R. 1972: Die Logik der Sozialwissenschaften. In: ADORNO, Theodor W. (Hg.): Der Positivismusstreit in der deutschen Soziologie. Darmstadt/Neuwied, S. 103-123.
RUSCH, Gebhard 1986: *Verstehen Verstehen*. Ein Versuch aus konstruktivistischer Sicht. In: LUHMANN/SCHORR, S. 40-71.
SCHWANDT, Thomas A. 1994: Constructivist, Interpretivist Approaches to Human Inquiry. In: DENZIN/LINCOLN, S. 118-137.
SCHÜTZ, Alfred/Thomas LUCKMANN 1979: Strukturen der Lebenswelt. Bd. 1, Frankfurt (Bd. 2, Frankfurt 1990^2).
STRAUSS, Anselm 1991: Grundlagen qualitativer Sozialforschung. Datenanalyse und Theoriebildung in der empirischen und soziologischen Forschung. München.
VON GLASERSFELD, Ernst 1991: Knowing without Metaphysics: Aspects of the Radical Constructivist Position. In: STEIER, Frederick (Ed.), Research and Reflexivity. Newbury Park, S. 12-29.
ZINNECKER, Jürgen 1995: Pädagogische Ethnographie. In: BEHNKEN, Imbke/Olga JAUMANN (Hg.) 1995: Kindheit und Schule. Weinheim.

Hans Lenk und Matthias Maring

Welt ist real, aber Welterfassung interpretativ. Zur Reichweite der interpretatorischen Erkenntnis

1. Methodologischer und transzendentaler Interpretationismus

In einer Philosophie und Erkenntnistheorie der Interpretationskonstrukte kommt neben dem *methodologischen* auch dem *transzendentalen*[1] Interpretationismus eine besondere Bedeutung zu: Man zeichnet (vor allem notwendige) Bedingungen aus, denen die Erkenntnis und ebenso auch *das Handeln* unterliegen. Diese Bedingungen brauchen nun aber (im Unterschied zu KANTS Kategorien) nicht notwendigerweise inhaltlich für alle Zeiten, Menschen (und generell Vernunftwesen), Kulturen usw. gleich bzw. fixiert zu sein, aber sie haben bestimmte vergleichbare Formen und sind logisch und methodologisch, wenn auch nicht zeitlich, dem Erkennen und Handeln vorgeordnet. Denken und Handeln „erfassen" etwas; das „Erfassen" umfaßt beides. Der Interpretationismus, der zunächst bloß methodologisch aufgefaßt worden war, also die Deutungsprozesse, die „Erfassungsstrukturen", also die strukturellen Zusammenhänge der Denk-, Handlungs- und Erkenntnisprozesse beschrieb, wird erkenntnistheoretisch zu einem transzendentalen Interpretationismus. Es geht um notwendige und hinreichende Bedingungen der Möglichkeit jeglicher Erfaßbarkeit von Welt und Gegenständen überhaupt. Zu diesen Grundbedingungen gehört auf der allgemeinsten Stufe die grundlegende Interpretationsabhängigkeit jeder Erfassung, die Interpretationsimprägniertheit, die der Fundamentalsatz der Unhintergehbarkeit der Interpretativität und der Schemainterpretation (der Verwendung und Aktivierung von Schemata, Grundmustern der Erfassungsprozesse) festhält. Die Bedingungen und Möglichkeiten des Sprechens, Darstellens, Deutens, Erkennens, Denkens, Meinens, Wertens und Handelns sind notwendig interpretativ gestaltete, sind interpretatorisch, interpretationsabhängig. Der Ansatz gestaltet sich dann zum großen Teil parallel zu dem Kantischen Modell des transzendentalen Idealismus, liberalisiert diesen aber auf alternative mögliche Grundformen und erweitert ihn auch auf das Handeln und Verhalten generell. Wir strukturieren - ähnlich wie Kant das gesagt hat, allerdings in flexiblerer Weise, als er glaubte - die Welt vor, aber eben die Welt des Erfaßbaren, die „Welt der Erscheinungen",

---

[1] „Transzendental" heißt bei Immanuel KANT bekanntlich „die notwendigen und hinreichenden Bedingungen betreffend (bezeichnend), welche die Erkenntnis - besonders auch die Erfahrungserkenntnis - betreffen". Diese Bedingungen stehen bzw. gehen also *logisch* und *methodologisch* der (Erfahrungs-)Erkenntnis voran.

wie Kant sagte, und der Handlungen. Die Grenzen der Interpretation, die Reichweite der interpretatorischen Vernunft sind die Grenzen der von uns erfaßten bzw. der *erfaßbaren* Welt. Das „Erfaßbare„ begreift das mental sowie das logisch „Denkbare" und das im Handeln wörtlich und übertragen „zu Fassende" als solches ein.
Alle Gegenstandserfassungen und insofern auch die Gegenstände selbst als von uns erst gebildete (konstituierte) bzw. erfaßte - und nur so sind sie (genauer: ihre Erfassungsresultate, die Interpretationsergebnisse der jeweiligen Erfassung, sozusagen die Erfassungsinterpretate) uns 'gegeben' - sind von Interpretationen imprägniert. Der Ausdruck 'Imprägniertheit' ist auch deswegen gegenüber anderen vorzuziehen, weil man dadurch u.a. spezifischer verdeutlicht, daß es sich nicht um einen absoluten Interpretationismus oder um einen absoluten Interpretationsidealismus handelt. Die „Welt„ prägt unsere Erfassungen von ihr mit, prägt sich diesen ein, „*imprägniert*" diese - wie umgekehrt auch die Schemata unsere Welterfassung prägen. („Imprägnieren hat diese doppelte Bedeutung der *Formung* und *der Beeinflussung durch Wirklichkeit.*) Im Prinzip können wir somit einen (umfassenden) „Grundsatz der Interpretationsimprägniertheit", der Interpretationsabhängigkeit allen Erkennens und Handelns, aller Vernunft aufstellen: Wir können nicht ohne eine logisch vorgängige Interpretation (Aktivierung von formenden Schemata) denken, meinen, konzipieren, erkennen, handeln, werten, (be-)urteilen usw. Die Unhintergehbarkeit der Interpretationsabhängigkeit bedeutet: Jedes Erkennen, Denken, Werten, Handeln ist interpretationsabhängig, interpretationsimprägniert (im doppelten Sinne!), bedingt und geprägt von einer Perspektive, die man entweder von Natur aus hat (sie wird ja in bezug auf Wahrnehmungen bzw. deren Organbedingungen zum Teil - aber nur zum Teil - gar erblich vorgegeben sein) oder die man aufgrund kultureller Vorformierungen (eventuell unbewußt) übernimmt. Eine solche bedeutungsgeladene, sinn- und bedeutungskonstituierende Perspektive der Interpretationen ist unvermeidlich. In der Wissenschaftstheorie benutzt man seit HANSON und POPPER häufig den Ausdruck 'theoriebeladen' oder 'theorieimprägniert'. Diese Wissenschafts- und Erkenntnistheoretiker haben gezeigt, daß selbst Beobachtungen bzw. Beobachtungsaussagen von theoretischen Konzepten und theoretischen Strukturierungen abhängig sind und nicht theoriefrei gedacht bzw. realisiert werden können. So ist es auch hier; man könnte also von einer allgemeinen Interpretationsimprägniertheit sprechen - und zwar im doppelten Sinne der notwendigen Schemagebundenheit und bei Wahrnehmungen und Außenerkenntnis bzw. -handeln der Realgebundenheit.
Man kann diesen Ansatz zu einer umfassenderen erkenntnistheoretischen Philosophie ausarbeiten. Wir haben überhaupt keinen interpretationsunabhängigen Zugang zur Welt[2], weder in der Erkenntnis noch im Handeln noch sonst irgendwo. Die erfaßte und erfaßbare Weltversion wird durch unsere menschlichen Bedürfnisse, Fähigkeiten und Möglichkeiten erst mitkonstituiert und

---

[2] Selbst die Unterstellung, „Gegenüberstellung" der „Welt", die wir erkennen bzw. die sich unserem Erfassen im doppelten Sinne „imprägniert" ist von erkenntnistheoretischer Warte aus ihrerseits interpretativ, sozusagen auf einer höheren (Meta-)Stufe.

mitstrukturiert - und dies bezieht sich sowohl auf die organischen Handlungs- und Erkenntnismöglichkeiten wie auch auf die soziokulturell geformten, etwa die begrifflichen Darstellungsmöglichkeiten durch die Sprache. Die Welt ist nur erfaßbar, insoweit sie (genauer: ihr Interpretat) von unseren menschengemachten oder in uns vorgefundenen Interpretationsschemata gebildet, strukturiert, geformt ist. Alles, was wir als erkennende und handelnde Wesen erfassen und darstellen können, ist abhängig von (Schema-)Interpretationen. Der Mensch ist notwendig das deutende Wesen, das heißt, er ist auf Deutungen, auf (Schema-) Interpretationen angewiesen - so z.B. beim Denken, Erkennen, Handeln, Strukturieren, Konstituieren, erst recht natürlich beim Bewerten usw.

Man könnte eine solche Philosophie in der Tat einen *transzendentalen (Schema-) Interpretationismus* nennen. Man kann es aber auch dabei bewenden lassen, zunächst nur auf die Methode aufmerksam zu machen und die Methode darzustellen, zu analysieren und ihre Möglichkeiten zu erfassen; in diesem Sinne könnte man von einem *methodologischen Interpretationismus* sprechen. Dieser wäre sozusagen die bescheidenere Version. Der transzendentale Interpretationismus böte entsprechend eine Möglichkeit, in moderner Weise den Aktivismus der Erkenntnistheorie Kants aufzunehmen, weiterzuführen und unter Umständen mit einem empirischen Realismus im Kantischen Sinne zu verbinden. Ein solcher Realismus bestünde im wesentlichen in der These, daß alle Gegenstände, Objekte, unter den subjektgebundenen schemainterpretatorischen Bedingungen der Erkenntnis und ihrer Gesetzlichkeit stehen, aber durchaus objektiv dargestellt (intersubjektiv beschrieben) werden können - und daß den Strukturierungen durch uns doch so etwas entspricht wie eine dahinterliegende „Welt an sich" (s. Anm. 2). Zunächst einmal handelt es sich um eine *pragmatische Erkenntnistheorie* und einen grundlegenden Ansatz zu einer Philosophie - insofern, als von uns als den interpretierenden, deutenden Wesen[3] abhängig ist, wie Formen gebildet werden, durch die jegliche Erfassung im Denken, Erkennen und Handeln strukturiert wird. Es handelt sich, wenn man so will, um einen *pragmatischen Konstitutionsinterpretationismus*, der eine methodologische Untervariante hat, den methodologischen Interpretationismus und eine transzendentale Variante, den Transzendentalinterpretationismus.

Oberster Grundsatz einer Philosophie der Interpretationskonstrukte ist wie erwähnt die „Interpretationsimprägniertheit aller Erkenntnis und Handlung": Alles erfaßbare Sein, *soweit* es sich in der Erfassung darstellt, darstellen läßt oder überhaupt kognizierbar oder gar konzipierbar (meinbar) ist, ist interpretationsgebunden: *Wir können nicht ohne eine (methodo-)logisch vorgängige Interpretation denken, entwerfen, konzipieren, erkennen, handeln, werten, beurteilen usw.* Die Unhintergehbarkeit der Interpretationsabhängigkeit bedeutet: *Jedes Erkennen, Meinen, Denken, Werten, Handeln ist interpretationsimprägniert,*

---

[3] Der Mensch ist freilich nicht bloß das interpretierende und symbolische Wesen, wie NIETZSCHE bzw. CASSIRER definierten, sondern das Wesen, das seine Interpretationen, Schematisierungen und Symbolisierungen wiederum zum Gegenstand (höherstufiger) Interpretations- und Symbolisierungstätigkeit machen kann: er ist insofern das metainterpretierende oder metasymbolische Wesen (vgl. LENK 1995b).

interpretationsabhängig, bedingt und geprägt von einer bedeutungsbestimmenden Perspektive; das heißt: *Eine* solche *bedeutungsgeladene, sinn- und bedeutungskonstituierende Perspektive der Interpretationen ist unvermeidlich.* Die eine Perspektive kann sich in einem Falle als unzweckmäßig oder undurchführbar, unannehmbar erweisen, eine andere kann angemessener sein. Grundsätzlich sind die Interpretationen unter Umständen variabel, soweit sie nicht Urkonstitutionen sind, die wir praktisch - etwa als biologische Wesen von unserer Anlage her - nicht vermeiden können, aber selbst diese wären prinzipiell-theoretisch durchaus vermeidbar, denn wir könnten z.b. eine andere Ausstattung mit Erkenntnisorganen besitzen und wir könnten wenigstens prinzipiell eine andere Möglichkeit der Konstitution denken. Die Interpretationen können - und werden großenteils - wechseln, aber die *Interpretativität*, die (Schema-)Interpretationsgeprägtheit, *Interpretationsgebundenheit* selber, bleibt. Was erkennbar ist, ist nur interpretativ erfaßbar, ist nur unter einer Beschreibung oder Erfassensweise, unter einer Interpretation in einem bestimmten Rahmen als etwas erfaßbar. Interpretationen sind perspektivengebundene Schema- und Konstruktbildungen einschließlich der Konstitutionen! Diese Konstrukte werden meist in gewissem Sinne konventionellen Charakter und bestimmte Repräsentationsmerkmale aufweisen, das heißt, sie umfassen, besser: aktivieren eine Zeichenbedeutung oder Sprachbedeutung, die im Gebrauch erlernt wird. Zeichen bedeuten ja nicht an sich etwas, sondern sie spielen ihre repräsentierende Rolle erst aufgrund einer Zeichenkonvention und im korrekten (= regelgemäßen = regelmäßigen, nach WITTGENSTEIN) Gebrauch. Der korrekte Gebrauch der Zeichen bildet sozusagen erst die Bedeutung, die ein Zeichen in der Sprachgemeinschaft hat. Jede Zeichen- und Bedeutungstheorie muß *funktional*(istisch) begründet werden. („Einschließlich der Konstitutionen" heißt, daß wir solche Bildungen gar nicht ohne (Schema-)Interpretationen erzeugen könnten.)

Es ist nun klar, daß es viele einzelne Interpretationen und Stufen der Interpretation gibt, die man jeweils hintergehen kann, außer vielleicht auf der ersten Stufe die konstituierenden Urinterpretationen (z.B. Hell-Dunkel-Unterscheidungen im Visuellen), die wir *praktisch* selber nicht umgehen oder abändern können, die wir uns aber prinzipiell als anders ausgeprägt vorstellen könnten. Wir könnten uns zumindest andere oder abgewandelte Urinterpretationen etwa für uns oder für andere Wesen vorstellen, „denken": z.B. eine magnetische Sinneswahrnehmung. Interpretationen können also wechseln, aber die Grundabhängigkeit von der Interpretationsgebundenheit, die Interpretativität, kann nicht aufgegeben werden.

Bei einer Primärinterpretation, etwa dem „Erkennen" im Rahmen eines genetisch angelegten Wahrnehmungsschemas, handelt es sich offensichtlich um eine biologisch-konstitutionell nicht veränderbare Interpretation: Wir sind zu ihr geradezu gezwungen, insofern, als wir sie nicht - jedenfalls nicht im praktischen Leben - ablegen können; *insofern* ist sie eine unvermeidliche Interpretation.

2. Terminologische Unterscheidungen

Beim Begriff „Interpretation" selbst ist zunächst schon sprachgrammatisch-oberflächlich zwischen mindestens viererlei zu unterscheiden, nämlich zwischen dem Akt der Erkenntnis als einem Handeln (samt allen Prozessen und Geschehnissen), dem Ergebnis der Interpretation im Sinne eines Konstrukts sowie ggf. dem Gegenstand der Interpretation, dem *Interpretandum*, etwa im Sinne eines Textes, und schließlich dem, was bei Interpretationsvorgängen als Gegenstand zustandekommt (Interpretat) und bezeichnet wird. Ferner heißt „(Schema-)Interpretation" gelegentlich auch die charakteristische Eigenschaft, daß alles an Interpretation gebunden ist, was man, etwa mit Günter ABEL (1989), auch „Interpretativität" nennen könnte. Man sollte besser im erläuterten Sinne von „Interpretationsimprägniertheit„ sprechen. Alle diese unterschiedlichen Bedeutungen sind sorgfältig auseinanderzuhalten. Wenn man z.B. den *Akt* der Interpretation „Interpretationshandlung"[4] oder besser und allgemeiner: „Interpretationsprozeß„ nennt, wenn man für das Ergebnis in einem Sinne etwa den Ausdruck „Interpretationsresultat" oder „Interpretationskonstrukt" einführt, ist schon einiges klarer darzustellen. Der Ausdruck „Interpretationskonstrukt" ist allerdings auch doppeldeutig; es kann das zustandegekommene Interpretationsresultat, das theoretische Gesamtsystem oder auch ein bestimmtes Objekt innerhalb dieses Gesamtsystems gemeint sein, wie z.B. ein theoretische Konstrukt innerhalb der Wissenschaft, beispielsweise in der Psychologie „Motiv" oder „Leistung".

3. Verführerische Fehlschlüsse

Wichtig ist auch das folgende: Wenn man Interpretationsimprägniertheit als die methodologische und transzendentale Fundamentalbedingung auffaßt und die entsprechenden Interpretationsergebnisse dann mit den üblichen Interpretationskonstrukten, z.B. von „Wirklichkeit", „Welt„ usw., in gewisser Weise gleichsetzte, dann beginge man u.E. einen - sei es interpretationsontologisierenden, sei es interpretationsidealistisch(verabsolutierend)en - Fehlschluß; man identifizierte nämlich das, was gemeint ist, mit einem Begriff dessen bzw. mit dem, was als Ergebnis der Konstruktion oder der Beschreibung zustandekommt, und das ist ein semantischer Fehler. Zu leicht konfundiert man „Welt" und Weltinterpretat, verwechselt „Welt" und unsere Version von Welt, wirft vieles zusammen.

Die verständliche Tendenz, Erfassungsweisen und Begriffsbildungen sowie theoretische Analysen möglichst durch Verfahren kontrollierbar, begreifbar, intersubjektiv überprüfbar und rekonstruierbar zu gestalten, kann dazu führen, daß verschiedenartige Einschränkungen im Sinne spezifizierender Fehlschlüsse

---

[4] Interpretations*handlung* wäre im spezifischen Sinne bewußte, intentionale und intendierte Schemaanwendung bzw. -aktivierung. Es gibt aber im weiteren Sinne unterbewußte, nichtintentionale, nichtintendierte Schematisierungen, die, wie schon HERDER gegen KANT erkannte, sich in die inneren Wahrnehmungen hinein „schematisieren".

vollzogen werden und zu Fehleinschätzungen hinsichtlich der Reichweite der entsprechenden prüfbaren und kontrollierbaren Verfahren in bezug auf die Darstellung der realen Welt führen. Wer das traditionelle Realitätsproblem und die Realismusfrage nur noch in eingeschränkter Weise, sei es erkenntnistheoretischer (wissensformengebundener), sprachlicher oder semantischer, logisch-analytischer oder etwa operationalistischer, behavioristischer, konstruktivistischer Weise analysiert, läuft Gefahr, das mit diesen Verfahren Erreichbare für *alles* Reale zu halten und die Realität durch diese Verfahren tendenziell ausschöpfen zu wollen bzw. wenigstens als prinzipiell ausschöpfbar anzusehen.

Man könnte also eine ganze Reihe entsprechender Fehlschlüsse auflisten, die alle im Laufe der Deutung der Wissenschaften und des Erkenntnisproblems durchgeführt und vertreten worden sind:
– einen erkenntnistheoretischen oder epistemischen Fehlschluß,
– eine analytisch-logische Täuschung (etwa beim Logischen Atomismus), bei der die sprachliche Zerlegung und Darstellung der Welt mit der Welt übereinstimmen soll,
– eine semantische bedeutungsorientierte Überfrachtung von Begriffen,
– einen linguistisch-sprachphilosophischen Fehlschluß, bei dem die Sprache die Gegenstände zu erschaffen scheint,
– einen naiv beobachtungsgebundenen (sensualistischen) Fehlschluß,
– einen behavioristischen Fehlschluß,
– einen Meßbarkeits- oder operationalistischen Fehlschluß,
– einen Quantifizierbarkeitsfehlschluß (nur das Quantifizierbare sei - wissenschaftlich - existent),
– einen konstruktivistischen Fehlschluß, bei dem der Mensch zum Macher der Natur werde - diese werde tendenziell zum synthetischen Produkt - und
– schließlich auch einen interpretationistischen Fehlschluß: nur Interpretiertes oder Interpretationen existieren.

4. Realistische Deutungen

Man kann nun eine Verbindung zu einer realistischen Position herstellen. Günter ABEL (1984) ist (oder war) hier radikaler. Er spricht von einem Grundsatz oder Fundamentalsatz der Interpretation, wie er ihn nennt, indem er „alles Geschehen" schlechthin als „Interpretation bezeichnet": „Alles was ist, ist Interpretation und Interpretation ist alles, was ist", sagt er an einer Stelle (ABEL 1989, 11 ähnlich schon 1984, 182). „Realitäten gibt es nicht, nur Interpretationen" (ABEL 1984, 162 f.), so erweitert er NIETZSCHEs Ausführungen über die „Tatsachen": 'Realität' wird „ganz als interne Funktion des Interpretations-Schemas" aufgefaßt (interner oder absolut-internalistischer Interpretationismus). Alles Geschehen, Ereignisse in der Außenwelt für uns nach der natürlichen Einstellung, *sind* für Abel Interpretationen. Der Fundamentalsatz, den er aufstellt, lautet: „Die Grenzen der Interpretation *sind* die Grenzen der Welt„ (ebd. 169), das heißt natürlich: *unserer* Welt. Das erinnert stark an Wittgensteins Satz: „*Die Grenzen meiner Sprache* bedeuten die Grenzen meiner Welt" aus dem *Tractatus logico-philosophicus* (WITTGENSTEIN 1960, Nr. 5.6).

ABEL sagt (ebd.): „Welt, Wirklichkeit und Sinn *sind* nur *in und als* Interpretation. Realität ist eine interne Funktion des Interpretations-Schemas." (Verwechselt auch er Welt - als Referenzgegenstand - und interpretative Weltversion?) Realität ist sozusagen per se Interpretationserzeugnis. Und Philosophie ist nichts anderes als Durchführen und Analysieren solcher Interpretationsschemata: „*Philosophie* [ist] *Inwendigkeit des Interpretierens*". Soweit die Kernsätze dieses Abelschen Ansatzes, der dem hier vorgestellten Ansatz außerordentlich ähnlich ist, aber in mancher Hinsicht zunächst zu radikal interpretationsproduktionistisch, wenn nicht gar interpretationsidealistisch ist, also zu weit zu gehen schien, in anderer Hinsicht jedoch nicht genügend differenzierte Unterscheidungen - z.B. zwischen „Sein" und „Realität" einerseits und „Erfassen„ oder „Erfaßbarkeit" andererseits - vornahm. (Inzwischen hat die Diskussion wohl eine Annäherung erbracht.)

Man muß nicht, wie es im radikalen Interpretationismus nahezuliegen scheint, unsere natürliche Einstellung eines (ontologischen) Realismus gänzlich aufgeben. Selbstverständlich ist ein naiver Realismus zu verabschieden, der behauptet, daß die Welt an sich so bestehe und so sei, wie wir sie erkennen, daß sie „transzendente" (die Erkenbarkeit grundsätzlich übersteigende) und gar interpretationsunabhängig erkennbare Eigenschaften *an sich* habe und Relationsstrukturen *an sich* enthalte, so wie sie in der Erkenntnis scheinbar „abgebildet" werden. Sondern der Realismus ist interpretationistisch einzuschränken; wir erkennen durchaus an: 1. daß alle unsere Erfassungen der Realität durch unsere Interpretationen und auch durch die Urinterpretationen vorgebildet, vorgeprägt sind (durchaus im Kantischen Sinne), und 2. daß die Unterscheidung zwischen einer realen Welt und dem interpretierenden Wesen, dem Ich, das interpretiert, selbst das Ergebnis einer höher- oder metastufigen erkenntnistheoretischen Interpretation ist. Die Unterscheidung geschieht selbst in einem interpretationsabhängigen und insofern interpretativen wie auch durch Interpretieren veränderbaren Modell, mittels dessen wir uns das Erkennen der Welt deuten. Das Modell ist also nicht unveränderlich, nicht absolutistisch zu verstehen.

Mit dem hier vorgeschlagenen Interpretationismus ist auch ein *pragmatischer Realismus* vereinbar. Man kann sagen, daß ein gewisser pragmatisch-praktisch angenommener Realismus aus guten lebenspraktischen Gründen mit unserem Interpretationismus verträglich ist, wenn dieser auf methodische Fragen, also auf einen methodologischen Interpretationismus und auf einen Bedingungsinterpretationismus im liberal-transzendentalen Sinne eingeschränkt wird.

Selbst die Auffassung von der Welt als einer Welt an sich, die von uns unabhängig ist, ist also nach diesem methodologischen und transzendentalen Ansatz auf einer bestimmten Stufe ein Interpretationskonstrukt. Deswegen brauchen wir freilich nicht zu sagen, daß die Welt an sich nicht existierte und sozusagen nur Ausgeburt unserer Interpretationswelten wäre. Wir können durchaus Realisten bleiben, aber wir müssen uns darauf beschränken zu sagen, auch der Realismus ist ein interpretationsimprägnierter pragmatischer, ist ein erkenntnistheoretischer Modellansatz.

5. Relativismen und Objektivität im Interpretationismus

Die „Interpretationsgeprägtheit", die grundsätzliche Abhängigkeit von (Schema-)Interpretationen ist methodologisch-"logisch" früher als alle Objekte und deren Bildung, ja, das Verständnis von Objekten ist selbst nur aufgrund einer solchen grundlegenden Interpretationsabhängigkeit möglich. Selbstverständlich ist auch auf den unteren Ebenen noch eine Vielfalt von verschiedenen Interpretationsansätzen gegeben, die zu einem Relativismus führen könnte, zumindest zu einem begrifflichen Relativismus. Die methodologisch gewonnene Hauptansicht dabei ist: Selbst die Rede von ein und derselben Welt, die wir als Realisten unterstellen und vielleicht unterstellen müssen, ist erkenntnistheoretisch, wenn auch nicht lebenspraktisch gesehen, interpretationsimprägniert. Daß auf den Ebenen der flexiblen Interpretationsmöglichkeiten doch so etwas wie Überprüfbarkeit im Verhältnis zu der Urinterpretation, daß doch so etwas wie eine Korrespondenz zwischen variierbaren interpretationsabhängigen sog. Tatsachen und praktisch-biologisch unveränderbaren Urinterpretationen realisierbar ist, das ist nach dem interpretationistischen Ansatz methodologisch selbst eine interpretationsinterne, wenn auch erst auf der Metaebene deutlich werdende Voraussetzung. Es gibt keinen Königsweg „zu den Sachen selbst". Das mein(t)en immer noch die Philosophen der Wesensschau, die glaub(t)en, sie könnten durch phänomenologische Analyse, durch intellektuelles Anschauen evident und in eindeutiger Weise, unhintergehbar, unüberprüfbar, aber auch unabänderlich zu den Dingen an sich oder Sachen selbst gelangen. Man hatte vergeblich so etwas wie eine Möglichkeit der reinen, von Theorie und Interpretation unkontaminierten Wesensschau als einer echten und unbezweifelbaren Erkenntnisweise erhofft. Das alles aber gibt es nicht. Unabhängig von (Schema-)Interpretationen gibt es keine Möglichkeit, überhaupt Sachbeschreibungen vorzunehmen.

6. Soziale Realität(en)

Zu unterscheiden ist also nach dem bisher Gesagten zwischen dem erkenntnistheoretisch-methodologischen Modell und der unterstellten „realen" Erzeugung. Aus methodologischer Sicht kann etwas durchaus als interpretatives Modell aufgefaßt werden, das im praktischen Leben und im sozialen Zusammenhang als höchst „real" gilt und wegen seiner sozialen Folgen eben auch sozialreal wirksam ist.

Dies gilt beispielsweise für die Hypostasierung bei *sozialen* Phänomenen und etwa den Folgen der Macht. Ein Soziologe äußerte einmal in einer Diskussion über Sozialphilosophie und Erkenntnistheorie seinen Unmut darüber, daß man „die reale Basis", „die Macht", vergessen habe. Er sah gar nicht und war von seiner disziplinären Sichtweise aus wohl auch gar nicht in der Lage, zu verstehen, daß die von ihm unterstellte „Realität" der Macht natürlich ein fiktives, interpretatorisches Konstrukt ist, das nur sekundär Wirksamkeit dadurch gewinnt, daß es in einer Gesellschaft von Menschen einen charakteristischen und mit sozialen Folgen (wie etwa Sanktionen und anderen sozialen Kontrollen und Institutionalisierungsprozessen) versehen Platz hat, als Interpretationskonstrukt von allen bzw. vielen Mitgliedern aufgefaßt (projiziert), berücksichtigt und befolgt und durch Normen institutionalisiert bzw. sozial konkretisiert oder „verkörpert" ist. Soziale Phänomene sind institutionalisierte, insofern normen- und regelgestützte oder sanktionierte sekundäre Interpretationskonstrukte, die gleichwohl sehr wirksam sein können, gleichsam sekundäre institutionalisierte Realität durch die Übereinkunft und Sanktionierung bzw. soziale Kontrolle und eventuell Verinnerlichung gewinnen. Die „Realität" der sozialen Interpretationskonstrukte ist sozusagen „geliehen", durch geregeltes Handeln und deren Institutionalisierung - etwa durch Sanktionierung oder Kontrolle usw. - gestützt. Das Soziale ist also in doppeltem Sinne „real", nämlich perspektivisch-konstitutiv *und* in bezug auf den konventionalisierten Objektivierungszusammenhang. Es weist (wie übrigens auch die Mikroentitäten der Quantenmechanik) gleichsam eine „Regenbogenrealität" auf: Es ist durch (soziale) Schematisierungsverfahren grundsätzlich (entscheidungsabhängig) konstituiert und doch *objektiv* feststellbar, „gültig". Das Soziale kann man nicht unmittelbar wie einen Regenbogen fotografieren, man bedarf sozusagen einer sozialisierten „Kamera", eines für die sekundären Sozialfiktionen sensiblen Rezeptors, um die Objektivierung herstellen, durchführen, institutionalisieren und erkennen zu können.

Als handlungsgenerierte oder -gebundene sekundäre Interpretationskonstrukte sind soziale Phänomene und „Gegenstände" sowie Strukturen und Systeme natürlich ihrerseits von Handlungen und Interpretationen abhängig. Sie verweisen wie das Handeln und Interpretieren selbst auf etwas, das dem Handeln als Handlungsgegenstand, als Ausgangspunkt für das Handeln und Interpretieren zugrunde liegt (oder besser: als zugrundeliegend anerkannt, hypostasiert wird, interpretativ unterstellt werden muß). Aus prinzipiellen, sprachlogischen und referenzlogischen sowie aus pragmatischen, handlungsgebundenen und handlungsermöglichenden sowie aus intersubjektiv-objektivierenden Gründen muß das Handeln als Interpretiertes und zu Interpretierendes, als weltgebunden, als in-der-Welt-stattfindend unterstellt werden. Weltablehnung durch Handeln wäre ihrerseits ein interpretativer Handlungsakt sekundärer Art und wäre pragmatisch zu widerlegen - analog zu der früher so genannten Petitio tollendi - einer Selbstanwendung, einer Aufhebung.[5]

7. Nichtarchimedisches Philosophieren

Diese verzwickte Situation scheint, oberflächlich betrachtet, auf einen totalen Interpretationsidealismus hinauszulaufen, der mit dem radikalen internen Interpretationismus verbunden zu sein scheint. Doch bei näherer Betrachtung stellt

---

[5] Man kann gewisse Verfahrensregeln, etwa auch in der Logik, nicht mit Gründen verwerfen, ohne sie selbst oder entsprechende funktionale Äquivalente auf höherer Stufe zu benutzen: Ohne Kritik und Kritikregeln läßt sich ein Kritikverfahren bzw. eine Kritikregel nicht mit Gründen ablehnen! Man kann nicht (logisch und pragmatisch) gegen das Widerspruchsverbotsprinzip argumentieren, ohne es oder eine gleichwirksame Abwandlung (in Gestalt der verwendeten Kritikregeln, auf höherer Stufe) in Anspruch zu nehmen (vgl. LENK 1973).

sich diese Vermutung als falsch heraus. Wir können in realisierender Interpretation durchaus etwas aus praktisch-pragmatischen Gründen - und auch aus theoretischen Gründen, eben von einer anderen Interpretationswarte aus - als „real" und von uns aus unabhängig unterstellen (so wie wir uns ja auch selber als real unterstellen), ohne zu leugnen, daß es sich in erkenntnistheoretisch-methodologischer Perspektive um ein Interpretat handelt. Wo aber, ist man geneigt zu fragen, ist die reale Verankerung des Spiels im Wirbel der Interpretationen? Brauchen wir nicht einen festen Anknüpfungspunkt, sozusagen einen archimedischen Punkt des Philosophierens, von dem wir ausgehen müßten: einen realen Haltepunkt? Nein! Trotz aller notwendigen Gebundenheit an eine pragmatisch unterstellte externe Realität (die aus anderer, erkenntnistheoretischer Sicht interpretativ gefaßt ist) ist es nicht nötig, einen fixen archimedischen Punkt des Handelns und Interpretierens als *Fundamentum inconcussum* des Philosophierens anzunehmen. Dies wäre ein rationalistisches Fundamentalphilosophieren im heute überholten letztbegründungsrationalistischen Sinne. Statt dessen wissen wir, daß wir handeln und relativ erfolgreich erkennen, antizipieren können, daß wir, ohne zu schematisieren und zu interpretieren, weder handeln noch erkennen könnten. Wir können eine nichtarchimedische Philosophie des relativen und pragmatischen Begründens entwerfen, ohne - erkenntnistheoretisch gesehen - auf einen letzten gesicherten, als solchen selbst nicht interpretativ ausgezeichneten Grund zurückgehen zu müssen. Dennoch können und müssen wir im „realen" Lebenszusammenhang pragmatisch die externe Welt als real, als Handlungskontext und teils als Widerpart des Verhaltens, unterstellen, selbst wenn wir sie nicht in unbezweifelbar objektive und interpretationsfreie „Gegenstände" separieren können, sondern niemals von unseren Schematisierungen, Interpretationsbildungen und Interpretationskonstrukten, die ihrerseits notwendig auf interpretatorische und auf außengerichtete Handlungen bezogen sind, absehen können.

Wir bewegen uns in Interpretationszirkeln, kommen sozusagen aus dem Horizont des Interpretierens nicht heraus. Dies bedeutet aber nicht, daß nur Interpretationen existierten bzw. von uns als einzige „reale Prozesse" angenommen werden könnten, daß gar keine Realentsprechungen für Interpretationskonstrukte gedacht werden dürften und könnten. Im Gegenteil, pragmatisch-praktisch sind wir in einer Welt der Handlungen und des Interpretierens auf Realunterstellungen der skizzierten Art angewiesen. Handeln ist grundsätzlich weltgebunden und interpretatorisch zugleich. *Interpretieren ist nicht alles, aber ohne Interpretieren ließe sich überhaupt nichts erfassen.*

Wir haben also kein letztes unbezweifelbares und unerschütterliches Fundament, das uns als begriffliches oder sprachlich formiertes explizit zur Verfügung stünde und auf das wir aufbauen könnten. Wir operieren zwar nicht wie ein Drahtseilkünstler ohne Netz, sondern wir knüpfen uns selbst unsere Netze, in die wir die Welt zu fassen streben, und ebenfalls das Seil, auf dem wir selbst zu balancieren suchen. Wir arbeiten also mit selbstgestrickten Einteilungen, Strukturen und Erfassungsmöglichkeiten. Wir wissen, daß sie interpretationserzeugt sind, konstituiert auf unterschiedlichen Interpretationsebenen, sozial konventionalisiert und sprachlich oder zeichengebunden dimensioniert. Jede Form der Welterfassung ist unvermeidlich und zutiefst, per se, interpretationsverwoben wie theoriegeladen, begrifflich und sprachlich durchtränkt. Dennoch ist - in zwar durchaus interpretationsgebundener Perspektive - aus praktisch dringlichen und zur Vermeidung pragmatischer Widersprüche not-wendigen Gründen eine von uns unabhängig existierende Welt als real zu unterstellen - selbst dann, wenn wir sie nicht elementweise objektivieren und unabhängig von jeglicher Vorformierung oder Interpretationsbildung „Gegenstände" in ihr identifizieren können. Die Identifikation von Gegenständen ist immer schon interpretativ. Um es noch einmal zu wiederholen: Jegliche Erfaßbarkeit ist interpretationsimprägniert. *Welt ist real, aber Welterfassung stets interpretativ.* Ein „haltlose[r] Fiktionalismus" (FELLMANN 1990) ist nicht vertretbar.

Selbst wenn wir Wirklichkeit an sich als zum guten Teil unabhängig von der erkenntnismäßig und manipulativ zugänglichen „Realität für uns" unterstellen müssen, ist den interpretationistischen Prägungen der *Erfassung* dieser Wirklichkeit nicht auszuweichen. Alle Erfassung ist schematisiert und interpretationsimprägniert - dies besagt ja der Grundsatz der (Schema-)Interpretationsimprägniertheit.

8. Das (Noch-)Nichtdenkbare Denken!

Selbstverständlich kann es damit nicht sein Bewenden haben, daß wir nunmehr Interpretationskonstrukte statt Realität setzen. Eine solche interpretationistische Täuschung bzw. selbst ein interpretationskonstruktionistischer Fehlschluß liegt natürlich ebenso nahe wie die oben genannten Fehlschlüsse. Vielleicht wäre er sogar noch verführerischer, weil er aufgrund verfeinerter, differenzierterer erkenntnistheoretischer Analysen insinuiert wird. Auch ein Radikalinterpretationismus im Sinne eines interpretationistischen Idealismus kann nicht erkenntnisimperialistisch sein: Selbst wenn jegliche *Erfassung* von Realität interpretationsimprägniert ist und unaufgebbar sein muß, kann man nicht die Wirklichkeit an sich durch eine Realität, wie wir sie interpretieren oder deuten, ersetzen. Dies gilt in „vertrackter" Verwickeltheit selbst dann, wenn die von uns nur interpretationsabhängig meinbare und bezeichenbare „Realität an sich" selbst in jeglicher Weise ihrer Erfassung, Bezeichnung, sprachlichen oder begrifflichtheoretischen Umschreibung in der Tat nur in Abhängigkeit von interpretativen Formen und Vorprägungen umschrieben werden kann. Philosophie scheint ein geradezu unmögliches Geschäft: das Unsagbare zu sagen, das Nichtbezeichenbare mit Zeichen zu bezeichnen, das von allen Interpretationen Unabhängige dennoch in interpretativen Formen zu deuten, das Nichtdenkbare, Nochnichtdenkbare zu denken. Das ist fast wie mit den Chiffren von JASPERS für das Umgreifende. Philosophisch Denken ist der Versuch, über die Deutungsgrenzen hinaus dennoch deutend weiterzuschreiten (oder nur weiterzu"wursteln"?), dennoch dabei nicht zu verzweifeln und keinen erkenntnismäßigen Imperialismus zu vertreten. Philosophieren ist, wenn man - sich bescheidend - dennoch weiter deutet.

Zusammenfassend sei festgestellt: Der hier in Grundzügen skizzierte interpretationistische Ansatz ist - wie bereits mehrfach betont - in erster Linie *methodo-*

logisch zu verstehen; er läßt sich zu einem *transzendentalen* Ansatz erweitern. Letzterer besagt, daß alle Erkenntnis und alle Erfassung von etwas *als* etwas, sei es nun etwas „Ideales" oder „Reales" oder als „Wirklichkeit", unter Interpretationen, unter deutungsabhängigen Beschreibungen und deren Formen steht. Realität jeglicher Art ist nur interpretativ erfaßbar und somit notwendig interpretationsabhängig konstituiert bzw. konstituierbar und erkennbar sowie analysierbar und auch manipulierbar! Realitätskonzeption und Realitätserfassung sind unaufgebbar interpretationsimprägniert (im erwähnten doppelten Sinne!). Aber wir *können* - dies läßt sich sogar argumentativ rechtfertigen - und wir *sollten* und wir *müssen* praktisch - ohne daß wir die Möglichkeit hätten, einen absoluten Beweis dafür zu finden - unabhängig von dieser Interpretation ein bestimmtes erkenntnistheoretisches interpretatives Konstrukt, nämlich den pragmatischen interpretationistischen Realismus, durchaus sinnvoll vertreten, weil sehr gute Gründe, praktische Gründe des Lebens, und auch theoretische Gründe dafür sprechen.

Literatur

ABEL, Günter 1984: Nietzsche. Die Dynamik der Willen zur Macht und die ewige Wiederkehr. Berlin - New York.
ABEL, Günter 1989: Interpretations-Welten. In: Philosophisches Jahrbuch 96, 1-19.
FELLMANN, Ferdinand 1990: Interpretationismus und symbolischer Pragmatismus. In: Allgemeine Zeitschrift für Philosophie 15.2, 51-59.
LENK, Hans 1973: Metalogik und Sprachanalyse. Freiburg.
LENK, Hans 1975: Pragmatische Philosophie. Hamburg.
LENK, Hans 1979: Pragmatische Vernunft. Stuttgart.
LENK, Hans 1986: Zwischen Wissenschaftstheorie und Sozialwissenschaft. Frankfurt a.M.
LENK, Hans 1993: Interpretationskonstrukte. Zur Kritik der interpretatorischen Vernunft. Frankfurt a.M.
LENK, Hans 1993: Philosophie und Interpretation. Frankfurt a.M.
LENK, Hans 1995a: Schemaspiele. Über Schemainterpretationen und Interpretationskonstrukte. Frankfurt a.M.
LENK, Hans 1995b: Das metainterpretierende Wesen. In: Allgemeine Zeitschrift für Philosophie 20.1, 39-47.
LENK, Hans 1995c: Interpretation und Realität. Frankfurt a.M.
WITTGENSTEIN, Ludwig 1960: Tractatus logico-philosophicus. In: DERS., Schriften. Frankfurt a.M., 1-83.

Jörn Garber

„Wahrheit ist das Verhältnis der Dinge unter einander und zu uns". Empirismus - Konstruktion - „Gedankenbild" (Georg Forster: 1754-1794)

Die europäische Aufklärung weist um 1750 einen Bruch auf, der die ältere Begriffs- und Systemaufklärung trennt von der jüngeren Erfahrungsaufklärung, die man als Lebensphilosophie bezeichen könnte. Diese jüngere Aufklärung sah sich in ihrem Erfahrungskonzept bestätigt durch eine revolutionierende Erkenntnis, die durch die Kombination von mathematischer Berechnung und nautischen Können erreicht wurde. Von 1772 bis 1775 unternahm der Engländer James COOK seine zweite Weltreise und führte den Nachweis, daß der sog. Südkontinent („terra australis") nicht existiere. Man hatte dieser Südhälfte der Erde alle positiven (utopischen) Merkmale eines irdischen Paradieses zugesprochen. Teilnehmer an dieser wichtigsten Wissenschaftsexpedition des 18. Jahrhunderts war der Zeichner, Naturkundler, Ethnologe und spätere Revolutionär Georg FORSTER (1754-1794), der auf dieser Reise alle Weltkulturen durch „Augenschein" kennenlernte und hierüber 1778 den Bericht „A voyage round the world" publizierte. 1790 reiste Georg FORSTER gemeinsam mit dem jungen Alexander von HUMBOLDT über Holland und England nach Frankreich, wo er Zeuge der Französischen Revolution wird. Als er 1793 wiederum nach Paris kommt, verfaßt er den bedeutendsten Text aus deutscher Feder zur Französischen Revolution, die „Parisischen Umrisse". FORSTER versteht sich als „teilnehmender Beobachter", d.h. sein Text spiegelt die Empfindungen, die Handlungen, die Irrtümer und die Prognosen des Autors. Die wahrgenommene Welt bricht sich perspektivisch im Horizont des „teilnehmenden Beobachters".
Aus heutiger Sicht fügt Georg FORSTER Methoden zusammen, die seit dem 19. Jahrhundert als unvereinbar gelten: In bewußter Überwindung der Trennung von Natur- und Kulturwissenschaften läßt FORSTER in Form einer materialistischen Evolutionstheorie die Vernunft hervorgehen aus den Erkenntnisexperimenten des „sinnlichen Menschen". Da der Beobachter immer Teil des Erkenntnisprozesses ist, verändern sich im Akt der Erkenntnis Subjekt und Objekt. Dieser Prozeß, so FORSTER, muß im Text des sich selbst beobachtenden Beobachters abgebildet werden. Die Textabfolge hält alle Irrtümer und Selbstkorrekturen des Autors fest. Der heutige Leser, präpariert durch postmoderne Absagen an Objektivitätsnormen, wird die exponierte Modernität der Texte FORSTERs überrascht zur Kenntnis nehmen.
Die Verbindung von „Wahrheiten" der Sinnen- und Vernunfterkenntnis begründet die Einheit von natur- und kulturwissenschaftlichen Fragenweisen bei FORSTER. Der Verzicht auf eine vorschnelle Trennung von Subjekt- und Ob-

jektssphäre weist einen Weg, wie Erfahrung durch Konstruktion zur Wissenschaft werden kann. Dabei dürfen kulturelle Eigenerfahrungen des Erkenntnissubjekts nicht verdrängt werden. Erworbene „Vorurteile" sind nicht durch Operationen einer voraussetzungslosen Vernunft zu tilgen. Vielmehr wird durch den Austausch kulturell bedingter Vorurteile deren Genese erst erkennbar. FORSTER verzichtet darauf, eine „Theorie der Erfahrung" zu entwerfen, er schildert vielmehr seine reflektierte Erfahrung, bevor er diese philosophisch bearbeitet. Die Anstöße der Sinne für den Prozeß der Vernunftsentwicklung lassen sich nicht am Schreibtisch rekonstruieren, der Autor muß die Qualitäten seines Untersuchungsfeldes gleichsam gesehen, gehört und geschmeckt haben, bevor er über sie schreiben kann.

WIELAND, SCHILLER, GOETHE, Wilhelm und Alexander von HUMBOLDT, Friedrich SCHLEGEL, aber auch LICHTENBERG und SEUME haben diese Verbindung von Eigenerfahrung und Denken bei Georg FORSTER bewundert. Im Unterschied zu diesen Autoren, die bis heute in den deutschen Kulturkanon eingegliedert wurden, blieb FORSTER ein Außenseiter. Sein Engagement für die Französische Revolution diskreditierte ihn in den Augen der Verfechter einer deutschen Nationalkultur. Als Kosmopolit ignorierte er nationale Kulturgrenzen und diskutierte bzw. publizierte in englischer, französischer und deutscher Sprache. FORSTERs Denken steht quer zu den Denkweisen des 19. Jahrhunderts, wie sie sich in den Geisteswissenschaften, z.B. im Neukantianismus und Historismus, artikulierten. Diese trennen die Wissenschaften des „Allgemeinen" (Naturwissenschaften) von den Wissenschaften des „Individuellen" (Geisteswissenschaften). FORSTER betont demgegenüber die Einheit von „Mensch" und „Natur". Es gibt keine „Cultur" des Menschen, die nicht auch von dessen Verhältnis zur äußeren Natur geprägt worden wäre. FORSTER untersucht den Entwicklungszusammenhang von Natur und Kultur durch die Kombination von Sinnen- und Vernunfterkenntnis des beobachtenden Autors.

Die heutige Wissenschaftsentwicklung hat die Trennung zwischen Natur- und Kulturwissenschaften weitgehend überflüssig gemacht und damit den Blick auf den Zusammenhang von „Natur" und „Geschichte" geschärft. In präziser Umkehr neukantianischer Annahmen fragt man heute in Hinblick auf die Natur des Menschen, was deren „Geschichtlichkeit" ausmache. Man verklammert Fragestellungen der physischen und der sittlichen Anthropologie. Auch der strikte Empirismus der Spätaufklärung kritisiert jede Metatheorie des Historischen und entwirft statt dessen eine Entwicklungstheorie des Menschen im Singular der Menschheit. Das Potential des Menschen (Anthropologie) wird erst erkennbar vom Standpunkt der Gesamtgeschichte (Menschheitsgeschichte). Insofern ist die Historie immer ein Teil der Lehre vom Menschen (Anthropologie) und die Anthroplogie erschließt ihre Gegenstandsbestimmungen im Deutungsfeld der Geschichte. Die Spätaufklärer wußten, daß der Totalzugriff auf die Geschichte nur in einem fortwährenden Erweiterungsprozeß der Gegenstandsbereiche und der Untersuchungsfelder erfolgen könne. Wir stehen am Beginn einer integralen Alltagsgeschichte, die das Normale ebenso zum Thema hat wie das Anormale im Normalen. Solange Aufklärung, Bildung und Kultur als Einheit begriffen werden, solange bleibt der Zusammenhang von materieller Basisgeschichte

(Ökonomie, soziale Dispositionen des Menschen) mit „Vernunft und höherer Kultur" erhalten. In einer verwegen anmutenden Dialektik haben die Spätaufklärer nicht nur eine Geschichte des Ganzen (der Menschheit) entworfen, sondern auch das Ganze des Einzelnen zu erkennen gesucht. Makro- und Mikrotheorie des Lebens werden durch einen konstruktiven Empirismus freigelegt. In einem vierfachen Durchlauf soll im folgenden das Konzept einer Erfahrungskonstruktion von FORSTER vorgestellt werden: FORSTER entwirft Reflexionsbilder, in denen die Bildlichkeit Exponent des Materiellen und Reflexionen Bestimmungsformen von deren Funktionseinheit sind (I). Auf dieses Verfahren bezieht FORSTER seine „organische" Erkenntnistheorie, die den Gegensatz von Subjekt und Objekt weitgehend einebnet (II). Diese unitaristische Erkenntnishaltung ist nur möglich, weil der Autor Erfahrung wie eine konstruktive Gegenstandserkenntnis klassifiziert (III). FORSTER schreibt Kulturgeschichte als Totalgeschichte der materiellen und geistigen Entwicklung des Menschen. Dieses Verfahren geht von der Einheit einer „Philosophie des Lebens" aus und wendet sich gegen die Trennung einzelner Erkenntnisbereiche (IV).

1. Die Schere im Kopf des Autors - Das „Gedankenbild" der bürgerlichen Zivilisation: Amsterdam

Im März 1790 verläßt der Bibliothekar Georg FORSTER seinen Wohnsitz Mainz, fährt rheinabwärts, besucht die Städte Köln, Aachen, Lüttich und endlich auch Amsterdam.[1] In die Beschreibung dieser Stadt projiziert er seine Theorie der modernen urbanistischen Zivilisation. Der Text ist so kunstvoll konstruiert, daß dessen kulturtheoretische Implikationen erst durch eine wiederholte Lektüre erkennbar werden. Der reisende Autor gibt vor, jeglichen Vergangenheitsbezug bzw. eingeschliffene Erfahrungsgewohnheiten aufzugeben, wenn er das Neue, die große Stadt des Handels und der Produktion, in den Blick nimmt.[2] Der Akt der Perzeption wird mit geradezu konstruktivistischer Präzision geschildert. Zwei Bildformen, eine sinnlich wahrnehmbare und eine aperzeptive, konstituieren die Bezeichnungstotalität Amsterdams. Forster wählt als Standpunkt des Autors eine Werft der holländischen Admiralität im Augenblick eines Stapellaufs. Der Autor besteigt das Arsenal der Marine und annotiert fortwährend seine Einzeleindrücke. Er steht auf einem künstlichen Territorium, das dem Wasser durch das Einrammen von 18000 Pfählen abgewonnen wurde. Kultur, so die Botschaft des Textes, ist identisch mit Naturbearbeitung

---

[1] Alle FORSTER-Zitate werden verkürzt zitiert als AA mit römischen Zahlen für den Band und arabischen Zahlen für die Seitenangabe nach der Ausgabe der Akademie der Wissenschaften von 1989 (vgl. FORSTER 1989). Die Amsterdamschilderung der „Ansichten vom Niederrhein" ist abgedruckt in: AA IX, S. 297-319. Alle folgenden Textzitate sind dieser Passage entnommen.
[2] Helmut PEITSCH, Georg Forsters „Ansichten vom Niederrhein". Zum Problem des Übergangs vom bürgerlichen Humanismus zum revolutionären Demokratismus, Frankfurt a.M. 1978, S. 231ff (Köln), S. 284ff. (Holland), S. 440ff. (Natur- und Städteschilderungen).

und Planung. Diese Kunstwelt des Hafens ist über die See verbunden mit der unendlichen Natur. Erfahr- und beherrschbar ist die Unendlichkeit allererst durch navigatorische Technik. FORSTER erblickt tausende von Schiffsmasten, die er als „schwimmende Schlösser" beschreibt. Diese Schiffskörper symbolisieren bewegliche Verbindungslinien zwischen den Weltkulturen. Sie sind „jeweils ein Wunderbau" mit „ungeheuren Maschinen". Der Herstellungsprozeß erscheint als Koordinationsleistung zahlloser Planungs- und Arbeitsprozesse, deren Harmonie im Augenblick des Stapellaufs erkennbar wird. FORSTER läßt den Nahblick zum Fernblick mutieren, er schildert jene Handelsverbindungen, die Amsterdam zum Zentrum der Weltökonomie machen. Das Fabrikatum „Schiff", das als Maschine klassifiziert wird, wird im Augenblick des Stapellaufs zum „Organismus", der „ein eigenes Leben" führt. „So hebt sich himmelan das Herz von stolzer Freude über das Wollen und Vollbringen des menschlichen Geistes!"[3]

Die gehäufte Beschleunigungsmetaphorik läßt den Hafen als Umschlagplatz der Weltkulturen erscheinen, dessen materielle Träger die Schiffskörper sind. FORSTER identifiziert den „Schauplatz der umfassendsten Geschäftigkeit" als „Republik". Er konterminiert das Bild bürgerlicher Betriebsamkeit und des Kommerzes mit einer freiheitlichen Verfassungsform. Der städtische Republikanismus kann sich sogar gegen die Universalmonarchie Spaniens behaupten: Die Republik des protestantischen Nordens besiegt die katholische Feudalmonarchie des Südens. Spanien wird zum Sinnbild der Stagnation Alteuropas, Amsterdam zur Chiffre der Bewegungsenergien des modernen Bürgertums. Zugleich erscheint die moderne Zivilisation als Bewegungsprozeß der Kommunikation des Differenten. Die Stadtbildkonstruktion ist eine zusammengesetzte Metapher für die Beschleunigung von Arbeit und Wissen in der Moderne, der die Vergangenheitsbilder von Ständegesellschaft und Absolutismus entgegengesetzt werden. Diese Opposition wiederholt sich noch einmal in den dualistischen Bildbezirken „lebendig-organisch" und „tot-mechanistisch". Amsterdam als „Schauplatz der umfassendsten Geschäftigkeit" wird zum Signum des arbeitenden, handelnden und des sich selbst verwaltenden Bürgertums. FORSTER scheint vorübergehend zum Rousseauisten zu werden, wenn er die holländische „Republikanertugend" als „freiwillige Einschränkung auf die ersten Bedürfnisse des Lebens" beschreibt. Gleichwohl wird die Differenz zu ROUSSEAU deutlich, wenn der Tugendbegriff auf eine arbeitsteilige, maschinell-künstliche Zivilisationsgesellschaft bezogen wird. Der Anspannungsprozeß der Moderne, der „langwierige Wettstreit", also die Vereinseitigung und Konkurrenzbezogenheit, die ROUSSEAU ablehnt,[4] ist nach FORSTER geradezu die Bedingung für eine zivilisatorische Reichtumsgesellschaft, an der das Individuum partizipiert, wenn es den erarbeiteten Überfluß produktiv und nicht konsumtiv nutzt.[5] Die Hollän-

---

[3] AA IX, S. 299
[4] Vgl. STAROBINSKI, Rousseau. Eine Welt von Widerständen Frankfurt a.M. u. Wien 1988, S. 39ff.; KOHL, Entzauberter Blick, (wie Anm. 12), S. 113ff.
[5] Vgl. Hans Gerd PRODOEHL, Individuum und Geschichtsprozeß. Zur Geschichtsphilosophie Georg FORSTERs, in: Gerhart PICKERODT (Hg.), Georg Forster in seiner Epoche, Berlin 1982 (Argument-Sonderband 87), S. 149-197.

der repräsentieren den durch Außenfaktoren (Klima) und Anthropologie ausgelösten Entwicklungsprozeß „körperlicher Kräfte" und der „Stärke der Seele".
Der Text wechselt sodann von der Perzeptionsschilderung des Augenscheins zu einer Darstellung der Operationen des Verstandes. FORSTER schildert Kollektivprozesse des „fleißigen Bienenschwarms", die „zauberähnliche Bewegung", den „rastlosen Umschwung", die „Gränzenlosigkeit" der Tätigkeiten in dieser Stadt. Ausgelöst wird die Zivilisationsbewegung von der „Gewinnsucht" der Individuen, die im Langzeitprozeß der Geschichte „Wissenschaft" und „Vernunft" hervorbringt. Insbesondere die Mathematik und die angewandten Wissenschaften erleben eine Blüte in Amsterdam, weil sie praktisch verwertbar sind. Die künstlichen Operationen der Natur- und Kultursteuerung konzentrieren sich in einem urbanistischen Punkt: Weltteile werden verbunden, Nationen zusammengeführt, Produkte angehäuft. Dieser materiellen Konzentration entspricht ein „Reichtum von Begriffen", der sich zunehmend läutert und erweitert. In dieser absoluten Parallelität von materiellem und ideellem „Umlauf" verdichtet sich die Kulturdifferenz der Erde zu einem „neuen Fabrikat der Vernunft". Ein bestimmter kultureller Impuls beginnt an einem bestimmten Punkt der Welt, durchläuft andere Kulturzonen und kehrt in veränderter, positiver Qualität an seinen Ausgangspunkt zurück.
Theoriebildung durch „Augenschein" kann nur erfolgen, wenn der sensualistisch orientierten Beschreibung eine reflexive Konstruktion folgt.[6] Teilperzeptionen schlagen um in den „Totaleindruck". Der „Totaleindruck" bezeichnet das „Ganze" bzw. die in einem „Ganzen vereinigten Gegenstände". Der Wechsel von der Teilperzeption zur Funktionsbestimmung des Ganzen wird vom Autor scharf markiert: „Also, nicht dem Auge allein, sondern auch dem Verstand erscheint Amsterdam von der Wasserseite im höchsten Glanze. Ich stelle mich in Gedanken in die Mitte des Hafens (...)" (IX, 299f). Die Verstandesperspektive der „Mitte" eröffnet die „Gränzenlosigkeit" des Blicks auf die menschlichen Aktivitäten der Zivilisationsmetropole. Das Einzelne, losgelöst von seinem Gesamtkontext, bleibt unbestimmt. Das Ganze ist nur „aus einer gewissen Entfernung", „unbefangen beobachtet", erfaßbar. Das Individuelle verfolgt immer nur Teilzwecke, da ihm das Ganze nicht bewußtseinsmäßig verfügbar ist. Das Prinzip der Nähe verdeckt die Bedingungen von Handlungskontexten: Der „Totaleindruck" als „Fabrikat der Vernunft" ist ein erzeugtes Wissen „aus der Ferne", d.h. er wird gewonnen unter Abstraktion eigener Zwecksetzungen bzw. unmittelbarer Wahrnehmung. FORSTER beschreibt Kollektivformen (Städte, Nationen) wie wahrnehmbare Gesamtfunktionen. Insofern wird der abstrakte Totaleindruck wiederum in Bildern von Teilperzeptionen vorgestellt.
Amsterdam erscheint in Gestalt einer Bewegungsmetapher, als „Bild" bürgerlicher Produktivität, als Agentur des Welthandels. Diese Stadt ist eine Metapher für die Überwindung der unendlichen Weltkontingenz durch den seefahrenden

---

[6] Die einzige Arbeit, die die Schreibtechnik FORSTERs minutiös analysiert, hat Rotraut FISCHER vorgelegt: Reisen als Erfahrungskunst. Forsters „Ansichten vom Niederrhein". Die „Wahrheit" in den „Bildern des Wirklichen", Meisenheim und Frankfurt a. M. 1990. Vgl. insbesondere den Abschnitt „Anschauung und innere Ordnung bei Forster" ebd., S. 91ff.

Bürger. Nur der „Totaleindruck" vermag als Ergebnis einer Verstandesoperation des beobachtenden Autors dem Leser die Struktur der „Unendlichkeit" der bürgerlichen Weltaneignung zu versinnbildlichen: „Dies ist mir der Totaleindruck aller dieser unendlich mannigfaltigen, und zu einem Ganzen vereinigten Gegenstände, die vereinzelt und zergliedert so klein und unbedeutend erscheinen. Das Ganze freilich bildet und wirkt sich ins Dasein aus, ohne daß die Weisesten und Geschäftigsten es sich träumen ließen; sie sind nur kleine Triebfedern einer Maschine und nur Stückwerk in ihrer Arbeit. Das Ganze ist nur da für die Phantasie, die es aus einer gewissen Entfernung unbefangen beobachtet und die größeren Resultate mit künstlerischer Einheit begabt; die allzu große Nähe des besonderen Gegenstandes, worauf die Seele jedes Einzelnen, als auf ihren Zweck, sich concentrirt, verbirgt ihr auch des Ganzen Zusammenhang und Gestalt." (IX, 300) Der Gegenstand bleibt identisch, der Autor protokolliert seinen Perspektivwechsel und verändert so die Gegenstandswahrnehmung. Der Sprung von der Perzeption zur „Idee" des Gegenstandes läßt sich nicht durch Empirie, sondern nur durch Gegenstandskonstruktion begründen.

Die Ansicht FORSTERs, daß der Autor Teil des von ihm durch Perzeption erzeugten Bildfeldes sei, bedeutet, daß die Veränderung der Wahrnehmungsformen des Autors verbunden ist mit einer qualitativen Veränderung des Gegenstandsfeldes. Der Autor wechselt gleichsam von der „physischen" zur „sittlichen" Anthropologie: Die Verstandesoperation führt zur eindeutigen Bildstrukturierung, die allein durch eine Kette von Erfahrungsurteilen nicht erreichbar ist. Einsatzpunkt des Erkennens ist der sensualistische Akt der Wahrnehmung, dieser wird aber erst semantisch besetzbar durch Verstandesoperationen, die, räumlich gesprochen, wie die Einführung einer Außenperspektive wirken, so daß das Ganze über den Totaleindruck erfaßbar wird. Dieser gibt die „Idee" bzw. die „Mitte" des Gegenstandes frei. Aus dem Bild der Stadt wird ein „Gedankenbild".

Der Leser kann einen Vergleich zwischen solchen Denkbildern vornehmen und beispielsweise die Differenz zwischen einer unproduktiven deutschen Bischoffsstadt (Köln) und einer protestantischen Handelsstadt (Amsterdam) bildlich assoziieren. Der Autor beschreibt den Weg von der „Pupille" zum „Verstand". Dieser Prozeß legt am Ende das „Fabrikatum der Vernunft", nämlich das Gedankenbild der Bürgerstadt frei. Diese Einheit von physischer und intellektueller Gegenstandsbestimmung findet ihre Begründung in der Einheit der „physischen und sittlichen Bestimmung" des Menschen (V, 194). Das Gedankenbild vereint in sich den empirischen Akt der Gegenstandswahrnehmung und dessen Transposition zu Verstandesbestimmungen. Künstlich bleibt diese Operation gleichwohl, da sie durch das „Bewußtsein eines abstrakten Ich" (V, 195) vorgenommen wird und nicht durch einen Rekurs auf die menschliche Anthropologie, die dem Prinzip der Heterogenität unterliegt: „Mit Anlagen, die einander zu widersprechen scheinen, macht übrigens der Mensch keine Ausnahme in der Ökonomie der Natur (...)." (V, 194) FORSTER schwankt zwischen mehreren Verfahrensweisen, weil er die Realität nicht im rein Gedanklichen aufgehen lassen will, aber zugleich das Bild des Wirklichen nicht der Unbestimmtheit der Erfahrung aussetzen möchte: „Noch kann ich mir den großen Zweifel nicht lösen, ob es befriedigender sei, Bilder des Wirklichen unmittelbar aus der umgebenden Weite zu schöpfen, oder sie von zahllosen Anschauungen bereits überallher gesammelt, erlesen, geordnet, zusammengesetzt, zu schönen Ganzen vereinigt, aus einer reichen Menschenseele, unserm Wesen schon mehr angeeignet, in uns übergehen zu lassen?" (IX, 25) Die Vermittlung zwischen dem Spontaneindruck und den reflexiv geordneten Wirklichkeitsbildern wird durch den sich selbst beobachtenden Beobachter vorgenommen. Dieser legt den „ewigen Reihentanz" der Wirklichkeit still, ohne die Spannung „zwischen Willkür und Regel" (IX, 129) zu verleugnen. Der bewegliche Autor ist das Spiegelbild der bewegten Wirklichkeit. Der inhaltlich wie formal alternierende Text vermeidet die „vollkommene Gleichförmigkeit" (IX, 127), die am Ende einer rein reflexiven Verstandesoperation steht. FORSTER kritisiert die Mortifikation der Gegenstände im Akt ihres Begreifens. Der Grad des konstruktiven Eingriffs des Autors in die Ordnung des darzustellenden Gegenstandsbereich hängt von dessen Struktur ab. In dem Maße, wie der Gegenstand „schön" ist, d.h. bereits eine sinnfällige Ordnung aufweist, in dem Maße kann der Betrachter eine passive Haltung einnehmen. Ist der Kontingenzdruck stark und keine Vorstrukturierung des Gegenstandsfeldes zu erkennen, dann ist das erkenntnistheoretische Subjekt aufgerufen, diese Ordnung im Erkenntnisprozeß des Objekts herzustellen. Die Bewegung des Autors im Raum, die Angabe über die Art der Blickführung, der Nachweis des eigenen Standortes, der sukzessive Aufbau des Bildes bzw. Gedankenbildes, die Bestimmung des Ganzen über den Totaleindruck wird als genetischer Ablauf des Erkenntnisprozesses beschrieben. Erzählzeit und erzählte Zeit sollen nicht zu stark differieren, damit beim Leser der Eindruck entsteht, er nehme teil an der Genese des Erkenntnisobjekts. Trotz analytisch trennbarer, konstruierter Erzählvorgänge soll das sukzessiv entfaltete Bild ein einheitliches Projektionsfeld darstellen, das sich aus zahllosen Einzelbestandteilen zusammensetzt. Die Teile des Finalbildes verschmelzen zu einer Einheit, die bei der Schilderung des Beobachtungsprozesses noch nicht vorausgesetzt wird. Das Bild des die „Wirklichkeit nachahmenden Dramas" (IX, 25) läuft aus in eine Ruhelage, die auf das Ende des Erzählvorganges verweist. Erst jetzt ist die Botschaft des Bildes präzisierbar.

FORSTER spricht Amsterdam und den Holländern „Besonnenheit", „Bedürfnislosigkeit" zu, „Geschicklichkeit in den mechanischen Künsten", „Standhaftigkeit in Gefahr", „Beharren in der Widerwertigkeit", „Enthaltsamkeit im Überfluß", „unauslöschliche Freiheits- und Vaterlandsliebe", erprobt im „langwierigen Wettstreit" (IX, 299). Die Bevölkerung wird in Form eines „Gedankenbildes" (IX, 88) charakterisiert wie eine Person. Bilder des Ganzen basieren auf der konstruktiven Selektion des Autors: „(...) es ist eine Ökonomie der Zeit und des Gedächtnisse nöthig, um nur das Wesentliche, uns Angemessene aufzufassen; glücklich, wenn die Wahl so ausfällt, daß die Bilder, die wir in uns aufbewahren, Abdrücke interessanter Geisteskräfte sind und manche andere entbehrlich machen." (IX, 54). Das Ganze ist zumeist das gesellschaftlich Allgemeine. Der Autor verfährt nach dem Prinzip der „Ökonomie der Natur": Nur jene Elemente der Wirklichkeit, die qualitative Komponenten des Geneseprozesses sind, werden in der Beschreibung berücksichtigt. Fundus der Bildkom-

position sind Perzeptionen, das Gedächtnis des Autors, Vergleiche und kategoriale (abstrakte) Objektzuschreibungen. Das Einzelne des Bildes ist so zeitabhängig, daß es auf eine „unwandelbare Einheit" im Bestimmungsfeld des Ganzen gezogen werden muß, bevor seine Funktion erkennbar wird (IX, 236).
FORSTER kopiert in seinen Bildkonstruktionen Zentralaussagen seiner Natur- und Geschichtstheorie: Das Individuum ist radikal der Kontingenz und der Verzeitlichung ausgeliefert, während die Gattung zeitresistent („ewig") ist. Der Totaleindruck reduziert den Bewegungsprozeß der Wirklichkeitselemente bis zu dem Punkt, der als Anschauungsform der Funktionseinheit des Gegenstandsbereichs figuriert. Transformator vom zeitgebundenen Individuellen zur „Ordnung des Ganzen" ist der Autor, der die zeitliche Dimension der Einzelperzeptionen ebenso steuert wie die reflexive Bildverdichtung bzw. -vereinfachung des Totaleindrucks.[7]
FORSTER hat in seiner Anthropologie, in seiner Ethnologie, in seiner Zivilisations- und Geschichtstheorie immer wieder betont, daß nicht das Gleichgewicht der Kräfte, sondern nur die Exzentrizität des Einzelnen die Produktivität des Ganzen (Gesellschaft, Geschichte) garantiere. Insofern ist der Nachweis, daß ein Gegenstandsbereich nur eine partielle Vollkommenheit erreichen könne, verbunden mit der Schlußfolgerung, daß Vollkommenheit bestimmte Eigenschaften ausschließe. In der Amsterdam-Schilderung beschreibt FORSTER in Anschluß an die Hafenszene einen Theaterbesuch und notiert ironisch die Unfähigkeit von Schauspielern und Publikum, eine Kunstöffentlichkeit zu konstituieren.[8] Der Holländer ist so „natürlich", daß ihm die „Kunst" des öffentlichen Auftritts fremd bleibt. Jeder Typus der Vollkommenheit wird geprägt durch eine selektive Eigenschaftskombination, die niemals die Gesamtheit des menschlichen Anlagepotentials repräsentiert. Hier verlaufen Grenzziehungen zum neuhumanistisch-klasssischen Persönlichkeitsideal. Die Bevorzugung einer materiell-antagonistischen Zivilisationskonzeption durch die Spätaufklärer wird ergänzt durch die Rezeption eines anthropomorphen Klassizismus.[9]
In einer Gegenprobe zur Konzeption der produktiven Stadt entwirft Forster ein Bild des kulturellen Amsterdam, das nicht das Niveau höfischer Kulturzentren erreicht. Die unter republikanischen Gesichtspunkt positiv eingeschätzte „Gleichheit" bedingt eine kulturelle Undifferenziertheit. Der Republikaner verfügt nur über eine „ungebildete Sinnlichkeit", er vermag nicht mit seinen „dicken Nerven" „einen Zug von Natur" auf der Bühne darzustellen, weil das Nützlichkeitsprogramm des produktiven Bürgers nicht auf Körperbeherrschung abzielt. Der „feste, kalte Blick" des Holländers ist auf das Wirkliche, Verwertbare und Wissenschaftliche gerichtet, nicht aber auf eine artifizielle Kulturwelt. Der politische Vorzug des Republikanismus gegenüber Feudalismus und Absolutismus

---

[7] Zur Theorie des Totaleindrucks vgl. FISCHER (wie Anm.8), S. 258ff.
[8] AA IX, S. 306-310.
[9] Vgl. Ludwig UHLIG, Georg FORSTER. Einheit und Mannigfaltigkeit in seiner geistigen Welt, Tübingen 1965, S. 93ff. (FORSTERs Kunstauffassung). Zu FORSTERs Essay „Die Kunst und das Zeitalter" vgl. Michael EWERT, „Vernunft, Gefühl und Phantasie, im schönsten Tanze vereint". Die Essayistik Georg Forsters, Würzburg 1993, S. 92ff.

ist begründet in der Freiheit und Gleichheit seiner Bürger. Im Horizont der bildenden Künste ist die Arbeitswelt des Bürgers ein Palliativ gegen die Ausbildung repräsentativer Selbstdarstellung.

2. Zur Identität von Zivilisationsbildern und „organischer" Erkenntnistheorie

Das Ineinandergreifen von Kategorien der physischen und der sittlichen Anthropologie ebenso wie der physischen und sittlichen „Cultur" führt bei FORSTER zur Ausformung von Reflexionsbildern, die einen Theorieinhalt so versinnbildlichen, als werde ein Prozeß materieller Veränderung beschrieben. Das Verfahren simuliert in Form einer Bildbeschreibung die Verdeutlichung eines Prinzips der Geschichtsbewegung. Die Annäherung zwischen Theorie und konkretistischer Beschreibung geschieht in der Absicht, philosophische Probleme in Bildformen dem Leser plastisch zu erläutern. Die für den Frühliberalismus grundlegende Kategorie des „Antagonismus" der Kräfte als Bewegungsform einer dynamisch konzipierten Menschheitsgeschichte[10] beschreibt FORSTER wie folgt: „Der Wechsel der Verhältnisse, der Zusammenstoß streitender Kräfte, der Contrast entgegengesetzter Ereignisse- diese hin und her strömende Fluth im Ocean der Menschheit läutert und bestimmt überall die Begriffe, und giebt ihnen auch Einfluß auf Handlungen, Tugend und Laster sind daher überall gleichzeitige Erscheinungen; denn auch die Tugend wird nur durch Widerstreben möglich; wo weder Feind noch Gefahr vorhanden ist, da giebt es weder Kampf noch Sieg." (V, 196f.)

Zumeist sind es Aktionsbilder, die nicht durch abgegrenzte Begriffsbezirke, sondern durch die Opposition von Vorstellungsformen – hier: Krieg und Tugend – ihre Rezeptionsintensität beim Leser erreichen sollen. Die „haltlose" Prozeßhaftigkeit wird bis in die Syntax hinein abgebildet, der Vorgang selbst kann nicht erklärt werden. Es werden Evidenzbilder entworfen, die an Eigenerfahrungen des Lesers appellieren. Damit wiederholt sich ein Prinzip der Naturgeschichtsschreibung: Die Freigabe der Geschichte von Determinismusvorbehalten bezüglich ihres Verlaufs setzt jede punktuelle Erfahrung in eine Position, von der aus das „Ganze" erfaßbar wird. Dieses Wechselspiel von Perspektivierung und Partikularisierung des individuellen Erfahrungsvermögens einerseits und von Absolutsetzung von Einzelereignissen zu Bildern des Ganzen der Geschichte, macht die Schwierigkeit der Textaufschließung aus, da visuelle und reflexive Kategorien verschmolzen werden.[11] FORSTER ist nicht nur der Autor eines subjektiven Perspektivismus, sondern immer auch ein Konstrukteur des zumeist metaphorisch benannten „Ganzen".[12] In die Bildlogik wird oft eine

---

[10] Zum Gesamtzusammenhang vgl. Albert O. HIRSCHMANN Leidenschaften und Interessen. Politische Begründungen des Kapitalismus vor seinem Sieg, Frankfurt a.M. 1980, S. 51ff.

[11] Insofern ist nicht nur die Perspektivierung, die Individualisierung bzw. Partikularisierung bei FORSTER vorherrschend, wie Michael EWERT (wie Anm. 9, S. 115ff.) betont, sondern auch die Setzung des „Ganzen" als Funktionseinheit der Teile.

[12] Vgl. hierzu FISCHER (wie Anm. 8), S. 39ff.

Theorie einer unendlichen Erfahrung eingeschrieben, die dann von blickbegrenzenden Bildern konterkariert wird. Die Bilder lösen Reflexionsvorgänge aus, sie sind der „Anstoß der Erfahrung" im Denkprozeß. Sie sind Teil des Forsterschen Programms des „Gedankenbildes": Materielle Komponenten repräsentieren sinnbildlich reflexive Zusammenhänge.
FORSTER beschreibt Zivilisation über konkret „anschaubare" Bilder, die wie organologische Einheiten zu Denkbildern der Kultur verdichtet werden. Der Betrachter und der Leser wird zu einem Teil dieses Bildes, er wird in einen übergreifenden Zivilisationsprozeß einbezogen, wie die Naturphänomene in die „schaffende Natur". FORSTER bezeichnet dieses Verfahren der Kombination von Bild und Begriff als „unphilosophische Art zu Philosophieren" (XV, 233). Der Autor als Interpret der Dinge geht in den Prozeß der Beobachtung mit einem „Schema im Kopfe" (V, 393), das sich konstituiert aus seinen „Vorkenntnissen". Dieses Schema wird durch neue Eindrücke „ausgefüllt", der sich selbst beobachtende Beobachter benennt die Differenz von Vorkenntnissen und ausgefülltem Schema und bereichert „die Wissenschaft mit richtigeren, schärfer bestimmten und gemeinnützigen Begriffen" (V, 393). Dennoch erteilt FORSTER allen Dingen „gleiches Recht" im Wahrnehmungsakt. Eine von der sinnlichen Erkenntnis abstrahierende rein begriffliche Erkenntnisform setzt sich dem Vorwurf aus, „manches unwillkürlich in einem vorhinein bestimmten Lichte" zu sehen und damit Trugbilder der Realität zu erzeugen. Die Stoßrichtung FORSTERs gegen definitionsorientierte Systeme ist unverkennbar: „(...) ob es gleich Fälle gibt, wo Spekulation und abstrakte Bestimmtheit voraus ahnden könne, was die Anschauung hernach für wahr erkennt: so sind doch jene nicht selten, so sie auf Abwege geraten und die Erfahrung rechts liegenlassen." (XVIII, 132) Der Rückschluß von der begrifflich gewonnenen Systematik auf die tatsächliche Ordnung der Dinge funktioniert nicht: „Mit einem Worte, die Ordnung der Natur folgt unseren Einteilungen nicht, und sobald man ihr dieselbe aufdringen will, verfällt man in Ungereimtheiten. Ein jedes System soll Leitfaden für das Gedächtnis sein, indem es Abschnitte angibt, welche die Natur zu machen scheint; daß aber alle gleichnamige Abschnitte, wie Geschlecht, Gattung, Varietät, überall in gleichen Entfernungen von einander stehen, kann und darf niemand behaupten." (XVIII, 146) Jeder empirisch vorgenommen Standortwechsel verändert die Gegenstandswahrnehmung, insofern sind „feste" Begriffssysteme falsche Vorstrukturierungen für den Prozeß der Wahrnehmung. FORSTER behauptet, daß Begriffe ohne vorausgehende Anschauung gleichsam blind sind. Abstraktion versetzt den Beobachter „an einen gewissen entfernten Gesichtspunkt, der alles faßt" (V, 199). Der Gegenvorschlag FORSTERs lautet: „Wahrheit (ist das) Verhältnis der Dinge unter einander und zu uns" (AA, V 199). Texte müssen diese Relation der Gegenstände und deren Bezug zum beobachtenden Autor widerspiegeln.
Das organische Verfahren läßt sich von kleinsten Einheiten (Individuen) übertragen auf komplexe Einheiten (Stämme, Rassen, Kulturen, Nationen, Geschichte, etc.). Die Radikalisierung des Kontingenzfaktors innerhalb der Geschichtsreflexion soll durch ein homologes Prinzip („Selbstorganisation") kompensiert werden. Die Spätaufklärer können gleichermaßen selbstreferentielle

Erklärungsmuster für Mikro- und Makroebenen verwenden, ohne eine Hierarchisierung oder Ableitung der Einzelfaktoren vornehmen zu müssen. Da Außenerscheinung und Funktionsmodus als Einheit gedacht werden, kann die Beschreibung mit Sinnesdaten beginnen und mit Vernunftschlüssen enden. Beiden wird eine gleichwertige Funktion zuerkannt. Bedingung ist, daß die Schlußfolgerungen nicht im Gegensatz zum „Augenschein" geraten.
Die Annahme, daß die Bestimmung des Subjekt-Objekt Verhältnisses gleichsam von zwei Interaktionspartnern auszugehen habe, geschieht in der Absicht, logische Subjekt-Objekt Spaltungstheorien „organologisch" zu unterlaufen. Jede Außendifferenz ist durch das organologische Subjekt integrierbar, zwischen der „ersten" und „zweiten" Natur des Menschen besteht keine prinzipielle Differenz. Dieses Verfahren geht aus von der Vorstellung in sich geschlossener Interaktionseinheiten, die nicht von außen steuerbar sind.

3. Erfahrung – Konstruktion – Diskurs: Subjekt – Objekt – Subjekt[13]

Der Übergang von der systemtheoretisch-normativen zur kasualistisch-empirischen Aufklärung um 1750 dokumentiert sich in einem Paradigmenwechsel[14]: Handlungsentwürfe lassen sich nicht prinzipienlogisch, sondern nur

---

[13] Eine im Haupttext nicht entfaltete These des Aufsatzes ist, daß es innerhalb der deutschen Spätaufklärung eine Denkform gab, die Gegenstands- und Erkenntnisstruktur, also Subjekt- und Objektbereich, bewußt nicht scharf getrennt hat. FORSTER betrachtete sich als Semiotiker, der „Zeichen" der Geschichte „enträtselt", der sich als Teil dieser Zeichenwelt betrachtet. In ironischer Weise benutzt er die alchemistische Signaturenlehre. Er läßt den Leser nicht im Unklaren darüber, daß er nicht nur Rezipient (wahrnehmendes Subjekt), sondern auch Erzeuger von Zeichen ist. Der sinnliche Anstoß zu einer Denkbewegung ist gleichsam die „materielle" Basis der Erkenntnisbewegung, die nicht symbolisch aufgefaßt wird, gleichwohl aber eine sinndarstellende Funktion hat. Das Zusammenfallen von materieller Punktualität und der auf diese bezogenen Bezeichnung des Ganzen verweist auf eine Denkfigur, die nicht umstandslos gleichgesetzt werden darf mit der Form des Essays. Hier wird die Physiognomik - gleichsam ohne „zweites Gesicht" (Enthüllung des Religiösen) - in die Signaturenlehre des Materiellen eingelassen. Der Umschlag von der Beschreibung der Materialität zur Wissenschafts- und Erkenntnistheorie erfolgt stufenlos. Für die Anthropologie der Spätaufklärung hat Sergio MORAVIA den Begriff „anthropologischer Unitarismus" (Einheit von Körper und Geist) geprägt. Ich werde diese nur angedeutete Interpretationsebene im folgenden nicht systematisch entfalten. Der Sprung von der objektbezogenen zur erkenntnistheoretischen Ebene bei FORSTER verdankt sich dessen „unitaristischer" Denkhaltung.

[14] Die Abwendung vom Systemdenken und die gleichzeitige Rehabilitierung der Sinne innerhalb der Aufklärungsbewegung ist ausführlich dargestellt worden von PANAJOTIS: Die Aufklärung im Rahmen des neuzeitlichen Rationalismus, München 1986, S. 309ff. Zum Gesamtproblem vgl. den Forschungsbericht von Wolfgang RIEDEL, Anthropologie und Literatur in der deutschen Spätaufklärung. Skizze einer Forschungslandschaft, in: Internationales Archiv für Sozialgeschichte der deutschen Literatur, Sonderheft 6 (1994), S. 94-157. Vgl. die zutreffende Zusammenfassung von RIEDEL ebd. S. S.95: „Diese philosophische Achtung der physis trug dem anthropologischen Denken wiederkehrende Frontstellungen ein: Je nach philosophiegeschichtlicher Konstellation formuliert es sich antitheologisch, antiplatonisch, anticar-

situationsspezifisch definieren. Insofern sind Handlungsmaximen nach Maßgabe der „goldenen Regel" oder des kategorischen Imperativs inhaltsleer, weil reziproke Verhaltensmuster erst in der Praxis konkretisierend bestimmt werden. Folge der Ablehnung deduktiv-begrifflicher Begründungen ist der Verweis auf eine temporal und räumlich definierte Erkenntnissituation des Erkenntnissubjekts, das in den Objektbereich des Erkennens involviert ist. Die Spätaufklärung setzt voraus, daß der Erkenntnisgegenstand in seiner Ordnung und Regelhaftigkeit nicht unmittelbar kategorisierbar ist, weil das Gegenstandsfeld erst durch eine konstruktive Beobachterposition oder durch einen experimentellen Eingriff in die Objektstruktur erfaßbar wird. Die jüngere Aufklärung simuliert zwischen Erkenntnissubjekt und Erkenntnisobjekt ein Interaktionsverhältnis. Dies geschieht durch einen künstlich hergestellten oder aber habituell vorgegebenen Einstellungsprozeß des Erkenntnissubjekts auf das Erkenntnisobjekt. Der Autor der Erkenntnis führt ein doppeltes Beobachterprotokoll: Zunächst versucht er, die Eigenreaktion auf den zu erforschenden Gegenstandsbereich in allen Phasen der Gegenstandskonfrontation festzuhalten. Sodann wird in einer Art Gegenprotokoll die reaktive Struktur des Objektbereichs dokumentiert. Nur so läßt sich die Eigenreaktion im Reflexionsprozeß auf das Fremde bewußtseinsmäßig fixieren. Umgekehrt ist die Wirkungsweise des Subjekts auf das Erkenntnisobjekt zu bestimmen. Die Methode dieses komplexen Erkenntnisprozesses mit zwei Subjekten, die aber tatsächlich eine Trennung von Erkenntnissubjekt und Erkenntnisobjekt voraussetzt, wird so vorgestellt, daß beide eine je eigene Organisationsleistung vollbringen, wenn sie aktiv (Erkenntnissubjekt) oder passiv-aktiv (Erkenntnisobjekt) am Erkenntnisprozeß teilnehmen[15].
In der Abwehr des mechanistischen, d.h. von Raum- und Zeitdeterminanten unabhängigen Erkenntnismodells mit ausschließlich logisch strukturierter Subjekt-Objekt-Relation deuten organologische Erkenntnistheorien den Erkenntnisakt als eine reaktive Form zwischen Subjekt- und Objektsphäre[16]. Damit dieser Prozeß, psychologisch gesprochen, nicht in eine infinite Übertragungssituation *Subjekt-Objekt-Subjekt* ausläuft, bedarf es einer konstruktiven Vorstrukturierung des Erkenntnisfeldes (Objektbereich) und der gleichzeitigen Reduktion möglicher Erkenntnisstandpunkte (Subjektbereich der Erkenntnis). Die Konstruktion reduziert die potentiell unendliche raum-zeitliche Kontingenz auf ein zuvor definiertes Erkenntnisziel, das sich im Prozeß der Erkenntnis verändert,

---

tesianisch, antitranszendentalphilosophisch, antigeschichtsphilosophisch oder antidigital."

[15] Die hier sehr verkürzt vorgestellte erkenntnistheoretische Vorgehensweise der „zweiten Aufklärung" bezieht sich auf Studien des Verfassers zum Werk Georg FORSTERs. Nachvollziehbar ist die Subjekt- Objekttheorie von FORSTER in dessen Vorrede zur „Reise um die Welt" (AA II, 7-17).

[16] Vgl. dazu Wolfgang RÖD, Geometrischer Geist und Naturrecht. Methodengeschichtliche Untersuchungen zur Staatsphilosophie im 17. und 18. Jahrhundert, München 1970 (Bayrische Akademie der Wissenschaften, phil.- hist. Kl., N. F. 70) Vgl. auch Ahlrich MEYER, Mechanische und organische Metaphorik politischer Philosophie, in: Archiv für Begriffgeschichte 13 (1969), S. 128-199, sowie Barbara STOLLBERG- RILINGER, Der Staat als Maschine. Zur politischen Metaphorik des absoluten Fürstenstaats, Berlin 1986 (Historische Forschungen 30).

indem die zunächst hypothetische Zielbestimmung im zeitlich gestreckten Erkenntnisprozeß Korrekturen unterworfen wird[17]. Diese Konstruktion des Erkenntnisstandpunktes führt zu Vereinfachungsformen des komplexen Bedingungsgefüges der Erkenntnissituation. Diese kann als offenes Zeitprotokoll des Erkenntnisaktes geführt werden, das dann wiederum als Text zum Auswertungskorpus aller Komponenten des Erkennens wird. Entscheidend ist, daß der zeitlich vermittelte Vorgang der Erkenntnis protokollarisch abgebildet wird, wobei die „innere Zeit" des Erkenntnissubjekts die „objektive Zeit" des Erkenntnisobjekts nahezu absorbiert. Die Voraussetzungen der Erkenntnis werden in ihrer experimentellen Anordnung im Beschreibungsprotokoll festgehalten. Alternativ zu diesem zeitbezogenen Erkenntnismodell ließe sich ein solches mit Raumpriorität denken, wobei die Vermessung des Erkenntnisobjekts über eine konkrete Raumbeschreibung oder aber über metaphorisch gefaßte Raumkoordinaten der Erkenntnis fixiert werden können. Beide Arten werden als Prozeß beschrieben, der idealiter ein reaktives Modell der Einwirkung des Subjekts auf das Objekt und des Objekts auf das Subjekt beinhaltet.

Das vorgestellte Modell des protokollierenden Innen- und Außenbeobachters kann den Prozeß der Erkenntnis zurückführen auf einen absoluten Anfang der Sinneserfassung des Objektbereichs, der solange auf dieser Sinnenebene operationalisiert wird, bis Deutungsmuster des „Verstandes" erkennbar werden[18]. Im Unterschied zu mathematisch-physikalischen Erkenntnisformen sind die Ausgangspunkte der Erkenntnis im organologischen Modell nicht beliebig wiederholbar. Insofern ist die experimentelle Ebene der Erkenntnis nicht herstellbar, sondern vorgegeben. Die organologisch gedachte Struktur des Objektbereichs wird durch ein organologisch konzipiertes Erkenntnissubjekt erfaßt. Der „organische" Erkenntnisakt funktioniert nicht im abstrakten Referenzbereich von Subjekt und Objekt, sondern nur nach Einführung komplexer Strukturen wie Kultur, Zivilisation, Geschichte, Fortschritt etc.[19]. In einer positiv verfaßten

---

[17] FORSTER zeigt die kulturtheoretischen Implikationen dieses Korrekturverfahrens, wenn er zunächst in seiner Weltreisebeschreibung den utopischen Fernblick auf die Südseekulturen richtet und sodann den 'zersetzenden' Nahblick benutzt, um den Mythos einer herrschaftsfreien Welt durch 'Augenschein' zu zerstören. Das Ganze ohne Berücksichtigung der Teile ist harmonisch, der Blick auf die Teile verweist auf hierarchische Lebensformen, die Europa und die Südsee in der Erfahrung von Herrschaft und Untertanenschaft zusammenrücken. Der Blick auf das Ganze legt die Differenz zu Europa frei, der Blick auf die Teile zeigt, daß Europa und die Ferne homologe Zivilisationsformen aufweisen.

[18] Der Vorgang der Kultur- und Zivilisationsausbildung wiederholt sich im individuellen Erkenntnisakt: Zunächst wird die physische und sodann die sittliche Anthropologie des Betrachters in Anspruch genommen.

[19] FORSTER lehnt die im Naturrecht entwickelte regulative Idee eines „homo solitarius" ab und erklärt jeden Erkenntnisakt und jedes Erkenntnisobjekt als kultur- und geschichtsvermittelt. Der Beobachter als Teil des Kulturprogresses muß im Spannungsfeld von anthropologischer Individualsphäre und gesamtkultureller Entwicklungsformen seine Deutung entfalten. Im Rahmen einer unendlichen Kontingenz muß das Subjekt der Erfahrung notwendig kulturelle Vorurteile im Urteilsakt in Kauf nehmen, die sich in dem Maße relativieren, wie diese Vorurteile in einen Diskurs mit anderen Vorurteilsträgern aufgehoben werden. Forster kennt keine logische Vorurteilstheorie,

Vorurteilstheorie werden die Erfahrungs- und Normenbereiche des Erkenntnissubjekts genetisch rekonstruiert. Diese erscheinen als Formen der Kulturgenese. Aufhebbar sind kulturelle Vorurteile der Erkenntnissubjekte nur, wenn sie sich definieren als Teile eines spezifizierbaren Zivilisationsprozesses. Die Spätaufklärung führt das Theorem der Selbstorganisation von Individuen, Regionen und Kulturen ein, über das auch die Erkenntnisform, die analog zu organologischen Modellen strukturiert ist, definiert wird. Im Begriff der „Lebensphilosophie" wird eine Hermeneutik des Menschen als Organismus vorgestellt, die sowohl die „Natur" wie die „Cultur" des Menschen erfaßt[20]. Jedem Subjekt wird eine spezifische Organisationskraft zur Objektassimilation zugesprochen. Lernprozesse sind identisch mit Selbsterhaltungsprozessen der Individuen nach Maßgabe der Aktualisierungsfähigkeit von menschlichen Anlagenpotentialen im Bezugsfeld eines kontingenzgeprägten Geschichtsmilieus.

Lern- und Lebensprozesse sind identisch. Eine aus der Differenz von Einzel- und Kulturgenese des Menschen bzw. der Menschheit resultierende Kompensationspädagogik ist nicht vorgesehen[21]. Jedes Anlagenpotential des Individuums ist dann legitimiert, wenn es sich im naturbezogenen und gesellschaftlich-kulturellen Bewährungsfeld behauptet. Lebensentwürfe werden auf zivilisatorische Funktionsmodalitäten reduziert. Dabei wird ein vereinfachtes Modell der Beziehung von Innen- und Außennatur entfaltet: Jede Individualnatur ist auf eine Außennatur bezogen, die sich im Ausdifferenzierungsprozeß der Zivilisationsentwicklung verändert. Die „Lebensphilosophie" bildet geschichtlich-zivilisatorische Muster ab. Die Spannung zwischen individueller Vollkommenheit und gesellschaftlicher Brauchbarkeit wird zugunsten der letzteren entschieden[22]. Hierin liegt die entscheidende Differenz zwischen Spätaufklärung und Neuhumanismus. In Ablehnung der relativ stabilen Anthropologiekonzeption des Philanthrophismus, die zurückverweist auf ein statisches Bedürfnismodell von Individuen und Gesellschaft, hat die liberal-organologische Zivilisationstheorie eine Anthropologiekonzeption ausgebildet, die Individualanthropologie und Gesellschaftsstruktur asymmetrisch anordnet[23]. Nicht nur das Erkenntnisvermögen des Menschen ist „pluralistisch" konzipiert, sondern dessen Lebens-

---

also keine rein philosophische, sondern eine kulturell geprägte. Da sich im ausgehenden 18. Jahrhundert die Erfahrungswissenschaften aus dem übergreifenden Kanon des philosophischen Wissens ausgliedern, hat jede Wissensform gleichsam eine immanente Vorurteilsstruktur.

[20] Vgl. KONDYLIS (1986), S. 309ff (existentieller Erkenntnisbegriff).

[21] FORSTER hat in seiner Spätschrift „Über die Beziehung der Staatskunst auf das Glück der Menschheit" (AA X,1, S. 565ff.) die Eigenerfahrung des Menschen positiv von der gängelnden Erziehungsvernunft abgesetzt.

[22] Vgl. Herwig BLANKERTZ (Hg.), Bildung und Brauchbarkeit. Texte von Joachim Heinrich CAMPE und Peter VILLAUME zur Theorie utilitärer Erziehung, Braunschweig 1965.

[23] Vgl. Jörn GARBER, Von der nützlichen zur harmonischen Gesellschaft: Norddeutscher Philanthropismus (J. H. CAMPE) und frühliberaler Ökonomismus (A. Hennings) im Vor- und Einflußfeld der französischen Revolution, in: Arno HERZIG u. a. (Hg.), „Sie, und nicht Wir". Die Französische Revolution und ihre Wirkung auf Norddeutschland, Bd. 1, Hamburg 1989, S. 245-287.

form konkretisiert sich allererst durch komplexe Außenbezüge, die auch seinen Erkenntnismodus bestimmen. Dennoch gibt es zwischen individuellen Lebensmustern und gesellschaftlicher Struktur keine prästabilierte Harmonie. Allein durch die Kommunikation von Differenzstandpunkten läßt sich zivilisatorische Dynamik entfalten. Gleichwohl wird dieser Bezug des Individuums auf die nicht übersehbare Außenkomplexität dadurch für das Individuum erträglich, daß es seine Handlungsmaximen durch selbstentworfene Normsetzungen steuert, die nicht mit der rationalen Gesamtstruktur der Gesellschaftsgeschichte konvergieren müssen. Das Individuum geht vom unmittelbaren Eigeninteresse aus, das im Gesellschaftskontext durchgesetzt werden muß. Es folgt einer situationsgebundenen Hermeneutik und Handlungsweise, mit der es den Kontingenzüberschuß der Außenwelt beantwortet. Man kann kulturelle Prozesse – so die Spätaufklärung – von einem Doppelstandpunkt aus betrachten, entweder als strukturelle Gesamtprozesse oder aber als individuelle Geneseformen. Diese müssen nicht im Sinne einer idealen Komplementarität aufeinander beziehbar sein. In der Anthropologie wird dieser Sachverhalt dadurch begründet, daß die Universalität des Menschen Folge von dessen „Unabgeschlossenheit" ist. Im Unterschied zum Tier ist das Verhältnis von Binnenstruktur und Außenbezug beim Menschen nicht determiniert. Zudem ist jede Ausgangslage des Menschen zivilisatorisch vorpräpariert. Insofern gibt es keine Allgemeinheitsaussagen, die für Individuen und Kulturen gleichermaßen Geltung beanspruchen können.

Der Autor der Aufklärung bewegt sich zwischen subjektivem Erkenntnisinteresse und objektivem Bedingungsgefüge von Erkenntnis. Beide können nur durch experimentelle Operationen im Kontext der jeweiligen Kultur ermittelt werden. Dies geschieht durch vorweggenommene Definitionen von Erkenntnis, die von (unmittelbaren) Wahrnehmungsinhalten ausgehen, um „aufzusteigen" zur Beschreibung, zum Vergleich und sodann zur Klassifikation[24]. In einem zweiten Durchgang wird ein Diskurs organisiert, der die Multiperspektivität der zunächst monoperspektivischen Erkenntnisformen ermöglicht. Dieser Diskurs kann aber nur dann erfolgreich sein, wenn jeder Diskursteilnehmer die Aspekthaftigkeit seiner Position genau bezeichnet, bevor er in das multipunktuelle „Gespräch" eintritt. Die Offenheit des transpersonalen Diskurses ist nur möglich, wenn zuvor die individuellen Erkenntnisakte deutlich formuliert worden sind. Das Diskursmodell soll ohne institutionelle Komponenten auskommen, da ein gleichberechtigter Diskurs *unterschiedlicher* Teilnehmer postuliert wird[25]. Einzige „Institution" dieses Diskurses ist der Text, auf den öffentlich durch reaktive Textproduktion geantwortet wird. Es gibt keine normative Instanz jenseits des Austausches von Argumenten, wobei der Status von Eigenerfahrung höher eingeschätzt wird als der Status von gelehrtem Traditionswissen. Allenfalls die Organisationsmittel zur Gewinnung von Erfahrungswissen könnten durch Außeninstitutionalisierung (Akademien, Universitäten, Forschungsförderung, etc.) vorgenommen werden.

---

[24] Dieses Verfahren ist von der „Naturgeschichte" der Spätaufklärung entwickelt worden. Vgl. Karl-Heinz KOHL, Entzauberter Blick. Das Bild vom Guten Wilden und die Erfahrung der Zivilisation, Berlin 1981, S. 137ff.
[25] Vgl. FORSTER AA, V, 194 f.

Zusammenfassend läßt sich feststellen: Die anthropologisch orientierte Spätaufklärung erklärt kulturelle Differenz im Bilde der Selbstorganisation von Subjekt und Objekt. Es handelt sich um eine Organisationsform reaktiv-reflexiven Erkennens, in der die Subjekt-Objekt Entgegensetzung durch ein Interaktionsmodell ersetzt wird. Erkenntnisform und Handlungsform werden als identisch gedacht, indem gleichsam zwei bewegliche Subjekte in die Doppelform von Subjekt und Objekt treten. Dieses Modell hat man als „reziproke Intersubjektivität" definiert, in der sich die Subjekt-Objekt-Spaltung auflöst in die Rückkopplung des Objekts ans Subjekt (Subjekt–Objekt–Subjekt). Diese Hermeneutik simuliert eine Gesprächsform zwischen Subjekt und Objekt, wie Wilhelm von Humboldt erkannt hat: „Alles Sprechen ruht auf der Wechselrede (...). Der Mensch spricht, sogar im Gedanken, nur mit einem Andern, oder mit sich, wie mit einem Andren (...)." Die allgemeine Sprachphilosophie als Teil der Erkenntnistheorie folgt einem naturgeschichtlichen Argumentationsmodell, das die Spätaufklärung in die Anthropologie und Kulturtheorie aufgenommen hat[26].

4. Der Aufklärer als Zivilisationsdiagnostiker

Die Pointe der anthropologischen Spätaufklärung im Unterschied zu den geschlossenen Systemtheorien des älteren Rationalismus ist darin begründet, daß der Mensch als „unfertiges Wesen" betrachtet wird. Dies bedeutet umgekehrt, daß der Mensch entwicklungsfähig ist. Die Anthropologen entfalten eine generische Theorie des „homo duplex"[27]: Der Mensch ist Natur- und Geistwesen, der Geist ist nicht unabhängig zu denken vom Körper des Menschen: Der „natürliche Mensch" ist die Voraussetzung des „sittlichen Menschen". Diese Annahme, daß der Mensch auch im Kulturzustand die Eigenschaften eines „natürlichen" (sinnengeleiteten) Geschöpfes bewahrt, bedeutet, daß der Mensch als Einheit von Sinnes- und Verstandeseigenschaften gedeutet wird. Rousseau hatte in Konsequenz dieser Theorie beklagt, daß der sinnenorientierte Naturmensch durch den Zivilisationsprozeß aufgehoben werde[28]. Demgegenüber bemängelt der Frühidealismus (KANT) an der Vorstellung des „anthropologischen Unitarismus" der Spätaufklärung, daß der Kulturprozeß des „sittlichen Menschen" zurückgebunden wird an den vorausgehenden Entwicklungsprozeß des „natürlichen Menschen". Umgekehrt warfen die Vertreter des Empirismus Kant vor, daß er gleichsam die Metaphysik auf Kosten der Erfahrung wieder in ihre Rechte eingesetzt habe[29]. Dem Protest gegen den reflexiven

---

[26] Vgl. D. BÖHLER und H. GRONKE, Artikel „Diskurs", in: Historisches Wörterbuch der Rhetorik, Bd. 2, Tübingen 1994, Sp. 794 (mit Zitatnachweis).

[27] Vgl. Abschnitt 1 („Neue Diskurse von der Seele und vom Körper") im Tagungsband von Hans Jürgen SCHINGS (Hg.), Der ganze Mensch. Anthropologie und Literatur im 18. Jahrhundert. DFG- Symposion 1991, Stuttgart und Weimar 1994 (Germanistische Symposien, Berichtsbände Bd. 15), S. 9ff .

[28] Zu dieser komplexen Anthropologie- und Kulturtheorie vgl. Jean STAROBINSKI, ROUSSEAU (wie Anm. 4), S. 11ff. bzw. S. 480ff.

[29] Vgl. Manfred RIEDEL, Historismus und Kritizismus. Kants Streit mit G. Forster und J.G. Herder, in: Bernhard FABIAN u.a. (Hg.), Deutschlands kulturelle Entfaltung.

„Mechanismus" der Ideen liegt die Vorstellung zugrunde, daß der Mensch nur durch Erfahrung seine Lernfähigkeit entfalten könne. Letztlich muß jedes Individuum für sich den Prozeß der Zivilisationsaneignung noch einmal durchlaufen, um seine Autogenität als Selbstorganisator zu behaupten. Wissen wird auf situationsangepaßte Praxisrelevanz reduziert. Der Mensch als Sinnen- und Verstandeswesen erlernt zunächst durch unmittelbare Erfahrung den Sinnengebrauch, an den sich die Verstandestätigkeit als sekundäre (erworbene) Fähigkeit anschließt. Diese Rehabilitierung der Sinne[30] im Prozeß der menschlichen Vernunftentwicklung ist das wichtigste Merkmal der sogenannten „zweiten Aufklärung". Sie ist die Voraussetzung dafür, daß der Mensch sich in regionalen (partikularen) kulturellen Bezugsfeldern entwickeln kann. Es gibt als Folge der je differenten Sinnenwahrnehmung unterschiedlicher Millieus keine normierte (absolute) Sphäre des Kulturellen. Der Mensch besitzt eine reaktive (offene) Struktur, die variabel die jeweiligen „Umstände" verarbeitet. Die universelle Anpassungsfähigkeit des Menschen an spezifische Millieus bedingt die Ausformung von Sonderkulturen[31]. Diese Konzeption kann auslaufen in einen Kulturrelativismus oder aber in eine Theorie der „Skala der Kulturen", wobei die europäische Kultur den Status einer Universalzivilisation einnimmt. Aber selbst die Universalkultur ist, genetisch betrachtet, als Lokalkultur entstanden[32]. Ihr Universalismus ist einmal begründet in ihrer extremen Entwickeltheit, zum anderen dadurch, daß ihre Normen für die Gesamtheit des Erdballs Geltung beanspruchen. Zugleich ereignet sich eine Hierarchisierung aller koexistierenden Kulturen durch die Dominanz eines vorherrschenden Kulturmusters. Die Spätaufklärer entdecken den Reiz der Vielheit der Kulturen in dem Augenblick, in dem ihnen bewußt wird, daß sie Teil der Universalkultur „Aufklärung" sind. Im Unterschied zu Kants gedanklicher Operation, die die Menschheit unter die Idee der Progression stellt, die aber nur Geltung für die Gattung hat, versuchen die Spätaufklärer die „Materie" der vielfältigen Kulturgeschichten der Menschheit im Spannungsfeld von Lokal- und Universalkultur darzustellen. Es gibt keine jenseits der Geschichte anzunehmende „Idee" der vollendeten Menschheitsprogression, sondern lediglich eine Universalkultur (Europa), die sich in dem Maße selbst gefährdet, wie sie die Vielheit der Lokalkulturen vernichtet[33]. In der biologistischen Terminologie erscheint die europäische Zivilisation im Bilde des Alterungsprozesses der Menschheit, dem die „Jugend" der Naturgesellschaften entgegengesetzt wird. Die Entwicklung des Menschengeschlechts kann nur in kulturellen Polarisationsfeldern, unter differenten Sozialisations-

---

Die Neubestimmung des Menschen. München 1980 (Studien zum 18. Jahrhundert 2/3), S. 31-48.

[30] Vgl. KONDYLIS (1986), S. 309ff.

[31] Vgl. Claus- Peter , Zwei Gesichter der Aufklärung. Spannungslagen in Montesquieus 'Esprit des Lois', Berlin 1983 (Historische Forschungen 22).

[32] Vgl. hierzu den grundlegenden Essay von Georg FORSTER, Über lokale und allgemeine Bildung, in: AA VII, S. 45ff .

[33] Mit der Aufhebung des „Antagonismus" (Differenz der Kulturen) erlischt die Dynamik der Geschichte, diese wandelt sich vom aktiven Organismus zum passiven Mechanismus.

möglichkeiten erfolgen. Die Aufhebung der Differenz der Kulturen durch die Dominanz der Universalzivilisation verstößt gegen die Entwicklungsbedingungen des menschheitlichen Fortschritts. Insofern ist die Kritik der Spätaufklärung an dem Vernunftmonismus der früheren Systemaufklärung auch darin begründet, daß Kommunikation des Unterschiedlichen zur Voraussetzung des Kulturfortschritts erklärt wird.

Die Kulturtheorie verweist auf die lukrezisch-epikuräische Chaostheorie[34]: Die Unverbundenheit der Vielheit ist notwendig, um die Entwicklung des Differenten als Möglichkeitsform überhaupt denken zu können. Die „Philosophie des Lebens"[35] als Phänomenologie des Komplexen wird gegen eine Theorie der Unterordnung des Diskreten unter das Allgemeine entfaltet. Der Kulturdiagnostiker kann nicht, wie der begriffsanalytische Philosoph, eine definierte Anzahl von Basisannahmen zur Konstruktion des Komplexen festlegen, sondern er muß eine bestehende Komplexitätsform dadurch erklären, daß er deren Genese nachweist. Die Einheit des Diskreten ist der Organismus, der als Selbstorganisationsmodell mit Assimilierungsfähigkeit von Außenfaktoren gedacht wird.[36] Das Grundmodell der Individual- und Regionalkulturgenese kann nur als Organisation von selbsttätigen Einheiten in ihrem Außenbezug (Mensch-Natur) begründet werden. Diese Einheiten besitzen eine je eigene Organisationskraft.[37] Es gibt keine „reine Anthropologie", da der Mensch sich in dem Maße verändert, wie er die Außennatur bzw. Fremdkultur assimiliert. Er ist eingebettet in eine historisch gewordene Komplexität, so daß der „reine" Mensch nicht unabhängig von seiner Kulturgenese betrachtet werden kann. Der Spätaufklärer rekonstruiert die Geschichtlichkeit des Menschen, indem er die Abfolge von Vergesellschaftungsstufen als qualitative Kulturdifferenz deutet.[38] Dies geschieht in einem Schema des Aufsteigens des Einfachen zum Komplexen. Die Verzeitlichungstheorie ist streng genommen eine genetisch konstruierte Theorie der Differenz von menschheitsgeschichtlichen Entwicklungsstadien im Spannungsfeld von Naturzustand und Zivilisationsgesellschaft. Dieses Modell läßt sich auch als Raumtheorie gleichzeitig existierender Kulturen formulieren.[39]

---

[34] Grundlegend hierzu Klaus SALLMANN, Studien zum philosophischen Naturbegriff der Römer mit besonderer Berücksichtigung des LUKREZ, in: Archiv für Begriffsgeschichte 7 (1962), S. 140- 284.
[35] Vgl. G. PFLUG, Art. „Lebensphilosophie", in: Joachim RITTER u. Karlfried GRÜNDER (Hg.), Historisches Wörterbuch der Philosophie, Bd. 5, Basel u. Stuttgart 1980, S. 135ff. Georg FORSTER hat seine „Kleinen Schriften" unter dem Titel „Lebensphilosophie" herausgegeben.
[36] Zum Gesamtproblem vgl. Jaques ROGER, Les sciences de la vie dans la pensée française du XVIII siècle, Paris 1971; R.H. CAMPBELL and Andrew S. SKINNER (Hg.), The origins of nature of the Scottish Enlightenment, Edinburgh 1982.
[37] Vgl. Dietrich ENGELHARDT, Historisches Bewußtsein in der Naturwissenschaft von der Aufklärung bis zum Positivismus, Freiburg 1979.
[38] Vgl. Ronald M. MEEK.: SMITH, TURGOT and the „Four Stages" Theory, in: History of Political Economy 3 (1971), S. 9-27; ders. (Hg.), Turgot on Progress, Sociology and Economics, Cambridge 1973.
[39] Vgl. George H. NADEL, Philosophy of History before Historicism, in: History and Theory 3 (1964), S. 291-315.

Kant hatte dieses naturgeschichtliche Verfahren der Kulturdiagnose präzise definiert: Sie ist Erkenntnis dessen, „was sie (s.c. die Gegenstandsbereiche der Erkenntnis) ehedem gewesen sind, und durch welche Reihe von Veränderungen sie durchgegangen, um an jedem Ort in ihren gegenwärtigen Zustand zu gelangen."[40] Der Betrachter der Natur kann deren Struktur nur in Form einer (zeitbezogenen) Zustandsveränderung erkennen. Eigenschaften lassen sich nicht ausschließlich begriffsanalytisch bestimmen. Aufklärung als Lebensphilosophie untersucht komplexe Kultur- und Zivilisationszusammenhänge. In diesem Sinne setzt Georg FORSTER die „eigentliche Naturgeschichte" gleich mit der „Geschichte der einzelnen Arten, ihr Lebenslauf, Lebensweise, Verwandlung, Triebe, Kräfte, Nutzen (...)".[41] KANT kritisiert diesen direkten Zugriff auf Gegenstände der Natur und der Geschichte als „theorielose" Erfahrung, die solange blind ist, wie sie auf zuvor entfaltete Prinzipien verzichtet. Demgegenüber versucht die Spätaufklärung an die Stelle von logischen Voraussetzungen handlungsbeobachtende Interpretationen zu setzen. Im Unterschied zum abstrahierenden, klassifikatorischen Verfahren, das absieht von der Zeitdimension, werden Entwicklungszeitpunkte benannt, in denen Zustandsänderungen erfaßbar werden. Auch KANT hatte eine Theorie von „Zustandsänderungen in der Zeit" gefordert, diese aber nicht unmittelbar mit einem „Naturalismus" materieller Organisationskräfte verbunden. Die Aufklärer deuten Geschichte und Kultur wie eine Naturgeschichte in Gestalt einer aufsteigenden Stufenform der Menschheitsentwicklung. KANT hingegen stellt den Menschen unter das Postulat der Freiheit, wenn er dessen Geschichtsfähigkeit reflektiert. Demgegenüber vertreten FORSTER und HERDER eine ontologische Vorstellung vom „Ganzen der Natur", dem auch die Menschheitsgeschichte zuzurechnen ist. Diese kann nicht über eine „Erkenntnis aus Begriffen" (KANT) analysiert werden. KANT wirft diesem Erkenntnisnaturalismus vor, daß er Entwicklungsprinzipien von menschlichen Kulturen nur metaphorisch benennen, nicht aber philosophisch erkennen könne. Der Rückgriff auf Theorien von „organischen Kräften" könne philosophisch nur gedacht werden im Rekurs auf teleologische Prinzipien, nicht aber im Rekurs auf materielle Organisationsformen.[42]

Die Spätaufklärer gehen von der Einheit von Natur- und Menschheitsgeschichte aus, die deswegen anzunehmen sei, da der Mensch die Doppelstruktur von Körper (Sinne) und Geist (Seele) aufweist, ohne daß das eine von dem anderen getrennt werden könne. Eine reine Theorie der Freiheit wäre eine Verabsolutierung des „sittlichen Menschen" in der Abstraktion vom „physischen Menschen". Zunächst ist der „Naturzweck" des Menschen zu bestimmen, bevor des-

---

[40] KANTs Werke, Akademie-Ausgabe Bd.2, S. 434.
[41] Zit. nach RIEDEL (1980), S. 34.
[42] Zum Gesamtproblem KANT-HERDER FORSTER vgl. RIEDEL (1980), S. 31-48. Dieser von der Forster-Forschung nicht hinreichend rezipierte Aufsatz versucht Forster (und Herder) auf eine philosophische Wahrheitslehre zu verpflichten, die beide ablehnen, wenn sie „unphilosophisch Philosophieren", wie FORSTER formuliert. Die Kant-Forschung verkennt die „unitarische" Theorie der organologisch-historischen Methode der Spätaufklärung, die prinzipiell abweicht von den Voraussetzungen der Kantischen Geschichtsphilosophie.

sen sittliche Struktur analysiert werden kann. KANT hingegen warf Herder ein ungeordnetes Ineinander von metaphysisch-gnosologischen Aussagen und solchen der Physiologie vor.[43] Deswegen lehnte er die Untersuchung der Physis des Menschen zum Zweck der Ermittlung von dessen „sittlichen" Determinanten ab. Gegen KANTs Ethik als Prinzipientheorie der menschlichen Handlungen machte FORSTER geltend, daß der kategorische Imperativ eine rein formale Bestimmung biete, die vor jeder Erfahrung „liege". FORSTER lehnt es ab, Prinzipien vor jeder Erfahrung zu benennen. Er geht aus von einem zweckorientierten Handlungsbegriff der Individuen, der nicht notwendig mit dem Gesamtzweck der Geschichte konvergiert. KANTs Theorie der „Naturabsicht" bzw. des „Plans der Natur" in Hinblick auf die Entwicklung der „Menschengattung", wird von FORSTER nicht geteilt, da er selbst Prozessen der Bildung von Universalzivilisationen kontingente Ursachen unterstellt. FORSTER beschreibt gesamtkulturelle Prozesse wie Handlungssequenzen von Subjekten, obwohl er davon überzeugt ist, daß man nicht die Wirkungsabsicht, sondern nur die Wirkungen erfassen kann. Die Organisationskraft der Subjekte der Kultur einerseits sowie die raum-zeitlichen Determinanten andererseits erlauben keine Definition des Menschen als eines Wesens, das nach Prinzipien der absoluten Freiheit handelt. Vielmehr ist der Handlungsraum des Menschen in einem solchen Maße vom Zufall bestimmt, daß der Mensch sich fortwährend in eine unbekannte Zukunft entwirft. Es gibt keine vollständigen Suchbilder für Handlungen, sondern ausschließlich Orientierungsformen mit Irrtumsmöglichkeiten im Rahmen einer prinzipiell kontingenten Geschichte. Forster betont die Abhängigkeit des Menschen von seinen physischen Bezugsfeldern und deren Wechselhaftigkeit. Er ist sich durchaus bewußt, daß das Kontingenzproblem der Natur- und Menschheitsgeschichte den Interpreten zur metaphorischen Sprechweise zwingt, wenn er über das Ganze der Geschichte spricht.[44] Alle Aussagen setzen ein „natürliches System" der Kontingenz voraus, das nicht apriori, d.h. vor aller Erfahrung, bestimmbar ist.

FORSTER meinte den Nachweis führen zu können, daß die bisherigen Lehren über den Zusammenhang der Weltkulturen und ihrer naturkundlichen Grundla-

---

[43] Vgl. Ralph HÄFFNER, Johann Gottfried HERDERs Kulturentstehungslehre. Studien zu den Quellen und zur Methode seines Geschichtsdenkens, Hamburg 1995 (Studien zum 18. Jahrhundert 19), S. 47ff.

[44] FORSTER spricht in seinem „Leitfaden zu einer künftigen Geschichte der Menschheit" (AA VIII, S. 185-193, S. 186) von einer „Matronenphysiognomik", wenn man vorschnelle Analogien metaphorisch zu begründen sucht. Daß Erkenntnis ihre Gegenstandswelt gleichsam verschwinden lassen kann, paraphrasiert er ironisch so (VIII, 186): „Die Substanzen, sagt man, fliehen sie stärker, je eifriger sie ihnen nachforscht; sie hat nicht nur die Seele ganz aus dem Gesichte verloren, sondern sogar der Körper soll ihr neulich abhanden gekommen sein. Wenn es so fortgeht, und alles um sie her verschwindet, so läuft sie wirklich Gefahr, im großen idealischen Nichts sich selbst zu verlieren, wofern nicht das uralte Chaos sie eben so freundlich wie den Höllenfürsten lehrt, in jener „Unermeßlichkeit ohne Grenzen, Ausdehnung und Gegenstand, wo Zeit und Raum unmöglich sind," sich zu orientieren! Doch zurück von dieser Nacht des Urgrunds, des Zwists und der Verwirrung, wohin vielleicht keiner von meinen Lesern weder einem gefallenen Engel noch einem exaltierten Denker Lust zu folgen hat."

gen Vorurteile seien, die aus Erfahrungslosigkeit oder aber aus einem falschen Erfahrungsbegriff hervorgingen. Forster führt als erster in Deutschland eine ethnologische Vorurteilskritik ein. Nur der sich selbst beobachtende Beobachter wisse, aus welcher Perspektive er den Gegenstand fixiere, welche eigenen Vorurteile er in den Beobachtungsakt einfließen lasse. Der Autor muß den Leser über sich selbst informieren, damit dieser wisse, durch wen er unterrichtet wird. Der Autor eines Eigenerfahrungsberichts wirke wie das Glas, durch das sich das Licht bricht. Vorurteile können nicht vermieden werden, weil sie gleichsam die kulturelle Vorgabe jeder Erfahrung seien. Nur durch Kombination der Beobachtungsstandpunkte bzw. unterschiedlicher Perspektiven ergibt sich die Chance, im Evolutionsgang der Erkenntnis diese Vorurteile zu erkennen und zu vermeiden. Erfahrungen müssen vom Standpunkt deutlich vorformulierter Hypothesen erfolgen. Hypothesen aber sind nur erkenntnismäßig fruchtbar zu machen, wenn sie sich in der konkreten Erfahrung bewährt haben. Der Kampf Forsters gegen den Systemgeist der Aufklärung, von ihm auch als Kampf gegen den Mechanismus erfahrungsloser Begriffe bezeichnet, ist eine Parteinahme für die Realia gegen die Verba.

FORSTER hat die Eigenkultur des jeweiligen Beobachters als Vorurteil definiert, das zunächst nicht aufzuheben ist, da Mentalitäten bei der Beobachtung wie Schranken für die Erkenntnis wirken. Wenn ein vorurteilsgeprägter Beobachter auf einen fremdkulturellen Interaktionspartner trifft, kann allein der Akt des Handelns zwischen beiden Auskunft darüber geben, ob kompatible Elemente zwischen den Kulturen vorhanden sind, die Kommunikation erlauben. Die Deutung der zwischen dem Subjekt und dem Objekt entfalteten „Zeichen" müssen von beiden Seiten in einem fortwährenden Lernprozess verarbeitet werden. Die Offenheit dieses Ansatzes ist zu unterscheiden von den statischen Kulturbefragungsformen der älteren Ethnographieliteratur.[45] Die Reflexivität der Forschungsposition überträgt sich gleichsam auf ihren Gegenstandsbereich, der durch reaktives Handeln zwischen Subjekt und Objekt erzeugt wird. Der Erfahrungsbericht spiegelt die Verzeitlichung des Erkenntnisprozesses. FORSTER ist skeptisch gegenüber einer Schreibart, die Ergebnisse ohne die generische Rekonstruktion des Erkenntnisaktes mitteilt. Zugleich muß die eigenkulturelle Prägung des Beobachters im Rahmen eines regionalen Kulturpluralismus bestimmt werden.

Schreibt der ältere Johann Reinhold FORSTER (1727-1798) seine „Observations" über die Weltreise in der Wissenschaftssystematik der Zeit, die den beobachtenden Betrachter und die Zeitdimension des Beobachtens ausschließt, so verfährt Georg FORSTER umgekehrt, wenn er den Beobachter als Ordnungsfaktor der Beschreibung in diese selbst mit aufnimmt. Dessen Erwartungen, dessen Gefühle und Reaktionen auf den Beobachtungsgegenstand werden mitgeteilt, falsche Erstwahrnehmungen können durch Erfahrungszuwachs kontrolliert und korrigiert werden, die Heranziehung und die Diskussion anderer Mei-

---

[45] Vgl. Hans Erich BÖDEKER, Reisebeschreibungen im historischen Diskurs der Aufklärung, in: ders. u.a. (Hg.), Aufklärung und Geschichte. Studien zur deutschen Geschichtswissenschaft im 18. Jahrhundert, Göttingen 1986 (Veröffentlichungen des Max-Planck-Instituts für Geschichte 81), S. 276-298.

nungen erzeugt einen offenen Prozeß der Erkenntnis und ihrer Darstellung. Der Leser beobachtet den Gegenstand mit dem Autor, die Erzählzeit ist die (verkürzte) Beobachtungszeit des Autors. Sein Prinzip des denkenden Sehens, der interpretierenden Sinnendokumentation von Erfahrung ist eine Revolution der wissenschaftlichen Schreibart. Das 19. Jahrhundert wird diese fortschrittliche Form der teilnehmenden Beobachtung im Namen der Objektivität der Tatsachenermittlung tilgen und damit Erfahrungsdeskriptionen aus dem Gang der wissenschaftlichen Dokumentation verbannen.

5. Zusammenfassung und Ausblick

Die Entdeckung bislang nicht historisierter, d.h. vom Standpunkt des Historikers nicht thematisierter Gegenstandsbereiche, läßt eine Tradition in den Blick der modernen Kulturgeschichte treten, die das Prinzip einer fortwährenden methodischen Erweiterung in nuce erstmals proklamiert hatte: die spätaufklärerische Kultur- und Zivilisationsgeschichte. Jenseits der Trennungslinien von Sozial-, Mentalitäts- und Ideengeschichte wird der Prozeß der Zivilisation im Spannungsfeld von Anthropologie und Gesellschaftsgeschichte kulturtheoretisch vermessen. Mit der Erkenntnis, daß theologisch geprägte Denk- und Verhaltensmuster nicht durch eine statische Vernunftkonstruktion außer Kraft zu setzen sind, wird eine Spieltheorie eingeführt, die auf multiperspektivischer Basis soziale und kulturelle Beschleunigungsprozesse durch Verzeitlichung, durch Standortselektion, durch Regionalisierung, durch Wechselbezüglichkeit etc. zu erfassen sucht. Die „bewegliche Geschichte" provoziert den „beweglichen Betrachter". Die Gegenstandswelt selbst muß verzeitlicht, d.h. auf ihr generisches Potential befragt werden, bevor ihre Funktionsweisen begreifbar werden. Relevant sind nur Probleme der Lebensweltlichkeit, die wegen ihrer Komplexität den definitions- und begriffsfixierenden Status einer zeitresistenten Vernunft zerstören und den Beobachter veranlassen, als Teil des ihn umgebenden zivilisatorischen Bewegungsprozesses sich und sein Gegenstandsfeld zu definieren. Die deutsche Spätaufklärung hat hierfür den Begriff der „Lebensphilosophie" geprägt, der synonym verwendet wird mit dem Begriff „Cultur". Dieser umschließt die „Natur des Menschen" (Anthropologie) ebenso wie deren Veränderung (Geschichte). Der Analytiker findet die Anthropologie immer nur in Gestalt von Kultur- und Geschichtskonstellationen vor, die nicht strukturell hinterfragbar sind, weil sie vorgängige Formen des Denkens und Handelns des Menschen sind. Die Kulturgeschichte der Aufklärung entwirft Zivilisationsdiagnosen, deren Typusformen den „ganzen Menschen" in der „Geschichte der Menschheit" als zeit- und ortsabhängig bestimmen. In Deutschland ist Georg FORSTER der maßgebliche Interpret dieser Zivilisationsanalyse, die er in England und Frankreich kennenlernte und in Deutschland – jenseits der universitären Wissensformen – vergeblich zur Geltung verhelfen wollte. Im Gefolge der Postmoderne hat man diese Theorie der Lebensweltlichkeit neu entdeckt, ohne zu akzeptieren, daß diese Analyse beansprucht, „Aufklärung" zu sein.

Literatur

BLANKERTZ, Herwig (Hg.) 1965: Bildung und Brauchbarkeit, Texte von Joachim Heinrich. CAMPE und Peter VILLAUME zur Theorie utilitärer Erziehung, Braunschweig.
BÖDEKER, Hans Erich 1986: Reisebeschreibungen im historischen Diskurs der Aufklärung. In: ders. u.a. (Hg.): Aufklärung und Geschichte. Studien zur deutschen Geschichtswissenschaft im 18. Jahrhundert, Göttingen (Veröffentlichungen des Max-Planck-Instituts für Geschichte 81), S. 276-298.
BÖHLER, D. und H. GRONKE 1994: Artikel „Diskurs". In: Historisches Wörterbuch der Rhetorik, Bd. 2, Tübingen.
BRENNER, Peter J. 1990: Der Reisebericht in der deutschen Literatur. Ein Forschungsüberblick als Vorstudie zu einer Gattungsgeschichte, (Internationales Archiv für Sozialgeschichte der deutschen Literatur, 2. Sonderheft. Tübingen.
CAMPBEL, R.H. 1982 and Andrew S. SKINNER (Hg.): The origins of nature of the Scottish Enlightenment, Edinburgh.
CLOSTERMEYER, Claus-Peter 1983: Zwei Gesichter der Aufklärung. Spannungslagen in Montesquieus 'Esprit des Lois', Berlin (Historische Forschungen 22).
ENGELHARDT, Dietrich 1979: Historisches Bewußtsein in der Naturwissenschaft von der Aufklärung bis zum Positivismus, Freiburg.
EWERT, Michael 1993: „Vernunft, Gefühl und Phantasie, im schönsten Tanze vereint". Die Essayisik Georg Forsters, Würzburg.
FISCHER, Rotraut 1990: Reisen als Erfahrungskunst Forsters. „Ansichten vom Niederrhein". Die „Wahrheit" in den „Bildern des Wirklichen", Meisenheim und Frankfurt a.M.
FORSTER, Georg 1958 ff: Werke, Sämtliche Schriften, Tagebücher, Briefe, Berlin-Brandenburgische Akademie der Wissenschaften, Bd. 1-18, Berlin.
FORSTER, Georg 1989: Vorrede zur „Reise um die Welt" Werke, Sämtliche Schriften, Tagebücher, Briefe, Bd. 2, Berlin, (Hg.): Akademie der Wissenschaften.
FORSTER, Georg: Über lokale und allgemeine Bildung. In: AA VII, S. 45 ff.
GARBER, Jörn 1989: Von der nützlichen zur harmonischen Gesellschaft. Norddeutscher Philanthropismus (J. H. CAMPE) und frühliberaler Ökonomismus (A. HENNINGs) im Vor- und Einflußfeld der französischen Revolution. In: Arno HERZOG u.a. (Hg.): „Sie, und nicht Wir". Die Französische Revolution und ihre Wirkung auf Norddeutschland, Bd. 1, Hamburg, S. 245-287.
HÄFFNER, Ralph 1995: Johann Gottfried HERDERs Kulturentstehungslehre, Studien zu den Quellen und zur Methode seines Geschichtsdenkens, Hamburg (Studien zum 18. Jahrhundert), S. 47 ff.
HIRSCHMANN, Albert O. 1980: Leidenschaften und Interessen. Politische Begründungen des Kapitalismus vor seinem Sieg, Frankfurt a.M.
KONDYLIS, Panajotis 1986: Die Aufklärung im Rahmen des neuzeitlichen Rationalismus, München.
MEEK, Ronald M. 1971: Smith, Turgot and the „Four Stages"-Theory. In: History of Political Economy 3 (1971), S. 9-27.
MEEK, Ronald M. 1973: Turgot on Progress, Sociology and Economics, Cambridge
MEYER, Ahlrich 1969: Mechanische und organische Metaphorik politischer Philosophie. In: Archiv für Begriffgeschichte 13, S. 128-199.
NADEL, George H. 1984: Philosophy of History before Historicism. In: History and Theory 3, S. 291-315.
PEITSCH, Helmut 1978: Georg Forsters „Ansichten vom Niederrhein". Zum Problem des Übergangs vom bürgerlichen Humanismus zum revolutionären Demokratismus, Frankfurt a.M.
PFLUG, G. 1980: Art „Lebensphilosophie". In: Joachim RITTER und Karlfried GRÜNDER (Hg.): Historisches Wörterbuch der Philosophie, Bd. 5, Basel u. Stuttgart, Sp. 135-140.

PRODOEHL, Hans Gerd 1982: Individum und Geschichtsprozeß. Zur Geschichtsphilosophie Georg FORSTERs. In: Gerhart PICKERODT (Hg.), Georg FORSTER in seiner Epoche, Berlin (Argument-Sonderband 87), S. 149-197.

RIEDEL, Wolfgang 1994: Anthropologie und Literatur in der deutschen Spätaufklärung. Skizze einer Forschungslandschaft. In: Internationales Archiv für Sozialgeschichte der deutschen Literatur, Sonderheft 6, S. 94-157.

RIEDEL, Manfred 1980: Historimus und Kritizsmus. KANTs Streit mit G. FORSTER und J. G. HERDER. In: Bernhard FABIAN u.a. (Hg.): Deutschlands kulturelle Entfaltung. Die Neubestimmung des Menschen, München (Studien zum 18. Jahrhundert 2/3), S. 31-48.

RÖD, Wolfgang 1970: Geometrischer Geist und Naturrecht, Methodengeschichtliche Untersuchungen zur Staaatsphilosophie im 17. und 18. Jahrhundert, München (Bayrische Akademie der Wissenschaften phil.-hist. Kl. N. F. 70).

ROGER, Jaques 1982: Les sciences de la vie dans la pensée française du XVIIIe siécle, Paris 1971.

SALLMANN, Klaus 1962: Studien zum philosophischen Naturbegriff der Römer mit besonderer Berücksichtigung des Lukrez. In: Archiv für Begriffsgeschichte 7, S. 140-284.

STAROBINSKI, Jean 1988: Rousseau. Eine Welt von Widerständen, Frankfurt a. M. und Wien.

STOLLBERG-RILINGER, Barbara 1986: Der Staat als Maschine. Zur politischen Metaphorik des absoluten Fürstenstaats, Berlin, (Historische Forschungen 30).

UHLIG, Ludwig 1965: Einheit und Mannigfaltigkeit in einer geistigen Welt, Tübingen.

Teil III
Methoden und Verfahren

Klaus Mollenhauer

Methoden erziehungswissenschaftlicher Bildinterpretation

Warum sollte es nötig oder auch nur nützlich sein, erziehungswissenschaftliche Analysen an Bildmaterialien durchzuführen? In der Regel, so scheint es, kommt die Erziehungswissenschaft mit ihrer Beschränkung auf sprachliche Texte recht gut aus. Wer die Wirklichkeit von Erziehung und Bildung etwa zu Beginn des 19. Jahrhunderts darstellen möchte, analysiert zumeist ausschließlich theoretische Erörterungen aus jener Zeit, Schulgesetze und Schulordnungen, Autobiographien, Briefwechsel, Reiseberichte u.a.; wer sich für die Lage von Jugendlichen gegen Ende des 20. Jahrhunderts interessiert, organisiert Befragungen, führt Interviews durch, analysiert Erfahrungsberichte, journalistische Reports oder Ähnliches. Gelegentlich allerdings - in den letzten Jahren immer häufiger - tauchen in solcher Forschung und Berichterstattung auch Bilder auf; diese aber fungieren zumeist nur als Illustrationen dessen, was die Analyse sprachlicher Materialien vordem schon zutage gefördert hat.

Im Unterschied zu derartigen illustrierenden Interessen will ich im folgenden eine (skizzenhafte) Antwort auf die Frage versuchen, ob überhaupt und in welcher Weise Bildmaterialien als erziehungswissenschaftliche Erkenntnisquellen in Betracht gezogen werden können. Dafür, daß man diese Frage aufwirft, gibt es drei plausible Gründe: es gibt keine Kultur, in der die Menschen ihre Weltsicht nicht auch in Bildern zum Ausdruck brachten; in Bildern kann ein anderer Sinn verschlüsselt sein als in den oralen oder schriftlichen Beständen; in unserer Gegenwart scheinen die visuell-artifiziellen Ereignisse derart zuzunehmen, daß sie zu einem immer gewichtigeren Bestandteil unserer kulturellen Erfahrung und Selbstauslegung werden. Es liegt deshalb nahe, solche Materialien auf das hin zu untersuchen, was sie zu unserem erziehungswissenschaftlichen Wissen beizutragen vermögen. Gibt es ein pädagogisches oder pädagogisch relevantes „Wissen im Bild" (WÜNSCHE 1991, PÖGGELER 1992, SCHIFFLER/ WINKELER 1991, HERRLITZ/RITTELMEYER 1993), das durch „qualitative" Analyse zugänglich gemacht werden kann, und wie könnten solche Analysen verfahren?

1. Voraussetzungen der Methode

1.1 Hermeneutik

Bildinterpretationen sind hermeneutische Verfahren, d.h. sie versuchen, das „Verstehen" kultureller Produkte oder Ereignisse methodisch zu kontrollieren. Sie haben ihren Ausgangspunkt allerdings in dem, was wir auch alltagssprachlich „Verstehen" nennen: Das Bild einer Gruppe von Erwachsenen und Kindern glauben wir „verstanden" zu haben, wenn wir sagen, es sei eine Familie; vom Foto eines Jugendlichen mit merkwürdigem „Outfit" sagen wir vielleicht, es sei ein Punk. Für derartige Zuordnungen bedarf es keiner wissenschaftlichen Methode. Bilder fungieren immer schon als Orientierungsmarken in den Kontexten des alltäglichen Handelns.

Wendet man sich solchen kulturellen Dokumenten indessen in wissenschaftlicher Einstellung zu, entstehen neue Probleme. Man ist nun nicht mehr nur Teilnehmer an der alltäglichen kulturellen Kommunikation, sondern Beobachter solcher Vorgänge. Man will nun nicht mehr nur wissen, auf welche außerbildliche Realität ein Bild vielleicht zeigt, als auf ein mir im Prinzip schon Bekanntes (Familie, Punk), sondern man will wissen, was das Bild im ganzen mitteilt, über diejenigen, die es hervorgebracht haben und die es vielleicht auch „abbildet", über seine Bedeutung innerhalb einer besonderen kulturellen Lage, innerhalb einer bestimmten historischen Formation. Hermeneutische Verfahren sind also solche Operationen, die, in der wissenschaftlich-methodischen Einstellung des Beobachters, herauszubringen suchen, was ein Objekt unserer Beobachtung (ein Bild, aber auch ein Satz, eine Tonfolge, eine Körperbewegung) an Bedeutungen enthält, und zwar über deren alltäglich-pragmatischen Verwendungssinn hinaus.

Die Problemstellung angesichts von Bildern ist ähnlich wie bei einem autobiographischen Text: Man möchte wissen, was der Autor oder die Autorin meint, was das Bild, der Text unabhängig von der Autorenmeinung an Aussagen enthält, und man will wissen, wie diese Meinung sich zum historisch-kulturellen Umfeld verhält. Das hat F. D. SCHLEIERMACHER (1768-1834) - Philosoph, Theologe und Pädagoge - in dem bis auf unsere Tage folgenreichen Versuch einer methodologischen Bestimmung der Hermeneutik versucht („qualitative" Forschung ist nichts anderes als die Ausarbeitung seines Programms). Es gebe - so meinte er - zwei Komponenten der hermeneutischen Bemühung: eine „grammatische" und eine „psychologische" (SCHLEIERMACHER 1977). Die „grammatische" Komponente der Text- und Bildinterpretation - wir würden sie heute gewiß anders benennen - betrifft die Lokalisierung eines Produktes (z.B. eines Bildes) im Kontext der Regeln, die zu einer bestimmten Zeit und in einem bestimmten Zeichensystem (also z.B. Sätzen oder Bildern) gelten, die also Verstehbarkeit überhaupt sichern (die Portraits von Francis BACON beispielsweise wären innerhalb der Bildgrammatik des frühen 19. Jahrhunderts schlechterdings unverständlich). Es ist so, als sprächen die verschiedenen Generationen verschiedene Bild-'Sprachen" - übrigens hat SCHLEIERMACHER seine Theorie der Hermeneutik nicht aus der Auseinandersetzung mit Bildern gewonnen, sondern aus den Schwierigkeiten der Übersetzungen der Texte PLATOs und der Interpretationen christlich kanonischer Schriften.

Dies ist die eine, jedem individuellen Verstehen gleichsam vorgelagerte Komponente des hermeneutischen Verstehens; man kann sie auch als das Interesse an „Strukturen" bezeichnen. Die andere Komponente bezieht sich auf das Individuum. Man müsse sich, so meinte SCHLEIERMACHER, beim Versuch, Kulturprodukte zu verstehen, nicht nur mit ihrer systematischen Einordnung befassen, sondern ebenso mit der Frage, was diese Produkte individuell bedeu-

ten könnten. Man müsse sich - und sei es, wie SCHLEIERMACHER schrieb, „divinatorisch", d.h. erratend - in das Produkt (das Bild) hineinversetzen und es also auch in der Perspektive des produzierenden Individuums (des Malers, der Malerin, des Fotografen, der Regisseurin usw.) sehen lernen. Da man diese aber nur erraten kann, dürfen die eigenen Anteile an solcher Divination nicht unterschlagen werden.
SCHLEIERMACHER hat das in der folgenden These auf die knappe Formel gebracht:
„Wie jede Rede eine zwiefache Beziehung hat, auf die Gesamtheit der Sprache und auf das gesamte Denken ihres Urhebers: so besteht auch alles Verstehen aus den zwei Momenten, die Rede zu verstehen als herausgenommen aus der Sprache, und sie zu verstehen als Tatsache im Denkenden ... Das Verstehen ist nur ein Ineinandersein dieser beiden Momente (des grammatischen und psychologischen)" (SCHLEIERMACHER 1977, S. 77 u. 79).
Das gilt auch für Bildmaterialien. Bild-Hermeneutik ist deshalb ein anspruchsvolles Geschäft. Es umfaßt das Erkennen von Strukturen der Objekte und ihrer Kontexte ebenso wie deren individuell Besonderes, und es muß sich auf das Andere, das Fremde ebenso beziehen wie (selbstreflexiv) auf das Eigene des Interpreten. In vereinfacht schematischer Ordnung lassen sich also vier Hinsichten für die bildhermeneutische Tätigkeit bestimmen:

	In Hinsicht auf das Objekt	In Hinsicht auf den Interpreten
„Grammatische" Interpretation		
„Psychologische" Interpretation		

1.2 Was oder wann ist ein Bild?

„Was" ein Bild ist, ist eine ziemlich schwierige Frage. Sie ist vergleichbar mit der Frage, „was" ein vollständiger Satz, „was" eine autobiographische Äußerung, „was" eine Melodie, „was" eine Handlung sei. Derartige auf das „Wesen" des interessierenden Gegenstandes hinführende Fragen sind vielleicht philosophisch wichtig, helfen aber wenig bei einzelwissenschaftlicher Forschung. Hier interessiert eher, „wann" wir oder andere davon sprechen, daß ein uns begegnendes Objekt unserer Aufmerksamkeit ein „Bild" oder gar, unter dem modernen Gesichtspunkt von „Kunst", ein interessierendes artifiziell-visuelles Objekt sei. Muß es gerahmt sein? Genügt, für eine Installation von BEUYS etwa, das Mauerwerk einer Nische? Ist es hinreichend, daß Bild oder Installation sich in einem Museum befinden? Wie steht es mit Fotografien oder mit Produkten archaischer Kulturen? Wann sind schamanische Initiationsrituale „Bilder" - erst durch die Repräsentation in Foto oder Film, oder auch schon durch die Herausgehobenheit des Rituals aus dem alltäglichen Ereignisstrom?
Was ein Bild sei, ist also offenbar nicht universell entscheidbar. Dennoch steckt in allen solchen Varianten, in der Frage nämlich, *wann* eine Kultur ein visuell-artifizielles Objekt oder Ereignis als Bild bezeichnet, etwas Allgemeines, näm-

lich: die kunstförmige Herstellung oder Darstellung von (sinnhaften) Vorgängen oder Sachverhalten oder Interessenrichtungen, die sich aus dem Strom der alltäglich gesicherten Handlungsroutinen herausheben. Sie verdichten gleichsam den kulturellen „Sinn" in einer nicht-sprachlichen Dimension (der ästhetischen). Dieser Sinn kann durchaus ein anderer sein als der, der durch Sprache mitgeteilt wird. (Der Streit um die Werbefotografien der Firma Benetton hat das z.B. deutlich gemacht.)

Die erste Frage an Bilder, auch in pädagogischem Interesse, ist also die, was in ihnen, im Unterschied zu sprachlichen Aussagen, dargestellt wird. Entscheidend ist, daß es sich nie um pure Wiederholungen (Abbildungen) dessen handeln kann, was man auch sonst sieht. Vielmehr werden auf einem Bild, vor allem anderen, Farben und Formen auf einer Fläche angeordnet; es werden, in einer Installation, Geräte und andere physikalische Körper in einem Raum arrangiert; es werden, in einer Fotografie, Ergebnisse chemischer Veränderungen auf lichtempfindlichem Material gezeigt. Dennoch kann man sagen, oder sagen die Kommentatoren des jeweiligen Umfeldes, daß derartige Figurationen eine „Bedeutung" haben, eine Art von „Sprache" zur Darstellung bringen, die allerdings nicht lingual ist, d.h. nicht an der Zunge und an der Schrift hängt. Ehe man also Bilddokumente ohne große Umstände dem Lexikon der diskursiven Rede zuschlägt - es gibt dafür viele Beispiele, in denen etwa Bilder von Familien flugs als „Rollen"-Ensembles, andere als „Identitäts"-Projekte, wieder andere als „bürgerliche Interieurs" oder „subkulturelle Ausdrucksgesten" usw. bestimmt werden - sollten „Bilder" als das genommen werden, was sie sind, und zwar zunächst unabhängig davon, was sie vielleicht noch außerbildlich signifizieren könnten (vgl. dazu BOEHM 1994, BÄTSCHMANN 1988). Dieser hermeneutische Grundsatz gilt übrigens nicht nur für Bilder, sondern auch für Sätze (z.B. in narrativen Interviews). So wie man einen gesprochenen Satz, auch wenn er grammatisch falsch oder unvollständig sein sollte, im Lichte von Grammatik und Syntax zu verstehen sucht, so muß auch das Bild zunächst im Lichte der Form seiner Gattung betrachtet werden. Nur dann wird aus einer Bildinterpretation mehr oder anderes als das, was wir auch durch sprachliche Texte erfahren könnten.

1.3 Historizität

Diese etwas gestelzte, aber leider gebräuchliche Vokabel bezeichnet den schon angedeuteten Sachverhalt, daß die Beantwortung der Frage, was oder wann ein Bild sei, von den geschichtlichen Bedingungen abhängt, unter denen ein entsprechendes Produkt entsteht. Aber nicht nur solche kulturelle „Rahmung" (GOFFMAN 1989) unterliegt der skeptischen Frage nach den geschichtlich-relativen Besonderheiten der „Bild"-Produktion. Auch wenn in zurückliegenden Jahrhunderten die Konvention darauf hinauslief, daß ein „Bild" ein in Ölfarbe oder Aquarell ausgeführter, möglichst rechteckiger, auch in einem Rahmen unterzubringender Gegenstand (und noch manches sonst) sei, bleibt die Frage nach der „Historizität" auch des gemalten Bildes in allen seinen einzelnen Merkmalen an die geschichtlichen Kontexte gebunden. Bilder sind zwar einerseits die Hervorbringungen individueller Produzenten (Maler und Malerinnen; Fotografen; Leute, die Installationen oder Performances arrangieren; Jugendliche, die Graffiti auf Mauern sprühen usw.), sie stehen aber andererseits auch in den Bedingungsfeldern der jeweiligen Epoche, der Region, der Klasse, der Subkultur; sie sind also, bis ins kleinste Detail hinein, Momente eines historisch-sozialen Habitus.

Um die Zeichnungen REMBRANDTS (1606-1669) zu verstehen, in denen Erwachsene und Kinder in dichter Interaktion dargestellt werden, die Radierungen CHODOWIECKYS (1726-1801), die sich ironisch auf pädagogische Attitüden des 18. Jahrhunderts beziehen, die Selbstbildnisse A. RAINERS (geb. 1929), in denen das sich bildende Ich gleichsam ausgelöscht wird, oder die Skulptur eines Mütterlichkeits-Idols aus einer matrilinearen Kultur - um Derartiges zu verstehen, bedarf es der Vergewisserung der historischen Kontexte. Man darf solche Produkte nicht nur „psychologisch", wie SCHLEIERMACHER sagte, d.h. nach Maßgabe des subjektiv gemeinten Sinns interpretieren, sondern man muß sie mit Vergleichbarem in eine kulturelle Reihe („grammatisch") stellen.

Pädagogisch interessierte Interpretation von Bildern, von visuell-artifiziellen Produkten, hat also eine sorgfältige Beschreibung der historischen Kontexte zur Voraussetzung. Man muß um das Bild oder die Bildgruppe herum, denen die besondere Aufmerksamkeit gelten soll, verschiedene Materialien gruppieren, vor allem:
– Materialien mit ähnlichem Sujet aus der gleichen historischen Situation oder, gröber gedacht, der Epoche.
– Materialien nach Regionen geordnet. Fotografien oder Ölbilder aus Berlin, um 1870 hergestellt, haben bei gleich scheinendem Sujet vermutlich nicht die gleiche Bedeutung wie solche Produkte aus Paris oder dem viktorianischen England derselben Jahre.
– Selbstdeutungen derer, die solche Objekte herstellten.
– Sprachliche Dokumente, die es erlauben, das Bilddokument im Lichte der Diskurse zu erläutern: z.B. erzählende Prosa zum gleichen Sujet, pädagogisch-theoretische Texte derselben Zeit, aber auch Schriften zur philosophischen Ästhetik.

Derartige Vorarbeiten sind nicht nur deshalb nützlich, weil sie eine zufriedenstellende Materialbasis besorgen. Sie verhindern auch voreilige theoretische Subsumptionen. Ob Ausdrücke unserer gegenwärtigen Theoriesprache dem Forschungsgegenstand angemessen sind - das gilt jedenfalls für *hermeneutisch* orientierte Forschung -, zeigt sich erst *nach* dem Durchgang durch die Interpretation. Freilich aber kann auch gelegentlich eine von Beginn an theoretisch-selektiv angelegte Bilddeutung nützlich sein (vgl. Abschnitt 3).

1.4 Ordnungen und Sorten

Zur Ordnung der Bildmaterialien gibt es mehrere Gesichtspunkte oder Klassifikationen. Die wichtigsten sollen hier angedeutet werden, und zwar in der Form von Warnungen vor möglichen Fehlern:

- Man sollte nicht - jedenfalls nicht ohne höchst sorgfältige und historisch genaue Begründungen - Mosaike des 8. mit Holzschnitten des 16., Ölbildern des 17. und Fotografien des 20. Jahrhunderts vergleichen, etwa nur deshalb, weil auf ihnen allen „Kinder" vorkommen. Es gibt „Epochen-Regeln". Außerdem hat auch jede *Darstellungstechnik* ihre eigene Regel, und die ist nicht immer synchron mit den sonst üblichen Epocheneinteilungen.
- Man sollte den jeweiligen *Verwendungssinn* der Bilder beachten. Das Bild von Mutter und Kind in einem ikonenartigen Gestus gemalt, im 12. oder 13. Jahrhundert, hat einen anderen, nämlich christlich-rituellen Verwendungssinn, als ein Mutter-und-Kind-Bild von Ph. O. RUNGE, K. KOLLWITZ oder H. MOORE. Die einen Bilder sind für christlich-religiöse Andacht hergestellt, andere für den bürgerlichen Innenraum, wieder andere für öffentliche Agitation oder für Werbezwecke. Gelegentlich werden Bilder auch für andere als die ursprünglich gemeinten Zwecke verwendet. Ein schönes Beispiel dafür sind die in Radierungen übertragenen Ölbilder CHARDINS (18. Jahrhundert), deren pädagogisch eindringliche Motive nun zur massenhaften moralischen Erbauung und Belehrung dienten.
- Man sollte die Sujets unterscheiden. Eine bäurische Szene, von Jan STEEN gemalt, auch wenn darin Kinder vorkommen sollten, kann man kaum mit einem Kinderportrait von Frans HALS (zur gleichen Zeit, am Anfang des 17. Jahrhunderts) vergleichen oder mit der Fotografie einer Schulklasse des 20. Jahrhunderts. Man muß sich entscheiden: entweder das Einzelportrait von Kindern und Jugendlichen, oder das Kind in Interaktion mit einem Erwachsenen, oder Gruppenszenen usw. Man kann freilich die Sujets kombinieren oder aufeinander beziehen. Dann allerdings empfiehlt sich eine Beschränkung auf sehr strikt definierte historische Zeiträume.
- Schließlich sollte man nicht meinen, von pädagogischem Interesse seien nur solche Bilder, die ausdrücklich pädagogische Konstellationen zur Darstellung bringen. Zur Pädagogik gehört auch, wie der Erwachsene, die erziehende Generation also, sich selber sieht; dies ist allemal der Ausgangspunkt für den Umgang mit der nachwachsenden Generation. Wir, als die „Erziehenden", können uns nicht annullieren und bringen deshalb notwenig unseren eigenen Lebensentwurf ins Spiel. Damit wird die für erziehungswissenschaftliche Analyse interessante Bildsorte erweitert: Bilder nämlich, in denen visuelle Formeln vorgeschlagen werden für die Weise, in der wir, die Erziehenden, uns im kulturellen Kontext lokalisieren mögen oder nicht mögen. Hervorragende Beispiele dafür sind der „Mönch am Meer" von C. D. FRIEDRICH (1810), die „Bar aux Folies Bergère" von E. MANET (1882), aber auch ein Säuglingsbild von O. DIX (1927), in dem das Verhältnis zwischen Kleinstkind und Erwachsenenbereich zur Darstellung kommt (beispielhaft interpretiert von D. LENZEN 1993). Da dieser Blick der Erwachsenen nicht nur die eigene Welt, sondern auch die der nachwachsenden Generation betrifft, darf man sagen, daß die Auseinandersetzung mit der jeweilig gegenwärtigen Bilderwelt eine notwendige Komponente erziehungswissenschaftlicher Forschung ist. Wir verstehen uns besser, wenn wir auch die

Bildformeln verstehen, mit denen unsere Kultur uns versorgt; die Bildermacher sollten wir nicht geringer achten als die Theoretiker.
- Endlich sollte nicht vergessen werden, daß auch Kinder und Jugendliche visuelle Objekte herstellen. Es wäre dem hermeneutischen Forschungsinteresse ganz unangemessen, würde man diese Bildsorte nicht mit der gleichen Aufmerksamkeit und Strenge interpretieren wie die Produkte der „Kunst". Obwohl sich gewiß von den entwicklungspsychologischen und psychoanalytischen Deutungen vieles lernen läßt (vgl. WIDLÖCHER 1974, RICHTER 1984), auch von den an Curriculum und Didaktik interessierten Studien (vgl. OTTO/OTTO 1987), muß man in hermeneutischem Interesse geltend machen, daß bildnerische Ausdrücke von Kindern und Jugendlichen Kulturtatsachen sind, die sowohl für sich selbst als auch als Momente des kulturellen Kontextes interpretiert werden sollten, zunächst unabhängig von den entwicklungslogischen, sozialisationstheoretischen oder psychoanalytischen Begriffen und hypothetischen Ordnungen.

2. Methodisches

Wie geht man nun mit den derartig sortierten und zugeordneten Materialien um? Die kunstgeschichtliche Hermeneutik und die um sie herumgruppierten Verfahren der Bilddeutung präsentieren ein breites methodisches Spektrum, das an dieser Stelle nur in arger Verknappung skizziert werden kann. Ein Studium der in die Methoden der Kunstgeschichte einführenden Literatur ist also unerläßlich und kann durch diesen Artikel nicht ersetzt werden (vgl. besonders BÄTSCHMANN 1988, BELTING u.a. 1985, KAEMMERLING 1979). Dennoch möchte ich einige ganz elementare methodische Gesichtspunkte und Operationen zur Sprache bringen.
1. Erziehungswissenschaftliche Bildinterpretation unterscheidet sich von der Kunstgeschichtsschreibung durch ein *eingeschränktes thematisches Interesse*. Nicht Bilderwelten überhaupt sind ihr Thema, sondern solche Bildmaterialien, die sich, mal mit strenger, mal mit weiterer Perspektive, auf das Verhältnis zwischen den Generationen beziehen lassen. Es sind vor allem drei Themenkreise, die erziehungswissenschaftlich von besonderem Interesse sind: die Lage der jungen Generation (Bilder von Kindern und Jugendlichen, als Portraits oder innerhalb von anderen Inszenierungen u.ä.), Beziehungskonstellationen zwischen dieser und der Generation der Erwachsenen (Mütter und Väter mit Kindern, Lehrer und Schüler u ä.) und das Bild, das die Erwachsenen von sich selbst haben, als eine der Bedingungen des je besonderen Generationenverhältnisses (Portraits, Selbstbildnisse, abstrakte Kunst, Installationen und Performances u.ä.). Man könnte sich auch an anderen Themen-Klassifikationen orientieren - etwa das Bild vom Körper/Leib des Menschen, Vorstellungen von Interaktion, die pädagogische Beziehung, die Lehre. Immer aber, und das unterscheidet die erziehungswissenschaftliche von der kunsthistorischen Bilddeutung, sollte man Rechenschaft geben von der Relevanz, die der Bildsorte für die Thematik zugesprochen werden kann.

2. Darin steckt eine mögliche Verführung: Bilder treffen, jedenfalls in unserer Kultur, *immer schon auf eine in Sprache gedeutete Welt* - z.B. in der Form des gerade zur Klassifikation von Bildsorten verwendeten Vokabulars. Es könnte deshalb naheliegen, ihre „Aussagen" nach Maßgabe solcher Deutungen, auch derer der Erziehungswissenschaft, zu beschreiben und zu interpretieren. Man entdeckt dann wieder, was in den dabei ins Spiel kommenden Verstandesbegriffen schon gesagt ist: in einer Familien- oder Schulszene „Rollen", in Portraits „Individualität", in einer Installation „Entfremdung", in einem Interieur „bürgerliche Familie", in einem Mutter-und-Kind-Bild „symbiotische Beziehung" usw. Das alles ist möglich, verschenkt aber den Erkenntnissinn der Auseinandersetzung mit Bildmaterialien, den schon KANT in der „Kritik der Urteilskraft" als „reflexiv" bestimmte und damit meinte, daß Kunstobjekte sich erst dann dem an Erkenntnis interessierten Urteil erschlössen, wenn solche „bestimmenden Verstandesurteile" suspendiert würden, um die vielleicht passenden Begriffe erst zu suchen (deshalb „reflexiv"). Bildinterpretation in pädagogischer Absicht operiert also immer, wenn sie nicht nur illustrativ sein will, an dieser Grenze entlang.

3. Beispiele dafür sind - jedenfalls in der erziehungswissenschaftlichen Forschung - noch selten. Die wenigen aber sind studierenswert: so z.b. eine Interpretation von Säuglings-Darstellungen (LENZEN 1993, WÜNSCHE 1991 und 1993), die Analyse der pädagogischen Paar-Gruppe über größere historische Distanzen hinweg (SCHULZE 1993), die Deutung eines Bildes von REMBRANDT (Anatomie des Dr. Tulp) als didaktisches Modell (PARMENTIER 1991), einer Geißelungs-Szene von PIERO DELLA FRANCESCA als bildungstheoretischer Diskurs (MOLLENHAUER 1983), ein Madonnenbild mit Jesus-Knaben als frühes (1280) Beispiel für einen neuen Begriff von Kindheit (MOLLENHAUER 1987), die Beschreibung der „Kreidefelsen auf Rügen" von C. D. FRIEDRICH als ein Lehrstück für die visuelle Bildung des Betrachters (GRUSCHKA 1996). An all diesen Beipielen zeigt sich indessen die oben angedeutete Schwierigkeit. Mit Ausnahme vielleicht der Deutungsversuche WÜNSCHES (vgl. WÜNSCHE 1996; besonders, methodologisch auf die Fotografie bezogen, auch 1997) schwanken die bildthematischen Bemühungen hin und her zwischen *ikonographischen* und *phänomenologischen* Verfahren der Beschreibung und Deutung. Das hat seinen Grund vermutlich in dem thematischen Interesse der Erziehungswissenschaft: Wer durch Bilder etwas über Erziehung und Bildung erfahren will, folgt schon einer kategorial geordneten Aufmerksamkeit, seinen „Verstandesbegriffen" also; er versucht, ikonographisch, die zumeist gegenständlichen Bildzeichen seinem historischen Wissen („was bedeutet der Spiegel im Hintergrund?") und seinen begrifflichen Klassifikationen (Spiegel = Hinweis auf eine „Identitäts-Problematik"?) zuzuordnen. Der phänomenologische Blick hingegen - er entstand ungefähr zeitgleich mit der Malerei nach CEZANNE - versucht zunächst, das Bild „als Bild" zu verstehen, ein Umweg, zu dem Erziehungswissenschaftlerinnen und -wissenschaftler sich schwer entschließen. Dieser Umweg aber könnte höchst produktiv sein. So haben z.B. die Kunsthistoriker G. BOEHM und M. IMDAHL gezeigt, was die Zeitgenossen über ihre eigene Bildung und also auch über die Komponenten

einer modernen Bildungstheorie Neues erfahren können, wenn sie sich, in phänomenologischer Aufmerksamkeit, der modernen Malerei konfrontieren (beispielhaft BOEHM 1993, IMDAHL 1986). „Phänomenologisch" heißt, daß nun aufgeklärt werden soll, was im Vorgang des „Lesens" von Bildern mit der Sinnestätigkeit dessen geschieht, der sich interpretierend dem Objekt zuwendet. Dann können plötzlich die Bilder Cy TWOMBLYs (geb. 1928) mit ihren „kindlichen" Kritzelspuren zu bildungstheoretischen Quellen ersten Ranges werden. Das erziehungswissenschaftliche Problem also, zwischen einer ikonographischen und einer phänomenologischen Hermeneutik, zwischen bestimmenden Verstandesbegriffen und reflektierenden Urteilen dauernd vermitteln zu müssen, bleibt, so ist zu vermuten, niemandem erspart, der in diesem Felde arbeiten will. Den schwierigen methodischen Prozeß hat K. WÜNSCHE gut getroffen, wenngleich in knappster Formulierung:

„Die 'Akte der Interpretation' beginnen wie der Leseprozeß mit dem Abtasten der Bildtextseite. Die tastende Bewegung des Auges ist der Anfang der Beschreibung des Bildes, die Augen bewegen sich über die Fläche nach bestimmten Regeln, so daß das perzeptuelle Bild entsteht. Parallel zum Lesevorgang folgen Fixierungen und Identifizierungen, Dekodierungen und deren Überprüfung mit Hilfe von Korrektiven, bis die bewußte Deutung der gewußten Bedeutungen vorläufig abgeschlossen ist. Die Einordnung in einen stilgeschichtlichen Horizont bedarf einer Wiederholung des ursprünglichen Tastens, das perzeptuelle Bild wird zurückgerufen, um es den Bedeutungen zu unterlegen. So ähnlich könnte das Diagramm einer Bildlektüre verlaufen, das den Vorgang analytisch wiedergibt, um ihn methodisch verfügbar zu machen." (WÜNSCHE 1991, S. 275).

4. Damit es nicht bei abstrakten Imperativen bleibt, folgen nun zwei Beispiele, allerdings aus den Beständen gegenständlicher Bilder, eine Zeichnung und eine Fotografie. Beide Objekte verlangen und verdienen eine gründliche Auseinandersetzung. Für den Zweck dieses Artikels muß es genügen, einige Fragen zu formulieren (Abb. 1).

Die ersten spontanen begrifflichen „Fixierungen und Identifizierungen, Decodierungen" stellen sich rasch ein: Mutter (?) und Kleinkind, Beziehungsgesten, pädagogische Situation. Das aber trifft für Tausende von Bildern zu. - Aber was ist *dieses* Bild? Was sagt die Anordnung der Flächen, die Verteilung von Licht und Schatten, die Führung des Strichs? Wie also „bewegen sich unsere Augen über die Fläche", nach welchen Regeln? - In welchen „stilgeschichtlichen Horizont" kann man die Graphik einordnen? Ist in einer Graphik anderes „sagbar" als in einem Ölbild? Das Bild stammt von REMBRANDT; hat er ähnliche andere Graphiken angefertigt? Welche Unterschiede zeigen sich zu anderen niederländischen Malern der gleichen Zeit und zum vergleichbaren Sujet? - Ikonologische Fragen: Handelt es sich um einen „Bild-Logos", der für größere Zeiträume gilt, etwa bis zu den Mutter-und-Kind-Zeichnungen von Käthe KOLLWITZ, den Kinderbildern PICASSOS oder auch zu anderen Sujets hin? Ist der pädagogische Bild-Logos REMBRANDTS dem verwandt, was in denselben Jahren COMENIUS schrieb, oder diesem nicht eher entgegengesetzt? Hat es etwas mit der ikonographischen Tradition von Maria-und-Kind-Bildern zu tun?

Ist es überhaupt ein Beispiel für pädagogische Ikonographie oder nicht, viel elementarer, ein phänomenologisches Bild von fundamentalen Gesten des menschlichen Leibes? usw.

Abb. 1: Rembrandt   Abb. 2: Anonymer Fotograf

Fragen von dieser Art sind auch an die Fotografie zu richten. Allerdings treten Bedingungen der Produktionstechnik dabei noch stärker hervor (Abb. 2).
Auch hier die zunächst sich einstellenden „Verstandesbegriffe": „Mädchen", vielleicht „nicht-europäisch", „Adoleszenz", oder auch „Beziehungsverlust", „Zukunftsungewißheit" o.ä. - Aber auch diese Fotografie ist nicht einfach nur eine illustrierende Abbildung für etwas, das wir schon wüßten. Also wieder zurück zum disziplinierten Sehen: eine dunkle Figur? Wirkt sie opak? Tritt das Gesicht heraus? Wohin blickt es? Was bewirkt der Hintergrund, was die Diagonale unten? - Ikonologisch: Ist es eine säkularisierte Ikone? In welcher Tradition also steht das Foto? Imitiert es Malerei? „Dokumentiert" es oder „inszeniert" es? Wie ist der anonyme Fotograf zu lokalisieren, zwischen Bildermachern und (angeblich) die Realität reproduzierenden Foto-Berichterstattern (vgl. dazu besonders WÜNSCHE 1997)? Wie verhält sich dies alles zum erziehungswissenschaftlichen Diskurs über Bildung und Jugendalter im 20. Jahrhundert? usw.
5. Die hermeneutische Auseinandersetzung mit Bildmaterialien folgt also den gleichen Regelschritten, die auch für den „qualitativen" Umgang mit sprachlichen Texten (vor allem autobiographischen) geltend gemacht werden: Das gleichsam „naive" Ins-Spiel-Bringen kategorial gelernter Sichtweisen - das Einklammern und Zurückstellen solcher Vorannahmen - die Konzentration der Aufmerksamkeit auf die Singularität des Objekts - das Einfädeln des Objekts in die Kontexte seiner Gattung - die Bestimmung des so ermittelten „Wissens im Bild" im Rahmen der zur pädagogischen Thematik gehörenden Theorien.

Aber wo bleiben dabei diejenigen, die solche Kulturprodukte hervorgebracht haben, wo bleiben die „Intentionen", die Absichten also, die sich mit Text oder Bild verbanden oder verbinden? Sie dürfen zunächst als nebensächlich gelten, können allerdings gelegentlich höchst interessant sein, wie vielleicht bei REMBRAND oder überhaupt bei solchen, deren Wirken zu entnehmen ist, daß sie eine individuell-besondere Stellung im Rahmen ihrer Zeitumstände einzunehmen trachten. In anderen Fällen aber ist es für die Erziehungswissenschaft besser, den objektiven Gehalt der Produkte herauszuarbeiten und diese nicht nach Maßgabe der Absichten zu interpretieren, die damit verbunden waren. Die Bedeutung der kulturellen Funktion eines Mütterlichkeits-Idols aus archaischmatrilinearen Kulturen können wir auch gut beschreiben, ohne über Biographie, Absichten und Geschlecht derer, die es hervorbrachten, irgend etwas zu wissen. Allerdings ist ebenso richtig, daß wir ein Produkt noch besser verstehen - nach der zitierten Meinung SCHLEIERMACHERs, daß zum vollständigen Verstehen nicht nur die „grammatische" sondern auch die „psychologische" Komponente des Werks geltend gemacht werden müsse -, je genauer wir die biographischen Produktionsbedingungen kennen.

6. Die Auslegung von Bildelementen in erziehungswissenschaftlicher Absicht hat indessen - der individuellen Intention gleichsam entgegengesetzt - immer auch die Komponente ihrer gesellschaftlichen Verwendung ins Auge zu fassen. Dem subjektiv gemeinten steht der objektiv realisierte Sinn gegenüber. Dieser zeigt sich nicht nur im Werk, sondern auch auf dem „Markt" bzw. auf dem politisch beherrschten Feld, auf dem er verwendet wird; die Semantik eines Bildes, was es kulturell bedeutet, muß also auch von dieser Seite her entschlüsselt werden und erfordert methodische Zugänge, die mit weiteren Quellen-Materialien arbeiten (Dokumente über Auftraggeber, die zeitgenössischen Kommentare und Kritiker, die private oder öffentliche Verwendung u.ä.).

3. Theoretisches und Hypothetisches

Die letzten Hinweise führen nun deutlich in theoretische Probleme hinein. Letzten Endes möchte man wissen, was ein Bilddokument im größeren Kontext „bedeutet" und wie sein Auftreten uns seine besondere oder auch allgemeine Bedeutung erklären kann. Die strikte Beschränkung auf einen phänomenologischen Zugang ist zwar ein für die Interpretation unerläßlicher methodischer Schritt, er birgt aber ein beträchtliches Fehlerrisiko, wenn unbedacht bleibt, wie das einzelne Objekt systematisch lokalisiert ist. Die „bestimmendenVerstandesurteile" müssen also wieder, wenngleich umsichtig, ins Spiel gebracht werden. Auch bei der qualitativen Forschung mit Bildern als Quellenmaterialien spielen also Hypothesen eine Rolle, die bestätigt oder verworfen werden können.

1. Kein Bild ist derart einmalig, daß es nur für sich selber stünde. Wäre es anders, dann wären Ausdrücke wie „Verstehen", „Zeichen", „Bedeutung" sinnlose Vokabeln. Sage ich also „ich verstehe dieses Bild" - wenngleich vorerst nur spontan, noch nicht im Sinne eines hermeneutisch aufgearbeiteten Verständnisses -, dann ist diese Aussage nur dann sinnvoll, wenn ich irgendwelche mir schon vertrauten Begriffe zu ihm in Beziehung setze („Dies ist ein *Kind*", „dort

sehe ich eine *Dreiecks*konstruktion", „hier sind zwei *Komplementärfarben*, „das ist ein *Graffito*", „dies ist die *Kritzel*zeichnung eines etwa *zweijährigen* Kindes" usw.). Schon in solchen Behauptungen sind also Hypothesen enthalten, die ich mir zum Bewußtsein bringen sollte.

2. Die Beschäftigung mit Bildern findet - über jene spontanen begrifflichen Zuordnungen hinaus - in einem immer schon geordneten und vermessenen Feld erziehungswissenschaftlicher und historiographischer (vgl. dazu HASKELL 1995), auch gesellschaftsanalytischer Theorien statt. Die Forschung folgt - nicht immer, aber zumeist - einem thematischen Interesse, das sich in Theorien niederschlägt und dann zu bildspezifischen Hypothesen führt: Man möchte prüfen, ob die Behauptung (Hypothese) zutrifft, eine konturierte Vorstellung von „Kindheit" gebe es erst seit der Renaissance; man möchte wissen, ob Interaktionstheorien auch von Bildmaterialien bestätigt werden können; man möchte fragen, ob es eine Geschichte der Familienerziehung gebe, die aus Bildern zu gewinnen sein könnte; oder man fragt: Ist die Tätigkeit des Fotografierens als „Bildungsbewegung" des Fotografen zu beschreiben (WÜNSCHE 1997); sind Graffiti ein Ausdruck jugendlicher Subkultur; zeigen auch Bilder die Auswirkungen institutionalisierter Formen des Lernens; seit wann gibt es pädagogisch arrangierte Lernumwelten für Kinder außerhalb von Schulen, und wie machen Bilder dies zum Thema? Jede dieser Fragen ergibt sich aus dem Hypothesen-Reservoir der gegenwärtigen Erziehungswissenschaft. Für jede gilt, daß zunächst offen bleibt, ob die Annahmen bekräftigt, modifiziert oder verworfen werden können.

3. Für die Hypothesen-Diskussion und Prüfung genügt nicht, wie schon mehrfach betont, ein einzelner Fall. Auch die qualitative Forschung ist auf Vergleich angewiesen. Das gilt jedenfalls dann, wenn man mehr im Sinn hat als eine illustrierende Bestätigung vorhandener Hypothesen (vgl. SCHIFFLER/ WINKELER 1991, PÖGGELER 1992). In jedem Fall möchte auch die pädagogisch interessierte Bildhermeneutik zu verallgemeinerungsfähigen Aussagen kommen. Man ist also immer mit der Frage konfrontiert, welche Vergleichsreihen nötig sind, um die qualitativen Befunde zu „objektivieren": Wer die Vermutung hat, daß bereits gegen Ende des 13. Jahrhunderts ein neues Bild von Kindheit entsteht (MOLLENHAUER 1987), für dessen Argumentation ist ein einzelnes Bild von 1280 nicht hinreichend; er muß zeigen, daß die am Bild erarbeiteten qualitativen Charakteristika auch für viele andere geltend gemacht werden können. Wer die Veränderung der pädagogischen Paargruppe im Auge hat (SCHULZE 1993), muß historische Reihen dieses Sujets zusammenstellen, und zwar für jede behandelte Epoche. Wer pädagogische Themen in der Werbe-Fotografie behandeln will, der benötigt verschiedene Stichproben, auch wenn die Fallzahlen recht klein sein sollten. Damit das Kritzelbild des Kleinkindes nicht als genialischer Kreativitäts-Akt (miß-)verstanden wird, sind entwicklungslogische Vergleiche und auch solche mit moderner Malerei unerläßlich (MOLLENHAUER 1996).

4. Dennoch hätte man die Chancen qualitativer Bildinterpretation verschenkt, würde man *nur* derart hypothesenkritisch vorgehen. Diese Art von Forschung, das wurde auch von „Hardlinern" der quantitativ-hypothesenprüfenden Metho-

dologie nie geleugnet, kann auch zur Findung neuer Hypothesen verwendet werden, beispielsweise wenn Bilddokumente in die Aufmerksamkeit rücken, die vordem in der erziehungswissenschaftlichen Forschung gar nicht berücksichtigt wurden. Das war etwa der Fall, als Ph. ARIES (1975) für seine „Geschichte der Kindheit" erstmalig in größerem Umfang Bildbestände der europäischen Malerei verwendete (daß seine Hypothesenbildung später nicht durchweg überzeugte, ist eine andere Frage). Das kann auch der Fall sein, wenn Bildprodukte von Kindern und Jugendlichen - durch die moderne Kunst und ihre Rückgriffe auf „Kindliches" und „Archaisches" nahegelegt - versuchsweise nicht nach Maßgabe von Entwicklungs- oder Jugendtheorien gedeutet werden, sondern als selbständige ästhetische Äußerungen (MOLLENHAUER 1996), oder wenn eine „Bildgattung" (Fotografie, Montage oder Film etwa), ein Sujet (Geschlechterbeziehungen, Darstellungen von Körperlichkeit, Gewalt) erstmals besondere pädagogische Aufmerksamkeit auf sich zieht. Die Anstöße dazu kommen zumeist von außen: durch einen überraschenden Schritt der kulturellen Bildproduktion, durch neuere Diskussionen in anderen Disziplinen, etwa der historischen Anthropologie (z.B. MOLLENHAUER/WULF 1996), durch das Finden von Materialien, die vordem im Blick der Erziehungswissenschaft nicht auftauchten (z.B. LENZEN 1993, WÜNSCHE 1991 u.1996), durch neue Hypothesen (etwa zum Verhältnis der Geschlechter zueinander). Ein interessanter Fall in diesem Zusammenhang ist die Entdeckung des Selbstportraits als einer erziehungswissenschaftlich interessanten Bildsorte. Die erstaunlichen Transformationen, die dieses Genre in der Moderne durchlaufen hat (vgl. z.B. die Dokumentation in IDENTITY AND ALTERITY 1995, DAS SELBSTPORTRAIT 1985, auch und für derartige Probleme grundlegend BOEHM 1985), das schon drei Jahrzehnte währende erziehungswissenschaftliche Interesse an Autobiographien (vgl. SCHULZE in diesem Band), die immer wichtiger werdenden theoretischen Annahmen über das „Selbst" und „Identität" - all dies rückt das Selbstbildnis in die pädagogische Aufmerksamkeit, aber immer noch ist nicht gewiß, in welcher Sprache, mit welchen Begriffen, mit welchen Hypothesen diese dramatische Komponente der gegenwärtigen Bildproduktion im erziehungswissenschaftlichen Diskurs zur Geltung gebracht werden könnte (wichtige Studien auf diesem Weg sind z.B. BOEHM 1993, SCHULZE 1996, PARMENTIER 1997). Zwar geht es in allen diesen und ähnlichen Fällen zumeist darum, eine erziehungswissenschaftlich interessierende Hypothese allererst zu formulieren; dennoch aber ist auch diese Tätigkeit nicht frei von Vorannahmen, etwa: daß die Auseinandersetzung mit dem „Körper" kulturtheoretisch relevant sei; daß ein Säuglingsbild von O. DIX Teil des pädagogischen Diskurses sei; daß REMBRANDT eine (neue) Komponente der Erziehungswirklichkeit ins Bild bringe, die in den sprachlichen Texten jener Zeit fehlt; daß Karikaturen von bildungstheoretischem Interesse sein können; daß die Werbefotografie eine Art von stilisiertem Alltagsdiskurs über pädagogische Sachverhalte inszeniert. Auch die qualitative Bildinterpretation (für sprachliche Materialien gilt das gleiche) kann also einer eingespielten und häufig schon theoretisch-hypothetisch geordneten Begrifflichkeit nicht vollständig entgehen, andererseits aber auch neue, noch nicht vermessene Forschungsfelder in Sicht bringen.

5. Um so wichtiger ist es, sich selbst über den historischen Ort des eigenen Forschens aufzuklären - soweit das möglich ist. Nehmen wir an, ich sei an der Phänomenologie und Geschichte von Lehr-Lern-Situationen interessiert. Nehmen wir ferner an, ich sei bei der Suche nach Bildmaterial fündig geworden, u.a. mit den folgenden vier Produkten, die mehr als 400 Jahre auseinanderliegen (Abb. 3, 4, 5, 6):

Abb. 3: Raffael Abb. 4: de Gheyn

Abb. 5: Chardin Abb. 6: Kabakov

Der historische Ort, von dem her ich auf diese Bilder blicke, enthält mehrere Annahmen, die zunächst vor allem meine eigene Historizität, die aus meiner eigenen Gegenwart stammenden Sichtweisen, Seh- und Ordnungsgewohnheiten betreffen, nicht aber ein (gewichtiges) Merkmal der Bilder selbst sein müssen: an dem Bilde RAFFAELS (ca. 1511) könnten mir auch die Jünglingsgestalten, an der Zeichnung de GHEYNS (Mitte des 17. Jahrhunderts) die nachdenkliche Haltung der Frau, an CHARDIN (1736/37) der Umgang mit Perspektive und kaltfarbiger Komposition, an der Installation KABAKOVs (1993) die Raumtiefe wichtig sein. Indem ich „Lehr-Lern-Situation" sage, sehe ich (zunächst) von solchen Bildmerkmalen ab und sehe statt dessen: Schriftzeichen und Bücher, auch deren Verschwinden (offenbar bin ich Mitglied einer Schriftkultur und habe unwillkürlich die damit verbundenen Hypothesen im Kopf). Ich habe Dokumente ausgewählt, die das Lernen an Schriftlichem aus anderen Zusammenhängen herauslösen (offenbar lebe ich in einer Kultur, in der solches „Herauslösen" wichtig ist und in der es Hypothesen dazu gibt, daß dies ein Vorteil/Nachteil sei). Ich habe personal-dialogisch akzentuierte Beispiele gewählt, nicht das Kind vor dem Computer, nicht Hieronymus im Gehäuse, keine Massenszene englischer Industrieschulen des beginnenden 19. Jahrhunderts, habe also offenbar Vermutungen über die Bedeutung personaler Interaktion im Kopf. Ich habe schließlich, als letztes Beispiel, eine Art Kontrapunkt gewählt, ein Rätselbild, das das Vorhergehende in eine ironische Frage hineinzieht, aber in solcher Frage immer noch an das andere gebunden bleibt - denn KABAKOV stellt die „Lehre" als geschlossenen Kubus dar, in den man nicht hineinblicken kann; wer die Leiter besteigt, sieht auf der Gegenseite (vielleicht) nur einen anderen, ebenso verblüfften Museumsbesucher. Ich befinde mich also notwendig in einem Geflecht von Annahmen und Optionen, die nicht exterritorial sind, sondern, in diesem Fall, der vor allem in Europa entwickelten Lehr-Lern-Kultur zugehören.

Qualitativ-hermeneutische Bildinterpretation muß sich also der Schwierigkeit stellen, die mit der Frage nach der Repräsentativität des einzelnen Falles gegeben ist. Denn: auch die qualitative Forschung - sonst wäre sie wertlos oder bloßes Feuilleton - muß ausweisen, wofür der Fall steht, mit welchen Gründen er ein Exemplum für anderes genannt werden darf. Es kann sich nämlich der Fall einstellen - etwa bei besonders faszinierenden Materialien - daß man über die Faszination durch das Objekt entweder dessen historische Relativität vergißt oder, umgekehrt, ihn als die Aussage eines gattungsgeschichtlich Allgemeinen mißversteht. Wissenschaftliche Bemühungen aber unterscheiden sich von anderen - z.B. dem Feuilleton, der Reportage, dem einfallsreichen Essay - dadurch, daß sie empirische Argumente beibringen, sei es für die historische Relativität, sei es für das gattungsgeschichtlich Allgemeine. Bildermacher sind in dieser Hinsicht gelegentlich ebenso gut wie Wissenschaftler: REMBRANDT hat ein hier nicht dokumentiertes, aber in der Kasseler Gemäldegalerie zu besichtigendes Familienbildnis mit dem Titel „Jacobssegen" gemalt; es bringt die historische Erinnerung an die Bedeutung des „Segens" in der jüdischen Kultur zur Sprache, es bezieht dies auf die Erziehungsmentalität der Bürger Amsterdams in der Mitte des 17. Jahrhunderts und es entwirft das gattungsgeschichtlich allgemeine Problem der Generationenfolge.

Indessen gibt es dennoch Grenzfälle. Sie sind dann gegeben, wenn sich eine Faszination durch das Objekt einstellt, von dem wir zunächst nichts aussagen können, als daß es eine besondere und auf Anhieb schwer beschreibbare Dichte des Erlebens vermittelt und daß alle Begriffe, unter die wir dieses ganz individuelle Bedeutungsspiel zwischen Subjekt und Objekt subsumieren könnten, versagen. Derartige Vorkommnisse sind selten; sie können sich angesichts eines

Fotos ebenso ereignen wie aus Anlaß eines Objektes von J. BEUYS (1921-1986), einem Selbstbildnis CÉZANNEs (1839-1906), der Malerei eines Kindes oder eines Bildes von VERMEER (1594-1675), aber sie stellen unsere hermeneutische Kompetenz auf eine harte Probe, denn wir müssen nun beschreiben: worin die „Erlebnisdichte" besteht (das ist ein Versuch der Aufklärung über uns selbst); worauf sie sich im Objekt bezieht (eine genaue Beschreibung also der Relation zwischen den Bildmerkmalen und der durch sie ermöglichten Faszination), und zwar so, daß unsere Beschreibung von anderen nachvollzogen werden kann; und wir müssen prüfen, ob überhaupt unsere Deutung sich in das einfädeln läßt, was uns, vielleicht gerade noch, als erziehungswissenschaftlich relevant erscheint. Versucht man so etwas, dann merkt man rasch, daß „hermeneutische Kompetenz" zu großen Teilen in einem reflexiven und undogmatischen, vor allem auch terminologisch jargonfreien Gebrauch der Sprache besteht. Bildinterpretation ist ein ziemlich schwieriges und anspruchsvolles methodisches Projekt. Aber jeder kleinste Schritt ist lohnend.

Methodologische Anmerkung: Auf erkenntnis- oder wissenschaftstheoretische Fragen wurde im vorliegenden Beitrag nicht ausdrücklich Bezug genommen. Trotz anderslautender Meinungen scheint mir, daß die qualitativ-hermeneutische Forschung nicht nach einer völlig neuen Orientierung Ausschau halten muß. Daß auch der Beobachter sich zum Objekt seiner Beobachtungen machen muß, ist eine relativ alte Einsicht. Aber auch für diese Konstellation gilt, daß wir das Interesse haben, auf der Landkarte des Wissens neue Daten einzutragen oder alte zu korrigieren. Die „Landkarte" (vgl. KÖNIG in diesem Band) ist allerdings nichts weniger als ein Abbild der Wirklichkeit, schon gar nicht bezieht sie sich auf diese „an sich". Landkarten sind, wie jeder Geograph und Ethnologe weiß, Konstrukte, mit deren Hilfe wir Zeichen so anordnen, daß sie uns Wichtiges von weniger Wichtigem zu unterscheiden erlauben. Und natürlich gibt es erstens verschiedene Landkarten und zweitens auf ihnen (in der Regel) auch noch mangelhaft ausgefüllte Flächen („weiße Flecken"). Freilich zeichnen systemisch interessierte Forscher andere Landkarten, als es derzeit die Geometer tun. Das spricht aber nicht gegen das „Modell". Auch die qualitative Forschung (etwa die interaktionstheoretisch interessierte) möchte wissen, wie sich die Relationen zwischen Beobachter und Beobachteten ordnen. Also zeichnen Liebhaber einer „systemischen" Forschung gern neue Landkarten, zumeist in der Form von schematischen Schaubildern. Wer von diesen allen die Wirklichkeit „an sich" erreicht, das ist seit KANT, besonders aber seit WITTGENSTEIN eine spekulative Frage der Metaphysik. Wer an qualitativer Forschung interessiert ist, sollte sich also durch derart riskante Alternativen nicht beirren lassen.

Demgegenüber ist eine andere, im vorliegenden Artikel nicht behandelte Frage wichtiger: Bildinterpretationen müssen nicht nur, wie hier vorzugsweise nahegelegt, den Regeln historiographischer Hypothesen folgen. Es gibt auch z.B. psychoanalytische, interaktionstheoretische, kognitivistische, naturwissenschaftliche Hypothesen, die unsere „Landkarte" zum Wissen im Bild bereichern oder neue Landkarten zum Vorschlag bringen können. Jeder dieser theoretischen Zugänge würde auf den Landkarten der von uns konstruierten Wissensstände andere Akzente setzen. In jedem Fall aber wäre es lohnend, die „weißen Flecken" zu ermitteln, sie durch zuverlässige Information auszufüllen und die Frage aufzuwerfen, welche Ereignisse auf den jeweiligen „Landkarten" notiert werden können und welche dort nicht vorkommen. Eine solche theoriekritische Erörterung aber lag nicht im Bereich der Möglichkeiten dieses Artikels.

Literatur

ARIÈS, Philippe 1975: Geschichte der Kindheit. München.
BÄTSCHMANN, Oskar 1988: Einführung in die kunstgeschichtliche HermeneutikDarmstadt, 3. Aufl.
BELTING, Hans u.a. (Hg.) 1988: Kunstgeschichte. Eine Einführung. Berlin, 3. Aufl.
BOEHM, Gottfried 1985: Bildnis und Individuum. Über den Ursprung der Porträtmalerei in der italienischen Renaissance. München.
BOEHM, Gottfried 1993: Zentrum oder Peripherie? Zu den Selbstbildnissen von Paul Cézanne. In: HERRLITZ/RITTELMEYER 1993.
BOEHM, Gottfried (Hg.) 1994: Was ist ein Bild? München.
GOFFMAN, Erving 1989: Rahmen-Analyse. Frankfurt/M., 2. Aufl.
GRUSCHKA, Andreas/Wolfgang DENECKE 1996: Sehen mit und von Sinnen - Blicke vom „Kreidefelsen". In: MOLLENHAUER/WULF 1996.
HASKELL, Francis 1995: Die Geschichte und ihre Bilder. Die Kunst und die Deutung der Vergangenheit. München.
HERRLITZ, Hans-Georg/Christian RITTELMEYER (Hg.) 1993: Exakte Phantasie. Pädagogische Erkundungen bildender Wirkung in Kunst und Kultur. Weinheim und München.
IDENTITY AND ALTERITY. Figures of the body 1895/1995. 1995. La Biennale di Venezia. Venice.
IMDAHL, Max (Hg.) 1986: Wie eindeutig ist ein Kunstwerk? Köln.
KAEMMERLING, Ekkehard (Hg.) 1979: Ikonographie und Ikonologie. Köln.
KANT, Imanuel 1974: Kritik der Urteilskraft. Werkausgabe. Bd. 19, hrsg. von W. WEISCHEDEL, Frankfurt/M.
LENZEN, Dieter 1993: Heiliges Kind oder Kreatur? Anmerkungen zum Kinderbild von Otto Dix. In: HERRLITZ/RITTELMEYER (Hg.) 1993.
MOLLENHAUER, Klaus 1983: Streifzug durch fremdes Terrain. Interpretation eines Bildes aus dem Quattrocento in bildungstheoretischer Absicht. In: ZfPäd. 2/1983, S. 173-194. Wiederabgedruckt in: Umwege 1985. Weinheim und München.
MOLLENHAUER, Klaus 1986: Umwege. Über Bildung, Kunst und Interaktion. Weinheim und München.
MOLLENHAUER, Klaus 1987: Ein Jesus-Knabe um 1280. In: Erziehung und Bildung im Mittelalter und in der frühen Neuzeit. Informationen zur erziehungs- und bildungshistorischen Forschung. Hrsg. von der Historischen Kommission der DGfE, Heft 31. Hannover. S. 133-158.
MOLLENHAUER, Klaus 1988: Diderot und Chardin - Zur Theorie der Bildsamkeit in der Aufklärung. In: Pädagogische Korrespondenz, Heft 4, Winter 1988/89. S. 33-46.
MOLLENHAUER, Klaus 1996: Grundfragen ästhetischer Bildung. Theoretische und empirische Befunde zur ästhetischen Erfahrung von Kindern. Unter Mitarbeit von Cornelia DIETRICH, Hans Rüdiger MÜLLER und Michael PARMENTIER. Weinheim und München.
MOLLENHAUER, Klaus/Christoph WULF (Hg.) 1996: Aisthesis/Ästhetik. Zwischen Wahrnehmung und Bewußtsein. Weinheim.
OTTO, Gunter/Maria OTTO 1987: Auslegen. Ästhetische Erziehung als Praxis des Auslegens in Bildern und des Auslegens von Bildern. Seelze.

PARMENTIER, Michael 1991: Die Anatomie des Dr. Tulp. Interpretation einer Unterrichtsstunde. In: RITTELMEYER/WIERSING 1991.
PARMENTIER, Michael 1997: Das gemalte Ich. In: ZfPäd. 1997, Heft 2.
PÖGGELER, Franz (Hg.) 1992: Bild und Bildung. Frankfurt/M., Berlin, Bern.
RICHTER, Hans Günther 1984: Die Kinderzeichnung. Düsseldorf.
RITTELMEYER, Christian/Erhard WIERSING (Hg.) 1991: Bild und Bildung. Ikonologische Interpretationen vormoderner Dokumente von Erziehung und Bildung. Wolfenbütteler Forschungen, Bd. 49. Wiesbaden.
SCHIFFLER, Horst/Rolf WINKELER 1991: Bilderwelten der Erziehung. Die Schule im Bild des 19. Jahrhunderts. Weinheim und München.
SCHLEIERMACHER, Friedrich Daniel 1977: Hermeneutik und Kritik. Mit einem Anhang sprachphilosophischer Texte Schleiermachers herausgegeben und eingeleitet von Manfred FRANK. Frankfurt/M.
SCHULZE, Theodor 1993: Ikonologische Betrachtungen zur pädagogischen Paargruppe. In: HERRLITZ/RITTELMEYER 1993.
SCHULZE, Theodor 1996: Der gemalte Blick des Malers. Ein Beitrag zu einer Geschichte des Sehens. In: MOLLENHAUER/WULF 1996.
DAS SELBSTPORTRÄT im Zeitalter der Photographie 1985. Maler und Photographen im Dialog mit sich selbst. Württembergischer Kunstverein. Stuttgart.
WIDLÖCHER, Daniel 1974: Was eine Kinderzeichnung verrät. München.
WÜNSCHE, Konrad 1991: Das Wissen im Bild. In: Pädagogisches Wissen, hrsg. von Jürgen OELKERS und Heinz-Elmar TENORTH. Weinheim und Basel.
WÜNSCHE, Konrad 1993: Die kleine Perthes. Anmerkungen zu einem Bild Philipp Otto Runges. In: HERRLITZ/RITTELMEYER 1993.
WÜNSCHE, Konrad 1996: Bildung, Anthropologie, Karikatur. In: MOLLENHAUER/WULF 1996.
WÜNSCHE, Konrad 1997: Die Bildungsbewegung im Medium der Fotografie. In: Ästhetik und Bildung, hrsg. von Dietrich BENNER und Heinz-Elmar TENORTH. Weinheim (im Druck).

Burkhard Fuhs

Fotografie und qualitative Forschung. Zur Verwendung fotografischer Quellen in den Erziehungswissenschaften

1. Hat die Fotografie für die pädagogische Forschung eine Bedeutung?

In diesem Beitrag soll die Bedeutung des Mediums Fotografie für die erziehungswissenschaftliche Forschung untersucht werden. Dabei ist es eine durchaus berechtigte Frage, ob es sich im Rahmen einer erziehungswissenschaftlichen Untersuchung lohnt, fotografisches Quellenmaterial einzusetzen. Wo zum Beispiel sind die Möglichkeiten, wo die Grenzen des fotografischen Mediums? Worauf müssen Forschende achten, wenn sie ohne große Vorkenntnisse, Fotografien für ihren Forschungsansatz nutzen wollen? Im folgenden sollen einige grundsätzliche Überlegungen zum methodischen Einsatz von Fotografien in den Erziehungswissenschaften vorgestellt werden. Zunächst wird die Bedeutung des fotografischen Mediums untersucht; danach kommen exemplarisch verschiedene Möglichkeiten seiner Nutzung zur Sprache.

Wenn man über den Zusammenhang von Fotografie und qualitativer Forschung nachdenkt, fällt als erstes auf, daß es eine große Diskrepanz zwischen der marginalen Bedeutung visueller Methoden in der erziehungswissenschaftlichen Forschung und dem hohen Stellenwert der Fotos im heutigen Alltag gibt.

Fotografieren ist zu einem festen Bestandteil technisierter Kulturen geworden, und ohne Übertreibung kann man sagen, daß die (bewegten und unbewegten) Bilder den Blick auf die Welt radikal verändert und neue Wirklichkeiten geschaffen haben (vgl. SONTAG 1980, 16). Die Kamera ist immer gegenwärtig, wenn sich die Welt von ihrer schrecklich-schönen Seite zeigt, sie begleitet uns in den Urlaub, sie hält Feiertage wie Weihnachten oder Ostern und besondere biographische Augenblicke wie Hochzeiten oder Geburtstage fest, sie dokumentiert im globalem Maßstab die Schrecken unserer Zeit und gibt den (Konsum)-Sehnsüchten in aufwendigen Werbeinszenierungen und raffinierten elektronischen Bildbearbeitungen Gestalt. Eine steigende Bilderflut aus Werbe-, Nachrichten- und Privatfotos hat den Alltag bis in die letzten Winkel überflutet, ohne daß die Erziehungswissenschaften mit ihren gängigen qualitativen Forschungsmethoden bisher darauf angemessen reagiert hätten.

Während in den letzten Jahren die textbezogene qualitative Forschung auch in der Pädagogik deutliche Fortschritte verzeichnet, und mit der Wende vom Individuum als (philosophischem) Objekt der Erziehung hin zum empirisch zu erforschenden Subjekt von Lernprozessen eine „Landschaft" der erziehungs-

wissenschaftlichen Biographieforschung aufgeblüht ist (vgl. SCHULZE 1995, 12), wird die wissenschaftliche Nutzung von bildlichen Quellen und fotografischen Zugangsweisen zum pädagogischen Feld in weiten Teilen immer noch ignoriert. Zwar wurde das Methodeninventar für die sprachbezogene qualitative Forschung für die Interviewerhebung und die Textinterpretation systematisch vorangetrieben (vgl. JAKOB, HEINZEL, LENK, MARSAL in diesem Band), aber es scheint, daß der Fotografie immer noch das Image des Unseriösen, des Illegitimen anhaftet (vgl. BOURDIEU u.a. 1981).
Dabei eröffnet gerade die Erschließung von Bildmaterial als Quelle neben den text- und sprachorientierten Zugangsweisen wichtige neue Perspektiven bei der Analyse komplexer sozialer Felder. Auch in der erziehungswissenschaftlichen empirischen Forschung ist es wichtig, sich klar zu machen, daß der soziale Sinn ihrer Welt den Akteuren keineswegs in vollem Maße bewußt ist und von ihnen in sozialen Prozessen sprachlich kommuniziert werden kann. Im Gegenteil: Das Hineinwachsen in eine spezifische Kultur, der Erwerb des Habitus eines bestimmten sozialen Milieus geschieht im Zusammenspiel aller Handlungen und Strukturen des sozialen Umfeldes. Der soziale Sinn ist tief in die Körper der Menschen, in ihre Handlungen und in die sie umgebenden Dinge eingeschrieben (vgl. BOURDIEU 1987, 122ff.). So ist es beispielsweise für das pädagogische Verständnis von Jugendkulturen von zentraler Bedeutung, die Objekte (Kleidung, Wohneinrichtung etc.), mit denen eine Gruppe ihren Stil symbolisiert, ebenso zu analysieren wie die sprachlichen Äußerungen (vgl. CLARK u.a. 1979, 104f.). Je deutlicher auch für die erziehungswissenschaftliche Forschung wird, daß Lern- und Bildungsverläufe nicht als isolierte Interaktionen zwischen Lehrenden und Lernenden zu verstehen sind, sondern als Teil vielfältiger Kulturprozesse in komplexen Gesellschaften analysiert werden müssen, desto wichtiger wird es, auch nicht-verbale Daten in die Untersuchungen aufzunehmen. Qualitative erziehungswissenschaftliche Empirie bedeutet in dieser Perspektive weniger die Betrachtung eines selektiven Ausschnittes der - durch pädagogische Institutionen umgrenzten - Wirklichkeit, als vielmehr die Öffnung für eine „verstehende" Analyse komplexer Sinnwelten aus pädagogischen Perspektiven.[1]
In dem Maße wie die alltägliche Lebenswelt für das Verständnis pädagogischer Prozesse an Bedeutung gewinnt, lohnt es sich, auch die Fotografie als eine Quelle der qualitativen erziehungswissenschaftlichen Forschung neben anderen Zugängen zu nutzen. An einem aktuellen Beispiel aus der Kindheitsforschung läßt sich der Gewinn fotografischer Methoden erläutern: In einem Projekt zur Lebenswelt von 12jährigen Kindern, wurden Jungen und Mädchen (und ihre Eltern) auch nach der Nutzung ihrer Kinderzimmer befragt, ohne daß die narrativen Interviews große Unterschiede zwischen den Geschlechtern ergeben hätten. Ein Vergleich unterschiedlicher Fotos von Kinderzimmern läßt dagegen eine geschlechtspezifische Kinderkultur augenfällig werden: Auf Kinderzimmerfotos von 12jährigen Jungen finden sich beispielsweise oft Poster von

---

[1] Zum Ansatz des Verstehens in den Kultur- und Sozialwissenschaften vgl. JUNG/ MÜLLER-DOOHM 1993.

Sportautos oder Bilder von Rambogestalten, während gleichaltrige Mädchen eher Tierposter aufhängen und ihre Plüschtiersammlung für die Kamera inszenieren.[2]

Fotos vermitteln also ein anschauliches Bild von konkreten Lebenssituationen; sie ermöglichen einen detailreichen Blick auf die soziale Wirklichkeit, der mit anderen Mitteln (zum Beispiel Inventarlisten eines Kinderzimmers) so nicht erreicht werden kann. Die Fotomethode kann dabei in sehr unterschiedlicher Weise angewandt werden, die Forschenden können Fotos sammeln, sie können die Befragten auffordern, Fotos zu machen oder sie können auch selber fotografieren. Auf die einzelnen Möglichkeiten soll weiter unten genauer eingegangen werden. Die fotografische Methode darf dabei nicht in Konkurrenz zu anderen Methoden gesehen werden: In der qualitativen erziehungswissenschaftlichen Forschung könnten sich fotografische Zugänge, Tonband-Interview, Teilnehmende Beobachtung oder Dokumentenanalyse gewinnbringend ergänzen; es käme darauf an, den jeweils eigenen Wert der unterschiedlichen qualitativen Verfahren sinnvoll einzusetzen, um im Sinne einer Triangulation - also in Kombination unterschiedlicher Methoden - die „Tiefe und Breite der Analyse zu erweitern" (MAROTZKI 1995, 79).

Fotos können immer dann eingesetzt werden, wenn es darum geht, komplexe soziale Phänomene zu untersuchen, die sich in sichtbaren Objektivationen symbolisieren und die sprachlich nur schwer zu fassen sind. Dies setzt für die qualitative Forschung in den Erziehungswissenschaften voraus, daß pädagogisch relevante Sachverhalte in Gestalt alltäglicher Dinge und Gesten abzulesen sind. Pädagogische Kultur läßt sich so als „öffentliche Kultur" verstehen, „die sich weder primär in den Köpfen der Gesellschaftsmitglieder abspielt, noch sich auf die kognitiven Systematisierungen der Forscher reduziert", sondern durch „szenische Handlungen [...] vor Ort sichtbar und erlebbar gemacht" wird (WOLFF 1995, 137). Leben und Lernen, Erziehungs-, Sozialisations- und Bildungsprozesse vollziehen sich jeweils zu ganz konkreten historischen Zeiten und an konkret existierenden Orten, die ihren Sinn durch ein dichtes Gewebe von Bedeutungen erhalten, die es zu entschlüsseln gilt (vgl. GEERTZ 1983). Handlungen, deren Bedingungen und Resultate (also auch die Dinge, die die Lebenswelt der in ihr lebenden Menschen ausmachen) werden als sichtbare Verkörperungen von sozialen Strukturen einer Gesellschaft verstanden, deren Interpretation Aufschluß über eine gesellschaftliche Wirklichkeit gibt (vgl. SCHÜTZ/LUCKMANN 1979, 317). Wenn Fotos für die empirische Erziehungswissenschaft nutzbar gemacht werden können, setzt das voraus, daß das zu Erforschende nicht in unsichtbaren Strukturen besteht, sondern sich in konkreten Handlungen, Dingen und deren Arrangements ablesen läßt, und daß sich die fotografischen Abbildungen grundsätzlich als Inszenierungen von sozialen Prozessen verstehen und symbolisch interpretieren lassen (vgl. GOFFMAN 1983).

---

[2] Die Beobachtungen beziehen sich auf das Marburger Forschungsprojekt „Lebenslagen und Lebensformen von Kinder", daß seit 1990 die Alltagswelt von 10 bis 14jährigen untersucht. Zum Projekt vgl. BÜCHNER/FUHS 1994.

Diese lebensweltliche Perspektive kann für die qualitative erziehungswissenschaftliche Forschung bedeuten, daß beispielsweise die Schulforschung die schulische und außerschulische Alltagswelt der Schüler und Schülerinnen als sichtbares symbolisches Bedeutungsgewebe begreift. Eine pädagogische Studie müßte dann - neben dem Lehrer-Schüler-Verhältnis und den Unterrichtsinhalten - weitere für die Schüler relevante subjektive Alltagsperspektiven in den Blick nehmen und beispielsweise das Aussehen des Klassenraumes, die Möglichkeiten und Grenzen des Wohngebietes, die Wahrnehmung der Freizeitorte, die Bedeutung von Kleidung oder Musik als Teil der Lebenswelt der Schüler und Schülerinnen analysieren (vgl. PROJEKTGRUPPE JUGENDBÜRO 1977).

An eine grundsätzliche Diskussion über den erkenntnistheoretischen Wert von Fotos für eine erziehungswissenschaftliche qualitative Forschung schließt sich die Frage an, welche Art von Zugang zur sozialen Wirklichkeit denn über fotografische Bilder eröffnet wird.

2. Die Wirklichkeit der Fotografie

Ein Foto vermittelt dem Betrachter ein hohes Maß an Wirklichkeitsgefühl: „So und nicht anders ist es!" „Genau so ist es gewesen!", scheinen die Bilder zu sagen und ihre visuelle Wahrheit ist nur schwer widerlegbar (vgl. BARTHES 1989). So real wie die Bilder scheinen, so sehr ist ihre Wahrheit immer wieder in Frage gestellt worden. Das Foto, lange Zeit unumstößliches Beweismittel, ist als Beleg für die Realität in die Kritik geraten und in den Medien wird immer wieder vorgeführt, wie man mit einem Bild durch geschickte Auslassung oder durch elektronische Manipulation „lügen kann" (vgl. SAGER 1991). Wer mit Fotos und Fotografie „wissenschaftlich" umgeht, sollte sich deshalb vor Augen führen, was Fotografie ist und welche Art von Wirklichkeit über Fotos konstituiert wird (PETERMANN 1995, 228).

Fotografieren ist leicht, jeder und jede kann es. Und Fotografieren - so suggeriert die fortschrittsorientierte Fotoindustriewerbung - ist offensichtlich immer einfacher geworden. Moderne Kameras - und nicht nur die teuren - sind mit einer Vielzahl von automatischen Funktionen ausgestattet: Wer ein Bild machen möchte, nimmt die Kamera vors Auge, sucht sich ein Motiv und drückt den Auslöser. Alles andere macht der Fotoapparat von allein: Die Empfindlichkeit des Films wurde schon automatisch eingestellt, der Autofocus sorgt nun dafür, daß das gewählte Motiv scharf ist, die Lichtverhältnisse werden gemessen, Blende und Zeit in einem günstigen Verhältnis gewählt, sollte es zu dunkel sein, fährt das Gerät den eingebauten Blitz aus, schließlich wird der Film belichtet und mit dem eingebauten Motor bis zum nächsten Bild weitertransportiert. Der fertige Film muß nur noch ins Expreß-Labor gegeben werden und in einer Stunde - oder in einem Tag - ist das fertige Bild da.[3]

Die Veralltäglichung der Fotografie bringt - so scheint es - das Fotografieren als männliche Domäne ins Wanken. Zwar gibt es bei Amateuren und Profis aner-

---

[3] Gleichzeitig ist es möglich neue Kameras zu erwerben, die immer kompliziertere, computergesteuerte High-Tech-Geräte sind, bei denen der Fotograf oder die Fotografin unzählige Details vorwählen und einstellen kann.

kannte Fotografinnen[4], aber viele Männer versuchen immer noch, ihre Privilegien zu behaupten und Fotografieren als „männliche" Technik zu definieren. „Fotografieren ist Männersache", lautet gängige Alltagpraxis, und unter 156 Leser-Bilder, die die Fotozeitschrift ColorFOTO (2/95) zu ihrem 25jährigen Bestehen für einen Jubiläums-Wettbewerb vorstellt, befinden sich nur 11 Bilder von Frauen. Daß sich die Frauen von Fotofans wehren, macht ein Workshop im gleichen Heft deutlich: „Mein Freund sagt, ich brauche nicht mitzufotografieren, seine Bilder wären so oder so besser", wird eine Leserin zitiert, und die Zeitschrift möchte dieses Vorurteil testen, indem sie versierte Hobby-Fotografen-Männer gegen interessierte Frauen antreten läßt, die mit einfachen Sucherkameras auf Motivsuche geschickt werden.[5]

Die Frage, ob ein Foto „nur" ein technisches Produkt, Resultat eines physikalisch-chemischen Vorgangs, oder auch und immer schon Kunstwerk ist, hat die Fotografie seit ihren Anfangstagen begleitet (vgl. HABERKORN 1981, 93) und bis heute das Nachdenken über Fotografie beinflußt. Und Skepsis gegenüber dem künstlerischen Wert der Fotografie schien und scheint auch zunächst begründet, denn das Bild entsteht schließlich, ohne daß der Fotograf oder die Fotografin eine künstlerische Ausbildung haben muß. Schon William Henry Fox Talbot, der Erfinder des Negativs und der Papierfotografie, hat 1844 auf diesen Umstand aufmerksam gemacht: „Meine Photographien - erläutert Talbot - sind „durch nichts anderes zustande gekommen als durch Einwirkung des Lichtes auf empfindliches Papier. Sie wurden ausschließlich mit optischen und chemischen Mitteln geformt oder gezeichnet und ohne Unterstützung durch irgend jemand, der mit der Zeichenkunst vertraut wäre. [...] Die Hand der Natur hat sie abgedruckt; und was sie an Freiheit und Endgültigkeit der Ausführungen zu wünschen übriglassen, rührt vornehmlich von unserer mangelnden Kenntnis ihrer Gesetze her." (TALBOT 1981, 46).

Fotografische Bilder sind aber nicht einfache Abbilder der Realität und erst recht nicht dürfen sie mit dieser verwechselt werden (vgl. SCHNELLE-SCHNEYDER 1990, 22-29). Ein Foto reduziert die vier Dimensionen der Wirklichkeit (Höhe, Breite, Tiefe, Zeit) auf die zwei Dimensionen des Fotopapiers (vgl. FLUSSER 1994). Im Foto wird so über einen optischen und chemischen (neuerdings elektronischen Vorgang) eine eigene neue Wirklichkeit geschaffen. Und es spielt eine große Rolle für die technische Entstehung eines Fotos, welche Kamera verwendet wird, welche Brennweite eingesetzt wird (ob beispielsweise ein Tele-, Normal- oder Weitwinkelobjektiv das Licht bündelt), wie lange ein Bild belichtet wird, welche Bereiche des Bildes scharf abgelichtet werden (Blendenwahl) und welche Eigenschaften der Film hat. An vielen Punkten des fotografischen Prozesses besteht jenseits von Zufall und Notwendigkeit des technischen Ablaufs die Möglichkeit, durch Wahl des Verfahrens

---

[4] Wiegand sieht in der Fotografie einen zentralen Bereich der „künstlerischen Emanzipation der Frau. (WIEGAND 1981, 9). Leider gibt es zum geschlechtsspezifischen Fotografieren bisher keine Untersuchungen, auch wenn die Fotografie neuerdings als Quelle der feministischen Sozialforschung eingesetzt wird. Vgl. BUCHER/ SCHMUCKI 1992.

[5] Vgl. Foto-Rally - nur in Begleitung! In: ColorFOTO, 2/95, S. 108.

oder Materials das entstehende Foto zu beeinflussen und zu gestalten. So sind beispielsweise Schwärzungsdichte, Kontrast, Konturenschärfe, Filmempfindlichkeit und Körnigkeit wichtige Faktoren bei der gestalterischen Entwicklung eines Filmes (vgl. FEINIGER 1961, 91). Während es beim Schwarzweißfoto deutlich ist, daß das Licht, das von den fotografierten Objekten durch die Linse auf den Film fällt, auf einen Kontrast von schwarzen und weißen Flächen reduziert wird, ist es Fotolaien oftmals nicht klar, daß auch Farb-Filme nicht die Farben so wiedergeben, wie unsere Augen sie sehen, sondern die Realität in spezifischer Weise konstruieren. So zeigt beispielweise ein Vergleich von neueren Diafilmen, daß die Farben von kalt bis warm variieren können, und daß einige Filme ins Gelbliche und andere ins Rötliche oder Bläuliche neigen[6], wobei die einzelnen Filme jeweils ganz andere Stimmungen entstehen lassen. Auch können nicht alle Farbfilm-Typen bei jedem Licht eingesetzt werden: Tageslichtfilme haben beispielsweise eine andere Charakteristik als Kunstlichtfilme.

Zwar sind die optischen und chemischen Eigenschaften der Fotografie für eine Beschreibung des Unterschiedes zwischen abgebildeter und fotografischer Realität wichtig, aber diese technischen Bedingungen fotografischer Produktion sind nicht die wichtigsten Faktoren, die für ein wissenschaftliches Verständnis des Umgangs mit Fotos herangezogen werden müssen.

Entscheidend für eine Nutzung der Fotografie in der qualitativen Forschung ist, daß das Foto auch von der Person des Fotografierenden und seinen praktischen Handlungen und psychischen Einstellungen abhängig ist. Diese Bedeutung des Fotografierenden, dessen Handschrift sich im fertigen Bild wiederfindet, muß keineswegs bewußt sein und auch gute Fotografen können nicht alle Bedingungen der Entstehung ihrer Fotos kontrollieren. Diese Zufälligkeiten gehören zur Fotografie, und machen einen Teil ihres Reizes aus.

Ob ein Foto aber als „gut" angesehen wird, ob es die Aufmerksamkeit eines Betrachters auf sich zieht, oder ob der Blick ohne Interesse über die belichtete Oberfläche streicht, hängt gar nicht oder nur unwesentlich von der Technik des Fotografierens ab. Für WIEGAND liegt das Wesen das Fotografierens nicht im Handwerklichen, sondern in der „Suche nach einem bestimmten, im Prinzip schon vorhergewußten" Bild. Ob Kunstphotograph oder Reporter, ob Amateuer oder Röntgenarzt: Wer photographiert, sucht in der Wirklichkeit ein Bild und hält es mit den physikalischen und chemischen Hilfsmitteln der Photographie fest." (WIEGAND 1981, 8). Es ist der fotografische Blick, der ein Foto ausmacht. Der Blick des Fotografen oder der Fotografin hängt von der Ausbildung, Übung und vom Interesse ab. In einem Foto lassen sich der Geschmack und die ästhetischen Vorstellungen der Fotografierenden ablesen. „Unumstritten ist" zum Beispiel für HABERKORN, „daß die ersten Fotografien, die in den fünfziger Jahren des 19. Jahrhunderts entstanden, deshalb von so hoher ästhetischer Qualität sind, weil diese Fotografen durchweg eine künstlerische Ausbildung hatten." (HABERKORN 1985, 93). Das Unbewußte - so lautet eine Hypothese - ist bei der Suche eines Fotos stärker beteiligt als dies in anderen künstlerischen Bereichen der Fall ist. Ein Blick wird - vor allem beim Schnappschuß - in

---

[6] Vgl. ColorFoto 1/95.

Bruchteilen einer Sekunde intuitiv wahrgenommen und aufs Foto gebannt, ohne daß viel Zeit wäre für rationale Entscheidungen.[7] (vgl. WIEGAND 1981, 10). Wie äußert sich nun die ästhetische Gestaltung der abgelichteten Wirklichkeit im Foto? Erstmal ist es die Motivwahl, die ein Bild ausmacht. Nicht alles wird fotografiert und nicht alles was fotografiert wird, wird später auch als „lohnend" für eine Betrachtung erachtet. Das gewählte Motiv ist bedingt durch den Nutzungskontext der Fotos, der wechselnden Moden unterworfen ist. Gesucht wird stets der besondere Blick; das Alltägliche und Banale wirkt offensichtlich auf Bildern langweilig und wird nur dann zu einem akzeptierten Foto, wenn es aus einer überraschenden Perspektive gezeigt wird. Susan SONTAG betont in ihrem Essay die raubgierige Sucht der Fotografie nach immer neuen Bildern und Blicken, die sich durch ihre massenhafte Wiederholung und Verbreitung so schnell abnutzen, wie sie „erfunden" werden (SONTAG 1980, 66ff.). So führen paradoxerweise dieselben Bilder, die Krieg und Elend auf der Welt - in durchaus erzieherischer Absicht - anklagen sollen, zu einer Gewöhnung an die konsumierten Schreckensbilder. Die Sozialisation des modernen Blickes geschieht, wie die kritische Medienpädagogik längst herausgestellt hat (vgl. AUFENANGER 1991), zu einem nicht geringen Teil durch industrialisierte Bilder: Der Kampf um die Ausbeutung dieser modernen Ikonographie läßt sich sehr deutlich an den Werbefotos ablesen; aber auch der private Fotograf, die private Fotografin bleiben von dieser Dynamik der Vernutzung der Bilder nicht verschont: die Urlaubsfotodiashow zum Beispiel, die in den 60er und 70er Jahren noch großen Reiz hatte, ist heute für viele Zuschauer zur ebenso lästigen wie langweiligen Pflichtveranstaltung geworden.[8] Aber nicht nur, was ein Foto zeigt, bestimmt die fotografische Wirklichkeit, sondern auch, wie es abgelichtet wird. Der alltägliche Umgang mit Fotos geht einher mit einer spezifischen „Schule des Sehens", sozialisiert die Bildbenutzer in eine fotografische Sichtweise der Welt.

Jedes Foto ist beispielsweise Momentaufnahme, es „friert" den Fluß der Realität in einen starren Augenblick ein. Dies ist für menschliche Sehgewohnheiten eine ungewöhnliche, überraschende Situation, und es ist immer wieder ein besonderer Augenblick, zu sehen, wie jemand oder etwas auf einem Foto aussieht. Nicht alle Fotos wirken - wie wir alle wissen - „natürlich" (wenn beispielsweise die Augen einer Person geschlossen sind). Auch dies hängt mit den unwillkürlichen menschlichen Sehgewohnheiten zusammen, denn wir bilden in unserer Wahrnehmung aus einer Anzahl von optischen Streif-Blicken gleichsam eine psychologische Summe und verarbeiten sie zu einem Bild, das sich nur schwer in einem Foto einfangen läßt (vgl. SCHNELLE-SCHNEYDER 1990, 22ff.). Ein Foto wirkt dann gelungen, wenn es unsere Vorstellungen einer Person oder Situation in einem typischen Augenblick einfängt. Dieses Auf-Dauerstellen ei-

---

[7] Dies heißt nicht, daß nicht Fotos unter Umständen auch systematisch geplant und vorbereitet werden könnten. Aber auch bei Modefotos beispielsweise, werden oft hunderte von einzelnen Fotos gemacht, bis das Foto entstanden ist, das „gesucht" worden war.

[8] Vgl. die Tips zur professionellen Gestaltung von privaten Diaabenden. In: fotoMAGAZIN 12/1994, S. 56-66.

nes winzigen Augenblicks verleiht dem Foto etwas Verfremdendes und läßt jedes Foto zu einem symbolischen Abbild werden. Die Bewegungslosigkeit ist außerdem der Grund dafür, daß auf einem Foto nur Gesten und Arrangements von Dingen, aber nie Handlungen abgebildet sind. Diese werden erst vom Betrachter in das Bild gelegt.

Es wird aber nicht nur ein Moment festgehalten, sondern auch stets nur ein kleiner Ausschnitt, dessen was ein Fotografierender in einer Situation sehen kann. Wie im Theater das, was auf der Bühne geschieht, die Wahrnehmung bestimmt, wird mit jedem Foto ein Blick für wichtig erklärt, andere bleiben im Dunkel. Vor allem ist auf dem Foto nie die Kamera und selten der Fotograf zu sehen obwohl beide für das Verständnis der sozialen Situation, die abgelichtet wird, wichtig sind. Vilém FLUSSER arbeitet in seinem Essay über das Fotografieren diesen distanzierenden Aspekt des Abbildens deutlich heraus: Aus einer sozialen Situation, die aus einem Modell und einem Fotografen mit Kamera besteht, macht die Geste des Fotografierens scheinbar zwei Realitäten, die des Fotografen und die des Modells, das fotografiert wird. Die fotografierte Realität wird vom Fotografen hergestellt und als etwas gedacht, zu dem er nicht gehört und das ihm gegenübersteht (vgl. FLUSSER 1994, 104f.)

So real ein Foto aussieht, so trügerisch ist diese Realität. Sie wird bedingt durch den Standort des Fotografen und durch das, was er wegläßt. So basieren romantische Landschaftaufnahmen oft darauf, daß die Fotografen alles Störende wie beispielsweise Straßen oder Fabriken durch geschickte Ausschnittswahl verschwinden lassen. Selektiert wird in einem Bild häufig auch durch die Schärfe, wenn zum Beispiel eine Person im Vordergrund scharf und der Hintergund verschwommen bleibt, so daß die Person aus ihrem Umfeld herausgelöst wird.

Auch das Format der Bilder spielt eine große Rolle, sind wir doch gewohnt, daß Portraits im Hochformat und Landschaften im Querformat abgelichtet werden. Hinzu kommt, daß es bestimmte Traditionen gibt, wie ein Bild gestaltet sein muß. Das Wichtige soll in die Mitte des Bildes sein, das Bild soll symmetrisch oder im Goldenen Schnitt aufgebaut sein, und bei einem Fotowettbewerb hat man - wenn man gängigen Fotozeitschriften Glauben schenkt - mehr Chancen, wenn der Horizont nicht „langweilig" in der Mitte liegt, sondern oben oder unten im Bild plaziert wird.[9]

Auch durch den fotografischen Blick des individuellen Fotografen und durch die ästhetische Gestaltung des Bildes wird der kulturelle Kontext, in dem ein Foto entsteht, dokumentiert. Fotos müssen immer in ihren jeweiligen historischen Entstehungsbedingungen gesehen und interpretiert werden. Schon im 19. Jahrhundert bildeten sich typische Motive für das neue Medium aus: Reisebilder war beispielsweise beliebt, Portraitaufnahme oder Fotos als Dekorationen im häuslichen Bereich (COE 1986, 98). In den letzten Jahren erfreuen sich solche historischen Motive einer wachsenden Beliebtheit; zahllose Fotografien werden in Publikationen, in Kalendern und auf Postkarten ihrem Recycling zugeführt. Eine Auswertung von historischen Fotos unter erziehungswissen-

---

[9] Zu den Mitteln der Bildgestaltung vgl. FEININGER 1961.

schaftlicher Perspektive dagegen ist eher selten, obwohl ein solcher Blick auf historische Fotografien sehr ergiebig sein könnte (Vgl. RITTELMEYER 1993). Typische Motive können zum Beispiel als Zeichen von spezifischen Situationen, in denen sie aufgenommen wurden, verstanden werden. Aus historischen Fotos lassen sich beispielsweise Mentalitäten erschließen; so präsentierten sich die Bürger auf den Gruppenfotos um 1900 in typischen Situationen wie Familie, Schule, Hochzeit, Verein, Freizeit oder Militär; sie machen dies in charakterischen Haltungen voll Stolz und Selbstbewußtsein und dokumentierten dabei das fotografische Selbstverständnis einer aufsteigenden sozialen Gruppe (vgl. FABIAN 1982). Richtig interpretiert werden können diese Portaitaufnahmen allerdings nur, wenn die damalige Fototechnik in Rechnung gestellt wird, die aufgrund der wenig empfindlichen Fotoplatten von den Portraitierten längere Zeit eine unbewegliche Haltung verlangte. Die sogenannten „Poseapparate" hatten aber nicht nur technische Funktionen: Sie verhinderten nicht nur das Verwackeln, „sondern dienten vor allem dazu, den Fotografierten eine bestimmte, als schön geltenden Haltung aufzunötigen" (HABERKORN 1985, 139). Fotografien drücken also in den Motiven und in deren Darstellung die Werte und Normen der Zeit aus, in der sie entstanden sind, und die Ästhetik der Fotografie änderte sich mit dem Wandel der Gesellschaft und der Rolle, die der Fotografie in ihr zukam. Vor allem muß bei der Interpretation von historischen Fotos beachtet werden, daß sich die Fotografie von einer unhandlichen exklusiven Repräsentations-Technik für gehobene Kreise zu einem Schnapp-Schuß-Massenmedium entwickelt hat, dem vielfältige öffentliche, kommerzielle und biographische Aufgaben zukommen. Für eine qualitative erziehungswissenschaftliche Forschung ist vor allem die lebensgeschichtliche Funktion, die sich mit der weiten Verbreitung der Fotografie als Alltagstechnik entwickelt hat, von besonderer Bedeutung. Fotos und Fotoalben sind wichtige Instrumente des kollektiven und individuellen Erinnerns geworden (vgl. KALLNICH 1986; WEINLICH 1988; LARSEN 1991; STEEN 1983); sie sind unverzichtbare Bestandteile für die Konstruktion der modernen Lebensweise geworden, die von den Individuen erwartet, daß sie ihr Leben entlang typischer Stationen (Geburt, Schule, Beruf, Heirat) erzählen und die Glaubwürdigkeit ihrer Biografie auch mit Fotografien aus den unterschiedlichen Lebensabschnitten dokumentieren können.

Die kulturelle Bedingtheit der Fotografie charakterisiert aber nicht nur den Entstehungsprozeß der Bilder. Die Fotos als ästhetisierte Bilder, die eine eigene Wirklichkeit konstruieren, treffen auf spezifische Rezeptions-Kulturen. Auch die Betrachter von Fotos sind in kuturell-biographische Sehweisen eingeübt, und auch das Betrachten von Bildern hat seinen historischen Kontext, in den die Bildnutzer einsozialisiert werden. Bilder aus der Zeit um 1900 beispielsweise werden heute - gleichgültig was sie zeigen - als nostalgisch und romantisch gesehen, und Fotos aus fremden Landschaften oder Kulturen haben einen exotischen Reiz, der nicht in den Bildern selbst, sondern in den Betrachtern und deren Sehnsüchten liegt.

Wie ein Foto gesehen wird, hängt nicht nur von den historischen Entstehungsbedingungen oder der Gestaltung durch den Fotografen oder die Fotografin ab, sondern auch von der sozialen Situation des Betrachters. Pierre BOURDIEU zeigt in seiner Untersuchung der „feinen Unterschiede", daß je nach sozialer Herkunft dasselbe Foto ganz unterschiedlich gesehen werden kann, und daß Bilder, die beispielsweise in einem gehobenen sozialen Milieu für schön befunden werden, von Angehörigen unterer sozialer Milieu als häßlich angesehen werden können (BOURDIEU 1984, 88)[10].

Fotos entstehen also unter bestimmten kulturellen Bedingungen und werden ebenso in einer kulturell definierten Weise rezipiert. Jede Anwendung von Fotografien in der erziehungswissenschaftlichen qualitativen Forschung muß diesem Umstand Rechnung tragen. Das heißt, ein Foto, das man wissenschaftlich nutzen möchte, muß nicht nur auf seinen Inhalt hin analysiert werden, sondern das Foto muß auch unter historischen und ästhetischen Fragestellungen untersucht werden. Für das wissenschaftliche, quellenkritische Verständnis eines Fotos ist es oftmals wichtig zu wissen, unter welchen Bedingungen es entstanden ist, für welches Zweck es aufgenommen wurde, in welche historische Fotokultur es eingebettet ist und ob es heute anders gesehen wird als zur Zeit seiner Entstehung. Dabei sind vor allem soziale Differenzen zwischen der Herkunftskultur eines Bildes und der wissenschaftlichen Verwendungskultur zu beachten. Vor allem muß stets damit gerechnet werden, daß ein Foto im Forschungsprozess völlig anders verstanden wird als in der Situation, in der es entstanden ist. Für qualitativ Forschende ergibt sich daraus eine schwierige paradoxe Situation: Während das Foto, das ich in den Händen halte, mit hoher Intensität zu sagen scheint „So ist es gewesen", und auf die Existenz der abgelichteten Objekte so und nicht anders besteht, ist die durch das Foto geschaffene Wirklichkeit doch nur „eine auf die Spitze getriebene, aufgeladene Augenfälligkeit" (BARTHES 1989, 126) die in vielfacher Hinsicht durch den Fotografen und den Betrachter sozial konstruiert ist. Ein Foto ist gerade in seiner detaillierten Gegenständlichkeit vieldeutig; es läßt dem Betrachter zahlreiche Varianten, das Bild zu verstehen und mit Sinn zu belegen, wobei die jeweils ausgewählte Interpretation dem Betrachter, aufgrund der suggestiven Wirklichkeitsbeschwörung der Fotos, im besonderen Maße wahr zu sein scheint. „Es ist in erster Linie, um mit Roland BARTHES zu sprechen, die 'unerträgliche Fülle' des fotografischen Bildes, die es [...] so undurchdringlich macht." (BUCHER/SCHMUCKI 1992, 41). Wird ein Foto interpretiert - also in sprachliche Bedeutungen transferiert - reduziert sich die Vielfalt auf wenige Sinn-Merkmale und aus der Vielzahl der Möglichkeiten wird *eine* Lesart und *eine* Sichtweise verbindlich festgelegt. Gerade dieser Kontrast von Polyvalenz der Bilder und drastisch eingeengter Bedeutung der Interpretation macht deutlich, warum den Fotos in der sozialwissenschaftlichen Forschung immer noch mißtraut wird. Der Einsatz von Fotos bringt allerlei Probleme mit sich: einerseits verlockt das Bild den Forschenden zu „lustvollen" spekulativen Interpretationen; auf der anderen Seite bleibt die Eindeutigkeit dieser Deutungen unsicher, sind doch die projektiven Interpretionen

---

[10] Vertretern unterschiedlicher sozialer Milieus wurden Fotos vorgelegt, zu denen sie sich äußern sollten. Ein zentrales Ergebnis war, daß Angehörige mit niedrigem sozialen Status, avantgardistische Fotos, die Oberschichtsangehörige interessant und künstlerisch fanden, nicht „ästhetisieren" konnten.

von Bildern stets auf problematische Weise nachprüfbar: Der Leser oder die Leserin einer Bildinterpretation, die gleichzeitig einen Blick auf das analysierte Bild werfen können, sehen vielleicht ganz andere Dinge in demselben Foto als der Interpret oder ziehen aus der Fülle des komplexen Bildes ganz andere Schlüsse, ohne daß der Interpret oder die Interpretin die Sichtweise des Bild in seinem Sinne begrenzen kann. Hier unterscheidet sich das Foto deutlich vom Interview-Zitat, daß die Möglichkeit weiterer Lesarten beschränkt, da es immer nur einen kleinen Ausschnitt des Material vorlegt, und es erklärt sich, warum nur wenige das Risiko eingehen, Fotos als wissenschaftliche Quelle zu nutzen.[11]

3. Zur Geschichte der visuellen Sozialforschung

Zwar besitzt der wissenschaftliche Einsatz von Fotografien in der Pädagogik und in den Sozialwissenschaften allgemein eine bisher eher marginale Bedeutung, gleichwohl hat die Fotografie in der qualitativen Forschung eine ansehnliche Geschichte, die an dieser Stelle wenigstens kurz gestreift werden soll.

Schon in der zweiten Hälfte des 19. Jahrhunderts wurde die Fotografie „in den Dienst der Humanwissenschaften gestellt", 1868 erschien beispielsweise ein achtbändiges Werk „The people of India", mit Fotos aus einer ethnologischen Perspektive und seit 1870 wurde in den USA die nordamerikanischen Indianer mit anthropometrischen und fotografischen Methoden erfaßt (vgl. PETERMANN 1995, 229). Auch MALINOWSKI, einer der Begründer der ethnologischen Feldforschung, hat schon vor 1920 die Eingeborenendörfer Neuguineas mit seiner Kamera und einem ausgesprochen fotografischen Blick durchstreift (Vgl. MALINOWSKI 1985[12]). Es entwickelte sich die „Visuelle Anthropologie", die mit so bekannten Namen wie Margaret MEAD und Gregory BATESON verbunden ist.[13] Auch in der Soziologie finden sich um 1900 - wenn auch weitgehend unbemerkt - erste Studien, die fotografische Mittel einsetzen. Howard BECKER (1979) zieht Ende der 70er Jahre eine Zwischen-Bilanz der „Visuellen Soziologie" und macht deutlich, daß dieser Ansatz bis dahin im wesentlichen explorativ ausgerichtet war und noch „nicht zu einem Standardverfahren gefunden" hatte (vgl. WUGGENIG 1991, 109). Auch heute noch steht eine systematische Weiterentwicklung fotografischer Forschungsmethoden aus.

Für einen sozialwissenschaftlichen Einsatz von Fotografien sind die Arbeiten von John COLLIER (1957) von besonderer Bedeutung. Colliers Technik der Fotobefragung besteht darin, Fotos von kulturellen Situationen zu machen und anschließend diese Fotos Interviewten vorzulegen, um mit ihnen über ihr Verständnis und die Bedeutung des Abgebildeten zu reden (vgl. eine kurze Darstellung bei WUGGENIG 1988). Diese Methode ermöglicht es, daß die unter-

---

[11] In den modernen Naturwissenschaften liegt der Fall anders, dort gehören Fotos beispielsweise von einem mikroskopischen Blick zum Forschungsalltag.
[12] Diese frühen Fotos sind beispielsweise in MALINOWSKI 1981 publiziert.
[13] Eine neuere Würdigung des fotografischen Ansatzes von BATESON und MEAD in ihrer Studie „Balinese Character" findet sich bei NERDINGER 1995.

schiedlichen Sichtweisen von Untersuchten und Forschern auf ein kulturelles Phänomen kontrolliert zur Sprache kommen.

In einem kurzen Abriß zur Geschichte muß auch der Ansatz der Sozialfotografie erwähnt werden, der das Foto in den (sozialpädagogischen) Dienst einer kritischen Sozialwissenschaft und Sozialgeschichte stellen möchte und als Handlungsforschung Analyse und Intervention eng verbindet (vgl. GÜNTER 1977).

In den letzten Jahren sind visuelle Forschungsmethoden wieder stärker ins Bewußtssein gerückt. So wurde von Pierre BOURDIEU die Fotografie für die Lebensstilforschung nutzbar gemacht (1984, 1981), und Ulf WUGGENIG hat das Fotointerview weiterentwickelt (1988, 1991). Zudem sind einige Grundsatzartikel zum Einsatz der Fotografie erschienen (BOURDIEU 1981, ENGLISCH 1991, PETERMANN 1995, JEGGLE 1984).

4. Beispiele für den Einsatz von Fotos und Fotografie

Fotografien können in sehr unterschiedlicher Weise in der erziehungswissenschaftlich Forschung[14] eingesetzt werden: Fotos können einfach nur als Illustration und Beleg in qualitativen Publikationen verwendet werden, Fotos unterschiedlicher Herkunft können aber auch als qualitative Quelle genutzt werden, und schließlich ist es möglich, sie im Rahmen von Fotointerviews in vielfältiger Weise einzusetzen.

Fotos als Illustration

Die erste und einfachste Möglichkeit, Fotos in der erziehungswissenschaftlichen Forschung zu nutzen, ist die Verwendung von Fotos als Beleg und Illustration.

Die einfache „Illustration" von Forschungsergebnissen gehört heute zur alltäglichen Veröffentlichungspraxis und markiert zumeist eine spezifische Form wissenschaftlicher „Literaur".[15] Fotos sollen den Text auflockern, das Buch interessanter und besser verkaufbar machen. So sind beispielsweise bei BOIS-REYMOND u.a (1994) die einzelnen Kapitel zum Kinderleben im europäischen Vergleich mit wenigen Fotos illustriert, deren Zusammenhang zu den qualitativen Interview offenbleibt. Die Fotos sagen dem Leser und der Leserin exemplarisch: So könnten sich die Leser die moderne Familie in Ost- und Westdeutschland vorstellen; so könnte das holländische Kinderleben auf dem Lande und in der Stadt sein. Gleichzeitig stärken die Fotos die Glaubwürdigkeit des Textes, in dem Sinne, das sie offensichtlich oder scheinbar belegen, daß die Forscher und Forscherinnen wirklich an den Orten waren, von denen sie schreiben, daß sie wirklich Kontakt mit realen Kindern und Familien hatten.[16]

Der illustrative Einsatz von Fotos gehört zur Inszenierung von Texten, die sich an ein breites Publikum wenden; diese Fotos haben eine Art Signalwirkung, sie

---

[14] Im folgenden werden (aus pragmatischen Gründen) vor allem Beispiele aus der Kindheitsforschung zitiert.
[15] Zur Bedeutung von Textsorten im wissenschaftlichen Kontext vgl. GEERTZ 1983.
[16] Zum Problem des „qualitativen" im Feld-Seins vgl. GEERTZ 1993, 21ff.

deuten an, daß es sich bei der vorliegenden Publikation nicht um einen „trocknen" wissenschaftlichen Text, sondern um eine anschauliche Präsentation von Forschung handelt.[17] Illustrierte wissenschaftliche Publikationen eignen sich auch zum pointierten Vortrag von neuen Thesen und lehnen sich oftmals stilistisch an Sachbücher oder jounalistische Artikel an. Karl W. BAUER und Heinz HENGST beispielsweise setzen in ihrem - für den erziehungswissenschaftlichen Mediendiskurs so wirksamen - Buch „Wirklichkeit aus zweiter Hand", Fotos geschickt zur optischen Untermauerung ihrer These von der Mediatisierung kindlicher Erfahrungswelten ein. In den Text sind 66 schwarzweiß Bilder eingestreut, die keine Nummern und Unterschriften aufweisen, so daß der Leser und die Leserin nicht weiß, wer zu welchem Zweck die Fotos gemacht hat. Die Fotos beziehen sich lose auf die Themen, die im jeweiligen Kapitel abgehandelt werden, und eine genauere Betrachtung der Fotos läßt erahnen, daß die Fotos speziell für das Buch inszeniert wurden, um offensichtlich die übermächtige Medienwelt, der die Kinder ausgeliefert sind, zu visualisieren.[18]
Illustrierende Fotos werden zwar in erziehungswissenschaftlichen Publikationen regelmäßig eingesetzt aber ihre Bedeutung wird oft zu wenig beachtet (zum Beispiel bei Rezensionen); so ist es hilfreich, sie als eigene Argumentationsfigur neben dem Text zu sehen und ihren Aussagewert und ihre Plausibilität zu prüfen. Woher stammen Fotos? Ist eindeutig gekennzeichnet wer und was dort abgebildet ist? Sind Text und Bild verbunden? Ergänzen sie sich oder sind beide Medien widersprüchlich zueinander eingesetzt? Wird mit den Bildern tendenziös argumentiert, ohne daß diese Strategie im Text offengelegt wird? Diese und ähnliche Fragen könnte zu einer bewußteren Wahrnehmung illustrierter Publikationen auf dem Gebiet der qualitativen Forschung führen.

Fotos als Beleg

Die Übergänge von der reinen Illustration einer Publikation zum Einsatz von Fotos als Beleg sind fließend, da die Illustration immer auch etwas beweisen soll. Trotzdem gibt es Fotos, die eindeutig Belegcharakter haben. So wenn Urlaubfotos belegen, daß man wirklich am angegeben Ort im Urlaub war (FRISCH 1976) oder wenn Pressefotos eine Greueltat in die Öffentlichkeit bringen. Ein berühmtes Beispiel aus der Sozialfotografie sind die im Auftrag der Ortskrankenkassen erstellten Fotos zum Berliner Wohnungselend in der Kaiserzeit (ASMUS 1982), wo mit einem nüchternen, dokumentarischen Blick Hinterhofwirklichkeit öffentlich gemacht wird. Den Fotos kommt in dem AOK-Wohnungsbericht eine besondere, eigenständige Aufgabe zu: „Die Bilder unterstützen also - indem sie 'mancherlei besser wiedergeben' - die politische

---

[17] Vertreter einer strengen Textform in den Wissenschaften lehnen diese Art von illustrierten Publikationen ab. Dabei scheint die Feststellung „Das ist doch ein Bilderbuch!", so etwas wie ein abwertendes Urteil darzustellen.
[18] Vgl. zum Beispiel die Darstellung der Barbie-Puppen, wo die Puppen nicht als interessantes Spielzeug, sondern - zerlegt in ihre Teile - als „Müll" abgelichtet sind. BAUER/HENGST 1980, S. 129-131.

Stoßrichtung der Enquête. Sie lösen Betroffenheit aus, zielen aber nicht auf sentimentales Mitleid, sondern auf die Einsicht in die allgemeine Misere."(ASMUS 1982, 35).

Die Beleg-Fotos stützen Tatsachen, die auf anderem Wege (zum Beispiel Krankheits-Statistiken) gewonnen wurden, deshalb beweisen sie nicht im strengen Sinne die wissenschaftlich aufgestellten Behauptungen, sonden geben nur exemplarische „Einblicke" in individuelle Ausprägungen des als allgemeingültig Postulierten.

Für eine qualitative Nutzung von Beleg-Fotos ist es wichtig, den illustrierten „Fall" nicht mit den aus anderen Quellen gewonnen wissenschaftlichen Ergebnissen zu verwechseln. Dies soll kurz an einem Beispiel aus der ethnologischen Feldforschung verdeutlicht werden: Wenn Florence WEISS (1993) in einem Artikel über Kindheitsforschung in Papua-Neuguinea, auf die Bedeutung der autonomen Kindergruppe zu sprechen kommt und ihren Ergebnissen, die sie mit der qualitativen Methode von Tagesschilderungen gewonnen hat, als Beleg Fotos beigibt, auf denen Kinder ohne Erwachsene bei unterschiedlichen Tätigkeiten (Spielen, Fisch braten, Raufen, Speerwerfen) abgebildet sind, beweist dies nicht die generelle Existenz solcher Gruppen, sondern belegt die Aussagen „nur" an ausgesuchten Einzelfällen. Erst der Text gibt den Fotos den zu belegenden Sinn, da er dem Betrachter einen bestimmten Blick auf die Fotos nahelegt.

Fotos als historische Quelle

In der erziehungswissenschaftlichen Forschung werden Fotos heute als systematisches qualitatives Quellen-Material nur sehr selten genutzt. Am stärksten ist dieser qualitative Zugang zur Fotografie in den Kulturwissenschaften verbreitet (vgl. JEGGLE 1984a; KUNT 1984). In der Kindheitsforschung, die hier als ein erziehungswissenschaftlich relevantes Forschungsfeld näher betrachtet werden soll, gibt es einige interessante Ansätze für die Verwendung von Bildern als Quelle. Schon ARIÈS (1975) bedient sich (ebenso wie in seiner Arbeit über den Tod) in seiner Geschichte der Kindheit einer ikonografischen Methode, bei der er mittelalterliche Bilder als Ausdruck von Kindheitsvorstellungen interpretiert (Hartmut von HENTIG macht in seinem Vorwort auf die Probleme dieses Ansatzes aufmerksam). Auch Ingeborg WEBER-KELLERMANN setzt in ihren historischen Studien systematisch Bilder als Quellenmaterial ein, sei es um geschlechtsspezifische Kindheiten zu analysieren (WEBER-KELLERMANN 1979, 29), oder sei es um den Wandel der „deutschen Kindermoden" herauszuarbeiten (WEBER-KELLERMANN 1985). Dieser volkskundliche Zugang analysiert die Kinderfotos unter einer sachkulturellen Perpektive: Genau definierte Merkmale werden als Zeichen für soziale Bedingungen gedeutet. So stellt WEBER-KELLERMANN beispielsweise Mädchen- und Jungenbilder einander gegenüber und findet signifikante Unterschiede: Jungen werden eher mit Vögeln, Mädchen eher mit Puppen abgebildet. Auch bestimmte Kleidungstücke können als Zeichen für die Zugehörigkeit der Kinder zu höheren oder niedrigen sozialen Statusgruppen interpretiert werden.

Imbke TAPPE (1989) differenziert diesen Ansatz weiter, sie unterscheidet zwischen „Kinderfotos", auf denen Kinder im Mittelpunkt stehen und „Fotos mit Kindern" (ebd, S. 11). TAPPE deutet nicht nur einzelne Elemente als soziale Indikatoren, sondern das Gesamtarragement der Bilder wird vielfach beschrieben, und die Fotos werden in einen sozialhistorischen Kontext gestellt. So wird beispielsweise das Kind in Paradeuniform mit dem Militarismus der Kaiserzeit in Verbindung gebracht, oder Kinder auf einem Erntebild werden vor dem Hintergrund der Situation der Tagelöhner und der Kinderarbeit gesehen. Interessant ist die Methode, die Kinder in Ausschnittsvergrößerungen neben dem Originalfoto zu zeigen. Diese Detailvergrößerungen bekommen bei TAPPE einen ähnlichen Stellenwert wie ein Zitat in der qualitativen Textinterpretation; sie helfen, den Blick des Betrachters auf bestimmte Aspekte des Bildes zu lenken, ohne daß der Zusammenhang zwischen Detail und Gesamtbild dem Betrachter verlorengeht.

Eine Nutzung von Fotos als qualitative Quelle ist dann besonders ergiebig, wenn es gelingt, den Kontext in die Interpretation der Bilder mit einzubeziehen. So ist es von Bedeutung, ob beispielsweise öffentliche Werbefotos als qualitative Quelle genutzt werden - wie dies GOFFMAN (1981) bei seiner Studie zu Werbung und Geschlecht tut oder ob private Fotos aus dem Familienkreis vorliegen.[19] Für einen wissenschaftlichen Einsatz von Fotos ist es - wie erwähnt - nicht nur wichtig, die Bilder inhaltsanalytisch und von ihrem ästhetischen Aufbau her zu untersuchen, sondern auch die Entstehungsbedingungen und die Verwendungskultur zu analysieren. Wie wurden beispielsweise Einschulungs-, Kommunion-, Geburtstags-, Familien-, Urlaubsfotos zu einer bestimmten Zeit gemacht und wie und zu welchem Zweck wurden sie von wem betrachtet. Die Kenntnis typischer Foto-Motive hilft den qualitativ Forschenden, einzelne Bilder besser zu verstehen und sie in ihrem kulturellen Kontext zu verorten. Auch die Kenntnis typischer Gestaltungsmerkmale erleichtert den qualitativen Einsatz von Fotos. So finden sich auf Fotos immer wieder ganz bestimmt Blicke, die auf fotografische Sicht-Traditionen verweisen: Straßenszenen wurden beispielsweise häufig von einer erhöhten Position aus aufgenommen (vgl. FUHS 1993), Gruppenfotos häufig in einer geometrische Form angeordnet (FABIAN 1982) und dem Tisch (und damit auch dem Sitzen) kam bei der Inszenierung von Familien und Kleingruppen-Fotos eine besondere Bedeutung zu (MAAS 1987).[20]

Für die Nutzung von Fotos als qualitative Quelle müssen diese also ebenso sorgfältig wie ein Text hermeneutisch - unter Berücksichtigung ihres Kontextes - ausgelegt werden. Fotos können dabei als eine Art von Text verstanden werden, da sie aus Einzelelementen zusammengesetzt sind, die als sinnvolles Ganzes deutbar sind. In letzter Zeit sind einzelne Aufsätze erschienen, die sich der Interpretationsprobleme von Fotos annehmen (vgl. BERG 1994).

Besonders ergiebig ist die qualitative Nutzung von Fotos, wenn die Ergebnisse einer eigenständigen Fotoanalyse mit Materialen aus anderen Quellen kombi-

---

[19] Zur Funktuion des Familienfotos vgl. BOURDIEU 1981.
[20] Ellen Maas unterhält ein reichhaltiges Foto-Archiv, vor allem von Familienfotos.

niert werden. In einem Oral-History-Forschungsprojekt zur Kindheit im Kaiserreich wurden zum Beispiel Interviewausschnitte zur Gartenkindheit von Bürgerskindern mit interpretierten Fotos zusammengestellt, die die Erzähler als Kinder im Garten zeigen (BEHNKEN/DU BOIS-REYMOND/ZINNECKER 1989, 122)[21]. Ein interessantes Beispiel von Triangulation stellt auch die Untersuchung von Bernhard HAUPERT und Franz Josef SCHÄFER (1991) dar, die bei der biographischen Rekonstruktion einer Jugend zwischen Kreuz und Hakenkreuz Fotoanalysen mit vielfältigem anderen Quellenmaterial in Verbindung bringen. Sie übertragen dabei die Methode der Objektiven Hermeneutik auf die Bildinterpretation und legen an die Fotos unterschiedliche Lesarten an, um deren latenten Sinngehalt auszuloten. Gerade dieses Beispiel zeigt aber auch die Probleme und Grenzen der Fotointerpretation, die den Forscher leicht dazu verleitet, schon Bekanntes in die Bilder zu projezieren.[22]

Fotos als Mittel von Befragung

Auch die Fotobefragung, die sich in unterschiedlichen Varianten entwickelt hat, wird zur Zeit noch sehr selten einsetzt. Eine Verbindung von Fotoanalyse und Interview ermöglicht, das Foto mit der spezifischen Lesart der Befragten zu verbinden. Das Foto dient dabei als offener Erzählanreiz, der die Interviewten anregen soll, ihre Deutung des Bildes zu äußern und sich im Anschluß an das Bild assoziativ an eigene Lebensbilder zu erinnern. Das Foto als Erzähl-Stimulus in der qualitativen Forschung legt durch seine gegenständliche, themengebundene Darstellung (noch stärker als eine verbale Eingangsfrage) eine Erinnerungsarbeit entlang konkreter Situationen und Gegenstände nahe, ist aber gleichzeitig aufgrund der Vieldeutigkeit eines jeden Bildes offen für eine Vielzahl von Projektionen. Die Fotobefragung kann zu sehr unterschiedlichen Zwecken in der qualitativen Forschung eingesetzt werden, die hier nur kurz und keineswegs vollständig aufgelistet werden können:

a) *Fotointerview als Mittel der Feldforschung:* Fotos, die der Forscher oder die Forscherin zu bestimmten Themen gemacht haben, werden den Befragten als Erzählstimulus vorgelegt (COLLIER 1957); die Interviewten werden aufgefordert, das zu kommentieren, was die Forscher gesehen und fotografiert haben und eine Deutung der Situationen und Dinge aus Perspektive eines Angehörigen der untersuchten Kultur abzugeben. Ziel ist es, die kulturellen Bedeutungen von fotografischen Situationen zu erfassen.

b) *Fotobefragung als Mittel der historischen Kulturforschung:* Es werden den Befragten eine Auswahl von Fotos vorgelegt, die ein bestimmtes Problem in seinen unterschiedlichen Aspekten visuell im Interview präsent machen. Die Fotos rufen dabei eine Vielzahl von Erinnerungen wach und unterstützen die Erzählarbeit durch ihre konkreten Details. Diese Methode wurde beispielsweise zur Untersuchung von Erinnerungen an die Modernisierung in den

---

[21] In dieser Veröffentlichung wurde übrigens das Problem der Lenkung des Betrachters so gelöst, daß wichtige Details von Fotos als Tuscheskizzen wiedergegeben wurden.

[22] Vgl. die Interpretation eines Soldatenbildes vor Bäumen, die als Traum von der Heimat gedeutet werden (HAUPERT/SCHÄFER 1991, 242).

60er Jahren genutzt. Die Bilder geben dabei einen Anreiz, über die eigenen Biographie hinaus über kulturelle Phänomene nachzudenken und Erinnerungen zu erzählen (BUCHNER/SCHARFE 1995).

c) *Fotos als Mittel zur Erfassung von Geschmackspräferenzen:* Fotos, die ästhetische Motive transportieren, werden den Befragten als Erzählstimulus vorgelegt, um unterschiedliche Geschmackspräferenzen zu ermitteln (BOURDIEU 1984). Eine Variante dieser geschmacksorientierten Fotobefragung stellt beispielsweise das Vorgehen von Liselotte WILK dar, die in ihrer Studie Kindern Fotos mit Wohnmotiven vorlegte und sie nach ihrer Beurteilung des Wohnumfeldes fragte. (WILK 1994, 45).

d) *Fotos als Mittel zur Erfassung subjektiver Perspektiven:* Die Befragten werden aufgefordert, zu bestimmten Themen wie Wohnungseinrichtung selbst Fotos zu machen und diese zu kommentieren (WUGGENIG 1988). Diese Methode eignet sich beispielsweise sehr gut, um die subjektive Welt von Kindern und Jugendlichen zu untersuchen.

e) *Biographische Fotobefragung:* Fotos, die dem privaten Besitz der Befragten entnommen werden (Fotoalbum) und somit aus der Alltagssituation der Befragten kommen, werden von diesen kommentiert (Vgl. für die Kindheitsforschung KINDHEIT IM SIEGERLAND 1991, Nr. 2, 210; für die biographische Jugendforschung LENZ/FUHS)[23]

f) *Fotografische Dokumentation von Interviewthemen:* Eine weitere Variante der Fotobefragung wurde in einem erziehungswissenschaftlichen Projekt zur Hochschulsozialisationsforschung erprobt, bei der diejenigen Wohnungsgegenstände fotografiert wurden, die in einem Interview zum studentischen Lebensstil thematisiert wurden (APEL u.a. 1995).

Allen Methoden der Fotobefragung ist gemeinsam, daß es für die spätere Interpretation wichtig ist, genau zu dokumentieren, welches Foto als Erzählanreiz vorgelegt wurde. Dort, wo Fotos für eine Befragung verwendet werden, die von den Befragten selbst oder aus ihrer Alltagswelt stammen, ist es wichtig zu wissen, warum ein Foto für das Interview ausgewählt wird, und zu welchem Zweck es aufgenommen wurde. Dort, wo die Befragten oder die Forschenden im Forschungsprozeß Fotos machen ist die Perspektive (die Fragestellung), unter der fotografiert wurde, von zentraler Bedeutung. In der Regel ist es - vor allem unter Aspekten der Vergleichbarkeit - von Vorteil, bestimmte Standard-Blicke für die Erhebung im Vorhinein festzulegen (zum Beispiel für ein Wohnstil-Interview könnte gefragte werden: Was ist Ihre Lieblingsecke in der Wohnung etc.). Bei allen Methoden, bei denen die Forschenden selber Fotos machen, ist es darüber hinaus wichtig und wünschenswert, daß die Fotos nicht nur die Interviewten zeigen, sondern daß auch die Interviewsituation und die Interviewer mit in den Blick geraten. JEGGLE (1984) weist hier zu Recht darauf hin, daß auf den wissenschaftlichen Fotos die Forschenden fast immer hinter der Kamera verschwinden und so dem Betrachter eine Feldforschungssituation suggeriert

---

[23] Das Portrait stellt ein Beispiel aus einer Reihe von Fotoportraits der Shell-Studie 1992 dar.

wird, in der Menschen unbeeinflußt von der Gegenwart der Forschenden beobachtet worden seien.

Abschließend kann man sagen, daß Fotos in vielfältiger Weise in der qualitativen erziehungswissenschaftlichen Forschung eingesetzt werden können, und daß es eine ganze Reihe von Studien gibt, die dies mit Erfolg tun. Eine systematische theoretische und methodische Diskussion fotografischer Materialen in der qualitativen Forschung steht allerdings noch aus. Da die Fotografie einen so hohen Stellenwert in unserem Alltagsleben einnimmt und die Blicke auf unterschiedliche Lebenswelten nachhaltig geprägt hat, sollte qualitative Forschung sich stärker dieses Mediums annehmen und die vielfältigen Möglichkeiten der Fotografie systematisch bei der Erforschung erziehungswissenschaftlicher Fragestellungen einsetzen. Schon Walter BENJAMIN hat in seiner kleinen Geschichte der Photographie auf diese wissenschaftliche Aufgabe aufmerksam gemacht, wenn er schreibt: „Nicht der Schrift-, sondern der Photographieunkundige wird, so hat man gesagt, der Analphabet der Zukunft sein". (BENJAMIN 1963, 64).

Literatur

APEL, Helmut/Steffanie ENGLER/Barbara FRIEBERTSHÄUSER/Burkhard FUHS/ Jürgen ZINNECKER 1995: Kulturanalyse und Ethnographie. Vergleichende Feldforschung im studentischen Raum. In: KÖNIG, Eckard/Peter ZEDLER (Hg.) 1995: Bilanz qualitativer Forschung Band II: Methoden. Weinheim, S. 343-378.

ARIÈS, Philippe 1975: Geschichte der Kindheit. München.

ASMUS, Gesine (Hg.) 1982: Hinterhof, Keller und Mansarde. Einblicke in Berliner Wohnungselend 1901 bis 1920. Die Wohnungs-Enquête der Ortskrankenkassen für den Gewerbebetrieb der Kaufleute, Handelsleute und Apotheker. Reinbek bei Hamburg.

AUFENANGER, Stefan (Hg.) 1991: Neue Medien - Neue Pädagogik? Ein Lese- und Arbeitsbuch zur Medienerziehung in Kindergarten und Grundschule. Bonn.

BARTHES, Roland 1989: Die helle Kammer. Bemerkung zur Photogrphie. Frankfurt a.M.

BAUER, Karl W./Heinz HENGST 1980: Wirklichkeit aus zweiter Hand. Kindheit in der Erfahrungswelt von Spielwaren und Medienproduktionen. Reinbek bei Hamburg.

BEHNKEN, Imbke/Manuela DU BOIS-REYMOND/Jürgen ZINNECKER 1989: Stadtgeschichte als Kindheitsgeschichte. Lebensräume von Großstadtkindern in Deutschland und Holland um 1900. Opladen.

BEHNKEN, Imbke (Hg.) 1989: Stadtgesellschaft und Kindheit im Prozeß der Zivilisation. Konfigurationen städtischer Lebensweise zu Beginn des 20. Jahrhunderts. Opladen.

BENJAMIN, Walter 1963: Das Kunstwerk im Zeitalter seiner technischen Reproduzierbarkeit. Drei Studien zur Kunstsoziologie. Frankfurt a.M.

BERG, Ronald 1994: Die Photographie als alltagshistorische Quelle. In: Berliner Geschichtswerkstatt (Hg.): Alltagskultur, Subjektivität und Geschichte. Zur Theorie und Praxis von Alltagsgeschichte. Münster, S. 187-222.

BOURDIEU, Pierre 1984: Die feinen Unterschiede. Kritik der gesellschaftlichen Urteilskraft. Frankfurt a.M.

BOURDIEU, Pierre u.a. 1981: Eine illigitime Kunst. Die sozialen Gebrauchsweisen der Photographie. Frankfurt a.M.

BOURDIEU, Pierre 1987: Sozialer Sinn. Kritik der theoretischen Vernunft. Frankfurt a.M.

BUCHER, Judith/Barbara SCHMUCKI 1992: Die Fotografie als Quelle für die Geschichtswissenschaft. In: Soziographie, S. 41-50.
BUCHNER, Jutta/Martin SCHARFE 1995: Projekt: Erinnerungen an die Moderne. Technisch-zivilisatorischer Fortschritt im Spiegel der erinnerten Aufbruchstimmung der sechziger Jahre. Marburg (unv. DFG-Bericht) Institut für Europäische Ethnologie und Kulturforschung. Philipps-Universität Marburg.
BÜCHNER, Peter/Burkhard FUHS 1994: Kinderkulturelle Praxis. In: DU BOIS-REYMOND, Manuela u.a. 1994: Kinderleben. Modernisierung von Kindheit im interkulturellen Vergleich. Opladen., S. 63-137.
CLARKE, John u.a. 1979: Jugendkultur als Widerstand. Milieus, Rituale, Provokationen. Frankfurt a.M.
COE, Brian 1986: Das erste Jahrhundert der Photographie 1800-1900. München.
COLLIER, John 1957: Photography in Anthropology: A Report on two Experiments. American Anthropologist, S. 843-859.
ENGLISCH, Felicitas 1991: Bildanalyse in strukturalhermeneutischer Einstellung. Methodische Überlegungen und Analysebeispiele. In: GARZ, Detlef/Klaus KRAIMER (Hg.) 1991: Qualitative Sozialforschung. Konzepte, Methoden, Analysen. Opladen, S. 133-176.
FABIAN, Rainer 1982: Wir, damals ... Gruppenaufnahmen in der frühen Fotografie. Dortmund.
FEINIGER, Andreas [1961]: Die hohe Schule der Fotografie. Düsseldorf.
FLICK, Uwe u.a. (Hg.) 1995: Handbuch qualitative Sozialforschung. Grundlagen, Konzepte, Methoden und Anwendungen (2. Aufl.) Weinheim.
FLUSSER, Vilém 1994: Gesten. Versuch einer Phänomenologie. Frankfurt a.M.
FRISCH, Max 1976: Knipsen oder sehen? In: Gesammelte Werke in zeitlicher Folge. Band 1. S. 70-74. Frankfurt a.M.
FUHS, Burkhard 1993: Bilder aus der Luft. Anmerkungen zur Konstruktion einer Perspektive. In: Zeitschrift für Volkskunde, 1993 II, S. 233-250.
GARZ, Detlef/Klaus KRAIMER (Hg.) 1991: Qualitative Sozialforschung. Konzepte, Methoden, Analysen. Opladen.
GEERTZ, Clifford 1983: Dichte Beschreibung. Beiträge zum Verstehen kultureller Systeme. Frankfurt a.M.
GEERTZ, Clifford 1993: Die künstlichen Wilden. Der Anthropologe als Schriftsteller. Frankfurt a.M.
GOFFMAN, Erving 1981: Geschlecht und Werbung. Frankfurt a.M.
GOFFMAN, Erving 1983: Wir alle spielen Theater. Die Selbstdarstellung im Alltag. München, Zürich.
GÜNTER, Roland 1977: Fotografie als Waffe. Zur Geschichte und Ästhetik der Sozialfotografie. Reinbek bei Hamburg.
HABERKORN, Heinz 1981: Anfänge der Fotografie. Entstehungsbedingungen eines neuen Mediums. Reinbek bei Hamburg.
HAUPERT, Bernhard/Franz Josef SCHÄFER 1991: Jugend zwischen Kreuz und Hakenkreuz. Biographische Rekonstruktion als Alltagsgeschichte des Faschismus. Frankfurt a.M.
JEGGLE, Utz (Hg.) 1984: Feldforschung. Qualitative Methoden in der Kulturanalyse. Tübingen.
JEGGLE, Utz 1984a: Das Bild der Forschung. Anmerkungen zu einigen Darstellungen aus dem volkskundlichen Feld. In: JEGGLE. Feldforschung. S. 47-58.
JEGGLE, Utz 1984b: Zur Geschichte der Feldforschung in der Volkskunde. In: JEGGLE. Feldforschung. S. 11-46.
JUNG, Thomas/Stefan MÜLLER-DOOHM (Hg.) 1993: „Wirklichkeit" im Deutungsprozeß. Verstehen und Methoden in den Kultur- und Sozialwissenschaften. Frankfurt a.M.
KASSELER SEMINARGRUPPE „Fotoessay" 1980: Fußgängerzone. In: Kursbuch 59, Bilderbuch.

KINDHEIT IM SIEGERLAND 1991. Methoden Manuale Nr. 2, Siegen.
KÖNIG, Eckard/Peter ZEDLER (Hg.) 1995: Bilanz qualitativer Forschung Band II: Methoden. Weinheim.
KREUTZ, Henrik (Hg.) 1988: Pragmatische Soziologie. Beiträge zur wissenschaftlichen Diagnose und praktischen Lösung gesellschaftlicher Gegenwartsprobleme. Opladen.
KREUTZ, Henrik (Hg.) 1991: Pragmatische Analyse von Texten, Bildern und Ereignissen. Qualitative Methoden, Oral History und Feldexperimente. Opladen.
KRÜGER, Heinz-Hermann/Winfried MAROTZKI (Hg.) 1995: Erziehungswissenschaftliche Biographieforschung. Opladen.
KUNT, Ernö Miskalc 1984: Lichterbilder und Bauern. Ein Beitrag zu einer visuellen Anthropologie. In: Zeitschrift für Volkskunde, S. 216-228.
LENZ, Karl/Burkhard FUHS 1992: Angekommen in der eigenen Familie. In: Jugend '92. Lebenslagen, Orientierungen und Entwicklungsperspektiven im vereinten Deutschland. Hg. Jugendwerk der Deutschen Shell. Band 1. Gesamtdarstellung und biografische Portraits. Opladen, S. 125-141.
LINDNER, Rolf 1984: Zur Ikonographie der ethnologischen Situation. In: Jeggle. Feldforschung. S. 73-79.
MAAS, Ellen 1987: Tische. Deutschland 1900-1945. Nördlingen
MALINOWSKI, Bronislaw 1985: Ein Tagebuch im strikten Sinn des Wortes. Neuguinea 1914-1918. Frankfurt a.M.
MALINOWSKI, Bronislaw 1981: Korallengärten und ihre Magie. Frankfurt a.M.
MAROTZKI, Winfried 1995: Forschungsmethoden der erziehungswissenschaftlichen Biographieforschung. In: KRÜGER, Heinz-Hermann/Winfried MAROTZKI (Hg.) 1995: Erziehungswissenschaftliche Biographieforschung. Opladen, S. 55-90.
NERDINGER, Friedemann W. 1995: Greogory Bateson/Margaret Mead: „Balesine Character" (1942) - Qualitative Forschung als disziplinierte Subjektivität. In: FLICK, Uwe u.a. (Hg.) 1995: Handbuch qualitative Sozialforschung. Grundlagen, Konzepte, Methoden und Anwendungen (2. Aufl.) Weinheim, S. 131-135.
PETERMANN 1995: Fotografie- und Filmanalyse. In: FLICK, Uwe u.a. (Hg.) 1995: Handbuch qualitative Sozialforschung. Grundlagen, Konzepte, Methoden und Anwendungen (2. Aufl.) Weinheim, S. 228-232.
PROJEKTGRUPPE JUGENDBÜRO und Hauptschülerarbeit 1977: Die Lebenswelt von Hauptschülern. Ergebnisse einer Untersuchung. München.
RITTELMEYER, Christian/Hans-Georg HERRLITZ (Hg.) 1993: Exakte Phantasie. Pädagogische Erkundungen bildender Wirkungen in Kunst und Kultur. Weinheim.
SAGER, Peter 1991: Verrückte Wahrheit. Die Bildmanipulation kennt kaum noch Grenzen. In: Zeitmagazin, Nr. 11, 8.3. 1991, S. 10-22.
SCHNELLE-SCHNEYDER, Marlene 1990: Photographie und Wahrnehmung am Beispiel der Bewegungsdarstellung im 19. Jahrhundert. Marburg.
SCHÜTZ, Alfred/Thomas LUCKMANN 1979: Strukturen der Lebenswelten, Bd.1. Frankfurt a.M.
SCHULZE, Theodor 1995: Erziehungswissenschaftliche Biographieforschung. Anfänge, Fortschritte, Ausblicke. In: KRÜGER/MAROTZKI, S. 10-31.
SOLF, Kurt Dieter 1971: Fotografie. Grundlagen. Technik. Praxis. Frankfurt a.M.
SONTAG, Susan 1980: Über Fotografie. Frankfurt a.M.
SOZIOGRAPHIE. Blätter des Forschungskomitees „Soziographie" der Schweizer Gesellschaft für Soziologie. Nr.5, Dezember 1992.
TAPPE, Imbke 1989: Kinderleben in Lippe. Münster-Lippe.
TALBOT, William Henry Fox 1981: Der Zeichenstift der Natur. In: WIEGAND, S. 45-94.
WEBER-KELLERMANN, Ingeborg 1985: Der Kinder neue Kleider. Zweihundert Jahre deutsche Kindermoden in ihrer sozialen Zeichensetzung. Frankfurt a.M.
WEBER-KELLERMANN, Ingeborg 1979: Die Kindheit. Kleidung und Wohnen, Arbeit und Spiel. Eine Kulturgeschichte. Frankfurt a.M.

WEISS, Florence 1993: Von der Schwierigkeit über Kinder zu forschen. In: VAN DE LOO, Marie-José/Margarete REINHART (Hg.): Kinder. Ethnologische Forschungen in fünf Kontinenten. München.

WIEGAND, Wilfried (Hg.) 1981: Die Wahrheit der Photographie. Klassische Bekenntnisse zu einer neuen Kunst. Frankfurt a.M.

WILK, Liselotte/Johann BACHER (Hg.) 1994: Kindliche Lebenswelten. Eine sozialwissenschaftliche Annäherung. Opladen.

WOLFF, Stephan 1995: Gregory Bateson/Margret Mead: „Balinese Character" (1942) - Qualitative Forschung als disziplinierte Subjektivität. In: FLICK u.a., S. 135-141.

WUGGENIG, Ulf 1988: Die Fotobefragung. In: KREUTZ, Henrik (Hg.) 1988: Pragmatische Soziologie. Beiträge zur wissenschaftlichen Diagnose und praktischen Lösung gesellschaftlicher Gegenwartsprobleme. Opladen. S. 333-354.

WUGGENIG, Ulf 1991: Die Photobefragung als projektives Verfahren. In: KREUTZ, Henrik (Hg.) 1991: Pragmatische Analyse von Texten, Bildern und Ereignissen. Qualitative Methoden, Oral History und Feldexperimente. Opladen, S. 109-129.

Rachel Monika Herweg

Historisch-hermeneutische Quellenanalyse anhand von Bildern, Texten und überlieferten Zeugnissen

Alles, was wir heute sehen und gestalten, ist und wird durch das bestimmt, was sich bisher ereignet hat: In allem Neuen spiegeln sich immer auch historische Erfahrungen und kulturelle Prägungen. Jedes Phänomen hat eine Geschichte, ohne die seine heutige Bedeutung nicht verstanden werden kann. Um das Verstehen methodisch kontrolliert zu gestalten, hat man in der Tradition der Hermeneutik versucht, bestimmte Regeln zu formulieren, die es ermöglichen von subjektiv-intuitivem Wissen zu intersubjektiv-nachvollziehbarem Wissen zu gelangen. Im folgenden möchte ich am Beispiel meiner eigenen Forschungsarbeit (HERWEG 1994)[1], in der ich mich mit der Entstehung und dem 'Nutzen' des zeitgenössischen Klischees der 'Jüdischen Mutter' beschäftigt habe, aufzeigen, in welchen Schritten ein solcher historischer methodisch kontrolierter Interpretationsprozeß vollzogen werden kann. Exemplarisch werde ich Zugänge einer historisch-hermeneutischen Quellenanalyse anschaulich machen und dabei dicht am Quellenmaterial bleiben, um so möglichst direkte Einblicke in den konkreten Forschungsprozeß und seine Ergebnisse zu geben.
Der Untersuchungsanlaß war eine ganz alltägliche Begebenheit, ein Vorkommnis, das meine Aufmerksamkeit erregt und mich in Staunen versetzt hatte[2]: Amerikanische Jüdinnen führten einen vehementen (Verteidigungs-)Feldzug gegen das Image der 'Jiddischen Mamme'. Dieses Image zeichnet jüdische Mütter als alles dominierende und manipulierende, äußerst sprachgewandte, Schuldbewußtsein erzeugende, ihre Söhne in die Impotenz treibende, Hühnersuppe kochende, keifende Hausdrachen und steht damit in (scheinbarem) Widerspruch zum traditionellen jüdischen Frauenbild, wie es sich etwa im Frauenlob am Ende des biblischen Buches der Sprüche offenbart (s.u.). Bekannt war mir das Klischee aus dem im Jahre 1967 erschienenen Roman „Portnoy's Complaint" von Philip ROTH und aus einigen amerikanischen Spielfilmen, in Reinkultur aus der Episode „Oedipus Wrecks" (New York Stories), in der die Mutter inmitten einer Wolke, gottgleich und omnipräsent, durch die Hochhausschluchten Manhattans schwebt und ihren vor ihr fliehenden Sohn - Woody

---

[1] Diese Forschungsarbeit verdankt ihre Realisierung maßgeblich der großzügigen finanziellen Unterstützung, die ich im Rahmen einer zweijährigen Projektförderung durch das Förderprogramm Frauenforschung des Senats von Berlin erhalten habe.

[2] Ich spreche hier und an anderen noch folgenden Stellen bewußt von mir selbst, um deutlich zu machen, daß hermeneutisches Verstehen stets auf den besonderen Erfahrungen, Einsichten, Intuitionen, dem Wissen, den Interessen und Befindlichkeiten des und der jeweils Forschenden eines historischen Ortes und Augenblicks beruht (und deshalb auch niemals abgeschlossen sein kann).

ALLEN - peinigt: „Sie müssen wissen, er war Bettnässer", erzählt sie den Menschen auf der Straße, diskutiert mit ihnen über die möglichen Konsequenzen seiner geplanten Eheschließung und kramt in ihrer Handtasche nach Kinderfotos ihres „Goldschatzes". - Ich fand das köstlich und durchaus vertraut, übertrieben natürlich, „aber im Kern ihres Wesens", so ging es mir durch den Kopf, „sind sie so, unsere jüdischen (Groß-)Mütter: Powerfrauen, realistische Taktiererinnen, ein bißchen aufdringlich, direkt, neurotisch...".
Diese intuitive Einschätzung traf ich als deutsche Jüdin und ausgebildete Judaistin. Sie beruhte auf eigenen Sozialisations- und Alltagserfahrungen, auf Milieukenntnissen und Vertrautheitswissen. Nicht verstehen konnte ich die Reaktionen amerikanischer jüdischer Feministinnen auf das Stereotyp der 'Jiddischen Mamme'. Ihr tiefes Verletztsein und ihre völlig ernstgemeinten Rechtfertigungsversuche hielt ich für übertrieben; sie erstaunten und verunsicherten mich. So war ich über ein Phänomen 'gestolpert', das mir wegen meiner Vorerfahrungen und meines sozio-kulturellen Hintergrundes als relevant genug erschien, näher darüber nachzudenken und es schließlich zu erforschen. - Die Gewinnung einer professionellen Distanz zum Deutungsgegenstand basiert auf der grundlegenden Voraussetzung, das Zustandekommen des gewählten Themas zu beschreiben, eigene Vorurteile und Voreingenommenheiten offenzulegen und diese reflektierend in die Entwicklung der Fragestellung und in den sich anschließenden Deutungsprozeß zu integrieren (dazu SOEFFNER und HITZLER 1994, 51f).
Kommen wir nun zu den Vorurteilen, die zur Formulierung der Forschungsfrage geführt haben: Meine zentrale Hypothese war die, daß jüdische Frauen nur deshalb so empört auf das Klischee der 'Jiddischen Mamme' reagierten, weil sie darin Spuren ihrer Selbst erkannten und sich im doppelten Wortsinn getroffen fühlten. Oder anders formuliert: Jüdische Frauen verfügen über bestimmte Mentalitäten - definiert als „kulturelle Selbstverständlichkeiten", als „die Dispositionen, mit denen Menschen einer Situation begegnen und diese dadurch selbst wieder gestalten" (DÖRNER und VOGT 1994, 100) -, die sich auch im Zerrbild der 'Jüdischen Mutter' manifestieren. Diese Mentalitäten, so vermutete ich weiter, wurden durch religiös-ideologische und institutionelle Rahmenbedingungen innerhalb der jüdischen Familienwirklichkeit befördert und waren, denn sonst hätten sie wohl kaum bis heute überdauert, einstmals für das Überleben der Gemeinschaft zwingend notwendig.
Aus diesen Vorannahmen wurde der ursprüngliche Arbeitstitel geboren: „Die jüdische Frau als Mutter - ein Bild im Umbruch?" - Umbrüche, also stattgehabte oder gegenwärtig sich vollziehende Veränderungsprozesse, werden häufig als persönliche 'Stolpersteine' erlebt. Sie erregen unsere Aufmerksamkeit und fordern uns zu neuen Erklärungen und Deutungen heraus. Mit ihnen beschäftigt sich die reflexive Erziehungswissenschaft (LENZEN 1992): Im Dienste einer Kritik praktischen Orientierungswissens ist sie darum bemüht, gesellschaftliche Wandlungen und Umbruchsituationen zu analysieren, um den mythischen Ge-

halt des Diskurses[3] über pädagogische oder sozialisationsspezifische Dispositionen zu identifizieren und mögliche Konsequenzen zu reflektieren. Erst in den Interpretationen konstituiert sich Wirklichkeit (neuerdings erläuternd zusammengefaßt von MAROTZKI 1995, 57). Jeder Mensch konstruiert so seine eigene Wirklichkeit und erfüllt sie mit Sinn. In meiner Untersuchung ging es um Wirklichkeiten hinter Bildern, um die Beantwortung der Fragen, wie und weshalb ursprünglich positive und idealisierte Bilder der 'Jüdischen Mutter' in groteske Negativstereotype verwandelt worden sind, ob letztere noch etwas mit ersteren gemeinsam haben, und wenn ja, was? Worin, fragte ich mich, besteht die Funktion jüdischer Mutterbilder angesichts jeweils tatsächlich gelebter Frauen- und Mutterleben, und was hatten und haben Images mit der Realität zu tun?

Realität/Wirklichkeit - die Art und Weise, wie wir unser Leben gestalten und praktizieren - wird in einem wechselseitigen Prozeß von überkommenen Vorbildern, Verhaltensweisen, Handlungsmustern und überliefertem Wissen beeinflußt und vollzieht sich in der Spannung zwischen Nachleben und Ablehnen des eben Vorgefundenen. Individualität entsteht so gleichsam im Selbstentwurf, in der Auseinandersetzung zunächst mit unseren direkten Bezugspersonen, später mit 'Gegenübern' aus unterschiedlichsten Lebenszusammenhängen und stets mit den Schriften, Symbolen und Bildern unserer Gesellschaft, Kultur, Religion. Sie sind der Erfahrungs- und Interpretationsrahmen für die alltäglichen Begebenheiten, und nicht selten vermag gerade der Text eines persönlichen Gebets, ein Lied, Gedicht, Volksmärchen, ein Witz oder Sprichwort die Wirksamkeit der Ideale und Mythen[4] einer Gesellschaft in der Alltagspraxis zu belegen.

Um also verstehen zu können, wie und warum es zu Umbrüchen jüdischer Mutterbilder gekommen ist, habe ich Daten aus ihrem unmittelbaren Umfeld recherchiert und analysiert: Als Erkenntnisquellen dienten dabei zunächst die religiösen Grundschriften und ergänzenden Materialien des traditionellen Judentums - für den Hauptstrang jüdischer Tradition bilden die Hebräische Bibel, Talmud, rabbinische Schriften (Kommentare, Rechtswerke, -verordnungen, -gutachten und Erbauungsliteratur) sowie Gebetstexte die Grundlagen der Wertorientierung; selbst das säkulare Judentum ist in der Auseinandersetzung mit diesen Grundlagen entstanden. Es mag zunächst widersprüchlich erscheinen, alltägliche Daten aus religiösem Schriftgut zu gewinnen, aber ein kurzer Blick auf die jüdische Geschichte kann diesen Widerspruch auflösen: In dem Maße nämlich, in dem das jüdische Volk an Territorialität und nationaler Souveränität einbüßte, wandelte sich seine geistige und religiöse Überlieferung von einer mündlichen in eine schriftliche Form und ging die Ausübung von Religion und Kultus von einer kleinen und elitären Priesteroligarchie durch die Pharisäer und Rabbinen auf die Gemeinschaft und das Individuum in ihr über. Mit dieser Aufwertung der einzelnen Gläubigen veränderte sich auch die Erwartung an sie:

---

[3] Unter Diskurs wird hier ein Kommunikationszusammenhang verstanden, der bestimmten Regeln und Zugangsbedingungen unterliegt.

[4] Mythen werden hier definiert als Offenbarungen der Realität, mit der sich eine Gesellschaft konfrontiert sieht und die ihre Institutionen, Bräuche, Riten und Glaubensvorstellungen rechtfertigen oder Veränderungen gutheißen.

Um aktiv jüdisches Leben und Praktizieren mitgestalten und in die Zukunft hinein sichern zu können, mußten sie über umfassendes religiöses Wissen verfügen, und so wurden Studium und Gelehrsamkeit, die breite Bildung des Volkes, zum höchsten Ideal verklärt. Im Gegensatz zum Christentum, das sich nach seinem Sieg bald in viele nationale Religionen aufgespalten hat und wo religiöse oder weltliche Bildung zumeist nur einer kleinen Schicht priviligierter Kleriker vorbehalten blieb, war das Judentum bei allen regionalen Besonderheiten innerhalb der Diaspora eine Religionsnation mit einer nahezu egalitären Kultusausübung und einem schier unstillbaren Drang nach universeller Bildung. Religion war Leben und Leben war Religion für das Volk mit der höchsten Alphabetisierungsrate in Antike und Mittelalter. Jüdisches Leben beruhte auf der Tora (hebr. „Lehre, Unterweisung"), den biblischen „Fünf Büchern Mose". Nach traditioneller Überlieferung enthält sie die abgeschlossene Offenbarung Gottes und steht so als der Ausgangs- und zugleich Endpunkt des menschlichen Erfahrungshorizontes. Alle (Welt-)Erkenntnis sei in ihr bereits enthalten und müsse nur in jeder Generation neu aus ihr gewonnen werden. Dieses geschieht durch die sogenannte mündliche Lehre (Talmud und rabbinische Schriften). Sie paßt die Gebote der schriftlichen Lehre der jeweiligen Zeit an; sie erklärt sie, deutet sie aus und macht sie so erst leb- und praktizierbar. Dieses gleichsam illustrierend, schreibt Helge-Ulrike HYAMS (1995,11f): „Dieses 'Andere' [des Judentums] liegt ... in einem kollektiven Bewußtsein verborgen, das von der jüdischen Religion durchdrungen ist, die in ihrer ganzen Spiritualität den Alltag umfaßt: Diese religiöse Haltung bestimmt die Handlungen des Alltags, die Organisation des Hauses, die Eßkultur und die Kleidung, ja selbst die Körperpflege. Auch jede zwischenmenschliche Beziehung, jeder körperliche Prozeß, schließlich die Wahrnehmung der Natur und der Jahreszeiten sind religiös durchdrungen und begründet, es ist dies ein 'Wille zur Heiligung aller Lebensäußerungen ...': Kein Aufwachen des Kindes ohne Dankgebet, kein Schulweg ohne den Segen der Mutter, keine Erinnerung ohne die Geschichte der Väter, keine Zukunft ohne die Vision 'Nächstes Jahr in Jerusalem'."

Vor dem Hintergrund dieser Untrennbarkeit von Alltagsleben und tiefer Religiosität wird deutlich, daß die Hebräische Bibel sowie rabbinische und traditionelle (Erbauungs-) Literatur zum allgemeinen jüdischen Kulturgut gehören. Die Kenntnis religiöser Schriften und ihre fortwährende Erklärung und Ausdeutung begründen das Überleben der Gemeinschaft existentiell und wirken in jeder Generation neu identitätsstiftend und -bildend. Indem sie einerseits direkt auf die jeweils aktuelle Lebensführung einwirken, andererseits aber auch von ihr bedingt werden, liegt es methodisch auf der Hand, gerade sie als Quellen sowohl für das jeweils herrschende (idealisierte) Mutterbild als auch für tatsächlich gelebtes Frauenleben zu verwenden.

Für den Zeitraum ab Beginn der frühen Neuzeit habe ich neben dem besagten Schriftgut auch Biographien, fiktive Literatur und sonstige schriftliche Arbeiten und Äußerungen (z.B. Briefe; Zeitungsberichte; historische, psychologische, soziologische Untersuchungen), die den Alltag und/oder die Rolle und Stellung jüdischer Frauen und Mütter dokumentieren, herangezogen. Beide Datenstränge wurden dann in der Interpretation miteinander verknüpft. So ließ sich etwa durch autobiographisches Material (zu dem durchaus auch fiktive Literatur zählen kann) die Vorbildfunktion religiöser Schriften und ihre Wirkung auf die Lebenspraxis und/oder Gedanken- und Gefühlswelt der jeweiligen Verfasser belegen oder konnte umgekehrt gezeigt werden, welchen Einfluß die historische Befindlichkeit einer bestimmten Generation auf die Fortschreibung religiösen Erbes und von Tradition gehabt hat. Wo es möglich war, habe ich meine Deutungen durch überlieferte Bildwerke untermauert, die ich als stumme Zeugnisse gelebter oder angestrebter Realitäten sowie als Stimmungs- und Atmosphäre-Übermittler lese.

Das Kriterium für die Auswahl der Quellen war die 'Wirkmacht' eines Textes (oder Bildes), also seine überdauernde Relevanz, der geistige Umgang mit ihm: Gelebt wird, was erinnert wird, denn was vor langem geschehen ist, bestimmt, was sich seither ereignet hat und liefert auch die entscheidende Erklärung für das gegenwärtige Geschehen (nach YERUSHALMI 1988, 46f). In diesem Sinne relevant waren Zeugnisse, die zu einer beispielhaften Rekonstruktion jenes Entwicklungsstrangs jüdischen Frauenlebens beitragen konnten, der historisch zur Entstehung des amerikanischen Judentums geführt hat, aus dem heraus ja das Negativimage der 'Jüdischen Mutter' kreiert worden ist.

Die sorgfältig begründete und nachvollziehbare Quellenauswahl ist, neben dem sich selbst ständig in Reflexion haltenden Bewußtsein des und der Forschenden, eine weitere wichtige Voraussetzung für hermeneutisch reflektiertes Arbeiten. Zu einer wissenschaftlichen und damit überprüfbaren Methode wird hermeneutisches Verstehen aber erst dann, wenn auch Klarheit über die Art und Weise des interpretativen Vorgehens herrscht, wenn der Verstehensprozeß selbst offengelegt wird. Hier stellt sich die Frage nach der geeigneten Bearbeitungsmethode, die ihrerseits wieder abhängt von der interessierenden Fragestellung und den vorhandenen oder eben zugänglichen Daten (dazu REICHERTS und SCHRÖER 1994).

In Hinblick auf meine forschungsleitenden Fragen und das ausgewählte Quellenmaterial entschied ich mich für die Verfahren der Deskription und Rekonstruktion. Für eine rekonstruktive Analyse ist es entscheidend, die zu deutenden Phänomene in den von ihnen selbst konstituierten Erfahrungszusammenhängen zu erfassen: Da die Bibel die älteste Quelle unseres Wissens über jüdische Frauen ist (und sich jüdische Mädchen und Frauen bis heute mit biblischen Frauengestalten konfrontiert sehen[5]), habe ich sie zum Ausgangspunkt einer

---

[5] So haben Sara, Rebekka, Rahel und Lea als die Stammütter und Begründerinnen des „Hauses Israel" (des Judentums) in ganz besonderer Weise eine identitätsstiftende Bedeutung: Bis heute segnen Eltern, und häufig auch Rabbiner nach dem Gottesdienst, ihre Töcher, respektive Mädchen, am wöchentlichen Ruhetag (dem Schabbat) und an Festtagen mit den einleitenden Worten: „Gott lasse dich werden wie Sara, Rebekka, Rahel und Lea". - Welche Wirkung hat dieser Segen auf Mädchen in den verschiedenen Epochen? Welche Assoziationen und Bilder verbinden sie mit den Stammmüttern? In welcher Weise sind sie Vorbilder für ihre eigenen (späteren Frauen- und Mutter-)Leben? - Antworten auf diese Fragen lassen sich zum einen direkt aus autobiographischem Material erschließen, zum anderen aber auch indirekt aus Texten, die Wesen und Wirken der Stammütter kommentieren und/oder illustrieren und die zu einer bestimmten Zeit und an einem bestimmten Ort verbreitet waren.

historischen Rekonstruktion gewählt, die nun beispielhaft anhand einiger ihrer Ergebnisse vorgestellt werden soll:

In einem ersten Untersuchungsschritt ging es mir darum, jene in der Hebräischen Bibel belegten (Frauen- und) Mutterrollen zu beschreiben, auf die von den Rabbinen im Talmud häufig Bezug genommen wird und damit einhergehend herauszuarbeiten, wie sie Mütterlichkeit auf der Grundlage dieser überlieferten Zeugnisse inhaltlich gefüllt und den Mythos der Mutterliebe im Alten Israel begründet haben. Dabei war auffällig, daß sie nicht zwischen Frau- und Muttersein differenzierten: Für die Rabbinen beruhten jüdische Religiosität und Lebensführung auf der bereits in den biblischen Schöpfungsberichten unterstellten Gleichwertigkeit von Mann und Frau bei gleichzeitiger Betonung ihrer unterschiedlichen Funktionalität. Die andere Rolle der Frau im Gegensatz zu der des Mannes fundierten sie in der Möglichkeit zur Mutterschaft. Sie konstatierten eine enge, unauflösliche Beziehung zwischen Weiblichkeit und Natur (Gott); durch Gebären und Stillen verkörpern Frauen gleichsam die Naturgewalten (Leben und Tod) und sind, wie diese selbst, in einem Atem stark und schwach, höchst real und doch von Geheimnissen umwittert. Entsprechend ambivalent erscheinen auch die Frauenrollen in der Bibel: Kraftvoll-kreativ versus beschützend-liebend. Ihnen gemeinsam haftet jedoch der Aspekt der Fürsorge an, wobei die hohe Meinung über die Liebe und Fürsorge der Mutter schließlich in einem Analogieschluß gipfelt: Die Beziehung der Mutter zu ihrem Kind steht im prophetischen Buch Jesaja symbolhaft für die Beziehung Gottes zu Israel.

Dieses Bild hat seine Wirkung insbesondere nach dem Verlust der Eigenstaatlichkeit im Jahre 70 n. weiter entfaltet: Zentrale Vorschriften, die den Tempeldienst betrafen, wurden in den Bereich des Hauses und der Familie übertragen. Als 'Priesterinnen des Hauses' stehen Frauen jetzt gleichsam für das Überleben der Gemeinschaft. Sie tragen und hüten deren kulturelle Werte und transferieren sie als erste und wichtigste Sozialisationsinstanz ihrer Kinder auf die folgende Generation. Auf der Grundlage des biblischen Schrifttums, das immer weiter erklärt und interpretiert wurde und wird, entwickelte und gestaltete sich jüdisches Milieu[6]. Weil sich dieses und die Rollen jener, die sich in ihm bewegen, wechselseitig bedingen, folgte als nächster Untersuchungsschritt eine deskriptive Konstruktion jüdischer Werte und Lebensbereiche, die jüdische Frauen tangieren und in bezug auf die Familie, als deren Hüterin sie gelten, eine eigene, eben jüdische Mentalität hervorbringen: Ehe- und Sexualmoral, Eheschließung und Heiratsurkunde, sexuelle Selbstbestimmung und rituelle Reinigungsvorschriften, die Verpflichtung zur Nachkommenschaft sowie zur Kinder-, Eltern- und Gattenliebe und schließlich die jüdische Lernwelt (als männliche Domäne) gegenüber dem jüdischen Haus, der 'Heiligung' der Familie und der 'Priesterschaft' der Frau.

---

[6] Milieu soll hier den unmittelbaren Anpassungs-, Handlungs-, Planungs- und Erlebnisraum bezeichnen. Unter jüdischem Milieu verstehe ich den Ort und die Atmosphäre jüdisch-religiösen Praktizierens, aber auch jüdisch-kulturellen Bewußtseins.

Die bis hierhin gewonnenen Einblicke bildeten dann die Voraussetzung für das Verständnis der im dritten Schritt exemplarisch dargestellten historischen Entwicklung jüdischen Frauenlebens und tradierter Mutterbilder vor dem Hintergrund der geistigen und politischen Strömungen ihrer Zeit, vom Mittelalter bis in das 20. Jahrhundert.

Nun wieder zu einzelnen Ergebnissen: In dem Maße, in welchem sich die jüdischen Männer in die innere Lernwelt von Studium und Auslegung der Schriften zurückzogen, übernahmen die Frauen nach außen die wirtschaftliche Absicherung sowohl der Familie als auch der jüdischen Gelehrsamkeit. Innerhalb der Familie besetzten sie als 'realistische Lebensmeisterinnen' in geschäftig vermittelnder Art, emotional und extrovertiert die Schlüsselposition. Ihr praktischer Status gegenüber dem formalen Status des Mannes und ihre zentrale Stellung in der Familie, verbunden insbesondere mit der überlieferten häuslichen Frömmigkeit und mit ihrem Recht auf sexuelle Selbstbestimmung, förderten ein hohes Selbstwertgefühl und Selbstbewußtsein jüdischer Frauen. - Besonders im mittelalterlichen Aschkenas (Deutschland, Frankreich und Polen) ermöglichte das von den Ehefrauen betriebene Gewerbe überhaupt erst die ungestörte Entfaltung und das hohe Niveau religiöser Studien. Diese Art der Aufgabenteilung brachte es mit sich, daß jüdische Frauen, wie etwa GLÜCKEL von Hameln (1646-1724), deren schriftlich niedergelegte Lebenserinnerungen ein beredtes Zeugnis von ihrem Lebensverständnis und ihrer Lebensgestaltung ablegen (vgl. HERWEG 1994, 115ff), nicht nur über eine große wirtschaftliche Unabhängigkeit verfügten, sondern darüber hinaus auch inner- und außerhalb der Gemeinden ein hohes soziales Ansehen genossen.

Der Typus dieser Frauen spiegelt sich denn auch in dem bereits im Frauenlob begründeten traditionsreichen Bild der starken, kompetenten und tugendhaften jüdischen Haus-, Geschäftsfrau und Mutter wider, deren Mann und Söhne sie preisen und ihren Ruhm singen: „Ah, wer findet eine starke Frau? / Weit mehr hat er als Perlenschätze! / Beschützt ist bei ihr das Herz ihres Mannes, / es mangelt ihm nicht an Gütern./(...) / Oh, ihr Kleid ist Stärke und Pracht, / lächelnd vertraut sie der Zukunft. / Führung in Weisheit kündet ihr Mund, / liebende Weisung ist auf ihrer Zunge. / Ziemend wacht sie über dem Weg ihres Hauses, / ißt nicht das Brot der Faulheit. / Knaben erheben sich, preisen ihre Mutter..." (vgl. NAVE LEVINSON 1989, 29ff). - Belegen läßt sich das Motiv des Frauenlobs auch in der jüdischen Kunst. So zeigt eine bekannte aschkenasische Buchmalerei um 1470[7] eine Ehefrau und Mutter thronend als Königin. Im Bildhintergrund stehen demuts- und respektvoll ein älterer Mann und zwei junge Männer (ihre Söhne?). Und auch die gerade erwähnte GLÜCKEL sieht ihr eigenes Auftreten und Wirken sowie das anderer Frauen aus ihrem Umkreis in direkter Kontinuität zu diesem idealisierten Frauenbild, das zweifellos Vorbildcharakter für sie und wohl für die meisten traditionell-praktizierenden jüdischen Frauen (gehabt) hat. Orthodoxe jüdische Männer und Söhne singen das biblische Frauenlob bis heute ihren Frauen und Müttern zu Beginn der wöchentlichen häuslichen Schabbatfeier.

---

[7] Rothschild Miscellany, fol. 78v, The Israel Museum, Jerusalem.

Erst mit Anbruch der jüdischen Neuzeit wandelte sich dieses, mit der Realität in weiten Kreisen in Deckung gebrachte Bild tiefgreifend, als die jüdischen Frauen von ihren Ehemännern im Rahmen des allgemeinen Säkularisierungs- und Assimilationsprozesses, der von einem Niedergang überlieferter Wertvorstellungen begleitet wurde, zunehmend aus der Position der Familienernährerin verdrängt wurden. Analog zum herrschenden Ideal der nichtjüdischen Umwelt verkümmerte die jüdische Ehefrau zu einer an das Haus gebundenen Erzieherin der Kinder. Die Trauer über diese Entwicklung und das verzweifelte Bemühen um die alten Werte offenbaren sich beispielhaft in der Familienchronik der Pauline WENGEROFF (1833-1916), die, selbst noch im alten Wertesystem geboren und aufgewachsen, voller Wehmut den Übergang in die neue Zeit erlebt hat [vgl. HERWEG 1994, 133ff).

Die hier und im folgenden aufgezeigte Entwicklung steht beispielhaft für den Erkenntnisgewinn einer historischen Rekonstruktion, die historisch-soziale Wandlungsprozesse nachzeichnet und zu den vorhandenen Quellen von Alltagskultur in Beziehung setzt.

Anders als im aufgeklärten westeuropäischen Judentum, erhielten und vertieften sich die traditionellen sozialen und gesellschaftlichen Strukturen im ostjüdischen Schtetl. Hatte aber die freiwillige Abschottung und Konzentration der Juden innerhalb dieses geschlossenen Mikrokosmos in der Vergangenheit Schutz und Ruhe bedeutet, so wendete sich dieser Effekt durch zunehmende zaristische Willkür und Verfolgungen seit der Mitte des 19. Jahrhunderts gegen diese. Die staatliche Politik ghettoisierte die jüdische Bevölkerung und schnitt sie so von ihren wirtschaftlichen Verbindungen zur Außenwelt ab; die Folge war ein rascher ökonomischer und sozialer Niedergang der einstmals blühenden Gemeinden.

Angesichts der großen Armut und Verelendung breiter Massen der ostjüdischen Bevölkerung schufen die Schriftsteller der jüdischen Aufklärung (Haskala) das Bild der überarbeiteten, verzweifelten und deshalb ihre Kinder vernachlässigenden jüdischen Mutter, das sie bis zu einem grotesken Zerrbild überspitzten. Indem sie die Schlüsselfigur der jüdischen Familie, jener Instanz also, der das Überleben des Judentums als Verdienst angerechnet wird, ihres Thrones enthoben, gaben sie den Blick frei auf die desolaten Lebensbedingungen - die bald nicht mehr zu überbrückende Diskrepanz zwischen geistigem Ideal und den realen Lebensumständen - und markierten durch das gleichsame Hinterfragen und Bloßstellen tradierter Rollen und Mythen einen Umbruch im Denken. Dieses erste, heute fast in Vergessenheit geratene Negativimage der 'Jüdischen Mutter' ersetzte aber, wie erst der weitere Entwicklungsverlauf zeigen kann, nicht das rabbinische Idealbild der fürsorglich-liebenden Mutter; es ist vielmehr symptomatisch für den Angriff gegen eine Orthodoxie, die starr und ungeachtet der bestehenden Verhältnisse an ihrer Lebensführung festgehalten hat.

In der von ostjüdischen Immigranten(söhnen) verfaßten amerikanischen Literatur der ersten Hälfte dieses Jahrhunderts, erfolgte zunächst eine sentimentale Rückbesinnung auf die traditionellen Werte jüdischer Mütterlichkeit, die darin begründet ist, daß die eingewanderten Familien bestrebt waren, die Werte der Alten Welt, das 'Schtetl-Leben', unter nunmehr verbesserten wirtschaftlichen -

und daraus resultierenden sozialen Bedingungen in die Neue Welt zu überführen. An dieser Stelle bot sich methodisch der Ländervergleich an, denn ein vergleichbarer, der Abschottung nach außen dienender Reflex auf das rabbinische Mutterbild, war in diesem Jahrhundert auch in Deutschland erfolgt, und zwar sowohl angesichts der zunehmenden gesellschaftlichen Ausgrenzung in den dreißiger Jahren, wie dann auch nach den schrecklichen Erfahrungen der Zerstörung und Vernichtung während des Nationalsozialismus. - Diese Feststellung, deren Wert in einer gewissen Generalisierbarkeit liegt, wurde in die im vierten Untersuchungsschritt unternommenen Deutungen der Funktion jüdischer Mutterbilder für die Gemeinschaft und ihrer Wirkung auf das Selbstverständnis einzelner jüdischer Frauen bis heute einbezogen.

Die Restauration der Mutter innerhalb der jüdischen Familie ging mit einer fortschreitenden Zurückdrängung und Degradierung des Vaters einher, die aus seinem zunehmenden Rückzug aus der traditionellen (Männer-)Lernwelt und damit auch aus dem Verlust seiner Rolle als Gelehrter resultieren. Obwohl jüdische Männer sozialisationsbedingt weniger als ihre in der Öffentlichkeit agierenden Frauen dazu prädestiniert waren, vollzogen sie vor diesen den Eintritt in die amerikanische Gesellschaft. Die jüdischen Frauen, ihres Status als (Mit-)Versorgerinnen und Ernährerinnen enthoben, waren gezwungen, ihre ganze Energie und den Einsatz ihrer kreativen Fähigkeiten auf den häuslichen Bereich und die (jüdische) Erziehung ihrer Kinder zu beschränken.

Das Aufbegehren der Söhne gegen eine gleichsam innere jüdische Welt, die mit der Mutter identifiziert wurde/wird und die in Konflikt mit der nicht-jüdischen Umwelt steht, dokumentiert sich schließlich im amerikanischen Negativstereotyp der 'Jiddischen Mamme' (und auch hier ist für Deutschland eine ähnliche Entwicklung zu verzeichnen), dessen Attribute (verbal-aufdringlich, einmischend-anmaßend, nörgelnd-imponierend usw.) sich als lächerlich-tragische Überzeichnungen historisch bewährter Verhaltensmuster und -strategien jüdischer Frauen/Mütter offenbaren. - So korrelieren auch die positiven Effekte jüdischer Mütterlichkeit, die in verschiedenen soziologischen und psychologischen Untersuchungen in Amerika nachgewiesen worden sind (dazu HERWEG 1994, 200f) nicht mit der negativen Konnotation, die dem Klischee der 'Jiddischen Mamme' anhaftet.

Hier war die Suche nach den historischen Wurzeln des zeitgenössischen Negativimages beendet. Es konnte gezeigt werden, daß die soziale Entwicklung jüdischer Mutterbilder insbesondere (1) auf den religiösen und kulturellen Vorschriften und Geboten, die die Rolle der jüdischen Frau/Mutter betreffen und den Erwartungen, die an sie innerhalb der Familie gestellt werden, (2) ihrem ökonomischen Status und (3) der Beziehung zwischen jüdischer und nicht-jüdischer Welt beruhen.

Auf Basis der vorgenommenen Beschreibung und Rekonstruktion jüdischer Mentalitätsentwicklung und Frauengeschichte ließ sich jeweils begleitend zu den ersten drei Untersuchungsschritten nachvollziehen und deutend herausarbeiten, wie und aufgrund welcher historischer Erfahrungen sich ein ursprünglich positives und idealisiertes Bild der jüdischen Mutter in ein negatives Ste-

reotyp verwandelt hat. Darauf aufbauend, konnte dann abschließend interpretativ erläutert werden, welche Funktion oder welchen Nutzen ein derartiger Umbruch im Mutterbild für die Gemeinschaft (gehabt) haben könnte und welche Folgen für das Selbstverständnis heute lebender jüdischer Frauen daraus resultiert haben mögen und vielleicht resultieren:
Die jüdische Mutter steht symbolisch für das Durchhaltevermögen einer religiösen Minorität und wurde innerhalb des Judentums als Wahrerin und Vermittlerin einer eigenen kulturellen Identität respektiert und idealisiert. Bis heute hat sich dieses Bild überall dort, wo jüdisch-religiöses Leben praktiziert wird, fortgesetzt und erhalten. Es verkörpert das stabilisierende Element der Kontinuität und erfüllt damit eine doppelte Funktion: Es ist Rollenvorbild und trägt dort, wo es übernommen, nachgelebt und ausgestaltet wird, zur Fortsetzung traditionellen jüdischen Lebens bei, indem es die jüdischen Mütter der Gegenwart in einen historischen Daseins- und Wirkungszusammenhang mit denen vergangener Generationen stellt und sie so gleichsam in die ewige Kette jüdischer Tradition einreiht. In diesem Sinne ist das Bild der jüdischen Mutter identitätsbildend und reflektiert zugleich - wenn auch idealisiert - die 'gelebte' Realität.
In seiner positiv-verherrlichenden Konnotation setzt es eine innere Konformität seiner Anhänger und Bewahrer mit den bestehenden gesellschaftlichen und sozialen Verhältnissen, respektive mit der tradierten Lebensform voraus. Demgegenüber manifestieren sich in Angriffen auf das überlieferte Mutterbild und in seinen Negativstereotypen gesellschaftliche Umbrüche und ein mit diesen einhergehender Bewußtseinswandel, der dann die Infragestellung der eigenen kulturellen Identität bedingt.
Eine zunehmende Akkulturation und/oder Assimilation hat in weiten jüdischen Kreisen zur Auflösung der traditionellen jüdischen Familienstruktur und zum (religiösen) Rollenverlust der einzelnen Familienmitglieder geführt. Das Zerrbild der 'Jüdischen Mutter' hat die jüdische Frau gleichsam von ihrer eigenen Geschichte abgetrennt: Mit dem Makel der Antiquiertheit belegt, ist ihr der Blick zurück auf jüdische Tradition verwehrt und sind ihr somit jene identitätsstiftenden Quellen verschlossen, aus denen heraus allein eine Neubesinnung, respektive Neubestimmung der eigenen Position möglich ist.
Die Ergebnisse meiner Untersuchung eröffnen eine veränderte Sicht auf das Wirken und das Selbstverständnis jüdischer Frauen. Sie erscheinen nicht als passive Dulderinnen in einer Opferrolle, sondern treten vielmehr als aktive Gestalterinnen der Geschichte Israels und jüdischer Tradition hervor, deren kreative Fähigkeiten und Entscheidungsdominanz im zeitgenössischen Stereotyp der 'Jüdischen Mutter' überzeichnet werden.

Nachbemerkung

Das nach Amerika nun auch in Deutschland beständig zunehmende jüdisch-interne wie öffentliche Interesse an der Rollen- und Positionsbestimmung 'der' jüdischen Frau läßt sich der vermehrten Veröffentlichungstätigkeit sowie den gehäuft auftretenden Veranstaltungen zum Thema entnehmen. Es ist nachgängig zu dem seit Anfang der 70er Jahre in der Wissenschaft, Literatur, Kunst und in den Medien zu verzeichnenden konjunkturellen Anstieg der Diskussion um ein neues Verständnis der Frau im allgemeinen. Diese Diskussion resultiert im wesentlichen aus der stattfindenden Entdifferenzierung der beiden Elternrollen in den westlichen Industriegesellschaften, für deren Verlaufsform das Sprechen von „neuer Mütterlichkeit" und „neuer Väterlichkeit" ein Indiz ist (LENZEN 1985; 1991).

Da das Judentum vor allem in Haus und Familie, dem traditionellen Wirkungsort von Frauen/Müttern, praktiziert wird, und die jüdische Mutter erst im Zuge der Haskala, und sichtbar in ihren Negativstereotypen zum 'Problem' geworden ist, erschien mir die auf einer mentalitätsgeschichtlichen Aufarbeitung der Geschichte der Frau in der aschkenasisch-jüdischen Familie beruhende Klärung der Ursachen und Gründe für die Umbrüche des jüdischen Mutterbildes als eine notwendige Voraussetzung für die gegenwärtige Diskussion um die Rolle der jüdischen Frau in Deutschland/Amerika. Die hierbei erzielten Ergebnisse bieten zugleich auch das Material für einen interkulturellen und -religiösen Vergleich innerhalb der (historischen) Familienforschung.

Der allgemeine Erkenntnisgewinn des hier beschriebenen methodischen Vorgehens, besteht darin, eigene Bewertungen (die uns allen tagtäglich unterlaufen und die wir vornehmen) als historisch gewachsen zu begreifen. Indem wir Wurzeln beobachtbarer Phänomene entdecken und aufdecken, liefern wir den Stoff für ihre Diskussion und für die Auseinandersetzung mit ihnen. Dabei kann die Möglichkeit, an Altes und Vertrautes anzuknüpfen, in Zeiten des Umbruchs Stabilität und Gelassenheit verleihen. - Erziehungswissenschaft braucht den historischen Blick, um Gegenwärtiges kritisch reflektieren zu können!

Zusammenfassung

In der vorgestellten Forschungsarbeit ging es um die Suche nach 'Wirklichkeit hinter dem Klischee', um eine Entmythologisierung der 'Jüdischen Mutter'. Die Ergebnisse des unternommenen Such- und Forschungsprozesses beschreiben eine von unendlich vielen Wirklichkeiten (Deutungsmöglichkeiten) jüdischer Frauengeschichte und der 'Jiddischen Mamme'. Dennoch sind sie nicht willkürlich oder beliebig, sondern resultieren aus einer besonderen Blickrichtung und Interpretationsmethode (dazu HERRLITZ und RITTELMEYER 1993): Die Negativbilder der 'Jüdischen Mutter' wurden auf der Grundlage einer historisch-hermeneutischen Rekonstruktion (dazu MATTHES-NAGEL ^{2}1995; SOEFFNER und HITZLER 1994) des in der jüdischen Religion begründeten idealen Mutterbildes sowie der 'realen' Lebensumstände und -äußerungen jüdischer Frauen und Mütter analysiert, beschrieben und gedeutet. Diese Vorgehensweise beruht auf den Vorstellungen der französischen Mentalitätsgeschichtsforschung in Verbindung mit sozialhistorischen und historisch-anthropologischen Momenten (dazu LENZEN 1989; RAULFF 1989; LE GOFF 1990).

Literatur

DÖRNER, Andreas und Ludgera VOGT 1994: Literatursoziologie. Literatur, Gesellschaft, Politische Kultur. Opladen 1994.

HERRLITZ, Hans-Georg und Christian RITTELMEYER (Hg.) 1993: Exakte Phantasie. Pädagogische Erkundungen bildender Wirkungen in Kunst und Kultur. Weinheim und München.

HERWEG, Rachel Monika 1994: Die jüdische Mutter. Das verborgene Matriarchat. Darmstadt.

HERWEG, Rachel Monika 1996: „Mein Name ist Frau Regina Jonas. Ich bin nicht die Frau eines Rabbiners. Ich bin Rabbinerin. Was kann ich für Sie tun?"- Die Rabbinerin Regina Jonas (Berlin 1902 - Auschwitz 1944). In: Elke KLEINAU (Hg.): Frauen in pädagogischen Berufen - gestern und heute. Bad Heilbrunn, S. 152-167.

HYAMS, Helge-Ulrike 1995: Jüdische Kindheit in Deutschland. Eine Kulturgeschichte. München.

LE GOFF, Jaques 1990: Phantasie und Realität im Mittelalter. Stuttgart.

LENZEN, Dieter 1985: Mythologie der Kindheit. Die Verewigung des Kindlichen in der Erwachsenenkultur. Versteckte Bilder und vergessene Geschichten. Reinbek bei Hamburg.

LENZEN, Dieter 1989: Melancholie, Fiktion und Historizität. Historiographische Optionen im Rahmen einer Historischen Anthropologie. In: Gunter GEBAUER, Dietmar KAMPER u.a.: Historische Anthropologie. Reinbek bei Hamburg, S. 13-48.

LENZEN, Dieter 1991: Vaterschaft. Vom Patriarchat zur Alimentation. Reinbek bei Hamburg.

LENZEN, Dieter 1992: Reflexive Erziehungswissenschaft am Ausgang des postmodernen Jahrzehnts. Oder Why should anybody be afraid of red, yellow and blue?. In: Zeitschrift für Pädagogik, 29. Beiheft. Hg. von Dietrich BENNER, Dieter LENZEN und Hans Uwe OTTO. Weinheim und Basel, S. 75-91.

MAROTZKI, Winfried 1995: Forschungsmethoden der erziehungswissenschaftlichen Biographieforschung. In: Heinz-Hermann KRÜGER und Winfried MAROTZKI (Hg.): Erziehungswissenschaftliche Biographieforschung. Opladen, S. 55-89.

MATTHES-NAGEL, ULRIKE ²1995: Rekonstruktion, theoretische. In: Dieter LENZEN (Hg.) unter Mitarb. v. Agi SCHRÜNDER: Enzyklopädie Erziehungswissenschaft. Stuttgart, Bd. 2, S. 503-507.

NAVÈ LEVINSON, Pnina 1989: Was wurde aus Saras Töchtern? Frauen im Judentum. Gütersloh.

RAULFF, Ulrich (Hg.) 1989: Mentalitäten-Geschichte. Zur historischen Rekonstruktion geistiger Prozesse. Berlin.

REICHERTZ, Jo und Norbert SCHRÖER 1994: Erheben, Auswerten, Darstellen. Konturen einer hermeneutischen Wissenssoziologie. In: Norbert SCHRÖER (Hg.): Interpretative Sozialforschung. Auf dem Wege zu einer hermeneutischen Wissenssoziologie. Opladen, S. 56-84.

SOEFFNER, Hans-Georg und Ronald HITZLER 1994: Hermeneutik als Haltung und Handlung. Über methodisch kontrolliertes Verstehen. In: Norbert SCHRÖER (Hg.): Interpretative Sozialforschung. Auf dem Wege zu einer hermeneutischen Wissenssoziologie. Opladen, S. 28-54.

YERUSHALMI, Yosef Hayim 1988: Zachor. Erinnere Dich! Jüdische Geschichte und Jüdisches Gedächtnis. Berlin.

Dorle Klika

Methodische Zugänge zur historischen Kindheitsforschung

1. Die Entdeckung eines Forschungsgegenstands

Die „Geschichte der Kindheit" ist ein relativ junger Forschungsgegenstand[1], der seit der berühmten Schrift „Geschichte der Kindheit" von ARIÈS, die 1960 in Frankreich erschien, zunächst in den Sozialwissenschaften und in der Volkskunde und anschließend in der Erziehungswissenschaft zunehmend beachtet wurde. Während in klassischen Studien zur Sozialgeschichte „Kindheit" nur eine Randerscheinung war und allenfalls zu dem Thema „industrielle Kinderarbeit" (KUCZYNSKI 1986, QUANDT 1978) erwähnt wurde, trug die historische Familienforschung (WEBER-KELLERMANN 1974, ROSENBAUM 1978, MITTERAUER/SIEDER 1982, WEBER-KELLERMANN/BIMMER 1985) zum Aufschwung einer sozialgeschichtlichen Kindheitsforschung und Jugendforschung bei (vgl. Bibliographie HERRMANN/RENFTLE/ROTH 1980)[2].
Gegenwärtig liegt schon eine ganze Reihe von historischen Kindheitsstudien vor, die ausgelöst wurden durch die kontrahenten Deutungen von ARIÈS (1975) und DE MAUSE (1977): Während ARIÈS die Geschichte der Kindheit als Verfallsgeschichte interpretiert, deutet DE MAUSE sie als Fortschrittsgeschichte (vgl. WAGNER-WINTERHAGER/STOPPER 1981; NEUMANN 1993; LENZEN 1994). Beide Positionen, die zum Teil gleiches Quellenmaterial (etwa das Tagebuch des Arztes Heroards über die Kindheit Ludwigs XIII.), aber auch unterschiedliches Quellenmaterial verwenden (ARIÈS erfaßt eher obere soziale Schichten, DE MAUSE eher untere soziale Schichten), verdeutlichen eine für alle Forschung geltende Regel: Quellenmaterial 'spricht' nicht von sich aus, sondern bedarf der *Interpretation*, die abhängig ist vom *Standort* und der *Perspektive* der Interpreten.
Die an ARIÈS und DE MAUSE anschließenden Studien über den deutschsprachigen Raum[3] (zum Überblick HONIG 1993, NEUMANN 1993) werden im folgenden Abschnitt (2.) skizziert. Vorgestellt werden nicht Untersuchungser-

---

[1] Historische Jugendforschung ist dagegen schon älter, weibliche Jugend ist weniger erforscht als männliche, vgl. MUCHOW 1962, BERTLEIN 1966, GILLIS 1980, MITTERAUER 1986. Abhandlungen dazu werden hier nicht explizit dargestellt, die erörterten methodischen Zugänge sind aber größtenteils übertragbar.

[2] Es gibt allerdings eine Reihe von Vorläufern in der Pädagogik, Germanistik und Kunstgeschichte, die hier nicht alle aufgezählt werden können. Exemplarisch seien genannt: ALT 1966, v.d. BERG 1960, BOESCH 1900, EICHBAUM 1930, KIND 1936, WAHL 1922; vgl. auch Bibliographie HERRMANN/RENFTLE/ROTH 1980 und RICHTER 1987.

[3] Für die USA, England, Frankreich vgl. PINCHBECK/HEWITT 1969, 1973, HUNT 1974, SHORTER 1977, GELIS u.a. 1980.

gebnisse, sondern methodische Konzeptionen (Fragestellungen, Quellen) und deren Differenzierung. Im Anschluß daran (3.) werden diese in einem Schema für Forschungsfragen systematisiert und Anregungen für weitere Forschungen gegeben.

2. Konzeptionen und Forschungsdesigns

Die ersten deutschsprachigen Studien zur Kindheitsgeschichte sind sozialgeschichtliche (JOHANSEN 1978) bzw. ethnologische (WEBER-KELLERMANN 1979), die ebenfalls einen großen historischen Zeitraum (16. - 20. Jahrhundert) umfassen und sich bewußt gegen die Deutungen von ARIÈS und DE MAUSE abgrenzen. JOHANSEN untersucht die Bereiche Wohnraum, Nahrung, Seuchen und Überlebenskämpfe, Familiengründung, Kindersterblichkeit, Kinderarbeit und Bettelkinder, die „Entdeckung" der Kindheit in den oberen Schichten, Kinderspiel, Kinderliteratur, Kindheit im Nationalsozialismus und gibt einen Ausblick auf Kinder heute in aller Welt. WEBER-KELLERMANN erforscht die Alltagsgeschichte von Kindern zu den Lebensbereichen Kleidung, Wohnung, Arbeit und Spiel differenziert nach sozialen Ständen, Klassen bzw. Schichten und Epochen. Beide Studien beziehen wirtschafts-, sozial- und kulturgeschichtliche Untersuchungsergebnisse ein und verwenden als Quellenmaterial ikonographisches Material, Autobiographien, Zeitschriften (etwa Modejournale), Anthologien über Spiel und Spielzeug. Beide sind geeignet für den Einstieg in das Thema. Aus erziehungswissenschaftlicher Perspektive untersuchen sie aber nur zum Teil Prozesse von Bildung, Erziehung, Sozialisation und behandeln eher deren Bedingungen als deren Verlauf bzw. deren Wirkungen.

Um facettenreiche Details und die jeweilige Lebenswelt der Gesellschaft selbst sprechen zu lassen, erstellten HARDACH/HARDACH-PINKE (1978) eine autobiographische Quellensammlung[4]. Textauszüge aus 36 Autobiographien geben Auskunft zu den kindlichen Erfahrungsbereichen „Bezugspersonen, materielle und soziale Umwelt, Lernen, Arbeit, Spiel" (S. 68). Die Autobiographien beziehen sich auf Kindheit im 18. und 19. Jahrhundert und sind nach sozialen Ständen bzw. Klassen (Arbeiter, Bauern, Kleinbürger, Bürger und Adel) differenziert. Eingeleitet wird die Anthologie durch eine sozialgeschichtliche ARIÈS und DE MAUSE kritisierende Abhandlung der HerausgeberInnen. Die Quellensammlung soll als explizit sozialgeschichtlicher Beitrag gelten. Die Einleitung gibt einen Überblick über Entwicklungen von Gesellschaft und Familie im 18. und 19. Jahrhundert, wobei deren jeweilige Bedeutung für Kinder im Mittelpunkt stehen.

Eine weitere Anthologie unterschiedlichsten Quellenmaterials[5] wurde von SCHLUMBOHM (1983) erarbeitet, ebenfalls differenziert nach sozialen Ständen (Bauern, Landarbeiter, Adel, Kleinbürgertum, Bildungs- und Besitzbürgertum), die jeweils eingeleitet und kommentiert und durch demographische Quellen ergänzt werden. Die Studie bezieht sich auf 1700 bis 1850, die Zeit, in

---

[4] Eine Bibliographie von Autobiographien befindet sich dort im Anhang.
[5] Weitere Anthologien HÜRLIMANN 1948, KÖHLER 1993, KÖNNECKER 1978, SCHENK 1992, VOß 1979, 1982

der sich die bürgerliche Gesellschaft entwickelte und ein staatliches, medizinisches und pädagogisches Interesse an Kindheit zu wirken begann. Auswahlkriterien für die Texte bilden die Stichworte „Erziehung" und „Sozialisation".
Nun wandte sich auch die Erziehungswissenschaft der Thematik zu, um die Geschichte von Kindheit, Jugend und Familie unter spezifischen pädagogischen Fragestellungen zu erforschen (CLOER 1979; DITTRICH/DITTRICH-JACOBI 1979; HERRMANN 1980, 1990). Konzepte und Untersuchungen entstanden, die sich als „Historische Sozialisationsforschung" verstehen[6]. Zentrales Anliegen ist diesen Studien ein explizit bildungsgeschichtliches Interesse, das die Heranwachsenden als aktiv handelnde und realitätsverarbeitende Subjekte begreift. Aufwachsen, Lernen, Erzogen-werden und Sich-Bilden, angeeignete und verworfene Präsentationen der jeweiligen Lebenswelt, individuelle und kollektive Sicht-, Erlebnis-, Erfahrungs- und Handlungsweisen von Individuen, Gruppen, Sozialschichten in bestimmten Epochen, Regionen, Generationen gilt es zu rekonstruieren (vgl. BERG 1991; CLOER u.a. 1991; HERRMANN 1991a,b; vgl. ECARIUS in diesem Band). Diese jüngeren Studien wenden sich historisch engeren Zeiträumen zu, um engere Problemfelder detaillierter untersuchen zu können[7].

Die Frage der bürgerlichen Mädchenkindheit im 19. Jahrhundert wird in der Studie von KÖßLER (1979; vgl. auch JACOBI-DITTRICH 1983, SPIEKER 1990) behandelt. Ausgehend von der Weiblichkeitsideologie des 19. Jahrhunderts befragt KÖßLER Ratgeberliteratur und Erziehungslehren zu den Bereichen weibliche Arbeit, Körper und Sexualität. Anhand autobiographischen Quellenmaterials recherchiert der Autor in einem zweiten Teil, wie sich die in der Ratgeberliteratur dargestellte Ideologie der Weiblichkeit auf die Mädchensozialisation bürgerlicher Familien auswirkte und fragt nach Freiräumen und Brüchen in der Disziplinierung der Mädchen.

Arbeiterkindern im 19. Jahrhundert ist die Studie von FLECKEN (1981) gewidmet. Als Quellenmaterial dienen (unter Einbeziehung sozial- und wirtschaftsgeschichtlicher Studien) Autobiographien; untersuchte Bereiche sind sozio-ökonomische Lage und Wohnbedingungen der Familie, familiale Binnenstruktur, Kinderarbeit (als Land-, Fabrik- Heim-, Hilfs- und Hausarbeit und Betteln), schulische Sozialisation, freie Zeit und Kinderspiel. Der Schwerpunkt der Untersuchung liegt im letzten Drittel des 19. Jahrhunderts (erst ab dann liegen Arbeiterlebenserinnerungen vor). Nach Flecken ist diese Phase gekennzeichnet durch die allmähliche Entwicklung einer abgegrenzten Kindheitsphase im Proletariat, wo es im Gegensatz zur bürgerlichen Familie nicht eine prinzipielle, sondern lediglich eine graduelle (S. 175) Abgrenzung zwischen Erwachsenen und Kindern gegeben hat.

Kindheit im ländlichen Raum eines schwäbischen Dorfes um 1900 untersucht die Arbeit von MUTSCHLER (1985). Zentrale Fragestellungen waren subjekti-

---

[6] Sie beziehen sich größtenteils auf Kindheit und Jugend.
[7] Vorgestellt werden auch hier nur die umfangreichen Untersuchungen. Darüber hinaus gibt es eine Fülle von kleineren Studien, vor allem, angeregt von der Frauenforschung, über historische Mädchenkindheit und -sozialisation; vgl. dazu die Bibliographie FRAUEN IM PÄDAGOGISCHEN DISKURS 1989, 1994.

ve Deutungen von Lernerfahrungen, Erziehungs- und Bildungsprozessen, ihre Verarbeitungsformen und deren Verhältnisse zu funktionalen Sozialisationsprozessen, sowie die Wirksamkeit der dörflichen Sozialisationsinstanzen. Um die Verschränkung gesellschaftsgeschichtlicher „Außenansichten" und kollektiver „Innenansichten" (HERRMANN 1991b, S. 41) zu kombinieren, wurde eine Ergänzung quantitativer und qualitativer Methoden gewählt (vgl. auch HERRMANN/GESTRICH/MUTSCHLER 1983, HERRMANN 1991a, 161ff). Als Quellenmaterial dienten Akten und Unterlagen aus Orts-, Staats- und Kirchenarchiven sowie mit Ortsansässigen geführte biographische Interviews. Neben den Verarbeitungsformen von Sozialisation-, Erziehungs- und Bildungsprozessen rekonstruiert die Studie Entwicklungsprozesse eines zeitlich, lokal und sozial umgrenzten kollektiven „Wir"-Bewußtseins.

Eine ökologisch orientierte, historisch-vergleichende Untersuchung zu „sozialen Kindheitsräumen" (Wiesbaden-Leiden) wurde von der Forschungsgruppe BEHNKEN/DU BOIS-REYMOND/ZINNECKER (1989) durchgeführt. Die Arbeit versteht sich als Beitrag zur „Sozialgeschichte klassenspezifischer Sozialisation" und „Sozialgeschichte der Kindheit in zivilisationstheoretischer Perspektive" (S. 401) und „historische Sozialökologie kindlicher Entwicklung" (S. 404). Als Quellenmaterial dienten biographische Interviews (oral history-Gespräche) und Fotomaterialien zum Straßenleben in den untersuchten Stadtquartieren (vgl. LUTZ/BEHNKEN/ZINNECKER in diesem Band).

Zwei weitere Studien zu Arbeiter- und Bürgerkindheit und -jugend im Wilhelminischen Kaiserreich entstanden in der Forschergruppe CLOER 1979; ders. u.a. 1991; SEYFARTH-STUBENRAUCH (1985) und mir selbst (KLIKA 1990). Deren Quellenmaterial besteht primär in Autobiographien; rekonstruiert werden Individual- und Kollektivbiographien. Zentrale Fragestellungen sind solche nach der Aneignung von Präsentationen der Lebenswelt durch die Heranwachsenden, differenziert nach den Bereichen räumlich-stoffliche Umgebung, Familiensystem (Ehe-, Eltern-Kind-, Geschwisterbeziehungen), Außenbeziehungen (Freundschaften, Nachbarn, Verwandte), Schule und ideologischem System. Rekonstruiert werden klassenspezifische (SEYFARTH-STUBENRAUCH), klassenübergreifende und geschlechtsspezifische (KLIKA) strukturell-bedingte allgemeine Erfahrungsmodi und ihnen widersprechende bzw. ambivalente und individuell besondere Erfahrungsmodi (vgl. SEYFARTH-STUBENRAUCH 1985, S. 177ff) in Sozialisations-, Erziehungs- und Bildungsprozessen und deren Bedeutung für die weitere Biographie der AutobiographInnen.

3. Anregungen und Desiderata

Alle diese Konzeptionen zur historischen Kindheits- und Sozialisationsforschung „stecken noch in den Kinderschuhen", sind als erste bewährte, aber auch erweiterungs- und veränderungsfähige Forschungsdesigns anzusehen.

Ohne theoretische Bezüge kommt auch eine historische Kindheits- (und Jugend-)forschung nicht aus. Dabei sollte es nicht darum gehen, Kindheiten vorschnell aus je unterschiedlichen Perspektiven zu bewerten, d.h. zum Beispiel

Kinder als Opfer von Industrialisierung zu betrachten oder als künftige Heilsbringer zu glorifizieren (solche Bilder von Kindheit hat es in der Geschichte genügend gegeben; vgl. LASSAHN 1983, S. 28ff; RICHTER 1987; NEUMANN 1993; LENZEN 1994, S. 343ff). Es sollte auch nicht darum gehen, Kindheiten, seien es vergangene oder gegenwärtige, zu mystifizieren oder vorschnell ihr Verschwinden zu propagieren (HENGST 1981, POSTMAN 1983,). Notwendig ist vielmehr, den Wandel von Kindheiten und Kinderleben im Zusammenhang mit gesellschaftlichem, ökonomischem, sozialem und kulturellem Wandel zu erforschen, auch deren mögliche Widersprüche und Gegenläufigkeiten, wobei an die Konzeptionen und Fragestellungen der Historischen Sozialisationsforschung angeknüpft werden kann.

Interdisziplinäre Bezüge sind wegen der Komplexität des Forschungsfeldes (fast) durchgängig notwendig, wobei für eine erziehungswissenschaftlich akzentuierte Forschung freilich die pädagogischen Begriffe das integrierende Zentrum bilden sollten. Die Palette möglicher Bezugstheorien ist bunt. Geeignet sind eher solche Gesellschafts-, Umwelt- oder Persönlichkeitstheorien, die entweder selbst einen Subjektbegriff verwenden, der dieses nicht nur passiv und rezeptiv faßt, oder zumindest eine solche Subjektfassung ermöglichen.

Für alle Studien zur Historischen Kindheitsforschung gilt, daß sie im Gegensatz zu klassischen, historischen und sozialgeschichtlichen Forschungen „neues" Quellenmaterial erschließen mußten - eben Quellenmaterial, das zum Forschungsgegenstand „historische Kindheiten" einen Zugang eröffnet. Verwendet wurde in den bisherigen Studien ikonographisches Material (Gemälde, Fotos, Zeichnungen, Stiche, Grabsteine u.ä.), Archivmaterialien (Predigttexte, Gerichtsakten, medizinische Berichte, Schulakten u.a.m.), Belletristik (Romane, Erzählungen), autobiographisches Material (Tagebücher, Briefe, Autobiographien[8]) Zeitschriften aller Art (Wochen-, Monatsblätter, Volks- und andere Kalender), Lexika, wissenschaftshistorische Abhandlungen (etwa zu Medizin, Pädiatrie, Recht), museale Gegenstände[9] (Spielzeug, Kleidung, Möbel u.a.). Für jedes dieser Quellenmaterialien sind spezifische, z.T. verschiedene methodische Zugänge erprobt worden (vgl. dazu die entsprechenden Beiträge in diesem Band).

In der Historischen Sozialisationsforschung nimmt autobiographisches Quellenmaterial (vgl. die entsprechenden weiteren Beiträge in diesem Band) einen besonderen Status ein, weil in ihm im Gegensatz zu dem übrigen Quellenmaterial die Subjektperspektive (wenn auch im Rückblick) und damit Erziehungs-, Bildungs- und Sozialisations*prozesse* und *-wirkungen* erfaßbar werden.

Im folgenden wird ein Schema vorgestellt, das versucht, das umfangreiche „Programm" der historischen Kindheits-, (Jugend-) und Sozialisationsforschung zusammenzufassen.

---

[8] Vgl. Bibliographie SAGARA 1986
[9] Umfangreiche Sammlungen (Text- u. Bildarchiv) zu Familie, Kindheit bei WEBER-KELLERMANN in Marburg, vgl. WEBER-KELLERMANN/BIMMER 1985, S. 127.

Methodische Zugänge zur historischen Kindheitsforschung

Begegnungen, Erfahrungen, Präsentationen, Aneignungen in einer bestimmten Zeit/Region in/im/mit	
Sozialisationsebenen/ bereichsspezifische Fragestellungen	**lebensgeschichtlich bedeutsame, bereichsübergreifende Fragestellungen**
1. Mikroebene 1.1 <u>räumlich-stofflich-zeitlich strukturierte Nahumwelt:</u> z.B. ⇨ Wohnort, -viertel, Straße, Wohnortwechsel ⇨ Haus-, Wohnungseinrichtung ⇨ Umgang mit Dingen u. Sachen ⇨ Bewegungsfreiraum, verbotene/geheime Räume ⇨ Reisen, etc. biographische Landkarte (Lippitz 1993, S. 172ff) ⇨ Arbeitszeiten, Freizeiten - Ver- und Entmischungen Zeitordnungen, Rituale 1.2 <u>Familien-System: Beziehungen</u> ⇨ der Eheleute zueinander, Familienthemen Konflikte, Krankheiten u.a. Wert-/Norm-/Erziehungsvorstellungen etc. ⇨ zwischen Kind und Mutter/Vater Nähe/Distanz, Geborgenheit etc. ⇨ zwischen Geschwistern, Beziehungen der Geschwister zu den Eltern (Lieblingskinder, Schwarze Schafe, etc.) und untereinander (Solidarität, Konkurrenz, Pionier-/Führerfunktionen etc., Interaktionsnormen/-regeln ⇨ zu weiteren Haushaltsmitgliedern (Dienstboten, Verwandten, „Schlafgängern" etc. 1.3 <u>„Außen"-Beziehungen zu</u> ⇨ Großeltern, Verwandten, Nachbarn ⇨ FreundInnen, Spielgruppen etc. **2. Mesoebene** 2.1 <u>Schulerfahrungen</u> ⇨ Beziehung zu Lehrkräften, KlassenkameradInnen ⇨ Schulräume ⇨ Orientierungen: Leistung, Konkurrenz, Solidarität etc. 2.2 <u>weitere relevante Institutionen</u> wie etwa: ⇨ Kindergarten, Vereine, Religionsgemeinschaften etc. **3. Makroebene** ⇨ gesellschaftliche Werte/Normen, ⇨ Ideologien, Weltanschauungen (Kirchen, Parteien, Gewerkschaften etc.) ⇨ soziale Ungleichheit ⇨ Faktoren gesellschaftlichen Wandels ⇨ besondere politische Ereignisse etc.	⇨ erinnerte Präsentationen/Deutungen der Erwachsenen u. anderer Kinder ⇨ angeeignete Deutungen, Umdeutungen ⇨ Erfahrungen von Widersprüchen/Ambivalenzen und deren Verarbeitung ⇨ allgemeine, schicht-, geschlechts-, gruppen- (etc.) typische Erfahrungsmodi ⇨ individuell besondere Erfahrungsmodi ⇨ signifikante Ereignisse (Schulze 1979, S. 60) ⇨ unstetige Formen von Erziehung (Bollnow), Krisen, Konflikte besondere Begegnungen, Vorbilder ⇨ Umgang mit/Verarbeitung von Angst, Freude, Wut, Leid etc. ⇨ Erkunden von Entscheidungs- und Handlungsfreiräumen ⇨ Gestaltung von Sozialisationsnischen ⇨ Generationen-Wandel

Alle vorgestellten Studien lassen sich ihm in der einen oder anderen Form zuordnen. Die Themenbereiche des Schemas sind orientiert an dem umfassenden Modell einer ökologischen Sozialisationsforschung (BRONFENBRENNER 1976), das in einem Mehr-Ebenen-Modell Mikroebene (unmittelbare Umgebung), Mesoebene (soziale Netzwerke, Institutionen) und Makroebene (ideologisches System) als Sozialisationsbereiche differenziert. Erweitert wurde das Modell durch den Ansatz zur Familienforschung von MOLLENHAUER/ BRUMLIK/WUDTKE (1975), um die Betrachtung des Familiensystems zu differenzieren (vgl. CLOER u.a. 1991, S. 89f). Die linke Spalte unterscheidet die verschiedenen Sozialisationsebenen und nennt Beispiele für bereichsspezifische Fragestellungen. Da die Ebenen im wechselseitigen Austausch miteinander stehen, sind Verknüpfungen/Rückkoppelungen (im Schema nicht dargestellt) selbstverständlich. Die rechte Spalte nennt bereichsübergreifende Fragestellungen zu Bildung, Erziehung, Sozialisation, die lebensgeschichtlich bedeutsam sind und zu allen Sozialisationsebenen gestellt werden können[10].

Das Schema erfüllt verschiedene Funktionen und kann für weitere eigene Forschungen auf verschiedene Art und Weise genutzt werden:

1.) Zur kritischen methodischen Sichtung bisheriger Forschungsergebnisse sind die relevanten Untersuchungen zu befragen: Welche Sozialisationsbereiche werden mit welchen Fragestellungen untersucht? Welche relevanten Fragen bleiben dabei offen? Z.B. bezieht die Studie KÖßLERs alle drei Ebenen ein (Familie, Schule, Medien, gesellschaftliche Ideologie), vernachlässigt aber Beziehungen zu Geschwistern Verwandten, Dienstboten; differenziert die Untersuchung von FLECKEN nicht zwischen Präsentation und Aneignung, fragt nicht nach Ambivalenzen u.ä.

2.) Beim Lesen von autobiographischem Material kann das Schema als Lese- und Analysehilfe genutzt werden: Das „Geschwistersystem" zum Beispiel wird in biographischen Erinnerungen nicht systematisch (als ein Kapitel oder eine Sequenz) vorgestellt. Das Schema kann hier als „Sortierhilfe" entweder zu verschiedenen Sozialisationsbereichen und/oder zu verschiedenen Fragestellungen genutzt werden, der bei der Analyse des o.a. autobiographischen Quellenmaterials den methodischen Status eines Leitfadens einnehmen kann: Was sagt das Quellenmaterial aus über „X"?

3.) Schließlich kann das Schema genutzt werden zur Entwicklung eigener Forschungsfragen und eines eigenen methodischen Instrumentariums für weitere Forschungen. Dazu ist es sinnvoll, entweder einzelne ausgewählte Fragestellungen (Erweiterungen sind erwünscht) in mehreren/allen Sozialisationsebenen zu untersuchen (Beispiel: Welche Ambivalenzen/Widerspruchserfahrungen ergaben sich für Jungen um 1900 bei Erfahrungen mit ihrer Geschlechtsrolle in den verschiedenen Sozialisationsbereichen, und wie wurden sie verarbeitet?) oder umgekehrt eine der Sozialisationsebenen (bzw. einen Teilbereich davon) unter möglichst verschiedenen Fragestellungen zu betrachten (Beispiel: Die Bedeutung von Großeltern/Verwandten für die Sozialisation von Kindern).

---

[10] Die Literaturverweise beziehen sich auf Kategorien, die zusätzlich zu den o.a. Forschungsfragen aufgenommen wurden.

Wird das Schema auf die bisherigen Untersuchungen zur Historischen Kindheitsforschung angewendet, so ergibt sich eine Fülle von weiteren Forschungsfragen. Dennoch sollen abschließend einige Bereiche genannt werden, die noch kaum systematisch untersucht sind: Adelige Kindheit (und Jugend) ist bisher nicht untersucht, ebensowenig bürgerliche Kindheit und Arbeiterkindheit vor 1850 (für Bürgerliche liegt dafür umfangreiches autobiographisches Quellenmaterial vor; vgl. HERRMANN 1991a, S. 147ff). Insbesondere der *Wandel* von Kindheit und Kindsein im 19. Jahrhundert (etwa von 1800 bis 1900) über verschiedene Generationen hinweg im Zusammenhang mit der beginnenden Moderne ist kaum untersucht. Die vorgestellten Studien haben den zeitlichen Schwerpunkt zwischen 1870 und 1920, systematische Untersuchungen zu den 20er Jahren bis in die jüngste Vergangenheit (50er, 60er Jahre) fehlen ebenfalls (freilich gibt es einzelne Studien und Vorarbeiten zum Nationalsozialismus und zu den 50er Jahren[11]; vgl. KLAFKI 1988; PREUSS-LAUSITZ 1991; vgl. HONIG 1993).

Sinnvoll wären zunächst auch Anschlußstudien an die vorgestellten Untersuchungen. „Anschluß" kann dabei Verschiedenes bedeuten: Solche Folgeuntersuchungen zum Beispiel mit gleichen/ähnlichen Konzeptionen sind denkbar als Studien, die im gleichen Raum (historisch, regional) andere Gruppen untersuchen, um so etwa Schicht-, Geschlechts- oder Altersdifferenzen zu erarbeiten, oder aber als Studien, die die gleiche Gruppe (wie die Vergleichsstudie) in anderen Regionen bzw. anderen historischen Zeiten untersuchen. Erst dann können zum Beispiel Regionaltypisches, Stadt-Landdifferenzen, Geschlechterdifferenzen bzw. Formen und Wandel von Kindheit und Kindsein in all ihrer Vielfalt in den Blick kommen.

Literatur

ALT, Robert 1966: Bilderatlas zur Schul- und Erziehungsgeschichte. 2 Bde. Berlin.
ARIES, Philipp 1975: Geschichte der Kindheit. München. Originalausgabe Paris 1960.
BEHNKEN, Imbke/Manuela DU BOIS-REYMOND/Jürgen ZINNECKER 1989: Stadtgeschichte als Kindheitsgeschichte: Lebensräume von Großstadtkindern in Deutschland und Holland um 1900. Opladen.
BERG, Christa 1991: Kinderleben in der Industriekultur. Der Beitrag der historischen Sozialisationsforschung. In: dies. (Hg.): Kinderwelten. S. 15-40.
BERG, Jan Hendrik van den 1960: Metabletika. Über die Wandlungen des Menschen. Grundlegung einer historischen Psychologie. Göttingen.
BERTLEIN, Hermann 1966: Jugendleben und soziales Bildungsschicksal. Reifungsstil und Bildungserfahrungen werktätiger Jugendlicher 1860-1910. Hannover.
BIMMER, Andreas C. 1988: Familienforschung. In: BREDNICK, Rolf (Hg.): Grundriß der Volkskunde. Einführung in die Forschungsfelder der europäischen Ethnologie. Berlin, S. 235-250.
BOESCH, Hans 1900: Kinderleben in der deutschen Vergangenheit. Leipzig. Neudruck Düsseldorf 1979.
BRONFENBRENNER, Urie 1976: Ökologische Sozialisationsforschung. Stuttgart.
BRONFENBRENNER, Urie 1981: Die Ökologie der menschlichen Entwicklung. Stuttgart.

---

[11] Vgl. auch DU BOIS-REYMOND u.a 1994, ZEIHER/ZEIHER 1994.

CLOER, Ernst 1979: Ausgewählte systematische Fragestellungen der Geschichte der Kindheit und der historischen Familien- und Sozialisationsforschung. In: ders. (Hg.): Familienerziehung. Bad Heilbrunn.
CLOER, Ernst/Dorle KLIKA/Michael SEYFARTH-STUBENRAUCH 1990: Kindsein in Arbeiter- und Bürgerfamilien des wilhelminischen Reiches. In: BERG, Christa (Hg.): Kinderwelten. Frankfurt.
DE MAUSE, Lloyd 1977: Evolution der Kindheit. In: ders. (Hg.): Hört Ihr die Kinder weinen. Eine psychogenetische Geschichte der Kindheit. Frankfurt. Originalausgabe New York 1974.
DITTRICH, Eckart/Juliane DITTRICH-JACOBI 1979: Die Autobiographie als Quelle zur Sozialgeschichte der Erziehung. In: BAACKE, Dieter/Theodor SCHULZE (Hg.): Aus Geschichten lernen. Zur Einübung pädagogischen Verstehens. München, S. 99-119.
DU BOIS-REYMOND, Manuela/Peter BÜCHNER/Heinz-Hermann KRÜGER/Jutta ECARIUS/Burkhard FUHS 1994: Kinderleben. Modernisierung von Kindheit im interkulturellen Vergleich. Opladen.
EICHBAUM, Gerda 1930: Die Krise der modernen Jugend im Spiegel der Dichtung. Zur Problemgewschichte des Jugendalters. Erfurt.
ELIAS, Norbert 2. Aufl. 1969: Über den Prozeß der Zivilisation. Soziogenetische und psychogenetische Untersuchungen. 2 Bde. Frankfurt.
ELSCHENBROICH, Donata 1977: Kinder werden nicht geboren. Frankfurt.
FLECKEN, Margarete 1981: Arbeiterkinder im 19. Jahrhundert. Weinheim.
FLITNER, Andreas/Walter HORNSTEIN 1965: Neue Literatur zur Geschichte des Kindes- und Jugendalters. In: ZfPäd 11 (1965), S. 66-85.
FRAUEN im pädagogischen Diskus 1994. Eine interdisziplinäre Bibliographie 1988-1993. Frankfurt (Erste Ausgabe 1984-1988. Frankfurt 1989).
GELIS, Jacques/Mireille LARGET/Marie France MORELL 1980: Der Weg ins Leben. Geburt und Kindheit in früher Zeit. München.
GIESEN, Josef 1966: Europäische Kinderbilder. Die soziale Stellung des Kindes im Wandel der Zeit. München.
GILLIS, John R. 1980: Geschichte der Jugend. Weinheim.
HARDACH-PINKE, Irene/Gerd HARDACH (Hg.) 1981: Kinderalltag. Deutsche Kindheiten in Selbstzeugnissen 1700 bis 1900. Reinbek.
HAUSEN, Karin 1977: Historische Familienforschung. In: RÜRUP, Reinhard (Hg.): Historische Sozialwissenschaft. Beiträge zur Einführung in die Forschungspraxis. Göttingen, S. 59-95.
HENGST, Heinz/Michael KÖHLER/Barbara RIEDMÜLLER/Manfred M. WAMBACH 1981: Kindheit als Fiktion. Frankfurt.
HERRMANN, Ulrich 1991a: Historische Bildungsforschung und Sozialgeschichte der Bildung. Programme, Analysen, Ergebnisse. Weinheim.
HERRMANN, Ulrich 1991b: „Innenansichten". Erinnerte Lebensgeschichte und geschichtliche Lebenserinnerung, oder: Pädagogische Reflexion und ihr „Sitz im Leben". In: BERG, Christa (Hg.): Kinderwelten. Frankfurt, S. 41-67.
HERRMANN, Ulrich 2. überarb. Aufl. 1990: Probleme und Aspekte historischer Ansätze in der Sozialisationsforschung. In: HURRELMANN, Klaus/Dieter UHLIG (Hg.): Handbuch der Sozialisationsforschung. Weinheim, S. 227-252.
HERRMANN, Ulrich/Andreas GESTRICH/Susanne MUTSCHLER 1983: Kindheit, Jugendalter und Familienleben in einem schwäbischen Dorf im 19. und 20. Jahrhundert (bis zum Ersten Weltkrieg). In: BORSCHEID, Peter/Hans-Jürgen TEUTEBERG (Hg.): Ehe Liebe Tod. Münster, S. 66-79.
HERRMANN, Ulrich/Susanne RENFTLE/Lutz ROTH 1980: Bibliographie zur Geschichte der Kindheit, Jugend und Familie. München.
HONIG, Michael-S. 1993: Sozialgeschichte der Kindheit im 20. Jahrhundert. In: MARKEFKA, Manfred/Bernhard NAUCK (Hg.): Handbuch der Kindheitsforschung. Neuwied, S. 207-220.

HUNT, David 1974: Parents and Children in History, The Psychology of Family in Early France. New York 1974.
HÜRLIMANN, Bettina 1948: Kinderbildnisse aus fünf Jahrhunderten europäischer Malerei. Zürich.
JACOBI-DITTRICH, Juliane 1983: „Hausfrau, Gattin und Mutter". Lebensläufe und Bildungsgänge von Frauen im 19. Jahrhundert. In: BREHMER, Ilse/Juliane JACOBI-DITTRICH/Elke KLEINAU/Annette KUHN (Hg.): Wissen heißt Leben. Frauen in der Geschichte. Bd. 4. Düsseldorf, S. 262-281.
JOHANSEN, Erna M. 1978: Betrogene Kinder. Eine Sozialgeschichte der Kindheit. Frankfurt.
KIND, Hansgeorg 1936: Das Kind in der Ideologie und der Dichtung der deutschen Romantik. Leipzig.
KLAFKI, Wolfgang (Hg.) 1988: Verführung, Distanzierung, Ernüchterung. Kindheit und Jugend im Nationalsozialismus. Weinheim.
KLAFKI, Wolfgang 1991: Typische Faktorenkonstellation für Identitätsprozesse von Kindern und Jugendlichen im Nationalsozialismus im Spiegel autobiographischer Berichte. In: BERG, Christa/S. ELLGER-RÜTTGART (Hg.): „Du bist nichts, Dein Volk ist alles". Forschungen zum Verhältnis von Pädagogik und Nationalsozialismus. Weinheim, S. 159-172.
KLIKA, Dorle 1990: Erziehung und Sozialisation im Bürgertum des wilhelminischen Kaiserreiches. Eine pädagogisch-biographische Untersuchung zur Sozialgeschichte der Kindheit. Frankfurt.
KÖHLER, Ursula (Hg.) 1993: Kinderleben. Dichter erzählen von Kindern. Frankfurt.
KÖNNECKER, Marie-Luise 1978: Mädchenjahre. Ihre Geschichte in Bildern und Texten. Darmstadt.
KÖßLER, Gottfried 1979: Mädchenkindheiten im 19. Jahrhundert. Gießen.
KRÜGER, Heinz-Hermann 1995: Bilanz und Zukunft der erziehungswissenschaftlichen Biographieforschung. In: DERS./Winfried MAROTZKI (Hg.): Erziehungswissenschaftliche Biographieforschung. Opladen, S. 32-54.
KRÜGER, Heinz-Hermann/Jutta ECARIUS/C. GRUNERT 1993: Kindheit in Ostdeutschland. Forschungsbericht. Halle.
KUCZYNSKI, Jürgen 1986: Studien zur Geschichte der Lage des arbeitenden Kindes in Deutschland von 1700 bis zur Gegenwart. Berlin.
LASSAHN, Rudolf 1983: Pädagogische Anthropologie. Eine historische Einführung. Heidelberg.
LENZEN, Dieter 1994: Das Kind. In: ders. (Hg.): Erziehungswissenschaft. Ein Grundkurs. Reinbek, S. 341-361.
LIPPITZ, Wilfried 1993: Phänomenologische Studien in der Pädagogik. Weinheim.
MITTERAUER, Michael 1986: Sozialgeschichte der Jugend. Frankfurt.
MITTERAUER, Michael/Reinhard SIEDER (Hg.) 1982: Historische Familienforschung. Frankfurt.
MOLLENHAUER, Klaus 1983: Vergessene Zusammenhänge über Kultur und Erziehung. München.
MOLLENHAUER, Klaus/Micha BRUMLIK/Hubert WUDTKE 1975: Die Familienerziehung. München.
MUCHOW, Hans H. 1962: Jugend und Zeitgeist. Morphologie der Kulturpubertät. Reinbek.
MUTSCHLER, Susanne 1985: Ländliche Kindheit in Lebenserinnerungen. Familien- und Kinderleben in einem württembergischen Arbeiter-Bauern-Dorf an der Wende vom 19. zum 20. Jahrhundert. Tübingen.
NEUMANN, Karl 1993: Zum Wandel der Kindheit vom Ausgang des Mittelalters bis an die Schwelle des 20. Jahrhunderts. In: MARKEFKA, Manfred/Bernhard NAUCK (Hg.): Handbuch der Kindheitsforschung. Neuwied, S. 191-206.
PINCHBECK,I./M. HEWITT 1969,1973: Children in English society. 2 vols. London
POSTMAN, Neil 1983: Das Verschwinden der Kindheit. Frankfurt.

PREUSS-LAUSITZ, Ulf u.a. 1991: Kriegskinder - Konsumkinder - Krisenkinder. Zur Sozialisationsgeschichte seit dem Zweiten Weltkrieg. Weinheim.
QUANDT, Siegfried (Hg.) 1978: Kinderarbeit und Kinderschutz in Deutschland 1783-1976. Paderborn.
RICHTER, Dieter 1987: Das fremde Kind. Zur Entstehung der Kindheitsbilder des bürgerlichen Zeitalters. Frankfurt.
ROSENBAUM, Heide (Hg.) 1978: Seminar: Familie und Gesellschaftsstruktur. Materialien zu den sozioökonomischen Bedingungen von Familienformen. Frankfurt.
ROSENBAUM, Heide 1982: Formen der Familie. Frankfurt.
SAGARA, Eda 1986: Quellenbibliographie autobiographischer Schriften von Frauen im deutschen Kulturraum 1730-1918. In: Internationales Archiv für Sozialgeschichte der deutschen Literatur. Bd. 11, S. 178-231.
SCHENK, Herrard (Hg.)1992: Lebensläufe. Ein Lesebuch. München.
SCHLUMBOHM, Jürgen 1983: Kinderstuben. Wie Kinder zu Bauern, Bürgern, Aristokraten wurden. 1700 bis 1850. München.
SCHULZE, Theodor 1979: Autobiographie und Lebensgeschichte. In: BAACKE, Dieter/Theodor Schulze (Hg.): Aus Geschichten lernen. Zur Einübung pädagogischen Verstehens. München, S. 51-98.
SCHUSTER-KEIM, Ute/Alexander KEIM 1988: Zur Geschichte der Kindheit bei Lloyd de Mause. Psychoanalytische Reflexion. Frankfurt.
SEYFARTH-STUBENRAUCH, Michael 1985: Erziehung und Sozialisation in Arbeiterfamilien im Zeitraum 1870 bis 1914 in Deutschland. Frankfurt.
SHORTER, Edward 1977: Die Geburt der modernen Familie. Reinbek. Originalausgabe New York 1975.
SPIEKER, Ira 1990: Bürgerliche Mädchen im 19. Jahrhundert. Erziehung und Bildung in Göttingen 1806-1866. Göttingen.
TENORTH, Heinz-Elmar 1990: Der sozialgeschichtliche Zugang zur historischen Pädagogik. In: BÖHME, Günther/Heinz-Elmar TENORTH: Einführung in die historische Pädagogik. Darmstadt, S. 117-181.
VOß, Ursula (Hg.) 1979: Kindheiten. Gesammelt aus Lebensberichten. München.
VOß, Ursula (Hg.) 1982: Die unbequemen Jahre. Jugend im Selbstporträt. Frankfurt.
WAGNER-WINTERHAGER, Luise/Heinz STOPPER 1981: Kindheit - Eine eigene Welt? - Historische und gegenwärtige Bedingungen von Kindheit. In: NEUMANN, Karl (Hg.): Kindsein. Zur Lebenssituation von Kindern in modernen Gesellschaften. Göttingen, S. 50-61.
WAHL, Viktor 1922: Die Gestaltung des Kindes in der deutschen Dichtung. Freiburg.
WEBER-KELLERMANN, Ingeborg 1974: Die deutsche Familie. Versuch einer Sozialgeschichte. Frankfurt.
WEBER-KELLERMANN, Ingeborg 1979: Die Kindheit. Kleidung und Wohnen - Arbeit und Spiel. Frankfurt.
WEBER-KELLERMANN, Ingeborg/Andreas BIMMER 1985: Einführung in die Volkskunde europäischer Ethnologie. Eine Wissenschaftsgeschichte. 2. erw. u. erg. Aufl. von: Deutsche Volkskunde zwischen Germanistik und Sozialwissenschaften. Stuttgart.
ZEIHER, Helga/Hartmut J. ZEIHER 1994: Orte und Zeiten der Kinder. Weinheim.

Jutta Ecarius

Qualitative Methoden in der historischen Sozialisationsforschung

Die historische Sozialisationsforschung beschäftigt sich mit der wechselseitigen Vermittlung von Individual- und Gesellschaftsgeschichte. Es wird grundlegend davon ausgegangen, daß eine Theorie über die Bildung der Menschen nicht außerhalb einer 'Geschichte der menschlichen Historie' konzipiert werden kann. Entsprechend werden im methodischen Zugang Ansätze verfolgt, die den Menschen in das Zentrum der Betrachtung stellen und die die subjektiven Handlungs- und Deutungsmuster, die selbstreflexiven Bewußtseinsinhalte, sowie die Weltbilder und Weltdeutungen aus der lebensgeschichtlichen Sicht der Subjekte betonen. In der Pädagogik ist man seit der 'realistischen Wende' um die Einbeziehung sozialwissenschaftlich-empirischer Forschung bemüht. Mit der 'Alltagswende', der Berücksichtigung der jeweiligen Lebenssituationen, gewannen auch qualitative Methoden an Bedeutung (vgl. KRÜGER 1992). Die historische Sozialisationsforschung hat sich dem Programm verpflichtet, die Verarbeitungsformen von Erlebnissen und Erfahrungen, den Aufbau der Person, aus lebensgeschichtlicher Perspektive im Kontext der sozialen Welt, der historischen Strukturen und Kontexte, zu rekonstruieren. Mit Hilfe der hermeneutischen Prinzipien des Verstehens wird das Subjekt in seinen Lebensbezügen betrachtet. Den Befragten wird Raum zur Selbstdarstellung ihrer Lebenswelt, ihren Erfahrungen mit historischen Ereignissen, ihrem Umgang mit Bildungsinstitutionen und den darin stattfindenden Bildungsprozessen gegeben.

In einem ersten Schritt werden die theoretischen Grundlinien skizziert. Vor diesem Hintergrund werden dann die methodischen Ansätze der historischen Sozialisationsforschung innerhalb der Erziehungswissenschaften vorgestellt. In einem dritten Schritt wird zur Verdeutlichung der Grundannahmen der historischen Sozialisationsforschung der theoretische wie auch methodische Zugang des Projektes 'Sozialgeschichte, Erziehung und Bildung in familialen Generationenbeziehungen. Wandlungsprozesse im intergenerativen Vergleich über drei Generationen in Ostdeutschland' (vgl. ECARIUS 1995) exemplarisch vorgestellt.

1. Die Geschichtlichkeit der Menschen in ihrer Lebenswelt: Theoretische Bezüge

In der historischen Sozialisationsforschung werden gesellschaftsgeschichtliche Ansätze mit erziehungs- und bildungshistorischen Fragestellungen verbunden. Der Gedanke, die Bildung der Menschen durch Erziehung zu fördern, ist eng mit der Aufklärung verbunden. Die Aufklärungsbewegung ab dem 17. Jahrhundert ist eine Ära der Herausbildung des modernen Subjekts- und Persönlichkeitsbildes sowie der Theorien, in denen mehr Freiheit und Gerechtigkeit, Mündigkeit und eine demokratische Legitimation von Herrschaft postuliert werden (vgl. KRÜGER 1995). KANT, der Dogmen und Traditionen, die Kirche und despotische Staaten kritisierte, setzte an diese Stelle die Vernunft, das Ideal der Aufklärung, mit der der Mensch aus der selbstverschuldeten Unmündigkeit heraustreten soll. Neben einer Forderung nach einer Veränderung gesellschaftlicher Machtverhältnisse machte er das Konzept der Erziehung stark, nach dem der Mensch nur durch Erziehung und Bildung zum Menschen und Bürger bzw. zu einem sittlichen und vergesellschafteten Subjekt wird, das über Moralität und politische Urteilsfähigkeit verfügt.

Das Projekt Pädagogik und die Aufklärung als Epoche der Umwälzung von Kultur, Politik und der Lebensbedingungen sind eng miteinander verbunden. Die Bildung des Menschen wird in seiner Gesamtheit nur vollkommen verständlich, wenn nicht nur einzelne Handlungsvollzüge, sondern zugleich auch die historischen Prozesse betrachtet werden. Gesellschaftliche Umwälzungsprozesse und Erziehung sowie die Bildung des Menschen, die alltäglichen Lebensbedingungen und sozialer Wandel stehen in einem Zusammenhang zueinander. Eine der Grundannahmen der historischen Sozialisationsforschung ist, daß das Individuum und die Gesellschaft zwei nicht voneinander zu trennende Objektbereiche sind. In Anlehnung an ELIAS (1976) wird davon ausgegangen, daß soziales Handeln generell nur im strukturierten Wandel begriffen werden kann. Beide Bereiche, die Beziehungen der Individualstrukturen und die Gesellschaftsstrukturen sind als sich wandelnde, werdende und gewordene zu begreifen. Eine Betrachtung der Lebensrealität des Menschen ist verfehlt, wenn der Mensch von der gesellschaftlich-historischen Lebenswelt isoliert und theoretisch ein 'Außen' und 'Innen' konstruiert wird. ELIAS plädiert dafür, sich ein Bild vieler interdependenter Menschen vorzustellen, die ganz unterschiedliche Figurationen wie Gruppen oder Gesellschaften bilden. Aus dieser Sicht verschwindet die Spaltung in einzelne Menschen auf der einen und Gesellschaften auf der anderen Seite. Die Trennung von Individuen ohne Gesellschaften und andersherum von Gesellschaften, die so geformt werden, daß es darin keine Individuen gibt, löst sich auf.

An dieser Stelle wird aus der Sicht der historischen Pädagogik die Frage bedeutsam, wie unter den jeweiligen historisch-konkreten Bedingungen Erziehung und Bildung tatsächlich verlief. Welche pädagogischen Konzepte und Erziehungsmuster wurden angewendet und wie wirkte die jeweilige gesellschaftliche Struktur auf die Lern- und Bildungserfahrungen der Kinder und Jugendlichen? Welche Verhaltensweisen wurden eingeübt und wie waren die zentralen sozialen Institutionen wie Familie, Schule, Jugendgruppe und Betrieb organisiert? Je nach Zeitgeschichte sind unterschiedliche soziale Typisierungen für das politische und sittliche Verhalten maßgebend. Das Verhaltensrepertoire, das den einzelnen zur Verfügung steht, ermöglicht oder erschwert Bildungsprozesse. Hier ist zu fragen, welche Vorstellungen von Emanzipation gefordert wurden und sich dann auch durchgesetzt haben? Wann wurden Bildungsprozesse behindert und was wurde unter Bildungsprozessen verstanden? Welche Formen der Ent-

fremdung, Überwachung und Bestrafung waren je nach Epoche vorherrschend und welche Spielräume gab es im Handeln?
Diese Fragen sind fokussiert auf die Rekonstruktion und Analyse der Prozesse des Aufbaus der Person, der Ich-Werdung und Identitätsfindung einschließlich ihrer Brüche und Ambivalenzen. Um diese Prozesse der Ich-Findung innerhalb von biographisch bestimmten Lernprozessen analysieren zu können, verwendet die historische Sozialisationsforschung als Forschungsquelle u.a. biographische Materialien. Analysematerial sind Autobiographien, Briefe und Tagebücher. Denn darin sind in Form lebensgeschichtlicher Erfahrungsberichte und Erzählungen eigene Erfahrungen festgehalten und persönliche Entwicklungen aufgezeichnet. Die biographischen Dokumente geben Auskunft über das, was für die einzelnen 'Selbstbestimmung', 'Lebensbewältigung', 'Emanzipation' und 'Selbstverwirklichung' tatsächlich bedeuten, welche Wege dabei eingeschlagen werden, welche gesellschaftlichen Bedingungen unterstützend oder behindernd wirken und durch welche Ursachen Zusammenbrüche und Scheiternsprozesse hervorgerufen werden. Die historische Sozialisationsforschung stellt die selbstreflexiven Bewußtseinsinhalte und Formen des Selbst der einzelnen und angrenzenden Gruppen in lebensgeschichtlicher Perspektive in den Mittelpunkt ihrer hermeneutischen Analyse. Zusätzlich zur Analyse einzelner Biographien werden auch Generationen-Einheiten im historischen Kontext untersucht. Im Rückgriff auf Konzept der Generationen, der dafür plädierte, die Entelechien und generationsspezifischen Gefühlseinheiten von Altersgruppen zu betrachten, anhand derer sich Generationsgestalten und somit sozialer Wandel ablesen lassen, versucht entsprechend die Historische Sozialisationsforschung, Stile und Gemeinsamkeiten von Gruppen zu analysieren, die die kollektiven zeitlichen und räumlichen Erfahrungshorizonte verdeutlichen. Hierbei wird unterstellt, daß die individuellen Lebensgeschichten, die in Mentalitäten, Institutionen sowie geschlechts- und berufsspezifischen Lebensumständen eingebettet sind, sich mit denen anderer Biographien vergleichen lassen und auf diese Weise Kollektivschicksale bzw. typische Generationeneinheiten aufgezeigt werden können. Damit begibt sich die Historische Sozialisationsforschung ganz in die Tradition von MANNHEIMs Generationenansatz
Die historische Sozialisationsforschung beabsichtigt, sowohl ideologie- als auch erkenntnis- und theoriekritisch vorzugehen. Sie will überprüfen, „ob unsere theoretischen Annahmen von der Bedeutung bestimmter erzieherischer Einflußnahmen auf den Aufbau der Persönlichkeit und die Prägung des Selbstbewußtseins, ob die Bedeutung der an diesen Vorgängen beteiligten Personen und Institutionen, ob die unterstellte Langzeitwirkung von Sozialisationserfahrungen in Kindheit und Jugend denn tatsächlich so groß oder so geartet ist, wie angenommen oder unterstellt wird" (1991, 238).

2. Qualitative Methoden der historischen Sozialisationsforschung

Der Gegenstand der historischen Sozialisationsforschung, einzelne Lebensläufe auf die individuellen Muster und Strukturen hin zu untersuchen sowie die Selbstthematisierungen von Gruppen bzw. Generationen zu rekonstruieren, erfordert einen besonderen methodischen Zugang. Hierzu gehören aus dem Bereich der qualitativen Methodologie die Ansätze der Biographieforschung. Neben der Dokumenten- und der Photoanalyse (HAUPERT 1994) sind es unter anderem vor allem die Methode der Objektiven Hermeneutik von OEVERMANN und das narrative Interview von Fritz SCHÜTZE, die zur Datenerhebung angewendet werden. In den einzelnen Forschungsprojekten, die mit dem Ansatz der historischen Sozialisationsforschungen arbeiten, beschränkt man sich jedoch nur selten auf einen methodischen Ansatz. Häufiger werden verschiedene qualitative Methoden miteinander kombiniert.

Oral History (Erinnerungsinterview)

Die Oral History, die ihren Ursprung in Amerika hat, konzentriert sich auf die Analyse des alltäglichen Erlebens von Geschichte und persönliche Erfahrungsberichte. In der direkten Übersetzung bedeutet Oral History 'mündliche Geschichte'. Jedoch ist sie weniger mit einer besonderen Art von Geschichte, der mündlichen Überlieferung zu assoziieren, sondern sie ist als eine besondere Forschungstechnik zu verstehen (vgl. NIETHAMMER 1985), auch wenn ihr Gegenstand die mündliche Erzählung ist. Die Oral History eignet sich zur Erhebung von geschichtlichen Ausschnitten, für die keine andere Form an Überlieferung besteht. NIETHAMMER, der einer der wichtigsten bundesdeutschen Vertreter der Oral History ist, sieht in dieser Methode die Möglichkeit, den „Volksperspektiven" (NIETHAMMER 1985, 427) Raum zur Selbstdarstellung zu geben, die für den klassischen Historismus mehr eine Residualkategorie ist. Für den klassischen Historismus stehen der Nationalstaat, die großen Persönlichkeiten und die Außenpolitik im Mittelpunkt. Die Organisation der alltäglichen Lebensführung, das Selbstverständliche zeitgeschichtlichen Lebens, und die Mentalität verschiedener Gruppen gehen in diese Form der Geschichtsschreibung nicht ein.

Diese 'blinden' Stellen können mit der Oral History erforscht werden. Zugleich erlaubt sie eine breitere Erhebung der jüngsten Vergangenheit, der soziokulturellen Verarbeitung von Geschichte. Die Oral History hat es zu ihrem Forschungsprogramm gemacht, die vielfältigen Facetten von Lebensmustern, das Verständnis von Geschichte und der Umgang mit historischen Ereignissen mit Erzählungen einzelner Personen aber auch einzelner Altersgruppen herauszuarbeiten. Das Geschichtsverständnis wird dadurch um die Dimension des Räumlichen erweitert, was zugleich bedeutet, daß in realistischer Weise neue Wahrnehmungsmöglichkeiten durch das Anschauliche entstehen können, die dann mit der historischen Phantasie zu konfrontieren sind (KOSELLECK 1977). Indirekt wirkt die Oral History mit ihrer Vorgehensweise und den Ergebnissen dann auch auf das Geschichtsverständnis, da sie den Blick schärft für das alltägliche Leben einzelner wie auch von Gruppen im zeitgeschichtlichen Fluß. Auf diese Weise werden nicht mehr nur die historischen Großereignisse als Dreh- und Angelpunkt von Geschichte verstanden.

Während in Amerika die Oral History zum Beispiel eingesetzt wurde, um Eliteinterviews durchzuführen oder auch dazu diente, die Geschichte nichtschriftlicher Kulturen wie die der Indianer oder der Sklaven nachzuzeichnen, wurde sie in Westdeutschland wie auch in England und Frankreich genutzt, um die Alltags- und Erfahrungsgeschichte der 'kleinen Leute' zu untersuchen (vgl. NIETHAMMER 1976, WIERLING 1991). Hier interessiert weniger die Sozialgeschichte ethnischer Minderheiten, sondern im Mittelpunkt steht die Rekonstruktionen der Lebensformen der Durchschnittsbürger, ihre Sorgen und Hoffnungen sowie ihre Sicht auf die soziale und politische Welt. Gefragt wird, wie sozialpolitische Maßnahmen und historische Wandlungsprozesse in ihr Leben eingreifen und sie sich damit auseinandersetzen.

Die Lebensgeschichten einzelner oder ganzer Gruppen werden in der Oral History mit dem Erinnerungsinterview erhoben (NIETHAMMER 1991). Das Interviewgespräch wird in der Regel damit eingeleitet, daß der Interviewte über die Forschungsfrage, z.B. wie während des 2. Weltkrieges der Lebensalltag bewältigt wurde, informiert wird und ihm in Form eines offenen Einstiegimpulses die Gelegenheit gegeben wird, entweder sein ganzes Leben oder in bezug auf die Forschungsfrage aus seinem Leben zu erzählen. Diese Phase kann sehr kurz ausfallen und nach fünf Minuten beendet sein, sie kann aber auch bis zu fünf Stunden dauern. Im Anschluß daran folgt ein zweiter Teil, in dem auf Widersprüche, Unverständliches und auf Lücken der Anfangserzählung eingegangen wird. Im dritten Teil des Interviews wird ein Leitfadenfragebogen verwendet, mit dem explizit Fragen des Forschungsprojektes angesprochen werden. Auch hier sind die Fragen so gestellt, daß sie zum Erzählen anregen und Erfahrungen berichtet werden. Die interviewende Person hält sich während des Interviews weitgehend zurück und bekundet an der Erzählung Interesse. Durch diesen Ablauf ähnelt das Erinnerungsinterview dem narrativen Verfahren von Fritz SCHÜTZE (vgl. 1983, 1995), auch wenn andere Schwerpunkte gesetzt werden, die besonders in der Interpretationsweise hervortreten.

In der Auswertung der produzierten Texte, die aufgrund der enormen Textmenge nur auszugsweise verschriftlicht werden und von deren unverschriftlichen Passagen akustische Protokolle angefertigt werden, werden vor dem Hintergrund des wissenschaftlichen Vorwissens sowohl die einzelnen Bausteine als auch das Ganze analysiert und interpretativ mit vergleichbaren Bausteinen aus anderen Interviews in Verbindung gesetzt. Die Zwischenstufen bestehen im Datenabstract, der Kurzbiographie, Indexierung der Sachaussagen, Exzerpierung der erzählten 'Geschichten' und einer Zusammenfassung des Interviewverlaufs. In der Auswertung wird versucht, die Zeitschichten der jeweiligen Textausschnitte zu bestimmen und Angaben einander zuzuordnen, mit denen über Kernaussagen der Subjekte soziale Verhältnisse rekonstruiert werden (NIETHAMMER 1985).

Der biographische Ansatz wird verfolgt, um ein Bild darüber zu erlangen, woher z.B. Basiseliten kommen und durch welche biographischen und politischen Vorerfahrungen sie geprägt wurden. Genauso relevant ist auch die Frage, was beispielsweise mit Angehörigen aus linksgerichteten politischen Lagern der Weimarer Republik im Faschismus geschah. Zugleich wird der Analyse des Alltags viel Platz eingeräumt (NIETHAMMER, HOMBACH, u.a. 1985). Die Rekonstruktion alltäglicher Lebensweisen zielt darauf ab herauszuarbeiten, wie in der Bewältigung der alltäglichen Lebens- und Arbeitsbedingungen auf das soziale Umfeld und die sozialen sowie politischen Veränderungen, von denen sie bis zu einem gewissen Grad abhängig sind, reagiert und wie agiert wurde. Hier werden vor allem 'dichte Beschreibungen' vorgenommen, wobei auf den Rhythmus und Trend von Alltagsveränderungen geachtet wird (WIERLING 1991, 1993; LÜDTKE 1994).

In der Interpretation wird unterstellt, daß zwar wie schon Dilthey andeutete, das sinnhafte Verstehen von Texten deshalb möglich ist, weil der Autor mit dem Interpret sein Menschsein teilt, daß aber zugleich auch von einer Differenz im anthropologischen Sinn auszugehen ist. Zwischen dem Weltverständnis des Textes und dem des Interpreten kann eine strukturelle Differenz vorliegen, die in den Interpretationsgang einfließt und daher auch zu berücksichtigen ist. Die Wahrnehmung dieser Differenz unterstützt den Interpretationsvorgang, um in ihrer Rückführung latente Strukturen und Deutungsgehalte offenzulegen und neue Thematiken aufzudecken, die erst aus der gegenwärtigen Sicht offenbar werden (KOSELLECK 1977).

Das retrospektive Interview birgt aber auch Problematiken in sich, die auch von der Oral History thematisiert werden. Die erfahrungsgeschichtliche Dimension, das Erzählen vergangenen Lebens, ist beeinflußt von gegenwärtigen Orientierungen und dem heutigen Erkenntnisstand. Erinnerungen werden durch die Brille des gegenwärtigen Lebens geschildert. Vergangene Erfahrungen verlieren an Bedeutung, Details verblassen oder werden aus der Gegenwart idealisiert. Dennoch geht die Oral History davon aus, daß „wichtige persönliche Erlebnisse in gleichsam ungedeuteter Form erinnert werden" (Niethammer 1985, 396). Sie sind im Erzählmaterial genauso enthalten wie gegenwärtige Sichtweisen. Jedes Erinnerungsinterview weist mehrere Sichtweisen an Verarbeitungsmustern und Interpretationsweisen auf, die auf je nach Zeitpunkt im Leben unterschiedliche gesellschaftliche wie auch individuelle Erfahrungsschichten und Umgangsweisen hinweisen.

Narratives Verfahren und Objektive Hermeneutik (Dokumentenanalyse)

Auch beim narrativen Verfahren und der objektiven Hermeneutik werden die Subjekte als Experten ihren Lebens verstanden (vgl. LAMNEK 1988). Hier gilt ebenso wie insgesamt für die Biographieforschung das Thomas-Theorem, dem der Grundsatz zu eigen ist, „daß, wenn Menschen eine Situation als real definieren, diese auch reale Konsequenzen hat" (THOMA, zitiert nach FUCHS 1984, 111). Gesellschaftliche Sinnstrukturen und individuell konstituierte Sinnstruk-

turen stehen nach diesem Grundsatz in einem Wechselverhältnis (FISCHER 1978) zueinander.
Für SCHÜTZE wird durch das Erzählen von selbsterlebten Geschichten das wiedergegeben, als was der Erzähler sich versteht und was er durch die Geschehnisse und die signifikanten Anderen geworden ist (siehe dazu auch JAKOB in diesem Band). Der Interviewer fordert den Erzählenden auf, auf sein bisheriges Leben zurückzublicken und dieses bis zur Gegenwart zu schildern. Nach der offenen Erzählphase folgt der immanente Nachfrageteil, in dem ähnlich wie bei der Oral History versucht wird, Unverständliches und Widersprüche durch Nachfragen zu klären. Erzählt wird die Lebensgeschichte nach dem Motto 'wie war das nochmal?'. Die Erzählenden lassen sich durch den Strom des Erfahrenen gleiten und erzählen aus dieser Sicht die vergangenen Ereignisverstrickungen und die Höhe- und Wendepunkte. Die Lebensgeschichte wird mit Hilfe von Ordnungsprinzipien erzählt, „welche die Flut des retrospektiven Erinnerungsstroms systematisch und doch für alle möglicherweise sich entwickelnden Erzählkomplikationen flexibel ordnet" (SCHÜTZE 1984, 80). Diese kognitiven Figuren sind zentrale Orientierungs- und Darstellungsraster für das in der sozialen Welt an Ereignissen Erfahrene (SCHÜTZE 1984, 80).
Die Interpretation wird so angelegt, daß „die Veränderungen des Selbst des Erzählers als Biographieträger" (SCHÜTZE 1984, 82) in ihrem Entstehungsprozeß herausgearbeitet wird. Hierbei wird zwischen narrativen und argumentativen Passagen unterschieden. Während die narrativen Passagen das Erlebte wiedergeben, enthalten die argumentativen (und bilanzierenden) Passagen Deutungsmuster über das Erlebte, die von heute oder von damals aus formuliert sein können. Entlang der zentralen Lebensstationen sowie Handlungs- und Orientierungsmustern wird eine biographische Gesamtformung erstellt, die im weiteren mit anderen biographischen Gesamtformungen verglichen werden. Abgestrebt wird hierbei, die einzelnen biographischen Rekonstruktionen im kontrastiven Vergleich zu einer Typologie zusammenzuführen.
Während im narrativen Interview das subjektive Erleben und die Handlungsmotive im Mittelpunkt stehen, sind in der Objektiven Hermeneutik von OEVERMANN (1991) die über den subjektiven Sinn hinausgehenden objektiven Bedeutungsgehalte, der latente Sinn sozialer Strukturen von Interesse. Biographische Materialien wie Interviews, Ratgeberliteratur, Interviewprotokolle oder private Kontaktanzeigen enthalten als Protokolle von Handlungen, die bereits abgeschlossen sind, eine über den ursprünglichen intentionalen Inhalt hinausragende zweite, offene Sinnschicht. OEVERMANN geht davon aus, daß die Sprache und Handlungen sich aus Regeln generieren, womit eine immer schon vollzogene strukturierte Sozialität vorausgesetzt wird. „Die Struktur der konkreten sozialisatorischen Interaktion konstituiert sich relativ unabhängig von den Motiven, Dispositionen und Intentionen der beteiligten Personen als objektive Struktur sozialer Differenzierung und als objektive Struktur eines latenten Sinnzusammenhangs" (OEVERMANN 1976, 372). In jeder Gesellschaft gibt es sinnhafte und allgemeine Muster an Beziehungs- und Handlungsstrukturen. Jedes Subjekt verfügt über dieses Regelsystem, was bedeutet, daß in jeder sprachlichen Handlung zwei Dimensionen enthalten sind, zum einen der sub-

jektive Sinn und zum anderen die objektiven Bedeutungsgehalte bzw. die latenten Sinnmuster. In der Interpretation wird der Text als Handlungsprotokoll realer Interaktionsprozesse verstanden, in dem eine irreversible Folge an Ursache-Wirkungen-Beziehungen enthalten sind. Als Basis für die Interpretation ist auf das Alltagswissen zurückzugreifen. An den Text ist mit einer 'künstlichen Naivität' heranzugehen, d.h. das wissenschaftliche Kontextwissen soll vorerst nicht in die Interpretation einfliessen, um eine vorschnelle Deduktion an schon Bekanntes zu verhindern. Der Interpretationsvorgang sieht vor, daß an jede Sequenz, die aus einem Wort oder einer kurzen Textstelle besteht, möglichst viele Interpretationsarten angelegt werden, d.h. es ist eine Vielfalt von möglichen und konkurrierenden Lesarten zu entwickeln, wobei vom Besonderen zum Allgemeinen geschritten wird. Im zweiten Schritt dient das bisherige Interpretationsprotokoll, die bis dahin entwickelten Lesarten, als Prüfinstanz für die Richtigkeit der im ersten Schritt hervorgebrachten Lesarten. Im fortschreitenden Text werden die Hypothesen aus dem inneren Kontext des Falles heraus geprüft. Ähnlich wie im narrativen Verfahren und der Oral History versucht auch die Objektive Hermeneutik über mehrere Einzelfallrekonstruktionen eine Typologie zu erstellen, in der sich eine generelle Struktur verdichtet.

Ergebnisse der qualitativ orientierten historischen Sozialisationsforschung

Auch wenn die Historische Sozialisationsforschung eine relativ junge Disziplin ist, liegt schon eine Fülle an Forschungsergebnissen vor. Besonders gut erfaßt ist die historische Jugendforschung (KRÜGER 1992). Aber auch im Bereich der historischen Sozialisationsforschung der Kindheit und der Familie liegen einige wichtige Ergebnisse vor (vgl. HERMANN 1991). Zum Bereich der Kindheit sind hier vor allem die Arbeiten von BEHNKEN, DU BOIS-REYMOND und ZINNECKER (1989) zur Stadtgeschichte als Kindheitsgeschichte, die Untersuchungen von ARIES (1975) zu Familiensystemen und dem emotionalen Binnenklima (auch: BORSCHEID/TEUTEBERG 1983; ECARIUS 1995) und die Arbeiten von CLOER, KLIKA und SEYFARTH-STUBENRAUCH (1991) sowie MUTSCHLER (1985) zum historischen Wandel kindlicher Lebensformen zu nennen (siehe dazu auch KLIKA in diesem Band). Untersucht wurden von BEHNKEN, DU BOIS-REYMOND und ZINNECKER (1989) aus einer kindzentrierten Perspektive die Lebensräume von Großstadtkindern in Deutschland und Holland um 1900. Ausgemacht werden konnte ein Formwandel im Kinderleben von einer Straßen- hin zu einer verhäuslichten Familienkindheit. Je nach sozialer Gruppierung vollzog sich der Wandel zeitverschoben. Vorreiter des Wandlungsprozesses hin zu einer haus- und familienorientierten Kindheit war das Bürgertum, gefolgt vom Kleinbürgertum und der städtischen Arbeiterklasse.

Historische Gestalten jugendlicher Lebensformen wurden von GILLIS (1980) und MITTERAUER (1986) herausgearbeitet. Jugendliche und erwachsene Generationeneinheiten sind von RÖßLER (1957) und auch von ZINNECKER

(1987) untersucht worden. KLAFKI (1991) hat die Mentalitätsprofile von Kinder und Jugendlichen im Dritten Reich aufgezeigt. KRÜGER/BREYVOGEL (1987) haben die historische Entwicklung der Jugend im Ruhrgebiet seit der Jahrhundertwende aus der Sicht der Betroffenen, die Geschichte der Arbeiterjugend und die jugendlichen Gegenkulturen aus bürgerlichem Milieu vom Wandervogel bis zur Friedensbewegung analysiert.

3. Ein Forschungsdesign: 'Sozialgeschichte, Erziehung und Bildung in familialen Generationenbeziehungen. Wandlungsprozesse im intergenerativen Vergleich über drei Generationen in Ostdeutschland'

Die theoretischen Grundannahmen und methodischen Zugänge der Historischen Sozialisationsforschung werden nun anhand der Untersuchung 'Sozialgeschichte, Erziehung und Bildung in familialen Generationenbeziehungen. Wandlungsprozesse im intergenerativen Vergleich über drei Generationen in Ostdeutschland' (ECARIUS 1995) konkretisiert. In diesem Projekt werden im Schnittpunkt der Historischen Sozialisationsforschung und der Historischen Pädagogik Erziehungs- und Bildungsprozesse in familialen Zusammenhängen über drei Generationen vor dem Hintergrund sozialgeschichtlicher Wandlungsprozesse untersucht (vgl. ECARIUS 1995). Vor dem Hintergrund modernisierungstheoretischer und zivilisationstheoretischer Annahmen (BECK 1986, ELIAS 1976) wird an Diskursen zum sozialen Wandel über Generationen (MANNHEIM 1928) und denen zu Generationenbeziehungen (KAUFMANN 1993) angesetzt. Im Zentrum steht die Mikroperspektive, die Erziehungs- und Bildungsprozesse in familialen Generationenbeziehungen. Hiermit wird an einer langen Tradition der Pädagogik zum Generationenbegriff angesetzt. Schon SCHLEIERMACHER verstand das erzieherische Verhältnis als eine „pädagogische Einwirkung der älteren Generation auf die Jüngere" (SCHLEIERMACHER 1983, 45). Es ist jedoch, wie RAUSCHENBACH (1994) anmerkt, ein bisher vernachlässigtes Thema erziehungswissenschaftlicher Analyse, wie die Generationenbeziehungen in der Familie gestaltet wurden und werden, welche Interaktionsformen vorherrschen und wie innerhalb dessen Erziehung praktiziert wird. Studien zum intergenerativen Geflecht werden meistens unter dem momentan populären Thema des sich verändernden Generationenvertrages, der sozialen, finanziellen und emotionalen Unterstützung (vgl. LÜSCHER 1993; KAUFMANN 1993; WILK 1993) und weniger aus der Sicht familialer Interaktionsmuster und biographischer Werdegänge über mehrere Generationen diskutiert.

In diesem Projekt wurden bisher 25 Generationenlinien (insgesamt 75 Interviews) erhoben. Interviewt wurden jeweils drei Generationen in einer Familie, wobei entweder männliche oder weibliche Linien der Altersgruppen 1913-1921, 1943-1951 und 1963-1971 ausgewählt wurde. Die Auswahl der Generationen richtete sich nach den historischen Großereignissen, wobei die mittlere Generation den Schnittpunkt bildet. Bei dieser Generation ist ausschlaggebend, daß sie nicht im Faschismus groß geworden ist und keine HJ- bzw. BDM-Sozialisation erfahren hat. Sie wächst direkt in das Gesellschaftssystem der DDR hinein. Ausgehend von dieser Generation ergeben sich die beiden anderen Generationen. Um ein vergleichbares Datenmaterial zu erhalten, wurden Familien innerhalb einer Region, des Landes Sachsen-Anhalts (Saalkreis), untersucht. Die Familien wurden nach der Methode des theoretical-samplings von GLASER/STRAUSS (1967) ausgewählt, nach dem man ähnlich dem Schneeballverfahren ausgehend von einem konturierten Fall den nächsten dazu kontrastierenden Fall sucht.

Als Erhebungsmethode wird in einem ersten Schritt das narrative Verfahren von Fritz SCHÜTZE (1983) angewendet, das nach dem immanenten Nachfrageteil um eine Bilanzierungsfrage (Wenn Sie alles noch einmal zusammenfassen, wie sehen Sie dann Ihr Leben bis heute?) und eine Zukunftsfrage (Wie denken Sie, wird es in Ihrem Leben weitergehen?) ergänzt wird. Daran schließt ein Leitfadeninterview an, das im methodischen Zugang dem Erinnerungsinterview der Oral History folgt. Ausgewertet werden die biographischen Interviews vorwiegend nach der Methode des narrativen Verfahrens von Fritz SCHÜTZE. Erarbeitet wird eine biographische Gesamtstruktur der biographischen Erzählung, wobei besonders auf die Aufwachsbedingungen sowie in der weiteren Erzählung auf Ereignisverstrickungen, die auf Bildungsprozesse und Umstrukturierungen in den Handlungsmustern hinweisen, geachtet wird. Von jeder Generationenlinie wird ein Generationenporträt erstellt. Im kontrastiven Vergleich der einzelnen Generationenporträts werden mittels einer induktiv-qualitativen Vorgehensweise die vielfältigen Erziehungsmuster und Interaktionsformen in Drei-Generationen-Familien erarbeitet.

Die bisher vorliegenden Ergebnisse zeigen einerseits Entwicklungen in ostdeutschen Familien auf, zugleich aber auch allgemeine Entwicklungsprozesse der Modernisierung und Pluralisierung der Lebensformen. Insofern geben sie auch Auskunft über generelle Wandlungsprozesse der Generationenbeziehungen und Generationenverhältnisse. Die Studie macht deutlich, daß sich über drei Generationen ein Wandel in den Erziehungsmustern vom autoritären Befehlshaushalt zur Erziehung an der langen Leine vollzog (vgl. BÜCHNER 1983; DU BOIS-REYMOND, KRÜGER, ECARIUS, FUHS 1994). Hierbei wurde deutlich, daß die Wandlungsprozesse zeitverschoben in den jeweiligen familialen Generationenlinien einsetzen. In manchen Familien, wenn auch wenigen, praktiziert schon die Großelterngeneration einen modernen Verhandlungshaushalt, während kontrastiv dazu in anderen Familien noch die jüngste Generation einen Befehlshaushalt erlebt hat. Das entspricht dem, was KRUMREY (1984) als eine historisch-kulturelle Verschiebung von Wandlungsprozessen bezeichnet. Auch wurde festgestellt, daß zwischen Erziehungskonzeption und Erziehungspraxis zu differenzieren ist. Erziehungskonzepte und die tatsächliche Praxis weichen oft erheblich voneinander ab. Zudem werden bei den Kindern ganz unterschiedliche Verhaltensweisen erzeugt. Insofern besteht in der Familienerziehung eine Kluft zwischen 'Theorie' und 'Praxis'. Die Erziehungspraxis wird oft von den eigenen Erfahrungen beeinflußt, die die Eltern als Kinder erlebt haben. Auf diese Weise werden dann auch Traditionen und Familienmuster über Generationen festgeschrieben, die teilweise losgelöst von größeren gesellschaftlichen Wandlungsprozessen verlaufen. Überhaupt wurde deutlich, daß der indirekte Einfluß der Großeltern, die in der Regel nicht mit den anderen Generationen in einem Haushalt wohnen, größer ist als oft angenommen. Da die direkt aufeinander folgenden Generationen belastet sind durch das erzieherische Verhältnis und die Bestrebungen der Kinder, selbständig zu werden, sind hier auch Konkurrenzen und Auseinandersetzungen Thema. Das Verhältnis zwischen Großmutter und Enkelin bzw. zwischen Großvater und Enkel ist in der Regel entlasteter und entspannter. Großmütter sowie Großväter versuchen, das was sie bei ihren Kindern verpaßt haben oder nicht zulassen konnten, bei den Enkelkindern stellvertretend gutzumachen. Auf diese Weise werden Familienmuster tradiert und Familienaufgaben auch an die übernächste Generation herangetragen.

Auch zeichnete sich in der Auswertung der familialen Interaktionsmuster ein Wandel von einer asymmetrischen hin zu einer symmetrischen Machtverteilung zwischen Jung und Alt ab. BÖHNISCH/BLANC (1989) gehen davon aus, daß eine Relativierung der Lebensalter vor allem durch Modernisierungsprozesse hervorgerufen werden: Da sich gesellschaftliche Ausbildungs-, Bildungs- und Karrieresysteme nicht mehr eindeutig auf eine lebensphasentypische Ablaufstruktur beziehen, Hierarchien und Abgrenzungen zwischen den Altersgruppen zerfasern, neuartige Konsummärkte alle Altersgruppen ansprechen, sind die Älteren damit konfrontiert, daß sich die Erfahrungsvorsprünge relativieren und sie machen die Erfahrung, daß vieles von dem, was die Älteren gelernt haben für Jüngere aufgrund beschleunigter gesellschaftlicher Entwicklungen wertlos ist. Eine familiale Generationenanalyse macht jedoch deutlich, daß die Umstrukturierung in der Machtverteilung auch von den älteren Generationen mitproduziert wird. Sie befördern aktiv diesen Prozeß, indem sie ihre Kinder gleichberechtigt erziehen. Die Relativierung der Lebensalter wird nicht nur von den Jüngeren im Konflikt und der Ablösung mit der Elterngeneration eingefordert oder erkämpft, sondern die Eltern legen in ihrer Erziehungspraxis diese relative Gleichbehandlung selbst an. Sie selbst haben in der Regel eine restriktive Erziehung erlebt und unter dem traditionellen Wertehimmel der 30er bzw. 60er Jahre ihre Jugend verbracht. Ihr Wunsch nach mehr Freizügigkeit und Gleichberechtigung wird in der Erziehung an die nächste Generation weitertransportiert. Sie sind insofern aktive Mitproduzenten von Modernisierungsprozessen. Diese Studie macht deutlich, daß in Familien sozialer Wandel aktiv mitbefördert wird und daß die Verarbeitungsmuster dabei ganz unterschiedlich ausfallen. Sozialer Wandel wird nicht nur durch allgemeine gesellschaftliche Veränderungen wie die Technisierung der sozialen Lebenswelt, die Computerisierung und Mediatisierung, das Aufbrechen institutioneller Lebenslaufmuster durch eine zunehmende Massenarbeitslosigkeit und neue Dienstleistungsbereiche hervorgebracht. Das Wechselspiel von Tradierung und Erneuerung sozialer Muster wird vor allem auch durch das erzieherische Verhältnis zwischen den Generationen angefacht, durch das die einzelnen Angehörigen einer Generationen in ein Interaktionsgeflecht mit jüngeren und älteren Generationen eingebunden sind.

4. Ausblick

Die Historische Sozialisationsforschung bietet insgesamt für die Erziehungswissenschaft die Möglichkeit, die Praxis erzieherischen Handelns empirisch zu untersuchen. Mit den Methoden der Oral History können aus der Sicht der Erzählenden die Lern- und Bildungsprozesse, die vielfältigen Handlungsweisen und Reflexionen nachgezeichnet und in den Kontext historischer Wandlungsprozesse, der Mentalitätsgeschichte und Sozialgeschichte gestellt werden. Damit wird versucht, empirisch das alltägliche Geschehen, die Denkweisen und Handlungsmuster aufzuzeigen und sie im Vergleich mit unterschiedlichen Generationen oder unterschiedlichen Gruppen zu verdeutlichen. Eine solche Herangehensweise ist eine sinnvolle Ergänzung zu quantitativen Studien, mit denen nur die Verteilung von Erziehungsmustern, die Bildungsbeteiligung der SchülerInnen an verschiedenen Schultypen, die familiale Haushaltsgröße, die Freizeitaktivitäten, etc. eingefangen werden können, aber nicht die Vielfalt an Varianten eines Erziehungsmusters, die Beweggründe und die alltäglichen Notwendigkeiten im erzieherischen Familienalltag. Die Historische Sozialisationsforschung setzt somit durch die Mikroperspektive sehr nahe am erzieherischen Geschehen an und ermöglicht damit einen Einblick in alltägliche Erziehungs- und Lernprozesse.

Literatur

ARIES, Philippe 1975: Geschichte der Kindheit. München.
BECK, Ulrich 1986: Risikogesellschaft. Auf dem Weg in eine andere Moderne. Frankfurt.
BEHNKEN, Imbke/Manuela DU BOIS-REYMOND/Jürgen ZINNECKER 1989: Stadtgeschichte als Kindheitsgeschichte. Opladen.
BÖHNISCH, Lothar u.a. 1989: Die Generationenfalle. Von der Relativierung der Lebensalter. Frankfurt.
BORSCHEID, Peter/Hans TEUTEBERG (Hg.) 1989: Ehe, Liebe und Tod. Münster.
BÜCHNER, Peter 1983: Vom Befehlen und Gehorchen zum Verhandeln. Entwicklungstendenzen von Verhaltensstandards und Umgangsformen seit 1945. In: PREUSS-LAUSITZ, Ulf u.a. (Hg.): Kriegskinder, Konsumkinder, Krisenkinder. Zur Sozialisationsgeschichte seit dem 2. Weltkrieg. Weinheim, S. 196-212.
CLOER, Ernst/Dorle KLIKA/Michael SEYFARTH-STUBENRAUCH 1991: Versuch zu einer pädagogisch-biographisch-historischen Sozialisations- und Bildungsforschung. Kindsein in Arbeiter- und Bürgerfamilien des Wilhelminischen Reiches. In: BERG, Christa (Hg.): Kinderwelten. Frankfurt, S. 68-103.
ECARIUS, Jutta 1995: Generationenbeziehungen in ostdeutschen Familien. Moderne Familienbeziehungen in drei Generationen. In: LÖW, Martina/Dorothee MEISTER/Uwe SANDER (Hg.): Pädagogik im Umbruch. Opladen, S. 171-186.
ELIAS, Norbert 1976: Über den Prozeß der Zivilisation. Soziogenetische und psychogenetische Untersuchungen. Frankfurt.
FISCHER, Wolfram 1978: Struktur und Funktion erzählter Lebensgeschichten. In: KOHLI, Martin (Hg.): Soziologie des Lebenslaufs. Darmstadt/Neuwied, S. 311-336.
FUCHS, Werner 1984: Biographische Forschung. Eine Einführung in Praxis und Methoden. Opladen.
GILLIS, John 1980: Geschichte der Jugend. Weinheim.
GLASER, Barney, G./Anselm L. STRAUSS 1967: The Discovery of the Grounded Theory: Strategies for qualitative Research. Chicago.

HAUPERT, Bernhard 1994: Objektiv-hermeneutische Fotoanalyse am Beispiel von Soldatenfotos aus dem Zweiten Weltkrieg. In: GARZ, Detlef (Hg.): Die Welt als Text. Frankfurt.

HERRMANN, Ulrich 1991: Historische Sozialisationsforschung. In: HURRELMANN, Klaus/Dieter ULICH (Hg.): Handbuch der Sozialisationsforschung, Weinheim/Basel, S. 231-248.

KAUFMANN, Franz-Xaver 1993: Generationenbeziehungen und Generationenverhältnisse im Wohlfahrtsstaat. In: LÜSCHER, Kurt/Franz SCHULTHEIS (Hg.): Generationenbeziehungen in 'postmodernen' Gesellschaften. Konstanz, S. 95-110.

KLAFKI, Wolfgang 1991: Typische Faktorenkonstellation für Identitätsprozesse von Kindern und Jugendlichen im Nationalsozialismus im Spiegel autobiographischer Berichte. In: BERG, Christa/Sieglind ELLGER-RÜTTGARDT (Hg.): 'Du bist nichts, Dein Volk ist alles'. Forschungen zum Verhältnis von Pädgogik und Nationalsozialismus. Weinheim, S. 159-172.

KOSELLECK, Reinhart 1977: Standortbindung und Zeitlichkeit. Ein Beitrag zur historiographischen Erschließung der geschichtlichen Welt. In: ders. u.a. (Hg.): Theorie der Geschichte. Objektivität und Parteilichkeit. BD 1. München, S. 17-46.

KRÜGER, Heinz-Hermann 1992: Geschichte und Perspektiven der Jugendforschung - historische Entwicklungslinien und Bezugspunkte für eine theoretische und methodische Neuorientierung. In: KRÜGER, Heinz-Hermann (Hg.): Handbuch der Jugendforschung. Opladen, S. 17-30.

KRÜGER, Heinz-Hermann 1995: Erziehungswissenschaft in den Antinomien der Moderne. In: KRÜGER, Heinz-Hermann/Werner HELSPER (Hg.): Einführung in Grundbegriffe und Grundfragen der Erziehungswissenschaft. Opladen, S. 319-326.

KRÜGER, Heinz-Hermann/Wilfried BREYVOGEL (Hg.) 1987: Land der Hoffnung - Land der Krise. Jugendkulturen im Ruhrgebiet 1900-1987. Berlin/Bonn.

KRUMREY, H.-V. 1984: Entwicklungsstrukturen von Verhaltensstandarden. Frankfurt.

LAMNEK, Siegfried 1988: Qualitative Sozialforschung. Bd1 u. Bd2. München/Weinheim.

LÜDTKE, Arnold 1994: 'Helden der Arbeit' - Mühen beim Arbeiten. Zur mißmutigen Loyalität von Industriearbeitern in der DDR. In: Kaeble, H. u.a. (Hg.): Sozialgeschichte der DDR. Stuttgart, S. 188-216.

LÜSCHER, Kurt 1993: Generationenbeziehungen - Neue Zugänge zu einem alten Thema. In: ders.; SCHULTHEIS, Franz (Hg.): Generationenbeziehungen in postmodernen Gesellschaften: Analysen zum Verhältnis von Individuum, Familie, Staat und Gesellschaft. Konstanz, S. 17-50.

MANNHEIM, Karl 1928: Das Problem der Generationen. In: KZfSS, 2, S. 175-185.

MITTERAUER, Michael 1986: Sozialgeschichte der Jugend. Frankfurt.

MUTSCHLER, Susanne 1985: Ländliche Kindheit in Lebenserinnerungen. Familien- und Kinderleben in einem württembergischen Arbeiterdorf an der Wende vom 19. zum 20. Jahrhundert. Tübingen.

NIETHAMMER, Lutz 1976: Oral History in den USA. Archiv für Sozialgeschichte 18, S. 454-501.

NIETHAMMER, Lutz 1985: Fragen - Antworten - Fragen. Methodische Erfahrungen und Erwägungen zur Oral History. In: NIETHAMMER, Lutz/Alexander VON PLATO (Hg.): 'Wir kriegen jetzt andere Zeiten'. Auf der Suche nach der Erfahrung des Volkes in nachfaschistischen Ländern. Bd. 3. Berlin/Bonn, S. 392-447.

NIETHAMMER, Lutz u.a. 1985: 'Die Menschen machen ihre Geschichte nicht aus freien Stücken, aber sie machen sie selbst'. Einladung zu einer Geschichte des Volkes in NRW. Berlin/Bonn.

OEVERMANN, Ulrich 1991: Genetischer Strukturalismus und das sozialwissenschaftliche Problem der Erklärung der Entstehung des Neuen. In: MÜLLER-DOOHM, Stefan (Hg.): Jenseits der Utopie. Frankfurt, S. 267-336.

RAUSCHENBAUCH, Thomas 1994: Inszenierte Solidarität: Soziale Arbeit in der Risikogesellschaft. In: BECK, Ulrich/Elisabeth BECK-GERNSHEIM (Hg.): Riskante Freiheiten. Individualisierung in modernen Gesellschaften. Frankfurt, S. 89-114.
ROEßLER, Wilhelm 1957: Jugend im Erziehungsfeld. Düsseldorf.
SCHLEIERMACHER, Friedrich Daniel 1983: Ausgewählte pädagogische Schriften. Paderborn.
SCHÜTZE, Fritz 1983: Biographieforschung und narratives Interview. In: Neue Praxis 13, S. 283-293.
SCHÜTZE, Fritz 1984: Kognitive Figuren des autobiographischen Stehgreiferzählens. In: KOHLI, Martin u.a. (Hg.): Biographie und soziale Wirklichkeit. Stuttgart, S. 78-117.
SCHÜTZE, Fritz 1995: Verlaufskurven des Erleidens als Forschungsgegenstand der interpretativen Soziologie. In: KRÜGER, Heinz-Hermann/Winfried MAROTZKI (Hg.): Erziehungswissenschaftliche Biographieforschung. Opladen, S. 116-157.
WIERLING, Dorothee 1991: Geschichte. In: FLICK, Ulrich u.a. (Hg.): Handbuch Qualitative Sozialforschung. München, S. 47-52.
WIERLING, Dorothee. 1993: Von der HJ zur FDJ? In: BIOS 1/1993, S. 107-118.
WILK, Lieselotte 1993: Großeltern und Enkelkinder. In: LÜSCHER, Kurt/Franz SCHULTHEIS (Hg.): Generationenbeziehungen in 'postmodernen' Gesellschaften. Konstanz, S. 203-215.

Theodor Schulze

Interpretation von autobiographischen Texten

Forschungsmethoden gewinnen und bewähren ihre Eigenart in dem, was sie erforschen. Beschaffenheit und Gebrauch müssen sich einstellen auf den Gegenstandsbereich und das Forschungsfeld, auf das Erkenntnisinteresse und die theoretischen Vorannahmen und auf die Materialbasis. Der Gegenstandsbereich, auf den sich die folgenden Überlegungen und Vorschläge beziehen, ist der der Biographie, das Forschungsfeld das der Biographieforschung. Das Erkenntnisinteresse läßt sich vorläufig als „bildungstheoretisch" kennzeichnen, und die theoretischen Vorannahmen betreffen den Zusammenhang von Biographie, Erfahrung und Bildung. Die Materialbasis bieten autobiographische Texte.

Meine Überlegungen und Vorschläge betreffen nur einen Ausschnitt dessen, was zur Methodik der Biographieforschung gehört. Sie befassen sich nicht mit der Datenerhebung und Materialsammlung. Sie beschränken sich auf die Auswertung. Das hat folgende Gründe: Über die Datenerhebung, insbesondere über die Durchführung biogaphischer Interviews wird bereits an anderen Stellen ausführlicher berichtet (SCHÜTZE 1977; 1983; 1987; HOFFMANN-RIEM 1980; HERMANNS u.a. 1984; ROSENTHAL 1995, 186ff. und JAKOB in diesem Band). Zudem besteht an Daten, an geeigneten Aufzeichnungen und Materialien kaum Mangel. Die für die Theoriebildung bedeutsamen Probleme liegen zur Zeit eher in der Auswertung.

1. Gegenstandsbereich und Forschungsfeld: Biographie

Der Gegenstandsbereich der Biographie ist differenzierter, als das auf den ersten Blick erscheinen mag. Schon der Begriff ist in seiner Verwendung mehrdeutig (SCHULZE 1991, 136ff.). Mit dem Wort „Biographie" meinen wir zunächst einen Text, in dem die Geschichte eines einzelnen menschlichen Lebens erzählt oder beschrieben wird, dann aber auch das Leben selbst, das in diesem Text als eine Geschichte erzählt oder beschrieben wird. Und beides setzt ein Drittes voraus: ein „biographisches Subjekt", das Träger oder „Held" dieser Lebensgeschichte ist und das in einer Autobiographie zugleich zu ihrem Erzähler wird.

Diese Grundgegebenheiten lassen sich noch weiter differenzieren (siehe SCHULZE 1995, 15f.). So unterscheiden wir bei der Biographie als Text zwischen mündlichen Erzählungen und schriftlichen Darstellungen und zwischen Beschreibungen, die andere verfassen (Biographie), und solchen, die der Mensch, dessen Leben beschrieben wird, selbst verfaßt (Autobiographie). Im Blick auf Biographie als gelebtes Leben können wir zwischen einer inneren und einer äußeren Seite unterscheiden, zwischen einem Aspekt, der durch die biologische Entwicklung bedingt ist (Lebenszyklus), einem Aspekt, der durch gesellschaftliche Vorgaben, Regelungen und Institutionen, durch Altersgruppen und Laufbahnen vorbestimmt ist (Lebenslauf) und einem Aspekt, in dem die individuelle Erfahrung zum Ausdruck kommt (Lebensgeschichte). Und auch das „biographische Subjekt" vereinigt in sich unterschiedliche Dimensionen (ZURHORST 1987; SCHULZE 1991,149 ff.), die in der Literatur auf unterschiedliche Zusammenhänge hin ausgelegt werden. Dafür stehen Begriffe wie „Ich", „Selbst", „Identität" oder „Individualität" mit zusätzlichen Differenzierungen.

Entsprechend dieser differenzierten Struktur des Gegenstandsbereichs gibt es viele verschiedene Bezugsgrößen und Hinsichten: Literarische Formen und Erzähltraditionen, biologische und psychische Entwicklung, Geschichte und sozialer Wandel, Gesellschaft und Kultur, Subjekt und Individuum, Erleben, Erfahrung und Deutung. Und entsprechend gibt es auch ein vielseitiges Interesse an Biographie in unterschiedlichen Wissenschaften und Denktraditionen mit unterschiedlichen Aufmerksamkeitsrichtungen, Ansätzen, Zugriffen, Konzepten und Kategorien (siehe SCHULZE 1995,17f.). Und selbst in der Erziehungswissenschaft läßt sich zur Zeit eine außerordentliche Vielfalt von Interessen an biographischer Methode, biographischen Daten und Aussagen und an Biographie insgesamt ausmachen (siehe SCHULZE 1993a,13ff.). Es ist also zunächst zu klären, auf welchen Aspekt des Gegenstandsbereichs sich die Aufmerksamkeit richten soll und in welchem Teil des Forschungsfeldes die eigenen Bemühungen angesiedelt sind, an welche theoretische Vorgaben sie anschließen und welchem Erkenntnisinteresse sie folgen.

2. Erkenntnisinteresse: Individuelle und kollektive Erfahrungen

Das Erkenntnisinteresse, das die folgenden Überlegungen bestimmt, ist auf die Innenseite der Biographie gerichtet. Es gilt dem biographischen Subjekt mit dem Ziel, das Subjekt in seinem Selbstverständnis und in seiner Sinnsuche auf dem Weg zu einer eigenen Biographie in seiner Zeit zu bestärken. Untersuchungen, die diesem Interesse folgen, haben wir als „bildungstheoretische" gekennzeichnet. Doch das biographische Subjekt ist nicht direkt, sondern nur in seiner Arbeit und seiner Arbeitsweise faßbar. Es tritt in Erscheinung in seinen Erfahrungen, in der Verarbeitung seiner Erfahrungen und in den Versuchen, seinen Erfahrungen in lebensgeschichtlichen Äußerungen Ausdruck zu verleihen. So bilden „individuelle Formen der Verarbeitung gesellschaftlicher und individueller Erfahrungen" den besonderen Schwerpunkt einer pädagogischen, einer bildungstheoretisch orientierten Biographieforschung (MAROTZKI 1991,186). „Der Kern dieses Ansatzes ist die autobiographische Reflexion und Konstruktion von Erfahrung im Horizont einer individuellen und kollektiven Geschichte" (SCHULZE 1993a,33).

Entsprechend dieser Ausrichtung betreffen die theoretischen Vorannahmen in erster Linie die Eigenart und Funktion von Erfahrungen und die Fähigkeit des menschlichen Individuums, Erfahrungen zu haben, zu machen, zu verarbeiten und erzählend mitzuteilen. Es gibt einen breiten Diskurs über „Erfahrung", der sich durch die ganze Geschichte der Philosophie hinzieht. Aber er bezieht sich fast ausschließlich auf Erfahrung als Grundlage oder Bedingung von Erkenntnis im allgemeinen, auf Erfahrung als Fundament oder Vorform empirischer Wissenschaften und auf die Differenz von Alltagserfahrung und wissenschaftlicher Erkenntnis. Hier aber geht es nicht um Erfahrung im allgemeinen und auch nicht um Alltags- oder Berufserfahrung, sondern um Lebenserfahrung, um Erfahrung, die im Zusammenhang des biographischen Prozesses entsteht und die sich auf die Gestaltung dieses Prozesses bezieht. Unter den theoretischen Anstrengungen, die sich auf die Eigenart und Funktion von Lebenserfahrungen und auf die Bedingungen der Möglichkeit von Biographie richten, erscheinen mir immer noch maßgebend die Untersuchungen von Wilhelm DILTHEY (1981), Jean Paul SARTRE (1964 und 1977ff.), Alfred SCHÜTZ (SCHÜTZ/ LUCKMANN 1979) und Maurice HALBWACHS (1985). Sie werden ergänzt durch zahlreiche neuere Untersuchungen. Besonders hervorheben möchte ich die zusammenfassenden Arbeiten von Albrecht LEHMANN (1983), Winfried MAROTZKI (1990) und Gabriele ROSENTHAL (1995). Doch hier ist es nicht möglich, die Ergebnisse dieser Untersuchungen, ihre Annahmen und Konzepte, auch nur in Umrissen vorzustellen. Im folgenden mag es genügen, einige wichtige Merkmale von Lebenserfahrungen hervorzuheben und Konsequenzen für die Biographieforschung anzudeuten.

1) Lebenserfahrungen lassen sich als eine Art von Erkenntnis begreifen, die sich aber in wichtigen Merkmalen von wissenschaftlicher Erkenntnis unterscheidet. So hat es die Biographieforschung mit dem Problem zu tun, nichtwissenschaftliche mit wissenschaftlicher Erkenntnis zu vermitteln.

2) Lebenserfahrungen unterscheiden sich vor allem dadurch von wissenschaftlicher Erkenntnis, daß sie Sach- oder Welterkenntnis mit Selbsterkenntnis verbinden. Sie werden hervorgerufen durch Eindrücke oder Ereignisse, an die sich Erlebnisse knüpfen. So repräsentieren sie die Auseinandersetzung des individuellen Subjekts mit der Welt, in der es lebt. Sie begleiten seine Bewegung im sozialen Raum und in der historischen Zeit. Die Innenseite dieses Vorgangs, die Seite der Selbsterkenntnis, läßt sich weder beobachten noch filmen. So bleibt die Biographieforschung angewiesen auf die autobiographischen Äußerungen des Subjekts.

3) Lebenserfahrungen sind nur über die Erinnerung zugänglich. In dem Augenblick, in dem das Subjekt mit der Welt zusammenstößt, ist es ganz auf die Welt, auf den Gegenstand oder das Gegenüber, auf das Ereignis und auf seine Reaktion, seine Entscheidung, seine Handlung gerichtet. Erst in der nachträglichen Besinnung kommt ihm zum Bewußtsein, was geschehen ist, wird der Inhalt einer Erfahrung erkennbar. Dabei ist die Erinnerung selber ein produktiver Teil der Erfahrung. Sie ruft nicht einfach eine ausformulierte Information aus einem Datenspeicher ab. Sie arbeitet die Information erst heraus, indem sie sie herbeiruft und formuliert. Und das immer wieder neu. Das bedeutet: Nur über die Rekonstruktion von Erinnerungen lassen sich Lebenserfahrungen erfassen.

4) Lebenserfahrungen formieren sich in der Erinnerung. Aber ihre Intention ist nicht rückwärts gewandt, sondern auf die Zukunft gerichtet. Sie verbinden Erinnerung mit Erwartung, Erkenntnis mit Interessse. Auch das ist ein wesentlicher Unterschied zur wissenschaftlichen Erkenntnis. Die eigentliche Leistung der Lebenserfahrung besteht darin, daß sie aus der unübersehbaren Menge der Lebensmomente einige auswählt und mit Bedeutung versieht. Die erinnerten Erlebnisse erzeugen Kraftzentren und Kraftfelder der Anziehung, Abneigung oder Gleichgültigkeit. Sie bilden im Subjekt ein Potential von Sinnressourcen, aus dem seine Biographie hervorgeht. Das stellt die Interpretation vor die Aufgabe, die Biographie, mit der sie sich befaßt, nicht rückwärts, sondern vorwärts zu lesen und in der beschriebenen Wirklichkeit die in ihr enthaltenen Möglichkeiten freizulegen.

5) Lebenserfahrungen bleiben dem Anlaß, der sie hervorruft, und dem Prozeß, in dem sie sich herausbilden, verhaftet. Der Anlaß wird in der Erinnerung vergegenwärtigt in einer Szene oder in einem bildhaften Eindruck, vielleicht auch nur in einer sprachlichen Wendung oder einem Titel oder in einem Geräusch, einem Geruch, einem Geschmack, und der Prozeß wird vorgestellt und entfaltet in einer Geschichte. So findet die Bedeutung einer Lebenserfahrung ihren angemessenen Ausdruck in einer narrativen und zugleich symbolisierenden Form der sprachlichen Äußerung. Dies ist einer der Gründe, warum sich Lebenserfahrungen nicht abfragen lassen und auch nicht einfach auf den Begriff zu bringen oder in einem allgemeinen Satz zu formulieren sind. Die Moral der Geschichte besagt ohne ihre Geschichte alles und nichts. Die narrative Form der Äußerung hält den Prozeßcharakter der Erfahrung fest, und ihr symbolisierender Charakter hält die Vielfalt der Verweisungen offen. Das bedeutet: Die Mitteilung und Entfaltung von Lebenserfahrungen ist auf Interpretation angewiesen. Das biographische Subjekt interpretiert seine Erinnerungen, indem es sie sprachlich zu formulieren sucht, und der Forscher oder die Forscherin, die sich mit diesen Formulierungen beschäftigen, setzen die Interpretation des Autors oder der Autorin unter veränderten Bedingungen und Zielsetzungen fort. Das Ergebnis ist wiederum eine Art Geschichte auf einem abstrakteren Niveau - ein entfalteter Zusammenhang, eine differenzierte Prozeßstruktur, eine kollektive Erfahrung.

6) Lebenserfahrungen sind geteilte Erfahrungen. Sie werden geteilt mit den Menschen, mit denen das Individuum zusammenlebt und für die die gleichen oder ähnliche Eindrücke und Ereignisse in derselben oder in einer ähnlichen Weise bedeutsam sind. Das Individuum teilt seine Erfahrungen mit Individuen aus vielen Gruppen in verschiedener Hinsicht - vor allem natürlich mit den Mitgliedern seiner Familie, dann mit Freunden, Klassenkameraden, Mitarbeitern und Berufskollegen und mit den Bewohnern eines Dorfes oder einer Stadt, aber auch mit den Angehörigen desselben Geschlechts, derselben sozialen Schicht, derselben Generation und desselben Volkes, und in bestimmter Hinsicht natürlich auch mit allen Mitgliedern der menschlichen Gattung. Die individuelle Lebensgeschichte ist immer auch Teil einer kollektiven Geschichte und der Geschichte der Menschheit insgesamt. Doch mit Geschichte sind hier nicht die objektiven Gegebenheiten und Bedingungen der Historie gemeint, so wenig

wie in einer Lebensgeschichte die objektiven Gegebenheiten und Bedingungen einer Biographie erfaßt werden. Gemeint ist nicht die Geschichte in den Büchern, sondern in den Köpfen und Herzen. Gemeint ist die Art und Weise, wie die Individuen einer Gruppe ihre geteilten und gemeinsamen Erfahrungen in Erzählungen, Mythen, Geschichten ausdrücken, ausdeuten, verarbeiten und überliefern. Für die kollektiven Lebenserfahrungen gilt dasselbe wie für die individuellen. Sie zeigen nicht, wie die Welt beschaffen ist, sondern wie sich die Individuen in ihr wahrnehmen und bewegen, was sie in ihr vorantreibt und wohin. Das bedeutet: Die Interpretation ist nie nur auf das Individum ausgerichtet, sondern immer zugleich auch auf die Gattung. Die individuelle Biographie ist der Gegenpol zur Evolution der menschlichen Gattung. In dieser Spannweite muß sich die Interpretation zurechtfinden.

3. Materialbasis: Autobiographische Texte

Wenn wir etwas wissen wollen über das biographische Subjekt, sein Leben und seine Lebenserfahrungen, dann sind wir auf autobiographische Äußerungen angewiesen. Und wenn wir diese Äußerungen zum Gegenstand wissenschaftlicher Untersuchungen machen wollen, dann sind wir weiter darauf angewiesen, daß uns diese Äußerungen verfügbar und zugänglich sind. Das heißt in erster Linie, daß sie aufgezeichnet, aufgeschrieben und veröffentlicht werden. Unsere wichtigste Quelle sind autobiographische Texte. Es gibt auch andere Formen autobiographischer Äußerungen, die der Wissenschaft im Prinzip zugänglich sind: Bilder, Fotos, Geräte, Bücher, Wohnräume und anderes. Aber zum einen erfordert ihre Interpretation andere Zugangsweisen und Bezugsrahmen, und zum anderen bedarf es in den meisten Fällen eines zusätzlichen autobiographischen Kommentars, um die subjektive Bedeutung erschließen zu können.

Mündliche autobiographische Äußerungen gehören zu den selbstverständlichen Formen lebensweltlicher Kommunikation. Es gibt vielfältige Anlässe, spontan von eigenen Lebenserfahrungen zu berichten oder aus der eigenen Lebensgeschichte zu erzählen - beim Kennenlernen oder bei einem Wiedersehen, nach einer Reise oder bei einem Fest, herausgefordert durch ein Erlebnis oder eingestreut in eine Unterhaltung. Und es gibt zahlreiche institutionalisierte Situationen, in denen selbstthematisierende, autobiographische Äußerungen nachgefragt oder eingefordert werden - in der Sprechstunde beim Arzt, in der Vorstellung bei einem Arbeitgeber, in der Beichte oder vor Gericht (siehe FUCHS 1984, 15ff; HAHN & KAPP 1987).

Anders verhält es sich mit der schriftlichen Darstellung von Lebenserinnerungen. Wohl gibt es Erzählungen von Lebensgeschichten in einer anonymisierten oder typisierten Form als Märchen, Legende oder Sage und quasi-autobiographische Aussagen in Inschriften und Denkmälern von Herrschern und Priestern schon aus den Anfängen schriftlicher Überlieferung (siehe MISCH 1949ff.). Aber zusammenhängende und ausführliche, von den Menschen selbst verfaßte Lebensbeschreibungen, typische Autobiographien, kennen wir in größerer Zahl erst seit dem 18. Jahrhundert. Und auch dann noch bleiben Autobiographien lange Zeit seltene Selbst- und Zeitzeugnisse, beschränkt auf eine relativ kleine Gruppe von bürgerlichen Menschen, die geübt waren, sich schriftlich zu äußern. Das bedeutete lange Zeit auch eine beträchtliche Einschränkung für die Biographieforschung. Diese Situation hat sich grundlegend erst in den letzten vierzig Jahren geändert - durch die Entwicklung der Methode des narrativen biographischen Interviews einerseits und durch die Veranstaltung von Schreibwerkstätten, öffentlichen Ausschreibungen und Sammlungen von autobiographischen Aufzeichnungen andererseits. Für unser Jahrhundert verfügen wir inzwischen über eine beträchtliche Zahl von autobiographischen Texten aus den verschiedensten Lebenslagen.

Zu den autobiographischen Texten rechnen wir in erster Linie die typischen Lebensbeschreibungen oder Autobiographien und die schriftlichen Aufzeichnungen von biographischen Interviews, aber auch die literarischen oder romanhaften Ausgestaltungen von Lebensbeschreibungen, Memoiren, Tagebücher, Sammlungen von Briefen und beiläufige Äußerungen in anderen Aufzeichnungen oder in den aufgezeichneten Erinnerungen Dritter. Zwischen diesen Textsorten gibt es beträchtliche Unterschiede - sowohl im Hinblick auf ihre Entstehungsbedingungen und ihre Zeitstruktur, wie auch auf ihre Darstellungsweise, ihre Informationsdichte, ihren Aussagewert und ihre Übertragbarkeit. Doch im Hinblick auf ihre Interpretation ergeben sich prinzipiell gleiche oder ähnliche Probleme.

Nur auf zwei Besonderheiten möchte ich hinweisen: Die autobiogrgraphische Stegreiferzählung im narrativen Interview - insbesondere in der Form, die Fritz SCHÜTZE präzisiert hat (SCHÜTZE 1987) - bringt am deutlichsten die Aufschichtungen, Prozeßstrukturen und Themenschwerpunkte und die Präsenz der Lebenserfahrungen im Augenblick der aktuellen Vergegenwärtigung zum Ausdruck. Sie ist daher auch am besten geeignet, über formale Analysen Einsicht in den Aufbau des Erfahrungszusammenhanges und in die Gesamtgestalt einer Lebensgeschichte zu gewinnen. Andererseits läßt sie im Detail vieles zu wünschen übrig. Über einzelne Elemente des Erfahrungszusammenhanges, über thematisch bedeutsame Einzelerfahrungen und über Reflexionen geben eher schriftlich hervorgebrachte Autobiographien Auskunft - insbesondere die von schriftstellerisch begabten und interessierten Autoren. Literarisch ausgestaltete Autobiographien sind zwar exklusiv und untypisch, aber ihre Beschreibungen und Deutungen übertreffen viele wissenschaftliche Beobachtungen und Analysen in ihrer sprachlichen Gestaltung, Differenziertheit und Reflexivität. Sie bieten konkrete Modelle an für eine verfeinerte Selbstbeobachtung, für eine genauere Interpretation der eigenen Erfahrungen und für ein einfühlendes Verständnis in andere Menschen. In diesem Sinne verdienen sie die Aufmerksamkeit der Biographieforschung.

Autobiographische Texte gehen aus einem komplizierten Produktionsprozeß hervor, in dem Eindrücke und Ereignisse in Erlebnisse, Erlebnisse in Erinnerungen, Erinnerungen in Erzählungen und Erzählungen in reflektierte Erkenntnis transformiert werden (SCHULZE 1993b,128ff.; ROSENTHAL 1995). In ihm lassen sich Schichten unterscheiden, die nacheinander, auch gleichzeitig oder in großem zeitlichen Abstand durchlaufen werden. Die Schichten unterscheiden sich in ihrem Zeit- oder Realitätsmodus. Sie repräsentieren unterschiedliche Stadien, Formen und Leistungen der Erfahrungsbearbeitung, die ihre Spuren im Text hinterlassen. Gabriele ROSENTHAL unterscheidet zwei Schichten. Sie faßt Ereignisse mit Erlebnissen und Erinnerungen mit Erzählung zusammen. Auf diese Weise arbeitet sie vor allem die dialektische Spannung und Wechselwirkung zwischen der Ebene der „erlebten" und der der „erzählten Lebensgeschichte" heraus. Mir aber erscheint wichtiger, die fortschreitende Entfaltung einer Erfahrung in einer Folge von Transformationen zu verdeutlichen. Ich unterscheide daher fünf Schichten:

Die erste Schicht ist die der Eindrücke und Ereignisse, die den Anstoß zur Ausbildung einer Erfahrung geben. In ihr ist repräsentiert, wie das Subjekt mit der Welt, in der es lebt, zusammenstößt und sich mit ihr auseinandersetzt. Die spezifische Leistung des Subjekts besteht hier in der Konkretisierung und Individualisierung eines Allgemeinen. Allgemeine biologische oder soziologische Bedingungen, Strukturen und Prozesse wie beispielsweise „Geschlecht", „Klassenlage", „Pubertät", „Schule", „Großstadt", „Rassendiskriminierung", „Migration" oder „Krieg" werden in konkrete Situationen umgesetzt und fordern individuelle Reaktionen heraus. Variable Ausformungen und alternative Möglichkeiten zeigen sich; Vielfalt, Widersprüche und Abweichungen werden erkennbar. Wo diese Schicht unterentwickelt ist, erscheint der Text inhaltsleer, vage, allgemein.

Die zweite Schicht ist die der Erlebnisse, die die Eindrücke und Ereignisse begleiten. In ihr bildet sich der Kern eines Erfahrungsschemas heraus, in dem aufgehoben ist, was das Subjekt in diesem Augenblick fühlt, wünscht und denkt. Das Erlebnis verleiht dem Inhalt der Erfahrung eine subjektive Bedeutung. Wahrnehmung von Diskrepanzen, Besetzung mit Triebenergie und Verleihung von Bedeutung sind hier die spezifischen Leistungen des Subjekts. Wo diese Schicht unterentwickelt ist, erscheint der Text unpersönlich, distanziert, emotionslos.

Die dritte Schicht ist die der Erinnerungen, die das Erlebte neu vergegenwärtigt. In ihr geschieht die Ausarbeitung der Erfahrung durch Verschmelzung mit weiteren Erfahrungen, durch Zuordnung zu andersartigen Erfahrungen und durch Interpretation in einem umfassenden Referenzrahmen. Die spezifischen Leistungen des Subjekts sind hier Selektion und Integration, Ausbildung von Assoziationslinien und Perspektiven, Über- und Nebenordnung, Aktualität, Latenz, Verdrängung und Vergessen, Strukturierung und Umstrukturierung eines Erfahrungszusammenhanges. Wo diese Schicht unterentwickelt ist, erscheint der Text zusammenhanglos, disparat, verwirrend oder stereotyp.

Die vierte Schicht ist die der Erzählung, der sprachlichen Äußerung des Erinnerten. In ihr kommt die Erfahrung zur Sprache und zwar vornehmlich in der Form von Geschichten. Die Erfahrung artikuliert und gliedert sich. Sie wird mitteilbar und anschlußfähig an das kollektive Gedächtnis. Die spezifische Leistung des Subjekts besteht hier in der sprachlichen Formulierung, die die Interpretation der Erinnerung in produktiver Weise fortsetzt, und in der Ordnung der Erfahrungen. Dabei lassen sich innerhalb dieser Schicht noch einmal drei Stufen unterscheiden: zunächst die der mündlichen Erzählung - hier ist die unmittelbare Nähe zur Erinnerung wichtig, dann die der schriftlichen Aufzeichnung - hier kommen mehr Details und Reflexionen zur Geltung, schließlich die der gedruckten Veröffentlichung - hier werden noch einmal Zwänge zur Rechtfertigung, zur Rücksicht und Auswahl, zur Vermeidung von Peinlichkeit und Scham und zur nachträglichen Überhöhung oder Beschönigung mobilisiert. Wo diese Schicht unterentwickelt ist, erscheint der Text verkürzt, klischeehaft, stereotyp, stumm, nichtssagend.

Die fünfte Schicht ist die der reflektierten Erkenntnis im Blick auf die sprachliche Äußerung. In ihr gibt sich das Subjekt Rechenschaft über seine Erfahrungen, und zugleich versucht es eine Verbindung zur allgemein geteilten Weltsicht herzustellen, indem es gleichsam eine Moral der Geschichte formuliert. Die spezifischen Leistungen sind hier Zusammenfassung, Abstraktion und Verallgemeinerung sowie Kritik und methodische Reflexion. Diese Schicht gehört nicht zwingend zur Artikulation der Erfahrung. Aber sie enthält - besonders in literarischen Autobiographien - wichtige Hinweise auf das theoretische Selbstverständnis und Problembewußtsein des biographischen Subjekts.

Alle diese Schichten der Erfahrungsverarbeitung hinterlassen im autobiographischen Text ihre Spuren. Bestimmte sprachliche Wendungen bringen mehr die Leistungen der einen oder anderen Schicht zum Ausdruck oder nehmen ausdrücklich auf eine der Schichten Bezug, und die unterschiedlichen Textsorten stehen bald der einen und bald der anderen näher - das Tagebuch den Eindrücken und Ereignissen und dem Erleben, die Stegreiferzählung den Erinnerungen, die schriftliche Ausarbeitung der Reflexion. Doch der Text ist in allen Fällen ein Produkt des gesamten Prozesses, in dem alle früheren Stufen der Erfahrungsverarbeitung aufgehoben sind. Die rekonstruierende Interpretation muß sich in umgekehrter Richtung zu den früheren Schichten durcharbeiten - von den Reflexionen zur Erzählung, von der Erzählung zu den Erinnerungen, von den Erinnerungen zu den ursprünglichen Erlebnissen, von den Erlebnissen zu den herausfordernden Eindrücken und Ereignissen, und auf jeder Ebene entstehen der Interpration andere Probleme.

In der Biographieforschung ist umstritten, wieweit es überhaupt möglich ist, in der Interpretation die verschiedenen Schichten zu unterscheiden und ihre besonderen Gehalte zu rekonstruieren. Einige Autoren sind der Ansicht, daß man im Text nur die aktuell wirksamen Deutungsmuster erkennen kann, nicht aber die früheren Erlebnisse. Andere Autoren bezweifeln überhaupt, daß es möglich ist, hinter den Text zurückzugehen und auf eine vermeintliche Wirklichkeit zurückzugreifen. Sie konzentrieren sich auf die Textstruktur und Textproduktion. Andere wieder halten die objektiven Tatsachen, auf die in der Schicht der Eindrücke und Ereignisse hingewiesen wird, für das einzig Verläßliche, weil sie prinzipiell überprüft werden können. Aber jede einseitige Beschränkung bedeutet Verlust an Information und Tiefenschärfe und Reduktion der biographischen Formation auf einen Aspekt.

4. Forschungsmethode: Interpretation

Interpretation ist eine Methode des Sinnverstehens. Sie bezieht sich generell auf Äußerungen eines menschlichen Subjekts - auf Mimik, Gesten, Handlungen ebenso wie auf Laute, Musikstücke oder Bildwerke, vornehmlich aber auf sprachliche Äußerungen, insbesondere auf Texte. Interpretation als Methode setzt eine unmethodische Form des Verstehens und der Sinnfindung voraus (siehe MOLLENHAUER in diesem Band). Normalerweise verstehen wir menschliche Äußerungen, ohne dabei methodisch vorzugehen, ja, ohne überhaupt darüber nachzudenken. Interpretation als Methode setzt da an, wo das normale Verständnis eines Textes auf Schwierigkeiten stößt oder aber wo wir zu einem Verständnis zu kommen suchen, das zwar im Text angelegt, doch nicht ohne weiteres erkennbar und zugänglich ist, oder über ihn hinausgeht. Das eine ist der Fall, wo wir es mit einem Text zu tun haben, der unverständliche Stellen enthält, die unleserlich, entstellt, lückenhaft oder mehrdeutig sind oder zu Meinungsverschiedenheiten und Mißverständnissen Anlaß geben, oder mit einem Text, der insgesamt unverständlich ist, weil er in einer fremden Sprache geschrieben wurde. Das andere ist der Fall, wo wir es mit einem Text zu tun haben, in dem gleichsam ein zweiter oder dritter steckt, der durch Interpretation zum Vorschein gebracht werden soll. Das kann prinzipiell, wie Paul RICOEUR (1993, 33ff.) hervorhebt, in dem Glauben geschehen, daß der Text nur unzureichend zum Ausdruck bringt, was er eigentlich sagen will, oder daß er auf einen anderen ungeschriebenen Text verweist, den es zu offenbaren gilt - „Interpretation als Sammlung des Sinns", als Auslegung und Entfaltung. Das kann aber auch in der Erwartung geschehen, daß sich hinter dem Text, ein anderer, der eigentliche Text verborgen hält, der freizulegen ist - „Interpretation als Übung des Zweifels", als Aufklärung und Enthüllung. Es kann auch geschehen, so möchte ich hinzufügen, in der Absicht, aus dem Text oder Teilen des Textes und anderen Texten oder Textstücken einen neuen Text mit einem anderen umfassenderen Inhalt herzustellen - Interpretation als Herstellung von Zusammenhängen, als Rekonstruktion und Integration.

Autobiographische Texte sind normalerweise verständlich. Schwierigkeiten können entstehen, wo ein Gesprächsprotokoll oder ein Manuskript unverständliche Stellen aufweist oder wo der Text in einer anderen Sprache geschrieben ist. Aber das sind eher Sonder- und Randprobleme. Bei der methodischen Interpretation von autobiographischen Texten geht es vor allem darum, etwas zum Vorschein zu bringen, das zwar im Text enthalten ist, aber nicht ohne besondere Aufmerksamkeit und Anstrengung erkannt wird. Dabei kommen alle drei Spielarten, die ich im Anschluß an Ricoeur angedeutet, habe zum Zuge: Auslegung und Entfaltung, wenn es beispielsweise darum geht, erste Erinnerungen oder signifikante Ereignisse zu verstehen (z.B. SCHULZE 1993b,135ff.), Aufklärung und Enthüllung, wenn es beispielsweise darum geht „latente Sinnstrukturen" zu erschließen (OEVERMANN u.a. 1979) oder verdrängte Erlebnisse aus Krieg und Nazi-Zeit aufzudecken (z.B. ROSENTHAL 1988), Rekonstruktion und Integration, wenn es beispielsweise darum geht, die „gelebten Jugendträume" der jüdischen Jugendbewegung und Kibbutzgründungen nachzuzeichnen (FÖLLING/MELZER 1989; MELZER/FÖLLING 1989).

Zum Vorgehen bei der Interpretation autobiographischer Texte gibt es inzwischen ausgedehnte Erfahrungen und zahlreiche Vorschläge, Hinweise und Beispiele. Besonders verweise ich auf Übersichten bei Werner FUCHS (1984, 280ff.), Fritz SCHÜTZE (1984,108ff.; 1987), Winfried MAROTZKI (1990,

241ff.; 1995,66ff.), Gabriele ROSENTHAL (1995, 208ff.) und auf den Sammelband von Wolfgang VOGES: „Methoden der Biographie- und Lebenslaufforschung" (1987). Ich werde mich hier damit begnügen, einige allgemeine Prinzipien und erste Verfahrensschritte aufzuzeigen, um dann einige weiterführende Vorgehensweisen, Zielrichtungen und Probleme anzudeuten, die sich auf den unterschiedlichen Ebenen der Interpretation einstellen.

4.1 Allgemeine Prinzipien und Verfahrensschritte

Interpretation ist ein kreativer Prozeß. Übung und Imagination sind für ihre fruchtbare Handhabung ebenso wichtig wie Methode. - Es gibt einige allgemeine Grundsätze: Der Text muß prinzipiell als mehrdeutig angesehen werden. Mehrere Lesarten sind möglich. Das Verfahren der objektiven Hermeneutik macht es zum Prinzip, alle möglichen Lesarten herauszufinden, besonders die „unwahrscheinlichste" (OEVERMANN u.a. 1979). - Der Interpret ist prinzipiell in irgendeiner Weise befangen. Verschiedene Interpreten entdecken Verschiedenes im Text. Auch das kann man methodisieren, indem man jeden Text von mehreren Interpreten analysieren läßt und das Ergebnis im Gespräch mit dem Autor oder der Autorin prüft (Prinzip der kommunikativen Validierung). Das bedeutet aber vor allem: es ist wichtig, nicht nur die Interpretation, sondern auch den Text, auf den sie sich bezieht, öffentlich zugänglich zu machen. - Jede Interpretation arbeitet ein Besonderes durch Vergleich aus einem Allgemeinen hervor. Dabei kann die Folie für den Vergleich unbenannt bleiben oder ausdrücklich eingesetzt werden. Unvermeidlich und selbstverständlich benutzen wir die eigene Biographie als eine solche Folie. Der Interpret sollte das explizit machen. Eine andere Folie, die wir gewöhnlich einsetzen, ist die Vorstellung von einer Normalbiographie. Diese Vorstellung läßt sich durch empirisches Material belegen und präzisieren. Darüber hinaus aber erscheint es nützlich, auch andere, im Hinblick auf den Untersuchungsschwerpunkt ausgewählte Biographien als Vergleichsfolien in die Untersuchung mit einzubeziehen. - Jeder autobiographische Text ist schon das Ergebnis einer interpretierenden Bearbeitung durch das Subjekt und aufgeladen mit Bedeutung. Das ist ein Potential, das der Interpret nur ausschöpfen kann, wenn er nicht mit vorgefaßten Fragen, Gesichtspunkten, Kategorien und Bewertungsmaßstäben an den Text herangeht, sondern zunächst diejenigen aufgreift, die in dem Text selbst angelegt sind und zu denen dieser ihn anregt (Prinzip der Offenheit und Verfahren der Abduktion - ROSENTHAL 1995, 208ff.).

Zu Beginn jeder Interpretation von autobiographischen Texten sind die folgenden vier Operationen nützlich. Das erste ist die Gliederung des Textes: Bei fortlaufenden Stegreiferzählungen oder Lebensbeschreibungen ist es notwendig, den Text in eine Reihe von Abschnitten oder Segmenten zu gliedern. Dabei ist das einzelne Segment dadurch charakterisiert, daß in ihm ein bestimmtes Thema oder Problem oder auch eine bestimmte Lebensphase zusammenhängend behandelt wird, und häufig wird das Segment auch durch entsprechende Hinweise eingeleitet oder abgeschlossen. Überschneidungen weisen auf Strukturierungsprobleme hin. Es ist nützlich, sich ein entsprechendes Inhaltsver-

zeichnis anzulegen. Dasselbe gilt im übrigen entsprechend auch für die Feinanalyse einzelner Abschnitte oder Segmente. Hier geht es darum, die einzelnen Schritte in einer Erzählung, Entwicklung, Reflexion oder Argumentation zu unterscheiden.
Das zweite ist die Gliederung und Lokalisierung der Lebensgeschichte: Dazu ist es notwendig, aus entsprechenden Angaben im Text und eventuell aus zusätzlichen Informationen so etwas wie einen Lebenslauf in Stichworten mit den wichtigsten Daten und Stationen herzustellen. Die wichtigsten Daten sind natürlich Geburtsjahrgang und Geburtsort sowie Herkunft und Beruf der Eltern. Sie sind wichtig für die Lokalisierung der Lebensgeschichte in der historischen Zeit und im geographischen und sozialen Raum. Über die Lokalisierung lassen sich wichtige Querverbindungen, Anschlüsse und Vergleiche herstellen.
Das dritte ist eine Liste mit thematischen Schwerpunkten und Schlüsselstellen: Thematische Schwerpunkte sind Themen, Probleme, Projekte, Personen und Interessen, die im Text wiederholt angesprochen oder an einer Stelle ausführlicher besprochen werden. Schlüsselstellen sind kritische Ereignisse oder Wendepunkte, aber auch verdichtete Stellen im Text, in denen sich verschiedene Erzählstränge verknoten oder der Erzählfluß stockt, an denen eine Rechtfertigung notwendig erscheint oder in denen die Erzählung konkreter und detaillierter wird, oder auch wiederkehrende Wendungen, die wie ein Motto die Erzählung begleiten.
Das vierte ist ein Zettel für Einfälle und Fragen: Schon während man den Text zum ersten Mal liest, kommen einem Einfälle und Fragen. Eigene Erinnerungen und Beobachtungen oder Beschreibungen in anderen Biographien werden assoziiert, Beziehungen zu ähnlichen oder anderen Sachverhalten stellen sich ein, Fragen tauchen auf. Alle diese persönlichen Reaktionen auf den Text können für die weitere Untersuchung von Bedeutung sein. Sie enthalten möglicherweise wichtige Gesichtspunkte, die eine interessante Deutung eröffnen. Darum ist es wichtig, sie festzuhalten, auch wenn sie im ersten Augenblick nebensächlich, unbedeutend oder abwegig erscheinen.
Dies sind die ersten Schritte. Dann teilen sich die Wege, je nachdem auf welcher Ebene der Schwerpunkt der Interpretation liegt. Es gibt drei Ebenen. Sie unterscheiden sich in der Größenordnung und Reichweite der Sachverhalte und in der Schärfeneinstellung des untersuchenden Blicks. Die Ebene der größten Beschränkung und Nähe ist die der innerbiographischen Prozesse. Die mittlere Ebene ist die der gesamtbiographischen Prozesse. Die Ebene der größten Weite und Ausdehnung ist die der inter- und transbiographischen Prozesse.

4.2 Interpretation auf der Ebene der innerbiographischen Prozesse

Hier geht die Interpretation aus von einzelnen Segmenten einer umfassenden Lebenserzählung oder Lebensbeschreibung oder auch von selbständigen, meist thematisch bestimmten, autobiographischen Erzählstücken, wie sie sich beispielsweise in Sammmlungen mit Titeln wie „Mein Vater und ich", „Als ich fünfzehn war...", „Erste Leseerlebnisse", „Meine Schule im dritten Reich" oder

„Als Vater aus dem Krieg heimkehrte" finden. Im Mittelpunkt steht die Untersuchung einzelner Lebenserfahrungen und ihrer Bedeutung. Lebenserfahrungen thematisieren ein Diskrepanzerlebnis - eine Diskrepanz zwischen Erwartung oder Entscheidung und Realität, eine Diskrepanz im Hinblick auf ein Verhalten, einen Vorgang, eine Beziehung oder auf eine Wahrnehmung in der Umwelt. Die erzählte Erinnerung hält oft nur die positive Seite, der sich das Subjekt zuwendet, fest oder umgekehrt auch nur die negative Seite, von der sich das Subjekt abwendet, oder auch nur die Umstände. Hier muß die Interpretation das Fehlende ergänzen. Das Diskrepanzerlebnis markiert eine Bruchstelle oder einen Entwicklungsschritt, eine Veränderung in der Umwelt oder einen Sprung im Selbstverständnis, eine Differenzlinie im Raum und in der Zeit. Es gibt ein Diesseits und ein Jenseits, ein Davor und ein Danach (siehe SCHULZE 1993,135ff).

Wie man eine einzelne Lebenserfahrungen innerhalb eines autobiographischen Textes interpretiert, ist bisher kaum ausgearbeitet. Wichtige Hinweise finde ich bei Sigmund FREUD und C.G. JUNG in der Art und Weise, wie sie bei der Traumdeutung vorgehen. Zwischen der Traumarbeit und der Erinnerungsarbeit gibt es eine Reihe von Gemeinsamkeiten - zum Beispiel die Vorgänge der Verdichtung, der Verschiebung, der szenisch-bildhaften Darstellung und der Symbolisierung (FREUD 1961, 235ff.). Ein wichtiges Merkmal der psychoanalytischen Traumdeutung ist die konzentrierte Beschäftigung mit einem wesentlichen Detail. FREUD sucht einen Zugang zum individuellen Unbewußten. Ihm geht es vor allem darum herauszufinden, welche spezifische Bedeutung dieses Detail im Leben des Träumenden hat und auf welche Lebensprobleme es hinweist. Er benutzt dazu das Verfahren der freien Assoziation (LAPLANCHE/ PONTALIS 1986, 75ff.). JUNG sucht den Zugang zum kollektiven Unbewußten. Für ihn kommt es vor allem darauf an zu erkennen, auf welche archetypischen Bilder der Träumende zurückgreift, um von da aus seine Lebensprobleme zu erschließen. Er benutzt dazu neben dem Verfahren der Assoziation das der Amplifikation und das der aktiven Imagination (SHORTER/PLAUT 1991, 46ff., 27ff., 19ff.). Ein wichtiger Unterschied der biographischen Interpretation zu psychoanalytischen Deutungsverfahren besteht darin, daß der Analytiker mit dem Patienten zusammen an der Deutung arbeitet und daß der Patient das letzte Wort behält. Der Biographieforscher kann, wenn der Text erst einmal erstellt ist, nicht mehr hinter den Text zurückgehen. Er muß die Assoziationen des Autors stellvertretend durch seine eigenen ersetzen. Aber er verfolgt auch ein anderes Ziel. Es geht ihm nicht darum, einem einzelnen Menschen bei der Lösung seiner Lebensprobleme zu helfen, sondern darum, Lebensprobleme und Lebenserfahrungen bewußtzumachen und herauszuarbeiten, die für viele Menschen in ähnlicher Weise gelten und die darum zum Gegenstand eines öffentlichen Interesses und einer kollektiven Bearbeitung werden können.

4.3 Interpretation auf der Ebene der gesamtbiographischen Prozesse

Hier geht die Interpretation von der Gesamtkomposition einer autobiographischen Stegreiferzählung oder von einer vollständigen Autobiographie aus. Im Mittelpunkt steht die Untersuchung des Zusammenhanges der Lebenserfahrungen und ihre Umsetzung in die Gestaltung einer Biographie.

Der Zusammenhang der Lebenserfahrungen ist strukturiert: Da ist die Ausstrahlung von Erfahrungskernen auf ganze Erfahrungsfelder, die Verschmelzung einzelner Erfahrungen mit anderen Erfahrungen, ihre Verbindung und Verknotung zu Erfahrungsketten oder -komplexen und ihre Verflechtung in einem Gesamtzusammenhang, der alle Erfahrungen erfaßt - nicht systematisch, sondern assoziativ und eher lose verknüpft, aber doch so dicht, daß Veränderungen in einem Teil der Erfahrungen auch Änderungen in den anderen Teilen bewirken. Da ist die Aufschichtung der Erfahrungen nach den Lebensaltern und ihre Tiefenstaffelung nach dem Grad ihrer Bewußtheit. Da ist die wechselnde Über-, Unter- und Nebenordnung im Hinblick auf das aktuelle Interesse und auf die Lebenssituation und die Ausbildung von Zentren im Hinblick auf eine längerfristige Lebensperspektive. Und da ist die Besetzung der Erfahrungen mit positiver oder negativer psychischer Energie; sie mobilisiert im Hinblick auf die Inhalte Interesse, Abwehr oder Gleichgültigkeit und im Hinblick auf die innere Organisation der Erfahrung Integration und Erweiterung oder Einschränkung, Abspaltung, Verschiebung und Verdrängung. Und möglicherweise gibt es übergeordnete Organisationsprinzipien und Konstruktionsregeln oder einen Rahmen, der die Erfahrungsverarbeitung insgesamt steuert. Vor allem aber muß der Erfahrungszusammenhang als Prozeß gedacht werden, als ein Prozeß der Selbstorganisation, als ein „autopoietisches System".

Die Kategorien zur Interpretation gesamtbiographischer Prozesse sind mit unterschiedlichen Ausrichtungen vielfältig und differenziert entwickelt. Eine klassische Ausrichtung der Biographieanalyse zielt darauf, eine Folge von „Entwicklungsaufgaben" (HAVIGHURST 1972), von „Wachstumskrisen" (ERIKSON 1971) oder von „Curricularen Situationen" (LOCH 1979) auszumachen, die das Individuum im Verlauf seiner Lebensgeschichte zu bewältigen hat und in denen sich je nach Art und Verlauf der Bewältigung spezifische Kompetenzen und Haltungen ausbilden, die dann wiederum den weiteren Gang der Entwicklung bestimmen. Andere Untersuchungen konzentrieren sich auf die untypischen und unerwarteten „kritischen Lebensereignisse", die eine Umstellung der Lebensweise und ein Umdenken in den Orientierungen und Sinnbezügen erfordern (HOERNING 1987, 244ff.; FILIPP 1981). - Eine andere Ausrichtung der Analyse ist bemüht, dadurch dem Geheimnis der „Lebenskonstruktion" auf die Spur zu kommen, daß sie aus dem Verhalten und den Erfahrungen, wie es in der autobiographischen Erzählung vorgestellt wird, auf die zugrundeliegenden Muster im Sinne einer generativen Grammatik zu schließen sucht - auf „latente Sinnstrukturen" (OEVERMANN u.a. 1983), auf „Erfahrungsweisen" und „Konstruktionsregeln" (BUDE 1984). - Wieder eine andere Ausrichtung der Untersuchung, die vor allem von Fritz SCHÜTZE entwickelt und von vielen anderen

Forschern und Forscherinnen aufgenommen worden ist, stellt die „Prozeßstrukturen" in den Mittelpunkt der Untersuchung. Fritz SCHÜTZE (1984) unterscheidet vier typische Formen biographischer Prozesse: „Biographische" oder „intentionale Handlungsschemata", „institutionelle Ablaufmuster", „Verlaufskurven" und „Wandlungsprozesse". Winfried MAROTZKI (1990) richtet die Aufmerksamkeit vor allem auf die Feinstruktur von Wandlungsprozessen. In den Wandlungsprozessen findet eine Umstrukturierung des gesamten Rahmens der Erfahrungsverarbeitung statt, die sich, durch eine Lokkerung der Erzählformen und Deutungsmuster, durch „Modalisierung" zu erkennen gibt. Im Anschluß an gestalttheoretische Vorstellungen stellt Gabriele ROSENTHAL die „Gestalt", die „Gesamtfiguration der biographischen Selbstrepräsentation" in den Mittelpunkt ihrer Untersuchungen. Dabei geht sie vor allem auf die Beziehung von „Themen und thematischen Feldern" und auf das Verhältnis von „erlebter" zu „erzählter" Lebensgeschichte ein (ROSENTHAL 1995).

4.4 Interpretation auf der Ebene der inter- und transbiographischen Prozesse

Hier befaßt sich die Interpretation mit verschiedenen autobiographischen Texten, die sie zu einer oder mehreren Gruppen zusammenfaßt und jeweils als ganze oder auch in einzelnen Segmenten und Erzählstücken aufeinander bezieht. Im Mittelpunkt der Untersuchungen stehen die Ausbildung oder Revision eines kollektiven Erfahrungszusammenhanges und die kollektive Verarbeitung historischer Ereignisse und sozialer Wandlungen.

Ein kollektiver Erfahrungszusammenhang entsteht zwischen den Mitgliedern einer Gruppe. Er drückt die Gemeinsamkeit der Erfahrungen zwischen den Gruppenmitgliedern aus, und er reflektiert die Bewegungen dieser Gruppe im geographischen, sozialen und historischen Raum. Der Gemeinsamkeit liegt die Ähnlichkeit der Erfahrungen, Interessen und Schicksale zugrunde. Sie läßt sich als Typus begreifen. Die Gemeinsamkeit stellt sich her und entwickelt sich im Austausch, in der Überlieferung, in einem Netz von Beziehungen und wechselseitigen Einflüssen. Sie läßt sich als Interaktion begreifen. Die Gemeinsamkeit erzeugt sich schließlich und vor allem in der Betroffenheit durch dasselbe Ereignis und in der Beteiligung an einem gemeinsamen Schicksal. Sie läßt sich begreifen als Integration.

In diesem Sinne unterscheiden sich auch die Untersuchungen auf dieser Ebene. Einige Untersuchungen beschäftigen sich hier vor allem mit autobiographischen Texten, in denen typische Kindheits- und Jugenderfahrungen innerhalb einer sozialen Gruppe oder Gruppierung in einem bestimmten historischen Zeitraum zur Sprache kommen - beispielsweise die „Erziehung und Sozialisation in Arbeiterfamilien im Zeitraum 1870 bis 1914 in Deutschland" (SEYFARTH-STUBENRAUCH 1985). Doch der Typus ist hier schon in der Auswahl und Kennzeichnung der Gruppe vorgegeben. So betreffen denn auch die bemerkenswerten Befunde eher die Breite der Variationen innerhalb des Typs, die Modifikationen des allgemeinen Erfahrungsmusters, die „Erfahrungsmodi" (a.a.O. 178ff.), die Freiräume und Nischen und die alternativen Möglichkeiten, sie zu nutzen. - Andere Untersuchungen gehen in den autobiographischen Texten den Interaktionen zwischen den Mitgliedern einer Gruppe nach, dem Geflecht der Beziehungen und den Austauschprozessen zwischen ihnen - beispielsweise in einem Briefwechsel zwischen Freunden oder in den Selbstdarstellungen der Generationen in einer Familie (z.B. BERTAUX/BERTAUX-WIAME 1991). Im Unterschied zu Interaktionsanalysen in Lebenssituationen tritt hier gegenüber den Verhaltensmustern und dem Beziehungsaspekt der Inhaltsaspekt in den Vordergrund - die Überlieferung, Verwerfung oder Verdrängung und Wiedergewinnung von Themen, die Transformation und Revision von Sinnorientierungen und Ansichten. - Zahlreiche Untersuchungen wählen autobiographische Texte im Hinblick auf ein zentrales historisches Ereignis oder kollektives Schicksal aus: erster oder zweiter Weltkrieg, Weltwirtschaftskrise, Nazi-Zeit, Judenverfolgung, Wiedervereinigung. Hier geht es zum einen darum, die unterschiedlichen individuellen Erfahrungen - zum Beispiel von Soldaten, von Offizieren, von Generälen, von Verweigerern, von Frauen, von Kindern, von alten Leuten, von Kriegsbefürwortern und Kriegsgegnern - zusammenzutragen und aus ihnen das differenzierte Mosaik einer Gesamterfahrung zusammenzusetzen. Zum anderen geht es darum, unterschiedliche Linien der Erfahrungsverarbeitung herauszuarbeiten - beispielsweise Ernst Jünger: „Stahlgewitter" versus Erich Remarque: „Im Westen nichts Neues".

In diesen Untersuchungen wird zunächst eine Gemeinsamkeit der Erfahrungen und ein gemeinsamer Rahmen der Erfahrungsverarbeitung vorausgesetzt. Eine besonders interessante, aber auch schwierige Aufgabe entsteht für die Biographieforschung da, wo im autobiographischen Material diese Gemeinsamkeit verlassen und der gemeinsame Rahmen überschritten oder verändert wird. - Das geschieht beispielsweise, wo einzelne Individuen oder eine ganze Gruppe einen ungewöhnlichen Weg gehen, wo sie sich einen neuen Weg im sozialen Raum bahnen oder wo sie sich in den Abgrund eines ungeheuren Verbrechens treiben lassen. Hier ist es wichtig, nicht nur den biographischen Prozeß nachzuzeichnen, sondern auch den Kontext zu rekonstruieren, der diesen Weg versperrt, behindert, ermöglicht und bestärkt, und die Gegenstimmen auf der anderen Seite zu versammeln - die der Gegner, der Feinde, der Opfer beziehungsweise der Täter. - Das geschieht auch da, wo die Ereignisse dazu zwingen, den bisher gültigen Rahmen der kollektiven Erfahrungsverarbeitung zu revidieren - nach einem verlorenen Krieg, nach einer moralischen Katastrophe. Und das geschieht da, wo Menschen versuchen, über alte, tiefe Feindschaften und gegenseitige Ausgrenzungen hinweg zu einer neuen Gemeinsamkeit der Erfahrungen hin durchzustoßen. Das ist ein mühsamer Prozeß der Umarbeitung, in dem Stück für Stück, Wort für Wort der vertraute Besitz an Erfahrungen neu gesehen und neu formuliert werden muß (SCHULZE 1983).

Kollektive Schicksale und historische Ereignisse sind weite Horizonte für eine individuelle Biographie. Und doch sind sie noch so begrenzt, daß sich die Erfahrungen eines Individuums in ihnen brechen, sammeln und wiederfinden können. Ihre Prozeßstruktur hat einen dramatischen Charakter, der auch das einzelne Individuum unmittelbar erfaßt. Ihre räumlichen, sozialen und zeitlichen Grenzen und Zäsuren sind auch für das Individuum direkt erfahrbar: hier, dort, drüben - wir, aber die anderen - damals, davor, danach, später, irgendwann einmal. Sie ermöglichen noch die Profilierung einer Perspektive, einer Gestalt, einer Geschichte. Sie sind für das einzelne Subjekt aufgeladen mit Lebenssinn. Wie ist das aber mit den Veränderungen, die gleichsam quer durch alle Kollektive hindurchgehen und die eher einen evolutionären als einen historischen Charkter haben? Ist der Prozeß der Modernisierung erfahrbar? Läßt er sich als Lebenserfahrung in einer Biographie bearbeiten? Es gibt Anlaß zur Skepsis: „Denn die narrative Struktur der Erfahrung ist auf eine Vernetzung mit der Geschichte von Kollektiven angewiesen... Wenn Individuen aber im Prozeß radikaler Modernisierung überkommener Lebenswelten von den Ressourcen überlieferter oder fraglos geteilter Erfahrung abgeschnitten werden, geht mit der Vernetzbarkeit in kollektive Zusammenhänge womöglich eine zentrale biographische Kompetenz verloren"(ALHEIT 1995,289). Peter ALHEIT beantwortet seinen Zweifel mit einer Aufforderung zu einer Bildungsanstrengung: „Notwendig ist deshalb eine Art Schlüsselqualifikation, die als 'Biographizität' bezeichnet werden soll: die Fähigkeit, moderne Wissensbestände an biographische Sinnressourcen anzuschließen und sich mit diesem Wissen neu zu assoziieren" (a.a.O. 292). Aber wie geschieht das? Wie kann das geschehen?

Literatur

ALHEIT, Peter 1995: „Biographizität" als Lernpotential: Konzeptionelle Überlegungen zum biographischen Ansatz in der Erwachsenenbildung. In: KRÜGER, H.H./W. MAROTZKI (Hg.) S. 276-307.
BAACKE, Dieter/Theodor SCHULZE 1993: Aus Geschichten lernen - Zur Einübung pädagogischen Verstehens. Neuausgabe. Weinheim & München.
BERTAUX, Daniel/Isabelle BERTAUX-WIAME 1991: „Was du ererbt von deinen Vätern..." Transmissionen und soziale Mobilität über fünf Generationen. In: BIOS, Jg.4/H.1, S. 14-40.
BUDE, Heinz 1984: Rekonstruktion von Lebenskonstruktionen - Eine Antwort auf die Frage, was die Biographieforschung bringt. In: KOHLI, M./G. ROBERT (Hg.) S. 7-28.
DILTHEY, Wilhelm 1981: Der Aufbau der geschichtlichen Welt in den Geisteswissenschaften, Frankfurt a.M.
ERIKSON, Erik H. 1971 Identität und Lebenszyklus, Frankfurt a.M.
FILIPP, Sigrun-Heide (Hg.) 1981: Kritische Lebensereignisse, München & Wien & Baltimore.
FÖLLING, Werner/Wolfgang MELZER 1989: Gelebte Jugendträume - Jugendbewegung und Kibbutz, Witzenhausen.
FREUD, Sigmund 1961: Die Traumdeutung, Frankfurt a.M.
FUCHS, Werner 1984: Biographische Forschung - Eine Einführung in Praxis und Methoden, Opladen.
HAHN, Alois/Volker KAPP (Hg.) 1987: Selbstthematisierung und Selbstzeugnis: Bekenntnis und Geständnis, Frankfurt a.M.
HALBWACHS, Maurice 1985: Das kollektive Gedächtnis, Frankfurt a.M.
HAVIGHURST, R.I. 1972: Developmental tasks and education, New York (3. Aufl.).
HERMANNS, Harry/Ch. TKOCZ/H. WINKLER 1984: Berufsverlauf von Ingenieuren - Biographieanalytische Auswertung narrativer Interviews, Frankfurt a.M. & New York.

HOERNING, Erika M. 1987: Lebensereignisse: Übergänge im Lebenslauf. In: VOGES, W. (Hg.) S. 231-260.
HOERNING, Erika u.a. 1991: Biographieforschung und Erwachsenenbildung, Bad Heilbronn OBB.
HOFFMANN-RIEM, Christa 1980: Die Sozialforschung einer interpretativen Soziologie - Der Datengewinn. In: Kölner Zeitschrift für Soziologie und Sozialpsychologie. 32. Jg. S. 339-372.
KOHLI, Martin/Günther ROBERT (Hg.) 1984: Biographie und soziale Wirklichkeit - neue Beiträge und Forschungsperspektiven, Stuttgart.
KRÜGER, Heinz-Hermann/Winfried MAROTZKI (Hg.) 1995: Erziehungswissenschaftliche Biographieforschung, Opladen.
LAPLANCHE, J./J.B. PONTALIS 1986: Das Vokabular der Psychoanalyse, Frankfurt a.M. (7. Aufl.).
LEHMANN, Albrecht 1983: Erzählstruktur und Lebenslauf - Autobiographische Untersuchungen, Frankfurt a.M. & New York.
LOCH, Werner 1979: Curriculare Kompetenz und pädagogische Paradigmen - Zur anthropologischen Grundlegung einer biographietheoretischen Erziehungstheorie. In: Bildung und Erziehung Jg. 32, S. 241-266.
MAROTZKI, Winfried 1990: Entwurf einer strukturalen Bildungstheorie - Biographietheoretische Auslegung von Bildungsprozessen in hochkomplexen Gesellschaften, Weinheim.
MAROTZKI, Winfried 1991: Bildungsprozesse in lebensgeschichtlichen Horizonten. In: HOERNING, E.M. u.a. S. 182-205.
MAROTZKI, Winfried 1995: Forschungsmethoden der erziehungswissenschaftlichen Biographieforschung. In: KRÜGER, H.H./W. MAROTZKI (Hg.), S. 55-89.
MELZER, Wolfgang/Werner FÖLLING 1989 Biographien jüdischer Palästina-Pioniere aus Deutschland - Über den Zusammenhang von Jugend- und Kibbutzbewegung, Opladen.
MISCH, Georg 1949 ff.: Geschichte der Autobiographie. Vier Bände. Frankfurt a.M.
OEVERMANN, Ulrich/Tilmann ALERT/Elisabeth KONAU/Jürgen KRAMBECK 1979: Die Methodologie einer „objektiven Hermeneutik" und ihre allgemeine forschungslogische Bedeutung in den Sozialwissenschaften. In: SOEFFNER, H.G. (Hg.) S. 352-433.
RICOEUR, Paul 1993: Die Interpretation - Ein Versuch über Freud, Frankfurt a.M. (4. Aufl.).
ROSENTHAL, Gabriele 1988: Leben mit der soldatischen Vergangenheit in zwei Weltkriegen - Ein Mann blendet seine Kriegserlebnisse aus. In BIOS 1.Jg./H.2, S. 27-38.
ROSENTHAL, Gabriele 1990: Die Auswertung - Hermeneutische Rekonstruktion erzählter Lebensgeschichten. In: ROSENTHAL, G. (Hg.) „Als der Krieg kam, hatte ich mit Hitler nichts mehr zu tun." Zur Gegenwärtigkeit des „Dritten Reiches" in erzählten Lebensgeschichten, Opladen.
ROSENTHAL, Gabriele 1995: Erlebte und erzählte Geschichte - Gestalt und Struktur biographischer Selbstbeschreibungen, Frankfurt a.M. & New York.
SARTRE, Jean-Paul 1964: Marxismus und Existentialismus, Reinbeck.
SARTRE, Jean-Paul 1977: Der Idiot der Familie - Gustav Flaubert 1821-1857, 4 Bde. Reinbeck.
SCHÜTZ, Alfred/Thomas LUCKMANN 1979: Strukturen der Lebenswelt, Bd.1. Frankfurt a.M.
SCHÜTZE, Fritz 1977: Die Technik des narrativen Interviews in Interaktionsfeldstudien, Bielefeld (Universität Bielefeld).
SCHÜTZE, Fritz 1983: Biographieforschung und narratives Interview. In: Neue Praxis Jg.3, S. 283-293.
SCHÜTZE, Fritz 1984: Kognitive Figuren des autobiographischen Stegreiferzählens. In: KOHLI, M./G. ROBERT (Hg.), S. 78-117.

SCHÜTZE, Fritz 1987: Das narrative Interview in Interaktionsfeldstudien - Erzähltheoretische Grundlagen, Hagen (Studienbrief).
SCHULZE, Theodor 1987: Auf der Suche nach einer neuen Identität. In: Zeitschrift für Pädagogik, 18. Beiheft, S. 313-320.
SCHULZE, Theodor 1991: Pädagogische Dimensionen der Biographieforschung. In: HOERNING, E. M. u.a., S. 135-181.
SCHULZE, Theodor 1993 a: Biographisch orientierte Pädagogik. In: BAACKE, D./Th. SCHULZE, S. 13-40.
SCHULZE, Theodor 1993 b: Autobiographie und Lebensgeschichte. In: BAACKE, D./ Th. SCHULZE, S. 126-173.
SCHULZE, Theodor 1995: Erziehungswissenschaftliche Biographieforschung - Anfänge, Fortschritte, Ausblicke. In: KRÜGER, H.H./W. MAROTZKI (Hg.) S. 10-31.
SEYFARTH-STUBENRAUCH, Michael 1985: Erziehung und Sozialisation in Arbeiterfamilien im Zeitraum 1870-1914 in Deutschland, Frankfurt a.M. & New York.
SHORTER, Bani/Fred PLAUT 1991: Wörterbuch Jungscher Psychologie, München.
VOGES, Wolfgang (Hg.) 1987: Methoden der Biographie- und Lebenslaufforschung, Opladen.
ZURHORST, G. 1987: Die Dimension der Subjektivität in der Biographieforschung. In: JÜTTEMANN, G./H. THOMAE (Hg.): Biographie und Psychologie, Heidelberg, S. 98-107.

Charlotte Heinritz

Autobiographien als erziehungswissenschaftliche Quellentexte

„Enthält die Autobiographie erziehungswissenschaftliches Quellenmaterial, und: wie ist dieses Quellenmaterial beschaffen?" (UHLIG 1936, 6) Diese Fragen, die Kurt UHLIG 1936 zum Thema einer immer noch aktuellen Studie machte, sollen im folgenden behandelt werden.
Als Autobiographie soll hier gelten ein *„rückblickender Bericht in Prosa, den eine wirkliche Person über ihr eigenes Dasein erstellt ..."* *(LEJEUNE 1989, 215)*. Dabei sind Memoiren, autobiographische Selbstporträts und Skizzen sowie Kurzautobiographien eingeschlossen, ebenso Schüleraufsätze zu autobiographischen Themen. Ausgeschlossen habe ich hingegen andere autobiographische Gattungen wie Briefe und Tagebücher[1] als auch biographische Interviews[2]. Es geht hier auch nicht um eine Darstellung der Interpretationsverfahren autobiographischer Texte.[3]

1. Zur Geschichte

Die Sammlung und Beachtung von (Kindheits-)Erinnerungen und Autobiographien als entwicklungspsychologisch und erziehungswissenschaftlich bedeutsame Quellen sind so alt wie die Erziehungswissenschaft als wissenschaftliche Disziplin selbst: Sie gehen einher mit der Entdeckung der Kindheit als eigene lebensgeschichtliche Phase wie auch mit dem Beginn der wissenschaftlichen Pädagogik und ihres Interesses an den „Innenansichten" des Kindes (vgl. HERRMANN 1990) Ende des 18. Jahrhunderts. So hatte ROUSSEAUs Autobiographie „Confessions" einen durchgreifenden Einfluß nicht nur auf die Entwicklung der Gattung Autobiographie, sondern auch auf die Entwicklung von Psychologie und Pädagogik: Er lenkte als erster die Aufmerksamkeit auf die Kindheit als Lebensphase, aus der heraus die Verhaltensweisen des Erwachsenen abgeleitet werden könnten.
In Deutschland war es zuerst HERDER, der Autobiographien als bedeutende Quellen für eine Erforschung des Menschen und der Entwicklung seiner individuell-seelischen Entwicklung, ja einer „Geschichte der Menschheit" ansah und die Sammlung von Lebens(selbst)Beschreibungen anregte. Autobiographien erachtete er darüber hinaus auch als ethisch-pädagogische Ratgeber, als „Freund und Warner" besonders für junge Menschen und Lehrer (Herder GW 1879, XI, 79, zuerst 1781/86).

---

[1] Zu Tagebüchern siehe die Beiträge von WINTERHAGER-SCHMID und FISCHER in diesem Band.
[2] Siehe dazu die Beiträge von JAKOB und KRÜGER in diesem Band.
[3] Siehe dazu den Beitrag von SCHULZE in diesem Band.

Zunächst als Mittel der Selbsterkenntnis, als ein Weg, endlich auch der Seele die notwendige Aufmerksamkeit zu widmen, bald auch als Weg für eine empirisch fundierte Psychologie empfahl Karl Philipp MORITZ das Verfassen von autobiographischen Schriften und die Beschäftigung mit Autobiographien. In der von ihm herausgegebenen Zeitschrift „Gnoti Sauton oder Magazin zur Erfahrungsseelenkunde als ein Lesebuch für Gelehrte und Ungelehrte" (1783 bis 1793) veröffentlichte er nicht nur die ersten Teile seines autobiographischen Entwicklungsromans „Anton Reiser", sondern auch Erinnerungen und Selbstbeobachtungsprotokolle verschiedener Autoren, vornehmlich aus der frühen Kindheit, in denen er herausragendes Quellenmaterial für die „Erfarungsseelenkunde" sah.[4]

Autobiographische Daten galten - neben der Beobachtung von Kindern - als empirische Grundlagen für die Entwicklung einer wissenschaftlichen Pädagogik und einer praktischen Erziehungslehre. (Herrmann 1990, 47)[5] Allerdings wurde diese Tradition nicht fortgesetzt, sondern die Weiterentwicklung der Erziehungswissenschaft im 19. Jahrhundert war geprägt durch Bildungsphilosophie und Unterrichtswissenschaft, durch HUMBOLDT und HERBART (HERRMANN 1990, 47).

Erst Ende des 19. Jahrhunderts wurde die Autobiographie vor allem durch die Arbeiten von DILTHEY, dem Begründer der Geisteswissenschaften, wieder als herausragende Quelle betont.[6] Trotz seines großen Einflusses auf die weitere Entwicklung der Pädagogik - aus seiner Lehre heraus hat sich die geisteswissenschaftliche Pädagogik begründet - wurde sein Vorschlag zur Nutzung von Autobiographien als Quellen jahrzehntelang nicht systematisch aufgenommen. Wohl gab es aber immer wieder einzelne erziehungswissenschaftliche Arbeiten auf der Grundlage von Autobiographien. So wurden in den zwanziger Jahren nicht nur Tagebücher als Quellen zur Jugendkunde entdeckt (vor allem von BÜHLER und BERNFELD; vgl. dazu FUCHS-HEINRITZ 1993), es erschienen im Bereich der Kinder- und Jugendforschung auch eine Reihe von Studien auf der Grundlage von Autobiographien (siehe unten).

---

[4] THOMAE (1987) bezeichnet HERDER und MORITZ als eigentliche Begründer einer empirischen und biographischen Psychologie; nach dem Ende des Magazins zur Erfahrungsseelenkunde sei es aber dennoch zu keiner kontinuierlichen Entwicklung gekommen, was, so THOMAE, seinen Grund vor allem in den neuen philosophischen Richtungen des 18. Jahrhunderts, dem Idealismus und der Metaphysik, gehabt habe: Von daher „war man an der Beobachtung konkreten menschlichen Verhaltens weniger interessiert" (THOMAE 1987, 6).

[5] HERRMANN erwähnt hier vor allem August Herrmann NIEMEYER, der neben Lebensbeschreibungen und Romanen die „Selbstbeobachtung", die „Introspektion" als Weg zu einem „Sich-hinein-Versetzen in das Kind" vorschlug; siehe Herrmann 1990, 46.

[6] Etwa zur gleichen Zeit zog auch FREUD Autobiographien als Quellen für die Wurzeln der Persönlichkeitsentwicklung und die Bedeutung der frühen Kindheit heran; er analysierte Kindheitserinnerungen aus den Autobiographien von Leonardo da Vinci, Goethe und Schreber (FREUD 1910, 1911, 1917). Zu psychoanalytischen Deutungen autobiographischer Quellen im Hinblick auf erziehungswissenschaftliche Fragestellungen siehe BITTNER 1978, LORENZER 1979 und 1993, und GSTETTNER 1980).

Die 1936 publizierte methodologische Studie von UHLIG „Die Autobiographie als erziehungswissenschaftliche Quelle" ist bis heute anregend und lesenswert; die Arbeiten von HENNINGSEN (1962, 1981) haben die neueren Forschungen maßgeblich beeinflußt. Aber diese wie weitere Arbeiten sind „Einzelstücke"; erst Ende der siebziger Jahre wurden Autobiographien als relevante Quellen für erziehungswissenschaftliche Fragestellungen wiederentdeckt. Wegweisend für die neueren Forschungen und Diskussionen waren die Ergebnisse der Arbeitsgruppe „Wissenschaftliche Erschließung autobiographischer und literarischer Quellen für pädagogische Erkenntnis" auf der Jahrestagung der Deutschen Gesellschaft für Erziehungswissenschaft im Jahr 1978, dokumentiert in dem 1979 erschienenen und 1993 neuaufgelegten Band von Dieter BAACKE und Theodor SCHULZE: „Aus Geschichten lernen. Zur Einübung pädagogischen Verstehens." Diese Tagung markiert auch den Beginn der pädagogischen Biographieforschung[7]. Hier und in späteren Beiträgen wurden programmatisch neue Ansätze für eine narrative und biographisch orientierte Pädagogik auf der Grundlage von autobiographischen Texten entwickelt und diskutiert (einige Autoren schließen hier auch literarisch-fiktive Schriften ein, andere fassen auch Transkriptionen von biographischen Interviews als autobiographische Texte auf, vgl. den Beitrag von Schulze in diesem Band).

Ebenfalls seit dem Ende der siebziger Jahre wurden Autobiographien als wichtige Quellentexte für die neu entstandenen Forschungsbereiche der historischen Kindheits- und Sozialisationsforschung entdeckt (siehe hierzu vor allem die programmatischen Aufsätze von HERRMANN 1980, 1984 und Herrmann u.a. 1983; s. auch den Beitrag von KLIKA in diesem Band). Und neuerdings gibt es Versuche, auch „vormoderne Lebensläufe" erziehungshistorisch zu betrachten, wobei neben anderen Quellen autobiographische Zeugnisse (frühe Autobiographien, autobiographische Traumerzählungen, Familienbücher) eine zentrale Rolle spielen (dokumentiert in KECK und WIERSING, Hrsg. 1994).

2. Wozu und in welcher Absicht werden Autobiographien in erziehungswissenschaftlichen Arbeiten verwendet?

2.1 Autobiographien als Lehr- und Anschauungstexte für Erzieher

Bereits zu Beginn des 20. Jahrhunderts erschienen in pädagogisch-praktischer Absicht mehrere Anthologien mit autobiographischen Texten: So wandten sich DROESCHER und BÄUMER (1908) mit ihrer Sammlung von autobiographischen und literarischen Kindheitserinnerungen als „psychologischem Erkenntnismaterial" (Bäumer und Droescher 1908, VII) vornehmlich an Eltern und Erzieher, um bei ihnen ein größeres Verständnis für Kinder und Jugendliche zu wecken. GRAF (1912) sammelte und veröffentlichte autobiographische Erinne-

---

[7] Siehe dazu u.a. BAACKE und SCHULZE (Hg.) 1985; KRÜGER und MAROTZKI (Hg.) 1995.

rungen ehemaliger Schüler an ihre Schulzeit, um Anhaltspunkte für die pädagogische Theorie und Praxis, insbesondere für die seiner Ansicht nach notwendigen Schulreformen zu gewinnen (Graf 1912, Vorwort). Viele der zahlreichen Anthologien mit Ausschnitten aus autobiographischen Kindheits- und Schulerinnerungen[8] verfolgen explizit oder implizit ähnliche pädagogisch-didaktische Absichten. Die autobiographischen Texte - meist Auszüge aus veröffentlichten vollständigen Autobiographien, gelegentlich aber auch die Ergebnisse schriftlicher Befragungen durch den Herausgeber[9] - stehen zumeist unkommentiert nebeneinander, wohl in der Erwartung, die autobiographischen Zeugnisse sprächen für sich, der Leser möge sich ein eigenes Bild machen (vgl. z.B. Graf 1912, 8).

Als „Mittel der Bildung zur Persönlichkeit" wurden Autobiographien, die seit GOETHE - seinem Vorbild folgend - zumeist als Bildungs- und Entwicklungsgeschichten erzählt wurden, vor allem im 19. Jahrhundert jungen Menschen in pädagogischer Absicht zur Lektüre gegeben.[10] HENNINGSEN (1962) führte die Bildungsintention von Autobiographien als eine der drei zentralen Beziehungen der Autobiographie zur Erziehungswissenschaft an. Systematische Untersuchungen zur „Erziehungswirkung der autobiographischen Gattung", wie sie UHLIG bereits 1936 angeregt hatte, stehen allerdings bis heute aus.

Seit den siebziger Jahren dieses Jahrhunderts führte die Meinung, nicht nur das Lesen, sondern auch das Schreiben von Autobiographien habe eine erzieherisch-bildende Wirkung, zu einer Welle von autobiographischen Veröffentlichungen. Die emanzipatorische Wirkung des Verfassens von Autobiographien, das „Subjekt-Werden" durch autobiographisches Schreiben betonen vor allem Vertreter politisch-emanzipatorischer Bewegungen (Frauenbewegung, Arbeiterbewegung, unterschiedliche „Randgruppen"- und Selbsterfahrungs-Bewegungen, aber auch die Oral-History-, bzw. „Geschichte-von-unten"-Bewegung).

2.2 „Erzogene über Erziehung": Autobiographien als Quellen für die Rekonstruktion von Sozialisationsprozessen

Eine zentrale Frage an Autobiographien aus erziehungswissenschaftlicher Sicht war und ist die nach der Wirkung pädagogischer Absichten und Maßnahmen sowie den (auch unbeabsichtigten) Erziehungseinflüssen auf die Erzogenen. Gerade das Dilemma, daß man sich als Pädagoge der „erzieherischen Wirkung und Wirklichkeit niemals als einer empirischen Tatsache ganz sicher" sein könne (Hans SCHEUERL 1984), bedinge, so HARTGE (1989, 12), dieses Interesse

---

[8] Im Literaturverzeichnis sind eine Reihe dieser Anthologien aufgeführt.
[9] So entstanden die Sammlungen von GRAF (1912) und HELLPACH (1954) aus schriftlichen Befragungen.
[10] „Bis etwa 1930 war es üblich, jungen Menschen zur Konfirmation oder beim Beginn des Studiums eine Autobiographie zum Geschenk zu machen - meistens waren es die 'Jugenderinnerungen eines alten Mannes' von Wilhelm von KÜGELGEN - um ihnen damit gleichsam einen Leitfaden zur Selbstfindung an die Hand zu geben und ihnen eine entscheidende Hilfe bei der (im übrigen selbst zu vollziehenden) 'Zweiten Geburt' darzureichen." (MUCHOW, 1966, 302 f.).

an Autobiographien.[11] HELLPACH (1954) bezeichnete die autobiographischen Berichte der „Erzogenen über Erziehung" als „Spiegel, in dem sich unser eigenes lehrendes und prägendes Tun abbildet." (HELLPACH 1954, 23) So verglich beispielsweise KÖßLER die autobiographischen Schilderungen von Mädchenkindheiten im 19. Jahrhundert mit zeitgenössischen Erziehungsratgebern. VOGEL (1924) befragte Autobiographien aus drei Jahrhunderten auf die Auswirkungen bzw. Erfolge religiöser Erziehung auf die Zöglinge hin.[12] Er erachtete Autobiographien aufgrund ihrer gattungsgeschichtlichen Wurzeln in den religiösen Lebensbeschreibungen des Mittelalters als ideale Quellen für die Analyse der Entwicklung und Ausprägung religiösen Erlebens. Weitere religionspädagogische Studien auf der Grundlage von Autobiographien sind die von BOHNE (1922) und MIEHLE (1928).

Für die Gewinnung neuer Erkenntnisse in der Entwicklungspsychologie und der Pädagogik des Kleinkindes wurden Kindheitserinnerungen in Autobiographien im Hinblick auf Charakteristika und Bedeutungen dieser Erinnerungen ausgewertet (REICHARDT 1926; WINTER 1955; HOFFMANN 1969). Einige Autorinnen und Autoren erachten Autobiographien als Quellentexte, die unmittelbar die subjektive Sicht der Erzogenen widergeben, z.B. CLOER et al. 1990; RUTSCHKY 1983. Die Frage jedoch, ob Schilderungen von Kindheitserlebnissen in Autobiographien als Berichte und Erlebnisse 'aus der Innensicht des Kindes' zu werten sind, wurde und wird in zahlreichen empirischen und theoretischen Studien zur Autobiographie als erziehungswissenschaftliche Quelle mehrfach problematisiert und kontrovers erörtert (vgl. z.B. HOFFMANN 1969; LIPPITZ 1991a, 1991b, HEINRITZ 1994).

Als Ergebnis und Ausdruck von Bildung sind Autobiographien für einige Autoren nicht einfach eine Sammlung von Quellenmaterial, sondern sie stellen für sich genommen erziehungswissenschaftlich bedeutende Tatbestände dar. Als Resultat und Beschreibung des zurückgelegten Bildungsweges sind sie „sprachlich gestaltetes Bildungsschicksal" (HENNINGSEN 1961; vgl. auch UHLIG 1936, 86f.). Henningsen ersetzte später den Begriff Bildung durch Identität, ein Begriff, der in den folgenden Jahren den Bildungsbegriff in diesem Zusammenhang weitgehend ersetzte. Autobiographien als Resultat von Identitätsbildungsprozessen werden als Abbild oder Widerspiegelung dieser Prozesse gelesen und interpretiert[13] (so bei SCHULZE; Cloer; KLIKA; SEYFARTH-STUBENRAUCH). Die Bedeutung von Autobiographien als Geschichten und Erzählungen von Lernsituationen und Lernprozessen betont SCHULZE (1979/1993a) und schlägt vor, diese Lernsituationen u.a. durch die Interpretation von „Schnittpunkten" und „kritischen Ereignissen" in den autobiographischen Erzählungen zu analysieren.

In der Absicht, den Selbstbildern und der Erfahrungswelt von Jugendlichen näherzukommen, initiierten einige Pädagogen Sammlungen von Schüleraufsätzen nach mehr oder weniger festgelegten Themen. Autobiographische Schüleraufsätze

---

[11] Zur Problematik und den Grenzen der Wirkungsanalyse von Erziehung vgl. HERRMANN 1980 und 1990.
[12] Darüber hinaus erwartete er aus den Ergebnissen seiner Autobiographienanalyse Antworten auf „das religiöse Erziehungsproblem" seiner Zeit (VOGEL 1924, 2).
[13] Zur Diskussion dieser Ansätze siehe HOEPPEL 1983a, 63-73.

stellen einen besonderen Typus schriftlicher Selbstzeugnisse dar. Sie sind - neben Jugendtagebüchern und -briefen sowie biographischen Interviews - die einzigen autobiographischen Quellen, die ohne oder mit nur geringem zeitlichen Abstand von der (späten) Kindheit und Jugend Zeugnis ablegen. So ließ BUSEMANN autobiographische Schüleraufsätze schreiben, die er im Hinblick auf die darin enthaltenen Selbstbilder von Jugendlichen analysierte (BUSEMANN 1926). Für seine Untersuchung zum „Selbstverständnis der Jugend heute" hat BERTLEIN (1960) ebenfalls Schüleraufsätze schreiben lassen. Er fragte Schüler unterschiedlichen Alters u.a. nach ihren Leitbildern und Idealen und nach ihrem persönlichen Glaubensleben.

Ein Teil der über 70.000 Schüleraufsätze, die Wilhelm RÖßLER Ende der vierziger und Anfang der fünfziger Jahre schreiben ließ, enthalten autobiographische Schilderungen von Schülern über ihre Erinnerungen an die Kriegs- und Nachkriegszeit sowie Beschreibungen ihres Alltagslebens (ROEßLER 1956; s.a. ABELS u.a. 1989). Erinnerungen an die Kriegserlebnisse sind auch Gegenstand der Sammlung von Schüleraufsätzen von Otto BARTHEL (Heer, Hrsg. 1983)[14] und von Hermann HELMERS (HELMERS 1984).

2.3 Autobiographien als Quellen für eine Sozialgeschichte der Kindheit und für die historische Sozialisationsforschung

In vielen sozialhistorische Studien zu den Themen Geschichte der Kindheit, Geschichte der Jugend, historische Sozialisationsforschung spielten und spielen Autobiographien eine wichtige Rolle als Quellentexte. Autobiographien werden in diesen Forschungen meistens nicht als Bedeutungsganzes interpretiert, sondern als historische Dokumente, in denen Material über bestimmte historische Tatbestände gefunden werden kann. Die Bandbreite ihrer Bedeutung zur Erschließung vergangener Wirklichkeiten reicht dabei von gelegentlichen Zitaten aus Autobiographien (so etwa in einigen Beiträgen in deMAUSE, Hrsg. 1977)[15] bis zur ausschließlichen Verwendung von Autobiographien wie bei HARDACH und HARDACH-PINKE (1978); HARDACH-PINKE 1981; WEBER-KELLERMANN und FALKENBERG, Hg. 1981; FLECKEN 1981; FUCHS und HEINRITZ 1985; HEINRITZ 1985; WEBER-KELLERMANN 1989; SEYFARTH-STUBENRAUCH 1985; KLIKA 1990.

Das Verfahren, in Querschnittanalysen zu bestimmten vorgegebenen Themenbereichen Zitate aus verschiedenen Autobiographien heranzuziehen, überwiegt in den meisten sozialgeschichtlichen Studien. Dabei werden die einzelnen autobiographischen Aussagen nur ausnahmsweise in den Kontext der gesamten Autobiographie gestellt; häufig dienen sie isoliert als Belegstellen für bestimm-

---

[14] Hannes HEER entdeckte 1980 die mehr als 7000 Aufsätze aus dem Jahre 1946 im Nürnberger Stadtarchiv und veröffentlichte eine Auswahl. - Während die von Heer herausgegebene Sammlung lediglich im Nachwort kommentiert ist, haben die anderen Autoren ihre umfangreichen Sammlungen von Schüleraufsätzen größtenteils inhaltsanalytisch-quantitativ ausgewertet.

[15] deMAUSE äußert sich in seinem Beitrag zwar kritisch über die Verzerrung der Darstellung von Kindheit in *Biographien*, verwendet aber andererseits auch Zitate aus Autobiographien zur Unterstützung seiner Thesen; deMAUSE 1977, 16.

te historische Sachverhalte oder Hypothesen. Längsschnittstudien, die den Kontext der ganzen Autobiographie analysieren, sind hingegen immer noch selten (HOEPPEL 1983a; HARTGE 1989). HARDACH und HARDACH-PINKE (1978) und SEYFARTH-STUBENRAUCH (1985) ergänzen Querschnittanalysen durch exemplarische Längsschnittanalysen.

2.4 Autobiographien als Quellen für die Geschichte pädagogischer Institutionen und ihrer Wirkungsweise

Autobiographien enthielten seit jeher Schilderungen über Erziehungsinstitutionen; vor allem Erinnerungen an die Schule werden in historischen und historisch vergleichenden Studien als Quellenmaterial verwendet.[16] Seit der Sammlung von GRAF (1912) sind - gerade auch in den letzten zwanzig Jahren - eine Reihe von Sammlungen mit autobiographischen Schulerinnerungen erschienen, die, so SCHULZE (1979, 16), als Quellen für „die Geschichte des Bildungswesens" gelesen werden können, z.B. KEMPOWSKI 1974 (Hg.).; GREGOR-DELLIN 1979 (Hg.); SCHONIG 1979 (Hg.); REICH-RANICKI 1982 (Hg.); BASTIAN 1988 (Hg.); RUTSCHKY 1983b.
Aber auch die in Autobiographien enthaltenen Informationen über andere Erziehungsinstitutionen wurden als historisches Quellenmaterial verwendet: So gab ZIEHEN (1912) anhand von Autobiographien einen Überblick über die Geschichte der deutschen Universitäten und des Hochschulunterrichts. Die Familie als „Erziehungsinstitution" untersuchte MELCHERS (1929) auf der Grundlage von Autobiographien: Er analysierte sie auf die Frage hin, welche Erziehungsleistungen die bürgerliche Familie des 19. Jahrhunderts erbracht hatte und was daraus für die gegenwärtige (seiner Ansicht nach schlechtere) Familienerziehung gelernt werden könnte.

2.5 Pädagogenautobiographien als Quellen für die Geschichte der Erziehungswissenschaft

Die Auffassung, daß Autobiographien und vor allem Kindheitserinnerungen von Lehrern und Pädagogen eine zentrale Bedeutung für die Pädagogik, ihre Weiterentwicklung und ihre wissenschaftliche und wissenschaftsgeschichtliche Erforschung haben, wurde schon Ende des 18. Jahrhunderts formuliert. Wie K. Ph. MORITZ betonte auch NIEMEYER die autobiographische Introspektion: „'... dieses so äußerst wichtige Geschäfte des selbstbeobachtenden Rückblicks in seine Jugendjahre' (37) ist ein ausschlaggebendes Medium der Selbstbildung, Selbstreflexion und Selbstkontrolle des Erziehers. Selbstbeobachtung schafft Distanz zu sich selbst, relativiert Selbstgewißheit, ermöglicht das Sich-hinein-Versetzen in das Kind (Empathie)." (NIEMEYER 1796, zit. nach HERRMANN 1990, 46) NIEMEYER hat damit „pädagogischem Lernen, Denken und Argumentieren einen 'Sitz im Leben' in der Biographie des Erziehungswissenschaftlers" angewiesen (Hermann 1990, 61).

---

[16] Zur „Geschichte und Theorie der Schule in Erinnerungen" siehe SCHULZE 1988.

Bis heute spielen autobiographische Reflexionen von Pädagogen eine entscheidende Rolle in der Geschichte der Disziplin. „Autobiographien von Klassikern oder Pionieren der Pädagogik (...), zeitgeschichtliche oder systematische Selbstdarstellungen (...) und biographische Interviews mit Erziehungswissenschaftlerinnen und Erziehungswissenschaftlern verdeutlichen den Zusammenhang von lebensgeschichtlicher Erfahrung, zeitgeschichtlicher Konstellation und theoretischer Orientierung." (SCHULZE 1979/1993, 16).

Pädagogen schreiben andere Autobiographien als andere: „Sie erzählen nicht nur nachträglich ihr Leben, ... sondern ihre theoretischen Konstruktionen sind durchzogen von biographischen Reflexionen ... Das hängt ohne Frage auch damit zusammen, daß jeder, der über Erziehung spricht, zugleich auch über sich selber spricht, selbst dann, wenn diese Dimension nicht ausdrücklich gemacht wird." (PRANGE 1987, 346)

Autobiographien sind nach diesem Verständnis die zentralen Quellen zum Verständnis der pädagogischen Disziplin, für die (Re)Konstruktion ihrer Wissenschaftsgeschichte: Die Entstehung pädagogischer Theorie und Praxis läßt sich nur mittels der Lebensgeschichten ihrer Vertreter, also der Pädagogen, erschließen und verstehen. Insofern haben Autobiographien für die Pädagogik einen zentralen Schlüsselwert, und zwar ganz anders als Autobiographien für andere Berufsgruppen.[17] Die Voraussetzung für diese These ist die Annahme, daß

1. die pädagogische Tätigkeit eine grundsätzlich andere ist als die Tätigkeit anderer Berufe, weil sie die ganze Persönlichkeit erfordert; die pädagogischen Haltungen und Theorien des Erziehers haben ihre Wurzeln in seiner Lebensgeschichte.
2. Da das so ist, kann der Pädagoge sein eigenes Handeln und seine pädagogischen Haltungen nur verstehen, wenn er selber autobiographisch aktiv wird, d.h. seine eigene Kindheits- und Bildungsgeschichte rekonstruiert und reflektiert.
3. Die Pädagogik als Disziplin ist entstanden und wurde weiterentwickelt aus den Kindheits-, Lern- und Bildungserfahrungen ihrer Vertreter, also der Pädagogen. Damit ist die Pädagogik eine bis in den Kern aller ihrer Gedanken autobiographische Disziplin, die nur zu verstehen ist von der Persönlichkeitsentwicklung ihrer Vertreter her.

Aus diesen Überlegungen heraus sind immer wieder Sammlungen von Autobiographien von Pädagoginnen und Pädagogen angeregt und veröffentlicht worden, angefangen von DIESTERWEG (1835/36), fortgeführt von seinem Schüler HEINDL (1858/59); spätere Sammlungen stammen von HAHN (1926/27), PONGRATZ (1975-82), WINKEL (1984), KLAFKI (1986), KAISER und OUBAID (1986), WIATER (1991)[18]. Daneben gibt es zahlreiche Einzelau-

---

[17] So hatten etwa die Sammlungen von Ärzte-, Naturwissenschaftler- oder Pfarrerautobiographien vor allem die Funktion, neue Berufsbilder zu formen und zu tradieren; diese Funktion erfüllten gewiß auch die Pädagogenautobiographien, aber ihre Bedeutung weist weit darüber hinaus.

[18] In der letzten Zeit sind darüber hinaus eine Reihe von autobiographischen Selbstdarstellungen auf der Grundlage von Interviews erhoben und zusammengestellt worden, so die Reihe der „Berliner Lehrerlebensläufe"; siehe DU BOIS-REYMOND und SCHONIG, (Hg.) 1992; SCHONIG 1994.

tobiographien (z.B. FLITNER 1986, SIEGEL 1981, WAGENSCHEIN 1989). Eine systematische Auswertung dieser Autobiographien steht allerdings noch aus; Ansätze und Anregungen, welchen Ertrag eine solche Auswertung für die Wissenschaftsgeschichte erbringen könnte, finden sich bei PRANGE (1985)[19] und Herrmann (1990; 1992), der vergleichend drei Pädagogenbiographien (die von BERNFELD, NOHL und ROUSSEAU) im Hinblick auf den Zusammenhang von Lebensgeschichte und Erziehungslehre analysiert.

3. Schluß

Der Überblick über die Verwendung von Autobiographien als erziehungswissenschaftliche Quellentexte zeigt ein sehr heterogenes Bild, und zwar sowohl hinsichtlich der bearbeiteten Fragestellungen wie auch hinsichtlich der methodologischen Grundannahmen über den Quellenwert von Autobiographien. Den zahlreichen konzeptionellen und quellenkritischen Überlegungen für eine sinnvolle und differenzierte Verwendung von Autobiographien für erziehungswissenschaftliche und erziehungsgeschichtliche Forschungen stehen bisher nur wenige empirische Studien gegenüber, in denen die methodischen und methodologischen Überlegungen auch angemessen umgesetzt wurden. „Naive" Erwartungen an Autobiographien, in ihnen mehr oder weniger gelungene Abbilder vergangener Wirklichkeiten vorzufinden, finden sich nach wie vor; hier werden die Eigenarten der Gattung und die Vielschichtigkeit ihrer Entstehungsbedingungen entweder nicht berücksichtigt, oder sie werden zwar im Vorwort diskutiert, aber im empirischen Teil nicht eingelöst.

In der erziehungswissenschaftlichen Autobiographieforschung der letzten zwanzig Jahren herrscht eine sozialwissenschaftlich gefärbte Forschungsorientierung vor; die mögliche pädagogische Bedeutung autobiographischer Texte ist darüber, so scheint es, fast aus dem Blick geraten, wiewohl sich doch die Pädagogik ehedem ganz und gar als autobiographische Disziplin gedacht hat. Hier könnten nicht nur für die Zukunft der pädagogischen Autobiographieforschung, sondern auch für die pädagogische Forschung und Praxis insgesamt wichtige Herausforderungen liegen.

Literatur

ABELS, Heinz/Heinz-Hermann KRÜGER/Hartmut ROHRMANN 1989: „Jugend im Erziehungsfeld". Schüleraufsätze aus den fünfziger Jahren im Roeßler-Archiv. In: BIOS - Zeitschrift für Biographieforschung und Oral History 2, 139-150.
BAACKE, Dieter/Theodor SCHULZE (Hg.) 1979/1993: Aus Geschichten lernen. Zur Einübung pädagogischen Verstehens. München. (Neuausgabe 1993).

---

[19] PRANGE analysiert hier (Kap. 3, 31-52) kritisch die Autobiographie Rudolf STEINERS im Hinblick auf autobiographische Begründungen seiner Erziehungslehre. Dabei vergleicht er den Lebensgang Steiners mit den Entwicklungsstufen der von ihm begründeten anthroposophischen Erziehungslehre und kommt zu dem Schluß, daß er im Sinne der Waldorfpädagogik in seiner Kindheit „extrem anormal gewesen" sein muß.

BAACKE, Dieter/Theodor SCHULZE (Hg.) 1985: Pädagogische Biographieforschung. Orientierungen, Probleme, Beispiele. Weinheim und Basel.
BÄUMER, Gertrude/Lili DROESCHER (Hg.) 1908: Aus der Kinderseele. Beiträge zur Kinderpsychologie aus Dichtung und Biographie. Leipzig.
BASTIAN, J. (Hg.) 1988: Schulgeschichte(n). Von der Kaiserzeit bis heute. In: Pädagogik 21, 6-44.
BERG, Christa (Hg.) 1990: Kinderwelten. Frankfurt a.M.
BERTLEIN, Hermann, 1960: Das Selbstverständnis der Jugend heute. Eine empirische Untersuchung über ihre geistigen Probleme, ihre Leitbilder und ihr Verhältnis zu den Erwachsenen. Hannover, Berlin, Darmstadt, Dortmund.
BITTNER, Günter 1978: Zur psychoanalytischen Dimension biographischer Erzählungen. In: Neue Sammlung 18, 332-338.
BITTNER, Günter 1993: Zur psychoanalytischen Dimension biographischer Erzählungen. In: Dieter BAACKE/Theodor SCHULZE (Hg.), 229-239.
BOHNE, Gerhard 1922: Die religiöse Entwicklung der Jugend in der Reifezeit. Auf Grund autobiographischer Zeugnisse. Leipzig.
BUSEMANN, Adolf 1926: Die Jugend im eigenen Urteil. Eine Untersuchung zur Jugendkunde. Langensalza.
CLOER, Ernst/Dorle KLIKA/Michael SEYFARTH-STUBENRAUCH 1990: Versuch zu einer pädagogischen-biographischen historischen Sozialisations- und Bildungsforschung. Kindsein in Arbeiter- und Bürgerfamilien des wilhelminischen Reiches. In: BERG, Christa (Hg.), 68-100.
DE HAAN, Gerhard/Alfred LANGEWAND/Theodor SCHULZE 1983: Autobiographie. In: Enzyklopädie Erziehungswissenschaft. Band 1: Theorien und Grundbegriffe der Erziehung und Bildung, hrsg. von Dieter LENZEN/Klaus MOLLENHAUER. Stuttgart, 316-321.
deMAUSE, Loyd (Hg.) 1977: Hört ihr die Kinder weinen. Eine psychogenetische Geschichte der Kindheit. Frankfurt a.M.
deMAUSE, Loyd 1977: Evolution der Kindheit. In: deMAUSE, Loyd (Hg.), 12-111.
DIESTERWEG, Friedrich Adolph Wilhelm 1835/1836: Das pädagogische Deutschland der Gegenwart. Oder: Sammlung von Selbstbiographien jetzt lebender, deutscher Erzieher und Lehrer. Für Erziehende. 2 Bände, Berlin.
DILTHEY, Wilhelm 1981: Der Aufbau der geschichtlichen Welt in den Geisteswissenschaften, Frankfurt a.M. (= Gesammelte Schriften, Band VII, hrsg. von Bernhard GROETHUYSEN, Leipzig und Berlin 1927; entstanden 1906-1911).
DU BOIS-REYMOND, Manuela/Bruno SCHONIG (Hg.) 1992: Lehrerlebensgeschichten. Lehrerinnen und Lehrer aus Berlin und Leiden (Holland) erzählen. Weinheim und Basel.
FLECKEN, Margarete 1981: Arbeiterkindheit im 19. Jahrhundert. Eine sozialgeschichtliche Untersuchung ihrer Lebenswelt. Weinheim und Basel.
FLITNER, Wilhelm 1986: Erinnerungen 1889-1945. (Gesammelte Schriften Band 11). Paderborn.
FREUD, Sigmund 1910/1982: Eine Kindheitserinnerung des Leonardo da Vinci. In: Studienausgabe X, Frankfurt a.M., 87-159.
FREUD, Sigmund 1911/1982: Psychoanalytische Bemerkungen über einen autobiographisch beschriebenen Fall von Paranoia (Dementia paranoides); Nachtrag hierzu (1912). In: Studienausgabe VII, Frankfurt a.M., 133-216.
FREUD, Sigmund 1917/1978: Eine Kindheitserinnerung aus Dichtung und Wahrheit. In: Studienausgabe X, Frankfurt a.M., 255-266.
FUCHS, Werner/Charlotte HEINRITZ 1985: Erinnerungen an die Fünfziger Jahre. In: Arthur FISCHER/Werner FUCHS/Jürgen ZINNECKER: Jugendliche und Erwachsene '85, Band 3. Opladen, 43-96 .
FUCHS-HEINRITZ, Werner 1993: Methoden und Ergebnisse der qualitativ orientierten Jugendforschung. In: Heinz-Hermann KRÜGER (Hg.), 249-276.

GRAF, Alfred 1912: Schülerjahre. Erlebnisse und Urteile namhafter Zeitgenossen. Berlin-Schöneberg.
GREGOR-DELLIN, Martin (Hg.) 1979: Deutsche Schulzeit. Erinnerungen und Erzählungen aus drei Jahrhunderten. München.
GSTETTNER, Peter 1980: Biographische Methoden in der Sozialisationsforschung. In: HURRELMANN, Klaus/Dieter ULICH (Hg.): Handbuch der Sozialisationsforschung. Weinheim und Basel, 371-392.
HAHN, Erich (Hg.) 1926/27: Die Pädagogik der Gegenwart in Selbstdarstellungen. 2 Bände. Leipzig.
HARDACH, Gerd/Irene HARDACH-PINKE (Hg.) 1978: Deutsche Kindheiten. Autobiographische Zeugnisse 1700-1900. Kronberg.
HARDACH-PINKE, Irene 1981: Kinderalltag: Aspekte von Kontinuität und Wandel der Kindheit in autobiographischen Zeugnissen 1700-1900. Frankfurt a.M./New York.
HARTGE, Thomas 1989: Das andere Denken. Hermeneutische Perspektiven einer erziehungswissenschaftlichen Autobiographieforschung. Wiesbaden.
HEER, Hannes (Hg.) 1983: Als ich 9 Jahre alt war, kam der Krieg. Ein Lesebuch gegen den Krieg. Reinbek bei Hamburg.
HEINDL, Joh. Bapt. (Hg.) 1858/1859: Galerie berühmter Pädagogen, verdienter Schulmänner, Jugend- und Volksschriftsteller und Componisten aus der Gegenwart in Biographien und biographischen Skizzen. 2 Bände. München.
HEINRITZ, Charlotte 1985: Schlüsselszenen in Autobiographien der 1929-1940 Geborenen. In: FISCHER, Arthur/Werner FUCHS/Jürgen ZINNECKER: Jugendliche und Erwachsene '85. Generationen im Vergleich. 10. Shell-Jugendstudie, Opladen. Band 3, 7-42.
HEINRITZ, Charlotte 1994: Das Kind in der autobiographischen Kindheitserinnerung In: BIOS - Zeitschrift für Biographieforschung und Oral History 7, Heft 2, 165-184.
HELLPACH, Willy 1954: Erzogene über Erziehung. Dokumente von Berufenen. Heidelberg.
HELMERS, Hermann 1984: Kinder schreiben über den Krieg. In: J. HEIN/H.H. KOCH/E. LIEBS (Hg.), Das ICH als Schrift. Über privates und öffentliches Schreiben heute. Baltmannsweiler, 96-101.
HENNINGSEN, Jürgen 1962: „Autobiographie und Erziehungswissenschaft. Eine methodologische Erörterung", Neue Sammlung 2, 450-461.
HENNINGSEN, Jürgen 1981: Autobiographie und Erziehungswissenschaft. Essen.
HERDER, Johann Gottfried 1879: Briefe, das Studium der Theologie betreffend, IV. Teil. In: HERDERS Sämtliche Werke, hg. von Bernhard SUPHAN, Band XI. Berlin.
HERRMANN, Ulrich 1980: Probleme und Aspekte historischer Ansätze in der Sozialisationsforschung. In: HURRELMANN, Klaus/Dieter ULICH (Hg.): Handbuch der Sozialisationsforschung. Weinheim und Basel, 227-252.
HERRMANN, Ulrich 1984: Geschichte und Theorie, Ansätze zu neuen Wegen in der erziehungswissenschaftlichen Erforschung von Familie, Kindheit und Jugendalter, Zeitschrift für Sozialisationsforschung und Erziehungssoziologie 4, 11-28.
HERRMANN, Ulrich 1990: „'Innenansichten'. Erinnerte Lebensgeschichte und geschichtliche Lebenserinnerungen, oder: Pädagogische Reflexionen und ihr 'Sitz im Leben'". In: BERG, Christa (Hg.), 41-100.
HERRMANN, Ulrich 1992: Bernfelds pädagogische Themen und ihr „Sitz im Leben" - Ein biographischer Essay. In: HÖRSTER, Reinhard und Burkhard MÜLLER: Jugend, Erziehung und Psychoanalyse. Zur Sozialpädagogik Siefried BERNFELDS. Neuwied, Berlin, Kriftel, 9-21.
HERRMANN, Ulrich/Andreas GESTRICH/Susanne MUTSCHLER 1983: Kindheit, Jugendalter und Familienleben in einem schwäbischen Dorf im 19. und 20. Jahrhundert. In: BORSCHEID, Peter/Hans J. TEUTEBERG (Hg.): Ehe, Liebe, Tod. Studien zur Geschichte des Alltags. Münster, 66-79.
HOEPPEL, Rotraut 1983a: Weiblichkeit als Selbstentwurf. Autobiographische Schriften als Gegenstand der Erziehungswissenschaft. Eine exemplarische Untersuchung

anhand ausgewählter Texte aus der frühen bürgerlichen und der neuen autonomen Frauenbewegung. Diss. masch., Würzburg.

HOEPPEL, Rotraut 1983b: Perspektiven der erziehungswissenschaftlichen Erschließung autobiographischer Materialien. Autobiographien als kommunikativ-pragmatische Formen der Selbstreflexion. In: BENNER, Dietrich/Helmut HEID/Hans THIERSCH (Hg.): Beiträge zum 8. Kongreß der Deutschen Gesellschaft für Erziehungswissenschaft, 18. Beiheft der Zeitschrift für Pädagogik, Weinheim und Basel, 307-312.

HOFFMANN, Erika 1969: Kindheitserinnerungen als Quelle pädagogischer Kinderkunde. Heidelberg.

KAISER, Astrid/Monika OUBAID (Hg.) 1986: Deutsche Pädagoginnen der Gegenwart. Köln und Wien.

KECK, Rudolf W./Erhard WIERSING (Hg.) 1994: Vormoderne Lebensläufe erziehungshistorisch betrachtet. Köln, Weimar, Wien.

KEMPOWSKI, Walter 1974: Immer so durchgemogelt. Erinnerungen an unsere Schulzeit. München.

KLAFKI, Wolfgang (Hg.) 1988: Verführung, Distanzierung, Ernüchterung. Kindheit und Jugend im Nationalsozialismus. Autobiographisches aus erziehungswissenschaftlicher Sicht. Weinheim und Basel.

KLIKA, Dorle 1990: Erziehung und Sozialisation im Bürgertum des wilheminischen Kaiserreichs. Eine pädagogisch-biographische Untersuchung zur Sozialgeschichte der Kindheit. Frankfurt a.M.

KÖßLER, Gottfried 1979: Mädchenkindheiten im 19. Jahrhundert. Gießen.

KRÜGER, Heinz-Hermann/Winfried MAROTZKI (Hg.) 1995: Erziehungswissenschaftliche Biographieforschung. Opladen.

LEJEUNE, Philippe 1989: Der autobiographische Pakt. In: Günter NIGGL, Hg., Die Autobiographie. Zu Form und Geschichte einer literarischen Gattung. Darmstadt 1989, 214-257 (in französischer Sprache zuerst 1973).

LIPPITZ, Wilfried 1991a: 'Weil es schwerfällt zuzugeben, daß jenes Kind da ... dir unerreichbar ist' (Ch. WOLF). Über die Fremdheit des eigenen Ich im Bildungsprozeß. In: NIEMEYER, Beate/Dirk SCHÜTZE (Hg.): Philosophie der Endlichkeit. Festschrift für Erich Christian SCHRÖDER zum 65. Geburtstag. Würzburg, 201-222.

LIPPITZ, Wilfried 1991b: „Ich glaube, ich war damals ein richtiger verschüchterter kleiner Kant ..." (ZORN 1987, 32). Moralische Erziehung - autobiographisch gesehen. In: Christa BERG (Hg.), 315-335.

LORENZER, Alfred 1979: Kindheit. In: Kindheit. Zeitschrift zur Erforschung der psychischen Entwicklung, Hrsg. von Peter ORBAN, 1, Heft 1, 29-36.

LORENZER, Alfred 1993: Die Analyse der subjektiven Struktur von Lebensläufen und das gesellschaftlich Objektive. In: Dieter BAACKE und Theodor SCHULZE (Hg.), 239-256.

MELCHERS, Wilhelm 1929: Die bürgerliche Familie des 19. Jahrhunderts als Erziehungs- und Bildungsfaktor. Auf Grund autobiographischer Literatur. Inaugural-Dissertation, priv. Druck, Düren.

MIEHLE, August 1928: Die kindliche Religiosität. Erfurt.

MORITZ, Karl Philipp/C.F. POCKELS/Salomon MAIMON 1783-1790/1986: Gnoti Sauton oder Magazin zur Erfahrungsseelenkunde als ein Lesebuch für Gelehrte und Ungelehrte. Mit Unterstützung mehrerer Wahrheitsfreunde herausgegeben von Karl Philipp MORITZ. 10 Bände, Berlin 1783-1790. Neuauflage Frankfurt a.M. 1986.

MORITZ, Karl Philipp 1786/1986: „Fortsetzung der Revision der drei ersten Bände dieses Magazins: über Die Erinnerungen aus den ersten Jahren der Kindheit", Gnoti Sauton IV/3, (1786), Nördlingen 1986, 193-203.

MUCHOW, Hans-Heinrich 1966: Über den Quellenwert der Autobiographie für die Zeitgeistforschung. In: Zeitschrift für Religions- und Geistesgeschichte XVIII, 299-310.

NIEMEYER, August Hermann 1796: Grundsätze der Erziehung und des Unterrichts für Eltern, Hauslehrer und Erzieher, Halle. Reprint, hg. von GROOTHOFF, Hans-H./ Ulrich HERRMANN, Paderborn 1970.

PONGRATZ, Ludwig J. (Hg.) 1975-1982: Pädagogik in Selbstdarstellungen. 4 Bände. Hamburg.
PRANGE, Klaus 1985: Erziehung zur Anthroposophie. Darstellung und Kritik der Waldorfpädagogik. Bad Heilbrunn/Obb.
PRANGE, Klaus 1987: Lebensgeschichte und pädagogische Reflexion, Zeitschrift für Pädagogik 33, 345-362.
REICHARDT, Hanns 1926: Die Früherinnerung als Trägerin kindlicher Selbstbeobachtungen in den ersten Lebensjahren, Halle.
REICH-RANICKI, Marcel (Hg.) 1982/1988: Meine Schulzeit im Dritten Reich. Erinnerungen deutscher Schriftsteller. Köln.
ROEßLER, Wilhelm 1957: Jugend im Erziehungsfeld. Düsseldorf.
ROUSSEAU, Jean-Jacues 1961: Die Bekenntnisse, aus dem Französischen übersetzt von A. SEMERAN, mit einem Nachwort von W. PABST, Frankfurt am Main und Hamburg.
RUTSCHKY, Karin 1983a: Erziehungszeugen. Autobiographien als Quelle für eine Geschichte der Erziehung. Zeitschrift für Pädagogik 29, 499-517.
RUTSCHKY, Karin 1983b: Deutsche Kinderchronik. Wunsch- und Schreckensbilder aus vier Jahrhunderten. Köln.
SCHONIG, Bruno 1979: Zur Bedeutung der Lektüre von Kindheitserzählungen in Arbeiterautobiographien. In: SCHONIG, Bruno (Hg.), 7-26.
SCHONIG, Bruno 1994: Krisenerfahrung und pädagogisches Engagement. Lebens- und berufsgeschichtliche Erfahrungen Berliner Lehrerinnen und Lehrer 1914-1961. Frankfurt a.M. u.a.
SCHONIG, Bruno (Hg.) 1979: Arbeiterkindheit. Kindheit und Schulzeit in Arbeiterlebenserinnerungen. Bensheim.
SCHULZE, Theodor 1978: Thesen zur wissenschaftlichen Erschließung autobiographischer Quellen für pädagogische Erkenntnis, Neue Sammlung, 324-332.
SCHULZE, Theodor 1988: Geschichte und Theorie der Schule in Erinnerungen. In: Pädagogik 40, 8-11.
SCHULZE, Theodor 1993b: Autobiographie und Lebensgeschichte. In: Dieter BAACKE/ Theodor SCHULZE (Hg.), 126-173.
SEYFARTH-STUBENRAUCH, Michael 1985: Erziehung und Sozialisation in Arbeiterfamilien im Zeitraum 1870 bis 1914 in Deutschland. 2 Bände. Frankfurt a.M.
SIEGEL, Elisabeth 1981: Dafür und dagegen. Ein Leben für die Sozialpädagogik. Stuttgart.
THOMAE, Hans 1987: Zur Geschichte der Anwendung biographischer Methoden in der Psychologie. In: JÜTTEMANN, Gerd/Hans THOMAE (Hg.), 3-25.
UHLIG, Kurt 1936: Die Autobiographie als erziehungswissenschaftliche Quelle. Hamburg.
VOGEL, Ludwig 1924: Autobiographische Studien zur Geschichte der religiösen Erziehung der Jugend im protestantischen Deutschland von der Mitte des 17. bis zur Mitte des 19. Jahrhunderts. Diss. Frankfurt a.M.
WAGENSCHEIN, Martin 1989: Erinnerungen für morgen: eine pädagogische Autobiographie. Mit einer Einführung von Horst RUMPF. Weinheim und Basel (2. erg. und durchgesehene Auflage. Zuerst Weinheim und Basel 1983).
WEBER-KELLERMANN, Ingeborg 1989: Die Kindheit. Kleidung und Wohnen - Arbeit und Spiel. Eine Kulturgeschichte. Frankfurt a.M.
WEBER-KELLERMANN, Ingeborg/Regina FALKENBERG, Hg. 1981: Was wir gespielt haben: Erinnerungen an die Kinderzeit. Frankfurt a.M.
WIATER, Werner (Hg.) 1991: Mit Bildung Politik machen. Autobiographisches zum schwierigen Verhältnis von Bildungspolitik und Pädagogik. Stuttgart.
WINKEL, Rainer (Hg.) 1984: Deutsche Pädagogen der Gegenwart. Band I, Düsseldorf.
WINTER, Ilselore 1955: Zur Psychologie der Kindheitserinnerung in Autobiographien und Selbstdarstellungen. Unveröff. Diss., Mainz.
ZIEHEN, Julius 1912: Aus der Studienzeit. Ein Quellenbuch zur Geschichte des deutschen Universitätsunterrichts in der neueren Zeit. Aus autobiographischen Zeugnissen zusammengestellt. Berlin.

Luise Winterhager-Schmid

Jugendtagebuchforschung

Die erziehungswissenschaftliche Forschung hat sich insbesondere mit Jugendtagebüchern beschäftigt. Das Tagebuch-Schreiben gehört unter literarischen Kriterien zur Gattung des autobiographischen Schreibens. Dennoch wäre es falsch, Autobiographie und Tagebuch zu verwechseln.
Autobiographien leben eher von der rückblickend-bilanzierenden Deutung ganzer Lebensabschnitte. Im Medium wiederbelebter Erinnerungen und nachträglicher Deutung dienen sie dazu, sich das eigene Leben nachträglich noch einmal anzueignen, es konsistent nachzugestalten, ihm nachträglich einen Sinn zu verleihen.
Das *Tagebuch* lebt dagegen von der Situationsgebundenheit. Im spontanen Aufschreiben von Erlebnissen und Reflexionen bleibt es insbesondere bei Jugendlichen unmittelbar dem „Tag" verhaftet. Darin ist es dem Kalender ähnlich. Das im Tagebuch Aufgeschriebene entfernt sich häufig nicht sehr weit vom Strom täglicher Erlebnisse, Eindrücke, Stimmungen, Reflexionen; es hält alles dies fest als erlebnisnahe *Momentaufnahme der eigenen Entwicklung*. Die im Tagebuch formulierten Selbsteinsichten dienen zwar der Selbstklärung und Selbstverständigung, aber *ohne* die Absicht einer *zusammenfassenden* Auffassung von der eigenen Person. Das Tagebuch unterstützt den *Ablösungsprozeß*.
Das jugendliche Ich will im Tagebuch etwas festhalten, das es als intim und schutzwürdig vor den Augen anderer zu verbergen trachtet. Im abgrenzenden Konturieren eigener Wünsche, Ziele, Affekte und Reflexionen wird für Jugendliche das Schreiben im Tagebuch zu einer *„Arbeit an der inneren Auffassung ihrer selbst"*. (BERNFELD 1931 ›1977‹), S. 36). Im Geheimnischarakter des Jugendtagebuchs wird eine Grenze zwischen dem Intimraum des Subjektiven und dem Privatraum der näheren Umgebung gezogen. In der Regel bedeutet diese Grenzziehung ein erstes Zeichen für das Ingangkommen des Ablösungsprozesses von den Eltern als den primären Bezugspersonen; gegen deren bis dahin vorherrschende Deutungsmacht setzten die Jugendlichen nun eigene Versuche der Deutung im Erfassen und Bewerten von Stimmungen, Erlebnissen, Aktionen (HAUBL 1984). Das Geheimnisse-Haben im Tagebuch ist ein Schritt zu Autonomie und Individuation, und zwar relativ unabhängig davon, was konkret geheimgehalten wird. Das jugendliche Ich baut sich im Tagebuch einen inneren Schutzwall vor den umgebenden Nicht-Ichs, es intensiviert damit die Erfahrung seiner Einzigartigkeit im Selbsterleben und im Selbstgefühl seines abgegrenzten Personseins. Im Vorgang des Schreibens wird die Grenze zwischen Selbst und Anderen erfahrbar als Chance eigener Verselbständigung und zugleich Bannung der Angst vor der Verselbständigung (HAUBL 1984). Im Tagebuch will das Ich also im doppelten Sinne etwas für sich festhalten, will Stücke der eigenen Entwicklung aufbewahren. BERNFELD rückte denn auch das Tagebuch in die Nähe einer „Reliquie", eines geheiligten Zeugnisses des

eigenen Lebendigseins (ebd.). Das setzt voraus, daß das Ich sich selbst geschichtlich werden kann, d.h. daß es sich als in Entwicklung befindlich begreift und daß es sich als in Entwicklung befindliches Ich lieben und wertschätzen kann. Diese narzißtische Liebe zum eigenen Ich, die Wertschätzung der eigenen Entwicklung ist eine wichtige Basis für die Identifikation mit eigenständiger Personwerdung (BERNFELD ebd., S. 35 f., S. 41, S. 19).

1. Das Jugendtagebuch aus phänomenologischer Sicht

Im Festhalten von Erlebtem, Gefühltem, im Fortschreiben solcher Begebenheiten und Eindrücke tritt das sich entwickelnde Subjekt aus dem Zeitstrom der alltäglichen Gegenwart heraus, begibt es sich in eine andere Dimension persönlicher Zeiterfahrung; in die Zeiterfahrung der „subjektiven" Zeit (Alfred SCHÜTZ/Th. LUCKMANN 1979, S. 80). Dabei wechseln Selbstkontrolle, Selbstzensur und Selbstenthüllung im Tagebuchtext ständig ab.
A. SCHÜTZ nennt dieses Zeitmaß der „subjektiven Zeit" auch die „innere Dauer". Die Zeiterfahrung der inneren Dauer enthebt das Subjekt nicht den für alle Menschen relevanten Zeiterfahrungen von Tag und Nacht, dem Wechsel der Jahreszeiten, dem Heute, Morgen und Gestern; im Gegenteil: erst die Zeitstruktur der inneren Dauer, der subjektiven Zeit, fundiert die existentielle Erfahrung eines inneren Raums der Subjektivität als innerer Eigenbewegung *im Fluß gegen* den Fluß der Zeit, als Erfahrung der Einzigartigkeit der Verschränkung meines Lebens mit meiner sozialen Mitwelt (A. SCHÜTZ/Th. LUCKMANN 1986, S. 86 f. sowie auch: ders.: Das Problem der Relevanz, 1971, S. 222 ff.).
Im Jugendtagebuch als dem Ort der frühen Versuche zur Selbstverständigung dokumentiert sich der Übergang eines Menschen von der „zentrischen" zur „exzentrischen Position" (PLESSNER 1982, S. 12 ff.), einer Position, in welcher sich das „Selbstsein zur Innenwelt" wird, zu dem, „welches man in sich spürt, erleidet, durchmacht, bemerkt und welches man ist" (ebd.).
Erst in jüngster Zeit entsteht in Ansätzen eine phänomenologische Jugendforschung; sie wird vor allem von italienischen und holländischen Forschungsgruppen vorangebracht (du BOIS-REYMOND/OECHSLE 1990). Die deutsche Tradition der Forschung zum Jugendtagebuch beschäftigt sich dagegen vorrangig mit entwicklungspsychologischen und kulturtheoretischen Deutungen des Jugendtagebuchs.
Bevor auf diese Tradition im 2. Abschnitt näher eingegangen wird, sollen zuvor einige *Grundlinien für eine phänomenologische Tagebuchforschung* angerissen werden. Diese haben Hinweischarakter auf ein methodologisch noch nicht ausgeschöpftes Reservoir an Forschungszugängen zum Jugendtagebuch (BAUMANN 1978). Die phänomenologische Deutung, konzentriert auf den Umgang von Jugendlichen mit (inneren) Zeitstrukturen, kann auf entwicklungspsychologisches Wissen nicht verzichten. Im Vordergrund ihres Interesses steht jedoch die je individuelle Ausprägung von Subjektsouveränität als Umgang mit Erfahrung subjektiver Zeit als einem persönlichen Raum des erinnernden oder reflektierenden Innehaltens und Rückzug in den unsichtbar-intimen *Raum der in-*

neren Dauer. Die veranschaulichenden Beispiele sind meiner eigenen Tagebuchsammlung entnommen. Sie umfaßt acht Tagebücher, die mir Studentinnen der Kulturpädagogik an der Universität Hildesheim im Rahmen eines dreisemestrigen Projekts mit dem Thema „autobiographisches Schreiben" zur Verfügung gestellt haben.
Nehmen wir das Beispiel der 14jährigen Katharina. Die Tagebuch-Arbeit am „inneren Selbst" beschränkte sich bei Katharina zunächst auf die „Arbeit" des Festhaltens ihrer Existenz und Alltäglichkeit im Kontinuum des ihr äußerlich vorgegebenen Zeitflusses. Der Stundenrhythmus dient als sicheres Gerüst für das noch wahllose, aber akribisch genaue *Erinnern* des eigenen Lebens am Ende eines jeden Tages. Sie hat das Tagebuch von ihren Eltern zum Geburtstag geschenkt bekommen und fühlt zunächst offenbar eine leise Verpflichtung zum Schreiben. Dieses Phänomen nennt BERNFELD (a.a.O.) kulturelle „Folgsamkeit". Zunächst geht es Katharina offenbar nur um diese vordergründige Vergewisserung. Erinnerung ist noch nicht geheimnisvolles Zwiegespräch mit dem eigenen Selbst, noch bleibt sie verhaftet dem äußeren Fluß der Zeit. Dennoch entsteht für Katharina im Aufschreiben des Alltäglichen eine Art neuer Sicherheitsraum für das eigene Ich. Im nächsten Schritt nun können die äußeren Zeitstrukturen wegfallen, die Schreiberin begibt sich in den Raum der inneren Dauer. In diesem Raum der subjektiven inneren Zeit können nun die asynchronen und widersprüchlichen Zeitebenen von äußeren Abläufen und innerem Erleben mühelos verknüpft werden in erinnernden Reflexionen. Im Festhalten von Gefühlen, Stimmungen, Affekten beginnt nun die schreibende Konstituierung eines Ich, das jetzt aus der Rolle eines bloßen Vollzugsorgans auferlegter Wirklichkeit (und Zeit-)Strukturen herauszutreten vermag in die „exzentrische Position": ein Ich, dem „das Selbstsein zur Innenwelt" wird.
Für die Tagebuchforschung sind solche Übergänge und Brüche im Umgang mit äußerer und innerer Zeit besonders deshalb wichtig, weil sich an ihnen oft deutlicher als am Inhalt der Aufschriebe etwas erkennen läßt über innere Vorgänge der Selbstkonstitution des Subjekts. So ist der häufige Gebrauch von Zeitadverbien und Zeitangaben offenbar besonders typisch für sehr junge Tagebuchschreiberinnen, ein Befund, der auch von Magdalene HEUSER (1984) bestätigt wird.
Zur weiteren Gliederung des Beitrags:
Nachdem im ersten, vorstehenden Abschnitt eigene Orientierungen zur phänomenologischen Tagebuchforschung umrissen wurden, beschäftigen sich die folgenden drei Abschnitte mit den etablierten Zugangsweisen zur Jugendtagebuchforschung: Dabei geht es um folgende Schwerpunkte: Die in der erziehungswissenschaftlichen Forschung zum Jugendtagebuch geläufigen Untersuchungsfragestellungen konzentrieren sich vorrangig auf entwicklungspsychologische, thematische Regelmäßigkeiten adoleszenter Verarbeitungsprozesse von Wirklichkeit. Sie bieten damit reichliches Material für eine Anthropologie des Jugendalters (Ch. BÜHLER, 1932; 1927). In solchen Arbeiten, in denen zusätzlich der Generationenvergleich expliziter Gegenstand der Untersuchung ist, verbinden sich sozialisationshistorische mit entwicklungspsychologischen Zielsetzungen und führen somit zu Beiträgen, in denen vor allem Kontinuitäten

adoleszenter Verarbeitungsmodi aus Jugendtagebüchern herausgearbeitet werden (z.b. SOFF 1989; BÜHLER 1934; BEHNKEN/SCHMID 1993). Neben Charlotte BÜHLERs Ansatz gewann großen Einfluß die von der Jugendbewegung beeinflußte deutsch-österreichische Tradition der kulturtheoretischen Einbettung der Tagebuchforschung in das Konzept „Kulturpubertät" (SPRANGER) bzw. des kulturproduktiven Kompromisses zwischen „Trieb und Tradition im Jugendalter" (BERNFELD). Der *zweite Abschnitt* beleuchtet das Gewicht dieser Forschungslinie, deren Relevanz noch bis hinein in die empirische Forschung zur ästhetisch-kulturellen Praxis heutiger Jugendkultur nachwirkt (ZINNECKER 1985). Fragen der methodischen Arbeit mit Jugendtagebüchern werden schließlich unter interpretationstheoretischen Aspekten einer virtuellen Subjektivitätskonstitution im *3. Abschnitt* beleuchtet. Darin stecken auch kritische Anfragen an solche Forschung, die das Jugendtagebuch ausschließlich auf darin enthaltene Regelmäßigkeiten oder „Gesetzmäßigkeiten" jugendlichen Erlebens und nur am Rande als Verlautbarung gerade auch individueller Verarbeitungsmodalitäten untersucht. Abschließend verweist der *4. Abschnitt* auf neue Zugänge zu den Besonderheiten einer sensiblen, theoriegeleiteten Interpretation von Mädchentagebüchern.

2. Zur Forschungstradition der Jugendtagebuch-Forschung

Die Forschungen zum Tagebuch haben eine wechselvolle Geschichte. Es war zuerst die Wiener Entwicklungspsychologin Charlotte BÜHLER, die in den zwanziger Jahren eine intensive Dokumentations- und Forschungstradition zum Jugendtagebuch begründete. 1922 erschien erstmals ihr Buch „Das Seelenleben des Jugendlichen". Ihr ging es seinerzeit vor allem darum, das Wissen um seelische Prozesse im Jugendalter durch Tagebuch-Studien empirisch zu erweitern. Aus der Fülle individueller Tagebuchaussagen wollte Charlotte Bühler typische, generalisierbare Merkmale zum Jugendalter extrapolieren. Allmählich hatte sie 130 Tagebücher von jungen Frauen und Männern gesammelt und entweder ganz oder ausschnitthaft veröffentlicht, wobei die weiblichen deutlich überwogen. Charlotte Bühlers Tagebuchdokumentationen erscheinen heute wichtiger als ihre stark generalisierenden Interpretationen. Aber auch dort, wo die Bühler'sche Tendenz zur entindividualisierenden Deutung und Typisierung des Inhalts von Jugendtagebüchern auf Kritik stößt, muß anerkannt werden, daß sie die Erste war, die das Jugendtagebuch als zentrale Quelle der Jugendforschung entdeckt und ernstgenommen hatte. 1932 legte Charlotte Bühler eine umfassende interpretatorische Arbeit zum Jugendtagebuch unter dem Titel: „Jugendtagebuch und Lebenslauf" vor. Es folgte zwei Jahre später das Buch „Drei Generationen im Jugendtagebuch" (1934), ein Versuch, das allen Jugendlichen über Generationen hinweg Gemeinsame herauszuarbeiten und damit eine entwicklungspsychologische Anthropologie des Jugendalters vorzulegen. Zur Geschichte der Tagebuchforschung gibt SOFF einen vorzüglichen Überblick (vgl. SOFF 1989, S. 13 ff).

Die Tendenz des Kreises um Charlotte BÜHLER, das Tagebuch als „Forschungssteinbruch" (BERNFELD) für eine empirisch fundierte Jugendtheorie zu benutzen, ließ in den zwanziger Jahren konträre wissenschaftliche Arbeiten zur Deutung von Jugendtagebüchern entstehen, in denen ein stärker „personalistisches Vorgehen" bevorzugt wurde. William STERNs Kommentar zu einem Knabentagebuch, der unter dem Titel „Anfänge der Reifezeit" 1925 erschien, stellte den ersten Versuch dar, die Entwicklungsschritte eines bestimmten Tagebuchschreibers nachträglich zu rekonstruieren. Bis in die Mitte der dreißiger Jahre dauerte die reichhaltige, von Charlotte Bühler inspirierte Dokumentation und Deutung von Jugendtagebüchern an (Oskar KUPKY 1924; Fritz FRISCH und Hildegard HETZER 1928; Hedwig FUCHS 1928; Annelies ARGELANDER und Ilse WELTSCH 1933; Siegfried BERNFELD 1928; Maria LATKA 1934; vgl. dazu SOFF 1989).

In den fünfziger Jahren erschienen noch einmal einige Arbeiten in der Tradition Charlotte BÜHLERs: Mit Waltraud KÜPPERS „Mädchentagebücher der Nachkriegszeit", erschienen 1964, endete der Forschungszweig „Jugendtagebuch" vorläufig. Erst in den achtziger Jahren erfährt das Interesse am Jugendtagebuch als Forschungsgegenstand wieder einen zaghaften Aufschwung. 1982 veröffentliche die Literaturwissenschaftlerin Magdalene HEUSER den Aufsatz: „Tagebuchschreiben und Adoleszenz"; 1983 und 1984 folgen weitere; 1985 erscheint die empirisch-psychologische Studie von Inge SEIFFGE-KRENKE: „Die Funktion des Tagebuchs bei der Bewältigung alterstypischer Probleme der Adoleszenz". Ebenfalls im Jahr 1985 wendet sich die empirisch-soziologische Jugendforschung dem Jugendtagebuch zu (Jürgen ZINNECKER in: Jugendwerk der Deutschen Shell: Jugendliche und Erwachsene 1985, Bd. II, 1985).

1989 erscheint schließlich die umfangreiche Arbeit von Marianne SOFF: „Jugend im Tagebuch", die sich überraschenderweise wieder in die Forschungstradition Charlotte BÜHLERs stellt. Ihr geht es darum, Tagebücher aus unterschiedlichen Generationen dazu zu benutzen, die Theorie der Ich-Entwicklung von Jane LOVINGER zu bestätigen, und zwar dadurch, daß Tagebücher aus verschiedenen Generationen nach Entwicklungsstufen skaliert und sodann einer Einstufung nach erreichten Ich-Niveaus unterzogen werden (SOFF 1989).

Aus heutiger Sicht noch immer zentral ist der Beitrag des Jugendforschers und Psychoanalytikers Siegfried BERNFELD zur Jugendtagebuch-Forschung. In seinen „Kulturpsychologischen Studien an Tagebüchern", erschienen unter dem Titel „Trieb und Tradition im Jugendalter" (1931), kritisierte BERNFELD die naiv empiristische Intention Charlotte BÜHLERs, warnte er vor so simplifizierenden Auffassungen zum Tagebuchschreiben wie z.B. der von Charlotte BÜHLER formulierten These, es handele sich beim Tagebuchschreiben um einen „einfachen Trieb, sich irgendwie über Dinge, die mit seinem Leben zusammenhängen, auszusprechen", gewählt von denen, die ihre „Erlebnisse „nicht anders abreagieren" könnten (BÜHLER, zit. bei BERNFELD, Trieb und Tradition, S. 4). BERNFELD bestand darauf, das Tagebuchschreiben beruhe weder auf „einfachen" noch auf „komplizierten" Trieben, vielmehr sei das Tagebuch ein Zeugnis für den Prozeß der je individuellen Einbettung des Individuums in das Traditionsgefüge seiner Kultur. Jugendforschung als Teil einer differenzierten Kulturtheorie dürfe den Zusammenhang des „Triebwesens Kind" mit seiner Lebenswelt (dem „sozialen Ort") und mit den kulturell-geschichtlich ihm begegnenden Ausdrucksmuster - „Tradition" - nicht zugunsten einfacher psychologischer Modellbildung verkürzen. Deshalb wandte er sich energisch gegen die Benutzung jugendlicher Tagebücher als reiner „Forschungssteinbrüche". Jugendtagebücher seien *kulturell eingebettete Selbstzeugnisse* mit denselben Eigenschaften wie jeder andere persönliche Text auch, wie diese könne man auch das Tagebuch nicht ohne hermeneutische Deutungsarbeit verwenden. Tagebücher seien deshalb weder Ausdruck einer generalisierbaren empirisch objektivierbaren „Seelenlage" von Jugendlichen allgemein, noch seien sie zufällige Zeugnisse ihrer freischwebenden Subjektivität.

Das Tagebuchschreiben signalisiert vielmehr aus BERNFELDs Sicht den Eintritt des jugendlichen Ichs in den Zusammenhang seiner Kultur. Jugendliche übernehmen - so BERNFELD - im Tagebuch eine kulturell „erlaubte Form", um „mit gutem Gewissen" das Verbotene, die Triebbewältigung insgeheim zu stärken. Die aus der Kultur des Schreibens, der Bücher, übernommenen „Formschemata" stärken das Ich - so BERNFELD - für seine Bewältigungsaufgaben.

Es gibt - soweit ich sehe - keine neueren Arbeiten zum Jugendtagebuch, die diesem BERNFELD'schen Anliegen gefolgt wären: kulturelle und individuelle Motive des Tagebuchschreibens im Zusammenhang zu betrachten und damit *die Interdependenzen von Individuierung und Enkulturation im Tagebuch zu erforschen*. Die empirische soziologische Jugendforschung um Jürgen ZINNECKER hat sich jedoch vom BERNFELD'schen Ansatz einer kulturtheoretischen Bewertung des Tagebuch-Schreibens inspirieren lassen. In der Shell-Jugendstudie '85 untersuchte Jürgen ZINNECKER (1985) das Tagebuchschreiben im Zusammenhang mit verschiedenen anderen jugendkulturellen „Alltagspraxen" wie Malen, Gedichte- und Brief-Schreiben, Musik machen. Tagebuchschreiben Jugendlicher wird hier unter das Rubrum ästhetisch-symbolischer kulturell-produktiver Leistungen im Sinne adoleszenter Verarbeitungsformen subsumiert. Damit kommen ZINNECKER und FUCHS dem Anliegen BERNFELDs am nächsten, ohne indessen die Zusammenhänge zwischen individueller Identitätsarbeit und kultureller Praxis tiefer verfolgen zu können (Jugendwerk der Deutschen Shell. Jugendliche und Erwachsene '85, Bd. II).

Neben den BERNFELD'schen Tagebuch-Arbeiten ist die erziehungswissenschaftliche Tagebuch- und Jugendforschung beeinflußt worden durch den Stellenwert, den Eduard SPRANGER dem Jugendtagebuch zuerkannte. Fast zugleich mit Charlotte BÜHLERs Arbeit „Das Seelenleben des Jugendlichen" (1922) erschien SPRANGERS Werk „Psychologie des Jugendalters" (1. Aufl. 1924). Bis heute hat es 29 Auflagen erreicht und besonders im deutschsprachigen Raum die Sichtweise auf Jugend als Avantgarde einer kulturerneuernden genialistischen Produktivität geprägt. Berührungspunkte zwischen BERNFELDs kulturtheoretischem Ansatz und der lebensphilosophisch inspirierten Sichtweise Sprangers sind aus heutiger Sicht unübersehbar. Zum Zeitpunkt des Erscheinens überwog zwischen beiden Jugendtheoretikern jedoch die polemische Abgrenzung. BERNFELD polemisierte vor allen gegen die normativen Implikationen des SPRANGER'schen Jugendbildes, ein Jugendmodell, das beschränkt blieb auf die kleine Gruppe jugendbewegter, großstädtischer Oberschüler (BERNFELD 1927 (1970), S. 707 ff.).

SPRANGERs lebensphilosophisch inspirierte Jugendtheorie, die sich in der Rezeption zum Schlagwort von der „Kulturpubertät" verdichtete, zielte darauf ab, die bis dahin geltenden rein biologistischen Pubertätskonzepte, ebenso wie die neuen empirisch-psychologischen Modellbildungen Charlotte BÜHLERs, durch eine stärkere kulturtheoretische Beleuchtung der geistig-seelischen Vorgänge in der Adoleszenz abzulösen. Darin liegt SPRANGERs unbestreitbares Verdienst. Er konzipierte das Jugendalter im Rahmen einer „verstehenden Jugendpsychologie" als eine Zeit der besonders produktiven „Selbstfindung und Selbstbefreiung" (S. 51). Ursachen und Ausgangspunkt solcher schöpferisch-kulturellen produktiven Akte war nach SPRANGER die mit der Pubertät einsetzende „Entdeckung des Ich" bzw. des Selbst und der Fähigkeit zur Selbstreflexion, verbunden mit starken Erfahrungen der Einsamkeit, der Kontemplation, der Empfindsamkeit. Das jugendliche „Hineinwachsen in die Lebensgebiete" einer Gesellschaft werde - so SPRANGER - begleitet von der Aufrichtung persönlicher Ideale, verbunden sei dieser Prozeß mit „sehnsüchtiger Phantasie", mit Wertkrisen, subjektiven, erlebnishaften schöpferischen Auseinandersetzungen mit den literarischen, politischen und religiösen dominanten Formungen und Inhalten der herrschenden Kultur. In den fünfziger Jahren wurde dieses Modell des Jugendalters als einer produktiven Krise vom Psychoanalytiker Erik H. ERIKSON weiterentwickelt zum Identitätsbildungskonzept im Jugendalter (ERIKSON 1956).

Obwohl aber auch SPRANGER Kenntnis haben mußte von der Fülle der Mädchentagebücher, die Charlotte BÜHLER seit 1922 veröffentlichte, hält auch die 29. Auflage daran fest, die positiv krisenhafte Produktivität der Pubertätszeit in ihrer kulturellen Bedeutsamkeit für die Innovation der Gesellschaft ausschließlich den gebildeten männlichen Jugendlichen vorzubehalten. Diese Gruppe wurde von ihm genutzt, um ein bildungs- wie kulturtheoretisch normativ wirkendes Ideal zu errichten. Da er für Mädchen und Frauen ein anderes Ideal vorgesehen hatte, das Ideal der liebenden Gattin und aufopfernden Mutter, schien es ihm offenbar weder wünschenswert noch notwendig, den kulturell produktiven Ich-Leistungen der Mädchen besondere Aufmerksamkeit zu schenken (SPRANGER 1975, S. 296 ff).

Die vielen Tagebücher von Mädchen, wie sie von Charlotte BÜHLER und ihrem Kreis dokumentiert worden waren, wurden mit all ihren Reflexionen, Projektionen, Wertauseinandersetzungen, mit ihrer Erfahrung der „großen Einsamkeit", des „Blickes nach innen" von SPRANGER keiner besonderen Würdigung unterzogen. Anders dagegen verarbeitete Siegfried BERNFELD (1931) eine Fülle von Tagebuch-Material weiblicher und männlicher Jugendlicher, um seine These von der Tagebucharbeit als Nahtstelle zwischen Individuierung (Arbeit am inneren Selbst), Triebbewältigung und Enkulturationsleistung zu belegen.

3. Zur methodischen Arbeit mit Jugendtagebüchern

Zu den methodischen Einwänden gegen das Jugendtagebuch als Quelle psychologischer Theoriebildung muß der Einwand gerechnet werden, Tagebuchschreiben sei bevorzugt eine Beschäftigung sozial- und bildungsprivilegierter Jugendlicher. Erst die repräsentativen Forschungsmethoden geben heute hierzu genaueren Aufschluß. In der Shell-Jugendstudie von 1985 konnten folgende Zahlen erhoben werden: 1984 gaben 11 % der männlichen und 44 % der weiblichen Jugendlichen zwischen 15 und 24 Jahren an, häufiger oder regelmäßig Tagebuch geschrieben zu haben oder noch zu schreiben. Entgegen den bisherigen Erwartungen häuften sich die Tagebuchschreiber *nicht* in einer bestimmten Sozial- und Bildungsschicht. Dagegen wurde eine andere These erstmals empirisch bestätigt: *Tagebuchschreiben ist heute eine vorrangig von Mädchen und jungen Frauen gewählte Praxis* der Selbstverständigung (HEUSER 1983).

Eine Befragung zur Funktion des Tagebuchschreibens bei heutigen Jugendlichen hat Inge SEIFFGE-KRENKE 1984 durchgeführt. Sie befragte 241 Schülerinnen und Schüler der Klassenstufe 6 - 10 - leider ohne Angaben der Schulart - und bestätigte das große Übergewicht weiblicher Diaristen. 63 % der Mädchen zwischen 12 und 17 Jahren gaben an, Tagebuch zu schreiben gegenüber 12 % der befragten Jungen im gleichen Alter. Weiter fand SEIFFGE-KRENKE heraus: Jungen beginnen früher mit dem Tagebuchschreiben, nämlich mit 10 Jahren gegenüber den Mädchen, die durchschnittlich mit 12 Jahren beginnen; Jungen hören auch früher mit dem Tagebuchschreiben auf. Der Gipfel ihrer Tagebuchaktivität liegt um das 13. Lebensjahr, bei den Mädchen liegt er um das 15. Lebensjahr. Im 17. Lebensjahr sinkt der Anteil der männlichen Tagebuchschreiber gegen 1 %, während der der Mädchen in der Stichprobe von SEIFFGE-KRENKE im 17. Lebensjahr immerhin noch mehr als 50 % ausmacht.

Über einen Kreativitäts- und Originalitätstest fand Inge SEIFFGE-KRENKE weiter heraus, daß die Tagebuchschreiberinnen und -schreiber erheblich höhere Werte im Kreativitäts- und Originalitätsbereich zeigten, daß sie ein instabileres Selbstbild hatten, häufiger unzufrieden mit ihrer Situation waren, sich bedrückt fühlten, Schwierigkeiten mit den Eltern angaben; gleichzeitig zeigten sie eine besonders hohe Sensibilität für ihre soziale Umwelt, waren besonders fähig zur Rollenübernahme und zur Perspektivenkoordinierung, waren sprachlich gewandter und fähiger zur Einfühlung in andere als ihre nicht schreibenden Altersgenossen. Solche Befunde lassen sich mit Vorsicht deuten als Bestätigungen eines (weiblichen) Konzepts der „Kulturpubertät" (FEND 1988).

Rolf HAUBL, der (1984) ein Jungentagebuch ausführlich analysierte, betont die Rolle des Tagebuchs als „selbstgestaltetes Moratorium, in dem sich die Jugendlichen im Kompromiß zwischen Handlungsbeschränkungen und Handlungswünschen probehandelnd auf Interaktionen mit anderen im Feld des intimen Erlebens und Fühlens vorbereiten können.

So einig sich insbesondere die heutige Jugendforschung über den Wert des Jugendtagebuchs als Zeugnis für Prozesse der Entwicklung bzw. der Wirklichkeitsverarbeitung ist, so stark differieren die methodischen Vorgehensweisen.

Seit den Arbeiten aus dem Kreis um Charlotte BÜHLER wurden Jugendtagebücher unter den Aspekten Konstanz und Wandel (typischer) adoleszenter Entwicklungsverarbeitung betrachtet.
Insbesondere geht es um folgende Fragen:
1. Welche entwicklungspsychologischen Regelmäßigkeiten lassen sich aus Tagebüchern Jugendlicher herauspräparieren?
2. Welche thematischen Regelmäßigkeiten der Ausdrucksformen und Inhalte lassen sich finden und mittels inhaltsanalytischer Verfahren nachweisen?
3. Welche generationsspezifischen Differenzen oder Kontinuitäten des Erlebens lassen sich aus generationsübergreifenden Vergleichen von Tagebüchern ablesen?

Auch hier stehen inhaltsanalytische Verfahren im Vordergrund.
Die historische Sozialisationsforschung sowie die historische Biographieforschung untersuchen neuerdings verstärkt Tagebücher zumeist erwachsener DiaristInnen, um die subjektiven Verarbeitungsweisen zeitgeschichtlicher Erfahrungen zu erforschen. Allerdings werden dazu nur in Ausnahmefällen auch Jugendtagebücher herangezogen (vgl. BEHNKEN/SCHMID 1993 Arbeitsbericht). Das Erkenntnisinteresse dieser Tagebuchforschung richtet sich auf die individuellen Zeugnisse sozialisationsgeschichtlicher Erfahrungen stärker als auf Fragen nach den Entwicklungsspezifika jugendlicher Subjektkonstitution.
Auch die Literaturwissenschaft hat Interesse an der Analyse von Tagebüchern. Die literaturwissenschaftliche Tagebuchforschung arbeitet eher nach den Interpretationsmustern des literarischen Motivvergleichs oder betrachtet am Tagebuch den Vorgang des (freien) Schreibens als eine besondere Form kreativen Ausdrucksvermögens zur Bewältigung der Adoleszenzkrise (vgl. HAUBL 1984; HEUSER 1982; 1983). Sprachanalytische Untersuchungen lieferte der BÜHLER-Kreis zum Jugendtagebuch (FUCHS 1928).
Literatur- und kulturgeschichtliche Beachtung findet das Tagebuch vor allem in der Frauenforschung. Im Kontext weiblichen Schreibens wird hier die Tagebuch- und Briefkultur der Frauen als in die Privatheit des bürgerlichen Heims abgedrängter Modus einer literarischen weiblichen Kultur des Schreibens gewürdigt (MATTENKLOTT 1979).
Trotz Siegfried BERNFELDs engagierter psychoanalytisch-kulturtheoretischer Beschäftigung mit dem Jugendtagebuch hat die Psychoanalyse nur wenige Arbeiten zur Tagebuchforschung hervorgebracht. Lediglich das *Tagebuch der Anne Frank* ist in drei psychoanalytischen Studien untersucht worden (BARUCH 1968; SCARLEIT 1971; DALSIMER 1982; vgl. dazu SOFF 1989, S. 18).
Zur zentralen Streitfrage der (Jugend)-Tagebuchforschung wurde früh die Echtheits- und Authentizitätsproblematik der Tagebuchtexte. Den ersten Anstoß dazu gab ein von der Freud-Schülerin Hermine HUHG-HELLMUTH veröffentlichtes „Tagebuch eines halbwüchsigen Mädchens" (1919; vgl. SOFF, S. 15 ff.), an dessen „Echtheit" früh begründete Zweifel aufkamen. Ähnlich erregte Debatten löste auch das Tagebuch der Anne Frank aus, dessen Vorbildcharakter für heutige (Mädchen)-Tagebücher im Sinne der BERNFELD'schen These von der Formübernahme bestimmter bereits überlieferter Schreibtraditionen sicher nicht bestritten werden kann (SOFF 1989).

In neuerer Zeit hat die kritische Methodenstudie von GSTETTNER (1979) zur „Re-Interpretation psychologisch relevanter Tagebuchaufzeichnungen" die Aufmerksamkeit dafür geschärft, daß interpretierende Verfahren nicht im szientistischen Sinne „objektiv" verfahren dürfen, sonst perpetuieren sie eine naive Empirie und charakteristische Verzerrung der Interpretation. Immer solle der Interpret sich selbst als Teil des Verstehens mit reflektieren, seine „Gegenübertragungsreaktionen" nützen als Instrument eines an der Psychoanalyse geschulten gegenseitigen Verstehens und Mißverstehens. Dieser Grundsatz der Einbeziehung des Standpunkts der Interpreten in die Interpretation ist implizit bereits im Modell vom „hermeneutischen Zirkel" enthalten. Phänomenologische Tagebuch-Interpretationen liegen bisher nicht vor, sieht man von den Versuchen der Verfasserin, in dieser Richtung Hinweise zu geben, einmal ab.
Folgt man dem Ansatz von Siegfried BERNFELD, sieht man also das Tagebuch als Ausdruck einer Nahtstelle zwischen individuell-seelischer „Arbeit" am „virtuellen Selbst" und der „Fügsamkeit" des Subjekts gegenüber den ihm kulturell vorgegebenen Strukturen des sprachlichen Ausdrucks und der Triebbewältigung in seiner sozialen und zeitgeschichtlichen Situation, so lassen sich vielfältige methodische Möglichkeiten für die Forschung nutzen: sprach- und inhaltsanalytische, textkritisch-hermeneutische Verfahren aus der Literaturwissenschaft können ebenso wie motiv- und gattungsspezifische Methoden der Ideographie das Sprachzeugnis „Tagebuch" erhellen. Mit dem genannten methodischen Repertoire wird Tagebuchschreiben als literarische Sonderform des kreativen Schreibens aufgefaßt, die TagebuchschreiberInnen sind dann AutorInnen eines subliterarischen Textes. Die phänomenologische Analyse kann diesen Interpretationszugang subjekttheoretisch erweitern und vertiefen.
Der entwicklungspsychologische und jugendtheoretische Blickwinkel erfordert indessen eher psychologische und psychoanalytische Zugangsweisen zum Tagebuchtext. Dabei besteht jedoch die Gefahr, die kulturellen Muster und sozialen Strukturen, in denen sich ein Subjekt entwickelt und verlautbart, zu marginalisieren. Dieser Gefahr versucht das interpretative Verfahren der „objektiven Hermeneutik" mit seiner Fokussierung latenter sozialisatorisch vermittelter Sinnstrukturen zu begegnen (OEVERMANN u.a. 1979; OEVERMANN 1983). Tagebuch-Interpretationen nach diesem Verfahren liegen jedoch bisher nicht vor.
Die psychoanalytischen Methoden des hermeneutischen Textverstehens fragen ebenfalls nach latentem Sinn in Tagebuchtexten, verstanden als Rekonstruktion offener und latenter, imaginärer Muster seelisch-unbewußter Selbststilisierungen und narzißtischer Idealbildungen. Psychoanalytisches Verstehen sieht den Schreibvorgang als „Arbeit" an der Entwicklung des eigenen Selbst sowie als Weg zur Stärkung des Ich in den narzißtischen Konflikten der Adoleszenz (BLOS 1978).
Es empfiehlt sich, das Tagebuch sowohl unter entwicklungspsychologischen Kriterien als auch wie einen literarisch-fiktionalen Text mit seinen verschiedenen Tiefenschichten der Bedeutung hermeneutisch und inhaltsanalytisch zu behandeln. Die Analogie zum Roman, die momenthafte Virtualität des sich konstituierenden Ich, das sich selbst ausspricht, rücken das Tagebuch in die Nähe von

Tagtraum und literarischer Erzählung. Wichtig bleibt das Tagebuch in seinem Charakter als Zeugnis eines *inneren* Raums des subjektiven Selbst*entwurfs*. Siegfried BERNFELD hat auf den virtuellen Charakter des Tagebuchs immer wieder hingewiesen. „Das im Tagebuch sich äußernde virtuelle Selbst und die reale Person werden immer eine gewisse Spannung aufweisen". (BERNFELD 1931, S. 40).

Behält man die „Virtualität" der Tagebuch-Aufschriebe im Jugendalter im Auge, so ist man geschützt davor, das im Jugendtagebuch Ausgedrückte naiv-empiristisch nur als feststehende Realität dieser Person zu begreifen. Gerade der Entwurfscharakter des Tagebuchs rückt diese Texte in die Nähe einer Schreibpraxis zur Selbstverständigung auf Zeit.

Unter methodologischem Aspekt muß noch einmal mit Nachdruck darauf verwiesen werden: Jugendtagebücher sind *keine* autobiographischen Erzählungen, d.h. sie sind gerade nicht in sich abgeschlossene Versuche der Deutung der eigenen Entwicklung. Daher lassen sie sich schwerlich unter die von der erziehungswissenschaftlichen Biographieforschung entwickelten methodischen Postulate subsummieren (BAACKE/SCHULZE 1985, S. 20 ff; MAROTZKI 1990). Gerade weil Jugendtagebücher Zeugnisse virtueller Reflexivität und noch changierender Selbstentwürfe sind, können sie eher aufgefaßt werden als das, was RICOEUR als „*m*eaningful action" (1971) charakterisiert hat; d.h. sie sind *Schreibhandlungen* mit Bedeutung für das schreibende Subjekt. In ihrer Vieldeutigkeit sind diese Bedeutungen Ausdruck dafür, daß sich hierin das Ich als „lebendige Selbstgegenwart" (HUSSERL) erfährt, ohne sich zugleich auch schon selbst erkennen zu können (RICOEUR 1969, S. 430 ff.). Der methodisch kontrollierte interpretative Umgang mit Jugendtagebüchern sollte sich deshalb nicht vorrangig auf einen kognitionspsychologischen Begriff des „Ich" im Sinne eines („cogito") bewußt erkennenden Organisators von Einsicht und Bewußtheit stützen; vielmehr ist dieses „Tagebuch-Ich" eines, in dem sich auch eine ihm selbst verborgene energetische Dynamik mit ausspricht. Die entwicklungsbedingte energetische Dynamik ist es, die vorbewußte Sinnbeziehungen herstellt und so dem Ich dazu verhilft, zu vorläufigen Selbstbildern zu gelangen. Methodisch kommt man also an eine schwierige Schwelle zwischen dem Bedürfnis nach wissenschaftlich objektivierbaren Aussagen über „die" Jugendlichen im Tagebuch und andererseits zu Zurückhaltung und Respekt vor den je einzigartigen Spielarten und Erlebnisqualitäten jugendlicher Entwicklung. Dennoch lassen sich aus Tagebüchern Jugendlicher durchaus Bezüge herstellen zwischen dem Allgemeinen (Jugend als anthropologische und soziale Kategorie) und dem je individuell Besonderen (dieser spezifische Jugendliche). Allerdings gilt es, zu erinnern an die von RICOEUR eingeführte Kategorie des „agierenden Sinns", der jeder bewußten Reflexion vorangeht und ihr den Charakter „intentionalen Sinns" verleiht (RICOEUR ebd.).Die Kategorie des „intentionalen Sinns" erlaubt es, den Prozeß individueller Sinnerzeugung im Schreibprozeß mit zu denken, sich also nicht allein auf den konkreten „Inhalt" des Gesagten zu stützen (RICOEUR 1973, S. 169). Letztlich stärkt die Kategorie des „agierenden Sinns" den aus allen hermeneutischen Interpretationsverfahren hinlänglich bekannten, produktiven Zweifel am Ziel einer vollständigen

oder gar erschöpfenden Interpretation von Jugendtagebüchern, von Texten also, in denen Gefühltes, Erlebtes, Assoziiertes aus dem Moment heraus dokumentiert wird. Dennoch gibt es hermeneutische Regeln, die für die wissenschaftliche Interpretation von Jugendtagebüchern Beachtung verlangen: so erfordert der hermeneutische Verstehensprozeß die besondere Aufmerksamkeit der Interpreten für ihre eigenen Irritationen beim Aufnehmen des Textes. Insofern DILTHEYS Prämisse gilt, daß ich nur verstehen (und interpretierend auslegen) kann, was mir fremd ist und gleichzeitig auch nahe, gilt es, diese Fremdheit ebenso wie eine mögliche Nähe zwischen Text und Interpreten für die Deutung des Textes produktiv werden zu lassen (DILTHEY 1965, S. 178 ff.). Für die dann entstehende Lücke zwischen dem, was am Text fremd, irritierend erscheint und dem, was sich als mir vertraut darbietet, kann das im Interpreten bereitliegende Theoriewissen (etwa zur Entwicklungsdynamik im Jugendalter oder zur Bedeutung von peer-Beziehungen ...) in heuristischer Funktion aktiviert werden. Das theoretische Vorwissen aus der Theorie jugendlicher Entwicklung hat dann nicht den Charakter eines klassifizierten Anwendungswissens, dem sich der Tagebuchtext ein- oder unterzuordnen hätte. Vielmehr öffnet sich im Gang der Interpretation zwischen dem Allgemeinen des theoretischen Konzeptwissens und dem Besonderen (als der irritiert-interessierten Begegnung zwischen InterpretIn und Text) ein Raum für produktive Theoriedissonanzen: Das im Jugendtagebuch sich selbst aussprechende Subjekt und der in der Lebenserfahrung der Interpreten angehäufte Vorrat an Deutungsmustern werden beide in Beziehung setzbar zum Theoriewissen als einem strukturell „Dritten". So bekommt jugendtheoretisches Vor-"Wissen" eine triangulierende Funktion für den Verstehensprozeß, es erzeugt dissonante Modulationen in der Rezeption des Textes, es erweist sich als revidierbares, innovativ erweiterbares vorläufiges Wissen, dessen Objektivierungen nur dann Erkenntnisgewinn versprechen, wenn in ihnen das Spannungsverhältnis zwischen dem Einzelzeugnis und den theoretischen Verallgemeinerungen erlebbar bleiben kann (DILTHEY a.a.O., S. 262 ff.; KÖRNER 1995).
Der folgende Abschnitt soll diesen Zusammenhang am Beispiel von Mädchentagebüchern genauer exemplifizieren.

4. Besonderheiten weiblicher Ich-Findung in Mädchentagebüchern

Ich fasse Mädchentagebücher auf als Zeugnisse je individueller Verlaufsgestalten weiblicher Adoleszenz im kulturellen Kontext ihrer Zeit. Tagebücher folgen keinem sozialisationstheoretischen oder entwicklungspsychologischen Schema; sie werden allerdings auch nicht außerhalb kultureller und sozialisatorisch prägender Einflüsse geschrieben. Wenn z.B. in heutigen Mädchentagebüchern die Klage virulent wird, „alle Mädchen haben einen Freund, nur ich habe keinen", so ist die Klage im Kontext erotisch-sexueller Normen der peers für heutige Mädchenbiographien anders zu gewichten als 1922. Umgekehrt ist die ausgiebige Beschäftigung (BÜHLER 1927) mit dem meist weiblichen „Schwarm" evtl. eine zeittypisch überholte Erscheinung der zwanziger Jahre. Die Deutung von Mädchentagebüchern bleibt also ohne einen empirisch-zeitgeschichtlichen wie auch ohne den Rahmen jugendtheoretischer und entwicklungspsychologischer Grundbegriffe und Vorannahmen unzureichend.

Mit diesem Rahmen aber lassen sich die Tagebuchtexte vorsichtig sinnerschließend deuten, der theoretische Rahmen muß aber vom Eigen-Sinn des Textes her revidierbar gehalten werden. Für die Erforschung der weiblichen Entwicklung anhand von Tagebüchern geht es zusätzlich darum, den adoleszenztheoretischen Begriffsrahmen teilweise erst neu zu entwickeln. Geläufige adoleszenztheoretische Begriffe bedürfen z.b. der Ergänzung um Begriffe aus der psychoanalytisch-feministischen Adoleszenzforschung. Dazu gehören Zentralbegriffe wie „Interdependenz", (Verbundenheit), „Bezogenheit", (care), Loyalitätsbereitschaft, „Autonomie in Bezogenheit", um die Begriffe zu nennen, die die Pionierinnen dieser Forschung, Carol GILLIGAN, Nancy CHODOROW und Jessica BENJAMIN eingeführt haben. In diesem Zusammenhang ist es auch nötig, klassische Themen der Jugendtheorie wie etwa den Ablösungskonflikt, bezogen auf Mädchen und Frauen neu zu beleuchten. Etwa indem man den Stellenwert, den man bisher dem „Vater-Sohn-Konflikt" als Kern der Ablösungskrise beimißt, neu gewichtet. Es ist mit Sicherheit davon auszugehen, daß für die weibliche adoleszente Entwicklung die Ablösung der Tochter von der Mutter im Vordergrund steht (vgl. WAGNER-WINTERHAGER 1992; WINTERHAGER-SCHMID 1992; WINTERHAGER-SCHMID 1997).

Männliche Adoleszenz wurde bisher gesehen unter dem Hauptaspekt von Individuation als Trennung, Weggehen, auch als Widerspruch und Distanzierung, als Abbruch von Beziehung und Suche nach Neubeginn. Für Mädchen und Frauen ist dagegen davon auszugehen, daß ihre Individuation von anderen weniger dramatisch wirkenden Konflikten gekennzeichnet ist. Carol GILLIGAN (1983) hat in ihren Untersuchungen zur moralischen Entwicklung auf den weiblichen Konflikt der „Individuation in Verbundenheit" hingewiesen; das bedeutet, der Ablösungskonflikt von Mädchen zentriert sich hier eher um das Thema „Loyalität und Wandel des Engagement", um Konflikte zwischen „Fürsorge für mich selbst und Selbstverwirklichung" einerseits und dem Bedürfnis der Bezogenheit in Liebe (dependence) und Fürsorge (care) für andere. In dem Moment, wo man diese (weiblichen) Entwicklungsthemen, Erlebnisweisen und Verarbeitungsformen des Ablösungsprozesses ernstnimmt, wird die Differenz der Geschlechter als Bereicherung verstehbar, kann die Erforschung der weiblichen Entwicklung differenziert, subjektbezogen und prozeßorientiert angegangen werden (vgl. WAGNER-WINTERHAGER 1992; WINTERHAGER-SCHMID 1992).

Die Literaturwissenschaftlerin Magdalene HEUSER legte 1984 eine Untersuchung von 20 Mädchentagebüchern vor, die sie nach „Anlagen und Art der Tagebuchführung, der bevorzugt und mehr oder weniger ausführlich behandelten oder aber ausgesparten und nur angespielten Themenbereiche" untersuchte (HEUSER 1984). Besonders häufig fand Magdalene HEUSER in diesen Mädchentagebüchern als Thema Nr. 1 „ihre Herzensangelegenheiten", die sie „Liebe nennen" (ebd.). In der Bewertung von HEUSER erscheint die starke, ja fast ausschließliche Konzentration bei 18 von 20 jugendlichen Tagebuchschreiberinnen auf „Liebe" und persönliche Beziehungen als „Einengung des Horizonts" auf Nur-Privates, als Mangel an Distanzierungs- und Reflexionsfähigkeit dieser Tagebuchschreiberinnen. In der Tat dürfte die Häufigkeit, mit der in vielen Mädchentagebüchern erste Liebes- und Beziehungsgefühle zu Jungen oder Männern ausgedrückt werden, einen der Gründe dafür liefern, weshalb Mädchentagebücher bis zur Gegenwart zuweilen etwas abschätzig betrachtet werden. So etwa charakterisiert ZINNECKER Mädchentagebücher 1985 schlichtweg als Ausdruck „einer konventionellen Erfüllung der Norm im Rahmen der Mädchen-Normalbiographie" und nennt solche Normalbiographie sogleich recht lieblos „Lebensläufe von der Stange" (Jugendwerk der Deutschen Shell, a.a.O., Bd. II, S. 347). Auch in den Mädchentagebüchern Charlotte BÜHLERs und ihrer Gruppe sind Liebes- und Beziehungswünsche häufig Themen der Schreiberinnen. Interpretiert man Mädchentagebücher als Ausdruck „agierenden Sinns" (RICOEUR), so kommen differente Aspekte in den Blick: Das Tagebuch funktioniert für Mädchen offenbar häufig als eine Art Übergangsobjekt im Übergang aus der starken Verhaftung an die primären elterlichen Liebesobjekte der Familie und dem Schritt in die eigene autonomere Lebensgestaltung. Das Leben „ohne Liebe" (d.h. im Sinne Carol GILLIGANs: ein Leben ohne Bezogenheit) erscheint vielen Mädchen als ein höchst unglückseliger Zustand. In ihrem starken Bedürfnis nach Bezogenheit auf einen gebliebten Anderen (bei BÜHLER auch auf eine geliebte Andere) spinnen sich daher besonders jüngere Mädchen im Ablösungsprozeß gern ein in einen Liebesroman, als dessen leidende, duldende, aber auch heimlich triumphierende Heldinnen, die sich tagebuchschreibend selbst erschaffen. Ein besonders eindrucksvolles Beispiel stellt das Tagebuch der Karin Q. (Projektgruppe Jugendbüro 1979) dar.

In Tagebuchtexten von Mädchen mit ihrem Auf und Ab von Liebesbangen, sehnsüchtigen Wünschen nach „Geliebtwerden", Beziehungsexperimenten, Enttäuschungen und kurzen Triumphen werden kulturell standardisierte Muster weiblicher, narzißtischer Bestätigung durch einen „Prinzen" wiederholt, aber auch abgearbeitet. Dies geschieht vor allem dann im Tagebuch, wenn Mädchen sich unter einen Introvertierungsanspruch stellen, der es ihnen erspart, sich offensiv in allzu riskante erotische Experimente einzulassen. BERNFELD weist darauf hin, das Schreiben werde zur „Kraftquelle" zur Bewältigung von „Enttäuschungen" und „Kränkungen" (ebd. S. 38 ff.). Die Sehnsucht nach Liebe und Geliebtwerden in Mädchentagebüchern kann daher Hinweise geben auf einen spezifisch weiblichen Konflikt der Suche nach Bezogenheit bei zugleich starken Wünschen nach Verselbständigung und gleichzeitiger Angst vor der Verselbständigung (GILLIGAN 1983).

Nicht in allen Mädchentagebüchern entwirft sich die Schreiberin jedoch als verletzte Heroin eines Liebesromans. Auch andere narzißtische Wünsche finden ihren Ausdruck im Tagebuch. So entwirft sich Franziska als 16jährige in ihrem Tagebuch als große, einsame Dichterin; sie vertraut dem Tagebuch Gedichte, philosophische Reflexionen und selbst gefundene Lebensweisheiten an. Liest man genauer in ihrem Tagebuch, so wird deutlich, wie angstvoll Franziska die ehelichen Spannungen zwischen ihren Eltern registriert, wie sehr es ihr darum zu tun ist, die quälende Angst vor Trennung und Verlust mit der Errichtung eines Zukunftsentwurfs der einsamen und freien Künstlerin zu bannen. Dieser Selbstentwurf ermöglicht es ihr, sich innerlich von den sehr geliebten Eltern soweit zu lösen, daß ihr eine eigene, autonome Zukunft vorstellbar bleibt.

Im bereits erwähnten Tagebuch Katharinas werden wir eingeweiht in ein Beziehungsdrama, in dessen Verlauf die Eltern Katharinas ersten Freund gleichsam als Sohn adoptieren und damit für Katharina die Loslösung vom Elternhaus unendlich erschweren. Katharinas Tagebuch ist ein Zeugnis eines tiefgehendes Loyalitätskonflikts, wie er vermutlich Mädchen häufiger begegnet als Jungen: kündigt sie die Liebe zu ihrem Freund auf, so ist ihr ein doppelter Mißerfolg gewiß: sie verstößt gegen das Ideal der erfolgreichen Tochter, die in der Lage ist, einen „Mann zu finden", und zugleich entzieht sie den Eltern den gerade erwählten „Adoptivsohn". In diesem Dilemma hilft ihr der tägliche Tagebuch-Aufschrieb dazu, ihr Gefühl für sich selbst, für ihre Bedürfnisse und Wünsche gegen die Verstrickungen, in denen sie steht, zu stärken und zu behaupten. Der intime Raum des geheimen Schreibens ist für sie zeitweilig der einzige Ort, an dem sie das Beziehungsdilemma zur Sprache bringen und damit auch aushalten kann.

Für Mädchen ist das Tagebuch ein geschützter Ort, ein Raum der Beziehungssehnsucht, der Bearbeitung von Verlust und Kränkung, Selbstzweifeln, Unsicherheit ihrer noch sich entwickelnden weiblichen Identität (BERNFELD 1931). HAUBLs (1984) am Jungentagebuch entwickelte These vom Tagebuch als einem selbst geschaffenen Moratorium macht insofern auch für Mädchentagebücher durchaus Sinn.

Literatur

ABEGG, Walter 1954: Aus Tagebüchern und Briefen junger Menschen. München.
BAACKE, Dieter 1976: Die 13- bis 18jährigen. Einführung in Probleme des Jugendalters. München (auch weitere Auflagen).
BAACKE, Dieter/Theodor SCHULZE (Hg.) 1985: Pädagogische Biographieforschung. Orientierungen, Probleme, Beispiele. Weinheim/Basel.
BAUMANN, Gerhart, 1978: Über den Umgang mit uns selbst - Zur Phänomenologie des Tagebuchs. In: Universitas 33.
BEHNKEN, Imbke/Pia SCHMID 1993: Sozialisation in Frauentagebüchern. Vom Wilhelminischen Kaiserreich bis zur Gegenwart. Arbeitsbericht Nr. 8 der Projektgruppe Frauentagebücher (Hg.). Unveröff. Ms. Siegen/Halle 1993.
BERNFELD, Siegfried, 1. Aufl. 1931, Reprint 1977: Trieb und Tradition im Jugendalter.
BERNFELD, Siegfried 1927 (1970): Die heutige Psychologie der Pubertät-Kritik ihrer Wissenschaftlichkeit. In: Imago Bd. XIII, 1927, Wiederabdruck in L. v. WERDER/R. WOLFF (Hg.): Antiautoritäre Erziehung und Psychoanalyse Bd. 3, 1970, S. 691 ff.
BITTNER, Günther 1974: „Entwicklung" oder „Sozialisation"? In: Neue Sammlung 14. Jg., H. 4, S. 389-396.
BITTNER, Günther 1984: Das Jugendalter und die „Geburt des Selbst". In: Neue Sammlung 1995, 24. Jg., H. 4, S. 331-344.
BITTNER, Günther 1995: Unerzählbare Geschichten. In: Wege zum Menschen. Monatsschrift für Seelsorge und Beratung, 47 Jg., H. 4.
BLOS, Peter 1978: Adoleszenz. Eine psychoanalytische Interpretation. Stuttgart.

BLOS, Peter 1980: Der zweite Individuierungs-Prozeß in der Adoleszenz. In: Rainer DÖBERT, Jürgen HABERMAS, G. Nunner-WINKLER (Hg.): Entwicklung des Ich. Königstein, S. 179-195.
BOERNER, Peter 1969: Tagebuch. Stuttgart.
BÜHLER, Charlotte 1932: Das Seelenleben des Jugendlichen. Jena.
BÜHLER, Charlotte 1932: Jugendtagebuch und Lebenslauf. Jena.
BÜHLER, Charlotte (Hg.) 1932: Tagebuch eines jungen Mädchens. Jena.
BÜHLER, Charlotte (Hg.) 1927: Zwei Mädchentagebücher. 2. Aufl. Jena.
BÜHLER, Charlotte 1934: Drei Generationen im Jugendtagebuch. Jena.
du BOIS-REYMOND, Manuela/Mechthild OECHSLE 1990: Neue Jugendbiographien? Zum Strukturwandel der Jugendphase. Opladen.
ERIKSON, Erik H. 1975 (1956): Identität und Lebenszyklus. Frankfurt.
FATKE, Reinhard/Renate VALTIN 1988: Wozu man Freunde braucht. In: Psychologie Heute, H. 4, S. 22-29.
FEND, Helmut 1988: Sozialgeschichte des Aufwachsens. Frankfurt.
FILIPP, Sigrun-H. 1980: Entwicklung von Selbstkonzepten. In: Z.f. Entwicklungspsychologie und Päd. Psychologie, H. 2, S. 105-125.
FISCHER; Wolfgang 1955: Neue Tagebücher von Jugendlichen. Freiburg.
GILLIGAN, Carol 1983: Themen der weiblichen und der männlichen Entwicklung in der Adoleszenz. In: Friedrich SCHWEIZER/Hans THIERSCH (Hg.): Jugendzeit - Schulzeit. Weinheim/Basel.
GRAF, Werner 1982: Literarisches Gedächtnis. Das Tagebuch als Medium literarischer Sozialisation. In: Literatur und Erfahrung, H. 8/9, S. 67-107.
GSTETTNER, Peter 1979: Störungs-Analysen. Zur Reinterpretation entwicklungspsychologisch relevanter Tagebuchaufzeichnungen. In: Dieter BAACKE/Theodor SCHULZE (Hg.): Aus Geschichten lernen. München 1984.
HAUBL, Rolf 1984: Pubertätstagebücher. Schweiz. Zs.f. Psychologie, 43 Jg., S. 293-316.
HENNINGSEN, Jürgen 1981: Autobiographie und Erziehungswissenschaft. Essen.
HERRMANN, Ulrich 1987: Biographische Konstruktionen und das gelebte Leben. Prolegomena zu einer Biographie- und Lebenslaufforschung in pädagogischer Absicht. In: Z.f. Päd., 33. Jg., H. 3, S. 303-323.
HEUSER, Magdalene 1982: Tagebuchschreiben und Adoleszenz. In: Diskussion Deutsch, 10. Jg., H. 12.
HEUSER, Magdalene 1984: Daß ich hier täglich Rechenschaft ablege ... In: Jürgen HEIN (Hg.): Das Ich als Schrift. Baltmannsweiler, S. 17-31.
HEUSER, Magdalene 1983: Tagebuchschreiben ist privat ... In: Dietrich BOUEKE/ Norbert NOPSTER (Hg.): Schreiben-Schreiben lernen. Tübingen.
HEUSER, Magdalene 1983/1984: Tagebücher von Jugendlichen. In: Jahrbuch der Deutschdidaktik, Tübingen, S. 126-148.
JUGENDWERK der Deutschen Shell 1984: Jugend. Vom Umtausch ausgeschlossen. Eine Generation stellt sich vor. Reinbek.
JUGENDWERK der Deutschen Shell 1985: Jugendliche und Erwachsene '85. Generationen im Vergleich. Bd. 2, S. 239-348.
JUST, Klaus-Günther 1966: Das Tagebuch als literarische Form. In: ders. (Hg.): Übergänge. Bern, München.
KLEMPERER, Victor 1996: „Ich will Zeugnis ablegen bis zum letzten". Tagebücher 1933-1945. 2 Bde. 6. Aufl. Berlin.
KÖRNER, Jürgen 1995: Das Psychoanalytische einer psychoanalytisch-pädagogischen Fallgeschichte. In: Z.f. Päd., 41. Jg., H. 5, S. 709-718.
KÜPPERS, Waltraud 1964: Mädchentagebücher der Nachkriegszeit. Stuttgart.
LECCARDI, Carmen 1990: Die Zeit der Jugendlichen: Was heißt männlich und weiblich in der Zeiterfahrung. In: du BOIS-REYMOND/OECHSLE (Hg.): siehe dort.
MATTENKLOTT, Gundel 1979: Literarische Gesellig keit. Schreiben in der Schule. Stuttgart.

MAROTZKI, Winfried/Rainer KOKEMOHR 1990: Biographien in komplexen Institutionen.Weinheim. (Interaktion und Lebenslauf Bd. 5).

NIKISCH, Reinhard 1976: Die Frau als Briefschreiberin im Zeitalter der deutschen Aufklärung. Wolfenbüttel.

OEVERMANN, Ulrich: Die Methodologie einer objektiven Hermeneutik. In: SOEFFNER, Hans-Georg (Hg.): Interpretative Verfahren in den Sozial- und Textwissenschaften. Stuttgart, S. 352-433.

PLESSNER, Helmut 1982: Mit anderen Augen. Aspekte einer philosophischen Anthropologie. Stuttgart.

PROJEKTGRUPPE Jugendbüro 1978: Karin Q.: Wahnsinn, das ganze Leben ist Wahnsinn. Ein Schülertagebuch. (Päd. extra Buchverlag).

RICOEUR, Paul 1971: The model of the text: In: Social Research, 38, S. 529 ff.

RICOEUR, Paul 1969: Die Interpretation. Ein Versuch über Freud. Frankfurt/M.

RICOEUR, Paul 1973: Hermeneutik und Strukturalismus. München.

ROTH, Hans-Joachim 1990: Narzißmus. Weinheim und München.

SCHÜTZ, Alfred/Thomas LUCKMANN 1979: Strukturen der Lebenswelt. Bd. I. Frankfurt.

SCHÜTZ, Alfred 1971: Das Problem der Relevanz. Frankfurt.

SCHULZE, Theodor 1985: Lebenslauf und Lebensgeschichte. Zwei unterschiedliche Sichtweisen und Gestaltungsprinzipien biographischer Prozesse. In: D. BAACKE/Th. SCHULZE (Hg.): Pädagogische Biographieforschung. Weinheim/Basel, S. 29-63.

SEIFFGE-KRENKE, Inge 1985: Die Funktion des Tagebuchs bei der Bewältigung alterstypischer Probleme in der Adoleszenz. In: R. OERTER (Hg.): Lebensbewältigung im Jugendalter. Weinheim.

SOFF, Marianne 1989: Jugend im Tagebuch. Analyse zur Ich-Entwicklung in Jugendtagebüchern verschiedener Generationen. München.

SPRANGER, Eduard 1957 (1924): Psychologie des Jugendalters. 25. Aufl. Heidelberg (1. Aufl. 1924).

STEINHAUSEN, Georg 1889: Geschichte des deutschen Briefes. 2 Bde. Berlin.

STERN, William 1925: Anfänge der Reifezeit. Ein Knabentagebuch in psychologischer Bearbeitung. Leipzig.

WAGNER-WINTERHAGER, Luise 1990: Gibt es einen Unterschied im Denken und moralischen Urteilen von Männern und Frauen? In: Die Deutsche Schule. 1. Beiheft, S. 8-16.

WAGNER-WINTERHAGER, Luise, 1992: Siegfried Bernfelds Bedeutung für die Mädchentagebuchforschung. In: HÖRSTER Reinhard/Burkhard MÜLLER (Hg.): Jugend, Erziehung und Psychoanalyse, S. 89-100.

WINTERHAGER-SCHMID, Luise 1992: Mädchen als Trägerinnen der Kulturpubertät. In: Neue Sammlung, 32. Jg., H. 1, S. 3-16.

WINTERHAGER-SCHMID, Luise 1997: Konstruktionen des Weiblichen. Ein Reader. Weinheim (im Druck).

ZINNECKER, Jürgen 1985: Literarische und ästhetische Praxen in Jugendkultur und Jugendbiographie. In: Jugendwerk der Deutschen Shell: Jugendliche und Erwachsene '85. Generationen im Vergleich. Bd. 2, S. 256-348.

Barbara Friebertshäuser

Interviewtechniken - ein Überblick[1]

"Das Interview erscheint als einfache Methode, nicht zuletzt aufgrund seiner Nähe zum Alltagsgespräch. Fragen zu stellen liegt nahe und erscheint so leicht. Darin liegt etwas Verführerisches..." (FRIEDRICHS 1990, S. 209) In der qualitativen Forschung werden Interviews gerne und häufig eingesetzt, erhält man doch auf diesem Weg einen raschen Zugang zum Forschungsfeld, zu den interessierenden Personen und in der Regel reichlich Datenmaterial. Interviews geben den Befragten selbst das Wort, sie erhalten im Interview Gelegenheit, über ihre Biographie, Weltsicht, Erfahrungen und Kontexte zu berichten und machen diese Informationen damit der Forschung zugänglich. Gegenwärtig rücken allerdings auch die Grenzen des Interviewverfahrens stärker in den Blick, zu bedenken sind: der Einfluß des Interviewenden durch nonverbale und verbale Reaktionen auf die Äußerungen des Befragten, Mißverständnisse, die unter anderem auch durch die Fragenformulierung auftreten können, der Einfluß der sozialen Erwünschtheit auf die Antworten, bis hin zur möglichen Differenz zwischen den verbalen Äußerungen und dem tatsächlichen Verhalten der Befragten, das sich in verschiedenen Untersuchungen gezeigt hat und insbesondere durch teilnehmende Beobachtung offenkundig wird (vgl. ATTESLANDER 1995, S. 132ff). Dennoch spielen Interviews in der qualitativen Forschung eine zentrale Rolle. Entsprechend ausdifferenziert sind die Interviewtechniken, die zur Befragung genutzt werden. Eine Reihe von Beiträgen in diesem Handbuch stellen diverse Interview- und Gesprächstechniken, sowie Auswertungsstrategien für qualitative Interviews vor: GARZ, HEINZEL, JAKOB, KRAIMER, LUTZ/BEHNKEN, ZINNECKER, MACHA & KLINKHAMMER, MARSAL, MEUSER & NAGEL, SCHMIDT.
Dieser Beitrag gibt einen Überblick über das Feld der Interviewtechniken, die in der qualitativen erziehungswissenschaftlichen Forschung zum Einsatz kommen. Ausgeklammert bleiben solche Interviewverfahren, die im Rahmen einer Fragebogenerhebung eingesetzt werden. Denn in diesem Fall werden die Antworten der Befragen nicht auf Tonkassette aufgezeichnet, um sie als eigenständige Äußerungen auszuwerten, sondern diese werden in den vorgegebenen Antwortkatalog eines Fragebogens übertragen und rein quantifizierend ausgewertet.[2] Angesichts der Fülle von Varianten und methodischen Neuentwicklungen kann dieser Überblick keinen Anspruch auf Vollständigkeit erheben. Angestrebt ist, vor allem ein gewisses Überblickswissen zu vermitteln. Anhand

---
[1] Für ihre Anregungen und konstruktiven Rückmeldungen zu diesem Beitrag danke ich Annedore Prengel und Christiane Schmidt ganz herzlich.
[2] In diesem Bereich, insbesondere in der Markt- und Meinungsforschung, führt man zunehmend auch Telefoninterviews durch, siehe dazu FREY u.a. 1990; ATTESLANDER 1995, S. 169ff. Zur Rolle des Interviews im quantitativen Feld siehe DIEKMANN 1995, S. 371ff.

verschiedener Interviewtechniken werden Fragen der Vorbereitung, praktischen Durchführung und Nachbereitung von Interviews behandelt und weiterführende Hinweise gegeben. Die diversen Auswertungsverfahren für Interviews können an dieser Stelle nicht präsentiert werden, hier sei auf die oben bereits genannten Beiträge in diesem Handbuch hingewiesen.[3] Wichtig wäre aber, sich bereits vor der Durchführung der Interviews mit den möglichen Auswertungsverfahren auseinanderzusetzen. Denn gerade der scheinbar relativ einfache Zugang zu Interviewmaterial birgt auch eine Verführung. Gerade unerfahrene Forscherinnen und Forscher glauben, ein Interview lasse sich mit minimalem theoretischen und methodischen Aufwand einsetzen[4] und entdecken die Fallstricke der Methode erst, wenn sie vor einer Fülle von Datenmaterial sitzen, für dessen Erschließung und Nutzung ihnen die entsprechenden Auswertungstechniken fehlen. Einführende, methodische Beiträge und Überblicke zum Thema „Interview" findet sich bei MACCOBY & MACCOBY (1962), LAMNEK (1989, S. 35ff); HOPF (1991, S. 177ff); FLICK (1995, S. 94ff); FONTANA & FREY (1994). Die Kunst des Interviewens behandelt der Beitrag von SHEATSLEY (1962). Eine kritische Reflexion der Interviewmethode findet sich beispielsweise bei FRANK (1990, S. 47ff).

Um das Feld der Interviewtechniken zu untergliedern, ist die Frage hilfreich, wie stark durch das jeweilige Verfahren die Antworten vorstrukturiert werden. Auf der Basis einer solchen Klassifizierung lassen sich stark vorstrukturierende Interviewtechniken von offenen Formen der Befragung unterscheiden. Die diversen Interviewtechniken werden im folgenden den beiden Kategorien „Leitfaden-Interviews" und „Erzählgenerierende Interviews" zugeordnet. Problematisch erscheint mir, daß es sich dabei um eine sehr grobe Kategorisierung handelt, denn häufig streben auch Leitfaden-Interviews an, Erzählungen zu generieren, dennoch erscheint mir die Zuordnung tragfähig, um zumindest eine grobe Struktur anzugeben. Verwirren kann auch, daß es eine Fülle von Bezeichnungen für die diversen Interviewtechniken gibt, daß manchmal ein sehr ähnliches Vorgehen unter einem neuen Begriff gefaßt wird, und daß sich zudem auch für das gleiche Verfahren weitere Bezeichnungen finden können. So verwendet man beispielsweise für Leitfaden-Interviews auch die Bezeichnung halbstandardisiertes Interview. Allerdings haben sich inzwischen einige feste Begriffe etabliert, die mit bestimmten Forschungstraditionen verbunden sind. Aus der Fülle der Bezeichnungen wählt die folgende Darstellung von Interviewtechniken möglichst eindeutige und aussagekräftige Begriffe aus, wenn es weitere Namen für eine Interviewtechnik gibt, wird dies erwähnt. Folgende Interviewtechniken stellt dieser Beitrag vor. Unter der *Kategorie „Leitfaden-Interview":* das „fokussierte Interview" (MERTON & KENDALL 1984), das „problemzentrierte Interview" (WITZEL 1982), das „Dilemma-Interview", auch „semi-strukturelles Interview" genannt (AUFENANGER 1991), sowie einige Interviewtechniken zur Erforschung subjektiver Theorien, die auch als

---

[3] Auswertungsstrategien für Interviews finden sich auch in den Beiträgen von JAHODA u.a. 1962; KATZ 1962, sowie bei MAYRING 1991 und 1993, HERMANNS 1992, um hier nur einige zu nennen.

[4] Vgl. dazu HOPF 1991, S. 181.

Dialogkonsens-Verfahren bezeichnet werden (siehe dazu auch MARSAL in diesem Buch), Verfahren, die in der erziehungswissenschaftlichen Forschung derzeit eine besondere Rolle spielen (siehe dazu den Überblick von KÖNIG 1995). Unter dem Stichwort „Struktur-Lege-Techniken" werden folgende Verfahren präsentiert: die „Repertory Grid Methodik", auch „Netzinterview" genannt (FROMM 1995a, 1995b), die „Interview- und Legetechnik zur Rekonstruktion kognitiver Handlungsstrukturen (ILKHA)" (vgl. DANN & BARTH 1995). Im Rahmen der Interviewtechnik „Konstrukt-Interview" (KÖNIG 1990; KÖNIG & VOLMER 1993) entwickelten sich interessante Varianten von Fragetechniken, diesen widmet sich ein gesonderter Abschnitt. Die Spezifika von ExpertInnen-Interviews, die ebenfalls als Leitfaden-Interviews geführt werden, bleiben hier ausgeklammert (siehe dazu MEUSER & NAGEL in diesem Buch).

In der *Kategorie „erzählgenerierende Interviews"* sind solche Interviewtechniken zu finden, die ausdrücklich nicht mit einem vorbereiteten Gesprächsleitfaden arbeiten. Vielmehr zielen diese Verfahren darauf, die Befragten anzuregen, etwas aus ihrem Leben oder über ihr Leben zu erzählen und dabei weitgehend selbst die für sie relevanten Themen auszuwählen. Bedeutsam für die gegenwärtige Forschungsrichtung, insbesondere für die erziehungswissenschaftliche Biographieforschung, wurde dabei die von Fritz SCHÜTZE entwickelte und methodisch ausgefeilte Interviewtechnik des „narrativen Interviews" (SCHÜTZE 1983; HERMANNS 1991; JAKOB in diesem Buch). Mit dem „episodischen Interview" präsentiert FLICK (1995) eine modifizierte Variante des narrativen Interviews, die dieser Beitrag deshalb vorgestellt. Aus der Tradition ethnographischer Feldforschung in der Kulturanthropologie entwickelten sich weitere Formen erzählgenerierender Interviews, darunter stellt das von GIRTLER (1995) in die Diskussion gebrachte „ero-epische Gespräch" eine interessante Variante dar.

Die Darstellung der diversen Interviewtechniken orientiert sich an folgenden Fragen: Aus welchen Forschungstraditionen ist die Interviewtechnik hervorgegangen? Welches Forschungs- oder Erkenntnisinteresse läßt sich mit der jeweiligen Interviewtechnik verfolgen? Wie gestaltet sich das konkrete methodische Vorgehen? Wo liegen mögliche Probleme und Fehlerquellen? Gerahmt wird dieser Hauptteil der Darstellung verschiedener Interviewtechniken von einem einführenden Abschnitt mit Definitionen und Allgemeinem zum Thema „Interviewtechniken" und von einigen Bemerkungen zu Fragen der Vor- und Nachbereitung von Interviews am Ende des Beitrages.[5]

Definition und Allgemeines

Die Anfänge des Einsatzes von Interviewmethoden in der Sozialforschung reichen zurück bis zum Ende des 19. Jahrhunderts, so berichten FONTANA & FREY (1994, S. 362f), davon, daß 1886 zunächst in London von Charles BOOTH größere Erhebungen zur sozialen und ökonomischen Situation der Be-

---

[5] Die variationsreiche Benutzung von weiblicher oder männlicher Sprachform schließt jeweils auch das andere Geschlecht ein.

völkerung mittels verschiedener Interviewmethoden durchgeführt wurden. Als Interview wird eine verabredete Zusammenkunft bezeichnet, die sich in der Regel als direkte Interaktion zwischen zwei Personen gestaltet, die sich auf der Basis vorab getroffener Vereinbarungen und damit festgelegter Rollenvorgaben als Interviewender und Befragter begegnen. Die Interviewtechniken, die der Interviewende einsetzt, dienen der Erhebung verbaler Daten, der Hervorlockung von Auskünften und Erzählungen des Befragten. Varianten dieser sozialen Form können sein: das Tandem-Interview, in denen zwei Forschende gemeinsam eine Person befragen oder das Paar-Interview, in dem ein Ehepaar oder anderes Paar gemeinsam von einem oder zwei Forschenden befragt wird (z.B. BOCK 1992). Ich unterscheide hier diese Interviewsituationen von Gruppenverfahren, bei denen ganze Gruppen von Personen, beispielsweise eine Familie, oder eine soziale Gruppe (z.B. eine Jugendclique) gemeinsam befragt wird. Bei diesen Gruppeninterviews oder Gruppendiskussionen sind häufig auch mindestens zwei Forschende anwesend (siehe zu Gruppendiskussionsverfahren den Beitrag von BOHNSACK in diesem Buch). Interviews können je nach Interviewtechnik und Forschungsdesign unterschiedlich lange dauern. Das Spektrum reicht von der kurzen Telefonbefragung von einigen Minuten bis zu mehrstündigen Sitzungen und einer Reihe von Terminen (z.B. bei der Technik der „wiederholten Gesprächsinteraktion" im Rahmen der Methode der pädagogischen Tiefeninterviews, siehe dazu HEINZEL in diesem Buch).[6]

Die Entscheidung für eine spezifische Interviewtechnik resultiert aus dem jeweiligen Forschungsdesign, dazu gehört das Forschungs- oder Erkenntnisinteresse, die Zielgruppe, die befragt werden soll, sowie die methodische Anlage der Studie insgesamt. Beim Punkt Forschungs- oder Erkenntnisinteresse leuchtet unmittelbar ein, daß für ein Interesse an Daten, Fakten, internen Abläufen innerhalb einer Institution die Wahl einer leitfadenorientierten Interviewtechnik, möglicherweise ein ExpertInnen-Interview[7], naheliegt, während zur Ermittlung der Biographien von Einzelnen das narrative Interview[8] die geeigneten Techniken bietet. Die Frage, welche Interviewtechnik sich für eine Erhebung eignet, hängt aber nicht allein vom Forschungsinteresse ab, sondern auch davon, welcher Personenkreis befragt werden soll. So erfordert die Befragung von Kindern beispielsweise spezielle Techniken (siehe HEINZEL und LUTZ/BEHNKEN/ZINNECKER in diesem Buch). Auch ändern sich die Verfahren zur Ermittlung der Befragten je nach gewählter Interviewtechnik und damit verbundener Forschungstradition, dabei gibt es sowohl die Stichproben-Ziehung, das Schneeball-System, die Methode des minimalen und maximalen Vergleichs bis hin zu theoriegeleiteten Auswahlverfahren.[9] Interviews nehmen im Rahmen eines komplexen Forschungsdesigns, in dem beispielsweise auch Methoden wie stan-

---

[6] Um die Lebensgeschichte von Phebe Clotilda Coe Parkinson zu erheben, nahm sich Margret Mead 1929 über sechs Wochen Zeit, die sie gemeinsam mit ihrer Informantin verbrachte, siehe MEAD 1991.
[7] Siehe MEUSER & NAGEL in diesem Buch.
[8] Siehe JAKOB in diesem Buch.
[9] Zum Stichproben-Problem in der qualitativen Forschung siehe MERKENS in diesem Buch

dardisierte Fragebogenerhebungen und teilnehmende Beobachtungen zum Einsatz kommen, einen vollständig anderen Stellenwert ein als in einer biographischen Studie, in der die Interviews im Zentrum der Erhebung stehen. Entsprechend variieren die Interviewtechniken, die für die jeweiligen Forschungsthemen, Forschungsgegenstände und Forschungsdesigns entwickelt wurden. Die Vielfalt an Forschungsdesigns erlaubt jedoch kaum, hier eine klare Zuordnung vorzunehmen. Tendenziell kommen Expertengespräche und Leitfaden-Interviews eher in Forschungsdesigns zum Einsatz, in denen sie kombiniert werden mit anderen Erhebungsverfahren, während narrative Interviews häufiger als alleiniges Erhebungsinstrument eingesetzt werden, aber auch hier lassen sich jeweils andere Beispiele finden. Die Auswahl einer spezifischen Interviewtechnik strukturiert selbstverständlich die möglichen Ergebnisse vor. So erbringt eine erzählgenerierende Interviewtechnik andere Arten von Aussagen, vermutlich auch andere Themen, in jedem Fall anders strukturierte Daten als ein Leitfaden-Interview. Das mittels einer speziellen Interviewtechnik erhobene Interviewmaterial ermöglicht entsprechend zugeschnittene Auswertungsverfahren, schließt aber wiederum andere Interpretationsverfahren aus. Zur Auswertung von Leitfaden-Interviews stehen beispielsweise inzwischen auch computergestützte Analyseverfahren zur Verfügung, die es auch der qualitativen Forschung erlauben, mit größeren Fallzahlen zu operieren und quantitative Analysen durchzuführen (siehe KUCKARTZ in diesem Buch).

Zur Technik von Leitfaden-Interviews

Das zentrale Charakteristikum von Leitfaden-Interviews besteht darin, daß vor dem Interview ein Leitfaden mit vorformulierten Fragen oder Themen erarbeitet wird. Dadurch grenzen die Forschenden die Interviewthematik ein und geben einzelne Themenkomplexe bereits vor. Meist dient der Leitfaden auch dazu, eine gewisse Vergleichbarkeit der Ergebnisse verschiedener Einzelinterviews zu sichern. Leitfaden-Interviews setzen ein gewisses Vorverständnis des Untersuchungsgegenstandes auf seiten der Forschenden voraus, denn das Erkenntnisinteresse bei Leitfaden-Interviews richtet sich in der Regel auf vorab bereits als relevant ermittelte Themenkomplexe. Deren Relevanz kann sich aus Theorien, eigenen theoretischen Vorüberlegungen, bereits vorliegenden Untersuchungen, ersten eigenen empirischen Befunden oder eigener Kenntnis des Feldes ableiten. Erst auf der Basis fundierter, theoretischer oder empirischer Kenntnisse lassen sich Leitfaden-Fragen formulieren. Die diversen Interviewtechniken, die mit Leitfaden arbeiten, unterscheiden sich allerdings noch einmal darin, wie stark das Interview durch die Leitfragen strukturiert wird. Hier existieren verschiedene Varianten. Zum einen findet sich das Muster fertig vorformulierter, detaillierter Fragen, die meist auch nach einer festgelegten Reihenfolge vom Befragten beantwortet werden. Daneben gibt es Leitfäden, die aus einer Fragenpalette bestehen, die in jedem Einzelinterview angesprochen werden sollte, die Reihenfolge ist dabei gleichgültig und es besteht die Möglichkeit für die Befragten, eigene Themen zu ergänzen. Und zum anderen finden sich Leitfäden, die lediglich weit gefaßte Themenkomplexe als Gesprächsanregungen benennen, die aber nichts festlegen, sondern nur einen Rahmen für das Interview abstecken. Oft intendieren also auch Leitfragen, bei den Befragten eine Erzählung anzuregen. Entsprechend unterschiedlich können die Ziele sein, die mit der Durchführung von Leitfaden-Interviews realisiert werden sollen. So können Leitfaden-Interviews schlicht zur Sammlung von Daten und Informationen zu einem Themenkomplex dienen, darüber hinaus können sie aber auch der Hypothesen- oder Theorieprüfung oder der Entdeckung gegenstandsbezogener Theorien dienen (vgl. dazu auch HOPF u.a. 1995, S. 23ff).

Wie gestaltet sich nun das methodische Vorgehen beim Einsatz von Leitfaden-Interviews? Die Formulierung von Themenkomplexen und anregenden Fragen in Form eines Interview-Leitfadens wird erleichtert durch eine gewisse Feldkompetenz, die zumeist durch theoretische Vorüberlegungen, das Studium bereits vorliegender Untersuchungen und eigene Felderkundungen erlangt wird. Es empfiehlt sich, die erste Fassung eines Leitfaden-Katalogs in Probeinterviews zu testen und während der ersten Interviews laufend zu überarbeiten. Auf diese Weise lassen sich problematische, zu komplexe oder unverständliche Frageformulierungen ermitteln und verbessern (siehe dazu die ausführliche Darstellung des Forschungsprozesses, der Arbeit mit Leitfaden-Interviews und konkrete Beispiele für einen solchen Leitfaden bei SCHMIDT 1993). Es kann sich als hilfreich erweisen, den Leitfaden detailliert auszuformulieren und Nachfrage-Themen bereits zuvor festzulegen. Das dient zum einen einer gewissen Standardisierung der verschiedenen Interviews und erleichtert später die Vergleichbarkeit der Interviews untereinander, es entlastet aber auch den Interviewenden. Das bedeutet aber nicht, daß das Leitfaden-Interview strikt nach der zuvor festgelegten Reihenfolge der Fragen des Leitfadens verlaufen muß, meist dienen die Leitfragen lediglich als Gerüst, wobei die einzelnen Themenkomplexe häufig auch offen gehaltene Erzählaufforderungen enthalten, mit denen die Befragten dazu aufgefordert werden, ihre subjektiven Einschätzungen und Erfahrungen anhand von konkreten Schilderungen von Erlebnissen und anhand von Beispielen darzustellen. Dazu können auch entsprechende Nachfrage-Strategien dienen. Dazu ein Beispiel aus einer Studie, in der Leitfaden-Interviews geführt wurden:

„Wir näherten uns einem Themenkomplex zumeist durch sehr offene Fragen oder Erzählaufforderungen, so z.B. zu Beginn des ersten Interviews: 'Erzählen Sie doch einfach mal, wann Sie in die Schule gekommen sind und wie es dann weiterging'. An den Ausführungen der Interviewten setzten wir dann mit konkretisierenden Nachfragen an, um genauere Informationen zu erhalten - z.B. 'Wie war dieser Schulwechsel für Sie?' - oder um die Bewertungen der Befragten zu erfahren - 'Was hat Ihnen daran nicht gefallen?' Nach Möglichkeit ermunterten wir die Befragten zu möglichst weitgehenden Explikationen, so z.B. durch Verständnisfragen - 'Das habe ich jetzt aber noch nicht ganz verstanden' - und die Aufforderung zur Veranschaulichung - 'Können Sie dafür mal ein Beispiel nennen?'" (HOPF u.a. 1995, S. 26f)

Nachfragen bergen allerdings die Gefahr, in Form von Suggestivfragen formuliert zu werden, in die Erwartungen und Unterstellungen des Interviewenden

einfließen (zu den Vor- und Nachteilen von Suggestivfragen siehe auch RICHARDSON u.a. 1984).
Einige Risiken und Fallen im Umgang mit Leitfaden-Interviews seien noch kurz benannt. Eine Gefahr eines Leitfadens liegt darin, daß das Interview zu einem Frage- und Antwort-Dialog verkürzt wird, indem die Fragen des Leitfadens der Reihe nach „abgehakt" werden, ohne daß dem Befragten Raum für seine (möglicherweise auch zusätzlichen) Themen und die Entfaltung seiner Relevanzstrukturen gelassen wird. Mit diesem Problem der „Leitfadenbürokratie" befaßt sich ausführlich HOPF (1978). Sie nimmt die in Leitfaden-Interviews angelegten strukturellen Problempunkte kritisch in den Blick und veranschaulicht diese anhand eines Forschungsprojektes zu Fragen der Schulaufsicht, das Schulräte zu diesem Themenbereich befragte. Als strukturellen Hintergrund für das Problem der „Leitfadenbürokratie" benennt sie die Angst und Verunsicherung des Interviewers durch offene Gesprächssituationen, sowie die Spannungen, die aus dem vom Interviewer geforderten „Ausfrageverhalten" resultieren, das in einem dauernden Konflikt steht zu den Alltagsvorstellungen über „angemessenes Benehmen" und zur Reziprozität der Alltagskommunikation. Auch der Faktor „Zeit" und das „schrankenlose" Informationsinteresse, das unrealistisch lange Leitfäden produziert, kann die Tendenz zum „zügigen, bürokratischen Abhaken von Themen" verstärken, so daß der Leitfaden von einem Mittel zur Informationsgewinnung zu einem Mittel der Blockierung von Information gerät. Zu den „Kunstfehlern" zählen auch solche Varianten der Interviewführung, die Informationen blockieren: sprachliche Wendungen, die zu kurzer Darstellung auffordern, Zurückstellen von Äußerungen der Befragten, Nichtbeachten von Aussagen, Aufdrängen der Struktur des Leitfadens, Suggestivfragen, vorschnell interpretierende Formulierungen und die Tendenz zu abstrahierendem und kategorisierendem Sprachgebrauch. Mit Verweis auf DEVEREUX (1984) fordert HOPF dazu auf, die Analyse von Störungen als zusätzliche Informationen und bedeutsame Einsichten in den Forschungsgegenstand zu begreifen und zudem verstärkt die Diskussion über Modelle der Forschungskommunikation aufzunehmen.
Deutlich dürfte geworden sein, daß der Einsatz von Leitfaden-Interviewtechniken eine vorherige Schulung der Interviewenden voraussetzt. Das ist insbesondere dann bedeutsam, wenn Forschende nicht selbst die Interviews führen, sondern Hilfskräfte einsetzen, die teilweise oder vollständig die Leitfaden-Befragungen durchführen. Auch die verschiedenen Varianten von Leitfäden bergen Chancen und Gefahren, so kann ein wörtlich ausformulierter Leitfaden im Interview entlastend wirken und zur Standardisierung beitragen, was später die Vergleichbarkeit zwischen den Interviews erleichtert. Allerdings kann die Vorgabe auch zum puren Ablesen von Fragen mit den oben bereits beschriebenen Folgen führen. Auch bei Forschungsgruppen sind Absprachen über die Interviewführung bedeutsam, um für alle verbindliche Regelungen zu vereinbaren. Probe-Interviews sind ein gutes Schulungsmittel, da häufig erst in der konkreten Situation Fragen oder Probleme auftauchen und Mißverständnisse im Team sichtbar werden.

Leitfaden-Interviews kommen in erziehungswissenschaftlichen Forschungsprojekten häufig zum Einsatz.[10] Varianten und methodische Weiterentwicklungen von Leitfaden-Interviews, die in der erziehungswissenschaftlichen Forschung bedeutsam wurden, stellen die folgenden Abschnitte vor.

Das fokussierte Interview

Bedeutsam für die Entwicklung der methodischen Verfahren von Leitfaden-Interviews waren die Methoden des „fokussierten Interviews", das von MERTON & KENDALL 1946 (1984) für die Medienforschung entwickelt wurde (vgl. dazu auch die Darstellung in FLICK 1995, S. 94ff). Deshalb läßt sich am Beispiel dieses Spezialtypus eines Leitfaden-Interviews zeigen, wie sich das methodische Vorgehen im Interview selbst gestaltet. Beim fokussierten Interview handelt es sich um eine Interviewtechnik, die dazu dienen soll bestimmte Aspekte einer gemeinsamen Erfahrung der Befragten möglichst umfassend, thematisch konzentriert, detailliert und einschließlich der emotionalen Komponenten auszuleuchten. Voraussetzung für dieses Interview-Verfahren ist, daß die interviewten Personen eine Gemeinsamkeit haben (z.B. Leser derselben Zeitung sind, zuvor eine ganz konkrete Situation gemeinsam erlebt haben, einen bestimmten Film gesehen haben).[11] Die Forschenden unterziehen im Vorfeld den Gegenstand des Interviews (eine Zeitung, eine Rede, einen Film, ein Buch) einer Inhaltsanalyse, um darauf aufbauend die subjektiven Reaktionen der Befragten detailliert erfragen zu können. Die Interviewfragen konzentrieren sich (fokussieren) auf die als relevant erachteten Aspekte dieses Gegenstandes, um dazu möglichst umfangreich die subjektiven Definitionen und Wahrnehmungen der Befragten zu ermitteln, die analysiert werden sollen. Bestandteil der Methode sind unstrukturierte Fragen, die so offen formuliert sind, daß die Interviewten selbst ein Thema wählen können und ihre Sichtweisen und Definitionen möglichst unbeeinflußt präsentieren („*Was fiel Ihnen an diesem Film besonders auf?*"). Ergänzt wird dieser Fragetypus durch halbstrukturierte Fragen, bei denen ein konkretes Thema (z.B. eine bestimmte Filmszene) vorgegeben wird, um dann nach Reaktionen und Sichtweisen zu fragen, oder eine emotionale Reaktion wird formuliert und nach Filmsequenzen gefragt, in denen diese hervorgerufen wurde. Wesentlich für diesen Typus von Fragen sind die nicht-direktiven Gesprächstechniken von ROGERS, die aber auch bei den fokussierenden Nachfragen eine Rolle spielen, denn das Fokussieren ist das spezifische Merkmal dieses Interview-Typus. Dazu gehört besonders das Fokussieren auf Gefühle („*Was empfanden Sie, als Sie das sahen?*") Die Kunst der Interviewführung

---

[10] Siehe zum Beispiel die Arbeit von PRENGEL (1990), an der sich exemplarisch das Forschungsvorgehen mittels Leitfaden-Interviews von der Planung über die Durchführung bis zur Präsentation der Ergebnisse studieren läßt.

[11] So hatten die von PRENGEL (1990) befragten LehrerInnen, Schulaufsichtsbeamten und Wissenschaftler alle erste Erfahrungen mit dem gemeinsamen Unterricht von behinderten und nicht behinderten Kindern gemacht, die dann mit offenen Formulierungen wie: „Was war neu für Sie? oder: Was war Ihre wichtigste Erfahrung mit dem Integrationskonzept?" im Interview konkretisiert wurden.

liegt darin, die zentralen Themen und Gefühle der Interviewten zu erkennen und darauf einzugehen, beispielsweise durch Reformulierung implizierter oder geäußerter Gefühle, um so die Selbsterforschung der Befragten zu befördern. *„Im fokussierten Interview kommen bestimmte Befragungstechniken zur Anwendung, die eine genaue Beschreibung der ursprünglichen Erfahrung erleichtern und dem Informanten helfen, darüber zu berichten, wie er die Erfahrung 'registriert' hat."* (MERTON & KENDALL 1984, S. 187) Folgende Kriterien sollen im fokussierten Interview erfüllt werden: Nicht-Beeinflussung der Interviewten, Spezifität der von den Befragten geschilderten Reaktionen und Erfahrungen, Erfassung eines breiten Spektrums von Themen zum Gegenstand, Tiefgründigkeit bei der Erörterung und den Kommentaren darüber, wie der Befragte etwas erlebt und affektiv verarbeitet hat. Ein Problem der Technik des fokussierten Interviews liegt darin, daß - um sie adäquat zu praktizieren - Erfahrung und Schulung notwendig ist. Insbesondere das Kriterium der Nicht-Beeinflussung der Befragten sicherzustellen, erfordert bei dieser Art der Fragetechnik eine gezielte Methodenschulung und nachträgliche Reflexion des eigenen methodischen Vorgehens.

Das problemzentrierte Interview

Unter dem Begriff „problemzentriertes Interview", der von WITZEL (1982) geprägt wurde, sind verschiedene Elemente einer leitfadenorientierten und teilweise offenen Befragung zusammengefaßt.[12] WITZEL entwickelte diese Interviewtechnik in einem Forschungsprojekt über vorberufliche Sozialisationsprozesse von Haupt- und Realschülern und deren Auswirkungen auf die Berufsfindung, in dessen Rahmen die Realitätsdeutungen und Bedingungen der Schulabsolventen und deren Eltern erfaßt wurden. Das Adjektiv „problemzentriert" kennzeichnet den Ausgangspunkt einer vom Forscher wahrgenommenen gesellschaftlichen Problemstellung, deren individuelle und kollektive Bedingungsfaktoren mit diesem Forschungsdesign ergründet werden sollen (vgl. WITZEL 1982, S. 67). Als Grundgedanke dieses Vorgehens gelten drei Kriterien: Die *„Problemzentrierung"*, die sich sowohl auf die zuvor vom Forschenden ermittelten Themenkomplexe bezieht wie auch auf die Betonung der Sichtweise der Befragten, deren Relevanzkriterien es aufzudecken gilt. Das zweite Kriterium nennt WITZEL *„Gegenstandsorientierung"*, d.h. daß die Methoden von der Beschaffenheit der Forschungsgegenstände ausgehen müssen, um deren 'einzigartiger Natur' gerecht zu werden und somit am Gegenstand entwickelt und gegebenenfalls modifiziert werden. Das dritte Kriterium heißt *„Prozeß-orientierung"* und bezieht sich auf den Forschungsprozeß, in dessen Verlauf sich eine schrittweise Gewinnung und Prüfung von Daten vollzieht, wobei es gilt, diese auch im *„reflexiven Bezug auf die dabei verwandten Methoden"* herauszuschälen (a.a.O. S. 71). Diese Kriterien verweisen bereits auf den theoretisch-methodischen Kontext, auf den sich WITZEL, wenn auch teilweise in kritischer Abgrenzung, insgesamt bezieht: Ethnomethodologie und symbolischer

---

[12] Vgl. auch WITZEL 1985.

Interaktionismus. Beide Richtungen betonen die Bedeutung von Wirklichkeitskonstruktion als individuelle bzw. kollektive Leistung, die es im Forschungsprozeß zu entdecken und zu entschlüsseln gilt, wie das auch GLASER & STRAUSS (1984) in ihrem Konzept der „gegenstandsbezogenen Theoriebildung" anstreben.

Das problemzentrierte Interview ist integraler Bestandteil einer Methodenkombination, zu der folgende Teilelemente gehören: die biographische Methode, die Fallanalyse, das offene Interview, die Gruppendiskussion. Diese Methoden werden im Vorfeld eingesetzt. Erkenntnisse und Ergebnisse fließen bereits im problemzentrierten Interview zusammen. Zu den Instrumenten des problemzentrierten Interviews gehören: Der Kurzfragebogen, der Leitfaden und das Postskriptum. *Der Kurzfragebogen* erfüllt verschiedene Funktionen. Zum einen geben seine Antworten bei der Formulierung von Einstiegsfragen im Interview einen gewissen Überblick, man kann sich bsw. auf die in offener Form erfragten Berufswünsche der Jugendlichen später beziehen. Die zweite Funktion des Kurzfragebogens liegt darin, einige bedeutsame demographische Daten der Befragten zu erfassen, um damit das spätere Interview von solchen - möglicherweise auch heiklen - Fragen zu entlasten. Teilweise ergeben sich auch interessante Hinweise für die Interpretation, z.B. bei differierenden Inhalten in beiden Interviewformen. *Der Leitfaden* dient nicht zur Vorstrukturierung eines Frage-Antwort-Schemas, sondern fungiert im Gegenteil lediglich als Orientierungsrahmen und Gedächtnisstütze für den Interviewenden, indem er Hintergrundwissen thematisch organisiert. *„In ihm ist der gesamte Problembereich in Form von einzelnen, thematischen Feldern formuliert, unter die in Stichpunkten oder in Frageform gefaßte Inhalte des jeweiligen Feldes subsumiert sind."* (a.a.O. S. 90) Allerdings soll dieser „leitende Faden" den Befragten nicht aufoktroyiert werden, sondern er dient vor allem der Unterstützung und Ausdifferenzierung von Erzählsequenzen des Befragten. *„Das bedeutet, daß der Forscher/Interviewer auf der einen Seite den vom Befragten selbst entwickelten Erzählstrang und dessen immanente Nachfragemöglichkeiten verfolgen muß und andererseits gleichzeitig Entscheidungen darüber zu treffen hat, an welchen Stellen des Interviewverlaufs er zur Ausdifferenzierung der Thematik sein problemorientiertes Interesse in Form von exmanenten Fragen einbringen sollte."* (a.a.O. S. 90) Diese geforderte Flexibilität des Interviewenden erfordert eine hohe Sensibilität für den Gesprächsprozeß und zugleich die Fähigkeit, dort Detaillierungen zu erreichen, wo es um inhaltliche Problementwicklungen im Zusammenhang mit den zentralen Forschungsfragen geht, was auch bedeuten kann, neue Themenfelder einzuführen und sie dabei an die situativen Bedingungen anzupassen. Nachfragen und Zurückspiegelungen des Gesagten, auch durch Verständnisfragen, Interpretationen oder Konfrontationen mit Widersprüchen und Ungereimtheiten sind bei dieser Interviewtechnik erlaubt, allerdings sind eine gute Gesprächsatmosphäre, die prinzipielle Anerkennung des Befragten, sowie das deutlich inhaltliche Interesse des Forschenden/Interviewers dafür fundamentale Voraussetzungen. Um das zu erreichen, sollten Interviewer und Forscher (Interviewerin und Forscherin) identisch sein, oder falls die Interviewführung delegiert wird, muß der Interviewende mit den Problemen und Themen des Forschungsprojektes und des Befragten bereits vertraut sein. In jedem Fall können Interviewerschulungen anhand von Probeinterviews und deren Transkriptionen helfen, Interviewfehler zu analysieren und so eine verbesserte Sensibilität zu erreichen. *Das Postskriptum* fertigt der oder die Interviewende als eine „Postkommunikationsbeschreibung" im Anschluß an jedes Interview (auch an jede Gruppendiskussion) an. Hinter diesem methodischen Vorgehen verbirgt sich der Ansatz der Ethnomethodologie, danach ist es für jede Untersuchung wichtig einzubeziehen, daß der oder die Interviewende und die Situation des Interviews einen wesentlichen Einfluß auf die zustandegekommenen Daten ausüben. Für den Interviewer formuliert WITZEL diesen Zusammenhang und die Aufgabe wie folgt: *„Seine Ahnungen, Zweifel, Vermutungen, Situationseinschätzungen, Beobachtungen von besonderen Rahmenbedingungen des Interviews und von nonverbalen Elementen beeinflussen den Kontext und den Ablauf des Gesprächs als 'particular event' (Cicourel), werden aber im Interviewskript nur unvollständig oder gar nicht zum Ausdruck gebracht. Dazu gehören auch die vom Tonband nicht erfaßten Ereignisse unmittelbar vor einem Interview (z.B. Kontaktaufnahme, evtl. formulierte Erwartungen der Untersuchten an das Interview) sowie danach (persönliches Gespräch, Nachfragen nach dem Forschungszweck etc.)."* (WITZEL 1992, S. 91f) Das Postskriptum kann für die Interpretation wichtige Daten liefern, die dazu beitragen können, *„einzelne Gesprächspassagen besser zu verstehen und das Gesamtbild der Problematik inhaltlich abzurunden."* (a.a.O, S. 92)

Auf die sich anschließende Auswertungsarbeit kann in diesem Beitrag nicht eingegangen werden. Einige Hinweise sind allerdings sinnvoll, insofern sie einwirken auf den Erhebungsprozeß. Bei diesem methodischen Vorgehen verlagern sich viele Interpretationsleistungen bereits in die Phase der Datenerhebung. Der problemzentrierte Verständigungsprozeß zwischen Forschendem und Befragten organisiert bereits während des problemzentrierten Interviews Erkenntnisschritte. So können beispielsweise *„wissenschaftliche Vorurteile"* entdeckt und durch *„gegenstandsadäquate und methodisch sensiblere Nachfragen"* ersetzt werden (a.a.O. S. 109) So bildet z.B. auch eine erste Interpretation des Interviews mit einem Jugendlichen die Basis für die anschließende problemzentrierte Elternbefragung. Das Postskriptum enthält bereits Interpretationshilfen und läßt sich nutzen für methodische Kommentierungen entlang der Gesprächsentwicklung. Im Auswertungsprozeß fließen dann wiederum die verschiedenen methodischen Zugänge zusammen, die Methode ist hinsichtlich des Auswertungsverfahrens nicht festgelegt.[13] Gerade der von WITZEL betonte Prozeßcharakter des Forschungsansatzes erscheint mir im Hinblick auf die Nachvollziehbarkeit des Interpretationsprozesses und die Möglichkeiten der Vergleichbarkeit von Ergebnissen untereinander als problematisch.

---

[13] Gute Anschlußmöglichkeiten bieten sich für das Verfahren der qualitativen Inhaltsanalyse (MAYRING 1993). In seiner „Einführung in die qualitative Sozialforschung" stellt MAYRING (1990) auch das problemzentrierte Interview (S. 46ff) und weitere Auswertungsstrategien vor.

Das Dilemma-Interview

Von den zahlreiche Varianten von Leitfaden-Interviews sei hier kurz *das semistrukturelle Interview*, auch *Dilemma-Interview* genannt, vorgestellt (AUFENANGER 1991), mit dessen Hilfe „Urteils- und Handlungsdimensionen von LehrerInnen in pädagogisch und sozial relevanten Situationen des Unterrichts", sowie in speziellen Handlungssituationen in der Schule allgemein erfaßt wurden (AUFENANGER 1991, S. 38). Die Technik des Dilemma-Interviews geht zurück auf methodische Verfahren, die von KOHLBERG und PIAGET in klinischen Interviews mit Erwachsenen und Kindern eingesetzt wurden. Bei dieser Interview-Technik kommt es darauf an, eine Vergleichbarkeit der Antworten dadurch zu erreichen, daß allen Probanden die gleichen Dilemma-Situationen vorliegen, auf die sich ihre Antworten und Begründungen beziehen.

„Diese Situationen stellen Probleme aus dem Alltag von LehrerInnen dar, in denen unmittelbar eine Entscheidung gefällt werden muß. Es handelt sich zugleich auch um Situationen, in denen mehrere Perspektiven miteinander zu koordinieren sind. Auch ist die Lösung nicht eindeutig, so daß sich unterschiedliche Wege mit verschiedenen Begründungen einschlagen lassen. Die Situation ist durch ein Handlungsdilemma gekennzeichnet, d.h. daß unterschiedliche, aber gleichwertige Wertorientierungen in ihnen sich gegenüberstehen." (AUFENANGER 1991, S. 40)

Solche Dilemma-Situationen können den Befragten schriftlich vorgelegt oder mündlich vorgetragen werden. Gefragt wird im Interview nach Handlungsentscheidungen und deren Legitimation, dabei soll der Antwortfluß der Befragten nicht unterbrochen werden, aber bei mangelnder Explikation können Sondierungsfragen und Nachfragen gestellt werden. Damit allen Befragten die gleichen Chancen zur Präsentation ihres Denkens gegeben sind, muß das Interviewverfahren auch standardisierte Elemente enthalten, nach denen in jedem Fall gefragt werden soll. Methodische Details und die nachfolgenden Auswertungsschritte können nachgelesen werden bei AUFENANGER (1991). Von den Interviewenden fordert diese Interviewtechnik ausreichende Erfahrung mit qualitativen Standards, um solche Fehler wie Suggestivfragen, fehlendes Nachfragen, am Thema vorbeigehen, oder Entschärfung des Dilemmas zu vermeiden. Dies und die Frage, wie die Nachvollziehbarkeit und Überprüfbarkeit der Interpretation sicherzustellen ist, ohne zeitökonomische Gesichtspunkte zu vernachlässigen, sind als Probleme dieser Methode zu nennen, müssen allerdings als generelle Probleme qualitativer Interviewtechniken betrachtet werden.

Struktur-Lege-Techniken

Zur Erforschung subjektiver Theorien, mittels derer Menschen ihre Wirklichkeit wahrnehmen und konstruieren, existieren einige Interviewstrategien, die methodisch interessante Neuentwicklungen von Leitfaden-Interviews darstellen. Das Spezifische dieser Methode sind die Visualisierungen des Gesagten in Form von Stichworten auf Karten und entsprechende Lege-Techniken, die hilfreich sind bei der Rekonstruktion des Gesagten. So erleichtert diese Technik das Zurückgehen zu Punkten, die bereits im Interview genannt wurden, da die entsprechenden Punkte visuell verfügbar bleiben. Ein weiterer Vorteil dieser Interviewtechnik kann darin liegen, daß die Struktur gemeinsam vom Forschenden und vom Befragten erarbeitet wird, so daß den Befragten, als Experten ihres Alltags, Eingriffs- und Korrekturmöglichkeiten gegeben sind. Wichtige Anregungen erhielten diese Interviewtechniken aus dem psychologischen und therapeutischen Bereich.

Inzwischen existiert ein breites Spektrum erziehungswissenschaftlicher Forschung, das mit Struktur-Lege-Techniken eigene methodische Zugänge entwickelt hat (siehe dazu den Überblick von KÖNIG 1995). Dazu gehören Interviewverfahren, die häufig auch als Dialogkonsens-Verfahren bezeichnet werden (siehe dazu auch MARSAL in diesem Buch), von „Dialog-Konsens-Hermeneutik" sprechen CHRISTMANN & SCHEELE (1995). Vorgestellt werden die „Repertory Grid Technik", auch „Netzinterview" genannt (FROMM 1995a; 1995b), die „Interview- und Legetechnik zur Rekonstruktion kognitiver Handlungsstrukturen" (ILKHA) (vgl. DANN & BARTH 1995). Das „Konstrukt-Interview" (KÖNIG 1990; KÖNIG & VOLMER 1993) wird anschließend in einem eigenen Abschnitt noch etwas ausführlicher dargestellt. An dieser Stelle folgen aus Platzgründen nur einige kurze exemplarische Anmerkungen zu den beiden erstgenannten Interview-Techniken.

Die „Repertory Grid Methodik" geht zurück auf G. A. KELLY, einen Psychologen, der die Urform dieses Verfahrens als „Role Construct Repertory Test", kurz „Rep Test" genannt, 1955 vorstellte (vgl. FROMM 1955a, S. 133). Bei der „Repertory Grid Technique", die auch als „Netzinterview" bezeichnet wird, handelt es sich um ein Verfahren, das darauf abzielt, die subjektive Sicht einer Person zu einem ausgewählten Erfahrungsbereich mittels Elementen, Konstrukten und deren visualisierter Zuordnung in Form einer Strukturierung zu erfassen. Zum Beispiel untersuchte FROMM die Konstrukte, die von SchülerInnen im Hinblick auf ihre LehrerInnen gebildet werden. Das geschieht mit der Feststellung von Ähnlichkeiten und Unterschieden von Wahrnehmungen. Dazu lautet die Aufforderung des Interviewers beispielsweise „Was haben zwei dieser xx (z.B. Lehrer) gemeinsam, das sie vom dritten unterscheidet?" (FROMM 1995a, S. 141) Dabei liegt die Besonderheit dieser Interviewtechnik darin, daß die Antworten und Konstrukte der Befragten jeweils durch Karten dokumentiert werden und so die Visualisierung und Strukturierung ins Zentrum der Interviewsituation rückt. Ähnlichkeiten bilden dann einen Pol, Unterschiede den anderen Pol, denen die Befragten nun ihre Äußerungen zuordnen. Solche Anordnungen von Elementen münden in einem Rohprotokoll (vgl. FROMM 1995a, S. 150) in Form von Reihen und Spalten, eine Ergebnismatrix, deren netzartige Struktur der Interviewtechnik den Namen „Netzinterview" gab. Als Problem benennt FROMM selbst, daß die vorgegebenen Rollen und Abläufe der Interviewtechnik die Gefahr in sich bergen, daß wichtige Konstrukte der Befragten nicht zur Sprache kommen (a.a.O, S. 139). Zudem erfordert es vermutlich einige Übung für die Interviewenden, bei dieser Technik den Expertenstatus der Befragten für ihre persönlichen Konstrukte zu respektieren, was sich unter anderem im Verzicht auf inhaltliche Bewertungen, stellvertretende Formulierun-

gen, der Offenheit für Korrektur oder Kontrolle und weiteren Regeln der Interviewführung niederschlägt, die auch vor dem Interview entsprechend vereinbart werden.
Ebenfalls mit Struktur-Lege-Verfahren arbeitet ILKHA (vgl. dazu DANN & BARTH 1995). Gemeint sind graphische Verfahren, mit deren Hilfe die auf Kärtchen notierten Konzepte der Befragten zu Schaubildern subjektiver Theorien verdichtet werden. Das Verfahren soll dazu beitragen, menschliches Handeln in alltäglichen Situationen anhand von Zielsetzungen, Handlungen, sowie kognitiven und emotionalen Entscheidungsbedingungen nachzuvollziehen (vgl. DANN & BARTH 1995, S. 33f). Dazu dienen teilnehmende Beobachtungen in Handlungssituationen, ein Leitfaden-Interview, das sich auf die vorangegangene Handlung bezieht (dies kann auch unterstützt werden durch das Abspielen von Videoaufzeichnungen der vorangegangenen Handlungssequenzen) und das anschließende Strukturlegen mit Visualisierung des Regelwerkes. Auf diese Weise untersuchte die Forschungsgruppe „Unterrichtskommunikation" und rekonstruierte bsw. die Subjektiven Theorien einer Lehrerin zu ihrem Gruppenunterricht, die dann in einer komplexen Struktur ihres Regelwerkes abgebildet werden konnte (vgl. DANN & BARTH 1995, S. 45ff). Als Probleme müssen genannt werden, der große Zeitaufwand und die speziellen Anforderungen, die aus der Komplexität der Methode für Forschende und Erforschte resultieren. Auf seiten der Forschenden sind intensive methodische und inhaltliche Kenntnisse vorausgesetzt. Auf seiten der Untersuchten können Belastungen dadurch entstehen, daß Forschende auch während realer Handlungssituationen (z.B. in ihrem Unterricht) anwesend sind, und anschließend das Geschehen in Detail besprechen möchten, zudem setzt die Methode auch bei den Beforschten die Fähigkeit voraus, ihre kognitiven Strukturen zu verbalisieren und in einer Abbildung als Regelwerk nachzuvollziehen. Diese Bedingungen dürften nicht immer leicht zu erfüllen sein.

Das Konstrukt-Interview

Etwas ausführlicher vorgestellt werden an dieser Stelle nun die methodischen Zugänge des Konstrukt-Interviews (KÖNIG 1990; KÖNIG & VOLMER 1993), da sich hier einige interessante methodische Neuerungen und Modifikationen finden, die anregend sein können, um Leitfaden-Interviews variationsreich zu gestalten. Diese Interviewtechnik „Konstrukt-Interview" wurde zunächst in der Organisationsforschung und systemischen Organisationsberatung entwickelt und eingesetzt, um die subjektiven Konstruktionen der Wirklichkeit eines Gesprächspartners zu einem bestimmten Themenbereich (z.B. zur Führung, zu Stärken und Schwächen des Unternehmens) zu erfassen (KÖNIG & VOLMER 1993, S. 101). Beim Interview wird mit einem Leitfaden gearbeitet, der aus ca. drei bis sechs Leitfragen besteht, denen nochmals entsprechende Nachfragekategorien zum Abklären wichtiger Bereiche zugeordnet sind. Allerdings bilden auch hier die Leitfragen kein starres Schema, sondern lediglich ein Gerüst für das Interview, sie werden so offen formuliert, daß sie dem Gesprächspartner die Möglichkeit bieten, frei seine Sichtweise zu erzählen. Das gilt auch für die

Nachfragekategorien, die ebenfalls so formuliert sein sollen, daß der Gesprächspartnerin offensteht, dazu etwas zu sagen oder nicht. Die Gefahr liegt darin, daß im Interview dem Gesprächspartner Aspekte nahegebracht werden, die ihm selbst nicht so wichtig erscheinen, aber nun von ihm aufgegriffen werden, weil er den Eindruck gewinnt, das werde von ihm erwartet (soziale Erwünschtheit) (vgl. a.a.O. S. 108) Soweit unterscheidet sich das Vorgehen hier noch nicht von den üblichen Leitfragen-Interviewtechniken, spannend sind allerdings die folgenden Alternativen hinsichtlich der Leitfadengestaltung (a.a.O. S. 108ff): Erstens: „*Freies Assoziieren*", dabei nennt die Gesprächspartnerin alle Assoziationen, die ihr zu einem Thema (z.B. die eigene Abteilung) einfallen. Diese Konstrukte werden im weiteren Verlauf des Interviews präzisiert, was heißt z.b. für sie „dynamisch" oder „Saftladen". Zweitens: „*Bezug auf andere Personen*" kann als eine Fragestrategie eingesetzt werden, um Barrieren abzubauen, statt nach „Schwachstellen" direkt zu fragen, lautet die indirekte Formulierung: „Was sehen andere als mögliche Schwachstellen an?" Drittens: „*Bezug auf vergangene oder zukünftige Situationen*", damit lassen sich beispielsweise Schwachstellen erfassen, die inzwischen beseitigt wurden, oder die Phantasie in bezug auf zukünftige günstige oder ungünstige Entwicklungen wird angeregt. Viertens: „*Vergleichsverfahren*", gefragt wird nach den Einschätzungen zu zwei Vorgesetzten (einem guten und einem schlechten) oder zu zwei Projektteams (ein effektives und ein weniger effektives), die so ermittelten Elemente führen zu den jeweiligen Konstruktsystemen der Befragten. Eine Variante dieser Fragetechnik knüpft an die oben bereits dargestellten Repertory-Grid-Techniken an, indem man zum Beispiel bittet, Namen von etwa zehn Vorgesetzten, Teams, Situationen usw. aufzuschreiben. Dann werden willkürlich drei Karten herausgegriffen mit der Frage „*Was haben zwei gemeinsam im Vergleich zum dritten?*" In der Begründung äußern sich die jeweiligen Konstrukte, die dann detailliert erfragt werden können. Fünftens: „*Das narrative Interview*" wird als eine weitere Fragevariante im Leitfaden eingesetzt. Darin liegt die Grundidee, den Gesprächspartner möglichst frei und ohne Beeinflussung erzählen zu lassen, um so die für ihn relevanten Konstrukte in diesem Erzählfluß zutage treten zu lassen. Die Interviewerin gibt das Thema der Geschichte vor und definiert Anfangs- und Endpunkt und sollte zuhören, ohne den Gedankengang zu unterbrechen. Eine solche Erzählaufforderung kann bsw. lauten: „*Erzählen Sie Ihre Geschichte hier in diesem Unternehmen, von der Zeit, als Sie anfingen, bis heute!*" (a.a.O. S. 110). Sechstens: „*Methode des Lauten Denkens*", die Basis dieses Verfahrens sind Videoaufzeichnungen (z.B. von Besprechungssituationen), diese werden der Befragten vorgeführt und dabei gestoppt, damit die Gesprächspartnerin erzählen kann, was ihr in dieser Situation durch den Sinn gegangen ist, was sie gedacht hat. Siebtens: „*Struktur-Lege-Techniken*" dienen dazu, Beziehungen zwischen verschiedenen Konstrukten zu erfassen. Zentrale Begriffe (z.B. zum Thema „Macht") ordnet der Gesprächspartner als Kärtchen auf einer Fläche. Der Befragte leistet so die Rekonstruktion der eigenen subjektiven Theorien weitgehend selbst durch die einbezogenen Elemente und die Art, in der An- und Zuordnungen vorgenommen werden (siehe Schaubild in KÖNIG & VOLMER 1993, S. 112). Für die Erarbeitungsphase während des Interviews gilt, daß der Interviewer grundsätzlich davon ausgehen muß, daß die vom Gesprächspartner verwendeten Konstrukte fremde sind, um Mißverständnisse zu vermeiden, sind die aufgeführten Konstrukte jeweils vom Befragten zu explizieren. Das gilt besonders dort, wo Gesprächspartner Informationen „tilgen", weil sie ihnen als selbstverständlich oder klar erscheinen. So wird die Gesprächspartnerin von sich aus kaum explizieren, was sie unter einer „Persönlichkeit" versteht, hier muß die Interviewerin von sich aus nach „getilgten Informationen" fragen. Nachfragen, Fokussieren und Widerspiegeln kommen als Interview-Techniken dabei zu Einsatz. So kann man die Interviewte darum bitten, dafür ein konkretes Beispiel oder Gegenbeispiel zu nennen oder eine Situation zu schildern, an der sich das Gesagte veranschaulichen läßt. Die Darstellung der diversen Techniken des Konstrukt-Interviews muß an dieser Stelle enden, Details und weitere Informationen lassen sich, wie bei allen kurz vorgestellten Verfahren, in den genannten Publikationen nachlesen.

Erzählgenerierende Interviews

Der Begriff „erzählgenerierende Interviews" faßt einen Typus von Interviewformen zusammen, denen es im Kern darum geht, die Interviewten zu Erzählungen (ihres Alltags, ihrer Biographie oder spezieller Erfahrungen) anzuregen. In Abgrenzung zu Leitfaden-Interviews zielt hier die Interview-Führung darauf ab, den Befragten weitgehend die Strukturierung des Gegenstandes zu überlassen und das Datenmaterial des Interviews nicht durch Vorgaben (Leitfragen) von seiten des Forschenden vorzustrukturieren. Die Interviewerin übernimmt die Rolle der interessierten Zuhörerin, die nun durch Zurückhaltung den Erzählfluß in Gang hält (vgl. FUCHS 1984, S. 181ff). Insbesondere in der Biographieforschung erforderte das Interesse an erzählten Lebensgeschichten Interviewtechniken, die zur Hervorlockung von Erinnerungen und Erzählungen geeignet sind (FUCHS 1984). Eine zentrale Bedeutung für die Entwicklung, Begründung und methodische Umsetzung dieses Forschungstypus erlangten die Arbeiten von Fritz SCHÜTZE, dessen „narratives Interviewverfahren" zu einem Standardinstrument biographischer Forschung insbesondere in der Erziehungswissenschaft wurde (vgl. KRÜGER & von WENSIERSKI 1995, S. 197ff; MAROTZKI 1995, S. 61ff). Eine leicht modifizierte Variante eines narrativen Interviews stellt das „episodische Interview" (FLICK 1995, S, 124ff) dar. Der Forschungstradition ethnographischer Feldforschung entstammen weitere Formen erzählgenerierender Interviews, in denen andere Zugänge gewählt werden müssen, zum einen, weil in nicht-westlichen Kulturen andere Erzähltraditionen sich ausgebildet haben und zum anderen, weil in der Untersuchungsgruppe (z.B. Randkulturen) ebenfalls eigene Erzählformen vorherrschen, die sich standardisierten Zugängen verweigern (vgl. GIRTLER 1988 und 1995). Als ein Beispiel dieser zweiten Forschungstradition ethnographischer Interviews wird das von GIRTLER (1995) entwickelte „ero-epische Gespräch" vorgestellt.

Das narrative Interview

Entwickelt, vielfach erprobt und methodisch begründet hat die Interviewtechnik des „narrativen Interviews" Fritz SCHÜTZE.[14] Das narrative Interview nutzt die menschliche Fähigkeit zum freien Erzählen für die Gewinnung biographischen Materials. Das zentrale Merkmal des narrativen Interviews bildet die ausführliche und ungestörte *„Stegreiferzählung"* des Befragten, zu der er oder sie durch eine offene Erzählaufforderung in Form einer Eingangsfrage angeregt wird. Der Befragte wird aufgefordert, sich an einen bestimmten Zeitpunkt seiner Biographie oder an eine spezifische Lebensthematik zu erinnern und dann anhand eines selbstgewählten Erzählstrangs diese Thematik zu entfalten. Wichtig für dieses Verfahren ist, daß der Interviewende keinesfalls diesen Erzählfluß durch Nachfragen stört, damit der Erzählende die begonnene Darstellung der eigenen Version von Ereignissen und Erlebnissen in Ruhe zu Ende bringen kann. In dieser Haupterzählung entstehen dann für den Erzähler verschiedene Zwänge, die zu reichhaltigen und zugleich verdichteten Darstellungen führen. Der *Gestaltschließungszwang* führt zu einer Darstellung, die in sich geschlossen und begründet ist. Der *Kondensierungszwang* sorgt für eine verdichtete Erzählung, da nur eine begrenzte Zeit für die Erzählung zur Verfügung steht und zugleich die Erzählung für den Zuhörenden nachvollziehbar sein soll. Der *Detaillierungszwang* bedingt, daß zum Verständnis notwendige Hintergrundinformationen und Zusammenhänge ebenfalls berichtet werden müssen. Nach dieser ersten Haupterzählung, als zentralem Teil des Interviews, folgt eine *Nachfragephase*, in der der Interviewer nun Unklarheiten ansprechen kann, Nachfragen zu den angesprochenen Themen stellt. Den Abschluß bildet die *Bilanzierungsphase*, in der dem Befragten auch Fragen gestellt werden können, die auf Erklärungen für das Geschehene abzielen, auf eine Bilanz aus der Geschichte. Probleme mit dem narrativen Interview können durch das veränderte Rollenverhalten eines Interviewers, der keine klassischen Interviewfragen stellt und weitgehend nur als stummer Zuhörer fungiert, für beide Beteiligte entstehen. Unerfahrenen Interviewenden kann die Formulierung einer erzählgenerierenden Eingangsfrage schwer fallen oder das ruhige Zuhören auch bei Pausen oder Ungereimtheiten während der Erzählung. Auf Seiten der Interviewten setzt das Verfahren voraus, daß der oder die Befragte gewillt und kompetent ist, etwas von sich zu erzählen, eine Voraussetzung, die nicht auf alle potentiellen Interviewpartner zutreffen muß (vgl. HERMANNS 1991, S. 182ff; MAROTZKI 1995, S. 61ff; FLICK 1995, S. 116ff). Ein weiteres Problem entsteht auf der Ebene der Auswertung narrativer Interviews, denn die dem Verfahren entsprechenden Auswertungsstrategien sind exklusiv, intensiv und zeitaufwendig. Sie setzen eine intensive methodische Schulung voraus, die bisher nur in den Forschungswerkstätten von Fritz SCHÜTZE oder in entsprechenden Kursen vermittelt wird.

---

[14] Siehe dazu die detaillierte Darstellung im Beitrag von JAKOB in diesem Buch. Hier folgt deshalb nur eine kurze Einführung in diese Interviewtechnik.

Das „episodische Interview"

Das von FLICK entwickelte „episodische Interview" erhebt „narrativ-episodisches" Wissen in Form von Erzählungen über Situationen (Darstellung in: FLICK 1995, S, 124ff). Damit verknüpft dieser Zugang das Interesse an Erzählungen (Narrationen) mit dem Interesse an Wissensbeständen zu einem Gegenstandsbereich. Neben der Erzählung sollen so auch verallgemeinerte Annahmen und Zusammenhänge, Begriffe und ihre Beziehungen untereinander zugänglich gemacht werden. Erfahrungswissen, das die Befragten über konkrete Situationen besitzen, kann von ihnen über die Darstellungsformen (Beschreibung oder Erzählung) angesprochen werden, so daß die Erzählkompetenz genutzt wird, ohne auf die beim narrativen Interview bedeutsamen Zugzwänge zu setzen. *„Ziel des episodischen Interviews ist, bereichsbezogen zu ermöglichen, Erfahrungen in allgemeinerer, vergleichender etc. Form darzustellen, und gleichzeitig die entsprechenden Situationen und Episoden zu erzählen."* (FLICK 1995, S, 125) Kernpunkt dieser Interviewtechnik bildet die regelmäßige Aufforderung zum Erzählen von Situationen: *„Wenn Sie sich einmal zurückerinnern, was war Ihre erste Begegnung mit dem Fernsehen? Können Sie mir die entsprechende Situation erzählen?"* (a.a.O. S. 126) Im Interview verbindet sich jeweils eine Frage-Antwort-Sequenz mit einer Erzählaufforderung. Mit diesem Verfahren untersuchte FLICK die Wahrnehmung und Bewertung technischen Wandels im Alltag. Als ein Problem fällt auf, daß FLICK selbst diese Methode zu den Verfahren rechnet, die Erzählung als Zugang wählen, gleichzeitig kommt dabei aber ein Interview-Leitfaden zum Einsatz. Diese Interview-Technik liegt damit im Grenzbereich zwischen Leitfaden-Interview und erzählgenerierendem Interview, sie sucht die Vorteile beider Techniken zu nutzen, wobei noch zu prüfen wäre, wann dies gelingt und wo die Grenzen liegen.

Das „ero-epische Gespräch"

In den Methodenbüchern zur Feldforschung finden sich reflektierte Auseinandersetzungen mit der Methode des Interviews oder Gespräches merkwürdig wenig oder gar nicht. Dies erscheint um so verwunderlicher, als gerade die Erzählung und der Bericht eine bedeutsame Informationsquelle für Feldforschende darstellt (vgl. dazu FONTANA & FREY 1994, S. 362f). Eine Erklärung für diese Leerstelle liefert die methodische Ausgestaltung der „teilnehmenden Beobachtung" (siehe dazu auch FRIEBERTSHÄUSER in diesem Buch), die meist auch das Befragen, das Gespräch mit den Erforschten einschließt, ohne genau zu explizieren, wie sich dies konkret gestaltet. Eine weitere Erklärung liefert die Rolle des „Informanten" oder der „Gewährsleute", die als Teil der untersuchten Kultur, als Forschungsassistent oder Übersetzer den Feldforschenden im Feld mit Informationen und Erzählungen versorgen, so daß zwischen Feldforschendem und Informanten (häufig handelt es sich auch um eine Informantin) die Mehrzahl der Gespräche stattfinden. Diese durchaus problematische Übersetzungsleistung und Zwischenstellung des Informanten zwischen den Untersuchten und dem Forschenden in der Befragung wird allerdings inzwischen auch kritisch betrachtet (vgl. LINDNER 1984). In der Ethnologie wurde bisher kein eigenes Interviewverfahren entwickelt, sondern man adaptierte methodische Zugänge der Sozialwissenschaften (vgl. WEBER-KELLERMANN & BIMMER 1985[2] S. 117ff).

GIRTLER (1988) setzt sich mit diesen Interviewverfahren auf der Basis eigener Forschungen kritisch auseinander und berichtet dazu:

„Mir fiel auf, daß manchmal durch Zwischenerzählungen von mir, die wohl in Richtung des Interviewfortgangs geplant waren, das Gespräch überhaupt erst in Gang gesetzt und mir etwas erzählt wurde, was ich vielleicht sonst nicht erfahren hätte. (...) Wenn ich z.B. von einem Vagabunden etwas über seine Strategien, um zu einem Bier eingeladen zu werden, wissen will, so werde ich zunächst fragen, wie er 'das so mache'. Er wird mir dann erzählen, daß er zu einem Besucher des Lokals geht und ihn in einer lustigen Weise anspricht, um den Angesprochenen zu erheitern. Damit er mir nun etwas mehr darüber erzählt, werde ich vielleicht darauf verweisen, daß mir diese Tricks gefallen und ich selbst auf diese hereinfallen würde. Es ist nun möglich, daß der Vagabund sich animiert sieht, noch mehr aus seinen Erfahrungen mit Bier- oder Geldspendern zu erzählen. Auch ist es ratsam, den Interviewten auf Sachen hinzuweisen, die er nur ungenau erzählt, weil er der Meinung ist, der Interviewer wisse sie ohnehin. Es ist oft so, daß der Interviewte gewisse Selbstverständlichkeiten aus diesen Gründen nicht erzählt, sie aber erzählen würde, wenn der Interviewer ihn auf diese hinweist."
(GIRTLER 1988, S. 158f)

Ebenso stellt GIRTLER die klärende Funktion von „Suggestivfragen" heraus, deren Problematik weiter oben bei der Formulierung von Leitfaden-Fragen bereits dargestellt wurde. Nach Ansicht GIRTLERs können gerade Suggestivfragen auch dazu dienen, den Interviewpartner zu einer Erzählung oder Richtigstellung herauszufordern und so dazu beitragen, wichtige Informationen zu erhalten.

„Dadurch, daß der Forscher mit seinem Interviewpartner über solche Dinge zu diskutieren beginnt, wird zweifellos die Gesprächsführung angeregt. Das Ideal wäre, wenn der Forscher den Interviewpartner, der ja für ihn Experte ist, dazu bringt, ihn als jemanden anzusehen, dem man etwas erzählen und erklären 'muß'. Die Rolle des Interviewers wird zu der des Zuhörers, dem der andere sich darstellen und öffnen will. (...) Um das Interview zu einem effizienten zu machen, muß also auch der Interviewer sich engagieren."
(a.a.O. S. 162)

Diese Technik steht damit in diametralem Gegensatz zu den bisher behandelten Interviewtechniken, die explizit darauf hinweisen, wie wichtig es sei, daß der Interviewende sich weitgehend zurückhält und jede Art von Zwischenbemerkung oder Beeinflussung des Befragten vermeidet. Um die von GIRTLER vorgeschlagene Vorgehensweise zu verstehen, sollte man sich immer den Kontext einer Feldforschungssituation vor Augen führen, in der der Forscher als teilnehmenden Beobachter agiert, so daß sich zum einen vielfältige Gesprächssituationen ergeben, andererseits liegt aber gerade die Stärke der Methode darin, den Befragten in seiner vertrauten Umgebung zu belassen. *„Je einfacher und* *ungekünstelter die Interviewsituation ist, umso größer ist ihr Erfolg."* (GIRTLER 1988, S. 163).

Dieser Hintergrund ist wichtig um die Methode des „ero-epischen Gesprächs", die GIRTLER (1995) in die Diskussion einbringt, zu verstehen. Dieser Begriff verweist auf die altgriechischen Wörter „Erotema" (Frage) bzw. „eromai" (fragen, befragen, nachforschen) und „Epos" (Erzählung, Nachricht, Kunde) bzw. „eipon" (erzählen). *„Der Begriff 'ero-episches" Gespräch in der Tradition von Homer[15] soll darauf verweisen, daß Frage und Erzählung kunstvoll miteinander im Gespräch verwoben werden. Eben auf das kommt es beim Forschungsgespräch an."* (GIRTLER 1995, S. 219) Dabei wird stärker angeknüpft an alltägliche Gesprächssituationen, indem nicht nur der Befragte erzählt, sondern der Forschende aus der Situation heraus sich mit Fragen und eigenen Erzählungen beteiligt, um so das Gespräch in Gang zu halten und neue Erzählungen anzuregen. Ungewöhnlich kann dabei auch die „Interviewsituation" sein, wenn Forschender und Befragter beispielsweise gemeinsam wandern oder freundschaftlich „zechen". *„Ein 'ero-episches' Gespräch ist demnach ein sehr eingehendes Gespräch, bei dem beide sich öffnen, der Forscher und sein Gesprächspartner, um in die 'wahren' Tiefen einer Kultur (Randkultur) vorzudringen."* (a.a.O. S. 221) Die Chance dieser Interviewtechnik liegt darin, daß sie an Alltagserfahrungen anknüpft und damit auch Zugänge zu anderen Untersuchungsgruppen gestattet (z.B. zu Jugendsubkulturen, Kriminellen, Ausgegrenzten), Gruppen, die sich erfahrungsgemäß stärker standardisierten Verfahren der Befragung gegenüber eher verschlossen zeigen. Ein Problem dieser Interviewtechnik ist allerdings, daß sie sich nicht aus dem Kontext einer Feldforschungssituation herauslösen läßt, um als isolierte Interviewtechnik eingesetzt zu werden. Erst im Verbund mit anderen methodischen Zugängen, wie der teilnehmenden Beobachtung, läßt sich ein solches Gespräch auswerten und nutzen.

Zur Vor- und Nachbereitung von Interviews

Die mehr handwerklich, praktischen Seiten von Interviews bleiben in den methodischen Darstellungen meist ausgeklammert, werden sie doch als banal betrachtet oder als bekannt vorausgesetzt. Allerdings bedingen Fehler in der Vor- und Nachbereitung von Interviews gravierende Konsequenzen für den Interviewverlauf oder die anschließenden Auswertungsmöglichkeiten der Interviews. Die konkrete Vor- und Nachbereitung eines Interviews variiert stark je nach gewählter Interview-Strategie. In die Darstellung einiger Interviewtechniken in diesem Beitrag sind auch bereits Bemerkungen zur sozialen Situation des Interviews, sowie zur Nachbereitung eingeflossen. Deutlich dürfte geworden sein, daß zwischen dem Leitfaden-Interview, mit seinen teilweise formalisierten Regeln, und dem ero-epischen Gespräch, das auch beim Bier in einer Kneipe oder beim Wandern geführt werden kann, Welten liegen. Durch unterschiedliche methodische Zugänge und die jeweils anderen Gruppen von Befragten er-

---

[15] GIRTLER verweist hier auf Homers „Odyssee" mit ihren vielen Erzählungen, die alle durch geschickte Fragen angeregt werden.

geben sich entsprechend andere soziale Situationen in einem Interview. Von der gewählten Interviewtechnik wird wiederum abhängen, wie sich die Forschenden bei solchen Fragen und Themen entscheiden, die im Vorfeld geklärt werden müssen: „In welcher Form treffe ich die Verabredung für ein Interview (formales Anschreiben, telefonische Terminvereinbarung, informelles Ansprechen ...)?" „Was ist im Vorfeld des Interviews zu beachten?" Allerdings spielt dabei auch eine Rolle, welcher Personenkreis befragt werden soll. Um sich auf die kommende soziale Situation inhaltlich und formal vorzubereiten, sei deshalb empfohlen, in den betreffenden und bereits oben genannten Publikationen zu den jeweiligen Interviewverfahren nachzulesen, welche Hinweise dort erfahrene Forscherinnen und Forscher geben. Eine ausführliche Darstellung der zu reflektierenden Elemente von biographischen Befragungen findet sich bei FUCHS (1984, S. 224ff), der auch anschaulich die „Schritte der Forschungsarbeit" beschreibt FUCHS (1984, S. 191ff). FRIEDRICHS (1990, S. 207ff) behandelt zahlreiche Themen im Zusammenhang mit Interviewverfahren (von den Voraussetzungen über die Erhebungssituation bis zu den Fehlerquellen). Einige forschungspraktische Aspekte der Interviewführung (Vorbereitung, Rahmen, Technik, Probleme und Fehler bei der Interviewführung, sowie die Nachbereitung) behandelt FRIEBERTSHÄUSER (1994, S. 16ff).

Die *Vorbereitung* einer Interview-Befragung setzt eine genaue Beschreibung der Kriterien voraus, die im Forschungsprojekt für die Auswahl der Befragten eine Rolle spielen. Die Frage, wie man zu seinen Interviewpartnern gelangt, legt den Grundstein für alle weiteren Forschungsschritte, insbesondere gewinnt dieses Thema bei der Auswertung und Einschätzung der Ergebnisse größte Bedeutung (vgl. dazu MERKENS in diesem Buch). Hier gibt es beispielsweise folgende Verfahren: das Schneeballsystem (eine Befragte nennt weitere Bekannte oder Interessierte - das birgt allerdings die Gefahr, nur eine spezielle Gruppe zu erreichen), theoretical sampling (die Auswahl erfolgt unter theoriegeleiteten Gesichtspunkten nach der Methode des maximalen oder minimalen Kontrastes; ein Beispiel: nachdem man eine Bafög-Empfängerin zum Studium befragt hat, wählt man nun eine Studentin aus, deren Eltern das Studium finanzieren und so weiter), gezielte Stichprobenauswahl (man legt zuvor fest, daß folgende Gruppen von Studierenden befragt werden sollen: z.B. Bafög-Empfänger, berufstätige Studierende und finanziell vom Elternhaus Abgesicherte, dann „zieht" man aus den so gebildeten Gruppen von Studierenden jeweils eine gleich große Stichprobe nach dem Zufallsprinzip für die Befragung).

Wesentlich für die Vorbereitung und Durchführung von Interviews wird auch die Reflektion solcher Aspekte wie: Geschlecht, Alter, soziale Herkunft, ethnische Zugehörigkeit und non-verbale Signale.[16] Die Problematik veranschaulichen folgende Überlegungen: Man kann vermuten, daß über die Probleme junger Mütter eine weibliche Interviewerin anderes erfahren wird als ein männlicher Interviewer. Eine jung aussehende und studentisch gekleidete Interviewerin kann auf unterschiedliche Interviewpartner jeweils einen anderen Einfluß ausüben: ein junger Drogenabhängiger beispielsweise könnte ihr gegenüber

---

[16] Vgl. dazu auch FONTANA & FREY 1994, S. 368ff.

Vertrauen fassen, während ein statusbewußter Jugendamtsleiter in ihr vielleicht kein Gesprächsgegenüber sieht, mit der er über die problematische Seite seiner Position reden möchte. Hilfreich im Umgang mit diesen Problemen können Forschungsteams sein, in denen z.B. die Interviews sowohl in gleichgeschlechtlicher wie auch in gegengeschlechtlicher Konstellation geführt werden können. Interviewereffekte lassen sich allerdings nicht ausschalten, sondern lediglich reflektieren und in die Analysen eingezogen. Interviewer-Schulungen trainieren die Strategien der jeweiligen Interviewtechnik.

Zur *Nachbereitung* von Interviews nun noch einige Hinweise. Zurückgekehrt von einem Interview-Termin sollte man noch einmal in Ruhe den Gesprächsverlauf, die entstandenen Eindrücke und die eigene emotionale Befindlichkeit rekonstruieren und schriftlich fixieren (man kann diese Aspekte auch diktieren und später transkribieren). Dieser Bericht zum Interviewverlauf, WITZEL nennt ihn Postskriptum, gehört zum Interviewtext, denn er leistet vielfältige Dienste für die anschließende Aufbereitungs- und Auswertungsarbeit. Hilfreich sind diese Aufzeichnungen zunächst bei der Verschriftlichung des aufgezeichneten Interviews, denn bei dieser Transkription helfen die erläuternden Anmerkungen dabei, die Geräusche und nichtsprachlichen Elemente des Interviews zu entschlüsseln, sie werden dann in Klammern ergänzt (gähnt, weint, ist abgelenkt durch das anwesende Kind, ...). Der Bericht als zusätzliche Datenbasis wird besonders dann zentral, wenn bezahlte Hilfskräfte die Transkriptionsarbeit übernehmen (in diesem Fall es es wichtig, daß die Forschenden selbst die Umschrift des Interviews noch einmal mit der Tonkassetten-Aufnahme und ihrem Bericht vergleichen, um Unklarheiten zu entdecken und zu beseitigen). Alle Störungen oder Unterbrechungen des Interviews, sowie Nebenereignisse sollten benannt werden, entsprechende Hinweise helfen später bei der Interpretation der Gesprächssequenz. Aber auch bei der Rekonstruktion der Interviewphase gewinnen die formalen Informationen zum Interview wieder an Bedeutung. Verabredungen zum Interview, Ort und Zeitpunkt des Interviews, Dauer der Interviewaufnahme und des Gesamttermins und ähnliches sind später nur schwer zu rekonstruieren, wenn sie nicht sorgsam notiert wurden. Aber auch Ereignisse am Rande können für die Auswertung wichtige Hinweise geben. Die Information, daß der Befragte zu spät kommt, ständig auf seine Uhr schaut und seine Jacke nicht auszieht, können Indizien dafür sein, daß die Bereitschaft sich auf das Interview einzulassen zumindest zweifelhaft erscheint. Auch die eigenen sozialen und emotionalen Eindrücke sind bedeutsam: man fühlte sich falsch gekleidet, wenig willkommen, kritisch bis ablehnend beäugt. Ein solcher Bericht ist auch dann besonders wichtig, wenn mehrere Personen die Interviews durchführen. Auf das eigene Gedächtnis sollte man sich nicht verlassen, im Moment des Geschehens ist all dies sehr lebendig und präsent und es erscheint unnötig, sorgsame Notizen anzufertigen, aber nach Tagen oder Wochen verblaßt die Erinnerung oder wird überdeckt von neuen Eindrücken und Erfahrungen. Und Informationen zur Vor- und Nachbereitung der Interviews, sowie zu deren Verlauf gehören zum Forschungsprozeß, sie sind auch in den methodischen Darstellungen mitzudokumentieren, um damit eine Einschätzung der Ergebnisse zu ermöglichen.

Schlußbemerkung

Es dürfte deutlich geworden sein, daß es sich beim Durchführen eines Interviews keineswegs um eine einfache Methode handelt. Vieles ist zu bedenken, nicht zuletzt die forschungsethischen Aspekte, die an dieser Stelle noch zu wenig reflektiert wurden. Als Stichworte seien genannt: Datenschutz, Anonymisierung, Vertraulichkeit, Schutz der Befragten.[17] Einige Autorinnen und Autoren sprechen gar von der Kunst der Interviewführung, die aber erlernbar ist. Wie in jedem Forschungsbereich basiert auch hier die Qualität der Ergebnisse auf der methodischen Kompetenz und Reflexion des methodischen Vorgehens auf seiten der Forschenden. Wirklich fruchtbar wird eine Methode erst im forschenden Einsatz, wenn es gelingt, mittels mündlicher Befragung und Erzählung fremde soziale Welten zu erschließen.

Literatur

ATTESLANDER, Peter 1995: Methoden der empirischen Sozialforschung. Berlin, New York (8. bearb. Aufl.).
AUFENANGER, Stefan 1991: Qualitative Analyse semi-struktureller Interviews - Ein Werkstattbericht. In: GARZ, Detlef/Klaus KRAIMER (Hg.): Qualitativ-empirische Sozialforschung. Konzepte, Methoden, Analysen. Opladen. (S. 35-59).
BOCK, Marlene 1992: „Das halbstrukturierte-leitfadenorientierte Tiefeninterview" Theorie und Praxis der Methode am Beispiel von Paarinterviews. In: HOFFMEYER-ZLOTNIK, Jürgen H.P. (Hg.): Analyse verbaler Daten. Über den Umgang mit qualitativen Daten. Opladen (S. 90-109).
CHRISTMANN, Ursula/Brigitte SCHEELE 1995: Subjektive Theorien über (un-) redliches Argumentieren: Ein Forschungsbeispiel für die kommunikative Validierung mittels Dialog-Konsens-Hermeneutik. In: KÖNIG, Eckard/Peter ZEDLER (Hg.): Bilanz qualitativer Forschung. Band II: Methoden. Weinheim. (S. 63-100).
DANN, Hanns-Dietrich/Anne-Rose BARTH 1995: Die Interview- und Legetechnik zur Rekonstruktion kognitiver Handlungsstrukturen (ILKHA). In: KÖNIG, Eckard/Peter ZEDLER (Hg.): Bilanz qualitativer Forschung. Band II: Methoden. Weinheim. (S. 31-62).
DEVEREUX, Georges 1984: Angst und Methode in den Verhaltenswissenschaften. Frankfurt/M.: Suhrkamp Verlag (franz. 1967).
DIEKMANN, Andreas 1995: Empirische Sozialforschung. Grundlagen, Methoden, Anwendungen. Reinbek bei Hamburg.
FLICK, Uwe 1995: Qualitative Forschung. Theorie, Methoden, Anwendung in Psychologie und Sozialwissenschaften. Reinbek bei Hamburg.
FONTANA, Andrea/James H. FREY 1994: Interviewing. The Art of Science. In: DENZIN, Norman K./Yvonna S. LINCOLN (ed.): Handbook of Qualitative Research. Thousand Oaks, London, New Delhi: Sage. (S. 361-376).
FRANK, Andrea 1990: Hochschulsozialisation und akademischer Habitus. Eine Untersuchung am Beispiel der Disziplinen Biologie und Psychologie. Weinheim.
FREY, James H./Gerhard KUNZ/Günther LÜSCHEN 1990: Telefonumfragen in der Sozialforschung: Methoden, Techniken, Befragungspraxis. Opladen.

---

[17] Vgl. dazu auch FONTANA & FREY 1994, S. 372f., die ethischen Prinzipien im Beitrag zur „Feldforschung und teilnehmenden Beobachtung" und die von der Deutschen Gesellschaft für Erziehungswissenschaft (DGfE) veröffentlichten „Standards erziehungswissenschaftlicher Forschung" in diesem Buch.

FRIEBERTSHÄUSER, Barbara 1994: Manual für die Feldforschung. Seminar Feldforschung als Zugang zu sozialen Lebenswelten. SS 1994, Freie Universität Berlin.
FRIEDRICHS, Jürgen 1990: Methoden empirischer Sozialforschung. Opladen. (1. Aufl. 1973).
FROMM, Martin 1995a: Repertory Grid Technique - Netzinterview. In: KÖNIG, Eckard/Peter ZEDLER (Hg.): Bilanz qualitativer Forschung. Band II: Methoden. Weinheim. (S. 133-157).
FROMM, Martin 1995b: Repertory Grid Methodik. Ein Lehrbuch. Weinheim.
FUCHS, Werner 1984: Biographische Forschung. Eine Einführung in Praxis und Methoden. Opladen.
GIRTLER, Roland 1988: Methoden der qualitativen Sozialforschung. Anleitung zur Feldarbeit. Wien, Köln, Graz. (2. Aufl.).
GIRTLER, Roland 1995: Die Methode des „ero-epischen" Gespräches. In: Ders.: Randkulturen. Theorie der Unanständigkeit. Wien, Köln, Weimar. (S. 218-225).
GLASER, Barney G./Anselm L. STRAUSS 1984: Die Entdeckung gegenstandsbezogener Theorie: Eine Grundstrategie qualitativer Sozialforschung. In: HOPF, Christel/ Elmar WEINGARTEN (Hg.): Qualitative Sozialforschung. Stuttgart. (S. 91-118).
HERMANNS, Harry 1991: Narratives Interview. In: FLICK, Uwe u.a. (Hg.): Handbuch Qualitative Sozialforschung: Grundlagen, Konzepte, Methoden und Anwendungen. München. (S. 182-185).
HERMANNS, Harry 1992: Die Auswertung narrativer Interviews. Ein Beispiel für qualitative Verfahren. In: HOFFMEYER-ZLOTNIK, Jürgen H.P. (Hg.): Analyse verbaler Daten. Über den Umgang mit qualitativen Daten. Opladen (S. 110-141).
HOPF, Christel 1978: Die Pseudo-Exploration - Überlegungen zur Technik qualitativer Interviews in der Sozialforschung. In: Zeitschrift für Soziologie, Jg. 7, Heft 2, April 1978, (S. 97-115).
HOPF, Christel 1991: Qualitative Interviews in der Sozialforschung. Ein Überblick. In: FLICK, Uwe u.a. (Hg.): Handbuch Qualitative Sozialforschung. München. (S. 177-182).
HOPF, Christel/Peter RIEKER/Martina SANDEN-MARCUS/Christiane SCHMIDT 1995: Familie und Rechtsextremismus. Familiale Sozialisation und rechtsextreme Orientierungen junger Männer. Weinheim & München.
JAHODA, Marie/Morton DEUTSCH/Stuart W. COOK 1962: Die Technik der Auswertung: Analyse und Interpretation. In: KÖNIG, René (Hg.): Das Interview. Formen, Technik, Auswertung. Köln, Berlin. (3.Aufl.) (S. 271-289).
KATZ, Daniel 1962: Die Ausdeutung der Ergebnisse: Probleme und Gefahren. In: KÖNIG, René (Hg.): Das Interview. Formen, Technik, Auswertung. Köln & Berlin. (3.Aufl.) (S. 319-331).
KÖNIG, Eckard 1990: Das Konstrukt-Interview: Wissenschaftliche Grundlagen, Forschungsmethodik und Probleme. Unveröffentl. Arbeitspapier. Paderborn.
KÖNIG, Eckard 1995: Qualitative Forschung subjektiver Theorien. In: KÖNIG, Eckard/Peter ZEDLER (Hg.): Bilanz qualitativer Forschung. Band II: Methoden. Weinheim. (S. 11-29).
KÖNIG, Eckard/Gerda VOLMER 1993: Systemische Organisationsberatung. Grundlagen und Methoden. Weinheim.
KRÜGER, Heinz-Hermann/Hans Jürgen von WENSIERSKI 1995: Biographieforschung. In: KÖNIG, Eckard/Peter ZEDLER (Hg.) 1995: Bilanz qualitativer Forschung. Band II: Methoden. Weinheim. (S. 183-223).
LAMNEK, Siegfried 1989: Qualitative Sozialforschung. Band 2. Methoden und Techniken. München.
LINDNER, Rolf 1984: Ohne Gewähr. Zur Kulturanalyse des Informanten. In: JEGGLE, Utz (Hg.): Feldforschung. Qualitative Methoden in der Kulturanalyse. Tübingen. (S. 59-71).

MACCOBY, Eleanor E./Nathan MACCOBY 1962: Das Interview: Ein Werkzeug der Sozialforschung. In: KÖNIG, René (Hg.): Das Interview. Formen, Technik, Auswertung. Köln & Berlin. (3.Aufl.). (S. 37-85).

MAROTZKI, Winfried 1995: Forschungsmethoden der erziehungswissenschaftlichen Biographieforschung. In: KRÜGER, Heinz-Hermann/Winfried MAROTZKI (Hg.): Erziehungswissenschaftliche Biographieforschung. Opladen. (S. 55-89).

MAYRING, Philipp 1990: Einführung in die qualitative Sozialforschung. München.

MAYRING, Philipp 1991: Qualitative Inhaltsanalyse. In: FLICK, Uwe u.a. (Hg.): Handbuch Qualitative Sozialforschung: München. (S. 209-213).

MAYRING, Philipp 1993: Qualitative Inhaltsanalyse. Grundlagen und Techniken. Weinheim (4. erw. Aufl., Neuausg.).

MEAD, Margaret 1991: Vermittlerin zwischen zwei Welten: Phebe Clotilda Coe Parkinson (1929/1960). In: HAUSER-SCHÄUBLIN, Brigitta (Hg.): Ethnologische Frauenforschung. Berlin. (S. 136-174).

MERTON, Robert K./Patricia L. KENDALL 1984: Das fokussierte Interview. In: HOPF, Christel/Elmar WEINGARTEN (Hg.): Qualitative Sozialforschung. Stuttgart. (1. Aufl. 1979), (S. 171-204).

PRENGEL, Annedore 1990: Subjektive Erfahrungen mit Integration. Untersuchung mit qualitativen Interviews. In: DEPPE-WOLFINGER, Helga/Annedore PRENGEL/Helmut REISER: Integrative Pädagogik in der Grundschule. Bilanz und Perspektiven der Integration behinderter Kinder in der Bundesrepublik Deutschland 1976-1988. Weinheim, München (S. 147-258).

RICHARDSON, Stephen A./Barbara SNELL DOHRENWEND/David KLEIN 1984: Die „Suggestivfrage". Erwartungen und Unterstellungen im Interview. In: HOPF, Christel/Elmar WEINGARTEN (Hg.): Qualitative Sozialforschung. Stuttgart. (1. Aufl. 1979), (S. 205-231).

SCHMIDT, Christiane 1993: Erhebungsinstrumente und Fragestrategien. In: HOPF, Christel/Christiane SCHMIDT (Hg.): Zum Verhältnis von innerfamilialen sozialen Erfahrungen, Persönlichkeitsentwicklung und politischen Orientierungen. Dokumentation und Erörterung des methodischen Vorgehens in einer Studie zu diesem Thema. Institut für Sozialwissenschaften der Universität Hildesheim, Mai 1993. (S. 25-35).

SCHÜTZE, Fritz 1983: Biographieforschung und narratives Interview. In: Neue Praxis 1983, (S. 283-293).

SHEATSLEY, Paul B. 1962: Die Kunst des Interviewens. In: KÖNIG, René (Hg.): Das Interview. Formen, Technik, Auswertung. Köln & Berlin. (3. Aufl.) (S. 125-142).

WEBER-KELLERMANN, Ingeborg/Andreas C. BIMMER 1985: Einführung in die Volkskunde/Europäische Ethnologie. (2. erw. u. erg. Aufl.) Stuttgart.

WITZEL, Andreas 1982: Verfahren der qualitativen Sozialforschung. Überblick und Alternativen. Frankfurt/M. & New York.

WITZEL, Andreas 1985: Das problemzentrierte Interview. In: JÜTTEMANN, Gerd (Hg.): Qualitative Forschung in der Psychologie. Grundfragen, Verfahrensweisen, Anwendungsfelder. Weinheim & Basel (S. 227-255).

Friederike Heinzel

Qualitative Interviews mit Kindern

Die Begegnung mit den neuen Kindern, die in der alten Schule schlecht aufgehoben sind (FÖLLING-ALBERS 1992) ebenso wie ein gewachsenes Vertrauen in die Glaubwürdigkeit von Kindern (ZINNECKER 1996) bilden den Hintergrund für den immer rascheren Aufschwung, den die sozial- und erziehungswissenschaftliche Kindheitsforschung seit Anfang der neunziger Jahre nimmt. Für Eltern, Pädagoginnen und Pädagogen scheint es zunehmend wichtiger zu werden, „mit den Augen der Kinder" (VALTIN 1991) sehen zu lernen.[1] Die Methode des qualitativen Interviews eröffnet die Möglichkeit, die Sicht von Kindern auf ihr Leben, ihre Wünsche, Interessen, Lernprozesse, Probleme und Ängste, in familiären und freundschaftlichen Beziehungen, in Schule, Wohnumwelt und Freizeit wissenschaftlich zu erfassen. Obgleich im Bereich der Kindheitsforschung inzwischen eine durchaus beachtliche Zahl von qualitativen Untersuchungen entstanden sind, in denen Erfahrungen mit der Methode des Interviews gesammelt wurden, gibt es bislang kaum Ausführungen zu den forschungstechnischen Problemen und Möglichkeiten, die sich bei Interviews mit Kindern ergeben (PETERMANN & WINDMANN 1993; BEHNKEN 1991b; GARBARINO & STOTT 1990, BAUER 1984).

In diesem Beitrag werden zunächst verschiedene Ansätze in der Kindheitsforschung umrissen, dann diverse Methoden bei der Erforschung von Kindern und Kindheit skizziert, um daran anschließend die Bedeutung von Befragungsmethoden in der Kindheitsforschung zu problematisieren und Forschungsbereiche aufzuzeigen, in denen qualitative Interviews eingesetzt werden.[2]

Um das methodologische Wissen von Forscherinnen und Forschern zugänglich zu machen, führte ich eine Befragung von Expertinnen und Experten für Kinder-Interviews durch. Die von ihnen genannten Probleme, Erfahrungen und Möglichkeiten von Interviews mit Kindern werden schließlich ausführlich erläutert.[3]

---

[1] In diesem Zusammenhang möchte ich erinnern an die bereits seit der Reformpädagogik formulierte und heute wiederauflebende Forderung, Kinder als Informanten über ihre eigenen Lernprozesse (z.B. beim Schriftspracherwerb oder beim sozialen Lernen) zu verstehen und ihnen in ihrem Denken zu begegnen (vgl. hierzu auch VALTIN 1993 und BRINKMANN 1995).

[2] Die ExpertInnen wurden im Februar 1996 von mir telefonisch befragt. Ich danke Imbke BEHNKEN, Peter BÜCHNER, Andreas HARTINGER, Helga KELLE, Heinz-Hermann KRÜGER, Marianne LEUZINGER-BOHLEBER, Hans OSWALD, Hanns PETILLON und Helga ZEIHER für ihre Gesprächsbereitschaft und die wertvollen Informationen. Renate VALTIN danke ich für ihre schriftlichen Anregungen.
Außerdem danke ich Barbara FRIEBERTSHÄUSER, Dirk HÜLST und Annedore PRENGEL für Hinweise und Kritik zu diesem Beitrag.

[3] Der vorliegende Beitrag befaßt sich mit der Untersuchung kindlicher Selbst- und Weltdeutungen durch professionell Forschende. In der Erziehungspraxis Tätige können deren Forschungsergebnisse rezipieren, um Kinder besser verstehen zu lernen; sie bemühen sich aber auch selbst ständig (unterschiedlich intensiv) beobachtend und in

Perspektiven in der Forschung

Grundsätzlich sind verschiedene Annäherungen an die Welt der Kinder möglich. Die wissenschaftlich derzeit bedeutendsten sind: die sozialisationstheoretische und entwicklungspsychologische Perspektive (vgl. KELLER 1993, KRAPPMANN 1991), die ethnographische Perspektive (ZINNECKER 1995; KELLE & BREIDENSTEIN 1996), die biographie- und lebenslauftheoretische Perspektive (vgl. KRÜGER u.a. 1994) und die sozialstrukturelle Perspektive (vgl. NAUCK, MEYER & JOOS 1996; WILK 1996).

Die *sozialisationstheoretische und entwicklungspsychologische Perspektive* berücksichtigt den Prozeß der Entstehung und Entwicklung der kindlichen Persönlichkeit in wechselseitiger Abhängigkeit von der gesellschaftlich vermittelten sozialen und materiellen Umwelt (vgl. GEULEN & HURRELMANN 1980, 51). Hier werden einerseits sämliche Umweltfaktoren als gesellschaftlich durchdrungen und beeinflußt interpretiert und in ihren Auswirkungen auf kindliche Wahrnehmungsmuster analysiert. Andererseits werden die Kinder als aktive Subjekte ihrer Lerntätigkeit und Realitätsverarbeitung begiffen.

Ethnographische Ansätze beanspruchen, an den lebensweltlichen Bedeutungen der Kinder selbst anzuknüpfen und verstehen die Kinder als Akteure, die ihre Wirklichkeit in Interaktionen konstruieren. Ihr Anliegen ist es, Kinder im Kontext ihrer sozialhistorischen Umwelt zu betrachten, Wandlungsprozesse zu erfassen und den Wissensbeständen, Interaktionen und kulturellen Praktiken von Kindern mehr Gewicht zu verleihen.

Die *lebenslauftheoretische Perspektive* sieht Kindheit als Teil des Lebenslaufes an und ist um die Rekonstruktion kindlicher Lebensläufe bemüht. Hier geht es darum, den Wandel von Kindheit biographieanalytisch zu untersuchen, die subjektiven, biographisch geformten Erfahrungen und Werte von typischen Kindheiten exemplarisch herauszuarbeiten. Chancen wie Risiken von Individualisierungs- und Modernisierungsprozessen sollen verdeutlicht werden.

Die *sozialstrukturelle Perspektive* versteht Kinder als eine sozialstrukturelle Gruppe mit typischen strukturellen Benachteiligungen und eigenen Bedürfnissen. Gefordert wird eine spezifische „Sozialpolitik für das Kind".

Einige aktuelle soziologische Zugänge zur Kindheit verstehen sich teilweise als Gegenprogramm zur Sozialisationsforschung. Kritisiert wird von Seiten der soziologischen Kindheitsforschung, daß das Sozialisationskonzept die gesellschaftliche Konstruktion von Kindheit reproduziere. Es sei zudem pädagogisch motiviert und betrachte Kinder als „Werdende" und nicht als vollwertige Mitglieder der Gesellschaft. Gesellschaftliche Aspekte und die aktiven Sozialisationsleistungen der Kinder würden von sozialisationstheoretischen und pädagogisch motivierten Ansätzen nur ungenügend berücksichtigt. Die Sozialisationsforschung wird den Erziehungswissenschaften und der Psychologie zugerechnet (dazu z.B. WILK & BACHER 1994, 12; KELLE & BREIDENSTEIN 1996,

---

Gesprächen darum, die kognitiven und emotionalen Perspektiven der Kinder, mit denen sie arbeiten, nachvollziehen zu können. Zur Praxisforschung in pädagogischen Arbeitsfeldern vgl. PRENGEL in diesem Band.

ZINNECKER 1996b, 33). Bei der Kritik an der Sozialisationsforschung werden sozialisationstheoretische Überlegungen zur produktiven Verarbeitung äußerer und innerer Realität und die theoriegeschichtlich bedeutsame aktive Wendung sozialisationstheoretischer Ansätze gegen biologistisches Denken (s. HURRELMANN 1986 und TILLMANN 1989) jedoch zu wenig beachtet. ZINNECKER spitzt den aktuellen Paradigmenstreit auf die Frage hin zu: „Soziologie der Kindheit oder Sozialisation des Kindes?" (ZINNECKER 1996b)

Methoden bei der Erforschung von Kindern und Kindheit

In den Erziehungswissenschaften gibt es verschiedene Methoden und Techniken (vgl. PETERMANN & WINDMANN 1993), die seit der Forderung nach einer „realistischen Wende" in der Pädagogischen Forschung[4], die Perspektive von Kindern auf die sie betreffenden Dinge zu erkennen suchen:

1. *Beobachtungsverfahren*
   wie Spielbeobachtung oder teilnehmende Beobachtung im Klassenzimmer
2. *Inhaltsanalytische Verfahren*
   wie die Analyse von Kinderaufsätzen, freien Kindertexten oder Kinderzeichnungen
3. *Tests*
   wie Entwicklungstests, Schulleistungstests, projektive Tests, qualitative Tests zur moralischen Entwicklung oder zu Strategien des Umgangs mit Schriftsprache
4. *Befragungen*
   wie offene, teilstandardisierte oder standardisierte Interviews, schriftliche Befragungen oder Gruppendiskussionsverfahren

Kinder als Informanten? Zur Bedeutung von Befragungsmethoden in der Kindheitsforschung

Obwohl in der empirischen Pädagogik generell eine Bevorzugung von Befragungstechniken festzustellen ist (vgl. INGENKAMP u.a. 1992, S.40), läßt sich in der Forschung mit Kindern im deutschsprachigen Raum bei der Verwendung von Befragungsmethoden Zurückhaltung konstatieren.
In verschiedenen Untersuchungen wurde darauf hingewiesen, daß Kinder dazu neigen, den elterlichen sozialen Status zu überschätzen. Ihr Antwortverhalten in Befragungen deute darauf hin, daß sie mit sozialen Normen übereinstimmen wollen und hierarchische Denkkategorien adaptieren (BAUER 1984). Als Vorbehalte gegen direkte Befragungen wurden zudem die begrenzten Möglichkeiten im sprachlichen Ausdruck und die Schwierigkeit, die kindlichen Aussagen

---

[4] Zu den Anfängen der empirischen Pädagogik und Didaktik um 1900 vgl. INGENKAMP 1990. Einen Überblick über die Entwicklung der Empirischen Pädagogik und eine Bestandsaufnahme der Forschung in der Bundesrepublik geben INGENKAMP u.a. 1992 (Band 1 und 2).

richtig zu interpretieren, hervorgehoben. Als problematisch wurde außerdem angesehen, Untersuchungsmaterial, -bedingungen und -anforderungen kindgerecht zu gestalten (PETERMANN & WINDMANN 1993).

In einer 1976 durchgeführten Untersuchung der „Foundation for Child Developement" wurde nach Einschätzung von LANG erstmals empirisch bestätigt, daß es möglich ist, Kinder im Grundschulalter ohne gravierende Validitätsprobleme zu befragen (LANG 1985, 26). Der Kindersurvey 1980 (LANG 1985) war dann die erste umfassende repräsentative Kinderbefragung, die im deutschsprachigen Raum durchgeführt wurde. Hier wurden Lebensbedingungen und subjektiv wahrgenommene Lebensqualität in wichtigen Lebensbereichen mit Hilfe eines Fragebogens erfaßt, den die Kinder im Klassenraum („classroom interviews") ausfüllten.

Seitdem kommt kindlichen Wissensbeständen in der Hierarchie des Wissens zunehmend mehr Bedeutung zu, und sie werden auch gesellschaftlich höher bewertet (WILK 1996, 56; ZINNECKER 1995). Es entstanden eine Reihe von weiteren Untersuchungen, in denen Kinder mit verschiedenen Interviewtechniken befragt wurden. Häufig wurden qualitative Methoden verwendet. Da sich die Perspektiven von Kindern und Erwachsenen unterscheiden und die Denk- und Verhaltensformen von Kindern Erwachsenen fremd sind, liegt die Entscheidung für qualitative Methoden bei der Forschung mit Kindern nahe. Wenn nämlich die subjektiven Lebenserfahrungen von Kindern zum Thema von Forschung werden, muß im Forschungsprozeß Offenheit für die Sinn- und Regelsysteme der Kinder hergestellt werden, um diese in „natürlichen Situationen" mit interpretativen Mitteln erschließen zu können. Die Unterschiede im Entwicklungsstatus der Kinder erfordern zudem ein auf das Alter und den Einzelfall abgestimmtes Vorgehen.

Forschungsbereiche, in denen qualitative Interviews eingesetzt werden

Mit qualitativen Interviews werden im deutschsprachigen Raum bislang insbesondere zu Fragestellungen der Schulforschung, der Kindheitsforschung und der Sozialisationsforschung Kinder befragt.

In der *Schulforschung* wird durch die Interpretation der Äußerungen von Kindern ein besseres Verständnis des alltagskulturellen Handelns von Kindern in der Schule möglich. Die Perspektive der Schülerinnen und Schüler auf ihr Leben und Lernen in der Schule wird u.a. mit Hilfe von Gesprächen rekonstruiert, um das seit der Reformpädagogik insbesondere von der Grundschuldidaktik immer wieder erhobene Postulat der „Kindorientierung" besser einlösen zu können. Vor allem werden in der Grundschulforschung qualitative Interviews genutzt, um Denkweisen, Lerngewohnheiten, Arbeitsstile, Erwartungen, Interessenentwicklung und Verarbeitungsmuster von Schülerinnen und Schülern aus ihrer subjektiven Perspektive erfassen und bei der pädagogischen Arbeit in der Schule berücksichtigen zu können. Geeignet scheinen Interviews auch, wenn die Erfahrungen von Kindern im Anfangsunterricht, ihr Schulwahlverhalten, die

Bedeutung von Freundschaften, die Entwicklung des Soziallebens in Schulklassen und der Zusammenhang von außerschulischen und innerschulischen kindlichen Erfahrungen erschlossen werden soll. Auch in der Evaluationsforschung können Interviews für die Beurteilung von Schulmodellen ein wichtiges Instrument sein, um die Sicht der Betroffenen zu erfassen (BEHNKEN & JAUMANN 1995, KRAPPMANN & OSWALD 1995, HARTINGER 1995, PETILLON 1993 und 1987, VALTIN 1993, FÖLLING-ALBERS 1992, FAUST-SIEHL 1987, FROMM 1987, HAGSTEDT & HILDEBRAND-NILSHORN 1980).

In der *Kindheitsforschung* werden durch die Interpretation von Interviews Beschreibungen kindlicher Lebenswelten und Lebenssituationen, so wie sie von Kindern alltäglich erfahren werden, erarbeitet. Bislang wurden Interviews mit Kindern in der deutschsprachigen Forschung besonders dann eingesetzt, wenn die Lebensverhältnisse und die Lebensqualität von Kindern, der Wandel von Kindheit im interkulturellen oder intergenerativen Vergleich, die Chancen und Risiken der Modernisierung von Kindheit oder die Analyse der soziokulturellen Umwelten von Kindern das Interesse fokussierten (HONIG u.a. 1996, ZINNECKER & SILBEREISEN 1996, KIRCHHÖFER 1995, DU BOIS-REYMOND u.a. 1994, WILK & BACHER 1994, ZEIHER & ZEIHER 1994, BEHNKEN & ZINNECKER 1992).

In der *Sozialisationsforschung*, die entwicklungspsychologische Annahmen beinhaltet und auf entwicklungspsychologische Forschungen zurückgreift, sind Gespräche mit Kindern gewissermaßen ein integraler Bestandteil des methodischen Designs. Sowohl die kognitive als auch die psychoanalytische Forschung bezieht einen wesentlichen Teil ihrer Erkenntnisse aus Gesprächen mit Kindern und Erwachsenen (vgl. BERNA 1994, LORENZER 1995). Die Sozialisationsforschung begreift Entwicklung als soziale Bildungsgeschichte. Mit Hilfe von Interviews mit Kindern werden insbesondere Forschungsfragen im Bereich der geschlechtsspezifischen Identitätsbildung und Sozialisation, der Moralentwicklung, der Autonomieentwicklung sowie der Entwicklung des sozialen Verstehens und Verhaltens thematisiert. Daneben stehen Forschungen zu zentralen Instanzen der Sozialisation: Familie, Kindergarten, Schule oder Gleichaltrigengruppe. Es geht in den Interviews z.B. um Familienerfahrungen, Freundschaftsbeziehungen und -konzepte oder um Zukunftsentwürfe von Kindern. Vor dem Hintergrund des Modells eines „aktiv realitätsverarbeitenden Subjekts" (HURRELMANN 1986) werden individuelle Bewätigungsstrategien gesellschaftlicher Konflikte thematisiert (EDELSTEIN & KELLER 1982, HONIG u.a. 1996, LEUZINGER-BOHLEBER & GARLICHS 1993, VALTIN 1991).

Die folgenden Ausführungen beruhen, wie einleitend erwähnt, teilweise auf Gesprächen mit Expertinnen und Experten aus der Schul-, Sozialisations- und Kindheitsforschung, die qualitative Interviews mit Kindern durchgeführt haben.

Das qualitative Interview: Probleme, Erfahrungen und Möglichkeiten

Alter und Verbalisierungsfähigkeit der Kinder

Ein Kind kann früher aussprechen, was es sieht, hört und in der Außenwelt wahrnimmt, als es seine innere Welt reflektieren und verbalisieren kann (vgl. BERNA 1994). Dieser entwicklungspsychologische Befund ist der häufigste Einwand gegen die Verwendung gesprächstherapeutischer Maßnahmen ebenso wie gegen die Methode des qualitativen Interviews bei Kindern. Trotzdem werden z.b. in der Kinderanalyse bereits mit Kindern unter 10 Jahren therapeutische Gespräche geführt. Hierbei zeigte sich, daß Kinder ängstlicher als Erwachsene sind, über sich oder andere Kränkendes, Schuldhaftes oder Triebhaftes mitzuteilen. Weil die Äußerungen der Kinder sich meist auf ihren konkreten Lebensrahmen beziehen und in den Behandlungsstunden nach etwa zehn bis zwanzig Minuten erschöpft sind, wurden zusätzlich kindertherapeutische Verfahren entwickelt, die handelnde Äußerungsmöglichkeiten der Kinder gewährleisten (z.B. Spielen, Malen, Bewegung) (vgl. FAHRIG 1994).

Die Fähigkeit von Kindern, ihren konkreten Lebensrahmen in Gesprächen zu thematisieren, wird nun in der sozial- und erziehungswissenschaftlichen Forschung gerade genutzt, um ihre Sicht auf ihr individuelles und soziales Leben, ihr Lernen und ihre Entwicklung erfassen und verstehen zu können.

Die von mir befragten Expertinnen und Experten haben Kinder im Alter von fünf bis vierzehn Jahren interviewt. Wegen der sprachlichen Probleme und aus entwicklungspsychologischen Erwägungen wurden Kinder unter fünf Jahren von diesem Personenkreis bislang nicht befragt.[5] WILK macht ferner darauf aufmerksam, daß sich die Befragung von Kindern, deren kognitive Entwicklung gestört ist, als schwierig erweist (WILK 1996, 73). Insgesamt kann festgestellt werden, daß in den kindlichen Erzählungen und Konstruktionen unterschiedliche kognitive und sprachliche Fähigkeiten zum Ausdruck kommen.

Ob die befragten Kinder in Interviews narrativ werden können, hängt nach Auffassung der befragten Expertinnen und Experten insbesondere von der Gesprächssituation, den Gesprächsgegenständen und der Art ihrer Thematisierung ab. PETILLON führt ausdrücklich an, daß schon Grundschulkinder in vielen Bereichen philosophisch mit ihren Lebensumständen umgehen können (PETILLON).[6] MATTHEWS weist in seinen Arbeiten darauf hin, daß Philosophie-

---

[5] BEHNKEN & ZINNECKER führten Interviews mit 8-9jährigen (7 Kinder), DU BOIS-REYMOND, BÜCHNER & KRÜGER mit 12 und 14jährigen (106 Kinder), BREIDENSTEIN & KELLE mit 9-12jährigen (40 Kinder), GARLICHS & LEUZINGER-BOHLEBER mit 6-7jährigen, 9-10jährigen und 13-14jährigen (180 Kinder), HARTINGER mit 8-9jährigen (12 Kinder), KRAPPMANN & OSWALD mit 7-10jährigen (122 Kinder), PETILLON mit 6-8jährigen (300 Kinder zu zwei Zeitpunkten), VALTIN mit 5-12jährigen (76 Kinder) und ZEIHER & ZEIHER mit 10jährigen Kindern (8 Kinder).

[6] Die Angabe von Namen ohne Jahr verweist hier und im folgenden auf die Gespräche mit den Expertinnen und Experten.

ren eine prinzipiell menschliche Tätigkeit ist, die bereits im Kindesalter einsetzt. Er zeigt, daß es möglich und sinnvoll ist, mit Kindern auch über die Fragen zu diskutieren, die für Erwachsene selbst schwierig und problematisch sind (MATTHEWS 1989).
BÜCHNER und KRÜGER haben bei ihrer Längsschnittstudie die Erfahrung gemacht, daß die Bereitschaft, sich interviewen zu lassen, bei den Jugendlichen geringer war als bei den Kindern (BÜCHNER und KRÜGER). LEUZINGER-BOHLEBER gibt hierbei zu bedenken, daß das reflexive Denken in der Adoleszenz zwar Interviews erleichtert, daß die Jugendlichen aber etwas „Drittes" (z.B. eine Traumreise) brauchen, worüber sie reden können, weil sonst die Gefahr besteht, daß der Interviewer oder die Interviewerin zu sehr in die Intimsphäre der Adoleszenten eindringt (LEUZINGER-BOHLEBER).
In der Didaktik des mündlichen Erzählens werden vielfältige Vorschläge gemacht, wie das Erzählen von Kindern angeregt und gefördert werden kann (z.B. Erzählen nach selbstgemachten Bildern, Erzählkiste, Erzählsack, Zeittunnel, Traumreisen, Fantasiereisen, Erzählkarten, Erzählen mit einer Handpuppe, Krankenhausgeschichten, Mülleimer-Geschichten, Foto-Geschichten u.v.m.) (Anregungen bei CLAUSSEN & MERKELBACH 1995, HESSISCHES INSTITUT FÜR LEHRERFORTBILDUNG 1993). Diese erprobten Erzählanreize könnten auch in der qualitativen Forschung genutzt werden.

Formen qualitativer Interviews mit Kindern

Unter qualitativen Interviews sind Erhebungsverfahren zu verstehen, die auf der Basis qualitativer Methodologie entwickelt wurden. Kennzeichnend ist die offene Gesprächstechnik: Es werden keine bzw. selten geschlossene Fragen formuliert und damit den Befragten die Möglichkeit gegeben, ihre eigenen Vorstellungen und Bedürfnisse selbst zu artikulieren. Teilweise sind die Interviews in komplexere qualitative Forschungsdesigns integriert, und es werden mehrere Methoden kombiniert.
Im Folgenden werden nun die, für die Forschung mit Kindern bislang wichtigsten, Interviewformen kurz skizziert.

Teilstandardisierte Interviews

In der Forschung mit Kindern werden verschiedene Formen qualitativer Interviews verwendet: Als geeignet erwiesen sich teilstandardisierte Interviews, die häufig auch als Leitfaden-Interviews oder semistrukturierte Interviews bezeichnet werden. Varianten teilstandardisierter Interviews sind z.B: Struktur- oder Dilemma-Interviews, fokussierte Interviews, problemzentrierte Interviews und ethnographische Interviews (vgl. FLICK u.a. 1991, LAMNEK 1989. Bd. 2, s. FRIEBERTSHÄUSER in diesem Band).
Häufig benutzt werden *Struktur- und Dilemmainterviews* in der Tradition von PIAGET und KOHLBERG zur Erfassung unterschiedlicher Stufen moralischen Urteilens, von Unterschieden in der Fähigkeit zur sozialen Perspektivübernahme oder zu Freundschaftskonzepten (vgl. DAMON 1984, SELMAN 1984, KELLER u.a. 1989, VALTIN 1991, KRAPPMANN & OSWALD 1995).

In *fokussierten Interviews* (z.B. Tageslaufinterviews, Raum-Zeitkartierungen, Fotointerviews, Interviews über Schulsituationen und das Erleben institutioneller Betreuung) werden assoziative Stellungnahmen zu vorab definierten Gesprächsgegenständen angeregt. ZEIHER & ZEIHER entwickelten in ihren Forschungen mit Kindern die Methode der Tageslauferhebungen und befragten die Kinder zu den Tagesläufen (ZEIHER & ZEIHER 1984, KIRCHHÖFER 1985). Bei der Methode der subjektiven Landkarte zeichnen Kinder ihren alltäglichen Handlungsraum des Wohnumfeldes, und diese Zeichnung wird dann zum Gesprächsanlaß über ihren subjektiv erlebten Kindheitsraum (BEHNKEN u.a. 1991b, LIPPITZ 1989, vgl. LUTZ/BEHNKEN/ZINNECKER in diesem Band) Beim Fotointerview bilden Fotos aus dem Fotoalbum und Fotos aus dem alltäglichen Lebenszusammenhang der Kinder den Anreiz für eine Erzählung über ihre Biographie und Lebenswelt (BEHNKEN u.a. 1991b, vgl. FUHS in diesem Band).

PETILLON, der verschiedene Interviewformen entwickelt hat, um Probleme im Sozialbereich einer Schülergruppe zu erfassen, arbeitet mit Bildkarten und einer Handpuppe (PETILLON 1993a und 1993b)

In *Ethnographischen Interviews* richtet sich das Interesse auf Erfahrungen aus der Lebenswelt von Kindern, die sich z.B. bei der teilnehmenden Beobachtung als interessant erwiesen haben. Die Kinder werden auf beobachtete Interaktionsszenen angesprochen und um erklärende Hinweise gebeten. Es geht dabei darum, zu erkennen, welche Konzepte die Kinder von ihrer Kinderkultur entwickeln und wie sie über ihre Dinge sprechen (BREIDENSTEIN & KELLE 1994).

Narrative Interviews

Narrative Interviews wurden von SCHÜTZE im Zusammenhang mit einer Studie über kommunale Machtstrukturen entwickelt. Sie werden im Zusammenhang mit lebensgeschichtlichen Fragestellungen verwendet. Durch eine erzählgenerierende Frage wird eine biographische Stegreiferzählung angeregt. Diese wird durch einen Nachfrageteil ergänzt. Zuletzt wird eine biographische Bilanz des bisherigen Lebens erbeten (SCHÜTZE 1987, vgl. JAKOB in diesem Band). Ob narrative Interviews für die Forschung mit Kindern geeignet sind, ist umstritten. BEHNKEN, die zusammen mit ZINNECKER u.a. in dem Projekt „Kindheit im Siegerland" verschiedene Interviewformen benutzt, hat die Erfahrung gemacht, daß das narrative Interview besonders große Anforderungen an die Kinder stellt, doch hätten bereits zehnjährige Kinder eigene Lebenslinien konstruiert und die Auswertung der narrativen Interviews habe beachtliche Ergebnisse erbracht (BEHNKEN).

BÜCHNER berichtet, daß es möglich ist, mit Kindern narrative Interviews zu führen, doch die Ergebnisse seien abhängig von der sozialen Herkunft und vom Geschlecht. „Der Junge aus einer Arbeiterfamilie" sei „ein Problempunkt". Dennoch seien in Abhängigkeit vom Bildungshintergrund unterschiedliche Muster beim Erzählen der eigenen Lebensgeschichte deutlich geworden (BÜCHNER). KRÜGER betont, daß auch die ereignisorientierte Erzählweise der Arbeiterkinder ihre eigene biographische Linie aufweist. Er ist jedoch der Auffassung, daß sich mit Kindern unter 10 Jahren aus entwicklungspsychologischen Gründen keine narrativen Interviews führen lassen (KRÜGER).

Auf jeden Fall muß bei narrativen Interviews mit Kindern berücksichtigt werden, daß sie noch keine Übung darin haben, ihre Biographie zu erzählen, weil es für sie in der Regel hierfür noch keine Anlässe gegeben hat (KRÜGER u.a. 1994). Deshalb ist es besonders wichtig, daß der Erzählstimulus kindgerecht ist und auch mehrere Ersatzstimuli formuliert werden, falls die Erzählung nicht in Gang kommt.[7]

Psychoanalytische Tiefeninterviews
Die Methode des Tiefeninterviews (LEUZINGER-BOHLEBER & GARLICHS 1993) wird in der psychoanalytisch orientierten Pädagogik benutzt. Als Tiefeninterview wird eine ganze Untersuchungssequenz einschließlich der Auswertung bezeichnet. Den Kindern werden ihrem Entwicklungsstand angemessene Anregungen für die Entfaltung freier Phantasietätigkeit gegeben.[8]
Alles, was das Kind in der Interviewsituation tut und spricht, wird als Mitteilung angesehen. Die Interesse ist auf unbewußte Szenen, Konflikte und Ängste der Kinder und auf unbewußte Bedeutungsstrukturierungen fokussiert. Analog zur professionellen analytischen Grundhaltung werden eigene Phantasien und innere affektiv-kognitive Prozesse im Sinne der Gegenübertragungsanalyse während des Gesprächs genutzt und, falls möglich, in einer vorsichtigen Deutung angesprochen (LEUZINGER-BOHLEBER & GARLICHS 1993, 28). Die szenische Darstellung der Kinder (z.B. wie die Kinder Kontakt aufnehmen, wie sie über ihre Zeichnung sprechen) und ihre Äußerungen werden psychoanalytisch interpretiert und münden in die Aufstellung psychodynamischer Hypothesen.

Zugang zur Kinderwelt und Ort des Interviews

Der Zugang zu den Kindern erfolgt nicht selten über ihre Schulen. Ein ruhiges Zimmer in der Schule ist dann oft auch der Ort des Interviews. Dies hat den Vorteil, daß viele Kinder erreicht werden können. Der Nachteil besteht darin, daß die Interviewsituation mit der Institution Schule verbunden wird. Durch das schulische Umfeld kann die Haltung der Kinder im Interview beeinflußt werden. Zudem sind aufwendige Genehmigungsverfahren notwendig.
Andere Möglichkeiten, Kinder für Interviews zu finden, sind Schneeballverfahren und Aufrufe in Kindermedien oder Freizeiteinrichtungen. Bei diesen Zugängen ist es allerdings nur schwer möglich, Kinder aus unteren Sozialschich-

---

[7] Folgender Stimulus erwies sich als möglich: „Ich möchte gerne wissen, wie Dein bisheriges Leben verlaufen ist. Erinnere Dich bitte zurück an die Zeit, als Du noch ganz klein warst. Erzähle doch einmal ausführlich Dein Leben von dieser Zeit bis heute" (DU BOIS-REYMOND u.a. 1994, 22). Der Stimulus kann auch eine Traumreise sein, z.B: „Stell Dir vor, Du bist ganz klein. Geh soweit zurück, wie es geht. Setz Dich bequem, mach die Augen zu: Siehst Du Dich, wie du da ausgesehen hast? Frisur? Kleidung? Wo Du so warst? Stell Dir den Raum vor, war es drinnen oder draußen, war es hell oder dunkel, Sommer oder Winter?" (BEHNKEN u.a. 1991b, 27).
[8] Bei LEUZINGER-BOHLEBER & GARLICHS waren dies: eine Traumreise, Zeichnungen der Kinder und ihre Assoziationen zu den Zeichnungen, der Schweinchen-Schwarzfuß-Test und halbstandardisierte Fragen, die nicht systematisch abgefragt, sondern an einer passenden Stelle im Assoziationsfluß eingebracht wurden (LEUZINGER-BOHLEBER & GARLICHS 1993).

ten für Interviews zu gewinnen. ZEIHER weist darauf hin, daß es nicht ratsam ist, fremde Kinder einfach anzusprechen, weil die Eltern dies nicht wünschen (ZEIHER).

Wenn das Interview in der Wohnung des Kindes stattfindet, muß mit dem Kind und den Eltern ein Ort gefunden werden, an dem dies möglich ist. BÜCHNER hat gute Erfahrungen mit dem Kinderzimmer als Ort für die Gespräche gemacht, weil dies der Raum der Kinder ist und sie sich auf ihre Dinge beziehen können. Als sinnvoll erwies sich auch, Kinder und Eltern mit mehreren Interviewerinnen oder Interviewern gleichzeitig aber unabhängig zu befragen. So können die Eltern keinen direkten Einfluß auf das Interviewgeschehen nehmen. Durch Spiegelfragen im Leitfadeninterview ist es zudem möglich, Übereinstimmungen und Abweichungen in der Wahrnehmung von Kindern und Eltern festzustellen (BÜCHNER, vgl. auch DU BOIS-REYMOND u.a. 1994, 22).

Helga ZEIHER fand es dagegen hilfreich, wenn - soweit mit einem Kind mehrere Interviews geführt wurden - bei manchen Interviews noch weitere Personen (Eltern, Freunde, Geschwister) beim Interview dabei waren, weil dann die Informationsmenge größer wurde und ein „mehrperspektivischer Eindruck" entstand (ZEIHER).

OSWALD wiederum hat die Beobachtung gemacht, daß es in Interviews zu Freundschaftsbeziehungen nicht sinnvoll ist, Kinder zu zweit zu interviewen, weil sie dann aufeinander Rücksicht nehmen müssen (OSWALD). Diese unterschiedlichen Einschätzungen ergeben sich aus den unterschiedlichen Forschungsfragen und Forschungsansätzen.

In jedem Fall ist es wichtig, Orte für das Gespräch zu wählen, die den Kindern vertraut sind. Kelle stellte fest, daß die Kinder verunsichert waren, als die Gespräche in der Universität stattfanden (KELLE).

Interviewdauer, Motivation und Kooperationsbereitschaft der Kinder

Die von mir befragten Expertinnen und Experten haben Interviews mit Kindern geführt, die zwischen 20 Minuten und 2 bis 3 Stunden dauerten. Diejenigen, die besonders zeitintensive Interviews geführt haben, wiesen darauf hin, daß Pausen und Entspannungsphasen Bestandteil des Settings sein sollten.

Alle hoben hervor, daß die Kinder auffallend konzentriert und motiviert waren. Die Kinder hätten den Eindruck vermittelt, daß sie „an einer wichtigen Sache mitmachen" (BEHNKEN), hätten sich „teilweise geehrt" gefühlt (KRÜGER und HARTINGER) und in den Schulen habe es manchmal ein Gerangel darum gegeben, wer mitmachen dürfe oder nun an der Reihe sei (HARTINGER und PETILLON).

Kelle stellte fest, daß Kinder im sechsten Schuljahr bei der teilnehmenden Beobachtung manchmal skeptisch reagierten. Bei den Interviews hingegen habe sich kein Kind verweigert (KELLE). In ihrer Mehrgenerationenstudie (BEHNKEN u.a. 1991b und 1992) machte Behnken sogar die Beobachtung, daß die Kinder die Interviews manchmal ernster nahmen als die Erwachsenen der mittleren Generation (BEHNKEN). Leuzinger-Bohleber ist der Auffassung, daß

Kinder, wenn sie echtes Interesse spüren, die Gelegenheit nutzen können, um ihre Sorgen bei den Erwachsenen unterzubringen. „Wir waren überwältigt, wie viel uns die Kinder mitzuteilen hatten." (LEUZINGER-BOHLEBER) Mehrfach wurde darauf hingewiesen, daß die Motivation der Kinder dann besonders hoch war, wenn die gestellten Fragen auf ihr Interesse stießen (HARTINGER) oder wenn es um „Fakten des Alltagslebens" (ZEIHER) ging. In Bezug auf die konkreten Fakten ihres eigenen Lebens fühlten sie sich kompetent und legen großen Wert auf Richtigkeit und Detailgenauigkeit der Rekonstruktionen (vgl. ZEIHER & ZEIHER 1994, 211). „Je konkreter die Gegenstände des Interviews waren und je näher an der aktuellen Lebenssituation, desto besser" (BÜCHNER). Die Motivation der Kinder stieg, wenn das Interview mit einem faßbaren Gegenstand oder einer fest umrissenen Aktion (zeigen der Lieblingsplätze, Lieblingskleider u.ä.) verbunden war, sie etwas in der Hand hatten (z.B. das Protokoll des Tageslaufes) bzw. Bilder, Geschichten, Szenen und andere Anregungen präsentiert wurden. Immer wieder zeigte sich, daß die Antworten der Kinder dann recht ausführlich waren, wenn eine Situation geschaffen wurde, die sie anregte.

Positiv auf die Motivation der Kinder wirke sich aus, wenn sie nicht als unfertige Erwachsene, sondern als Experten ihrer Lebenswelt und Partner im Interview angesehen würden (BEHNKEN, KELLE und PETILLON). Es mache ihnen Spaß, Wissen aus ihrer Kultur mitzuteilen. Außerdem sei es eine besondere Erfahrung für die Kinder, daß ihnen die Erwachsenen bei *ihren* Kinder-Dingen endlich einmal zuhören ohne zu werten (KELLE und ZEIHER). Die Kinder fühlten sich deshalb akzeptiert und anerkannt (BÜCHNER).

LEUZINGER-BOHLEBER gibt jedoch zu bedenken, daß, wenn Kinder zu Experten ihres eigenen Lebens erklärt werden, die Erwachsenen ihre Verantwortung für Kinder relativieren und deren Recht einschränken, sich Erwachsener für ihre Entwicklung zu bedienen. Dennoch schätzt auch sie die Haltung und das Verhalten der Forscher und Forscherinnen gegenüber den Kindern als eine wesentliche Konstitutionsbedingung für die Motivation der Kinder in der Untersuchungssituation ein. „Das eigene Erkennisinteresse prägt den Kontakt zu den Kindern. Es ist entscheidend, ob man sich wirklich für das Kind interessiert und nicht durch eine kindfremde Motivation getrieben wird (z.B. Profilierung und Karrierewunsch)" (LEUZINGER-BOHLEBER).

Haltung der Interviewerin oder des Interviewers zum Kind

Eine Annäherung an die Welt des Kindes erfordert Empathie, die Wertschätzung der Wahrnehmungen und Gefühle der Kinder und ein Interesse daran, die Sicht der Kinder auf ihre Welt, zu verstehen (vgl. GARBARINO & STOTT 1990, S. 189). OSWALD umriß die sinnvolle Haltung der Interviewerin bzw. des Interviewers mit der prägnanten Beschreibung: „einfühlsam, nondirektiv, auf das Kind zentriert und aufmerksam". Er fügte hinzu: „Je ähnlicher das Verhalten dem ist, das ein Kindertherapeut zeigt, wenn er mit einem Kind spricht oder spielt, desto besser" (OSWALD). Mit den folgenden Eigenschaften wurde die notwendige Grundhaltung des Interviewers oder der Interviewerin charak-

terisiert: freundlich, unterstützend, ermutigend, geduldig, zugewandt, rücksichtsvoll, vorsichtig, abwartend, annehmend und aufgeschlossen (aus den Gesprächen mit allen Expertinnen und Experten).
Eine vertrauensvolle Atmosphäre während des Interviews wird als besonders wichtig erachtet. Um diese zu errreichen, sei es sinnvoll, daß die Interviewerinnen und Interviewer den Kindern vor dem Interview bekannt sind oder mehrere Interviews mit den Kindern stattfinden (BEHNKEN, HARTINGER, KELLE und PETILLON). Zudem sollten die technischen Hilfsmittel im Interview vom Kind spielerisch erkundet werden dürfen.
Kinder neigen dazu anzunehmen, sie müßten im Interview die richtigen Antworten geben (GARBARINO & STOTT 1990, S. 182). Deshalb ist es wichtig, ihnen den Druck und die Angst vor falschen Antworten zu nehmen. Es sollte deutlich gemacht werden, daß es in der Interviewsituation keine richtigen und falschen Antworten gibt (BEHNKEN). Die Kinder dürfen sich im Interview nicht wie in einer Schul- oder Prüfungssituation fühlen (WILK 1996). Beobachtet wurde auch, daß Kinder unwirsch reagieren, wenn sie etwas schon einmal gesagt haben und man noch einmal fragt (OSWALD).
Als unbedingt notwendig wurde von den befragten Expertinnen und Experten die Schulung und der Erfahrungsaustausch der InterviewerInnen angesehen. Hierbei sollten sowohl Erinnerungen an die eigene Kindheit rekonstruiert als auch erste Erfahrungen in der InterviewerInnenrolle reflektiert werden (BEHNKEN). Für Tiefeninterviews muß die Fähigkeit zur Selbstbeobachtung trainiert werden und eine Sensibilisierung für befremdliche, auf Unbewußtes hinweisende Wahrnehmungen erfolgen (LEUZINGER-BOHLEBER). KELLE empfiehlt bei Interviews mit Kindern eine hohe Aufmerksamkeit auf die Interaktion zu richten, um den Kontrast zwischen Erwachsenen und Kindern offenlegen zu können (KELLE).

Verständlichkeit der Instruktionen

Um eine möglichst große Verständlichkeit der Instruktionen zu gewährleisten, ist es unbedingt notwendig, die Interviewsituation ebenso wie die Stimuli und Fragen mit Kindern zu testen. Bei diesen Voruntersuchungen sollte mit den Kindern Meta-Kommunikation geleistet werden. Um ein kindgemäßes Vokabular zu entwickeln, ist es wichtig, die Kinder beim Test zu fragen, wie sie selbst die Fragen stellen würden.
BÜCHNER skizzierte die Anforderungen an die Sprache in Interviews mit Kindern mit den Begriffen: „kurz, präzise und jargonfrei, kein sozialwissenschaftlicher- oder Erwachsenenjargon" (BÜCHNER). Zu vermeiden seien zu komplexe und verschachtelte Sätze (BÜCHNER).
KELLE hat die Erfahrung gemacht, daß „Wie-Fragen", die sich auf die Kinderkultur beziehen, von den Kindern gerne beantwortet werden. „Warum-Fragen" führten hingegen zu stockenden Antworten und störten die Kinder (KELLE).
LEUZINGER-BOHLEBER betonte, daß direkte Fragen überhaupt vermieden werden sollten. Den Kindern müsse vielmehr in ihrem Denken begegnet werden (LEUZINGER-BOHLEBER).

Problematisch sind Fragen nach Zeitpunkten, Zeiträumen oder Entfernungen (HARTINGER). Kinder haben entsprechend ihrem kognitiven Entwicklungsstand eine von Erwachsenen unterschiedliche Wahrnehmung und ein unterschiedliches Verständnis von Zeit, Zeiträumen und geographischen Entfernungen (vgl. WILK 1996).

Als besonders wichtig wurde von vielen der befragten Expertinnen und Experten ein Wechsel der Frageform, gute Vorstellungshilfen, Ergänzung durch Bilder, konkrete Szenen oder reale Objekte und möglichst ein realitätsnahes Umfeld angesehen.

Sinnvoll sei es auch, eine Kommunikation über die Befragung mit den Kindern zu beginnen. Die Interviews sollten ein wechselseitiger Prozeß sein, in dem sich die Beteiligten aufeinander einstellen können. Hierzu gehört, daß die Kinder sich trauen, bei unverständlichen Fragen zurückzufragen oder Instruktionen zu kommentieren. Dies sei jedoch nur möglich, wenn die Interviewsituation den Kindern vertraut geworden ist (BEHNKEN und KELLE).

Zum Alters- und Statusunterschied in der Interviewsituation

In der Interviewsituation mit Kindern besteht „ein weitgehend ungleiches Verhältnis mit generationenspezifischen Zuweisungen" (KRÜGER u.a. 1994, 227). Während normalerweise die Erwachsenen den Kindern ihre Lebenserfahrungen mitteilen, werden in den Interviews mit Kindern diese als Informanten und Experten angesprochen. Das Kind wird für kompetent gehalten, sich mitzuteilen, seine Sichtweise auf die Welt zu erklären und die eigene Interpretation seiner Welt darzustellen. Die InterviewerInnen nehmen die passive und lernende Rolle ein; die Kinder sind die Wissensvermittler (ebd, 228).

Diese ungewöhnliche Situation ist vermutlich der Grund dafür, daß der Alters- und Statusunterschied von allen befragten Forscherinnen und Forschern als in der Interviewsituation wenig bedeutsam beschrieben wurde. Diese Einschätzung gilt jedoch nur solange, wie die Interviewer und Interviewerinnen den Kindern nicht als überlegene oder pädagogisch wirkende Erwachsene begegnen (ZEIHER).

Dennoch sitzen sich in den Interviews verschiedene Generationen, Forschende und Beforschte gegenüber. LEUZINGER-BOHLEBER empfahl zu versuchen, in den Interviews „so transparent, was das Erkenntnisinteresse angeht, kongruent und stimmig zu sein, wie es nur geht" (LEUZINGER-BOHLEBER).

BÜCHNER erklärte, daß er die Erfahrung gemacht habe, daß das Geschlecht der Interviewer bzw. Interviewerinnen wichtiger gewesen sei als ihr Alter (BÜCHNER). „Wenn z.B. ein fußballbegeisterter Junge von einer Interviewerin befragt wird, die von Fußball wenig versteht, ist die Reaktion des Jungen eine andere als in einem Fall, wo sich zwei männliche Experten gegenübersitzen" (DU BOIS-REYMOND u.a. 1994, 24).

Zum Antwortverhalten der Kinder

Ob die Kinder einsilbige oder ausführliche Antworten geben, hängt vor allem von der Gesprächssituation sowie den Fragen und Stimuli im Interview ab.

Dennoch gibt es auch Themenbereiche, auf die Kinder zurückhaltend oder ängstlich reagieren.
Als ein „heikler" Themenbereich werden von WILK & BACHER innerfamiliale Konflikte bezeichnet. Bei Befragungen tendieren Kinder dazu, ihre Familie als konfliktarm zu beschreiben (WILK 1996, 61). Die Kinder seien meist loyal gegenüber ihren Eltern und es könne vorkommen, daß sie Wunschantworten formulieren oder solche Antworten, die die Familie schützen sollen (OSWALD). Im moralischen Bereich geben Kinder nicht selten die Urteile der Eltern wieder (BEHNKEN).
Manche Fragen (z.B. zum Thema „Verlieben") besprechen die Kinder lieber unter Gleichaltrigen und beantworten sie Erwachsenen nicht so gerne. Insgesamt ist bei Kindern eine besondere Scheu zu konstatieren, Kränkungen, Schuldgefühle oder Triebhaftes mitzuteilen. Dennoch registrieren Kinder Prozesse in ihrem sozialen Umfeld sehr feinfühlig und hellsichtig (vgl. LEUZINGER-BOHLEBER & GARLICHS 1993). KRÜGER wies darauf hin, daß die Bereitschaft, Tabuthemen anzusprechen auch kulturabhängig ist (KRÜGER, vgl. DU BOIS-REYMOND u.a. 1994).
Bei wiederholten Gesprächen mit Kindern stellte sich heraus, daß die Antworten der Kinder auch von der Tagesform abhängig waren. Es ist deshalb ratsam, mehrere Gespräche zu führen (BEHNKEN und ZEIHER).
Widersprüche (wie z.B. nicht reziproke Freundesnennungen) sollten interpretiert und nicht als mangelnde Zuverlässigkeit der Aussagen abgetan werden (OSWALD und PETILLON). In Interviews mit Kindern kann es nämlich nicht darum gehen, qualitativ gleiche oder „richtige" Antworten zu erhalten, sondern die Intention sollte sein, die Sicht von Kindern auf die sie betreffenden Dinge zu erkennen, um ihre Hoffnungen und Wünsche, Ansichten und Forderungen dokumentieren zu können.

Auswertung

Interviews müssen transkribiert und das sprachliche Material inhaltsanalytisch interpretiert werden. Ziel der Inhaltsanalyse ist die Deutung von sprachlichem Material, welches menschliches Verhalten oder soziales Handeln repräsentiert (vgl. LAMNEK 1989).
In der qualitativen Sozialforschung werden vorwiegend Protokolle alltagsweltlicher, sprachlicher Kommunikation zum Untersuchungsgegenstand gemacht, die zum Zwecke der wissenschaftlichen Analyse produziert wurden. Bei der Auswertung der Interviews entstehen Probleme, die generell Probleme qualitativer Forschung sind (vgl. LAMNEK 1988, 180ff), bei der Forschung mit Kindern aber zugespitzt auftreten.
Qualitative Forschung zielt in der Auswertung von Interviews auf die Erfassung und Rekonstruktion der grundlegenden Interaktionsmuster und Deutungen von sozialer Welt. Doch selbstverständliche Begriffe der Erwachsenenwelt gehören mitunter nicht zum Vokabular von Kindern oder besitzen für sie eine andere Bedeutung (WILK 1996). Es ist außerdem nicht leicht, bei der Inhaltsanalyse

von Kindertexten Offenheit zu praktizieren und keine überhebliche und normative Erwachsenenperspektive anzulegen.

Da Erwachsene Fremde in der Welt von Kindern sind, gilt für die Auswertung von Interviews mit Kindern deshalb in besonderem Maße, daß solche Verfahren gewählt werden sollten, die die Reaktionen der Forscher und Forscherinnen auf das Interviewmaterial reflektieren. Die Interpretation und Auswertung sollte von Forschungsgruppen geleistet oder zumindest begleitet werden, damit eine gegenseitige Kontrolle gegeben ist. Dies gilt, wenn manifeste und in besonderem Maße wenn latente Kommunikationsinhalte ausgewertet werden sollen.

Der interpretative Vorgang der qualitativen Inhaltsanalye besteht nach Lamnek aus zwei Phasen:
1. Nachvollzug der alltagsweltlichen Deutungen und Bedeutungszuweisungen
2. Typisierende Konstruktion eines Musters
    (LAMNEK 1988, 197)

Die Methoden der Auswertung, Analyse und Interpretation sind in der Sozialforschung kaum systematisch und generalistisch entwickelt (LAMNEK 1988, 20). Häufig wird gegenstandsbezogen gearbeitet. Die zur Auswertung der Interviews mit Kindern verwendeten Verfahren reichen von bekannteren wie der qualitativen Inhaltsanalyse nach MAYRING (MAYRING 1988, WILK & BACHER 1994), der Herausarbeitung von Prozeßstrukturen des Lebenslaufes nach SCHÜTZE (SCHÜTZE 1977 und 1980, KRÜGER u.a. 1994), der objektiven Hermeneutik nach OEVERMANN (OEVERMANN u.a. 1979, KRÜGER u.a. 1994) über psychoanalytische Textinterpretationen (s. auch HEINZEL und LEUZINGER-BOHLEBER und GARLICHS in diesem Band) bis hin zu inhaltsanalytischen Verfahren, die zu spezifischen Forschungsthemen entwickelt wurden, wie z.B. das Verfahren der Entscheidungsanalyse von ZEIHER & ZEIHER (ZEIHER & ZEIHER 1994).

Manchmal werden auch Formen der Inhaltsanalyse benutzt, die in Teilbereichen quantifizieren. Aus dem Interviewmaterial auf qualitativem Wege entwickelte Analyseeinheiten werden dann quantitativ erfaßt (PETILLON 1993a).

Abschließend soll noch einmal darauf hingewiesen werden, daß Interviews von allen befragten Expertinnen und Experten als ein geeignetes methodisches Instrument angesehen wurden, um die alltägliche Lebenswelt von Kindern aus ihrer Sicht erfassen zu können. Für die Kinder eröffnet die Interviewsituation die Möglichkeit, Dinge gegenüber Erwachsenen zu verbalisieren, die sonst ungesagt bleiben und agiert werden müssen.

Literatur

BAUER, Adam (unter Mitarbeit von Henriette LANGENHEIM und Burgunde SCHORK) 1984: Kinder als Informanten? Eine empirische Untersuchung über die Zuverlässigkeit der Schichteinstufung der Eltern durch Schüler aus der 4. Klasse. In: MEULEMANN, Heiner/Karl-Heinz REUBAND (Hg.): Soziale Realität im Interview. Empirische Analysen methodischer Probleme. Frankfurt/M, New York.

BEHNKEN, Imbke u.a. 1991a: Schülerstudie '90. Jugendliche im Prozeß der Vereinigung. Weinheim und München.

BEHNKEN, Imbke u.a. 1991b: Projekt Kindheit im Siegerland. Fallstudien zur Modernisierung von Kindheit in einer Region. Methoden Manuale. Broschüre Nr. 2. Eigendruck der Universität-Gesamthochschule Siegen. Siegen.

BEHNKEN, Imbke/Jürgen ZINNECKER 1992: Projekt Kindheit im Siegerland. Modernisierung im inter- und intragenerativen Vergleich. Familien- und regionbezogene Fallstudien von Kindern, Eltern und Großeltern. Broschüre Nr. 12. Eigendruck der Universität-Gesamthochschule Siegen. Siegen.

BEHNKEN, Imbke/Olga JAUMANN (Hg.) 1995: Kindheit und Schule. Kinderleben im Blick von Grundschulpädagogik und Kindheitsforschung. Weinheim und München.

BERNA, Jacques 1994: Die Verbalisierung in Erziehung und Kinderanalyse. In: BIERMANN, Gerd (Hg.): Kinderpsychotherapie. Handbuch zu Theorie und Praxis. Frankfurt/M, S. 75-94.

BILLMANN-MAHECHA, Elfriede 1994: Zur kommunikativen Kompetenz von Kindern in Gruppendiskussionen. In: WESSEL, K.F./F. NAUMANN. Kommunikation und Humanontogenese. Bielefeld.

BREIDENSTEIN, Georg/Helga KELLE 1994: Arbeitsbericht und Zwischenergebnis. DFG-Forschungsprojekt „Prozesse politischer Sozialisation bei 9-12-jährigen Jungen und Mädchen". MS. Bielefeld.

BRINKMANN, Erika 1995: Schreib- und Lesewelt Schule. Eine pädagogische Antwort auf veränderte Kindheiten. In: BEHNKEN, Imbke/Olga JAUMANN (Hg.): Kinderleben im Blick von Grundschulpädagogik und Kindheitsforschung. Weinheim und München, S. 113-118.

BÜCHNER, Peter/Heinz-Hermann KRÜGER (Hg.) 1991: Aufwachsen hüben und drüben. Deutsch-deutsche Kindheit vor und nach der Vereinigung. Opladen.

BÜCHNER, Peter/Burkhard FUHS/Heinz-Hermann KRÜGER (Hg.) 1996: Vom Teddybär zum ersten Kuß. Wege aus der Kindheit in Ost- und Westeutschland. Opladen.

DAMON, William 1984: Die soziale Welt des Kindes. Frankfurt/M.

DU BOIS-REYMOND, Manuela/Peter BÜCHNER/Heinz-Hermann KRÜGER/Jutta ECARIUS/Burkhard FUHS 1994: Kinderleben. Modernisierung von Kindheit im interkulturellen Vergleich. Opladen.

CLAUSSEN, Claus/Valentin MERKELBACH 1995: Erzählwerkstatt. Mündliches Erzählen. Braunschweig.

EDELSTEIN, Wolfgang/Monika KELLER (Hg.) 1982: Perspektivität und Interpretation. Beiträge zur Entwicklung des sozialen Verstehens. Frankfurt/M.

FAUST-SIEHL, Gabriele 1987: „Ich wünsche mir eine liebe Lehrerin." Erwartungen und Einstellungen von Kindern gegenüber der Schule. In: Grundschule H.5, S. 24-27.

FAHRING, Hermann 1994: Dynamische Psychotherapie bei Kindern und Jugendlichen. In: BIERMANN, Gerd (Hg.): Kinderpsychotherapie. Handbuch zu Theorie und Praxis. Frankfurt/M, S. 95-116.

FLICK, Uwe u.a. (Hg.) 1991: Handbuch Qualitative Sozialforschung. München.

FÖLLING-ALBERS, Maria 1992: Schulkinder heute. Auswirkungen veränderter Kindheit auf Unterricht und Schulleben. Weinheim.

FOUNDATION FOR CHILD DEVELOPMENT 1977: National Survey of Children. Summary and Preliminary Results. New York.

FROMM, Martin 1987: Die Sicht der Schüler in der Pädagogik. Untersuchungen zur Behandlung der Sicht von Schülern in der pädagogischen Theriebildung und in der quantitativen und qualitativen Forschung. Weinheim.

GARBARINO, James/Frances M. STOTT 1990: What children can tell us. Eliciting, Interpreting and Evaluating Information from children. San Francisco, Oxford.

GEHRMANN, Petra/Birgit HÜWE (Hg.) 1993: Forschungsprofile der Integration von Behinderten. Bochumer Symposion 1992. Essen.

GEULEN, Dieter/Klaus HURRELMANN 1991: Zur Programmatik einer umfassenden Sozialisationstheorie. In: HURRELMANN, Klaus/Dieter ULICH (Hg.): Handbuch der Sozialisationsforschung. Weinheim, S. 52-67.

HAGSTEDT, Herbert/Martin HILDEBRAND-NILSORN (Hg.) 1980: Schüler beurteilen Schule. Analyse und Interpretation von Dokumenten zum Schulalltag aus dem Blickwinkel von Schülern. Düsseldorf.
HARTINGER, Andreas 1995: Interessenentwicklung und Unterricht. In: Grundschule 6/1995, S. 27-29.
HESSISCHES INSTITUT FÜR LEHRERFORTBILDUNG (Hg.) 1993: Erzählen in der Grundschule. Fuldatal.
HONIG, Michael-Sebastian/Hans-Rudolf LEU/Ursula NISSEN (Hg.) 1996: Kinder und Kindheit. Soziokulturelle Muster - sozialisationstheoretische Perspektiven. Weinheim und München.
HÜLST, Dirk 1990: Empirische Sozialforschung. In: SANDKÜHLER, Hans-Jörg (Hg.): Europäische Enzyklopädie zu Philosophie und Wissenschaften. Bd. 4, S. 327-340.
HURRELMANN, Klaus 1986: Einführung in die Sozialisationstheorie. Über den Zusammenhang von Sozialstruktur und Persönlichkeit. Weinheim.
INGENKAMP, Karlheinz 1990: Pädagogische Diagnostik in Deutschland 1885-1932. Weinheim.
INGENKAMP, Karlheinz/Reinhold S. Jäger/Hanns PETILLON/Bernhard WOLF (Hg.) 1992: Empirische Pädagogik 1970-1990. Eine Bestandsaufnahme der Forschung in der Bundesrepublik Deutschland. Band 1 und 2. Weinheim.
KELLER, Heidi 1993: Psychologische Entwicklungstheorien der Kindheit. In: MARFEKA, Manfred/Bernhard NAUCK (Hg.): Handbuch der Kindheitsforschung. Neuwied, S. 31-43.
KELLER, M./C. ESSEN/M. MÖNNING 1987: Manual zur Entwicklung von Freundschaftsvorstellungen. Berlin: Max-Planck-Institut für Bildungsforschung.
KELLE, Helga/Georg BREIDENSTEIN 1996: Kinder als Akteure: Ethnographische Ansätze in der Kindheitsforschung. In: Zeitschrift für Sozialisationsforschung und Erziehungssoziologie 1/96, S. 47-67.
KIRCHHÖFER, Dieter 1995: Soziale Formen alltäglichen Handelns ostberliner Kinder. In: RENNER, Erich (Hg.): Kinderwelten. Pädagogische, ethnologische und literaturwissenschaftliche Annäherungen. Weinheim, S. 95-115.
KRAPPMANN, Lothar 1991: Sozialisation in der Gruppe der Gleichaltrigen. In: HURRELMANN, Klaus/Dieter ULICH (Hg.): Neues Handbuch der Sozialisationsforschung. Weinheim und Basel, S. 355-375.
KRAPPMANN, Lothar/Hans OSWALD 1995: Alltag der Schulkinder. Beobachtungen und Analysen von Interaktionen und Sozialbeziehungen. Weinheim und München.
KRÜGER, Heinz-Hermann u.a. 1994: Kinderbiographien: Verselbständigungsschritte und Lebensentwürfe. In: DU BOIS-REYMOND, Manuela/Peter BÜCHNER/Heinz-Hermann KRÜGER/Jutta ECARIUS/Burkhard FUHS: Kinderleben. Modernisierung von Kindheit im interkulturelln Vergleich. Opladen, S. 221-271.
LAMNEK, Siegfried 1988: Qualitative Sozialforschung. Bd. 1. Methodologie. München.
LAMNEK, Siegfried 1989: Qualitative Sozialforschung. Bd. 2. Methoden und Techniken. München.
LANG, Sabine 1985: Lebensbedingungen und Lebensqualität von Kindern. Frankfurt/New York.
LEIDECKER, Gudrun/Dieter KIRCHHÖFER/Peter GÜTTLE 1991: „Ich weiß nicht, ob ich froh sein soll." Kinder erleben die Wende. Stuttgart.
LEUZINGER-BOHLEBER, Marianne/Ariane GARLICHS 1993: Früherziehung West - Ost. Zukunftserwartungen, Autonomieentwicklung und Beziehungsfähigkeit von Kindern und Jugendlichen. Weinheim und München.
LIPPITZ, Wilfried 1989: Räume von Kindern erlebt und gelebt. Aspekte einer Phänomenologie des Kinderraums. In: RITTELMEYER, Christian (Hg.): Phänomenologie der kindlichen Erfahrungswelt. Bad Heilbrunn, S. 93-106.
LORENZER, Alfred 1972: Zur Begründung einer materialistischen Sozialisationstheorie. Frankfurt.

LORENZER, Alfred 1995: Sprachzerstörung und Rekonstruktion. Vorarbeiten zur Metatheorie der Psychoanalyse. Frankfurt/M (4. Aufl.).
MARTENS, Karin (Hg.) 1979: Kindliche Kommunikation. Theoretische Perspektiven, empirische Analysen, methodologische Grundlagen. Frankfurt/M.
MATTHEWS, Gareth B. 1989: Philosophische Gespräche mit Kindern. Berlin.
NAUCK, Bernhard/Wolfgang MEYER/Magdalena JOOS 1996: Sozialberichterstattung über Kinder in der Bundesrepublik Deutschland. Zielsetzungen, Forschungsstand und Perspektiven. In: Aus Politik und Zeitgeschichte. Beilage zur Wochenzeitung Das Parlament B11/96, S. 11-30.
NEUHÄUSER, Heike 1993: Autorität und Partnerschaft. Wie Kinder ihre Eltern sehen. Weinheim.
PETERMANN Franz/Sabine WINDMANN 1993: Sozialwissenschaftliche Erhebungstechniken bei Kindern. In: MARFEKA, Manfred/Bernhard NAUK (Hg.): Handbuch der Kindheitsforschung. Neuwied, Kriftel, Berlin, S. 125-139.
PETILLON, Hanns 1987: Der Schüler. Rekonstruktion der Schule aus der Perspektive von Kindern und Jugendlichen. Darmstadt.
PETILLON, Hanns 1993a: Das Sozialleben des Schulanfängers. Die Schule aus der Sicht des Kindes. Weinheim.
PETILLON, Hanns 1993b: Soziales Lernen in der Grundschule. Anspruch und Wirklichkeit. Frankfurt/M.
RENNER, Erich (Hg.) 1995: Kinderwelten. Pädagogische, ethnologische und literaturwissenschaftliche Annäherungen. Weinheim.
SCHÜTZE, Fritz 1987: Das narrative Interview in Interaktionsfeldstudien. Fernuniversität Hagen. Hagen.
SELMAN, Robert L. 1984: Die Entwicklung des sozialen Verstehens. Entwicklungspsychologische und Klinische Untersuchungen. Frankfurt/M.
TILLMANN, Klaus-Jürgen 1989: Sozialisationstheorien. Eine Einführung in den Zusammenhang von Gesellschaft, Institution und Subjektwerdung. Hamburg.
VALTIN, Renate 1991: Mit den Augen der Kinder. Freundschaft, Geheimnisse, Lügen, Streit und Strafe. Reinbek bei Hamburg.
VALTIN, Renate 1993: Dem Kind in seinem Denken begegnen - Ein altes und kaum eingelöstes Postulat der Grundschuldidaktik. Zeitschrift für Pädagogik, Sonderdruck. Weinheim.
WEISS, Florence 1995: Kinder erhalten das Wort. Aussagen von Kindern in der Ethnologie. In: RENNER, Erich (Hg.): Kinderwelten. Pädagogische, ethnologische und literaturwissenschaftliche Annäherungen. Weinheim, S. 133-147.
WILK, Liselotte/Johann BACHER (Hg.) 1994: Kindliche Lebenswelten. Opladen.
WILK, Liselotte 1996: Die Studie „Kindsein in Östereich". Kinder und ihre Lebenswelt als Gegenstand empirischer Sozialforschung - Chancen und Grenzen einer Surveyerhebung. In: HONIG, Michael-Sebastian/Hans-Rudolf LEU/Ursula NISSEN (Hg.): Kinder und Kindheit.Weinheim und München, S. 55-76.
ZEIHER, Hartmut J./Helga ZEIHER 1994: Orte und Zeiten der Kinder. Soziales Lernen im Alltag von Großstadtkindern. München und Weinheim.
ZINNECKER, Jürgen 1995a: Pädagogische Ethnographie. In: BEHNKEN, Imbke/Olga JAUMANN (Hg.): Kindheit und Schule. Kinderleben im Blick von Grundschulforschung und Kindheitsforschung. Weinheim und München.
ZINNECKER, Jürgen 1995b: Kindersurveys. Ein neues Kapitel Kindheit und Kindheitsforschung. Vortrag anläßlich des 27. Kongreß der Deutschen Gesellschaft für Soziologie in Halle, April 1995.
ZINNECKER, Jürgen 1996a: Kinder im Übergang. Ein wissenschaftlicher Essay. In: Aus Politik und Zeitgeschichte. Beilage zur Wochenzeitung Das Parlament B11/96, S. 3-10.
ZINNECKER, Jürgen 1996b: Soziologie der Kindheit oder Sozialisation des Kindes? Überlegungen zu einem aktuellen Paradigmenstreit. In: HONIG, Michael-Sebastian/Hans-Rudolf LEU/Ursula NISSEN (Hg.): Kinder und Kindheit. Weinheim und München, S. 31-54.
ZINNECKER, Jürgen/Rainer K. SILBEREISEN 1996: Kindheit in Deutschland. Weinheim und München.

Manuela Lutz, Imbke Behnken und Jürgen Zinnecker

Narrative Landkarten

Ein Verfahren zur Rekonstruktion aktueller
und biografisch erinnerter Lebensräume

1. Einleitung

In diesem Aufsatz wird die Methode der narrativen Landkarte vorgestellt. Es handelt sich um ein Verfahren der visuellen Sozialforschung (Ethnographie), dessen Ziel es ist, persönliche Lebensräume von Befragten und deren subjektive Relevanz zu rekonstruieren. Das geschieht mittels kartographischer, zeichnerischer und - ergänzend und parallel dazu - biografisch erzählender (narrativer) Darstellungsformen. Der Beitrag will zum einen allgemein in das Verfahren, dessen Voraussetzungen, Geschichte und Anwendungsmöglichkeiten einführen. Zum anderen stellen wir die besondere Verwendungsweise und die Weiterentwicklung der Methode dar, die diese im Rahmen pädagogisch-sozialwissenschaftlicher Kindheitsforschung erfahren hat. Dabei beziehen wir uns auf Erfahrungen eines Projektes der AutorInnen, in dessen Kontext die Methode entwickelt und erprobt wurde. Entsprechend der Zielsetzung dieser Untersuchung wird die narrative Landkarte in doppelter Weise eingesetzt: als Instrument gegenwartsbezogener Kinderforschung und als Instrument retrospektiver Biografieforschung bei Erwachsenen, die sich an ihre Kinderräume erinnern.

2. Zielsetzung, Grundlage und Stand der Entwicklung

Das Instrument der narrativen Landkarte wurde entwickelt, um die Beziehungen von Menschen zu ihrer unmittelbaren sozialräumlichen Umwelt in biografischer Perspektive zu untersuchen. Dabei geht es um einen spezifischen Ausschnitt der persönlichen Welt, nämlich um jenen Teil, in dem wir tagtäglich leben und in dem wir körperlich präsent sind. Das Instrument der narrativen Landkarte ist grundsätzlich für alle Altersgruppen - für Kinder vom Ende der Grundschulzeit an - anwendbar. Wir begrenzen unsere Darstellung im weiteren auf Kinder und Kindheitsräume, da die Methode im Rahmen des o.g. Projektes zur sozialwissenschaftlich-pädagogischen Kindheitsforschung entwickelt wurde (BEHNKEN/ZINNECKER 1991a; BEHNKEN/LEPPIN/LUTZ et. al. 1991b) und da es im vorliegenden Handbuch um eine Darstellung qualitativer pädagogischer Forschungsmethoden geht.
Die unmittelbare sozialräumliche Umwelt des Menschen hat in den Humanwissenschaften unterschiedliche Bezeichnungen erfahren, die jeweils einen Aspekt dieser besonderen persönlichen Welt hervorheben. In der phänomenologisch-

handlungswissenschaftlichen Tradition, auf die wir uns vorrangig beziehen, spricht man von einer „Welt in aktueller Reichweite" (SCHÜTZ/LUCKMANN 1975, 53 ff.), deren Gegenpol die „Welt in potentieller Reichweite" sei. Damit wird auf die körperliche Präsenz und die Sinnestätigkeit des Menschen, auf die Bezüge zur „Hörwelt", „Sehwelt" sowie „Wirkwelt" hingewiesen. Um einen weiteren Gesichtspunkt dieses persönlichen Raumes hervorzuheben, sprechen die genannten Autoren von der „alltäglichen Lebenswelt". Es ist also zugleich der Raum, den wir tagtäglich, mit geringen zeitlichen Unterbrechungen, durchleben. Damit sind besondere Qualitäten des Handelns und Erlebens angesprochen - der hohe Grad an Routine; die selbstverständliche Gewißheit des In-der-Welt-Lebens; die geringe Aufmerksamkeitshaltung diesem Weltteil gegenüber, verbunden mit „flachem" Erlebnispegel.

Stadtplaner und Architekten beziehen sich, in einer etwas anderen Perspektive und gedanklichen Schnittmenge, auf das „Wohnumfeld" des Menschen. Das grenzt eine „private" von einer „öffentlichen" Nahwelt ab (BAHRDT 1961). Mit der Bezeichnung des Instrumentes als „Landkarte" wollen wir deutlich machen, daß das Verfahren auf das öffentliche oder halböffentliche Segment der Wohnumwelt abzielt. Ein analoges Forschungsinstrument zum privaten Teil, also zu Wohnung, Haus und Grundstück, ist beispielsweise in Gestalt des „narrativen Wohnungsgrundrisses" verfügbar (BEHNKEN et. al. 1991b). Im Unterschied zur objektivierenden Tendenz, die der Analyse von Stadtplanern und Architekten professionsbedingt anhaftet, wird im Instrument der narrativen Landkarte die Subjektzentriertheit von Umwelterfahrung betont. Diesen Gesichtspunkt hebt auch die ökologische Psychologie hervor, wenn sie davon spricht, daß Menschen, die äußerlich in gleichen Nahwelten zusammen sind, gleichzeitig in sehr persönlichen, mit den anderen „nicht geteilten Umwelten" leben (KREPPNER 1989, 301f.). Generell folgen die AutorInnen mit ihrem Instrument Denk- und Untersuchungsansätzen, denen zufolge persönliche Umwelten sich durch einen lebenslangen Prozeß von Transaktionen zwischen Mensch und Umwelt(ausschnitt) konstituieren (ALTMAN/WOHLWILL 1978; GOERLITZ et. al. 1993).

Bei einer Analyse des öffentlichen Nahraumes als einer persönlichen Lebenswelt ist deren Mehrschichtigkeit mitzubedenken. Das Instrument der narrativen Landkarte ist offen genug, um die Thematisierung verschiedener Dimensionen seitens der Befragten zuzulassen und anzuregen. Nahräume können Orte der sozialen Begegnungen sein; sie bilden eine verräumlichte Form sozialer Netzwerke; in ihnen kann kleinräumige öffentliche Kommunikation, Hilfe und Kontrolle (unter Nachbarn) stattfinden; dort stehen mögliche Ressourcen für alltägliches Handeln, Wege, bebaute Umwelt, Verkehrsmittel, Naturgegenstände zur Verfügung; sie mögen als Träger eines Ortsimages und persönlicher Ortsidentität fungieren; sie implizieren bestimmte Erlebnisqualitäten. Dieser Weltausschnitt ist zugleich „pädagogischer Raum", denn in ihm befinden sich erziehende und lehrende Institutionen - Familienhaushalt, Vorschule, Grundschule, Kirchengemeinde - und durch diesen Raum werden Heranwachsende sozialisiert. Umweltpsychologen nennen diesen Weltausschnitt daher auch den „primären Raum" (ALTMAN 1975), in Anlehnung an den Begriff der

„primären Gruppe", den der Soziologe COOLEY Anfang des Jahrhunderts einführte. Damit soll auf das Primat hingewiesen werden, das diese Umwelt zeitlich und bedeutungsmäßig für die Persönlichkeitsentwicklung und die Mensch-Umwelt-Beziehung genießt.

Eine weitere Qualität kleinräumiger Nahwelten, die für die Entwicklung des Untersuchungsinstruments Bedeutung hat, ist deren zeitliche Dimensionierung. Orte haben ihre eigene Geschichte und sie sind zugleich Teil der Lebensgeschichte der dort lebenden Menschen (BERTELS/HERLYN 1990). Im Zuge der Biografisierung moderner Lebensläufe erhält die Geschichte der persönlich gelebten und erlebten Räume eine besondere Bedeutung. Fragmentierte Lebensgeschichten erhalten durch Lebensräume eine Identitätsstütze; bei häufiger Mobilität und Umzug bilden diese Räume biografische Marker für den lebensverändernden Wechsel. Um der lebensgeschichtlichen Dimension von öffentlichen Nahräumen gerecht zu werden, werden im hier vorgestellten Instrument die gezeichneten Landkarten der Nahwelt um ein narratives, das heißt biografisch erzählendes Moment erweitert. Die Befragten ergänzen bei diesem Verfahren die spontane „Stegreifzeichnung" ihres persönlichen Nahraumes um eine erläuternde „Stegreiferzählung". Die narrativen Elemente sind grundsätzlich dazu geeignet, die zeitlichen, lebensgeschichtlichen Aspekte stärker hervortreten zu lassen, die in der „Verräumlichung" des Zeichenaktes eher zum Verschwinden gebracht bzw. synoptisch auf einem Blatt zusammengeführt werden. Zwei Grundformen der Anwendung des Instruments sind dabei zu unterscheiden. Zum einen können die aktuell gelebten Nahwelten gezeichnet und verbal erläutert werden; zum anderen können biografisch frühere Nahwelten erinnert werden. Durch die Narration wird die gezeichnete subjektive Landkarte in Verbindung zur biografischen Methode gebracht. Die Namensgebung - narrative Landkarte - soll diese Doppelseite zum Ausdruck bringen.

Das Instrument gehört zu einer „Familie" von Verfahren, die sich aus soziologisch-sozialwissenschaftlicher Sicht der „visuellen Sozialforschung" oder der „visuellen Ethnographie" zurechnen lassen. Dazu gehören fotografische Methoden, Raumbegehungen, objektive Kartierungsmethoden, Videographie oder alle Arten von zeichnerischen Verfahrensweisen. Im Rahmen von Kindheitsforschung wurde wiederholt das Durch- und Erleben städtischer Quartiersräume seitens der ortsansässigen Kinder mit Mitteln visueller Sozialforschung untersucht (z.B. MUCHOW/MUCHOW 1935/1980; LYNCH 1977; WARD 1978, 22ff. JACOB 1987). Verschiedene Disziplinen leisteten hierzu einen Beitrag. Anzuführen wären eine sozial-ökologisch erneuerte Entwicklungspsychologie (MUCHOW/MUCHOW 1935/1980; ALTMAN/WOHLWILL 1978; BAACKE 1989), Human- und Sozialgeographie (HART 1979), eine entwicklungspsychologisch untermauerte Schuldidaktik (STÜCKRATH 1963). Eine phänomenologisch ausgerichtete Psychologie (KRUSE 1974) bzw. pädagogische Anthropologie (BOLLNOW 1963) zeigte seit jeher eine spezifische Affinität zum räumlichen Aspekt menschlichen und kindlichen Seins (LIPPITZ 1989). Eine herausragende Bedeutung erlangte eine kognitionspsychologische Forschungsrichtung, die von Psychologen und Humangeographen gleichermaßen getragen ist, und die sich um das Konzept des „mental mapping" (kognitive Kartierung) gruppiert, das heißt der Herausbildung kognitiver Strukturen in Auseinandersetzung mit den Strukturen räumlicher Umwelten (DOWNS/STEA 1982; LIBEN/DOWNS 1989). Seltener sind Ansätze, die eine Analyse von „Raum-Zeiten" anstreben, also die Analyse des Zusammenhangs von Räumlichkeit und Zeitlichkeit menschlichen Handelns (CARLSTEIN et. al. 1978; GIDDENS 1988, 161ff). Auf der Ebene der sozialwissenschaftlichen Kindheitsforschung verbindet sich dieser Ansatz mit den Namen von ZEIHER und ZEIHER (1994).

Das hier vorgestellte Instrument der narrativen Landkarte wurde - angeregt durch und in Kenntnis der oben skizzierten Traditionen - im Rahmen eines Forschungsprojektes an der Universität Siegen entwickelt, das es sich zur Aufgabe gestellt hat, die Modernisierung kindlicher Lebenswelten an familienbezogenen Fallbeispielen von jeweils drei noch lebenden Generationen (10jährige Kinder, die Kindheit von deren Eltern und Großeltern) zu untersuchen. In die Entwicklung des Instrumentes flossen einige Vorarbeiten der AutorInnen aus vorangegangenen Projekten ein. Hinweisen möchten wir besonders auf den Versuch, historische Kindheitsräume aus der Zeit der Jahrhundertwende mit Hilfe älterer Zeitzeugen zu rekonstruieren (BEHNKEN/DU BOIS-REYMOND/ZINNECKER 1989).

3. Beschreibung der Methode

Das Verfahren der narrativen Landkarte besteht aus einer Kombination von Zeichnung und biografischem Interview (narratives und Leitfadeninterview). Kinder und Erwachsene werden aufgefordert, ihren vorgestellten oder erinnerten Streifraum zeichnerisch und erzählend darzustellen. Dokumentiert und für die Auswertung fruchtbar gemacht werden sowohl die vorliegende Skizze, der wörtlich transkribierte Erzähltext ebenso wie der während des Interviews vom Forscher, der Forscherin dokumentierte Prozeß der Genese der Karte. Die Erarbeitung der narrativen Landkarte besteht aus zwei aufeinander folgenden Schritten:
a) der narrativen Stegreifskizze mit Erläuterungen und
b) der Folienzeichnung mit narrativen Nachfragen und Nachfragen aus einer Leitfragenliste (Formblatt).

Der erste und der zweite Schritt - narrative Stegreifskizze und narrative Nachfragen - sind, wie die gewählte Begrifflichkeit ausweist, in Analogie zum Verfahren des narrativen Interviews konzipiert, wie es F. SCHÜTZE entwickelt hat (SCHÜTZE 1987).

Zu a) Die narrative Stegreifskizze

Ziel der ersten Phase des Interviews zur narrativen Landkarte ist es, den Befragten Gelegenheit zu geben, ihren persönlichen Kindheitsraum ohne Vorgaben seitens der Forschenden in selbstgewählter Abfolge in einer Stegreifskizze (F. SCHÜTZE 1987 spricht von „Stegreiferzählungen", 237) zeichnerisch darzustellen und begleitend dazu zu erzählen.

Der Forscher oder die Forscherin gibt den Befragten eine kurze Erläuterung zum Verfahren und Ablauf der Methode. Der Eingangsimpuls kann etwa lauten (Beispiel: Befragung von zehnjährigen Kindern): „Zeichne bitte einen Plan, der alle Wege, Orte enthält, die Du oft aufsuchst. Denke dabei an Häuser, Einrichtungen, Straßen, Schleichwege, Plätze, geheime Ecken usw. Erzähle zu Deiner Zeichnung Geschichten, die Dir einfallen: zum Beispiel, was Du dort tust, wen Du dort triffst, wie es dort aussieht, was Du dort erlebst. Mir kommt es nicht darauf an, daß Deine Zeichnung perfekt ist, sondern daß Du alles zeichnest, was Dir einfällt und daß Du mir dazu Geschichten erzählst." (vgl. LUTZ 1991). Der Eingangsimpuls wird je nach Alter der Befragten sprachlich angepaßt. Handelt es sich um ältere Befragte, die sich an lange zurückliegende Räume der Kindheit oder Jugend erinnern sollen, empfiehlt es sich u.U., eine Phase der „Imagination" vorzuschalten, in der bei geschlossenen Augen eine antizipierende Wanderung durch diesen frühen Lebensraum angetreten und eine innere Konzentration auf die Aufgabe hergestellt wird.

Nach dem Eingangsimpuls und gegebenenfalls der Imaginationsphase soll von den Befragten der Lebensraum gezeichnet werden, den diese in einem bestimmten Alter oder Lebensabschnitt vorfanden bzw. vorfinden. Dabei ist es wichtig, vorab eine konkrete Alters- und Lebensphase zu focussieren (z.B. „als Sie 10 Jahre alt waren", „nachdem Sie auf die weiterführende Schule gewechselt waren", usw.). Auf dieser Stufe hält sich die Interviewerin, der Interviewer (analog zum Vorgehen, das F. SCHÜTZE 1987 bei biografischen Interviews vorschlägt) mit Fragen strikt zurück. Erst wenn die Befragten das spontane Zeichnen und Erzählen beenden, beginnt die Interviewerin, der Interviewer mit Nachfragen (Phase b).

Diese Phase des Untersuchungsprozesses wird, wie auch die nachfolgende, von den Forschenden dokumentiert. Während die Befragten zeichnen und begleitend erzählen bzw. Details erläutern, läuft ein Tonbandgerät. Der Interviewer, die Interviewerin notiert Stichworte für Nachfragen (Unklarheiten z.B.), die in der folgenden Phase b) gestellt werden, und hält die aufeinanderfolgenden einzelnen Schritte des Zeichenprozesses in einer vorbereiteten Liste fest. Diese enthält die Reihenfolge der Nennung von Orten, Wegen, von Tätigkeiten, von beteiligten Personen und Fortbewegungsmitteln. Festgehalten werden weiterhin mitgeteilte Entfernungen und Zeitbedarf für Wege.

Zu b) Folienzeichnung mit narrativen Nachfragen und Nachfragen aus einer Leitfragenliste

Die Stegreifskizze mit Erläuterungen ist dann abgeschlossen, wenn dem oder der Befragten nach erneuter Aufforderung, noch einmal nachzudenken, nichts mehr einfällt. In der folgenden zweigestuften Interviewphase werden narrative Nachfragen entlang den notierten Stichworten (vgl. SCHÜTZE 1987, 239) und vorbereitete Leitfragen gestellt. Die narrativen Nachfragen unterscheiden sich von den ergänzenden Leitfragen dadurch, daß noch keine thematisch neuen Bereiche angesprochen werden. Es geht zunächst um Klärung und Präzisierung, um zeichnerische Ergänzungen in der Skizze (wenn z.B. eine Einrichtung lediglich genannt, jedoch in die Zeichnung nicht eingetragen wurde) und in der Beschriftung. Das abschließende Leitfadeninterview regt zu ergänzenden Informationen in Bereichen an, die für die Fragestellungen der Forschenden von Bedeutung sind. Auf diese Weise wird eine gewisse Standardisierung der aufgrund der spontanen Produktionssituation zunächst voneinander abweichenden

narrativen Landkarten sichergestellt. Das gewinnt an Bedeutung für den Fall, daß vergleichende Analysen zwischen den Landkarten angestrebt werden. Im Siegener Projekt zum Wandel von Kindheitsräumen im Verlauf von drei Generationen wurden beispielsweise folgende Leitfragen gestellt, die sich auf mögliche fehlende Informationen in Zeichnung und Narration bezogen:
– Standorte von Einrichtungen, von Treffpunkten u.ä.: z.B. Wohnhaus der Familie, Schule, Wohnung von Freunden und Freundinnen, Orte mit Tieren, informelle Treffpunkte, Stätten von Arbeit.
– Zeitgebundenheit der Nutzung von Orten: z.B. Nutzung im Winter oder Sommer (Jahreszeiten); wochentags oder sonntags (Wochenzeiten); nachmittags oder abends (Tageszeiten).
– Formen der Raumaneignung: z.B. Nutzung von Wegen und Straßen, Aktivitäten unterwegs, Entfernungen (evtl. in km oder Minuten Fuß- oder Radweg), Verkehrsmittel, geheime Orte oder Verstecke, Fortbewegung allein oder in Begleitung, begleitende Personen, Begrenzungen und Kontrolle.
– Anmutungs- und Erlebnisqualität von Orten: z.B. positiv oder negativ erlebt, Orte der Geborgenheit oder des Rückzugs, geheimnisvolle und gefürchtete Orte, Orte zum Träumen, Trödeln oder Phantasieren. [„Besonders bedeutsame" Orte im positiven wie im negativen Sinn werden mit Symbolen markiert, „-" oder „+" für negativ oder positiv bedeutsame Orte, „*" für Lieblingsorte.]
– Soziales Netzwerk von Personen: z.B. „Ortswächter" (Helfer, Kontrolleure), Freunde, Freundinnen, Cliquen, Aktivitäten mit Gleichaltrigen, Zusammensetzung von Gleichaltrigengruppen.
– Subjektiv erfahrene Grenzen und Grenzziehungen des kindlichen Lebensraumes: z.B. seitens der Erwachsenen verbotene Orte und Wege, die man nicht gehen oder überschreiten durfte; selbstgesetzte Grenzen; „natürliche" Raumgrenzen (Bach, Eisenbahn, Wechsel der Bebauung); unbekanntes Terrain.
– Einmalig oder selten aufgesuchte Orte: z.B. Ziele für Wochenendausflüge, für Urlaubsreisen und für Klassenfahrten; Krankenhausaufenthalt; Orte für besondere Einkäufe. [Diese Orte gehören im strengen Sinn nicht mehr zum alltäglichen Lebensraum, sondern bedeuten, daß man diese aus besonderem Anlaß für mehr oder weniger kurze und einmalige Gelegenheiten verläßt. Die Sonderstellung der Orte „in potentieller Reichweite" wurde in der narrativen Landkarte des Siegener Kindheitsprojektes durch einen Rahmen kenntlich gemacht, der alle vier Richtungen des Zeichenblattes umschließt. Die Befragten wurden aufgefordert, diese „Ausflüge" aus dem Alltagsraum dadurch kenntlich zu machen, daß sie die entsprechenden Orte und Wege auf die Außenseiten des vorgegebenen Rahmens zeichneten.]
– Subjektiver Gesamteindruck des persönlichen Nahraumes: „Wie würden Sie", so lautete die Frage an Erwachsene, „den Typ des Dorfes/der Stadt, den Typ Ihres Wohnviertels beschreiben, in dem Sie mit 10 Jahren lebten?" Ferner: Wie wird die Qualität als kindlicher Lebensraum gewertet; welche Art von Kindheit lebte man in diesem Raum (z.B. Draußenkind - Drinnenkind)?
Dem Vorgehen im narrativen biographischen Interview folgend, demzufolge die narrative Eingangserzählung von der folgenden narrativen Nachfragephase für die Auswertung sichtbar getrennt zu halten sei, wird im Interview zur narrativen

Landkarte nach Beendigung der Stegreifskizze eine Klarsichtfolie über die Zeichnung gelegt, die die weiteren Zeichenschritte festhält. In allen Fällen konnte die spontane Stegreifzeichnung der Interviewphase a) mit Hilfe des Nachfrage- und Leitfadeninterviews sowie der Folienzeichnung (Interviewphase b) noch erheblich angereichert werden. Der Zeitaufwand für das gesamte Interview zur narrativen Landkarte, so zeigen die Projekterfahrungen, ist mit eineinhalb bis zwei Stunden zu veranschlagen.

Abschließend soll kurz auf drei - überwindbare - Schwierigkeiten hingewiesen werden, die beim Prozeß der Durchführung narrativer Karten auftreten und die den anschließenden Prozeß der Auswertung beeinträchtigen können.

1. Kompetenzängste bei der Anfertigung der Handskizze.

Die Aufforderung zum Zeichnen löst bei einigen Befragten Ängste aus, die sich auf das eigene Ungeschick beziehen. Eine Quelle der Unsicherheit bezieht sich auf das Zeichnen („ich kann nicht malen"); eine andere Angst wird dadurch hervorgerufen, daß die Befragten sich an der unerreichbaren „objektiven" Qualität offizieller Kartenwerke messen. Beiden kann durch angstmindernde Erläuterungen entgegengetreten werden, in denen z.B. der überhöhte Anspruch relativiert und auf den Arbeitscharakter der Handskizze verwiesen wird.

2. Sehr unterschiedliche Aufassungen von Stegreifzeichnungen.

Die Nähe oder Ferne zu den Darstellungskonventionen geografischer Kartierung fällt sehr unterschiedlich aus. Manche Befragte erfinden sehr eigenwillige Symboliken in ihren Handskizzen. Das Verfahren der narrativen Landkarte verträgt solche Abweichungen, solange durch zusätzliche mündliche Erläuterungen der Sinn des Gemeinten abgesichert werden kann. Wir finden ferner sehr große Ungleichgewichte, was die Anteile des Zeichnens und Erzählens anlangt. Während manche Befragte es bevorzugen, stumm (und konzentriert) zu zeichnen, würden andere die Untersuchungssituation am liebsten in Richtung reinen Erzählens unter Vernachlässigung detaillierten Zeichnens auflösen. Hier empfiehlt es sich, durch sanfte Formen der Interviewkontrolle eine gewissen Balance zwischen Narration und Zeichnen sicherzustellen.

3. Im Fall biografischer Rückerinnerung an frühere Lebensräume können Erinnerungsprobleme auftreten.

Diese lassen sich, wie oben angesprochen, mittels vorbereitender Imagination verringern. Ferner ist an visuelle Hilfsmittel zu denken, die im konkreten Fall zur Verfügung stehen, z.B. historische Gemeindekarten, Ortsfotografien. Falls die Befragten noch in der Nähe ihrer Kindheitsräume leben, empfehlen sich „Blicke aus dem Fenster" oder Ortsbegehungen. Es ist wohl zu erwägen, zu welchem Zeitpunkt solche Erinnerungshilfen eingesetzt werden. Falls ein Forschungsprojekt an wenig bearbeiteten „ursprünglichen" Erinnerungen interessiert ist, sollten diese Hilfsmittel frühestens im gelenkten Nachfrageteil in Anschlag gebracht werden.

Beachtung verdienen zeitliche „Verschiebungen" im Prozeß des biografischen Erinnerns, wodurch unterschiedliche Lebensabschnitte, z.B. Vorschul-, Grundschul- und Jugendzeit in die gleiche Raumzeichnung „gepackt" werden. Um die dadurch entstehenden Interpretationsprobleme bewältigbar zu halten, sollte a) der zu erinnernde Lebensabschnitt relativ eng focussiert und b) im gelenkten

Nachfrageteil des Interviews die lebenszeitliche(n) Lagerung(en) des gezeichneten Raumes so weit wie möglich abgeklärt werden.

4. Persönliche Jungenwelten 1930 und 1990 - Narrative Landkarten im Generationenvergleich

Im folgenden sollen Karten und Beispiele einer Auswertung vorgestellt werden, die im Kontext des Projektes „Fallstudien zur Modernisierung von Kindheit" erarbeitet wurden. In diesem Vorhaben wurde das Verfahren dazu eingesetzt, um Prozesse der Modernisierung von kindlichen Lebensräumen im öffentlichen Nahbereich während des 20. Jahrhunderts zu untersuchen. Dazu wurden Angehörige dreier noch lebender Generationen befragt: Repräsentanten der heutigen Kinder, der Eltern- und der Großeltern. Um die Zeitvergleiche der Kindheitsräume und der Landkarten methodisch kontrollieren zu können, wurden systematisch einschränkende Bedingungen formuliert: Es ging um Kinder im Alter von 10 Jahren (Ende der Grundschulzeit); die Angehörigen der drei Generationen mußten innerhalb einer Familiengruppe großgeworden sein; sie mußten der gleichen, männlichen oder weiblichen, Geschlechterlinie angehören; die Kindheiten mußten mindestens am gleichen Wohnort stattfinden, im Idealfall sogar im gleichen Quartier, der gleichen Straße oder dem gleichen (Eltern)haus. (Zur Diskussion des Sinns und der Problematik solcher restriktiver Bedingungen vgl. BEHNKEN/ZINNECKER 1991a; BEHNKEN et. al. 1994.)

Präsentiert wird ein Vergleich von narrativen Karten zweier Angehöriger der männlichen Linie einer Familiengruppe: Theodor, Großvater-Generation, geb. 1920, und Tommy, gegenwärtiger Enkel, geb. 1979. Die Befragung fand 1990 statt. Bei den zwei Zeichnungen handelt es sich um subjektive Darstellungen kindlicher Lebensräume unterschiedlicher Qualität. Während der Zehnjährige seinen aktuellen alltäglichen Handlungsraum darzustellen hatte, mußte der Großvater seinen früheren, 60 Jahre entfernten, Kindheitsraum rückerinnernd rekonstruieren.

Die Betrachtung der beiden narrativen Landkarten beschränkt sich auf vier ausgewählte Fragen, die in der Studie der AutorInnen zur Modernisierung von Kindheit u.a. untersucht wurden:
1. Treffpunkte der Gleichaltrigengesellschaft;
2. Einsicht in Arbeitsvollzüge der Erwachsenengesellschaft;
3. Bedeutung der Straße als Spielort;
4. Begrenzung des Nahraumes.

Bemerkungen zur Bearbeitung der beiden narrativen Landkarten

Vorab möchten wir einige Anmerkungen machen, die zum Verständnis der beigefügten narrativen Landkarten notwendig sind. Die Zeichnungen repräsentieren das Endprodukt der Interviewsituation, das aus der spontanen Stegreifzeichnung und der darübergelegten, durch die Nachfragen angeregte, Folienzeichnung besteht. In dieser Darstellungsform ist die Trennung der beiden Zeichnungsarten aufgehoben. Ferner sind die beiden Landkarten im Zuge der Datensicherung und zur Vorbereitung der Auswertung durch die Forschenden weiter aufbereitet worden.

Abb. 1: Narrative Landkarte „Theodor"

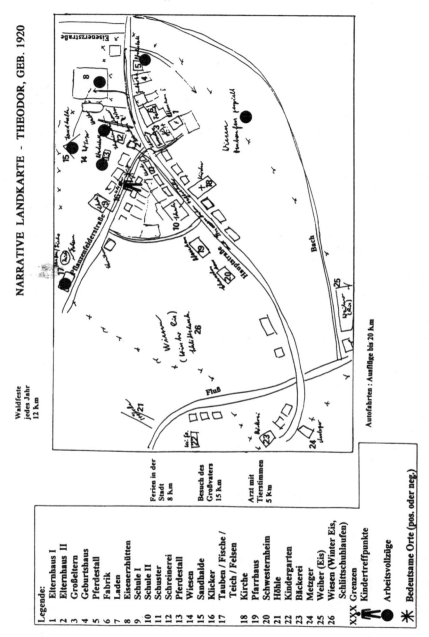

Abb. 2: Narrative Landkarte „Tommy"

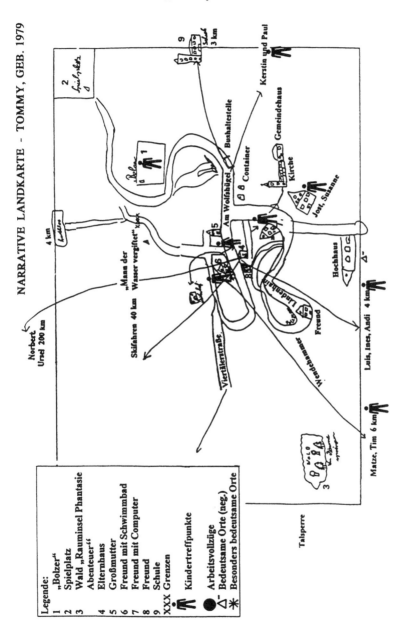

In der Legende wird die Reihenfolge, in der die einzelnen Elemente der spontanen Stegreifzeichnung nacheinander von den Interviewten skizziert worden sind, durch Nummern kenntlich gemacht. [Elemente ohne Numerierung weisen darauf hin, daß diese im Zug von Nachfragen in die Folienzeichnung aufgenommen wurden.] Die gleiche Numerierung findet sich in der Karte wieder. Für die Zwecke der nachfolgenden Auswertung wurden zwei Ortstypen, Kindertreffpunkte und Arbeitsstätten, wo Arbeitsvollzüge für das Kind sichtbar wurden, mit Symbolen versehen. Aus Gründen der Anonymisierung wurden ferner handschriftlich eingetragene Orts- oder Personennamen durch die Forschenden gelöscht und durch Pseudonyme ersetzt - kenntlich gemacht durch gedruckte Schrift. Schließlich sind die im Interview genannten Orte, die außerhalb des alltäglichen Lebensraumes liegen, nachträglich mit geschätzten Angaben zur Entfernung versehen worden. Die Markierung der Grenzen und bedeutsamen Orte entstammten der ursprünglichen Landkarte.

Sozioökonomische Rahmung der beiden persönlichen Lebensräume

Theodor, der Großvater, geboren 1920, lebte im Alter von zehn Jahren (1930) in einem Arbeiter-Industriedorf (heute nach Talstadt eingemeindet) mit integriertem landwirtschaftlichem Nebenerwerb (Pferde als Nutztiere, Ställe), wie es für diese Region üblich war. Das Wohngebiet liegt in einem Tal. Die ortsansässige eisen- und stahlverarbeitende Industrie bot Arbeitsplätze für die Ortsbewohner, daneben existierten eine Reihe von selbständigen Handwerksbetrieben. In der unmittelbaren Nachbarschaft des Elternhauses befanden sich Eisenerzhütten und eine Schuhcremefabrik. Öffentliche Institutionen wie z.B. die Schule oder Kirche lagen in der Nähe. Nur zum Kindergarten mußte der Junge seinen Nahraum verlassen. Die in die Stadt führende Straßenbahn wurde von den Kindern nicht genutzt. Es war „die Straßenbahn für die Reichen". Arbeiter gingen zu Fuß - deren Kinder ohnehin - oder fuhren mit dem Fahrrad zur Arbeit.

Die Eltern des Enkels Tommy, geboren 1979, haben das ehemals eigenständige Industriedorf verlassen und leben zum Zeitpunkt der Befragung, 1990, nur wenige Kilometer vom früheren Wohnhaus entfernt in einem Einfamilienhaus in Hanglage am Stadtrand von Talstadt. Die Infrastruktur des in den 70er Jahren gebauten Wohngebietes ist dadurch geprägt, daß es hier keine Geschäfte und, außer dem Kindergarten, keine öffentlichen Institutionen gibt. Tommy fährt zum Zeitpunkt der Untersuchung mit dem Bus zur Schule. Die selbständige Nutzung der öffentlichen Verkehrsmittel ist für ihn eine Selbstverständlichkeit. Zum Judo, Schwimmen und Fußball wird der Junge von seinen Eltern mit dem Auto gebracht. Zu seinen Freizeitaktivitäten gehören Fahrrad-, Skateboard- und Rollschuhfahren. Als wichtiges Verkehrsmittel dient ihm das Fahrrad, ein Fortbewegungsmittel, das er in dreierlei Ausführungen (BMX-Rad, Rennrad, Mountain-Bike) besitzt. Es ermöglicht ihm das selbständige Erreichen von Meßdienerstunde und Freunden. In den nahegelegenen Wald und zum Einkaufen gelangt er ebenfalls auf diese Weise.

Ausgewählte Eigenarten der persönlichen Jungenräume von Großvater und Enkel

Theodor, der Großvater, lebte 1930 eine „stationäre Straßenkindheit". In seiner Erzählung bzw. Zeichnung schreitet er im Kopf die Straßen und Wege entlang der einzelnen Häuser langsam ab. Der engräumige, engmaschige Binnenraum wurde relativ selten verlassen. Alle Nachbarn waren bekannt; der Erzähler kennt die Häuser einzelner „besonderer" Nachbarn: „*Kommunisten*", „*Sektenmitglieder*", „*trinkende Arbeitslose*"; sie repräsentierten das Fremdartige, das Anderssein inmitten des sozial geschlossenen homogenen Verbandes. Ortswächter und Kontrolleure (z.B. Pfarrer, Hausmeister, Feldschützen) bewachten z.B. landwirtschaftliche Nutzflächen. Die Straßen dagegen boten für die Kinder frei verfügbaren Raum. Pädagogische Institutionen, wie z.B. die Nachbarschaftsschule, befanden sich in der näheren Umgebung.

1. Treffpunkte der Gleichaltrigengesellschaft: Die Straße wurde zum traditionellen nachbarschaftlichen Straßenspiel genutzt und diente als Treffpunkt für ca. 30 Kinder, die aus der Nachbarschaft kamen. Die Gruppenbildung geschah situativ mit wechselnden Mitgliedern. Geschlechtsgetrennte Kindergruppen kennzeichneten diese Straßenkindheit. Die Treffen kamen spontan zustande, „...irgendwie sah man sich. War ja alles so eng begrenzt, daß man ja praktisch sehen konnte, wenn der andere rausging, nicht".

2. Einsicht in Arbeitsvollzüge: Beobachtungen von landwirtschaftlicher Arbeit und industrieller Produktion vermittelten Einsichten in die Arbeitswelt der Erwachsenen. „Es wurde Eisen geschmolzen da, Erz geschmolzen zu Eisen, und der anfallende Sand, das war ja dieser grünliche Sand, der wurde dann hierauf transportiert." - „Das war hier von der Straße aus, da konnte man sehen, wann abgestochen wurde, nicht, das Eisen, wenn es, wie gesagt, gar war, nicht, wurde das in Rinnen laufengelassen und ... da wurde der Ofen ... abgestochen und das Eisen kam dann raus, ..." Inmitten einer Industrieregion lebte der Junge jedoch zugleich eine bäuerliche Dorfkindheit. Das zeigen z.B. die Hinweise auf Pferdeställe und Nebenerwerbsbetriebe in Zeichnung und Erzählung.

3. Straße als Spielort: Den Hauptspielort bildete die Straße vor dem elterlichen Haus, die der Befragte als erstes gezeichnet hatte. Wie bereits geschildert, diente dieser Ort als Treffpunkt für situative Gruppenbildungen. Weiterhin stand dieser Ort unter der sozialen Aufsicht von Nachbarn, sodaß das Gelände, auf dem die Kinder sich bewegten, geschützt war. Die Tätigkeiten der Kinder richteten sich nach den orts- und jahreszeitlich gebundenen Möglichkeiten dieses multifunktional genutzten Raumes.

4. Begrenzung des Nahraumes: Die Begrenzung des geschlossenen kindlichen Nahraumes bildeten natürliche Grenzen wie Fluß und Bach. Der Befragte skizziert eine geschlossene Grenze um seinen Nahraum, in dem er sich mit 10 Jahren aufgehalten hat. Partiell überschritt er diese Grenzen. Mehr als 600 Meter entfernte er sich in diesem Alter jedoch nicht selbständig vom elterlichen Haus. Der Kindergarten lag außerhalb dieses Bereiches. Ein Besuch dieser Einrichtung sei für einen Handwerkersohn in dieser Zeit selten gewesen. Selten für diese Zeit war allerdings auch der Besitz eines Autos; die Familie nannte einen

PKW ihr eigen, so daß regelmäßige Sonntagsausflüge (bis 20 km) zu diesem Kinderleben dazugehörten. Auch um die Ferien „in der Stadt" bei Verwandten zu verbringen (8 km), für Arztbesuche (5 km) und für den Besuch des Großvaters (15 km) wurde der Raum in Begleitung der Eltern verlassen.

Tommy, der Enkelsohn lebt 1990 als „Draußenkind" eine Mischform zwischen Straßenkindheit und verhäuslichter Kindheit. Betrachten wir die Karte: Es fehlen gezeichnete Häuser vom Typ des „Nachbarhauses", stattdessen finden wir Häuser persönlicher Bezugspersonen, Häuser von Freunden, Freundinnen, das Haus der Großmutter. Die Kennzeichnung gesonderter Spielorte für Kinder verweist - vergleichen wir mit den Spielorten, die der Großvater nennt -, auf eine Separierung der Altersgruppen. Funktionale Räume haben die multifunktionale Straße ersetzt. Tendenzen zur Verinselung des Lebensraumes werden ersichtlich. Tommy besucht Institutionen außerhalb der direkten Nachbarschaft. Das Fahrrad dient ihm als selbstverständliches Fortbewegungsmittel und zur Erprobung sportiver Kompetenzen. In Begleitung seiner Eltern verläßt er mehrmals wöchentlich den Nahraum. Weiterhin fährt er selbständig jeden Tag mit dem Bus zur Schule. In der Skizze finden wir anstelle eines Schulgebäudes eine Bushaltestelle, die symbolisch für die entfernt liegende Schule steht. Im Gegensatz zur Raumskizze seines Großvaters befindet sich die Schule bei Tommy im Außenrahmen der Zeichnung, der für „einmalig" und „weiter entfernte Orte" steht.

1. Treffpunkte der Gleichaltrigengesellschaft: Spontane Treffen mit Kindern auf der Straße wechseln ab mit gezielten Verabredungen in der Schule oder telefonischen Vereinbarungen. Dann treffen sich die Kinder für das Drinnenspiel jeweils bei einem der Freunde zuhause. „Wir spielen eigentlich mit Computer. ... wir spielen, hören Kassetten, also spielen mit Lego auch." Oder aber das jeweilige Haus wird Ausgangspunkt für unterschiedlichste Aktivitäten im Freien. Dabei strukturieren feste Freundschaften das soziale Beziehungsnetz des Jungen.

2. Einsicht in Arbeitsvollzüge: In Tommys Wohnumgebung finden sich keinerlei Hinweise auf Arbeitsstätten, die dem Kind Einblicke in erwachsene Arbeitsvollzüge gestatten würden. Das verweist auf eine zunehmende „Verhäuslichung" von gewerblicher Arbeit einerseits, aber auch auf die Separierung des neuen Wohngebietes, in das die Familie gezogen ist. Stattdessen finden sich, im Gegensatz zur Karte vom Großvater, in Tommys Karte sichtbare Hinweise auf selbstgestaltete kindliche Rauminseln (Phantasie und Abenteuer) innerhalb der Wohnumwelt.

3. Straße als Spielort: Die kurvenreiche Straßenführung, die Tommy zeichnerisch darstellt, können wir als Hinweis deuten, daß der Junge Straßen in der näheren Umgebung als sportiven Erfahrungsraum nutzt. Da er an keiner Durchgangsstraße wohnt, kann die Straße vor dem Wohnhaus als verkehrsarm beschrieben werden. Für Tommy ist wichtig, „daß hier nicht so 'ne wilde Straße ist. Daß die hier nicht so besonders wild fahren. Daß ich schön spielen kann auf der Straße". Die Strecken zum Spielplatz und zum Fußballplatz führen aus seinem Nahraum hinaus und werden ebenfalls als Ziel zur Ausübung sportlicher Aktivitäten genutzt. „Ich fahr da eigentlich nur, also in so'm Gelände. Ich fahr da oben immer hin. Um Muskeln zu trainieren ... Ich fahr im Wald rum. Zehn Kilometer oder so." Wurde der kindliche Bewegungsraum des Großvaters um 1930 noch überwiegend zu Fuß beschritten, so könnte der Bewegungsraum von Tommy als „Fahrradraum", mit all seinen Konsequenzen für räumlich-zeitliche Wahrnehmung, bezeichnet werden. Vermutlich löst die gesteigerte Geschwindigkeit der Fortbewegung den traditionellen Kinderschleichweg vorheriger Generationen ab, der genutzt wurde, um sich der Kontrolle der Erwachsenenwelt zu entziehen. Jedenfalls gibt Tommy an, einen „Schleichweg sowieso nicht" zu haben. Zu seinen sportiven Aktivitäten auf der Straße zählen „Laufen, Rollschuh fahren und Fahrrad fahren".

4. Begrenzung des Nahraumes: Tommy vermerkt die Entfernungen zwischen einzelnen Orte in Zeitangaben. D.h. die Ausdehnung der Strecken, die er selbständig meist mit dem Fahrrad oder aber per Auto mit den Eltern zurücklegt, kennzeichnet er in Minuten. Tommy erklärt zunächst, daß es keine offiziellen Grenzen für ihn gäbe. „Eigentlich sagt die (Mutter) nie was, sei nicht so weit weg." Später zeichnet er aber doch eine Grenze (stark befahrene Straße) ein. Diese Straße, die er nicht selber überqueren soll, führt zum Sportplatz in 4 km Entfernung. Dorthin wird er von den Eltern mit dem Auto gebracht. Weiter gibt er an: „In die Stadt fahr ich sowieso noch nicht." Die weiter entfernt liegenden Orte, die er in Begleitung der Eltern zurücklegt, hat er gedanklich in seine Nahwelt integriert. Da er alle Entfernungen in Minuten angibt, scheinen auch die weiter entfernten Strecken nah zu sein (z.B. Fußballplatz mit dem Auto in fünf Minuten; *„Bolzer"* alleine in drei Minuten).

Diese knappen Skizzen müssen an dieser Stelle genügen, um eine mögliche Richtung inhaltlicher Auswertung narrativer Landkarten am Beispiel von Kindheitsräumen zu illustrieren. Aus solchen themenbezogenen Fallbeispielen würden in einem Folgeschritt systematische und mehrdimensionale Vergleiche zum Prozeß der Modernisierung angestellt, der sich möglicherweise in solchen narrativen Landkarten niederschlägt. Zu diesem Zweck würden das Mittelglied, der Jungenraum des Vaters Ende der 50er Jahre, sowie weitere - männliche wie weibliche - Beispiele von anderen Drei-Generationen-Familien herangezogen werden

5. Mögliche Auswertungsverfahren

Der schwierigere Teil der Untersuchungsmethodik bezieht sich auf die Phase der Auswertung. Im weiteren werden einige Möglichkeiten vorgestellt. Wir beginnen mit Verfahren, die sich auf die Auswertung der Raumzeichnung beziehen, stellen sodann einige Auswertungsideen vor, die auf der Dokumentation des Entstehungsprozesses der Raumzeichnung aufruhen, um in einem dritten Teil „synthetisierende" Auswertungsmethoden vorzustellen, in denen die räumliche und die zeitlich-prozessuale Seite der Untersuchung zusammengeführt werden. Abschließend gehen wir auf die Frage monografischer Auswertung und auf die Möglichkeiten ein, die systematische Vergleiche bieten. Bei alledem ist zu bedenken, daß im Bereich der Auswertung narrativer Landkarten noch einige Entwicklungsarbeit notwendig ist, um den möglichen Ertrag des Verfahrens im Rahmen sozialwissenschaftlicher und biografischer Lebensweltforschung einzuholen.

5.1 Auswertung der gezeichneten Landkarte

In diesem Fall konzentriert sich die Auswertung auf das fertige Produkt, die vorliegende Zeichnung, und klammert den Prozeß der Entstehung und verbale Erläuterungen zur subjektiven Karte seitens der Zeichnenden aus. Diese Form der Analyse hat die längste Tradition, da in der Vergangenheit subjektive Landkarten vielfach als singuläres Untersuchungsinstrument, ohne narrative Teile, eingesetzt wurden. Die Zielrichtung der Auswertung ist in diesem Fall ganz auf die räumlichen Bildqualitäten ausgerichtet, unter Vernachlässigung aller zeitlichen Bezüge persönlicher Lebensräume.

Ausgewertet werden können alle Raumelemente, die in der Zeichnung zum persönlichen Nahraum enthalten sind. Das sind im allgemeinen: 1. Orte (z.B. Wohngrundstück; Schule; Friedhof; Versteck); 2. Wege (z.B. Hauptstraße, Feldweg); 3. Objekte (z.B. Haus, Baum, Verkehrsschild). Dazu kommen je nach Fragestellung einer Untersuchung: 4. Grenzen oder Barrieren (z.B. Hauptverkehrsstraße als Ende des Lebensraumes; tabuisierte Gegenden); 5. Personen (z.B. Nachbarn, Freunde); 6. (alltägliche) Handlungen (z.B. Einkaufen; Fußballspielen); 7. (biografische) Erlebnisse (z.B. Ort des ersten Kusses). Die Elemente werden in Inventarlisten eingetragen und sinnfällig vercodet, indem zum Beispiel Gruppen von Landschaftsobjekten oder Gruppen von Wegen (alle „offiziellen Verkehrsstraßen", alle „informellen Wege") gebildet werden. Es liegt nahe, hier quantifizierend zu verfahren, Häufigkeiten zu bilden, Rangreihen, auch Maßzahlen. Welche Elemente überwiegen in einer Zeichnung; welche Typen von Objekten kommen am zahlreichsten vor; wieviele Straßen durchziehen den persönlichen Lebensraum; wieviel Raum nehmen Wegelemente in der Gesamtzeichnung ein usw.?

Diese Raumelemente können in zweierlei Hinsicht weiter analysiert werden. Eine Analyserichtung fragt danach, wie diese Elemente gezeichnet worden sind. Solche Qualitäten in der Darstellung können beispielsweise sein, wie groß die Elemente ausfallen, wie detailliert, ob und wie sie beschriftet wurden u.ä. Eine zweite Analyserichtung bezieht sich auf die Lage der Elemente innerhalb der Gesamtzeichnung. Entsprechende Fragen lauten: Ist die Lage von Elementen zentral oder peripher? Welche Elemente sind einander zugeordnet (Clusterung), wie verhält es sich mit räumlicher Distanz und Nähe? Bei solchen Analysen bietet es sich an, auf bekannte geometrische Grundfiguren zur Interpretation zurückzugreifen. In der Kindheitsforschung, die Prozesse der Modernisierung von Kindheitsräumen untersucht, ist die typologische Gegenüberstellung von „verinselten" - unterschiedliche Handlungsorte, getrennt durch ein „Meer" von Wegen - und „geschlossenen" Lebensräumen - letztere etwa als konzentrische Kreise von nahem zu fernem Raum gedacht - populär (ZEIHER/ZEIHER 1994; BAACKE 1989). Wir können die Zeichnung also daraufhin untersuchen, welchem Idealtypus von Nahraum sie eher entspricht. Bereits die persönlichen Landkarten der Kinder auf der „Barmbeker Insel" im Hamburg der 30er Jahre wurden von M. MUCHOW und H. H. MUCHOW (1935/1980) auf ihre geometrische Figuration als „Fünfecke", „Dreiecke" usw. hin betrachtet. Die Analyse der räumlichen Qualitäten von subjektiven Landkarten steht und fällt mit der Plausiblität eines zentralen Axioms, das besagt, es gäbe eine Homologie des auf Papier gezeichneten Raumes und des psychologischen oder „inneren" Raumes des Zeichnenden. Wenn also ein Haus, das Elternhaus oder das Haus eines Freundes, groß, detailliert und in die Mitte des Blattes gezeichnet wurde, so schließen wir daraus, daß der dargestellten Zentralität höchstwahrscheinlich eine psychologische Zentralität des Hauses in der Lebenswelt entspricht. Für ebenso bedeutungsvoll halten wir es, wenn der oder die Zeichnende den Eingangsimpuls in der Weise abändert, daß nur ein vereinzelter Ort dargestellt wird, zum Beispiel ein kleiner Spielpark oder die Fassade des Elternhauses, während andere Elemente völlig ausgelassen werden. In diesem Fall schließen wir die Vermutung an, daß der persönliche Lebensraum sehr eingegrenzt und auf den dargestellt Ort psychologisch „fixiert" sein könnte. Wir haben eingangs darauf hingewiesen, daß die Homologie von gezeichnetem und psychologischem Raum aus verschiedenen Gründen mehr oder weniger unvollkommen ausfällt, ein Umstand, der die Gültigkeit unserer Interpretation immer aufs Neue in Frage stellt. Die Schlüssigkeit ist vielfach bei einer Beschränkung auf die gezeichnete Landkarte als einziger Quelle nicht gut zu belegen. Das ist ein Hauptgrund, warum wir eine Erweiterung der Methode gezeichneter Landkarten vorgenommen haben.

Ein Hilfsmittel zur Validierung steht allerdings zur Verfügung, das sich noch ganz auf die Ebene der gezeichneten Landkarte bezieht, und das auch vielfach genutzt wurde und wird. Die subjektive Landkarte läßt sich mit „objektiven", besser: offiziellen Kartenwerken konfrontieren. Verfügbare Karten des Wohnortes oder des Wohnquartiers liefern eine Möglichkeit zur „externen Validierung", das heißt anhand eines von der Zeichnung unabhängigen Außenkriteriums. Offizielle Karten sind, entsprechend ihrem Verwendungszweck für Verwaltung, Tourismus usw., relativ normiert und personunabhängig; ferner folgt der Weltausschnitt, der in ihnen thematisiert wird, anderen Selektions- oder Auswahlkriterien als im Fall der subjektiven Karten. Beide Differenzen ermöglichen es uns, die subjektiven Merkmale der Zeichnungen und die dahinter vermuteten subjektiven Eigenarten von Lebenswelten präziser zu bestimmen. Ein charakteristisches Verfahren der vergleichenden Auswertung besteht darin, „Verzerrungen" der subjektiven Landkarte zu fixieren. Diese können darin bestehen, daß in den persönlichen Zeichnungen die Lage der Raumelemente zueinander verändert wurden, daß die Längenmaße gegenüber den offiziellen Karten abweichen, daß bestimmte Raumelemente ausgelassen, andere hinzugefügt wurden. Ein probates Mittel, solche „Verzerrungen" aufzufinden, ist eine vollständige oder teilweise Übertragung der subjektiven Landkarte in eine offizielle Karte, die den gleichen Raumausschnitt umfaßt.

Durch offizielle Karten läßt sich ein zentrales Moment der subjektiven Landkarte, die Perspektive, unter der ein Lebensraum von Zeichnenden betrachtet wird, zuverlässig analysieren. Die Frage lautet hier: Wie stellen die Zeichnenden sich in den Raum, wohin blicken sie, wie ist die körperbezogene Achse ausgerichtet? Als Normfall wird hier das Nord-Süd und West-Ost-Schema der Kartographie unterstellt, wobei oben der Norden und rechts der Osten zu liegen hat. Die Zeichnenden können in ihren Skizzen einem solchen Schema folgen, sie können die Himmelsrichtungen aber auch verändern, sie können sogar die Blickrichtung im Verlauf des Zeichnens verändern und dadurch mehrere geographische Achsen simultan in einer Karte vereinen. Auch hier lautet die leitende Idee der Interpretation, daß uns die subjektive - mehr oder weniger spontane - Wahl von Himmels- und Blickrichtungen auf den eigenen Lebensraum etwas Bedeutsames über die Befragten und die Besonderheit ihres In-der-Welt-Seins mitteilen, das es zu entschlüsseln gilt.

5.2 Auswertung des Zeichen- und Erzählprozesses

Das von uns vorgeschlagene Verfahren der narrativen Landkarte ermöglicht eine zweite Richtung der Auswertung, die sich auf den Prozeß stützt, in dessen Verlauf die fertige Handskizze entsteht. Entscheidende Anhaltspunkte bieten in diesem Fall nicht die Elemente von Räumlichkeit, die in einer Landkarte enthalten sind, sondern Merkmale der zeitlichen Linearität, die in der Dokumentation des Entstehungsprozesses, die oben beschrieben wurde, enthalten sind. Im Ergebnis, der fertigen Landkarte, ist der persönliche Lebensraum synchron oder simultan wiedergegeben, unter Ignorierung der zeitlichen Ausdehnung dieses Raumes. Im Prozeß des Stegreifzeichnens finden wir dagegen Elemente einer „zeichnerischen Narration". So läßt sich beobachten, daß Zeichnende im Geiste die Wege und Orte abschreiten, während sie diese mit dem Stift, im kleineren Maßstab und symbolisch verkürzt, zu Papier bringen. Biografische Lebensräume haben zudem eine mehr oder weniger lange zeitliche Ausdehnung, die in der Skizze ignoriert wird. Durch die Erzählungen und Erläuterungen beim Anfertigen der Landkarte gerät die zeitliche Dimension in den Blick. Die Zeichnenden verweisen auf räumliche Nutzungen, die mit dem eigenen Lebensverlauf Wandlungen unterworfen waren („Diese Wege oder Orte nutzte ich erst später" oder „schon früher"); sie erläutern Veränderungen, die durch Zerstörung, Verfall oder Modernisierung nebst Bebauung zustandekamen („da, wo früher der Feldweg war, ist jetzt ein Parkplatz"); sie integrieren zyklische Zeiten, Tages- und Jahreszeiten in die Karte („hier spielten wir nur im Sommer, nur am Abend").

Auch bei diesem Typ von Auswertung, der relativ unabhängig vom fertigen Produkt, der Landkartenskizze, betrieben werden kann, folgt die Auswertung einem axiomatischen Satz. Danach unterstellen wir, daß die zeitliche Abfolge der Zeichenhandlungen nicht zufällig ist. Das Nacheinander der einzelnen Zeichenakte folgt einerseits einer inneren, psychologischen Ordnung. Die Zeichnenden aktualisieren zunächst jene Raumelemente, die in ihrem subjektiven Relevanzsystem von besonderer Bedeutung sind, die ihnen „auf den Nägeln brennen", womit sich besondere persönliche Erlebnisse verbinden usw. Ebenso „vergessen" sie nicht zufälligerweise andere Elemente. Zur psychologischen Ordnung des Zeichenprozesses tritt eine äußere Logik hinzu, die sich aus der Struktur des Zeichnens und damit zusammenhängenden Gewohnheiten und

Fertigkeiten ergibt. Analog zur Suche nach „Erzählzwängen" (SCHÜTZE 1987) in der biografischen Narration können wir hier von „Zeichenzwängen" sprechen. Mit den ersten Entscheidungen, etwa mit einem Haus oder einer Straße zu beginnen, diese in einer bestimmten Größe zu zeichnen, sie an einer bestimmten Stelle des Blattes zu plazieren - zumeist, nicht immer, in der Mitte -, sind implizit Festlegungen für die weiteren Zeichenschritte enthalten. Je weiter der Prozeß des Zeichnens voranschreitet, um so stärker engen sich die Wahlmöglichkeiten für die nachfolgenden Zeichenschritte ein. Nachfolgende Objekte können nur noch in einer bestimmten Größe gezeichnet werden (oftmals geraten sie entsprechend kleiner); räumliche Entfernungen zwischen Objekten werden von den Begrenzungen eines Zeichenblattes mitdiktiert („Appendixe" oder zeichnerische Exkurse entstehen; ein Blatt wird noch angehängt u.a.). Eine innere Logik des Zeichnens, die allerdings auch durchbrochen werden kann, besagt, daß Nebeneinanderliegendes unmittelbar nacheinander gezeichnet wird - auch hier also eine Form zeichnenden „Abschreitens" des Skizzenblattes. Erst in einem fortgeschrittenen Stadium der Skizze werden noch einzelne Ergänzungen angebracht, und in diesem Fall „springen" die Zeichnenden dann über ihre Landkarte. Typischerweise erzeugt der Nachfrage- und Leitfragenteil solche zeichnerische Unstetigkeit. Die Aufgabe der Interpretation besteht darin, das Mit- und Gegeneinander von „Zeichenzwängen" und „innerpsychologischen Zwängen" so weit es geht zu entwirren und Schlußfolgerungen für die subjektiven Relevanzen der persönlichen Lebenswelten zu ziehen.

Ähnlich wie bei manchen textbasierten Interpretationsverfahren erhalten der erste - oder die ersten - Eintragung(en) ein besonderes Gewicht bei der prozeßorientierten Interpretation. Wenn das Elternhaus, das Haus des besten Freundes oder eine Spielstraße als erstes in einer bestimmten Weise und an einer bestimmten Stelle der Landkarte gezeichnet wurden, so wird der Bedeutung dieses Zeichenanfanges im Rahmen einer intensiveren Interpretation nachgegangen.

Die Tonaufzeichnungen und die Interviewernotizen vom Prozeß des Zeichnens enthalten die Möglichkeit, die für die verschiedenen Teile der Lebensraumzeichnung verwendete Zeit zu fixieren. Auf diese Weise können die Länge von Erzählzeiten, längere Phasen des Nachdenkens, Sich-Erinnerns und der gedanklichen Antizipation des Zeichenprozesses quantifiziert, miteinander verglichen und interpretiert werden.

5.3 Synthesebildende Auswertung - Triangulation

Da die Erhebungssituation narrativer Landkarten mehrschichtig angelegt ist, liegt es nahe, die Auswertung so anzulegen, daß die verschiedenen Schichten oder Ebenen wieder zusammengeführt werden. Wir können dieses Verfahren der Synthetisierung vorliegender Untersuchungsteile entsprechend einem vielgebrauchten Term als „Triangulation" (FLICK 1991) bezeichnen, nur daß in diesem Fall nicht unabhängige Erhebungsmethoden oder differierende Datenquellen zusammengeführt werden, sondern daß die Vielschichtigkeit innerhalb der komplexen Methode selbst vorliegt. Im Fall der narrativen Landkarte werden im Sinne der Triangulierung folgende Elemente - wie im vorigen Abschnitt erläutert - zusammengeführt:

1. Die spontane Stegreifzeichnung (Landkarte) als Produkt.
2. Die angeleitete Stegreifzeichnung (Folie) als Produkt.
3. Die Dokumentation des Zeichenprozesses durch ForscherInnen (Interviewerblatt).
4. Die Erläuterungen zum Zeichenprozeß durch Befragte (Tonkassette; Umschrift).

Hinzu kommen gegebenenfalls methodische Verfahren, die ergänzend zur narrativen Landkarte angefertigt wurden und die zwecks Triangulation einbezogen werden können. Hierbei handelt es sich zum Beispiel um:

A Subjektiver Wohnungsgrundriß (privater Lebensraum).
B Begehungsprotokolle (ForscherIn; u.U. zusammen mit Interviewten).
C Fotografische Dokumentation des Lebensraumes.
D Tageslaufprotokolle.
E Offizielle Gemeinde- und Quartierskarten.

Die erste Aufgabe der Triangulation ist eine kompensierende. Die verschiedenen Elemente der narrativen Landkarte sind phasen- oder fallweise von unterschiedlicher Qualität. Schwachstellen der Zeichnung lassen sich verbessern, wenn wir die anderen Untersuchungsmedien mit einbeziehen. Bei undeutlichen oder ausgelassenen Raumelementen in der Zeichnung können wir die verbalen Äußerungen der Interviewten hinzuziehen. Dort wird oftmals erläutert, was für Befragte schwer oder nicht zu zeichnen war, welche Bedeutung ein Element hatte usw. Umgekehrt lassen sich manche undeutlich gesprochenen, knappen, mehrdeutigen Erzählungen und Bemerkungen zuverlässiger interpretieren, wenn wir die Zeichnung zu Hilfe nehmen.

Generell läßt sich die größere Mehrdeutigkeit visueller Äußerungen gegenüber verbalen Äußerungen auf dem Weg der Triangulierung verringern. Wir sind sicherer, daß ein Pferdestall, der in der Mitte des Blattes groß und detailliert gezeichnet wurde, auch subjektiv hohe Relevanz signalisiert, wenn der oder die Befragte diesen Sachverhalt in ihren Erläuterungen zum Zeichnen zusätzlich in entsprechende Worte kleidete. Die Grundregel der Validierung lautet in diesem Fall: Wenn bestimmte Eigenarten des Lebensraumes in möglichst vielen, wenn nicht allen Elementen des Instrumentes gleichsinnig auftreten, erhöht sich die Wahrscheinlichkeit, daß es sich um gültige Aussagen über diese Eigenarten handelt.

Ein schwer zu lösendes Grundproblem jeder Triangulierung ist, wie die umfänglichen Prozeduren des wechselseitigen Abgleichens der verschiedenen Teil-Instrumente glaubhaft und zugleich lesbar für die Rezipienten (Lesenden) einer Untersuchung dokumentiert werden können. Von den AutorInnen und einigen weiteren KollegInnen wurde hierzu ein Verfahren entwickelt, das auch im Fall von narrativen Landkarten anwendbar ist. Die Prozedur des Triangulierens soll danach in ein schriftliches Zwischenprodukt münden, das als „wissenschaftlicher Quellentext" bezeichnet wird (FRIEBERTSHÄUSER 1992, 101-106; APEL et. al. 1995). Der „wissenschaftliche Quellentext" soll so abgefaßt sein, daß darin das gültige Material aus den unterschiedlichen (Teil)Instrumenten, die in die Triangulation einbezogen wurden, in einem Text vereint und konsistent präsentiert wird und dadurch den Rezipienten/Lesenden einen eigenen Rückgang auf das Rohmaterial der Untersuchung - was in der Forschungspraxis ohnehin sehr selten erfolgt - erspart. Die Auswahl der Aspekte, die in den „wissenschaftlichen Quellentext" einfließen, erfolgt gemäß den zuvor formulierten (relativ breit ausgelegten) Auswertungsfragen. Interpretative Schlußfolgerungen bleiben einem eigenen Text vorbehalten; der Zusammenhang zwischen Quellentext und Interpretationstext muß für die Rezipienten der Untersuchung in jedem Fall direkt nachvollziehbar bleiben.

5.4 Monografien und Vergleiche als Auswertungsstrategien

Gemäß der holistischen Grundkonzeption, die der narrativen Landkarte zugrundeliegt, liegt es auf der Hand, dieses Instrument in monografischer Form auszuwerten. Wissenschaftliche Quellentexte beziehen sich in diesem Fall auf den Lebensraum jeweils einer Person und umgreifen alle unter bestimmten Fragestellungen erhobenen Materialien. Einzelfälle gewinnen allerdings erst wissenschaftliche Relevanz, wenn sie miteinander verglichen werden (können). Die Grundlage hierfür bietet die beschriebene relative Standardisierung von narrativen Landkarten in allen Untersuchungsetappen. Verschiedene Formen des Vergleichens sind denkbar. So ist es beispielsweise möglich, nach externen soziodemografischen Kriterien Vergleichsgruppen zu bilden. Wir können narrative Landkarten von Jungen und Mädchen miteinander vergleichen, von Kindern verschiedener Altersgruppen, von Kindern aus städtischen Groß- und provinziellen Kleingemeinden usw.

Spezifischer für die Möglichkeiten, die narrative Landkarten bieten, ist es, die lebensgeschichtliche Dimension einzubeziehen und narrative Landkarten zu verschiedenen Lebensabschnitten der Kindheit (Vorschulkind - Grundschulkind - Kind in weiterführender Schule) oder über den gesamten Lebenslauf hinweg anfertigen zu lassen. Narrative Landkarten eignen sich hervorragend, den Wandel persönlicher Nahwelten in Abhängigkeit von Lebensalter und Lebenssituation nachzuzeichnen, wobei insbesondere gerontologische Fragestellungen von Bedeutung sein könnten.

Die neuere Umweltpsychologie betont - darauf wurde eingangs hingewiesen - die Bedeutung von persönlich geteilten und von nicht geteilten Umwelten von Menschen, die in einem sozial-räumlichen Mikrokosmos zusammenleben (KREPPNER 1989, 301f). Mitglieder einer Familie, einer Clique oder einer Schulklasse, die den äußeren Alltag über weite Strecken miteinander teilen, können in sehr differierenden persönlichen Umwelten leben. Aus dieser Perspektive erscheint ein Vergleich narrativer Landkarten besonders vielversprechend, der mit der Methode der kleinstmöglichen Differenz arbeitet. Wie steht es mit geteilten und nicht geteilten Umwelten von Ehepartnern, Geschwistern, Freundespaaren? Entsprechend läßt sich fragen: Wie stellen sich die subjektiven Landkarten von Kindern dar, die in der gleichen Straße, im gleichen Haus wohn(t)en, die die gleiche Schulklasse besuch(t)en?

6. Schlußbemerkungen

Wir möchten abschließend auf die Vielfalt der Anwendungsmöglichkeiten des vorgestellten Verfahrens hinweisen. Diese ergeben sich u.a. daraus, daß narrative Landkarten je nach Untersuchungsabsicht auf einfache Art und Weise modifiziert werden können; neben sehr „schlanken" und einfach zu handhabenden Versionen spontanen Skizzierens von Lebensräumen stehen komplexe und vielschichtige Varianten wie die hier vorgestellte narrative Landkarte. Durch seine Flexibilität ist das Instrument bei unterschiedlichen Populationen anwendbar, beginnend bei Grundschulkindern und endend bei Senioren, und kann sowohl als gegenwartsbezogen-sozialwissenschaftliche wie als biografisch-historische Methode eingesetzt werden. Naheliegend ist auch der Kontext von Handlungsforschung. In diesem Fall erhalten die Befragten eine direkte Rückmeldung, werten vielleicht die Handskizzen - unter Anleitung - selbst aus, und vermögen über handlungspraktische Konsequenzen nachzudenken. Die Nähe zu bestimmten Unterrichtspraxen (Handzeichnung) und Unterrichtsfächern (Geographie, Kunst, Geschichte) ermöglicht es, die Methode als Teil „forschenden Lernens" in schulische Lernprozesse zu integrieren. Die besondere politisch-pädagogische Relevanz des Instrumentes ergibt sich aus der historischen Gefährdungssituation des öffentlichen Nahraumes in handelnder Reichweite. Dieser Weltabschnitt wird durch private Binnenräume, durch Fernräume, neuerdings auch durch virtuelle Räume in seiner Bedeutung gemindert. Das gilt jedoch nicht für signifikante Teile der Bevölkerung, die in besonderer Weise nach wie vor von der Qualität oder Nichtqualität dieses „primären" Segmentes des Lebensraumes abhängig sind: dazu gehören, wie dargestellt, Kinder, Jugendliche oder ältere Menschen, aber genauso Behinderte oder „gettoisierte" Immigrantengruppen. In diesem Umstand zeigt sich die verborgene Brisanz und pädagogisch-politische Parteilichkeit des Verfahrens.

Literatur

ALTMAN, Irwin 1975: Environment and social behavior: Privacy, territoriality, personal space and crowding. Monterey, California.

ALTMAN, Irwin/Joachim F. WOHLWILL 1978 (Ed.): Children and Environment. Human Behavior and Environment. Advances in Theory and Research, Vol.3. New York/London.

APEL, Helmut/Steffani ENGLER/Barbara FRIEBERTSHÄUSER/Burkhard FUHS/Jürgen ZINNECKER 1995: In: KÖNIG, Eckard/Peter ZEDLER (Hg.): Bilanz qualitativer Forschung. Band II: Methoden. Weinheim. 343-375.

BAACKE, Dieter 1989: Die 6-12jährigen. Einführung in Probleme des Kindesalters. Weinheim/Basel.

BAHRDT, Hans Paul 1961: Die moderne Großstadt. Soziologische Überlegungen zum Städtebau. Reinbek.

BEHNKEN, Imbke/Manuela DU BOIS-REYMOND/Jürgen ZINNECKER 1989: Stadtgeschichte als Kindheitsgeschichte. Lebensräume von Großstadtkindern in Deutschland und Holland um 1900. Opladen.

BEHNKEN, Imbke/Jürgen ZINNECKER 1991a: Modernisierung von Kindheit im inter- und intragenerativen Vergleich. Familien- und regionbezogene Fallstudien von Kindern, Eltern und Großeltern. Programm. Informationen zur Studie. Siegen. 1.

BEHNKEN, Imbke/Elke LEPPIN/Manuela LUTZ/Judith PASQUALE/Annette WOJTKOWIAK/Jürgen ZINNECKER 1991b: Modernisierung von Kindheit im inter- und

intragenerativen Vergleich. Familien- und regionbezogene Fallstudien von Kindern, Eltern und Großeltern. Methoden Manuale. Siegen. 2.
BEHNKEN, Imbke/Stefanie BISSIGKUMMER-MOOS/Manuela LUTZ/Judith PASQUALE/Jürgen ZINNECKER 1994: Modernisierung von Kindheit im inter- und intragenerativen Vergleich. Familien- und regionbezogene Fallstudien von Kindern, Eltern und Großeltern. Arbeitsbericht. Siegen. 11.
BERTELS, Lothar/Ulf HERLYN 1990: Lebenslauf und Raumerfahrung. Opladen.
CARLSTEIN, Tommy/Don PARKES/Nigel THRIFT 1978 (Ed.): Time space and spacing time. Human activity and time geography. London.
DOWNS, Roger M./David STEA 1973 (Ed.): Image and Environment. Cognitive Mapping and Spatial Behavior. Chicago.
DOWNS, Roger M./David STEA 1982: Kognitive Karten: Die Welt in unseren Köpfen. New York.
FLICK, Uwe 1991: Triangulation. In: FLICK, Uwe/Ernst VON KARDOFF/Heiner KEUPP/Lutz VON ROSENSTIEL/Stephan WOLFF (Hg.): Handbuch Qualitative Sozialforschung. München. 432-434.
FRIEBERTSHÄUSER, Barbara 1992: Übergangsphase Studienbeginn. Eine Feldstudie über Riten der Initiation in eine studentische Fachkultur. Weinheim/München.
GIDDENS, Anthony 1988: Die Konstitution der Gesellschaft. Grundzüge einer Theorie der Strukturierung. Frankfurt a.M./New York.
GÖRLITZ, Dietmar/Hans Joachim HARLOFF/Jaan VALSINER/Barbara HINDING/ Günter MEY/Ute BITTERFELD/Richard SCHRÖDER (Hg.) 1993: Entwicklungsbedingungen von Kindern in der Stadt. Herten.
HART, Roger 1979: Children's Experience of Place. New York.
JACOB, Joachim 1987: Kinder in der Stadt. Freizeitaktivitäten, Mobilität und Raumwahrnehmung. Pfaffenweiler.
KREPPNER, Kurt 1989: Familiale Sozialisation. In: NAVE-HERZ, Rosemarie/Manfred MARKEFKA (Hg.): Handbuch der Familien- und Jugendforschung. Band 1: Familienforschung. Neuwied/Frankfurt a.M.
LIBEN, Lynn S./Roger M. DOWNS 1989: Understanding maps as symbols: The development of map concepts in children. In: Advances in Child Development and Behavior. Vol. 22. 145-201.
LIPPITZ, Wilfried 1989: Räume von Kindern erlebt und gelebt. Aspekte einer Phänomenologie des Kinderraumes. In: RITTELMEYER, Christian (Hg.): Phänomenologie der kindlichen Erfahrungswelt. Bad Heilbrunn. 93-106.
LUTZ, Manuela 1991: Manual 4 - Erwachsene. Subjektive - und Objektive Landkarte des Kindheitsraumes. In: BEHNKEN, a.a.O. 1991a. 81-111.
LYNCH, Kevin (Hg.) 1977: Growing up in cities: Studies of the Spatial Environment of Adolescence in Cracow, Melbourne, Mexico City, Salta, Toluca and Warszawa. Cambridge, Massachusetts.
MUCHOW, Martha/Hans Heinrich MUCHOW 1935/1980: Der Lebensraum des Großstadtkindes. Mit einer Einführung von Jürgen Zinnecker. Bensheim.
PASQUALE, Judith/Jürgen ZINNECKER 1992: Modernisierung von Kindheit im inter- und intragenerativen Vergleich. Familien- und regionbezogene Fallstudien von Kindern, Eltern und Großeltern. Tommy - Monografie einer Kindheit. Siegen. 5.
SCHÜTZ, Alfred/Thomas LUCKMANN 1975: Strukturen der Lebenswelt. Neuwied/ Darmstadt.
SCHÜTZE, Fritz 1987: Das narrative Interview in Interaktionsfeldstudien I. Studienbrief der Fernuniversität Gesamthochschule Hagen. Kurseinheit I. Hagen.
STÜCKRATH, Fritz 1963: Kind und Raum. Psychologische Voraussetzungen der Raumlehre in der Volksschule. München.
WARD, Colin 1978: Das Kind in der Stadt. Frankfurt/Main.
ZEIHER, Helga/Hartmut J. ZEIHER 1994: Orte und Zeiten der Kinder. Soziales Leben im Alltag von Großstadtkindern. Weinheim und München.

Eva Marsal

Erschließung der Sinn- und Selbstdeutungsdimensionen mit den Dialog-Konsens-Methoden

1. Einleitung

Vor etwa zwei Jahrzehnten entstanden im Rahmen des qualitativen Forschungsparadigmas die *Dialog-Konsens-Methoden*, die das Grundanliegen dieser hermeneutischen Richtung aufgriffen, die Sinn- und Verstehensdimension wieder in den Forschungsprozeß zu integrieren und damit eine unnötige Beschneidung der Forschungsergebnisse auf manifeste, beobachtbare Daten zu vermeiden. In Weiterführung der philosophischen, sprachwissenschaftlichen und kommunikationstheoretischen Traditionen wird der Verstehensprozeß, also die Interpretation der Forschungsdaten hier allerdings nicht wie bei der *monologischen Hermeneutik* (SOMMER 1982) durch einen Einigungsprozeß der Wissenschaftler herbeigeführt, sondern durch einen Konsens zwischen dem Forscher und dem Erforschten, weshalb die Begründer dieses Ansatzes von einer *dialogischen Hermeneutik* (GROEBEN 1986; DANN 1992) sprechen. Standardisierte Regelsysteme, die sich die Versuchsperson aneignet, sorgen dafür, daß sie dem wissenschaftlichen Dialog gewachsen ist und ihre *Selbstdeutungen* gegenüber den *Fremddeutungen* vertreten kann. Inhaltlich wird dabei lediglich der Verstehensprozeß selbst thematisiert und sichergestellt, daß die Versuchsperson in der von ihr beabsichtigten Art und Weise vom Wissenschaftler verstanden worden ist, also die *Rekonstruktions-Adäquanz* gewährleistet ist. Dieser argumentative Prozeß der Wahrheitsfindung wird in Anlehnung an die *Frankfurter Schule dialog-konsenstheoretisches Wahrheitskriterium* genannt. Inwiefern die dabei entwickelten Interpretationen der Innensicht allerdings der äußeren Realität entsprechen, wird in einem davon unabhängigen zweiten Forschungsschritt aus der Außenperspektive überprüft, also mit Hilfe des *falsifikationstheoretischen Wahrheitskriteriums*. Da hierbei vor allem mit *quantitativen* Methoden herausgefunden wird, ob die Selbstdarstellungen der Versuchsperson tatsächlich mit ihren beobachtbaren Lebensäußerungen übereinstimmen, gehe ich auf diesen zweiten Forschungsschritt nicht weiter ein.

Die Bedeutung dieses Ansatzes liegt vor allem darin, *Handlungen* angemessen erforschen zu können. Nach Hans LENK (1978, 315f) sind Handlungen als zentrale und spezifische menschliche Ausdrucksform nämlich nicht einfach existierende und beobachtbare Ereignisse, sondern als deutend-interpretative Beschreibungen nur aus der Innenperspektive zu verstehen. LENK definiert

Handlungen als *Interpretationskonstrukte*, die erst durch die *Selbstinterpretation* des Handelnden ihre Bedeutung erhalten (vgl. dazu auch LENK & MARING in diesem Band). Deshalb müssen in einer realitätserfassenden Handlungsforschung die Selbstinterpretationen durch standardisierte Verfahren auf ein wissenschaftliches Niveau gehoben werden, d.h. es müssen Bedingungen hergestellt werden, die eine möglichst vollständige und zuverlässige Selbstauskunft der Versuchspersonen ermöglichen und auch flankierende Maßnahmen im Falle von *Selbsttäuschungen* einschließen. (SCHEELE & GROEBEN 1988, 13f) Die methodischen Verfahren zur Darstellung und Überprüfung dieser *Selbstinterpretationen* sind deshalb so angelegt, daß die Versuchsperson im Laufe des Forschungsprozesses über den thematischen Gegenstandsbereich eine präzise, elaborierte *Subjektive Theorie* entwickelt, die ihre Fähigkeit, Handlungsabsichten und Handlungszusammenhänge zu durchschauen, erhöht und damit ihre Kompetenz zur *Selbststeuerung*. Dadurch wird ergänzend zu den allgemeinen Forschungszielen der *Beschreibung, Erklärung* und *Prognose* auch das spezifisch erziehungswissenschaftliche Ziel der *Optimierung* (EDELMANN 1993, 2) angestrebt.
Im Bereich der Erziehungswissenschaften wurden bisher vor allem Handlungen von Lehrern und Schülern untersucht.

2. Wissenschaftstheoretische Einbettung

2.1 *Philosophiegeschichtliche Hintergründe*

Der philosophische Anstoß zu den *Dialog-Konsens-Methoden* kam von SOKRATES (470-399 v. Chr.). Der griechische Philosoph entwickelte eine Gesprächsführung, mit der er seinen Gesprächspartnern dazu verhalf, vorhandene Wissensstrukturen neu zu organisieren und so zu erweitern, daß ein sinnvoller Erkenntnisfortschritt erzielt wurde. Diese Technik nannte SOKRATES *Maieutik*, Hebammenkunst. Er verstand sich dabei als Geburtshelfer dieses Erkenntnisprozesses. So zitiert PLATON ihn im Dialog Theaiteos: „*Auf mich trifft dasselbe wie auf die Hebammen zu: Ich bringe keine klugen Gedanken hervor.... ich frage nämlich immer nur die anderen ... aber im Laufe unseres Zusammenseins machen alle ... für sich selbst ... überraschende Fortschritte. Und dabei lernen sie offensichtlich nie auch nur irgend etwas bei mir, sondern finden selbst viele hervorragende Wahrheiten bei sich selbst hervor.*" PLATON (Hrsg. Martens 1981, S. 31ff., gekürzt)
Die Göttinger Philosophen Leonard NELSON und Gustav HECKMANN charakterisieren die *Sokratische Methode* durch den folgenden Grundsatz: im argumentativen Gespräch soll das Selbstdenken mit Hilfe eines konkreten Fallbeispiels aktiviert werden und durch gemeinsames Abwägen auf der Grundlage des genauen und gegenseitigen Verstehens in einem vollständigen Konsens münden. Der Gesprächspartner, der einen Wissensvorsprung hat, darf dem anderen Gesprächspartner also keine Einsicht vorwegnehmen, die dieser auch

selbst hätten finden können. (Vgl. dazu auch Klaus KRAIMER; in diesem Band).

Das *Sokratische Gespräch* wurde von der *Frankfurter Schule* aufgegriffen und in Weiterführung der psychoanalytischen Methodik zum *dialog-konsenstheoretischen Wahrheitskriterium* (s.o.) entwickelt. Damit die Gesprächsteilnehmer auch wirklich in einem *herrschaftsfreien Rahmen* zu einer partnerschaftlichen Einigung gelangen können, entwickelte Jürgen HABERMAS (1968/1973) einen Bedingungskatalog für die *ideale Sprechsituation des Diskurses,* der in abgewandelter Form in das Design der *Dialog-Konsens-Methoden* aufgenommen wurde.

2.2 Die Menschenbildannahmen

Kennzeichnend für das qualitative Forschungsparadigma ist (im Gegensatz zu behavioristischen Reiz-Reaktions-Theorien) ein *Menschenbild*, das vor allem Reflexivität, potentielle Rationalität, Sprachfähigkeit, Emotionalität, oder die Handlungsfähigkeit der Menschen betont. Aus diesen Merkmalen folgt, daß intendierte menschliche Ausdrucksprozesse erst aufgrund von *Deutungen* zu verstehen sind. Da die Versuchsperson bei den Dialog-Konsens-Methoden diesen Deutungsprozeß partnerschaftlich mitgestaltet, und deshalb in diesem Paradigma der dialogischen Hermeneutik als UntersuchungspartnerIn (Erkenntnis-Objekt) im Gegensatz zum/r UntersucherIn (Erkenntnis-Subjekt) (DANN 1992, 38) bezeichnet wird, legte Norbert GROEBEN (1986, 49-83) ein ausgearbeitetes Menschenbild-Modell vor. Forschungshistorisch integrierte er dabei hauptsächlich die Handlungsphilosophie von LENK mit dem Ansatz von George KELLY (1955), der die Parallelität des Erkenntnisprozesses von Wissenschaftlern und Alltagsmenschen entdeckte und den Forschungsrichtungen, die sich mit impliziten, subjektiven Erklärungstheorien beschäftigen wie z.B. den *Attributionstheorien*, *Naiven* oder *Intuitiven Theorien* etc. Als zentrale Komponente wird aber in diesem dialogischen Paradigma die Handlungsfähigkeit und damit verbunden die Intentionalität angesehen, die nur durch interpretative Selbstbeschreibungen der agierenden Person in bezug auf ihre Handlungsabsicht und ihr angestrebtes Handlungsziel offengelegt werden; d.h., nur die handelnde Person kann ihr Motiv- und Überzeugungssystem mitteilen. Deshalb ist die Versuchsperson bei der Rekonstruktion ihrer *Subjektiven Theorie* ein gleichberechtigter Forschungspartner und der Wissenschaftler muß sich mit ihr im Dialog-Konsens einigen.

3. Hilfestellungen durch die methodische Vorgehensweise

Die meisten Dialog-Konsens-Verfahren sind als *Struktur-Lege-Techniken* aufgebaut. Bei dieser Technik werden die sprachlichen Aussagen in graphische Strukturabbildungen transformiert, d.h. Schaubilder der Subjektiven Theorie erstellt, die aus inhaltlichen Konzepten und formalen Verknüpfungsregeln bestehen.

Diese Schaubilder werden nach folgendem Grundmuster gewonnen: Der mehrphasige Forschungsverlauf beginnt mit einer Befragungseinheit zur Erhebung der Datenbasis. Hier kann der Untersuchungspartner die Inhaltsaspekte seines Wissenssystems herausarbeiten. In dieser Eingangsphase soll dabei metakommunikativ durch die Einführung in den Forschungsablauf eine vertrauensvolle Basis zwischen den Dialogpartnern hergestellt werden und auf die konfrontative Technik der 'Störfragen' hingewiesen werden, die die Essenz der hypothesenungerichteten und hypothesengerichteten Fragen pointieren. Während der Wissenschaftler bis zur nächsten Forschungseinheit aus diesem Interviewmaterial die relevanten Konzepte extrahiert, macht sich die untersuchte Person mit dem Regelwerk zur logischen Verknüpfung ihrer *Subjektiven Theorie* vertraut. Der erste Schritt der Datenauswertung gilt der Einigung über die extrahierten Konzepte; diejenigen, die Zustimmung fanden, werden nun mit Hilfe der Verknüpfungsregeln in getrennten Visualisierungsprozessen zu *Strukturbildern* gelegt. Der gemeinsame Arbeitsprozeß endet mit der im gleichberechtigten Dialog zusammengefaßten Konsens-Struktur.

Dieser generelle Verlauf, der von Norbert GROEBEN und Brigitte SCHEELE (1988) für die *Heidelberger Struktur-Lege-Technik* entwickelt wurde, variiert mit der Komplexität und Reichweite des jeweiligen Forschungsgegenstandes und der angezielten Population. So werden beispielsweise beim *Strukturierten Dialog* der Forschergruppe Gerhard TREUTLEIN et al (1984), für Lehrer und Schüler unterschiedliche Interviewleitfäden entwickelt.

Hilfreich für den Dialog-Konsens-Prozeß sind vor allem folgende Komponenten:

1. Die *kognitive Entlastung*, generell durch:
   – die *Inhalts- Struktur-Trennung*, also die nacheinander geschaltete Bearbeitung der inhaltlichen Konzepte und ihrer formalen Relationen;
   Speziell durch:
   – die Verdichtung von Textpassagen auf abstrakte Konzepte;
   – das didaktisch gut aufbereitete Regelwerk der formalen Relationen.
2. Die *Optimierung* der Erkenntnis- und Selbstveränderung wird erleichtert durch:
   – die Veranschaulichung der Subjektiven Theorie aufgrund der ikonischen Repräsentation als Schaubild;
   – die Elaboration und Präzisierung der bisher rudimentären Wissenssysteme;
   – die Direktheit der Wissensrepräsentation, die mathematische oder inhaltsanalytische Verarbeitungsschritte zwischen den Konzepten überflüssig werden läßt.

4. Ausgewählte Forschungsbeispiele:

Inhaltlich befaßt sich der überwiegende Teil der Forschungsarbeiten im Bereich der Dialog-Konsens-Methoden mit Hochschullehrer-/Lehrer- und Studenten-/Schüler-Handlungen, sowie dem Erziehungsverständnis von Müttern und Heimerziehern. Aber auch die Forschungsarbeiten aus dem Bereich der allgemeinen

Psychologie zu den Themen: Vertrauen, Persönlichkeit, Partnerschaft, Emotion und Vergessen, Lern- und Veränderungsprozesse, Problemlösen oder Ironie, sind für die Pädagogik bedeutsam, weniger dagegen die Arbeiten im Bereich der klinischen Psychologie und der empirischen Ästhetik (WAHL 1988, 254-291; MARSAL 1995)

4.1 Die Fluß-Diagramm-Darstellung

Diese Methode der Fluß-Diagramm-Darstellung wurde von GROEBEN und SCHEELE im Rahmen der psycholinguistischen Forschung 'Reaktionsmöglichkeiten auf Ironie' entwickelt. Der Forschungsprozeß entspricht dem oben dargelegten Aufbau. Da es allerdings inhaltlich um die konkreten Aspekte einzelner Handlungen geht, wird hier das Wissen über konkrete Handlungsmöglichkeiten/-abläufe erhoben und durch Flußdiagramm-Sinnbilder dargestellt. Graphisch abgebildet werden z.B. *Handlungen* (Rechtecke), der Übergang von einem System zu einem anderen als *'Eingang'* bzw. *'Ausgang'* (Kreise), *Ablauflinien* der Handlungsrichtung (Pfeile), abzweigende *Handlungsalternativen* (Rauten mit richtungsweisenden Pfeilen) sowie Untergliederungen von Handlungsschritten, zusätzliche Kommentierungen oder Kreuzungen. Die Aufgabe des Interviewers besteht darin, darauf zu achten, daß der Untersuchungspartner die Prozeßabfolge der Handlungsteilschritte explizit und exakt benennt, d.h. jeden Strang einer Handlungsalternative bis zum Ende durchläuft, so daß keine Verzweigung verloren geht. Zur Verdeutlichung folgt ein kleiner Ausschnitt aus dem Flußdiagramm-Sinnbild des Interviewers (SCHEELE & GROEBEN 1988, 145): (E = Eingang)

Abb. 1:

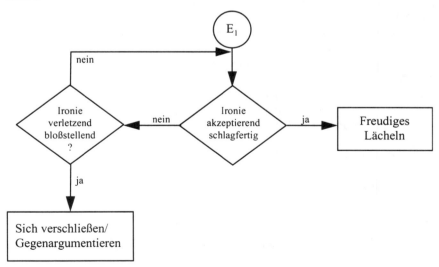

Ironie wird alternativ akzeptierend als gelungene schlagfertige Interaktion verstanden, die ein „Freudiges Lächeln" hervorlockt oder als verletzende bloßstellende Kommunikation, die zur Reaktion 'Sich verschließen' und 'Gegenargumentieren' führt.

Das Interview und die drei Strukturbilder finden sich auf den Seiten 139-141 und 152-158 (SCHEELE & GROEBEN 1988). WAHL (1988, 267-275) stellt den gesamten Forschungsprozess vor und würdigt ihn kritisch.

4.2 Die Interview- und Legetechnik ILKHA

Die *Interview- und Legetechnik* ILKHA wurde im Forschungsprojekt *Aggression in der Schule* von der Gruppe um *Hanns-Dieter* DANN entwickelt, um die aggressionsbezogenen Berufstheorien von Lehrern in ihren Auswirkungen auf den Schulalltag zu erheben und zu modifizieren.

Im ersten Forschungsschritt wird in einer Feldstudie erfaßt, welche Handlungsmuster dem Akteur zur Verfügung stehen, welche Ziele er damit verfolgt und von welchen Entscheidungsbedingungen er seine Handlungsschritte abhängig macht. Da die Lehrer durch die Unterrichtsbesuche zeitlich schon stark belastet sind, wird von ihnen keine eigenständige Rekonstruktion ihrer kognitiven Handlungsstrukturen verlangt. Nach der Interviewphase arbeiten sie sich lediglich in das Regelsystem ein, so daß sie sich bei der Konsens-Bildung über die gelegte Struktur so aktiv wie möglich beteiligen können. Als Auslösefaktor dient störendes oder aggressives Schülerverhalten, das den Lehrer zu einer Handlungsentscheidung zwingt. Die folgenden Abbildungen entstammen: DANN 1992, 25/28 (Zu Abb. 3: Der *Pfeil* als *Relationszeichen* bedeutet: 'Darauf folgt...'. Die Zeichen: (+) bzw. (-) bedeuten Bejahung bzw. Verneinung).

Mit der ILKHA lassen sich nicht nur einfache Situations- Handlungsabfolgen abbilden, sondern auch Interaktionssequenzen zwischen den Kommunikationspartnern. Das Ziel der Rekonstruktion besteht darin, über die Darstellung der aggressionsbezogenen Berufstheorien diese so zu verändern, daß sich die soziale Kompetenz des Lehrers verbessert, was im zweiten Forschungsschritt am beobachtbaren Handeln überprüft wird.

Abb. 2: Regelwerk zur 'Interview- und Legetechnik zur Rekonstruktion kognitiver Handlungsstrukturen (ILKHA)': Grundstruktur des Handlungswissens

Abb. 3: Beispiel einer subjektiven Theorie einer Lehrkraft über Unterrichtsstörungen: Rekonstruktion mit der ILKHA

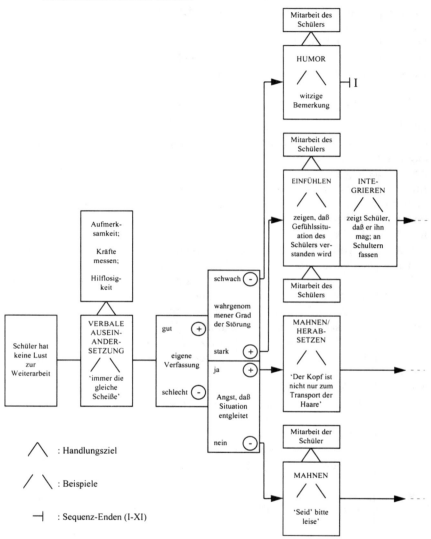

5. Kritische Würdigung

1992 legt SCHEELE als Zwischenfazit zur Forschungsentwicklung bei den *Struktur-Lege-Verfahren* als *Dialog-Konsens-Methodik* gemeinsam mit folgenden Forschern wissenschaftstheoretische, -methodische und anwendungsbezogene Weiterentwicklungen vor: DANN stellt dabei die Funktion von Struktur-Lege-Verfahren im Rahmen einer dialogischen Hermeneutik dar, faßt die bisher entwickelten Verfahrensweisen zusammen und erläutert die Notwendigkeit ihrer Variationen, was von Marc BARTHELS für die Problembereiche und von Martin BUNGERT für die Personenmerkmale spezifiziert wird. GROEBEN diskutiert die Inhalts-Struktur-Trennung als konstantes Dialog-Prinzip, das zur Entlastung der Untersuchungspartner führt. Rainer OBLIERS entfaltet die programmimmanente Güte der Dialog-Konsens-Methodik, wobei er die Approximation an die ideale Sprechsituation herausarbeitet. Georg BIRKHAN setzt sich mit der (Un-)brauchbarkeit der klassischen Testgütekriterien für Dialog-Konsens-Verfahren auseinander und entwickelt adäquate Gütekriterien für diese hermeneutische Methode. Verschiedene Vorschläge zur Zusammenfasssung der idiographischen *Subjektiven Theorien* in allgemeine nomothetische liefern OBLIERS & Georg VOGEL sowie Angelika STÖSSEL & SCHEELE. Sie sprechen auch die Möglichkeit computergestützer Verfahren an.

Obwohl es inzwischen ein beachtliches Repertoire an wissenschaftlich qualifizierten Struktur-Lege-Verfahren gibt, die als Dialog-Konsens-Methodik konzipiert sind, lassen sich nach DANN (1992) deutliche Defizite nicht übersehen. So sollten sich künftige Entwicklungsaufgaben seiner Meinung nach mit folgenden Themenstellungen befassen:

„– Verfahren zur Darstellung Subjektiver Theorien größerer Reichweite sowohl im Bereich des Herstellungswissens, als auch im Bereich des Funktionswissens;
– Verfahren, die den Übergangsbereich und die Verbindungen zwischen Herstellungswissen und Funktionswissen erfassen können;
– Verfahren, die Verknüpfungen von deskriptiven und präskriptiven Satzsystemen abdecken können;
– Verfahren zur Darstellung unterschiedlicher, im Alltag vorkommender und im einzelnen heute noch gar nicht bekannter Argumentationsstrukturen;
– Verfahren, die bei Kindern einsetzbar sind, wobei über ikonische Möglichkeiten hinaus auch an enaktive Rekonstruktionsmethoden zu denken wäre;
– veränderungssensible Verfahren, die bei Fragestellungen der Entwicklung und Modifikation Subjektiver Theorien einsetzbar sind;
– Verfahren, die von vornherein stärker auf die explanative Validierungsphase abgestimmt sind, wobei auch neue Validierungsprozesse zu entwickeln wären;
– Verfahren, die objekttheoretisch fundiert und abgesichert sind, so daß eine deutlichere Beziehung zu den Erkenntnissen der Wissens-, Emotions-, Motivations-, Sprachpsychologie etc. herstellbar ist." DANN 1992, 40f.

Die Dialog-Konsens-Methoden integrieren die Sinn-und Selbstdeutungsdimension wissenschaftstheoretisch fundiert und methodisch abgesichert im ersten Forschungsabschnitt, der schwerpunktmäßig qualitativ ausgerichtet ist. Obwohl der damit verbundene erhebliche zeitliche Aufwand durch den Forschungsertrag auch schon heute als gerechtfertig gelten kann, bleibt aber die Notwendigkeit, die bisher entwickelte Methodik durch weitere Reflexionen zu verbessern.

Literatur

DANN, Hanns-Dietrich 1992: Variation von Lege-Strukturen zur Wissensrepräsentation. In: Brigitte SCHEELE (Hg.): Struktur-Lege-Verfahren als Dialog-Konsens-Methodik. Ein Zwischenfazit zur Forschungsentwicklung bei der rekonstruktiven Erhebung Subjektiver Theorien. Münster, 2-41.

EDELMANN, Walter 1993: Lernpsychologie. Weinheim.

GROEBEN, Norbert 1968: Handeln, Tun, Verhalten als Einheiten einer verstehend-erklärenden Psychologie. Tübingen 1986. HABERMAS, Jürgen: Erkenntnis und Interesse. Franktfurt/M.

HABERMAS, Jürgen 1973: Wahrheitstheorien. In: FAHRENBACH, H. (Hg.) Wirklichkeit und Reflexion, Pfullingen, 211-256.

HECKMANN, Gustav 1981: Das sokratische Gespräch. Hannover.

KELLY, George. A. 1955: The psychology of personal constructs, Vol. I, II. New York.

LENK, Hans 1978: Handlung als Interpretationskonstrukt. In: LENK, H. (ed.) Handlungstheorie - interdisziplinär, Bd.II,1. München, 279-350.

MARSAL, Eva 1995: Das Selbstkonzept. Subjektive Theorien Jugendlicher zur Genese, Binnenstruktur und Handlungskonsequenzen. Leverkusen.

PLATON 1981: Theätet. Hrsg. von Ekkehardt MARTENS Stuttgart.

SCHEELE, Brigitte (Hg.) 1992: Struktur-Lege-Verfahren als Dialog-Konsens-Methodik. Ein Zwischenfazit zur Forschungsentwicklung bei der rekonstruktiven Erhebung Subjektiver Theorien. Münster.

SCHEELE, Brigitte/Norbert GROEBEN 1988: Dialog-Konsens-Methoden zur Rekonstruktion Subjektiver Theorien. Tübingen.

SOMMER, Jörg 1982: Dialogische Forschungsmethoden. Bericht aus dem Psychologischen Institut der Universität Heidelberg Nr. 30.

TREUTLEIN, Gerhard et al. 1984: Abschlußbericht über das Forschungsprojekt 'Methoden zur Erfassung handlungssteuernder Kognitionen bei Lehr- und Lernprozessen im Sport'. Pädagogische Hochschule Heidelberg.

WAHL, Diethelm 1988: Die bisherige Entwicklung des FST. In: Norbert GROEBEN/Diethelm WAHL/Jörg SCHLEE/Brigitte SCHEELE: Das Forschungsprogramm Subjektive Theorien: eine Einführung in die Psychologie des reflexiven Subjekts. Tübingen, 254-291.

Gisela Jakob

Das narrative Interview in der Biographieforschung

Im Zuge einer Entfaltung qualitativer Forschungsansätze und der Herausbildung einer sozialwissenschaftlichen Biographieforschung in den 70er und 80er Jahren wurde das narrative Interview von Fritz SCHÜTZE und seinen Mitarbeitern entwickelt. Das Verfahren steht in der Tradition interpretativer Sozialforschung, in der von einem Verständnis sozialer Wirklichkeit als Resultat interpretativer Prozesse ausgegangen wird. Mit der Erhebung und Auswertung narrativer Interviews geht es darum, die Sinnkonstruktionen und Handlungen aus der Perspektive der handelnden und erleidenden Individuen zu erfassen und einer Analyse zugänglich zu machen.

Anschlußpunkte für eine erziehungswissenschaftliche Forschung ergeben sich insbesondere aus den prozeß- und biographieanalytischen Erkenntnismöglichkeiten des narrativen Interviews. Lebensgeschichtliche Erzählungen, wie sie mit dem narrativen Verfahren hervorgebracht werden, eröffnen den Blick auf individuelle und kollektive Lern- und Bildungsprozesse. SCHULZE (1985) weist darauf hin, daß Lebensgeschichten immer auch „Lerngeschichten" sind, in denen es um die Identitäts- und Sinnkonstruktion geht. Anhand von lebensgeschichtlichen Darstellungen lassen sich Prozesse der Identitätsbildung und -veränderung im Zusammenhang mit biographischen Erfahrungen herausarbeiten. Der biographische Blick schafft einen Zugang, Veränderungs- und Wandlungsprozesse von Personen (und Gruppen) im Verlauf der Lebensgeschichte zu rekonstruieren.

Zwischen der Erziehungswissenschaft und der Biographieforschung besteht darüber hinaus eine hohe Affinität aufgrund des gemeinsamen Arbeitsfeldes (vgl. KRÜGER 1995, 32). Pädagogisches Handeln hat immer auch einen „biographischen Bezug" (SCHULZE 1993, 13). Erziehung stellt eine Form biographischer Begleitung dar und strukturiert damit auch die Biographien der Individuen. Die Auswirkungen pädagogischer Prozesse und das Wirken von Erziehungsinstitutionen werden in lebensgeschichtlichen Erzählungen erkennbar. Damit rückt auch das Handeln von Erziehungspersonen (Eltern, Lehrer u.a.) in den Aufmerksamkeitsfokus. Paradoxien pädagogischer Interventionen werden sichtbar; Differenzen zwischen offiziellen Erziehungszielen und -programmatiken und den individuellen Lernerfahrungen von Kindern und Jugendlichen werden offensichtlich. Eine Arbeit mit autobiographischen Materialien, in denen die Perspektive der an Erziehungsprozessen Beteiligten im Zentrum stehen, verändert damit auch den Blick auf die pädagogische Praxis.

In dem vorliegenden Beitrag werden zunächst Erkenntnismöglichkeiten und Besonderheiten eines biographieanalytischen Vorgehens mit narrativen Interviews herausgearbeitet. Im Anschluß daran wird auf das Erhebungsverfahren und zentrale Prämissen des Auswertungsprozesses eingegangen. Bei den im Text erwähnten Untersuchungen handelt es sich durchgängig um Studien, die mit dem narrativen Interview als Erhebungs- *und* Auswertungsverfahren gearbeitet haben.[1] Abschließend erfolgt dann eine Auseinandersetzung mit einigen - von verschiedenen Autoren angeführten - Kritikpunkten an dem Verfahren.

1. Erkenntnismöglichkeiten eines prozeß- und biographieanalytischen Vorgehens[2]

Als Forschungsmethode wurde das narrative Interview zunächst anhand einer Interaktionsfeldstudie erarbeitet, die das Handeln von Kommunalpolitikern im Rahmen der Gemeindereform zum Gegenstand hatte (vgl. SCHÜTZE 1978). Die Kommunalpolitiker erhielten dabei Gelegenheit, aus ihrer Perspektive als Experten den politischen Prozeß darzustellen. Narrative Experteninterviews zur Erforschung sozialer Welten (Organisationskulturen, subkulturelle Milieus usw.) stellen *eine* Einsatzmöglichkeit des Verfahrens dar. Wie ein Blick in die vorliegenden Studien zeigt, hat sich als einer der zentralen Anwendungsbereiche mittlerweile die Analyse biographischer Prozesse herauskristallisiert.

Das „autobiographisch-narrative Interview" (SCHÜTZE 1983) eignet sich in besonderer Weise zur *Analyse sozialer Phänomene in ihrer Prozeßhaftigkeit.* Das Fremdwerden der Biographie infolge einer psychiatrischen Prozessierung (vgl. RIEMANN 1987), Professionalisierungsprozesse bei SuchttherapeutInnen (vgl. REIM 1993), die biographische Grundlegung ehrenamtlichen Engagements (vgl. JAKOB 1993), Wege durch die Jugendphase (vgl. FUCHS-HEINRITZ/KRÜGER u.a. 1991), Schullaufbahn und Identitätsentwicklung von Gymnasiasten (vgl. NITTEL 1992) und das Erleben Jugendlicher in einer gesellschaftlichen Umbruchphase (vgl. von WENSIERSKI 1994) - damit sind nur einige der Themen bezeichnet, die mit dem Forschungsverfahren des narrativen Interviews bearbeitet worden sind. Die Untersuchungen unterscheiden sich grundlegend im Hinblick auf die bearbeiteten Fragestellungen und die erfaßten sozialen Phänomene. Ihre Gemeinsamkeit besteht allerdings in einer biographieanalytischen Perspektive, die sich sowohl durch die Fokussierung auf die Analyse biographischer Stukturen als auch durch das spezifische Forschungsvorgehen auszeichnet.

Als prozeßanalytisches Verfahren vermittelt das narrative Interview einen Einblick in die Genese sozialer Abläufe und geht damit über eine punktuelle Erfassung hinaus. Biographische und soziale Prozesse, in die die Individuen als Handelnde und/oder Erleidende verstrickt waren, werden damit einer Analyse

---

[1] Das narrative Interview kommt mittlerweile auch in Untersuchungen zum Einsatz, die die Interviewtechnik lediglich als Methode zur Datenerhebung verwenden.

[2] In die folgenden Ausführungen zu den methodologischen und methodischen Grundlagen des narrativen Interviews fließen meine Erfahrungen aus einer mehrjährigen Forschungstätigkeit mit dem biographieanalytischen Verfahren, aus der Arbeit mit qualitativen Methoden und Fallanalysen in der Lehre sowie aus meiner Mitarbeit in der von Fritz SCHÜTZE geleiteten Forschungswerkstatt an der Universität in Magdeburg mit ein. Für eine kritische Lektüre des Beitrags danke ich Thomas Reim.

zugänglich gemacht. Statuspassagen, Identitätstransformationen, kollektive und individuelle Wandlungsprozesse können anhand der Interviews herausgearbeitet werden. Aufgrund der Besonderheit des Datenmaterials lassen sich mit dem narrativen Interview sowohl Veränderungen von Gefühlszuständen, Identitätsentwürfen usw. als auch Veränderungen äußerer Vorgänge (sozialer und gesellschaftlicher Art) rekonstruieren. Biographie wird als sozialer Prozeß untersucht, der als Ergebnis von Interaktionen innerhalb gesellschaftlicher und institutioneller Rahmenbedingungen abläuft. Mit der Analyse individueller Biographien werden damit auch soziale Rahmen und kollektiv-historische Abläufe in ihren Auswirkungen auf die Lebensführung und die Lebensgeschichte sichtbar. Die Analyse von Prozessen und Verlaufsformen markiert *eine* Besonderheit des narrativen Verfahrens. Ein weiterer Vorteil besteht in der *Erfassung sozialer Wirklichkeit aus der Perspektive der handelnden und erleidenden Subjekte.* Der Weg durch die Jugendphase und die Folgen des gesellschaftlichen Transformationsprozesses nach der „Wende" werden aus der Sicht der Jugendlichen untersucht; die Analyse sozialen Engagements setzt an den Sinnorientierungen der ehrenamtlich Tätigen an; Prozesse der Psychiatrisierung werden ausgehend von den Erfahrungen der Patienten bearbeitet. Das Forschungsinteresse ist immer darauf gerichtet, wie die Akteure und Betroffenen die soziale Wirklichkeit erfahren und an ihrer Herstellung beteiligt sind. An diesem Punkt werden die Parallelen zu einer Forschung in der Tradition des symbolischen Interaktionismus offensichtlich: Für den Forschungsprozeß impliziert die methodologische Prämisse des Ausgehens von den Subjekten, „daß der Forscher, der sich mit dem sozialen Handeln eines bestimmten Individuums oder einer Gruppe beschäftigt oder mit einer bestimmten Art sozialen Handelns, jenes Handeln von der Position desjenigen sehen muß, der die Handlung ausbildet." (BLUMER 1981, 140) Forschung ausgehend von der Perspektive der Individuen reduziert sich keinesfalls auf eine bloße Wiedergabe subjektiver Sichtweisen der jeweiligen Untersuchungspersonen, sondern es geht um die Rekonstruktion von Sinnmustern und Verläufen, die in den autobiographischen Darstellungen enthalten, dem Erzähler bzw. der Erzählerin i.d.R. selbst jedoch nicht auf der Ebene theoretischen Wissens über ihre Person und die Motive ihres Handelns verfügbar sind. Um biographische Strukturen herauszuarbeiten, bedarf es einer sorgfältigen Textanalyse, die auf aufeinanderfolgenden Schritten basiert. In den erwähnten Studien stellen die erhobenen Interviews das Material für einen Auswertungsprozeß dar, in dem zunächst aufwendige Einzelfallanalysen durchgeführt werden, die dann der Ausgangspunkt für verallgemeinerbare Aussagen über den jeweiligen Gegenstandsbereich darstellen. Das Erkenntnisinteresse beschränkt sich nicht auf die Analyse einzelner Fälle, sondern Zielsetzung biographieanalytischer Forschung ist die Erarbeitung von Prozeßstrukturen, die ein soziales Phänomen in seinen unterschiedlichen Ausprägungen verstehbar werden lassen.
Ein forschungsmethodisches Vorgehen, das die Perspektive der untersuchten Personengruppe in den Blick nimmt und dem Erzähler/der Erzählerin im Interview eine Entfaltung seiner/ihrer Relevanzsetzungen ermöglicht, hat auch eine *Veränderung im Hinblick auf die Hervorbringung wissenschaftlicher Erkenntnisse und auf die Theoriegenerierung* zur Folge. Deduktiv aus übergreifenden

Theorien gewonnene Aussagen und Modelle, die soziales Handeln zu erklären versuchen, müssen nach den in den Fallrekonstruktionen gewonnenen Erkenntnissen revidiert werden. So stellen z.b. die Ergebnisse der oben angeführten Jugendstudie das Modell einer umfassenden Strukturierung der Jugendphase durch Altersnormen in Frage (vgl. FUCHS-HEINRITZ/KRÜGER 1991). Ebenso legen die Erkenntnisse der Studie eine Revision und differenzierte Sicht der Bedeutung der Schulzeit für die Gestaltung der Jugendphase nahe. In der Untersuchung der Professionalisierung von Suchttherapeuten wird mit der Analyse konkreter Handlungsabläufe eine neue Perspektive in der Debatte um Merkmale professionellen Handelns eröffnet (vgl. REIM 1993). Die biographische Studie zur Identitätsentwicklung ehemaliger Gymnasiasten richtet die Aufmerksamkeit auch auf die - nach schulischen Leistungskriterien - erfolgreichen SchülerInnen und arbeitet ihre Verstrickung in Erleidensprozesse heraus (vgl. NITTEL 1992). Ein biographieanalytisches Vorgehen kann also vorliegende Theoreme und Erklärungsmuster in Frage stellen und neue Perspektiven für die Erkenntnis- und Theoriegenerierung eröffnen. Der Prozeß der Theorieentwicklung erfolgt ausgehend von den autobiographischen Erzählungen und den darin repräsentierten Sinnstrukturen und biographischen Prozessen (vgl. den Punkt „Der Prozeß der Theoriegenerierung" in diesem Beitrag).

2. Erzähltheoretische Voraussetzungen des narrativen Interviews und die Erhebungssituation[3]

Das narrative Interview zeichnet sich dadurch aus, daß es dem jeweiligen Interviewpartner eine *autobiographische Darstellung ausgehend von den eigenen Relevanzsetzungen* ermöglicht. Während mit den üblichen standardisierten Frageinstrumenten dem Interview eine Struktur - z.B. in Form eines Leitfadens - vorgegeben wird, geht es im narrativen Interview darum, daß der Erzähler selbst seine biographische Darstellunng in eine Ordnung bringt. Die Erzählung erfolgt entlang der selbst erfahrenen Abläufe und wird entsprechend der eigenen Logik, dem Thema oder der „Moral" der Lebensgeschichte, geordnet. Das geringe Maß an Vorstrukturierung stellt bereits eine Voraussetzung für die Hervorbringung neuer Erkenntnisse dar. Der Erzähler selbst stellt mit der Verknüpfung und Bewertung von Ereignissen Zusammenhänge her, die für den Forschungsprozeß neue Perspektiven eröffnen.

Die Hervorbringung einer autobiographischen Darstellung basierend auf selbst erfahrenen lebensgeschichtlichen Abläufen wird durch die *„Nähe" von Erzählung und vergangenem Ereignisablauf* ermöglicht. „Erzählungen eigenerlebter Erfahrungen sind diejenigen vom soziologisch interessierenden faktischen Handeln und Erleiden abgehobenen sprachlichen Texte, die diesem am nächsten stehen und die Orientierungsstrukturen des faktischen Handelns und Erleidens

---

[3] Die Ausführungen zu den erzähltheoretischen Grundlagen beschränken sich aus Platzgründen hier auf einige Bemerkungen. Ausführliche Darstellungen in KALLMEYER/SCHÜTZE (1976), SCHÜTZE (1987) und BOHNSACK (1991).

auch unter der Perspektive der Erfahrungsrekapitulation in beträchtlichem Maße rekonstruieren." (SCHÜTZE 1987, 14).

Die Prämisse einer „Nähe" von aktuellem Erzählstrom und biographischen Ereignis- und Erfahrungsabläufen basiert auf Erkenntnissen linguistischer Erzählforschung (vgl. LABOV/WALETZKY 1973). Die Ordnungsprinzipien des vergangenen Erlebens strukturieren auch die Erfahrungsrekapitulation und die erzählerische Darstellung im narrativen Interview. Im Prozeß des Erzählens wird der Erzähler wieder mit dem damaligen Geschehen konfrontiert. „Orientierungen, Hoffnungen, Befürchtungen, Freude und Schmerz von damals werden verlebendigt" (SCHÜTZE 1987, 40).

Damit eine biographische Erzählung zustande kommen kann, in der frühere Erfahrungen und Erlebnisse aus einer subjektiven Perspektive rekapituliert werden, müssen bestimmte *Regeln bei der Interviewdurchführung* eingehalten werden. Am Anfang eines autobiographisch-narrativen Interviews steht eine recht offen gehaltene *Erzählaufforderung*. In Untersuchungen, die auf die Analyse eines Phänomens im Gesamtzusammenhang der Biographie ausgerichtet sind (z.B. die Studie zur biographischen Grundlegung ehrenamtlichen Engagements; vgl. JAKOB 1993), wird der/die ErzählerIn um die Darstellung seiner/ihrer Lebensgeschichte gebeten wird. Bei einer Orientierung der Forschungsinteressen auf Ereignisse in einer eingegrenzten Lebensphase (z.B. den Verlauf der Berufsbiographie oder das Erleben des Ruhestands) wird die Erzählaufforderung auf Ereignisse in dem jeweiligen Lebensabschnitt fokussiert. Bei einer derartigen thematischen Eingrenzung auf einen bestimmten Gegenstandsbereich oder eine Lebensphase besteht allerdings die Gefahr, daß andere Lebensbezüge ausgeblendet bleiben und dies auch die Analysemöglichkeiten einschränkt (vgl. HERMANNS/TKOCZ/WINKLER 1984).

Für beide Varianten von Erzählaufforderung gilt die Regel der Offenheit, so daß die Strukturierung der autobiographischen Darstellung dem Erzähler weitgehend selbst überlassen bleibt.

Nach der Ratifizierung der Erzählaufforderung folgt dann die *Haupterzählung*, in der lebensgeschichtliche Abläufe rekonstruiert werden (vgl. SCHÜTZE 1983). Die interaktive Struktur des Interviewsettings hat zur Folge, daß die kommunikativen Regeln aktiviert werden, die auch außerhalb der Forschungssituation die Konstitution von Wirklichkeit leiten (vgl. HOFFMANN-RIEM 1980). Mit der Übernahme des Erzählschemas setzen die „Zugzwänge des Erzählens" als zentralen Ordnungsprinzipien autobiographischer Darstellung ein (KALLMEYER/SCHÜTZE 1977). Die Zugzwänge sorgen dafür, daß der Interviewpartner um eine für seinen Zuhörer verstehbare und plausible Erzählung bemüht ist. Zugleich setzen sie eine Eigendynamik des Erzählvorgangs in Gang, in dessen Folge sich der Erzähler mehr und mehr in die früheren Ereignis- und Erfahrungsabläufe verstrickt und eine autobiographische Darstellung hervorbringt.

Das narrative Interview basiert zwar auf den Strukturen und Regeln alltagsweltlicher Kommunikation. Die Erhebungssituation stellt allerdings kein alltägliches Gespräch mit gleich verteilten Redebeiträgen dar. Im Gegenteil: Damit eine Erzählung in Gang kommt, in deren Verlauf zurückliegende Ereignisse und

Erfahrungen rekonstruiert werden, sollte sich der Interviewer bzw. die Interviewerin während der Haupterzählung mit Zwischenfragen und Kommentaren strikt zurückhalten. Die Aufgabe des Interviewers besteht in dieser Phase des Interviews 'lediglich' im aufmerksamen Zuhören und in der Signalisierung von Aufmerksamkeit.[4]

Die Haupterzählung wird i.d.R. mit einer *Erzählkoda* beendet, mit der der Erzähler seine lebensgeschichtliche Darstellung abschließt und sozusagen in die Gegenwart zurückkehrt. Erst nach dem Ende der Haupterzählung, die sich über mehrere Stunden oder sogar mehrere Interviewtermine erstrecken kann, können *Nachfragen* formuliert werden. Die zunächst gestellten „immanenten Nachfragen" (SCHÜTZE 1983) setzen an Stellen mangelnder Plausibilität, an Leerstellen und Brüchen in der Erzählung an und zielen darauf, den Interviewpartner zu weiteren Ausführungen an diesen Punkten anzuregen. Die immanenten Nachfragen folgen der Chronologie der Erzählung und sind erzählgenerierend angelegt. Erst in der sich anschließenden Phase der „exmanenten Nachfragen" (ebd.) können Themen angesprochen werden, die vom Informanten bisher nicht erwähnt wurden, die aber aus der Forschungsperspektive wichtig sein könnten. Die exmanenten Nachfragen können auch dazu genutzt werden, Bilanzierungen und Deutungen des Erzählers im Hinblick auf seine Lebensgeschichte zu ermitteln.

Erfahrungen in der Forschungsarbeit zeigen, daß für die Durchführung eines narrativen Interviews die Alltagskompetenz der Gesprächsführung keinesfalls ausreichend ist (vgl. ROSENTHAL 1995, 186). Die Ausarbeitung der Erzählaufforderung ebenso wie das Handeln im Verlauf der Erzählung, die Entdeckung von Brüchen und Leerstellen sowie die angemessene Formulierung erzählgenerierender Nachfragen, stellen besondere Anforderungen an den Forscher bzw. die Forscherin dar. *Fähigkeiten zur Interviewdurchführung* werden im Verlauf des Forschungsprozesses, im Zusammenhang mit der Reflexion erster Erfahrungen und der Auswertung der erhobenen Interviews, erworben.

3. Die Rekonstruktion lebensgeschichtlicher Abläufe im Auswertungsprozeß

Damit eine Lebensgeschichte in ihrer Prozeßhaftigkeit und Komplexität erfaßt werden kann, bedarf es einer sorgfältigen Analyse des transkribierten Interviewtextes, für die sowohl erzähl- und biographieanalytische Kenntnisse als auch hermeneutische Kompetenzen erforderlich sind. Die Arbeit mit dem Verfahren läßt sich nicht aus Lehrbüchern erlernen, sondern es bedarf eines „selbsterworbenen Erfahrungswissens" (BOHNSACK 1991, 8), das in sozialen Arrangements wie Forschungswerkstätten und Interpretationsgruppen angeeignet wird. Personen, die bereits mit der Forschungsmethode vertraut sind, übernehmen die Rolle von 'Lehrern' und 'Lehrerinnen', die die 'Novizen' in die Arbeit mit dem Verfahren einführen. Konstitutiv für den Auswertungsprozeß ist der kommuni-

---

[4] Auf mögliche Probleme bei der Interviewdurchführung weist HERMANNS (1991) hin.

kative Rahmen einer Forschungs- und Interpretationsgruppe, in der verschiedene Interpretationsvorschläge zusammengetragen, diskutiert und miteinander verglichen werden. Im Prozeß der Textinterpretation wird neues Wissen generiert und die Fallstruktur Stück für Stück herausgearbeitet. Die Auswertung der Interviews in einer Gruppe von Interpreten mit unterschiedlichen Wissens- und Erfahrungshorizonten zielt darauf, eine Spannbreite von Interpretationsvarianten zu erhalten und Ausblendungstendenzen entgegenzuwirken. Darüber hinaus ermöglicht das Arrangement einer Forschungsgruppe auch die Kontrolle von - aus der Psychoanalyse wohl bekannten - Übertragungs- und Gegenübertragungseffekten, die auch bei der biographieanalytischen Fallinterpretation auftreten können.

Der Interpretationsprozeß stellt zwar eine Art Kunstlehre dar, allerdings liegen auch ausgearbeitete Schritte zur *Interviewauswertung und Theoriegenerierung* vor (vgl. SCHÜTZE 1983; RIEMANN 1987). In dem Beitrag hier werden die Arbeitsschritte der Textanalyse im Zusammenhang mit zentralen Auswertungsprinzipien sowie dem Prozeß der Theoriegenerierung nach dem von GLASER/STRAUSS entwickelten Vorschlag einer „grounded theory" dargestellt.

Das Prinzip der Sequenzialität

Um die sozialen und biographischen Prozesse einer Lebensgeschichte in den Blick zu bekommen, muß die erzählte Biographie in ihrer Gesamtgestalt und in ihrer Sequenzialität der aufeinander aufbauenden und ineinander verwobenen Ereignisse betrachtet werden. Im Unterschied zu anderen Methoden qualitativer Sozialforschung (wie z.B. der Inhaltsanalyse) wird im biographieanalytischen Verfahren die Gesamtgestalt des in der Lebensgeschichte repräsentierten Falls herausgearbeitet. Die Erzählung wird nicht auseinandergerissen und nach Themen geordnet, sondern sie bleibt in ihrer Gestalt erhalten und wird in ihrem Verlauf analysiert. Erst dadurch wird es möglich, die Grundlegung einzelner Erfahrungen und Handlungsweisen in früheren Ereignissen zu erfassen sowie die Zusammenhänge zwischen den biographischen Erlebnissen in verschiedenen lebensgeschichtlichen Phasen zu erkennen.

Dem Prinzip der Sequenzialität wird in der Textanalyse Rechnung getragen, indem die Erzählung im Hinblick auf ihre sequentielle Ordnung untersucht wird. So besteht der erste Arbeitsschritt in einer „*formalen Textanalyse*" (SCHÜTZE 1983, 286), in der die Erzählung im Hinblick auf die in ihr enthaltenen Geschichten segmentiert wird. Dies erfolgt unter Berücksichtigung formaler und sprachlicher Indikatoren (Rahmenschaltelemente, Zeitmarkierer usw.), die den Beginn und das Ende einer Darstellungseinheit anzeigen.

In der „*strukturellen Beschreibung*" (ebd.), dem zentralen und wohl auch zeitlich aufwendigsten Schritt im Auswertungsprozeß, wird der Ereignisablauf in jedem einzelnen Textsegment herausgearbeitet. Einzelne Stationen in der Biographie, Höhepunkte und Wendepunkte sowie Prozeßstrukturen, die das dominierende Erfahrungsprinzip in einem Lebensabschnitt ausmachen, werden in diesem Interpretationsschritt erarbeitet.

Die Ergebnisse der strukturellen inhaltlichen Beschreibung werden in dem anschließenden, dritten Arbeitsschritt, der „*analytischen Abstraktion*" (SCHÜTZE 1983), zu einer biographischen Gesamtformung zusammengeführt, in der die Lebensgeschichte in ihrer Gesamtgestalt und sequentiellen Ordnung von Prozeßabläufen erfaßt wird.

Auf der Basis grundlagentheoretischer Untersuchungen unterscheidet SCHÜTZE vier Arten von *lebensgeschichtlichen Prozeßabläufen*, die in unterschiedlichen Ausformungen in jeder Lebensgeschichte repräsentiert sind und sich anhand von Interviews herausarbeiten lassen (vgl. SCHÜTZE 1984): „institutionelle Ablaufsmuster", die auf gesellschaftlich institutionalisierten Mustern des Lebensablaufs beruhen, und denen die Individuen quasi unhinterfragt folgen (z.B. Ausbildungs- und Berufskarrieren); „biographische Handlungsschemata", die Abläufe und Strukturen repräsentieren, in denen der Informant intentional handelt und eigene Entwürfe realisiert. Im Unterschied dazu sind „Verlaufskurven" von einem Verlust an Handlungsorientierung und Erfahrungen des Erleidens gekennzeichnet. Verlaufskurvenförmige Prozesse können durch biographische Ereignisse wie eine bedrohliche Erkrankung ebenso wie durch kollektivhistorische Abläufe und institutionelle Prozessierungen ausgelöst werden. Als vierte Kategorie strukturieren „biographische Wandlungsprozesse" die Lebensgeschichte, in deren Folge sich die Identität des Individuums verändert und neue Handlungsmöglichkeiten eröffnet werden.

Die Prozeßstrukturen sind als heuristische Kategorien zu verstehen, die für die Interpretation von Sachverhalten herangezogen werden können. Insbesondere die Prozeßstruktur der Verlaufskurve, die in Anlehnung an GLASER/ STRAUSS' trajectory-Konzept entwickelt wurde, ist in biographieanalytischen Arbeiten aufgegriffen worden. Das Konzept der Verlaufskurve macht in einer stark handlungstheoretisch ausgerichteten Sozialforschung auch individuelle und kollektive Prozesse erfaßbar, die von Erfahrungen des Erleidens und Getriebenwerdens gekennzeichnet sind (vgl. SCHÜTZE 1995).

Das Prinzip der pragmatischen Brechung

Im Verlauf der Ausführungen dieses Beitrags wurde bereits darauf hingewiesen, daß es mit der Erhebung und Auswertung eines narrativen Interviews darum geht, vergangene Ereignisabfolgen und deren Ablagerung in der biographischen Erfahrungsaufschichtung zu erfassen. Die Analyse der autobiographischen Erzählung verbleibt nicht auf der Ebene der Beschreibung von Sichtweisen und Deutungen des jeweiligen Informanten, sondern die Eigentheorien des Erzählers erhalten erst im Kontrast mit den abgelaufenen Ereignissen erkenntnisgenerierende Bedeutung (vgl. SCHÜTZE 1983, 284). Erklärungsmuster und Deutungen, anhand derer sich ein Erzähler seine Lebensgeschichte 'erklärt', werden erst vor dem Hintergrund der erlebten Ereignisse interessant.

Die Kontrastierung der eigentheoretischen Sichtweisen des Informanten mit den erfahrenen Ereignissen und Erlebnissen erfolgt mit dem methodischen „Prinzip der pragmatischen Brechung" (vgl. SCHÜTZE 1994, 206). Die in der strukturellen Beschreibung herausgearbeiteten Ereignisabfolgen und lebensgeschichtlichen Prozeßstrukturen werden im vierten Arbeitsschritt der Textauswertung (der „*Wissensanalyse*", SCHÜTZE 1983, 286) mit den eigentheoretischen, argumentativen Aussagen des Erzählers zu seiner Biographie und zu seiner Identität in Beziehung gesetzt und in ihrem jeweiligen Entstehungskontext untersucht. Erst dieser Analyseschritt eröffnet den Blick auf mögliche Differenzen zwischen den sozialen und biographischen Prozessen der Lebensgeschichte und deren Deutung durch den Erzähler. Erkenntnisse im Hinblick auf Ausblendungsmechanismen oder Tendenzen einer 'Verdrängung' unangenehmer und identitätsgefährdender Inhalte werden bei einer Kontrastierung der unterschiedlichen Textpassagen sichtbar. Bestandteil der Auswertung sind Überlegungen, wie Diskrepanzen zwischen den Selbstdeutungen und den erfahrenen Erlebnissen zustande kommen und welche Relevanz ihnen für die Selbstdarstellung im Interview zukommt.

Das Prinzip der pragmatischen Brechung verhindert darüber hinaus auch eine naive Form der Textauswertung, die die eigentheoretischen Kommentare nicht in ihrer besonderen Textstruktur berücksichtigt und Differenzen zwischen biographischen Abläufen und deren Deutung lediglich als unerklärliche 'Widersprüche' sieht. Erst die gesonderte Betrachtung der narrativen und der argumentativen Textpassagen unter erzählanalytischen Gesichtspunkten ermöglicht eine angemessene Interpretation.[5]

Die Berücksichtigung der formalen und textstrukturellen Grundlagen ist Voraussetzung für die interpretative Erschließung einer komplexen autobiographischen Darstellung. Eine Kritik, wonach bei der Auswertung Erzählungen präferiert würden (vgl. BUDE 1985, 332), läßt sich m.E. nicht aufrechterhalten. Die Herausarbeitung von Prozeßstrukturen und Sinnzusammenhängen erfolgt im narrativen Interview vor dem Hintergrund der die Erzählungen strukturierenden unterschiedlichen Darstellungsschemata. So wird z.B. die Dominanz von argumentativen Passagen in einem Interview als Spezifikum des jeweiligen Falles in den Blick genommen und die Bedeutung der Präsentationsform im Zusammenhang mit der erzählten Lebensgeschichte entschlüsselt (vgl. RIEMANN 1986). Im Hinblick auf den Auswertungsprozeß erfordert dies allerdings erfahrene Interpreten, die die in den Argumentationen 'verborgene' Lebensgeschichte aufspüren.

Das Prinzip der Kontrastierung

Die Kontrastierung stellt ein zentrales Prinzip der Erkenntnisgewinnung im Auswertungsprozeß dar. Eine Variante des Vergleichs *innerhalb* einer Lebensgeschichte wird mit dem Prinzip der pragmatischen Brechung realisiert. Kontrastive Vergleiche *zwischen* den Fällen stellen das zentrale Prinzip für die Auswahl von Interviewpartnern sowie für den Prozeß der Theoriegenerierung dar. Nach der Analyse eines einzelnen Falles (hier: einer Biographie) erfolgt in dem Auswertungsschritt des „*kontrastiven Vergleichs*" (vgl. SCHÜTZE 1983, 287) die Hinzuziehung weiterer Interviews. Zunächst werden Fälle herangezo-

---

[5] Zu den unterschiedlichen Schemata der Sachverhaltsdarstellung (Erzählen, Beschreiben, Argumentieren) vgl. KALLMEYER/SCHÜTZE 1977.

gen, die zu der bereits ausgewerteten Lebensgeschichte und den dabei herausgearbeiteten Kategorien Ähnlichkeiten aufweisen („Strategie des minimalen Vergleichs", ebd.). Die Analyse eines zweiten, recht ähnlichen Interviewtextes hat die Funktion, die gewonnenen Erkenntnisse zu überprüfen und sie zugleich vom Einzelfall zu lösen. Im Anschluß an den minimalen Vergleich werden in der „Strategie des maximalen Vergleichs" (ebd.) Interviews herangezogen, die einen maximalen Kontrast zu den bereits analysierten Fällen aufweisen. Dieser Arbeitsschritt zielt darauf, Variationen im Datenmaterial zu entdecken und den untersuchten Gegenstand in seinen verschiedenen Ausprägungen zu erfassen.

Die Strategien des minimalen und des maximalen Vergleichs basieren auf dem von GLASER/STRAUSS (1967, 45 ff.) entwickelten Vorschlag eines „theoretical sampling" als eines von theoretischen Gesichtspunkten geleiteten Auswahlprozesses. „Die grundlegende Frage beim Theoretical Sampling lautet: Welchen Gruppen oder Untergruppen von Populationen, Ereignissen, Handlungen (um voneinander abweichende Dimensionen, Strategien usw. zu finden) wendet man sich bei der Datenerhebung als nächstes zu. Und welche theoretische Absicht steckt dahinter?" (STRAUSS 1991, 70) Bereits entdeckte Kategorien, (vorläufige) Konzepte und Prozeßstrukturen bestimmen die Auswahl weiterer Interviewpartner.

Wenn die Auswahl von theoretischen Gesichtspunkten geleitet ist und die Analyse erster Fälle Voraussetzung für die Zuwendung zu weiteren Interviews ist, hat dies weitreichende Folgen für den Forschungsprozeß. Datenerhebung und -analyse sind keine strikt voneinander getrennten Arbeitsabläufe, sondern sie sind bei einem Vorgehen mit narrativen Interviews ineinander verwoben. Bereits nach der Erhebung erster Interviews beginnt der Analyseprozeß. Die dabei herausgearbeiteten ersten Kategorien werden zum Ausgangspunkt für die Erhebung weiterer Interviews, um so abweichende Varianten des untersuchten Phänomens zu entdecken.

Der Prozeß der Theoriegenerierung

Die Arbeit mit narrativen Interviews zielt auf eine Theoriegenerierung ausgehend von den erhobenen Daten. Anknüpfend an GLASER/STRAUSS' (1967) Vorschlag einer „grounded theory" werden theoretische Kategorien und Modelle im Verlauf und als Ergebnis der Arbeit mit den empirischen Materialien entwickelt. GLASER/STRAUSS wenden sich mit ihrem Verfahrensvorschlag explizit gegen ein in der Sozialforschung weit verbreitetes, hypothesentestendes, deduktives Vorgehen, in dem die empirischen Daten lediglich zur Überprüfung der vorab gebildeten Hypothesen und Theorien genutzt werden. Ein derartiges Vorgehen verhindert eher die Entdeckung von Erkenntnissen als daß neues Wissen generiert werden kann. Die Entwicklung einer „gegenstandsbezogenen Theorie" (GLASER/STRAUSS 1979)[6] räumt dagegen der Arbeit mit den

---

[6] GLASER/STRAUSS (1967; STRAUSS 1991) unterscheiden zwischen „gegenstandsbezogenen" und „formalen Theorien". Gegenstandsbezogene Theorien werden für einen klar begrenzten Bereich des sozialen Lebens entwickelt (Professionalisierungsprozesse einer Berufsgruppe, Verarbeitung der „Wende" bei jungen Erwachsenen

Primärmaterialien einen hohen Stellenwert ein. Theorie wird den Daten nicht übergestülpt, sondern Theorie wird in der Auseinandersetzung mit den Daten entwickelt und als Ergebnis formuliert.

Die Betonung der Relevanz des empirischen Materials und eine gewisse Zurückstellung theoretischer Konzepte zu Beginn des Forschungsprozesses ist jedoch keineswegs gleichzusetzen mit einem theorielosen Vorgehen. In neueren Veröffentlichungen weist STRAUSS (1991) ausdrücklich auf die Bedeutung des Kontextwissens (fachliches und theoretisches Wissen, Forschungserfahrungen sowie auch persönliche Erfahrungen) für den Prozeß der Theoriebildung ebenso wie für die Auswahl von Untersuchungspersonen hin. Darüber hinaus wird bei der Auswertung der Daten Hintergrundwissen über gesellschaftliche und ökonomische Prozesse, über kollektiv-historische Ereignisse und politische Entwicklungen hinzugezogen (vgl. CORBIN/STRAUSS 1990, 422).

Ein Vorgehen in der Tradition einer „grounded theory" verbietet ein subsumtionslogisches Vorgehen, bei dem die Analyse des Einzelfalls deduktiv aus bereits vorliegenden Theorien abgeleitet wird. Theoretisches Vorwissen und wissenschaftliche Konzepte gehen allerdings in die Forschung im Sinne von heuristischen Rahmen ein, die die „theoretische Sensibilität" schärfen (KELLE 1994, 312).

Der Prozeß der Theoriegenerierung setzt bereits mit der Datenerhebung und der Auswertung erster Interviews ein. Als Ergebnis der strukturellen Beschreibung werden vorläufige Kategorien und Hypothesen, die die Beziehung zwischen den Kategorien und ihren Merkmalen bezeichnen, entwickelt. Die Auswahl und die Auswertung weiterer Interviews dient der Überprüfung der erarbeiteten Kategorien, ihrer Erweiterung sowie der Entdeckung neuer Zusammenhänge in dem hinzugezogenen empirischen Material. Die Theorieentwicklung vollzieht sich nach einer „abduktiven Forschungslogik" (SCHÜTZE 1987, 258), die sich durch einen fortlaufenden Wechsel zwischen Einzelfallanalyse und Erarbeitung theoretischer Konzepte auszeichnet. Basierend auf einer Kontrastierung der entwickelten Konzepte mit den Daten wird so Stück für Stück Theorie hervorgebracht, die in der Konfrontation mit neuen Daten immer wieder erweitert und verändert wird (vgl. GLASER/STRAUSS 1967, 32).

4. Probleme und offene Fragen

Ein zentraler Kritikpunkt, der von verschiedener Seite und ausgehend von unterschiedlichen theoretischen Ausgangspositionen an dem narrativen Interview formuliert wird, bezieht sich auf die grundlagentheoretische Annahme einer „Nähe" von Erzählung und vergangenem Ereignisablauf. So kritisiert BUDE (1985, 329) die Prämisse einer „Homologie von Erzählkonstitution und Erfahrungskonstitution" und stellt damit zugleich in Frage, daß die unterschiedlichen Darstellungsformen im Interview Hinweise auf unterschiedliche Ebenen der

---

usw.). Formale Theorien bleiben dagegen nicht auf einen Gegenstandsbereich begrenzt, sondern sind auf die Erfassung übergreifender sozialer Prozesse gerichtet: Theorien über Sozialisationsprozesse, über pädagogisches Handeln usw.

Erfahrungsaufschichtung geben. Er weist darauf hin, daß Individuen Erfahrungen machen, die nicht in Erzählform, sondern als Collage oder Begriff dargestellt werden (ebd.). Ausführungen zu den sprachtheoretischen und methodologischen Grundlagen dieser Präsentationsformen fehlen allerdings (vgl. BOHNSACK 1991, 107)

Die Annahme, daß die Erzählung dem lebensgeschichtlichen Ereignisstrom folgt, wird auch von anderen Autoren kritisiert und mit einer Argumentation zurückgewiesen, nach der ein autobiographischer Text lediglich über die gegenwärtige Perspektive der Identitätskonstruktion mit der autobiographischen Darstellung Auskunft geben kann. So verweist LEITNER (1988) auf den fiktionalen Charakter von Lebensbeschreibungen: Danach orientiert sich eine Selbstdarstellung nicht unbedingt an vergangenen Ereignissen, sondern sie erfolgt lediglich unter dem Aspekt der Biographiekonstruktion.

Ein ähnliche Position vertritt NASSEHI (1994, 59), der als Gegenstand biographischer Forschung lediglich Texte als Resultat biographischer Kommunikation bestimmt. Das Erkenntnisinteresse richtet sich dann nicht auf die Rekonstruktion lebensgeschichtlicher Ereignisse, sondern im Zentrum steht die Analyse, wie biographisch kommuniziert wird und wie der dabei hervorgebrachte Text die Person konstituiert.

Im Hinblick auf die Erkenntnismöglichkeiten einer Forschung mit narrativen Interviews sei darauf hingewiesen, daß die Prämisse einer „Nähe" zwischen dem Erzählten und den in der Erfahrungsaufschichtung abgelagerten vergangenen Ereignissen *keineswegs* bedeutet, daß die Erzählung mit dem Erlebten identisch ist. Eine autobiographische Erzählung erfolgt immer aus der Retrospektive und damit können Verschiebungen in der Bewertung der Relevanz einzelner Ereignisse verbunden sein. Spätere Ereignisse lassen das frühere Geschehen in den Hintergrund treten oder führen zu einer neuen Einordnung in den biographischen Gesamtzusammenhang. Auch die Situation zum Zeitpunkt des Interviews beeinflußt die Hervorbringung der lebensgeschichtlichen Erzählung. Im Prozeß der Erinnerung wird die Lebensgeschichte strukturiert, dies erfolgt allerdings unter Bezugnahme auf die vergangenen Ereignis- und Erfahrungsabläufe: „das Leben kann nicht neu erfunden werden, und selbst die Organisiertheit unterliegt Faktoren der Gestaltetheit, die aus der erlebten Lebensgeschichte resultieren" (ROSENTHAL 1995, 167). Anhand einer sorgfältigen Analyse der autobiographischen Darstellung lassen sich sowohl die vergangenen Ereignisabfolgen - oder zumindest Spuren davon - sowie auch deren interpretative Verarbeitung und Einordnung in die Lebensgeschichte rekonstruieren (vgl. SCHÜTZE 1987, 27). Darüber hinaus erbringt die Auswertung - unter Berücksichtigung der Erzählstruktur und der in ihr enthaltenen unterschiedlichen Zeitdimensionen - auch Erkenntnisse über die Biographiekonstruktion in dem jeweiligen Interview.

Die angeführten Kritikpunkte, die die Autoren im Hinblick auf die grundlagentheoretischen Voraussetzungen des narrativen Interviews formulieren, verweisen allerdings auch auf Probleme und offene Fragen. Die Rede von der „Nähe" zwischen Erzählung und Erfahrung bleibt - zugegebenermaßen - unklar und provoziert Fragen bezüglich des Verhältnisses zwischen der biographischen

Darstellung und dem Erfahrungsablauf. Die Infragestellung der Rekonstruktion vergangener Ereignisse anhand von autobiographischen Materialien betrifft letztendlich alle Forschungsverfahren, die den Anspruch erheben, aus Erzählungen Rückschlüsse auf vergangene Geschehnisse ziehen zu wollen. Folgt man der Argumentation der Kritiker, so wäre damit der Verzicht auf die Rekonstruktion sozialer und biographischer Prozesse verbunden. Damit würden Analysemöglichkeiten einer Arbeit mit autobiographischen Materialien und der in ihnen repräsentierten unterschiedlichen Ebenen der Erfahrungsaufschichtung allerdings verschenkt.

Notwendig erscheinen mir derzeit grundlagentheoretisch angelegte Forschungsarbeiten, die den Prozeß der Biographiekonstruktion unter Rückgriff auf lebensgeschichtliche Erfahrungen in den Blick nehmen. Damit ließe sich auch die Annahme einer Nähe von Erzählung und Erfahrung im narrativen Interview präzisieren und theoretisch fundieren.

Literatur

BLUMER, Herbert 1981: Der methodologische Standort des symbolischen Interaktionismus. In: ARBEITSGRUPPE BIELEFELDER SOZIOLOGEN (Hg.): Alltagswissen, Interaktion und gesellschaftliche Wirklichkeit. Opladen, S. 80-146.
BOHNSACK, Ralf 1991: Rekonstruktive Sozialforschung. Einführung in Methodologie und Praxis qualitativer Forschung. Opladen.
BUDE, Heinz 1985: Der Sozialforscher als Narrationsanimateur. Kritische Anmerkungen zu einer erzähltheoretischen Fundierung der interpretativen Sozialforschung. In: Kölner Zeitschrift für Soziologie und Sozialpsychologie 37, 2, S. 327-336.
CORBIN, Juliet/Anselm STRAUSS 1990: Grounded Theory Research: Procedures, Canons and Evaluative Criteria. In: Zeitschrift für Soziologie 19, 6, S. 418-427.
FUCHS-HEINRITZ, Werner/Heinz-Hermann KRÜGER (unter Mitarbeit von Jutta ECARIUS und Hans-Jürgen VON WENSIERSKI) 1991: Feste Fahrpläne durch die Jugendphase? Jugendbiographien heute. Opladen.
GLASER, Barney G./Anselm L. STRAUSS 1967: The Discovery of Grounded Theory. Strategies for Qualitative Research. Chicago.
GLASER, Barney G./Anselm L. STRAUSS 1979: Die Entdeckung gegenstandsbezogener Theorie: Eine Grundstrategie qualitativer Sozialforscher. In: HOPF, Christel/Elmar WEINGARTEN (Hg.): Qualitative Sozialforschung. Stuttgart, S. 91-111.
HERMANNS, Harry 1991: Narratives Interview. In: FLICK, Uwe u.a. (Hg.): Handbuch Qualitative Sozialforschung. Grundlagen, Konzepte, Methoden und Anwendungen. München, S. 182-185.
HERMANNS, Harry/Christian TKOCZ/Helmut WINKLER 1984: Berufsverlauf von Ingenieuren. Biografie-analytische Auswertung narrativer Interviews. Frankfurt a.M., New York.
HOFFMANN-RIEM, Christa 1980: Die Sozialforschung einer interpretativen Soziologie - Der Datengewinn. In: Kölner Zeitschrift für Soziologie und Sozialpsychologie 32, 2, S. 325-338.
JAKOB, Gisela 1993: Zwischen Dienst und Selbstbezug. Eine biographieanalytische Untersuchung ehrenamtlichen Engagements. Opladen.
KALLMEYER, Werner/Fritz SCHÜTZE 1977: Zur Konstitution von Kommunikationsschemata der Sachverhaltsdarstellung. In: WEGNER, Dirk (Hg.): Gesprächsanalysen. Hamburg, S. 159-274.
KELLE, Udo 1994: Empirisch begründete Theoriebildung. Zur Logik und Methodologie interpretativer Sozialforschung. Weinheim.

KRÜGER, Heinz-Hermann 1995: Bilanz und Zukunft der erziehungswissenschaftlichen Biographieforschung. In: ders./Winfried MAROTZKI (Hg.): Erziehungswissenschaftliche Biographieforschung. Opladen, S. 32-54.
LABOV, William/Joshua WALETZKY 1973: Erzählanalyse: Mündliche Versionen persönlicher Erfahrungen. In: IHWE, Jens (Hg.): Literaturwissenschaft und Linguistik. Band 2. Frankfurt a.M., S. 78-126.
LEITNER, Hartman 1988: Text oder Leben? Über den Gegenstand der Lebenslauf- und Biographieforschung. In: Biographie oder Lebenslauf. Über die Tauglichkeit zweier Konzepte. Studienbrief der Fernuniversität Hagen. Kurseinheit 2. Hagen, S. 1-63.
NASSEHI, Armin 1994: Die Form der Biographie. Theoretische Überlegungen zur Biographieforschung in methodologischer Absicht. In: BIOS 7, 1, S. 46-63.
NITTEL, Dieter 1992: Gymnasiale Schullaufbahn und Identitätsentwicklung. Weinheim
REIM, Thomas 1993: Die Weiterbildung zum Sozialtherapeutenberuf. Bedeutsamkeit und Folgen für Biographie, professionelle Identität und Berufspraxis. Dissertation im Fachbereich 4 (Sozialwesen) der Universität Gesamthochschule Kassel. Kassel.
RIEMANN, Gerhard 1986: Einige Anmerkungen dazu, wie und unter welchen Bedingungen das Argumentationsschema in biographisch-narrativen Interviews dominant werden kann. In: SOEFFNER, Hans-Georg (Hg.): Sozialstruktur und soziale Typik. Frankfurt a.M., New York, S. 112-157.
RIEMANN, Gerhard 1987: Das Fremdwerden der eigenen Biographie. Narrative Interviews mit psychiatrischen Patienten. München.
ROSENTHAL, Gabriele 1995: Erlebte und erzählte Lebensgeschichte. Gestalt und Struktur biographischer Selbstbeschreibungen. Frankfurt a.M., New York.
SCHÜTZE, Fritz 1978: Die Technik des narrativen Interviews in Interaktionsfeldstudien - dargestellt an einem Projekt zur Erforschung von kommunalen Machtstrukturen. 2. Aufl. eines Manuskripts. Bielefeld.
SCHÜTZE, Fritz 1983: Biographieforschung und narratives Interview. In: Neue Praxis 13, 3, S. 283-293.
SCHÜTZE, Fritz 1984: Kognitive Figuren des autobiographischen Stegreiferzählens. In: KOHLI, Martin/Günther ROBERT (Hg.): Biographie und soziale Wirklichkeit. Neue Beiträge und Forschungsperspektiven. Stuttgart, S. 79-117.
SCHÜTZE, Fritz 1987: Das narrative Interview in Interaktionsfeldstudien: erzähltheoretische Grundlagen. Teil I: Merkmale von Alltagserzählungen und was wir mit ihrer Hilfe erkennen können. Studienbrief der Fernuniversität Hagen. Hagen.
SCHÜTZE, Fritz 1994: Ethnographie und sozialwissenschaftlicher Methoden der Feldforschung. Eine mögliche methodische Orientierung in der Sozialen Arbeit? In: GRODDECK, Norbert/Michael SCHUHMANN (Hg.): Modernisierung sozialer Arbeit durch Methodenentwicklung und -reflexion. Freiburg i.Br., S. 189-297.
SCHÜTZE, Fritz 1995: Verlaufskurven des Erleidens als Forschungsgegenstand der interpretativen Soziologie. In: KRÜGER, Heinz-Hermann/Winfried MAROTZKI (Hg.): Erziehungswissenschaftliche Biographieforschung. Opladen, S. 116-157.
SCHULZE, Theodor 1985: Lebenslauf und Lebensgeschichte. Zwei unterschiedliche Sichtweisen und Gestaltungsprinzipien biographischer Prozesse. In: BAACKE, Dieter/Theodor SCHULZE (Hg.): Pädagogische Biographieforschung. Orientierungen, Probleme, Beispiele. Weinheim, Basel, S. 29-63.
SCHULZE, Theodor 1993: Biographisch orientierte Pädagogik. In: BAACKE, Dieter/ Theodor SCHULZE (Hg.): Aus Geschichten lernen. Zur Einübung pädagogischen Verstehens. Weinheim, München, S. 13-40.
STRAUSS, Anselm L. 1991: Grundlagen qualitativer Sozialforschung. Datenanalyse und Theoriebildung in der empirischen soziologischen Forschung. München
WENSIERSKI, Hans-Jürgen von 1994: Mit uns zieht die alte Zeit. Biographie und Lebenswelt junger DDR-Bürger im Umbruch. Opladen.

Klaus Kraimer

Narratives als Erkenntnisquelle

In der qualitativen Forschung wie in der (Beratungs-) Praxis läßt sich Narratives als Erkenntnisquelle nutzen. Gespräch und Erzählung - etwa als Berichte über alltägliche Geschehnisse oder biographische Zusammenhänge - sind in ihrer vertexteten Form als Lebensbekundungen zentral. Insbesondere in Forschungsbereichen, in denen es um eine Rekonstruktion der *Qualität* von Sozialisations- und Bildungsprozessen geht, hat sich die qualitative Forschung bewährt; Rekonstruktionen spezifischer Struktureigenschaften menschlicher Interaktionen sind dabei bedeutsam (vgl. vor allem OEVERMANN u.a. 1976; auch HILDENBRAND 1991; RIEMANN 1978; zur Entwicklung GARZ 1995; auch die Beiträge in KRÜGER/MAROTZKI 1995). So ist die Sinn- und Zusammenhangsbildung ein Grundzug des Seelenlebens; jede persönliche Erfahrung ist nach DILTHEY auf den seelischen Strukturzusammenhang der ganzen Person bezogen (vgl. 1970, S. 242 ff.). MAROTZKI spricht in diesem Kontext von dem *anthropologischen Zwang zur Zusammenhangsbildung,* zur Biographisierung. Biographisierung ist die Leistung jedes Menschen, Zusammenhänge herzustellen, Bedeutungen zu ordnen, ein „kommunizierbares Selbst- und Weltverhältnis bzw. -verständnis" (1991, 411) zu entwickeln.
Für die Sozialforschung ist es erforderlich, Sinnzusammenhänge zu rekonstruieren: Die Kunstfertigkeit des Forschers besteht in der „Verständlichmachung" von Sinn- und Sachzusammenhängen, in der „Erschließung" von Sprache: „Vom Verstehen des Anderen ist seine Anrufung untrennbar. Eine Person verstehen heißt, bereits mit ihr zu sprechen" (LEVINAS 1983, 111). Die Hermeneutik, die in der Grundbedeutung die „Aussage von Gedanken" meint oder im HEIDEGGERschen Sinn (vgl. z.B. 1975) das Wesen der Auslegung bezeichnet, ist eine „Interpretationskunst", wobei Regeln dazu anleiten, Schwierigkeiten zu überwinden. Das Verstehen, so lehrt DILTHEY (1957, 320), zeige verschiedene Grade; diese seien zunächst vom Interesse bedingt: Ist das Interesse eingeschränkt, heißt es dort, so ist es auch das Verständnis. Aber auch angestrengteste Aufmerksamkeit könne nur dann zu einem kunstmäßigen Vorgang werden, in welchem ein kontrollierbarer Grad von Objektivität erreicht werde, *wenn die Lebensäußerung fixiert sei* (vgl. BRUMLIK 1983, zur Diskussion des Verhältnisses von Hermeneutik und qualitativer Sozialforschung UHLE 1995). Es sind diese dauerhaft fixierten Lebensäußerungen, die als Mitteilungen nutzbar zu machen sind, indem Gesprächsprotokolle gefertigt, Erzählungen verschriftet und auf diese Weise zum Gegenstand der Forschung werden, die wiederum mit der beruflichen Praxis, die von den sokratischen Ideen inspirierbar ist, im Gespräch ist (vgl. 2.).
In der Geltungsbegründungsdiskussion formuliert TERHART (1995, 388): „Die Begriffe 'Interaktion', 'Kommunikation', 'Dialog' bilden die Basisvokabeln des qualitativen Ansatzes: Aufgrund der Annahme, daß der Gegenstand der Sozial-

und Erziehungsforschung in sich kommunikativ strukturiert ist und die Interpretationen des Sozialforschers nicht auf Tatsachen, sondern immer schon auf Interpretationen treffen, wird abgeleitet, daß die soziale Wirklichkeit der Akteure selbst wiederum nur in einem kommunikativen Prozeß (...) exploriert werden kann" (vgl. zu einer „doppelten Hermeneutik" vor allem GIDDENS 1984). Diese Anschauung gilt gleichermaßen für die professionelle Handlungspraxis, in der das im Studium idealiter vermittelte hermeneutische Fallverstehen habituell zum Tragen gelangt (vgl. 3.).

1. Gespräch und Erzählung als narrative Erkenntnisquellen

Das Gespräch und die Erzählung bilden wertvolle Erkenntnisquellen; deren Dokumentation erfüllt unter anderem (vgl. BAACKE 1993; KRAIMER 1994): Die *sensibilisierende* Funktion, die dazu verhilft, einseitige Klassifizierungen zu verhindern; die *realitätserweiternde* Funktion, die daraus resuliert, daß in Narrationen zusätzliche, ansonsten nur schwer beobachtbare oder kaum mitgeteilte Realitätsbereiche erschließbar werden; die Funktion der *Entdeckung affektiver Wahrheiten* (d.h. es lassen sich Hinweise darauf finden, was Personen subjektiv als gültig annehmen). Weiterhin ist die Möglichkeit der *Entdeckung von Entwicklungspotentialen* und biographischen Projekten zu nennen.

So kann beispielsweise eine mäeutische Intervention angeleitet werden, wenn behutsam vorhandene Fähigkeiten eruiert werden. Finden und „Erfinden" sind dabei konstitutive Elemente des pädagogischen oder sozialarbeiterischen Tuns; es geht um das Entdecken vorhandener Deutungen („Auflesen") sowie ggf. um das dialogische entwickeln sachgemäßer Deutungsalternativen („Weiterlesen").
So wird es möglich, eine andere als die bisher bekannte Pointe zu finden, das „Verstricktsein in Geschichten" (SCHAPP 1976) zu beeinflussen (vgl. HILDENBRAND 1990). Damit ist eine Aufforderung zur Selbsttätigkeit, eine Herausforderung der Vernunfttätigkeit gemeint, die auf Einsicht und eigene Urteilsfähigkeit auf Seiten der Zu-Erziehenden und Klienten setzt. Die Hervorlockung von Erzählungen durch das narrative Interview beispielsweise ist gut dokumentiert (vgl. z.B. SCHÜTZE 1983, JAKOB in diesem Band); deshalb sollen hier wenige Anmerkungen ausreichen: Eine Eingangsfrage regt zur Erzählung an. Dies gelingt nur interaktiv, d.h. über eine Kommunikationsbeziehung, die methodisch kontrolliert wird. In der Phase der Haupterzählung greifen die sog. Zugzwänge des Erzählens: Der Detaillierungszwang, der das Verknüpfen von Ereignissen zur plausiblen Erfahrungsdarstellung meint, der Kondensierungszwang als eine Art Verdichtungsprinzip sowie der Gestaltschließungszwang, der die Nachvollziehbarkeit betrifft. Im Verlauf der narrativen Nachfragen geht es um eine Ergänzung des Gesamtzusammenhanges. Eine dritte Phase der Bilanzierung (Warum-Fragen) schließt sich bei biographischen Interviews an; für Interaktionsfeldstudien, Analysen von Statuspassagen und Experteninterview bildet eine „Small-talk-Phase" den Abschluß der Befragung.

In dem Forschungsprojekt „Lebenswelt Obdachlosigkeit" (HAUPERT/KRAIMER 1991a) wurden narrative Interviews erhoben. Die jeweilige Fallrekonstruktion folgt einer Auswertungslogik mit ursprünglich sechs Interpretationsschritten:
1. Bestimmung des Falles und ggf. des Handlungsproblems, 2. Interpretation der objektiven Daten (Geburtsort und -jahr, Schul- und Berufsabschluß, Familienstand etc.), 3. Interpretation der ersten Sequenz (Sinneinheit), 4. Formulierung einer ersten Kernaussage über den Fall (Fallhypothese), 5. Weitere Analyse des Materials zur Überprüfung der ersten Kernaussage, 6. Überprüfung und eventuell Modifikation der Kernaussage und des eingangs bestimmten Handlungsproblems.

Das Ergebnis der Einzelfallrekonstruktion sind Kernaussagen über die Strukturiertheit des Falles, z.B. die sukzessive Verhinderung der Wiedergewinnung persönlicher Autonomie im Kontext einer Intervention. Verdichtet man die Ergebnisse einer Fallreihe (im o.g. Projekt wurden über 30 Statuspassagen sowie sozialarbeiterische Interventionen rekonstruiert) entsteht ein differenziertes Bild etwa von Klientifizierungsprozessen. So zeigt sich ein Interventionstyp, der massiv daran beteiligt ist, Lebensprobleme, die aus sozialen Notlagen resultieren, in psychische Probleme umzudeuten, um diese sodann zu „therapieren" (vgl. auch BITTNER 1981, WOLFF 1986). Im Kontrast zu diesem Typ der *Exekution flüchtiger Therapien* findet sich ein weiterer Interventionstyp, welcher (inhärent) der Logik hermeneutischen Fallverstehens folgt und mäeutische Elemente in sich trägt. Dabei wurde u.a. in Gesprächen eine Kompetenz erzeugt, die aus dem gemeinsamen Bemühen um angemessene Problemdeutungen resultiert und die mit der konsequenten Orientierung an einer sachlichen, nicht psychologisierenden Situationseinschätzung einherging.

In der Projektarbeit zeichnet sich zunehmend ab, daß die mäeutische Methode des Sokratischen Gesprächs eine Bereicherung des methodischen Vorgehens in der Forschung wie in der Praxis darstellen kann. In einem siebten Schritt läßt sich vor dem Hintergrund der gewonnenen Kernaussagen das Sokratische Gespräch einführen. Darin liegt zudem eine Möglichkeit, solchen Forderungen nachzukommen, wie sie derzeit nach qualitativen, subjektorientierten Methoden in der Beratungsforschung erhoben werden (vgl. ENGEL/NESTMANN 1995). Es wird somit möglich, „Strukturtransformationen anzustoßen" (HILDENBRAND 1990), das Finden von Deutungsalternativen im Sinne einer Aufforderung zur Selbsttätigkeit zu erleichtern und somit einer Klientifizierung den Boden zu entziehen (zu den Möglichkeiten der Konversationsanalyse vgl. hier WOLFF 1986).

Das Gespräch, die Rede, die Unterredung, die Beratung ist eine Kollektivbildung zu dem Verb sprechen, zu dem als Substantiv Sprache, Spruch und auch Sprichwort gehört. Ältere Bedeutungen leben noch im schweizerischen „Fürsprech" fort. Präfixbildungen liegen im absprechen, im ansprechen auch im einsprechen, im besprechen, darin, „über etwas, über eine Sache zu reden"; also geht es um Sprache. Sprache ist, wie BOLLNOW betont hat, von vornherein eine gemeinsame Angelegenheit. Auf eine prägnante Formel gebracht heißt es bei ihm: „Die Sprache ist ein Gespräch" (1968, 219); nur in dem Mit- und Gegeneinander sei sie wirklich (vgl. zur Beziehung von Sprache und Vernunft LÉVINAS 1983, insbes. 108 ff.). *Phänomenologisch* zeigt sich im Gespräch und in der Erzählung die Rede von Angesicht zu Angesicht, *hermeneutisch* die Rede als *Mit*teilung, *sokratisch* die Rede als Austausch von Argumenten. *Pädagogisch* betrachtet, liegt im Gespräch die Aufforderung zur selbsttätigen Bedeutungsbildung, die „Schaffung" von Sozialität, Identität und Bildung, aus der Sicht der *Sozialen Arbeit* liegt im Gespräch das Bemühen, Soziales zu regeln bzw. wiederherzustellen.

Das Gespräch findet jeweils in bestimmten zwischenmenschlichen Verhältnissen statt. „Dieses jeweilige Verhältnis, in dem das Gespräch sich abspielt, wirkt modifizierend auf den Gesprächsgegenstand (Stoff), Ton, Manier, Niveau und Verlauf des Gesprächs" (LOCH 1962, 646). Gespräch (und Erzählung) konstituierten „als bestimmte zwischenmenschliche Kontaktform(en) auch selber ein eigentümliches Verhältnis: Das *Gesprächsverhältnis*. „Das dieses Verhältnis tragende Verhalten ist das 'Miteinander'-sprechen, das durch ein gleichursprüngliches 'Gegeneinander' ('Erwiderung'!) in Spannung gehalten wird. Wenn das Gegeneinander das Miteinander (z.B. in der Diskussion) zerstört, muß das Gesprächsverhältnis sich auflösen, ebenso wenn das Miteinander so stark wird, daß kein Gegeneinander mehr möglich ist (z.B. wenn man den anderen überzeugt hat)" (a.a.O. 646 f.) oder wenn eine Art Gruppenseligkeit entsteht. LOCH verweist darauf, daß sich das Gespräch im Medium des gesprochenen Wortes vollziehe, die Zeit des Gesprächs könne deshalb nicht die Zeit der Handlung sein (vgl. demgegenüber die Sprechakttheorie von SEARLE). Im Gespräch stünden sich die Gesprächspartner in einem *Als-ob*-Verhältnis der „Gleichordnung" (Gleichberechtigung), die das Miteinander- wie das Gegeneinandersprechen ermögliche, gegenüber. Das *Gesprächsniveau,* in dem sich diese *Als-ob*-Gleichstellung der Gesprächspartner als „Gesprächsebene" verwirkliche, könne auf Grund der faktischen Ungleichheit hinabziehend oder heraufziehend wirken. In der „heraufziehenden" Tendenz des Gesprächs liegt eine seiner bedeutsamsten *erziehenden* Funktionen, mit der die Mäeutik des Gesprächs im Kern bezeichnet ist.

Während sich das Gespräch durch eine dialogische Struktur auszeichnet, ist die Erzählung vom Grundtyp her eine Mitteilung von Erfahrungen, die eine Person einer anderen aktuell direkt übermittelt. Eine Grundfunktion von Erzählungen besteht darin, Nichtbeteiligte an selbst erfahrenen Ereignissen erlebter Wirklichkeit, d.h. an Geschichten, vermittelt teilhaben zu lassen (vgl. SCHÜTZE 1976, 8; auch WOLFF 1986). Die direkte Erzählung gewinnt ihre Lebendigkeit durch den wechselseitigen, flexiblen Austausch, so daß z.B. durch Nachfragen das Erzählerlebnis intensiviert und um etliche Details bereichert werden kann (vgl. die Beiträge in EHLICH 1980). In anderen Formen der Erzähldarbietung demgegenüber fehlen diese Möglichkeiten (etwa in Briefen oder in Geschichten aus zweiter Hand). Die Frage nach den verschiedenen „Funktionen" von Gespräch und Erzählung im menschlichen Leben führe die phänomenologische Betrachtung an eine *Grenze*, weil - so LOCH - das „menschliche Dasein" als „Phänomen" zu umfassend sei, als daß es noch zu „überschauen" wäre. Hier gehe die phänomenologische Betrachtung zwangsläufig in die hermeneutische über.

2. Die mäeutische Methode des Sokratischen Gesprächs

Die *geistige Hebammenkunst*, griechisch Maieutik, latinisiert Mäeutik, beinhaltet Ideen, die zu den verschiedensten Zeiten - etwa im Athen des 5. Jahrhunderts vor Christus, in der Aufklärungsbewegung des 17. und vor allem 18. Jahrhunderts, in der Geisteswissenschaftlichen Pädagogik oder in der heutigen Diskurstheorie etwa bei APEL (1989) - eine immer neue Faszination ausgeübt haben. Diese Ideen, die hauptsächlich deswegen vergessen werden und verlorengehen, weil sie regelmäßig als „schön" aber als unrealisierbar abgetan werden, vor allem aber, weil sie äußerst zeitraubend, unbequem und deshalb so schwer zu behalten sind, beinhalten im Kern drei Grundvorstellungen (vgl. WÖHRMANN 1983): Erstens das Vertrauen auf die Kraft eigenen Denkens. Äußere Lehre *allein* bleibt somit leer, wirkt allenfalls belehrend oder gar dogmatisch. Nur die innere Anstrengung führt zum Selber-Denken. Das Selber-Denken erfolgt zweitens im *Austausch von Gedanken*, im Gespräch oder in der Erzählung. Es erfährt dort eine Kontrolle, die vor Selbstverblendung schützt. Drittens ist ein *Verzicht auf belehrende Urteile* nötig, um von Vorurteilen entbinden zu können. Die von SOKRATES entwickelte Methode ermöglicht es, Vorstellungen und Begriffe durch dialogisches Fragen und durch nacherzählendes Interpretieren zu präzisieren, zu strukturieren bzw. überhaupt erst zum Vorschein zu bringen und einsichtsfähig zu machen (vgl. zur pädagogischen Bedeutung KEMPER 1990; VIERHELLIG 1987). In Gespräch und Erzählung geht es um das gesprochene Wort, sozialisatorisch um die Bedeutungsbildung, um die stets erneute „Geburt des Sozialen", um einen „Transfer von Kultur". Die Mäeutik des SOKRATES, dessen substantielle Entdeckung darin liegt, daß die „Wahrheit" in einer Frage als eine „gemeinsame Wahrheit" in der dreistelligen Relation zwischen Menschen und der Sache, die in Rede steht, gefunden werden kann (vgl. WÖHRMANN 1983) bedient sich des Gesprächs. SOKRATES verhalf als Fragender anderen zur „Geburt von Ideen". Damit ist eine Kunstlehre, eine Methode der *Anleitung zum Selber-Denken* bezeichnet. Die Rede von Angesicht zu Angesicht diente zur Erforschung von Wissensbeständen, zur Entwicklung einer geistigen Haltung, die zur Einsicht fähig ist. NELSON gab zu Beginn seines Vortrags über die Sokratische Methode im Jahre 1922 zu bedenken, daß diese nur unzureichend monologisch zu vermitteln sei. Er sah sich in einer ähnlichen Verlegenheit wie ein Geiger, der auf die Frage, wie er das Geigen zustande bringe, „wohl von seiner Kunst etwas vorführen kann, aber nicht in Begriffen auseinandersetzen kann, wie man das Geigen anfängt" (NELSON 1970, 271). Die Sokratische Methode sei nämlich „nicht die Kunst, Philosophie, sondern Philosophieren zu lehren, nicht die Kunst, über Philosophie zu unterrichten, sondern Schüler zu Philosophen zu machen". Solle von der Sokratischen Methode eine rechte Vorstellung gegeben werden, „so müßte ich meine Rede hier abbrechen und, statt Ihnen etwas vorzutragen, mit Ihnen eine philosophische Frage nach sokratischer Methode behandeln" (ebenda). Hier zeigt sich das jeder Denkschule eigene Phänomen, daß das Lehren noch schwieriger ist, als das Lernen, *weil Lehren heiße* - so HEIDEGGER (1971, 50) - *„lernen lassen"*. Der Lehrer sei den Lehrlingen (den Schülern, den Studierenden, den Ratsuchenden) einzig darin voraus, daß er noch weit mehr zu lernen habe als sie. Der Lehrer müsse es vermögen, belehrbarer zu sein als die Lehrlinge. An dieser Stelle können nur wenige Merkmale des Sokratischen Gesprächs hervorgehoben werden; etwa das der *rationalen Argumentation*, welche das *„lernen lassen"* ermöglicht. Mittels der Abstinenz wird eine schrittweise Bedeutungsklärung erreicht; diese verhilft dazu, vom Konkreten zu abstrahieren. Nacherzählendes Deuten gibt keine Antworten vor, „trichtert" keine fremden Urteile ein. Die Abstinenzhaltung besteht vor allem darin, das *„Gesetz der Sache"* sprechen zu lassen (COPEI 1950, 21). SOKRATES zwinge durch seine Fragen, die prüfend mitgingen, den Blick auf notwendige Voraussetzungen, um die Sache selbst, das in Rede stehende Problem, zu ordnen. Die Ordnung und Klarheit des Denkens tauche *plötzlich aufschießend,* als *eigene Erkenntnis* im Bewußtsein auf: Der „fruchtbare Moment" im Bildungsprozeß. Das prüfende, philosophisch-mäeutische Fragen gewinnt neuerdings starke Beachtung, wenn es etwa bei ACHENBACH/WINKLER-CALAMINUS heißt, daß der Berater „im behutsamen Philosophieren dem Besucher eine Kultur des Mit-sich-zu-Rate-Gehens eröffnen könnte" (1992, 98). Eine solche Kultur steht einer drohenden Theorieabstinenz entgegen, die als Therapeutisierung im Jargon einer „Verwirrsprache", welche Diffusität erzeugt, in pädagogischen und sozialarbeiterischen Praxisfeldern derzeit um sich greift. Das moderne Sokratische Gespräch fordert zum gemeinsamen, selbsttätigen, argumentierenden und schrittweise abstrahierenden Denken auf. Die sokratische Abstinenz wird zum Gebot der Zurückhaltung, die Gesprächspartner können *alle* Argumente kritisch prüfen (vgl. HECKMANN 1981; KLAFKI 1983). Inhaltlich wird an einer philosophischen (oder mathematischen) Problematik gearbeitet. Der Anspruch nach der „Ehrlichkeit des Denkens und Sprechens" (KROHN 1989, 10) zielt darauf, die in Rede stehende Sache wahrhaftig aus eigener Sicht, der Vernunft folgend, zu bearbeiten. Der dialogische Impuls steht der gewöhnlichen Überlieferungs-Methode entgegen, die abschätzig die „Professor-Methode" genannt wurde. Hier, so TRAPP (1787) „schütte der Lehrer aus seinen vollen Magazinen immer in den leeren Kopf des Schülers hinein, unbekümmert, ob die Saat dem Boden angemessen sei, ob der Samenkörner nicht zuviel, ob auch gerade jetzt die rechte Säezeit sei" (zit. nach LOCH 1962, 642). Das Sokratische Gespräch setzt die Argumentationsfähigkeit voraus, die die Pädagogik, u.a. in der Aufforderung zur Selbsttätigkeit, hervorzubringen hat (vgl. KOHLBERG 1981).

3. Mäeutische Berufspraxis

Mäeutisches Handeln bezieht sich auf die Lebenspraxis: Dieser Bezug stellt sich zwischen Personen ein, wenn diese so miteinander umgehen, daß die Sprache auf etwas Bedeutsames gebracht wird. In der Intervention - der die soziale Diagnostik vorangeht (vgl. die genannten Interpretationsschritte, die sich in der

Praxis nutzbar machen lassen) - geht es darum, bei der Sozialwerdung bzw. der Resozialisierung zu assistieren, kognitives und affektives Lernen gleichrangig zu fördern, ein „Gastgeber der Entwicklung" (vgl. KEGAN 1986, 169) zu sein. Die *Wissens- und Normenvermittlung* ist dabei auf den zukünftigen autonomen Vernunft- und Urteilsgebrauch gerichtet, die *Sinnvermittlung*, durch welche kulturelles Gut individuell eingebunden wird, ist in Lebenskrisen besonders zu akzentuieren. Diese Inhalte prägen die mäeutische Berufspraxis; somit läßt sich von einem „Dreiklang" sprechen, wobei Vereinseitigungen zu „Mißklängen" führen. Dies geschieht beispielsweise bei Lehrern zugunsten der Wissensvermittlung oder in der Sozialen Arbeit zugunsten allein therapieorientierter Maßgaben. Insbesondere in Krisen wirkt die stellvertretende Deutung ausgleichend und überbrückend (vgl. OEVERMANN 1981, zur Professionalisierung GARZ u.a. 1983, zur Erweiterung der stellvertretenden Deutung um das typologische (Fall-) Verstehen HAUPERT/KRAIMER 1991b). Vorbeuge- und Hilfeleistungen sind zu erbringen, möglichen Pathologien ist vorzubeugen, die aus „falsch" bzw. unzureichend hergestellten Sinnzusammenhängen resultieren. Die Sinnvermittlung zielt darauf, menschliche Lebensäußerungen adäquat zu interpretieren, um Defizite, zumindest langfristig, bewußt zu machen und zu kompensieren. Nicht die Delegation von Problemstellungen in den therapeutischen Bereich, sondern die Integration von Personen in einen ganzheitlichen Bildungsprozeß ist hier gemeint. Entscheidend ist nicht primär das, was im Gespräch berichtet wird, sondern die Art der Interaktion, die sich in der Situation herstellt; diese ist wesentlich für die Bedeutungsbildung. Erst durch diese Deutung, die die Interaktions*bedeutung* wahrnimmt, wird der objektive Gehalt des Berichteten erkenntlich (vgl. MOLLENHAUER 1993, der dieses Geschehen an einem Beispiel verdeutlicht). Aufgaben liegen darin, *Deutungsalternativen* zu finden, biographische *Suchbewegungen* anzuleiten, Entwürfe erschließen zu helfen und so in einen Verständigungsprozeß einzutreten.

Literatur

ACHENBACH, Gerd. B./Martina WINKLER-CALAMINUS: Die professionelle Struktur des Beratungsgesprächs. In: DEWE, Bernd u.a. (Hg.): Erziehen als Profession. Zur Logik professionellen Handelns in pädagogischen Feldern. Opladen 1992, 92-102.
APEL, Karl-Otto: Das Sokratische Gespräch und die gegenwärtige Transformation der Philosophie. In: KROHN, Detlef u.a. (Hg.): Das sokratische Gespräch. a.a.O., 1989, 55-77.
BAACKE, Dieter: Ausschnitt und Ganzes. Theoretische und methodologische Probleme bei der Erschließung von Geschichten. In: BAACKE, Dieter/Theodor SCHULZE (Hg.): Aus Geschichten lernen, a. a. O., 1993, 87-125.
BITTNER, Ulrike: Ein Klient wird 'gemacht'. In: KARDORFF von, Ernst/Elmar KOENEN (Hg.): Psyche in schlechter Gesellschaft. München u.a. 1981, 103-137.
BOLLNOW, Otto Friedrich.: Erziehung zum Gespräch. In: Zeitschrift für Pädagogik, 7. Beiheft 1968, 217-222.
BRUMLIK, Micha: Ist das Verstehen die Methode der Pädagogik? In GARZ, Detlef/ Klaus KRAIMER (Hg.): Brauchen wir andere Forschungsmethoden? Frankfurt a.M.1983.

COPEI, Friedrich: Der fruchtbare Moment im Bildungsprozeß. Dritte und ergänzte Auflage, eingeleitet und herausgegeben von H. SPENGLER. Heidelberg 1955.
DILTHEY, Wilhelm: Die Entstehung der Hermeneutik. In: Gesammelte Schriften. Bd. V. Stuttgart, Göttingen 1957, 317-338.
DILTHEY, Wilhelm: Der Aufbau der geschichtlichen Welt in den Geisteswissenschaften (1910), Frankfurt a. M. 1970.
EHLICH, Konrad: Erzählen im Alltag. Frankfurt a. M. 1980.
ENGEL, Frank/Frank NESTMANN: Beratung: Lebenswelt, Netzwerk, Intervention. In: KRÜGER, Heinz Hermann/Thomas RAUSCHENBACH (Hg.): Einführung in die Arbeitsfelder der Erziehungswissenschaft. Stuttgart 1995, 177-188.
GADAMER, Hans-Georg: Die Kultur und das Wort. In: Lob der Theorie. Reden und Aufsätze. Frankfurt a. M. 1983, 9-25.
GARZ, Detlef: Entwicklungslinien qualitativ-empirischer Sozialforschung. In: KÖNIG, Eckard/Peter ZEDLER (Hg.): Bilanz qualitativer Sozialforschung, Bd. 1, Weinheim 1995, 11-32.
GARZ, Detlef u.a.: Rekonstruktive Sozialforschung und objektive Hermeneutik. In: Zeitschrift für Sozialisationsforschung und Erziehungssoziologie 3, 1983, H.1, 126-134.
GIDDENS, Anthony: Interpretative Soziologie. Eine kritische Einführung. Frankfurt a. M., New York. 1984.
HAUPERT, Bernhard/Klaus KRAIMER: „Ich bin ein Bauernbub". Zur Analyse lebensgeschichtlicher Interviews in der Sozialarbeit/Sozialpädagogik. In: Archiv für Wissenschaft und Praxis der sozialen Arbeit 22, H. 3., 1991a, 193-202.
HAUPERT, Bernhard/Klaus KRAIMER: Die Heimatlosigkeit der Sozialarbeit/Sozialpädagogik. In: Pädagogische Rundschau 45, H. 2, 1991b, 177-196.
HECKMANN, Gustav: Das sokratische Gespräch. Erfahrungen in philosophischen Hochschulseminaren. Hannover 1981.
HEIDEGGER, Martin: Aus einem Gespräch von der Sprache. Zwischen einem Japaner und einem Fragenden. In: DERS.: Unterwegs zur Sprache. Pfullingen 1975[5], 85-155.
HEIDEGGER, Martin: Was heißt denken? Tübingen 1971[3].
HERRMANN, Ulrich: Biographische Konstruktionen und das gelebte Leben. Prolegomena zu einer Biographie- und Lebenslaufforschung in pädagogischer Absicht. In: Zeitschrift für Pädagogik 33, H.3, 1987, 303-323.
HILDENBRAND, Bruno: Geschichtenerzählen als Prozeß der Wirklichkeitskonstruktion in Familien. In: System Familie 3, 1990, 227-236.
HILDENBRAND, Bruno: Alltag als Therapie. Bern u.a. 1991.
KEGAN, Robert: Die Entwicklungsstufen des Selbst. Fortschritte und Krisen im menschlichen Leben. München 1986.
KEMPER, Helmut: Erziehung als Dialog. Anfragen an Janusz Korczak und Platon-Sokrates. Weinheim und München 1990.
KLAFKI, Wolfgang: Zur Frage nach der pädagogischen Bedeutung des Sokratischen Gesprächs und neuer Diskurstheorien. In: HORSTER, Detlef/Dieter KROHN (Hg.): Vernunft, Ethik, Politik. Gustav Heckmann zum 85. Geburtstag. Hannover 1983, 277-287.
KLAFKI, Wolfgang: Vernunft - Erziehung - Demokratie. Zur Bedeutung der Nelson-Schule in der heutigen Pädagogik. In: Neue Sammlung 23, 1983, 544-561.
KOHLBERG, Lawrence: Education for justice: A modern statement of the socratic view. In: Ders.: The philosophy of moral developement. Vol I., San Francisco 1981, 29-48.
KRAIMER, Klaus: Die Rückgewinnung des Pädagogischen. Aufgaben und Methoden sozialpädagogischer Forschung. Weinheim und München 1994.
KROHN, Dieter: Das sokratische Gespräch in Theorie und Praxis: Zur Einleitung. In: DERS. u.a. (Hg.): Das sokratische Gespräch. Ein Symposion. a.a.O., 1989, 7-20.
KRÜGER, Heinz-Hermann/Winfried MAROTZKI (Hg.): Erziehungswissenschaftliche Biographieforschung. Opladen 1995.

LEBER, Martina/Ulrich OEVERMANN: Möglichkeiten der Therapieverlaufsanalyse in der objektiven Hermeneutik. Eine exemplarische Analyse der ersten Minuten einer Fokaltherapie aus der Ulmer Textbank („Der Student"). In: GARZ, Detlef/Klaus KRAIMER (Hg.): Die Welt als Text. Frankfurt a. M. 1993, 383-427.

LÉVINAS, Emmanuel: Die Spur des Anderen. Untersuchungen zur Phänomenologie und Sozialphilosophie. Freiburg, München 1983.

LOCH, Werner: Beiträge zu einer Phänomenologie von Gespräch und Lehre. In: Bildung und Erziehung, Monatsschrift für Erziehung XV, 1962, 641-661.

MAROTZKI, Winfried: Sinnkrise und biographische Entwicklung. In: GARZ, Detlef/ Klaus KRAIMER (Hg.): Qualitativ-empirische Sozialforschung. Konzepte, Methoden, Analysen. Opladen 1991, 409-439.

MAROTZKI, Winfried: Forschungsmethoden der erziehungswissenschaftlichen Biographieforschung. In: KRÜGER/MAROTZKI (Hg.) a.a.O. 1995, 53-89.

MOLLENHAUER, Klaus: Vergessene Zusammenhänge. Über Kultur und Erziehung. Weinheim und München 1993[3].

NELSON, Leonard: Die Sokratische Methode. In: DERS.: Die Schule der kritischen Philosophie und ihre Methode. Erster Band der gesammelten Schriften in neun Bänden, hrsg. v. P. BERNAYS u.a., Hamburg 1970, 271-316.

OEVERMANN, Ulrich: Professionalisierung der Pädagogik - Professionalisierung pädagogischen Handelns. Vortrag im So. S. 1981 am Institut der Freien Universität Berlin.

OEVERMANN, Ulrich u.a.: Beobachtungen zur Struktur der sozialisatorischen Interaktion. In: AUWÄRTER, Manfred u.a. (Hg.): Seminar Kommunikation, Interaktion, Identität. Frankfurt a.M. 1976, 371-403.

RIEMANN, Gerhard: Das Fremdwerden der eigenen Biographie. Narrative Interviews mit psychiatrischen Patienten. München 1978.

SCHAPP, Werner: In Geschichten verstrickt. Zum Sein von Mensch und Ding. Wiesbaden 1976[2].

SCHÜTZE, Fritz: Zur soziologischen und linguistischen Analyse von Erzählungen. In: Internationales Jahrbuch für Wissens- und Religionssoziologie 10, 1976, 7-41.

SCHÜTZE, Fritz: Biographieforschung und narratives Interview. In: Neue Praxis 13, 1983, 283-293.

TERHART, Ewald: Kontrolle von Interpretationen: Validierungsprobleme. In: KÖNIG, Eckard/Peter ZEDLER (Hg.): Bilanz qualitativer Forschung. Bd. 1, Weinheim 1995, 373-397.

UHLE, Reinhard: Qualitative Sozialforschung und Hermeneutik. In: KÖNIG, Eckard/ Peter ZEDLER (Hg.): Bilanz qualitativer Forschung. Bd. 1, Weinheim 1995, 33-73.

VIERHEILIG, J.: Dialogik als Erziehungsprinzip - Martin Buber: Anachronismus oder neue Chance der Pädagogik? Frankfurt 1987.

WOLFF, Stephan: Das Gespräch als Handlungsinstrument. Konversationsanalytische Aspekte sozialer Arbeit. In: Kölner Zeitschrift für Soziologie und Sozialpsychologie 38, 1986, 55-84.

WÖHRMANN, Klaus-Rüdiger: Über einen strukturellen Unterschied zwischen der Mäeutik des Sokrates und dem Sokratischen Gespräch nach Leonard Nelson. In: HORSTER, Detlef/Dieter KROHN (Hg.): Vernunft-Ethik-Politik. Festschr. f. G. Heckmann, Hannover 1983, 289-300.

Friederike Heinzel

Wiederholte Gesprächsinteraktion und tiefenhermeneutische Analyse

Das im folgenden vorgestellte Interviewverfahren zeichnet sich dadurch aus, daß der dialogische Charakter der Einzelinterviews und die interaktive Beziehung zwischen der Interviewten und der Interviewerin die wesentliche Konstitutionsbedingung für den gewonnenen Text und seine Interpretation bilden.[1]
Besondere Bedeutung erhält die Beziehungsdynamik zwischen Interviewter und Interviewerin, die durch die Verschiedenheit der beiden Gesprächspartnerinnen und ihrer Lebensgeschichten selbstverständlich angelegt ist. Es wird davon ausgegangen, daß die Interviewsituation eine Vielzahl von Anlässen für Übertragungen, Gegenübertragungen und Abwehrhaltungen in sich birgt oder mehr oder weniger dramatisch produziert. Das zu schildernde Verfahren setzt sich damit bewußt in Gegensatz zu den dominierenden Interviewverfahren, die durch Standardisierung des Instruments und Schulung der InterviewerInnen derartige Prozesse zu neutralisieren versuchen, was jedoch nicht heißt, daß sie keine Wirkungen erzeugen.[2]
In der qualitativen Forschung werden die Kommunikation und Interaktion zwischen Forschenden und Beforschten zwar als konstitutiver Bestandteil des Forschungsprozesses angesehen (vgl. LAMNEK 1988, 23), doch wird den Interviewerinnen und Interviewern (z.B. im narrativen Interview oder offenen Interviews) interessierte Zurückhaltung empfohlen. Sie sollen als - psychodynamisch gesehen - passive Personen auftreten, die nur textgenerierende Stimuli setzen, wodurch das Interviewprotokoll als monologischer Text angesehen und interpretiert werden kann (LAMNEK 1989, 179). So bleibt jedoch unsichtbar und ungenutzt, daß grundsätzlich in jeder dialogischen Interviewsituation Vorstellungen von Beziehungen realisiert und Interaktionsmuster inszeniert werden.
Das hier vorgestellte Verfahren gibt nun gerade der Beziehungsdynamik im Interview mehr Raum, um - gleichsam in einer bewußten Verdoppelung - die Verwirklichung von Individuen in ihren realen Beziehungsfeldern und ihre Möglichkeiten produktiver Realitätsverarbeitung im Dialog des Interviews erfassen zu können.

Zum Entstehungszusammenhang des Verfahrens

Das Verfahren wurde entwickelt im Rahmen einer Untersuchung zur Politischen Sozialisation von Frauen am Beispiel der Biographien von Gewerk-

---

[1] Das Verfahren wurde an Frauen erprobt. Es kann jedoch in ähnlicher Weise auch mit Männern durchgeführt werden.
[2] Zur Reaktivität in der Empirischen Sozialforschung beispielsweise: REINECKE 1991, SCHOLL 1993

schaftsfunktionärinnen (HEINZEL 1996). Ich kam zu dieser Untersuchungskonzeption, um der Zielsetzung der Studie methodisch zu entsprechen. Nicht die Frage „*warum so wenige*" Frauen an Politik partizipieren und auch nicht „*wie*" und „*wo*" Frauen Politik machen, sollte in der Studie beantwortet werden,[3] sondern das Forschungsinteresse richtete sich auf die individuellweiblichen Lebensgeschichten politisch aktiver Frauen. Ihre politischen Bildungsprozesse und ihre individuellen oder typischen Arrangements mit der geschlechterhierarchischen politischen Ordnung und der normativen Bestimmung der Politik als Männerwelt wurden untersucht.[4]
Politisches Lernen wurde als gesellschaftlich konstituierter Prozeß konflikthafter subjektiver Aneignungs- und Ausdrucksformen von politisch gesellschaftlicher Wirklichkeit begriffen (vgl. KULKE 1991, 600). Für politisch aktive Frauen sind die Erfahrungen in der Politik von „Fremdheit" (SCHÖLER-MACHER 1994) gekennzeichnet. Die Ausgrenzung von Frauen aus den traditionellen politischen Institutionen und Machtarenen geht in ihre Individualisierungs- und Vergesellschaftungsprozesse selbst unmittelbar ein. Um Kenntnisse zu gewinnen über Prozesse politischer Sozialisation von Frauen, ist es deshalb notwendig, die individuellen und typischen Verarbeitungsstrategien der Ausgrenzung und Minorisierung zu erfassen, um einen Beitrag zur Überwindung von vereinfachenden Sichtweisen weiblichen politischen Verhaltens und Lernens leisten zu können.
Das in der Untersuchung verwendete Verfahren bestand in einer methodisch herbeigeführten Kette von freien Gesprächen mit jeder Interviewpartnerin über einen längeren Zeitraum. Dieses von mir entwickelte *gesprächszyklische Erhebungsverfahren* und auch die unten beschriebene, dem Ansatz LORENZERs

---

[3] Bis in die achtziger Jahre galt es in den wissenschaftlichen Arbeiten zur politischen Partiziption, politischen Sozialisation oder politischen Bildung als unbestritten, daß die Politisierung von Frauen Defizite aufweist, daß Frauen ein geringeres Interesse an Politik ausbilden, daß sie sich seltener als Männer über Politik unterhalten, weniger gut informiert sind und sich auch seltener politisch engagieren (vgl. hierzu z.B. CLAUSSEN & LEIFERT 1978, HEINZ 1971, SCHMIDTCHEN 1984, MICKEL & ZITZLAFF 1988). Durch Forschungen, die im Kontext der neuen Frauenbewegung entstanden sind, erfolgte seit Ende der siebziger Jahre ein „Paradigmen-Wechsel vom Defizit- zum Differenz-Ansatz" (SCHÖLER-MACHER 1994, 13). In verschiedenen Studien wurde das „andere" Politikverständnis von Frauen herausgestellt; geschlechterdifferente Politikstile und politische Orientierungen wurden nachgewiesen (z.B. BALLHAUSEN 1986, HOECKER 1987, MEYER 1992).

[4] In der neueren Diskussion am Ende der neunziger Jahre wird nun in einer feministischen Diskussion die Generalisierung weiblicher Identität kritisiert und eine stärkere Berücksichtigung der Verschiedenheit von Frauen und der Vielfalt weiblicher Lebensentwürfe gefordert (vgl. zum Diskurs um die Universalisierung der Kategorie „Frau" auch ABELS in diesem Band). Untersuchungen, die sich mit der Politisierung von Frauen beschäftigen, wenden sich nun der Frage zu, „wer" und „welche" unter den Frauen politisch aktiv wird, welche individuellen widerständigen „Logiken" diese Frauen entwickeln und was diese „untypischen" Frauen oder „Grenzgängerinnen" dennoch als Frauen verbindet und damit kollektiv frauenpolitisch handlungsfähig machen könnte (z.B. HEINZEL 1996, SCHÖLER-MACHER 1994, PENROSE 1993).

(LORENZER 1986) verbundene, *tiefenhermeneutische Methode der Textanalyse*, stützen sich auf die grundlegenden Prinzipien qualitativer Sozialforschung.[5] Bei den befragten Frauen und in Anbetracht des gewählten Themas erschien die Durchführung eines viele Gespräche umfassenden Settings besonders sinnvoll: Als Funktionärinnen und Frauen, die in der Öffentlichkeit stehen, verfügen sie über gefestigte (politische) Selbstpräsentationen, die der spezifischen politischen Karriere jeder einzelnen Befragten wesentlich zugehören. Die Stabilität dieser selbstschützenden (und karrierefunktionalen) Fassaden erschwert die Möglichkeit, die im Rahmen der Fragestellung relevanten Auskünfte und Hinweise auf innere Motive und latente Sinnstrukturen in nur einem einzigen Gespräch zu erlangen.

Es zeigte sich, daß die im Verlauf mehrerer Gespräche wachsende Vertrautheit zwischen den beiden Gesprächsteilnehmerinnen neue, für Interviewverfahren ungewöhnliche Beziehungsformen, die Herstellung von zugespitzten Übertragungssituationen und eine sich fortentwickelnde Beziehungsdynamik eröffnete. Damit wurden andere Horizonte des Fragens, Reflektierens und durch Replikationsmöglichkeiten erweiterten Erkennens eröffnet, als dies in einem Einzelinterview möglich ist. Außerdem wurden während der gesamten Gesprächsfolge durch beide Beteiligte Veränderungen der Selbstpräsentation sowie durch die Untersuchung stimulierte Reflexionsprozesse und Sensibilisierungen hervorgebracht, die die manifesten Selbstdeutungen allmählich durchsichtig werden ließen und den Blick freigaben auf tieferliegende vergangene und aktuelle Ambivalenzen und Konflikte, aber auch auf Potentiale, welche die Politisierung und politische Karriere bedingt haben.

Das Verfahren erlaubt zudem die Aufdeckung der lebensgeschichtlich relevanten Ereignisse und der damaligen Deutungen dieser Ereignisse, auf deren Basis jeweils anstehende Entscheidungen zu treffen waren, sowie eine Verständigung über Grundmuster und Strategie der gegenwärtigen Reinterpretation der eigenen Geschichte (vgl. FUCHS 1984). Durch die Analyse der wiederholte Gesprächsinteraktion, in welcher die Frauen immer wieder mit der Interviewerin handelnd umgehen, kann ein besseres Verständnis des Sinns ihrer alltäglichen Interaktionen erreicht werden.

Die Gespräche

Mit jeder der an der Studie beteiligten Gewerkschaftsfunktionärinnen führte ich insgesamt zehn Gespräche. Die Erhebung umfaßte also die neunfache Wiederholung der Gesprächssituation.[6] Nach einem ersten themenzentrierten Interview, das in Form einer, die politische Sozialisation betreffenden biographischen Erzählung angelegt wurde, folgten wöchentlich neue Gesprächsrunden, in denen die angereizte Thematik fortgesetzt und vertieft wurde. Sowohl Reaktionen der Befragten auf ihre eigenen Erzählungen oder das Verhalten und die

---

[5] Als solche gelten vor allem: Offenheit, Forschung als Kommunikation, Prozessualität, Reflexivität, Explikation und Flexibilität (vgl. LAMNEK 1988, 21ff; dazu auch die Beiträge in Teil A dieses Bandes sowie besonders den Beitrag von OSWALD).

[6] Zwischen den Gesprächen lag in der Regel ein Zeitraum von einer bis drei Wochen.

Äußerungen der Interviewerin als auch Reaktionen der Interviewerin auf die Erzählungen oder das Verhalten der Befragten wurden zugelassen und bisweilen herausgefordert.

Nachdem ich ausgewählten Frauen telefonisch mein Interesse und das geplante Vorgehen erörtert hatte und sie ihre Bereitschaft, sich an der Untersuchung zu beteiligen, erklärt hatten, eröffnete ich jedes Erstgespräch mit der Frage, wie sie zur Politik gekommen seien. Diese Einstiegsfrage löste bei allen Befragten eine „biographische Stegreiferzählung" (SCHÜTZE 1977)[7] aus, bei der ich mich auf die Rolle der interessierten Zuhörerin beschränken konnte und wollte. Im zweiten Gespräch wurde die biographische Erzählung fortgesetzt und durch Nachfragen meinerseits und Wünsche nach Explikation nur vage thematisierter Gegenstände des ersten Interviews vertieft. In den folgenden Gesprächen konnte die Interviewte den Gegenstand des Gesprächs weitgehend autonom festlegen. Meistens begannen unsere Gespräche mit dem von mir gesprochenen Satz: „Guten Tag, wie geht's?" So wurden die Gespräche für die befragten Frauen zum Raum, um Alltägliches wie subjektiv Bedeutsames in lockerem, assoziativ verbundenem Gedankenfluß zu thematisieren und zu reflektieren. Ebenso wie in einer psychoanalytischen Beziehung im Bewußtsein bleibt, daß eine Krankengeschichte rekonstruiert wird, blieb für unsere Gespräche immer bewußt, daß es sich um eine wissenschaftlich-explorative Beziehung handelte, in der die politische Sozialisationsgeschichte rekonstruiert werden sollte. Unter dieser Voraussetzung kann davon ausgegangen werden, daß der Inhalt der geführten Gespräche, um den genannten Problemkern zentriert, subjektiv Bedeutsames zu Gehör brachte.

Die Interviews hatten zumeist den Charakter „selbstreflexiver Gespräche" (NADIG 1987). Eigene Gedanken und Hypothesen wurden der jeweiligen Gesprächspartnerin in Form von spiegelnden Feststellungen oder konfrontativen Fragen unterbreitet. Die Formulierung der konfrontativen Frage setzt eine partielle Identifikation mit dem Gegenüber voraus. Diese ist erforderlich, um textuelle und kontextuelle Ungereimtheiten und Widersprüche der Erzählung nicht als „logische Kritik" zu formulieren, sondern in Form von Irritationen an sich selbst wahrzunehmen, in für die Gesprächspartnerin verständliche Form verbal und nonverbal zu übersetzen und damit auf verbalem und empathischem Weg zurückzugeben. Dies kann geschehen durch die Bekanntgabe eigener in der Interaktion entstehender Gefühle oder Eindrücke (vgl. NADIG 1987, 52).

Im jeweils letzten, dem zehnten Interview animierte ich meine Interviewpartnerinnen über die geführten Gespräche zu sprechen, ihre Eindrücke zu thematisieren, über den Verlauf zu reflektieren sowie eine Art Verfahrenskritik aus ihrer Sicht zu formulieren.

Jedes Interview wurde auf Band aufgenommen und dauerte eine Stunde. Nach einer halben Stunde und nach einer Stunde ertönte ein Summen. Durch diese Summtöne wurden der Zeitablauf während des Gesprächs, seine „objektive" Strukturierung und das Ende der Stunde ins Bewußtsein gerufen. Diese an therapeutische Verfahren angelehnte Technik diente dazu, den Rahmen der Ge-

---

[7] Siehe auch JAKOB in diesem Band.

spräche zu ritualisieren, ihre Bedeutung hervorzuheben und präsent zu halten, daß es sich um Interviews handelt. In der offen gestalteten Interviewfolge war das Signal zudem ein Medium der Begrenzung, um bei den Interviewten eine bewußtere Entscheidung darüber zu unterstützen, was sie in das Gespräch einbringen wollten.

Meine subjektiven Reaktionen und Beobachtungen habe ich nach jedem Gespräch zu Hause auf Band gesprochen. Irritationen, die ich im Anschluß an ein Gespräch formuliert habe, konnten so leichter mit ins nächste Gespräch genommen und zum Gegenstand gemacht werden. Außerdem entstand auf diese Weise eine Art Forschungstagebuch.

Auswertung der Gespräche in acht Schritten

Die Auswertung der Gespräche wurde in acht Schritten durchgeführt, die nicht immer aufeinanderfolgten, sondern teilweise ineinander übergingen oder zeitgleich nebeneinander vollzogen wurden.

1. Transkription bzw. Notation der Interviews

Die Transkription des Interviewtextes könnte besser als Notation bezeichnet werden, da sie, wie die Notation einer gesungenen Tonfolge die verschiedenartigsten Elemente (dort Rhythmik, Dauer, Tonhöhe, Skandierung etc., hier Pausen, Betonungen, Zögern etc.) in Zeichen übersetzt und damit, über eine rein textuell zentrierte Abschrift hinaus, das Ergebnis einer (ersten) Analyse schriftlich fixiert. Der semantische Gehalt des notierten Textes ist der eigentliche Gegenstand der späteren Analyse.

Da es in dem später genauer beschriebenen Textdeutungsverfahren sehr erheblich auf die Wirkung des transkribierten Textes auf die Rezipienten ankommt, sollte dieser nicht durch Überexaktheit in der Notation und damit einhergehender formaler Komplexität überfrachtet werden. Deshalb wurden, neben der vollständigen Vertextung der sprachlichen Äußerungen nur diejenigen kontextuellen Daten aufgenommen, die nach den Auswertungskriterien für die Untersuchung als relevant anzusehen waren: Alle verbalen und tonalen (z.B. äh, ne) Zeichen wurden literarisch umgeschrieben. Hauptbetonungen wie Pausen (Sprechpausen durch Komma, längere Pausen durch (Pause) bzw. (10 Sek. Pause) und Wortabbrüche (z.B. Re...) wurden ebenso notiert, wie nichtsprachliche hörbare Äußerungen (z.B. lacht, hustet). An auffälligen Stellen wurde der expressive Gehalt des vokalen Verhaltens kommentiert (z.B. ironisch, imitierend). Außerdem wurden wichtig erscheinende gesprächsbeeinflussende oder -erklärende Ereignisse schriftlich fixiert (z.B. das Telefon klingelt, leert den Aschenbecher) und nicht-kommunikative personengebundene Daten (z.B. Aussehen, Befindlichkeit) angefügt. Die Bänder wurden mehrfach abgehört, um die Zuverlässigkeit der Transkription zu kontrollieren und sukzessive zu verbessern.

2. Anfertigung inhaltlicher Gesprächsverlaufsprotokolle

Alle Gespräche (insgesamt fünfzig) wurden in ihrem jeweiligen Verlauf skizziert und ihre Inhalte paraphrasiert. Auf diesem Weg entstanden sowohl lebensgeschichtliche (die Vergangenheit der Befragten betreffende), als auch die Interaktion zwischen den Gesprächspartnerinnen, die Gegenwart der jeweils aktuellen Erzählsituation abbildende Dokumente. Die Abfassung dieser Protokolle erhöhte zudem meine Kompetenz (Memorierungsfähigkeit und Übersicht) über die manifesten Kommunikationsinhalte.

3. Auflistung der Gesprächsgegenstände mit Hilfe der Protokolle

Von jedem Gespräch wurde eine Zusammenstellung der identifizierbaren Gesprächsgegenstände und Gesprächsthemen (eine Art Inhaltsverzeichnis) angefertigt.

4. Auswahl zu interpretierender Textstellen

Da es notwendig war aus der Fülle des Gesprächstextes auszuwählen, wurden für jede Befragte und in jedem Gespräch besonders bedeutsame Textauszüge bestimmt. Für die Auswahl galten folgende Kriterien:
a) *Erzählungen über bedeutsame Sozialisationsinstanzen*
   Hierher gehören Erzählungen insbesondere über Familie, Schule, Freunde, Ausbildung, Betrieb, Parteien, Gewerkschaften, politische Gruppen/Frauengruppen, Neue Soziale Bewegungen/Frauenbewegung.
b) *Wiederkehrende Gesprächsgegenstände und Themen*
   Die wiederkehrenden Gesprächsgegenstände, die in Schritt zwei und drei ermittelt wurden, wurden als Themenschwerpunkte jeweils fallspezifisch ausgewertet.
c) *Interaktiv-reflexive Passagen*
   Es wurden Textstellen ausgewählt, die die Beziehungsdynamik zwischen den Gesprächspartnerinnen sichtbar machten und Konfrontationserfahrungen abbilden. Hier wurde die Beziehungsdynamik zwischen den Gesprächspartnerinnen zum Auswahlkriterium.
d) *Rezeptiv-irritierende Passagen*
   Um die Dynamik zwischen Text und Verarbeitung erfassen zu können, wurden Textstellen ausgewählt, die mich bei der Rezeption des verschriftlichten Gesprächstextes besonders irritierten.

5. Interpretation der ausgewählten Textstellen

Besonders die ausgewählten Textstellen, aber auch ausgewählte vollständige Gespräche wurden dann mit dem von LORENZER entwickelten Verfahren der tiefenhermeneutischen Textanalyse interpretiert (s. unten). Die Interpretationen aus jedem Interview und jedem Fall wurden thesenartig zusammengefasst.
Die Auswertung der Textstellen hatte zum Ziel, eine fallbezogene „dichte Beschreibung" (GEERTZ/RYLE) zu erstellen. Dazu mußten die im Kontext der Fragestellung bedeutenden Interaktionsmuster und Interaktionsstrukturen in je-

dem Fall, d.h. für jede der Befragten aufgedeckt werden. Um Deutungen aufrechterhalten zu können, waren analoge Szenen zu finden.

6. Gruppeninterpretation und Gruppensupervision

Wesentliche Teile der Interpretationen wurden von einer Gruppe[8] angeregt oder überprüft und weiterentwickelt. Diese Gruppe war für die Interpretation und Supervision von zentraler Bedeutung. Sie erweiterte den Horizont für Deutungen, weil unterschiedliche Sichtweisen und soziale ebenso wie personelle Kompetenzen zusammengetragen werden konnten. Durch die Gruppe wurden weitere Themen und Zusammenhänge benannt, zusätzliche Relevanzstrukturen festgestellt und übergangene Problemlagen oder Problemzonen berücksichtigt. Außerdem ermöglichte die Gruppe, kollektiv Unbewußtes sichtbar zu machen, was besonders deshalb von Bedeutung war, weil die Lebensentwürfe der befragten Frauen auch hinsichtlich kollektiver Problemlagen und sozialer Figurationen interpretiert werden mußten.

Überdies bildete die Gruppe ein Korrektiv für die eigenen Deutungen. Sie kannte die Interviewten nicht, hatte das Interview nicht geführt und konnte deshalb freier mit dem Interviewtext umgehen und Befangenheiten der Interviewerin/Interpretin offenlegen. Überdies reagierte auch die Gruppe auf den Text. Die Reaktionen der Interviewerin/Interpretin konnten mit denen der Gruppe verglichen und gegebenenfalls relativiert werden. Eine allzu einseitige Auslegung des Textes wurde so zu verhindern versucht.[9]

Die Wahrnehmungen und Deutungen der Gruppe wurden unter ständigem Rückbezug auf den Text diskutiert, bis in einem Verständigungsprozeß ein Konsens oder eine kollektive Sicherheit hergestellt oder auch Vorannahmen als nicht haltbar zurückgewiesen werden konnten.

7. Beschreibung komplexer Einzelfälle

Die erarbeiteten Interpretationen wurden in Form eines gegliederten Textes als Einzelfallanalysen präsentiert. Gesprächsauszüge und Interpretationen, Bestandteile der Gesprächsprotokolle, Beobachtungen oder Irritationen wurden, verknüpft mit der Entdeckung allgemeiner Strukturen im einzelnen Fall, zu einer Lesart der politischen Sozialisationsgeschichte jeder Frau zusammengefaßt. Bei der Beschreibung eines jeden Einzelfalls wurde versucht, komplexe, oft übereinander gelagerte und ineinander verwobene Bedeutungen herauszustellen.

Um die LeserInnen vor dem Hintergrund der Fragestellung durch die verschiedenen Teilaspekte der interpretativen Analyse und Rekonstruktion führen zu können, mußten diese geordnet werden. Zuerst wurde deshalb die berufliche und politische Entwicklung nachgezeichnet. Dann wurden die wiederkehrenden

---

[8] Dieser Gruppe gehörten Ulrike PROKOP, Mechtild M. JANSEN, Annemarie JOCKENHÖVEL-POTH, Regina KLEIN, Beate SZYPKOWSKI und anfangs auch Alfred LORENZER an, denen ich für die kompetente Gruppenarbeit herzlich danke. Außerdem danke ich Dirk HÜLST für viele anregende Methodendiskussionen.
[9] Vgl. dazu HEINZE 1987, 77.

und im Einzelfall unterschiedlichen Themen der Frauen, also die Dimensionen ihres Alltags aufgezeigt. Anschließend erarbeitete ich die Beziehungsfiguren in den Interviews und beleuchtete die Dynamik zwischen Interviewerin und Interviewter im Kontext der Fragestellung. Zuletzt wurden konflikthafte Bildungsprozesse und typische Bewältigungsstrategien herausgearbeitet und damit die Entdeckung allgemeiner Strukturen im einzelnen Fall vorangetrieben. Die Übersetzung der, in der Beschreibung der Beziehungsfiguren zwischen Interviewerin und Interviewter herausgestellten Übertragungen in Deutungen, war impliziter Bestandteil aller Interpretationen. Nach Fertigstellung wurde jeder der Gesprächspartnerinnen die sie betreffende Fallanalyse vorgestellt.

8. Vergleich der Fälle und Formulierung neuer bzw. Erweiterung und Korrektur vorhandener Hypothesen

Im letzten Schritt ging es darum, ein System von Irritationen auf Theoriestücke zu beziehen und die „Personenzentrierung" (LEITHÄUSER & VOLMERG 1988, 215) der Untersuchung durch einen Vergleich der Fälle zu reduzieren. Nach dem relativierenden Vergleich wurden die Ergebnisse zum Forschungsstand in Beziehung gesetzt, vorhandene Thesen und Theorien erweitert und korrigiert bzw. neue Hypothesen formuliert und so eine Öffnung des Forschungsfelds für neue Fragen erreicht.

Tiefenhermeneutische Analyse

Die von LORENZER entwickelte Methode der tiefenhermeneutischen Kulturanalyse (LORENZER 1986) orientiert sich am psychoanalytischen *Verfahren* und unterscheidet sich damit von der traditionellen autor-orientierten psychoanalytischen Literaturinterpretation (vgl. hierzu GOEPPERT 1978, SCHÖNAU 1991). Es geht bei der Tiefenhermeneutik nämlich nicht darum, Theoriestücke der Psychoanalyse zu transferieren und die Textproduzenten zu pathologisieren, sondern das *Verfahren* der Psychoanalye wird zur Analyse des Texterlebnisses und zur Interpretation von Beziehungsfiguren genutzt (vgl. LORENZER 1990, 261).[10] Ausgehend von der Wirkung der Interviewsituation und des Textes auf die Interviewerin oder Leserin erfolgt die Interpretation und Analyse des verschrifteten Interviews. Im Vordergrund steht also die Analyse des Verhältnisses von Befragter und Interviewerin sowie von Text und Leserin. Die Analyse nähert sich in „szenischem Verstehen" (LORENZER 1995, 138ff) ihrem Gegenstand; die Ausarbeitung des zwischenmenschlichen Interaktionsgeschehens zwischen Befragter und Personen ihrer Erzählgeschichte, zwischen Befragter und Interviewerin sowie zwischen Text und Leserin wird auf sozialisierte Inter-

---

[10] Untersuchungsgegenstand der psychoanalytischen Textanalyse waren bis zunächst hauptsächlich fiktionale Texte, doch das Forschungsinteresse im Bereich erziehungswissenschaftlicher, soziologischer und ethnologischer Fragestellungen hat sich nun auch auf verschriftete Gesprächsprotokolle ausgeweitet (z.B. EGGERT-SCHMIDT NOERR 1991, HEINZEL 1996, NADIG 1987, QUINDEAU 1995, ROHR 1990, SZYPKOWSKI 1992).

aktionsformeln zurückgeführt, die als Bewältigungsmuster der situativen Anforderungen untersucht werden können (LORENZER 1986). Die Auseinandersetzungen meiner Gesprächspartnerinnen mit ihrer Mitwelt und Umwelt, ihre inneren Spannungen zwischen Wünschen und Verboten sowie zwischen Selbstentfaltungsbestrebungen und Zwängen offenbaren sich in der Gesprächs- und Deutungsinteraktion in Form von Szenen, die für die Interpretationsarbeit beachtet und genutzt werden können. Sie lassen sich wie folgt schematisch differenzieren. Es entstehen während der Gespräche zwischen Interviewerin und Befragter:

1. *szenische Vergegenwärtigungen* von erlebter und interpretierter Geschichte der Befragten (Kindheit, Eltern, Peergroups, Beziehungen, Begebenheiten, Orientierungen, Konflikte etc.),
2. *szenische Verarbeitungen* der Erzählsituation, die durch Interventionen der Interviewerin (aber auch der Befragten) aufgeheizt (konflikthaft aufgeladen) wird,
3. *szenische Verstehenssituationen* im Analyseverfahren in der Konstellation: verschriftlichter Text - Deuterin und
4. *szenische Einspielungen* von Erfahrungen mit der Befragten während der Interviews in die Analysesituation (etwa: Erinnerungen an Stimmungen, Atemanhalten, Stirnrunzeln, Befindlichkeit etc. der Befragten oder der Interviewerin)

Den Schlüssel für die Textinterpretation bilden „Irritationen". NADIG beschreibt derartige Irritationen als vielschichtige Vorgänge: Es handelt sich einerseits um idiosynkratische Reaktionen, persönliche Überempfindlichkeiten, deren Ursprünge in der Triebgeschichte des Lesers bzw. der Leserin liegen und andererseits geht es um konventionelle Reaktionen, die auf die Ebene des allgemeinen kommunizierbaren Codes gehören. Die idiosynkratischen Reaktionen werden nach NADIG „durch lebensgeschichtliche Erfahrungen, libidinöse Empfindungen und aktuelle Stimmungen (Sympathie, Antipathie) strukturiert. Die konventionellen Reaktionen hingegen werden durch theoretische und kulturspezifische Kenntnisse, die in der Gegenübertragung auf den Text in Form von Theoriefragmenten mobilisiert werden, strukturiert; dort wo mein Interesse fokussiert ist, bin ich am ehesten irritierbar" (NADIG 1987, 59).

Der manifeste Textsinn wird in einem „kritischen" Zugriff über die ausgelösten Irritationen problematisiert. Als Ausgangspunkt der Interpretation dient die Leitfrage, was in der Interviewsituation und bei der Rezeption des Textes offenkundig und verschwiegenermaßen mit mir, der Gesprächspartnerin oder Leserin des Interviewtextes passiert. Bei der Analyse des Textes nahm ich eine Haltung ein, in der ich mich zunächst der Mitteilung des Textes aussetzte, mich überraschen und irritieren ließ und die Überraschung selbst zur Basis der weiteren Deutungsarbeit und daraus sich eröffnender Erkenntnis machte.[11] Jede Form hermeneutischer Textinterpretation und ihre schließlich erreichte Qualität der

---

[11] Die Haltung beim Lesen ist vergleichbar mit der „gleichschwebenden Aufmerksamkeit" (FREUD, GW VIII, 377ff) der Psychoanalytikerin oder des Analytikers, was eine psychische Verfassung meint, in der man sich „seiner eigenen unbewußten Geistestätigkeit" (FREUD, GW XIII, 215) überlassen kann.

Gültigkeit wird von der Korrektur der Vorannahmen durch das Material bestimmt und nach LORENZER treibt das, was er Irritation nennt, diese hermeneutische Anstrengung auf die Spitze. „Nicht nur zeigt sich hier der Gegensatz zweier Positionen (der im Text vertretenen und der an den Text herangetragenen), nicht nur bricht hier im Text ein Widerspruch als Ungereimtheit, die von einer strengeren Logik zu beseitigen wäre, auf, vielmehr erschließt sich im Bruch der Zugang zur zweiten Leistung, die bei der psychoanalytisch-tiefenhermeneutischen Analyse auf die 'Festigkeit des Textes' übergeht. Im Text eröffnet sich eine Vertikale, die ausdrücklich aus der Sinnebene, in der der Text üblicherweise gelesen wird, herausführt und die eine neue, im Text wirksam angelegte aber verborgene Bedeutungsebene eröffnet" (LORENZER 1990, 267).

Auf diese Weise können manifeste und latente Sinnebenen der Erzählungen verglichen werden. Während der manifeste Sinn die sozial zugelassenen Bedeutungen repräsentiert, die ein bestimmtes Normsystem eines kulturellen Zusammenhangs (sei es das herrschende oder das einer Gruppe) spiegeln, verweisen die latenten Bedeutungen auf nicht anerkannte, nicht konsens- und deshalb nicht bewußtseinsfähige Gehalte.

Zum Schluß wurden ähnliche oder kontrastive Irritationen in Verbindung gebracht, um ein Strukturnetz zu erzeugen und glaubhaft zu machen, daß die subjektiven Eindrücke nicht subjektivistische Unterstellungen sind. Dabei bürgt die Festigkeit des Textes bei allen Auswertungsschritten dafür, daß es nicht zu interpretatorischem Wildwuchs kommt - jede schließlich angenommene Deutung muß durch sämtliche Textpassagen hindurch aufrechterhalten werden können (vgl. LORENZER 1990, 267ff).

Die Interpretationen bemühten sich vordringlich um die Entdeckung eines latenten Sinns der Mitteilungen und der unbewußten Inszenierungen der befragten Frauen. Sie zielten darauf, innerhalb der für Frauen sich widersprechenden Normen und Werte der herrschenden politischen Kultur, die individuellen sozialisatorischen Lösungen der Befragten, sowie ihre bewußten und unbewußten psychischen und vor allem identitätsbildenden Gewinne und Perspektiven, aber auch die durch die politische Arbeit auftretenden Verluste zu entdecken.

Zur Brauchbarkeit des Verfahrens

Für eine Analyse der politischen Sozialisation von Frauen erwies sich dieses Verfahren deshalb als besonders geeignet, weil das Hineinwachsen in das männlich strukturierte und normierte Feld der Politik geschlechtsbezogene Diskontinuitäten und ambivalente normative Anforderungen erzeugt. Je nach biographischer Vorerfahrung, psychischer Verfaßtheit und sozialen Ressourcen kann auf die Widersprüche im Leben politisch aktiver Frauen von ihnen mit Verleugnung, Harmonisierung oder Ambiguitätstoleranz reagiert werden. In der wiederholten Gesprächsinteraktion entsteht eine dynamisch angelegte Erzählung, die einerseits die alltagsweltlichen Anpassungen der befragten Frauen an die vorherrschenden (und männlich beherrschten) Definitionen von Weiblichkeit, von weiblichem Interesse an Politik, von weiblichem Erfolg oder weiblicher Erfolglosigkeit beinhaltet. Andererseits zeigen sich in den Gesprächsfolgen weibliche Widerstandsformen, die in teilweise disparaten, aber dennoch lebensgeschichtlich zusammenhängenden Ich-gerechten Handlungen sowie gewinnbringenden Situationsdeutungen bestehen.

Die tiefenhermeneutische Interpretationsmethode gehört wesentlich zum vorgestellten Interviewverfahren der wiederholten Gesprächsinteraktion, denn anders als z.B. das Verfahren der objektiven Hermeneutik (OEVERMANN), das ausschließlich den Interviewtext analysiert, wird bei der tiefenhermeneutischen Analyse die Interaktions- und Leseerfahrung gedeutet und ein latenter Sinn unterhalb der diskursiv-rationalen Sprachstrukturen erschlossen.

Die wiederholte Gesprächsinteraktion verbunden mit einer tiefenhermeneutischen Analyse erscheint mir brauchbar, um subjektive Lösungs- und Machtstrategien ebenso wie kollektiv problematische Verhaltensmechanismen, die Menschen innerhalb diskriminierender Verhältnisse entwickeln, zu ergründen. Durch die methodische Vermittlung zwischen fremdem Erleben und eigenem Lebensverständnis können aktive Sozialisationsleistungen und Prozesse produktiver Realitätsverarbeitung erfaßt werden.

Das Verfahren erfordert jedoch eine Schulung der Selbstwahrnehmung, eine offene Auseinandersetzung mit Übertragungen und Gegenübertragungen in der Forschungssituation und den Austausch mit einer Forschungsgruppe.

Literatur

BALLHAUSEN, Anne u.a. 1986: Zwischen traditionellem Engagement und neuem Selbstverständnis - weibliche Präsenz in der Öffentlichkeit. Eine empirische Untersuchung zur politischen und sozialen Partizipation von Frauen. Bielefeld.
BILDEN, Helga/Regina MARQUARDT/Nicola POPPE 1994: Frau geht voraus. Frauen - ein unterschätztes Innovationspotential der Gewerkschaften. München, Wien.
BOHNSACK, Ralf 1991: Rekonstruktive Sozialforschung. Opladen.
CLAUSSEN, Bernhardt/Sighart LEIFERT 1978: Politische Bildung und Frauenemanzipation. Frankfurt/M.
CLAUSSEN, Bernhardt/Rainer GEISSLER (Hg.) 1995: Die Politisierung des Menschen. Opladen.
EGGERT- SCHMID NOERR, Annelinde 1991: Geschlechtsrollenbilder und Arbeitslosigkeit. Eine gruppenanalytische Studie. Mainz.
FLICK, Uwe u.a. (Hg.) 1991: Handbuch qualitative Sozialforschung. München.
FREUD, Sigmund 1912: Ratschläge für den Arzt bei der psychoanalytischen Behandlung. Gesammelte Werke, Bd. VIII. Frankfurt/M.
FREUD, Sigmund 1921: Massenpsychologie und Ich-Analyse. Gesammelte Werke, Bd. XIII. Frankfurt.
FUCHS, Werner 1984: Biographische Forschung. Eine Einführung in Praxis und Methoden. Opladen.
GEERTZ, Clifford 1983: Dichte Beschreibung. Beiträge zum Verstehen kultureller Systeme. Frankfurt/M.
GOEPPERT, Sebastian (Hg.) 1987: Perspektiven psychoanalytischer Literaturkritik. Freiburg.
HEINZ, Margarete 1971: Politisches Bewußtsein der Frau. Eine Sekundäranalyse empirischer Materialien. München.
HEINZE, Thomas 1987: Qualitative Sozialforschung: Erfahrungen, Probleme und Perspektiven. Opladen.

HEINZEL, Friederike 1990: Frauen für Graueninteressen. Die Entwicklung der gewerkschaftlichen Frauenarbeit in der Gewerkschaft Erziehung und Wissenschaft seit 1947. Weinheim und München.

HEINZEL, Friederike 1996: Die Inszenierung der Besonderheit. Einzelfallanalysen zur politischen Sozialisation von Frauen in Gewerkschaftspositionen. Bielefeld.

HEITMEYER, Wilhelm/Juliane JAKOBI (Hg.) 1991: Politische Sozialisation und Individualisierung. Perspektiven und Chancen politischer Bildung. Weinheim und München.

HOECKER, Beate 1987: Frauen in der Politik. Eine soziologische Studie. Opladen.

HOECKER, Beate 1995: Politische Partizipation von Frauen. Ein einführendes Studienbuch. Opladen 1995.

KELLE, Helga 1993: Politische Sozialisation bei Jungen und Mädchen. Kritik und Pespektiven der Forschung. In: Feministische Studien 1/93, S. 126-139.

KULKE, Christine 1991: Politische Sozialisation und Geschlechterdifferenz. In: HURRELMANN, Klaus/Dieter ULICH (Hg.): Neues Handbuch der Sozialisationsforschung, S. 595-613.

KUTZ-BAUER, Helga 1992: Was heißt frauenspezifisches Lernen und Handeln? Politische Bildung als Männerdiskurs und Männerdomäne. In: Aus Politik und Zeitgeschichte. Beilage zur Wochenzeitung Das Parlament. B 25-26, S. 19-31.

LAMNEK, Siegfried 1988: Qualitative Sozialforschung. Bd. 1. „Methodologie", München.

LAMNEK, Siegfried 1989: Qualitative Sozialforschung. Bd. 2. „Methoden und Techniken", München, Weinheim.

LEITHÄUSER, Thomas/Birgit VOLMERG 1988: Psychoanalyse in der Sozialforschung. Eine Einführung. Opladen.

LORENZER, Alfred 1981: Möglichkeiten qualitativer Inhaltsanalyse: Tiefenhermeneutische Interpretation zwischen Ideologiekritik und Psychoanalyse. In: Das Argument 126/81, S. 170-180.

LORENZER, Alfred 1986: Tiefenhermeneutische Kulturanalyse. In: LORENZER, Alfred (Hg.): Kultur-Analysen. Psychoanalytische Studien zur Kultur. Frankfurt/M, S. 11-98.

LORENZER, Alfred 1990: Verführung zur Selbstpreisgabe - psychoanalytisch-tiefenhermeneutische Analyse eines Gedichtes von Rudolf Alexander Schröder. In: Kulturanalysen 3/90, S. 261-277.

LORENZER, Alfred 1995: Sprachzerstörung und Rekonstruktion. Frankfurt/M (4. Aufl.).

MEYER, Birgit 1992: Die „unpolitische" Frau oder: Haben Frauen ein anderes Verständnis von Politik? In: Aus Politik und Zeitgeschichte. Beilage zur Wochenzeitung Das Parlament. B 25-26/92, S. 3-18.

MICKEL, Wolfgang W./Dietrich ZITZLAFF (Hg.) 1988: Handbuch zur politischen Bildung. Schriftenreihe der Bundeszentrale für politische Bildung. Bd. 264. Bonn.

NADIG, Maya 1987: Die verborgene Kultur der Frau. Ethnopsychoanalytische Gespräche mit Bäuerinnen in Mexiko. Frankfurt/M.

OEVERMANN, Ulrich 1989: Objektive Hermeneutik - Eine Methodologie soziologischer Strukturanalyse. Frankfurt/M.

OEVERMANN, Ulrich 1990: Exemplarische Analyse eines Gedichtes von Rudolf Alexander Schröder mit dem Verfahren der objektiven Hermeneutik. In: Kulturanalysen 3/90, S. 244-260.

PENROSE, Virginia 1993: Orientierungsmuster des Karriereverhaltens deutscher Politikerinnen. Ein Ost-West-Vergleich. Bielefeld.

QUINDEAU, Ilka 1995: Trauma und Geschichte. Interpretationen autobiographischer Erzählungen von Überlebenden des Holocaust. Frankfurt/M.

REINECKE, Jost 1991: Interviewer- und Befragtenverhalten. Theoretische Ansätze und methodische Konzepte. Opladen.

ROHR, Lilo 1990: Der Traum vom Fliegen. In: Glaube, Magie, Religion. Sektenmission in Südamerika. Ethnopsychoanalyse. Bd.1. Frankfurt/M., S. 55-87.

SCHMIDTCHEN, Gerhard 1984: Die Situation der Frau. Trendbeobachtungen über Rollen- und Bewußtseinsänderungen der Frauen in der Bundesrepublik Deutschland. Berlin.

SCHÖLER-MACHER, Bärbel 1994: Die Fremdheit der Politik. Erfahrungen von Frauen in Parteien und Parlamenten. Weinheim.

SCHÖNAU, Walter 1991: Einführung in die psychoanalytische Literaturwissenschaft. Stuttgart.

SCHOLL, Armin 1993: Die Befragung als Kommunikationssituation. Zur Reaktivität im Forschungsinterview. Opladen.

SCHÜTZE, Fritz 1977: Die Technik des narrativen Interviews in Interaktionsfeldstudien - dargestellt an einem Projekt zur Erforschung von kommunalen Machtstrukturen (MS), Universität Bielefeld, Fakultät für Soziologie, Arbeitsberichte und Materialien Nr.1.

SOEFFNER, Hans-Georg (Hg.) 1979: Interpretative Verfahren in den Sozial- und Textwissenschaften. Stuttgart.

SZYPKOWSKI, Beate 1992: „...also im Moment möchte ich dann lieber so in anderen Gebieten fruchtbar sein, ne..." Zur Situation von Frauen, die ihre Kinder zur Adoption freigeben. In: Deutsche Krankenpflegezeitschrift 12/92, S. 854-864.

Michael Meuser und Ulrike Nagel

Das ExpertInneninterview - Wissenssoziologische Voraussetzungen und methodische Durchführung

1. ExpertInneninterview und empirische Sozialforschung

Verglichen mit den „klassischen" Methoden der empirischen Sozialforschung - standardisierte Befragung, Beobachtung, Experiment - gilt das ExpertInneninterview als ein randständiges Verfahren. Seine tatsächliche Verbreitung ist jedoch wesentlich größer, als man anzunehmen geneigt ist. Das ExpertInneninterview eignet sich zur Rekonstruktion komplexer Wissensbestände. Es wird sowohl als eigenständiges Verfahren als auch im Rahmen eines Methodenmix eingesetzt. Bereiche, in denen besonders häufig von ExpertInneninterviews Gebrauch gemacht wird, sind die industriesoziologische Forschung, die soziologische Verwendungsforschung, die Bildungsforschung und die Implementationsforschung, deren Gegenstand die Umsetzung politischer und pädagogischer Programme in die Praxis ist.

In der pädagogischen Forschung wird das ExpertInneninterview häufig im Rahmen der Evaluationsforschung eingesetzt. Entscheidungsträger aus Politik, Wirtschaft, Verbänden, Ausbildungsinstitutionen, aber auch Praktiker vor Ort werden für die Datengewinnung rekrutiert. Das Interesse richtet sich 1. auf die Entscheidungsmaximen der Programmgestalter, 2. auf das Erfahrungswissen und die Faustregeln, wie sie sich aus der alltäglichen Handlungsroutine in z.B. Schule, Berufsbildungssystem, Arbeitsförderung, Sozialarbeit, Erwachsenenbildung herauskristallisieren, 3. auf das Wissen, das in innovativen Projekten gewonnen wird und das (noch) nicht in bürokratische Strukturen eingeflossen ist,[1] 4. auf das Wissen über die Bedingungen, die zu systematischen Fehlern und verkrusteten Strukturen führen. Beispiele bilden Untersuchungen zur Modernisierung, Reformierung und Humanisierung von Einrichtungen der beruflichen und sozialen Rehabilitation (Behinderte, Drogenabhängige, Straffällige) sowie die Begleitforschung zu Modelleinrichtungen etwa im Bereich der Schule oder Jugendarbeit. Insgesamt handelt es sich um die Erfassung von praxisgesättigtem Expertenwissen, des know how derjenigen, die die Gesetzmäßigkeiten und Routinen, nach denen sich ein soziales System reproduziert, enaktieren und unter Umständen abändern bzw. gerade dieses verhindern, aber auch der Erfahrungen derjenigen, die Innovationen konzipiert und realisiert haben.

---

[1] Dieses Wissen ist oftmals in keiner anderen Form verfügbar als in den Berichten der ProjektleiterInnen.

Sozialisations- und Selektionsprozesse sind ein weiterer Gegenstandsbereich, in dem das Experteninterview eingesetzt wird. Beispielhaft können hier Untersuchungen über den Zusammenhang von Selektionsprozessen bei der Berufseinmündung von Haupt- und SonderschülerInnen und abweichendem Verhalten (MARIAK 1996) genannt werden; über den Einfluß des Schultyps (Mädchenschule, Koedukation) auf Fachwahl und Studienerfolg bei Informatik-Studentinnen (KAUERMANN-WALTER u.a. 1988).

Ein drittes Forschungsgebiet, in dem das ExpertInneninterview zum Einsatz gelangt, sind Bildungs- und Berufsverläufe und institutionelle Karrieren. Auch hier dient das ExpertInneninterview dazu, den Wirkungszusammenhang von allgemeinen gesellschaftlichen Strukturvorgaben, betrieblich-organisatorischen Kontextbedingungen und individuellen Optionen zu erschließen sowie zukünftige Steuerungsaufgaben abzuschätzen.

Der weiten Verbreitung von ExpertInneninterviews steht ein auffälliger Mangel an methodischer Literatur gegenüber. In den gängigen Lehr- und Handbüchern zu den Methoden der empirischen Sozialforschung wird das ExpertInneninterview allenfalls kurz erwähnt - vielfach geschieht nicht einmal das -, nicht aber als besonderes Verfahren angesprochen, dessen Erhebungs- und Auswertungsstrategien sich von denen anderer Befragungstechniken unterscheiden.[2] Allgemein gilt das ExpertInneninterview als ein wenig strukturiertes Erhebungsinstrument, das zu explorativen Zwecken eingesetzt wird (vgl. von ALEMANN 1977; ATTESLANDER 1984; KOOLWIJK 1974; KROMREY 1980; SCHNELL/HILL/ESSER 1989). Insofern es nicht auf den die VertreterInnen einer „harten" Sozialforschung zentral interessierenden Begründungszusammenhang des Untersuchungsgegenstandes, sondern auf seinen Entdeckungszusammenhang zielt, wird das ExpertInneninterview hier keiner eigenständigen methodischen Reflexion unterzogen.

In den Hand- und Lehrbüchern zur qualitativen Sozialforschung (FLICK 1991; LAMNEK 1988/1989; SPÖHRING 1989) findet das ExpertInneninterview ebensowenig Beachtung wie in denen zur empirischen Sozialforschung allgemein. Es kann auch nicht einfach auf die vielfältige Literatur zum qualitativen Interview zurückgegriffen werden. Dessen Bedeutung für das ExpertInneninterview steht außer Frage, in zentralen Punkten unterscheidet sich dieses aber vom narrativen, vom fokussiertem, vom problemzentrierten, vom biographischen Interview usw. Dies gilt für die Gesprächsführung wie für die Auswertung des Interviewmaterials. Der Grund hierfür liegt in den besonderen Erkenntnisinteressen, die andere sind als beispielsweise in der Biographieforschung (vgl. HONER 1994).

Vergleichsweise umfangreich werden methodische Fragen des ExpertInneninterviews in der policy-Forschung (Politikfeldanalyse) behandelt, in der qualitative Verfahren weit verbreitet sind und nicht nur für explorative Zwecke

---

[2] Selbst in Lehrbüchern, die explizit der Methode der Befragung gewidmet sind, erfährt das Experteninterview keine gesonderte Behandlung (vgl. ERBSLÖH 1972; HOLM 1975 ff).

eingesetzt werden (vgl. für die Implementationsforschung HUCKE/WOLLMANN 1980; für die Eliteforschung DEXTER 1970).
Die Durchsicht der Methodenliteratur ergibt ein recht fragmentarisches Bild. Gleichwohl läßt sich eine deutliche Übereinstimmung konstatieren. Soviel scheint klar zu sein: ExpertInneninterviews werden auf der Basis eines flexibel zu handhabenden Leitfadens geführt. Wie die Rekonstruktion des erhobenen Wissens methodisch organisiert wird, wie also die Auswertung von ExpertInneninterviews geschieht, wird noch weniger thematisiert als Fragen der Erhebung. Wir haben an anderer Stelle hierzu einen Vorschlag gemacht (vgl. MEUSER/NAGEL 1991), den wir unten kurz rekapitulieren.
Wir werden im folgenden zunächst den ExpertInnenbegriff, wie er in der wissenssoziologischen Literatur in Abgrenzung zum Begriff des Laien gefaßt wird, diskutieren. Anschließend werden wir einige Punkte ansprechen, die bei der Durchführung von ExpertInneninterviews zu berücksichtigen sind, und dann ein sechs Stufen umfassendes Auswertungsmodell vorstellen.

2. Die Expertin[3] als wissenssoziologische Figur

Die Randständigkeit, die dem ExpertInneninterview in der Methodenliteratur zur empirischen Sozialforschung zukommt, hat zur Folge, daß die Auswahl der Personen, die in der Forschungspraxis als ExpertInnen interviewt werden, oft keinen klaren und definierten Kriterien folgt. Der dem Verfahren zugrundegelegte ExpertInnenbegriff ist bislang wenig systematisch diskutiert worden. Ein Blick in die soziologische Literatur über Expertentum, Expertenwissen, Expertengesellschaft usw. zeigt, daß sich mindestens drei Zugriffsweisen auf den ExpertInnenbegriff unterscheiden lassen, denen unterschiedliche Erkenntnisinteressen korrespondieren.
Erstens gibt es eine gesellschafts- und modernisierungstheoretisch orientierte Diskussion über die sog. Expertokratisierung der Gesellschaft, in der in kritischer Perspektive die Folgen der Expertenherrschaft für das demokratische Gemeinwesen thematisiert werden. „Kolonisierung der Lebenswelt", „Entmündigung durch Experten", „Expertenherrschaft" sind Stichworte in diesem Diskurs. In Professionssoziologie und Eliteforschung finden sich einschlägige Arbeiten. In der Erziehungswissenschaft wird das Thema in der Diskussion über Professionalisierung und Deprofessionalisierung verhandelt (vgl. GIESEKE 1991, S. 1115ff.). Zweitens existiert seit Alfred SCHÜTZ' (1972) Aufsatz über den „gut informierten Bürger" eine wissenssoziologische Diskussion über den Unterschied von Experte und Laie, über das Verhältnis beider zum Spezialisten und zum Professionellen sowie über die jeweils unterschiedlichen Formen des Wissens: Sonderwissen, Geheimwissen, implizites Wissen. Schließlich läßt sich drittens der ExpertInnenbegriff methodologisch bestimmen. Expertin ist dann ein hinsichtlich des jeweiligen Erkenntnisinteresses vom Forscher verliehener Status; jemand wird zur Expertin in ihrer und durch ihre Befragtenrolle (vgl.

---

[3] Wir verwenden in zwangloser Folge mal die weibliche, mal die männliche Form und sehen von der Schreibweise der/die Experte/in ab, um Satzungetüme zu vermeiden, die die Lesbarkeit des Textes enorm beeinträchtigten.

MEUSER/NAGEL 1991, S. 443; WALTER 1994, S. 271). Eine Person wird zum Experten gemacht, weil wir wie auch immer begründet annehmen, daß sie über ein Wissen verfügt, das sie zwar nicht alleine besitzt, das aber doch nicht jedermann bzw. jederfrau in dem interessierenden Handlungsfeld zugänglich ist. Auf diesen Wissensvorsprung zielt das ExpertInneninterview (vgl. WALTER 1994, S. 271). Die methodologische Bestimmung des ExpertInneninterviews verbindet sich so mit der wissenssoziologischen Perspektive und verweist auf die Unterscheidung von Experte, Spezialist und Laie.

Daß sich der Expertenstatus einer Person im methodologischen Sinne dem jeweiligen Forschungsinteresse verdankt - nicht jede in einem Handlungsfeld als Expertin anerkannte Akteurin ist notwendig Adressatin von ExpertInneninterviews -, heißt nicht, daß eine Person völlig unabhängig von der vor Ort vorgenommenen Zuschreibung als Expertin interviewt wird, daß es ExpertInnen nur 'von soziologischen Gnaden' gibt. Als Expertin kommt in Betracht, wer sich durch eine „institutionalisierte Kompetenz zur Konstruktion von Wirklichkeit" (HITZLER/HONER/MAEDER 1994) auszeichnet.[4]

Diese Bestimmung rekapituliert die aktuelle wissenssoziologische Diskussion um den Expertenbegriff. Sie hat ihren Ausgangspunkt in Alfred SCHÜTZ (1972) Unterscheidung von drei Idealtypen des Wissens. Dies sind der „Experte", der „Mann auf der Straße" und der „gut informierte Bürger". Als Unterscheidungskriterium benennt SCHÜTZ das Ausmaß der „Bereitschaft, Dinge als fraglos gegeben anzunehmen" (S. 89). Während der „Mann auf der Straße" „naiv in seinen eigenen wesentlichen Relevanzen und in denen seiner in-group" (S. 96) lebt, bewegt sich der Experte in einem System von Relevanzen, die ihm „durch die auf seinem Gebiet vorausgesetzten Probleme" auferlegt sind. Diese Relevanzen sind ihm allerdings nicht Schicksal, in das er sich blind fügt, sondern „durch seine Entscheidung, ein Experte zu werden, hat er die auf seinem Gebiet auferlegten Relevanzen als wesentliche akzeptiert, und zwar als die allein wesentlichen Relevanzen für sein Handeln und Denken" (S. 96). Nur diese Relevanzen bestimmen sein Handeln, insoweit er als Experte handelt. Und als Experte agiert er nur auf einem streng abgegrenzten Gebiet. Ansonsten handelt er als „Mann auf der Straße" oder als „gut informierter Bürger".[5] Expertenwissen bestimmt SCHÜTZ als ein begrenztes, in seiner Begrenzung dem Experten klar und deutlich verfügbares Wissen. „Seine Ansichten gründen sich auf sichere Behauptungen; seine Urteile sind keine bloße Raterei oder unverbindliche Annahmen" (S. 87).

Anknüpfend an die Schützschen Bestimmungen arbeitet SPRONDEL (1979) den Expertenbegriff weiter aus; als Kontrast dient ihm die Figur des Laien, den es in dem Maße gibt, in dem in einer arbeitsteiligen Gesellschaft der Experte als

---

[4] Mit dieser Bestimmung grenzen wir, wie die folgende Unterscheidung von Experte und Laie noch verdeutlichen wird, den Expertenbegriff von einem Verständnis ab, das virtuell jede Person zur Expertin macht: zur Expertin des eigenen Lebens, des eigenen Alltags. Diesbezügliches Wissen läßt sich mit den Verfahren des narrativen oder des problemzentrierten Interviews erfassen.

[5] Die Figur des gut informierten Bürgers verortet SCHÜTZ zwischen der des Experten und der des Mannes auf der Straße.

Verwalter von Sonderwissen auftritt. Beiden ist eine spezifische Form des Wissens eigen, die als Allgemeinwissen bzw. als Sonderwissen bezeichnet werden. Freilich ist nicht jedes Sonderwissen bereits Expertenwissen, sondern nur ein solches, das sich als „sozial institutionalisierte Expertise" (S. 141) fassen läßt und das vornehmlich an eine Berufsrolle gebunden ist.[6] Beispielsweise verfügen auch Hobbybastler über ein Spezialwissen in ihrem Gebiet; da dessen Erwerb aber „individuell-biographischen Motiven entspringt" (ebd.) und nicht den mit einer Berufsrolle auferlegten Relevanzen folgt, spricht SPRONDEL in diesem Fall nicht von Expertentum. Expertenwissen ist ein in einer arbeitsteilig organisierten Gesellschaft „als notwendig erachtetes Sonderwissen" (S. 148), bezogen auf Probleme, die als Sonderprobleme definiert sind.

Wie für SCHÜTZ ist auch für SPRONDEL der Experte durch die Übernahme der auferlegten Relevanzen bestimmt, mit welcher der Bezugsrahmen des jeweiligen Tätigkeitsbereichs als geltend akzeptiert und als solcher zur Basis des eigenen Handelns wird. Persönliche Motive, sich dem gewählten Arbeitsgebiet zuzuwenden, sind hingegen - anders als beim Hobbybastler - für das Handeln als Experte irrelevant. Im Vordergrund der wissenssoziologischen Betrachtung steht die Frage, „ob mit dem Besitz oder Nicht-Besitz von spezialisiertem Wissen strukturell bedeutsame soziale Beziehungen konstituiert werden oder nicht" (S. 149), Beziehungen, die Einfluß haben auf die Entwicklung einer Gesellschaft bzw. auf die gesellschaftliche Konstruktion von Wirklichkeit. In der Bestimmung des Expertenbegriffs, wie SPRONDEL sie vornimmt, tritt die Person des Experten in seiner biographischen Motiviertheit in den Hintergrund, wird stattdessen der in einen Funktionskontext eingebundene Akteur zum Gegenstand der Betrachtung.

Die von SPRONDEL nicht weiter ausgearbeitete Bemerkung, daß nicht jedes spezialisierte Sonderwissen Expertenwissen ist, nimmt HITZLER (1994, S. 25ff.) zum Anlaß, den Experten nicht nur vom Laien, sondern zudem vom Spezialisten abzugrenzen. Gegenüber dem Spezialisten, dessen Arbeitsgebiet und Problemlösungskompetenz von einem Auftraggeber oder Vorgesetzten relativ genau umrissen wird und dessen Tätigkeit starken Kontrollen unterliegt, zeichnet sich der Experte durch eine relative Autonomie aus.

Eine weitere Korrektur gegenüber dem klassischen wissenssoziologischen Expertenbegriff, der als Idealtypus konstruiert und nicht empirisch rekonstruiert worden ist, betrifft den Status des ExpertInnenwissens. Bei SCHÜTZ und auch bei SPRONDEL heißt es, daß dem Experten das Sonderwissen klar und deutlich präsent ist und daß darin eine entscheidende Differenz zum Alltagswissen liegt. Abweichend hiervon schlagen wir vor, den Begriff des ExpertInnenwissens zu erweitern und das ExpertInneninterview im Interesse der Analyse gerade auch solcher Strategien und Relevanzen zu nutzen, die zwar im Entscheidungsverhalten zur Geltung gelangen, den ExpertInnen aber nicht unbedingt reflexiv verfügbar sind (LARSSON 1977; KÖHLER 1992; MEUSER/NAGEL 1994;

---

[6] Neben der Berufsrolle kommen weitere institutionalisierte Rollen in Betracht, z.B. die der ehrenamtlichen Partei- oder Verbandsfunktionärin oder die des Aktivisten in einer Bürgerinitiative.

SCHRÖER 1994). Solche kollektiv verfügbaren Muster, die zwar nicht intentional repräsentiert sind, aber als subjektiv handlungsleitend gelten müssen, lassen sich ebenfalls als auferlegte Relevanzen verstehen, die allerdings nur ex post facto entdeckt werden können. Wissenssoziologisch gesehen haben wir es hier mit implizitem Wissen zu tun, mit ungeschriebenen Gesetzen, mit einem Wissen im Sinne von funktionsbereichsspezifischen Regeln, die das beobachtbare Handeln erzeugen, ohne daß sie von den AkteurInnen explizit gemacht werden können.

Die Diskussion des ExpertInnenbegriffs zeigt, daß dieser im Rahmen des ExpertInneninterviews notwendigerweise eine doppelte Bedeutung hat. Der ExpertInnenstatus bestimmt sich zum einen in Abhängigkeit vom jeweiligen Forschungsinteresse. Eine rein methodologische Fassung reicht freilich nicht aus, sie bietet letztlich keine Hilfe bei der Frage, wo die für das Forschungsinteresse relevanten ExpertInnen zu suchen sind. M.a.W. die von der Forscherin vorgenommene Etikettierung einer Person als Experte bezieht sich notwendig auf eine im jeweiligen Feld vorab erfolgte und institutionell-organisatorisch zumeist abgesicherte Zuschreibung.

3. Erhebung und Auswertung

Angesichts der geringen methodischen Reflexion des Vorgehens beim ExpertInneninterview bilden die folgenden Ausführungen einen Vorschlag zur Präzisierung und Detaillierung des ExpertInneninterviews als qualitatives Verfahren der empirischen Sozialforschung.

3.1 Erhebung

Im Hinblick auf das wissenssoziologische Erkenntnisinteresse am ExpertInnenhandeln halten wir ein leitfadengestütztes offenes Interview für das angemessene Erhebungsinstrument. Ein Leitfaden allerdings muß sein. Auf jegliche thematische Vorstrukturierung zu verzichten, wie dies für narrative Interviews kennzeichnend ist, brächte die Gefahr mit sich, sich der Expertin als inkompetenter Gesprächspartner darzustellen, insofern nicht ernstgenommen zu werden und mithin das Wissen der Expertin nicht umfassend zu erheben. Es ist wichtig, sich vorab über Regeln, Bestimmungen, Gesetzesgrundlagen, Pressestimmen zu informieren und dadurch das Thema, das Gegenstand des Interviews sein soll, zu dimensionieren (zu Interviewverfahren vgl. FRIEBERTSHÄUSER in diesem Band).

Die Auswahl der zu interviewenden ExpertInnen geschieht in Kenntnis der Organisationsstrukturen, Kompetenzverteilungen, Entscheidungswege des jeweiligen Handlungsfeldes. Das Wissen darüber wird in der Regel im Laufe des Forschungsprozesses größer und fundierter, so daß typischerweise die erste Stichprobe erweitert wird, nicht zuletzt auch durch das sogenannte Schneeballverfahren (vgl. KÖHLER 1992, S. 320). Nicht nur die Wichtigkeit der benannten Personen sollte eine Rolle bei der Auswahl der Stichprobe spielen, sondern auch das Prinzip des minimal bzw. maximal kontrastierenden Ver-

gleichs sowie, zu einem späteren Zeitpunkt, das Prinzip des „theoretical sampling" (STRAUSS 1987, S. 38ff.).
Der Feldzugang ist erfahrungsgemäß einfacher zu organisieren als z.B. bei biographischen Interviews oder bei Gruppendiskussionen. Die hierarchische Struktur von Organisationen kann und sollte genutzt werden. Eine erste Anfrage geschieht am besten schriftlich.[7] Eine knappe und präzise Information über das Forschungsprojekt gibt der Expertin Gelegenheit, ihr Interesse an einem Interview zu sondieren. Eine telefonische Anfrage führt dann erfahrungsgemäß zu einer verbindlichen Terminvereinbarung oder zu einer, allerdings eher seltenen Absage.
Gemäß dem Prinzip einer offenen und flexiblen Interviewführung enthält der Leitfaden Themen, die anzusprechen sind, nicht aber detaillierte und ausformulierte Fragen. Einen interessanten Vorschlag macht WALTER (1994, S. 275) mit dem der themenzentrierten Interaktion entlehnten Motto „Störungen haben Vorrang". An der Art der Bewältigung von Störungen und Konflikten lassen sich Mechanismen des normalen Funktionierens ablesen (für ein empirisches Beispiel vgl. MEUSER 1992). Es liegt auf der Hand, daß solche Ereignisse nicht bei der Leitfadenkonstruktion antizipiert werden können.
Umso wichtiger ist eine Durchführung der Interviews, die unerwartete Themendimensionierungen der Experten nicht verhindert, sondern diese gegebenenfalls in folgenden Interviews aktiviert. Nur so kann sichergestellt werden, daß Wissen und Erfahrungen der ExpertInnen möglichst umfassend in das Interview einfließen. Entscheidend für das Gelingen des ExpertInneninterviews ist unserer Erfahrung nach eine flexible, unbürokratische Handhabung des Leitfadens im Sinne eines Themenkomplexes und nicht im Sinne eines standardisierten Ablaufschemas.
Mißlingen kann das Interview, wenn z.B. das Sprachspiel der Expertin inkompatibel ist mit dem der Interviewerin. Ein weiterer Grund für das Mißlingen ist die Orientierung der Interviewführung an der theoretischen, wissenschaftlichen Fragestellung der Untersuchung; der Interviewer handelt dann in der Erwartung, daß die Interviewte die Konzepte und Ideen liefert, die man sich als Ergebnis der gesamten Untersuchung vorstellt. Aus der Sorge um die Ergebnisse resultiert häufig eine direktive Interviewführung, die insbesondere bei sehr statusbewußten GesprächspartnerInnen auf Zurück- und Zurechtweisung trifft, u.U. auch zum Zusammenbruch der Kommunikation führt. Es sind oft die narrativen Passagen, die sich als Schlüsselstellen für die Rekonstruktion des ExpertInnenwissens erweisen.
Im Falle des Gelingens des ExpertInneninterviews trifft die Untersuchung bzw. der Forscher bei der Expertin auf Neugierde an der Sache, und diese agiert in der Haltung der Protagonistin, der Akteurin, die zu wissenschaftlichen Zwecken den „Vorhang" - wenigstens ein bißchen und kontrolliert - hebt, sich in die Karten gucken läßt, ihre Geheimnisse lüftet. Ähnlich und doch anders verhält es sich, wenn die Expertin den Forscher als Ko-Experten instrumentalisiert und

---

[7] Bei innovativen Vorhaben finden sich oft andere Wege der Kontaktaufnahme, z.B. ein Gespräch anläßlich öffentlicher Veranstaltungen.

sich der Interviewsituation zur Erörterung ihrer eigenen Fragen und Dilemmata bedient. - Davon nochmals zu unterscheiden wäre ein rhetorisches Interview, d.h., die Expertin benutzt die Situation zur Demonstration ihres Standortes, ihrer Loyalität, ihrer Unparteilichkeit o.ä.

3.2 Auswertung[8]

Anders als bei der einzelfallinteressierten Interpretation orientiert sich die Auswertung von ExpertInneninterviews an thematischen Einheiten, an inhaltlich zusammengehörigen, über die Texte verstreuten Passagen - nicht an der Sequenzialität von Äußerungen je Interview. Demgegenüber erhält der Funktionskontext der ExpertInnen an Gewicht, die Äußerungen der ExpertInnen werden von Anfang an im Kontext ihrer institutionell-organisatorischen Handlungsbedingungen verortet, sie erhalten von hierher ihre Bedeutung und nicht von daher, an welcher Stelle des Interviews sie fallen. Es ist der gemeinsam geteilte institutionell-organisatorische Kontext der ExpertInnen, der die Vergleichbarkeit der Interviewtexte weitgehend sichert; darüber hinaus wird Vergleichbarkeit gewährleistet durch die leitfadenorientierte Interviewführung. Der Leitfaden schneidet die interessierenden Themen aus dem Horizont möglicher Gesprächsthemen der ExpertInnen heraus und dient dazu, das Interview auf diese Themen zu focussieren.

Transkription: Die Auswertung setzt die Transkription der in der Regel auf Tonband protokollierten Interviews bzw. der thematisch relevanten Passagen voraus. Anders als beim biographischen Interview ist die Transkription der gesamten Tonaufnahme nicht der Normalfall.

Paraphrase: Die Sequenzierung des Textes nach thematischen Einheiten erfolgt hier gleichsam mühelos in der Manier des Alltagsverstandes. Die Entscheidung, welche Teile eines Interviews transkribiert und welche paraphrasiert werden, geschieht in Hinblick auf die leitenden Forschungsfragen. Um eine Verengung des thematischen Vergleichs zwischen den Interviews auszuschließen, ein „Verschenken von Wirklichkeit" zu vermeiden, muß die Paraphrase dem Gesprächsverlaufs folgen und wiedergeben, was die ExpertInnen insgesamt äußern.

Kodieren: Der nächste Schritt der Verdichtung des Materials besteht darin, die paraphrasierten Passagen thematisch zu ordnen. Dabei ist textnah vorzugehen, die Terminologie der Interviewten wird aufgegriffen. In günstigen Fällen kann ein Begriff oder eine Redewendung direkt übernommen werden. Ob einer Passage ein oder mehrere Kodes zugeordnet werden, hängt davon ab, wieviele Themen jeweils angesprochen werden. Das Auflösen der Sequenzialität des Textes auch innerhalb von Passagen ist erlaubt und notwendig, weil nicht die Gesamtperson in ihrem Lebenszusammenhang Gegenstand der Auswertung ist. Bezugsgröße ist immer noch das einzelne Interview; die Verdichtungen, Typisierungen, Abstraktionen verbleiben in dessen Horizont.

---

[8] Bei diesem Abschnitt handelt es sich um eine stark gekürzte Fassung von MEUSER/ NAGEL 1991, S. 451 ff. Für eine Begründung der einzelnen Auswertungsschritte und für Verfahrensdetails, auf die wir hier aus Platzgründen nicht eingehen können, vgl. ebd.

Thematischer Vergleich: Ab dieser Stufe geht die Auswertung über die einzelne Texteinheit hinaus. Die Logik des Vorgehens entspricht der der Kodierung, jetzt aber werden thematisch vergleichbare Textpassagen aus verschiedenen Interviews gebündelt (vgl. NAGEL 1986). Weiterhin ist an einer textnahen Kategorienbildung festzuhalten, auf eine theoriesprachliche Abstraktion sollte möglichst verzichtet werden. Da beim thematischen Vergleich eine Fülle von Daten verdichtet wird, ist eine Überprüfung und gegebenenfalls eine Revision der vorgenommenen Zuordnungen unbedingt notwendig. Die Resultate des thematischen Vergleichs sind kontinuierlich an den Passagen der Interviews zu prüfen, auf Triftigkeit, auf Vollständigkeit, auf Validität.

Soziologische Konzeptualisierung: Erst jetzt erfolgt eine Ablösung von den Texten und auch von der Terminologie der Interviewten. Gemeinsamkeiten und Differenzen werden - im Rekurs auf theoretische Wissensbestände - begrifflich gestaltet. In einer Kategorie ist das Besondere des gemeinsam geteilten Wissens von ExpertInnen verdichtet und explizit gemacht. Der Prozeß der Kategorienbildung impliziert einerseits ein Subsumieren von Teilen unter einen allgemeine Geltung beanspruchenden Begriff, andererseits ein Rekonstruieren dieses für den vorgefundenen Wirklichkeitsausschnitt gemeinsam geltenden Begriffs. Die Abstraktionsebene ist die der empirischen Generalisierung. Es werden Aussagen über Strukturen des ExpertInnenwissens getroffen. Die Anschlußmöglichkeit an theoretische Diskussionen ist gegeben, die Verallgemeinerung bleibt aber auf das vorliegende empirische Material begrenzt, auch wenn sie in einer Begrifflichkeit geschieht, die in diesem selbst nicht zu finden ist.

Theoretische Generalisierung: Die Kategorien werden in ihrem internen Zusammenhang theoretisch aufgeordnet. Die Darstellung der Ergebnisse geschieht aus einer theoretisch informierten Perspektive auf die empirisch generalisierten „Tatbestände". Bei diesem rekonstruktiven Vorgehen werden Sinnzusammenhänge zu Typologien und zu Theorien verknüpft, und zwar dort, wo bisher Addition und pragmatisches Nebeneinander geherrscht haben. Für die Auswertung gilt, daß alle Stufen des Verfahrens durchlaufen werden müssen und keine übersprungen werden darf. Vielmehr erweist es sich, je weiter der Auswertungsprozeß vorangeschritten ist, als notwendig, auf eine vorgängige Stufe zurückzugehen, um die Angemessenheit einer Verallgemeinerung, ihre Fundierung in den Daten, zu kontrollieren. In dieser Weise zeichnet sich die Auswertung durch Rekursivität aus.

4. Schluß

Gegenstand des ExpertInneninterviews sind Wissensbestände im Sinne von Erfahrungsregeln, die das Funktionieren von sozialen Systemen (von bürokratischen Organisationen bis zu Projektinitiativen) bestimmen. Insofern, als das mit diesem Verfahren erhobene Wissen explizit an sozialstrukturell bestimmte Handlungssysteme gebunden ist, an Insider-Erfahrungen spezifischer Status- und Interessengruppen, kann es solchen Wissensbeständen auf die Spur kommen, die für die Erklärung sozialen Wandels von Bedeutung sind. Es eröffnet den Zugriff auf implizite Regeln, nach denen Wandel enaktiert und prozessiert, aber auch blockiert wird, und schafft so Anschlußmöglichkeiten für Generalisierungen, die zu verorten sind an der Schnittstelle von mikro- und makrostruktureller Analyse. Auf das rekonstruierte Wissen kann auch im Kontext gesellschaftskritischer Überlegungen rekurriert werden, ohne daß dabei auf normative Entwürfe zurückgegriffen werden müßte. Es ist bemerkenswert, daß die gesellschaftliche Entwicklung vielfach als Expertokratisierung thematisiert wird, daß aber wenig Mühe darauf verwendet worden ist, die empirische Verfahrensseite dieser gesellschaftlichen Tatsache zu erörtern.

Literatur

ALEMANN, Heine von 1977: Der Forschungsprozeß. Eine Einführung in die Praxis der empirischen Sozialforschung, Stuttgart.
ATTESLANDER, Peter 1984: Methoden der empirischen Sozialforschung, Berlin/ New York, 5. Aufl.
DEXTER, Lewis Anthony 1970: Elite and Specialized Interviewing, Evanston.
ERBSLÖH, Eberhard 1972: Interview, Stuttgart.
FLICK, Uwe u.a. (Hg.) 1991: Handbuch Qualitative Sozialforschung, München.
GIESEKE, Wiltrud 1991: Professionalisierung und Probleme multidisziplinärer Zugriffe. In: ROTH, Leo (Hg.): Pädagogik. Handbuch für Studium und Praxis, München, S. 1108-1119.
HITZLER, Ronald 1994: Wissen und Wesen des Experten. Ein Annäherungsversuch - zur Einleitung. In: HITZLER/HONER/MAEDER 1994, S. 13-30.
HITZLER, Ronald/Anne HONER/Christoph MAEDER (Hg.) 1994: Expertenwissen. Die institutionalisierte Kompetenz zur Konstruktion von Wirklichkeit, Opladen 1994.
HOLM, Kurt (Hg.) 1975ff.: Die Befragung, 6 Bde, München.
HONER, Anne 1994: Das explorative Interview. Zur Rekonstruktion der Relevanzen von Expertinnen und anderen Leuten. In: Schweizerische Zeitschrift für Soziologie 20, S. 623-640.
HUCKE, Jochen/Hellmut WOLLMANN 1980: Methodenprobleme der Implementationsforschung. In: MAYNTZ, R. (Hg.): Implementation politischer Programme, Bd. 1, Königstein/Ts. S. 216-235.
KAUERMANN-WALTER, Jacqueline/Maria Anna KREIENBAUM/Sigrid METZ-GÖCKEL 1988: Formale Gleichheit und diskrete Diskriminierung: Forschungsergebnisse zur Koedukation. In: Hans-Günter ROLFF u.a. (Hg.): Jahrbuch der Schulentwicklung, Weinheim, S. 157-188.
KÖHLER, Gabriele 1992: Methodik und Problematik einer mehrstufigen Expertenbefragung. In: Jürgen H.P. HOFFMEYER-ZLOTNIK (Hg.): Analyse verbaler Daten. Über den Umgang mit qualitativen Daten, Opladen, S. 318-332.
KOOLWIJK, Jürgen van 1974: Die Befragungsmethode. In: J.v. KOOLWIJK, M. W. MAYSER (Hg.): Techniken der empirischen Sozialforschung, Bd. 4, München, S. 9-23.
KROMREY, Helmut 1980: Empirische Sozialforschung, Opladen.
LAMNEK, Siegfried 1988/1989: Qualitative Sozialforschung, 2 Bde, München.
MEUSER, Michael 1992: „Das kann doch nicht wahr sein". Positive Diskriminierung und Gerechtigkeit. In: Ders./R. SACKMANN (Hg.): Analyse sozialer Deutungsmuster. Beiträge zur empirischen Wissenssoziologie, Pfaffenweiler, S. 89-102.
MEUSER, Michael, Ulrike NAGEL 1991: ExpertInneninterviews - vielfach erprobt, wenig bedacht. Ein Beitrag zur qualitativen Methodendiskussion. In: Detlef GARZ/Klaus KRAIMER (Hg.): Qualitativ-empirische Sozialforschung, Opladen, S. 441-471.

MEUSER, Michael/Ulrike NAGEL 1994: Expertenwissen und Experteninterview. In: HITZLER/HONER/MAEDER 1994, S. 180-192.
NAGEL (MATTHES-), Ulrike 1986: Modelle und Methoden rekonstruktiver Theoriebildung. In: G. EBERT/W. HESTER/K. RICHTER (Hg.): Subjektorientiertes Lernen und Arbeiten - Ausdeutung einer Gruppeninteraktion, Bonn.
SCHNELL, Rainer/Paul B. HILL/Elke ESSER 1989: Methoden der empirischen Sozialforschung, München/Wien, 2. Aufl.
SCHRÖER, Norbert 1994: Routiniertes Expertenwissen. Zur Rekonstruktion des strukturalen Regelwissens von Vernehmungsbeamten. In: HITZLER/HONER/MAEDER 1994, S. 214-231.
SCHÜTZ, Alfred 1972: Der gut informierte Bürger. In: Ders.: Gesammelte Aufsätze, Bd. 2, The Hague, S. 85-101.
SPÖHRING, Walter 1989: Qualitative Sozialforschung, Stuttgart.
SPRONDEL, Walter M. 1979: 'Experte' und 'Laie': Zur Entwicklung von Typenbegriffen in der Wissenssoziologie. In: Ders./R. GRATHOFF (Hg.): Alfred Schütz und die Idee des Alltags in den Sozialwissenschaften, Stuttgart, S. 140-154.
STRAUSS, Anselm L. 1987: Qualitative Analysis for Social Scientists, Cambridge.
WALTER, Wolfgang 1994: Strategien der Politikberatung. Die Interpretation der Sachverständigen-Rolle im Lichte von Experteninterviews. In: HITZLER/HONER/MAEDER 1994, S. 268-284.

Ralf Bohnsack

Gruppendiskussionsverfahren und Milieuforschung

Im Zuge der wachsenden Bedeutung qualitativer Methoden seit den siebziger Jahren hat zwar auch das Gruppendiskussionsverfahren zunächst eine neue Aktualität gewonnen, eine breitere wissenschaftliche Anwendung aber dennoch nicht erfahren. Erst in jüngster Zeit zeichnen sich im Rahmen der Milieuforschung neue Perspektiven ab. Milieutypische Orientierungen und Erfahrungen können in valider, d.h. gültiger Weise nicht auf der Grundlage von Einzelinterviews, also in individueller Isolierung der Erforschten erhoben und ausgewertet werden. Vielmehr werden milieuspezifische bzw. kollektive Erfahrungen dort zur Artikulation gebracht, wo diejenigen in Gruppen sich zusammenfinden, denen diese Erfahrungen gemeinsam sind. Zu ihrer Artikulation bedarf es der wechselseitigen Bezugnahme und Herausforderung im (Gruppen-)Diskurs. Da wir es in der Jugendforschung und Jugendarbeit zumeist mit Gruppen bzw. Cliquen, d.h. peer-groups, zu tun haben, gewinnt das Gruppendiskussionsverfahren gerade in der erziehungswissenschaftlichen Forschung neuerdings zunehmend an Bedeutung.

In der Marktforschung finden Gruppendiskussionen seit langem häufig Verwendung. So ist der Begriff der „focus group", ursprünglich von MERTON u.a. (1956; vgl. auch: MERTON 1987) geprägt, in der Markforschung in den Vereinigten Staaten beinahe zu einem Synonym für qualitative Methoden geworden (vgl. MORGAN 1990). Der *methodologischen* Bedeutung des Gruppendiskussionsverfahrens im Unterschied zum Individualinterview wird in der Marktforschung allerdings kaum Rechnung getragen. Vielmehr geht es dort primär um zeitökonomische und finanzielle Erwägungen: mehrere Interviewte sollen zugleich erreicht werden.

Im Unterschied zu derartigen „Gruppeninterviews" kann man von Gruppendiskussionsverfahren nur dort sprechen, wo die methodologische Bedeutung von Interaktions-, Diskurs- und Gruppenprozessen für die Konstitution von Meinungen, Orientierungs- und Bedeutungsmustern in einem zugrundeliegenden *theoretischen Modell* verankert ist.

Im folgenden werden zunächst (Kap. 1-4) derartige explizite oder implizite Modelle skizziert - mit Bezug auf die unterschiedlichen Etappen der Geschichte des Gruppendiskussionsverfahrens in der Bundesrepublik[1]:

---

[1] Auf das der Vollständigkeit halber zu erwähnende *gruppendynamisch-sozialpsychologische* Modell gehe ich nicht weiter ein. Unter diesem Aspekt wurden Gruppendiskussionen zunächst von SHERIF (1936) und LEWIN u. LIPPITT (1938) verwendet (vgl. hierzu MANGOLD 1973). Als weitere Einführungsliteratur sei verwiesen auf: DREHER u. DREHER 1982 sowie LAMNEK 1988.

1. Das Modell des Individuums in öffentlicher Auseinandersetzung

Dieses Modell steht am Anfang der Entwicklung des Gruppendiskussionsverfahrens in der Bundesrepublik im Frankfurter Institut für Sozialforschung. In kritischer Auseinandersetzung mit der Umfrageforschung „sollte vermieden werden, Einstellungen, Meinungen und Verhaltensweisen der Menschen in einer Isoliertheit zu studieren, in der sie kaum je vorkommen" (POLLOCK 1955, 34). „Tieferliegende" oder „latente" Meinungen gewinnen „erst Kontur, wenn das Individuum - etwa in einem Gespräch - sich gezwungen sieht, seinen Standpunkt zu bezeichnen und zu behaupten". So heißt es weiter bei POLLOCK (1955, 32), der Gruppendiskussionen dokumentiert hat, wie sie erstmals im Winter 1950/51 im Rahmen einer Untersuchung des neu entstehenden politischen Bewußtseins im Nachkriegsdeutschland durchgeführt wurden. Es sollten, wie dies bis heute typisch für die Frankfurter Schule ist, „in Analogie zur psychoanalytischen Technik" (a.a.O., 35) „Abwehrmechanismen und Rationalisierungen" sichtbar werden und auf diesem Wege auch das, „was von jenen gewöhnlich verdeckt wird". Nachgebildet werden sollten die für die Erörterung politischer Fragen im Alltag typischen Situationen einer „öffentlichen", also nicht gruppen- oder milieuspezifischen Kommunikation.

Trotz der Kritik an der individuellen Isolierung der Interviewten in der Umfrageforschung wurden dann jedoch infolge der Anwendung quantitativer Auswertungsverfahren die Redebeiträge der einzelnen isoliert voneinander untersucht. Eine darüberhinausweisende Perspektive wurde am selben Institut mit der 1960 veröffentlichten Dissertation von MANGOLD eröffnet. Basierend auf einer Rekonstruktion der bisherigen Forschungsarbeiten und des Materials der Diskussionsprotokolle kam MANGOLD (1988, 17) zu dem Schluß, daß „das Gruppendiskussionsverfahren prinzipiell nicht geeignet ist, Einzelmeinungen zu untersuchen, d.h. das Einzelinterview zu ersetzen".

2. Das Modell der „informellen Gruppenmeinung"

MANGOLD (1960, 49) gab der Methode eine doppelte Wendung: Zum einen erschien ihm angesichts der empirischen Evidenz des Materials das Konzept der „Gruppenmeinungen" adäquat: „Diese werden gleichsam arbeitsteilig vorgetragen. Die Sprecher bestätigen, ergänzen, berichtigen einander, ihre Äußerungen bauen aufeinander auf, man kann manchmal meinen, es spreche einer ... Die Gruppenmeinung ist keine 'Summe' von Einzelmeinungen, sondern das Produkt kollektiver Interaktionen".

Diese kollektive Meinung - und dies ist die andere Wendung - wird in der Diskussion lediglich *aktualisiert*: Die Meinungen „können nicht als Produkt der Versuchsanordnung, nicht als Endresultat eines aktuellen Prozesses gegenseitiger Anpassung und Beeinflussung in der Diskussionssituation selbst verstanden werden. In ihnen schlagen sich vielmehr informelle Gruppenmeinungen nieder, die sich in der Realität unter den Mitgliedern des betreffenden Kollektivs bereits ausgebildet haben" (MANGOLD 1973, 240).

MANGOLD ging es um jene Kollektive, die er als „*Großgruppen*" bezeichnete und deren Angehörige durch ein gemeinsames Schicksal (Flüchtlinge) und oder durch eine gemeinsame soziale Lage (z.B. Steiger und Bauern) miteinander verbunden waren. Gemeint waren also Milieus.

Die *empirische* Evidenz des Kollektiven im Sinne einer zwanglosen Integration der Einzelnen in einen sich wechselseitig steigernden Diskurs tat sich schwer mit jenem *theoretischen* Verständnis des Kollektiven, auf welches HORKHEIMER u. ADORNO im Vorwort zur Studie von MANGOLD 1960 als deren „Hauptergebnis" hinwiesen und dabei auf Emile DURKHEIM (1961) Bezug nahmen: Das Kollektive wurde hier im Sinne der dem Einzelnen exterioren (äußerlichen) und mit Zwang ausgestatteten Normen verstanden. Diese theoretische Begründung stand somit zur empirischen Evidenz in einer Diskrepanz, die sich auch in den Arbeiten MANGOLDS niederschlug[2]. Erst 25 Jahre später sollten dann MANGOLD und BOHNSACK in einem gemeinsam geleiteten Forschungsprojekt an diese empirische Evidenz anknüpfen und sie im Sinne „kollektiver Orientierungsmuster" methodologisch neu diskutieren. Zunächst erhielt jedoch in den siebziger Jahren im Zuge der zunehmenden Bedeutung „*interpretativer*" Theorie und Methodologie das Gruppendiskussionsverfahren eine etwas andere Wendung.

3. Das Modell des interpretativen Aushandelns von Bedeutungen

Beeinflußt u.a. durch die Veröffentlichungen der ARBEITSGRUPPE BIELEFELDER SOZIOLOGEN (1973 u. 1976) wurde die Interaktionsabhängigkeit und der Prozeßcharakter von Meinungen und Bedeutungsmustern erkannt und nach Methoden gesucht, die dem in valider Weise Rechnung tragen konnten. Allerdings erschien es im Verständnis des „interpretativen Paradigmas" nun schwierig, bei aller Prozeßhaftigkeit noch Strukturen zu identifizieren. Aufgrund eigener Forschungspraxis mit „Realgruppen", also Gruppen, deren Angehörige durch persönliche Bekanntschaft miteinander verbunden waren, kommt NIESSEN (1977; 67 f.) angesichts der beobachteten interpretativen Interaktions- und Aushandlungsprozesse zu dem Schluß, „daß sich die Bedeutungen ändern, daß die Handlungssubjekte anders definiert und interpretiert werden, so daß die aufgrund der Diskussionsergebnisse gemachten Annahmen über das Handeln in der realen Situation nicht zutreffen". VOLMERG (1977, 205) stellte aus diesen Gründen die Gültigkeit der Verfahren in Frage: „Wenn infolge der Anwendung des Untersuchungsinstruments 'Gruppendiskussion' Meinungen verändert bzw. erst gebildet werden, dann sind die Ergebnisse prinzipiell nicht reproduzierbar".

Die *Reproduzierbarkeit* von Ergebnissen, d.h. von Orientierungsstrukturen oder Gruppenmeinungen ist jedoch wesentliche Voraussetzung für die Gültigkeit einer Methode (vgl. auch VOLMERG, 1983). D.h., das Gruppendiskussionsver-

---

[2] So sprach auch MANGOLD mit Bezug auf Gruppenmeinungen von „Norm und Widerstand als 'faits sociaux' im Sinne DURKHEIMs" (1960, 95).

fahren ist nur dann valide, wenn in einer anderen Untersuchungssituation dieselben Orientierungsstrukturen in der Gruppe beobachtbar sind.

4. Das Modell kollektiver Orientierungsmuster

Diskurse erscheinen oft zusammenhanglos oder in ihrem Ablauf relativ willkürlich, d.h. *strukturlos* und somit auch nicht reproduzierbar, wenn wir lediglich das betrachten, was in den einzelnen Redebeiträgen „wörtlich" mitgeteilt wird, also deren „*immanenten Sinngehalt*", wie Karl MANNHEIM (1980) dies genannt hat. Ich möchte dies an einem Beispiel aus einem gemeinsam von MANGOLD und BOHNSACK geleiteten Forschungsprojekt (vgl. BOHNSACK, 1989) erläutern: In einer Gruppendiskussion mit Jugendlichen problematisiert zunächst einer von ihnen den Zigarettenkonsum einer jungen Frau aus der Gruppe. Diese wirft dann die Frage auf, ob es heute noch möglich sei, wie „Steinzeitmenschen" zu leben; woraufhin ein junger Mann seinen Traum des Lebens auf einer einsamen Insel beschreibt, welcher dann intensiv und engagiert diskutiert wird. Schließlich geht es um die Frage, wie man sich bei einer Beerdigung in angemessener Weise zu kleiden habe. - Obschon die Themen scheinbar sprunghaft gewechselt und auch im argumentativen Gegeneinander entfaltet werden, „*verstehen*" die Jugendlichen einander offensichtlich, ohne ihr eigentliches Anliegen aber selbst zu „*interpretieren*", d.h. ihr zugrundeliegendes Orientierungsmuster „begrifflich-theoretisch explizieren", es also wörtlich benennen zu können. Ihre Orientierungsstruktur wird vielmehr in Beschreibungen und Erzählungen, d.h. *metaphorisch* entfaltet. Indem der Forscher stellvertretend für die Teilnehmer(innen) die Orientierungsstruktur interpretiert, leistet er das, was MANNHEIM (1964a; s. auch: BOHNSACK 1992a u. 1995) *dokumentarische Interpretation* genannt hat, nämlich die begrifflich-theoretische Explikation der wechselseitigen (intuitiven) Verstehensleistungen der Erforschten (vgl. dazu auch den Begriff des „praktischen Bewußtseins" bei GIDDENS 1988)[3].

Auf diesem Wege erschließt sich durch den scheinbar zusammenhanglosen Diskursprozeß hindurch ein den einzelnen Redebeiträgen (Erzählungen, Beschreibungen) gemeinsames, kollektives Sinnmuster: In unserem Beispiel geht es um die Frage nach den „eigentlichen", authentischen Bedürfnissen (repräsentiert durch das Leben auf der einsamen Insel und desjenigen des Steinzeitmenschen) im Unterschied zu den Konsumbedürfnissen (repräsentiert u.a. durch den Zigarettenkonsum). Der Versuch, beides miteinander zu vereinbaren, metaphorisch repräsentiert dadurch, daß einer der Jugendlichen zwar auf der einsamen Insel leben, aber Stereoanlage und Fernseher dorthin mitnehmen will, führt in die Absurdität, in ein *Orientierungsdilemma*. Die Beschreibung des Orientierungsdilemmas erhält aufgrund ihrer *metaphorischen* und *interaktiven* Dichte den Charakter einer *Focussierungsmetapher*. In dieser Sequenz bzw. gesamten Passage wird ein focussiertes Orientierungsproblem zum Ausdruck gebracht.

---

[3] In ihrer Rekonstruktion des Gruppendiskussionsverfahrens spricht KRÜGER (1983, 99) in ähnlicher Analyseabsicht von einer „ursprünglichen Vertrautheit mit den Dingen", wie sie sich in den Diskursen dokumentiere.

Mit diesem Beispiel sind zentrale Komponenten der *dokumentarischen Interpretation kollektiver Orientierungsmuster* benannt:
- Die Unterscheidung von immanentem und dokumentarischem Sinngehalt.
- Der dokumentarische Sinngehalt erschließt sich erst, wenn der gesamte Diskursprozeß berücksichtigt wird.
- Eine *derartige Prozeßanalyse* setzt zum einen voraus, daß sehr genau *rekonstruiert* wird, wie die einzelnen Redebeiträge aufeinander bezogen sind: *Diskursorganisation*.
- Prozeßanalyse bedeutet zum anderen, die *Dramaturgie* des Diskurses zu berücksichtigen, ihre Höhepunkte, also Focussierungsmetaphern zu identifizieren.

5. Das Problem der Gültigkeit: standardisierte, offene und rekonstruktive Verfahren

Damit gewinnt auch das erwähnte Problem der *Reproduzierbarkeit der Ergebnisse*, d.h. der Orientierungsstrukturen eine neue Bedeutung: Diese Struktur ist eine *Prozeßstruktur*, die im Diskursprozeß relativ unabhängig von spezifischen Themen immer wieder *reproduziert* wird. Bzw. wird als „Struktur des Falles", also der Gruppe nur das anerkannt, was sich im Diskursverlauf immer wieder reproduziert. Im Sinne rekonstruktiver Methoden haben die Forscher(innen) Bedingungen der Möglichkeit dafür zu schaffen, daß die Struktur des Falles sich in der für ihn typischen Eigengesetzlichkeit zu entfalten vermag. Im Gegensatz zu den *standardisierten* Verfahren, in denen die Reproduzierbarkeit der Ergebnisse - in Analogie zum naturwissenschaftlichem Experiment - durch die Standardisierung des Verfahrensablaufs seitens des Forschers gewährleistet werden soll, basieren die *rekonstruktiven* Verfahren auf den Strukturen oder - etwas salopp formuliert - „Standards" alltäglicher Kommunikation, „auf *natürlichen Standards und Routinen der Kommunikation*" (SOEFFNER u. HITZLER 1994, 41). Demgegenüber verzichten die „*offenen*" Verfahren (hier repräsentiert durch die Untersuchungen von NIESSEN u. VOLMERG) zwar auf eine Standardisierung bzw. Strukturierung seitens der Forscher, vermögen aber einer Strukturierung durch die Erforschten selbst auf dem Wege von Prozeßstrukturen und „Alltagsmethoden"[4] nicht systematisch Rechnung zu tragen.

6. Kommunikatives und milieuspezifisches Handeln

Dem Handlungsmodell des „interpretativen Paradigmas" zufolge, welches sich auf Bereiche der Phänomenologischen Soziologie (SCHÜTZ 1971) und den „Symbolischen Interaktionismus" (BLUMER 1973) stützt, wird Sozialität als „Inter-Subjektivität" auf dem Wege wechselseitig einander interpretierender Subjekte „hergestellt". Auch die Ethnomethodologie (GARFINKEL 1973) und

---

[4] „Prozeßstrukturen" stehen hier für die *inhaltlichen*, „Alltagsmethoden" für die *formalen* Strukturen im Sinne der (ethnomethodologischen) Konversationsanalyse (zusammenfassend: BERGMANN 1991).

die Theorie des *kommunikativen Handelns* bei HABERMAS gehen von einer derartigen Bedeutung ständiger wechselseitiger Interpretationen aus. Davon zu unterscheiden ist eine andere, fundamentalere Sozialität, bei der die Diskursbeteiligten durch Selbstverständlichkeiten miteinander verbunden sind. Diese basieren auf Gemeinsamkeiten der Handlungspraxis, des biographischen Erlebens, des Schicksals, also der Sozialisationsgeschichte. Ein derartiges „Einander-Verstehen im Medium des Selbstverständlichen", wie es bei GURWITSCH (1976, 178) heißt (vgl. dazu auch GRATHOFF 1989 sowie HITZLER u. HONER 1984), wird von ihm als *„Zugehörigkeit"* bezeichnet und von der *„Partnerschaft"* als einer „Begegnung in der Rolle" (1976, 153) unterschieden, welche dem kommunikativen Handeln entspricht (zu dieser Unterscheidung siehe auch BOHNSACK 1992b). Beide Ebenen müssen bei der Auswertung von Gruppendiskussionen berücksichtigt werden.

Bleibt die „Zugehörigkeit", die *milieuspezifische Sozialität* bei GURWITSCH noch weitgehend an das direkte Zusammenleben in konkreten Gruppen gebunden, so ist das, was MANNHEIM (1980) *„konjunktiver Erfahrungsraum"* nennt, analytisch vom Begriff der Gruppe getrennt. MANNHEIM (1964b) hat dies am Beispiel des „Generationszusammenhanges" als eines konjunktiven Erfahrungsraumes herausgearbeitet. Aufgrund gemeinsamen Erlebens bestimmter historischer Ereignisse und Entwicklungen konstituiert sich eine gemeinsame „Erlebnisschichtung". Diejenigen, die durch eine gemeinsame Erlebnisschichtung miteinander verbunden sind, müssen nicht in direkter Kommunikation miteinander stehen. Allerdings wird gemeinsames Erleben dort am umfassendsten zur Artikulation gebracht, wo diejenigen sich in „Realgruppen" zusammenfinden, denen dieses gemeinsam ist. Dort konstituiert sich ein „konjunktiver Erfahrungsraum". Die Gruppe ist somit lediglich ein Epiphänomen, an dem sich die eigentlichen Phänomene, die kollektiven Erfahrungen, dokumentieren.

Derartige milieuspezifische Gemeinsamkeiten der Sozialisationsgeschichte sind generations- und/oder geschlechtstypischer Art und/oder bedingt durch Gemeinsamkeiten der Ausbildung und/oder sind sozialräumlicher Art. Wir unterscheiden daher bei der Auswertung von Gruppendiskussionen unterschiedliche Milieus: Generations-, Geschlechts- und Bildungsmilieus sowie sozialräumliche Milieus. Derartige Milieus nennen wir auch Typiken (vgl. dazu auch: 8.2).

7. Zur Aktualität des Milieubegriffs

In den letzten Jahren hat der Begriff des Milieus in der empirischen Sozialforschung an Bedeutung gewonnen. Dies von zwei unterschiedlichen Aspekten her: einerseits im Rahmen der Forschung zur sozialen Ungleichheit, andererseits in demjenigen der Biographieforschung.

7.1 Milieuanalyse und Ungleichheitsforschung

Im Bereich der Forschung zur sozialen Ungleichheit sind die konventionellen, auf Schichtungsindikatoren und klassentheoretischen Überlegungen basierenden Konzepte problematisiert worden. Dabei geht es darum, Lebensformen jenseits von Schichten und Klassen zu identifizieren, die zunächst durch „subjektive" Interpretationen „objektiver" Lebensbedingungen geprägt seien. Wenn dort unter Rückgriff auf den Milieubegriff eine „Vermittlung zwischen dem 'Objektiven' und dem 'Subjektiven' in der Sozialstruktur" (HRADIL 1992, 12) gefordert wird, so wird damit eine Aufspaltung des Gegenstandsbereichs empirischer Forschung in „subjektiv" und „objektiv" theoretisch immer schon vorausgesetzt. Die Abspaltung einer subjektiven *Erfahrung* von einer objektiven Realität hat zur Folge, daß Sozialforscher(innen) einen privilegierten Zugang zur gesellschaftlichen Realität jenseits der (subjektiven) Erfahrung der Erforschten für sich in Anspruch nehmen. Im empirischen Forschungsprozeß wird dadurch stillschweigend vorgegeben, was für die Erforschten überhaupt erfahrbar sein kann.

Eine derartige epistemologische oder erkenntnistheoretische „Leitdifferenz" (vgl. MATTHES 1992) von „objektiv" und „subjektiv" ist in der von MANNHEIM in Auseinandersetzung u.a. mit MARX u. DURKHEIM entfalteten Wissenssoziologie dadurch obsolet geworden, daß gesellschaftliches „Sein", gesellschaftliche Lagerung erkenntnistheoretisch nicht jenseits des Erlebens der Erforschten, sondern durch Gemeinsamkeiten des biographischen Erlebens hindurch theoretisch begründet und auf diese Weise auch empirisch greifbar wird. Hieraus ergibt sich zugleich die Notwendigkeit eines erweiterten Verständnisses von Biographieforschung.

7.2 Milieuanalyse und Biographieforschung

Biographieforschung setzt - wie bereits in der Dominanz des individualbiographischen Interviews zum Ausdruck kommt - zumeist beim Individuum an. Das Individuum, welches zugleich teil hat an unterschiedlichen Wirklichkeiten oder Milieus, bildet seine „biographische Gesamtformung" (SCHÜTZE 1983) aus, indem es die unterschiedlichen gruppen- und milieuspezifischen Erfahrungen in eine Selbstkonstitution integriert, eine zeitliche Kontinuität zwischen diesen herstellt und im Sinne „einer Gesamtgestalt, die zwischen Lebensende und Lebensanfang einen durchgeformten Sinnzusammenhang konstituiert" (FISCHER/ KOHLI 1987, 29). Bei der Analyse biographischer Interviews werden Milieuerfahrungen also immer in der Art und Weise zum Gegenstand der empirischen Analyse, wie sie vom Individuum im Rahmen der „biographischen Gesamtformung" bereits integriert worden sind. Das, was hier integriert wird, nämlich die unterschiedlichen milieuspezifischen Wirklichkeiten, an denen das Individuum teil hat und die es immer erst retrospektiv und aspekthaft verinnerlicht, sind aber auf dem Wege des Gruppendiskussionsverfahrens einer direkten empirischen Analyse zugänglich.

Es ist also jeweils genau zu klären, was Gegenstand der Analyse sein soll. Wie in einer neueren Untersuchung auf der Grundlage des Vergleichs von Biographischen Interviews, Gruppendiskussionen und Teilnehmenden Beobachtungen erkennbar wurde (BOHNSACK u.a. 1995), stellen uns Biographische Interviews mit Jugendlichen vor das Problem, daß eine autobiographische „Großerzählung" (SCHÜTZE 1983) nur insoweit gelingt als eine biographische Gesamtformung sich zumindest ansatzweise bereits konstituiert hat. Jugendliche in der Adoleszenzphase stehen aber erwartungsgemäß erst am Anfang eines derartigen Prozesses. In Gruppendiskussionen können demgegenüber Prozesse der probehaften Entfaltung biographischer Orientierungen und der kreativen Entfaltung neuer milieuspezifischer Stile rekonstruiert werden. In diesem Sinne wurden, wenngleich methodisch nicht reflektiert, Gruppendiskussionen auch von WILLIS (1977) angewandt (vgl. auch die Reinterpretation der Studie von WILLIS bei GIDDENS, 1988).

8. Forschungspraxis: Erhebung und Auswertung

8.1 Zum Erhebungsverfahren: die Initiierung von Selbstläufigkeit

Wie in allen rekonstruktiven Verfahren, so folgt man auch bei Durchführung von Gruppendiskussionen dem methodologischen Grundprinzip, daß der Forscher bzw. die Forscherin Bedingungen der Möglichkeit dafür zu schaffen hat, daß der Fall, hier also die Gruppe, sich in seiner *Eigenstrukturiertheit* prozeßhaft zu entfalten vermag.

Dies meint vor allem, dem Diskurs die Möglichkeit zu geben, sich auf jene Erlebniszentren einzupendeln, welche jeweils die focussierte Erfahrungsbasis des kollektiven Orientierungsrahmens der Gruppe darstellen. Die Gruppe bestimmt somit ihre Themen selbst. Eine (thematische) Vergleichbarkeit der Diskurse, wie sie Voraussetzung für eine komparative Analyse ist, bedingt aber eine gewisse Standardisierung zumindest der Ausgangsfragestellung. Nachfragen sind zunächst nur zugelassen, wenn der Diskurs ins Stocken gerät, und zielen primär darauf, die Selbstläufigkeit wieder herzustellen. Erst in einer späteren Phase werden bisher nicht behandelte Themen fremdinitiiert. Für die Analyse ist es dann ebenso aufschlußreich, was nicht zu den focussierten Erlebniszentren gehört, welche Themen bzw. Erfahrungsbereiche warum fremd sind oder gemieden werden.

8.2 Zum Auswertungsverfahren: Formulierende Interpretation, Reflektierende Interpretation, Typenbildung

Auf eine detaillierte Darstellung des Auswertungsverfahrens am forschungspraktischen Beispiel kann hier nicht eingegangen werden. Dazu sei auf andere eigene Arbeiten verwiesen (BOHNSACK 1989 u. 1993 sowie BOHNSACK u.a. 1995).

Die methodologische Leitdifferenz der Auswertung ist diejenige der Unterscheidung des *immanenten* vom *dokumentarischen* Sinngehalt bei MANNHEIM (1964a; vgl. dazu auch: BOHNSACK 1993a und 1995): Das was gesagt, berichtet, diskutiert wird, also das, was *thematisch* wird, gilt es, von dem zu trennen, was sich in dem Gesagten über die Gruppe *dokumentiert* - über deren Orientierungen oder Habitus. Dies ist die Frage danach, *wie* ein Thema, d.h. in welchem *Rahmen* es behandelt wird. Hierbei kommt der *komparativen Analyse* (vgl. dazu auch: GLASER/STRAUSS 1969) insofern von Anfang eine zentrale Bedeutung zu, als sich der Orientierungsrahmen erst vor dem Vergleichshorizont anderer Gruppen (wie wird dasselbe Thema bzw. Problem in anderen Gruppen bearbeitet?) in konturierter und *empirisch überprüfbarer* Weise herauskristallisiert.

Forschungspraktisch hat diese methodologische Differenz die Konsequenz zweier voneinander klar abgrenzbarer Arbeitsschritte. Es geht darum, zu klären, wo und inwieweit das, was von den Erforschten bereits selbst interpretiert, d.h. begrifflich expliziert wurde, lediglich neu formuliert wird („*Formulierende Interpretation*"), und ab welchem Punkt eigene Interpretationen in *Reflexion* auf die implizierten Selbstverständlichkeiten des Wissens der Erforschten erbracht werden („*Reflektierende Interpretation*").

Die Grundstruktur der *Formulierenden Interpretation* ist die thematische Gliederung, d.h. die Thematisierung von Themen, die Entschlüsselung der (zumeist impliziten) thematischen Struktur der Texte. Sie ist noch einmal in einzelne Etappen gegliedert.

Grundgerüst der *Reflektierenden Interpretation* ist die Rekonstruktion der Formalstruktur der Texte (jenseits ihrer thematischen Struktur). Im Falle der Gruppendiskussion bedeutet dies die Rekonstruktion der *Diskursorganisation*, d.h. die Charakterisierung der Art und Weise, wie die Beteiligten aufeinander Bezug nehmen.

Im Zuge der Typenbildung werden auf der Grundlage von *Gemeinsamkeiten* der Fälle (z.B. die bildungsmilieutypisch allen Lehrlingen gemeinsame Erfahrung der Auseinandersetzung mit dem Arbeitsalltag) spezifische milieutypische Kontraste der Bewältigung dieser Erfahrungen (z.B. zwischen Musikgruppen und Hooligans; vgl. BOHNSACK u.a. 1995) herausgearbeitet. Der *Kontrast in der Gemeinsamkeit* ist fundamentales Prinzip der Generierung einzelner Typiken und zugleich die Struktur, durch die eine ganze Typologie zusammengehalten wird. Die Eindeutigkeit einer Typik ist davon abhängig, inwieweit sie von anderen auch möglichen Typiken unterscheidbar ist. Die Typenbildung gerät umso valider je klarer am jeweiligen Fall auch andere Typiken aufgewiesen werden können, je umfassender der Fall innerhalb einer Typologie verortet werden kann.

Literatur

ARBEITSGRUPPE BIELEFELDER SOZIOLOGEN (Hg.) 1973: Alltagswissen, Interaktion und gesellschaftliche Wirklichkeit. Reinbek bei Hamburg (Neuauflage 1980. Opladen).

ARBEITSGRUPPE BIELEFELDER SOZIOLOGEN 1976: Kommunikative Sozialforschung. München.

BERGMANN, Jörg 1991: Konversationsanalyse. In: FLICK u.a. (Hg.), Handbuch Qualitative Sozialforschung, München, S. 213-218.

BLUMER, Herbert 1973: Der methodologische Standort des Symbolischen Interaktionismus. In: ARBEITSGRUPPE BIELEFELDER SOZIOLOGEN, S. 80-146.

BOHNSACK, Ralf 1989: Generation, Milieu und Geschlecht. Ergebnisse aus Gruppendiskussionen mit Jugendlichen. Opladen.

BOHNSACK, Ralf 1992a: Dokumentarische Interpretation von Orientierungsmustern. Verstehen - Interpretieren - Typenbildung in wissenssoziologischer Analyse. In: Michael MEUSER/Reinhard SACKMANN (Hg.), Analyse sozialer Deutungsmuster. Pfaffenweiler.

BOHNSACK, Ralf 1992b: Interaktion und Kommunikation. In: Hermann KORTE/ Bernhard SCHÄFERS (Hg.), Einführungskurs Soziologie, Bd. I. Einführung in Hauptbegriffe der Soziologie. Opladen.

BOHNSACK, Ralf 1993: Rekonstruktive Sozialforschung. Einführung in Methodologie und Praxis. Opladen, 2. Aufl.

BOHNSACK, Ralf 1996: Dokumentarische Methode. In: Ronald HITZLER/Anne HONER (Hg.), Sozialwissenschaftliche Hermeneutik. Opladen.

BOHNSACK, Ralf/Peter LOOS/Burkhard SCHÄFFER/Klaus STÄDTLER/Bodo WILD 1995: Die Suche nach Gemeinsamkeit und die Gewalt der Gruppe. Hooligans, Musikgruppen und andere Jugendcliquen, Opladen.

DREHER, Michael/Eva DREHER 1982: Gruppendiskussion. In: Günter C. HUBER/ Heinz MANDL (Hg.), Verbale Daten. Weinheim u. Basel, S. 141-163.

DURKHEIM, Emile 1961: Regeln der soziologischen Methode. Neuwied u. Berlin.

FISCHER, Wolfgang/Martin KOHLI 1987: Biographieforschung. In: Wolfgng VOGES (Hg.), Methoden der Biographie- und Lebenslaufforschung. Opladen, S. 25-49.

GARFINKEL, Harold 1973: Das Alltagswissen über soziale und innerhalb sozialer Strukturen. In: ARBEITSGRUPPE BIELEFELDER SOZIOLOGEN 1973, S. 189-261.

GLASER, Barney G./Anselm STRAUSS, 1969: The Discovery of Grounded Theory, Chicago.

GIDDENS, Anthony 1988: Die Konstitution der Gesellschaft. Frankfurt a.M./New York.

GRATHOFF, Richard 1989: Milieu und Lebenswelt - Einführung in die phänomenologische Soziologie und die sozialphänomenologische Forschung. Frankfurt a.M.

GURWITSCH, Aron 1976: Die mitmenschlichen Begegnungen in der Milieuwelt. Berlin/New York.

HITZLER, Ronald/Anne HONER 1984: Lebenswelt - Milieu - Situation. Terminologische Vorschläge zur theoretischen Verständigung. In: Kölner Zeitschrift für Soziologie und Sozialpsychologie, Jg. 36, 1984, S. 56-74.

HRADIL, Stefan 1992: Einleitung. In: DERS. Zwischen Bewußtsein und Sein. Opladen.

KRÜGER, Heidi 1983: Gruppendiskussionen. Überlegungen zur Rekonstruktion sozialer Wirklichkeiten aus der Sicht der Betroffenen. In: Soziale Welt, Jg. 34, Heft 1, S. 90-109.

LAMNEK, Siegfried 1988: Qualitative Sozialforschung, Bd. 2. Methoden und Techniken. Mannheim/Weinheim (darin: Kap. 4).

LEWIN, Kurt/Ronald LIPPITT 1938: An Experimental Approach to the Study of Autocracy and Democracy. A Preliminary Note. In: Sociometry, Bd. 1.

MANGOLD, Werner 1960: Gegenstand und Methode des Gruppendiskussionsverfahrens. Frankfurt a.M.

MANGOLD, Werner 1973: Gruppendiskussionen. In: Handbuch der empirischen Sozialforschung, Bd. 2, 2. Aufl. Frankfurt a.M.

MANGOLD, Werner 1988: Gruppendiskussionen als Instrument der Untersuchung von kollektiven Orientierungen in Gruppen von Jugendlichen. In: DERS./Ralf BOHNSACK, 1988: Kollektive Orientierungen in Gruppen von Jugendlichen. Forschungsbericht für die Deutsche Forschungsgemeinschaft, Erlangen.

MANNHEIM, Karl 1964a: Beiträge zur Theorie der Weltanschauungsinterpretation. In: DERS., Wissenssoziologie, Neuwied S. 91-154 (ursprünglich: 1921-1922 in: Jahrbuch für Kunstgeschichte I (XV), 4).

MANNHEIM, Karl 1964b: Das Problem der Generationen. In: DERS., Wissenssoziologie. Neuwied, S. 509-565 (ursprünglich 1928. In: Kölner Vierteljahreshefte für Soziologie, 7. Jg. Heft 2.
MANNHEIM, Karl 1980: Strukturen des Denkens, Frankfurt a.M. (ursprünglich 1922-1925; unveröff. Manuskript).
MATTHES, Joachim 1992: The Operation Called „Vergleichen". In: DERS. (Hg.), Zwischen den Kulturen? - Die Sozialwissenschaften vor dem Problem des Kulturvergleichs (Sonderband 8 der Sozialen Welt). Göttingen.
MERTON, Robert K. 1987: The Focused Interview and Focus Groups: Continuities and Discontinuities. In: Public Opinion Quarterly 51, S. 550-556.
MERTON, Robert K./Marjorie FISKE/Patricia L. KENDALL 1956: The Focused Interview. Glencoe, IL.
MORGAN, David L. 1988: Focus Groups as Qualitative Research. Newberry Park/ London/New Delhi.
NIESSEN, Manfred 1977: Gruppendiskussion, Interpretative Methodologie. Methodenbegründung - Anwendung. München.
POLLOCK, Friedrich (Hg.) 1955: Gruppenexperiment. Ein Studienbericht. Frankfurter Beiträge zur Soziologie Bd. 2. Frankfurt a.M.
SCHÜTZ, Alfred 1971: Gesammelte Aufsätze, Bd. 1. Das Problem der sozialen Wirklichkeit. Den Haag (Original, 1962: Collected papers, Bd. 1. The Problem of Social Reality. Den Haag).
SCHÜTZE, Fritz 1983: Biographieforschung und narratives Interview. In: Neue Praxis, H. 3.
SHERIF Muzafer, 1936: The Psychology of Social Norms. New York.
SOEFFNER Hans-Georg/Ronald HITZLER 1994: Hermeneutik als Haltung und Handlung. Über methodisch kontrolliertes Verstehen. In: Norbert SCHRÖER (Hg.), Interpretative Sozialforschung. Opladen, S. 28-54.
VOLMERG Ute, 1977: Kritik und Perspektiven des Gruppendiskussionsverfahrens in der Forschungspraxis. In: Thomas LEITHÄUSER u.a. Entwurf zu einer Empirie des Alltagsbewußtseins. Frankfurt a.M., S. 184-217.
VOLMERG Ute, 1983: Validität im interpretativen Pradigma. Dargesellt an der Konstruktion qualitatitver Erhebungsverfahren. In: Peter ZEDLER/Heinz MOSER (Hg.), Aspekte qualitativer Sozialforschung. Opladen, S. 124-162.
WILLIS, Paul 1979: Spaß am Widerstand. Gegenkultur in der Arbeiterschule Frankfurt a.M.

Barbara Friebertshäuser

Feldforschung und teilnehmende Beobachtung[1]

Feldforschung gehört zu den abenteuerlichen und spannenden Forschungsverfahren. Man begibt sich in ein fremdes kulturelles Feld (z.b. zu einer Jugendsubkultur, in ein Behindertenheim, zu Obdachlosen auf der Straße, in ein Seniorenwohnheim) oder eröffnet sich einen neuen Blick auf ein bereits vertrautes Feld (z.b. eine Kindergruppe, eine Schulklasse, eine Mädchen- oder Jungengruppe, eine studentische Kultur). Feldforschende nehmen am alltäglichen Leben teil und praktizieren insbesondere teilnehmende Beobachtung, die Kernmethode ethnographischer Feldforschung. Ergänzend können weitere methodische Zugänge eingesetzt werden: Interviews, Expertengespräche, Gruppendiskussionen, Dokumentenanalyse, Sammlung alltagskulturellen Materials, Fotografie und Videoaufzeichnung. Feldforschung oder „field study" bezeichnet ein ursprünglich in der Kulturanthropologie entwickeltes Verfahren, das verschiedene methodische Zugänge kombiniert einsetzt, um Einblicke in die sozialen Welten der Erforschten zu gewinnen und sich deren Weltsicht zu erschließen. Der Begriff „Feldforschung" bezeichnet nicht nur die Phase der Datenerhebung im Feld (die Feldphase), sondern umfaßt alle Etappen von den Vorbereitungen bis zu den späteren Auswertungen. Die Ergebnisse einer Feldforschung werden meist in Form von Monographien publiziert. Diese Studien, die originäre Einblicke in ansonsten verschlossene, fremde Lebenswelten und Kulturen gewähren und damit den Rahmen unserer wissenschaftlichen Erkenntnisse erweitern, begründen die Faszination ethnographischer Feldforschung. Sie leben von der Mischung aus Beschreibung und wissenschaftlicher Reflexion und Analyse. Teilnehmende Beobachtung ist die für Feldforschung charakteristische Methode, die aus den Erfordernissen der Erforschung fremder Kulturen, deren Sprache man zunächst nicht beherrscht, entwickelt wurde. Sie besitzt als Methode aber auch ein Eigenleben.

Der Beitrag gibt einen Überblick über Spezifika, Geschichte und Traditionen der Feldforschung, beschreibt Nutzen und Anwendung in der Erziehungswissenschaft, erläutert Arbeitsschritte und Phasen und stellt die verschiedenen methodischen Zugänge vor. Die Methode der teilnehmenden Beobachtung wird ausführlich dargestellt, insbesondere ihre Anwendungen in pädagogischen Feldern. Forschungsethische Probleme werden am Schluß des Beitrages diskutiert. Für die Erziehungswissenschaft gehören Feldforschung und teilnehmende Beobachtung zu jenen Grundlagenforschungen, die das Verstehen des „Fremden" zu fördern suchen, um damit eine Basis für pädagogisches Handeln zu schaffen.

---

[1] Für Anregungen und kritische Rückmeldungen zu diesem Beitrag danke ich Annedore Prengel und Ann Claire Groffmann.

Was heißt Feldforschung?

Feldforschung bezeichnet die Erforschung einer sozialen Gruppe in ihrer natürlichen Umgebung (natural setting). Darin liegt der Unterschied zur „Laborforschung", in der die Untersuchten in einer künstlichen, vom Forschenden geschaffenen, Untersuchungssituation erforscht werden.[2] Der Begriff „Feld" wird zum Teil sehr unterschiedlich gebraucht. So taucht die Formulierung „ins Feld gehen" auch in quantitativen Untersuchungen auf und meint dort, daß beispielsweise InterviewerInnen mit ihren standardisierten Fragebögen die Befragten in deren Wohnungen aufsuchen und dort befragen. Allerdings praktizieren sie dort keine teilnehmende Beobachtung, wie dies die qualitative Feldforschung kennzeichnet. „Qualitative Feldforschung ist immer dann die Methode der Wahl, wenn sozialräumlich überschaubare Einheiten menschlichen Zusammenlebens ganzheitlich erfaßt werden sollen." (LEGEWIE 1991, S.193) Feldforschung nimmt meist eine kulturelle Gruppe (beispielsweise SchülerInnen, eine Jugendgruppe, Obdachlose, Studierende) und deren Lebenswelt und Lebensweise in den Blick. Möglich ist aber auch die Fokussierung auf Einzelpersonen in ihrem Lebenszusammenhang. Dabei interessiert sich Feldforschung insbesondere für den Kulturaspekt menschlichen Lebens. Das bedeutet, Individuen und Gruppen werden immer im Kontext der sozialen, ökologischen und historischen Umwelt betrachtet, in der sie leben. Die Verfahren zielen darauf, Haltungen, Strukturen, Verhaltensweisen und kulturelle Praxen zu analysieren.

Ethnographische Feldforschung erforscht eine räumlich und sozial abgegrenzte Untersuchungseinheit (z.B. eine Person, eine Gruppe, eine Institution), indem ein Forschender, ein Paar oder ein Team für einen bestimmten Zeitraum am Alltagsleben teilnimmt, beobachtet, befragt, Material erhebt und die gefundenen Daten und daraus gewonnenen Erkenntnisse dokumentiert. Die Methode der teilnehmenden Beobachtung bildet das Kernstück der Feldforschung, der es darauf ankommt, das alltägliche Leben zu beobachten und durch die Untersuchung möglichst wenig einzugreifen oder zu verändern. Die dabei produzierten Berichte über die teilnehmende Beobachtung ergänzen in der Feldforschung zumeist mündliche und schriftliche Befragungen (Interviews, Gruppendiskussionen, Fragebogenerhebungen und ExpertInnengespräche). Einen ersten Zugang eröffnen bereits vorhandene Datensammlungen, Dokumente, Berichte, Fotos, Gegenstände und andere Materialien zum Feld. Diese werden während der Feldforschung durch eigene Materialsammlungen (alltagskulturelles Material, Selbstzeugnisse von einzelnen oder Gruppen u.a.) ergänzt. Die Fotografie und neuerdings auch die Videoaufzeichnung lassen sich zusätzlich zur Dokumentation einsetzen. Die Produkte einer solchen Feldforschungstätigkeit sind zumeist Monographien, Einzelfallstudien der untersuchten Kultur, die verschiedene Fakten zu einem Gesamtbild verdichten und aus der Tradition der Ethno-

---

[2] Zum Unterschied zwischen Laborforschung und Feldforschung siehe auch PATRY 1982, S. 17ff.

graphie³ leben. Das hier vorgestellte Konzept von Feldforschung basiert auf diesen methodischen Zugängen, die in der Kulturanthropologie zur Erforschung von fremden Völkern und Kulturen entwickelt wurden, es handelt sich dabei um eine „ethnographische Feldforschung".
Die Spezifika ethnographischer Feldforschung lassen sich in der Beziehung zu anderen Forschungsmethoden noch einmal veranschaulichen.

- Die Besonderheit der Feldforschung ergibt sich aus ihrer speziellen Methode der *teilnehmenden Beobachtung*. Während Interviewverfahren und Fragebogenerhebungen Verhaltensweisen und Einstellungen lediglich aus den Angaben der Befragten erschließen, vermag die teilnehmende Beobachtung Verhalten in vivo zu erfassen und zu dokumentieren, sowie die Beobachteten direkt im Anschluß an die Situation zu befragen. So geraten Alltagshandeln und Alltagssituationen in den Blick, die den Befragten häufig nicht bewußt sind und dadurch nur schwer direkt erfragt werden können.
- Die *Methodenkombination* und Nutzung unterschiedlicher Datenquellen zielt darauf, die Schwächen einer Methode durch den Einsatz zusätzlicher anderer Methoden oder Varianten einer Methode auszugleichen. Die verschiedenen methodischen Zugänge ergänzen, korrigieren oder validieren sich im Sinne der *Triangulation*. Dazu zählt auch die Kombination verschiedener Daten und Datensorten, um so den Untersuchungsgegenstand aus verschiedenen Perspektiven möglichst breit auszuleuchten.⁴ Dieses Vorgehen soll helfen, die Vielschichtigkeit gesellschaftlicher und personaler Realität angemessen zu erschließen und abzubilden (vgl. LAMNEK 1989; DENZIN & LINCOLN 1994).
- In der Feldforschung gibt es eine lange Tradition der Kombination von qualitativen mit *quantitativen* Verfahren. Einbezogen werden dabei sowohl bereits vorhandene statistische Ergebnisse wie auch eigene quantitative Daten, die sich aus standardisierten Erhebungen oder nachträglichen Quantifizierungen von Beobachtungsdaten gewinnen lassen.
- In Abgrenzung zu solchen Verfahren, die durch repräsentative Stichproben und standardisierte Befragungen zu verallgemeinerbaren Aussagen kommen, geht die ethnographische Feldforschung von Einzelfällen aus, deren Analyse zunächst zu Befunden und Theorien mittlerer Reichweite führt. Die darin ebenfalls gegebenen Möglichkeiten zur *Verallgemeinerung* lassen sich in einem weiteren Schritt insofern nutzen, indem dafür Bedingungen und Faktoren benannt und geprüft werden. Konzeptionell bleibt die ethnographische Feldforschung dem induktiven Verfahren qualitativer Sozialforschung verpflichtet, sie sucht ausgehend von den Phänomenen zu theoretischen Konzepten zu gelangen (das bedeutet allerdings nicht, daß es sich dabei um ein theorieloses Vorgehen handelt). Der Kerngedanke ethnographischer Feldfor-

---

³ „Ethnographie" (von gr. ethnos „Volk" und graphein „beschreiben") meint ursprünglich die Beschreibung eines Volkes (vgl. FISCHER 1992, S. 79). Inzwischen wird damit eine Forschungstradition bezeichnet, die Deskription und Analyse als Zugang zu Kulturen und Milieus miteinander verknüpft.
⁴ Vgl. zur Triangulation die ausführliche Darstellung, auch der kritischen Punkte bei FLICK 1992 und bei SCHRÜNDER-LENZEN in diesem Buch.

schung verwirklicht sich allerdings in der Deskription und Analyse eines untersuchten Einzelfalls (der sich beziehen kann auf eine Person, eine Personengruppe, eine Institution, einen Ort, gesellschaftliche Teilkulturen und anderes mehr), dabei werden häufig auch mehrere Fälle vergleichend und kontrastierend dargestellt.

Geschichte und Traditionen der Feldforschung

Historisch entwickelte sich die Feldforschung im Zuge der Entdeckung neuer Welten, fremder Völker und Kulturen. Die ersten ethnographischen Berichte stammten von Reisenden, Expeditionsteilnehmern, Missionaren, Kolonialbeamten oder auch Soldaten.[5] Sie sammelten Material, lieferten Informationen und erstellten auch Berichte, die sie dann in Europa dem staunenden Publikum präsentierten (vgl. STAGL 1981, S.18; BLOK 1985; KOHL 1993, S.100ff).

Bronislaw MALINOWSKI begründete die moderne ethnographische Feldforschung. Seine Studien über die Trobiander gelten als Klassiker der Feldforschung.[6] In der Zeit des ersten Weltkrieges verbrachte MALINOWSKI, der später zum Begründer der modernen britischen Ethnologie wurde, 19 Monate auf den Trobiandinsels nordöstlich von Neuguinea. Sein Vorgehen, unter den Einheimischen zu leben, ihre Sprache zu erlernen, ihre Lebenswelt und Lebensformen umfassend zu studieren und zu dokumentieren begründet das klassische Feldforschungs-Paradigma: die teilnehmende Beobachtung (vgl. STAGL 1993).[7] In seinen funktionalistischen Analysen betrachtete er die kulturellen Phänomene niemals isoliert, sondern setzte sie zueinander in Verbindung und suchte so nach ihrem Bedeutungsgehalt innerhalb der untersuchten Kultur. MALINOWSKI prägte damit für Jahrzehnte den Forschungsstil der sich neu etablierenden Kulturanthropologie[8]. Er vereinte in seiner Person Feldforschung und Theoriebildung, zwei Traditionen, die sich bis dahin weitgehend getrennt voneinander entwickelt hatten (vgl. CLIFFORD 1993, S.115ff).

Bedeutsam für die weitere Entwicklung ethnographischer Feldforschung waren auch die amerikanischen Arbeiten. Aus dem breiten Feld der frühen amerikani-

---

[5] So veröffentlichte 1557 in Marburg Hans STADEN eine der ersten ethnographischen Studien, einen „Augenzeugenbericht" über eine „Landschaft der wilden, nacketen, grimmigen Menschenfresser Leuthen in der Newenwelt America gelegen". Er war als Soldat in spanischen Diensten an der brasilianischen Ostküste gestrandet und von Indianern verschleppt worden, unter denen er dann über 10 Monate lebte.

[6] Die Bücher sind unter den Titeln: „Argonauten des westlichen Pazifik" (Bd.1); „Das Geschlechtsleben der Wilden in Nordwest-Melanesien" (Bd.2) und „Korallengärten und ihre Magie" (Bd.3) in Deutschland 1979-1981 veröffentlicht.

[7] Erst die Veröffentlichung seines privaten Tagebuches über seine Feldforschungen 1914-1918 „Tagebuch im strikten Sinn des Wortes" 1967 (dt. 1985) führte nach MALINOWSKIs Tod zu einer heftigen Auseinandersetzung um den Forscher und sein methodisches Vorgehen (vgl. GEERTZ 1983, S. 289ff; DAMMANN 1991, S.126ff).

[8] Zur Bedeutungsgeschichte und dem teilweise verwirrenden Gebrauch der Begriffe Ethnologie, Kulturanthropologie, Social Anthropology und Völkerkunde (vgl. FISCHER 1992a, S. 6ff; KOHL 1993, S.94ff.).

schen Kulturanthropologie sind die Studien von Franz BOAS, Ruth BENEDICT und Margaret MEAD hervorzuheben, die ebenfalls zu den Klassikern der ethnographischen Feldforschung gehören, sie widmeten sich der Aufgabe der Erforschung, der bereits vom Aussterben bedrohten Ethnien.[9] In Amerika stellte sich das Problem einer wissenschaftlichen Völkerkunde noch einmal ganz anders dar als für Europa. Europa wurden im Zuge seiner Kolonialpolitik vom Leben fremder Völker nur entfernt tangiert. In den USA trafen verschiedene ethnische Gruppen aufeinander: indigene Völker, Sklaven und verschiedene zugewanderte Ethnien, was ein reges Interesse an Kulturstudien schuf (vgl. STAGL 1981, S.33f). Cultural Anthropology gehört bis heute in den USA zum allgemeinbildenden Fächerkanon in den ersten beiden Studienjahren an den meisten Hochschulen (vgl. KOHL 1993, S.164).

Die amerikanische Soziologie (Chicagoer Schule) wendet ab den 20er Jahren Feldforschungsverfahren auch zur Untersuchung von Phänomenen moderner Gesellschaften an. Ein ethnographisches Vorgehen bei der Erforschung von Phänomenen der eigenen Gesellschaft kennzeichnet diese Arbeiten. Robert Ezra PARK beispielsweise regte zahlreiche Großstadtforschungen an und betrachtete die Stadt Chicago als soziales Laboratorium.[10] Aus dieser Tradition gingen so interessante Arbeiten hervor wie die von ANDERSON (1923) „The Homeless Man In Chicago. The Hobo"; THRASHER (1927): „The Gang" und WHYTE (1943) „Street Corner Society". Auch die späteren Arbeiten von Howard S. BECKER u.a. (1961) über „Boys in white", die berufliche Sozialisation von Medizin-Studenten oder von GLASER & STRAUSS (1967) „Interaktion mit Sterbenden", eine Krankenhausstudie. Einen Überblick über die ethnographische Schulforschung in den USA gibt TERHART (1979). Eine frühe „europäische" Studie, die mittels Feldforschung ein „heimisches Feld" bearbeitet, erschien erstmals 1933. Die klassische Studie von JAHODA, LAZARSFELD und ZEISEL über „Die Arbeitslosen von Marienthal" besticht durch die gelungene Kombination von qualitativem und quantitativem Datenmaterial, das von einem Forschungsteam erhoben wurde und in einer dichten Darstellung der Auswirkungen von Arbeitslosigkeit auf einen kleinen österreichischen Ort mündete.[11] Damit schließt sich der Kreis, die methodischen Zugänge zur Erforschung fremder Kulturen werden nun auch für die Analyse von Phänomenen der eigenen Gesellschaft genutzt. So weit der sehr grobe und verkürzte Überblick über einige Stationen ethnographischer Feldforschung, der keinerlei Anspruch auf Vollständigkeit erhebt. Als Einführungen zum Thema „Feldforschung" können die Beiträge von WEIDMANN (1974), LEGEWIE (1991), FISCHER (1992b), ATKINSON & HAMMERSLEY (1994), die Bücher von GIRTLER (1988; 1995), GEERTZ (1993) und KOHL (1993), sowie die Beiträge in den Sammelbänden von JEGGLE (1984) und FISCHER (1985) gelesen werden. Einen

---

[9] 1928 erschien Margret MEADs berühmt gewordenes Buch „Coming of Age in Samoa". Kritisch zur Kontroverse zwischen ihr und Derek FREEMAN über „die Wahrheit" (vgl. DAMMANN 1991, S.46ff.).
[10] Siehe dazu LINDNER 1990, der die journalistische Prägung dieses Forschungsansatzes herausarbeitet.
[11] Siehe dazu den Beitrag von ENGLER in diesem Buch.

kenntnisreichen und umfassenden Überblick aus erziehungswissenschaftlicher Sicht über das Feld der Ethnographie und teilnehmenden Beobachtung, der auch aktuelle angloamerikanische Publikationen und Diskussionen einbezieht, gibt LÜDERS (1995) in einem Literaturbericht.

Probleme und Grenzen ethnographischer Feldforschung thematisieren drei große methodologische Debatten. Im *Ethnozentrismus-Vorwurf* wird das Bias kritisiert, die eigene Lebensweise und den Lebensstil des eigenen Volkes als Maßstab zur Betrachtung und Bewertung anderer Menschen und Völker heranzuziehen und von der Höherwertigkeit und Überlegenheit insbesondere der westlichen Kultur auszugehen (vgl. den Überblick bei STAGL 1993). Den Vorwurf des *androzentrischen und sexistischen Blicks* formulieren feministische Wissenschaftlerinnen und beklagen das Bias der männerzentrierten und verzerrten Wahrnehmung bzw. Ausblendung und Konstruktion von Mädchen und Frauen und ihrer Kultur (vgl. WATSON-FRANKE 1988, S.67ff. und den Überblick bei HAUSER-SCHÄUBLIN 1991). Unter dem Stichwort „*Krise der Repräsentation*" formuliert sich das Problem der Konstruktion von Wirklichkeit im wissenschaftlichen Text, der vorgibt „Wirklichkeit" zu beschreiben. Der Anthropologe wird als Schriftsteller „entlarvt" (vgl. GEERTZ 1993). Die schreibende Produktion des Bildes der Anderen wird problematisiert (FUCHS & BERG 1993). Solche Bias aus kollektiven und unbewußten Vorurteilen und Klassifizierungen in der eigenen wissenschaftlich-theoretischen Perspektive gilt es, sich im Forschungsprozeß in kritisch-reflexiven Analysen bewußt zu machen, sie offenzulegen, um sie letztlich aufzuklären (BOURDIEU & WACQUANT 1996, S.100). Diese methodologischen Debatten machen im Hinblick auf das wissenschaftliche Problem des Verstehens folgendes sichtbar: Die methodischen Herausforderungen der Konfrontation mit dem „Fremden", das es zu verstehen galt, produzierten in der Kulturanthropologie ein ausgearbeitetes Methodenarsenal, das auch von anderen Disziplinen mit- und weiterentwickelt wurde. Die dadurch angeregte methodische (Selbst-)Reflexivität im Hinblick auf die oben genannten Bias im Forschungsprozeß und das Problem des „Verstehens" erweist sich als richtungsweisend für die Zukunft qualitativer Forschung.[12]

Feldforschung in der Erziehungswissenschaft

Wo liegen die Anschlußmöglichkeiten zwischen der ethnographischen Feldforschung und der Erziehungswissenschaft? Zentral werden dabei die beiden Elemente „Fallbezug" und „Verstehen". Gerade die Erziehungswissenschaft, insbesondere die dazugehörige praktische Tätigkeit bezieht sich immer auch auf den konkreten, einzelnen Fall (z.B. eine Person, eine Gruppe, eine Familie, eine Schulklasse, eine Institution). Und bei allen theoretischen und praktischen Erwägungen spielt das methodisch kontrollierte Verstehen eine zentrale Rolle.[13]

---

[12] Siehe zur gegenwärtigen Post-Moderne-Diskussion in der qualitativen Forschung auch die Beiträge bei DENZIN & LINCOLN (ed) 1994.

[13] Siehe zum Beispiel die Debatten in der Sozialpädagogik, z.B. MÜLLER & OTTO 1986; DEWE u.a. 1993, KRAIMER 1994, GRODDECK & SCHUMANN 1994.

Die Stärke ethnographischer Feldforschung liegt darin, daß sie es vermag, „fremde Kulturen" zu erforschen und deren Lebenswelt und Lebensstil zu erschließen, um so das Verstehen zu fördern. Auch Pädagoginnen und Pädagogen sind in den diversen Arbeitsfeldern ständig mit „fremden Kulturen" konfrontiert. Der Begriff „Kulturen" verweist hier auf ein anthropologisches Kulturkonzept, das die gesamte Lebensweise einer Gruppe in den Blick nimmt. Kultur umfaßt dabei die Summe aller materialisierten und ideellen Lebensäußerungen, sowie die internalisierten Werte, Haltungen und Sinndeutungen, die auch in ihrer historischen Dimension betrachtet werden.[14] Der Hinweis „fremde" soll dazu provozieren, Lebenswelten und Lebensstile anderer als etwas Fremdes wahrzunehmen. Selbst die Welt der Kinder, die im gleichen Lebensraum mit uns leben, bleibt uns Erwachsenen in Teilen fremd. Wir können uns nur über die Befragung, Beobachtung, Reflexion und Auseinandersetzung zugänglich machen, wie Kinder die Welt erleben und verarbeiten. Diese „Fremdheit" betrifft auch andere gesellschaftliche Teilkulturen[15], z.B. Jugendkulturen, Obdachlose, Alkoholiker, Menschen in einem Seniorenheim und viele weitere Beispiele lassen sich finden. Gerade in der pädagogischen Arbeit nimmt das Verstehen eine zentrale Position ein, denn alle weiteren Maßnahmen leiten sich aus dem Verstehen ab. Zum anderen weisen uns zahlreiche Forschungen und Reflexionen auf die Problematik des Fremdverstehens hin (vgl. GILDEMEISTER 1989, S.96ff; SCHMIED-KOWARZIK 1993; JUNG & MÜLLER-DOOHM 1993; SCHÜTZE 1994). Als Stichworte seien genannt: Unterschiedliche und vielfältige Deutungsmuster in komplexen Lebenswelten, Subkulturen und Sinnsystemen, die sich von außen zumeist erst durch wissenschaftliche Rekonstruktionen der vorliegenden Wirklichkeits-Konstruktionen erschließen lassen. Denn verschiedene gesellschaftliche Felder besitzen eine je eigene soziale Logik, nach der sie sich organisieren und nach der sie funktionieren. Die Kenntnis dieses sozialen Sinns hinter den Handlungen der Einzelnen wird zum Schlüssel des Verständnisses der Adressaten unserer pädagogischen Überlegungen und Maßnahmen. Ethnographische Feldforschung läßt sich nutzen, um zum methodisch kontrollierten Verstehen individueller und kollektiver Handlungsvollzüge und Deutungsmuster beizutragen. Und zugleich hilft dabei der bereits oben dargestellte kritische Diskurs über Bias, die das Verstehen mißlingen lassen.

Der „Fallbezug" ethnographischer Feldforschung liefert Anschlußmöglichkeiten an verschiedene erziehungswissenschaftliche Forschungsverfahren. Das Interesse an Personen und ihren Biographien teilt sie mit der erziehungswissenschaftlichen Biographieforschung (vgl. BAACKE & SCHULZE 1993; KRÜGER & MAROTZKI 1995). Differenzen ergeben sich erst durch die spezifischen Fokussie-

---

[14] Vgl. zum Thema Kultur auch die Arbeiten des Centre for Contemporary Cultural Studies (CCCS) in Birmingham (CLARKE u.a. 1979; WILLIS 1979); sowie die Arbeiten von BOURDIEU 1983. Zum Kulturbegriff in der Kulturanthropologie GEERTZ 1983; GREVERUS 1987; KOHL 1993, S.130ff.

[15] Die Bezeichnung „Teilkulturen" wird hier gewählt, um die stigmatisierende Bezeichnung „Randkulturen" zu vermeiden und darauf hinzuweisen, daß unsere Gesellschaft sich aus unterschiedlichen Kulturen zusammensetzt, die wiederum Teile eines Ganzen sind.

rungen. Verkürzt gesagt: Die Biographieforschung fokussiert auf den Einzelnen als Kulturträger, die Feldforschung auf die Kultur und verortet den Einzelnen in diesem Kontext. Feldforschung setzt deshalb - neben Interviews - weitere methodische Zugänge ein, insbesondere die teilnehmende Beobachtung. Es ergeben sich auch Parallelen zur Tradition der erziehungswissenschaftlichen Fallstudien. Dazu gehören: der ganzheitliche, forschende und verstehende Ansatz des Zugangs zur sozialen „Wirklichkeit", die Bedeutung der teilnehmenden Beobachtung und Deskription als Basis. In den Analysen werden jeweils Allgemeines und Besonderes, spezifischer Einzelfall und regelhafte Strukturen, ständig zueinander in Beziehung gesetzt.[16] Eine Differenz zeigt sich in der Gegenüberstellung mit einer speziellen Richtung einer sonderpädagogisch ausgerichteten pädagogischen Fallstudie. Hier ist es meist der besondere Fall, der Konflikt- oder Problemfall, dem sich diese pädagogischen Fallstudien zuwenden.[17] Dagegen interessiert sich ethnographische Feldforschung dezidiert für das Alltägliche, Gewöhnliche und Wiederkehrende, um auch für solche Handlungspraktiken zu sensibilisieren, die als selbstverständlich betrachtet werden und damit leicht aus den Reflexionen und Analysen ausgeblendet bleiben. Anregungen zur Diskussion bietet immer wieder bei beiden Traditionen das Verhältnis zwischen wissenschaftlichem Erkennen und pädagogischem Handeln, d.h. zwischen dem Ziel der Forschung, die Mittel wissenschaftlicher Analyse primär zur Erhellung gesellschaftlicher und individueller Sachverhalte einzusetzen und dem Anspruch der pädagogischen Fallstudien, praktisches pädagogische Handeln nicht nur aufzuklären, sondern auch zu verändern.[18]

Die Tradition ethnographischen Feldforschung wurde an der Schnittstelle zwischen erziehungs- und sozialwissenschaftlicher Forschung in der Bundesrepublik Deutschland in einigen Projekten aufgegriffen und forschend umgesetzt.[19] In den vergangenen Jahrzehnten findet man in der Erziehungswissenschaft eine fast wellenförmig verlaufende Publikationstätigkeit von Beiträgen, die sich im weitesten Sinne mit methodologischen und praktischen Fragen ethnographischer (Feld-)Forschung und ihrem Nutzen für die Erziehungswissenschaft befassen, Möglichkeiten und Grenzen ausloten und dann wieder im Wellental ver-

---

[16] Zur Fallstudien-Tradition in der Erziehungswissenschaft siehe auch FATKE in diesem Buch.

[17] Vgl. zum Beispiel ERTLE & MÖCKEL 1980.

[18] Zu dieser Problematik siehe auch den Beitrag von PRENGEL in diesem Buch.

[19] Vgl. z.B. die Arbeiten von MUCHOW & MUCHOW 1978; der Projektgruppe Jugendbüro und Hauptschülerarbeit ab 1975; BEHNKEN & ZINNECKER 1977; ENGLER u.a. 1984; BÜHLER 1984; GILDEMEISTER 1989; BEHNKEN u.a. 1989; ASTER u.a. 1989; de HAAN 1991; ZEIHER & ZEIHER 1994; du BOIS-REYMOND u.a. 1994; FRIEBERTSHÄUSER 1992; APEL u.a. 1995; KRAPPMANN & OSWALD 1995a; KELLE in diesem Buch. Diese Auflistung von Studien, die in der Erziehungswissenschaft angesiedelt sind oder für sie wichtig wurden, erhebt keinen Anspruch auf Vollständigkeit, insbesondere hängt die Einordnung hier auch von der Begriffsverwendung ab, viele Projekte könnten als Feldforschungsarbeiten klassifiziert werden, verwenden diesen Begriff aber nicht als Label für ihre Form der Methodenkombination. Somit sind die Grenzen hier fließend.

ebben.[20] In jüngster Zeit werben einige AutorInnen wiederum für den forschenden Zugang mittels ethnographischer Feldforschung in der Erziehungswissenschaft (z.B. SCHMITZ 1993; SCHÜTZE 1994; ZINNECKER 1995; SCHRÖDER 1995; FRIEBERTSHÄUSER 1996)[21]
Wenden wir uns nun den zentralen Fragen dieses Beitrages zu: Wie kann man ethnographische Feldforschung durchführen, was ist dabei zu beachten und welche Methoden können dabei eingesetzt werden?

Arbeitsschritte und Phasen in der ethnographischen Feldforschung

In der empirischen Sozialforschung verläuft der Forschungsprozeß üblicherweise in fünf aufeinander folgenden Phasen: Die Forschung beginnt erstens mit der Problembenennung (soziale Probleme werden in wissenschaftliche Fragestellungen überführt), zweitens wird der Gegenstand benannt (Begrenzung des Forschungsgegenstandes), dann folgt drittens die Durchführung mittels empirischer Forschungsmethoden, daran schließt sich die vierte Phase der Analyse an (Auswertungsverfahren kommen zum Einsatz) und in der fünften Phase gelangen die Ergebnisse zur Verwendung (meist in Form einer Publikation) (vgl. ATTESLANDER 1995, S.30ff)[22]. Diese klare Abgrenzung von aufeinander aufbauenden Forschungsphasen existiert in der ethnographischen Feldforschung nicht. Charakteristisch ist hier die Gleichzeitigkeit der Sammlung und Analyse von Daten, d.h. ein permanenter Wechsel zwischen Erhebungsphase (intensive Feldarbeit) und Auswertungsphase (sowohl Verschriftlichung und Dokumentation von Feldforschungsmaterialien als auch theoretisch analytische Arbeit). Die Gestaltung dieses Prozesses im Detail variiert in den verschiedenen Projekten und methodischen Darstellungen, dabei spielen auch die jeweiligen theoretischen Orientierungen eine Rolle. Als Kennzeichen (in Abgrenzung zur quantitativen Sozialforschung) wird häufig genannt, daß Forschende in der Feldforschung vor der Erhebung kaum klare Hypothesen entwickeln, sondern diese vielmehr erst im Laufe des Aufenthaltes im Feld entwickeln und auch mehrfach

---

[20] Dazu zähle ich auch die Arbeiten aus dem Kontext der Handlungsforschung (z.B. HEINZE u.a. 1975; HAAG u.a. 1975), eine Richtung der Fallstudien-Forschung (vgl. BINNEBERG 1979; HASTENTEUFEL 1980; STENHOUSE 1982; BRÜGELMANN 1982; BILLER 1988; die Beiträge in FISCHER 1983) und die Anregungen für eine ethnographische Schulforschung (TERHART 1979). Kritische Diskussionen zu diesen Ansätzen bleiben hier ausgespart.

[21] Siehe auch die Wiederbelebung der Aktions- und Praxisforschung (z.B. HEINER 1988; ALTRICHTER 1990; MOSER 1995, siehe auch die Beiträge von ALTRICHTER u.a. und von PRENGEL in diesem Buch), der Fallstudien-Tradition (z.B. MÜLLER 1993; SCHÜTZE 1993) und der Lebenswelt-Analyse (z.B. THIERSCH 1986; MOLLENHAUER & UHLENDORFF 1992; KRAIMER 1994; LIPPITZ 1993), die diese Entwicklung stützen (siehe auch die späteren Literaturhinweise in diesem Beitrag).

[22] Siehe dazu auch BENTLER & KÖNIG in diesem Buch.

reformulieren (vgl. GACHOWETZ 1984, S.260). Hypothesen spielen jedoch auch in der Feldforschung eine zentrale Rolle.[23] Dazu GLASER & STRAUSS: *"Ganz gleich, ob der Feldforscher zunächst noch sehr orientierungslos damit beginnt, alles was er sieht, aufzuzeichnen, weil alles bedeutsam sein könnte, oder ob er mit einer genauer definierten Zielsetzung ins Feld geht: seine Beobachtungen werden sehr rasch von Hypothesenbildungen begleitet sein. Wenn dieser Prozeß der Hypothesenbildung beginnt, kann der Forscher nicht mehr, selbst wenn er dies wünscht, ein passiver Empfänger von Eindrücken bleiben; er wird ganz automatisch dazu übergehen, aktiv solche Daten zu sammeln, die für die Entwicklung und Verifizierung seiner Hypothesen bedeutsam sind. Er sucht geradezu nach diesen Daten. Er wird dort hingehen, wo er seine Daten 'live' beobachten kann. Er nimmt an den Ereignissen teil, so daß sich die Dinge vor seinen Augen abspielen (...), was zu weiteren Hypothesenbildungen führen wird. (...) Obwohl der Forscher all diese Untersuchungsschritte auch ohne Hypothesen durchführen könnte, werden diese Hypothesen sich ganz zwangsläufig herausbilden und ihn anleiten."* (1984, S. 92f)

Wenn das so ist, stellt sich vielleicht die Frage nach dem Spezifikum ethnographischer Feldforschung. Charakteristisch für Feldforschung ist der offene Zugang zur sozialen Realität. Das bedeutet den Verzicht auf vorab entwickelte Kategorien, die den Blick auf das Forschungsfeld einengen, weil sie dem Bedeutungs- und Bewertungskontext des Forschenden entstammen. Vielmehr zielen die Verfahren darauf, die Perspektive der Erforschten, ihr Relevanz- und Bedeutungssystem kennenzulernen und die Kategorien aus den Daten zu generieren.

Vor diesem Hintergrund wird plausibel, daß der Ablauf einer ethnographischen Feldforschung sich nur schwer darstellen läßt. Das folgende Schema basiert auf der Darstellung von Hans FISCHER (1992b) und bezieht sich auf ethnologische Forschungsprojekte, im Prinzip folgt aber jede Art von Feldforschung diesen Arbeitsschritten, wenn auch in unterschiedlicher zeitlicher Ausdehnung. FISCHER unterteilt den Forschungsprozeß in zehn Schritte. *1. Schritt: Ein Forschungsthema wird formuliert.* Meist leitet es sich ab aus einer theoretischen Lücke oder einem empirisch ermittelten Problem, Vorkenntnisse sind also notwendig. *2. Schritt: Theoretische Bezüge werden hergestellt.* Das Forschungsthema wird eingebettet in theoretische Konzepte und die wissenschaftlichen Diskussionen des Faches. *3. Schritt: Methoden werden ausgewählt.* Dazu gehört die Klärung, ob ethnographische Feldforschung ein gegenstandsangemessenes Verfahren für diese Forschungsfrage darstellt. Weitere methodische Zugänge sind zu klären: soll mit Vergleichen gearbeitet, eine Fragebogenerhebung durchgeführt, Archive ausgewertet, überwiegend strukturierte oder unstrukturierte teilnehmende Beobachtung praktiziert werden und anderes mehr. *4. Schritt: Das Untersuchungsgebiet, die Untersuchungsgruppe wird ausgewählt.* An welchem Ort soll die Untersuchung stattfinden, welche Gruppe wird gewählt, wie sehen die Zugangsmöglichkeiten aus? Diese ersten vier Schritte

---

[23] Siehe dazu auch MERKENS 1992.

können auch in einer anderen Reihenfolge ablaufen. So kann das Forschungsthema aus einem theoretischen Problem entstanden sein oder die Untersuchungsgruppe (z.B. Kindergartenkinder) steht bereits zu Beginn fest. *5. Schritt: Vorarbeiten werden geleistet.* Dazu gehört, sich mit den bereits vorliegenden Veröffentlichungen zum Thema auseinanderzusetzen, Methoden einzuüben und auf den Gegenstand abzustimmen,[24] eine Fragebogenerhebung vorzubereiten. *6. Schritt: Die Feldforschung wird organisiert.* Das kann heißen: Kontakte aufnehmen mit dem Untersuchungsfeld, konkrete Informationen und Genehmigungen einholen, Finanzierung sichern, Materialien für die Erhebung anschaffen, Unterkunft am Erhebungsort besorgen, Hilfskräfte einstellen und einarbeiten. *7. Schritt: Kontaktaufnahme und erste Orientierung im Feld.* Die ersten Tage und Wochen jeder Feldforschung sind die schwierigsten. Es gilt, die eigenen Absichten gegenüber den Untersuchten verständlich zu machen, sie für die Mitarbeit zu werben, sich eine eigene Rolle zu suchen und zu lernen, sich in einem neuen, fremden Feld zu bewegen. Auch diese Schritte verlaufen häufig nicht systematisch in dieser Reihenfolge, sondern teilweise auch zeitgleich. *8. Schritt: Die explorative Phase.* Nun findet die intensive Feldphase statt. In dieser Zeit gilt es, einen Überblick zu gewinnen, teilnehmende Beobachtung zu praktizieren und die Regeln des Feldes zu erlernen. In dieser Phase wird man zunächst breit gestreut beobachten, was im Feld passiert, bevor man sich zunehmend auf Teilaspekte konzentriert. *9. Schritt: Ein spezielles Problem wird untersucht.* Dabei ist es möglich, daß die Problemformulierung von den Forschenden stammt oder sich erst während der Feldforschung herauskristallisierte, häufig führt die Problemanalyse auch zur Anwendung spezieller Forschungsinstrumente. *10. Schritt: Auswertung und Veröffentlichung.* Auswertungen finden zu einem erheblichen Teil bereits im Feld statt, Beobachtungsberichte beinhalten meist auch Auswertungsgedanken, Skizzen werden in Zeichnungen übertragen oder Tabellen werden angelegt. Nach der Rückkehr aus dem Feld beginnt dann am heimischen Schreibtisch die analytische Arbeit und die Zusammenstellung der Materialien zu einer Monographie oder anderen Formen der Darstellung der Forschungsergebnisse.

WEINBERG & WILLIAMS (1973) stellen ebenfalls verschiedene Phasen der Feldforschung zusammen, sie analysieren dabei den Wandel der Beziehung zwischen Feldforschenden und den Personen im untersuchten Feld: *1. Annäherung* (an das Forschungsfeld, erste Kontaktaufnahmen), *2. Orientierung* (Einstieg ins Feld, hier ist die Aufmerksamkeit auf beiden Seiten besonders hoch, es ist die Phase des Vertrautwerdens mit der Kultur und der Herstellung einer Vertrauensbasis zu den Erforschten. Die ersten Eindrücke sind besonders intensiv und strukturierten die weiteren Wahrnehmungen vor, Momente der Überraschung, Verwunderung und Neuigkeit herrschen vor.), *3. Initiation* (von seiten der Untersuchten wird geprüft, wie sich die Forschenden ihrem Untersuchungsfeld gegenüber verhalten, inwieweit man sie akzeptieren, tolerieren und

---

[24] Für die Erforschung studentischer Fachkulturen haben wir beispielsweise ein spezielles Manual geschrieben, in dem die diversen Methoden auf das studentische Feld zugeschnitten wurden (Projekt Studium & Biographie 1989: Manual für die Feldforschung, REIHE Nr. 9, Universität-GH-Siegen).

in Geheimnisse einweihen kann. Dazu dienen häufig Initiationsrituale in Form von Tests, Konflikten und am Ende feierlichen Bekräftigungen der Forscherrolle oder im Extremfall kann an dieser Etappe auch ein Feldforschungsprojekt scheitern.) *4. Assimilation* (nun entwickelt sich die Forschungstätigkeit zur Routine, die Forschenden sind im Feld integriert, vertraut mit der dortigen Kultur. Das Problem dieser Phase der Assimilation besteht im vielbeschriebenen Phänomen des „going native", der Überidentifikation mit dem Untersuchungsfeld.[25] GIRTLER sieht im Eindringen in die Perspektive der Untersuchten gerade die Chance der Feldforschung, *„um deren Handeln und Alltagsideologien voll zu verstehen und auch zu akzeptieren - zumindest für eine Zeit. Eine solche Aufgabe der Distanz, welche mit der oben postulierten 'Offenheit' des Forschers in engem Kontext steht, macht den Forscher für vieles in der zu erforschenden Gruppe empfänglich, was ihm sonst nicht so ohne weiteres deutlich werden würde."* (GIRTLER 1988, S.64) Ein solches Vertrautwerden mit der Kultur, den Lebensbedingungen und den darin ausgebildeten Handlungsmustern, das Eindringen in die Perspektive der Untersuchten stellt eine zentrale Voraussetzung des Verstehens dar und bildet die Basis für die spätere Interpretation. Zugleich wird vieles zur Normalität, was für eine Analyse ausgesprochen hinderlich sein kann, denn versiegt das Befremden, Erstaunen und die Neugier als Erkenntnisquelle, verschwindet ein wesentliches Motiv für das Berichten und Beschreiben, dann gelingt es nicht mehr, im Alltäglichen wieder das Bemerkenswerte zu entdecken und zu analysieren. *5. Phase Abschluß* (nach der intensiven Beziehung zum untersuchten Feld benötigt auch das Verlassen des Feldes eine Form). In jeder dieser fünf Phasen ändert sich die Art der Beziehung zwischen Feldforschenden und den untersuchten Personen und ebenso die Art, wie Außenstehenden über das eigene Projekt berichtet wird.

Der klassische Zugang zum Feld umfaßt einem mehrmonatigen Feldforschungsaufenthalt.[26] Die Dauer der Feldphase hängt ab von der Fremdheit gegenüber den Erforschten, dem Umfang der Fragestellung und des Forschungsdesigns und nicht zuletzt davon, ob die Forschungsarbeit von einer Person oder von einem größeren Forschungsteam geleistet wird. Insgesamt gesehen nimmt der Anspruch der Feldforschung, Individuen, Gruppen und Phänomene im Kontext ihrer jeweiligen kulturellen und sozialen Umwelt zu untersuchen, eine gewisse Zeit notwendig in Anspruch.

Wie kann man sich einen Zugang zum Forschungsfeld verschaffen und was ist dabei zu beachten? Die Gestaltung der sozialen Beziehung zwischen Forschendem und Erforschten nimmt Einfluß auf den Verlauf der Feldforschung und die Ergebnisse und sollte deshalb mitreflektiert werden. Im Vorfeld stellt sich die Frage, welche sozialen Rollen vom Forschenden gewählt werden sollen und in welcher Weise die Tätigkeit des Beobachtens gegenüber den Erforschten erklärt (und gerechtfertigt) werden soll. Dazu ein Beispiel, das die Schwierigkeiten anschaulich machen kann: In unserem Projekt zur Erforschung studentischer

---

[25] Vgl. LAMNEK 1989, S. 259ff.
[26] In der Ethnologie geht man von einem Zeitraum von 12 Monaten aus, damit ein Jahresablauf erlebt wird.

Fachkulturen „Studium und Biographie" wurden wir Feldforscherinnen auch als Tutorinnen eingeführt und führten in dieser Rolle während der ersten beiden Studiensemester Einführungsseminare für ErstsemesterInnen durch. Auf diese Weise war unsere Anwesenheit und Integration in den universitären Alltag bei Studierenden und Lehrenden sozial legitimiert und formell abgesichert. Die Einführung als Forschungsprojekt erfolgte über den am Studienort lehrenden Projektleiter. Diese Doppelfunktion als Hochschullehrer und Forscher und unsere Einführung als Feldforscherinnen durch einen Angehörigen der Gruppe der Hochschullehrer erwies sich im Laufe des Projektes immer wieder als Quelle von Problemen (sie reichten von der Frage der Loyalität gegenüber studentischen Interessen bis zum „Spionageverdacht" nachdem wir eine Fragebogenerhebung unter den Erstsemestern durchgeführt hatten). Daran zeigt sich, wie kompliziert die Forschung werden kann, wenn man als „Spitzel" einer mächtigen Gruppe oder Partei innerhalb des Forschungsfeldes betrachtet wird (vgl. FRIEBERTSHÄUSER 1992, S. 87ff.). Man sollte also gleich zu Beginn der Feldforschung darauf achten, wie und von wem man ins Feld eingeführt wird. Wichtig ist auch, gute Beziehungen zu allen Personen und Gruppen innerhalb des Forschungsfeldes herzustellen, indem man beispielsweise frühzeitig mit verschiedenen Personen (unterschiedlicher Hierarchiebenen) den Kontakt herstellt. Eine zentrale Person dabei zu vergessen oder nicht angemessen zu beachten, kann Schwierigkeiten ganz anderer Art produzieren.[27] Eine bedeutsame Funktion kommt häufig den Schlüsselpersonen oder Informanten während der Feldforschung zu. Sie können ungeheuer nützlich sein, Zugänge zu ansonsten verschlossenen Bereichen eröffnen und Informationen liefern, über die nur Insider verfügen. Dennoch muß ihre Rolle innerhalb der Feldforschung auch kritisch betrachtet und reflektiert werden (vgl. dazu JAHODA u.a. 1972, S.88ff.; FRIEDRICHS & LÜDTKE 1971; S.37ff.; JEGGLE 1982, S.191ff.; ZELDITCH 1984, S.126ff.; LINDNER 1984).

Methodenkombination in der Feldforschung

Die Besonderheit ethnographischer Feldforschung liegt in der Methodenkombination, das meint die Erhebung und Analyse von Dokumenten unterschiedlichster Herkunft und Natur. Diese werden genutzt, um das Forschungsfeld möglichst umfangreich zu erschließen und aus verschiedenen Perspektiven auszuleuchten. Verschiedene Methoden der Feldforschung werden an dieser Stelle kurz dargestellt.[28]

---

[27] Zum Beispiel war es nicht möglich, die Chicago-Mädchen zu erforschen und dabei den Chef der Gruppe zu übergehen, der hier eine „Gate-keeper" Funktion übernahm (vgl. ENGLER u.a. 1984).

[28] Eine ausführliche Erläuterung kann an dieser Stelle entfallen, da die Methoden detailliert in zahlreichen Beiträgen in diesem Handbuch vorgestellt werden. Forschungspraktische Hinweise zu den einzelnen methodischen Verfahren der Feldforschung und den Möglichkeiten ihres Einsatzes finden sich bei FRIEBERTSHÄUSER (1994).

Quantitative Daten zu nutzen und zu erheben, gehört zu den selbstverständlichen Standards ethnographischer Feldforschung. Diese können auf unterschiedliche Weise ermittelt werden. Erstens, Zahlenmaterial über das untersuchte Feld kann bereits vorliegen und wird in Form von Sekundäranalysen von statistischem Datenmaterial einbezogen. Zweitens, eigene quantitative Erhebungen werden durchgeführt in Form von Fragebogenerhebungen oder Zählungen. Und drittens, läßt sich auch qualitativ erhobenes Material während der Auswertung quantifizieren. Das geschieht bereits durch sprachliche Quantifizierungen, die sich in Begriffen wie „selten, häufig, oft, nie" verbergen, aber dann oft nicht als solche bewußt gemacht werden. Auszählungen von Erscheinungen, Verteilungen, Beobachtungen sind eine wichtige Datenquelle. Die Nutzung statistischen Datenmaterials und der Einsatz statistischer Auswertungsverfahren aus dem Bereich der quantitativen Forschung (Angaben in Prozent, Häufigkeitsauszählungen, Verteilungen, etc.) stellen für die ethnographische Feldforschung einen bedeutsamen Teil ihres Methodenarsenals dar.[29]

Interviews werden in der ethnographischen Feldforschung gerne und häufig eingesetzt. Die Entscheidung für das jeweilige Interviewverfahren hängt von der Fragestellung und dem Forschungsinteresse ab und soll deshalb hier nicht mehr erörtert werden.[30] Wichtig ist aber auch eine sorgfältige Auswahl der InterviewpartnerInnen und die Benennung der Kriterien der Auswahl.[31] Eine häufig genutzte Auswahlstrategie arbeitet mit der Fallkontrastierung, d.h. nach dem Prinzip des minimalen und maximalen Vergleichs von Fällen. Bedeutsam wird auch die Dokumentation der sozialen Beziehung zu den Interviewten und weiterer Kontextinformationen zur Interviewsituation.

Beim *Expertengespräch* steht, im Unterschied zum Interview, der oder die Befragte nicht als Person im Zentrum der Aufmerksamkeit, sondern als Experte oder Expertin, d.h. als FunktionsträgerIn, der oder die über ein spezialisiertes Insiderwissen verfügt, das man erfassen möchte. Das kann ein „Chef" der Gruppe, eine Sozialarbeiterin oder ein Lehrer sein. Wen man als Experten oder Expertin bezeichnet und entsprechend interviewt, bleibt aber letztlich abhängig vom jeweiligen Forschungsinteresse. Der ExpertInnen-Status wird somit in gewisser Weise vom Forschenden verliehen, begrenzt auf eine jeweilige Fragestellung. ExpertInnengespräche beziehen sich somit auf klar definierte Wirklichkeitsausschnitte (Entscheidungsprozesse, Strukturen, privilegierte Informationen).[32]

Gruppendiskussionen werden von den Forschenden initiiert und erhalten dadurch einen formellen Rahmen. Durch den Zugang der teilnehmenden Beobachtung erfaßt man häufig auch Szenen von Gruppenkultur, bei denen es sich um natürliche Alltagssituationen handelt. Die Gruppen, die zur Gruppendiskussion eingeladen werden, sollten ebenfalls „Alltagsgruppen" ('natural groups') sein, die nicht erst zu Forschungszwecken gebildet werden. Denn in formellen Gruppendiskussionen interessieren die gruppeninternen Regeln und Normen und der

---

[29] Vgl. dazu auch OSWALD in diesem Buch.
[30] Vgl. den Überblick bei FRIEBERTSHÄUSER in diesem Buch.
[31] Zum Stichprobenproblem siehe MERKENS in diesem Buch.
[32] Vgl. dazu MEUSER & NAGEL in diesem Buch.

Prozeß, wie diese ausgehandelt werden. Man möchte etwas erfahren über die kulturellen und sozialen Gesellungsformen der Gruppe, über kollektive Abstimmungsprozesse und Bewußtseinsstrukturen, Verhaltensanforderungen, internes Gesprächsverhalten, gruppenspezifische Verhaltensweisen und interne Hierarchien. Da eine eher ungezwungene Gesprächssituation in der Gruppe eher dem Verhaltensrepertoir in Alltagsgesprächen entspricht, versprechen Gruppendiskussionen darüber Auskunft zu geben, wie solche Gruppen auch in quasi 'natürlichen Situationen' intern zu kollektiven Definitionen gelangen. Die Auswahl von geeigneten Alltagsgruppen für eine formelle Gruppendiskussion wird durch Vorarbeiten in der Feldforschung vorbereitet (empiriegeleitete Auswahl). Dabei spielt die Fragestellung ebenso eine Rolle, wie theoretische Konzepte, die sich aus der Forschungsarbeit entwickelt haben ('theoretical sampling'). Es empfiehlt sich die Auswahl von mindestens zwei (besser mehreren) Kontrastgruppen, mit denen man jeweils eine separate formelle Gruppendiskussion durchführt, um in der Auswertung mit dem Verfahren des kontrastiven Vergleichs arbeiten zu können und so die Typik jeder einzelnen Gruppe detailliert zu erfassen. Die Kriterien der Auswahl sind jeweils anzugeben.[33]

Die *Dokumentenanalyse* dient der Erfassung wesentlicher Hintergrund- und Rahmendaten des erforschten Feldes, dazu lassen sich verschiedene Quellen nutzen: empirische Untersuchungen, literarische oder journalistische Publikationen, Verordnungen, Gesetzestexte, Fachliteratur, Fachpresse, Ratgeber, interne und offizielle Veröffentlichungen (Ausleihzahlen der öffentlichen Bibliothek, Mitgliederzahlen in Vereinen, Akten über polizeiliche Ermittlungen und ähnliches).[34] Die Dokumentenanalyse begrenzte sich nicht nur auf den Zeitraum der Feldforschung. Bereits im Vorfeld kann die Materialsuche beginnen und sollte sich dann parallel während der gesamten Feldforschungsphase fortsetzen. Auch im Anschluß an die Feldphase lassen sich gezielt weitere Dokumente zusammentragen, die Zahlen, Fakten, Hintergrundinformationen bergen und Zusammenhänge klar machen.[35]

Sammlung alltagskulturellen Materials: Im Rahmen von Feldforschung stoßen wir häufig auf Materialien, die durch die Alltagskultur derjenigen Person, Gruppe oder Institution, die wir untersuchen, produziert werden. Vieles davon läßt sich lediglich beschreiben oder fotografieren, z.B. Graffitis auf einer Mauer, Toilettensprüche, Hinterlassenschaften auf Hörsaaltischen oder auf Schulhöfen. Einige Materialien lassen sich sammeln und auswerten, insbesondere alle schriftlichen Zeugnisse und Alltagsprodukte eignen sich dafür: Briefe, Tagebücher, Notizen, Gedichte, Sprüche, Aufkleber (auf Taschen, Jacken oder Autos, etc.), Flugblätter, Zeitungsannoncen, selbstgefertigte Zeitungen und Zeitschriften, schriftliche Arbeiten, Wandzeitungen, Protokolle, Berichte, Collagen, sowie die vielfältigsten anderen literarischen und künstlerischen Selbstzeugnisse, auf die wir innerhalb des Alltags einer Kultur stoßen. Bei der Ar-

---

[33] Vgl. dazu BOHNSACK in diesem Buch und BOHNSACK u.a. 1995.
[34] Viele Anregungen finden sich bei JAHOHDA u.a. 1975, S.26f.
[35] Siehe zur Quellenanalyse auch HERWEG in diesem Buch.

chivierung solcher Materialien sind Datum, Fundort und/oder BesitzerIn zentrale Zusatzinformationen für die spätere Einordnung des Materials. Eine *Fotographische Dokumentation* kann Lebenswelten plastisch visualisieren. Die Fotographie wird deshalb in der Feldforschung gerne als zusätzliches Erhebungsinstrument eingesetzt. Allerdings dient sie in diesem Zusammenhang mehr der Dokumentation und Illustration. Fotographie als ein eigenständiges Erkenntnismittel visueller Sozialforschung einzusetzen, stellt sich dagegen als ein schwieriges Unternehmen dar und wurde bisher nur in wenigen Studien erprobt.[36] Der fotographische Zugang ermöglicht vielfältige detaillierte Dokumentationen von Räumen, Veranstaltungen, Personen und Situationen, die mehr einzufangen vermögen als das Beobachtungsauge von einem Augenblick zu erfassen vermag. Insbesondere der Bereich der ästhetisch-kulturellen Alltagspraxis, wie er sich z.B. in Graffities, Bildern, Darstellungen äußert, läßt sich nur schwer in literarischer Form vermitteln. Fotographie, eingesetzt als ein von der Kulturanthropologie angeregtes und angeleitetes Verfahren, eröffnet so eigene Forschungszugänge. Auch für die Auswertungen von teilnehmenden Beobachtungsberichten lassen sich zusätzliche fotographische Dokumentationen nutzen, um besondere Ereignisse und Alltagswelten später noch einmal im Detail zu rekonstruieren. Als alleiniger Zugang zu fremden Lebenswelten eingesetzt, wirft die Fotographie eher Probleme auf. Denn, die Fotos sprechen nicht von alleine, sie bedürfen der Kommentierung und Kontextualisierung, um sie interpretieren zu können. Forschungsethische Probleme ergeben sich aus der Schwierigkeit der Anonymisierung von Fotomaterial, insbesondere dann wenn auch Menschen oder Orte erkennbar sind.[37]

Die Rolle des Feldforschungstagebuches

Ob in Freud oder Leid - der menschliche Geist vergißt viel und schnell. Um detailliert erfassen zu können, wie die Mitglieder ihre Welt beschreiben und verstehen, braucht man daher einige Mittel, um das Vergessen zu verhindern. Schreiben ist ein solches Mittel. (LOFLAND 1979, S.110) Das Forschungstagebuch ist eines der wichtigsten Instrumente der Feldforschung. Denn die Informationen aus dem Feld werden durch die Person des Forschenden in Form von schriftlichen Aufzeichnungen und Auswertungen mitgeteilt. Der oder die Forschende wird bei diesem Verfahren zum wichtigste Erhebungsinstrument (vgl. FISCHER 1992b, S.90; NADIG 1985, S.107f). Informationen aus dem Feld werden durch Feldforschende gefiltert und selegiert. Methoden der Selbstreflexion bilden deshalb ein zentrales Element dieser Forschung, sie dienen der Analyse des Forschungsprozesses und der Einschätzung der Ergebnisse. Deshalb wird die Dokumentation der Forschungsgeschichte, die Offenlegung der Untersuchungssituation und die Darstellung der eigenen Lage und Befindlichkeit im Feldforschungstagebuch zu einem wichtigen Faktor bei dieser Art von Forschung. Persönliche Wertvorstellungen, Sichtweisen, Interessen und Kon-

---

[36] Vgl. APEL u.a. 1995.
[37] Siehe zur Fotographie FUHS in diesem Buch.

flikte können auf diese Weise dokumentiert und später analysiert werden (vgl.
DEVEREUX 1984; NADIG & ERDHEIM 1984; NADIG1986).
Im Forschungstagebuch wird (ähnlich wie in einem Tagebuch) alles festgehalten, was sich während der Feldforschung ereignet und was die Forscherin oder den Forscher im Forschungsprozeß und im Feld bewegt. Das können sein: Emotionen, die durch die Feldforschung ausgelöst werden, Reaktionen, die man erlebt und erleidet, Selbstreflexionen, Beschreibungen des Forschungsvorgehens, Hypothesen, Ideen, Gedanken, Fragen und Probleme, die bei der Feldforschungsarbeit entstehen, Fragestellungen, denen während der Beobachtung nachgegangen wurde oder denen in der nächsten Beobachtung nachgegangen werden soll.[38]
Je kürzer der Abstand zwischen dem Erlebten und der Niederschrift, umso detaillierter ist die Erinnerung. Die Zeit sorgt für das Vergessen oder überdeckt die Erfahrungen und Emotionen mit neuen Eindrücken, so daß diese häufig unwiederbringlich verloren gehen. Deshalb sollte so bald und so sorgfältig wie möglich nach einer Felderfahrung alles aufgeschrieben werden. Dazu empfiehlt es sich, eigene Routinen für das Schreiben zu schaffen. Bereits bei der Planung der Feldbesuche sollte die Zeit für das Anfertigen der Berichte und das Schreiben des Forschungstagebuches eingeplant sein. Bei der Planung sollte man kalkulieren, daß etwa eine Stunde im Feld mindestens die doppelte Dokumentationszeit für das Schreiben des Berichtes benötigt, teilweise kann sich diese Arbeit zeitlich vervielfachen, insbesondere wenn auch weitere Dokumente (z.B. Raumzeichnungen oder Rekonstruktionen von Interaktionen) anzufertigen sind. Zusätzlich sollten Zeiten für Analysen, Interpretationen (die Bildung von Konzepten und Hypothesen) eingeplant werden. Wenn möglich, ist es hilfreich, noch am gleichen Tag zu schreiben, fallen die Feldbesuche auf den späten Abend, sollte man am nächsten Morgen sogleich mit dem Schreiben beginnen.
Als Forschungstagebuch kann ein gebundenes Buchformat (Din A5 oder Din A4) dienen, aber es kann auch in einem Ordner untergebracht sein oder auf dem Computer geschrieben und gespeichert werden (was Ergänzungen von Ideen und Gedanken und nicht chronologische Eintragungen von einem Tag erleichtert und für die spätere Auswertung sehr nützlich ist). Wesentlich sind einige formale Angaben: Tag, Datum, Ort, Zeit und auf welche Beobachtung sich der Bericht bezieht. Auch empfiehlt sich die Strukturierung der Aufzeichnungen, um leichter zu verschiedenen Themen die entsprechenden Berichte wiederzufinden, dazu kann z.B. eine Gliederung helfen. Hier sollte man die eigene Form herausfinden, die es vermag die Produktivität zu beflügeln. Forschungsteams machen zudem Absprachen über Art und Form der Aufzeichnungen notwendig (vgl. auch JAHODA u.a. 1972; GIRTLER 1988, S.131ff; FLICK 1995, S.241f).

---

[38] Vgl. dazu auch FRIEBERTSHÄUSER 1994.

Verfahren der teilnehmenden Beobachtung

Beobachtung spielt in der empirischen Sozialforschung eine bedeutsame Rolle. Überblicksdarstellungen dazu findet man bei: René KÖNIG 1972 und 1973; FRIEDRICHS & LÜDTKE 1971; FRIEDRICHS 1990, S.269ff.; LÜDTKE 1995, S.313ff; LAMNEK 1989, S.233ff.; ASTER u.a. 1989; ROTH 1994, S.48ff; FLICK 1995, S.152ff.; DIEKMANN 1995, S.456ff. Insbesondere in der psychologischen Forschung wählt man häufig die nicht-teilnehmende Beobachtung, teilweise auch die verdeckte Beobachtung. Das Design sieht dann so aus, daß bsw. ein Entwicklungspsychologe hinter einer Glasscheibe, die von außen wie ein Spiegel aussieht, das Spielverhalten von Kindern beobachtet (vgl. BORTZ 1984, S.189-208). In diesem Fall kann es sich zudem um eine künstliche Situation handeln, falls man die Kinder zum Spiel ins Labor geholt hat. Unter natürlichen Bedingungen wird geforscht, wenn z.B. das Verhalten von Jugendlichen an verschiedenen Freizeitorten unter entwicklungspsychologischen Gesichtspunkten verdeckt beobachtet und analysiert wird (vgl. NIEMANN 1989). Diese Form der nicht-teilnehmenden Beobachtung zeichnet sich dadurch aus, daß der oder die Beobachter Personen oder soziale Situationen quasi „von außen" betrachten, ohne selbst an dem Geschehen in irgend einer Form beteiligt zu sein (vgl. MAYNTZ u.a. 1969, 98f). Einen Überblick über Forschungsmethoden der psychologischen Forschung bietet BORTZ (1995, S. 240ff.). Diese beiden Typen der Beobachtung, die Laborforschung und die nicht-teilnehmende Beobachtung, bleiben in diesem Beitrag ausgeblendet. Ausführlich dargestellt werden die methodischen Zugänge der teilnehmenden Beobachtung.

„Zentrale Idee dieser Methode ist es, daß der Feldforscher über längere Zeit (...) in einer überschaubaren Gemeinde oder Gruppe lebt, am Leben dieser Menschen soweit als möglich teilnimmt, eine 'Rolle' in ihrem Sozialsystem erhält und dabei lernt, sich 'richtig' zu verhalten. Wie ein Kind, das den Sozialisationsprozeß durchläuft, macht der Feldforscher eine zweite Sozialisation durch, wenn auch sehr abgekürzt und unvollkommen. Er lernt also; lernt die Sprache, lernt die Regeln des Umgangs mit anderen Menschen, lernt seine physische und soziale Umgebung kennen, lernt bestimmte Fertigkeiten. 'Teilnahme' bedeutet dabei nicht nur 'Mitmachen', es bedeutet auch emotionale Bezogenheit. Die erlernten Kenntnisse sind damit nicht isolierte Informationen, der Feldforscher bekommt auch ein 'Gefühl' für diese Kultur."
(FISCHER 1992b, S. 81)

Bei dieser Form der Beobachtung übernimmt der oder die Forschende eine oder mehrere im Beobachtungsfeld definierte *soziale Rollen* und verhält sich entsprechend. Dabei kann es sich um eine veröffentlichte Rolle handeln, wenn man beispielsweise als Forschender in das Feld eingeführt ist, oder aber um eine verdeckte Beobachterrolle, bei der die Forschungsabsicht noch nicht offenbart wurde, zum Beispiel, indem man als Lehrerin auf dem Schulhof das Pausenverhalten der Schülerinnen und Schüler beobachtet. In der ethnographischen Feldforschung findet sich zumeist die offene Beobachtung, bei der die Forscherrolle bekannt ist. Es gibt aber auch einige Beispiele, in denen die teilnehmende Beobachtung weitgehend verdeckt durchgeführt wird, dann agiert der Forschende wie ein Teil des Feldes oder ein Freund eines Gruppenmitglieds und nur wenige Informanten sind „eingeweiht" (vgl. WHYTE 1943 und 1984). Manchmal verwischt allerdings auch bei einer offenen Beobachtung die Grenzlinie zur verdeckten Beobachtung, nämlich dann, wenn InteraktionsteilnehmerInnen über die Rolle des Feldforschenden nicht informiert sind, diese Rolle in ihrem Verhalten und ihren Informationen ignorieren oder 'vergessen', weil sie den Forschenden als Freund oder Freundin betrachten, oder auch, wenn nur ein begrenzter Aspekt des eigentlichen Forschungsinteresses von den Forschenden benannt wird, wodurch ebenfalls die eigentliche Forschungsabsicht verschleiert werden kann (siehe dazu auch später „ethische Aspekte der Feldforschung"). Die Teilnahme im Feld und Rolle des wissenschaftlichen Beobachters birgt die Gefahr, daß sie das zu beobachtende Geschehen verändert. Eine mögliche Strategie diesen Faktor zu erfassen liegt im ausführlichen Dokumentieren der Ereignisse im Forschungstagebuch und in der Selbstreflexion eigener emotionaler Reaktionen und Befindlichkeiten. Der Vorteil einer offenen teilnehmenden Beobachtung gegenüber den Formen der verdeckten Beobachterrolle kann darin liegen, daß eine Aufzeichnung der Ereignisse durch Tonmitschnitt oder das Anfertigen von Notizen sozial legitimiert ist. Gerade bei systematischen Beobachtungen kann das von großem Wert sein. Die teilnehmende Beobachtung kann somit unterschiedlich ausgestaltet werden, je nach Art der Definition der Forschendenrolle innerhalb des Untersuchungsfeldes. Die technischen Probleme verändern sich durch die Art, in der der Forschende seine Rolle zuvor definiert hat, die analytischen Probleme bleiben jedoch die gleichen (vgl. BECKER & GEER 1984, S. 140f).

Das Kernproblem wissenschaftlicher Beobachtung entsteht daraus, daß menschlichem Verhalten sowohl durch subjektive und kollektive Intentionen und Deutungen, wie auch durch gesellschaftliche Zuschreibungen Sinn und Bedeutung verliehen wird. Die Kunst der teilnehmenden Beobachtung liegt nun darin, zunächst einmal den Sinn und die Bedeutung von Handlungen aus der Perspektive der Erforschten zu erfassen. Das bedeutet, das soziale Geschehen nicht auf der Basis der Deutungsmuster des Forschenden zu erfassen und zu beschreiben, sondern zunächst den Blick eines „Akteurs" auf das Geschehen kennenzulernen. Zusätzliche Schwierigkeiten entstehen dadurch, daß viele dieser Prozesse nicht nur unbewußt, sondern auch ungewußt ablaufen und zwar sowohl auf seiten der Erforschten, wie auch auf seiten der Forschenden. Zum einen müssen den Erforschten die Ebene ihrer eigenen Denk-, Wahrnehmungs-, Bewertungs- und Handlungsmuster und die darin verborgenen Sinnebenen nicht unbedingt vollständig zugänglich sein, Verhaltensweisen sind ihnen quasi zur „zweiten Natur" geworden, häufig können deshalb die Handelnden ihr eigenes Verhalten weder beschreiben noch erklären. Zum anderen können auch die Forschenden unreflektiert ihre eigenen Denk-, Wahrnehmungs-, Bewertungs- und Handlungskategorien auf das Untersuchungsfeld übertragen und dadurch die Beobachtungen fehlinterpretieren. Interessanterweise kann dieser Fehler sowohl dann auftreten, wenn eine große Fremdheit zur untersuchten Kultur auf seiten des Forschenden besteht, aber auch, wenn der Untersuchungsgegenstand scheinbar bekannt und vertraut ist. Im ersten Fall kann das Beobachtete nur sehr schwer erfaßt und verstanden werden, man fühlt sich zum Beispiel inmitten einer Gruppe jugendlicher Fußballfans im Stadion wie ein Marsmensch, der weder Sprache noch Verhaltensweisen seiner Umgebung nachvollziehen kann. Im zweiten Fall besteht die Gefahr, daß man vorschnell die eigenen Erfahrungen, Emotionen und Interpretationen auf das Untersuchungsfeld überträgt und damit anderen Sichtweisen gegenüber nicht mehr offen ist. So kann die teilnehmende Beobachtung in einer Schulprüfung die eigenen schulischen Erfahrungen wachrufen und dazu führen, daß bestimmte Dimensionen des Geschehens (z.B. die Situation des Lehrers) in der Beobachtung ausgeblendet bleiben und zugleich das eigene Sinnverständnis der Beobachtung quasi „angedichtet" wird. Die Methode der „teilnehmenden" Beobachtung soll helfen, eine Kultur quasi „von innen" als ein Mitglied kennen- und verstehen zu lernen. Um mit dem Problem der selektiven Wahrnehmung umzugehen, lassen sich Kontrollmechanismen für die Beobachtung einbauen. Ein mögliches Verfahren besteht darin, zu zweit oder im Team die Beobachtungen durchzuführen, getrennte Berichte davon anzufertige und diese anschließend wechselseitig zu prüfen. Oder die eigenen Beobachtungen und Sichtweisen bespricht man mit (einem oder mehreren) Informanten aus dem Feld und kann sie so kontrollieren, auf diese Weise lassen sich auch Deutungen und Einschätzungen von Insidern einbeziehen. Der Einsatz von Tonaufzeichnungsgeräten oder Videoaufzeichnungen kann zusätzliches Material zur Überprüfung der eigenen Berichte liefern. Und nicht zuletzt steigert sich die Beobachtungsqualität durch das entsprechende Training im Hinblick auf Genauigkeit, Zuverlässigkeit und Reflexivität der eigenen Wahrnehmungen.

Teilnehmende Beobachtung läßt sich praktizieren mittels unsystematischen und systematischen Beobachtungsmethoden. Die *unsystematische teilnehmende Beobachtung* trägt ihren Namen nicht aus inhaltlichen Gründen, vielmehr wird damit ein Verfahren bezeichnet, bei dem zu Beginn der Beobachtung die jeweilige Fokussierung auf einen speziellen Untersuchungsgegenstand oder eine konkrete Fragestellung noch nicht festgelegt wurde. Sie dient der Orientierung im Forschungsfeld, der Beschreibung der Komplexität des Feldes und dazu, gezielte Blickrichtungen durch den Kontakt mit dem Untersuchungsfeld zu entwickeln und neue Fragestellungen zu entdecken (vgl. JAHODA u.a. 1972, S.82ff und GIRTLER 1989). Die unsystematische teilnehmende Beobachtung stellt erhöhte Anforderungen an die Fähigkeiten zur schriftlichen Dokumentation von Gesehenem, Gehörten und Erlebtem. Bereits beim Datensammeln und Dokumentieren ist darauf zu achten, daß wesentliche Aspekte eines Untersuchungsgegenstandes auch fixiert werden, entsprechende Listen finden sich z.B. bei JAHODA u.a. (1972, S. 84f) und auch in der Untersuchung JAHODA u.a. (1975, S. 26f und S. 30). Bei der *systematischen teilnehmenden Beobachtung* wird der Beobachtungsfokus verengt auf spezielle Fragestellungen und dazu arbeitet man meist mit einem Beobachtungsleitfaden oder einer Themenliste, um sicherzustellen, daß alle für das untersuchte Thema relevanten Aspekte einer Untersuchungseinheit Berücksichtigung finden (vgl. zum Beispiel die Leitfäden zur Unterrichtsbeobachtung bei (HEPPNER u.a. 1990, S.290ff oder die Checklisten zur Beobachtung von Kindern bei STRÄTZ 1994, S.30ff). Die auf diese Weise vorstrukturierte Erhebungssituation erleichtert später auch das Anfertigen des Beobachtungsberichtes, denn hier sind die Themen, Kategorien und Fragestellungen oft schon vorhanden. Welche Erhebungsform sinnvoll gewählt wird, hängt zum einen von der Art der Forschungsfrage ab und zum anderen von der Struktur des zu erforschenden Feldes. Bei einem noch wenig erforschten Untersuchungsfeld bestehen die ersten Zugänge zumeist aus deskriptiven und explorativen Verfahren, man möchte zunächst das Feld beschreibend erfassen, zum Beispiel welche Verhaltensmuster sich finden und wie das untersuchte soziokulturelle System funktioniert. Kann man dagegen bereits auf Kenntnisse über das Untersuchungsfeld zurückgreifen (eigene explorative Vorstudien, andere wissenschaftliche Untersuchungen oder theoretische Konzepte), dann lassen sich Hypothesen und Untersuchungskategorien bilden, die sich mittels systematischer teilnehmender Beobachungsverfahren gezielt untersuchen lassen. Im Laufe des Forschungsprozesses vollzieht sich meist ein Übergang von der unsystematischen, offenen teilnehmenden Beobachung hin zur systematischen Beobachtung. Durch die Erkenntnisse der explorativen Phase lassen sich Hypothesen aufstellen, die dann mittels systematischer Beobachtungsverfahren erforscht werden, oder es interessieren Häufigkeiten und Verteilung von Phänomenen. Auch die gezielte Suche nach Gegenbeispielen oder nach Vergleichbarem kann man als Form der systematischen teilnehmenden Beobachtung bezeichnen. Die Übergänge zwischen unsystematischer und systematischer Beobachtung sind fließend. Einführungen, konkrete methodische Anregungen und anschauliche Beispiele zur teilnehmenden Beobachtung in pädagogischen Kontexten und mit pädagogischen Fragestellungen finden sich außerdem bei MÜLLER-PETERSEN 1967, S.494ff.; Peter und Else PETERSEN 1982; HUSCHKE-RHEIN 1987; GOTOWOS 1989; BECK & SCHOLZ 1995 (siehe auch Beitrag in diesem Buch), MARTIN & WAWRINOWSKI 1991; WEIGERT & WEIGERT 1993; STRÄTZ 1994; GARZ & AUFENANGER 1995; BAUER 1995; BUSCHBECK 1995; KNAUER 1995; HENSEL 1995; BENKMANN 1995.

Beim schriftlichen Aufzeichnen der teilnehmenden Beobachtungen und der Abfassung eines Beobachtungsberichtes kommen die Schwierigkeiten des methodischen Verfahrens am deutlichsten zum Ausdruck.[39] Bereits in der Beobachtungssituation wird rasch klar, daß nicht alle Aspekte einer Beobachtungssituation erfaßt werden können. Niemand kann einen vollständigen Bericht über eine soziale Situation anfertigen und wer einmal versucht hat, das Verhalten von Kindern auf einem Spielplatz zu erfassen, kennt die Probleme. Noch während man zum Beispiel damit befaßt ist, die TeilnehmerInnen der Spielszene festzuhalten, kommt ein neues Kind hinzu oder eines verläßt die Runde, während zwischen zwei anderen am Rande ein Streit entsteht. Und während die Beobachterin rasch einige, kurze Notizen anzufertigen versucht und mit einem Blick auf die Uhr die Zeit parallel kontrolliert, löst sich die Gruppe auf, ohne daß man

---

[39] Zum Problem des Schreibens (und Lesens) ethnographischer Texte siehe den Überblick über die Diskussion bei LÜDERS 1995, S.323ff. und GEERTZ 1993, sowie die Beiträge in BERG & FUCHS 1993.

die Ursache dafür erfassen konnte. Dieses Beispiel veranschaulicht zugleich das Problem der Anfertigung von Notizen während der Beobachtung. Zweifellos besitzt das Aufzeichnen an Ort und Stelle viele Vorteile, es begrenzt Verzerrungen und Gedächtnisverluste, indem der Zeitraum zwischen Beobachtung und Niederschrift entscheidend verkürzt wird. Sichtbar wird aber auch der Nachteil dieses Verfahrens, die Aufmerksamkeit wird zwischenzeitlich auf die eigenen Notizen gelenkt und damit aus der Beobachtungssituation abgezogen, so daß man dort Ereignisse verpassen kann. Viele FeldforscherInnen fertigen deshalb in der teilnehmenden Beobachtung selbst keine Notizen an, sondern verlassen sich weitgehend auf ihr Gedächtnis, das sie aber mit kleinen Notizen auf einer Art „Spickzetteln" in Form von Bierdeckeln, Zeitschriftenrändern oder Rückseiten von Briefumschlägen zu verbessern suchen (vgl. GIRTLER 1988, S.140f). Manchmal nutzt auch ein teilnehmender Beobachter den Gang zur Toilette, um an einem stillen Ort unbeobachtet einige Gedanken und Stichworte rasch zu notieren.

Einige Regeln für das Anfertigen von teilnehmenden Beobachtungsberichten finden sich bei BAUER (1995; S. 256f). Bewährte Verfahren zur Erfassung von Interaktionen zwischen Kindern im Klassenraum haben KRAPPMANN & OSWALD (1995a) entwickelt, hier seien als Stichwörter nur genannt, die „doppelte Überkreuzfokussierung" (S. 31f) bei der zwei Beobachter die Interaktionen zwischen zwei Kindern nach dem gleichen System aufzeichnen und dabei abwechselnd und über Kreuz ihre Beobachtungen auf jeweils ein Kind fokussieren, Triangulation verschiedener Techniken (z.B. paralleler Einsatz von Ton- und Videoaufzeichnungen) und Unsichtbarkeit der Beobachter durch Sichtbarkeit, die zudem ein Protokollieren in der sozialen Situation selbst erlaubt (KRAPPMANN & OSWALD 1995b). Wertvolle Ergänzungen für die Dokumentation und Analyse von Beobachtungen können Raumzeichnungen, Listen mit Quantifizierungen und Zeitmessungen darstellen. Beispiele finden sich in der Studie von JAHODA u.a. (1975). In jedem Fall sollten die Notizen und Aufzeichnungen möglichst direkt im Anschluß an die Beobachtung in einen ausführlichen, schriftlichen Bericht münden. Denn: *„Wenn man solche ersten Notizen nicht schnell überträgt, werden sie bald zu unergründlichen Geheimnissen"* (JAHODA u.a. 1972, S. 87).

Wichtig wird bei der Erstellung von Berichten die Trennung zwischen einer Beschreibung des tatsächlich Beobachteten und den Interpretationen, Gedanken und Klassifikationen des Beobachters. Anschaulich kann dies die Formulierung machen „es handelt sich um einen gemütlichen Raum". Was die Beobachterin als „gemütlich" empfunden hat, bleibt hinter dieser Worthülse verborgen. Andere TeilnehmerInnen an der sozialen Situation mögen ein gänzlich anderes Verständnis von „Gemütlichkeit" besitzen. Die scheinbar eingängige Formulierung ist somit trügerisch, da auch die Lesenden wiederum diese Worthülse mit ihrem eigenen Verständnis von „gemütlich" auffüllen. Zudem fördert dies eine Einengung der Situation auf diesen Betrachtungsausschnitt, wodurch „ungemütliche" Elemente leicht ausgeblendet werden können. Notwendig ist daher die Explikation aller Elemente, die die Basis für irgendeine Klassifikation bilden. Gerade die Zwischenform des Beobachtungsberichtes und der späteren ethnographischen Monographie zwischen Literatur und Sachinformation birgt Chancen und Gefahren. Die in der literarischen Darstellung organisierte Übersetzungsleistung zwischen primärer sozialer Welt, die die Forschenden erlebt und erfahren haben, in eine Textform verschafft den Lesenden einen Zugang zu dieser Welt (vgl. GEERTZ 1983). Zugleich wird der Forschende auch zum Schriftsteller (vgl. GEERTZ 1993).[40] Immer sind die gewählten Formulierungen selbst Interpretationen der Situation und bergen die Tendenz zur Stützung vereinseitigender Sichtweisen. In der gegenwärtigen Diskussion sind gerade die ethnographischen Monographien, als Ergebnisse einer selektiven Zusammenstellung und literarischen Präsentation, in die Kritik geraten (vgl. FUCHS & BERG 1993). Das besondere Problem liegt in der Subjektivität einer solchen Darstellung. Notwendig ist ein selbstkritischer Umgang mit der eigenen Wahrnehmung, Beobachtung und der Doxa ihrer sprachlichen und theoretischen Objektivierung (vgl. BOURDIEU 1993). Auch die Arbeit im Team und die Einführung intersubjektiver Kontrollen vermag dieser Gefahr entgegenzuwirken, kann aber das Grundproblem nicht auflösen. Zur Beobachtung gehört somit auch die Selbstbeobachtung und die Dokumentation der eigenen Gedanken, Emotionen, Projektionen (vgl. DEVEREUX 1984; NADIG 1986).

Schwierigkeiten und Grenzen des Verfahrens ergeben sich auch daraus, daß viele Ereignisse keiner unmittelbaren Beobachtung durch Außenstehende zugänglich sind, z.B. alltägliche Erziehungsprozesse in der Familie. Auch können die subjektiven Sinndeutungen (z.B. Erziehungsvorstellungen der Eltern), die hinter den Handlungen verborgen liegen, nicht beobachtet sondern nur nachträglich erfragt werden. Hier muß das Verfahren mit anderen Erhebungsverfahren kombiniert werden.[41]

Forschungsethische Probleme

Jede Forschung wirft forschungsethische Probleme und Fragen auf. Die ganze Brisanz des Themas drängt uns entgegen, wenn die methodischen Zugänge der Feldforschung und teilnehmenden Beobachtung zum Einsatz kommen. Denn kaum ein anderes Forschungsverfahren führt uns als Forschende so „hautnah" an die Erforschten heran und läßt über einen längeren Zeitraum einen derart in-

---

[40] Eine gewisse Schreib- und Darstellungskompetenz sollten Feldforschende mitbringen, denn davon lebt diese Forschungsrichtung, siehe dazu auch OSWALD in diesem Buch. Zur neueren experimentellen Schreibweise ethnographischer Studien siehe auch KOHL 1993, S.119f.

[41] Forschende, die Lust bekommen haben, mit den Mitteln ethnographischer Feldforschung ein Thema zu untersuchen, finden Anregungen für methodische Designs und Forschungsbeispiele in großer Fülle in den genannten Studien. Die Darstellung von Strategien zur Auswertung von Feldforschungsmaterial muß hier leider aus Platzgründen entfallen, Anregungen und Hinweise finden sich bei: STRAUSS 1991; MERKENS 1992; FLICK 1995, S.232ff.; REICHERTZ 1989; GLASER & STRAUSS 1974, S.263ff; sowie in den Sammelbänden von JUNG & MÜLLER-DOOHM 1993; SCHRÖER 1994; GARZ & KRAIMER 1991; BERG & FUCHS 1993. Außerdem präsentieren zahlreiche Beiträge in diesem Buch unterschiedliche Auswertungsstrategien für qualitatives Datenmaterial.

tensiven Forschungskontakt entstehen. Infolgedessen stellen sich ethische Fragen während des gesamten Forschungsprozesses, von der Planung bis zur Publikation, wenn auch mit jeweils eigenen Gewichtungen. In der Phase der Forschungsplanung verquicken sich Fragen der Forschungsstrategie sogleich mit ethischen Überlegungen, z.B.: Soll die teilnehmende Beobachtung verdeckt durchgeführt werden? Wie umfangreich werden die Erforschten über das Untersuchungsinteresse aufgeklärt? Im Forschungsprozeß stellen sich zahlreiche weitere Fragen: Wie gehe ich mit Informationen um, die den Erforschten schaden können (Kenntnisse über kriminelle Aktionen)? Mische ich mich ein, wenn gegen meine eigenen ethischen Prinzipien verstoßen wird (jemand wird brutal verprügelt)? Wie gehe ich mit vertraulichen Informationen um, die mir jenseits der Forschendenrolle zu Ohren kommen? Auch die Frage, wie ich mich aus dem Feld verabschiede, kann die Forschungsethik tangieren, nämlich dann, wenn ich mich mit meiner „Forschungsbeute davonschleiche", Verabredungen und Versprechen ignoriere und auf diese Weise „verbrannte Erde" hinterlasse, die nie mehr für Forschung fruchbar gemacht werden kann. Verschärfend kann dabei noch wirken, wenn die aus der Forschung entstandene Publikation zudem dem Forschungsfeld schadet. Denn nach der Veröffentlichung der Forschungsergebnisse besitzen WissenschaftlerInnen wenig Einflußmöglichkeiten im Hinblick auf die Verwendung ihrer Ergebnisse zu Zwecken, die von ihnen nicht mitgetragen werden (polizeiliche Ermittlungen gegen die Untersuchungsgruppe, Stigmatisierung einer pädagogischen Einrichtung oder von Personengruppen).

Die Formulierung ethischer Prinzipien drängt sich bei diesem Problembündel förmlich auf. Ethische Fragen zwingen Forschende zur Auseinandersetzung, dennoch können Forscherinnen und Forscher damit recht unterschiedlich umgehen. Die Aufstellung ethischer Prinzipien kann als Richtschnur dienen, sie versprechen allerdings keine Lösungen, zumal sie vorwiegend auf einer allgemeinen Ebene formuliert sind, während sich die eigentlichen Fragen immer ganz konkret und spezifisch stellen. Solche Postulate dienen jedoch der Problematisierung und können so für den dahinterliegenden Horizont sensibilisieren. Deshalb seien einige zentrale Aspekte hier kurz benannt, auch wenn deren ausführliche Diskussion an dieser Stelle aus Platzgründen entfallen muß.

Den Datenschutz sicherzustellen, gehört zu den Selbstverständlichkeiten jeder Forschung, ein zentraler Punkt dabei ist, für die Erforschten Anonymität herzustellen, das geschieht meist über das Austauschen aller Namen, auch der Ortsnamen oder Namen von erforschten Institutionen (hier beginnen dann oft die Schwierigkeiten bei fotografischen Dokumentationen). *Den Untersuchten keinen Schaden zuzufügen* bedeutet auch, die kurzfristigen und langfristen Folgen eines Forschungzugangs für die Erforschten zu bedenken und gegenüber dem Forschungsinteresse abzuwägen. *Aufklärung über die Forschungsabsichten* beinhaltet häufig ein Verschweigen von Details, um eine Beeinflussung der Befragten durch die Fragestellung auszuschließen, an dieser Stelle wird allerdings die Grenze zur Lüge, zum Betrug und Vertrauensmißbrauch dünnwandig. *Das Einverständnis der Erforschten einzuholen* gelingt nicht immer, insbesondere bei der verdeckten nicht-teilnehmenden Beobachtung wird dieses Postulat

rasch zum Problem. Weitere forschungsethische Probleme stellen sich mit spezieller Dringlichkeit insbesondere den Feldforschungsstudien. Man fragt sich, wie man bei diesem aufwendigen Forschungsdesign noch das Prinzip der Gegenseitigkeit wahren könnte, so entsteht dann der Wunsch, den Erforschten dafür etwas zurückzugeben, daß sie uns ihre Zeit opfern für unsere Forschungsinteressen. An dieser Stelle sind Versprechen verführerisch leicht gegeben (zum Beispiel die Rückgabe von Ergebnissen oder Abzüge von Fotos für die Erforschten) und später manchmal schwer einzulösen. Diese zuletzt genannten Punkte müssen häufig individuell, situativ und spontan entschieden werden. Dann kann es sich als nützlich erweisen, sich zuvor recht gründlich mit diesen Fragen befaßt zu haben und die eigene Position (und die der Forschungsgruppe) zu kennen und vertreten zu können.
Weitere Darstellungen ethischer Probleme dieses Forschungsansatzes finden sich bei PUNCH 1994; WHYTE 1989, S.193ff.; SCHULER 1982, S.341ff.; ROTH 1994, S.59.[42]

Ausblick

Forschung ist auch ein intellektuelles, methodisches und soziales Abenteuer. *Theoretische* Konzepte verändern unsere Weltsichten und Wahrnehmungen, denn das Denken geht dem Sehen voraus und eine neue Art die Dinge zu denken, läßt uns anderes sehen. Durch Forschung verändern sich unsere Perspektiven auf die Welt, Vertrautes kann uns befremdend erscheinen, Fremdes plötzlich vertraut. *Methodische* Konzepte und methodologische Debatten schärfen unser Bewußtsein für die Unzulänglichkeiten unseres forschenden Handelns und die Grenzen unserer Erkenntnis und spornen zugleich zu Grenzüberschreitungen und methodischen Innovationen an, die jedoch immer auch das Wagnis des Scheiterns von Projekten beinhalten. Das *soziale* Abenteuer entsteht durch die Begegnung und die Auseinandersetzung mit Anderen, dem „Fremden" und anderen Lebenswelten. Diese Konfrontation fordert uns auch als soziale Personen heraus und schafft Momente der Selbsterfahrung, der Entdeckung auch unserer eigenen Grenzen (z.B. der Belastbarkeit). Vieles spricht dafür, daß Feldforscherinnen und Feldforscher Abenteurer sind, neue Forschungsfelder, methodische und intellektuelle Herausforderungen ziehen sie immer wieder magisch an. Aber das Abenteuer Forschung benötigt Instrumente, die in stetigen theoretischen, methodologischen und methodischen Reflexionen und durch Innovationen geschärft werden, damit sie auch weiterhin für das Heben der Schätze der Erkenntnis tauglich sind. Feldforschung benötigt insbesondere die selbstreflexiven, methodischen und innovativen Kompetenzen der Forscherinnen und Forscher einer interdisziplinären und globalen Wissenschaftsgemeinde.

---

[42] Vgl. dazu die von der Deutschen Gesellschaft für Erziehungswissenschaft (DGfE) veröffentlichten „Standards erziehungswissenschaftlicher Forschung" in diesem Buch.

Literatur

ALTRICHTER, Herbert 1990: Ist das noch Wissenschaft? Darstellung und wissenschaftstheoretische Diskussion einer von Lehrern betriebenen Aktionsforschung. München.

APEL, Helmut/Steffani ENGLER/Barbara FRIEBERTSHÄUSER/Burkhard FUHS/ Jürgen ZINNECKER 1995: Kulturanalyse und Ethnographie. Vergleichende Feldforschung im studentischen Raum. In: KÖNIG, Eckard/Peter ZEDLER (Hg.): Bilanz qualitativer Forschung. Band II: Methoden. Weinheim. (S. 343-375).

ASTER, Reiner/Hans MERKENS/Michael REPP (Hg.) 1989: Teilnehmende Beobachtung. Werkstattberichte und methodologische Reflexionen. Frankfurt/M., New York.

ATKINSON, Paul/Martyn HAMMERSLEY 1994: Ethnography and Participant Observation. In: DENZIN, Norman K./Yvonna S. LINCOLN (ed.) (p. 248-261).

ATTESLANDER, Peter 1995: Methoden der empirischen Sozialforschung. Berlin, New York (8. bearb. Aufl.).

BAACKE, Dieter/Theodor SCHULZE 1993: Aus Geschichten lernen. Zur Einübung pädagogischen Verstehens. Weinheim & München. (1. Aufl. 1979).

BAUER, Karl-Oswald 1995: Qualitativer Zugang zum pädagogischen Handlungsrepertoire von Lehrerinnen und Lehrern. In: EBERWEIN, Hans/Johannes MAND (Hg.): Forschen für die Schulpraxis. Was Lehrer über Erkenntnisse qualitativer Sozialforschung wissen sollten. Weinheim. (S. 254-267).

BECK, Gertrud/Gerold SCHOLZ 1995: Beobachten im Schulalltag. Ein Studien- und Praxisbuch. Frankfurt/M.

BECKER, Howard S./Blanche GEER 1984: Teilnehmende Beobachtung: Die Analyse qualitativer Forschungsergebnisse. In: HOPF, Christel/Elmar WEINGARTEN (Hg.): Qualitative Sozialforschung. Stuttgart. (S. 139-166).

BEHNKEN, Imbke/Jürgen ZINNECKER 1977: Zweimal Schulanfang. Beobachtungen in einer Altstadt und in einer Villengegend. In: Päd extra, Heft 9, 1977 (S. 27-32).

BEHNKEN, Imbke/Manuela du BOIS-REYMOND/Jürgen ZINNECKER 1989: Stadtgeschichte als Kindheitsgeschichte. Lebensräume von Großstadtkindern in Deutschland und Holland um 1900. Opladen.

BENKMANN, Reimer 1995: Diagnose und Förderung in lern- und erziehungsschwierigen Situationen - Zur Bedeutung teilnehmender Beobachtung und problemzentrierter Gespräche im binnendifferenzierenden Unterricht. In: EBERWEIN, Hans/Johannes MAND (Hg.): Forschen für die Schulpraxis. Was Lehrer über Erkenntnisse qualitativer Sozialforschung wissen sollten. Weinheim. (S. 344-363).

BERG, Eberhard/Martin FUCHS (Hg.) 1993: Kultur, soziale Praxis, Text. Die Krise der ethnographischen Repräsentation. Frankfurt/M.

BILLER, Karlheinz 1988: Pädagogische Kasuistik. Eine Einführung. Baltmannsweiler.

BINNEBERG, Karl 1979: Pädagogische Fallstudien. Ein Plädoyer für das Verfahren der Kasuistik in der Pädagogik. In: Zeitschrift für Pädagogik, 25. Jhg. (1979), (S. 395-402).

BLOK, Anton 1985: Anthropologische Perspektiven. Einführung, Kritik und Plädoyer. Stuttgart.

BOHNSACK, Ralf/Peter LOOS/Burkhard SCHÄFFER/Klaus STÄDTLER/Bodo WILD 1995: Die Suche nach Gemeinsamkeit und die Gewalt der Gruppe. Hooligans, Musikgruppen und andere Jugendcliquen. Opladen.

BOIS-REYMOND, Manuela du/Peter BÜCHNER/Heinz-Hermann KRÜGER/Jutta ECARIUS/Burkhard FUHS 1994: Kinderleben. Modernisierung von Kindheit im interkulturellen Vergleich. Opladen.

BORTZ, Jürgen 1984: Lehrbuch der empirischen Forschung: für Sozialwissenschaftler. Unter Mitarb. von D. BONGERS. Berlin, Heidelberg.

BORTZ, Jürgen 1995: Forschungsmethoden und Evaluation. (2. vollst. überarb. u. aktualisierte Aufl.) Berlin u.a.

BOURDIEU, Pierre 1983: Die feinen Unterschiede. Kritik der gesellschaftlichen Urteilskraft. Frankfurt/M. (Franz. 1979).
BOURDIEU, Pierre 1993: Narzißtische Reflexivität und wissenschaftliche Reflexivität. In: BERG, Eberhard/Martin FUCHS (Hg.) (S. 365-374).
BOURDIEU, Pierre und Loie J. D. WACQUANT 1996: Reflexive Anthropologie. Frankfurt/M. (Paris 1992).
BRÜGELMANN, Hans 1982: Fallstudien in der Pädagogik. In: Zeitschrift für Pädagogik, 28. Jhg., (S. 609-623).
BÜHLER, Doris 1984: Therapie und Zwang. Teilnehmende Beobachtung in einer Suchtkrankenorganisation. Stuttgart.
BUSCHBECK, Helene 1995: Das Pädagogische Tagebuch - ein Not-wendiges Handwerkszeug im Schulalltag. In: EBERWEIN, Hans/Johannes MAND (Hg.): Forschen für die Schulpraxis. Was Lehrer über Erkenntnisse qualitativer Sozialforschung wissen sollten. Weinheim. (S. 271-288).
CLARKE, John u.a. 1979: Jugendkultur als Widerstand. Milieus, Rituale, Provokationen. Frankfurt/M.
CLIFFORD, James 1993: Über ethnographische Autorität. In: BERG, Eberhard/Martin FUCHS (Hg.) (S. 109-157).
DAMMANN, Rüdiger 1991: Die dialogische Praxis der Feldforschung. Der ethnographische Blick als Paradigma der Erkenntnisgewinnung. Frankfurt/M, New York.
DENZIN, Norman K./Yvonna S. LINCOLN (ed.) 1994: Handbook of Qualitative Research. Thousand Oaks, London, New Delhi: Sage.
DENZIN, Norman K./Yvonna S. LINCOLN 1994: Introduction. Entering the Field of Qualitative Research. In: DENZIN, Norman K./Yvonna S. LINCOLN (ed.) (p.1-17).
DEVEREUX, Georges 1984: Angst und Methode in den Verhaltenswissenschaften. Frankfurt/M. (franz. 1967).
DEWE, Bernd/Wilfried FERCHHOFF, Albert SCHERR/Gerd STÜWE 1993: Professionelles soziales Handeln. Soziale Arbeit im Spannungsfeld zwischen Theorie und Praxis. Weinheim & Müchen.
DIEKMANN, Andreas 1995: Empirische Sozialforschung. Grundlagen, Methoden, Anwendungen. Reinbek bei Hamburg.
ENGLER, Steffani/Barbara FRIEBERTSHÄUSER/Jürgen ZINNECKER 1984: Chicago-Mädchen, ein Gruppenporträt. Die kulturellen Praxen von Mädchen in einer männlich geprägten Jugendsubkultur. Marburg/L.
ERTLE, Christoph/Andreas MÖCKEL (Hg.) 1980: Fälle und Unfälle der Erziehung. Stuttgart.
FISCHER, Dietlind (Hg.) 1983: Lernen am Fall. Zur Interpretation und Verwendung von Fallstudien in der Pädagogik. Konstanz.
FISCHER, Hans (Hg.) 1985: Feldforschungen: Berichte zur Einführung in Probleme und Methoden. Berlin.
FISCHER, Hans 1992a: Was ist Ethnologie? In: ders. (Hg.): Ethnologie. Einführung und Überblick. Berlin. Hamburg. (3. Aufl.) (S. 3-22).
FISCHER, Hans 1992b: Feldforschung. In: ders. (Hg.): Ethnologie. Einführung und Überblick. Berlin. Hamburg. (3. Aufl.) (S. 79-99).
FLICK, Uwe 1992: Entzauberung der Intuition. Systematische Perspektiven-Triangulation als Strategie der Geltungsbegründung qualitativer Daten und Interpretationen. In: HOFFMEYER-ZLOTNIK, Jürgen H.P. (Hg.): Analyse verbaler Daten. Über den Umgang mit qualitativen Daten. Opladen (S. 11-55).
FLICK, Uwe 1995: Qualitative Forschung. Theorie, Methoden, Anwendung in Psychologie und Sozialwissenschaften. Reinbek bei Hamburg.
FRIEBERTSHÄUSER, Barbara 1992: Übergangsphase Studienbeginn. Eine Feldstudie über Riten der Initiation in eine studentische Fachkultur. Weinheim & München.
FRIEBERTSHÄUSER, Barbara 1994: Manual für die Feldforschung. Seminar Feldforschung als Zugang zu sozialen Lebenswelten. SS 1994, Freie Universität Berlin.

FRIEBERTSHÄUSER, Barbara 1996: Feldforschende Zugänge zu sozialen Handlungsfeldern. Möglichkeiten und Grenzen ethnographischer Feldforschung. In: Neue Praxis Heft 1, 1996 (S. 75-86).
FRIEDRICHS, Jürgen/Hartmut LÜDTKE 1971: Teilnehmende Beobachtung. Zur Grundlegung einer sozialwissenschaftlichen Methode empirischer Feldforschung. Weinheim, Berlin, Basel.
FRIEDRICHS, Jürgen 1990: Methoden empirischer Sozialforschung. Opladen. (1. Aufl. 1973).
FUCHS, Martin/Eberhard BERG 1993: Phänomenologie der Differenz. Reflexionsstufen ethnographischer Repräsentation. In: BERG, Eberhard/Martin FUCHS (Hg.) (S. 11-108).
GACHOWETZ, Helmut 1984: Feldforschung. In: ROTH, Erwin (Hg.): Sozialwissenschaftliche Methoden: Lehr- und Handbuch für Forschung und Praxis. München; Wien.
GARZ, Detlef/Klaus KRAIMER (Hg.) 1991: Qualitativ-empirische Sozialforschung. Konzepte, Methoden, Analysen. Opladen.
GARZ, Detlef/Stefan AUFENANGER 1995: Was sagen die Kinder? Die Just Community aus der Sicht der Schüler - eine ethnographische Analyse. In: EBERWEIN, Hans/Johannes MAND (Hg.): Forschen für die Schulpraxis. Was Lehrer über Erkenntnisse qualitativer Sozialforschung wissen sollten. Weinheim. (S. 73-87).
GEERTZ, Clifford 1983: Dichte Beschreibung. Beiträge zum Verstehen kultureller Systeme. Frankfurt/M.
GEERTZ, Clifford 1993: Die künstlichen Wilden. Der Anthropologe als Schriftsteller. Frankfurt/M. (USA 1988).
GILDEMEISTER, Regine 1989: Institutionalisierung psychosozialer Versorgung. Eine Feldforschung im Grenzbereich von Gesundheit und Krankheit. Wiesbaden.
GIRTLER, Roland 1988: Methoden der qualitativen Sozialforschung. Anleitung zur Feldarbeit. Wien, Köln, Graz. (2. Aufl.) (1. Aufl. 1984).
GIRTLER, Roland 1989: Die „teilnehmende unstrukturierte Beobachtung" - ihr Vorteil bei der Erforschung des sozialen Handelns und des in ihm enthaltenen Sinns. In: ASTER, Reiner u.a. (Hg.) (S. 103-113).
GIRTLER, Roland 1995: Randkulturen. Theorie der Unanständigkeit. Wien, Köln, Weimar.
GLASER, Barney G./Anselm L. STRAUSS 1974: Interaktion mit Sterbenden. Beobachtungen für Ärzte, Schwestern, Seelsorger und Angehörige. Göttingen. (USA 1965).
GLASER, Barney G./Anselm L. STRAUSS 1984: Die Entdeckung gegenstandsbezogener Theorie: Eine Grundstrategie qualitativer Sozialforschung. In: HOPF, Christel und Elmar WEINGARTEN (Hg.): Qualitative Sozialforschung. Stuttgart. (S. 91-118).
GOTOWOS, Athanassios E. 1989: Einige Bemerkungen über die Teilnehmende Beobachtung von Abweichung in institutionellen Kontexten. In: ASTER, Reiner u.a. (Hg.) (S. 114-121).
GREVERUS, Ina-Maria 1987: Kultur und Alltagswelt. Eine Einführung in Fragen der Kulturanthropologie. Sonderausgabe. Frankfurt/M.: Institut für Kulturanthropologie und Europäische Ethnologie. Bd. 26.
GRODDECK, Norbert/Michael SCHUMANN (Hg.) 1994: Modernisierung Sozialer Arbeit durch Methodenentwicklung und -reflexion. Freiburg im Breisgau.
HAAG, Fritz/Helga KRÜGER/Wiltrud SCHWÄRZEL/Johannes WILDT (Hg.) 1975[2]: Aktionsforschung. Forschungsstrategien, Forschungsfelder und Forschungspläne. München.
HAAN, Gerhard de 1991: Die Bedeutung von Raum und Zeit für das Lernen. In: LAMBRICH, Hans-Jürgen (Hg.): Schulversuch Freie Schulen: Abschlußbericht Berichterstattungszeitraum 1988-1990. Hessisches Institut für Bildungsplanung und Schulentwicklung (HIBS), Wiesbaden. (S. 43-66).
HASTENTEUFEL, Paul 1980: Fallstudien aus dem Erziehungsalltag. Bad Heilbrunn.

HAUSER-SCHÄUBLIN, Brigitta 1991: Das Werden einer geschlechterspezifischen Ethnologie (im deutschsprachigen Raum) In: dies. (Hg.): Ethnologische Frauenforschung. Berlin. (S. 9-37).
HEINER, Maja (Hg.) 1988: Praxisforschung in der sozialen Arbeit. Freiburg im Breisgau.
HEINZE, Thomas/Ernst MÜLLER/Bernd STICKELMANN/Jürgen ZINNECKER 1975: Handlungsforschung im pädagogischen Feld. München.
HENSEL, Inken 1995: Förderdiagnostik in der Schule. In: EBERWEIN, Hans/Johannes MAND (Hg.): Forschen für die Schulpraxis. Was Lehrer über Erkenntnisse qualitativer Sozialforschung wissen sollten. Weinheim. (S. 307-322).
HEPPNER, Gisela/Julia OSTERHOFF/Christiane SCHIERSMANN/Christiane SCHMIDT 1990: Computer? 'Interessieren tät's mich schon, aber...' Wie sich Mädchen in der Schule mit Neuen Technologien auseinandersetzen. Bielefeld.
HUSCHKE-RHEIN, Rolf 1987: Systempädagogische Wissenschafts- und Methodenlehre. Ein Lehr- und Studienbuch für Pädagogen und Sozialwissenschaftler. Band 2: Qualitative Forschungsmethoden und Handlungsforschung. Köln.
JAHODA, Marie/Paul F. LAZARSFELD/Hans ZEISEL 1975: Die Arbeitslosen von Marienthal. Ein soziographischer Versuch. Frankfurt/Main. (1. Aufl. Leipzig, 1933).
JAHODA, Marie/Morton DEUTSCH/Stuart W. COOK 1972: Beobachtungsverfahren. In: KÖNIG, René (Hg.): Beobachtung und Experiment in der Sozialforschung. Köln (1. Aufl. 1956).
JEGGLE, Utz (Hg.) 1984: Feldforschung. Qualitative Methoden in der Kulturanalyse. Tübinger Vereinigung für Volkskunde e.V. Schloss. Tübingen (Band 62) (2. Aufl.).
JEGGLE, Utz 1982: Geheimnisse der Feldforschung. In: NIXDORFF, Heide/Thomas HAUSCHILD (Hg.): Europäische Ethnologie. Theorie- und Methodendiskussion aus ethnologischer und volkskundlicher Sicht. Berlin (S. 187-206).
JUNG, Thomas/Stefan MÜLLER-DOOHM 1993: Einleitung. In: dies. (Hg.): 'Wirklichkeit' im Deutungsprozeß. Verstehen und Methoden in den Kultur- und Sozialwissenschaften. Frankfurt/M. (S. 9-26).
KNAUER, Sabine 1995: Teilnehmende Beobachtung im Zwei-Lehrer-System am Beispiel integrativen Unterrichts. In: EBERWEIN, Hans/Johannes MAND (Hg.): Forschen für die Schulpraxis. Was Lehrer über Erkenntnisse qualitativer Sozialforschung wissen sollten. Weinheim. (S. 289-306).
KOHL, Karl-Heinz 1993: Ethnologie - die Wissenschaft vom kulturell Fremden. Eine Einführung. München.
KÖNIG, René 1972: Einleitung: Beobachtung und Experiment. In: ders. (Hg.): Beobachtung und Experiment in der Sozialforschung. Köln (8. erg. Aufl.) (1. Aufl. 1956).
KÖNIG, René 1973: Die Beobachtung. In: ders. (Hg.): Grundlegende Methoden und Techniken der empirischen Sozialforschung. Band 2. Stuttgart. (3. umgearb. u. erw. Auflage) (1. Aufl. 1967) (S. 1-65).
KRAIMER; Klaus 1994: Die Rückgewinnung des Pädagogischen. Aufgaben und Methoden sozialpädagogischer Forschung. Weinheim & München.
KRAPPMANN, Lothar/Hans OSWALD 1995a: Alltag der Schulkinder. Beobachtungen und Analysen von Interaktionen und Sozialbeziehungen. Weinheim und München.
KRAPPMANN, Lothar/Hans OSWALD 1995b: Unsichtbar durch Sichtbarkeit. Der teilnehmende Beobachter im Klassenzimmer. In: BEHNKEN, Imbke/Olga JAUMANN (Hg.): Kindheit und Schule. Kinderleben im Blick von Grundschulpädagogik und Kindheitsforschung. Weinheim und München. (S. 39-50).
KRÜGER, Heinz-Hermann/Winfried MAROTZKI (Hg.) 1995: Erziehungswissenschaftliche Biographieforschung. Opladen.
LAMNEK, Siegfried 1989: Qualitative Sozialforschung. Band 2. Methoden und Techniken. München.
LEGEWIE, Heiner 1991: Feldforschung und teilnehmende Beobachtung. In: FLICK, Uwe u.a. (Hg.): Handbuch Qualitative Sozialforschung: Grundlagen, Konzepte, Methoden und Anwendungen. München. (S. 189-193).

LINDNER, Rolf 1984: Ohne Gewähr. Zur Kulturanalyse des Informanten. In: Utz JEGGLE (Hg.): (S. 59-71).
LINDNER, Rolf 1990: Die Entdeckung der Stadtkultur aus der Erfahrung der Reportage. Frankfurt/M.
LIPPITZ, Wilfried 1993: Phänomenologische Studien in der Pädagogik. Weinheim.
LOFLAND, John 1979: Feld-Notizen. In: GERDES, Klaus (Hg.): Explorative Sozialforschung. Stuttgart (S. 110-120) (USA 1971).
LÜDERS, Christian 1995: Von der teilnehmenden Beobachtung zur ethnographischen Beschreibung. In: KÖNIG, Eckhart/Peter ZEDLER (Hg.): Bilanz qualitativer Forschung. Band II: Methoden. Weinheim: Deutscher Studienverlag. (S. 311-342).
LÜDTKE, Hartmut 1995: Beobachtung. In: HAFT, Henning/Hagen KORDES (Hg.): Methoden der Erziehungs- und Bildungsforschung. Enzyklopädie Erziehungswissenschaft. Band 2, hrsg. von Dieter LENZEN unter Mitarb. von Agi SCHRÜNDER. Stuttgart, Dresden (1. Aufl. 1984) (S. 313-323).
MARTIN, Ernst/Uwe WAWRINOWSKI 1991: Beobachtungslehre. Theorie und Praxis reflektierter Beobachtung und Beurteilung. Weinheim und München.
MAYNTZ, Renate/Kurt HOLM/Peter HÜBNER 1969: Einführung in die Methoden der empirischen Soziologie. Köln, Opladen.
MERKENS, Hans 1992: Teilnehmende Beobachtung. Analyse von Protokollen teilnehmender Beobachter. In: HOFFMEYER-ZLOTNIK, Jürgen H.P. (Hg.): Analyse verbaler Daten. Über den Umgang mit qualitativen Daten. Opladen (S. 216-247).
MOLLENHAUER, Klaus/Uwe UHLENDORFF 1992: Sozialpädagogische Diagnosen. Über Jugendliche in schwierigen Lebenslagen. Weinheim & München.
MOSER, Heinz 1995: Grundlagen der Praxisforschung. Freiburg i. Br.
MUCHOW, Martha/Hans Heinrich MUCHOW 1978: Der Lebensraum des Großstadtkindes. Mit einer Einführung von Jürgen ZINNECKER. Bensheim. (zuerst Hamburg 1935).
MÜLLER, Burkhard 1993: Sozialpädagogisches Können. Ein Lehrbuch zur multiperspektivischen Fallarbeit. Freiburg im Breisgau.
MÜLLER, Siegfried/Hans-Uwe OTTO (Hg.) 1986[2]: Verstehen oder Kolonialisieren? Grundprobleme sozialpädagogischen Handelns und Forschens. Bielefeld (1. Aufl. 1984).
MÜLLER-PETERSEN, Else 1965: Analyse von Frontunterrichtsaufnahmen und Synthese ihrer pädagogischen Bestandteile. In: Peter und Else PETERSEN: Die Pädagogische Tatsachenforschung. Paderborn.
NADIG, Maya/Mario ERDHEIM 1984: „Die Zerstörung der wissenschaftlichen Erfahrung durch das akademische Milieu - Ethnopsychoanalytische Überlegungen zur Aggressivität in der Wissenschaft." In: Psychosozial 23, 7.Jahrg., Okt. 1984, Reinbek bei Hamburg. (S. 11-27).
NADIG, Maya 1985: Ethnopsychoanalyse und Feminismus - Grenzen und Möglichkeiten. In: Feministische Studien, 4.Jg. 1985, Nr. 2, (S. 105-118).
NADIG, Maya 1986: Die verborgene Kultur der Frau. Ethnopsychoanalytische Gespräche mit Bäuerinnen in Mexiko, Frankfurt/M.
NIEMANN, Mechthild 1989: Felduntersuchungen an Freizeitorten von Berliner Jugendlichen. In: ASTER, Reiner u.a. (Hg.) (S. 71-83).
PATRY, Jean-Luc (Hg.): Feldforschung. Methoden und Probleme sozialwissenschaftlicher Forschung unter natürlichen Bedingungen. Bern, Stuttgart, Wien.
PETERSEN, Peter und Else 1982: Die Analyse des Frontunterrichts mit Hilfe von erziehungswissenschaftlicher Aufnahme und Tatsachenliste (1954/1965). In: REINARTZ, Anton (Hg.): Empirische pädagogische Forschung. Darmstadt. (S. 11-59).
PROJEKTGRUPPE Jugendbüro 1977: Die Lebenswelt von Hauptschülern. Ergebnisse einer Untersuchung. (Band M24) Subkultur und Familie als Orientierungsmuster. Zur Lebenswelt von Hauptschülern. (Band M31) München.
PUNCH, Maurice 1994: Politics and Ethics in Qualitative Research. In: DENZIN, Norman K./Yvonna S. LINCOLN (ed.) (p. 83-97).

REICHERTZ, Jo 1989: Hermeneutische Auslegung von Feldprotokollen? - Verdrießliches über ein beliebtes Forschungsmittel. In: ASTER, Reiner u.a. (Hg.) (S. 84-102).
ROTH, Leo 1994: Forschungsmethoden der Erziehungswissenschaft. In: ders. (Hg.): Pädagogik: Handbuch für Studium und Praxis. München. (S. 32-67).
SCHMIED-KOWARZIK, Wolfdietrich 1993: Philosophische Überlegungen zum Verstehen fremder Kulturen und zu einer Theorie der menschlichen Kultur. In: SCHMIED-KOWARZIK, Wolfdietrich/Justin STAGL (Hg.): Grundfragen der Ethnologie: Beiträge zur gegenwärtigen Theoriediskussion. Berlin, (2. überarb. und erw. Aufl.) (1. Aufl. 1980) S. 51-90.
SCHMITZ, Lilo 1993: Ethnologie und Sozialarbeit/Sozialpädagogik. In: SCHWEIZER, Thomas u.a. (Hg.): Handbuch der Ethnologie. Festschrift für Ulla Johansen. Berlin. (S. 613-621).
SCHRÖDER, Achim 1995: Feldforschung in Jugendsubkulturen. Wie man sich einen verstehenden Zugang zu deren Bedeutung verschaffen kann. In: Neue Praxis. Heft 6/95 (S. 560-569).
SCHRÖER, Norbert (Hg.) 1994: Interpretative Sozialforschung. Auf dem Wege zu einer hermeneutischen Wissenssoziologie. Opladen.
SCHULER, Heinz 1982: Ethische Probleme. In: PATRY, Jean-Luc (Hg.) (S. 341-364).
SCHÜTZE, Fritz 1993: Die Fallanalyse. Zur wissenschaftlichen Fundierung einer klassischen Methode der Sozialen Arbeit. In: RAUSCHENBACH; Thomas u.a. (Hg.): Der sozialpädagogische Blick. Lebensweltorientierte Methoden in der Sozialen Arbeit. Weinheim & München. (S. 191-221).
SCHÜTZE, Fritz 1994: Ethnographie und sozialwissenschaftliche Methoden der Feldforschung. Eine mögliche methodische Orientierung in der Ausbildung und Praxis der Sozialen Arbeit? In: GRODDECK, Norbert/Michael SCHUMANN (Hg.) (S. 189-297).
STAGL, Justin 1981: Kultur-Anthropologie und Gesellschaft. Eine wissenschaftssoziologische Darstellung der Kulturanthropologie und Ethnologie. Berlin.
STAGL, Justin 1993: Malinowskis Paradigma. In: SCHMIED-KOWARZIK, Wolfdietrich/Justin STAGL (Hg.): Grundfragen der Ethnologie: Beiträge zur gegenwärtigen Theorie-Diskussion. Berlin. (1. Aufl. 1980).
STENHOUSE, Lawrence 1982: Pädagogische Fallstudien. Methodische Traditionen und Untersuchungsalltag. In: FISCHER, Dietlind (Hg.): Fallstudien in der Pädagogik. Aufgaben, Methoden, Wirkungen. Konstanz. (S. 24-61).
STRÄTZ, Rainer 1994: Beobachten. Anregungen für Erzieherinnen im Kindergarten. (3. überarb. Aufl.) Köln.
STRAUSS, Anselm L. 1991: Grundlagen qualitativer Sozialforschung. Datenanalyse und Theoriebildung in der empirischen soziologischen Forschung. München.
TERHART, Ewald 1979: Ethnographische Schulforschung in den USA. Ein Literaturbericht. In: Zeitschrift für Pädagogik, 25. Jg. 1979, Nr. 2, S. 291-306.
THIERSCH, Hans 1986: Die Erfahrung der Wirklichkeit. Perspektiven einer alltagsorientierten Sozialpädagogik. Weinheim u. München.
WATSON-FRANKE, Maria Barbara 1988: Die Bedeutung der Geschlechtsidentität in der ethnologischen Forschung. In: SCHAEFFER-HEGEL, Barbara/Maria Barbara WATSON-FRANKE (Hg.): Männer, Mythos, Wissenschaft. Grundlagentexte zur feministischen Wissenschaftskritik. Pfaffenweiler. (S. 67-82).
WEIDMANN, Angelika 1974: Die Feldbeobachtung. In: KOOLWIJK, Jürgen von/ Maria WIEKEN-MAYSER (Hg.): Techniken der empirischen Sozialforschung. Ein Lehrbuch in acht Bänden. 3. Band: Erhebungsmethoden: Beobachtung und Analyse von Kommunikation. München. (S. 9-26).
WEIGERT, Hildegund/Edgar WEIGERT 1993: Schüler-Beobachtung. Ein pädagogischer Auftrag. Weinheim u. Basel.
WEINBERG, Martin S. und Colin J. WILLIAMS 1973: Soziale Beziehungen zu devianten Personen bei der Feldforschung. In: FRIEDRICHS, Jürgen (Hg.): Teilnehmende Beobachtung abweichenden Verhaltens. Stuttgart. (S. 83-108).

WHYTE, William Foot 1943: Street Corner Society. Chicago: University of Chicago Press.
WHYTE, William Foot 1984: Learning from the field. A Guide from Experience. Newbury Park, London, New Delhi: Sage Publications.
WILLIS, Paul 1979: Spaß am Widerstand: Gegenkultur in der Arbeiterschule. Frankfurt/M. (engl. 1977).
ZEIHER, Hartmut J./Helga ZEIHER 1994: Orte und Zeiten der Kinder. Soziales Leben im Alltag von Großstadtkindern. Weinheim und München.
ZELDITCH, Morris Jr. 1984: Methodologische Probleme in der Feldforschung. In: HOPF, Christel und Elmar WEINGARTEN (Hg.): Qualitative Sozialforschung. Stuttgart. (S. 119-137).
ZINNECKER, Jürgen 1995: Pädagogische Ethnographie. Ein Plädoyer. In: BEHNKEN; Imbke/Olga JAUMANN (Hg.): Kinderleben im Blick von Grundschulpädagogik und Kindheitsforschung. Weinheim u. München. (S. 21-38).

Detlef Garz

Die Methode der Objektiven Hermeneutik - Eine anwendungsbezogene Einführung

Das von Ulrich OEVERMANN nunmehr seit über 25 Jahren entwickelte und energisch vorangetriebene Forschungsprogramm der objektiven beziehungsweise strukturalen Hermeneutik gehört zu jenen - vergleichsweise wenigen - im deutschsprachigen Raum originell und eigenwillig entwickelten Konzepten, die sowohl theoretisch nachhaltig expliziert als auch in vielen Feldern empirisch erprobt sind; darüber hinaus hat die objektive Hermeneutik eine breite, wenn auch zwiespältige Rezeption derart erfahren, daß auf theoretischer und wissenschaftstheoretischer Ebene neben Zustimmung auch Vorbehalte und Kritik geäußert wurden, während das Verfahren selbst eine weitreichende Verbreitung und Anwendung fand (wobei selbst die Kritiker häufig die Methode beziehungsweise Varianten davon verwenden).

In der folgenden Darstellung orientiere ich mich in wesentlichen Zügen an den Vorgaben Ulrich OEVERMANNs; die gelegentlich vorgenommenen Modifikationen entspringen Erfahrungen aus der langjährigen eigenen Arbeit am Text[1]. Schließlich: Ich habe versucht, eine forschungspraktisch hilfreiche Einführung zu verfassen; sie kann jedoch die selbständig ausgeübte Interpretation am Material nicht ersetzen. Das Moment der Übung und Einübung läßt sich durch Lektüre nur vorbereiten, nicht aber erwerben; dies gilt m.E. generell, wenn auch in unterschiedlichem Umfang, für die Verfahren innerhalb des Methodenspektrums der qualitativ-empirischen Sozialforschung.

Methodologische Vorbemerkungen

Vergegenwärtigen wir uns die Architektonik der objektiven Hermeneutik aus einer erkenntnistheoretischen Perspektive, so läßt sie sich unter der Überschrift des *methodologischen Realismus* abhandeln: d.h. wir begegnen einem Konzept, das davon ausgeht, daß wissenschaftliche Analysen sich einzig auf 'vorhandene', von Menschen gemachte und einen Niederschlag gefundene Objektivationen beziehen können. Dinge und Ereignisse, die sich nicht (sozial) vergegenständlicht haben, z.B. ein Traum, der nicht erzählt wurde, ein Gespräch, dessen Inhalt vergessen wurde, betrachtet eine solche Konzeption als wissenschaftlichem Arbeiten nicht zugänglich - was die Frage nach lebenspraktischer Bedeutsamkeit jedoch unthematisiert läßt: 'Worauf die Methode sich nicht be-

---
[1] Im Gegensatz zu Überlegungen von REICHERTZ (1991) und HEINZE (1992) gehe ich nicht von verschiedenen Methoden innerhalb der objektiven Hermeneutik aus, sondern sehe die von OEVERMANN präsentierten Varianten als historisch aufeinanderfolgende, sich aufhebende Modi der Interpretation. Die hier vorgestelle Methode dokumentiert den gegenwärtigen Stand der Forschung.

ziehen kann, davon muß die Wissenschaft schweigen' (vgl. OEVERMANN 1991, 302ff.). Liegt jedoch ein sozialer Niederschlag vor, in der Sprache der objektiven Hermeneutik: ein protokollierter Text, kann dieser uneingeschränkt zum Gegenstand interpretatorischer Anstrengungen werden. Das bedeutet, daß prinzipiell jedes Artefakt, jedes Ergebnis menschlicher Interaktion, der objektiven Hermeneutik zur interpretativen Auswertung zur Verfügung steht, was wiederum impliziert, daß der hieraus resultierende Textbegriff äußerst umfangreich ist. Nicht nur die schriftlich fixierten Formen der geisteswissenschaftlichen beziehungsweise der klassisch-hermeneutischen Forschung, sondern darüber hinausgehende Objektivationen wie Bilder, Fotographien, Plakate, Gebäude, aber auch Musik oder von Menschen herbeigeführte Landschaftsveränderungen (vgl. z.B. 'The City as Text' [JAMES 1990]; 'Die Großstadt als 'Text' [SMUDA 1992]) können den Ausgangspunkt objektiv-hermeneutischer Überlegungen bilden.

Ich möchte - zweitens - auf das spezifische Verhältnis von Theorie und Geltungsbegründung im Rahmen des genetischen Strukturalismus, in den die objektive Hermeneutik sich einfügt, eingehen.

In diesem Zusammenhang lassen sich einerseits Theorien mit universeller Reichweite, d.h. Theorien, denen Regeln mit universeller Geltung zugrundeliegen, unterscheiden von Theorien, die auf konkret-historische Sachverhalte abstellen. Der Aufbau und damit die Rekonstruktion universalistischer Theorien gestaltet sich kompliziert, wenn wir an die von OEVERMANN herangezogenen Beispiele CHOMSKY (generative Transformationsgrammatik) oder die Universalpragmatik von HABERMAS denken (vgl. GARZ 1989), während Theorien zu konkret-historischen Aspekten in aller Regel einem einfacheren Bauplan folgen - auch wenn diese Arbeit nicht unterschätzt werden darf. Aus diesen Überlegungen folgt weiterhin, daß universalistische Regeln in ihrem Gehalt nicht kritisierbar sind (wohl aber deren Rekonstruktionen), konkrete Regeln „als Resultat und Produktionen von gesellschaftlicher Praxis" (OEVERMANN 1986, 28) jedoch durchaus hinterfragbar sind. Sofern also die qualitativ-empirische Untersuchung sich auf die jeweilige Lebenspraxis und deren konkrete Ausformung bezieht, ist methodisch angeleitete Kritik möglich. An dieser Stelle wird die Verankerung der objektiven Hermeneutik im Ansatz einer genuin soziologischen Theorie der Gesellschaft deutlich[2].

---

[2] OEVERMANN geht in seinem Verständnis von gesellschaftlicher Realität von einem Primat sozialer vor individueller Merkmale aus. So versteht er *Inter*aktion als basale und Aktion als nachgeordnete Einheit sozialen Handelns. HABERMAS wirft er in diesem Zusammenhang vor, Interaktion erst durch Sprechakte und deren anschließende Geltungsbegründung (beziehungsweise der *hinzukommenden* Bindungskraft oder Koordinierung der Ja/Nein Stellungnahmen) zu konzipieren, also entgegen den eigenen Intentionen von einem subjektivistischen (der Tendenz nach atomistischen) *philosophischen* Modell auszugehen, wohingegen das OEVERMANNsche *soziologische* Konzept immer schon aus der Perspektive eines Interaktionsgeflechts, der Betonung des Gemeinsamen vor dem Individuellen, argumentiert. Insofern vertritt OEVERMANN eine eindeutig kommunitaristische Variante innerhalb der Gesellschaftstheorie.

Das skizzierte Verhältnis kehrt sich für die Geltungsbegründung um. Während im Fall des Universalismus die Geltungsbegründung vergleichsweise einfach erfolgen kann (sprachliche und kognitive Regeln müssen um den Preis des Scheiterns eingehalten werden; das Nichtbeachten moralischer Regeln muß zumindest begründet werden), gestaltet sie sich für konkrete Regeln schwieriger: Wieso Rauchen ab 16 Jahren erlaubt ist, welche Regeln in einer bestimmten (Sub-) Kultur gelten usw., läßt sich in vielen Einzelfällen praktisch nur unter großen Schwierigkeiten nachvollziehen (vgl. OEVERMANN 1986, 26ff.).

Regeln	Theoretische Rekonstruktion	Geltungsbegründung
Universelle Reichweite z.b. CHOMSKY, HABERMAS, SEARLE, PIAGET, KOHLBERG	schwierig	einfach
Konkret-historische Reichweite: OEVERMANN	einfach	schwierig

In einer dritten Vorbemerkung will ich die Realitätsebene erläutern, die die objektive Hermeneutik als adäquat für die Darstellung sozialer Sachverhalte erachtet und auf die sie rekurriert. Denn im Gegensatz zur geläufigen Verfahrensweise in der qualitativ-empirischen Sozialforschung nimmt die Interpretationsarbeit nicht die subjektiv vertretenen Auffassungen der Textproduzenten (wie dies vor allem auf den Symbolischen Interaktionismus zutrifft) in den Blick, sondern richtet sich auf jene zugrundeliegende Ebene aus, die sich als Ergebnis des Zusammenwirkens von Regeln unterschiedlicher Reichweite - universeller wie spezifischer, intentionaler wie nicht-intentionaler - offenbart und von OEVERMANN als 'latente Sinnstruktur' gekennzeichnet wird. „Die latenten Sinnstrukturen ... werden konstituiert im Zusammenspiel aller jener Regeln, die an der Erzeugung des Textes beteiligt sind. Es sind dies
– die universellen und einzelsprachspezifischen Regeln der sprachlichen Kompetenz auf den Ebenen der Syntax und der Phonologie (idealtypisch repräsentiert durch die Theorie CHOMSKYs; D.G.),
– die Regeln einer kommunikativen oder illokutiven Kompetenz, die etwa in einer Universalpragmatik oder im Rahmen der Sprechakttheorie zu bestimmen wären (idealtypisch repräsentiert durch die Theorien von HABERMAS und SEARLE; D.G.),
– die universellen Regeln einer kognitiven und moralischen Kompetenz (idealtypisch repräsentiert durch die Theorien von PIAGET und KOHLBERG; D.G.) und
– die das sozio-historisch spezifische Bewußtsein des sozialisierten Subjekts konstituierenden institutionalisierten Normen, lebensweltspezifischen Typisierungen und Deutungsmuster -

also Regeln unterschiedlichen Typs und unterschiedlicher gattungsgeschichtlicher oder historischer Reichweite" (OEVERMANN, U. et al. 1979, 387).
In den folgenden Beschreibungen werde ich an einigen Stellen Beispiele anführen, um die jeweilige theoretisch ausgedrückte Idee illustrieren zu können; damit soll die Methode in einem konkreten Sinn verständlich und handhabbar gemacht werden - die Beispiele entstammen der einschlägigen Literatur beziehungsweise aus von mir durchgeführten Forschungsprojekten und Forschungskolloquien.
Zur Verdeutlichung der soeben eingeführten Ebenenunterteilung, des Auseinanderfallens von manifester Äußerung und latenter Sinnstruktur, gebe ich die Eröffnungssequenz eines Interviews wider. Meine - an dieser Stelle nicht belegbare - These lautet in diesem Zusammenhang, daß die 'offensichtliche Bejahung' von Theorie im Sportunterricht durch den Befragten, d.h. seine manifeste Äußerung, tatsächlich, d.h. bei einer interpretativen Konzentration auf die latente Sinnstruktur, ein Abwehren beziehungsweise wenig Wichtignehmen theoretischer Gehalte im oder für den Sportunterricht bedeutet.

> *Frage des Interviewers*: Verdeutliche bitte deine Perspektive zur Theorie im Sportunterricht.
>
> *Antwort*: Ja. Ich finde es also gut, daß der Sportuntericht versucht, das, was im Sportunterricht passiert und auch was zum Umfeld des Sportunterrichts gehört, theoretisch zu untermauern, theoretisch zu unterstützen, eventuell auch theoretisch aufzubrechen und überhaupt theoretisch zu begleiten.

Zur Systematik der Vorgehensweise: Die Textanalyse

Zu den Ausgangsanforderungen der objektiven Hermeneutik gehört, daß die Interpretation der Texte in einer Gruppe zu erfolgen hat. Damit ist am ehesten gewährleistet, daß sowohl eine Vielfalt von Deutungsalternativen in die Diskussion eingebracht werden kann als auch die Möglichkeit zur intensiven Auseinandersetzung ('möglichst streitsüchtig', so OEVERMANN eim 'Kampf um den Text' besteht.
In den folgenden Ausführungen unternehme ich es, die Vorgehensweise der objektiven Hermeneutik sowie die damit einhergehenden Überlegungen und Vorkehrungen (die Maßgaben und Maßnahmen) analytisch in fünf Schritte zu unterteilen; damit soll errreicht werden, daß das komplexe Muster in seiner *prozessualen* Forschungspragmatik zum Ausdruck kommt.
1. Festlegung der Fragestellung im Hinblick auf das Forschungsinteresse
Ausgangspunkt der objektiven Hermeneutik ist es, von einer bestimmten, konkret formulierten Fragestellung auszugehen. Ohne diese Vorgabe kann keine sinnvolle Interpretation erfolgen; sie würde sich im Gegenteil im Vagen verlieren, da an jeden Text prinzipiell unendlich viele potentiell erkenntnisleitende Fragen herangetragen werden können.

2. Feststellung des Texttyps

Vor der Interpretation des Textes muß eine Bestimmung des Protokolltyps erfolgen, um die Interaktionsrahmung beziehungsweise Interaktionseinbettung analysieren zu können. Konkret heißt dies, daß zu Beginn der Auswertung die Frage zu beantworten ist, in welcher Form der Text vorliegt: Z.B. als Interview, als Videoaufzeichnung, als Brief, als Poster etc. Mit der Analyse dieser Rahmung wird die Frage beantwortet: Welche Interaktionspragmatik 'gilt' für die jeweilige Textgattung? Zum Beispiel 'Was bedeutet es, ein Interview durchzuführen? Welche Verteilung der Redebeiträge ist zu erwarten? Ist für die Fragestellung ein Einzel- (z.b. in der Biographieforschung) oder ein Gruppeninterview (z.b. Untersuchungen zur Fankultur; vgl. z.b. FRANKE 1991) angemessen? Wofür bietet sich das Interview als Form der Textgenerierung an?

Oder aber am Beispiel eines Briefes: Was heißt es, einen Brief zu schreiben? Warum wird diese Form schriftlichen Ausdrucks gewählt? Wann und warum werden Briefe geschrieben, obwohl face-to-face Interaktionen möglich wären? Konkreter: Weshalb werden Briefe mit einem Datum versehen? Läßt sich - und wenn ja wie - Emotionalität in schriftlicher Form adäquat transportieren usw. (vgl. die Interpretation des Briefes eines Schulleiters an die Eltern der Schülerinnen und Schüler in AUFENANGER/GARZ/KRAIMER 1994)?

Diese Überlegung muß selbstverständlich für jede Textgattung nur einmal - eben zu Beginn der Auswertung - durchgeführt werden.

3. Sequentielle Vorgehensweise

Zentral für die Konzeption der objektiven Hermeneutik ist die streng sequenzanalytische Vorgehensweise; d.h. der Text wird Zug um Zug, Satz für Satz, interpretiert, ohne daß Sequenzen, die später generiert wurden und entsprechend später im Text 'auftauchen', herangezogen werden. Damit soll im Gegensatz beispielsweise zur philosophischen Hermeneutik - etwa GADAMERS - das Vorwissen, also auch Äußerungen, die an späterer Stelle im Text folgen, aber bereits bekannt sind, systematisch ausgeblendet werden, um eine Zirkelhaftigkeit der Interpretation begründet ausschließen zu können. Technisch formuliert meint diese Haltung 'der künstlichen Naivität', daß ein Wissen über den *inneren Kontext* des Protokolls, das dem Interpreten zur Verfügung steht, beispielsweise da er zugleich Interviewer war, *niemals* zur Interpretation herangezogen werden darf. Der *äußere Kontext* hingegen, also alles das, was zum Text gehört, ihn affiziert, aber nicht in ihm ausgedrückt wird, soll maximal ausgeschöpft werden. So kann z.B. in einschlägigen Veröffentlichungen (Lexika, Statistiken, Handbüchern usw.) recherchiert werden, inwieweit bestimmte Angaben im Text 'gängiger Praxis' entsprechen: Ob ein bestimmtes Heiratsalter in einer bestimmten historischen Periode in einer bestimmten Gesellschaftsschicht 'üblich', 'spät' oder 'früh' war, wie z.B. die Erbfolge bei Bauern in der hessischen Rhön im späten 19. Jahrhundert geregelt war oder welche juristischen Auflagen z.B. bei der Emigration aus dem nationalsozialistischen Deutschland vor oder nach dem 9. November 1938 für jüdische Bürger zu erfüllen waren.

Zwei Probleme seien an dieser Stelle benannt. Zum einen läßt sich der Umfang beziehungsweise die Länge des zu interpretierenden Textausschnitts (dies gilt auch für die Gesamtlänge des zu interpretierenden Textes) nicht theoretisch a priori festlegen. Gesucht wird eine Sinneinheit, die in der Regel nicht länger als ein Satz ist, häufig - je nach Komplexität und Satzlänge - jedoch nur einen Teil davon umfaßt; gelegentlich konzentriert sich die Interpretation sogar nur auf ein Wort. Letzteres geschieht häufig zu Beginn einer Interpretationseinheit: Z.B. um zu klären, was es heißt, wenn ein Satz mit 'also' beginnt, wenn 'ja' oder 'nein' als Einwortsätze gebraucht werden etc. Als hilfreich hat sich hierbei der Rückgriff auf Veröffentlichungen zur Sprachpragmatik und Konversationsanalyse erwiesen, die gewissermaßen ein 'Lexikon der alltäglichen Redeverwendung' zur Verfügung stellen (vgl. z.b. WEINRICH 1993; LEVINSON 1983). Grundsätzlicher gestaltet sich die Problematik zum anderen, sobald nichtschriftliche Texte zur Interpretation vorliegen, da hier keine Sequenz im Sinne eines Zug-für-Zug-Ablaufs vorliegt. Mögliche Vorgehensweisen bestehen hier z.B. darin, die Interpretation mit dem 'Aufmerksamkeitsfokus' (HAUPERT 1994) beginnen zu lassen beziehungsweise sich an einem 'ikonischen Pfad und Zentrum' (LOER 1994) zu orientieren (vgl. auch ENGLISCH 1991; ACKERMANN 1994) - für die Interpretation von Filmen unter Zugrundelegung umfassender Partituren vgl. LENSSEN/AUFENANGER 1986, 123ff.

4. Extensive Sinnauslegung

In einem nicht auf eine 'frühe Einigung' abzielenden Diskussionsprozeß innerhalb der Interpretationsgruppe werden alle mit einem Text kompatiblen Deutungen - in der Sprache der objektiven Hermeneutik: alle *Lesarten*, gedankenexperimentell generiert. Als einziges Ausschlußkriterium gilt hierbei die Nichtübereinstimmung einer Lesart mit dem vorliegenden Text; allerdings dürfen auch vermeintlich eher unwahrscheinliche Lesarten nicht ausgeschlossen werden. Ich will das am Beispiel einer Interaktionseröffnung erläutern (das Beispiel stammt aus CAESAR-WOLF/ROETHE 1983).

X: „Na, was macht deine Kette, wie weit bist du?"

Welche Lesarten können aufgrund dieser Sinneinheit als mit dem Text kompatibel generiert werden? Ich nenne einige Erfüllungslesarten, ohne Vollständigkeit zu beanspruchen:

a) Der Goldschmied fragt seinen Lehrling nach einem Schmuckstück;

b) der Organisator einer Menschenkette fragt den für einen Abschnitt Verantwortlichen;

c) die Kindergärtnerin/die Lehrerin fragt ein Kind aus der Gruppe nach seiner Perlenkette;

d) die Lehrerin fragt nach dem Stand der Kettenrechnung;

e) zwei Manager unterhalten sich über den Ausbau ihrer Filialen;

f) der Feldwebel fragt nach dem Zustand der Panzerkette.

Dem bisher Gesagten ist eine weitere wichtige Überlegung hinzuzufügen: Die ursprüngliche und erstmalige Interaktionsaufnahme, die explizite 'Herstellung von Sozialität' im Sinne des Wahrnehmens und Akzentuierens aus dem Interaktionsstrom heraus und damit einhergehend auch selektiven Agierens innerhalb des 'Interaktionsstroms', bedarf bei der Interpretation einer hervorgehobenen Beachtung. Wie und auf welche Weise wir uns zu Beginn eines sozialen

Austauschs - eines 'social give-and-take' (J.M. BALDWIN) - präsentieren, präfiguriert den weiteren Interaktionsverlauf in der Regel auf nachhaltige Weise. Die Art und Weise sowie die inhaltliche Ausfüllung des Interaktionsbeginns, was wir alltagssprachlich den 'ersten Eindruck' nennen, haftet uns an und ist nur sehr schwer wieder zu modifizieren; wollen wir diesen Eindruck ändern, sind umfangreiche 'soziale Reparaturleistungen' vonnöten (vgl. OEVERMANN 1983a, 237ff.).

5. Die Strukturhypothese

Die extensive Sinnauslegung wird von der Interpretationsgemeinschaft solange weitergeführt, bis eine erste am Text gewonnene Hypothese im Hinblick auf die eingangs formulierte Fragestellung möglich ist. Faktisch führt dies zu einem begründeten, sequentiellen Ausblenden jener Lesarten, die nicht länger mit dem Text kompatibel sind, wobei jedoch auch das Ausscheiden möglicher Lesarten erst nach intensiver Diskussion erfolgen darf. Ich will dies erneut an dem bereits eingeführten 'Kettenbeispiel' verdeutlichen. Nachdem die angesprochene Person auf die erste Frage nicht reagierte, setzt X erneut ein:

„*Was willst du als dein Muster legen?*"

Eine Interpretation dieser Frage läßt deutlich werden, daß sich die vorgeschlagenen Lesarten e und f nicht halten lassen; sie sind unverträglich mit dem tatsächlichen Fortgang der Interaktion; die Lesarten b und d werden unwahrscheinlich, können aber mit einigem Interpretationsaufwand noch eine gewisse Plausibilität für sich in Anspruch nehmen (z.B. soll die Menschenkette das patriotische Muster Schwarz-Rot-Gold aufweisen). Die Lesarten a und c bleiben noch vollständig mit dem Text vereinbar. Das Bilden und die Falsifikation von Lesarten am Text wirkt also im Sinne einer Ausschlußlogik, die sukzessive dazu führt, daß nach einer Interpretation von vergleichsweise wenigen Sinneinheiten die Formulierung einer Strukturhypothese über die Spezifik des Falls möglich wird. Auszugehen ist allerdings von einem Arbeitsaufwand von einigen mehrstündigen Sitzungen[3]. Konkret heißt dies, daß die Interpretation beendet werden kann, sobald die Auslegung neuer Sinneinheiten keinen Zuwachs zur Formulierung der Strukturhypothese mehr beiträgt, der Text also maximal im Hinblick auf die Fragestellung ausgeschöpft (Exhaustationsprinzip) ist (vgl. zur Entfaltung einer Strukturhypothese im Sinne der „Explikation einer Theorie in der Sprache des Falles" OEVERMANN 1983a, 246).

Die auf die dargestellte Weise ermittelte Strukturhypothese beantwortet die Frage, welche soziale Konfiguration (latente Sinnstruktur) sich im vorliegenden Fall - objektiv - konstituiert hat. Die ausgeschiedenen Lesarten zeigen auf, was der Fall auch hätte sein können, 'faktisch aber nicht ist beziehungsweise nicht wurde'.

Die erarbeitete Strukturhypothese sollte schließlich durch ein weiteres Überprüfen beziehungsweise 'Austesten' am Text auf ihre Güte hin untersucht werden. Dazu wird eine weitere Sequenz entweder zufällig aus dem Text ausgewählt

---

[3] Bei der These, daß die objektive Hermeneutik extrem zeitaufwendig sei, handelt es sich um einen mehr oder weniger ungeprüft weitergereichten Mythos (vgl. zuletzt FLICK 1995, 231).

und nach den beschriebenen Vorgaben interpretiert oder es werden Textstellen, die dem Augenschein nach der Strukturhypothese widersprechen, zielgerichtet ausgesucht und interpretiert.
Und nun viel Erfolg beim Interpretieren.

Literatur

ACKERMANN, Friedhelm 1994: Die Modellierung des Grauens. In: GARZ, D./KRAIMER, K. (Hg.): Die Welt als Text. Theorie, Kritik und Praxis der objektiven Hermeneutik. Frankfurt a.M., S. 195-225.
ACKERMANN, Friedhelm/Ursula BLÖMER/Detlef GARZ 1995: „Schimanski! Schimanski ist toll." Identitätsentwicklung in einer Individualität verneinenden Gesellschaft. In: KRÜGER, H.-H./W. MAROTZKI (Hg.): Erziehungswissenschaftliche Biographieforschung. Opladen, S. 158-174.
AUFENANGER, Stefan/Detlef GARZ/Klaus KRAIMER 1994: Pädagogisches Handeln und moralische Atmosphäre. In: GARZ, D./K. KRAIMER (Hg.): Die Welt als Text. Theorie, Kritik und Praxis der objektiven Hermeneutik. Frankfurt a.M., S. 226-246.
CAESAR-WOLF, Beatrice/Thomas ROETHE 1983: Soziologische Textinterpretation einer Interaktionssequenz. In: Bildung und Erziehung 36, S. 157-171.
ENGLISCH, Felicitas 1991: Bildanalyse in strukturalhermeneutischer Einstellung. In: GARZ, D./K. KRAIMER (Hg.): Qualitativ-empirische Sozialforschung. Opladen, S. 133-176.
FLICK, Uwe 1995: Qualitative Forschung. Reinbek.
FRANKE, Elk 1991: Fußballfans - eine Herausforderung an das wissenschaftliche Arbeiten. In: GARZ, D./K. KRAIMER (Hg.): Qualitativ-empirische Sozialforschung. Opladen, S. 177-211.
GARZ, Detlef 1989: Theorie der Moral und gerechte Praxis. Opladen.
GARZ, Detlef 1995: Entwicklungslinien qualitativ-empirischer Sozialforschung. In: KÖNIG, E./P. ZEDLER (Hg.): Bilanz qualitativer Sozialforschung. Bd. 1. Weinheim, S. 11-32.
GARZ, Detlef/Klaus KRAIMER (Hg.) 1983: Brauchen wir andere Forschungsmethoden? Frankfurt a.M.
GARZ, Detlef/Klaus KRAIMER (Hg.) 1991: Qualitativ-empirische Sozialforschung. Opladen.
GARZ, Detlef/Klaus KRAIMER (Hg.) 1994: Die Welt als Text. Theorie, Kritik und Praxis der objektiven Hermeneutik. Frankfurt a.M.
HAUPERT, Bernhard 1994: Objektiv-hermeneutische Fotoanalyse am Beispiel von Soldatenfotos aus dem Zweiten Weltkrieg. In: GARZ, D./K. KRAIMER (Hg.): Die Welt als Text. Theorie, Kritik und Praxis der objektiven Hermeneutik. Frankfurt a.M., S. 281-314.
HEINZE, Thomas 1992^2: Qualitative Sozialforschung. Opladen.
JAMES, D. 1990: The city as text. New York: Cambridge University Press.
LANFRANCHI, Andrea 1993: Immigranten und Schule. Opladen.
LENSSEN, Margrit/Stefan AUFENANGER 1986: Zur Rekonstruktion von Interaktionsstrukturen. Neue Wege zur Fernsehanalyse. In: AUFENANGER, St./M. LENSSEN (Hg.): Handlung und Sinnstruktur. München, S. 123-204.
LEVINSON, Stephen C. 1983: Pragmatics. New York: Cambridge University Press.
LOER, Thomas 1994: Werkgestalt und Erfahrungskonstitution. In: GARZ, D./K. KRAIMER (Hg.): Die Welt als Text. Theorie, Kritik und Praxis der objektiven Hermeneutik. Frankfurt a.M., S. 341-382.
OEVERMANN, Ulrich 1976: Programmatische Überlegungen zu einer Theorie der Bildungsprozesse und zur Strategie der Sozialisationsforschung. In: HURRELMANN, K. (Hg.): Sozialisation und Lebenslauf. Reinbek, S. 34-52.

OEVERMANN, Ulrich 1979: Sozialisationstheorie. Ansätze zu einer soziologischen Sozialisationstheorie und ihre Konsequenzen für die allgemeine soziologische Analyse. In: LÜSCHEN, G. (Hg.): Deutsche Soziologie seit 1945. (Sonderheft 21 der Kölner Zeitschrift für Soziologie und Sozialpsychologie). Opladen, S. 143-168.

OEVERMANN, Ulrich 1981: Professionalisierung der Pädagogik - Professionalisierbarkeit pädagogischen Handelns. Ms. Berlin.

OEVERMANN, Ulrich 1983: Hermeneutische Sinnrekonstruktion als Therapie und Pädagogik mißverstanden, oder: Das notorische strukturtheoretische Defizit pädagogischer Wissenschaft. In: GARZ, D./K. KRAIMER (Hg.): Brauchen wir andere Forschungsmethoden? Frankfurt a.M., S. 113-155.

OEVERMANN, Ulrich 1983: Zur Sache. In: von FRIEDEBURG, L./J. HABERMAS (Hg.): Adorno-Konferenz 1983. Frankfurt a.M., S. 234-289. (a)

OEVERMANN, Ulrich 1986: Kontroversen über sinnverstehende Soziologie. In: AUFENANGER, St./M. LENSSEN (Hg.): Handlung und Sinnstruktur. München, S. 19-83.

OEVERMANN, Ulrich 1987: Eugene Delacroix - biographische Konstellation und künstlerisches Handeln. In: Georg Büchner Jahrbuch 6 (1986/87), S. 12-58.

OEVERMANN, Ulrich 1991: Genetischer Strukturalismus und das sozialwissenschaftliche Problem der Erklärung der Entstehung des Neuen. In: MÜLLER-DOOHM, St. (Hg.): Jenseits der Utopie - Theoriekritik der Gegenwart. Frankfurt a.M., S. 267-336.

OEVERMANN, Ulrich 1993: Die objektive Hermeneutik als unverzichtbare methodologische Grundlage für die Analyse von Subjektivität. In: JUNG, T./St. MÜLLER-DOOHM (Hg.): 'Wirklichkeit' im Deutungsprozeß. Frankfurt a.M., S. 106-189.

OEVERMANN, Ulrich/Tilmann ALLERT/Elisabeth KONAU/Jürgen KRAMBECK 1979: Die Methodologie einer 'objektiven Hermeneutik' und ihre allgemeine forschungslogische Bedeutung in den Sozialwissenschaften. In: SOEFFNER, H.-G. (Hg.): Interpretative Verfahren in den Sozial- und Textwissenschaften. Stuttgart, S. 352-434.

PETERS, Nils 1995: Grundkonzepte der objektiven Hermeneutik. Ms. Oldenburg/St. Gallen.

REICHERTZ, Jo 1991: Objektive Hermeneutik. In: FLICK, U. et al. (Hg.): Handbuch Qualitative Sozialforschung. München, S. 223-228.

REICHERTZ, Jo 1995: Objektive Hermeneutik - Darstellung und Kritik. In: KÖNIG, E./P. ZEDLER (Hg.): Bilanz qualitativer Sozialforschung. Bd. 2. Weinheim, S. 379-423.

SMUDA, Manfred (Hg.) 1992: Die Großstadt als 'Text'. München.

SUTTER, Hansjörg 1995: Bildungsprozesse des Subjekts in soziologisch-strukturtheoretischer Perspektive. Diss. Heidelberg.

WEINREICH, Harald 1993: Textgrammatik der deutschen Sprache. Mannheim.

Christiane Schmidt

„Am Material": Auswertungstechniken für Leitfadeninterviews[1]

Aus neunzig Minuten Leitfadeninterview werden pro Fall - je nach Verschriftungsweise - etwa fünfzig bis hundert Seiten Text. Hinzu kommen häufig ausführliche, fallbezogene Feldnotizen. Insgesamt entsteht eine beachtliche Textmenge. Das Gefühl, in dieser Materialflut zu „ertrinken", erleben nicht nur Anfänger und Anfängerinnen. Im folgenden Beitrag sollen Auswertungstechniken vorgestellt werden, die hilfreich sein können, um die Fülle des Materials zu nutzen.[2]
Die Reihenfolge, in der die Techniken hier dargestellt sind, entspricht einem chronologischen, schrittweisen Auswertungsverlauf: Als erster Auswertungsschritt wird erläutert, wie - in Auseinandersetzung mit dem Material - Auswertungskategorien entwickelt werden. Als zweiter Schritt wird dargestellt, wie das Material codiert, d.h. unter ausgewählten Auswertungskategorien verschlüsselt wird. Aus der Codierung ergeben sich - drittens- Fallübersichten, die eine Basis bilden für die Auswahl von Fällen für vertiefende Analysen. Solche Fallanalysen werden hier als vierter und letzter Schritt vorgestellt. Die einzelnen Techniken werden ausführlich und an Beispielen erläutert. Die Beispiele zur Veranschaulichung der Techniken stammen überwiegend aus einer Untersuchung, in der es um rechtsextreme Orientierungen und familiale Beziehungserfahrungen geht (HOPF u.a. 1995). An dieser Untersuchung orientiert sich auch die Darstellung der Reihenfolge der Auswertungsschritte. Vergleichend und ergänzend werden Varianten der beschriebenen Techniken vorgestellt.
Die Darstellung erhebt nicht den Anspruch, einen möglichst vollständigen Katalog von Auswertungstechniken zu präsentieren. In der Methodenliteratur existieren bereits eine ganze Reihe von Beschreibungen, die einen Überblick über Auswertungstechniken und -ansätze geben (vgl. z.B. FLICK 1995, S. 232 ff; MAYRING 1993, S. 76-97; MAYRING 1983, S. 51-54; WITZEL 1982, S. 53-65). Hier ist dagegen beabsichtigt, eine mögliche Auswertungsstrategie, d.h. eine Zusammenstellung von einzelnen Techniken, aufzuzeigen, die speziell für Leitfadeninterviews geeignet ist.
Auswertung wird in der folgenden Darstellung als „Austauschprozeß" betrachtet. „Entscheidendes Merkmal qualitativer Forschung ist ..., daß die vorhande-

---

[1] Der Begriff Leitfadeninterview wird hier in Abgrenzung zum erzählgenerierenden Interview benutzt. Vgl. zu dieser Abgrenzung Barbara FRIEBERTSHÄUSERs Übersicht zu Interviewtechniken in diesem Band.
[2] Für wichtige Kritik an ersten Entwürfen zu diesem Beitrag danke ich den beiden Herausgeberinnen sowie Christel Hopf, Christian Seipel und dem Habil./Diss.-Kolloquium der Universität Hildesheim. Für seine Anregungen zur Endfassung danke ich Peter Rieker.

nen Erwartungen und theoretischen Überzeugungen nach Möglichkeit offenen Charakter haben sollen. Sie sollen - idealiter - in einem steten Austauschprozeß zwischen qualitativ erhobenem Material und zunächst noch wenig bestimmtem theoretischen Vorverständnis präzisiert, modifiziert oder revidiert werden." (HOPF/WEINGARTEN 1979, S. 15) Als in diesem Sinne ständiger Austauschprozeß läßt sich die im folgenden vorgestellte Auswertungsstrategie charakterisieren. Auswertung wird nicht auf eine „Auswertungsphase" begrenzt, in der die transkribierten Interviews analysiert werden, sondern als schon während der Erhebung beginnender fortlaufender Prozeß beschrieben. Dieser Prozeß wird als Austausch zwischen erhobenem Material in Form von Interviewtranskripten und Feldnotizen auf der einen Seite und dem theoretischen Vorverständnis auf der anderen Seite verstanden.

Innerhalb der qualitativen Forschung gibt es unterschiedliche Positionen dazu, inwieweit der explizite Bezug auf ein theoretisches Vorverständnis für sinnvoll erachtet wird. Vor allem Forscher und Forscherinnen, die sich auf GLASERs und STRAUSS' Ansatz der „grounded theory" beziehen, betonen eine weitgehende theoretische Offenheit und verstehen sich als explorativ, hypothesen- und theoriengenerierend. Die Studie, an deren Beispiel im folgenden Auswertungstechniken erläutert werden, läßt sich von ihrem methodologischen Ansatz her dagegen als „theorieorientiert" beschreiben, d.h. sie bezieht sich auf Theorietraditionen und will nicht nur Hypothesen generieren und weiterentwickeln, sondern auch Hypothesen überprüfen.[3] Um diese unterschiedlichen Positionen zur „theoretischen Offenheit" zu berücksichtigen, wird im folgenden auf entsprechende Varianten der ausführlich dargestellten Techniken eingegangen oder verwiesen.

Die im folgenden im Zentrum stehende Auswertungsstrategie des „Austausches" zwischen erhobenem Material und theoretischen Vorüberlegungen läßt sich als inhaltsanalytisches Verfahren beschreiben. Wilfried BOS und Christian TARNAI unterscheiden zwei inhaltsanalytische Verfahrensweisen: die „hermeneutisch-interpretierende" und die „empirisch-erklärende" Inhaltsanalyse. Gemäß dieser Einteilung ist die hier vorgestellte Auswertungsstrategie eine Form der qualitativen Analyse, die als Mischform zwischen diesen Zugangsweisen verstanden werden kann (vgl. BOS/TARNAI 1989, S. 2 u. S. 7).

Das „Material" bildet den Ausgangspunkt für alle hier beschriebenen Auswertungsschritte. Einleitend werden deshalb Interviewtranskripte und Feldnotizen behandelt. In den nächsten Abschnitten werden dann die einzelnen Auswertungsschritte und Varianten beschrieben und diskutiert. Abschließend wird die vorgestellte Auswertungsstrategie noch einmal zusammengefaßt und kritisch

---

[3] Hier sind nicht Hypothesen generellen Geltungsanspruches gemeint, die nur im Rahmen repräsentativer Stichproben überprüft werden könnten, sondern auf Einzelfälle bezogene Hypothesen. Ziel ist -, ähnlich wie im Ansatz der „analytischen Induktion" - die Hypothesen und den theoretischen Rahmen weiterzuentwickeln (vgl. zum Ansatz der Studie HOPF u.a. 1995, 23 f; zur methodologischen Position der Hypothesenüberprüfung HOPF 1996; zum Ansatz der analytischen Induktion BÜHLER-NIEDERBERGER 1991 und LAMNEK 1995).

betrachtet. Ziel ist, dazu anzuregen, eigene Auswertungsstrategien auszuprobieren.

Das Material: Interviewtranskripte und Feldnotizen

Interviewtranskripte

Leitfadeninterviews werden meistens mit einem Cassettenrekorder aufgezeichnet und anschließend verschriftet,[4] um alles während des Interviews Gesprochene so wortgetreu und vollständig wie möglich in Form eines geschriebenen Textes festzuhalten und später auswerten zu können. Für die Verschriftung, die auch Transkription genannt wird, gibt es unterschiedliche Regeln, die vor allem vom Forschungsinteresse und vom Auswertungsansatz abhängen. In solchen Transkriptionsregeln wird u.a. festgehalten, ob und in welcher Form Sprechpausen, Versprecher, Veränderungen der Lautstärke, Betonungen, Unterbrechungen und ähnliches vermerkt werden sollen. Es ist deshalb wichtig, sich vor der Transkription zu überlegen, welcher „Genauigkeitsgrad" für die geplante Auswertung sinnvoll ist (vgl. hierzu FLICK 1995, S. 192 f). Wenn es in den Interpretationen z.B. um emotionale Aspekte geht, können Pausen, Wortstellungen und Versprecher für die Interpretation wichtig sein.

Um sicherzustellen, daß die Transkripte den Gesprächsverlauf möglichst genau und wörtlich dokumentieren, ist es neben detaillierten Anweisungen an die Verschrifter und Verschrifterinnen unbedingt notwendig, daß die Transkripte Wort für Wort mit der Tonbandaufzeichnung verglichen und korrigiert werden - nach Möglichkeit von den Forschern und Forscherinnen selbst. Dabei kann dann auch gleichzeitig die Anonymisierung[5] der Texte vorgenommen werden. Dieses aufwendige Verfahren des Korrekturhörens ist notwendig, um später bei der Analyse Fehlinterpretationen zu vermeiden, die auf Übertragungsfehler zurückgehen. In einigen Forschungstraditionen gibt es feststehende Transkriptionsregeln (z.B. für narrative Interviews; ein Beispiel gibt SÜDMERSEN 1983; Beispiele zu Leitfadeninterviews z.B. in MAYRING 1983, S. 44 und 103 ff und zu Transkriptionsregeln z.B. in HOPF/SCHMIDT 1993).

Feldnotizen

Bei aller Unterschiedlichkeit betonen die meisten Forscher und Forscherinnen, die mit qualitativen Leitfadeninterviews arbeiten, die Notwendigkeit, die Forschungssituation in die Interpretation der erhobenen Daten einzubeziehen. „Anders als bei quantitativer Forschung wird bei qualitativen Methoden die Kommunikation des Forschers mit dem jeweiligen Feld und den Beteiligten zum expliziten Bestandteil der Erkenntnis, statt sie als Störvariable soweit wie

---

[4] Heutzutage meist mit Hilfe eines Textverarbeitungsprogramms (vgl. hierzu den Beitrag von Udo KUCKARTZ in diesem Band).

[5] Alle Ortsnamen und Eigennamen sowie andere Angaben, nach denen die Befragten oder Personen aus ihrem Umfeld identifiziert werden könnten, werden durch allgemeine Bezeichnungen (wie z.B. „Kleinstadt") ersetzt.

möglich ausschließen zu wollen." (FLICK 1995, S. 15) Dieses Postulat der Reflexivität bedeutet für die Auswertung von Leitfadeninterviews, daß sie sich nicht ausschließlich auf die Analyse des fertig erhobenen und verschrifteten Interviews beschränken kann. Zusätzlich zu den Interviews wird der Erhebungsprozeß selbst zum Gegenstand der Analyse. Die Situation, in der das zu interpretierende Material entstanden ist, und wie diese Interviewsituation von den Beteiligten erlebt worden ist, wird in die Interpretation einbezogen. Um diese Informationen auswerten zu können, müssen sie festgehalten werden. Hierzu werden z.b. Forschungstagebücher geführt (vgl. VON WERDER 1992, S. 17 ff) oder Protokolle zum Ablauf der Interviews angefertigt, die die subjektiven Eindrücke des Forschers in Form von Notizen beinhalten (vgl. hierzu den Abschnitt zur Nachbereitung von Interviews in der Übersicht zu Interviewtechniken von Barbara FRIEBERTSHÄUSER in diesem Band. Vgl. z.B. auch HOPF/SCHMIDT 1993, S. 34 f; WITZEL 1982, S.110 f und 1996, S. 57).

Kategorienbildung am Material

Eine Möglichkeit, in die Analyse des transkribierten Materials einzusteigen, ist, das Material daraufhin durchzusehen und zu kennzeichnen, welche Themen und Aspekte vorkommen. Im Unterschied zu sequentiellen Techniken, die nacheinander jede Interview-Sequenz für sich interpretieren, um die Texte nicht „auseinanderzureißen" und um texteigene Strukturen zu erkennen,[6] handelt es sich hier um Techniken, die das Material nach Themen oder Einzelaspekten ordnen und thematisch zusammenfassen. Solche Themen und Aspekte, nach denen das Material „sortiert" wird, werden im folgenden als Auswertungskategorien bezeichnet.

Keine vorfixierten Auswertungskategorien

Auswertungskategorien können nicht oder zumindest nicht ausschließlich schon vor der Erhebung bestimmt und festgelegt werden. Die Kategorien lassen sich vielmehr häufig erst aus dem erhobenen Material heraus entwickeln. Dies hängt zusammen mit dem Anspruch der Offenheit, der qualitative Forschung auszeichnet. Es lassen sich zwei Ebenen der Offenheit unterscheiden: technische Offenheit und theoretische Offenheit.

Auf einer technischen Ebene hängt es mit der offenen Fragetechnik bei der Erhebung zusammen, daß die Auswertungskategorien nicht vor der Erhebung festgelegt werden können. Ziel der offenen Fragetechnik ist, die Befragten mit offenen Fragen und Diskussionsanreizen in der Interviewsituation dazu anzuregen, sich in selbstgewählten, eigenen, alltagssprachlichen Formulierungen zu bestimmten Themen zu äußern, und ihnen dabei Raum zu lassen auch für komplexe und widersprüchliche Argumente. In Leitfadeninterviews, um deren Auswertung es hier geht, sind die Themen zwar vorgegeben, jedoch meist nicht in einer starren Reihenfolge oder in festgelegten Formulierungen, sondern eher im

---

[6] Vgl. zu sequentiellen Vorgehensweisen die Beiträge von Detlef GARZ und Gisela JAKOB in diesem Band.

Sinne von Themenvorschlägen. Die Fragen sind auch insofern offen, daß sie keine festgelegten Antwortalternativen vorgeben. Leitfadeninterviews enthalten häufig erzählgenerierende Passagen, die mit offenen Erzählanforderungen eingeleitet werden (vgl. zur Offenheit von Leitfadeninterviews und zur Abgrenzung zu erzählgenerierenden Interviews Barbara FRIEBERTSHÄUSER in diesem Band). Um der fragetechnischen Offenheit auch in der Auswertung zu entsprechen, ist es wichtig, dem Material keine deutenden und ordnenden Kategorien von außen aufzudrängen und überzustülpen. Es kommt vielmehr darauf an, die Formulierungen der Befragten aufzugreifen und herauszufinden, welchen Sinngehalt sie damit verbinden. Wenn vorgefertigte Auswertungskategorien „von außen" an das Material herangetragen werden, besteht die Gefahr, die selbstgewählten, alltagssprachlichen Formulierungen der Befragten vorschnell einzuordnen, ohne ihren Sinngehalt zu beachten, der sich von dem der Forscher und Forscherinnen unterscheiden kann. Vorfixierte Auswertungskategorien wären zudem wenig geeignet, neue, unvorhergesehene Themen und Aspekte, die aufgrund der Offenheit der Interviewfragen auftauchen können, im Material zu entdecken.

Auf der Ebene der theoretischen Offenheit wird an den theoretischen Zugang zur untersuchten Realität der Anspruch gestellt, „offen" zu sein. Selbst in Ansätzen, die nicht auf ein theoretisches Vorverständnis verzichten, wird dessen offener Charakter betont. Dies bedeutet, daß Auswertungskategorien nicht einfach aus den theoretischen, am Stand der Forschung orientierten Vorannahmen abgeleitet werden können. Sie können allenfalls teilweise vor der Erhebung entworfen werden, sollen jedoch im Verlauf der Erhebung verfeinert und überarbeitet oder durch neue Kategorien ersetzt oder ergänzt werden.

Entwickeln von Auswertungskategorien am Material

Die Bildung von Auswertungskategorien wird im folgenden als Prozeß der Auseinandersetzung mit dem Material vor dem Hintergrund theoretischer Überlegungen verstanden. In diesem Sinne läßt sich der Auswertungsschritt wie folgt charakterisieren: Aus der Fragestellung, theoretischen Traditionen und vorliegenden Forschungsergebnissen abgeleitete, zunächst eher vage Kategorien werden während der Erhebung und Auswertung ausdifferenziert, präzisiert, modifiziert und ergänzt bzw. ersetzt. Hieraus werden Auswertungskategorien abgeleitet und in einem Codierleitfaden zusammengestellt, auf dessen Grundlage dann der nächste Auswertungsschritt - das Codieren der Interviews - erfolgt.[7] Die wesentliche Arbeit bei der Entwicklung von Auswertungskategorien besteht vor allem in der intensiven Auseinandersetzung mit dem Material, d.h. mit den verschrifteten Interviews und den Feldnotizen, allein und im Forschungsteam, sowie in der Auseinandersetzung mit theoretischen Vorüberlegungen. Besonders wichtig sind zunächst das intensive mehrmalige Lesen der Transkripte und der Feldnotizen sowie der diskursive Austausch darüber im Forschungs-

---

[7] Vgl. hierzu auch den Beitrag von Udo KUCKARTZ in diesem Band, der die Technik der Definition von Kategorien oder eines Systems von Kategorien als Basis der computergestützten Auswertung beschreibt.

team. Beim Lesen der Transkripte kann es hilfreich sein, neben den Text Anmerkungen zu schreiben oder ein „Glossar" anzulegen (vgl. hierzu auch WITZEL 1996; vgl. hierzu auch die im nächsten Abschnitt unter den Varianten beschriebene Technik des Paraphrasierens nach MAYRING 1983; allgemeine Hilfen und Anregungen für die systematische Auseinandersetzung mit Texten, die sich auf das Lesen von „Interviews" übertragen lassen, finden sich bei STARY/ KRETSCHMER 1994). Ziel des intensiven Lesens ist, die Formulierungen, die die Befragten verwenden, zu verstehen und unter „Überschriften" zusammenzufassen. Das eigene theoretische Vorverständnis und die eigenen Fragestellungen lenken dabei bewußt die Aufmerksamkeit, so daß im Text zu ihnen passende Passagen und auch Textstellen, die den Erwartungen nicht entsprechen, entdeckt werden können.[8] Es handelt sich um einen Austauschprozeß insofern, als weder die Formulierungen der Befragten noch die aus theoretischen Vorüberlegungen abgeleiteten Begriffe schon fertige Auswertungskategorien sind, die nur übernommen werden müssen. Die aus theoretischen Vorüberlegungen abgeleiteten Begriffe müssen dem Material angepaßt und ergänzt, vielleicht auch ersetzt werden. Es handelt sich um einen kreativen Prozeß, in dessen Verlauf auch die theoretischen Vorannahmen infrage gestellt werden können. In diesen Prozeß bringen die Forscher und Forscherinnen vor allem Neugier, Intuition, Erfahrung und Sensibilität ein.

Die Zweifel, die einen solchen „Austauschprozeß" begleiten, beschrieb Heinrich POPITZ, der zusammen mit Hans Paul BAHRDT und anderen das Gesellschaftsbild des Arbeiters untersuchte, vor etwa 40 Jahren wie folgt: „Wahrscheinlich haben wir bestimme Vorstellungen und vielleicht auch Vorurteile an die Texte herangetragen. Selbst wenn man nicht von vornherein das Material durch eine begriffliche Systematik präjudiziert, sondern sich von den Texten führen und belehren läßt, bleibt es immer noch sehr fraglich, ob die zutreffenden Eindrücke schließlich den angemessenen begrifflichen Ausdruck erhalten." (POPITZ u.a. 1972, zuerst 1957, S. 185).[9]

Der Prozeß der Kategorienbildung am Material soll nun am Beispiel der Entwicklung von Auswertungskategorien zur Analyse „rechtsextremer Orientierungen" veranschaulicht werden. Im übernächsten Abschnitt werden dann Varianten der Kategorienbildung aufgezeigt.

In der qualitativen Studie, der das Beispiel entnommen ist, geht es um die Bedeutung von Beziehungserfahrungen in der Familie für die Herausbildung rechtsextremer Orientierungen.[10] Ziel der Studie war, aus den Theorietraditio-

---

[8] „Selbst die Aufmerksamkeit für Beobachtungen, die dem eigenen theoretischen Vorverständnis widersprechen, wird in mancher Hinsicht durch explizit formulierte Vorannahmen erhöht, da diese einen bewußteren Umgang mit dem eigenen Vorverständnis ermöglichen können als eine fiktive theoretische Offenheit." (HOPF u.a. 1995, S. 24).

[9] Im Unterschied zu dem hier beschriebenen Ansatz geht es in der „POPITZ/ BAHRDT"-Studie um Typenbildung, für die Kriterien im Material gesucht werden. Vgl. hierzu auch weiter unten den Abschnitt Varianten.

[10] In diesem Forschungsprojekt, in dem Christel HOPF, Peter RIEKER, Martina SANDEN-MARCUS und ich gearbeitet haben, wurden 25 junge Männer - Auszubildende, Facharbeiter oder Handwerker - teils rechtsextrem orientiert, teils nicht rechts-

nen der Autoritarismus- und Bindungsforschung[11] abgeleitete Zusammenhangshypothesen zu überprüfen. Das Forschungsinteresse der Studie richtete sich weniger auf organisierte Formen des Rechtsextremismus - wie etwa die Zugehörigkeit zu einer rechtsextremen Partei oder Gruppierung - sondern insbesondere auf die Anfälligkeit für rechtsextreme Orientierungen. Die Bestimmung entsprechender Auswertungskategorien läßt sich als Wechselspiel zwischen der Auseinandersetzung mit vorliegenden theoretischen und empirischen Konzepten, unterschiedlichen theoretischen Auffassungen in der Forschungsgruppe und ersten Felderfahrungen beschreiben.

Eine wichtige Rolle spielte z.B. der Austausch von Beobachtungen und Eindrücken im Forschungsteam nach den ersten Felderkundungen, die zur Aufnahme des Kontaktes mit den Befragten dienten. Einerseits erzählten z.b. die Lehrerinnen und Sozialarbeiter, die den Kontakt vermittelten, von ihren Erfahrungen mit den Jugendlichen, anderseits mußten die Forscher und Forscherinnen ihnen erklären, welche Interviewpartner gesucht wurden. Zu den Beobachtungen und Eindrücken wurden Protokolle verfaßt. Häufig wurde auch spontan in der Projektgruppe darüber berichtet, was dann immer von besorgten Nachfragen der anderen im Team begleitet war: Hast du das aufgeschrieben?

Die Kategorienentwicklung beginnt also nicht erst in der Auswertungsphase, sondern schon in der ersten Erhebungsphase. Sie ist orientiert an der Fragestellung und zugrundeliegenden Theorietraditionen und am Stand der Forschung. In Auseinandersetzung mit der Literatur, in Verständigungsprozessen innerhalb des Forschungsteams und angeregt durch Beobachtungen und Erkenntnisse aus ersten Felderkundungen sowie aus Probeinterviews werden Kategorien entworfen, diskutiert und ausdifferenziert. Auf der Grundlage von theoretischen Überlegungen und ersten Felderfahrungen werden Fragen für den Interviewleitfaden entworfen und nach Probeinterviews weiter ausdifferenziert und modifiziert. Der Interviewleitfaden läßt sich als Übersetzung der Kategorie-Entwürfe in Fragen und einzelne Frageaspekte beschreiben. Der Leitfaden stellt insofern ein Zwischenergebnis des forschungsbegleitend entwickelten Kategorienverständnisses dar.

Aufgrund von Überlegungen und Diskussionen auf der Basis von Auseinandersetzungen mit Literatur sowie von ersten Erfahrungen im Feld wurde im Projekt „Familie und Rechtsextremismus" z.B. entschieden, den Themenbereich „Umgang mit der nationalsozialistischen Vergangenheit" in die Analyse einzu-

---

extrem orientiert, in ausführlichen qualitativen Interviews nach ihren Kindheitserinnerungen - insbesondere an soziale Beziehungen in der Familie -, nach ihren aktuellen sozialen Beziehungen sowie nach politischen und moralischen Orientierungen ausführlich befragt. Die einzelnen Interviews dauerten im Durchschnitt jeweils etwa zwei Stunden; sie wurden per Tonband aufgezeichnet und vollständig und wörtlich verschriftet. Die Untersuchung fand in den Jahren 1991-1993 statt (vgl. HOPF/ SCHMIDT 1993; HOPF u.a. 1995).

[11] Vgl. hierzu HOPF 1990 sowie AINSWORTH/BOWLBY 1991.

beziehen. Der Interviewleitfaden[12] enthält hierzu ein Diskussionsangebot zum Thema „Schlußstrich unter die deutsche Vergangenheit ziehen?".
Ein weiterer, nächster Schritt der materialorientierten Kategorienbildung ist die Zusammenstellung von Auswertungskategorien für einen Auswertungs- oder Codierleitfaden. Für diesen werden nicht einfach die Fragen und Aspekte des Interviewleitfadens[13] übernommen. Letztere bilden nur *einen* Ausgangspunkt. Die Beschreibung der Auswertungskategorien und ihre Zusammenstellung für einen Codierleitfaden orientiert sich darüber hinaus einerseits wiederum am Material, d.h. die ersten vorliegenden Interviewtranskripte werden korrigierend für das bis dahin entwickelte Kategorienverständnis herangezogen. Andererseits orientieren sich die Auswertungskategorien im Codierleitfaden an der Fragestellung und an zugrundeliegenden Theorietraditionen. Die Kategorien dieses Auswertungsleitfadens bündeln somit theoretische Überlegungen, Erfahrungen und Beobachtungen, die während der Feldphase gemacht wurden, sowie erste Eindrücke und Interpretationen zu den Interviews.
Der dritte und letzte Schritt der Entwicklung von Auswertungskategorien am Material ist die Überarbeitung der im Codierleitfaden beschriebenen und zusammengestellten Auswertungskategorien aufgrund von Effektivitätskontrollen, die vor allem in diskursiver Form im Forschungsteam stattfinden. Textstellen in den Interviewtranskripten, die für die Fragestellung interessant sind, jedoch nicht zu den bisher entwickelten Auswertungskategorien passen, können zu einer Erweiterung des Codierleitfadens führen. Ebenso kann sich z.B. herausstellen, daß Kategorien im Codierleitfaden nicht differenziert genug dargestellt sind, um Differenzen zwischen den Interviews zu erfassen. Aufgrund der Erfahrungen können Auswertungskategorien auch ganz wieder herausgenommen werden oder trotz Problemen beibehalten und mit der Warnung versehen werden, besonders vorsichtig damit umzugehen.
Als Beispiel soll hier die Auswertungskategorie „Auseinandersetzung mit der nationalsozialistischen Vergangenheit" herangezogen werden. Aufgrund von Erfahrungen während der Interviews sowie während der Codierung der Probeinterviews und der ersten Interviews schien sich zu ergeben, daß die Differenzen zwischen den Interviews sehr gering sind: In fast allen Interviews fanden sich Abwehr und Unlust, sich kritisch mit der faschistischen Vergangenheit auseinanderzusetzen. Betrachtete man jedoch die Begründungen, zeigten sich wichtige Unterschiede zwischen den Interviews: Während einige die nationalsozialistische Vergangenheit relativieren, bagatellisieren und verleugnen oder sogar positive Seiten darin sehen, finden sich solche Argumente bei anderen nicht (vgl. RIEKER/SANDEN-MARCUS in HOPF u.a. 1995, S. 47 ff). Es war also wichtig, die Auswertungskategorie entsprechend auszudifferenzieren.

---

[12] In einem Sammelband zum methodischen Vorgehen der Studie, der über das Institut für Sozialwissenschaften der Universität Hildesheim bezogen werden kann, sind die Interviewleitfäden vollständig dokumentiert (HOPF/SCHMIDT (Hg.) 1993).
[13] Vgl. zur Konstruktion von Auswertungsleitfäden z.B. auch BECKER-SCHMIDT u.a. (1982, S. 109 f); MAYRING 1983, S. 85 ff) und WITZEL (1996, S. 57), der die Themen des Interviewleitfadens für die Auswertung nutzt.

Ein technisches Problem der prozeßbegleitenden Ausdifferenzierung der Auswertungskategorien des Codierleitfadens ist, daß alle Änderungen der Auswertungskategorien für die vor der jeweiligen Änderung codierten Fälle nachgetragen werden müssen. Über die Änderung der Kategorien muß deshalb das gesamte Forschungsteam informiert sein und entscheiden (vgl. hierzu weiter unten den Abschnitt zum konsensuellen Codieren).

Der Prozeß der Auseinandersetzung mit dem Material wurde bisher als Technik beschrieben, eher „handwerklich" im Sinne der Produktion von Auswertungskategorien für einen Codierleitfaden. In diesem Prozeß können auch die eigenen theoretischen Vorannahmen weiterentwickelt oder verändert werden. Sie werden „am Material" angereichert und korrigiert, und es können neue Annahmen entstehen.[14]

Varianten der Kategorienbildung am Material

Hier soll zuerst auf eine Variante eingegangen werden, in der die Theorieerzeugung aus dem Material heraus im Zentrum steht: Theoretical Coding nach GLASER und STRAUSS, eine Vorgehensweise bzw. ein Vorgehensprinzip, die sich etwa als theoretische Konzeptbildung am Material erklären lassen. Anschließend werden noch einige Einzeltechniken vorgestellt: die sehr verbreitete Technik der „zusammenfassenden Interpretation" als Teilschritt der qualitativen Inhaltsanalyse nach MAYRING sowie Teilschritte eines Verfahrens zur Auswertung „ problemzentrierter Interviews" nach WITZEL. Außerdem werden Untersuchungsbeispiele angeführt, in denen nicht von Kategorien gesprochen wird, sondern von „Kriterien für Typen" (POPITZ u.a.) und von „Argumentationskonfigurationen" (BECKER-SCHMIDT u.a.). Den ausgewählten Verfahren kann ich hier in ihrer Komplexität nicht gerecht werden. Ich verweise deshalb auf Literatur und beschränke mich hier vor allem auf forschungspraktische Aspekte, in denen sie sich von dem oben ausführlich beschriebenen Verfahren unterscheiden[15].

Theoretisches Kodieren (Theoretical Coding: GLASER/STRAUSS)

Die Auswertung qualitativ erhobener Daten nach GLASER/STRAUSS, aus der hier Teilschritte kurz vorgestellt werden sollen, ist keine spezielle Auswertungstechnik, sondern ein Auswertungsprinzip, das sich kurz beschreiben läßt als „kreatives Konstruieren von Theorien..., die gleichzeitig fortlaufend an den Daten kontrolliert werden" (WIEDEMANN 1991, S. 440). Als Grundformen lassen sich nennen: das „theoretical sampling", d.h. die von der Theorieentwicklung geleitete, forschungsbegleitende Auswahl der zu erhebenden bzw. zu analysierenden Fälle, das „theoretical coding", auf das hier näher eingegangen werden soll, und das Erstellen von Memos, d.h. die laufende Sammlung und

---

[14] Vgl. hierzu den interaktionistischen Ansatz der „sensitizing concepts" (BLUMER 1970, zuerst 1954; DENZIN 1970).

[15] Ich gehe hier nicht auf Auswertungsverfahren ein, die mit - in einem Auswertungsraster festgelegten - Kategorien arbeiten. Ein solches enges Raster wird z.B. für die Auswertung von Fakten in Expertengesprächen verwendet oder bei Analysen innerhalb bestimmter Auswertungstraditionen (vgl. hierzu im nächsten Abschnitt das Auswertungsraster der Attachment-Forschung).

Auseinandersetzung mit Einfällen und Überlegungen in schriftlicher Form. Im Unterschied zur bisher dargestellten Technik wird die theoretische Offenheit stärker betont; es handelt sich weniger um einen Austausch zwischen Material und Vorannahmen, sondern vor allem um Theorieentwicklung aus dem Material. Der Prozeß der Theorieentwicklung wird als „theoretisches Kodieren" bezeichnet und besteht aus verschiedenen Teilschritten (z.B. „open coding" und „selective coding" bei GLASER 1978 oder „offenes Kodieren", „axiales Kodieren" und theoretisches Kodieren bei STRAUSS 1994).
Ziel des Kodierens ist, Kategorien und Bezüge zwischen Kategorien zu entdecken und zu bezeichnen. Am Beginn steht das „offene Kodieren". „Dieses offene Kodieren geht so vor sich (...), daß das Beobachtungsprotokoll, ein Interview oder ein anderes Dokument sehr genau analysiert wird, und zwar Zeile für Zeile oder sogar Wort für Wort. Das Ziel dabei ist, Konzepte zu entwickeln, die den Daten angemessen erscheinen. Diese Konzepte und ihre Dimensionen sind bis dahin noch ganz und gar provisorisch; aber die Reflexion darüber bringt eine Menge von Fragen und ebenso vorläufigen Antworten mit sich..." (STRAUSS 1994, S. 57 f). In diesem Prozeß soll sich der Forscher - unterstützt von theoretischen Memos - von den Daten und von seiner Verwicklung in´s Feld lösen. „Open coding forces him to think and transcend his involved empirical view of his field notes." (Glaser 1978, S.56).[16] Bei der Auswertung von Interviewtranskripten geht es nicht darum, „paraphrasierte Kürzel" (STRAUSS 1994, S. 59) zu notieren, sondern darum, vorläufige Antworten auf Fragen über Kategorien und darüber, wie diese zusammenhängen, zu finden. Diese Antworten werden als „Kodes" bezeichnet und zunächst mit vorläufigen Namen versehen, wobei „natürliche" Kodes, d.h. Ausdrücke, die die Untersuchten selbst benutzt haben, und konstruierte Kodes (vgl. STRAUSS 1994, S. 64 f.) unterschieden werden. Als Ziel des offenen Kodierens beschreibt GLASER (1978): „The goal of the analyst is to generate an emergent set of categories and their properties, which fit and are relevant for integrating into a theory." (S. 56).[17]
In den weiteren Schritten findet eine Konzentration auf einzelne Kategorien statt; die Kategorien werden vernetzt, einzelne Kategorien werden zu Schlüsselkategorien erklärt. Es entsteht eine „grounded theory", eine kontrollierte, im Material verwurzelte Theorie (vgl. hierzu Gisela JAKOB und Agi SCHRÜNDER-LENZEN in diesem Band; GLASER 1978; GLASER/STRAUSS 1968; 1979; STRAUSS 1994; STRAUSS/CORBIN 1990 und zusammenfassend WIEDEMANN 1991). Für das Verständnis hilfreich sind die praktischen Beispiele aus einem Seminar über offenes Kodieren bei STRAUSS 1994. Eine Darstellung der Differenzen zwischen GLASER und STRAUSS bezüglich des theoretischen Vorwissens findet sich bei KELLE 1996.

---

[16] „Offenes Kodieren zwingt (den Forscher) zu denken und seine in die Feldnotizen verwickelte empirische Sicht zu überschreiten." (Übersetzung Ch. Schmidt).
[17] „Das Ziel des Analytikers ist, eine auftauchende Zusammenstellung von Begriffen und ihren Eigenschaften zu entwickeln, die passen und wichtig sind, um sie in eine Theorie zu integrieren." (Übersetzung Ch. Schmidt).

Die Auswertung problemzentrierter Interviews (WITZEL)
In Anlehnung an STRAUSS und STRAUSS/CORBIN beschreibt Andreas WITZEL drei Interpretationschritte: die Entwicklung „fallspezifischer zentraler Themen" und Auswertungsideen, die Überprüfung der „subjektiven Relevanzsetzungen auf Zusammenhänge mit Kontextbedingungen" und als drittes die „Zuordnung von Textstellen zu Themen" (1996, S. 65).
Eine wichtige Technik dabei ist die „Rekonstruktion der Vorinterpretation im Interview": Der allmähliche Verständigungsprozeß zwischen Interviewer und Befragten wird hier als wichtige Vorklärung, durch die ein „Interpretationsrahmen" hergestellt wird, gesehen, als eine teilweise „Vorwegnahme" der Interpretation (vgl. WITZEL 1982 und 1996). „Der Forscher stellt durch sein problemzentriertes Nachvollziehen und Sondieren der Explikationen der Befragten den Interpretationsrahmen für die anschließende systematische Textinterpretation her" (WITZEL 1985, S. 242). Um zu verhindern, daß in der Analyse des Materials nur „Belege für die vorgefaßte Wissenschaftlermeinung" gesucht werden, schlägt Witzel ein Verfahren vor, in dem das Material Satz für Satz analysiert wird und das sich auf den „Stand der Gesprächsentwicklung" bezieht (vgl. WITZEL 1982, S. 119).

Zusammenfassendes Interpretieren im Rahmen einer Qualitativen Inhaltsanalyse (MAYRING)
Ein häufig für die Auswertung von Leitfadeninterviews angewendetes Verfahren ist die „zusammenfassende Interpretation", die MAYRING als eine mögliche Auswertungsform im Rahmen qualitativer Inhaltsanalysen beschreibt (vgl. MAYRING 1983, 1985, 1993). Diese Technik bezieht sich vor allem auf fertig transkribierte Texte und läßt sich als schrittweise Zusammenfassung und Reduktion der Interviewtranskripte charakterisieren:
Zunächst werden die Texte paraphrasiert, d.h. „Nicht-inhaltstragende, ausschmückende Wendungen werden fallengelassen, um auf einer einheitlichen Sprachebene in einer grammatikalischen Kurzform zu einem Kurztext zu gelangen." (MAYRING 1985, S. 194 f). Dieser Kurztext wird dann bis zu einem gewählten Abstraktionsniveau reduziert, indem die einzelnen Paraphrasen - soweit es für die angestrebte Fragestellung sinnvoll ist - noch mehr generalisiert werden (vgl. ebd. S. 195 f). Im nächsten Schritt werden dann Paraphrasen mit gleicher Bedeutung herausgestrichen; die verbleibenden Paraphrasen werden gebündelt, sofern sie inhaltliche Nähe aufweisen, und als Kategorien gefaßt. Diese Kategorien werden dann noch einmal mit dem Transkript verglichen, ob diese Kurzform das Material „repräsentiert" (vgl. ebd. S. 196).
Erwähnt werden sollen hier abschließend noch einige Beispiele, in denen auch durch die intensive Analyse des Materials eine in Begriffe gefaßte Grundlage für weitere Auswertungsschritte erstellt wird, auf der das Material dann gesichtet, gewichtet und geordnet werden kann (vgl. hierzu die folgenden Abschnitte zur Codierung und zur quantifizierenden Materialübersicht). Dieses „In Begriffe Fassen", das ich hier als Entwicklung von Auswertungskategorien bezeichnet habe, wird in diesen Beispielen spezifischer gefaßt.
In der Studie zum Gesellschaftsbild des Arbeiters von POPITZ u.a. (1972, zuerst 1957) wird von der Suche nach „Kriterien" gesprochen: „Wir mußten aus dem Text der Protokolle allmählich Merkmale und Abgrenzungen entwickeln

und diese laufend solange korrigieren, bis wir den Eindruck hatten, daß unsere Kriterien den einzelnen Protokollen gerecht würden." (S. 185) „Vor allem unterstellen wir nicht, daß wir unsere Kriterien einfach den Texten zu entnehmen brauchten, unsere Typologie also lediglich das Produkt einer aufmerksamen Lektüre sei" (S. 185). Ziel war, mit Hilfe dieser Kriterien Typen von Gesellschaftsbildern voneinander zu unterscheiden.

Um nicht durch Typenbildung komplexe und in sich widersprüchliche Sachverhalte auseinander zu nehmen und dabei ihr Spannungsverhältnis zu nivellieren, wird in der „Fabrikarbeiterinnenstudie" (BECKER-SCHMIDT u.a.) das Material nicht nach „Typen" sortiert, sondern es werden „Argumentationskonfigurationen" aus dem Material konstruiert. Im Zentrum dieser Konfigurationen steht der Begriff der „Ambivalenz".[18] Komplexe und widersprüchliche Erfahrungen der Frauen, die auf der subjektiven Seite mit Ambivalenzen verknüpft sind, verlangen nach einem „differenzierten" Instrument, das erlaubt, die Erfahrungen in ihrem Spannungsverhältnis zu begreifen. Dies wird in Form von „Argumentationskonfigurationen" untersucht. Ein Beispiel hierfür ist „Man kann nicht abschalten, es kostet Mühe, sich unmittelbar nach der Fabrikarbeit auf kindliche Zeit- und Zuwendungsbedürfnisse umzustellen" (BECKER-SCHMIDT u.a. 1982, S. 113).

Nach dem ersten Auswertungsschritt, dem Bilden von Auswertungskategorien am Material, zu dem hier verschiedene Varianten vorgestellt wurden, soll nun als nächster Schritt der Auswertung von Leitfadeninterviews die Anwendung der konstruierten Auswertungskategorien auf das Material beschrieben werden. Dieser Schritt soll wiederum an Beispielen aus der Studie „Familie und Rechtsextremismus" veranschaulicht werden.

Codierung des Materials

Der Auswertungsschritt, der im folgenden Abschnitt behandelt wird, läßt sich kurz charakterisieren als „Einschätzung und Klassifizierung einzelner Fälle unter Verwendung eines Codierleitfadens". Wie die Auswertungskategorien für einen Codierleitfaden entstehen, wurde im vorigen Abschnitt als Schritt der Kategorienbildung dargestellt. Hier soll nun beschrieben werden, wie mit Hilfe eines solchen Auswertungsleitfadens das erhobene Material codiert werden kann. Mit Codieren ist hier - im Unterschied zum „Kodieren" bei GLASER und STRAUSS, das im vorigen Abschnitt erläutert wurde, - eine Zuordnung des Materials zu den Auswertungskategorien gemeint, die eher dem z.B. in der Psychologie etablierten Verfahren des Codierens entspricht. Zwar sind in der hier beschriebenen Variante diese Kategorien aus dem Material entwickelt oder angereichert; das Codieren wird jedoch als weiterer Auswertungsschritt verstanden, wobei die entwickelten Kategorien verwendet werden, während bei Glaser/

---

[18] Ambivalenz, das gleichzeitige Vorhandensein entgegengesetzter Gefühle gegenüber einem Objekt (vgl. LAPLANCHE/PONTALIS 1977, S. 55 f), ist ursprünglich ein psychoanalytischer Begriff, der hier auf widersprüchliche Gefühle gegenüber der praktischen Realität in Fabrik und Familie übertragen wird.

Strauss Kodieren das Entwickeln und Weiterentwickeln der Kodes meint (vgl. zu dieser Unterscheidung auch KUCKARTZ in diesem Band). Die im folgenden beschriebene Variante des Codierens läßt sich als „konsensuelles Codieren" charakterisieren: In Interpretations- und Aushandlungsprozessen verschlüsseln mindestens zwei an der Codierung eines Falles Beteiligte die jeweiligen Interviews unter allen Kategorien des Codierleitfadens. Zunächst interpretieren die beiden Beteiligten die Interviews unabhängig voneinander und vergleichen und diskutieren dann die Zuordnungen. Bei diskrepanten Einschätzungen gehen sie nach dem Prinzip der konsensuellen Einigung vor, versuchen also, in gemeinsamer und ausführlicher Falldiskussion zu einer konsensuellen Einschätzung zu gelangen.

Codierleitfäden

Um den Vorgang des Codierens zu veranschaulichen, soll hier zunächst ein Beispiel für eine Auswertungskategorie aus einem Codierleitfaden vorgestellt werden. Wie diese Auswertungskategorie entstanden ist, wurde im vorigen Abschnitt als „Kategorienbildung am Material" beschrieben.

Unter der oben schon erwähnten Kategorie „Einstellung zum Nationalsozialismus" enthält der Codierleitfaden folgende Ausprägungen:

1 Der Befragte neigt zur Verherrlichung des Nationalsozialismus

2 Der Befragte meint, daß ein Schlußstrich unter diesen Teil deutscher Geschichte gezogen werden sollte, und meint, daß auch angeblich positive Seiten dieser Zeit gesehen werden müßten

3 Der Befragte meint, daß ein Schlußstrich unter diesen Teil der Geschichte gezogen werden sollte; negative Seiten dieser Zeit werden gleichwohl gesehen, vermeintlich positive Seiten werden nicht hervorgehoben

4 Der Befragte hält es für wichtig, sich weiter kritisch mit der Vergangenheit auseinanderzusetzen

0 Keine Angabe, nicht gefragt o.ä., Zuordnung zu einer der Kategorien trotz vorhandener Information nicht möglich

Erwähnt werden soll kontrastierend eine Variante von Codierleitfäden, deren Kategorien nicht am Material entwickelt werden, sondern schon vor der Erhebung festliegen.

Mit solchen Kategorien arbeitet z.B. die Bindungsforschung bei der Auswertung von retrospektiven biographischen Interviews, in denen es um frühe Bindungserfahrungen in der Familie und um deren subjektive Verarbeitung geht. Diese „Adult-Attachment-Interviews" werden mit Hilfe eines ausführlichen Codierleitfadens ausgewertet. Es handelt sich um ein ausformuliertes, auf der Basis der Attachmenttheorie und vorangegangenen Auswertungserfahrungen entwickeltes Kategoriensystem, das in Form eines „Manuals" vorliegt, in dem eine Reihe von Kategorien-Erläuterungen enthalten ist, die vor allem aus ausführlichen Beispielen aus Interviews sowie aus Zuordnungsregeln bestehen und festlegen, in welcher Weise das Material den Kategorien zugeordnet werden soll. In den Zuordnungsregeln geht es vor allem darum, welche Indizien in den Interviewtexten für das Vorliegen bestimmter Erfahrungen und für bestimmte

Formen ihrer subjektiven Verarbeitung sprechen: Zum Beispiel geht es um Zuwendungs- oder Zurückweisungserfahrungen und auf der Ebene der subjektiven Verarbeitung z.b. um bagatellisierende oder normalisierende Formen des Erzählens im Interview. (Vgl. MAIN/GOLDWYN im Druck, als Anwendungsbeispiel vgl. HOPF u.a. 1995, S. 108-129).

Konsensuelles Codieren

Bei der Codierung eines Falles werden zunächst alle Textstellen identifiziert, die sich - im weiten Sinne - der Kategorie zuordnen lassen. Die einzubeziehenden Textstellen beschränken sich ausdrücklich nicht auf Interviewpassagen, in denen auf die der Kategorie entsprechenden Leitfaden-Fragen geantwortet wird. Pro Interview (bzw. pro Fall, falls mit einer Person mehrere Interviews geführt wurden) wird dann für alle diese Textstellen insgesamt e i n e Ausprägung vergeben. Gewählt wird die Ausprägung, die für den Fall dominant ist bzw. am besten paßt. Es ist dafür wichtig, daß die inhaltlichen Ausprägungen der Auswertungskategorien trennscharf formuliert sind. In diesem Auswertungsschritt ist eine fallzentrierte Reduzierung der Informationsfülle beabsichtigt, um dominante Tendenzen zwischen den Fällen vergleichen zu können. Dabei wird ein Informationsverlust in Kauf genommen, der umso geringer bleibt, je differenzierter die Auswertungskategorien und ihre inhaltlichen Ausprägungen formuliert sind. Die Besonderheiten und Feinheiten einzelner Interviews werden im nächsten Auswertungsschritt - der vertiefenden Fallinterpretation - wieder berücksichtigt.

Kann sich das Codierteam nicht auf eine Ausprägung einigen, ist eine Möglichkeit, die gesamte Forschungsgruppe in die Diskussion einzubeziehen. Kommt auch so keine konsensuelle Einigung zustande, muß entschieden werden, ob die Kategorie des Codierleitfadens überarbeitet werden kann oder ob der zur Diskussion stehende Fall unter der unveränderten Kategorie als „nicht klassifizierbar" eingestuft werden soll. Eine wichtige Voraussetzung, um bei der Auseinandersetzung im Codierteam nicht überflüssige Zeit zu verlieren, ist, daß die einzelnen Codierer sich die Textstellen in Form von Seiten- und Zeilenangaben notieren, auf die sie ihre Einschätzungen beziehen. Der Codierleitfaden sollte deshalb genügend Raum für Notizen lassen.

Codierungen qualitativen Materials sollten nach Möglichkeit die Forscher und Forscherinnen selbst vornehmen, denn die diskursive Form der Auswertung hat zur Voraussetzung, daß die beteiligten Partner gleichberechtigt und sachkompetent diskutieren können. Dies bedeutet, daß der Kenntnisstand über das Interview und die interviewte Person etwa gleich sein muß. Es ist deshalb die Frage, ob darauf verzichtet werden soll, die Personen, die das Interview geführt haben, an den Rating-Teams zu beteiligen, da sie über mehr Kenntnisse zum Interview verfügen als die anderen im Team. Dies verleiht ihren Begründungen bei Interpretationsstreitigkeiten eventuell ein höheres Gewicht und könnte die Gleichheit der Argumente stören. Über diese Regel der Teilnahme am konsensuellen Codieren läßt sich streiten. Denn die Person, die das Interview geführt hat, hat durch ihre Erinnerung daran ja ganz besondere Informationen über das Interview und den Interviewten; und diese bei der Auswertung zu nutzen, wäre für eine qualitative Interpretation, die ja möglichst alle zur Verfügung stehenden Informationen einschließen und gegeneinander abwägen soll, sehr wichtig.

Im Projekt Familie und Rechtsextremismus waren die Interviewer und Interviewerinnen nicht an den Codierteams beteiligt, sondern nur an den Diskussionen über codierte Fälle in der gesamten Gruppe. Hier trugen sie oft maßgeblich zu einer Kontrolle der Codierung bei und auch zu einer erneuten Diskussion und Kontrolle der Effektivität der Auswertungskategorien. Kommentare wie „Was, den habt Ihr als „abwehrend-bagatellisierend" eingeschätzt?! Das paßt überhaupt nicht zu meinen Erinnerungen an sein Verhalten beim Interview." führten zur Diskussion und zur erneuten Überprüfung des Falles.

Die Codierung sollte sich - auch wegen möglicher Verzerrungen der Wahrnehmung durch die eigene Erinnerung an das Interview und den Interviewpartner - ausschließlich auf geschriebenen Text beziehen. Es ist deshalb wichtig, die Eindrücke direkt im Anschluß an die Interviews aufzuzeichnen, um diese Feldnotizen auch in die Codierung einbeziehen zu können. Hierbei ist jedoch zu bedenken, daß es sich hier meist um subjektive Eindrücke handelt, die nicht systematisch aufgezeichnet sind (sondern nach einem anstrengenden Interview!). Diese subjektiven Protokolle können nicht als Belege für Interpretationen herangezogen werden, sondern diese allenfalls im Sinne von Plausibilitätsüberprüfungen ergänzen.

Eine weitere Codierregel ist, daß die Codierung für jede Kategorie einzeln vorgenommen wird. Die Codierung unter einer Kategorie soll so unabhängig wie möglich von den anderen Kategorien erfolgen und im Material begründet sein. Besonders dann, wenn Zusammenhangshypothesen überprüft werden, ist wichtig, daß die betreffenden Kategorien unabhängig voneinander codiert werden, eventuell sogar durch verschiedene Personen, die „blind" codieren, also ohne zu wissen, wie das Interview unter anderen Kategorien verschlüsselt wurde.

In dem Projekt „Familie und Rechtsextremismus" wurde dennoch entschieden, jeweils das gesamte Interview von nur zwei Personen in allen Kategorien verconden zu lassen, da die Vorteile der intensiven Kenntnis des Materials bei der Interpretation die des „blind-rating" überwogen (und angesichts der begrenzten personellen Resourcen eine wünschenswerte intensive Kenntnis aller Interviews für alle Beteiligten nicht zu realisieren war).

Es gibt eine Reihe von Ansätzen, die in ähnlicher wie der hier beschriebenen Form bei der Interpretation von Leitfadeninterviews oder anderen qualitativ erhobenen Materialien nach dem Prinzip vorgehen, daß die Interpretationen oder Zuordnungen nicht von einer Person allein vorgenommen werden, sondern in der Gruppe. Vgl. hierzu z.B. die „Interpretationsgemeinschaft" im Verfahren der „Objektiven Hermeneutik", die GARZ (in diesem Band) nach OEVERMANN als „möglichst streitsüchtige Auseinandersetzung um Interpretationen" charakterisiert. Vgl. hierzu auch „Teamsitzungen als Memos" nach STRAUSS (1994, S. 175 f).

Diskussion: Führt die Codierung im Team zu zuverlässigen Ergebnissen?

Das beschriebene „konsensuelle Codieren" ist ein zeitintensives Verfahren. Was sind die Vorteile? Der Zwang, das Material konsensuell zu verschlüsseln, also sich auf eine passende Ausprägung zu verständigen, trägt zu einer Verfeinerung der Analyse bei. Unterschiedliche Interpretationen innerhalb des Rating-Teams stellen sich einer glatten Subsumierung des Materials unter die Kategorien und den ihnen zugrundeliegenden theoretischen Vorstellungen entgegen. Der kommunikative Prozeß der Zuordnung unterstützt einen sensitiven Umgang mit dem Material und eine fortlaufende Anpassung und Ausdifferenzierung der Kategorien, deren inhaltliche Ausfüllung teilweise erst in den Diskussionsprozessen am Material ausgehandelt wird. So läßt sich besser gewährleisten, daß eine Klassifizierung der Interviews die Unterschiede zwischen den Einzelfällen nicht verdeckt oder künstliche Unterschiede von außen erzeugt.
Daß zwei Codierende (engl. „rater") unabhängig voneinander die gleichen Fälle vercoden, wird häufig im Kontext der Reliabilität oder spezieller der „Inter-rater-" oder „Intercodierer-Reliabilität" begründet. Reliabilität ist ein Gütekriterium, das in der quantitativen Sozialforschung geprägt wurde.[19] Nach FRIEDRICHS ist eine inhaltsanalytische Zuordnung „nur dann reliabel, wenn eine Person sie in allen Fällen gleich und eine andere Person ebenfalls die gleichen Zuordnungen vornimmt" (1973, S. 102). FRIEDRICHS spricht hier von quantitativer Inhaltsanalyse. Betrachtet man die vorgestellte qualitative Technik des konsensuellen Codierens unter diesem Kriterium, scheint auf den ersten Blick die Überprüfung, ob eine andere Person gleiche Zuordnungen vornimmt, dem Verfahren immanent: Beide Codierer interpretieren den Fall ja zunächst unabhängig voneinander und schätzen jeweils für sich den Text nach den Kategorien des Codierleitfadens ein; erst dann vergleichen sie ihre Einschätzungen. In dem hier beschriebenen Verfahren des konsensuellen Codierens ist jedoch die Intention nicht der Vergleich, sondern die Diskussion unterschiedlicher Ergebnisse und Sichtweisen, die auf dem Wege der Konsensbildung, der gegenseitigen Überzeugung und Plausibilisierung von Interpretationen am Material dann zur gemeinsamen Entscheidung für eines der Ergebnisse, zu neuen Erkenntnissen oder zum Festhalten an den Unterschieden führen kann. Daß dieses diskursive Verfahren automatisch zur „Reliabilität" beiträgt, ist zu bezweifeln. Sind z.B. zwei Personen auf die gleiche falsche Fährte gestoßen, was so unwahrscheinlich nicht ist, wenn sie einen gleichen oder ähnlichen theoretischen Hintergrund haben, bestätigen sie sich durch ihre unabhängig voneinander gefundene Einschätzung eventuell gegenseitig und bleiben beruhigt auf der falschen Spur.
Im Projekt Familie und Rechtsextremismus stellten sich teilweise gerade einige der übereinstimmend gefundenen Einschätzungen in späteren Diskussionen als

---

[19] Auf Diskussionen um Gütekriterien in der qualitativen Forschung kann an dieser Stelle nicht ausführlich eingegangen werden. (Vgl. hierzu z.B. HOPF/MÜLLER 1995 und MAYRING 1993, S. 106 ff.) Codierung im Team wird auch im Kontext von Validität begründet (vgl. z.B. A. WITZELs „diskursives Validieren", 1996, S. 67).

unangemessen heraus. Ich vermute, daß sie - aufgrund der Übereinstimmung - im Codierteam nicht genügend diskutiert worden waren.

Quantifizierende Materialübersichten

Als dritter Schritt der Auswertung qualitativer Leitfadeninterviews soll die quantifizierende Zusammenstellung der Ergebnisse der Codierung und die Funktion dieser Zusammenstellung im Rahmen einer qualitativen Analyse beschrieben werden. Technisch gesprochen handelt es sich hierbei um die Darstellung der Ergebnisse der Codierung in Form von Tabellen, die eine Übersicht über die codierten Fälle ermöglichen sollen. Diese hat die Funktion, Grundlage für weitere qualitative Analysen zu sein (vgl. dazu den nächsten Abschnitt). Die Übersicht ist nur eine Zwischenstufe der Auswertung, nicht das Ergebnis. Da ich jedoch im folgenden dafür plädiere, solche Tabellen auch innerhalb von qualitativen Studien zu veröffentlichen, stelle ich hier ausführliche Beispiele vor. Gerade in der Ergebnisdarstellung und Rezeption qualitativer Forschung werden Zahlenangaben oft mißverstanden, über- oder unterschätzt.

Materialübersichten in Form von Tabellen

Die Übersicht kann erstens aus Häufigkeitsangaben zu bestimmten einzelnen Auswertungskategorien bestehen. Diese Häufigkeitsangaben geben einen ersten quantitativen Überblick über das Material und damit Informationen, die für eine spätere Darstellung der Ergebnisse der Untersuchung wichtig sind, um angeben zu können, von wievielen Fällen die Analyse jeweils ausgeht. *So ist es für die Leser und Leserinnen z.B. interessant zu wissen, wieviele der Befragten denn nun nach dem am Material entwickelten Rechtsextremismuskonzept als „rechtsextrem" bzw. als „nicht rechtsextrem" eingeschätzt wurden.* Diese Häufigkeitsangaben sind allein nicht das Ergebnis, sondern Informationen zur „Datenbasis" der qualitativen Auswertung. Die Verteilungen zeigen außerdem z.B., ob sich unter einer Auswertungskategorie überhaupt Unterschiede zwischen den Fällen ergeben haben, ob die Auswertungskategorie zum Material paßt oder ob sich ihr die Mehrheit der Fälle nicht zuordnen ließ. Die Verteilung kann auch im Vergleich zu anderen vorliegenden Untersuchungen interessant sein.

Es können zweitens die Ergebnisse zu zwei Auswertungskategorien in Form von Kreuztabellen aufeinander bezogen werden; die Tabelle enthält kombinierte Häufigkeitsangaben (vgl. hierzu BROSIUS 1988, S. 211 ff).

Wiederum sind die Häufigkeiten noch nicht das Ergebnis. Sie sind jedoch ein Hinweis auf mögliche Zusammenhänge, denen in einer qualitativen Analyse nachgegangen werden kann. *(Im Beispiel: In der späteren Interpretation der in der folgenden Tabelle angedeuteten Zusammenhänge wird - vor dem theoretischen Hintergrund der Bindungstheorie und auf der Basis von Einzelfallanalysen - betont, daß nicht einfach fehlende Zuwendungserfahrungen in der Kindheit für die Herausbildung rechtsextremer und autoritärer Orientierungen bedeutsam sind, sondern die subjektiven Umgangsweisen mit diesen Beziehungserfahrungen.)*

Beispiel-Tab. 1: (Hopf u.a. 1995, S. 131) Rechtsextreme Orientierung und Erfahrungen mit liebevoller, persönlicher Zuwendung von seiten der Mutter.[20]

Erfahrung liebevoller Zuwendung (Mutter)	rechtsextreme Orientierung deutlich rechtsextrem bzw. eher rechtsextrem orientiert	deutlich nicht rechtsextrem bzw. eher nicht rechtsextrem orientiert	nicht eingeordnet	insgesamt
viel	1	4	-	5
mittel	5	2	-	7
wenig	7	3	1	11
nicht eingeordnet	1	1	-	2
insgesamt	14	10	1	25

Solche Hinweise auf Zusammenhänge sind besonders dann interessant, wenn man in der Untersuchung von Zusammenhangshypothesen ausgegangen ist. Auch hier hat die quantifizierende Materialübersicht die Funktion einer „Vorstufe" zu weitergehender qualitativer Analyse. Es geht nicht darum, lediglich herauszufinden, ob die Zusammenhangshypothese für eine Mehrheit der Fälle zutrifft. Die Hypothesen müssen für jeden einzelnen Fall überprüft werden. Sie bestehen aus Erwartungen, die sich auf Einzelfälle beziehen. Werden sie in Einzelfällen nicht bestätigt, führt dies zu einer Überarbeitung der Hypothesen und darüber hinaus auch zu Überlegungen der Veränderung des theoretischen Rahmens (vgl. HOPF 1996, S. 17). Helfen können die quantifizierenden Übersichten hierbei z.B. bei der „gezielten Suche nach Ausnahmen".[21] Die quantifizierenden Übersichten können darüber hinaus auf Zusammenhänge verweisen, die in der Einzelinterpretation nicht auffallen würden.
Es kann drittens eine Gesamtübersicht der Ergebnisse für alle untersuchten Fälle zu allen oder zu ausgewählten Auswertungskategorien erstellt werden. In Form einer Tabelle wird pro Zeile ein Fall dargestellt; vertikal werden pro

---

[20] Mit der Auswertungskategorie „Erfahrungen mit liebevoller, persönlicher Zuwendung" wurde in Anlehnung an das oben erwähnte Auswertungsmanual der Attachment-Forschung gearbeitet (vgl. MAIN/GOLDWYN im Druck); es handelt sich um eine Einschätzung der aus dem Interview zu erschließenden Erfahrungen, nicht einfach um eine Wiedergabe der Einschätzungen des Befragten. Unter der Auswertungskategorie „rechtsextreme Orientierungen" wurde eine Gesamteinschätzung des jeweiligen Falles versucht, in die neben dem - oben ausführlich behandelten - Umgang mit der nationalsozialistischen Vergangenheit vor allem „Gewaltorientierung" und „Ethnozentrismus" eingingen.
[21] Die „gezielte Suche nach Ausnahmen" ist ein charakteristischer Analyseschritt im Rahmen des Ansatzes der analytischen Induktion (vgl. BÜHLER-NIEDERBERGER 1991).

Spalte jeweils die Ergebnisse der Codierung zu einzelnen Auswertungskategorien eingetragen (vgl. hierzu auch HEPPNER u.a. 1990, S. 45 f).

Beispiel -Tabelle 2 (Hopf u.a. 1995, S. 198) Auszug aus der Gesamtübersicht

Name	rechtsextreme Orientierungen	Normbindung	Fähigkeit/ Bereitschaft zu Empathie	Autoritarismusindex	Attachment-Klassifikation	.	.	.
Udo	nicht eingeordnet	eher gegeben	eher gegeben	Zwischenvariante	abwehrend-bagatellisierend			
Uwe	eher vorhanden	eher gegeben	eher gegeben	nicht eingeordnet	verstrickt			
Volker	eher vorhanden	gering	eher nicht gegeben	autoritär/ klassisch	abwehrend-bagatellisierend			
Wilfried	eher vorhanden	eher gering	eher nicht gegeben	autoritär/ klassisch	abwehrend-bagatellisierend			
. . .								

Tabellen wie diese haben die Funktion, zur Transparenz der Untersuchung beizutragen, die Materialbasis der Interpretationen ein Stück weit offenzulegen und damit zur intersubjektiven Überprüfbarkeit beizutragen.

Diskussion: Was nützen quantifizierende Materialübersichten?

Es ist nicht unumstritten, für die Auswertung qualitativer Interviews quantifizierende Übersichten zu erstellen und sich in der Ergebnisdarstellung darauf zu beziehen. In der gegenwärtigen qualitativen Forschung dominiert eher eine Distanz zu Tabellen. Häufigkeitsangaben werden u.a. aufgrund der kleinen Fallzahl für sinnlos erachtet oder als eine der Komplexität und Widersprüchlichkeit des Materials nicht angemessene Zerlegung bewertet. Unter der Überschrift „Quasi-Statistiken" beschreiben BARTON/LAZARSFELD (1979, zuerst 1955) einen auch heute noch sehr häufig in der Präsentation der Ergebnisse qualitativer Sozialforschung zu findenden Aussagentyp: Statt in Zahlen oder Tabellen wird in Formulierungen wie „die meisten" oder „in fast allen Fällen" auf Häufigkeitsverteilungen oder Korrelationen hingewiesen (vgl. BARTON/ LAZARSFELD, S. 70). LAMNEK (1995) spricht diesbezüglich von „verschämten" Verbalisierungen (vgl. S. 204). BARTON/LAZARSFELD sehen sowohl Gefahren solcher „impressionistischen" Quasi-Statistiken, betonen jedoch ihre wichtige „exploratorische" Funktion (S. 70 ff) für größere Untersuchungen mit statistischen Analysen. In der oben vertretenen Position werden dagegen quantifizierende Materialübersichten als sinnvoll auch im Rahmen qualitativer Analysen betrachtet: Sie sind hilfreich für die Auswahl von Fällen für eine qualitative Einzelfallanalyse, und sie erhöhen die Transparenz bei der Darstellung der Ergebnisse.

Vertiefende Fallinterpretationen

Zur Technik

Vertiefende Fallinterpretationen sollen hier nun als letzter Auswertungsschritt beschrieben werden. Unter einer bestimmten, ausgewählten Fragestellung wird ein Interviewtranskript mehrmals intensiv gelesen und interpretiert. Am Ende werden Antworten formuliert, die sich auf diesen einen Fall beziehen. Je nach Fragestellung können diese Antworten z.B. aus zusammenfassenden oder ausführlichen Beschreibungen bestehen, aus inhaltlichen Bestimmungen von Zusammenhängen oder aus theoretischen Schlußfolgerungen. Ein Ziel der Fallinterpretationen kann sein, Hypothesen aufzustellen oder vorhandene Hypothesen zu überprüfen, zu neuen theoretischen Überlegungen zu kommen oder den theoretischen Rahmen in Frage zu stellen, zu erweitern oder zu verändern. Auch die angewandte Technik der Interpretation ist abhängig von der Fragestellung und der jeweiligen Interpretationstradition, mit der die Forscher und Forscherinnen sich verbunden fühlen, z.B. der hermeneutischen oder der psychoanalytischen. Ich beschränke mich hier deshalb auf einen allgemeinen, technischen Hinweis zur Praxis des Interpretierens am Text. Es ist meiner Erfahrung nach besonders wichtig, alle Interpretationen genau am Text zu belegen und sich Verweise auf einzelne Textstellen aufzuschreiben. Dies gilt auch für spekulative Ideen zur Bedeutung von Textstellen oder für „zwischen den Zeilen" Gelesenes. Während der Fallinterpretation hat diese genaue „Quellendokumentation" den Sinn, daß die Interpretationen immer wieder mit dem Material verglichen und dadurch laufend in Frage gestellt werden. Paradoxerweise findet man häufig gerade dann Textstellen, die der eigenen bisherigen Interpretation widersprechen, wenn man nach einem Beleg für letzere sucht. Später, für die Darstellung der Ergebnisse, werden die Belege gebraucht, um die Textanalyse und ihre Ergebnisse nachvollziehbar darstellen zu können. Durch weitere Fallinterpretationen zu anderen Fällen oder durch ihre Diskussion im Forschungsteam kann das Ergebnis der Einzelfallanalysen überprüft, verglichen, verändert und erweitert werden.

Abschließend soll hier aus einer Fallanalyse der Studie Familie und Rechtsextremismus zitiert werden, um die Technik der Einzelfallanalyse an einem Beispiel zu veranschaulichen. Die vertiefenden Fallinterpretationen führten im Ergebnis der Studie dazu, daß die Ausgangshypothesen erweitert und modifiziert wurden und neue Überlegungen zum theoretischen Rahmen, z.B. zum Autoritarismuskonzept, zur Folge hatten. Auf die theoretischen Modifikationen sowie darauf, wie diese sich genauer aus den Fallanalysen ableiten, kann hier nicht näher eingegangen werden. Ich beschränke mich darauf, an einem Beispiel zu zeigen, wie bei der Technik der vertiefenden Fallanalyse mit dem Material gearbeitet wird.

Ein ausführliches Beispiel zur Technik der Einzelfallinterpretation

Mit Hilfe der Fallübersichten wurden Interviews anhand der durch die Codierung aufgedeckten Konstellationen ausgewählt. Aus bestimmten Konstellationen z.B. von Beziehungserfahrungen und Ausprägungen rechtsextremer Orientierungen ließen sich Vermutungen zu den Hypothesen ableiten und dann anhand der ausgewählten Fälle vertiefend interpretieren. Dabei wurden - im Sinne des „theoretical sampling" - ähnliche, aber auch stark voneinander abweichende Fälle miteinander verglichen (vgl. hierzu HOPF u.a. S. 30; vgl. zur Methode des „theoretial sampling" Gisela JAKOB in diesem Band; GLASER/STRAUSS 1968 S. 45ff und GLASER 1978). Dabei erwiesen sich insbesondere die Fälle als „fruchtbar", auf die die Hypothesen nicht zutrafen. Ein solcher Fall ist Uwe.

„Wenn Uwe von seiner Schulzeit erzählt, stellt er sich selbst als schüchtern, unsportlich und wehrlos dar, als Verlierer und Opfer. Von seiner Mutter betont er in diesem Kontext, daß sie ihn immer wieder massiv dazu aufgefordert hat, daß er sich wehren solle: 'Du bist doch kein Schlaffsack!'. Sie wollte, daß er zurückschlägt. Er konnte dies nicht. Wieviel ihm diese Kritik der Mutter in seiner Kindheit bedeutet hat, wird in einer Interviewpassage deutlich, in der Uwe davon berichtet, wie er es einmal geschafft hat zurückzuschlagen. Uwe erzählt diese Begebenheit im Kontext von Fragen, in denen es darum geht, ob es in seiner Kinderzeit etwas gab, auf das er besonders stolz war.

Interv.: Können Sie sich da auch noch an irgendwas vor der Schule erinnern...so wo man mal besonders stolz war?

Uwe: ....Das war das einzigste Mal, der hat, der Typ der ist mit mir, naja das war eigentlich ganz am Anfang aber von der Grundschule noch ne, also das erste Jahr glaub ich war das und war so nen Typ, der war auch 'n bißchen größer als ich, so'n blöder... aus unserm Dorf (schnieft) und der hat mich ständig genervt und und und andauernd, ne. Und das war, ist mir aber bis jetzt nur einmal passiert. Und dann hab ich zu dem Typ irgendwann mal gesagt 'ey halt jetz die Schnauze' (mit verstellter Stimme) ne und dann hab ich dem Typ völlig, voll ein auf's Brett gehaun ne, richtig auf's Auge, hat so nen Ding gehabt. Und dann bin ich nach Hause, auch nach Hause gegang hab' gesagt 'hier dem Typ hab ich eine aufs Mett gehaun', dann meint meine Mutter 'hast gut gemacht' Tja das das war nicht schlecht. Also da, das war 'nen erhebendes Gefühl, der hat nie mehr was zu mir gesagt.

Interv.: Woran haben Sie gemerkt, daß Ihre Mutter das gefreut hat? .....

Uwe: Ja, weil se bester Stimmung war danach (lacht).

Interv.: Hat sie noch näher nachgefragt, warum Sie dem eine reingeschlagen haben?

Uwe: Nee weil, das das wußt se sowieso schon. Weil das em, ich hab ihr mal gesagt, 'Mensch der geht mir auf'n Keks' oder so 'der soll mich mal in Ruhe lassen' und so. Denn hat se auch schon mal gesagt 'Mensch denn

hau den doch mal eine rein, setz dich mal durch Mann, bist doch kein Schlaffsack' (mit verstellter Stimme). Naja und denn hab ich das einmal gemacht und denn war se richtig stolz auf mich, hatt se denn gesagt, äh hat sich durchgesetzt und so.
Zunächst fällt auf, daß Uwe die Besonderheit und Einmaligkeit gleich dreimal erwähnt ('das einzigste Mal', 'nur einmal passiert', 'einmal gemacht'), womit er die Ausnahme betont und das negative Selbstbild aufrecht erhält: Er bleibt der 'Verlierer'. Uwes emotionale Reaktion auf diese Begebenheit scheint hier eng mit der Reaktion der Mutter verwoben zu sein: Er hat ein 'erhebendes Gefühl', das mit dem Lob der Mutter verknüpft ist: daß er nach Hause geht und ihr davon erzählt, wie er sich dieses eine Mal durchgesetzt hat, sowie ihre Reaktion gehört untrennbar zu seiner 'Helden-Geschichte' ('dann bin ich nach Hause...') Erst die Reaktion der Mutter bildet das 'Happy-end'; erst nachdem er die ganze Geschichte zuende erzählt hat, spricht er von seinem 'erhebenden Gefühl'...." (HOPF u.a. 1995, S. 124 f) In Fallanalysen wird dies unter Bezug auf die Attachment-Theorie gedeutet und im Zusammenhang mit Uwes politischen und moralischen Orientierungen interpretiert.

Diskussion der vorgestellten Auswertungsstrategie

Welche Auswertungsstrategie für eine Untersuchung gewählt wird, ist vor allem abhängig von der Zielsetzung der Erhebung, ihren Fragestellungen und ihren „qualitativen Standards" und last not least auch abhängig von pragmatischen Erwägungen und Entscheidungen, wie z.B. von der zur Verfügung stehenden Zeit und von den bewilligten Forschungsmitteln und den Arbeitskraftresourcen. Die in diesem Beitrag vorgestellte Auswertungsstrategie besteht, kurz gesagt, aus den Arbeitsschritten Kategorisieren, Codieren, Zählendes Zusammenstellen und Interpretieren. Ihr Leitprinzip ist, „am Material" zu arbeiten, d.h. in ständiger Auseinandersetzung mit dem erhobenen Material vorzugehen und dies auch in der Darstellung der Ergebnisse deutlich werden zu lassen.[22] Hier wurde versucht, dieses - so oder in ähnlicher Form in der qualitativen Forschung verbreitete - „Auswertungsprinzip" zu verdeutlichen und hierfür eine Zusammenstellung technischer Auswertungsschritte aufzuzeigen. Eine entsprechende Qualifikation läßt sich nur in der Praxis, „am Material" erwerben.
Ziel dieses Beitrages war, dazu zu ermutigen, sich bei der Auswertung von Leitfadeninterviews von den Befragten „führen und belehren" zu lassen (vgl. POPITZ u.a. 1972, S. 185). Die vorgestellte Auswertungsstrategie sollte aufzeigen, daß dies möglich ist, auch wenn dabei nicht auf vorangehende theoretische Überlegungen und Hypothesen verzichtet wird. Das theoretische Vorverständnis ähnelt einer Brille: es kann - je nach Entfernung zum Betrachteten - hilfreich sein, hindurchzuschauen, um klarer zu sehen; aber es kann notwendig

---

[22] Hiermit ist keinesfalls gemeint, einen Forschungsbericht hauptsächlich aus kommentierten Interview-Zitaten zusammenzustellen. Einige ausführliche Interviewzitate sind jedoch sinnvoll, um Interpretationen zu belegen und sie für die Leser und Leserinnen besser kontrollierbar zu machen.

sein, über den Brillenrand hinweg zu blicken, die Brille zu putzen oder zu erneuern.
Es gibt keine ideale Strategie, die generell für alle Leitfadeninterviews empfohlen werden könnte. Auch die hier vorgestellte Strategie ist mit einer Reihe von Problemen verbunden, deren wichtigste hier abschließend noch einmal zusammengestellt werden sollen.
- Nicht alle Vorannahmen sind bewußt und kommunizierbar; bei der Auswertung können unbewußte Fixierungen zu „blinden Flecken" führen. Gegen solche Erkenntnisblockaden schützt der Diskurs im Forschungsteam nur unzureichend.
- Schon durch den Interviewleitfaden und die Nachfragestrategien werden eventuell Themen überbetont, die die Befragten nicht wichtig finden. Dies kann zu Fehlinterpretationen und falschen Gewichtungen in der Auswertung verleiten.
- Die eigenen theoretischen Prämissen können so dominant sein, daß das Material stromlinienförmig interpretiert wird.
- Andererseits kann eine Scheu, sich über den einzelnen konkreten Fall hinauszubegeben, dazu führen, daß die Analyse auf der Ebene des zusammenfassenden Nacherzählens bleibt und einfach „alles" interessant gefunden wird, nur weil es die befragte Person („die Betroffene") gesagt hat.

Je nach Auswertungsstrategie, die man für die eigenen Leifadeninterviews wählt, werden diese oder andere Probleme im Vordergrund stehen. Um diese diskutieren und verändern zu können (und um andere Forscher und Forscherinnen nicht zu entmutigen), ist es wichtig, entgegen der herrschenden Veröffentlichungspraxis die Forschungsberichte nicht zu glätten, sondern die methodischen Probleme offen zu diskutieren und auch Umwege und Sackgassen zuzugeben. Ich weiß, dies ist ein Berg, den zu überwinden noch schwieriger sein kann, als den Materialberg zu bewältigen. Hier wie dort hilft nichts, als mit dem Aufstieg zu beginnen.

Literatur

AINSWORTH, Mary D. Salter/John BOWLBY 1991: An ethological approach to personality development. American Psychologist Jg.46, H.4, S. 333-341.
BARTON, Allen H./Paul F. LAZARSFELD 1979: Das Verhältnis von theoretischer und empirischer Analyse im Rahmen qualitativer Sozialforschung. (zuerst 1955) In: HOPF/WEINGARTEN (Hg.): Qualitative Sozialforschung, Stuttgart, S. 41-89.
BLUMER, Herbert 1970: „What is wrong with social theory". (zuerst 1954) In: FILSTEAD, William J.: Qualitative methodology. Firsthand involvement with the social world. Chicago, S. 52-62.
BECKER-SCHMIDT, Regina/Uta BRANDES-ERLHOFF/Marva KARRER/Mechthild RUMPF/Beate SCHMIDT 1982: Nicht wir haben die Minuten, die Minuten haben uns. Zeitprobleme und Zeiterfahrungen von Arbeitermüttern. Studie zum Projekt „Probleme lohnabhängig arbeitender Mütter". Bonn.
BOS, Wilfried/Christian TARNAI (Hg.) 1989: Angewandte Inhaltsanalyse in Empirischer Pädagogik und Psychologie. Münster, New York.
BROSIUS, Gerhard 1988: SPSS/PC+ Basics und Graphics. Einführung und praktische Beispiele. Hamburg, New York: McGraw-Hill Book Company.

BÜHLER-NIEDERBERGER, Doris 1991: Analytische Induktion. In: FLICK, Uwe u.a. (Hg.): Handbuch Qualitative Sozialforschung. München, S. 446-450.
DENZIN, Norman K. 1970: The research act. A theoretical introduction to sociological methods. Chicago: Aldine.
FLICK, Uwe 1995: Qualitative Forschung. Theorie, Methoden, Anwendung in Psychologie und Sozialwissenschaften. Reinbek bei Hamburg.
FRIEDRICHS, Jürgen 1973: Methoden empirischer Sozialforschung. Reinbek bei Hamburg.
GLASER, Barney G. 1978.: Theoretical sensitivity. Advances in the methodology of Grounded Theory. Mill Valley: The Sociology Press.
GLASER, Barney G./Anselm E. STRAUSS 1968: The discovery of grounded theory. Strategies for qualitative research. London (zuerst 1967).
GLASER, Barney G./Anselm L. STRAUSS 1979: Die Entdeckung gegenstandsbezogener Theorie: Eine Grundstrategie qualitativer Sozialforschung. In: HOPF/WEINGARTEN (Hg.): Qualitative Sozialforschung. Stuttgart, S. 91-111.
HEPPNER, Gisela/Julia OSTERHOFF/Christiane SCHIERSMANN/Christiane SCHMIDT 1990: Computer? „Interessieren tät's mich schon, aber..." Wie sich Mädchen in der Schule mit Neuen Technologien auseinandersetzen. Bielefeld.
HOPF, Christel 1990: Autoritarismus und soziale Beziehungen in der Familie. In: Zeitschrift für Pädagogik Jg. 36, Heft 3, S. 371-391.
HOPF, Christel 1996: Hypothesenprüfung und qualitative Sozialforschung. In: STROBL/BÖTTGER (Hg.): Wahre Geschichten? Zu Theorie und Praxis qualitativer Interviews. Baden-Baden, S. 9-21.
HOPF, Christel/Walter MÜLLER 1995: Zur Entwicklung der empirischen Sozialforschung in der Bundesrepublik Deutschland. In SCHÄFERS, Bernhard (Hg.): Soziologie in Deutschland. Opladen, S. 51-74.
HOPF, Christel/Peter RIEKER/Martina SANDEN-MARCUS/Christiane SCHMIDT 1995: Familie und Rechtsextremismus. Familiale Sozialisation und rechtsextreme Orientierungen junger Männer. Weinheim und München.
HOPF, Christel/Christiane SCHMIDT (Hg.) 1993: Zum Verhältnis von innerfamilialen sozialen Erfahrungen, Persönlichkeitsentwicklung und politischen Orientierungen. Dokumentation und Erörterung des methodischen Vorgehens in einer Studie zu diesem Thema. Hildesheim: Vervielfältigtes Manuskript .
HOPF, Christel/Elmar WEINGARTEN (Hg.) 1979: Qualitative Sozialforschung, Stuttgart.
KELLE, Udo 1996: Die Bedeutung theoretischen Vorwissens in der Methodologie der Grounded Theory. In: STROBL/BÖTTGER (Hg.): Wahre Geschichten? Zu Theorie und Praxis qualitativer Interviews. Baden-Baden, S. 24-45.
LAMNEK, Siegfried 1995: Qualitative Sozialforschung. Band 1. Methodologie. Band 2. Methoden und Techniken. Weinheim, 3. korrigierte Auflage.
LAPLANCHE, Jean/J.-B. PONTALIS 1977: Das Vokabular der Psychoanalyse. Band 1 und 2. Frankfurt a.M., 3. Aufl.
MAIN, Mary/Ruth GOLDWYN im Druck: Adult attachment scoring and classification systems. Manual in draft: Version 5.1., Dezember 1992. Erscheint in: MAIN, Mary (Hg.): Assessing attachment through discourse, drawings and reunion situations (working title). New York: Cambridge University Press.
MAYRING, Philipp 1983: Qualitative Inhaltsanalyse. Grundlagen und Techniken. Weinheim und Basel.
MAYRING, Philipp 1985: Qualitative Inhaltsanalyse. In: JÜTTEMANN, Gerd (Hg.): Qualitative Forschung in der Psychologie. Weinheim und Basel, S.187-211.
MAYRING, Philipp 1993: Einführung in die qualitative Sozialforschung, Weinheim, 2. Aufl.
POPITZ, Heinrich/Hans Paul BAHRDT/Ernst August JÜRES/Hanno KESTING 1972: Das Gesellschaftsbild des Arbeiters. Soziologische Untersuchungen in der Hüttenindustrie. Tübingen (zuerst 1957).

RIEKER, Peter/Martina SANDEN-MARCUS 1995: Zur Analyse rechtsextremer Orientierungen - Begriff und empirische Bestimmung. In: HOPF, Christel u.a.: Familie und Rechtsextremismus. Familiale Sozialisation und rechtsextreme Orientierungen junger Männer. Weinheim und München, S. 31-53.

STARY, Joachim/Horst KRETSCHMER 1994: Umgang mit wissenschaftlicher Literatur. Eine Arbeitshilfe für das sozial- und geisteswissenschaftliche Studium. Frankfurt a.M.

STRAUSS, Anselm L. 1994: Grundlagen qualitativer Sozialforschung: Datenanalyse und Theoriebildung in der empirischen und soziologischen Forschung. München.

STRAUSS, Anselm L./Juliet CORBIN 1990: Basics of qualitative research. Grounded Theory procedures and techniques. Newbury Park, London, New Delhi: Sage Publications.

SÜDMERSEN, Ilse M. 1983: Hilfe - Ich ersticke in Texten! Eine Anleitung zur Aufarbeitung narrativer Interviews. In: Neue Praxis, 13 Jg., S. 294-306.

WERDER, Lutz von 1992: Kreatives Schreiben in den Wissenschaften. Berlin, Milow.

WIEDEMANN, Peter 1991: Gegenstandsnahe Theoriebildung. In: FLICK, Uwe u.a. (Hg.): Handbuch Qualitative Sozialforschung. München, S. 440-445.

WITZEL, Andreas 1982: Verfahren der qualitativen Sozialforschung. Überblick und Alternativen. Frankfurt a.M.

WITZEL, Andreas 1985: Das problemzentrierte Interview. In: JÜTTEMANN, Gerd (Hg.): Qualitative Forschung in der Psychologie. Weinheim und Basel, S. 227-256.

WITZEL, Andreas 1996: Auswertung problemzentrierter Interviews: Grundlagen und Erfahrungen. In: STROBL/BÖTTGER (Hg.): Wahre Geschichten? Zu Theorie und Praxis qualitativer Interviews. Baden-Baden, S. 49-75.

Hildegard Macha und Monika Klinkhammer

Auswertungsstrategien methodenkombinierter biographischer Forschung

In diesem Beitrag liegt der Schwerpunkt auf der Forschungsmethodik der Triangulation und auf Auswertungsstrategien. Am Beispiel des Projekts MACHA, Hildegard, KLINKHAMMER, Monika und GEHLERT, Sigmund: „Berufliche Sozialisation von Wissenschaftlerinnen und Wissenschaftlern in Ost- und Westdeutschland" (1993-96) läßt sich zeigen, welche Vorteile die Kombination von Methoden bei den Erhebungsverfahren hat und welche Anforderungen für die Auswertung daraus folgen. Bei der Untersuchung des Gegenstandes „WissenschaftlerInnen" an Hochschulen wird durch einen mehrperspektivischen Forschungszugriff die Erfassung unterschiedlicher Aspekte des Themas erreicht (FLICK 1991, 432f, vgl. auch SCHRÜNDER-LENZEN in diesem Band). Es werden folgende Methoden verwendet:
1. Ein Fragebogen mit biographischen Daten zur Objektivierung der Interviewdaten.
2. Lebenskurven mit einer privaten und einer beruflichen Lebens- und Entwicklungslinie als Impuls für die Interviews. Dieser Einstieg trägt über weite Strecken durch seine visuelle Basis das Interview und kann immer wieder als Anknüpfungspunkt dienen. Bei der Auswertung dienen die Lebenskurven als objektive Grundlage für den Zusammenhang des Lebenslaufs.
3. Narrative, leitfadengestützte Interviews, deren Technik durch eine in Gesprächsführung geschulte Interviewerin ausführlich erörtert wird.
4. Memos zur Situation während der Interviews und zur Unterstützung der Auswertung.

Bei der Auswertung werden die verschiedenen Daten in Beziehung gesetzt, um ein aus verschiedenen Perspektiven gespeistes Bild zu erreichen, das subjektive Verzerrungen möglichst vermeidet. Es wird vor allem mit folgenden Methoden gearbeitet:

a) Qualitätssicherung bei der Übertragung der Interviews in Transkripte,
b) Kategorisierung und Kodierung der Interviews,
c) Kurzbiographien zu jeder/m Probanden/in.
d) Ein Vergleich der Daten, die die unterschiedlichen Methoden erbringen.

Die Auswertungsstrategie ist eine doppelte, es wird zugleich durch die computergestützte Auswertung der Interviews mit dem Programm AskSam eine Vergleichsanalyse aller Probanden erreicht. Im zweiten Schritt werden typische Fälle durch Einzelfallanalyse herausgefiltert.

Es handelt sich um ein feministisch orientiertes biographisches Projekt zur beruflichen Sozialisation von WissenschaftlerInnen und zur Transformationsproblematik Ost-West. WissenschaftlerInnen im androzentrischen Wissenschaftsbetrieb werden auch in bezug auf den Neuaufbau der Universitäten in den neuen Ländern untersucht und die Wendeproblematik damit fixiert (vgl. SCHULTZ 1991, WETTERER 1988, 1989, BAUS 1994, BURKHARDT 1993, HILDEBRANDT 1989, BAUME/FELBER 1994, MACHA1992a,b, MACHA u.a 1994, MACHA/HILDEBRANDT 1996). Der Bias der westdeutschen „Kolonialmentalität" wird relativiert, indem in den Begründungskontext des Projekts ostdeutsche Frauen eingebunden wurden (vgl. BAST-HAIDER 1994). Dadurch konnte der Blickwinkel der kulturellen Herkunft der westdeutschen Forscherinnen durch eine ostdeutsche Perspektive erweitert werden.

Mit MAROTZKI (1993) wird ein biographischer Zugriff gewählt und damit eine Lebenslaufperspektive auch in der feministischen Forschung angewandt. Der weibliche Lebenszusammenhang in der Sozialisation in Familie und Beruf wird bei WissenschaftlerInnen thematisiert und als doppelte Vergesellschaftung für Aufgaben der privaten Reproduktion wie auch in der Ausbildung für wissenschaftliche Arbeit beleuchtet (BECKER-SCHMIDT/BILDEN 1991, 25). Entwicklungsperspektiven werden im Lebenslaufparadigma gesehen und Brüche, Widersprüche und Rückschritte in der Karriere von daher interpretiert.

1. Theoretische Bezüge

Es handelt sich um ein theoriegeleitetes Auswertungsverfahren, das sich auf folgende Theorietraditionen stützt:

Biographieforschung: Mit dem Paradigma des Lebenslaufs werden Traditionen der geisteswissenschaftlichen Hermeneutik aktualisiert und empirisch operationalisiert (LOCH 1979, BAACKE/SCHULZE 1993, WILSON 1973, KÜCHLER 1983). Dem Bildungsprozeß im Lebenslauf wird eine innere Teleologie (DILTHEY) unterstellt, die es mit biographischen Methoden aufzuspüren gilt. In der Tradition von Alfred SCHÜTZ wird das „Interpretations- und Interaktionsapriori" im Sinne des interpretativen Paradigmas (AG BIELEFELDER SOZIOLOGEN 1973) des Symbolischen Interaktionismus aufgegriffen. Bildungsprozesse im Lebenslauf werden als Selbstgestaltungsprozesse gesehen im Rahmen der durch die Gesellschaft und die eigenen Fähigkeiten gegebenen Bedingungen. Die Gestaltungskraft des Ich (MACHA 1989, 1996a,b), die eigene Biographie zu entwerfen und unbewußt Schritte in Richtung auf ein „inneres Bild" zu unternehmen, wird als Motiv für Bildung und Entwicklung erkennbar. Interviews sind so ein Rückblick auf vollzogene Wandlungen eines Lebens auf der Basis der Bedingungen der Sozialisation. Für die interviewten Wissenschaftlerinnen ist z.B. „Andersartigkeit" ein Lebensthema, das sie mit Hilfe von Bildung aus dem sozialisatorischen Kontext ihrer Familie hinausdrängte bis in die Universitätskarriere, wo sie sich schließlich zum ersten Mal „am richtigen Platz" empfinden. Die Biographieforschung gibt methodologische Instrumente für die Interpretation biographischer Interviewdaten (MAROTZKI 1993). Sie werden sowohl als objektive Daten über die Lebenslagen der Probanden genommen als auch als subjektiv gestalteter Bericht kritisch interpretiert. Methodentriangulation gibt Aufschluß über Widersprüche und Auslassungen. Z.B. können die Lebenskurven Hinweise über Fehlstellen in Interviews geben und auch die biographischen Fragebögen dienen der Objektivierung.

Bei der Auswertung der Daten wird eine doppelte Strategie verfolgt: 1. wird die objektivierbare Vergleichbarkeit der Daten durch die computergestützte quasi-quantitative Auswertung mit dem Programm AskSam geleistet. 2. wird das Einmalige durch Extraktion von 3-4 typischen Fällen, die eine Mehrheit der Frauen repräsentieren, unterstrichen.

Frauenforschung: Hinsichtlich der feministischen Forschung schließen wir uns an das Paradigma der „doppelten Vergesellschaftung" von Frauen für private Reproduktion und für arbeitsmarktvermittelte Arbeit an (BECKER-SCHMIDT 1987). Widersprüche und Brüche im Lebenslauf folgen aus dem Versuch der Frauen, Familie und Arbeit als Wissenschaftlerin miteinander zu vereinbaren.

Als methodologische Forderungen der Frauenforschung beziehen wir Kontextualisierung (BECKER-SCHMIDT u.a. 1991) und Präferenz für Anteilnahme mit ein (MIES 1984). Die Lebenszusammenhänge der Frauen und ihre konstitutiven Bedingungen im Geschlechterverhältnis sind Teil des Forschungsprozesses und nur ein Rekurs auf diese Bedingungen erlaubt eine Interpretation von Interviews. So ist die Marginalisierung von Wissenschaftlerinnen Produkt der gesellschaftlichen Diskriminierung, der primären Sozialisation und ihrer Folgen und der Lebenslagen der Frauen zwischen Familienanforderungen und Beruf.

Im Auswertungsverfahren wird so die Gleichheit der Geschlechter postuliert, um nicht an der Konstruktion von Differenzen zwischen den Geschlechtern mitzuwirken und nicht die Polarisierung in zwei dichotome Geschlechtscharaktere zu verfestigen (HAGEMANN-WHITE 1994): Wir gehen von der prinzipiellen Gleichheit von Frauen und Männern an Universitäten aus und untersuchen deshalb sowohl Frauen als auch Männer. Aber immer dann, wenn die besondere Lebenslage der Frauen erforscht wird, müssen wir auch die Differenz der Geschlechter in bezug auf die Chancen und die damit gegebenen Möglichkeiten des Aufstiegs im Universitätssystem in Rechnung stellen. Deshalb schlägt HAGEMANN-WHITE einen Perspektivenwechsel vor zwischen der prinzipiellen Annahme der Gleichheit und der zeitweilig (noch) gegebenen Differenz.

Im Auswertungsprozeß werden Anteilnahme und Kontextualisierung gleichzeitig mit Objektivität und Verallgemeinerbarkeit angestrebt: Die Lebenslagen der Frauen und ihre biographischen Lebenserfahrungen werden als Produkte der subjektiven Gestaltungskraft in ihrem objektiven Bedingungsrahmen gesehen. Wir interpretieren sie gleichzeitig anteilnehmend und sozialwissenschaftlich-analytisch. Es wird mit biographischen Auswertungstechniken eine Objektivierung der erzählten Lebensgeschichte versucht. Problematisch ist dabei der beständige Zwang, zwischen der Anteilnahme an der Person der Probandin und der Notwendigkeit zur objektivierenden Distanz hin- und herzuspringen. Unbedingt erforderlich sind deshalb Teamgespräche, wo „Fallen" dieses Verfahrens aufgedeckt werden.

2. Die methodische Umsetzung

Die von uns erstellte Triangulation von Methoden erfordert eine Vielzahl von Arbeitsschritten:

1. Schritt: *Datenerhebung und Datenaufbereitung:* Erstellung der Lebenskurven; Durchführung des Interviews; Fragebogen zu Personaldaten; Erstellung eines Kurzmemos; Transkription, Gegenhören, erste Korrektur; Erstellung einer Kurzbiographie.
2. Schritt: *Anonymisierung:* Anonymisierung des Interviews.
3. Schritt: *Weitere Datenaufbereitung:* PC-gestützte Vorbereitung und Formatierung des Interviews.
4. Schritt: Kategorisierungsprozeß: unabhängige Zuordnung der Kategorien zu den Interviews von zwei Auswerterinnen und Kontrolle durch Interviewerin (1. bis 3. Kategorisierung); Teamsitzung zur abschließenden Besprechung der Kategorisierungen und Festlegung der Endkategorisierung; Eingabe der Kategorien (dabei Markierung prägnanter Zitate, Memos und zweite Korrektur).
5. Schritt: *„Quantitative" computergestützte Auswertung:* „Quantitative" computergestützte Auswertung einzelner und aller Interviews unter Anwendung des ASKSAM-Programms: Zusammenstellung ausgewählter Kategorien.
6. Schritt: *Qualitative Auswertung und Interpretation:* Qualitative Auswertung und Interpretation der Daten anhand von 1. Fallstudien „typischer" Wissenschaftlerinnen und 2. Typenbildung.

3. Datenerhebung und Datenaufbereitung (Schritte 1 bis 3)

Zur Untersuchung der individuellen Verarbeitung von äußeren wie inneren Sozialisationsbedingungen von Wissenschaftlerinnen erscheint nur eine qualitative, den biographischen Kontext erfassende Methodik sinnvoll. Deshalb erfolgt die Datenerhebung anhand der Aufzeichnung eines biographischen, teilstrukturierten Interviews. Um einerseits einen freien Erzählfluß der Befragten in Gang zu bringen, andererseits aber auch die Vergleichbarkeit von Kategorien (Themen, Bereichen) zu gewährleisten, wird also eine Kombination eines „narrativen" und teilstrukturierten Interviews konzipiert. Der erste Teil des Interviews, die biographische Erzählung ist narrativ, also frei erzählt.

Als Einstieg in den narrativen Teil („Erzählanreiz"), aber auch als „roter Faden" für das Gespräch dienen die Lebenskurven, anhand derer der Lebenslauf beschrieben wird (F. SCHÜTZE 1977, KÜCHLER 1983, 21).

Abbildung 1: Lebenskurve

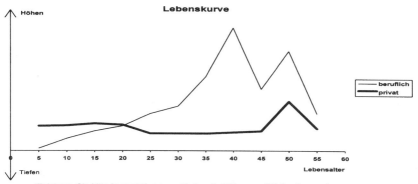

(Zeichnen Sie bitte in zwei Kurvenverläufen die Höhen und Tiefen Ihres privaten und beruflichen Lebens in das obige Koordinatensystem ein)

Die Arbeit mit Lebenskurven wurde in der biographischen Forschung von BEHREND und GRÖSCH (ohne Jahresangabe) entwickelt und in der Lehrerforschung, in der berufsbiographischen Forschung der Bielefelder Soziologen (BALMER/STRAUMANN 1983) und in der Migrationsforschung (THOMAS 1986) angewendet.

Als Einstieg in ein narratives Interview wurde die „Lebenskurve" von uns vor dem Hintergrund der „doppelten Vergesellschaftung" von Frauen modifiziert: Die Interviewpartnerinnen erstellen zwei Lebenskurven - den persönlichen und den beruflichen Lebenslauf - mit ihren Höhen und Tiefen anhand eines Formblatts, das den Interviewpartnerinnen vor dem Interview zugesandt wird. Persönliche und berufliche Höhen und Tiefen können gleichzeitig, aber auch gegensätzlich verlaufen, was durch dieses methodische Element deutlich wird.

Anhand der Kurven und eines aus der Vorstudie entwickelten Leitfadens folgt ein teilstrukturiertes Interview. In manchen Interviews kommt es zu einem Frage-Antwort-Verlauf, in anderen wird durch Fragen wieder eine umfassendere Erzählung in Gang gebracht. Die Interviews in den neuen Bundesländern wurden hinsichtlich der spezifischen Ostthematik eher offen geführt, da die historisch einmalige Fragestellung (Wende, Transformation) erst während der Datenerhebung formuliert werden konnte.

Mit einem Fragebogen werden zusätzlich persönliche Daten erhoben und zu einer Kurzbiographie zusammengefaßt. Diese Kurzbiographien dienen als Basis- und Kontextwissen zur Interpretation der einzelnen Interviews. Darüber hinaus werden in geringem Umfang weitere Materialien über die Wissenschaftlerinnen gesammelt wie z.B. tabellarische Lebensläufe, Veröffentlichungen und Zeitungsartikel. Die Dauer der Interviews reichte von 90 Minuten bis zu 4,5 Stunden.

In unserer Untersuchung führt insbesondere die humanistische Ausbildung und Grundhaltung der Interviewerin, so wie ROGERS sie formulierte, als Akzep-

tanz, Kongruenz und Empathie (KRIZ 1994, S.204-206) zu einer für die Mitteilungen der Interviewten besonders offenen Datenerhebungsform.[1]
Die nach humanistischen Grundsätzen erfolgte Gesprächsführung orientiert sich generell an den Inhalten und Stimmungen der Interviewpartnerinnen: Es wird individuell auf die Person und deren Lebenssituation eingegangen und auch in schwierigen Gesprächsabschnitten (wie z.B. dem Erzählen einer Vergewaltigung im Hochschulkontext) allen Impulsen und Wertungen seitens der Interviewten Raum gegeben. Zwar unterscheiden sich Interview und therapeutisches Gespräch grundsätzlich.[2] Dennoch äußern viele der Befragten, daß ihnen durch das Gespräch neue Erkenntnisse über sich selbst bewußt wurden, also beide, Interviewerin und Interviewte, einen Nutzen vom Gespräch hatten. Auch die Zusicherung von Anonymität vor dem Interview ist wesentlich für eine grundlegende Öffnung seitens der Befragten. Dies wird in einigen Interviews deutlich, in denen die Befragten vor der Antwort zu belastenden Themen sich nochmals die Anonymität zusichern ließen:
„Wie lange haben Sie gebraucht dann, bis Sie den Kinderwunsch realisieren konnten?"
„Gut, wenn das alles anonym bleibt - . Ich habe zwei Fehlgeburten gehabt, ehe ich das erste Kind kriegen konnte." (Interview 27, 821 - 23)
Beispielhaft für die Bedeutung der Interviewführung und -atmosphäre ist folgender Interviewauszug.
„Wie fanden Sie das Interview?"
„Nein, (das) fand ich gut. Obwohl man ja gar nicht sagen kann Interview. Sie haben ja wenig selbst (gesagt), das ist ja schon so toll, Sie haben ja den anderen mehr kommen lassen. Aber die Fragen hatten so etwas menschliches warmes, also die haben etwas mitfühlendes. Und das muß ich Ihnen sagen, das finde ich sehr angenhem. Das ist nicht so oft. ... Man will eigentlich zu Ihnen sehr genau sein, und da haben Sie einen ganz großen großen Vorteil. (Interview 23*)*
Im Verlauf eines biographischen, narrativen und teilstrukturierten Interviews ist eine der größten Herausforderungen, einerseits das Gespräch „laufen zu lassen", andererseits aber zu gewährleisten, daß auch alle Fragenbereiche thematisiert wurden. Dieses Problem haben wir über die Interviewführung hinaus technisch auch durch die Nutzung von Karteikarten gelöst. Die Fragenbereiche sind in Haupt- und Unterbereiche gegliedert, wobei es für jeden Hauptbereich eine Karteikarte gibt:

---

[1] Die Interviewerin ist in Analytischer Gestalttherapie ausgebildet und arbeitet auch als Psychotherapeutin und Trainerin. Sie meistert deshalb die notwendige Balance zwischen dem Sich-einlassen auf die Probanden und der Abgrenzung sehr gut. In ihrer Rolle als Forscherin trägt sie jedoch auch die Verantwortung dafür, daß kein therapieähnlicher Prozeß während des Interviews entsteht.

[2] Selbstverständlich kann es sich bei den einmaligen Interviews in diesem Rahmen keinesfalls um Psychotherapie handeln. Zugleich können bei Wahrung der individuellen Grenzen und Bedürfnisse bisher unbewußte oder unbeachtete Aspekte der Lebensgeschichte bewußt werden.

Wie würden Sie Ihren Führungsstil beschreiben? (Hauptfrage)
Unterfragen:
Beteiligen Sie Ihre MitarbeiterInnen an Entscheidungen?
Wie verhalten Sie sich in Konflikt- und Problemsituationen zu Ihren MitarbeiterInnen?
Können Sie bitte typische Situationen schildern?
In welcher Weise delegieren Sie Arbeit?
Wie kontrollieren Sie Ihre MitarbeiterInnen?

Die Nebenfragen dienen zur Unterstützung und werden nur angesprochen, wenn zur Hauptfrage keine oder eine zögernde Antwort kommt. Wenn die Hauptfrage in einem anderen Fragekontext oder im narrativen Eingangsteil bereits beantwortet wurde, wird die Karteikarte abgelegt, ansonsten wird der entsprechende Bereich strukturiert abgefragt und erst dann die Karte weggelegt.

Als Ergebnis der Transkriptionen - als nächster Arbeitsschritt - entstanden im Rahmen der Hauptstudie ca. 1.500 Seiten Text, wobei ein Interview im Durchschnitt 45 Seiten umfaßt bei einer Bandbreite von 26 bis 73 Seiten pro Interview. In unserer Untersuchung wird eine „einfache Variante" der Transkription gewählt, um gesprochene Sprache in Schriftsprache zu überführen, ohne die Wort- und Satzstruktur zu verändern. Konkret wurde gesprochene Sprache - auch Dialektäußerungen - ins Hochdeutsche transkribiert, Füllworte ohne Aussage weggelassen (z.B. „hm", „äh") und emotionale Äußerungen nur im Extremfall in Klammern hinter der Textaussage vermerkt (z.B. „weinend", „zynischer Tonfall", „lachend"). Es treten immer wieder Transkriptionsfehler auf, denn bei der Transkription findet - wie überall - selektive Wahrnehmungen statt: Die Tonbänder werden nach dem subjektiven Verständnis der Transkribierenden in Schriftsprache umgesetzt, quasi „übersetzt". Dabei findet eine Orientierung an dem Sinn oder Verständnis des Textes statt, welcher von der Situation der Transkribierenden und von deren Vorverständnis abhängt.[3]

Um „Transkriptionsfehler" aufzuspüren (Qualitätssicherung) werden alle Interviews von der Interviewerin nochmals abgehört, gleichzeitig mit dem Transkript gegengelesen und verglichen und bei Bedarf korrigiert. Die systematische Erfassung und Analyse der „Transkriptionsfehler" ermöglicht eine Unterscheidung folgender Rubriken: Wörter klingen ähnlich; der Kontext wird nicht verstanden; gleiche Wörter ergeben je nach Schreibweise einen anderen Sinn; Versuche, den vermuteten Erwartungen der Projektleitung gerecht zu werden; Interpunktion, die Sätzen andere Bedeutung gibt und der Text wird anders ausgedrückt, als er von der Interviewten gemeint ist („Sprechfehler").
Ein Beispiel für Rubrik „Wörter klingen ähnlich":

---

[3] Da in unserem Projekt insgesamt zwölf Personen an der Transkription beteiligt waren und alle - ob mit professionellen oder nichtprofessionellen phonotypistischen Kenntnissen - „Transkriptionsfehler" produzierten, scheinen diese unvermeidlicher Bestandteil des Auswertungsprozesses und damit potentielle Fehlerquelle bei der Übertragung von Daten zu sein.

Transkribierter Text:
Und in (ihr geisteswissenschaftliches Fach) habe ich meinen späteren Chef kennengelernt, der mich auch sehr faszinierend fand. (Interview 18, 86)
Tatsächlich gesprochener, korrigierter Text:
Und in (ihr geisteswissenschaftliches Fach) habe ich meinen späteren Chef kennengelernt, den ich auch sehr faszinierend fand. (Interview 18, 86)
Dann werden die Interviews anonymisiert und im dritten Arbeitsschritt in ein besonderes Format gebracht, das für die Datenverarbeitung angemessen ist, damit Fragen und Antworten sofort erkennbar sind, Aussagen bei der späteren Auswertung zugeordnet werden können usw. Jeder Satz wird numeriert, so daß die Rekonstruktion der Nummer des Interviews und der Fundstelle jederzeit möglich ist.

4. Datenauswertung (Schritte 4 bis 6)

Dem Anspruch, die Lebensrealität und den Lebenslauf ganzheitlich bei der Datenerhebung zu erfassen, sollte auch die Datenauswertung gerecht werden. Bei der Auswertung ist im Rahmen von qualitativen Interviews das Zuordnen (Kodieren) und Sortieren von Textteilen wesentlicher Bestandteil der Datenanalyse. Dabei besteht - auch vor dem theoretischen Hintergrund unseres Projektes z.B. innere wie äußere Ambivalenzen und Widersprüchlichkeiten „aufspüren" zu wollen - die Gefahr, daß Textstellen aus dem Kontext gerissen werden. Als Beispiel kann hier der Fragebereich nach „Diskriminierungserfahrungen als Frau" angefügt werden: Die direkte Frage nach „Diskriminierungserfahrungen als Frau" wird in unserer Untersuchung von einem Großteil der Befragten verneint, erscheint aber in einem vollkommen anderen Licht, wenn z.B. nach der „Beziehung zum Vorgesetzten" oder nach „Unterschieden zwischen Wissenschaftlern und Wissenschaftlerinnen" - also eher indirekt - gefragt wird: Dann äußert nämlich die Mehrheit der von uns Befragten „Diskriminierungserfahrungen als Frau", z.T. sogar erhebliche. Eine Auswertung und Interpretation dieser Kategorie darf also nur unter Berücksichtigung aller für sie relevanten Aussagen geschehen.

Um die Systeme, in denen die Befragten leben, in den Kontext ihrer Aussagen mit einzubeziehen, werden verschiedene Elemente kombiniert: Einerseits die Kategorisierung, in der mit „Kategorie", „Lebenslauf", „Querverweis" und „Memo" gearbeitet wird, andererseits die bereits erwähnten „Kurzbiographien", die „Lebenskurven", sowie Memos außerhalb der Kategorisierung.[4] Für die Aufbereitung der Daten (Formatierung) und die anschließende Kategorisierung wird eine eigene Dokumentvorlage erstellt, die die weitere PC-gestützte, technische Bearbeitung der Interviews ermöglicht: Fragen sind anders formatiert als Antworten, die Funktionen „Kategorie", „Querverweis", „Lebenslauf", „Memo" und „Zitat" können (per Anklicken mit der „Maus") über die speziell erstellte

---

[4] Kategorien werden technisch mit der Funktion K der Funktionsleiste des PC, der „Lebenslauf" mit L, Querverweise mit Q und „Memos" mit der Funktion M der Funktionsleiste des PC festgelegt.

Bildleiste mit dem Text verbunden werden, und die Kontrolle der Kategorienvergabe (Korrektheit und Anzahl der vergebenen Kategorien) ist möglich.[5]

5. Der Kategorisierungsprozeß (Schritt 5)

Die Kategorien sind in sechs Hauptkategorien auf je vier Ebenen (Oberbereiche, Unterbereiche) gegliedert. Die Kategorien sind Themenbereiche, die Textstellen der Interviews, die inhaltlich zusammengehören, als eine Art Überschrift ordnen. Sie werden im Verlauf des Forschungsprozesses entwickelt. Ausgangslage für die Kategorien sind die Themenbereiche des Interviewleitfadens, die auch mittels Kodieren nach STRAUSS (1994) immer weiter differenziert wurden.

Eine der anspruchsvollsten Aufgaben im Rahmen der Auswertung qualitativer, narrativer Interviews ist die „Kategorisierung" oder „Verschlüsselung" der transkribierten Texte. Der Kategorisierungsprozeß verläuft in zwei Phasen: Zunächst werden von einer oder zwei Auswerterinnen unabhängig voneinander den einzelnen Sätzen oder Textpassagen eines Interviews Kategorien nach vorgegebenen Regeln zugeordnet (Kategorisierung I und II). Die Interviewerin, die die Befragten persönlich kennt und über Kontextwissen verfügt, also nicht mehr „neutral" ist, kategorisiert ebenfalls jedes Interview (Kategorisierung III). In der zweiten Phase werden in Teamsitzungen die jeweiligen Verschlüsselungen (I, II, III) verglichen und so die Kategorisierung kontrolliert.

In einem kreativen Diskurs werden die Ursachen von Nichtübereinstimmungen der Kategorienzuordnungen der einzelnen Auswerterinnen diskutiert und eine endgültige Zuordnung vorgenommen. Danach werden die endgültig zugeordneten Kategorien und die Memos in den PC eingegeben, dabei werden prägnante Zitate markiert und der Text zum zweiten Mal korrigiert.[6]

Bei der Kategorisierung ist darauf zu achten, daß Aussagen der Interviewpartnerinnen nicht aus dem Kontext gerissen werden. Kategorien können bezüglich der inhaltlichen Formulierung mit Interviewaussagen identisch sein, müssen es aber nicht. Die Kunst der Kategorisierung besteht also darin, den Text auseinanderzuschneiden, ohne die zusammenhängende Erzählung zu zerstückeln. Den Regeln zur Kategorisierung zufolge werden grundsätzlich alle Textpassagen kategorisiert, aber jeder Textstelle wird nur eine Kategorie zugeordnet. Wäre dies nicht der Fall, so würde für die Gesamtauswertung der Text der Interviews vervielfacht. Da aber viele Textstellen mehreren Kategorien zugeordnet werden könnten, und damit wichtige Aussagen zu den anderen Bereichen nicht verloren

---

[5] Für die Erstellung und Umsetzung der Formatvorlage und die weitreichende Beratung und Unterstützung in allen PC-technischen Fragestellungen, ohne die die aufwendige Auswertung im Rahmen des Projektes nicht möglich gewesen wäre, möchten wir Herrn Dr. Gehlert, Universität Augsburg, herzlich danken.

[6] Textstellen, die prägnante Kernaussagen beinhalten und die sich von der Formulierung her gut als Zitate für den Forschungsbericht eignen, werden markiert. „Zitate" werden technisch mit der Funktion Z der Funktionsleiste des PC festgelegt. In diesem Arbeitsschritt werden auch noch vorhandenen orthographische Fehler sowie nach Bedarf Transkriptionsfehler nach einem zweiten Gegenhören durch die Interviewerin korrigiert.

gehen, wird die Möglichkeit des „Querverweises" geschaffen. „Querverweise" sind Zuordnungen zu Kategorien als zweite Präferenz, die bei der späteren Interpretation hinzugezogen werden können, wenn dies erforderlich sein sollte. Um eine horizontale, themenbezogene und eine vertikale, biographische Erfassung gleichzeitig zu ermöglichen, werden die Funktionen „Kategorie" und „Lebenslauf" konzipiert. Die Funktion der Kategorie des „Lebenslaufes" ermöglicht die Erfassung biographisch relevanter Textstellen, also alle Aussagen zum Lebenslauf, zu Höhen, Tiefen und Brüchen aus Sicht der Befragten sowie allgemeine Bewertungen zum eigenen Lebenslauf. Diese Aussagen werden bei der Interpretation mit den zu Beginn der Interviews erstellten „Lebenskurven" verglichen, wodurch eine Kontrolle und Ergänzung möglich wird, um z.B. Widersprüchlichkeiten aufzuspüren oder um bei Aussagen zu Phasen des Lebenslaufes den kontinuierlichen Prozeß des Auf und Ab zu berücksichtigen (Triangulation). Lebensereignisse und -entscheidungen stehen so zeitlich nicht mehr isoliert voneinander, sondern können im biographischen Kontext verstanden und interpretiert werden. Dies ist im Sinne unseres biographischen Ansatzes ein wichtiger Schritt.

6. Die Bedeutung von „Memos"

Die Arbeit mit Memos nach Amseln STRAUSS (1994) ist ein weiterer wesentlicher Bestandteil unserer Auswertungsmethodik, obwohl wir nicht rein nach der *Grounded Theory* arbeiten.[7] Wir verwenden Memos zur Zusammenfassung und zum systematischen Vermerken und zur Verdichtung von Interpretationsansätzen. Zunächst werden im Anschluß an die Interviews Memos erstellt, in denen das Interviewsetting, spontane Interpretationsansätze, Auffälligkeiten und subjektive Wahrnehmungen der Interviewerin festgehalten werden.[8] Ein zweites vergleichbares Memo wird beim Gegenhören - und weitere z.B. theorieleitende Memos, wann immer es sinnvoll erscheint - erstellt.
Im Rahmen des Kategorisierungsprozesses haben „Memos" eine vielseitige Funktion: Erste Interpretationsansätze werden ebenso festgehalten wie ambivalente oder widersprüchliche Aussagen. Weiterhin treten in jedem Interview „Schlüsselstellen" auf, in denen zentrale Aussagen oder Aussagen zu mehreren Kategorien enthalten sind, die durch „Memos" festgehalten werden können. Die Interviews sind individuell sehr unterschiedlich (Dichte der Information, Redefluß, Komplexität usw.). Manche Textstellen sind klar, kurz und eindeutig, so daß die Zuordnung einer Kategorie unproblematisch ist. Andere Erzählpassagen sind seitenlang - wie z.B. oft beim Einstieg ins Gespräch, wenn der Lebensverlauf geschildert oder im Kontext der „Wende" in Ostdeutschland erläutert wird. Der Zusammenhang von Textstellen wird durch den Einsatz von Memos festgehalten - auch, wenn sie über mehrere Seiten gehen und einer Vielzahl von

---

[7] STRAUSS (1994) beschreibt ausführlich die theoretischen Grundlagen der „Grounded Theory" und deren mögliche Umsetzungen in der Forschungspraxis.

[8] Bedeutsam ist z.B. das Setting: In einem Fall hörte auf Wunsch der Interviewten die ihr untergeordnete Mitarbeiterin mit, was beispielsweise relevant für Aussagen zu „Führungsstil" sein könnte.

Kategorien zugeordnet werden. Auch können Textstellen so innerhalb eines Interviews miteinander in Bezug gesetzt werden, indem z.b. auf Widersprüche zu vorangegangen Aussagen hingewiesen wird. In „Metamemos" werden Interpretationsvorschläge, die für alle Interviews Bedeutung haben könnten, systematisch festgehalten und im weiteren Auswertungsprozeß theorieleitend verdichtet.
Im folgenden Beispiel, in dem neben der Kategorie ein Querverweis eingesetzt wurde, wird in einem Memo auf einen Widerspruch hingewiesen, der zu interpretieren ist:
K[4.20.2. *Vergleich Wissenschaftlerinnen mit Wissenschaftlern: Unterschied in beruflichen Möglichkeiten]*
Memo[352- 361: Traditionelle Rollenverteilung wird trotz ihres hohen Status bei Vergleich mit ihrem Mann nicht bemängelt]
„Für mich, meine Situation: Ich kann mich an keiner Stelle beklagen, daß ich es als Frau schwerer habe als als Mann. (...) Ich werde im Institut genauso gut und schlecht und fair behandelt wie irgendein Mann.]

7. Die PC-technisch unterstützte Auswertung mit der Datenbank *Asksam* (Schritt 4 und 5)

Im nächsten Schritt erfolgt die technische Kontrolle der Zuordnung der Kategorien (Vollständigkeit, Exaktheit) und die Erstellung einer Kurzstatistik, die einen Überblick ermöglicht, welche Kategorien wie oft und in welchem Interview vergeben wurden. Danach werden den kategorisierten Textstellen Karteikartennummern zugeordnet, die jederzeit eine Identifizierung möglich machen. Nach der Konvertierung wird das Interview mit der Datenbank *Asksam* verbunden. Dieser quasi „quantitative" Teil der Auswertung ermöglicht eine schnelle Übersicht aller Kategorien in allen Interviews nach Häufigkeit, Umfang der Aussagen zu bestimmten Bereichen und eine Kombination mit anderen Kategorien. Die weitere qualitative Datenanalyse und Interpretation erfolgt anhand von Fallstudien und Typenbildung zu den Aussagen unter Berücksichtigung der Memos. Zugrunde liegen hier die bereits dargestellten verschiedenen methodischen Schritte. Diese horizontale Auswertung aller Interviews - „ein Bild der Befragten malen" - könnte die dargestellten *Typen* von Wissenschaftlerinnen (MACHA 1992) weiter bestätigen oder differenzieren.

8. Qualitätssicherung der Daten

Die Erkenntnisse des „interpretativen Paradigmas" spiegeln sich in unserer Untersuchung wider. Nach den „verstehenden Ansätzen" (KÜCHLER 1983, 287) werden die Daten in einem immer tiefer gehenden und besser verstehenden interaktiven Prozeß zwischen dem zu untersuchenden Feld (Wissenschaftlerinnen) und Interviewerin bzw. den Auswerterinnen produziert. Bedeutsam ist in unserer Hauptstudie des Projekts, daß Interviewte und Interviewerin weiblichen Geschlechts sind, also den gleichen sozio-kulturellen Kontext der Diskriminierung als Frau haben (MIES 1984) ebenso wie die Wissenschaftler als Vergleichsgruppe von Männern befragt werden. Wesentlich zur Gewinnung einer hohen Datenqualität (Tiefe, Dichte der Information) ist neben den methodischen Techniken auch die Beziehung zwischen der Interviewten und der Interviewerin während des Interviews. Die Datenerhebung als Wechselspiel von Befragten und Interviewerin ist von einer Reihe weiterer Faktoren abhängig: Von der Persönlichkeit der Befragten, von deren psycho-sozialer und ökonomischer Situation (z.b. Arbeitslosigkeit oder Inhaberin einer C4-Stelle), von der situativen Stimmung, von der Sympathie, von den Rahmenbedingungen beim Gespräch (z.b. Störungen, ob das Gespräch zu Hause oder Büro stattfindet, Anwesenheit anderer Personen usw.). Diese selbst im „Labor" unvermeidbaren Faktoren werden durch die Arbeit mit den Memos miteinbezogen. Sicherung der Datenqualität bedeutet einerseits eine Vertiefung des Verständnisses des Forschungsgegenstandes während des Forschungsprozesses bei gleichzeitiger Vermeidung von Verfälschungen oder Fehlinterpretationen. Die Vertiefung des Verständnisses wird auch durch die dargestellte Arbeit mit Memos ermöglicht. Verfälschungen oder Fehlinterpretationen werden durch verschiedene Elemente so gering wie möglich gehalten: Zum Beispiel durch das Gegenhören und die Korrekturen der Transkripte durch die Interviewerin als einem notwendigen Bestandteil zur Qualitätssicherung der Daten, durch die Kategorisierung von mehreren unabhängigen Auswerterinnen, durch die Kontrolle der Zuordnung zu Kategorien und durch den systematischen Einbezug des Kontextes (sowohl inhaltlich auf das Gespräch bezogen als auch bezüglich des Lebenslaufes und der Systeme der Befragten). Qualitätssicherung - wie beispielsweise in der von uns hier dargestellten Form - ist notwendige Voraussetzung für qualitative Sozialforschung.

Mit den geschilderten methodischen Verfahren werden sehr intensive Einblicke in die Lebensgestaltung von WissenschaftlerInnen in Ost- und Westdeutschland möglich. Die Krise der Wende wird ebenso erfahrbar wie die Belastungen und die Chancen von Frauen im androzentrischen Wissenschaftsbetrieb. Verarbeitungsmöglichkeiten und Gestaltung des Berufs werden erkennbar und genuin weibliche Strategien in Forschung, Personalführung, Verwaltung und Lehre deutlich. Insofern ist qualitative Forschung eine notwendige Ergänzung der schon bestehenden quantitativen Grundlagen. Durch Methodentriangulation kann in der Auswertung ein einseitiger Blick und damit eine Verzerrung der Ergebnisse vermieden werden. Die unterschiedlichen Methoden dienen der gegenseitigen Überprüfung und Objektivierung der Daten. Somit werden lebenslaufbezogene subjektive Sichtweisen der untersuchten Frauen und Männer zu einem Gesamtbild ergänzt.

Literatur

ARBEITSGRUPPE BIELEFELDER SOZIOLOGEN (Hg.) 1973: Alltagswissen, Interaktion und gesellschaftliche Wirklichkeit. 2 Bde., Reinbek 1973.
ARNDT, Magdalene/Gabriele HARTH u.a. (Hg.) 1993: Ausgegrenzt und mittendrin - Frauen in der Wissenschaft. Dokumentation einer Tagung an der Humboldt-Universität Berlin am 23./24. Oktober 1992, Berlin.
BAACKE, Dieter/Theodor SCHULZE, 1993: Aus Geschichten lernen. Zur Einübung pädagogischen Verstehens. Weinheim.

BALMER, K./M. STRAUMANN 1983: Innovation und Qualifikation. Lern- und Berufsbiographien von Facharbeitern. Arbeitspapier im Rahmen der Tagung „Lernen und Lebensläufe" vom 13. - 16.4.83 in Bielefeld, Zentrum für interdisziplinäre Forschung.

BAST-HAIDER, Kerstin 1994: Kultureller Kontext der Forschenden und die Methodik der Transformationsforschung. In: Angelika DIEZINGER u.a. (Hg.): Erfahrung mit Methode. Wege sozialwissenschaftlicher Frauenforschung. Freiburg.

BAUME, Brita/Christina FELBER: Zur Situation und zu den Erfahrungen von Wissenschaftlerinnen (Ost) an den Hochschulen in Berlin und Brandenburg. In: Initial, Berliner Debatte, 4/1994, S.53-63.

BAUS, Magdelena 1994: Professorinnen an deutschen Universitäten, Analyse des Berufserfolgs, Heidelberg.

BECKER-SCHMIDT, Regina 1987: Die doppelte Vergesellschaftung die doppelte Unterdrückung: Besonderheiten der Frauenforschung in den Sozialwissenschaften. In: WAGNER, Ina/Lilo UNTERKIRCHNER: Die andere Hälfte der Gesellschaft, Wien, S. 10-29.

BECKER-SCHMIDT, Regina/Helga BILDEN 1991: Impulse für die qualitative Sozialforschung aus der Frauenforschung. In: FLICK, Uwe u.a. (Hg.): Handbuch qualitativer Sozialforschung. München, 23-30.

BEHRENDT, R./D. GRÖTSCH o.J. (Hg.): Alltag, Lebensgeschichte, Geschichte, Berlin.

BILDEN, Helga 1991: Geschlechsspezifische Sozialisation. In: Klaus Hurrelmann/Dieter Ulich. (Hg.): Neues Handbuch der Sozialisationsforschung. Weinheim/Basel.

BOURDIEU, Pierre 1992: Homo academicus, Frankfurt a.M.

BURKHARDT, Anke 1993: (K)ein Platz für Wissenschaftlerinnen an ostdeutschen Hochschulen? In: Beiträge zur Hochschulforschung, 3, S. 339-371.

BURKHARDT, Anke 1995: „Besser als befürchtet, schlechter als erhofft", Zum Stand des Berufungsgeschehens an ostdeutschen Hochschulen aus Frauensicht. In: Hochschule Ost, März/April, S. 107-121.

BURKHARDT, Anke/Doris SCHERER 1993: Habilitierte Wissenschaftlerinnen in Ostdeutschland - ein Berufungsreservoir? In: PROJEKTGRUPPE HOCHSCHULFORSCHUNG (Hg.): Projektberichte 6/1993.

CLEMENS, Bärbel/Sigrid, METZ-GÖCKEL/Ayla NEUSEL/Barbara PORT (Hg.) 1986: Töchter der Alma Mater. Frauen in der Berufs- und Hochschulforschung. Frankfurt a.M.

DUKA, Barbara 1990: Biographiekonzept und wissenschaftlicher Werdegang. Narrative Interviews mit befristet beschäftigten und aus dem Hochschuldienst ausgeschiedenen Wissenschaftlerinnen und Wissenschaftlern. Dortmund.

FISCHER, Dietlind (Hg.) 1982: Fallstudien in der Pädagogik: Aufgaben, Methoden, Wirkungen. Konstanz.

FLICK, Uwe 1991: Triangulation. In: Uwe FLICK u.a. (Hg.): Handbuch qualitativer Sozialforschung, 432-434.

GEENEN, Elke M. 1993: Brüche und Kontinuitäten in den Biographien von Wissenschaftlerinnen. In: Ursula PASERO/Frederike BRAUN (Hg.): Frauenforschung in universitären Disziplinen: „Man räume ihnen Kanzeln und Lehrstühle ein ...", Opladen, S. 41-65.

GEENEN, Elke M. 1994: Blockierte Karrieren: Frauen in der Hochschule. Opladen.

HAGEMANN-WHITE, Carol/Maria RERRICH, 1985: FrauenMännerBilder - Männer und Männlichkeit in der feministischen Diskussion. Frankfurt a.M.

HAGEMANN-WHITE, Carol 1994: Der Umgang mit der Zweigeschlechtlichkeit als Forschungsaufgabe. In: Angelika DIEZINGER u.a. (Hg.): Erfahrung mit Methode. Wege sozialwissenschaftlicher Frauenforschung. Freiburg.

HERMANNS, Harry 1982: Das narrative Interview in berufsbiografisch orientierten Untersuchungen. Arbeitspapiere der Wissenschaftlichen Zentrums für Berufs- und Hochschulforschung an der GSH, Kassel. Nr. 9.

HILDEBRANDT, Karin 1989: Wissenschaftlerinnen im Hochschulwesen der DDR, Ergebnisse einer Befragung. In: ZENTRALINSTITUT FÜR HOCHSCHULBILDUNG BERLIN (Hg.): Berichte und Informationen zur Hochschulentwicklung, Berlin.

HILDEBRANDT, Karin 1992: Die berufliche Situation in der DDR. In: Barbara GEILING-MAUL/Hildegard MACHA/Heidi SCHRUTKA-RECHTENSTAMM/ Anne VECHTEL (Hg.): Frauenalltag. Weibliche Lebenskultur in beiden Teilen Deutschlands, Köln, S. 215-230.

KNAPP, Gudrun-Axeli 1990: Zur widersprüchlichen Vergesellschaftung von Frauen. In: Ernst-H. HOFF (Hg.): Zum Verhältnis von beruflichem und privatem Lebensstrang. Weinheim, S. 17-52.

KÖNIG, Eckard/Peter ZEDLER 1995: Bilanz qualitativer Forschung. Band 1: Grundlagen qualitativer Forschung. Weinheim

KRIZ, J.1994: Grundkonzepte der Psychotherapie. Weinheim.

KÜCHLER, Manfred 1983: Qualitative Sozialforschung - Ein neuer Königsweg? In: GARZ, Detlef/Klaus KRAIMER (Hg.) 1983: Brauchen wir andere Forschungsmethoden? Beiträge zur Diskussion interpretativer Verfahren. Frankfurt a.M., S. 9-30.

LOCH, Werner 1979: Lebenslauf und Erziehung. Essen.

MACHA, Hildegard 1989: Pädagogisch-anthropologische Theorie des Ich. Bad Heibrunn.

MACHA, Hildegard 1992: Wissenschaftlerinnen in der Bundesrepublik. In: Barbara GEILING-MAUL/Hildegard MACHA u.a. (Hg.): Frauenalltag, Weibliche Lebenskultur in beiden Teilen Deutschlands. Köln, S.189-214.

MACHA, Hildegard/Bettina PAETZOLD 1992: Elemente weiblicher Identität von Wissenschaftlerinnen: Vereinbarkeit von Kind und Beruf? In: Leokadia BRÜDERL u.a. (Hg.): Frauen leben zwischen Beruf und Familie. Weinheim, S. 123-138.

MACHA, Hildegard/Monika KLINKHAMMER/Karin HILDEBRANDT 1994: Zur Lage der Erziehungswissenschaftlerinnen an den Universitäten der neuen Länder. In: Adolf KELL (Hg.): Erziehungswissenschaft im Aufbruch? Weinheim, S. 222-276.

MACHA, Hildegard 1996a: Die Fortschreibung des personalen Menschenbildes durch die systemische Pädagogik - die Welt der Kinder in den ersten Lebensjahren. In: Hildegard MACHA/Claudia SOLZBACHER (Hg.): Zur Aktualität des personalen Menschenbildes. Beiträge zur pädagogischen Anthropologie. Frankfurt, S. 74-96.

MACHA, Hildegard 1997 (i.D.): Familienerziehung in systemischer Sicht. In: Hildegard MACHA/Lutz MAUERMANN (Hg.): Brennpunkte der Familienerziehung. Weinheim.

MACHA, Hildegard/Karin HILDEBRANDT 1996: Krise und neuer Anfang. Erziehungswissenschaftlerinnen und erziehungswissenschaftliche Frauenforschung an den Universitäten der neuen Bundesländer. In: Adolf KELL/Jan-Hendrik OLBERTZ (Hg.): Vom Wünschbaren zum Machbaren. Arbeitsberichte über die Erziehungswissenschaft in den neuen Bundesländern. Weinheim (i.D.).

MAROTZKI, Winfried 1991a: Ideengeschichtliche und programmatische Dimensionen pädagogischer Biographieforschung. In: Dieter HOFFMANN (Hg.): Bilanz der Paradigmendiskussion in der Erziehungswissenschaft. Weinheim S. 81-110.

MAROTZKI, Winfried 1991b: Aspekte einer bildungsorientierten Biographieforschung. In: Dieter HOFFMANN/Helmut HEID (Hg.): Bilanzierungen erziehungswissenschaftlicher Theoriebildung. Weinheim S.119-134.

MAROTZKI, Winfried 1993: Entwurf einer strukturalen Bildungstheorie. Weinheim

MAYRING, Philipp 1990: Einführung in die Qualitative Sozialforschung. Eine Anleitung zum qualitativen Denken. München.

MIES, Maria 1984: Frauenforschung oder feministische Forschung? Die Debatte um die feministische Wissenschaft und Methodologie. In: Beiträge zur Feministischen Theorie und Praxis 11, S. 40-60.

ONNEN-ISEMANN, Corinna 1988: Hochschullehrerinnen - Stand der Forschung. In: INFORMATIONSDIENST FRAUENFORSCHUNG 1 und 2, S. 54-73.

REICHE, Karin 1994: Studie zur Gleichstellung von Mann und Frau an der TU Dresden Frauenbericht. Dresden.
SCHULTZ, Dagmar 1991: Das Geschlecht läuft immer mit ... Die Arbeitswelt von Professorinnen und Professoren. Pfaffenweiler.
SCHÜTZE, Fritz 1977: Die Technik des narrativen Interviews in Interaktionsfeldstudien - dargestellt an einem Projekt zur Erforschung von kommunalen Machtstrukturen. Arbeitsberichte und Materialien Nr. 1. Bielefeld. Fakultät für Soziologie.
STRAUSS, Anselm 1994: Grundlagen qualitativer Sozialforschung, Datenanalyse und Theoriebildung der empirischen soziologischen Forschung. München.
THOMAS, Christine 1986: Identität und Integration spanischer Gastarbeiterkinder. Saarbrücken.
WETTERER, Angelika 1988: „Man marschiert als Frau auf Neuland" - Über den schwierigen Weg der Frauen in die Wissenschaft. In: Uta GERHARDT/Yvonne SCHÜTZE (Hg.): Frauensituationen. Veränderungen in den letzten zwanzig Jahren. Frankfurt a.M., S. 273-291.
WETTERER, Angelika 1989: „Es hat sich alles so ergeben, meinen Wünschen entsprechend" - Über die Planlosigkeit weiblicher Karrieren in der Wissenschaft. In: Silvia BATHE/Ingrid BIERMANN u.a.: Frauen in der Hochschule, Lehren und Lernen im Wissenschaftsbetrieb. Weinheim, S. 142-189.
WILSON, Thomas P. 1973: Theorien der Interaktion und Modelle soziologischer Erklärung. In: ARBEITSGRUPPE BIELEFELDER SOZIOLOGEN (Hg.): Alltagswissen, Interaktion und gesellschaftliche Wirklichkeit. Reinbek, S. 54-79.
YOUNG, Brigitte 1993: Deutsche Vereinigung. Der Abwicklungsskandal an ostdeutschen Universitäten und seine Folgen für Frauen. In: Feministische Studien, Heft 1, S. 8-20.

Udo Kuckartz

Qualitative Daten computergestützt auswerten: Methoden, Techniken, Software

1. Computer und qualitative Methoden - ein Gegensatz?

Qualitative Sozialforschung mit der Unterstützung von Computerprogrammen zu betreiben, ist eine verhältnismäßig neue Entwicklung. Die Diskussion um qualitative versus quantitative Sozialforschung, wie sie Ende der 70er bis Anfang der 80er Jahre geführt wurde (vgl. SCHWARTZ/JACOBS 1979), ging implizit davon aus, daß es sich beim Computer um ein Hilfsmittel der (bekämpften) quantitativen Sozialforschung handelte. „Computer gleich Rechner" und „Rechner gleich quantitative Methodik", diese Gleichsetzungen wurden noch bis in die zweite Hälfte der 80er Jahre hinein vorgenommen. Übersehen wurde lange Zeit, daß mit Hilfe von Computersoftware auch Aufgaben des Datenmanagements, der Datenorganisation, des Wiederfindens und Verknüpfen von Textpassagen leicht und effektiv vorgenommen werden können - und solche Aufgaben spielen bei der Auswertung qualitativer Daten eine nicht zu unterschätzende Rolle. Die verschiedenen Typen qualitativer Forschungsansätze weisen nämlich in bezug auf die Methoden und Forschungstechniken, die bei der Analyse der Texte eingesetzt werden, grundlegende Gemeinsamkeiten auf wie unter anderem

– systematische Lektüre und Interpretation des Textes
– Identifizierung von Inhalten im Text
– Segmentierung des Textes
– Zuordnung von Kategorien oder von - wie sie je nach theoretischem Bezugsrahmen genannt werden - Codes, Schlagworten etc. zu Textsegmenten
– Zusammenstellung aller Textsegmente mit gleicher Kategorienzuordnung

Mittlerweile sind Computer für die qualitative Sozialforschung „destigmatisiert" worden und die Mehrzahl der qualitativen Forscher arbeitet nicht nur mit Textverarbeitungsprogrammen wie etwa *WORD für WINDOWS* oder *WORD PERFECT*, sondern auch mit speziellen Programmen für die qualitative Datenanalyse wie beispielsweise *AQUAD*, *ATLAS ti* oder *MAX* bzw. *WINMAX*. Eine computergestützte Auswertung qualitativer Daten umfaßt solche Verfahren, die zwischen der Datenerhebung und der Analyse und Interpretation des Datenmaterials angesiedelt sind. Die entsprechende Software hilft bei einer Vielzahl von Auswertungsoperationen, die ein zentraler Bestandteil des qualitativen Forschungsprozesses sind. Dazu gehören zum Beispiel: die Zusammenstellung von Schlüsselpassagen des Textes, das Codieren von Textpassagen nach bestimmten Kriterien, das spätere Wiederauffinden von codierten Textsegmenten, das Auszählen von Wörtern und Wortkombinationen, die statistische Auswertung von Kategorien, Variablen und Sozialdaten der Befragten und anderes mehr. Die Methoden zur computergestützten Auswertung qualitativer Daten haben sich im letzten Jahrzehnt mit rasanter Geschwindigkeit entwickelt. Immer mehr und immer bessere Softwareprogramme stehen hierfür zur Verfügung. WEITZMAN/MILES stellen in ihrem Buch „Computer Programs for Qualitative Data Analysis" (1995) bereits 25 solcher Programme vor. Die Innovationen in diesem Bereich der Methodenentwicklung gehen allerdings so schnell vonstatten, daß Versuche, einen Überblick zu geben und Programme miteinander zu vergleichen, zumeist bereits bei Drucklegung veraltet sind (vgl. PREIN/KELLE/ BIRD 1995).

In diesem Beitrag wird deshalb auch auf solche Vergleiche und auf die konkrete Darstellung von Programmen verzichtet. Beschrieben wird, welche nützlichen Dienste ein solches Programm im qualitativen Forschungsprozeß leisten kann und wie der Auswertungsprozeß abläuft.

Der Computer spielt bei der qualitativen Datenauswertung eine Rolle, die mit jener bei der quantitativ-statistischen Analyse nicht vergleichbar ist. Bei letzterer entspricht die Analyse dem, was das Computerprogramm berechnet, beispielsweise einer multiplen Regressionsanalyse. Die eigentliche Analyse besteht in einem mathematischen Kalkül. Dem Forscher obliegt lediglich die Aufgabe, die Koeffizienten zu interpretieren. Bei der computergestützten qualitativen Datenanalyse ist es nicht der Computer, der die Texte automatisch analysiert, sondern weiterhin der Forscher bzw. die Forscherin. Die Programme erbringen eine *Unterstützungsleistung*, und zwar in mehrfacher Hinsicht, sie ermöglichen unter anderem
- die Exploration des Datenmaterials, z.B. durch die Möglichkeit, in den Texten schnell und einfach nach Begriffen oder Begriffskombinationen zu suchen
- die Organisation und das Datenmanagement, d.h. die Texte sind zusammen mit den zugehörigen Rahmendaten wesentlich besser zugänglich als beim herkömmlichen Abheften von Transkriptionen in Aktenordnern
- die Erschließung des Datenmaterials durch Schlüsselworte bzw. ein Kategoriensystem
- die Segmentierung von Texten und die Zuordnung von Kategorien
- die Zusammenstellung von Textpassagen nach thematischen Kriterien
- die Klassifikation und Definition von Variablen
- die Erstellung von Memos

Diese grundlegenden Techniken der computergestützten Analyse qualitativer Daten sind Gegenstand der folgenden Abschnitte. Die Fähigkeit des Computers besteht vor allem darin, verhältnismäßig komplizierte Operationen auch mit großen Textmengen in kurzer Zeit realisieren zu können. So sind in den letzten Jahren auch spezielle komplexe Auswertungsverfahren entwickelt worden (vgl. die verschiedenen Beiträge in KELLE 1995, MILES/HUBERMAN 1994).

2. Die Anwendungsfelder computergestützter Auswertung qualitativer Daten

In welchen Fällen ist es sinnvoll, Computersoftware und nicht bloß Schere, Klebstoff und Papier für die Analyse qualitativer Materialien einzusetzen? Kurz gesagt: immer dann, wenn die transkribierten Daten einen Umfang erreicht haben, der sich nur schwer überschauen läßt - und dies kann sehr schnell der Fall sein, denn wer wäre schon in der Lage, auch nur bei fünf narrativen Interviews à fünfzig Seiten jederzeit in Sekundenschnelle eine bestimmte Textpassage zu finden. Es ist aber nicht nur die Datenfülle, der „data overload" wie HUBERMAN und MILES formulierten (vgl. HUBERMAN/MILES 1983, 285), die für den Einsatz von Computersoftware spricht, es ist zweitens auch die Möglichkeit, die in den Daten enthaltenen Informationen voll auszuschöpfen und drittens die Chance, Fragestellungen nachzugehen und Analysetechniken anzuwenden, die ohne Computereinsatz nicht möglich wären oder einen unverhältnismäßig hohen Zeitaufwand erfordern würden.

In vielen qualitativen Forschungsprojekten in der Erziehungswissenschaft hat man mittlerweile Erfahrungen mit computergestützten Auswertungsverfahren gemacht. Dabei sind die Methoden sehr unterschiedlich, sie reichen vom Leitfaden-Interview und narrativen Interview über teilnehmende Beobachtung bis hin zur Inhaltsanalyse von Briefen, Dokumenten und Diskursen. Die Forschungsfelder erstrecken sich, wie die folgenden Beispiele zeigen, über die gesamte Disziplin: „Langzeitbeobachtung in freien Schulen" (SCHOLZ 1990), „Berufseinmündung von Haupt- und SonderschülerInnen" (KLUGE 1995), „Expertenbefragung in der Jugendhilfeforschung" (SCHAUF/SCHÜNEMANN 1995), „Weibliches Selbstkonzept und Computerkultur" (SCHRÜNDER-LENZEN 1995), „Leitbilder schulischer Umweltbildung" (SCHAAR/DE HAAN 1995), „Medizinische Rehabilitation und Pädagogik" (KUCKARTZ 1995c), „Argumentationsanalyse der Hochschulreformdebatte" (BUKOVA/HELLSTERN 1995).

Der Vielfalt der Methoden entsprechend differiert die Form der zu analysierenden Daten. Die Gemeinsamkeit besteht darin, daß es sich um Texte handelt, aber um sehr unterschiedliche Texte: beispielsweise Beobachtungsprotokolle, Aufsätze, Briefe, transkribierte Interviews, Feldnotizen oder Protokolle von Gruppendiskussionen.

3. Der erste Schritt: Transkription

Die computergestützte Textanalyse beginnt in ähnlicher Weise wie die konventionelle Analyse, nämlich mit der Verschriftung des erhobenen Materials. Hat man beispielsweise eine Anzahl von offenen Interviews durchgeführt und auf Tonband aufgenommen, so geht es zunächst darum, gemäß einem genau festgelegten Regelwerk die Tonbänder zu transkribieren. Zwar wäre es prinzipiell denkbar, den Auswertungsprozeß nur auf der Basis der Tonaufzeichnung zu betreiben, doch entscheiden sich in der Forschungspraxis fast ausnahmslos alle Forscher für den Zwischenschritt der Transkription. Diese Entscheidung ist mit großen zeitlichen bzw. finanziellen Konsequenzen verbunden und bei dem der-

zeitigen Entwicklungsstand der Spracherkennungssoftware erscheint es auch fraglich, ob Computer in absehbarer Zeit diesen kostenintensiven Arbeitsschritt übernehmen können.
Transkriptionen qualitativer Texte werden heute normalerweise mit Hilfe eines Textverarbeitungsprogramms und nicht mehr mittels der (elektrischen) Schreibmaschine erstellt. Damit ist gleichzeitig auch die wesentliche Voraussetzung für die computergestützte Analyse geschaffen: ein sogenannter *digitalisierter Text,* d.h ein Text in maschinenlesbarer Form. Die führenden Softwareprogramme für die computergestützte Analyse stellen keine weiteren Anforderungen hinsichtlich der Vorbereitungen, die man zu treffen hat, um einen Text bearbeiten zu können. Texte werden in diese Programme gewöhnlich im sogenannten *ASCII-Format* importiert, d.h. die Dateien enthalten nur den reinen Text und solche Sonderzeichen, die man mit der Tastatur erzeugen kann, nicht jedoch spezielle Formatierungen wie Fettdruck oder Kursivdruck und keine unterschiedlichen Schriftarten und Schriftgrößen.
Ist der Text also einmal transkribiert, so fällt die Entscheidung für eine computergestützte Analyse leicht, denn sie ist nicht mit zusätzlicher Vorbereitungsarbeit verbunden, verspricht aber einiges an Gewinn.

4. Hilfsmittel im Kampf gegen die Datenflut: Die Kategorien

Der erste Schritt der Textauswertung besteht - und darin sind sich alle kursierenden Vorschläge zur qualitativen Analyse einig - in der sorgfältigen, vielleicht mehrmaligen Lektüre des Textes. Die explorative und heuristische Bearbeitung des Textes kann nach verschiedenen Modellen erfolgen. Man mag sich mehr an dem Ablauf der klassischen Hermeneutik (vgl. FRÜH 1991) orientieren oder wie MAYRING (1988) vorschlägt, Techniken der Paraphrasierung benutzen. Auch für einfache Computerunterstützung ist in der explorativen Analysephase Raum: Man kann, wie GIEGLER (1992) vorschlägt, im Text gezielt nach Worten suchen, Häufigkeitswörterbücher erstellen und diese auf Auffälligkeiten durchsehen und dergleichen mehr.
Im Bereich der computergestützen Textanalyse hat sich ein Verfahren mehr und mehr als Basistechnik durchgesetzt, das eine auch im Alltag häufig benutzte Art und Weise der Textbearbeitung aufnimmt, nämlich das Markieren von Textpassagen und Schreiben von Schlüsselwörtern an den Rand.
Dies ist die Basismethode der computergestützten Auswertung qualitativer Daten: Die Technik der Definition von Kategorien bzw. eines Kategoriensystems. Ein weit verbreitetes Modell qualitativer Datenanalyse, die von GLASER und STRAUSS entwickelte *Grounded Theory* (vgl. STRAUSS 1991, STRAUSS/ CORBIN 1990), benutzt den Begriff *Code* und bezeichnet den Kern der eigenen Vorgehensweise als *Coding Paradigma.* Aus dieser Tradition heraus hat der Begriff *Code* den der *Kategorie* zunehmend verdrängt, insbesondere in der amerikanischen Literatur. Die Begriffswahl ist sicherlich wenig glücklich, denn mit *Codieren* assoziiert man gemeinhin eine eindeutige, hoch reliable Zuord-

nungsvorschrift, ähnlich wie in der klassisch-standardisierten Sozialforschung, wo man vom „Codieren von Fragebögen" spricht. Hingegen ist das Codieren der *Grounded Theory* eine explorative, heuristische Tätigkeit, die nur relativ vage definiert ist.

Im Rahmen der computergestützten Textanalyse meint Codieren das Zuordnen von Codeworten (Kategorien) zu Textsegmenten. Das Grundmuster aller Texterschließung wird im Englischen als *Cut-and-Paste-Technik* bezeichnet. Handwerklich betrachtet funktioniert dies folgendermaßen: Mit Schere, Kleber und Karteikarte bewaffnet, bearbeitet man den Text und schneidet jene Stellen aus, die zu einem bestimmten Thema relevant sind. Auf die Karteikarte schreibt man zuoberst das Stichwort, darunter vermerkt man die Herkunft des Abschnitts und klebt den Textabschnitt auf. Eine solche Karteikarte sieht dann etwa so aus:

Stichwort: Verhältnis zu Schülern

Herkunft: Interview mit Paul L./Seite 3: Zeile 5-17

L: ... schüttelt man mehr oder weniger aus'm Ärmel, wenn man also von der Naturwissenschaft kommt und für die Schüler ist man sowieso ein Zauberer, wenn man das denen da vorzeigt mit dem Thaleskreis. Die sagen, „Ja, das gibt's ja gar nicht, das ist ja fast schon Magie!" Und das hat mir da also da Spaß gemacht. Drum hab ich also da schon drauf gewartet, an eine Seminarschule, bis ich endlich einmal da unterrichten konnte. Sicher gibt's dann Enttäuschungen, daß die Schüler nicht so sind, wie man meint.
...

Bei dieser Art der Texterschließung geht es darum, Textinhalte durch Interpretationsleistung zu identifizieren und einem Codewort zuzuweisen. Die imaginär aufgeklebte Textpassage wird im Computerprogrammen *MAX für WINDOWS* (vgl. KUCKARTZ 1992 und 1995a) als *Textsegment* oder auch nur als *Segment* bezeichnet. Zu jedem Segment gehört eine Herkunftsangabe, die aus der eindeutigen Bezeichnung des Textes, der Angabe des Segmentbeginns und des Segmentendes besteht.

Die Texterschließung, das *Codieren*, erfolgt also nicht automatisch, sondern aufgrund der Interpretation und Zuordnung des Wissenschaftlers. Er identifiziert die relevanten Themen im Interview und ordnet die Codeworte zu. Das wirft einige Fragen nach den Codeworten selbst auf:
– Woher kommen diese?
– Wie werden sie entwickelt?
– In welcher Beziehung stehen sie zueinander?
– Wie viele benötigt man normalerweise für die Analyse?
– Dürfen sie sich gegenseitig überlappen?

Hinsichtlich der Herkunft der Codeworte in einer sozialwissenschaftlichen Studie sind prinzipiell drei Alternativen möglich:

- Sie *stammen aus der Literatur* (hierzu ein Beispiel: aus anderen Untersuchungen ist bekannt, daß Lehrerreferendare anfangs in der Schule häufig Disziplinprobleme mit den Schülern haben; man definiert daraufhin die Kategorie *Disziplinprobleme, bevor* man mit der Interpretation von Interviews mit Referendaren beginnt)
- Sie *lassen sich unmittelbar aus der Forschungsfrage bzw. dem Interview-Leitfaden herleiten* - auch hier existiert die Kategorie bereits vor der eigentlichen Auswertung
- Sie werden *induktiv aus den Daten gewonnen*, z.B. mittels eines Verfahrens der Paraphrasierung und Bündelung (vgl. MAYRING 1988: 41 ff)

Abb. 1: Text segmentieren und Codewort zuordnen

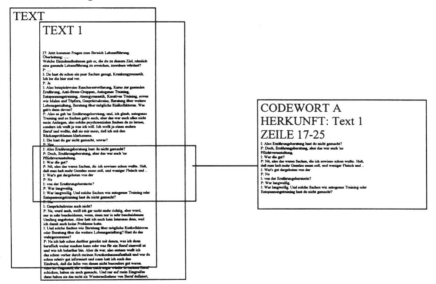

Natürlich existieren diese drei Varianten nicht nur in ihrer reinen Form, sondern häufig sind Mischtypen der Kategorienbildung anzutreffen und, sofern es sich nicht um ethnologische oder sehr stark deskriptiv orientierte Forschung handelt, ist fast immer eine mehr oder weniger konkrete Forschungsfrage der Ausgangspunkt, an die auch die induktive Kategorienbildung anknüpft. Eine gänzlich induktive Kategorienbildung ist außerordentlich selten.

Das Computerprogramm *MAX für WINDOWS* sieht keinerlei Beschränkung hinsichtlich der Anzahl der Codeworte und der Anzahl der codierten Segmente pro Text vor. Jedem Text können beliebig viele Codeworte zugeordnet werden. Einer Textzeile bzw. Textpassage können mehrere Codeworte zugeordnet werden, die Segmente können sich überlappen und ineinander verschachtelt sein. Man kann jederzeit neue Codeworte definieren oder vorhandene Codeworte löschen. Dennoch empfiehlt es sich, auf die Konstruktion des Codewortsytems Zeit und Sorgfalt zu verwenden, denn das Codieren von Texten nimmt erhebliche Zeit in Anspruch. Sollte sich später herausstellen, daß das Codewortsystem nur wenig brauchbar ist oder erheblich umgestaltet werden muß, hat man viel Zeit nutzlos vertan.

Hinsichtlich der Anzahl der Codeworte lassen sich keine allgemeingültigen Regeln formulieren. Manche Forscher arbeiten mit relativ wenigen Codeworten, die weitgehend den Fragen des Interviewleitfaden entsprechen, andere entwickeln ein stark ausdifferenziertes Codewortsystem, das aus mehreren hundert Codeworten besteht. In Abbildung 2 ist ein Codewortsystem ausschnittsweise dargestellt. Es stammt aus einem Forschungsprojekt über pädagogische Aspekte der medizinischen Rehabilitation, in dem Interviews mit Reha-Patienten durchgeführt wurden (KUCKARTZ 1995c). Es ist als hierarchisches Kategoriensystem aufgebaut, d.h. zu Codeworten existieren Untercodeworte und zu diesen gegebenenfalls auch wieder Untercodeworte.

Abb. 2: Ausschnitt eines Codewortsystems

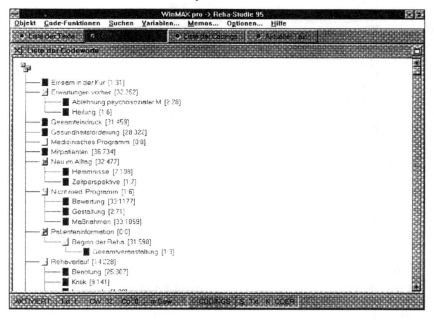

5. Der Auswertungsprozeß: Von der Transkription zur Themenanalyse

Der Auswertungsprozeß der computergestützten Textanalyse ist um die Technik des Segmentierens und Codierens herum angeordnet. Auf die Transkription folgt das Einlesen der Texte in das Softwareprogramm. Üblicherweise wird ein Text in qualitativen Analyseprogrammen wie ein Dokument behandelt, d.h. eine spätere Veränderung oder Ergänzung des Textes ist nicht mehr möglich. Die ersten Schritte der Auswertung sind interpretativ. Man beginnt mit der Einzelfallanalyse, der Interpretation jedes einzelnen Textes. Oft erweist es sich, insbesondere bei offenen Interviews als nützlich, wenn ein Summary, eine paraphrasierende Zusammenfassung, angefertigt wird. Auf die vergleichende Einzelfallanalyse folgt der oben beschriebene Schritt der Segmentierung und Codierung. Die Codeworte, die in den Phasen 4 und 5 von Abbildung 3 entwickelt und Textsegmenten zugeordnet werden, haben den Charakter von *thematischen Kategorien:* Sie dienen dazu, Themen in den transkribierten Interviews zu identifizieren. Die Codierung ist die Vorstufe, die notwendige Voraussetzung für die darauf folgende querschnittliche Analyse des Datenmaterials, bei der zunächst die zu den gleichen Kategorien gehörenden Textsegmente in vergleichender Weise bearbeitet werden. Diese vergleichende Themenanalyse zielt dann darauf ab, durch kontrastierende Vergleiche Ähnlichkeiten zwischen den einzelnen Personen, Besonderheiten einzelner Fälle und Zusammenhänge von Kategorien zu finden.

Abb. 3: Von den Interviewtranskripten zu thematisch strukturierten Textsegmenten

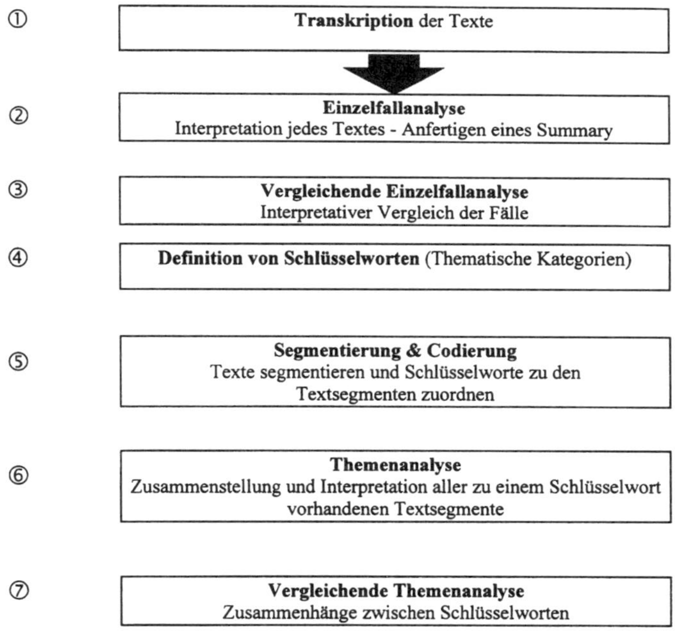

① **Transkription** der Texte

② **Einzelfallanalyse**
Interpretation jedes Textes - Anfertigen eines Summary

③ **Vergleichende Einzelfallanalyse**
Interpretativer Vergleich der Fälle

④ **Definition von Schlüsselworten** (Thematische Kategorien)

⑤ **Segmentierung & Codierung**
Texte segmentieren und Schlüsselworte zu den Textsegmenten zuordnen

⑥ **Themenanalyse**
Zusammenstellung und Interpretation aller zu einem Schlüsselwort vorhandenen Textsegmente

⑦ **Vergleichende Themenanalyse**
Zusammenhänge zwischen Schlüsselworten

Diese Codier- und Retrievaltechniken verschlingen eine Menge an Zeit und Arbeit des Forschers. Das Resultat ist, daß das Datenmaterial strukturiert, d.h. in eine überschaubare Ordnung gebracht wird. Es gleicht nun den geordneten Arzneimitteln in der Apotheke, die sich wohlsortiert in Schubladen- oder Regalschränken befinden. Schubladenetiketten geben Auskunft darüber, was einen erwartet, wenn man sie öffnet. Für die Anforderungen vieler qualitativer Projekte ist mit dieser *Code-and-Retrieve-Methode* schon viel erreicht. Mit den Zusammenstellungen von Textpassagen, gegebenenfalls noch in Form von Vergleichen bestimmter Untergruppen der Probanden, läßt sich unschwer ein Forschungsbericht erstellen. Die entscheidenden Dimensionen können herausgearbeitet werden, Schlüsselpassagen markiert und interpretiert werden.

6. Weitere Hilfsmittel bei der Analyse: Memos und Variablen

Nützliche Dienste bei der computergestützten Analyse leisten zwei weitere Werkzeuge, die dem Forscher zur Verfügung stehen: die Memos und die Variablen.

Memos zu schreiben ist eine zentrale Arbeitstechnik innerhalb der Methode der *Grounded Theory* (vgl. STRAUSS/CORBIN 1990), erweist sich aber auch für Forscher von Nutzen, die nicht nach dieser Methode vorgehen. Memos stellen eine Möglichkeit dar, die eigenen Gedanken, Ideen und Theorien, die im analytischen Prozeß entstehen, festzuhalten. In *MAX für WINDOWS* werden Memos wie die bekannten gelben Post-it-Zettel an irgendeine Stelle im Text angeheftet. Anders als die Texte, die als Dokumente behandelt werden, und nach dem Einlesen nicht mehr verändert werden können, sind Memos jederzeit zugänglich und veränderbar. Zu Memos können, genau wie zu Textsegmenten, Codeworte zugeordnet werden. Mittels eines Memo-Managers lassen sich Memos gezielt nach verschiedenen Kriterien, z.B. nach zugeordneten Codeworten, nach Suchbegriffen etc. auffinden und zusammenstellen.

Weitere analytische Prozeduren werden durch die Möglichkeit eröffnet, parallel zu jedem Text einen Datensatz von standardisierten Variablen zu verwalten. Dabei kann es sich zum einen um Informationen handeln, die bereits zum Zeitpunkt der Text-Transkription vorlagen, zum anderen um Informationen, die erst durch die Textauswertung selbst erzeugt werden. In Interviewstudien liegen beispielsweise meist schon zu Beginn eine Reihe von Rahmendaten vor, z.B.:

- der Zeitpunkt der Befragung
- der Ort der Befragung
- die Dauer der Befragung
- der Interviewer sowie
- die soziodemographischen Daten des Befragten (Geschlecht, Alter, Familienstand, Zahl der Kinder etc.)

All diese Daten können als Variablenwerte gespeichert werden und als Selektionskriterium beim Text-Retrieval dienen. In diesem Datensatz der Variablen können natürlich auch diejenigen Daten gespeichert werden, die bei der Textauswertung generiert werden. So kann man bestimmte inhaltliche Aspekte als Variablen definieren und dann die Individuen des Datensatzes auf entsprechenden Skalen einstufen. Beispielsweise lassen sich alle Textpassagen zusammenstellen, in denen Patienten über Veränderungen ihres Alltagslebens nach der Kur berichten und darauf aufbauend läßt sich eine Skala mit drei Ausprägungen definieren: 1= keinerlei Änderungen, 2=geringfügige Änderungen, 3= erhebliche Veränderungen der Lebensweise.

7. Fortgeschrittene Auswertungstechniken und Software

Die Methoden- und Softwareentwicklung der letzten Jahre hat sich damit beschäftigt, was nach dem skizzierten Codierungsprozeß des „Code-and-Retrieve" sinnvollerweise geschehen kann.

Dabei lassen sich drei Orientierungsrichtungen unterschieden:
1. Der Ansatz, formalisierte Regeln der qualitativen Hypothesenprüfung zu entwickeln. Dieser Ansatz arbeitet auf der Basis der Codeworte und sucht nach Regelmäßigkeiten des gemeinsamen Vorkommens (vgl. HUBER 1994); Er ist am konsequentesten in dem Programm *AQUAD* umgesetzt.
2. Der Ansatz, Kategorien und theoretische Konzepte in Form von Netzwerken nach graphentheoretischem Muster abzubilden (Programm *ATLAS-TI*, vgl. MUHR 1991).
3. Der Ansatz, qualitative und quantitative Analyseschritte auf eine neue Weise zu integrieren (vgl. KUCKARTZ 1992 und 1995d, ROLLER/MATHES 1993) und über Dimensionalisierung, Klassifizierung und Skalenbildung zur Typenbildung fortzuschreiten (*Programm MAX für WINDOWS*, vgl. KUCKARTZ 1995a).

Hinsichtlich der Software hat sich erfreulicherweise die Situation in den letzten Jahren wesentlich verbessert: Die Programme sind benutzerfreundlicher geworden, teilweise sind auch bereits leicht handhabbare WINDOWS-Versionen verfügbar. Zu den meisten Programmen sind Demonstrationsversionen erhältlich, mit denen man selbst ausprobieren kann, ob das Programm für die eigenen Daten und Auswertungsvorstellungen die geeigneten Funktionen besitzt, und ob man sich mit der Benutzerfreundlichkeit und der Handhabung des Programms anfreunden kann.

Für die qualitative Forschung haben diese Analyseprogramme die Bedeutung von äußerst effektiven Werkzeugen. Gegenüber der früheren handwerklichen Auswertung mit Schere, Klebstoff und Papier entsteht keinerlei Mehraufwand, doch bieten sich durch den Einsatz der Programme weitaus erweiterte Auswertungsmöglichkeiten: Eine größere Anzahl von Interviews kann bearbeitet werden, das Datenmaterial und Teile desselben sind stets leicht und schnell zugänglich, die Kommunikation mit den Daten ist enger und intensiver und durch systematische Codierungsprozesse können die im Datenmaterial vorhandenen Informationen und Strukturen besser und vollständiger erschlossen werden. Auf diese Weise kann die interne Validität der qualitativen Forschung, deren Mangel Kritiker häufig beklagen, beträchtlich erhöht werden.

Literatur

BUKOVA, Anja/Gerd-Michael HELLSTERN 1995: Computergestützte Argumentationsanalyse der Hochschulreformdebatte mit Hilfe von WINMAX 1.0. In: Udo KUCKARTZ (Hg.) 1995b: Computergestützte Auswertung qualitativer Daten: Praxis, Erfahrungen, Zukunft. 1. MAX Benutzerkonferenz. Berlin.

CORBIN, Juliet/Anselm STRAUSS 1990: Grounded theory research: procedures, canons and evaluative criteria. Zeitschrift für Soziologie (19): S. 418-427.

FIELDING, Nigel G./Ray M. LEE 1991: Using Computers in Qualitative Research. London/Newbury Park/New Delhi.
FRÜH, Werner 1991: Inhaltsanalyse. Theorie und Praxis. 3.A. München.
GIEGLER, Helmut 1992: Zur computerunterstützten Analyse sozialwissenschaftlicher Textdaten: Quantitative und qualitative Strategien. In: J. P. HOFFMEYER-ZLOTNIK (Hg.) 1992: Analyse verbaler Daten. Opladen.
GLASER, Barney G./Anselm STRAUSS 1967: The Discovery of Grounded Theory. Chicago.
HUBER, Günter L. 1994: Analyse qualitativer Daten mit AQUAD Vier. Schwangau.
HUBERMAN, A. Michael/Matthew B. MILES 1983: Drawing Valid Meaning from Qualitative Data: Some Techniques of Data Reduction and Display. Quality and Quantity (17), S. 281-339.
KELLE, Udo (Ed.), 1995: Computer-Aided Qualitative Data Analysis. Theory, Methods and Practice. London.
KLUGE, Susann 1995: Klassische und computergestützte Typenbildung im Vergleich: Ein Beispiel aus der Forschungspraxis. In: Udo KUCKARTZ (Hg.) 1995b: Computergestützte Auswertung qualitativer Daten: Praxis, Erfahrungen, Zukunft. 1. MAX Benutzerkonferenz. Berlin.
KUCKARTZ, Udo 1988: Computer und verbale Daten: Chancen zur Innovation sozialwissenschaftlicher Forschungstechniken. Frankfurt/Bern/New York/Paris.
KUCKARTZ, Udo 1990: Computerunterstützte Suche nach Typologien in qualitativen Interviews. S. 495-502. In: Frank FAULBAUM (Hg.): SOFTSTAT' 89. Fortschritte der Statistik-Software 2. 5. Konferenz über die wissenschaftliche Anwendung von Statistik-Software. Stuttgart/New York.
KUCKARTZ, Udo 1992: Textanalysesysteme für die Sozialwissenschaften, Einführung in MAX und TEXTBASE ALPHA. Stuttgart/New York/Jena.
KUCKARTZ, Udo 1995a: Qualitative Datenanalyse mit WINMAX. Benutzerhandbuch zu MAX für WINDOWS Version 1.0+. Berlin.
KUCKARTZ, Udo (Hg.) 1995b: Computergestützte Auswertung qualitativer Daten: Praxis, Erfahrungen, Zukunft. 1. MAX-Benutzerkonferenz. Berlin.
KUCKARTZ, Udo 1995c: Medizinische Rehabilitation und Pädagogik. Paper 95-124 der Forschungsgruppe Umweltbildung. Berlin.
KUCKARTZ, Udo 1995d: Case-oriented quanitification. In: Udo KELLE (Ed.): Computer-Aided Qualitative Data Analysis. Theory, Methods and Practice, London: Sage.
KUCKARTZ, Udo 1995e: Typological data analysis with MAX for WINDOWS. Paper presented at the SoftStat '95, 8th Conference on the Scientific Use of Statistical Software, Heidelberg, March 26-30, 1995.
KUCKARTZ, Udo 1995f: WINMAX professionell - Computerunterstütze Textanalyse. Handbuch zu MAX für WINDOWS professionelle Version 96. Berlin.
MATHES, Rainer 1988: „Qualitative" Analyse „qualitativ" erhobener Daten? Die hermeneutisch-klassifikatorische Inhaltsanalyse von Leitfadengesprächen. ZUMA-Nachrichten 23: S. 60-78.
MAYRING, Philipp 1988: Qualitative Inhaltsanalyse: Grundlagen und Techniken. Weinheim.
MILES, Matthew B./A. Michael HUBERMAN 1984: Qualitative Data Analysis. A Sourcebook of New Methods. Newbury Park.
MILES, Matthew B./A. Michael HUBERMAN 1994: Qualitative Data Analysis. An Expanded Sourcebook. 2nd Edition. Newbury Park.
MUHR, Thomas 1991: ATLAS/ti: A Prototype for the Support of Text Interpretation. Qualitative Sociology (14): S. 349-371.
PREIN, Gerald/Udo KELLE/Katherine BIRD 1995: An Overview of Software. In: Udo Kelle (Ed.) 1995: Computer-Aided Qualitative Data Analysis. Theory, Methods and Practice. London.

ROLLER, Edeltraud/Rainer MATHES 1993: Hermeneutisch-klassifikatorische Inhaltsanalyse. Analysemöglichkeiten ma Beispiel von Leitfadengesprächen zum Wohlfahrtsstaat. Kölner Zeitschrift für Soziologie und Sozialpsychologie (45): S. 56-75.

SCHAAR, Katrin/Gerhard de HAAN 1995: Leitbilder schulischer Umweltbildung. Paper 95-120 der Forschungsgruppe Umweltbildung. Berlin.

SCHAUF, Gabriele/Rainer SCHÜNEMANN 1995: Experteninterviews in der Jugendhilfeforschung. In: Udo KUCKARTZ (Hg.) 1995b: Computergestützte Auswertung qualitativer Daten: Praxis, Erfahrungen, Zukunft. 1. MAX Benutzerkonferenz, Berlin.

SCHOLZ, Gerold 1990: Die Bedeutung des „anderen" Kindes in den Freien Schulen Marburg und Frankfurt. Gutachten. Hessisches Institut für Bildungsplanung und Schulentwicklung. Wiesbaden.

SCHRÜNDER-LENZEN, Agi 1995: Weibliches Selbstkonzept und Computerkultur. Weinheim.

SCHWARTZ, Howard/Jerry JACOBS 1979: Qualitative Sociology. A Method to the Madness. New York.

STRAUSS, Anselm/Juliet CORBIN 1990: Basics of qualitative research. Grounded theory procedures and techniques. Newbury Park.

STRAUSS, Anselm 1991: Grundlagen qualitativer Sozialforschung. Datenanalyse und Theoriebildung in der empirischen soziologischen Forschung. München.

TESCH, Renata 1990: Qualitative research: analysis types and software tools. New York/Philadelphia/London.

WEITZMAN, Eben A./Matthew B. MILES 1995: Computer Programs for Qualitative Data Analysis. Newbury Park.

Teil IV
Qualitativ forschen in Praxisfeldern und Ausbildungsvorhaben

Annedore Prengel

Perspektivität anerkennen - Zur Bedeutung von Praxisforschung in Erziehung und Erziehungswissenschaft[1]

Eine Reihe von Beiträgen in diesem Handbuch dokumentieren, daß sich über die erziehungs*wissenschaftlichen* Forschungsfelder hinaus *in der Praxis* Forschungsaktivitäten entwickelt haben (vgl. u.a. DÖPP, SCHUMANN, BECK/ SCHOLZ, ALTRICHTER/LOBENWEIN/WELTE, D. FISCHER, NITSCH/ SCHELLER). In diesem Aufsatz soll Praxisforschung[2] als ein noch zu wenig beachteter und wegen seiner Bedeutung für Erziehung und Erziehungswissenschaft zukunftsweisender Bereich pädagogischer Forschung gewürdigt werden. Professionelles pädagogisches Handeln beruht in schulischen und außerschulischen Arbeitsfeldern stets auf *Situationsanalysen* und *Handlungsentwürfen*. Pädagoginnen und Pädagogen sind - so meine These - in ihrer Berufssituation darauf angewiesen, *auch zu forschen*, darum ist *neben* der wissenschaftlichen Forschung auch die Praxisforschung ein Bereich, in dem eine Reihe qualitativer Forschungsmethoden entwickelt und verwendet werden. Zu klären ist, welche Erkenntnisreichweite sich durch Praxisforschung eröffnet und welche Methoden so praxistauglich sind, daß sie von PraktikerInnen eingesetzt werden können. In diesem Beitrag werde ich zunächst reflektieren, warum Praxisforschung *pädagogisch* notwendig ist und anschließend Praxisforschung *als Forschung* neben wissenschaftlicher Forschung *perspektivitätstheoretisch* begründen. Im letzten Teil wird auf perspektivitätstheoretischer Grundlage herausgearbeitet, welche strukturellen Gemeinsamkeiten verschiedene schul- und sozialpädago-

---

[1] Ich widme diesen Aufsatz Ute WIRBEL, denn Gedanken aus langjährigem Austausch mit ihr sind in ihn eingewandert. Ich danke Barbara FRIEBERTSHÄUSER, Friederike HEINZEL, Jörn GARBER, Karl-Heinz BRAUN, Reinhard HÖRSTER, Hildegard DETZKIES, Hartmut WENZEL, Beate WEST-LEUER und Hanno SCHMITT für Hinweise und Kritik.
Den Lehrerinnen und Lehrern sowie den Pädagoginnen und Pädagogen aus anderen Arbeitsfeldern, die u.a. in Frankfurt/M, Wald-Michelbach und Marburg/L an meinen Supervisionsgruppen und berufsbezogenen Selbsterfahrungsgruppen teilgenommen haben, danke ich für die jahrelange gemeinsame Praxisforschung. Ohne unsere intensiven Suchprozesse hätte ich nicht zu den Gedanken dieses Aufsatzes finden können.

[2] Unter „Praxisforschung" verstehe ich forschende Tätigkeiten von PraktikerInnen, die dazu dienen, ihr Handeln zu fundieren. Diese Bestimmung ist zu unterscheiden von „Praxisforschung" als Forschung zu Praxisfragen durch Wissenschaftler, wie sie MOSER (1995), entwirft. Ich verwende den Begriff der Praxisforschung im genannten Sinne, weil er (im Unterschied zu „Lehrerforschung") alle pädagogischen Felder umfaßt und (im Unterschied zu „Aktionsforschung") nicht die Kooperation mit Wissenschaftlern als unerläßlich konzipiert.

gische Methoden[3] der Praxisforschung aufweisen und welche Potentiale der Perspektivenerweiterung ihnen inne wohnen[4].

1. Ohne forschendes Erkennen keine innovative Praxis

Angesichts einer demokratie- und wissenschaftsorientierten Auffassung pädagogischer Berufe, ist forschen - erkunden und erkennen, um Wissen hervorzubringen - zentraler Bestandteil der Erziehungsarbeit. Während in wissenschaftlicher Forschung externe Erziehungswissenschaftler aus Positionen mit (relativer[5]) Außenperspektive Wissen über Vorgänge in pädagogischen Feldern sammeln, untersuchen in der Praxisforschung Personen, die selbst Teil des Feldes sind, aus Positionen mit Innenperspektive Elemente ihrer konkreten Arbeitssituation. *Allgemeine* Lehrpläne und Richtlinien sowie wissenschaftlich abgesicherte Ergebnisse über die *allgemeinen* Voraussetzungen des Lernens können *nur* dann für Bildungsprozesse Bedeutung erlangen, wenn sie auf das *je konkrete* Feld mit *je einzigartigen* Personen in *je einzigartigen* Situationen bezogen werden. PraktikerInnen sind frei und verantwortlich dafür, sowohl selbst zu untersuchen, wie die sozialökologischen Lernsituationen beschaffen sind, unter anderem, wie sie selbst Lernprozesse beeinflussen, und wie Personen, mit denen sie arbeiten, lernen, als auch eigene Konzepte zu erfinden und ihre Wirkungen zu überprüfen (vgl. SCHÜTZE 1994, HENTIG 1982, NICOLAS 1990, KNAUER 1995, CARLE 1996). Es gehört zu den Berufsaufgaben der Pädagoginnen und Pädagogen, die komplexen situativen Bedingungen ihrer konkreten Bildungsarbeit zu erkunden, zu analysieren und adäquate Konzeptionen hervorzubringen und zu erproben (vgl. mit umfassenden Literaturverweisen DÖPP, ALTRICHTER/LOBENWEIN/WELTE, BECK/SCHOLZ und SCHUMANN in diesem Buch). Praxisforschung ist die ins schulpädagogische und sozialarbeiterische Berufshandeln „eingelassene Erkundungs- und Analysetätigkeit" (SCHÜTZE 1994, S. 263).

---

[3] Methoden der Praxisforschung wurden unabhängig voneinander in Schul- und Sozialpädagogik entwickelt, dennoch weisen sie, wie diese Studie belegen kann, erhebliche Gemeinsamkeiten auf.

[4] Indem dieser Beitrag den pädagogischer Praxis selbst innewohnenden Forschungsanteil aufdeckt, trägt er auch bei zur Klärung des prekären Theorie-Praxis-Verhältnisses in der Pädagogik (vgl. dazu den Überblick bei PRONDCZYNSKY 1993, sowie EBERWEIN/MAND 1995, S. 11 ff, BENNER 1991, LÜDERS 1989). Die Existenz der beiden Bereiche Pädagogik und Erziehungswissenschaft wird damit anerkannt (vgl. TENORTH 1996, ULRICH 1972). Zugleich betone ich aber die Verbindungen zwischen beiden Bereichen, die getrennt voneinander nicht existenzfähig sind. Die hier vorgelegte Analyse versucht in der bis heute aktuellen Arbeitsweise der Kritischen Theorie, *philosophische und empirische* Perspektiven auf Praxisforschung zu integrieren (vgl. HONNETH 1990, PRENGEL 1996). Umfangreiche Hinweise auf die internationale Literatur zu dieser Thematik finden sich bei ALTRICHTER 1990, ALTRICHTER/POSCH 1994, MOSER 1985.

[5] Auch Wissenschaftler bilden, während sie „von außen" forschen, einen Teil des Feldes, dessen Einfluß auf die Forschungsergebnisse stets mit berücksichtigt werden muß.

Das Wissen über die *je spezifischen, je aktuellen* Voraussetzungen und die *täglichen* Wirkungen pädagogischen Handelns am *konkreten* Ort kann nicht anders, als durch Praxisforschung gewonnen werden. Sie ist darum notwendig, ja unersetzlich. Die Güte von Situationsanalysen und die davon abhängige Angemessenheit von situationsspezifischen Handlungsentwürfen sind in allen Feldern folgenreich: Sie beeinflussen maßgeblich zum Beispiel Schulschicksale, Entzugsverläufe, Kriminalitätsentwicklungen, Rehabilitationsprozesse, Umschulungs- und Weiterbildungswirkungen. In vielen Fällen hängen von der Leistungsfähigkeit alltäglicher Praxisforschung lebensentscheidend Erfolg oder Scheitern von Bildungsprozessen ab.

Gegenwärtig verstärken gesellschaftliche Pluralisierungs- und Individualisierungsprozesse diese Aufgabe. Niemand kommt mehr umhin, ein „eigenes Leben" zu entwerfen (BECK 1996, WEHRSPAUN u.a. 1990). Nur wenn Pädagoginnen und Pädagogen die vielfältigen Lern- und Lebensstrategien der Kinder, Jugendlichen oder Erwachsenen, mit denen sie arbeiten, erkunden, haben sie die Chance, ein angemessenes, „passendes" Angebot entwerfen zu können.

Besonders intensiv forschen solche Praktiker, die selbst absichtsvoll neue Aspekte pädagogischer Situationen entdecken und neue pädagogische Erfindungen machen - die innovativen Pädagoginnen und Pädagogen (vgl. HAMEYER 1992). Forschend und praktizierend schufen sie häufig neue pädagogische Konzeptionen und entwickelten neue Aktionsfelder wie zum Beispiel Mädchen- und Jungenarbeit, integrative Pädagogik und die Bewegung Offener Unterricht mit ihren vielen Verzweigungen. Impulse zu Innovationen können PädagogInnen aus dem Feld selbst erhalten, weil sie sehr früh mit sozialisatorischen Veränderungen bei Kindern, Jugendlichen und Erwachsenen, mit denen sie arbeiten, konfrontiert werden. Fritz SCHÜTZE legt die Tradition der Praxisforschung seit den Anfängen der sozialen Arbeit dar und spricht von den besonders begabten Sozialarbeiterinnen, sie sind bereits durch die sorgfältige Durcharbeitung ihrer dichten Praxiserfahrungen faktisch zu umsichtigen Praxisforscherinnen geworden, oft ohne das selbst zu wissen, oder sich einzugestehen (SCHÜTZE 1994, S. 287).

Pädagoginnen und Pädagogen haben immer wieder für Erziehungswissenschaft relevante neue Gesichtspunkte entdeckt und einflußreiche Neuerungen entwickelt und erprobt - also auch im Sinne der Wissenschaftsdefinition Leo ROTHs, „Wirklichkeit angemessen analysiert" mit dem Ziel „handelnd in sie einzugreifen" (ROTH 1991, S. 32). Öffentlich werden Entwicklungen der Praxisforschung sowohl im Medium des mündlichen als auch des schriflichen[6] Aus-

---

[6] Veröffentliche Berichte über forschende Tätigkeiten von pädagogischen PraktikerInnen sind zahlreich, dazu gehören zum Beispiel die Arbeiten von WÜNSCHE (1972), KORTE (1980), JORKOWSKI/KNIGGE-TESCHE/PRENGEL (1982), RIEGEL (1994), BAMBACH (1994), KEGLER (1996), RÖHNER (1993) oder PURMANN (1989). Erziehungswissenschaftliche Begründungen von Praxisforschung finden sich bei ALTRICHTER (1990), ALTRICHTER/POSCH (1994), ALTRICHTER/LOBENWEIN/WELTE in diesem Buch), WÜNSCHE (1979), HENTIG (1982), DÖPP, BECK/SCHOLZ und SCHUMANN (in diesem Buch), ZINNECKER (1996), EBERWEIN/MAND (1995) und anderen. Mischformen aus Praxisforschung und wissenschaftlicher Forschung entstehen, wenn WissenschaftlerInnen und PraktikerInnen zu-

tauschs. Hochentwickelte fachkulturelle Netze aus informellen und institutionalisierten Arbeitszusammenhängen schaffen die Voraussetzungen, Erkenntnisse der Praxisforschung vorstellen, rezipieren, überprüfen und weiterentwickeln zu können und sie mit wissenschaftlichen Forschungsergebnissen in Beziehung zu setzen. Beispiele dafür sind die Workshops von Fritz SCHÜTZE (1994), die „Regionalen Pädagogischen Zentren" der Bundesländer (KLAFKI 1982, S. 51), der „Arbeitskreis Grundschule - der Grundschulverband" (FAUST-SIEHL u.a. 1990), die Gemeinnützige Gesellschaft Gesamtschule (1995) oder die Berliner Arbeitsgruppe „Spinnendifferenzierung" mit ihren Tagungen und Workshops sowie eine Fülle von Fortbildungsangeboten, die in ihren Konzeptionen rezipierende mit erfahrungsorientierten, aktiv forschenden Formen von Wissensproduktion verknüpfen (vgl. BUSCHBECK 1990, BUROW 1993, 1996, GOTTSCHALL 1995).

Sowohl pädagogische Praxisforschung als auch erziehungswissenschaftliche Forschung bewegen sich im Spannungsfeld von individualisierend-kasuistischen und generalisierend-strukturbildenden Denkfiguren[7]. Jeder Ansatz betont dabei eigene Erkenntnisinteressen und -perspektiven[8]. Beide sind in ihren spe-

---

sammenarbeiten, zum Beispiel in traditioneller pädagogischer Kooperation (LICHTENSTEIN-ROTHER 1954), in der Handlungsforschung (KLAFKI 1976, MORET 1980, ZINNECKER 1975) oder wenn PraktikerInnen gleichzeitig oder rückblickend in ihrem Feld mit dem erklärten Ziel forschen, primär einen Beitrag zum wissenschaftlichen Diskurs zu leisten (vgl. GRAFF in diesem Buch, STÜBIG 1995, WARZECHA 1990). Weitere Beispiele für die Forschungskooperation zwischen WissenschafterInnen und PraktikerInnen finden sich in diesem Handbuch in den Beiträgen von HORSTKEMPER, VOIGT, REIMERS/PALLASCH, KADE/NITTEL, NOLDA. In pädagogischen Zeitschriften finden sich vielfältige Publikationen zu allen Varianten von Praxis- und Handlungsforschung (so zum Beispiel „Grundschulzeitschrift"/Friedrich-Verlag, „Pädagogik"/Beltz-Verlag, „neue praxis"/Luchterhand-Verlag und „Sozialmagazin"/Juventa-Verlag).

[7] Vgl. zum Zusammenhang von Individualisierung und Generalisierung als traditionsreiches Thema der Kasuistik HERBERGER u.a. 1992 und KLEIN 1958; für die Erziehungswissenschaft vgl. TERHART 1980, FATKE, LEUZINGER-BOHLEBER und SCHMID in diesem Buch).

[8] Ich hebe damit rationales Erkennen als wichtigen Bestandteil pädagogischer Praxis hervor und plädiere für die Anerkennung der Pluralität von Forschungskonzeptionen. Praxisforschung arbeitet relativ *anders* als wissenschaftliche Forschung und ist ihr nicht unterzuordnen. Darum wende ich mich hier gegen jene Vorstellungen von Erziehungswissenschaftlern, die das Erkenntnispotential professioneller pädagogischer Praxis mißachten. Ein eklatantes Beispiel dafür stammt aus der Feder von Aloys FISCHER: „Wer lehrt und unterrichtet, erzieht und bessert, der erkennt nicht, er hat nicht die Aufgabe zu erkennen, weder das Kind, das er belehrt und erzieht, noch den Stoff, den er lehrend weitergibt, noch die Methode, nach der er verfährt ..... So steht der praktische Pädagoge zwischen der Therorie seines Faches und der seines Tuns, aber seine eigentliche Aufgabe, seine grundlegende Bestimmung ist es nicht, zu theoretisieren, zu erkennen, weder die Fachwissenschaft, noch das Kind, noch die Methode. Der Lehrer als solcher, der Erzieher als solcher unterrichtet, belehrt, bessert, verbessert, macht vor, redet zu, belohnt, bestraft heraus aus den didaktischen *Instinkten* (herv. A. P.) unter dem Einfluß von konkreten Situationen mit Verwertung selbstgemachter oder fremder Erfahrungen, auch nach *vorgängiger* Überlegung und Plansetzung" (FISCHER 1966, S. 83). Die von FISCHER für Wissenschaftler geforderte

zifischen Erkenntnisreichweiten unverzichtbar und als legitim anzuerkennen; die Innenperspektive der Praxisforschung mit ihrem handlungsgenerierenden Wissen über Einzelfälle und die Außenperspektive der wissenschaftlichen Forschung mit ihrem in der scientific community zu publizierenden Wissen über regelhafte Strukturen. Perspektivität grundsätzlich anzuerkennen heißt allerdings nicht, schon die einzelnen Methoden und Ergebnisse zu akzeptieren. *Sowohl in* Praxisforschung *als auch in* wissenschaftlicher Forschung gibt es Qualitätsunterschiede, zahlreiche Wissenschaftler ebenso wie zahlreiche Praktiker verzichten auch weitgehend auf Forschungsengagement. Aus jeder der beiden Perspektiven können Irrtümer produziert werden und über diese ist zu streiten!

2. Perspektivitätstheoretische Begründung von Praxisforschung

Um die Beziehungen zwischen wissenschaftlichen und praxisbezogenen Erkenntnisweisen zu Themenfeldern der Erziehung zu reflektieren, sind Theorien, die die perspektivische Verfaßheit menschlichen Wissens analysieren, aufschlußreich. Perspektivitätstheorien vermögen es, der demokratisch-normativen Wertschätzung der Pluralität von Erkenntnis- und Handlungsweisen in alltäglichen und wissenschaftlichen Zusammenhängen (PRENGEL 1995, 1996 a) ein rationales erkenntnistheoretisches Fundament zugrundezulegen. Sie stehen Interpretationstheorien (vgl. LENK/MARING in diesem Buch) nahe und haben Bezüge zu Konstruktionstheorien (vgl. KÖNIG/BENTLER, SCHRÜNDER-LENZEN und KELLE in diesem Buch). Ihr Vorzug ist, daß sie auf polarisierende Spekulationen über Realität *oder* Konstruiertheit von Welt sowie über Objektivität *oder* parteiliches Erkenntnisinteresse in der Forschung verzichten können. Perspektivitätstheorien analysieren vielmehr die Wechselwirkungen zwischen erkennender Person und zu erkennendem Weltausschnitt ohne eine der beiden Seiten zu vernachlässigen. Sie zeigen, daß äußerst zahlreiche Ansichten eines jeden Gegenstandes empirisch möglich sind und daß es unsinnig wäre, wenn eine oder wenige allein Gültigkeit beanspruchen wollte(n). Was Ulrich HERRMANN über den perspektivischen Charakter der Biographie sagt, gilt für jede Beschreibung komplexerer Untersuchungseinheiten wie z.B. Lebensabschnitte, Gruppenprozesse, Unterrichtsstunden oder Beratungsgespräche: Beschreibung ist „notwendigerweise die perspektivische Komposition von *Elementen* aus einem unendlich fakten- und facettenreichen Lebenszusammenhang,

---

Schulung hochentwickelter „Achtsamkeit" (S. 86) im Interesse einer genauen Beschreibung dessen „was ist" (S. 89) sollte meines Erachtens für Praktiker Bedeutung erlangen! Auch in der heute aktuellen Diskussion um das Theorie-Praxis-Verhältnis finden sich Stimmen, die die Notwendigkeit forschenden Erkennens als Bestandteil professioneller pädagogischer Praxis ignorieren, so zum Beispiel Heinz MOSER, der den Praktikern die „Praxis*reflexion*" zugesteht, die „Praxis*forschung*" aber den Wissenschaftlern vorbehält (MOSER 1995, S. 198 ff). Die Mißachtung *wissenschaftlicher* Forschungskonzeptionen durch Vertreter der Praxisforschung gehörte vor allem zum empörten Debattenstil der siebziger Jahre, vgl. zum Beispiel HEINZE/LOSER/THIEMANN 1981.

der *als solcher* nicht zur Darstellung gelangen kann" (HERRMANN 1987, S. 306). Im Hinblick auf die Forschungsmethoden ist dieser Zusammenhang folgenreich. „Einzelne Forschungsmethoden oder auch deren Verbund können immer nur Aspekte des komplexen Gegenstandsbereichs erfassen. Damit ergibt sich, daß einige Teilgebiete aufgrund vorhandener Forschungsmethoden und -instrumente mehr, andere weniger erforscht werden und ein Bild des Gegenstandsbereichs zeichnen, wie er de facto nicht zu sein braucht; er ist in seinen Teilbereichen nur unterschiedlich erforscht. Insofern konstituieren die Forschungsmethoden gleichzeitig den Gegenstand, den sie erforschen, und zwar in ihrem jeweiligen Zuschnitt" (ROTH 1991, S. 32). Einige für die Analyse von Forschungsmethoden wesentliche perspektivitätstheoretische Einsichten seien im Folgenden vorgestellt.

In unterschiedlichen historischen Epochen sowie in natur-, sozial- und geisteswissenschaftlichen Disziplinen finden sich Theoreme der Perspektivität. Dazu gehören so berühmte Ansätze wie die Erfindung der Zentralperspektive in der Renaissance, wie LEIBNIZ' Monadologie (1720/1994), wie NIETZSCHEs psychologische Reflexionen (vgl. zusammenfassend SEIDMANN 1976) und, in unserer Zeit, MERLAU-PONTYs Leibtheorie[9] (1966) MEADs Sozialphilosophie (1969) PANOFSKYs Kunsttheorie (1964), KOSELLECKs Geschichtstheorie (1977) und GRAUMANNs psychologische Phänomenologie (1960). Der Philosoph G. KÖNIG hat im Handbuch der philosophischen Grundbegriffe einen excellenten Überblick über die abendländischen Perspektivitätstheorien gegeben (KÖNIG 1989). Über perspektivisches Denken in nichteuropäischen Kulturen wissen *wir* vergleichsweise wenig, aber die globale Existenz der goldenen Regel, die als Beispiel des Anspruchs der Perspektivenübernahme interpretiert werden kann, ist schon in den zwanziger Jahren nachgewiesen worden. „Was Du nicht willst, das man Dir tu, das füg auch keinem andern zu" - diese Maxime der Anerkennung der Perspektive des Anderen findet sich in Varianten in vielen Kulturen der Welt (WIMMER 1980, HERTZLER 1934).

In der Erziehungswissenschaft wird die Kategorie der Perspektivität unter anderem in pädagogisch-psychologischen, in schulpädagogischen und in sozialpädagogischen Diskussionszusammenhängen verwendet. Dazu gehören zum Beispiel Forschungen zur kindlichen Fähigkeit der Perspektivenübernahme im Entwicklungsprozeß (EDELSTEIN/KELLER 1982, GEULEN 1982, MEYER-DRAWE 1984, ZEIL-FAHLBUSCH 1983), zur mehrperspektivischen Didaktik[10] (GIEL/HILLER/KRÄMER 1974, DUNCKER 1995, BREIT 1991) und zur multiperspektivischen Fallarbeit (MÜLLER 1993, SCHÜTZE 1994). In der methodologischen Debatte zu vielfältigen Forschungsfragen spielt die Kategorie der Perspektive eine zentrale Rolle. So setzt Uwe FLICK die systematische Perspektiventriangulation an die Stelle des klassischen Gütekriteriums der Validität. In der Regel wird in diesen Debatten aber keine tiefergehende perspektivitätstheoretische Begründung hinzugezogen. Der Psychologe GRAUMANN

---

[9] Vgl. auch die bildungsphilosophische Rezeption bei MEYER-DRAWE 1984 und LIPPITZ 1993.

[10] Ich danke Hartmut WENZEL und Ludwig DUNCKER für Informationen zu diesem Ansatz.

legte 1960 eine außerordentlich bemerkenswerte Studie zur Theorie der Perspektivität vor, darin belegt er anhand einer eigentümlichen Verbindung aus optischen, psychologischen und erkennistheoretischen Analysen akribisch, „..daß kognitive Situationen perspektivischer Struktur sind" (S. 1). Aus der Vielzahl der Komponenten, mit denen sich die perspektivische Struktur kognitiver Situationen bestimmen läßt, seien, um den Rahmen dieses Aufsatzes nicht zu sprengen, vier zentrale Elemente ausgewählt, die helfen können, pädagogische Forschungsrichtungen differenziert einzuschätzen: Größendimension, Standort und Blickrichtung, motivationaler Grundzug, Horizont und Dynamik.

a) Größendimension

Der Sozialwissenschaftler George Herbert MEAD nennt das Wissen um Perspektivität „ein unerwartetes Geschenk der Physik an die Philsosophie" (MEAD 1969, S. 215). Physikalisch-optische Beobachtungen verweisen grundsätzlich auf das Phänomen der perspektivischen Bedingtheit von Erkenntnis. Machen wir uns zunächst einen alltäglichen und im Alltag doch meist ausgeblendeten Sachverhalt klar: Wir nehmen jeweils völlig Verschiedenes wahr, je nachdem auf welche Größendimension wir unser Augenmerk einstellen, von extrem kleinen Einheiten wie Elementarteilchen bis hin zu extrem großen Einheiten wie Galaxien. Eindrucksvoll demonstrieren Philip und Phylis MORRISON in ihrem Fotoband „ZEHN^{HOCH}" (1995) wie sich die Welt aus zweiundvierzig verschiedenen Größendimensionen wahrnehmen läßt. Es zeigt sich, daß ein und derselbe Gegenstand sich in seinen verschiedenen Größendimensionen völlig unterschiedlich darstellt. So ist die von P. MORRISON fotografierte Hand aus der Sicht des bloßen Auges kompakt, aus der Sicht einer extrem vergrößernden Blasenkammeraufnahme besteht sie aus unzähligen schwingenden Teilchen, während ihre Existenz dem Blick aus großer Höhe völlig entgeht[11]. Diese naturwissenschaftlichen Beispiele können dazu anregen, in den Sozialwissenschaften Mikro- und Makroperspektiven von der Ebene zum Beispiel des einzelnen Kindes über die Ebenen der Kleingruppen, der Regionen, der Teilkulturen und Kulturen bis hin zur globalen Ebene aller Kinder der Welt in ihren je spezifischen Erkenntnisreichweiten anzuerkennen und auszuschöpfen. Wichtig ist, daß man bei Generalisierungen[12] präzise angibt, auf welche Größendimension man sich jeweils bezieht und daß man nicht den Fehler macht, von einer

---

[11] Der Philosoph Jean Francois LYOTARD zeigte in seiner Ausstellung „Les Immatériaux" (1985) im Pariser Centre Pompidou ein Exponat, das ebenfalls geeignet ist, die Bedeutung der Größendimension für Erkenntnisprozesse zu illustrieren. Eine Sicht auf ein Stück Papier aus stark vergrößernder Optik. Unser flaches glattes Papier wird hier zum wilden Gestrüpp. Wie sehr wir lebenspraktisch gewöhnt sind, auch in mehreren Perspektiven zugleich zu denken, zeigt unser Verständnis von der Erde. Niemand zweifelt an ihrer kugelförmigen Gestalt, wie sie vom Weltraum aus als vollendet sichtbar beschrieben wird (KELLY 1981), obwohl die uns unmittelbar zugängliche Oberfläche mit Bergen und Tälern keineswegs der Kugelform entspricht.

[12] Aussagen auf der Ebene des Allgemeinen könnten aber auch als Beiträge zu einer riesigen Einzelfallstudie über den im Kosmos bisher einzigen bekannten „Fall Menschheit" gelesen werden (vgl. VOLLMER 1981). Zur Problematik der Begriffe „Ebene" und „Verallgemeinerung" vgl. auch TERHART 1980.

Ebene auf die andere zu schließen (WELZ 1974). So sind wirklich universell gültige Aussagen, wie zum Beispiel „alle Kinder wurden geboren", „alle Kinder sind Teil des Generationenverhältnisses", „alle Menschen sind sterblich" selten. Allgemeine entwicklungspsychologische Aussagen gelten schon nicht mehr für alle Menschen, weil es stets Einzelpersonen gibt, die sich anders entwickeln. Generalsierende Aussagen können darum meist nur Hypothesen liefern, die daraufhin zu überprüfen sind, ob sie für den je konkreten Einzelfall zutreffen.

Die Größendimensionen, für die Praxisforschung über angemessene Zugänge verfügt, sind die einzelnen beteiligten Personen, einzelne Interaktionsszenen, kurze oder längere didaktische Einheiten, einzelne Gruppen, Klassen, Institutionen oder Einrichtungen in ihren konkreten sozialökologischen Kontexten. Typisch für Praxisforschung ist ihr lokaler Charakter, aber angesichts weltweiter Migration und Ökonomie sind auch lokale Einzelfälle immer öfter global verwoben. Grundsätzlich gilt: Generalsierende Aussagen, die anhand repräsentativer Stichproben oder umfassender qualitativ-empirischer Erhebungen gewonnen werden, kann Praxisforschung nicht selbst treffen, sie nimmt solche Aussagen rezipierend zur Kenntnis und überprüft, ob sie helfen können einen Einzelfall besser zu verstehen. Auch umgekehrt kann von der Aussageebene der Einzelfälle nicht ungeprüft auf weitere Fälle geschlossen werden, aber es lassen sich ebenfalls Hypothesen bilden, die möglicherweise Erklärungswert für weitere Fälle haben.

b) *Standort und Gerichtetheit*

Neben der Größendimension sind Standort und Blickrichtung maßgeblich für die Beziehungen zwischen Forschenden und Untersuchungsgegenständen. Klassisches Beispiel für dieses Strukturelement von Perspektivität ist die Wahrnehmung in der Landschaft. LEIBNIZ, der nach G. KÖNIG die seit der Renaissance in Kunst und Kunsttheorie bedeutsame Frage der Perspektive in die *Philosophie* eingeführt hat, postuliert im berühmten 57. Paragrafen seiner Monadologie, „...daß eine und dieselbe Stadt, von verschiedenen Seiten betrachtet, immer wieder anders und gleichsam perspektivisch vervielfältigt erscheint ..." (1720/1994). Standort und Blickrichtung konstituieren die „Hinsicht" auf den Gegenstand. Standort und Blickrichtung bedingen die in dieser Hinsicht mögliche „Ansicht" (GRAUMANN 1960, S.131) und lassen andere Ansichten nicht zu. Auf diese Weise werden Forschungsgegenstände durch die Bildung von Ausschnitten konstituiert.

Pädagogische Praxisforschung und erziehungswissenschaftliche Forschung bemühen sich um einen gemeinsamen Gegenstand: Beide erforschen Erziehungsprozesse. Aber die unterschiedliche professionelle Identität der Forschenden hat Folgen für Standorte, Blickrichtungen, sichtbare Ausschnitte und Ausblendungen. Wissenschaftliche Forschung bemüht sich vor allem um allgemeine Strukturen. Forschungsgegenstand von Praxisforschung ist die „Passung" zwischen den Kindern, Jugendlichen bzw. erwachsenen Zielgruppen und dem pädagogischen Angebot. Das große Thema Passung läßt sich auffächern in die fol-

genden zentralen Bereiche, in denen die zu erforschenden Ausschnitte der Praxisforschung, ihre „Fälle" (GUDJONS 1992) enthalten sind:
- einzelne Gruppenmitglieder mit ihren intrapersonellen Anteilen und sozialökologischen Bezügen
- intersubjektive und gruppendynamische Prozesse,
- von Geschlechts-, Schicht- und Kulturenzugehörigkeit bestimmte Prozesse
- Personale Voraussetzungen der PädagogInnen
- Strukturen der zu bearbeitenden Inhalte,
- didaktisch-methodische Konzeptionen,
- institutionelle Strukturen
- Strukturen der Umfeldsysteme.

Die kasuistischen Untersuchungen von Praxisforschung beziehen sich also auf die leiblichen, psychosozialen, kulturellen, geschlechtlichen und kognitiven Existenzweisen von Kindern, Jugendlichen und Erwachsenen als Adressaten von Pädagogik einschließlich ihrer sozialökologischen Kontexte, die Voraussetzungen der PädagogInnen selbst sowie die Gestaltung der pädagogischen Konzeptionen und Organisationen und ihre Wirkungen.

c) motivationaler Grundzug

Die perspektivische Struktur von Erkenntnis beschränkt sich nicht darauf, daß von bestimmten Positionen aus Ausschnitte von Welt in ein Gesichtsfeld kommen. Die perspektivische Ansicht ist auch in sich geformt.

Anknüpfend an Leibniz hat um die Mitte des 18. Jahrhunderts M. CHLADENIUS in seiner Lehre vom „Sehe-Punckt" darauf hingewiesen, daß neben den eben genannten räumlichen Strukturen auch innere Zustände des Zuschauers das, was er sieht, beeinflussen: „Diejenigen Umstände unserer Seele, Leibes und unserer ganzen Person, welche machen oder Ursache sind, daß wir uns eine Sache so und nicht anders vorstellen, wollen wir den Sehe-Punckt nennen. Wie nämlich der Ort unseres Auges, und insbesondere die Entfernung von einem Vorwurfe, die Ursach ist, daß wir ein solch Bild, und kein anderes von der Sache bekommen, also gibt es bey allen unseren Vorstellungen einen Grund, warum wir die Sache so und nicht anders erkennen: und dieses ist der Sehe-Punckt von derselben Sache" (1742/1969, S.187) „Der Sehepunckt ist der innerliche und äußerliche Zustand eines Zuschauers, insoferne daraus eine gewisse und besondere Art, die vorkommenden Dinge anzuschauen und zu betrachten flüsset" (1752/1985, S. 100).

Voraussetzungen des Blicks, bedingt durch prägende Erfahrungen und Bedürfnisse und erkenntnisleitende Interessen führen dazu, daß wir das, was wir sehen durch unsere Motive prägen. GRAUMANN (1960, S. 141 ff) nennt darum den wahrgenommenen und motivational geprägten Ausschnitt „Relief". Indem Strukturen des Motivs und des Ausschnitts zusammenspielen, treten wichtige Elemente als erhabene hervor, unwichtige Elemente verblassen und verflachen, sodaß ein „Betontheitsrelief" entsteht.

Der Blick ist also niemals neutral, nie offen im Sinne einer Tabula rasa. Zum Blickfeld eröffnenden und limitierenden Standort kommt hinzu, daß jeder Blick vorgeformt ist und damit seinerseits dem Wahrgenommenen Form gibt oder, andersherum gedacht, bestimmte Aspekte des Ausschnitts sich im Blick verankern können (vgl. MEYER-DRAWE 1984). Ohne durch meine Motive zu interpretieren, kann ich nicht erkennen.

Während Erziehungswissenschaftler aus ihrer Außenperspektive Vorgänge in pädagogischen Feldern untersuchen, um mit den Ergebnissen zunächst die veröffentlichten Erkenntnisstände zu erweitern, und meist langfristiger ins Feld zurückzuwirken, forschen PraktikerInnen aus ihrer Innenperspektive in ihrem Feld, um meist ohne Umwege ihre Praxis zu optimieren. Für Praxisforschung drängen darum grundsätzlich konkrete Einzelfälle in den Vordergrund: die nächsten Schullaufbahnentscheidungen, das nächste Beratungsgespräch mit einem problematischen Klienten, die zu erstellende Konzeption für ein Fortbildungsprojekt. Generalisierendes Wissen über regelhafte, allgemeine Strukturen, z.B. über die Entwicklung der Sitzenbleiberzahlen, Aneignungsstufen in Lernprozessen, gruppendynamische Rollen usw. sind nützlich, da sie helfen können, Zugänge zum Verständnis des Einzelfalles zu finden, sie haben aber in der konkreten Fallarbeit stets nur hypothesenbildenden Charakter.

Die bereits im Hinblick auf die anvisierte Größendimension (vgl. 2 a) problematisierte Frage der Wahrnehmungsebene läßt sich im Hinblick auf den motivationalen Grundzug jeder Wahrnehmung noch einmal präzisieren: Ereignisse in pädagogischen (und anderen) Feldern sind nicht als entweder einmalig *oder* regelhaft, besonders *oder* allgemein zu interpretieren, sondern es kommt darauf an, unter welchem Gesichtspunkt (Sehe-Punkt!) man das Ereignis analysiert: *Fragt man auf der individuellen Ebene nach den einzigartigen Strukturen des Falles, so können die unwiederholbaren Einmaligkeiten des Falles als betont hervortreten und somit sichtbar werden. Fragt man auf der kollektiven Ebene danach, was dieser Fall mit einer Gruppe aus mehreren Fällen gemeinsam hat, so können die Gemeinsamkeiten dieser Gruppierung[13] hervortreten. Fragt man auf der universellen Ebene danach, welche Strukturen des Falles für alle Menschen gültig sind, so können allgemein menschliche Phänomene in den Vordergrund rücken. Es wäre unsinnig diese Betonungen gegeneinander auszuspielen. Jede der drei Motivationen, Individuelles, Kollektives oder Universelles wissen zu wollen, ermöglicht ein anderes „Betontheitsrelief" und alle können „wahr" sein.* Hilfreich ist hier, wie bereits Kurt LEWIN den scheinbaren Widerspruch zwischen Regelhaftigkeit und individuellen Differenzen aufgelöst hat: Nicht verschiedene Gesetzmäßigkeiten bestimmen die einzelnen Menschen, vielmehr ergeben sich aufgrund der gleichen Gesetze bei verschiedenen Individuen und in verschiedenen Situationen notwendig sehr verschiedene Erfahrungen (1982, S. 102). Es hängt vom prägenden Motiv und von der Einstellung auf eine Größendimension, mit anderen Worten, von der gewählten Fragestellung ab, ob ich nach wiederkehrenden oder nach heterogenen Aspekten im Untersuchungsausschnitt suche.

---

[13] Der Begriff der Gruppierung oder auch der Kollektivität läßt sich unter anderem auf Geschlechtszugehörigkeit, Schichtzugehörigkeit ethnische Zugehörigkeit usw. beziehen.

Für Praxisforschung ist die Frage, ob pädagogisch relevante Phänomene wie zum Beispiel Lernstörung, Hochbegabung oder Neuorientierung im Alter als einmalig oder regelhaft vorkommend interpretiert werden, nur *sekundär* interessant, denn es geht allererst darum, den je einzelnen Menschen adäquat Bildung zu ermöglichen. Wissen über allgemein verbreitete Strukturen dient im Bereich der Praxisforschung der Perspektivenerweiterung im Einzelfall.
Für pädagogische Praxisforschung ist nun eine weitere Gruppe prägender Motive wichtig: die Persönlichkeitsstrukturen der PraktikerInnen selbst. Das Phänomen, daß wir dem, was wir bei anderen Menschen wahrnehmen, stets auch den Stempel eigener intrapsychischer Voraussetzungen interpretierend aufdrücken, wird psychoanalytisch im Wechselspiel zwischen Übertragung und Gegenübertragung gefaßt (vgl. LEUZINGER-BOHLEBER/GARLICHS und SCHMID in diesem Buch). Die persönlichen prägenden Motive der PraktikerInnen sorgen dafür, daß im durch den Blick entstehenden Betontheitsrelief bestimmte Aspekte zum Beispiel einer Klienten- oder Schülerpersönlichkeit prägnant hervortreten und andere unscheinbar erscheinen. Da PraktikerInnen Teil ihres eigenen Forschungsfeldes sind und interpretierend sowohl als Handelnde als auch als Forschende stark Einfluß ausüben, ist es unerläßlich, daß sie sich auch selbst zum Forschungsgegenstand machen, wenn sie die wesentlichen Elemente des Feldes erkunden wollen.

d) Horizontalität und Dynamik

Bisher wurden Strukturmomente von einzelnen Perspektiven genannt. Wenn ich, im Bild der Landschaft bleibend, einen Standort innehabe, eröffnet sich, wie erläutert, von hier aus in einer Blickrichtung ein motivational geprägter Anblick; zugleich aber sind von diesem Punkt aus auch andere Blickrichtungen, andere Hinsichten möglich. Begrenzt werden sie durch den Horizont. Grundsätzlich läßt sich sagen, „daß vom vorgegenständlich grundhaften Gewahren bis zum wissenschaftlichen Vorgehen das Kriterium der Hinsicht auf in Horizont-Struktur gegebenes aufweisbar ist" (GRAUMANN 1960, S. 179). Und selbst der Horizont läßt sich verändern, wir können uns weiterbewegen, neue Standorte aufsuchen und uns so neue Horizonte erschließen. „Je weiter der Horizont des uns möglichen 'denkenden' Verhaltens ist, desto mehr Hinsichten sind auf ein Problem eröffnet" (GRAUMANN 1960, S. 131). Der Horizont ist in seiner Doppelfunktion von Eingrenzung und Über-sich-hinaus-verweisen notwendiges Korrelat jedes Blickfeldes.
Die Vielfalt der zugänglichen Anblicke innerhalb horizontaler Begrenzungen und die Möglichkeit, Standpunkte und damit auch Horizonte zu verschieben verweist auf ein mit Horizontalität eng verknüpftes Strukturmoment von Perspektivität: die Tatsache, daß wir unsere Perspektiven zeitlich unaufhörlich quasi gleitend verändern. In der Dynamik der Veränderung von Perspektiven sind langsamere und schnellere Bewegungen möglich: von Beharrlichkeit oder gar fast erstarrender Trägheit über langsame Veränderungen bis hin zu schnellen Wechseln. Stets geht es darum herauszufinden, welches Maß an Konstanz und an Neuorientierung angemessen ist.

„Alles was wir anblicken begrenzt unseren Blick, verweist aber zugleich als Anblick (Aspekt) auf das Übergreifende, dessen Anblick es ist, und das als ganzes originärer Anschauung nicht gegeben ist . ... Der Einzelanblick, auf den angewiesen wir gerichtet sind, erweist sich als prinzipiell ungenügend, er verweist auf weiteres zu Erblickendes, ist Motiv der sich im kontinuierlichen 'Durchgehen' erfüllenden Wahrnehmung. Diese motivationale Gerichtetheit 'durch' Aspekte auf Ganze ist die Dynamik unseres Gewahrens schlechthin" (GRAUMANN 1960, S. 178). Weil wir nie alles wissen können - das wäre die Gottesperspektive, denn nur Gottes Auge sähe alles (KÖNIG, 1989, S. 371) - haben wir stets Grund zur Neugierde und lebensweltliches und wissenschaftliches Erkennen kommen nie an ein Ende, immer neue Perspektiven können sich auftun und unseren Wissendurst wecken. (Das gilt in der Tendenz auch für traditionale Lebenszusamenhänge mit kaum merklicher langsamer Dynamik).

Für Erkenntnissituationen ist wesentlich, daß grundsätzlich die weltanschaulichen, theoretischen und politischen Positionen, die erfahrungsgeprägten Einstellungen, auch den Horizont, in dem Forschungen angelegt und interpretiert werden, bestimmen. Dabei geht es darum, einen möglichst weiten Horizont zu eröffnen, um perspektivische Beschränktheiten zu überwinden.

Elisabeth ZEIL-FAHLBUSCH hat in ihrer philosophischen Studie zu Erkenntnistheorie PIAGETs die sich scheinbar widersprechenden intellektuellen Bestrebungen, die Anerkennung perspektivischer Begrenztheit und das Bemühen um dezentrierende Perspektivenüberwindung zueinander in Beziehung gesetzt. Perspektivisch gebundenes Denken und dezentrierendes Denken sind nach ZEIL-FAHLBUSCH unaufhörbar dialektisch verflochten[14].

---

[14] Ich möchte sie wegen der Relevanz ihrer Einsichten für wissenschaftliche Erkenntnisansprüche in einem längeren Zitat zu Wort kommen lassen: „Die einseitige Ausrichtung auf die Dezentrierung scheint einerseits die Möglichkeiten des dezentrierten Denkens zu überschätzen und andererseits das Moment des Allgemeinen, das in der Perspektivität selbst liegt, sofern sie Bedingung des Verstehens anderer Perspektiven ist, zu unterschätzen. Ich gehe von der Behauptung aus, daß sich weder die Perspektiven in einer vollständig dezentrierten Struktur auflösen lassen, noch daß in der unaufhebbaren jeweiligen Perspektivität auf das Bemühen um Dezentrierung verzichtet werden kann. Beide Pole sind stets in einem Verhältnis des Mehr oder Weniger involviert und Vermittlungen sind immer neu zu leisten. Die Spannung zwischen dem jeweiligen besonderen Standpunkt, seinem Sinn und seiner Geschichte, und dem des anderen, bzw. zu dem, was beide verbinden kann, macht die Dialektik menschlichen Handelns und Denkens aus. Jedes Subjekt-Gegenstandsverhältnis, sofern die Sicht auf den Gegenstand an die Perspektive des Subjekts gebunden bleibt und ihn zugleich selbst treffen soll, wie jedes intersubjektive Verhältnis, sofern Intersubjektivität zugleich Identität und Differenz meint, hat in ihr seinen Ort. Eine einseitige Betonung von Perspektivität sähe sich zurecht mit dem Vorwurf des Subjektivismus und Individualismus konfrontiert; ihre Folge wäre die Auflösung der Welt in eine Unzahl von Einzelperspektiven. Wie sowohl objektive Wahrnehmung und Erkenntnis als auch intersubjektive Wahrnehmung und Kommunikation möglich sein sollten, wäre kaum noch verstehbar . ...Die Annahme einer Dialektik von Perspektivität und Dezentrierung würde für die Vorstellung von Wahrheit nicht nur bedeuten, daß sie ein offener, unabschließbarer Prozeß ist - was die genetische Erkenntnistheorie in einer bestimmten Interpretation noch mit zu beinhalten schien -, sondern auch, daß Wahrheit uneindeutig ist. Erkenntnis und Entscheidung wären also untrennbar. Und sie würde für die

Das Bemühen um Erkenntnisse im pädagogischen Handlungszusammenhang wie in wissenschaftlicher Forschung läßt sich in diesem Zusammenhang analysieren als - ausgehend von einer schon vorhandenen Perspektive - Übergang zu einer neuen und schließlich vielen weiteren Perspektiven, die eine pädagogische Situation in immer neuen Facetten aufscheinen lassen und auch ein dezentrierendes Weitergehen zu neuen Horizonten provozieren.

Den Ertrag der perspektivitätstheoretischen Analyse zusammenfassend läßt sich sagen: Bei der Wahrnehmung von Prozessen in einem pädagogischen Feld sehen und hören von außen kommende fremde BesucherInnen oder InterviewerInnen anderes, als im Feld tätige PraktikerInnen. Sie sehen jeweils anderes, weil sie unterschiedliche Standorte einnehmen, von unterschiedlichen motivationalen Erfahrungen und Erkenntnisinteressen geprägt sind und sich in unterschiedlichen Interpretationshorizonten bewegen. Eine Wissenschaftlerin zum Beispiel sitzt hinten und beobachtet teilnehmend mit einer relativen Distanz, ein Lehrer steht mittendrin, erfährt die wechselnden Reaktionen der Kindergruppe auf sein Verhalten unmittelbar und nimmt wahr, was währenddessen in ihm selbst vorgeht. Sie möchte Hypothesen gewinnen oder bestätigt finden zum Kinderleben in Deutschland am Ende des 20. Jahrhunderts - er möchte Hypothesen gewinnen zu den in dieser Kindergruppe vorfindlichen Emotionen und Lernstrategien und den hier angemessenen Vorhaben. Beiden ist *gemeinsam*, daß sie ihr Augenmerk auf die Realität von Kindheit heute richten *und* beide sehen auf *verschiedene* Weise und nehmen *Verschiedenes* wahr.

Die Realität von „Kindheit heute", „Mädchen", „Jungen", „Jugendsubkulturen", „Behinderungen" ist als solche - „pur" - nicht zu haben. Wir können ihrer nicht habhaft werden, weil wir immer nur von einem Standpunkt aus auf unseren Forschungsgegenstand blicken können und von diesem Standpunkt hängt ab, was wir sehen können und was wir nicht sehen können. Unsere durch Standort und Wahrnehmungsmodus bedingte Perspektive ermöglicht und begrenzt zugleich unsere Erkenntnissen. Jenseits perspektivischer Begrenztheit und ohne das Bemühen um freilich immer vorläufig bleibende Entgrenzung ist keine Erkenntnis möglich.

Forschungsmethoden sind Instrumente, um bestimmte Perspektiven zu erschließen. Die Präzisierung von Forschungsmethoden läßt sich auch beschreiben als genaue Darstellung der Perspektive, auf die in einem Forschungsvorhaben eingestellt wurde. Wissenschaftliche Überprüfbarkeit wird in empirischen Erhebungen nach GRAUMANN angesichts des permanenten Flusses perspektivischer Bewegungen in der Zeit hergestellt durch *Innehalten*. Die Koordinaten einer bestimmten perspektivischen Einstellung werden so genau protokolliert, daß auch eine andere Person diesen Standort und diese Blickrichtung einnehmen kann. Ähnlich lassen sich so unterschiedliche Phänomene wie die „Zentralperspektive" in der bildenden Kunst oder die Fixierung auf theoretische Einstel-

---

Vorstellung von Humanität bedeuten, daß diese an die konkrete Kommunikation in Geschichte und Gegenwart gebunden bleibt - wenn wir auch zugleich an allgemeine Suppositionen eines, 'vernünftigen' Menschseins und menschlichen Miteinanders in einer gemeinsamen Lebenswelt festhalten müssen" (ZEIL-FAHLBUSCH 1983, S. 14 f).

lungen charakterisieren: Die Bewegung der perspektivischen Veränderung in der Zeit wird angehalten und auf eine Hinsicht fixiert, „eingestellt" (GRAUMANN 1960, S. 92). In qualitativ-empirischen Forschungsvorhaben entspricht das Prinzip der Offenheit der Bereitschaft zur permanenten Horizonterweiterung während des Forschungsprozesses, die nachvollziehbar dokumentiert wird. Die Methoden von Praxisforschung sollen es leisten, die vorhandenen perspektivischen Einstellungen mit ihren Auswirkungen auf pädagogisches Handeln bewußt zu machen, neue Perspektiven und Horizonte zu erschließen und so neue Ansichten eines „Falles" mit neuen Handlungsentwürfen zu gewinnen und zu erproben.

3. Methoden der Praxisforschung

Der Einblick in ihre methodischen Zugänge belegt, daß Praxisforschung über vielfältige, einfache und hochkomplexe Methoden verfügt, die dem Anspruch, neues Wissen über Aspekte konkreter pädagogischer Situationen horizonterweiternd hervorzubringen, gerecht werden. Dazu gehören neben so klassischen Methoden wie Tagebuchschreiben oder in Hospitationen teilnehmend beobachten auch Arbeitsweisen, deren Forschungsanteile üblicherweise nicht betont werden. Die Bereiche Beratung, Selbsterfahrung, Supervision, Fortbildung und Organisationsentwicklung arbeiten in pädagogischen Feldern allesamt nach den Prinzipien der Praxisforschung: Sie erforschen die vorfindliche pädagogische Situation, erschließen neue Interpretationsperspektiven und erfinden aufgrund einer solchen Diagnose neue Handlungsperspektiven. Charakteristisch für die genannten Methoden der Praxisforschung ist, daß sie oft angewendet werden im Medium der mündlichen Kommunikation: in teilnehmender Beobachtung und in Gesprächen, in Gruppenarbeit oder in sogenannter Werkstattarbeit. Wesentlich ist, daß in all diesen Arbeitszusammenhängen intensiv geforscht wird. Treibende Kraft dieser Forschung ist die Suche nach Handlungsalternativen. Die Tatsache, daß hier eine professionelle Subkultur (BUSCHBECK 1990) entstanden ist, in der die *Publikation* von Forschungsergebnissen nicht das wichtigste Kommunikationsmedium ist, sollte nicht darüber hinwegtäuschen, daß hier Forschung stattfindet.

Im Folgenden werde ich ausgewählte Bereiche pädagogischer Praxisforschung, den forschenden Habitus, Schritte der Fallarbeit und Methodenbeispiele zusamentragen, um ihre Möglichkeiten der Perspektiven- und Horizonterweiterung auszuloten.

a) Forschender Habitus

Ein forschender Habitus läßt PraktikerInnen während ihrer Arbeit latent aufmerksam sein auf die Geschehnisse im Feld. Fritz SCHÜTZE betont, wie wichtig es ist, von der Fremdheit der Anderen auszugehen, um so aufmerksamer dafür zu sein, wie *sie* die Welt sehen. Die grundlegende Erkenntnishaltung des emphatischen Fremdverstehens „... rangiert erkenntnislogisch - gewissermaßen als epistemische Metaperspektive vor jeder spezifischen Wahl von Methodentechniken" (SCHÜTZE 1994, S. 201). Diese unsystematische Form der Konzentration entspricht einem steten gleichsam elastischen Gleiten der Perspektiven und der „Offenheit" für neu sichtbar werdende Aspekte im Forschungsprozeß, wie sie auch für viele wissenschaftliche Ansätze qualitativer Forschung (vgl. FRIEBERTSHÄUSER in diesem Buch) typisch sind. Die so permanent sich ansammelnden Informationen werden gedanklich oder in informellen Gesprächen „ausgewertet" und für die Weiterentwicklung der Praxis genutzt. PraktikerInnen sind kontinuierlich im Feld anwesend, darum haben sie einen umfassenden Zugang zu den alltäglichen Ereignissen. Die Perspektiven solcher Alltagsforschung eröffnen damit den Blick auf eine denkbar große Menge an Erfahrungen und an unvorhersehbaren Ereignissen - darin liegt ihr von systematischer wissenschaftlicher Forschung nicht einholbarer Vorzug. Die Grenzen dieser permanenten dynamischen Forschungshaltung sind in den vorhandenen die Wahrnehmung limitierenden Standpunkten, prägenden Motiven und Bedeutungshorizonten der PraktikerInnen zu sehen.

So unentbehrlich und wertvoll einerseits die Erkenntnisse aus einer *freischwebenden breiten* Aufmerksamkeitshaltung in der Praxis sind, aber wer weitere unbekannte, überraschende Ansichten seiner pädagogischen Situation kennenlernen will, kann auf zahlreiche praxistaugliche *systematische* Methoden zurückgreifen.

b) Fallarbeit als Perspektivenerweiterung in sechs Schritten

Praxisforschung realisiert sich immer als Fallarbeit, dabei kann wohl jeder Ausschnitt eines pädagogischen Feldes jeder Problem- oder Konfliktfall, zum zu untersuchenden „Fall" werden: die klassischen Untersuchungseinheiten wie die 45-Minuten-Schulstunde oder der sozialpädagogische „Einzelfall", kleine Einheiten wie Interaktionsszenen und größere Einheiten wie ein ganzes Schuljahr, ein Projekt oder eine Institution. Untersuchungseinheiten[15], „Fälle", auf die jeweils focussiert wird, können unter anderem als Szenenportraits, Selbstportraits, Schülerportraits, Gruppenportraits, Stundenportraits, Projektportraits, Einrichtungsportraits oder als Portraits pädagogischer Beziehungen in Zeiteinheiten verschiedener Dauer gefaßt werden.

Alle systematischen Methoden der Praxisforschung enthalten im Kern zwei Phasen: Erstens diagnostizieren sie „was ist", zweitens entwerfen sie, „wie es weitergeht". Die vorhandene Perspektive auf den „Fall" wird analysiert und zum Ausgangspunkt genommen für die intendierte und inszenierte Suche nach neuen Perspektiven. Diagnose[16] und Neuorientierung bilden also die beiden umfassenden Phasen von Fallarbeit als Perspektivenerweiterung. Diese können in *drei diagnostische Arbeitsschritte* - Fragestellung und Methode klären, Erfahrungen beobachten und beschreiben, neue Deutungen finden - sowie in *drei Interventionsschritte* - Handlungskonzepte entwerfen, realisieren und überprüfen - aufgefächert werden. Mit der abschließenden Evaluation beginnt zugleich

---
[15] Vgl. die unter 2 b genannten Untersuchungseinheiten.
[16] Der klassische methodische Dreischritt der Fallstudie - beobachten, beschreiben, interpretieren - (BINNEBERG 1979/1985) ist Kern der Diagnosephase.

der Forschungsprozeß in einer Spiralbewegung auf anderer Ebene wieder mit der Wahl eines Untersuchungsausschnitts neu.

1. Fragestellung klären (Wahl der Ausgangsperspektive):
Zur Vorbereitung muß ein bestimmter zeitlicher und räumlicher Ausschnitt einer gewählten pädagogischen Situation bzw. eines Prozesses als Untersuchungseinheit eingegrenzt und in einer Forschungsfrage präzisiert werden. Diese vorbereitenden Entscheidungen richten sich danach, über welche Aspekte PraktikerInnen sich Erkenntnisse verschaffen wollen. In Abhängigkeit vom Erkenntnisinteresse und vom gewählten Untersuchungsgegenstand werden Methoden ausgewählt.

2. Erfahrungen beobachten und beschreiben (Verbalisierung des Anblicks aus der Ausgangsperspektive);
Im zweiten Schritt wird der gewählte Ausschnitt anhand der gewählten Methode untersucht. Beobachtungen können unmitelbar im Praxisfeld stattfinden (teilnehmende Beobachtung, Spurensicherung). Sie können auch auf absichtlich erzeugte Erfahrungen, zum Beispiel im szenischen Spiel, gerichtet werden (experimentelle Beobachtung). Schließlich können Beobachtungen auch nachträglich erinnert oder zusammengetragen werden (sprachliche, bildliche der gegenständliche Dokumente erstellen oder sammeln).

Alle Erfahrungen und Beobachtungen münden in einen mündlichen oder schriftlichen Text. Dieser Text mit Anfang und Ende enthält und rahmt die Ausgangsperspektive auf den gewählten Gegenstand. Verschiedene Textsorten können hier erstellt werden, zum Beispiel: eng oder weit focussierende Beobachtungsprotokolle, frei assoziierende innere Monologe, Dialoge, Tagebuchtexte, Szenenportraits von aktuellen oder erinnerten pädagogischen Situationen, Geschichten, Verbalisierungen nonverbaler Erfahrungen des szenischen Spiels. Auch quantitative Datensammlungen können einen solchen Text bilden, zum Beispiel wenn für ein Stundenportrait ausgezählt wird, wie oft SchülerInnen zu Wort kommen (vgl. ALTRICHTER/LOBENWEIN/WELTE in diesem Buch).

Beschreibungen können sich sowohl am phänomenologischen Prinzip strenger Deskriptivität[17], als auch am metaphern- und assoziationsreichen Stil der „Dichten Beschreibung" orientieren. So kann eine Erzieherin ein Kinderportrait beginnen, indem sie zunächst ausschließlich darstellt, was sie in einer Szene gesehen und gehört hat. Sie kann aber auch spontan all ihre subjektiven Eindrücke vom Kind in unzensierter Offenheit verbalisieren. Jeder der Texte vermag es, auf eine bestimmte auf je spezifische Weise informative Ausgangsperspektive zu verweisen. Sowohl der deskriptive als auch der assoziative Text können manchmal auf den ersten Blick unsinnig erscheinen, sie ermöglichen jedoch in einem schöpferischen Prozeß des Suchens neue Interpretationen.

---

[17] Disziplinierte Deskriptivität (vgl. z.B. MUTH 1991) ist für Praxisforschung wertvoll, weil sie helfen kann neue Perspektiven zu erschließen, im Licht perspektivitätstheoretischer Einsichten aber kommt auch der noch so gelungenen „puren" Beschreibung perspektivischer Charakter zu, so erfaßt auch sie nicht „unverstellt die Wirklichkeit", sondern durch motivationale Prägungen interpretierte Ausschnitte.

3. *Deutungen finden (Perspektiven- und Horizonterweiterung durch vielfältige Interpretationen):*
Liegt die Beschreibung als Manifestation einer Ausgangsperspektive vor, so entsteht in einem deutlich getrennten Schritt eine Deutung, der weitere Interpretationen folgen können. Dabei ist es sinnvoll, bewußt mit Horizonterweiterungen zu experimentieren und mit ungewohnten Deutungsmotiven zu erproben, wie der Fall in einem anderen Licht erscheint. Der Fall gewinnt im Spiegel eigener späterer Lektüre, im Spiegel der Reaktionen einer Kollegengruppe oder einer einzelnen Person, im Spiegel der Vorgeschichte, im Spiegel weiterer Untersuchungen und schließlich im Spiegel von Theorien und wissenschaftlichen Daten eine neue Gestalt.
4. *Handlungskonzepte entwerfen (Erfinden einer neuen Handlungsperspektive):*
Auf der Basis einer kritisch-prüfenden und auswählenden Auseinandersetzung mit allen jetzt zugänglichen Perspektiven werden pädagogische und soziale Erfindungen entwickelt und didaktisch-methodische Schritte entworfen.
5. *Handlungskonzepte realisieren (Intervention, Innovation):*
Die neue Erfindung wird in der Praxis angewendet, neue Erfahrungen werden möglich[18].
6. *Handlungsergebnisse überprüfen (Evaluation)*
Wirkungen der Neuerung werden untersucht. Die neuen Erfahrungen werden also zur Ausgangsperspektive für die nächsten Forschungsfragen, so daß der Forschungs- und Handlungsprozeß spiralförmig mit neuen Fragestellungen bei 1. weitergeführt werden kann.
Die beiden zentralen (hier aus je drei Arbeitsschritten bestehenden) Phasen sind also stets Analyse (als Klärung der Ausgangsperspektive) und Neuorientierung (als Perspektivenerweiterung). Beide sind eng aufeinander bezogen, da die erhellende Einsicht in das, was ist, oft bereits einer wirksamen Intervention gleichkommt[19].

c) Methodenbeispiele

Alle ausgewählten hier vorzustellenden Methodenbeispiele leisten es, Wissen über Praxisausschnitte in pädagogischen Arbeitsfeldern hervorzubringen und so begründete Neuorientierungen möglich zu machen. Schritte pädagogischer Fallarbeit werden dabei nicht etwa als starre Rezepte verstanden, sondern sind selbstverständlich situationsspezifisch zu modifizieren. Die folgenden Abschnitte präsentieren sowohl komplexe, facettenreiche Methodenansätze als auch einzelne konkrete Verfahren. Sie werden kommentiert, um die Potentiale der Perspektivenerweiterung von Praxisforschung zu verdeutlichen. Die Beispiele werden in aller Kürze aufgeführt; lediglich berufsbezogene Selbsterfahrung und Supervision werden abschließend ein wenig ausführlicher behandelt, um zu be-

---

[18] Vgl. dazu die Bedeutung von „Poiesis", in: Poiesis - Praktisch-theoretische Wege der Selbsterziehung 9/1996, herausgegeben von Rudolf ZUR LIPPE.
[19] Vgl. dazu den Verweis auf FREUD bei LEUZINGER-BOHLEBER/GARLICHS in diesem Buch.

gründen, warum gerade diesen Arbeitsformen Forschungspotentiale zugesprochen werden.

Ethnographie in der Sozialen Arbeit (SCHÜTZE 1994)
Umfassende Begründung und Methodenvorschläge zur systematischen Perspektivenvertiefung und -erweiterung in der Sozialen Arbeit durch ethnographisches Fremdverstehen.

Projekt-Berichterstattung (HÖRSTER 1997)
Eine lange Tradition haben „reformpädagogische Experimentberichte", die Aspekte des Gelingens und Scheiterns sozialpädagogischer und schulpädagogischer Vorhaben aus der Sicht der Praktiker-Autoren darstellen (z.b. REDL, AICHHORN, KORCZAK, BETTELHEIM, MANNONI).

Sozialpädagogische Fallarbeit (MÜLLER 1993)
Anamnese, Diagnose, Intervention und Evaluation sind die Schritte professioneller multiperspektivischer Fallarbeit.

Selbstevaluation in der sozialen Arbeit (HEINER 1988, 1994)
PraktikerInnen untersuchen als „Forscher in eigener Sache" Verlauf und Ergebnisse ihres Handelns. Mit vielfältigen Methoden wie Fragenkatalogen, Zwiegesprächen, Szenischen Situationsportraits, prozeßbegleitenden Dokumentationen, Zeitleisten, Selbstbefragungen, Aktenevaluationen, Auswertungskonferenzen und Jahresstatistiken lassen sich unterschiedlichste Ausschnitte von Sozialarbeit analysieren.

Dialogische Interviews (BRAUN u.a. 1989)
Didaktische Bausteine, vor allem dialogische Interviews, dienen der analytischen Fundierung von Innovationen in der Sozialen Arbeit.

Kind-Umfeld-Diagnose (CARLE in diesem Buch)
In einem Förderausschuß wird aus der Zusammenschau der Perspektiven vieler Beteiligter (Eltern, Erzieher, Lehrer, Sozialpädagoge, Psychologe usw.) der Förderbedarf eines Kindes diagnostiziert.

Inventare zur Evaluierung des eigenen Unterrichts (KORNMANN 1995)
Ein detaillierter Fragenkatalog verhilft Lehrkräften dazu, die Wechselwirkungen zwischen Kind und schulischem/sozialem Umfeld genau zu erkunden. Er regt dazu an, enge diagnostische Perspektiven auf Defizite des (isoliert gesehenen) Kindes aufzugeben.

Pädagogische Ethnographie (ZINNECKER 1996)
Vorschläge, die subjektive Sicht von Kindern auch angesichts restriktiver institutioneller Strukturen zu dokumentieren.

Schülerportraits (DÖPP u.a. 1996)
Heterogene Weltsichten und biographische Horizonte von Schülern werden aufgrund von Beobachtungen, Dokumentenanalysen und Interviews rekonstruiert, denn das Konzept „Eine Schule für alle Kinder" läßt vielfältige Perspektiven von Kindern zu.

Aktionsforschung mit Lehrern (ALTRICHTER/POSCH 1994)
Reichhaltige Methodensammlung zur systematischen Untersuchung beruflicher Einzelsituationen durch Lehrer, die ausgehend von der sorgfältigen Klärung des „Ausgangspunktes", zahlreiche Perspektiven eröffnen helfen kann.

Didaktische Analyse (KLAFKI 1964)
KLAFKIS didaktische Grundfragen erschließen fünf Perspektiven (auf den Unterrichtsinhalt, auf die Gegenwart der Kinder, auf die Zukunft der Kinder, auf die pädagogische Struktur des Inhalts, auf die Zugänglichkeit des Inhalts für Kinder). Erst nach Klärung dieser Voraussetzungen jeder ganz konkreten Unterrichtssituation wird Unterricht konzipiert, realisiert und reflektiert. Interessant ist auch das später von KLAFKI vorgelegte „Perspektivenschema zur Unterrichtsplanung" in diesem Zusammenhang (KLAFKI 1980). Auch andere didaktische Modelle gehen von der Voraussetzungsanalyse aus, um zum Unterrichtskonzept zu kommen (vgl. z.B. HEIMANN/OTTO/SCHULZ 1966).

Diagnostik im Offenen Unterricht (WALLRABENSTEIN 1991)
Im Offenen Unterricht wird nicht die 45-Minuten Unterrichtsstunde für eine Klasse geplant, sondern eine Lernumgebung geschaffen, die den SchülerInnen und Schülern individuell gerecht werden und selbständiges Lernen ermöglichen soll. „Fehler" werden als Ergebnisse individueller regelhafter Lernstrategien gedeutet (SCHEERER-NEUMANN 1991/1992, LORENZ 1993). Grundlage des Offenen Unterrichts ist in Weiterentwicklung der klassischen didaktischen Analyse die Erforschung der unterschiedlichen sozialen und kognitiven Perspektiven der Schüler.

Beobachten im Schulalltag (BECK/SCHOLZ 1995)
Anleitung zur Beschreibung und Deutung von Schulszenen, die sowohl die Perspektive der Kinder als auch die der PädagogInnen berücksichtigt.

Leistungsdokumentation (BAMBACH 1994)
Die Leistungs- und Persönlichkeitsentwicklung einzelner Kinder mit ihren heterogenen Persönlichkeitsanteilen, Stärken, Begrenztheiten, kognitiven und psychosozialen Entwicklungen wird genau dokumentiert. Die Autorin macht in Briefform den SchülerInnen ihre (kindorientierte) Lehrerperspektive verständlich.

Lern- und Verhaltensdokumentation mit Karteikarten (NICOLAS 1996)
Regelmäßige Aufzeichnungen der Lehrerin mit Hilfe eines in der Praxis entwickelten Karteikartensystems tragen dazu bei, Schülerentwicklungen in den verschiedenen Lernbereichen langfristig zu überschauen.

Reflexion unbewußter Interaktionsthemen (REISER 1995, WARZECHA 1990)
Vorschläge, die in jeder Lerngruppe einflußreichen unbewußten Gruppenthemen als perspektivische Ausschnitte zu erforschen.

Teilnehmende Beobachtung (BUSCHBECK 1990)
Hospitationen sind eine alte und verbreitete Möglichkeit systematischer Perspektivenerweiterung, sowohl wenn PraktikerInnen die Arbeit in anderen Einrichtungen beobachten mit dem Ziel Neues zu lernen als auch wenn sie Kolleg-

Innen bitten, ihre eigene Arbeit zu beobachten um Rückmeldung aus dem Blickwinkel einer anderen Person zu erhalten.

Studentische Schülerhilfe (GARLICHS 1996)
Studierende begleiten in einem sorgfältig geplanten schul- und sozialpädagogischen Prozeß ein Schulkind während eines Schuljahres und dokumentieren ihre Erfahrungen und die Entwicklung des Kindes. Sie erwerben die Kompetenz der Perspektivenübernahme.

Lernwerkstatt (ERNST 1988)
In der besonders von Karin ERNST propagierten Variante der Lernwerkstattarbeit hat das forschende Lernen von LehrerInnen besondere Bedeutung. Sie finden in der Lernwerkstatt eine Umgebung vor, in der sie im „Selbstversuch" eigene neue Perspektiven auf Inhalte, die sie sonst lehren, erarbeiten können. Sie entwickeln und erproben neue Lernmaterialien und neue Lernwege.

Organisationsentwicklung (HORSTKEMPER in diesem Buch, ROLF 1993, SCHNOOR 1995)
Kollegien diagnostizieren den Zustand ihrer Schulen oder Einrichtungen und suchen die passenden Zukunftsperspektiven. Ein häufig verwendeter methodischer Weg ist die Zukunftswerkstatt (BUROW 1996), die mit ihrer ausgeprägten Diagnosephase ein erprobtes Instrument zur kollegialen Erforschung organisatorischer Strukturen bereitstellt.

Moderationsmethode (GOTTSCHALL 1995)
Die Moderationsmethode ist ein Beispiel dafür, daß innovative Fortbildungskonzeptionen Wissensvermittlung kombinieren mit der Wissenproduktion durch die Teilnehmenden, deren umfassende Kenntnis ihrer eigenen Arbeitsfelder als Wissensschatz gehoben wird.

Visualisierungsmethode (von THUN 1994)
Visualisierungen helfen in Fortbildungen und Konferenzen, die perspektivischen Sichtweisen der PraktikerInnen auf Feldausschnitte zu dokumentieren.

Tagebuch schreiben (FISCHER in diesem Buch)
Das schriftliche Festhalten von Erfahrungen und Beobachtungen ist ein verbreitetes Mittel von Praxisforschung, das auch erlaubt, aktuelle Interpretationen spontan festzuhalten, um solche Ausgangsperspektiven späteren Neuinterpretationen zugänglich zu machen.

Szenenportraits (Prengel 1995 a)
In Kurzgeschichten werden erinnerte Szenen aus Kindheit und Berufstätigkeit von PädagogInnen aufgeschrieben und der Auswertung und Neuinterpretation zugänglich gemacht.

Soziale Erfindungen dokumentieren (PRENGEL 1995 b)
Soziale Erfindungen werden dokumentiert und anderen zugänglich gemacht mit Kurztexten (zu Ausgangslage, Gestaltung und Bewertung)[20].

---

[20] Ich danke Ulrike CORDIER-KANAND, Heike GRUSCHKE, Christine KÜGER, Brigitte HEICHERT, Heike NOLL, Barbara RUDOLPH, Bernward RAUDISCH, Irmi WEILAND für die aufschlußreichen Einblicke, die sie mir in ihre Arbeit und ih-

Selbsterfahrung und Supervision (GUDJONS 1992, REISER/LOTZ 1995, SCHÜTZE 1994)
Die Arbeit in Supervisons- und berufsbezogenen Selbsterfahrungsgruppen[21] ist methodisch-systematische Perspektiven- und Horizonterweiterung. Supervision läßt sich auch analysieren als forschende Tätigkeit im Interesse der Verbesserung pädagogischer Praxis. In Supervisionsstunden stellen PraktikerInnen einen „Fall" vor, erkunden ihre Ausgangsperspektive und erarbeiten neue Hinsichten auf den Fall, u.a. mit Hilfe der Kollegengruppen oder der Supervisoren. Die Forderung nach Deskriptivität meint hier zum einen methodisch begründete nichtzensierende Offenheit für möglicherweise zunächst unsinnig erscheinende Emotionen und Assoziationen, um die Ausgangsperspektive bewußt zu machen und dann neue Interpretationsstandorte, -motive und -horizonte zu entdecken. Zum anderen kann Deskriptivität bedeuten, daß man ausdrücklich Abstand nimmt von allem Vorwissen und sich so unvoreingenommen wie möglich auf die Wahrnehmung des Falles einläßt, um ihn neu sehen zu lernen (SCHÜTZE 1994). In der einschlägigen Literatur findet sich eine Fülle an konkreten methodischen Formen solcher Fallarbeit, die durchweg als Klärung einer Ausgangsperspektive und Erarbeitung von Multiperspektivität gekennzeichnet werden kann (vgl. z.B. GUDJONS 1992, EHINGER/HENNIG 1994., REISER/ LOTZ 1995, WEST-LEUER 1995, WEST-LEUER/KREIENBAUM 1995).
Perspektivitätstheoretisch besonders interessant ist in diesem Zusammenhang eine Methode des szenischen Spiels[22], die „Identifikationsmethode" (PRENGEL 1989). Es handelt sich um die (ursprünglich in der Gestalttherapie entwickelte) Inszenierung einer Perspektivenübernahme in forschender Absicht. Eine Pädagogin identifiziert sich zum Beispiel experimentell mit einem Mädchen, das sie ablehnt. Sie nimmt ihre Körperhaltung ein, bewegt sich und spricht wie sie und experimentiert damit, wie es ihr „in der Haut" der anderen ergeht. Sie beobachtet sich selbst während dieses Experiments und wird von anderen gesehen. Darauf folgen deskriptive Verbalisierungen des Erfahrenen und Beobachteten und anschließend die verschiedenen Interpretationen. Im Spiegel der Wahrnehmungen der Kollegengruppen können bisher verdeckt gebliebene Schichten der pädagogischen Situation der Erkenntnis zugänglich gemacht werden. Deutungen können sich sowohl auf Gegenübertragungsaspekte der Pädagogin beziehen als auch Vermutungen (nicht Wissen!) über existentielle Erfahrungen der Schülerin in ihrem Lebensumfeld ermöglichen. Die Pädagogin kann, als perspektivische Ansichten und prägende Motive ihrer selbst, die in der Gegenübertragung wirksam werdenden Aspekte ihrer Lebens- und Lerngeschichte erforschen. Weitere Hinsichten z.B. auf die (Lern)biographie des Kindes, seine Familiensituation, seine Rolle in der Kindergruppe, die sozioökono-

---

re kreative Unterrichtsrealität gegeben haben (vgl. auch WEILAND 1995, CORDIER-KANAND 1992, WINKLER 1994).

[21] Hier geht es darum den Erkenntnisprozeß, der durch Supervision stattfindet, selbst als Forschungsprozeß zu analysieren. REIMERS/PALLASCH in diesem Band legen ihren Schwerpunkt auf wissenschaftliche Forschung über Supervisionsprozesse.

[22] Das Erkenntnispotential szenischen Spiels wird ausführlich im Beitrag von NITSCH und SCHELLER in diesem Buch herausgearbeitet.

mische Situation, die Gesundheit und vor allem auf die Struktur und den subjektiven Sinn von Lernstörungen (REISER 1995) können aufgefächert werden. Auf der Basis der neuen Einsichten und Hypothesen lassen sich dann neue Zugänge zu dem zuvor abgelehnten oder unverstandenen Kind entwickeln.

Die pädagogischen, perspektivitätstheoretischen und methodologischen Analysen verknüpfend finde ich am Schluß meines Beitrags zu folgendem Resümee: Ziel von Praxisforschung ist die Erkenntnisgewinnung zur Verbesserung pädagogischer Praxis. Erfolge und Mißerfolge der Praxisforschung sind *vor allem* an dieser Intention zu messen. *Praxisforschung kommt darum nicht einem verdünnten Aufguß wissenschaflicher Forschung gleich.* Wollte sie den Zielen und Standards wissenschaftlicher Forschung nachlaufen, wäre sie zum Scheitern verurteilt, da PraktikerInnen ihre Zeit im Praxisfeld und nicht in wissenschaftlichen Arbeitszusammenhängen verbringen. Praxistaugliche Methoden existieren, wie die obige (unvollständige) Dokumentation zeigt, bereits in großer Zahl. Dennoch ist es notwendig, zukünftig an *eigenen* Gütekriterien für Praxisforschung zu arbeiten, praxistaugliche Forschungsmethoden weiter zu entwickeln und sie in der Ausbildung zu vermitteln.

Das besondere erkenntnisträchtige Potential von Praxisforschung läßt sich in folgenden Punkten zusammenfassen:
- Praxisforschung bringt Wissen aus der Kenntnis der Interna hervor.
- Praxisforschung schafft Wissen über konkrete Einzelfälle in ihren einzigartigen Kontexten.
- Praxisforschung hat Einsicht in viele Elemente des Feldes bzw. der pädagogischen Situation und kann sie in Beziehung zueinander setzen.
- Beobachtungszeiträume von Praxisforschung sind vergleichsweise dauerhaft.
- Neue sozialisatorische Entwicklungen können sofort beobachtet werden.
- Wissenschaftliche Ergebnisse und Theorien können durch Praxisforschung im Hinblick auf konkrete Einzelsituationen im Feld praxisrelevant wirksam werden.
- Das durch Praxisforschung hervorgebrachte Wissen wirkt sich unmittelbar aus auf pädagogisches Handeln, auf die Zielgruppen und erhöht die Chancen effektiven und sinnvollen Lernens.

Perspektivität anerkennen ist dabei ein Grundmotiv von Praxisforschung, das weit über mein Plädoyer, Praxisforschung als Forschung anzuerkennen, hinausweist. Praxisforschung selbst läßt sich beschreiben als Anerkennung der Unterschiedlichkeit und Fremdheit von Lebens- und Lernperspektiven, die die Haltung der Neugierde und die Arbeit des Erforschens erst notwendig machen (vgl. SCHÜTZE 1994). Den Weg des Forschens in der Praxis einzuschlagen, heißt, eigene Perspektiven aufzuklären und mitzuteilen, neugierig zu sein auf die Perspektiven von anderen und Wissen zu sammeln über die intersubjektiven Wechselwirkungen in den Arbeitsfeldern der Pädagogik. Praxistaugliche Methoden weiter auszuarbeiten und zu vermitteln wird darum zukünftig in der Aus- und Fortbildung von PädagogInnen und Pädagogen eine interessante und wichtige Aufgabe sein.

Ein *vielstimmiges* Spektrum von Forschungsmethoden ist notwendig, um Wirklichkeit angesichts ihrer Vielschichtigkeit und der Unendlichkeit der zu untersuchenden Ausschnitte angemessen erkunden zu können. Wenn WissenschaftlerInnen und PraktikerInnen lernen, ihre *unterschiedlichen* Möglichkeiten, die Welt der Erziehung zu erforschen, wertzuschätzen, so lassen sich weitere Erkenntnispotentiale erschließen. Dabei geht es stets darum, auch über die mit jeder Forschungsmethode spezifisch konstruierte Beziehung zwischen Forschenden und den gewählten Weltausschnitten, die ihren Untersuchungsgegenstand bilden, aufzuklären und eine perspektivisch vielschichtige Selbstreflexion der Forscherinnen und Forscher zu kultivieren.

Literatur

ALTRICHTER, Herbert 1990: Ist das noch Wissenschaft? Darstellung und wissenschaftstheoretische Diskussion einer von Lehrern betriebenen Aktionsforschung, München.

ALTRICHTER, Herbert/Peter POSCH 1994: Lehrer erforschen ihren Unterricht. Eine Einführung in Methoden der Aktionsforschung, Bad Heilbrunn.

BAMBACH, Heide 1994: Ermutigungen - Nicht Zensuren. Zeugnisse ohne Noten in der Grundschule, Lengwil.

BECK, Gertrud/Gerold SCHOLZ 1995: Beobachten im Schulalltag, Frankfurt.

BECK, Ulrich/Wolfgang BONSS (Hg.) 1989: Weder Sozialtechnologie noch Aufklärung, Frankfurt.

BECK, Ulrich 1996: Das „Eigene Leben" in die eigene Hand nehmen. In: Pädagogik 7-8 1996, S. 40-47.

BENNER, Dietrich 1991: Hauptströmungen der Erziehungswissenschaft, Weinheim.

BINNEBERG, Karl 1979: Pädagogische Fallstudien. Ein Plädoyer für das Verfahren der Kasuistik in der Pädagogik. In: Zeitschrift für Pädagogik 25 Jg. 3/1979, S. 395-402.

BINNEBERG, Karl 1985: Grundlagen der pädagogischen Kasuistik, in Zeitschrift für Pädagogik 31. Jg. 1985, S. 773-788.

BRAUN, Karl-Heinz/Gerd GEKELER/Konstanze WETZEL 1989: Subjekttheoretische Begründungen sozialarbeiterischen Handelns. Didaktische Bausteine und Dialogische Interviews zur Praxisreflexion und Innovation, Marburg.

BREIT, Gotthard 1991: Mit den Augen des anderen sehen - Eine neue Methode zur Fallanalyse, Schwalbach/Ts.

BRONFENBRENNER, Urie 1996: Ein Bezugsrahmen für ökologische Sozialisationsforschung. In: Neue Sammlung 16. Jg.1996, S. 239-249.

BUROW, Olaf-Axel 1993: Gestaltpädagogik, Trainingskonzepte und Wirkungen. Ein Handbuch, Paderborn.

BUROW, Olaf-Axel 1992: Zur gestaltpädagogischen Theorie der Veränderung persönlicher Paradigmen. Eine qualitative Längsschnittstudie aus der Lehrerfortbildung, Paderborn.

BUROW, Olaf-Axel 1996: Lernen für die Zukunft - oder die „fünfte Disziplin des Lernens". In: BUND Berlin (Hg.): Nachhaltige Entwicklung. Aufgabe der Bildung, An SchuB 3/1996, S. 33-42.

BUSCHBECK, Helene 1990: Grundschulreform. Nachdenken über Anspruch und Machbarkeit pädagogischer Reformen. In: Unterstufe/Grundschule in Ost und West, Berlin, S. 67-74.

CARLE, Ursula 1996: Mein Lehrplan sind die Kinder. Entwicklungsorientierte Förderung statt Lehrpläne. In: Pädagogik 5/1996, S. 26-28.

CHLADENIUS, J. M 1969: Einleitung zur richtigen Auslegung vernünftiger Reden und Schriften (1742) herausgegeben von L. GELDSETZER, S. 187 f., zitiert nach G. KÖNIG 1989, S. 366.
CHLADENIUS, J. M 1985: Allgemeine Gesichtswissenschaft (1752) herausgegeben von R. KOSSELLECK, S. 100 f, zitiert nach G. KÖNIG 1989, S. 366.
CORDIER-KANAND, Ulrike 1992: Soziales Lernen von Mädchen und Jungen im Unterricht, Projektbericht und Fotodokumentation, Ms. Ahlen/Paderborn.
DENZIN, Norman/Yvonna S. LINCOLN (eds.) 1994: Handbook of Qualitative Research, Thousand Oaks/London/New Delhi: Sage Publications.
DUNCKER, Ludwig 1995: Mit anderen Augen sehen lernen. Zur Aktualität des Prinzips Mehrperspektivität. In: Die Deutsche Schule 4/1995, S. 421-432.
DÖPP, Wiltrud/Silvie HANSEN/Karin KLEINESPEL 1995: Eine Schule für alle Kinder. Die Laborschule im Spiegel von Bildungsbiographien, Weinheim und Basel.
EBERWEIN, Hans/Johannes MAND (Hg.) 1995: Forschen für die Schulpraxis. Was Lehrer über Erkenntnisse qualitativer Sozialforschung wissen sollten. Weinheim.
EBERWEIN, Hans/Johannes MAND 1995: Qualitative Sozialforschung und Schulalltag. Auswege aus praxisferner Forschung und forschungsferner Praxis. In Dies. S. 11-18.
EDELSTEIN, Wolfgang/Monika KELLER (Hg.) 1982: Perspektivität und Interpretation. Beiträge zur Entwicklung sozialen Verstehens, Frankfurt.
EHINGER, Wolfgang/Claudius HENNIG 1994: Praxis der Lehrersupervision: Leitfaden für Lehrergruppen mit und ohne Supervisor, Weinheim und Basel.
ERNST, Karin 1988: Wie lernt man Offenen Unterricht? Erfahrungen an der Lernwerkstatt an der TU Berlin. In: Pädagogik 6/1988, S. 14-18.
FAUST-SIEHL, Gabriele/Rudolf SCHMITT/Renate VALTIN (Hg.) 1990: Kinder heute - Herausforderung für die Schule. Dokumentation des Bundeskongresses 1989 in Frankfurt am Main, Frankfurt.
FEYERABEND, Paul 1976: Wider den Methodenzwang, Frankfurt.
FISCHER, Aloys: Deskriptive Pädagogik. In: OPPHOLZER, Siegfried (Hg.) 1966: Denkformen und Forschungsmethoden der Erziehungswissenschaft, München, S. 3-99.
FLICK, Uwe 1992: Entzauberung der Intuition. Systematische Perspektiven-Triangulation als Strategie der Geltungsbegründung qualitativer Daten und Interpretationen. In: HOFFMEYER-ZLOTNIK, Jürgen H.P. (Hg.): Analyse verbaler Daten: Über den Umgang mit qualitatativen Daten, Opladen, S. 12-55.
FLITNER, Andreas 1978: Eine Wissenschaft für die Praxis? In: Zeitschrift für Pädagogik 4. Jg.1978, S. 183-193.
FÖLLING-Albers, Maria 1993: Der Individualisierungsanspruch der Kinder - Neue Anforderungen an die Grundschule. In: Landesinstitut für Schule und Weiterbildung (Hg.): Bilanz und Perspektive, 3. Grundschulsymposium, Soest, S. 15-36.
GARLICHS, Ariane 1996: Forschendes Lernen in der Lehrerausbildung. In: Die Grundschulzeitschrift 95,1996, S. 52-58.
GEMEINNÜTZIGE GESELLSCHAFT GESAMTSCHULE 1995: Berichte aus den Lernwerkstätten. In: KÖPKE, Andreas/Klaus WINKEL (Hg.): Gesamtschule - Schule der Vielfalt. Bundeskongreß 1995 in Rödinghausen, Aurich, S. 57-142.
GEULEN, Dieter (Hg.) 1982: Perspektivenübernahme und soziales Handeln, Frankfurt.
GOTTSCHALL, Arnulf 1995: Die wichtigsten Techniken der Moderationsmethode. In: Pädagogik 6/1995, S. 9-11.
GRAUMANN, Carl F. 1960: Grundlagen einer Phänomenologie und Psychologie der Perspektivität, Berlin.
GRAUMANN, Carl F./Alexandre MÉTRAUX/Gert SCHNEIDER 1995: Ansätze des Sinnverstehens. In: FLICK, Uwe u.a.: Handbuch Qualitative Sozialforschung, Weinheim, S. 67-77.
GRODDECK, Norbert/Michael SCHUMANN (Hg.) 1994: Modernisierung Sozialer Arbeit durch Methodenentwicklung und -reflexion, Freiburg.

GUDJONS, Herbert 1992: Berufsbezogene Selbsterfahrung durch Fallbesprechung in Gruppen. In: ders: Spielbuch Interaktionserziehung, Bad Heilbrunn.
HABERMAS, Jürgen 1968: Erkenntnis und Interesse, Frankfurt.
HAMEYER, Uwe 1992: Die innere Qualität guter Grundschulen. Ergebnisse aus Fallstudien zur Selbstneuerungsfähigkeit. In: HAMEYER, Uwe/Roland LAUTERBACH/ Jürgen WIECHMANN (Hg.) 1992: Innovationsprozesse in der Grundschule, Bad Heilbrunn.
HEIMANN, Paul/Gunter OTTO/Wolfgang SCHULZ 1966: Unterricht. Analyse und Planung, Hannover.
HEINER, Maja (Hg.) 1988: Selbstevaluation in der sozialen Arbeit, Freiburg.
HEINER, Maja (Hg.) 1994: Selbstevaluation als Qualifizierung in der sozialen Arbeit, Freiburg.
HEINZE, Thomas/Fritz W. LOSER/Friedrich THIEMANN 1981: Praxisforschung. Wie Alltagshandeln und Reflexion zusammengebracht werden können, München/Wien/ Baltimore.
HILLER, Gotthilf Gerhard/Walter POPP 1994: Unterricht als produktive Initiation - oder: Zur Aktualität des mehrperspektivischen Unterrichts. In: DUNCKER, Ludwig/ Walter POPP (Hg.): Kind und Sache. Zur pädagogischen Grundlegung des Sachunterrichts, Weinheim und München S. 93-115.
HERBERGER, Maximilian/Ulfried NEUMANN/Helmut RÜSSMANN (Hg.) 1992: Generalisierung und Individualisierung im Rechtsdenken, Stuttgart.
HERRMANN, Ulrich 1987: Biographische Konstruktionen und das gelebte Leben. Prolegomena zu einer Biographie und Lebenslaufforschung. In: Zeitschrift für Pädagogik 33, S. 303-323.
HERTZLER, J.O. 1934: On Golden Rules. In: International Journal of Ethics 44/1934, S. 118-436.
HENTIG, Hartmut von 1982: Erkennen durch Handeln. Versuche über das Verhältnis von Pädagogik und Erziehungswissenschaft, Stuttgart.
HONNETH, Axel 1990: Die zerrissene Welt des Sozialen, Sozialphilosophische Aufsätze, Frankfurt.
HÖRSTER, Reinhard 1997: Das Methodenproblem sozialer Bildung im pädagogischen Experiment. Zum praxeologisch-empirischen Gehalt von August Aichhorns Aggressivenbericht. In: SCHMID, Volker (Hg.): Verwahrlosung, Devianz, antisoziale Tendenz. Stränge zwischen Sozial- und Sonderpädagogik, Würzburg.
HURRELMANN, Klaus (Hg.) 1976: Sozialisation und Lebenslauf. Empirie und Methodik sozialwissenschaftlicher Persönlichkeitsforschung, Reinbek.
JAUMANN, Olga 1995: Perspektiven der Grundschulpdagogik. In: BEHNKEN, Imbke/ Olga JAUMANN (Hg.): Kindheit und Schule. Kinderleben im Blick von Grundschulpädagogik und Kindheitsforschung, Weinheim und München, S. 183-197.
JORKOWSKI, Renate/Renate KNIGGE-TESCHE/Annedore PRENGEL 1989: Wir können's ja doch - Projekterfahrungen an der Sonderschule, Oberbiel.
KEGLER, Ulrike 1996: Spielräume in Potsdam. In: LIPPE, Rudolf zur (Hg.): Poiesis. Praktisch-theoretische Wege ästhetischer Selbsterziehung, 9/1996, S. 137-138.
KELLY, Kevin (Hg.) 1989: Der Heimatplanet, Frankfurt.
KLAFKI, Wolfgang 1964: Didaktische Analyse als Kern der Unterrichtsvorbereitung. In: ROTH, Heinrich/Alfred BLUMENTHAL (Hg.): Didaktische Analyse, Hannover, S. 5-34.
KLAFKI, Wolfgang 1976: Schulnahe Curriculumentwicklung und Handlungsforschung im Marburger Grundschulprojekt. In: Das Marburger Grundschulprojekt, Hannover, S. 3-33.
KLAFKI, Wolfgang 1973: Handlungsforschung im Schulfeld. In: Zeitschrift für Pädagogik, 1973, S. 487-516.
KLAFKI, Wolfgang 1980: Die bildungstheoretische Didaktik im Rahmen kritischkonstruktiver Erziehungswissenschaft. In: GUDJONS/TESKE/WINKEL (Hg.): Didaktische Theorien, Braunschweig, S. 10-26.

KLAFKI, Wolfgang 1982: Thesen und Argumentationsansätze zum Selbstverständnis „Kritisch-konstruktiver Erziehungswissenschaft". In: KÖNIG/ZEDLER, S. 15-52.
KLEIN, Joseph 1958: Ursprung und Grenzen der Kasuistik. In: ders.: Skandalon, Tübingen, S. 366-392.
KNAUER, Sabine 1995: Teilnehmende Beobachtung im Zwei-Lehrer-System am Beispiel integrativen Unterrichts. In: EBERWEIN/MAND, Weinheim, S. 289-306.
KORNMANN, Reimer 1995: Was nur Lehrerinnen und Lehrer über Lernprobleme ihrer Schülerinnen und Schüler wissen können: Inventare zur Evaluierung eigenen Unterrichts. In: EBERWEIN/MAND, S. 364-376.
KOSELLECK, Reinhart 1977: Standortbildung und Zeitlichkeit. Ein Beitrag zur historiographischen Erschließung der geschichtlichen Welt. In: KOSELLECK, Reinhart/Wolfgang J. MOMMSEN/Jörn RÜSEN (Hg.): Objektivität und Parteilichkeit, S. 17-46.
KOSELLECK, Reinhart 1977: Über die Theoriebedürftigkeit der Geschichtswissenschaft. In: Theodor SCHIEDER/Kurt GRÄULIG (Hg.): Theorieprobleme der Geschichtswissenschaften, S. 37-59.
KORTE, Jochen 1980: Alltag in der Sonderschule, Weinheim und Basel.
KÖNIG, Gert 1989: Perspektive, Perspektivismus, perspektivisch. In: RITTER, Joachim/Karlfried GRÜNDER (Hg.): Historisches Wörterbuch der Philosophie, Basel, Sp. 363-375.
KÖNIG, Eckard/Peter ZEDLER (Hg.) 1982: Erziehungswissenschaftliche Forschung: Positionen, Perspektiven, Probleme, Paderborn und München.
Les Immatériaux 1985: Album et Inventaire, Centre Pompidou, Paris.
LEWIN, Kurt 1963: Feldtheorie in den Sozialwissenschaften, Bern.
LEIBNIZ, Gottfried Wilhelm 1994: Monadologie, Neu übersetzt und eingegleitet von Hermann GLOCKNER, Stuttgart (zuerst 1720).
LICHTENSTEIN-ROTHER, Ilse 1969: Schulanfang, Frankfurt (7. Aufl.).
LIPPITZ, Wilfried 1983: Die Bedeutung des lebensweltlichen Erfahrungsbegriffs für eine praxisnahe pädagogische Theorie. In: Neue Sammlung 23/1983, S. 240-254.
LIPPITZ, Wilfried 1984: Exemplarische Deskription - Die Bedeutung der Phänomenologie für die erziehungswissenschaftliche Forschung. In: Pädagogische Rundschau 38, Sonderheft 1984, S. 3-22.
LIPPITZ, Wilfried 1993: Phänomenologische Studien in der Pädagogik, Weinheim.
LORENZ, Jens Holger 1993: Möglichkeiten die Lernausgangslage festzustellen. In: LORENZ, Jens Holger/Hendrik RADDATZ: Handbuch des Förderns im Mathematikunterricht, Hannover, S. 36-71.
LÜDERS, Christian 1989: Der wissenschaftlich ausgebildete Praktiker. Entstehung und Auswirkung des Theorie-Praxiskonzeptes des Diplom-Studiengangs, Sozialpädagogik, Weinheim.
MEAD, George Herbert 1969: Philosophie der Sozialität. Aufsätze zur Erkenntnisanthropologie, Frankfurt.
KAMBARTEL, W.: Perspektive II. Kunst. In: RITTER, Joachim/Karlfried GRÜNDER (Hg.): Historisches Wörterbuch der Philosophie, Darmstadt, S. 375-377.
MERKENS, Hans 1995: Qualitative Methoden in der Erziehungswissenschaft. In: EBERWEIN/MAND, S. 21-37.
MEYER-DRAWE, Käte 1984: Leiblichkeit und Sozialität, München.
MORAVIA, Sergio 1977: Beobachtende Vernunft, Philosophie und Anthropologie der Aufklärung, Frankfurt/Berlin/Wien.
MORRISON, Philip und Phylis u.a. 1995: ZEHN hoch, Dimensionen zwischen Quarks und Galaxien, Frankfurt.
MORÉT Esther 1980: Über die Möglichkeit gemeinsam zu lernen oder: Zur Verknüpfbarkeit von Wissenschaft und Alltag. In: THIEMANN, Friedrich (Hg.): Konturen des Alltäglichen - Interpretationen zum Unterricht, Königstein.
MOSER, Heinz 1995: Grundlagen der Praxisforschung, Freiburg.

MUTH, Jacob 1991: Tines Odysee zur Grundschule. Behinderte Kinder im allgemeinen Unterricht, Essen.
MÜLLER, Burkhard 1993: Sozialpädagogisches Können. Ein Lehrbuch zur mulitiperspektivischen Fallarbeit, Freiburg.
NICOLAS, Bärbel 1996: Beobachtung ist das Fundament aller Förderung. Verhaltens- und Lernentwicklungen dokumentieren. In: Die Grundschulzeitschrift Heft 91, Januar, S. 44 f.
PALLASCH, Waldemar/Heino REIMERS 1990: Pädagogische Werkstattarbeit, Weinheim und München.
PANOFSKY, Erwin 1964: Die Perspektive als „sysmbolische Form". In: ders.: Aufsätze zu Grundfragen der Kunstwissenschaft, Berlin, S. 99-167.
PRENGEL, Annedore 1997: Impulse aus der jüngeren kritischen Theorie für eine Pädagogik der Vielfalt. In: KRÜGER, Heinz-Hermann/Heinz SÜNKER, Kritische Erziehungswissenschaft am Neubeginn, Frankfurt.
PRENGEL, Annedore 1996 a: Beobachtende Vernunft in der Grundschule - Zum Zusammenhang von Grundschulforschung und Frauenforschung. In: HEMPEL, Marlies (Hg.): Grundschulreform und Koedukation. Beiträge zum Zusammenhang von Grundschulforschung und Geschlechtersozialisation, Weinheim und München, S. 25-39.
PRENGEL, Annedore und Dörthe VAN DER VOORT 1996 b: Vom Anfang bis zum Abschluß: Vielfalt „durch gute Ordnung" - Zur Arbeit mit Kindern in einer Schule der Demokratie. In: HELSPER, Werner/Heinz-Hermann KRÜGER/Hartmut WENZEL (Hg.): Schule und Gesellschaft im Umbruch Bd. 1, Weinheim, S. 299-318.
PRENGEL, Annedore 1993/1995: Pädagogik der Vielfalt. Verschiedenheit und Gleichberechtigung in Interkultureller, Feministischer und Integrativer Pädagogik, Opladen.
PRENGEL, Annedore 1995 a: Szenenportraits aus der Grundschule, unv. Textsammlung 1985-1995, Potsdam.
PRENGEL, Annedore 1995 b: Verschiedenheit und Gleichberechtigung, Soziale Erfindungen in der Grundschule, Tagungsprotokolle, Köthen.
PRENGEL, Annedore 1989: Gestaltpädagogik. In: GOETZE, Herbert/Heinz NEUKÄTER (Hg.): Pädagogik bei Verhaltensstörungen, Handbuch der Sonderpädagogik Bd. 6, Berlin, S. 793-803.
PRONDCZYNSKY, Andreas von: Pädagogik und Poiesis. Eine verdrängte Dimension des Theorie-Praxis-Verhältnisses, Opladen.
PURMANN, Ernst 1989: Vom Leistungskult zur Leistungskultur: Ein Blick in die Schule Vollmarshausen. In: AK Grundschule (Hg.): Mehr gestalten als verwalten, Teil 6. Beiträge zur Reform der Grundschule, Frankfurt, S. 151-156.
REISER, Helmut/Walter LOTZ 1995: Themenzentrierte Interaktion als Pädagogik, Mainz.
REISER, Helmut 1995: Entwicklung und Störung - Vom Sinn kindlichen Verhaltens. In: REISER/LOTZ, S. 177-1991.
RIEGEL, Enja 1994: Rituale oder die Kultur des Zusammenlebens. In: Pädagogik 1, 1994, S. 6-9.
ROLFF, Hans-Günter 1993: Wandel durch Selbstorganisation. Theoretische Grundlagen und praktische Hinweise für eine bessere Schule, Weinheim und München.
ROTH, Leo 1991: Forschungsmethoden in der Erziehungswissenschaft. In ders. (Hg.): Pädagogik, Handbuch für Studium und Praxis, München S. 32-67.
RÖHNER, Charlotte 1993: Das starke und das schwache Geschlecht. Projekte zum Umgang mit Geschlechtsrollensensstereotypen. In: PFISTER, Gertrud/Renate VALTIN (Hg.): Mädchen Stärken. Probleme der Koeduktion in der Grundschule, Frankfurt, S. 135-155.
SEIDMANN, Peter 1976: Die perspektivische Psychologie Nietzsches, Zürich.
STÜBIG, Frauke 1993: Schulalltag und Lehrerinnenbewußtsein. Das Tagebuch einer Lehrerin und seine Reflexion im Gespräch mit Birke Mersmann, Weinheim und Basel.

SCHEERER-NEUMANN, Gerheid/Olga PETROW 1992: Lesen- und Schreibenlernen im offenen Unterricht, Lernangebote und Entwicklungsverläufe. In: LÜTGERT, Will (Hg.): Einsichten, Impulse, Bd 21, Bielefeld, S. 112-123.

SCHEERER-NEUMANN, Gerheid 1991: Entwicklungsverläufe beim Lesenlernen im offenen Unterricht. In: SANDHAAS, B. u.a. (Hg.): Lesenlernen - Schreibenlernen Wien/Bonn.

SCHEFFER, Ursula 1976: Praxis und Erkenntnis - Ist prozeßorientierte Curriculumentwicklung verallgemeinerbar? In: Das „Marburger Grundschulprojekt", Hannover, S. 34-55.

SCHNOOR, Detlev 1995: Gegen den negativen Trend. Eine Gesamtschule gibt sich ein pädagogisches Profil. In: Pädagogik 2/1995, S. 13-16.

SCHÜTZE, Fritz 1994: Ethnographie und sozialwissenschaftliche Methoden der Feldforschung. Eine mögliche methodische Orientierung der Ausbildung und Praxis der Sozialen Arbeit. In: GRODDECK/SCHUMANN, S. 189-297.

Spinnendifferenzierung in Berlin 1989, (Freinet Gruppe Berlin, Arbeitskreis Neue Erziehung, Lernwerkstatt TU, PZ Berlin, GEW FG Grundschulen, Arbeitskreis Grundschule), Berlin.

TENORTH, Heinz-Elmar 1996: Pädagogik als Wissenschaft und Praxis - Über Pädagogische Ausbildung und pädagogische Kompetenz. In: JÄGER, Georg/Jörg SCHÖNERT (Hg.): Wissenschaft und Berufspraxis. Angewandtes Wissen und praxisorientierte Studiengänge in den Sprach-, Literatur-, Kultur- und Medienwissenschaften, Paderborn.

TERHART, Ewald 1980: Erfahrungswissen und wissenschaftliches Wissen über Unterricht. In: THIEMANN, Friedrich (Hg.): Konturen des Alltäglichen - Interpretationen zum Unterricht, Königstein.

THUN, Friedemann Schulz von 1994: Auch Sie können aus dem Stegreifvisualisieren. In: Pädagogik 10/1994, S. 11-17.

ULRICH, Dieter (Hg.) 1972: Theorie und Methode der Erziehungswissenschaft, Weinheim und Basel.

VOLLMER, Gerhard 1981: Kann es von einmaligen Ereignissen eine Wissenschaft geben? In: Redliches Denken. Festschrift für Gerd-Günther GRAU zum 60. Geburtstag, Hg.: Friedrich Wilhelm KORFF, Stuttgart S. 180-194.

WALLRABENSTEIN, Wulf 1991: Offene Schule, offener Unterricht, Reinbek.

WARZECHA, Birgit 1990: Ausländische Verhaltensgestörte Mädchen im Grundschulalter. Eine Prozeßstudie über heilpädagogische Unterrichtsarbeit, Frankfurt.

WEHRSPAUN, Charlotte/Michael WEHRSPAUN/Andreas LANGE/Angelika KÜRNER 1990: Kindheit im Individualisierungsprozeß: Sozialer Wandel als Herausforderung der sozialökologischen Sozialisationsforschung. In: Zeitschrift für Sozialisationsforschung und Erziehungssoziologie 10/1990, S. 115-129.

WEILAND, Irmi 1995: Lernwege aus der Grundschule in die Gesamtschule - Offene Arbeitsformen aus der Grundschule für die Gesamtschule. In: Gemeinnützige Gesellschaft Gesamtschule (Hg.): Gesamtschule - Schule der Vielfalt. Bundeskongreß 1995 in Rödinghausen, Aurich, S. 93-93.

WELZ, Rainer 1974: Probleme der Mehrebenenanalyse. In: Soziale Welt 2/1974, S. 169-185.

WEST-LEUER, Beate 1995: Supervision - Grundlage und Förderung professioneller Standards für eine gute Schule. In: Pädagogik und Schulalltag 4/1995, S. 553-560.

WEST-LEUER, Beate/Maria Anna KREIENBAUM 1995: Was tragen Supervision und Evaluation zu einer guten/besseren Schule bei? In: Landesfrauenausschuß der GEW Baden Württ. (Hg.): Durchbruch zu einer feministischen Bildung, Bielefeld, S. 112-114.

WIMMER, Reiner 1980: Universalisierung in der Ethik, Frankfurt.

WINKLER, Ameli 1994: Rituale in der Grundschule. Erfundene Wirklichkeiten gestalten. In: Pädagogik 1/1994, S. 10-22.

WÜNSCHE, Konrad 1972: Die Wirklichkeit des Hauptschülers, Köln.

WÜNSCHE, Konrad 1979: Aufforderung an die Lehrer: Macht Eure eigene Unterrichtswissenschaft! In: päd. extra 7/1979, S. 22-26.
ZINNECKER, Jürgen u.a. 1975: Handlungsforschung im pädagogischen Feld, München.
ZINNECKER, Jürgen 1996: Grundschule als Lebenswelt des Kindes. Plädoyer für eine pädagogische Ethnographie. In: BARTMANN, Theodor/Herbert ULONSKA (Hg.): Kinder in der Grundschule. Anthropologische Grundlagenforschung, Bad Heilbrunn, S. 41-74.
ZEIL-FAHLBUSCH, Elisabeth 1983: Perspektivität und Dezentrierung. Philosophische Überlegungen zur genetischen Erkenntnistheorie Jean PIAGETs, Würzburg.

Wiltrud Döpp

Das Lehrer-Forscher-Modell an der Laborschule Bielefeld

1. Der Handlungsforschungsansatz der Laborschule

Das Lehrer-Forscher-Modell, über das ich berichten möchte, entstand an der Laborschule Bielefeld. Es stellt den Versuch dar, die besonderen Aufgaben dieser Einrichtung durch die Entwicklung einer eigenen - und in der Bundesrepublik Deutschland bisher einmaligen - Forschungskonzeption zu ermöglichen. Die Laborschule ist eine Versuchsschule des Landes Nordrhein-Westfalen an der Universität Bielefeld und hat die Aufgabe, in enger Verbindung von Theorie und Praxis neue Formen des Lehrens und Lernens sowie des schulischen Zusammenlebens zu entwickeln und zu erproben. Sie besteht aus zwei Teileinrichtungen - der Schulischen und der Wissenschaftlichen Einrichtung -, deren Mitarbeiterinnen und Mitarbeiter ihre Verantwortung für die Erfüllung des Versuchsschulauftrages gemeinsam wahrnehmen. Für die Mitarbeit in der Wissenschaftlichen Einrichtung können sich Lehrerinnen und Lehrer der Laborschule - oft in Kooperation mit Angehörigen der wissenschaftlichen Einrichtung oder der Universität - mit eigenen Forschungsprojekten bewerben. Im Falle der Bewilligung ihrer Anträge können sie von der schulischen Unterrichtsverpflichtung entlastet werden; für diese anteilig zu vergebenden Forschungsdeputate steht der Laborschule ein Forschungsdeputat von insgesamt fünf Lehrerstellen zur Verfügung. Die Forschungsprojekte sind in der Regel für eine Laufzeit von zwei Jahren konzipiert und bilden zusammengenommen den Forschungs- und Entwicklungsplan (FEP) der Laborschule.

Mit diesem Organisationsmodell wurde eine Forschungskonzeption festgeschrieben, die eine kooperative Verschränkung von Theorie und Praxis vorsieht. Die nachfolgenden Ausführungen sind aus der Perspektive der schulischen Einrichtung geschrieben und stellen die gegenwärtige Forschungspraxis von den Handlungsorientierungen und -perspektiven der Lehrerinnen und Lehrer aus dar. Diese ergeben sich im Prinzip immer noch aus den Gründungsideen der Schule: Die pädagogische und konzeptionelle Arbeit der Versuchsschule wird als ein prinzipiell offenes und unabschließbares Geschehen verstanden, über dessen Grundsätze, Ansprüche und Zielvorstellungen gemeinschaftlich und im Konsens entschieden wird (HENTIG 1973, 176). Diese Vorstellungen schlossen an Konzepte der Handlungsforschung ('action research') an, die in den 70er Jahren von großer Bedeutung für die im Prozeß der Bildungsreform engagierte Erziehungswissenschaft waren. Sie gingen auf Untersuchungspläne zurück, die LEWIN schon 1946 gefordert hatte (LEWIN 1982). Diese Art von Forschung sollte ihre Ergebnisse bereits im Forschungsprozeß in Praxis umsetzen, als Wissenschaft also verändernd in die Praxis eingreifen und darüber den Prozeß der gesellschaftlichen Veränderung steuern und mitverantworten. Der Theorie dieses Konzepts zufolge setzt dies eine gleichberechtigte Beziehung zwischen Forschern und Praktikern voraus: Die von der Forschung Betroffenen sollten innerhalb von Handlungsforschungsprojekten keine Versuchspersonen sein, sondern gleichberechtigte Diskurspartner, keine zu 'beforschenden' Versuchsobjekte, sondern die Subjekte ihrer eigenen Handlungen und Forschungen (vergl. HEINZE u.a. 1975, MOSER 1977). Bei der Entwicklung des eigenen Forschungsansatzes bezog die Gruppe der Schulplaner auch die damaligen Konzepte zur Curriculumentwicklung und -revision mit ein und entwarf vor diesem Hintergrund ein eigenes und den Handlungsforschungsansatz noch radikalisierendes Forschungsdesign. In der geplanten „Curriculumwerkstatt" sollte es keine Rollendifferenz zwischen Wissenschaftlern und Praktikern mehr geben, sondern nur noch die Verpflichtung der Angehörigen der Versuchsschule, im Rahmen der geplanten Curriculumentwicklung beides zu treiben: Lehrerinnen und Lehrer sollten forschen und Forscherinnen und Forscher sollten lehren (HENTIG et.al. 1971, 12).

Auch nach 20jähriger Versuchsschularbeit wird z.T. noch äußerst kontrovers darüber diskutiert, wie im Rahmen einer solchen Forschungskonzeption alle damit verbundenen Aufgaben und Ansprüche zu erfüllen sind: Die schulische Einrichtung verweist auf die Erfolge der eigenen Praxis und damit auf die inzwischen etablierten Formen institutioneller Reflexion und Ergebnispräsentation, die der Laborschule Bekanntheit und reformerische Wirksamkeit weit über die Grenzen Deutschlands hinaus eingebracht haben, und lehnt weiterhin jegliche Form von Forschung ab, die auf eine „Beforschung" ihrer Einrichtung durch eine abstrakt auftretende Wissenschaft hinausliefe. Die wissenschaftliche Einrichtung verweist auf die auf Verallgemeinerung und Systematisierung angelegte Funktion wissenschaftlicher Erkenntnis, fordert die Rückbindung der in der Praxis gewonnenen Ergebnisse in die aktuellen erziehungswissenschaftlichen Diskurse und stellt in diesem Zusammenhang die Frage nach der Wissenschaftlichkeit der bisher entstandenen Produkte. Bevor im folgenden beispielhaft gezeigt wird, wie sich beide Ansprüche sinnvoll verbinden lassen, soll noch etwas über die Praxisbedingungen selbst gesagt werden, die den Angehörigen der Laborschule zufolge leitend für ihre eigene Forschungs- und Entwicklungsarbeit sein sollen.

2. Der Praxisbegriff der Laborschule

Eine wichtige Erfahrung der Lehrerinnen und Lehrer der Laborschule seit Schuleröffnung bestand darin, daß ihre theoretisch antizipierten Vorstellungen einer zu verändernden gesellschaftlichen Praxis mit ihren konkreten, alltäglichen Erfahrungen nicht übereinstimmten. Gefragt war darum die Fähigkeit der einzelnen Personen, ihre unmittelbaren Erfahrungen auch „ohne Begriff" zunächst einmal auszuhalten, sie zu beschreiben und mitteilbar zu machen. Dies war zu Beginn durchaus eine schockartige Erkenntnis, und sie muß im Prinzip von jeder oder jedem neu in die Einrichtung Eintretenden auch heute noch immer wieder neu bewältigt werden: „Praxis" ist nicht einfach gegeben - weil während der eigenen Ausbildung praktisch erkundet und erziehungswissenschaftlich analysiert und „aufgeklärt" - sondern verdankt sich der immer erneuten Deutung und Interpretation eigener Alltagserfahrungen.

Auf diese Anfangserfahrung hat der damalige wissenschaftliche Leiter Hartmut von HENTIG mit der Entwicklung einer eigenen Forschungskonzeption für die Laborschule reagiert: Angesichts der Übermacht des von der Wissenschaft hervorgebrachten Wissens bedürfe es der Rehabilitierung der Erfahrung für die Erkenntnis. Das Handeln selbst müsse wieder zum Ausgangspunkt für das Denken genommen, zum „Instrument des Denkens" werden, wie er mit Verweis auf den amerikanischen Pragmatismus formulierte (HENTIG 1982, 59). Kritik einer gegebenen Praxis müsse Folgen haben können in der Realität. Diese sei mit Hilfe von Beobachtung, Diskussion, Kritik, Aufzeichnung von Wahrnehmungen und Gedanken offenzulegen und daraufhin zu befragen, was Kinder heute seien (ebd., 39). Gemeint war dabei aber nicht die theorielose Erfahrung, die sich naiv der eigenen unmittelbaren Wahrnehmung überließe, sondern die „reflektierte Erfahrung" der praktisch Handelnden. Bezugspunkt dafür sollten die in der „Gesamtanlage der Versuchsschule eingebauten Hypothesen" sein, die im - prinzipiell als veränderbar gedachten - Strukturplan der Laborschule schriftlich fixiert seien und die es zu verifizieren bzw. zu falsifizieren gelte. Jener Strukturplan wiederum habe sich zu orientieren an der Zielvorstellung, daß die Laborschule zunächst und vor allem anderen eine gute Schule für die in ihr lebenden „Menschenkinder" sein solle.

Über die Frage, was eine gute Schule sei, besteht in der Laborschule inzwischen Konsens, nachdem im Kreise des Kollegiums jahrelang - und während der ideologisch aufgeheizten Debatten der 70er Jahre auch äußerst heftig - über unterschiedliche normative Zielvorstellungen gestritten wurde (DÖPP 1990). Die Auseinandersetzungen der Aufbaujahre lassen sich im Kern als moralisch-praktische Diskurse klassifizieren, in denen es um die Geltung und Einlösung des bildungsreformerischen Anspruchs der Chancengleichheit ging. Das heute konsensfähige Ergebnis: Einer guten Schule muß es gelingen, eine Pädagogik zu praktizieren, die den reformerischen Ansprüchen der beiden großen Reformbewegungen des 20. Jahrhunderts zu genügen vermag. Aus der Reformpädagogik ist der im Kern ethisch formulierte Anspruch zu bewahren, jedes Kind nur an den eigenen Möglichkeiten und Ansprüchen zu messen und bei seiner Entwicklung und Bildung vor allem von seiner gegenwärtigen Lebenssituation auszugehen. Man müsse ihm also in seiner Besonderheit und in der Besonderheit seiner gegenwärtigen Lebenssituation gerecht werden - ihm um seiner selbst willen „wohlwollen" (KLUGE 1973, 7). Aus der Bildungsreform der 70er Jahre ist der Anspruch der Gleichbehandlung aller Kinder zu bewahren und darum eine Pädagogik zu praktizieren, die am Prinzip sozialer Gerechtigkeit orientiert ist, d.h. die versucht, jedem Kind gleichermaßen gerecht zu werden und ihm eine Bildung zu vermitteln, die ihm gerechte Chancen für die Bewältigung seines Lebens in der Gesellschaft eröffnet. Die Orientierung an beiden ethischen Prinzipien - Wohlwollen und Gerechtigkeit - legitimiert eine bestehende Praxis als eine „gute" und stellt zugleich die Voraussetzung für die

Absicht der Laborschule dar, eine Gesamtschule, d.h. eine „Schule für alle Kinder" zu sein. Eine solche Schule versucht nicht, Kinder an vorgängig entwickelte Ansprüche anzupassen, sondern die eigene Funktion im Interesse der Kinder zu verändern. Die Entwicklung einer an diesen Zielvorstellungen orientierten integrativen Pädagogik gehört somit zu den vorrangigen Aufgaben der Lehrer-Forscher der Laborschule. Darum haben sie im Alltag immer wieder genau hinzusehen und darüber nachzudenken, welche Lernbedingungen (HENTIG 1985) und Maßnahmen notwendig sind, um den eben erläuterten Erziehungsauftrag zu erfüllen. Der oben beschriebenen Beantragung von Forschungsprojekten im Forschungs- und Entwicklungsplan seitens der Lehrerinnen und Lehrer geht also ein großer „Forschungsvorlauf" voraus, ohne den es gar nicht zu einer „Praxis" käme, die dem Anspruch einer reformorientierten und im Dienste gesellschaftlicher Veränderungen stehenden Versuchsschularbeit genügen könnte.

3. Die gegenwärtige Forschungspraxis der Laborschule

Die nachfolgenden Ausführungen gehen von der Prämisse aus, daß sowohl die Konstruktion des Lehrer-Forschers als auch die auf Ganzheitlichkeit, Subjektbezogenheit und praktische Problembewältigung gerichtete Pädagogik der Laborschule forschungsmethodisch vor allem auf die Anwendung qualitativer Verfahren verweist, d.h. solcher Verfahren, die dem Selbstverständnis ihrer Vertreter zufolge eine Systematisierung von Alltagspraktiken darstellen (BOGUMIL/IMMERFALL 1985, 111). Wenn Lehrerinnen und Lehrer in ihrem Versuchsschulalltag erfahren, daß und inwiefern jene Verfahren ihnen bei der Bewältigung ihrer Aufgaben und Probleme behilflich sind, werden sie auch bereit sein, andere als die gewohnten Ebenen der Reflexion freiwillig und mit Gewinn aufzusuchen. Die anfangs angesprochene Frage der spezifischen Aufgabe und Perspektive wissenschaftlicher Erkenntnis wird im Rahmen dieses Beitrages also im Kontext qualitativer Forschungsmethoden diskutiert und die Frage nach der Wissenschaftlichkeit der inzwischen etablierten Formen der Reflexion von daher beantwortet.

Entsprechend der genannten Prämisse soll im folgenden an Beispielen aufgezeigt werden, wie das Verhältnis von Alltagspraktiken und methodisch geregelter Forschung im Sinne des Handlungsforschungsansatzes der Laborschule aussehen könnte oder sollte, wie also nach Meinung der Autorin die unabweisbaren Ansprüche der schulischen und der wissenschaftlichen Einrichtung gleichermaßen zu erfüllen sind.

Die Forschungsprojekte des FEP (Forschungs- und Entwicklungsplan der Laborschule) dokumentieren sehr unterschiedliche Möglichkeiten, den Forschungsauftrag der Lehrerinnen und Lehrer umzusetzen. Drei typische Wege sollen im folgenden beschrieben und genauer analysiert werden.

3.1 Forschung als Evaluation und Dokumentation der eigenen Alltagspraxis

Die hier zu beschreibenden Verfahren umfassen etwa ein Drittel der bewilligten Projekte. Sie bilden sozusagen den Abschluß des oben beschriebenen „Vorlaufs": Indem die Lehrerinnen und Lehrer immer wieder ihre Erfahrungen überprüfen, stellt sich irgendwann der Eindruck einer in sich stimmigen und mit den Zielen der Schule besonders gut übereinstimmenden Praxis ein. Diese wird dann auf der Ebene sequentiell geordneter und kommentierter Curriculumelemente oder in Form von Erfahrungsberichten beschrieben und auf diese Weise öffentlicher Kritik und Reflexion zugänglich.

In handlungstheoretischer Sicht sehen sich die Lehrerinnen und Lehrer dabei folgender Schwierigkeit gegenüber: Ausgangspunkt ihres Handelns bildet die komplexe und vielschichtige Ernstsituation des Alltages, in die alle Erwachsenen und Kinder als beteiligte und betroffene Personen selbst involviert sind und die sie aus dieser Perspektive heraus zu bewältigen haben. Die Lehrerinnen und Lehrer müssen also das zum Thema machen, was sich in ihnen selbst in Form eines komplexen und undurchsichtigen Prozesses vollzieht (BERGER/LUCKMANN 1970).

Diese Ausgangssituation hat die Laborschule mit einem Handlungsmodell zu beantworten gesucht, das die Aufforderung zum Thematisieren eigener Erfahrungen enthält: Der Großraum der Schule ohne Wände und Türen symbolisiert sozusagen die ständige Nötigung zum Diskurs, indem er von vornherein Öffentlichkeit für alle Handlungen und Suchbewegungen herstellt. Diese öffentliche Dimension allen Handelns ist bewußt geplant und verdankt sich der anfangs beschriebenen Vorstellung des Schulkollegiums als einer Kommunikationsgemeinschaft, die ihre prinzipiell offene und prozeßorientierte Arbeit diskursiv klärt und legitimiert. Da dieser „öffentliche Blick" eine permanente Selbstbefragung stimuliert, wird das eigene Handeln von einem ständigen inneren Monolog begleitet: Kann ich im Zweifelsfall begründen, was ich gerade tue? Repräsentiert jene Schulsituation tatsächlich gute Schule? Unterstützt werden diese Prozesse ständiger Selbstbefragung und Selbstvergewisserung durch Gespräche nebeneinander unterrichtender Lehrerinnen und Lehrer, die sich meist bewußt zu einem Team zusammengeschlossen haben und in einem jener Zweifelsfälle in die Perspektive einer teilnehmenden Beobachterin gebracht werden können: Was und wie hast Du mein Problem, meinen Versuch, mein neues Arrangement usw. wahrgenommen, miterlebt und bewertet? In den häufigen Konferenzen der Laborschule in unterschiedlichsten Zusammensetzungen spielen derartige Situationsbeschreibungen und -klärungen immer wieder eine große Rolle und ermöglichen auf diese Weise Distanz zum eigenen Alltag als erste und entscheidende Voraussetzung dafür, jene im Erleben ungeordnet andrängenden Erfahrungen mittels erzählender Sprache klären und auf den Begriff bringen zu können, sie sozusagen „vor sich" zu bekommen.

Damit ist der Weg beschrieben, auf dem im Prinzip alle weiterführenden Forschungen der Laborschule basieren: Immer geht es darum, daß - in mündlicher oder schriftlicher Form - Erzählungen und Berichte entstehen, in denen in problemorientierter Perspektive Einzelfälle, Interaktionen, Situationen und Prozesse beschrieben werden. Die zu erforschende „Wirklichkeit" der Laborschule ist somit eine sprachlich erzeugte und wird auf diese Weise interpretativen Verfahren zugänglich (LAMNEK 1993, Bd.1, 130).

Für die Erfüllung der o.g. HENTIGschen Forderung - naive in reflektierte Erfahrung zu überführen, mithin jene „Texte" der Interpretation und kritischen Reflexion zugänglich zu machen - haben sich unterschiedliche Möglichkeiten entwickelt. Eine erste Stufe der Reflexion stellt etwa der Versuch dar, die eigenen Erfahrungen sprachlich und gedanklich zu verdichten und sie in Form eines Films, einer kommentierten Materialsammlung oder Fotodokumentation, einer Geschichte oder eines mit erzählerischen Mitteln arbeitenden Erfahrungsberichtes der Öffentlichkeit zu präsentieren (BAMBACH 1989, DÖPP 1988, GROEBEN 1991, LAMBROU 1987, LENZEN 1992, 1993 und 1995, VÖLKER 1994).

Die erzählerische Form der Geschichte ist für die Beschreibung von Einzelbiographien oder schulischen Arrangements besonders interessant: Durch die erzählerische Grundhaltung werden infolge des Zwangs, den Ablauf der Erzählung zu motivieren, Verkettungen zu begründen, Anfang und Ende über eine Pointe zu verbinden usw. subjektive Bedeutungen und Sinnzusammenhänge sichtbar bzw. Handlungszusammenhänge benannt, die ein umfassenderes und genaueres Verständnis der beschriebenen Situation erlauben als im oben geschilderten gesprächsweise verarbeiteten Alltag (SCHÜTZE 1976). Was auf erzählerische Weise sprachlich Gestalt gewonnen hat, läßt sich von den Erzählerinnen und Erzählern ablösen und betrachten, es wird - vor allem auch für sie selbst - versteh- und kritisierbar und bildet mithin eine wichtige Voraussetzung für die geforderte reflexive Verarbeitung von Erfahrung. Aufgrund ihrer Anschaulichkeit und der sichtbar gemachten Ganzheitlichkeit der handelnden Personen stellen Geschichten besonders gut geeignete Medien für die Reflexion pädagogischer Erfahrung dar (BAACKE/SCHULZE 1979, BAACKE 1995, 46).

Ein völlig anderer Ansatz der Evaluation von Alltagspraktiken ergibt sich aus einem ethnographischen Projekt an der Laborschule, das im folgenden kurz dargestellt werden soll, weil sich daran eine interessante Variante der geforderten Distanzierung aufzeigen läßt. Dies im Bereich der Grundlagenforschung angesiedelte - und von der DFG geförderte - Projekt bezieht sich ausdrücklich auf die gegebenen Handlungsbedingungen an der Laborschule und will mit ethnographischen Methoden die Alltagspraktiken von 8-12jährigen Jungen und Mädchen rekonstruieren. (BREIDENSTEIN/KELLE 1995). LehrerInnen und ForscherInnen kooperieren in der Weise miteinander, daß sie die auf dem Wege teilnehmender Beobachtung entstehenden Texte der beiden „Feldforscher" gemeinsam interpretieren. Das Situationsverständnis der beteiligten Lehrerinnen wird auf diese Weise in spezifischer Form erweitert: Zu jenem oben beschriebenen und jederzeit anwesenden „öffentlichen Blick" kommt im Fall dieser Form der teilnehmenden Beobachtung ein „fremder" Blick hinzu: Der Beobachtungsfokus beider Forscher im Feld liegt auf den Alltagspraktiken der Kinder - und zwar jenseits allen Interesses an der pädagogischen Qualität der beobachteten Schulsituationen. Für die LehrerInnen bedeutet gerade die konsequente Ausblendung ihrer pädagogischen Intentionen eine Irritation: Der eigene Alltag erscheint in neuem Licht und muß demzufolge auch von ihnen neu interpretiert werden. Das erfordert viel gegenseitiges Verständnis und Einfühlung innerhalb der Projektgruppe. Voraussetzung dafür ist die konsensorientierte und darum prinzipiell gleichberechtigte Position der GesprächspartnerInnen. Der „Ertrag" für die Praxis ist deutlich: Das erweiterte Wissen um grundlegende Praktiken des „Machens" von Differenzen, Hierarchien und Gleichheiten ist geeignet, Situationen besser zu verstehen und verhilft darum zu situationsadäquaterem Handeln. Über die Gewinnung inhaltlicher Erkenntnisse zu grundlegenden Prozessen politischer Sozialisation regt jenes Forschungsprojekt zudem eine Überprüfung des bestehenden Konzepts zur politischen Bildung und damit weiterführende didaktische Fragestellungen an und kann darum zum Ausgangspunkt für eine andere Art von Forschung werden, die sich an der Laborschule etabliert hat und nachfolgend als zweiter Weg beschrieben wird.

3.2 Systematische Überprüfung und Weiterentwicklung didaktisch-methodischer Ansätze

Dieser Weg erweitert den oben beschriebenen „Forschungsvorlauf": Indem einzelne pädagogische oder didaktische Praxiselemente aufgrund von beobachteten Defiziten, neu formulierten Ansprüchen oder - wie im obigen Beispiel - neu gewonnenen theoretischen Erkenntnissen fragwürdig werden, wird eine systematische Form der Überprüfung und Weiterentwicklung notwendig. Projekte dieser Art umfassen wiederum etwa ein Drittel der gegenwärtig bewilligten Forschungsprojekte. Bevor dieser Weg anhand eines Beispiels vorgestellt werden soll, werden wieder Alltagspraktiken beschrieben, an die es unmittelbar anschließt.

Eine Sonderform erzählender Texte stellen an der Laborschule biographische Beschreibungen dar. Die Praxis der Beurteilungen basiert auf schriftlichen Berichten, in denen die Lehrerinnen und Lehrer die Ziele ihres Unterrichts, das Verhalten der Gesamtgruppe und - darauf bezogen - die Entwicklung und Leistung des betreffenden Kindes oder Jugendlichen beschreiben. Begleitet werden derartige Aufgaben von systematisch anberaumten Konferenzen - auf Jahrgangsebene, zum Zwecke der Erstellung von Abschlußprognosen, bei Übergangsfragen zwischen den Stufen usw. -, in denen regelmäßig Kinderbilder aus den unterschiedlichen Perspektiven von Fach- oder BetreuungslehrerInnen vorgestellt werden. Eine besonders herausfordernde Aufgabe bildet dabei die Beschreibung von Kindern, die aus verschiedenen Gründen als auffällig gelten und deren Verhaltensweisen im Rahmen von förderdiagnostischen Prozeduren in Form von Kinderportraits festgehalten werden. Als Schule mit integrativem Schulkonzept versucht die Laborschule, auf diesem Wege stigmatisierende Zuschreibungen von Defiziten an einzelne Kinder zu vermeiden. Diese Formen der Beschreibung von Kindern gehören also zum Alltag der Laborschule; sie sind mehrfach, z.T. auch mit erzählerischen Mitteln, dargestellt und pädagogisch reflektiert worden (BAMBACH 1994).

Der o.g. Anspruch, jedem Kind in seiner Besonderheit und allen Kindern gleichermaßen gerecht zu werden, führt angesichts der Schwierigkeit der Aufgabe oft genug zu der Frage, ob dieser Anspruch mit den Mitteln und Maßnahmen des derzeit geltenden Strukturplanes tatsächlich erfüllt wird. Ihr wird gegen-

wärtig im Rahmen eines eigenen Forschungsprojektes systematisch nachgegangen, wobei der Schwerpunkt der Forschung bewußt in der Sekundarstufe I angesiedelt ist, da sich die Primarstufe jenen Herausforderungen seit Jahren gestellt und richtungsweisende Praxiselemente erarbeitet hat. Um langfristig handlungsrelevantes Wissen zur Verfügung zu stellen und dies Wissen in den Praxisstrukturen der Laborschule verankern zu können, geht jenes Forschungsprojekt ausdrücklich von den bestehenden Formen der Interaktion zwischen Lehrerinnen und Lehrern aus, methodisiert diese jedoch systematisch, indem ihre Gespräche gezielt mit Hilfe von Leitfäden vorbereitet und durch Tonbandmitschnitte einer methodisch geregelten Interpretation zugänglich gemacht werden. Die mit der Methode des Interviews bzw. der Gruppendiskussion verbundene Forderung, daß sie „einer Alltagssituation gleichen sollten" (LAMNEK 1993, Bd.2, 103), erscheint somit in seiner Idealform umgesetzt.
Der 'intensivierte' Blick (ebd., 107) auf die eigene Praxis soll dieser dabei unmittelbar zugutekommen. Maßstab und Zielpunkt des gesamten Forschungsprojektes sind also die von den Lehrerinnen und Lehrern benannten Kinder, für die alle beteiligten Erwachsenen Verantwortung tragen und sich darum bereitwillig jenen zeitlich aufwendigen Prozeduren der Selbstüberprüfung und Selbstvergewisserung unterziehen. Indem sorgfältiger als in der Alltagspraxis zwischen Phasen der Exploration, Hypothesenbildung, Überprüfung dieser Hypothesen an der Wirklichkeit, Auswertung und Dokumentation unterschieden wird, werden systematisch neue Formen der Problembewältigung erarbeitet und „an der Praxis validiert" (LAMNEK 1993, Bd.1, 167). Letztlich sind diese Prozeduren also auf die Mobilisierung didaktischer Phantasie gerichtet, die helfen soll, im Alltag der Versuchsschule dem betreffenden Kind in seiner Besonderheit noch besser gerecht zu werden. Jene Prozeduren werden schließlich in Form von Schülerbiographien nachgezeichnet und so die konkreten Maßnahmen im Rahmen einer „lebensweltbezogenen, integrationsorientierten Förderdiagnostik" - so der Titel des Projektes - sowohl schulintern weiterverbreitet als auch einer reformpädagogisch interessierten Öffentlichkeit zugänglich gemacht. Spezifische Kompetenzen bringt dabei der eigens für dieses Projekt ausgewählte wissenschaftliche Mitarbeiter der wissenschaftlichen Einrichtung ein, der als Sonderpädagoge über dringend benötigtes Handlungswissen verfügt und die dazugehörige Literatur überblickt, so daß auch hier ein kooperatives Handeln zwischen wissenschaftlicher und schulischer Einrichtung zustandekommt, bei dem aber wiederum alle Beteiligten diskursiv, d.h. auf prinzipiell gleichberechtigter Gesprächsebene, verbunden sind.

3.3 Evaluation institutioneller Handlungsbedingungen und -folgen

Projekte dieser Art dienen u.a. auch der Rechenschaftspflicht gegenüber Auftraggebern und bildungspolitisch interessierter Öffentlichkeit. Sie versuchen, ein Forschungsdesign zu entwickeln, das den besonderen Bedingungen der Laborschule entspricht (KLEINESPEL 1990, 47). Im folgenden soll ein solches Projekt wiederum beispielhaft beschrieben werden. Seine Wahl bietet sich insofern an, als es ebenfalls den hier nachgezeichneten Weg von der Alltagspraxis zur methodisch geregelten Schulforschung geht, dabei aber die Frage der Kontrolle der erhobenen Daten und Aussagen von vornherein im Forschungsdesign verankert, indem unter dem Gesichtspunkt der Mehrperspektivität verschiedene Quellen - Dokumente, Interviews, Gruppendiskussionen - miteinander verbunden und aneinander gespiegelt werden (Triangulation). Diese Form der Mehrperspektivität soll einen differenzierten Blick auf die unterschiedlichen Interpretationen dessen, was Laborschulpädagogik ist bzw. sein kann, ermöglichen (DÖPP/HANSEN/KLEINESPEL 1995).

Auch in diesem Projekt werden Bildungsbiographien rekonstruiert, wobei das Material dafür wieder Texte bilden: Die o.g Berichte zum Lernvorgang, die verschrifteten, halbstrukturierten Interviews mit Jugendlichen aus dem 8. Schuljahr, um deren Ansprüche und Bedürfnisse an die Laborschule es jeweils geht, und die Transkriptionen der Diskussionsrunden ihrer Lehrerinnen und Lehrer, die sie im Laufe ihrer Schulzeit betreut haben. (Das oben beschriebene Projekt hat gerne auf die zunächst hier verwendete Form der Gruppendiskussion zurückgegriffen.) Die acht Fallstudien von Schülerinnen und Schülern sind unter der Maßgabe eines möglichst breiten Spektrums ausgewählt: Jugendliche unterschiedlicher Leistungsdimensionen (vom potentiellen Sonderschüler bis zum potentiellen Gymnasiasten), Jungen und Mädchen, deutsche und nichtdeutsche Jugendliche sowie Kinder mit „Lebensproblemen". Bewußt ist auch ein Kind dabei, das die Lehrerinnen und Lehrer als wenig auffällig sowohl in der Leistungs- als auch in der Verhaltensdimension charakterisiert haben.

Durch die jeweiligen Diskussionsrunden wird etwa die Hälfte des Kollegiums erreicht. Diese Gruppendiskussionen nehmen innerhalb des Forschungsprojektes aufgrund ihrer positiven Aufnahme bei den Kolleginnen und Kollegen eine besondere Stellung ein und regen dazu an, über die Bedeutung solcher Gesprächsrunden für selbstevaluative Prozesse genauer nachzudenken. Dabei erweist sich die Ausgangssituation - die individuelle Verantwortung für den oder die betreffende Jugendliche - als ein besonders geeigneter Einstieg für Gespräche, die sich dezidiert in die laufende Praxis der Laborschule „einmischen" und darüber Veränderung und Weiterentwicklung ermöglichen wollen.

In diesen Gesprächen kommen sehr unterschiedliche, bisweilen sogar äußerst widersprüchliche Vorstellungen und Handlungsperspektiven zur Sprache; sie lassen sich auf dem Wege der interpretativen Verknüpfung vorsichtig zu „Handlungsmodellen" verdichten. Derartige „Handlungsmodelle" bilden in sich ein überaus komplexes Geflecht aus beruflichem Selbstverständnis, professionellem Wissen, bildungspolitischen Überzeugungen, Menschen- und Weltbildern, Lebens- und Arbeitserfahrungen u.ä., sie sind biographisch sedimentiert und tragen jeweils als Ganzes die Haltungen, Wertungen und Zielvorstellungen der Personen. Einzelne Elemente daraus lassen sich zwar gesondert betrachten und stehen in Redesituationen zur Verfügung, aber sie lassen sich nicht einfach ohne Folgen für das übrige Gefüge herauslösen und durch andere ersetzen. Neue Handlungsorientierungen entwickeln sich darum prinzipiell nur aus dem Willen und dem Bewußtsein der „ganzen" Person heraus - und zwar genau durch solche mit den Gesprächsrunden intendierten Akte wechselseitig angestoßener

Reflexion, die ihre Glaubwürdigkeit und Ernsthaftigkeit der gemeinsamen Verantwortung dem betreffenden Jugendlichen gegenüber verdanken. Nicht der Nachweis der Angemessenheit oder Unangemessenheit einzelner konzeptioneller oder struktureller Elemente des Strukturplanes führt also auf geradem Wege zu Selbstveränderung und Lernen, sondern die Eröffnung der Möglichkeit, im Interesse der betreffenden Jugendlichen mit den langjährig erworbenen eigenen Ansprüchen und Erfahrungen kreativ und produktiv umgehen zu können. Indem die Moderatorinnen der einzelnen Gesprächsrunden - die gleichzeitig die Rekonstruktion der betreffenden Fallstudie verantworten - sich bemühen, diese Ebene zu erreichen, wird das Legitimationsprojekt der Wissenschaftlichen Einrichtung gleichzeitig zu einem Projekt schulinterner Weiterbildung, das dem Vorgehen themenzentrierter Interaktion nahekommt.

Am Beispiel dieses Projektes soll nun abschließend noch einmal auf die eingangs angedeutete Kontroverse zwischen der wissenschaftlichen und der schulischen Einrichtung eingegangen werden. Das vorstehende Projekt zielt systematisch auf die einzelne Schule als Handlungseinheit (FEND 1986, ROLFF 1993). Es verbindet damit bewußt die Praxisperspektive der Laborschule mit dem aktuellen erziehungswissenschaftlichen Diskurs zur Autonomisierung der Schule. Indem sich die Fragen jeweils auf die subjektiven Problemwahrnehmungen und -lösungen im Hinblick auf sehr verschiedene Kinder in einer gemeinsamen Lernumwelt richten, sollen Möglichkeiten integrativer Pädagogik sichtbar gemacht werden. Diese Problemlösekapazität ist das Potential, das die Laborschule für den Prozeß der Schulentwicklung insgesamt bereitstellt (KLEINESPEL 1995, 26).

Diesem spezifischen Verständnis von Schulentwicklung vermag vor allem jene Form von qualitativer Schulforschung zu entsprechen, die wie die hier beschriebene Studie davon ausgeht, daß wissenschaftliche Erkenntnis und Alltagserkenntnis denselben Prinzipien gehorchen (LAMNEK 1993, Bd.1, 189). Sie zielt nicht auf Verallgemeinerbarkeit und Objektivität, sondern auf das Verstehen von Situationen, die von Lehrerinnen und Lehrern in problemorientierter Perspektive bewältigt werden müssen. Damit ist gleichzeitig etwas über die Wissenschaftlichkeit dieser Methoden gesagt: Im Gegensatz zur Exaktheit quantitativer Untersuchungsergebnisse, die aufgrund der Isolierung und Kontrolle der zu untersuchenden Variablen systematische Verzerrungen der Alltagsrealität bewirken (MAYRING 1993, 12), zeichnen sich die durch die beschriebene Studie ermittelten Befunde dadurch aus, daß sie die Ansprüche, die Jugendliche an ihre Schule stellen, und die Konzepte, die Lehrende darauf bezogen entwickeln, unmittelbar sichtbar zu machen vermögen. Indem methodisch kontrolliert Handeln und Verstehen aufeinander zubewegt werden, wird im Idealfall „richtige Erkenntnis" möglich (LAMNEK 1993, Bd.1, 188). Diese Aussage verweist implizit alle an die interpretative Methode gerichteten wissenschaftlichen Güteansprüche auf den Prozeß der Interpretation selbst, durch den intersubjektiv nachprüfbar Befunde in größtmöglicher Nähe zur Praxis offengelegt werden (MAYRING 1993, 106).

Es sollte deutlich geworden sein, in welcher Weise z.B. durch das Design und die Zielperspektive des vorgestellten Projekts die o.g. Ansprüche beider Laborschuleinrichtungen erfüllt worden sind. Ein solches Verständnis von Laborschulforschung schließt die Anwendung quantitativer Forschungsmethoden nicht von vornherein aus. Es sind durchaus Fragestellungen denkbar, die eine quantitative Analyse von Handlungsbedingungen verlangen. Zielt z.B. Schulentwicklung auf Strukturreformen, so verhelfen vergleichende Studien auf der Grundlage quantitativer Methoden zu wichtigen Erkenntnissen und Begründungen. Auch dieser Weg wird in der Laborschule verfolgt (LÜBKE/MICHAEL 1989), seine Darstellung und Kommentierung bildete jedoch nicht das Thema des vorstehenden Beitrages.

Literatur:

BAACKE, Dieter 1991: Pädagogik. In: Flick, Uwe u.a. (Hg.), Handbuch qualitative Sozialforschung. Weinheim.
BAACKE, Dieter/Theodor SCHULZE 1979: Aus Geschichten lernen. Zur Einübung pädagogischen Verstehens. München.
BAMBACH, Heide 1989: Erfundene Geschichten erzählen es richtig. Lesen und Leben in der Schule. Konstanz.
BAMBACH, Heide 1994: Ermutigungen. Nicht Zensuren. Bielefeld.
BERGER, Peter/Thomas LUCKMANN 1970: Die soziale Konstruktion der Wirklichkeit. Frankfurt/M.
BOGUMIL, Jörg/Stefan IMMERFALL 1985: Wahrnehmungsweisen empirischer Sozialforschung. Zum Selbstverständnis des sozialwissenschaftlichen Forschungsprozesses. Frankfurt/M.
BREIDENSTEIN, Georg/Helga KELLE 1995: Jungen und Mädchen in Gruppen. Die interaktive Herstellung sozialer Unterschiede. In: LENZEN, K.-D./K.-J. TILLMANN (Hg.): Gleichheit und Differenz. Erfahrungen mit integrativer Pädagogik. Bielefeld 1996 (Impuls Bd. 28).
DÖPP, Wiltrud 1988: Die Ameise im Feuer. Schulgeschichten. Essen.
DÖPP, Wiltrud 1990: Das Modell des Lehrer-Forschers an der Laborschule. Kritische Rekonstruktion der Folgen seiner Institutionalisierung in der Praxis. (Dissertation) Bielefeld.
DÖPP, Wiltrud/Sylvie HANSEN/Karin KLEINESPEL 1995: Eine Schule für alle Kinder. Die Laborschule im Spiegel von Bildungsbiographien. Weinheim.
FEND, Helmut 1986: Gute Schulen - Schlechte Schulen. Die einzelne Schule als pädagogische Handlungseinheit. In: Die deutsche Schule, 78. Jg. Heft 3.
GROEBEN, Annemarie von der 1991: Ein Zipfel der besseren Welt? Leben und Lernen in der Bielefelder Laborschule. Essen.
HEINZE, Thomas/Ernst MÜLLER/Bernd STICKELMANN/Jürgen ZINNECKER (Hg.) 1975: Handlungsforschung im pädagogischen Feld. München.
HENTIG, Hartmut von et.al. 1971: Das Bielefelder Oberstufenkolleg. Stuttgart.
HENTIG, Hartmut von 1973: Die Wiederherstellung der Politik. Stuttgart.
HENTIG, Hartmut von 1982: Erkennen durch Handeln. Stuttgart.
HENTIG, Hartmut von 1985: Die Menschen stärken, die Sachen klären. Ein Plädoyer für die Wiederherstellung der Aufklärung. Stuttgart.
KLEINESPEL, Karin 1990: Schule als biographische Erfahrung. Die Laborschule im Urteil ihrer Absolventen. Weinheim.
KLUGE, Norbert 1973: Das pädagogische Verhältnis. Darmstadt.
LAMBROU, Ursula 1987: Gegen den Strich gelesen, gesprochen, geschrieben. Weinheim.
LAMNEK, Siegfried 1993: Qualitative Sozialforschung. Bd.1: Methodologie. Bd.2: Methoden und Techniken. Weinheim.
LENZEN, Klaus-Dieter 1992: Zirkusschule - Schulzirkus. Essen.

LENZEN, Klaus-Dieter 1993: Erzähl mir k(l)eine Märchen. Literarische Ausflüge mit Grundschulkindern. Weinheim.

LENZEN, Klaus-Dieter 1995: Einfach sprachlos. Interkulturelle Begegnungen zwischen Grundschulkindern in Deutschland und Frankreich. Münster.

LEWIN, Kurt 1982: Aktionsforschung und Minderheitenprobleme. Kurt-Lewin-Gesamtausgabe Bd.7. (Hrsg.: C.-F. Graumann) Bern.

LÜBKE, Sylvia-Iris/Marianne MICHAEL 1989: Absolventen '85. Eine empirische Längsschnittstudie über die Bielefelder Laborschule. Impuls 19 (Schriftenreihe der Laborschule) Bielefeld.

MAYRING, Philipp 1993: Einführung in die qualitative Sozialforschung. Weinheim

MOSER, Heinz 1977: Methoden der Aktionsforschung. München.

ROLFF, Hans-Günter 1993: Wandel durch Selbstorganisation. Theoretische Grundlagen und praktische Hinweise für eine bessere Schule. Weinheim/München.

SCHÜTZE, Fritz 1976: Zur Hervorlockung und Analyse von Erzählungen thematisch relevanter Geschichten im Rahmen soziologischer Feldforschung. In: Arbeitsgruppe Bielefelder Soziologen (Hg.): Kommunikative Sozialforschung. München.

VÖLKER, Hella 1994: Theater in der Schule - Schule des Lebens. Ein Erfahrungsbericht. Impuls 25 (Schriftenreihe der Laborschule) Bielefeld.

Herbert Altrichter, Waltraud Lobenwein und Heike Welte

PraktikerInnen als ForscherInnen

Forschung und Entwicklung durch Aktionsforschung

1. Was ist Aktionsforschung?

Aktionsforschung findet statt, wenn Menschen ihre eigene Praxis untersuchen und weiterentwickeln, indem sie ihr Handeln und Reflektieren immer wieder aufeinander beziehen (vgl. ALTRICHTER et al. 1991, 7). In den folgenden Kapiteln werden wir diese Arbeitsdefinition differenzieren und wichtige Grundüberlegungen vor allem an unserem eigenen Ansatz der Aktionsforschung demonstrieren. Kap. 5 verweist auf andere Ansätze und deren unterschiedliche Akzentsetzungen.

2. Wie handeln PraktikerInnen in komplexen Situationen?

Im Zentrum aller Aktionsforschungsansätze stehen *handlungstheoretische Überlegungen*[1]. Wie gehen PraktikerInnen mit ihren komplexen Berufsaufgaben um und wie können sie jene Kompetenzen erlernen, um diese Aufgaben in qualitätsvoller Weise zu bewältigen?

2.1 Lawrence Stenhouse: Teacher as Researcher

Wie kommt es zu konstruktiven Weiterentwicklungen des Unterrichts und des Schulwesens? Die klassische Antwort auf diese klassische Frage ist die Research, Development and Dissemination-Strategie. Auf Grund von Forschungswissen (*research*) entwickeln unterrichtsexterne Personen, z.B. Wissenschaftler und Beamte, Lösungen dafür, was sie als Probleme des Schulwesens empfinden (*development*). In Tests und Pilotprojekten wird das Produkt soweit verfeinert, bis es an die PraktikerInnen verbreitet werden kann (*dissemination*), die es dann möglichst gut umsetzen sollen. Die Erfahrung der großen Curriculumprojekte der 60er und 70er Jahre war jedoch, daß in den Klassenzimmern oft etwas ganz anderes geschah, als sich die Entwickler vorgenommen hatten.
Lawrence STENHOUSE (1975) prägte in seinem *Humanities Project* eine alternative Konzeption der Curriculumentwicklung. Er hielt es für falsch, die Rationalität der PraktikerInnen - beispielsweise durch *teacher proof curricula* - umgehen oder ausschalten zu wollen. Sie sind es ja, die eine Curriculumidee in

---

[1] Vgl. z.B. die Inspiration durch HOLZKAMP bei HACKL (1994a).

der konkreten Interaktion mit SchülerInnen erst zum Leben bringen müssen. Wenn auch die 'pragmatische Skepsis', die PraktikerInnen gelegentlich den Produkten der Wissenschaft entgegenbringen, in einem Forschungsprojekt unangenehm sein mag, so sollte sie doch als ein Impuls des Genauer-Wissen-Wollens, des Weiterentwickeln-Wollens - kurz: als ein Impuls zur Forschung - genommen werden. In einer qualitätsvollen Implementation einer Curriculumidee dürfen vordefinierte Konzepte gerade nicht 'exakt angewendet' werden, sondern sind selbst im Prozeß des Umsetzens ein Gegenstand der Forschung und Entwicklung. In Entwicklungsprojekten agieren *teacher as researcher*, wie STENHOUSE schon 1975 ein Kapitel seiner Einführung in die Curriculumforschung überschrieben hat. *„The mistake is to see the classroom as a place to apply laboratory findings rather than as a place to refute or confirm them. Curriculum workers need to share the psychologists' curiosity about the process of learning rather than to be dominated by their conclusions"* (a.a.O., 26).

2.2 Donald Schön: The Reflective Practitioner

Wie kommt qualitätsvolle Handlung in komplexen Situationen zustande? Die übliche Antwort darauf lautet: Um die Probleme professioneller Praxis zu lösen, wenden PraktikerInnen allgemeines Wissen an. Daher lernen professionelle PraktikerInnen in ihrer Ausbildung allgemeines, durch Forschung produziertes Wissen - je länger, desto besser. Dieses sog. 'Modell technischer Rationalität' setzt allerdings, wie Donald SCHÖN (1983, 39ff) gezeigt hat, unzweifelhafte Ziele und feststehende Arbeitsbedingungen voraus. Diese Anforderungen mögen bei einfachen und routinehaften Aufgaben gegeben sein. Die Mehrzahl der Situationen professioneller Praxis, und gerade die wichtigen und jene für die Professionelle eigentlich bezahlt werden, sind im Gegenteil komplex, ungewiß, mehrdeutig sowie von Wert- und Interessenskonflikten geprägt.

SCHÖN hat erfolgreiche hochqualifizierte praktische Tätigkeit in realen Situationen untersucht und dabei folgende Charakteristika festgestellt[2]:

- *Problemdefinition:* In komplexen Situationen können PraktikerInnen gar nicht einfach Wissen zur Problemlösung anwenden, weil das 'Problem' als solches gar nicht unzweideutig vorliegt. Es muß durch den Prozeß der Problemdefinition geschaffen werden, der erst die Voraussetzung für das Wirksamwerden allgemeinen Wissens schafft.
- *Vorläufigkeit, Prozeßhaftigkeit, Weiterentwicklung:* Diese erste Problemdefinition ist üblicherweise noch nicht der Weisheit letzter Schluß. Erfolgreiche PraktikerInnen beobachten ihre Handlung und damit gleichzeitig, wie zutreffend ihre Problemdefinition ist. Durch die Reflexion ihrer Handlungserfahrungen entwickeln sie diese Problemdefinition weiter.
- *Entwicklung 'lokalen Wissens':* Schließlich sind konkrete Probleme leider nicht immer Spezialfälle einer schon bekannten allgemeinen Theorie. Gerade

---

[2] SCHÖNs handlungstheoretische Vorstellungen sind mit den Ergebnissen der sog. *Expertenforschung* (vgl. BERLINER 1992; BROMME 1992) vereinbar; diese Bezüge sollten weiterentwickelt und in Projekten der Lehrerbildung konkret erprobt we rden.

erfolgreiche PraktikerInnen haben nach SCHÖNs Untersuchungen die Fähigkeit, aus ihren Handlungserfahrungen 'lokales Wissen' gleichsam auszufällen. Sie bauen einen speziellen Erfahrungsschatz auf, der ihnen hilft, die Probleme ihres Berufsbereiches kompetent und situationsbezogen anzugehen.

2.3 Professionalität

Sowohl STENHOUSE' als auch SCHÖNs Argumentation ist von einer Vorstellung *professionellen* Handelns getragen. Ihr Professionalitätsbegriff unterscheidet sich dabei in zwei wesentlichen Punkten von den gängigen berufssoziologischen Definitionen: Das Professionen üblicherweise zugeschriebene *spezielle Wissen* ist nicht mehr bloß das generelle Wissen, das durch lange Ausbildung in akademischen Disziplinen erworben wurde, sondern auch *'lokales Wissen'*, das durch reflektierte Erfahrung erworben wurde. Zweitens wird die für Professionen typische *'Autonomie'* weniger als Merkmal individueller Berufsausübung verstanden, sondern in der kritischen Auseinandersetzung in der *professionellen Gemeinschaft* und in der sozial verantwortlichen *Aushandelung mit den KlientInnen* verankert.

Diese Konzeption von Professionalität wird durch Analysen komplexer Anforderungen gestützt, sie ist jedoch keineswegs schon in allen professionellen Feldern problemlos geübte Alltagspraxis. Aktionsforschung bekommt dadurch normative Akzente und wird zu einem Konzept der Professionalisierung komplexer Berufsbereiche: Professionen müssen eine neue Balance zwischen *kodifiziertem Wissen* und *beruflicher Reflexion* einerseits (Professionsdimension 'Wissen') sowie zwischen *individueller Autonomie* und *kollegialer und klientenbezogener Vernetzung* auf der anderen Seite (Professionsdimension 'Autonomie') finden. Daher spricht STENHOUSE (1975, 144) von einer *'extended form of professionalism'*: *„The critical characteristics of extended professionalism ... seem to me to be: The commitment to systematic questioning of one's own teaching as a basis for development; The commitment and the skills to study one's own teaching; The concern to question and to test theory in practice by the use of those skills. To these may be added as highly desirable, though perhaps not essential, a readiness to allow other teachers to observe one's work - directly or through recordings - and to discuss it with them on an open and honest basis. In short, the outstanding characteristics of the extended professional is a capacity for autonomous professional self-development through systematic self-study, through the study of the work of other teachers and through the testing of ideas by classroom research procedures"*.

3. Merkmale von Aktionsforschung

Erfolgreiche PraktikerInnen benötigen, wie SCHÖN es nennt, die Fähigkeit zur *'Forschung im Kontext der Praxis'*. Aktionsforschung verstehen wir als eine umfassende Strategie, um solches forschendes Lernen und Entwickeln für die eigene Praxis anzuregen. Für John ELLIOTT (1991, 69) ist *action research*

„the study of a social situation with a view to improving the quality of action within it". Dabei geht es ihm nicht um bloße Effizienz der Lernresultate, sondern um die weitergehende Frage, ob und wie die - für professionellpädagogische Praxis charakteristischen - erzieherischen Werte in Unterrichtshandlungen konkrete Gestalt gewinnen. Welche typischen Merkmale hat diese Aktionsforschung? Wir präsentieren zunächst die Fallstudie einer Lehrerin über die Weiterentwicklung ihres Englischunterrichts, bevor wir einige wichtige Merkmale der Aktionsforschungsstrategie herausarbeiten.

3.1 Eine Fallstudie

Wie hat es angefangen?
Die folgende Fallstudie trägt den Titel „Mündliches Arbeiten im Englischunterricht" und stammt von Ines MOROCUTTI (1989, 72), einer Lehrerin für Englisch und Deutsch an einer österreichischen höheren Schule. Den *Ausgangspunkt für ihre Forschung* fand die Autorin durch ein *brainstorming* über wichtige Aspekte ihres Englischunterrichts: *„Wie aktiviere ich die 'stillen' Schüler? Wie gehe ich mit den Aktiven/Kritischen/Kreativen um? (Inwieweit?) Verstärke ich die Redeangst schwacher Schüler im Englischunterricht? Mich nach etwaigen Stärken befragend, die ich ausbauen könnte, kam als Antwort die Bereitschaft eines Großteils meiner Schüler, im Unterricht Englisch zu reden."*
Die Lehrerforscherin arbeitete im Rahmen eines Projekts mit einer kleinen *Gruppe von drei KollegInnen* zusammen. Dieser legte sie ihre bisherigen Überlegungen vor, was zu Fragen wie den folgenden führte: *„Warum sollten denn die Schüler soviel reden? Warum ist dir das denn so wichtig, daß jeder möglichst viel zum Reden kommt?"* (a.a.O., 73) Sie schreibt über diese Sitzung: *„Meine Antwort war die Erläuterung meiner Ideologie von Englischunterricht, die sagt, daß es in erster Linie gilt, Redeanlässe und ein Klima zu schaffen, das die Schüler motiviert, die Fremdsprache mündlich zu gebrauchen, weil sie auf dieser Weise am ehesten lernen, Englisch zu sprechen. Als hilfreich empfand ich die mir gestellten Fragen deshalb, weil sie mich zwangen, mir über die mein Forschungsinteresse begründende Überzeugung klar zu werden, zu der ich zu dem Zeitpunkt, als ich meine Fragestellung entwickelte, nur ein halbes Bewußtsein hatte."* (ebenda) Nach diesem Gespräch formulierte die Lehrerin ihre Fragestellung um: „Welche Bedingungen setze ich für das Reden der Schüler/innen im Englischunterricht?".
Wie ist die Lehrerin weiter vorgegangen?
Sie entschloß sich, dieser Frage in einer 5. Klasse[3], in der sie auch Klassenlehrerin war, nachzugehen und wollte sich klarer darüber werden, was sich in ihrem Unterricht wirklich in Hinblick auf 'mündliches Arbeiten' abspielte. Zu diesem Zweck begann sie, auf verschiedene Weise zusätzliche Informationen zu sammeln. Zunächst legte sie ein *Forschungstagebuch* an, in das sie einerseits alle Ideen und Gedanken eintrug, die ihr in Hinblick auf ihre Fragestellung ka-

---
[3] Das sind in Österreich 15jährige SchülerInnen.

men. Andererseits schrieb sie während eines Zeitraums von 6 Wochen nach jeder Englischstunde in der 5B ein *Gedächtnisprotokoll*.
Sodann machte sie *Tonbandaufnahmen* von insgesamt drei Unterrichtsstunden im Untersuchungszeitraum von drei Monaten. Beim Abhören der *ersten Aufnahme* notierte sie, was ihr auffällig erschien. Insbesondere hielt sie fest, welche SchülerInnen sich überhaupt nicht zu Wort gemeldet hatten, welche sie unterbrochen hatte und welche Redeimpulse sie gesetzt hatte. In ihr Tagebuch trug sie unter anderem ein: *„Ich bin überrascht, wie stark meine Zuwendung G gegenüber ist. Ich verbessere ihn seltener als andere, deren Meinung mir weniger gelegen kommt. ... Wie weit ist mein Verhalten ihm gegenüber von meinen pädagogisch-didaktischen Anliegen, inwieweit von Sympathie bestimmt?" (a.a.O., 76)* Im Gedächtnisprotokoll der nächsten Stunde ist dann festgehalten, daß die überraschende Erkenntnis beim Anhören des Tonbandes nicht ohne Folgen geblieben war: *„Ich maßregle G, weil er immer herausquatscht, wenn andere aufzeigen. Er versucht sich noch zu verteidigen, er habe ein dem Aufzeigen ähnliches Signal von sich gegeben. Schließlich werde ich so bös', daß ich im auf deutsch (!) vorwerfe, daß er eh die ganze Zeit rede und alle unterbreche und gefälligst zur Kenntnis nehmen solle, daß für ihn dieselben Spielregeln gelten wie für alle anderen. ... Seit ich das Tonband kenne, muß ich langsam annehmen, daß solche Betonungen vor allem mir selber gelten dürften." (a.a.O., 77)*
Bei der *zweiten Tonbandaufnahme* vier Wochen später nahm sich die Lehrerin vor, nur SchülerInnen aufzurufen, die sich selbst meldeten. Nach dem Anhören des Tonbandes schrieb sie ins Tagebuch: *„Hilfe! Es reden fast nur Buben!"* Dann weiter in ihrer Arbeit: *„Zum erstenmal fühlte ich mich genötigt, die Namen der männlichen und weiblichen Schüler nebeneinander aufzulisten in der Hoffnung, es könnte sich herausstellen, daß es eben deutlich mehr Buben in der Gruppe gäbe und das starke männliche Übergewicht auf diese Art erklärbar wäre. Diese Hoffnung erfüllte sich nicht. In der Englischgruppe sitzen acht Mädchen und neun Buben, ein Mädchen war an diesem Tag nicht da (...). Jedenfalls ergibt eine Auszählung von namentlich zuordenbaren Wortmeldungen in dieser Stunde folgendes Resultat: 78 Wortmeldungen von Schülern, davon nur 17 von Mädchen!" (a.a.O., 77f)*. Sie fragte sich dann in ihrem Tagebuch, wie weit sie als weibliche Lehrperson zur Perpetuierung geschlechtsspezifischer Rollenklischees beitrüge. Eigentlich ist es ihr Anspruch, wie sie schreibt, *„daß ich auf keinen Fall dazu beitragen möchte, daß die vor-herr-schende Sprachlosigkeit und Machtlosigkeit der Frau gegenüber dem Mann in den Bereichen öffentlichen Lebens ihre unendliche Fortsetzung erfährt. Anders ausgedrückt, ich fühle mich verantwortlich, dazu beizutragen, daß Mädchen genauso wie Buben lernen, ihren Mund aufzumachen und ihre Bedürfnisse zu äußern. Die Schule scheint mir ein geeignetes Übungsfeld für Öffentlichkeit." (a.a.O., 82.)*
Später führte die Autorin noch eine *dritte Tonbandaufnahme* durch, die im Prinzip die Ergebnisse der vorigen bestätigte. In ihrer Interpretation im Tagebuch brachte sie die beiden Themen, die sich aus der Reflexion der früheren Tonbandaufnahmen ergeben hatten, in eine Beziehung: *„Trage ich also un- (oder mittlerweile halb-)bewußt dazu bei, daß Mädchen und Frauen weiterhin mundtot und die Männer die großen Redner werden? Das Dilemma liegt, denke*

ich, zwischen Neigung und Pflicht (übertrieben ausgedrückt ...). Es ist, fürchte ich, im Prinzip eine Frage der Lust! Ich habe bzw. es bereitet mir einfach häufig mehr Lust, im Unterricht mit Buben zu reden als mit Mädchen, und das fängt in der 1B an und hört in der 7B auf. Natürlich ist auch umgekehrt was dran. Auch bei den freiwillig Redenden gab es vielmehr Äußerungen von Buben als von Mädchen. Reden Buben lieber als Mädchen mit einer LehrerIN? (Also: Gilt das Lustprinzip auch umgekehrt?) Oder: Ist es immer noch die rollenspezifische Erziehung: Mädchen brav und still, Buben aktiv und im Vordergrund und ich verstärke es noch mit meinem Lustprinzip, bis es mir wieder einmal auffällt und ich die Mädchen auffordere zum Starksein?" (a.a.O., 85)

Schließlich ersuchte sie einen Kollegen aus der Dreiergruppe, nach einer Englischstunde *Interviews mit SchülerInnen* zu führen. Interviewt wurden zwei Mädchen und zwei Buben, jeweils ein/e eher Aktive/r und ein/e eher Passive/r. *„Auf die Frage 'Glaubst du, daß in Eurer Klasse im Englischunterricht Buben mehr reden als Mädchen oder umgekehrt?' sagten drei von vier, daß es keine Unterschiede gäbe. Nur G, der 'Vielredner', beantwortete die Frage zuerst mit 'Ja, die Buben reden schon mehr im Schnitt', nahm das jedoch wieder halb zurück mit der Erklärung, es gäbe in der Klasse unter den Mädchen eine paar sehr starke Persönlichkeiten, die nicht weniger redeten als die Buben."* (a.a.O., 84) Die SchülerInnen hatten also die gleiche, irrige Anschauung wie die Lehrerin zu Beginn der Untersuchung. Die Lehrerin schreibt: *„Die Gründe dafür, daß die anderen drei sich so täuschen, dürften, zumindest für die Mädchen, ähnliche gewesen sein wie meine: Es paßt ihnen nicht in ihr Bild von sich, noch in ihr Bild von mir."* (ebenda)

Welche Konsequenzen hat diese Untersuchung?

Die Lehrerin hielt ihre Erfahrungen zunächst in einer *Fallstudie* fest, die mit folgenden Worten schließt: *„Was ich für mich in dieser Untersuchung erarbeitet habe, ist ein kleines Stück Freiheit, nämlich die Freiheit, mich zu entscheiden zwischen Lustprinzip und feministischem Anspruch. Damit ist nicht gemeint, daß ich dem Einen oder dem Andern abschwören möchte, im Gegenteil. Ich kenne sie nun beide als Antriebe für mein Handeln in der Arbeit mit Schülern (keine Sorge, es sind nicht die einzigen), und sie sind mir beide so lieb und wichtig, daß ich keines aufgeben noch eines dem anderen voranstellen will. Was sich geändert hat, ist die Tatsache, daß ich über einen Bereich meines Handelns Bescheid weiß, der bis jetzt im Dunklen lag. Ich handelte, ohne mich bewußt für oder gegen eine Variante entscheiden zu können. Diese Möglichkeit der Entscheidung habe ich jetzt, und ich betrachte sie als Gewinn."* (a.a.O., 86) Die Lehrerin sah also einen Gewinn darin, einen *Teil ihrer Praxis der Reflexion zugänglich* gemacht zu haben, doch war ihr das als Praktikerin nicht genug; die Mühe mußte auch *Auswirkungen auf praktisches Handeln* zeigen. Sie begann, mit verschiedenen Maßnahmen zu experimentieren, die Mädchen einen stimulierenden Rahmen für aktive Beteiligung bieten sollten. Ihre Fallstudie war weiters auch Anlaß für *kollegiale Diskussionen* im Kreise der BetreuungslehrerInnen in der schulpraktischen Ausbildung des Lehramtsstudiums. Eine andere Kollegin hat diese Fragestellung aufgegriffen und für ihren eigenen Unterricht in evangelischer Religion untersucht.

3.2 Charakteristika von Aktionsforschung

1.) Einbeziehung von PraktikerInnen und anderen 'Betroffenen' in den Forschungsprozeß und Regelung ihrer Beziehungen durch einen 'ethischen Code'

Allen Aktionsforschungsansätzen ist gemeinsam, daß die 'BewohnerInnen' der zu untersuchenden Praxis nicht als Objekte externer Forschung angesehen werden, sondern als *Subjekte der Forschung* aktiv am Forschungsprozeß teilnehmen. Die konkrete Ausgestaltung ihrer Beteiligung variiert allerdings in verschiedenen Ansätzen. In manchen Konzepten sind PraktikerInnen an bestimmten Punkten des Vorgehens, wie z.B. bei der Formulierung der Fragestellung, der Interpretation der Ergebnisse und der Entwicklung von Umsetzungsstrategien, gleichsam als 'Resonanzgruppen' mitbeteiligt, während die Hauptlast der Forschung von professionellen ForscherInnen getragen wird. In anderen wird eine gemeinsame und gleichberechtigte kooperative Zusammenarbeit zwischen PraktikerInnen und professionellen ForscherInnen angestrebt.

Der Ansatz von STENHOUSE und ELLIOTT geht noch weiter: Diese Aktionsforschung betreibt man hinsichtlich seiner *eigenen* Praxis: Wenn schulische Probleme untersucht werden, sind die PraktikerInnen die ForscherInnen. LehrerfortbildnerInnen und Universitätsangehörige, die in Fortbildungs- und Forschungsprojekten mit LehrerInnen zusammenarbeiten, sind *facilitators* der Forschungs- und Entwicklungsarbeit der PraktikerInnen. ELLIOTT (1991) trägt den Externen jedoch ausdrücklich auf, in einer *second order action research* ihre eigene Praxis der Unterstützung von Aktionsforschung zu untersuchen. Die Kontrolle über Beginn, Steuerung und Beendigung eines Forschungsprozesses über Unterricht liegt bei den forschenden LehrerInnen. Diese haben ja auch die Konsequenzen ihrer Handlungen zu tragen, weil ihnen keine externe Instanz ihre professionelle Verantwortung abnehmen kann. Dieses Prinzip wird durch Übereinkunft in einem *ethischen Code* abgesichert.

Wenn die PraktikerInnen eine führende Stellung im Forschungsprozeß einnehmen, sind jedoch noch nicht alle Probleme der Verdinglichung der Subjekte gelöst, weil es ja noch andere 'Betroffene' der Untersuchung, wie z.B. SchülerInnen, Eltern, KollegInnen von der Nebenklasse usw., gibt. Daher enthält der ethische Code weitere Prinzipien, wie *negotiation*, demzufolge Vorgangsweise wie Interpretation der Ergebnisse mit anderen direkt Betroffenen der erforschten Situation auszuhandeln sind. Ein weiteres ethisches Prinzip ist *confidentiality*, demzufolge Daten solange Eigentum jener bleiben, die sie zur Verfügung gestellt haben, solange diese ihre Verbreitung nicht 'autorisiert' haben.

2.) Problemorientierung, Interdisziplinarität und Kontextualisierung

Die Untersuchungsfragen der Aktionsforschung stammen üblicherweise nicht aus den gerade aktuellen Diskussionen innerhalb der wissenschaftlichen Disziplinen. Vielmehr formulieren PraktikerInnen eine Fragestellung aus ihrer eigenen Praxis, die sie als bedeutsam für ihre Berufstätigkeit ansehen (wie in unserem Fallbeispiel die verbale Beteiligung ihrer SchülerInnen am kommunikativen Englischunterricht). Eine Folge dieser 'Problemorientierung' ist, daß die meisten Fragestellungen in der Aktionsforschung *interdisziplinär* sind, weil sich praktische Probleme üblicherweise nicht an Fachgrenzen halten: Was bei der Studie von MOROCUTTI zunächst wie ein fachdidaktisches Problem beginnt, stellt sich bald als 'auch' erzieherisches, sozialisationsforscherisches und berufssoziologisches heraus. Des weiteren zeigt sich, daß bei der Bearbeitung komplexer praktischer Probleme die *Spezifität des Kontextes* besonderes Augenmerk erfordert. Den AktionsforscherInnen geht es zunächst einmal um *situational understanding*, um neue Handlungsperspektiven zu erschließen, und nicht sogleich darum, allgemeine Aspekte der Situation herauszupräparieren (vgl. Kap. 4.2).

3.) Handlungsorientierung und längerfristige, 'zyklische' Prozesse von Reflexion und Aktion

Aktionsforschung strebt nicht nur Generierung von Wissen, sondern auch Entwicklung und Veränderung der untersuchten Praxis an. Forschen, Lernen und Entwickeln sollen in einem Prozeß integriert werden. Wie SCHÖNs *reflective practitioners* ihre Handlungen reflektieren und die (vorläufigen) Reflexionsergebnisse in neuer Handlung erproben und überprüfen, so versuchen AktionsforscherInnen auf vielfältige Weise 'Theorie' und 'Praxis' aufeinander zu beziehen. Dieses leitende Ideal zeigt sich darin, daß die in traditioneller Forschung getrennten *Rollen von ForscherInnen und PraktikerInnen zusammengeführt* werden; im Forschungsprozeß *werden immer wieder Reflexions- und Aktionskomponenten in Beziehung gebracht,* wie dies der *'Zirkel von Reflexion und Aktion'* versinnbildlicht (vgl. Abb. 1): Auf die eigene Praxis zurückblickend versuchen PraktikerInnen, eine Erklärung der abgelaufenen Situation, eine 'praktische Theorie', zu entwickeln. Von jeder praktischen Theorie kann man auch nach vorne schauen und Ideen für nachfolgende Handlungen entwickeln. Derartige Reflexions-Aktions-Kreise laufen auch im Alltag ab, wie sich an einer Szene aus Kap. 3.1 gut illustrieren läßt: Nach der ersten Unterrichtsaufnahme, bei der ihr die Zuwendung zu G aufgefallen ist, maßregelt die Lehrerin den Schüler,"weil er immer herausquatscht, wenn andere aufzeigen." Bei distanzierter Betrachtung ist ihr klar, daß diese 'Aktion' mit ihrer durch die Tonbandaufnahme stimulierten 'Reflexion' zusammenhängt: „*Seit ich das Tonband kenne, muß ich langsam annehmen, daß solche Betonungen vor allem mir selber gelten dürften.*" (MOROCUTTI 1989, 77) Aktionsforschung hat den Anspruch, PraktikerInnen Methoden und Kontexte anzubieten, damit solche Reflexion-Aktions-Kreisläufe zu wichtigen Fragen des Berufes systematischer, reflexiver und auf einer besseren Informationsbasis erfolgen können.

Abb. 1: Zirkel von Reflexion und Aktion

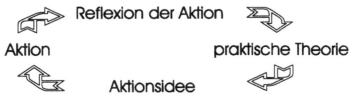

AktionsforscherInnen legen ihre Forschungs- und Entwicklungsprozesse *längerfristig* an. Der 'Zirkel von Reflexion und Aktion' wird bei der Weiterentwicklung der Praxis und der Theorien darüber einige Male durchlaufen. Wie manche andere qualitative Ansätze (z.B. GLASER/STRAUSS 1967) führen sie häufiger *Zwischenanalysen* durch, statt große Mengen an Daten anzusammeln. Bei diesen Zwischenbilanzen werden oft *Fragestellungen*, die ja der bis dahin entwickelten 'praktischen Theorie' entsprechen, *präzisiert und reformuliert* sowie die *nächsten Forschungsschritte entschieden* - was in einem pronocierten Gegensatz zu dem in manchen empirischen Ansätzen gängigen 'Kult der fixierten Hypothese' und des von Beginn an feststehenden Forschungsdesign steht.

4.) Konfrontation verschiedener Perspektiven
Aktionsforschung geht davon aus, daß soziale Realität durch die Beiträge verschiedener AkteurInnen konstruiert wird, die alle - manchmal unterschiedliche - Interpretationen eines Geschehens entwickeln. Wenn PraktikerInnen eine praktische Theorie über einen Aspekt ihrer Tätigkeit formulieren, dann ist diese - ausdrücklich oder implizit - auch eine „Theorie über Theorien", d.h. eine Theorie, die die Sichtweisen verschiedener AkteurInnen beinhalten und erklären muß.

In der Praxis versuchen AktionsforscherInnen die Qualität ihrer Situationserklärungen durch die *Sammlung und Berücksichtigung verschiedener Sichtweisen* zu erhöhen (vgl. die Schülerinterviews in Kap. 3.1). Etwaige *'Diskrepanzen'* werden als *Ausgangspunkt für die Weiterentwicklung von praktischen Theorien und Unterrichtsstrategien* genommen (z.B. die Diskrepanz zwischen dem Selbstbild der Lehrerin und der 'distanzierten Perspektive' der Tonbandaufnahme). Die Bedeutung, die Aktionsforschung der Konfrontation unterschiedlicher Perspektiven zumißt, kommt im Verfahren der *Triangulation* zum Ausdruck, das manche als typisch für diesen Forschungsansatz ansehen. Dabei werden Daten aus drei Quellen konfrontiert, z.B. die Sichtweise des/der Lehrers/in (wie sie beispielsweise durch ein Interview oder durch eine Tagebucheintragung des Lehrers selbst dokumentiert ist), die Sichtweise der SchülerInnen (die z.B. durch Interviews zugänglich wird) und die Wahrnehmung einer dritten Person (z.B. eine Unterrichtsbeobachtung durch eine/n BeobachterIn).

5.) Einbettung der individuellen Forschung in eine professionelle Gemeinschaft
Die Aktionsforschung einzelner LehrerInnern ist meist *in eine Gesprächsstruktur eingebettet*, die die so selten real vorhandene *'professionelle Gemeinschaft'* vorwegnehmen und gleichzeitig auf sie vorbereiten soll (vgl. die 'Dreiergruppe' in Kap. 3.1). Diese bietet Gelegenheit zur Diskussion inhaltlicher und methodischer Forschungsprobleme, zur kritischen Rückmeldung und zu konkreten Hilfen (z.B. bei der Durchführung eines Schülerinterviews). Gesprächspartner sind einerseits forschende LehrerkollegInnen („kollegiale Supervision"), andererseits auch „Externe" (z.B. WissenschaftlerInnen oder LehrerfortbildnerInnen), die Lehrerforscher als „kritische Freunde" unterstützen.

6.) Veröffentlichung von Praktikerwissen
ELLIOTT ist überzeugt, daß PraktikerInnen über Berufswissen verfügen, das für andere LehrerInnen ebenso wie für pädagogische ForscherInnen anregend ist. Sein Konzept der Aktionsforschung zielt darauf, das pädagogische Wissen

einzelner LehrerInnen aus seiner privatistischen Isolation zu befreien. Aktionsforschung regt die PraktikerInnen an, die bei der Erforschung der eigenen schulischen Praxis gewonnenen *Erfahrungen z.B. in Fallstudien zu formulieren*[4], zu veröffentlichen und einer kollegialen Diskussion auszusetzen. Dafür gibt es drei Gründe: Erstens ist die Teilnahme an einer 'professional community' ein Mittel, um *individuelle Einsichten auf ihre Brauchbarkeit und ihren Gültigkeitsbereich zu überprüfen und Hinweise für die Weiterentwicklung zu bekommen*. Zweitens macht sie praktisches Wissen KollegInnen zugänglich und *verbreitet damit die Wissensbasis des Lehrberufs*. Schließlich drückt die Teilnahme an öffentlichen Diskussionen auch eine wichtige bildungspolitische Idee aus: Für eine konstruktive Weiterentwicklung des Bildungssystems ist es notwendig, daß *PraktikerInnen ihre Ansichten und ihr Wissen öffentlich zum Ausdruck bringen,* daß sie verständliche, gut begründete Argumente und Beispiele aus ihrer Praxis anbieten können und daß sie *den Fragen und Anliegen der Öffentlichkeit gegenüber offen* und darauf vorbereitet sind, befriedigende Rechenschaft über ihre und ihrer Institution Arbeit zu legen.

4. Methodologie und Methoden der Aktionsforschung

Bisher haben wir die 'Handlungsorientierung' der Aktionsforschung betont und sie vor allem als Konzept der Fortbildung professioneller PraktikerInnen und der Weiterentwicklung des Bildungswesens dargestellt. Die 'Erzeugung von Wissen' ist für die AktionsforscherInnen jedoch nicht nebensächlich: Die Entwicklung 'praktischer Theorien' ist, wie ja im 'Zirkel von Aktion und Reflexion' deutlich gemacht, ein wesentliches Hilfsmittel zur Praxisentwicklung. Darüber können diese 'praktischen Theorien' einen wesentlichen Beitrag zur Weiterentwicklung der (jeweiligen Bezugs-)Wissenschaft darstellen. Daher wendet sich dieses Kapitel dem Forschungsaspekt zu: Welche Methoden verwendet Aktionsforschung für ihre Erkenntnisgewinnung und Entwicklungsarbeit? Auf welcher methodologischen Grundlage tut sie dies? Die zweite Frage ist insoferne wichtig, als sich *action research* seit LEWIN (1946, 44) nicht nur als Forschungsmethode, sondern auch als „epistemologischer Beitrag" (PROBST/ RAUB 1995, 6) zur Ausbildung unterschiedlicher Erkenntnisformen innerhalb der Wissenschaften versteht.

4.1 Kritische Einwände gegen Aktionsforschung

Aktionsforschung braucht keine Sonderstellung in Hinblick auf die üblichen Qualitätskriterien der Wissenschaften (vgl. ALTRICHTER 1990): Ihre Forschungsprozesse und -ergebnisse sollten - wie andere - auch durch den sozialen Prüfprozeß der *scientific community* einer kritischen Evaluation unterzogen werden. Aktionsforschung sollte jedoch nicht mit unrealistischen Anforderungen konfrontiert werden, denen auch andere Ansätze in ihrer Forschungspraxis

---

[4] Vgl. z.B. die Fallstudien in EBBUTT & ELLIOTT (1985); HUSTLER et al. (1986); ALTRICHTER et al. (1989).

nicht gerecht werden können. In diesem Sinne werden in der Folge drei gängige Einwände gegen Aktionsforschung diskutiert.

Involvierung der ForscherInnen

Ein häufiger Einwand gegen Aktionsforschung geht davon aus, daß PraktikerInnen in den Forschungsgegenstand persönlich involviert wären und dadurch nicht die für Forschung charakteristische „Distanz" aufbringen könnten. Ihre Projekte dienten deshalb eher zur Bestärkung bestehender Vorurteile denn zu ihrer kritischen Hinterfragung. Der Einwand basiert auf der Annahme, daß zu enger Kontakt mit den Betroffenen oder die Rollenübernahme im Feld zur Identifizierung oder Loyalität mit bestimmten, im Feld eingeführten Deutungsmustern führen könnte.

Dies ist nun eine echte Gefahr, die allerdings auch andere Forschungsrichtungen betrifft (vgl. z.B. das *going native* in der Ethnologie). Allein, das Problem ist nicht durch physische Distanzierung zu lösen. *„Situative Distanz ist nicht so sehr von faktischer oder räumlicher Distanz allein abhängig als vielmehr von der Fähigkeit, subjektiv Distanz zu schaffen (ähnlich beispielsweise der Distanz des Psychoanalytikers). Zur situativen Distanz gehört auch, daß sie dauernd wieder überschritten wird. Diese Überschreitung bleibt aber im Bewußtsein."* (HAMEYER 1984, 175). HAMEYERs Argument deutet an, daß diese Frage zutreffender als *Balance und Ausgleichsaufgabe zwischen Distanz und Involvierung und wiederum distanzierter Reflexion dieser Involvierung* zu konzeptualisieren sei.

Validität

Manchmal wird bezweifelt, daß eine Forschung von PraktikerInnen zu validen Ergebnissen führen könnte. Das Konzept der Validität soll die Klüfte zwischen Theorie, Daten und der untersuchten Realität in der empirischen Forschung überbrücken und uns die Frage beantworten, ob Daten und Interpretationen tatsächlich auf jene Bereiche der Realität hinweisen, von denen die jeweilige Theorie spricht. Hat man sich den relationalen Charakter von Validität einmal bewußt gemacht (vgl. ZELLER 1985, 5414f), dann macht eine der gängigen Interpretationen von Validität nicht besonders viel Sinn: Valide Ergebnisse würden durch die *Anwendung valider Instrumente* der Datensammlung und -verarbeitung erreicht (vgl. CRONBACH 1971, 447). Eine weitere Interpretation lautet: Valide Ergebnisse würden durch die *Anwendung zusätzlicher Validierungsprozeduren* erreicht, durch die der primäre Forschungsprozeß überprüft wird. Das Prinzip von Konzepten, wie Inhalts-, Konstrukt- oder kriterienbezogene Validität, besteht darin, daß gleichsam ein 'zweiter Forschungsprozeß' über den ursprünglichen gelegt wird, um etwaige Diskrepanzen zu entdecken. Doch auch die Validität dieses 'zweiten Forschungsprozesses' ist fraglich und müßte selbst wieder durch Validierungsprozeduren demonstriert werden. Ein unendlicher Regreß deutet sich an, der in der Praxis dadurch vermieden wird, daß man sich mit 'relativ validen' Ergebnissen zufrieden gibt (vgl. ZELLER 1985, 5421).

Die Verfahren, die AktionsforscherInnen zur Überprüfung der Validität ihrer Ergebnisse verwenden (wie z.B. Triangulation, Konfrontation unterschiedlicher

Perspektiven, Diskussion in einer *professional community*), beruhen, wie jene traditionell-empirischer Forschung, auf dem Konzept des 'zweiten Forschungsprozesses' zur Entdeckung etwaiger Inkonsistenzen. Allerdings sind nebenberufliche LaienforscherInnen professionellen ForscherInnen in einigen Punkten tatsächlich unterlegen: Sie haben in der Regel weniger Erfahrung im Umgang mit verschiedenen Forschungsinstrumenten und -entscheidungen. Sie stehen unter Handlungsdruck und nehmen sich daher im Zweifelsfall vielleicht weniger Zeit für die kritische Hinterfragung ihrer Forschungsprozesse. Alle diese Argumente sind jedoch relative und nicht prinzipielle. Aktionsforschung versucht diesen Gefahren entgegenzuwirken, indem z.B. Strategien entwickelt werden, um die Forschungskompetenz von nebenberuflichen ForscherInnen zu stützen, zu ergänzen und anzureichern. Andererseits sind ForscherInnen aus der Praxis über interne Prozesse im Feld umfassend informiert - eine Kompetenz, die den Forschungsergebnissen zugute kommt.

Verallgemeinerbarkeit von Forschungsergebnissen
Manche KritikerInnen gestehen zwar zu, daß Aktionsforschung LehrerInnen persönlich stimulierende Einsichten verschaffen kann; diese wären jedoch von zu partikulärem Status, als daß sie Bedeutung für erziehungswissenschaftliche Theoriebildung hätten, die generelle Aussagen anstrebe. Aktionsforschung ist zunächst als *Kritik an dekontextualisierten Generalitätsvorstellungen* zu verstehen und mit dieser Kritik steht sie nicht allein. Empirische Forscher, wie Lee J. CRONBACH (1975), haben die verbreitete Mißachtung lokalen Wissens in Forschungsprozessen und die Sucht kritisiert, massenweise Generalisierungen anzuhäufen (die dann entweder trivial oder von obskurer Relevanz für die praktische Situation wären). Das Interesse an „Generalisierung" müßte im Bewußtsein der ForscherInnen durch ein Interesse an „*interpretation in context*" ergänzt werden. Dazu schlägt er vor, „*to give equally careful attention to uncontrolled conditions, to personal characteristics and to events that occured during treatment and measurement*" (a.a.O., 124 f).

Zweitens kann Aktionsforschung auch als *Kritik an bestimmten Vorstellungen über das Zustandekommen von generellen Aussagen* angesehen werden. In traditioneller Forschungspraxis entstehen 'generelle Aussagen' folgendermaßen: Neue Theorien werden in notwendigerweise lokalen Kontexten getestet (z.B. viele sozialpsychologische Theorien zunächst an sehr spezifischen Populationen von PsychologiestudentInnen). Dessen ungeachtet werden sie mit einem Anspruch auf generelle Gültigkeit versehen, der dann entsprechend zunehmender Erfahrung mit dieser Theorie schrittweise zurückgenommen werden muß. Gegenüber dieser 'zerstörerischen Strategie' hat SNEED (1977) eine eher *aufbauende Vorgangsweise* vorgeschlagen: Theorien werden nicht nur durch ihren formalen Aussagekern, sondern auch durch eine (je begrenzte) Menge spezifischer 'intendierter Anwendungsbereiche' gekennzeichnet. Der 'Geltungsbereich' einer Theorie ist also zu Beginn nicht 'generell'. Theorieentwicklung bedeutet auch, die Menge der Anwendungsbereiche durch weitere Forschung in begründeter und demonstrierbarer Weise auszuweiten. Bei einer solchen 'aufbauenden Strategie' müssen FallstudienforscherInnen, deren Ergebnisse aus Einzelstudien ja offensichtlich keinen Generalitätsanspruch haben, noch nicht aus dem Strom der auf generellere Aussagen zielenden Wissenschaften ausscheren. Durch *cross case* Analysen lassen sich auch aus Einzelfallstudien umfassendere Aussagen erarbeiten, bei denen jeweils die spezifischen 'Anwendungsbereiche' angegeben werden können (vgl. ELLIOTT/ ADELMAN o.J.).

4.2 Ethik und Praktikabilität

Die Argumentation hat sich bisher auf die Qualität des *Erkennens und Handelns* bezogen. Daneben gibt es jedoch zwei weitere, in gleicher Weise wichtige Quellen für Qualität in der Aktionsforschung: Ethik und Praktikabilität der Forschung. Bei der Aktionsforschung heiligt der Zweck nicht die Mittel. Forschung ist ein Eingriff in soziale Situationen; viele Untersuchungsinstrumente sind „reaktiv" (d.h. sie veranlassen die untersuchten Personen zu Handlungen, die sie sonst nicht gesetzt hätten); die Forschungssituation ist selbst eine Lernsituation. Daher legen forschende LehrerInnen großen Wert darauf, daß ihre Forschungstätigkeit auch *ethischen Gütekriterien* entspricht. Dieser Gedanke läßt sich auf zwei Ebenen erläutern:

- Zunächst soll das Forschen *mit den pädagogischen Zielen der untersuchten Situation verträglich* sein. Beispielsweise wäre eine Datensammlung mit Leistungstests, die auf individueller Konkurrenz basieren, mit einem Unterrricht unverträglich, der sich bemüht, kooperatives Verhalten von SchülerInnen aufzubauen.
- Aktionsforschung geht davon aus, daß eine tiefergehende und nachhaltige Veränderung von Praxis letztlich nur in Zusammenarbeit der von dieser Praxis Betroffenen und nicht gegen ihren Willen geschehen darf. Insofern soll die Forschungsstrategie selbst *auf demokratischen und kooperativen menschlichen Beziehungen aufbauen und zu ihrer Weiterentwicklung beitragen*.

AktionsforscherInnen versuchen diesen Kriterien dadurch gerecht zu werden, indem sie ihre Arbeit *ethischen Codes* unterwerfen, die am Beginn einer Zusammenarbeit ausgehandelt werden (vgl. Kap. 3.2). Diese Codes sind Verträge, in denen die Beziehungen zwischen Beteiligten explizit gemacht werden und eine Verständigung über die pädagogischen Werte, die durch die zu untersuchende Praxis gefördert werden sollen, erfolgt.

Eine potentielle Stärke von Aktionsforschung liegt in der Involvierung der PraktikerInnen. Um diesen Vorteil zu realisieren, muß Forschung für PraktikerInnen als vielleicht komplex, aber jedenfalls verständlich und realisierbar erscheinen: *Pragmatische Qualitätskriterien* prüfen, ob die Forschungsstrategie und die einzelnen Instrumente mit den Arbeitsbedingungen von PraktikerInnen pragmatisch-zeitökonomisch verträglich sind (in dem Sinn, daß sie keinen hohen Aufwand an Zeit, Material oder sonstigen Hilfsmitteln erfordern usw.), ob sie zugänglich sind (in dem Sinn, daß sie ohne aufwendige Einschulungen genutzt werden können), aber trotzdem eine gute Chance für neue Einsichten und nicht-affirmative Weiterentwicklungen von Praxis bieten (vgl. WINTER 1989, 34ff).

4.3 Methoden der Aktionsforschung

Nicht so sehr einzelne Methoden und Forschungsinstrumente sind für Aktionsforschung charakteristisch, sondern vielmehr deren Einbindung in eine *übergreifendere Forschungsstrategie*. Auch beschränken sich AktionsforscherInnen nicht prinzipiell auf qualitative Forschungsmethoden, sondern arbeiten auch mit quantitativen Daten, wenn sie sich dadurch förderliche Wirkungen für die Reflexion und Weiterentwicklung einer sozialen Situation versprechen. In der Praxis kann kleinräumige und kontextualisierte Forschung und Entwicklung, wie Aktionsforschung, gar nicht anders als vornehmlich mit qualitativen Methoden arbeiten.

Die am häufigsten von AktionsforscherInnen verwendeten *Forschungsmethoden* sind wohl narrative Interviews, Beobachtungen sowie Tonbandaufnahmen und Inhalts- oder Prozeßanalysen von Unterrichtssequenzen, doch werden auch andere in empirischer Forschung geläufige Vorgehensweisen zur Datensammlung und Datenanalyse benutzt[5]. Eine in anderen Forschungsansätzen unübliche Forschungsmethode ist das *Tagebuch*. Dieses hat bei vielen AktionsforscherInnen einen hohen Stellenwert, weil es eine gewisse Kontinuität des Nachdenkens und Erprobens über mehrere Zyklen von Aktion und Reflexion hinweg schafft und das in Praxissituationen vorhandene, aber nicht sofort zugängliche 'unausgesprochene Wissen' *(tacit knowledge)* zugänglich macht (vgl. ALTRICHTER/ POSCH 1994, 18ff).

Aktionsforschung versucht, Forschung und Entwicklung in einem einheitlichen Prozeß zu integrieren. Daher ist es nicht verwunderlich, daß unter dem Begriff 'Methoden' nicht nur Datensammlungs- und -analysemethoden im engeren Sinn auftauchen, sondern auch solche, die von manchen dem 'Vorfeld' oder der Nachbereitung der Forschung zugerechnet würden:

– Großer Wert wird darauf gelegt, PraxisforscherInnen bei der *Entwicklung ihrer Fragestellungen und Hypothesen* zu unterstützen. Eine Methode dafür ist beispielsweise das Analysegespräch, bei dem AktionsforscherInnen eine durch einfache Gesprächsregeln strukturierte Befragung durch eine kollegiale Gruppe dazu nutzen, um etwaige 'blinde Flecken' ihrer bisherigen Situationswahrnehmung und damit Bereiche, in denen zusätzliche Informationen gesammelt werden müssen, zu entdecken (vgl. a.a.O., 69ff).

– Da nicht nur Wissensgenerierung, sondern auch Praxisentwicklung zu den Zielen der Aktionsforschung zählt, gehören auch Vorschläge für die *Entwicklung und Umsetzung von Handlungsstrategien* zum Inventar der Methoden der Aktionsforschung - wie z.B. die Nominelle Gruppen-Technik, mit der Handlungsideen in einer Gruppe entwickelt und bewertet werden können (vgl. a.a.O., 207ff).

---

[5] Ein Überblick über Forschungsstrategien und -methoden der Aktionsforschung findet sich in ALTRICHTER & POSCH (1994).

– Schließlich ist die *Aufbereitung und Kommunikation des Wissens*, das durch die Forschungs- und Entwicklungsbemühungen erarbeitet wurde, ein Anliegen. Daher finden sich auch Hinweise auf verschiedene Formen der Kommunikation von Praktikerwissen, Tips für die schriftliche Aufbereitung eigener Erfahrungen, ebenso wie beispielsweise Ideen für die Gestaltung von Schreibworkshops für Schul- oder Projektgruppen im methodischen Repertoire der AktionsforscherInnen (vgl. a.a.O., 224ff).

5. Geschichte und Varianten

Woher kommt Aktionsforschung[6]? John COLLIER, der zwischen 1933 und 1945 Beauftragter für Indianerfragen der Vereinigten Staaten war, versuchte in dieser Funktion eine sozial bewußte, praxisbezogene Form einer angewandten Anthropologie zu betreiben, um die Lebensumstände der Indianer zu verbessern. Am häufigsten wird Kurt LEWIN (1946) als 'Vater der Aktionsforschung' genannt, die für ihn eine 'vergleichende Erforschung der Bedingungen und Wirkungen verschiedener Formen des sozialen Handelns und eine zu sozialem Handeln führende Forschung' ist. Seit Mitte der 40er Jahre dieses Jahrhunderts versuchte er diesem Forschungstyp in Projekten, beispielsweise zur Verbesserung der Beziehungen zwischen ethnischen und religiösen Gruppen oder zur Veränderung der Ernährungsgewohnheiten im 2. Weltkrieg (vgl. LEWIN 1988), konkrete Gestalt zu geben. PETZOLD (1980) und GUNZ (1986) haben argumentiert, daß nicht LEWIN, sondern Jacob L. MORENO, ein Arzt, Sozialphilosoph, Poet and 'Erfinder' von Konzepten, wie Soziometrie, Psychodrama, Soziodrama, Rollenspiel usw., als Begründer der Aktionsforschung anzusehen sei.

LEWINs Aktionsforschung wurde sehr rasch im nordamerikanischen Bildungswesen rezipiert: Vielleicht weil sie dort auf die Traditionen der *progressive education* traf, die wie Action Research an demokratischer Beteiligung der Betroffenen und sozialer Gerechtigkeit interessiert war und sich auf einen ähnlichen Begriff denkend-handelnder Erfahrung stützte (vgl. DEWEY 1986). Im Verlaufe der 50er und 60er Jahre ließ das Interesse an Aktionsforschung wieder nach.

Aus der Kritik an einer Curriculumreform, die die Betroffenen bevormundete, entstand in den 70er Jahren in England und Australien (seit Ende der 80er Jahre auf Nordamerika ausstrahlend) eine Bildungsreformbewegung, die wieder unter den Bezeichnungen *action research* oder *teacher research* firmierte (vgl. Kap. 2.1). In Projekten der Curriculum- und Unterrichtsentwicklung wurde versucht, zu einer reflektierten Entwicklung der Bildungspraxis, bei der die 'Betroffenen' eine tragende Rolle spielen, beizutragen (vgl. ELLIOTT/ADELMAN o.J.; ELLIOTT 1976; 1984; ALTRICHTER 1990, 50ff).

Auch in den deutschsprachigen Ländern hatten sich in den beginnenden siebziger Jahren Stimmen erhoben, die unter der Bezeichnung *Aktionsforschung* oder

---

[6] Vgl. die Quellensammlung DEAKIN UNIVERSITY (1988) sowie KEMMIS (1988) und NOFFKE (1989).

Handlungsforschung eine Kritik am traditionell-empirischen Ansatz formulierten und für eine praxisverändernde Forschung plädierten (vgl. z.B. FUCHS 1970/71; HAAG et al. 1972; KLAFKI 1973; MOSER 1978). Im Reformklima dieser Zeit hatte ursprünglich ein breites Interesse an diesem Forschungsansatz bestanden, der behauptete, soziale Veränderungen auf der Basis von Forschung vorantreiben zu können. Zwischen 1972 und 1982 erschienen nach NONNEs (1989, 140) Zählung mehr als 400 Aufsätze und Bücher handlungsforscherischen Inhalts. Seit den frühen achtziger Jahren nahm die Attraktivität des Begriffs „Handlungsforschung" in der deutschsprechenden akademischen Welt jedoch wieder ab (für eine Darstellung der Entwicklung der deutschen Handlungsforschung und ihrer Unterschiede zu angelsächsischen Ansätzen vgl. ALTRICHTER/GSTETTNER 1993).

Die Entwicklung der englischen Aktionsforschungsbewegung geschah weitgehend unabhängig von den deutschsprachigen Ländern und hält bis heute an. Dadurch verfügen die angloamerikanischen AktionsforscherInnen über eine gewisse Infrastruktur für ihre Tätigkeit: das *Classroom Action Research Network (CARN)* veranstaltet jährlich Tagungen für PraktikerforscherInnen; eine wissenschaftliche Zeitschrift *(Educational Action Research)* wird neben verschiedenen regionalen *newsletters* herausgegeben; schließlich ist Aktionsforschung an englischen, australischen und neuerdings auch nordamerikanischen Universitäten in Form von akademischen Positionen sowie Kursen verankert, die sich vor allem an nebenberuflich studierende LehrerInnen, die zusätzliche akademische Grade erwerben wollen, richten (vgl. ELLIOTT 1995).

Die englische Aktionsforschung strahlte seit Mitte der achtziger Jahre zunächst nach Österreich aus, wo ein neues Interesse an schulbezogener Aktionsforschung entstand, das sich in Projekten zur Reform des Unterrichts, der Schule und der Lehrerbildung niederschlug (vgl. die Übersicht in ALTRICHTER/ THALER 1995). Unter diesen sticht das *OECD/CERI-Projekt 'Environment and School Initiatives'* hervor, in dem LehrerInnen und SchülerInnen aus einundzwanzig Ländern eine zweifache Zielsetzung anstrebten: 'Umweltbewußtsein' und 'dynamische Qualitäten' (wie z.B. Eigeninitiative, Selbstvertrauen, Selbstverantwortlichkeit usw.) sollten entwickelt werden (POSCH 1990). Die LehrerforscherInnen beobachteten ihre Versuche, den Unterricht weiterzuentwickeln, und dokumentieren ihre Erfahrungen in *Fallstudien*. Diese sollten zum Aufbau eines professionellen Wissensschatzes über die Theorie und Praxis der Umwelterziehung beitragen und wurden durch ein internationales Projektnetzwerk anderen Lehrerinnen und Lehrern zugänglich gemacht (OECD/CERI 1991). Universitäre ForscherInnen trugen zu dem Projekt bei, indem sie eine unterstützende Infrastruktur für die Lehrerforschung bereitstellten, 'alternative Perspektiven' zu den erforschten Problemen anboten und als 'kritische FreundInnen' arbeiteten. Seit Beginn der 90er Jahre trifft diese neue 'Aktionsforschung' auch in Deutschland (LEGUTKE 1992; FICHTEN et al. 1994) und der Schweiz (DICK 1994; KURATLE 1995; MOSER 1995) auf Interesse (vgl. auch KELCHTERMANS et al. 1994, 248f).

6. Anwendungsbereiche und Entwicklungsfelder

Für welche Realitätsbereiche sind die Strategien und Methoden der Aktionsforschung angemessen? Unsere eigenen Erfahrungen stammen aus dem Bildungswesen, vor allem aus der Lehreraus- und -fortbildung, der Entwicklung von Unterricht, Schulen und Infrastruktureinrichtungen, wie Regionaler Pädagogischer Zentren. Allerdings erscheint Aktionsforschung auch für andere soziale Felder und *„people-oriented professions"* (WINTER 1989) geeignet, wenn folgende Bedingungen erfüllt sind:
- Es gibt ein *Interesse an sozial verantwortlicher Entwicklung*: professionelle Berufstätige wollen mit ihren 'KlientInnen' an einer für beide Seiten befriedigenden Weiterentwicklung der Praxis arbeiten.
- Es gibt eine Bereitschaft, diese Entwicklung durch eine enge *In-Beziehung-Setzung von reflektierter Praxis und praxisorientierter Reflexion* leiten zu lassen, was auch eine gewisse Toleranz für kritische Informationen und Veränderungszumutungen miteinschließt.

Folglich empfiehlt sich Aktionsforschung nicht, wenn vorentschiedene Veränderungen den Betroffenen 'verkauft' werden sollen oder wenn Reflexion und Veränderung durch die Betroffenen nur in einer sehr engen Bandbreite erwünscht sind.

Aktionsforschung hat eine gewisse Tradition in der Sozialarbeit und in therapeutischen Berufen (vgl. STEWARD 1994) sowie in Wirtschaftsunternehmen (vgl. PROBST/RAUB 1995). Auch gibt es Aktionsforschungsarbeiten in den Pflegeberufen (vgl. SPARROW/ROBINSON 1994) und in auf den ersten Blick wohl überraschenden Berufsfeldern, wie jenen von Polizisten und Priestern (vgl. WEST 1993). Projekte der Entwicklungszusammenarbeit (vgl. BITTER 1995) und des Aufbaus gemeinwesenorientierter Gesundheitsdienste (vgl. VALLA 1994) bedienen sich ebenfalls der Aktionsforschungsstrategie.

Unserer Meinung nach verfügt das dargestellte Konzept der Aktionsforschung über einige *Stärken*: Erstens bietet es einen Orientierungs- und Rechtfertigungsrahmen für professionelle Berufstätige, die ihre Praxis in sozial verantwortlicher Weise weiterentwickeln wollen. Zweitens steigt die Chance, praktisch relevante Entwicklungsarbeit durchzuführen, weil die Wahrnehmungs- und Handlungskategorien der Betroffenen ernst genommen werden und eine Bereitschaft zu Mithilfe und -verantwortung bei der Umsetzung aufgebaut wird. Drittens meinen wir, daß durch die enge Beziehung von 'Anwendungszusammenhang' und 'Entdeckungs- und Begründungszusammenhang' ein kohärenteres Bild des ganzen Forschungsprozesses entsteht und eine realistische Diskussion dessen, was 'Qualität' in der Forschung sinnvoller Weise heißen kann, ermöglicht wird (vgl. ALTRICHTER 1993).

Diesen Stärken stehen allerdings auch einige *potentielle Schwächen und Gefahren* gegenüber: Aktionsforschungsprojekte bestehen üblicherweise auf der freiwilligen Teilnahme von Betroffenen und sind für innovative PraktikerInnen besonders attraktiv; weniger innovative KollegInnen sind dadurch unterrepräsentiert. Dadurch steht Aktionsforschung in Gefahr, eine elitäre Beschäftigung einer *Avantgarde* zu werden, die den Blick für die 'durchschnittlichen Leute' verliert. Zweitens strebt Aktionsforschung effiziente Veränderung unter demokratischer Mitverantwortung der direkt Betroffenen an und steht damit in einem *Spannungsverhältnis zwischen demokratischen und sozial-technologischen Intentionen* (vgl. NOFFKE 1989, 34ff). Drittens will Aktionsforschung zu einem anderen Lehrerbild beitragen: Reflektierende PraktikerInnen arbeiten in verantwortlicher Abstimmung mit ihren KollegInnen und KlientInnen an einer Weiterentwicklung der Praxis und ihrer Kompetenzen. Eine derartige Berufsgestaltung benötigt aber auch veränderte Arbeitsbedingungen, z.B. Zeit für Reflexion und Abstimmung, die Bereitschaft, auch auf die bequemen Seiten des Einzelkämpfertums zu verzichten. Diese fehlen allerdings weitgehend. Dadurch arbeiten jene, die durch die Praktizierung eines 'zukünftigen Lehrerbildes' dazu beitragen wollen, daß es ein gegenwärtiges wird, in einer besonders belastenden Situation (vgl. KROATH 1991, 232). Unserer Meinung nach müssen sich AktionsforscherInnen aktiver an einer Diskussion über die *Weiterentwicklung des Lehrberufes und sinnvoller Arbeitsbedingungen* in ihm beteiligen.

Für die weitere Entfaltung des Aktionsforschungsansatzes erscheinen folgende *theoretische und praktische Entwicklungen* notwendig und zukunftsträchtig:

– *Vernetzung des an verschiedenen Orten produzierten Praktikerwissens:* Für die künftige Entwicklung von Aktionsforschung wird es darauf ankommen, Kommunikationsmedien aufzubauen, die es erlauben, verschiedene Einzelforschungsergebnisse in Beziehung zu setzen (vgl. POSCH 1994). Neben den traditionellen schriftlichen Medien könnte auch mit neuen Formen, wie regionalen Tagungen mit durch PraktikerInnen gestaltete Workshops (vgl. KRALL et al. 1995) oder Computernetzwerken experimentiert werden.

– *Organisationstheoretischer Ausbau des Aktionsforschungsansatzes:* Der Kern der Argumentationen der AktionsforscherInnen ist üblicherweise handlungstheoretisch, ergänzt um gesellschaftspolitische Reflexionen des Bildungssystems. Solange die Arbeit vor allem die Entwicklung des Unterrichts einzelner LehrerInnen betroffen hatte, mag das genügt haben. Bei der Arbeit mit größeren Lehrergruppen und mit ganzen Schulen taucht der Wunsch auf, die Basisannahmen der Aktionsforschung um eine theoretisch stimmige *Perspektive der Organisationsebene* zu ergänzen (vgl. ELLIOTT 1993; ALTRICHTER/SALZGEBER 1995).

– *SchülerInnen als AktionsforscherInnen:* Aktionsforschung hält sich darauf zugute, daß die direkt Betroffenen in den Forschungsprozeß verantwortlich miteinbezogen werden. Tatsächlich werden Entwicklungsprojekte üblicherweise von den Berufstätigen oder von Externen initiiert; bei vielen Studien werden zwar Schülerperspektiven erhoben und berücksichtigt, die SchülerInnen spielen aber darüber hinaus oft keinen sehr aktiven Part bei den Entwicklungsbemühungen. Insoferne erscheint reflektierte Entwicklungsarbeit unter aktiverer Beteiligung von SchülerInnen als eine erprobenswerte Perspektive.

– *Aufbau von Unterstützungsystemen:* AktionsforscherInnen haben Erfahrungen mit projekt*internen* Unterstützungsystemen für Forschungs- und Entwicklungsarbeit von PraktikerInnen. Sie sollten diese dafür benutzen, um praktikable Vorschläge für *längerfristige, projektunabhängige* Unterstützungssysteme (z.B. auf der Ebene regionaler Lehrerfortbildungseinrichtungen oder der Einzelschule) zu machen und ihre Realisierung zu betreiben.

Literatur

ALTRICHTER, Herbert 1990: Ist das noch Wissenschaft? Darstellung und wissenschaftstheoretische Argumentation einer von Lehrern betriebenen Aktionsforschung. München.

ALTRICHTER, Herbert 1991: Do we need an alternative methodology for doing alternative research? Recollections of a summer day at the Victorian coast as giving rise to some deliberations concerning the methodology of action research and the unity of science. In: ZUBER-SKERRITT, Ortrun (Hg.): Action Research for Change and Development. Aldershot/Brookfield, 79-92.

ALTRICHTER, Herbert 1993: The Concept of Quality in Action Research: Giving Practitioners a Voice in Educational Research. In: SCHRATZ, Michael (Hg.): Qualitative Voices in Educational Research. London, 40-55.

ALTRICHTER, Herbert/Hermann WILHELMER/Heribert SORGER/Ines MOROCUTTI (Hg.) 1989: Schule gestalten: Lehrer als Forscher. Klagenfurt.

ALTRICHTER, Herbert/Stephen KEMMIS/Robin McTAGGART/Ortrun ZUBER-SKERRITT 1991: Defining, Confining or Refining Action Research? In: ZUBER-SKERRITT, Ortrun (Hg.): Action Research for Change and Development. Aldershot/Brookfield, 3-9.

ALTRICHTER, Herbert/Peter GSTETTNER 1993: Aktionsforschung - ein abgeschlossenes Kapitel der deutschen Sozialwissenschaft? In: Sozialwissenschaftliche Literatur Rundschau 16, 26, 67-83.

ALTRICHTER, Herbert/Peter POSCH 1994: Lehrer erforschen ihren Unterricht. Eine Einführung in die Methoden der Aktionsforschung. Bad Heilbrunn.

ALTRICHTER, Herbert/Stefan SALZGEBER 1995: Mikropolitik der Schule. Schultheorie als Theorie der interaktionellen Konstituierung von Organisationen. Erscheint in: ROLFF, Hans G. (Hg.): Zukunftsfelder der Schulforschung. Weinheim, 9-40.

ALTRICHTER, Herbert/Michaela THALER 1995: Aktionsforschung in Österreich: Entwicklungsbedingungen und Perspektiven. Vortrag bei der Tagung „Schule verändern durch Aktionsforschung", Wien, 29.5.1995-2.6.1995 (erscheint im Tagungsband).

BERLINER, D.C. 1992: The Nature of Expertise in Teaching. In: OSER, Fritz, DICK, Andreas/Jean-Luc PATRY (Hg.): Effective and Responsible Teaching. The New Synthesis. San Francisco, 227-248.

BROMME, Rainer 1992: Der Lehrer als Experte. Zur Psychologie des professionellen Wissens. Bern.

CRONBACH, Lee J. 1971: Test validation. In: THORNDIKE, Robert L. (Hg.): Educational Measurement. 2nd ed. American Council on Education: Washington, D.C., 443-507

CRONBACH, Lee J. 1975: Beyond the two disciplines of scientific psychology. In: American Psychologist 30, 116-127.

DEAKIN UNIVERSITY 1988: The Action Research Reader. 3rd ed. Geelong, Vic.

DEWEY; John 1986: Erziehung durch und für Erfahrung. Stuttgart.

DICK, Andreas 1994: Vom unterrichtlichen Wissen zur Praxisreflexion. Das praktische Wissen von Expertenlehrern im Dienste zukünftiger Junglehrer. Bad Heilbrunn

EBBUTT, Dave/John ELLIOTT (Hg.) 1985: Issues in Teaching for Understanding. Layerthorpe.

ELLIOTT, John 1976: Developing Hypotheses about Classrooms from Teachers' Practical Constructs. North Dakota Study Group on Evaluation-series. Grand Forks.

ELLIOTT, John 1984: Improving the Quality of Teaching Through Action Research. In: FORUM 26, 3, 74-77.

ELLIOTT, John 1991: Action research for educational change. Philadelphia.
ELLIOTT, John 1993: What have we learned from Action Research in school-based Evaluation? In: Educational Action Research 1, 1, 175-186.
ELLIOTT, John 1995: Teachers' research in the UK: the current state of the art. Vortrag bei der Tagung „Schule verändern durch Aktionsforschung", Wien, 29.5.1995-2.6.1995 (erscheint im Tagungsband).
ELLIOTT, John/Clem ADELMAN o.J.: Classroom Action Research. Ford Teaching Project. Institute of Education: Cambridge.
FICHTEN, Wolfgang/Ina ULRICH/Johannes GREVING/Andreas FEINDT/Hilbert MEYER 1994: LehrerInnen erforschen ihren Unterricht - StudentInnen erforschen Schule. Oldenburger Vor-Drucke Nr. 250. Universität Oldenburg.
FUCHS, Wolfgang 1970-71: Empirische Sozialforschung als politische Aktion. In: Soziale Welt 21, 1, 1-17.
GLASER, Barney G./Anselm L. STRAUSS 1967: The Discovery of Grounded Theory. New York.
GUNZ, Josef 1986: Handlungsforschung. Vom Wandel der distanzierten zur engagierten Sozialforschung. Wien.
HAAG, Fritz/Helga KRÜGER/Wiltrud SCHWÄRZEL/Johannes WILDT (Hg.) 1972: Aktionsforschung. Forschungsstrategien, Forschungsfelder und Forschungspläne. München.
HACKL, Bernd 1994: Forschung für die pädagogische Praxis. Innsbruck.
HAMEYER, Uwe 1984: Interventive Erziehungsforschung. In: HAFT, H./H. KORDES (Hg.): Methoden der Erziehungs- und Bildungsforschung. Bd. 2 der Enzyklopädie Erziehungswissenschaft. Stuttgart, 145-181.
HUSTLER, David/Tony CASSIDY/Ted McCUFF 1986: Action Research in Classrooms and Schools. London.
KELCHTERMANS, Geert/Roland VANDENBERGHE/Michael SCHRATZ 1994: The development of qualitative research: efforts and experiences from continental Europe. In: Qualitative Studies in Education 7, 3, 239-255.
KEMMIS, Stephen 1988: Action research in retrospect and prospect. In: The Action Research Reader. 3rd ed. Geelong, Vic., 27-39.
KLAFKI, Wolfgang 1973: Handlungsforschung im Schulfeld. In: Zeitschrift für Pädagogik 19, 4, 487-516.
KRALL, Hannes/Elgrid MESSNER/Franz RAUCH 1995: Wieviel Betreuung brauchen Schulen? Reflexionen über externe Unterstützung von Schulentwicklungsinitiativen. Wien (im Erscheinen).
KROATH, Franz 1991: Lehrer als Forscher. Fallstudien zur Evaluation forschungsorientierter Lehrerfortbildung unter beruflichen Alltagsbedingungen. München.
KURATLE, Regina 1995: Beteiligungsformen von Lehrkräften an der Bildungsforschung: In: Schweizer Schule 5, 17-22.
LEGUTKE, Michael 1992: Teachers as Researchers and Learners. A Three-Year Project of INSET with Teachers of German in the Pacific Northwest of the USA. Vortrag beim RELC Regional Seminar. Singapore.
LEWIN, Kurt 1946: Action research and minority problems. In: Journal of Social Issues 11, 34-46.
LEWIN, Kurt 1988: Group decision and social change. In: The Action Research Reader. 3rd ed. Geelong, Vic., 47-56.
MOROCUTTI, Ines 1989: Mündliches Arbeiten im Englischunterricht (oder: Zwischen Lustprinzip und feministischem Anspruch). In: ALTRICHTER, Herbert/Hermann WILHELMER/Heribert SORGER/Ines MOROCUTTI (Hg.): Schule gestalten: Lehrer als Forscher. Klagenfurt, 72-81.
MOSER, Heinz 1978: Aktionsforschung als kritische Theorie der Sozialwissenschaften. München.
MOSER, Heinz 1995: „Forschende Lehrer" - eine realistische Handlungsperspektive. In: Schweizer Schule 5, 29-35.

NOFFKE, Susan E. 1989: The Social Context of Action Research: A Comparative and Historical Analysis. Vortrag bei der AERA-conference. San Francisco.

NONNE, Friedhelm 1989: Antiautoritärer Denkstil, kritische Wissenschaft und Aktionsforschung. Phil. Diss. Universität Bielefeld.

OECD/CERI 1991. Environment, Schools and Active Learning. Paris.

PETZOLD, Hilarion 1980: Moreno - nicht Lewin - der Begründer der Aktionsforschung. In: Gruppendynamik 11, 2, 142-166.

POSCH, Peter 1990: The Project „Environment and School Initiatives". ENSI-series No. 10. Wien.

POSCH, Peter 1994: Networking in Environmental Education. In: OECD: Evaluation and Innovation in Environmental Education. Paris, 61-87.

PROBST, Gilbert/Steffen RAUB 1995: Action Research. Ein Konzept angewandter Managementforschung. In: Die Unternehmung 1, 3-19.

SCHÖN, Donald A. 1983: The Reflective Practitioner. London.

SNEED, Joseph D. 1977: The Logical Structure of Mathematical Physics. 2nd ed. Dordrecht.

SPARROW, Shelagh/Jane ROBINSON 1994: Action research: an appropriate design for research in nursing? In: Educational Action Research 2, 3, 347-356.

STENHOUSE, Lawrence 1975: An introduction to curriculum research and development. London.

STEWARD, Barbara 1994: Researching fieldwork practice in occupational therapy. In: Educational Action Research 2, 2, 259-266.

VALLA, Victor V. 1994: Popular Education and knowledge: popular surveillance of health and education services in Brasilian metropolitan areas. In: Educational Action Research 2, 3, 403-414.

WEST, Michael 1993: Second-class priests with second-class training? A study of local non-stipediary ministry within the Church of England. In: Educational Action Research 1, 3, 361-373.

WINTER, Richard 1989: Learning from Experience: Principles and Practice in Action Research. London.

ZELLER, R.A. 1985: Validity. In: HUSEN, Torsten/T. Neville POSTLETHWAITE (Hg.): International Encyclopedia of Education 9, 5413-5422.

Michael Schumann

Qualitative Forschungsmethoden in der (sozial)pädagogischen Ausbildung

In den unterschiedlichen Fachdisziplinen der Erziehungswissenschaft läßt sich nach einer Phase des Experimentierens mit dem Instrumentarium qualitativer Forschungsmethoden nunmehr ein Konsolidisierungs- und Ausdifferenzierungsprozeß beobachten. Im Rahmen dieser Entwicklung treten einzelne Arbeitsansätze, wie z.b. die erziehungswissenschaftliche Biographieforschung stärker hervor, andere, wie z.b. ethnographische Arbeitsansätze bleiben eher 'bescheiden' im Hintergrund. Diese Entwicklung ist inzwischen gut dokumentiert, wie etwa der Diskussions- und Dokumentationsband von KRÜGER und MAROTZKI zeigt, in welchem zentrale Arbeitsfelder erziehungswissenschaftlicher Biographieforschung systematisch dargestellt und ausführlich diskutiert werden (vgl. KRÜGER/MAROTZKI 1995; ein Überblick bei KRÜGER 1995). Der positive Eindruck über den Entwicklungsstand der erziehungswissenschaftlichen Biographieforschung für die Bereiche biographische Kindheits- und Jugendforschung (vgl. KRÜGER 1995, 39 ff.) und historische Biographieforschung (vgl. KRÜGER 1995, 36 ff.) läßt sich so freilich nicht verallgemeinern auf die 'Aneignung' qualitativer Forschungsmethoden überhaupt. Der Aneignungsprozeß scheint in den Erziehungswissenschaften eher einseitig zugunsten biographischer Methoden zu laufen, was von ihrem Arbeitsgegenstand her (Lebensgeschichte als Erziehungsgeschichte) auch einleuchtend ist. Andere methodische Verfahren, welche neben den biographischen Forschungsmethoden in der qualitativen Sozialforschung zur Anwendung kommen (qualitatives Interview, Experteninterview, Gruppendiskussion, Inhaltsanalyse, Teilnehmende Beobachtung etc.; vgl. Überblick bei LAMNEK 1989) haben bislang in den Erziehungswissenschaften noch nicht den gleichen Stellenwert wie biographische Arbeitsansätze, auch wenn sich hier inzwischen Veränderungen ankündigen (vgl. z.B. BEHNKEN/JAUMANN 1995)
Deutlich wird dies etwa bei ethnographischen Arbeitsansätzen, welche lange Zeit als Folkloristik verschrieen waren, heute aber zunehmend an Bedeutung gewinnen, wenn es darum geht, die hinter den Biographien liegende und mit ihnen verwobene 'Lebenswelt' (SCHÜTZ/LUCKMANN 1979, 1984) bzw. 'Soziale Welt' (STRAUSS 1978, 1982) in den Blick zu fassen und mit sensiblen Untersuchungsmethoden zu erforschen. Mit diesem Blick auf Lebens- oder Sozialwelt hat 'pädagogische Ethnographie' im Rahmen ihrer - wenn auch bescheidenen - Tradition (vgl. hierzu ZINNECKER 1995) immer auch zur Kritik normativer Grundlagen pädagogischen Handelns beigetragen. Diese Aspekte in der Tradition pädagogischer Ethnographie hat ZINNECKER anhand der Lehrer- und Schülertagebücher der 70er Jahre nachgewiesen. (ZINNECKER 1995) Man könnte ihn auch für den Bereich außerschulischer Pädagogik nachweisen,

wo es vor allem im Kontext der neueren sozialen Bewegungen der 70er und 80er Jahre eine Tradition pädagogischer Ethnographie gab, welche sich in sozialkritischer Absicht mit der Erkundung der Lebenswelt von Kindern und Jugendlichen befaßte (vgl. BIENEWALD u.a. 1978, FRANZ u.a. 1980, BECKER/ EIGENBRODT/MAY 1983, LESSING/DAMM/LIEBEL/NAUMANN 1986), an die heute wieder in verschiedener Weise angeknüpft wird. (vgl. REISS 1995, BEHNKEN/JAUMANN 1995, BOHNSACK/LOOS/SCHÄFFER/STÄDTLER/ WILD 1995)

Vergleicht man die unterschiedlichen Teildisziplinen der Erziehungswissenschaften dann gewinnt man den Eindruck, daß neben der Erwachsenenbildung (vgl. Überblick bei NITTEL 1991) vor allem in der Sozialpädagogik in den letzten Jahren eine beachtliche Rezeption qualitativer Methoden stattgefunden hat (vgl. KRAIMER 1994b, GRODDECK/SCHUMANN 1994). Die Rezeption biographischer Untersuchungsverfahren wie auch anderer qualitativer Verfahren hat hier zu einer Reihe von biographieanalytischen Studien (RIEMANN 1987, NITTEL 1992), berufsbiographischen Studien (JAKOB 1989, 1993, REICHWEIN/FREUND 1992) professionsanalytischen Studien (SCHÜTZE 1994, NITTEL 1994) wie auch ethnographisch orientierten Feldstudien (FRIEBERTSHÄUSER 1992) geführt. Eine solche breite Rezeption qualitativer Methoden ist auf die Tatsache zurückzuführen, daß sich erziehungswissenschaftliche Teildisziplinen wie Sozialpädagogik, Heil- und Sonderpädagogik, in bestimmtem Umfang auch Erwachsenenbildung in einer hohen Affinität zum interpretativen Paradigma qualitativer Sozialforschung befinden. Pädagogische Handlungsschemata und interpretatives Paradigma bzw. sozialwissenschaftliche Fallanalyse und pädagogische Fallarbeit stehen in einem engen verwandtschaftlichen Verhältnis und verfügen über eine lange gemeinsame Tradition, an die heute wieder angeschlossen werden kann, wie im folgenden am Beispiel der Sozialpädagogik dargestellt werden soll.

1. Zum Verhältnis von qualitativer Sozialforschung und sozialpädagogischem Handeln

Die Tradition sozialer Fallarbeit von ihren frühen Anfängen an im Kontext amerikanischer (Jane ADDAMS, Florence KELLEY, Mary RICHMOND) wie europäischer Traditionsbildungen (Alice SALOMON, Siddi WRONSKY) ist heute - wie Fritz SCHÜTZE gezeigt hat (SCHÜTZE 1993) - anschlußfähig an eine interdisziplinär orientierte und sozialwissenschaftlich fundierte Theorie sozialpädagogischen Handelns, wenn nicht sogar der Königsweg zur Entwicklung einer die verschiedenen Sozial- und Humanwissenschaften integrierenden wissenschaftlichen Disziplin 'Sozialpädagogik'. In der Rezeption der unterschiedlichen Methodologien der qualitativen Sozialforschung kann Sozialpädagogik (worunter hier auch die Traditionsbildung der Sozialarbeit verstanden werden soll) heute an ihre Forschungs- und Wissenstraditionen aus den 20er und 30er Jahren anknüpfen und die Potentiale zu einer wissenschaftlichen

Fundierung stärker herausarbeiten als dies - nach hoffnungsvollen Anfängen - im weiteren Verlauf der Professionsgeschichte geschah (vgl. SCHÜTZE 1993). Im Rahmen einer sozialwissenschaftlich aufgeklärten sozialpädagogischen Kasuistik (vgl. SCHÜTZE 1993) als Versuch einer Rekonstruktion der Entstehungs- und Verursachungszusammenhänge sozialer Notlagen, ihrer Verlaufsformen wie ihrer professionell-institutionellen Bearbeitung, ergibt sich die Möglichkeit, der Fachdisziplin 'Sozialpädagogik' nicht nur den ihr eigenen Gegenstand (zurück) zu geben (KRAIMER 1994, HAUPERT 1994), sondern auch die Kompetenzvermittlung und -entwicklung für künftige Sozial- PädagogInnen in eine ausgewogene Balance zwischen wissenschaftlicher Reflexionskompetenz *und* beruflicher Handlungskompetenz zu bringen durch ein neues Setting wissenschaftlichen Lernens, welches die Merkmale trägt:

- Einübung in sozialwissenschaftliche Verfahren der *Fallanalyse*: hier bekommen qualitativ-empirische Verfahren bzw. rekonstruktive Einzel-Fallstudien ein besonderes Gewicht im Blick auf die interaktive Verfaßtheit der professionellen sozialpädagogischen Praxis mit ihren Merkmalen: Subjektorientierung, Kontextorientierung und hermeneutische Orientierung. In dieser Hinsicht kann sozialpädagogische Kasuistik anschließen an die Tradition sozialwissenschaftlicher 'Fallstudien', wie sie im Rahmen der Chicagoer Schule der Soziologie bzw. des Symbolischen Interaktionismus entwickelt wurden. (SCHÜTZE 1993 und 1994, NITTEL 1994, KRAIMER 1994a und 1994b, praktische Vorschläge zu einer sozialpädagogischen Fallanalyse bei MÜLLER 1994)

- Einübung in *Verfahren hermeneutisch-reflexiven Arbeitens*: im Rahmen einer sozialwissenschaftlich aufgeklärten sozialpädagogischen Fallanalyse geht es - wie SCHÜTZE in seinem programmatischen Aufsatz zur 'Fallanalyse' festgestellt hat - darum, „empirisch sicher und analytisch konzise festzustellen, was der Fall ist" (SCHÜTZE 1993, 196). Hierbei folgt wissenschaftliches, d.h. kontrolliertes Fremdverstehen von sprachlichen Symbolisierungen durchaus den Basisregeln alltäglicher Kommunikation (den 'Idealisierungen'), d.h. wechselseitiger Perspektivenübernahme, Interpretation der einzelnen Aussagen von der Gesamtgestalt der zu erzählenden Geschichte her etc. (ARBEITSGRUPPE BIELEFELDER SOZIOLOGEN 1973, 444 ff.) Allerdings soll über die Vergewisserungsformen alltäglicher Kommunikation hinaus im Rahmen eines wissenschaftlichen, d.h. kontrollierten Verfahrens der „dokumentarischen Interpretation" (SCHÜTZE 1993 im Anschluß an MANNHEIM und GARFINKEL) sichergestellt werden, daß die in alltäglichen wie in beruflichen Kommunikationsprozessen oftmals verdeckten latenten Sinnstrukturen und Bedeutungsgehalte der 'Kundgaben' von Klienten entdeckt und zum Ausdruck gebracht werden können (vgl. SCHÜTZE 1993, 197; vgl. auch SCHÜTZ 1974).

- In engem Zusammenhang mit einer solchen hermeneutischen bzw. dokumentarischen Methode rekonstruktiver Sozialforschung steht die Annahme, daß ihre Anwendung zu einem *tieferen wie breiteren Fallverständnis* führt, welches gegenüber den vorherrschenden Problemdefinitionen der beruflichen Praxis mit ihren Typisierungen eine Art enttypisierende und entstigmatisierende Wirkung hat und damit zu einer verbesserten sozialen Praxis führen kann (generative Wirkung) (vgl. NITTEL 1994, GILDEMEISTER 1992).

– Nicht zuletzt auf der Ebene der *Theoriebildung* ergibt sich mit dem hier skizzierten Verfahren die Möglichkeit, die Prozeßstukturen nicht nur von singulären Problemfällen in ihren fallbesonderen Merkmalen herauszuarbeiten, sondern darüber hinaus auch fallspezifische Merkmalserscheinungen wie fallübergreifende Typologien zu entwickeln und damit den Grundstein zu legen für eine am Gegenstand ansetzende Theoriebildung (grounded theory) (STRAUSS 1991, SCHÜTZE 1993).

Es ist deutlich, daß ein solches Setting wissenschaftlichen Lernens für alle Teildisziplinen der Erziehungswissenschaften Geltung hat: die schulische und außerschulische Pädagogik ebenso wie die Erwachsenenbildung oder die Heil- und Sonderpädagogik. Aber, auch wenn die Ausführungen deutlich machen, daß eine hohe Affinität zwischen sozialwissenschaftlicher Fallanalyse und pädagogischer Fallarbeit besteht, die es heute für eine weitere Konzeptualisierung der verschiedenen erziehungswissenschaftlichen Teildisziplinen fruchtbar zu machen gilt, so müssen doch auch die Grenzen zwischen den unterschiedlichen Modi einer sozialwissenschaftlichen Fallanalyse und einer pädagogischen Fallarbeit gesehen werden. Der Modus einer sozialwissenschaftlichen fallanalytischen Arbeit bedingt große Freiheitsspielräume, z.B. ein bestimmtes Maß an zeitlichen, personellen und finanziellen Ressourcen, Dispositions- und Entscheidungsspielräumen, wie sie nur in Forschungskontexten gegeben sind, und läßt sich nicht ohne weiteres in den Raum pädagogischen Handelns mit seinen administrativen und situativen Merkmalen beruflicher Arbeit übertragen (vgl. hierzu SCHÜTZE 1994). So verheißungsvoll der Versuch ist, eine weitere Professionalisierung und Modernisierung erziehungswissenschaftlicher Teildisziplinen über die Aneignung selbstreflexiver Methoden zu erreichen (GRODDECK/ SCHUMANN 1994), so sehr bleibt bis heute die Frage offen, wie der Wissenstransfer in die Praxis der je unterschiedlichen pädagogischen Handlungsfelder geleistet werden soll. Hierzu fehlen bislang fast gänzlich einschlägige Erfahrungen, ein Defizit, welches in Zukunft vor allem durch empirisch angelegte Versuche einer Rekonstruktion pädagogischen Handelns unter den Bedingungen der je unterschiedlichen Handlungskontexte abgearbeitet werden muß (vgl. SCHÜTZE 1994).

2. Der ethnographische Blick

Im Rahmen einer sozialwissenschaftlich aufgeklärten pädagogischen Kasuistik bietet sich auch die Möglichkeit, gegenüber der Welt des Sozialen einen ethnographischen Blick zu entwickeln und eine ethnographische Haltung einzuüben, welche mit dem Gegenstandsbereich pädagogischer Arbeit in besonderer Weise verbunden ist und welche als eine zentrale Basisqualifikation für professionell arbeitende PädagogInnen zu begreifen ist (SCHÜTZE 1994).
Gerade für die Soziale Arbeit mit ihrer im Vergleich zur Schulpädagogik oder Erwachsenenbildung stärkeren Orientierung an sozialen Problemlagen und Prozessen ist die Anwendung ethnographischer Arbeitsverfahren besonders wichtig, weil die hier laufenden Prozesse nicht voraussetzungsfrei, sondern in hohem Maße störanfällig sind im Blick auf institutionell vorgebene oder indivi-

duell praktizierte Handlungsroutinen, normative Vorgaben wie strukturell bedingte Handlungswidersprüche (die 'Paradoxien' professionellen Handelns, die SCHÜTZE 1994 und NITTEL 1994 dargestellt haben). Eine ethnographische Vorgehensweise setzt der Haltung angeblichen 'Vertrautseins' die Haltung des 'Nichtwissens', der Haltung des verdeckenden Umgangs mit Widersprüchen eine aufdeckende Haltung, der Haltung einer (in der Ausbildung weit verbreiteten) Nostrifizierung („das kennen wir alles schon") die Einnahme einer Fremdheitshaltung gegenüber.

Ethnographische Arbeit bedient sich damit eines anderen Blickes als in der sozialpädagogischen Forschung sonst üblich. In Analogie zur Erkenntnishaltung und Arbeitsmethodik der klassischen Ethnologie (BOAS, MALINOWSKI, MEAD) und Phänomenologie (HUSSERL, SCHÜTZ) sucht sie über (teilnehmende) Beobachtung und Befragung (Gewährsleuteprinzip) die Alltagsstrukturen eines Untersuchungsfeldes in seiner Gesamtheit zu erkunden ohne vorherige Einschränkung des Untersuchungsblicks, in maximaler Offenheit und Breite (exemplarisch etwa bei FRIEBERTSHÄUSER 1992). Eine solche Offenheitsforderung gilt in der Ethnographie nicht nur gegenüber dem Untersuchungsfeld, sondern erst recht auch gegenüber den eigenen Einstellungen, Vorannahmen, normativen Wertungen etc. Durch das Einnehmen einer systematischen Fremdheitshaltung oder Fremdheitsbetrachtung soll die Aufmerksamkeitsspanne gegenüber dem Beobachtungsgegenstand verbreitert und vertieft werden und der Blick frei werden für die Dinge, wie sie (für sich) sind (vgl. SCHÜTZE 1994). Anders als die quantitative empirische Sozialforschung arbeitet Ethnographie von vorneherein mit weniger Distanz und in großer Nähe zum Untersuchungsfeld, was ihr freilich oft genug auch als Fehler(-quelle) vorgeworfen wird (vgl. WOLF 1995). Andererseits ist Ethnographie in der Lage, durch ihren spezifischen Feldzugang, ihre spezifischen Untersuchungs- und Analyseverfahren ein Wissen zu erzeugen, welches bloßem Alltagswissen überlegen ist, da es nicht nur Kenntnisse, sondern auch „Er"kenntnisse schafft über Hintergründe, Zusammenhänge, Prozeßstrukturen sozialer Phänomene (vgl. KRAIMER 1994b). Durch ethnographische Verfahren kann somit ein Fallwissen geschaffen werden, welches im Vergleich zu anderem sozialwissenschaftlichen Wissen nah genug an Alltag und Lebenswelt ist, und welches im Vergleich zu bloßem Alltagswissen analytischer ist. Das 'Fallmaterial' einer ethnographisch orientierten Untersuchungsarbeit dürfte sich vom herkömmlichen Alltagswissen, aber auch vom herkömmlichen Berufswissen darin unterscheiden, daß es hinsichtlich seiner Qualität als „dichte Beschreibung" (GEERTZ 1987) diesem in vielfältiger Weise überlegen ist. Aber auch wissenschaftlichem Wissen dürfte es darin überlegen sein, daß es der 'Außensicht' wissenschaftlicher Analysen eine 'Innensicht' der Betroffenen gegenüberstellt. Methoden einer ethnographischen Rekonstruktion von Lebenswelt und Biographie eröffnen damit die Chance, daß die Betroffenen authentischer zu Wort kommen und daß Person, Biographie und Lebenswelt nicht vorschnell pädagogischen Sichtweisen oder Deutungen und den Routinisierungen der beruflichen Praxis unterworfen werden.

3. Qualitative Methoden und ethnographische Ansätze in Ausbildung und Praxis

Die Überlegungen zur Entwicklung einer ethnographischen Perspektive und zur Vermittlung qualitativer Methoden in der (sozial)pädagogischen Ausbildung stehen etwas quer zu den heute vorherrschenden Entwicklungstendenzen an Fachhochschulen und Universitäten. Der bildungspolitische Druck, die Ausbildungswege zu verkürzen und in fachlicher Hinsicht zu 'bereinigen' durch ein bildungspolitisches 'lean management', aber auch durch hohe Studentenzahlen, wirtschaftliche Zwänge, Jobmentalität der Studierenden, veränderte Arbeitsbedingungen an der Massenuniversität (FRICKE/GRAUER 1994) stellen wenig geeignete Ausgangsbedingungen dar für solche curriculare Überlegungen. Strenges Zeitmanagement im Blick auf die Studiendauer und immer knapper werdende Ressourcen (RAUSCHENBACH 1993) verbieten eigentlich von vorneherein ein Nachdenken über die Vermittlung sozialwissenschaftlicher Forschungs- und Untersuchungsmethoden, welche höchst voraussetzungsvoll sind, weil mit großem Zeitaufwand, hohen personellen Ressourcen etc. verbunden.

Zu dieser veränderten bildungspolitischen Großwetterlage kommen hinzu die ungelösten Fragen der Studienreform: die bis heute nicht bewältigte Aufspaltung der sozial-pädagogischen Ausbildung in theoriebezogene universitäre Studiengänge hier und praxisbezogene Fachhochschulstudiengänge dort und in engem Zusammenhang damit die ungelösten Fragen einer Etablierung Sozialer Arbeit als akademischer Fachdisziplin: Teildisziplin der Erziehungswissenschaft oder eigenständige Sozialarbeitswissenschaf? (OPPL 1992, WENDT 1994, GRODDECK/SCHUMANN 1994)

Ungeachtet der aktuellen Selbstthematisierungsdebatte um die Konstituierung einer Sozialarbeitswissenschaft (und den damit verbundenen Fragen nach einer eigenen Forschungspraxis, Promotionsrecht etc.) sehen sich die *Fachhochschulstudiengänge* - mit wenigen Ausnahmen - nach wie vor einem curricularen Konzept verpflichtet, welches zu Beginn der 70er Jahre im Verlauf des damals stattfindenden Akademisierungsprozesses und des Umbruchs von den höheren Fachschulen zu den Fachhochschulen entwickelt wurde: das Konzept einer Dominanz der Ausbildungsgänge durch die leitführenden Sozialwissenschaften Soziologie, Psychologie, Pädagogik, Jura, Medizin etc. als Fundierungsdisziplinen (THOLE 1994, GRODDECK 1994). Hinter diesem bis heute dominanten Ausbildungsmodell, welches dem Idealbild eines „wissenschaftlich ausgebildeten Praktikers" (LÜDERS 1989) entspricht, wirken die sozialtechnologischen Ansätze einer Professionalisierung und Verwissenschaftlichung von Praxis aus den 70er und 80er Jahren nach, derzufolge die Vermittlung einer Vielzahl von wissenschaftlichen Ergebnissen zu einer theoretischen Aufladung von beruflicher Praxis, und damit zu einem massiven Innovationsschub im Raum gesellschaftlicher und sozialer Problemlagen führen soll (vgl. DEWE u.a. 1993, SCHUMANN 1994). Es ist evident, daß ein solches simplifizierendes Theorie-Praxis-Verständnis zu einer Vielzahl von Vermittlungsschwierigkeiten und Störungen zwischen Ausbildung und Beruf und zu einer weiteren Dualisierung von

akademischer Fachkultur und professioneller Berufskultur geführt hat, mit erheblichen Konsequenzen für die Orientierung der Studierenden, für die Entwicklung beruflicher Identität etc. (vgl. GRODDECK 1994).
Es ist aber auch evident, daß im Rahmen eines solchen Ausbildungsmodells die Vermittlung von sozialwissenschaftlichen Methoden, geschweige denn die Vermittlung ethnographischer Arbeitsansätze einen geringeren Stellenwert hat. Unter der Dominanz eines Vielfächerstudiums finden sozialwissenschaftliche Methoden nur sehr vermittelt Eingang in die Ausbildung, quasi als ein integraler Bestandteil einzelner akademischer Fachdisziplinen, oder als Teil berufspraktischer Studien im Rahmen von Praktika, seltener aber als ein selbständiges curriculares Element des Studiums selbst.
Anders wird bei den *Diplomstudiengängen* die Gewichtung sozialwissenschaftlicher Methodenausbildung vorgenommen: im Rahmen einer hier vorwaltenden akademischen Orientierung mit ihrer Favorisierung von wissenschaftlicher Erkenntnis- und Theoriebildung hat die Vermittlung von sozialwissenschaftlichen Forschungs- und Untersuchungsmethoden von vornherein einen höheren Stellenwert als in den praxisbezogenen Fachhochschulstudiengängen (vgl. KRÜGER/RAUSCHENBACH 1994). Doch auch hier kann unter dem Leitbild einer akademischen, an den sozialwissenschaftlichen Disziplinen Pädagogik, Psychologie und Soziologie orientierten Ausbildung nicht generell von einem geschlossenen Konzept sozialwissenschaftlicher Methodenvermittlung ausgegangen werden (LÜDERS 1989, NIEMEYER 1992, THOLE 1994, GÄNGLER 1994, GRODDECK 1994). Im Gegenteil: wie FRIEBERTSHÄUSER in ihrer (ethnographischen) Studie zu Verlauf und Bedeutung der Statuspassage 'Studienbeginn' bei DiplomstudentenInnen festgestellt hat, zeichnen sich erziehungswissenschaftliche Diplomstudiengänge - wenn man das von ihr untersuchte Fallbeispiel (Marburg) verallgemeinern darf - durch ein hohes Maß an Offenheit aus, was ihre curriculare und organisatorische Rahmung anlangt, eine Offenheit, die möglicherweise Teil des Lernmoratoriums für DiplomstudentInnen selbst ist (FRIEBERTSHÄUSER 1992). Dies bedeutet, daß in den Diplomstudiengängen innerhalb der vorgegebenen Studien- und Prüfungsordnungen mit einem hohen Maß an Individualisierung curricularer Studienverläufe und Studierpraktiken gerechnet werden muß, welche Freiräume für die individuelle Gestaltung bieten, aber auch ein großes Maß an Beliebigkeit, wenn es um wissenschaftliche, vor allem methodologische und forschungspraktische Orientierung in der Ausbildung geht.
Daß diese Analyse zutrifft, wird deutlich an der Rahmenprüfungsordnung der Kultusministerkonferenz für die Diplomstudiengänge von 1989. In ihr wird zwar die besondere Bedeutung der Einführung des Nachwuchses in Forschungsmethoden für die „Bewahrung und Weiterentwicklung wissenschaftlichen Standards" betont, aber auf ein differenziertes Ausbildungs-Konzept verzichtet mit dem Hinweis auf die notwendige Anbindung der Methodenausbildung an die einzelnen fachlichen Studienelemente (KUTUSMINISTERKONFERENZ 1989, 44). So richtig dieses Argument einer Integration des Methodenaspektes in spezifische pädagogische Problemstellungen und Forschungsfragen ist, so problematisch ist es im Blick auf eine stärkere curriculare Absi-

cherung der Methodenausbildung. Hier geht der inzwischen verabschiedete Entwurf einer Studien- und Prüfungsordnung für den Diplomstudiengang 'Erziehungswissenschaft' an der Universität GH Essen weiter, wo „forschungsmethodisches Wissen und Können" (u.a. auch teilnehmende Beobachtung und ethnographische Verfahren) im Rahmen eines achtsemestrigen, aufeinander aufbauenden und Differenzierungsmöglichkeiten eröffnenden Curriculums vermittelt wird (Überblick bei WOLF 1995). Was freilich bei diesem Versuch einer curricularen Festschreibung methodischer Ausbildung auffällt, ist die Tatsache, daß - wie das in der Diplomprüfungsrahmenordnung gefordert wird - der innere Bezug der Methodenausbildung zur Leitdisziplin Erziehungswissenschaft nicht deutlich genug herausgearbeitet wird. Damit wird eine notwendige Abgrenzung zu den anderen Sozialwissenschaften (Psychologie, Soziologie etc.) bzw. eine klarere Bezugnahme auf den Gegenstand pädagogischer Forschung und pädagogischer Profession kaum erkennbar. Der Essener Entwurf weist damit auf ein Problem zurück, welches die Diplomstudiengänge generell, nicht nur ihre Methodenausbildung, bis heute auszeichnet: die innerhalb der bestehenden disziplinären Ausdifferenzierungen (Sozialpädagogik, Schulpädagogik, Sonderpädagogik, Erwachsenenbildung etc.) nach wie vor unklare Bezugnahme auf professionelles pädagogisches Handeln bzw. professionelle Handlungskompetenz als einer wesentlichen Dimension und Perspektive der Ausbildung (KRÜGER 1994, THIERSCH 1994, THOLE 1994, RAUSCHENBACH 1994).
Auch wenn die hier geschilderten Rahmenbedingungen an Fachhochschulen und Universitäten wenig günstig sind, kann heute in den sozialpädagogischen Ausbildungsgängen der Fachhochschulen und Universitäten bereits auf vielfältige Erfahrungen im Umgang mit und in der Vermittlung von qualitativen Methoden zurückgeblickt werden. Die Vermittlung ethnographischer Arbeitsansätze und qualitativer Methoden im Rahmen der sozial-pädagogischen Ausbildung ist besonders im Rahmen universitärer Diplomstudiengänge oder universitärer Aufbaustudiengänge vorangekommen. So sollen etwa im Rahmen des Siegener Aufbaustudienganges „Außerschulisches Erziehungs- und Sozialwesen" (AES) „auf der Basis praktischer Erfahrungen sozialarbeiterische und sozialpädagogische Probleme wissenschaftlich vertiefend und forschungsbezogen bearbeitet werden" (STUDIENFÜHRER „Außerschulisches Erziehungs- und Sozialwesen" 1989, 22).
Zentraler Ort im curricularen Gerüst einer solchen forschungspraktischen Orientierung im Siegener Aufbaustudiengang sind die 'Forschungspraxisseminare'. Hierunter sind Lernforschungsprojekte zu verstehen, welche auf der Vermittlung grundlegender Kenntnisse in Statistik, Empirie, Hermeneutik und Wissenschaftstheorie aufbauen und eine weiterführende Forschungspraxis entwickeln sollen. Solche Lernforschungsprojekte beziehen sich im wesentlichen auf die Dimensionen: soziale Interaktion/soziale Problemlagen, soziale Institution/Organisation und soziale Felder/Sozialraum und verweisen ihrerseits auf unterschiedliche Modi sozialwissenschaftlicher Fallarbeit: Interaktionsanalysen (KALLMEYER/SCHÜTZE 1976), Biographieanalysen (SCHÜTZE 1994, NITTEL 1994), Lebensweltanalysen (HITZLER/HONER 1991), Feldanalysen (GIRTLER 1984, FISCHER 1985), Sozialraumanalysen (FRIEDRICHS 1995,

SCHUMANN 1995), Institutions- oder Organisationsanalysen (GEBERT 1991), und die für sie jeweils typischen methodischen Verfahren. Hierbei bestehen verbindliche Arrangements für die Arbeit solcher Lernforschungsprojekte. Ihre Organisation in Form von 'Foschungspraxisseminaren' beabsichtigt, vergleichbar mit den Forschungswerkstätten in Kassel und Magdeburg (vgl. NITTEL 1994, SCHÜTZE 1993 und 1994) ein werkstattähnliches Lernarrangement zu bieten, in welchem über einen längeren Zeitraum hinweg gemeinsame Forschungs- und Untersuchungsvorhaben entwickelt werden können. In einem solchen Rahmen ist dann auch die Möglichkeit gegeben, auf dem Weg der dialogischen Vermittlung (des Vor- und Nachmachens) die Methoden qualitativer Sozialforschung einzuüben, resp. eine ethnographische Untersuchungsperspektive zu verfolgen.

So konnten - um dies an einem Beispiel deutlich zu machen - im Verlauf eines dreisemestrigen Werkstattprojekts an der Universität Siegen zum Thema „Soziale Arbeit als Beitrag zur Entwicklung eines Sozialraums" (vgl. BARTH 1995, SCHUMANN 1995a) eine Vielzahl von qualitativen und ethnographischen Untersuchungsansätzen in der Tradition sozialökologischer Feldforschung erprobt und eingeübt werden. In den verschiedenen sozialräumlichen Untersuchungsdimensionen (Sozialraum als: Netzwerk, Kommunikationsraum, Macht- und Entscheidungsraum, Reservoir an Ressourcen, Ensemble von Kompetenzen, geschichtlicher Raum etc.) konnten verschiedene qualitative Untersuchungsverfahren vermittelt werden: z.B. das Verfahren des Experteninterviews mit sog. 'Alltagsexperten' wie z.B. dem Bäcker, dem Gastwirt oder mit 'Berufsexperten' wie z.B. Vertretern des Ordnungsamtes, der Polizei, dem Pfarrer; oder das Verfahren der Gruppendiskussion mit Vertretern eines Stammtisches, einer Bürgermeisterrunde, Senioren, Kindern, Müttern. Raum bot das Forschungspraxisseminar auch für verschiedene Formen der soziobiographischen wie sozialgeographischen Beobachtung und Erkundung (fotografische Raumerkundung, Kartographie informeller Treffs, subjektive Landkarten, fotographische Dokumentation etc.) (vgl. hierzu Projekt STUDIUM UND BIOGRAPHIE 1990; Projekt KINDHEIT IM SIEGERLAND 1991). Freilich sind auch hier im Rahmen eines Lehrforschungsprojektes der Entwicklung eines breiten Feldforschungsansatzes Grenzen gesetzt: so konnten im Verlauf des Projektes nur einzelne Untersuchungsansätze näher erprobt und eingeübt werden, andere (wie z.B. die sozialgeographischen Untersuchungsansätze) kamen im Projektverlauf zu kurz. Eine abschließende Evaluation des Projektverlaufs hat ergeben, daß die hauptsächlichen Schwierigkeiten nicht so sehr in der Phase der Felderschließung und Felduntersuchung lagen, sondern eher in der Phase der Auswertung des (immer zahlreicher werdenden) Untersuchungsmaterials und im Prozeß einer 'kommunikativen Validierung', bei dem es um die Analyse der gewonnenen Daten und die Entwicklung generalisierbarer Aussagen ging. Eine Weiterplanung dieses Seminartyps müßte stärker den exemplarischen Charakter der einzelnen Untersuchungsschritte und eine stringentere Auswahl von Untersuchungsfragen und -methoden und möglicherweise auch eine größere Selbstbeschränkung im Blick auf die Erzeugung empirischer 'Daten', d.h. transkribierter Interviewtexte, Beobachtungsprotokolle etc. berücksichtigen.

Bis heute sind fünf solcher Lernforschungsprojekte durchgeführt und abgeschlossen worden, welche sich überwiegend mit Fragen der Planung und Evaluation, der Sozialraum- bzw. Lebensweltanalyse befassen. In Vorbereitung befinden sich gegenwärtig drei neue Projekte: ein Projekt zur Organisationsanalyse sozialer Einrichtungen, ein Projekt zur Gewaltprävention und eine Neufassung des Projektes zur Sozialraumanalyse. Um den qualitativen Standard der Ausbildung zu sichern wurden Qualitätsmerkmale entwickelt, denen jeder neue Projektantrag Genüge leisten muß: z.B. Anbindung des Forschungsvorhabens an die berufliche Praxis, zeitliche Überschaubarkeit, interdisziplinäre Zusammenarbeit, formalisiertes Antrags- und Bewilligungsverfahren etc. (vgl. Dokumentation bei BARTH 1995).

Nur in Ausnahmefällen sind diese Projekte an Drittmittelforschungsprojekte angebunden, da sich diese aufgrund ihrer besonderen Arbeitsbedingungen (Zeit- und Gelddruck) wenig als studentisches Lernfeld eignen. In den meisten Fällen handelt es sich um sog. Lernforschungsprojekte, welche zu dem besonderen Zweck der Ausbildung unter dem Aspekt größtmöglicher Offenheit und (im Sinne eines ethnographischen Arbeitsansatzes) einer Vielfalt der angewandten Forschungsmethoden eingerichtet werden, welche aber durchaus vernetzt sein können mit der universitären Drittmittelforschung oder mit der beruflichen Praxis.

So ist es z.B. in Siegen möglich gewesen, das Lernforschungsprojekt 'Sozialraumanalyse' zu einer kleinen Auftragsforschung weiterzuentwickeln. Im Auftrag eines Jugendhilfeträgers wurde ein Siegener Stadtteil (Weidenau-Ost) nach den im Lernforschungsprojekt entwickelten Kriterien bzw. mit den dort erlernten Methoden untersucht. Zielsetzung der Untersuchung, welche den Arbeitsansatz der Lebensweltforschung für Prozesse kommunaler Jugendhilfeplanung fruchtbar machen will, ist es, valide Ausgangsdaten für die kommunale Planung 'vor Ort' zu bekommen. Im Rahmen dieses Projektes konnten interessante Beobachtungen gemacht werden: so die Beobachtung, daß die Anwendung qualitativer Untersuchungsverfahren im sozialen Feld an Plausibilität für die Studierenden gewinnt, weil methodische Fragen hier einbezogen sind in ein konkretes Praxisfeld und eine mit ihm verbundene Entwicklungsdynamik. Zum andern war mit der anwendungsbezogenen Forschung aber auch die Beobachtung verbunden, daß durch die Auftragslage und die damit gegebenen Auflagen, vor allem zeitlicher Art, ein erhöhter Arbeitsdruck im Projekt entstand, welcher zu einer Ökonomisierung der Arbeit bzw. zur Entwicklung abgekürzter Untersuchungsverfahren zwang, was durchaus positive Aspekte hatte im Blick auf die Langatmigkeit sonst üblicher wissenschaftlicher (Forschungs-) Verfahren (vgl. SCHUMANN 1996).

Aber auch in den grundständigen Studiengängen für Sozialarbeit/Sozialpädagogik an Fachhochschulen oder Gesamthochschulen gibt es inzwischen vielseitige Ansätze einer Vermittlung qualitativer Forschungsmethoden und ethnographischer Arbeitsansätze. Auch wenn hier die curricularen Rahmenbedingungen mehrheitlich noch auf die Vermittlung der Ergebnisse wissenschaftlicher Arbeit ausgerichtet sind, gibt es doch inzwischen eine merkliche Umorientierung hin zur Entwicklung einer die Studierenden einbeziehenden wissen-

schaftlichen Untersuchungs- und Forschungspraxis (vgl. DEWE u.a. 1993), welche auf drei Ebenen hier entfaltet und kurz umrissen werden soll:
1. Qualitative Untersuchungsmethoden als Bestandteil von Seminarveranstaltungen.

Im Rahmen des curricularen Ansatzes einer Lernorganisation nach dem Prinzip 'forschenden Lernens' lassen sich qualitative Methoden in Seminarveranstaltungen einbauen. So z.B. im Bereich der für die meisten Studiengänge obligaten Einführungsveranstaltung 'Methoden der empirischen Sozialforschung, Statistik und Hermeneutik', wo derzeit an der Universität in Siegen auch im grundständigen Studiengang für Sozialarbeit/Sozialpädagogik alle Studierenden exemplarisch in Methoden der Teilnehmenden Beobachtung bzw. korrespondierend hierzu in Methoden der Textanalyse (anhand der schriftlich abgefaßten Beobachtungsprotokolle) eingeführt werden. Solche Basiskenntnisse lassen sich dann auch in anderen Seminarveranstaltungen mit eher fachspezifischer Orientierung vertiefen. Um dies an einem weiteren Beispiel deutlich zu machen: Im Rahmen eines Seminars zur Thematik „Theorien und Konzepte der Erwachsenenbildung", welches ebenfalls im Rahmen des Siegener Studiengangs stattfand, hatten die Studierenden die Möglichkeit, einen etwas anderen Zugang zum Arbeitsgegenstand zu wählen als die sonst übliche Aneignungsform durch Lektüre einschlägiger wissenschaftlicher Texte und die Erstellung von Referaten. Durch systematisch geplante Erkundungsgänge im sozialen Feld, teilnehmende Beobachtung und Experteninterviews in ausgewählten Bildungsstätten konnten die Studierenden einen eigenen (ethnographischen) Blick entwickeln gegenüber dem 'fremden' Gegenstand. Die im Rahmen einer solchen ethnographischen 'Praxiswerkstatt' entstandenen Beobachtungsprotokolle, Interviewtranskripte und Feldnotizen konnten im weiteren Verlauf des Seminars gemeinsam ausgewertet und mit dem im Rahmen einer sog. 'Theoriewerkstatt' (anhand eines Seminar-Readers) akkumulierten theoretischen Wissen um Erwachsenenbildung verglichen und vermittelt werden. Die Aneignung qualitativer Untersuchungsmethoden im Rahmen eines solchen Seminar-Konzeptes hat den Vorteil, daß sie nicht bloße akademische Übung bleibt, sondern eingebettet ist in eine Felderkundung, die den Studierenden zugleich einen kritischen Zugang zu zentralen Praxisfeldern erschließen kann. Freilich sind einer solchen Seminarform auch enge Grenzen gesetzt. Bedingt durch die vorherrschende Lern- oder Aneignungsweise in Form von kleineren Untersuchungsgruppen kann ein solcher Seminartypus nur in sehr kleinen überschaubaren Lerngruppen durchgeführt werden.

2. Ein weiteres wichtiges Lernfeld, welches sich in den grundständigen Studiengängen für Sozialarbeit/Sozialpädagogik, aber auch in allen anderen pädagogischen Studiengängen eröffnet, sind die Praktika. Hier läßt sich neben und in den üblichen Praktika eine Art ethnographisches Praktikum entwickeln, welches der Schulung des Sehens bzw. der Entwicklung eines ethnographischen Blickes dient. Den Studierenden könnte sich so die Möglichkeit bieten, am Anfang ihrer Praktikumszeit im Rahmen einer 'ethnographischen Werkstatt' den Blick für das neue und ihnen fremde Handlungsfeld zu entwickeln und ohne Handlungsdruck sich zunächst einmal auf die Rolle des Beobachters zu be-

schränken, eine Rolle, die -systematisch entwickelt und methodisch angeleitet- auch zur Verminderung von anfänglichen Kontakt- und Berührungsängsten mit der Praxis führen kann. Hier könnten Studierende mit verschiedenen Formen der Beobachtung bzw. Erkundung experimentieren und so den pädagogischen Blick um die ethnographische Perspektive erweitern: z.b. in Form fotographischer Raumerkundungen (vgl. Projekt STUDIUM UND BIOGRAPHIE 1990), welche die Innenräume einer sozialen Einrichtung erschließt und thematisiert im Blick auf die in ihnen enthaltenen pädagogischen Möglichkeiten wie Begrenzungen; oder mit Kindern gemeinsam durchgeführte Sozialraum-Erkundungen (vgl. SCHUMANN 1995b), welche die Aspekte subjektiver wie kollektiver Raumnutzung und -aneignung bzw. die hierbei entgegenstehenden Behinderungen (etwa durch Erstellung subjektiver Landkarten und nachfragende kleinere Interviews) erforscht, oder kleinere (berufs-)biographische Befragungen (vgl. Projekt STUDIUM UND BIOGRAPHIE 1990), welche sich um das professionelle Selbstverständnis der PädagogInnen, ihre Berufsgeschichte, ihren Zugang zum Arbeitsfeld, ihre Erfahrungen und Belastungen fokussieren (was mit Hilfe von Tageslaufprotokollen, Zeitbudgetanalysen, Handlungsinventarlisten etc. weiter erhellt werden kann (vgl. Projekt KINDHEIT IM SIEGERLAND 1991).

Resultat einer solchen Erkundungsarbeit im Umfeld sozialer Institutionen oder sozialer Gruppen während des Praktikums ist die Erstellung von Praxisberichten, welche sich an Traditionen ethnographischen (Be-) Schreibens orientieren und welche den Sinn haben, neben und in den eigentlichen Praktikumserfahrungen den Blick zu schärfen für die lebensweltlichen und institutionellen Kontexte der Betroffenen und der mit ihnen arbeitenden Praktiker (exemplarisch bei SCHÜTZE 1994). Gewährleistet ist durch diesen ethnographischen Zugang zum Feld, daß der pädagogische Blick der Studierenden sich nicht vorschnell an den Routinen des pädagogischen Alltags kristallisiert, sondern offen bleibt für einen reflexiven Umgang mit den Beobachtungen und Erfahrungen in der beruflichen Praxis.

3. Eine dritte Ebene der Vermittlung qualitativer Methoden im Rahmen von Sozialarbeitsstudiengängen bzw. pädagogischen Studiengängen überhaupt stellen sozialpädagogische bzw. pädagogische Fallstudien in Form von Diplomarbeiten dar. In hervorragender Weise eignen sich Diplomarbeiten für qualitative Untersuchungsvorhaben bzw. kleinere ethnographische Fallstudien. Sind in Anbetracht der kurzen Prüfungszeiträume quantitative Untersuchungen im Rahmen von Diplomarbeiten nur sehr begrenzt möglich, so ist dies für qualitative Untersuchungen anders. Zwar gilt es auch hier die Konditionen für Prüfungen neu zu überdenken, angesichts der Unwägbarkeiten im Untersuchungsfeld und angesichts des hohen Zeitaufwandes für die Interpretation der Untersuchungsmaterialien, Texte, Bilder u.ä. Trotz dieser Schwierigkeiten aber erfreuen sich qualitativ angelegte Untersuchungen bei DiplomandInnen immer größerer Beliebtheit, zeigt sich heute eine stetige Abkehr vom szientistischen hin zum lebensweltlichen Paradigma. Dies mag seine Ursache darin haben, daß die Arbeit an einer Fallstudie zur 'Straßenkindheit' oder zu 'jugendlichen Gewaltszenen' den Forschenden nicht nur einen intimen Einblick in die Lebenswelt der

Kinder und Jugendlichen, ihre sprachlichen und visuellen Symbolisierungen gibt, sondern ihnen auch gegenüber den sonst üblichen Literaturarbeiten zu einem besonderen Evidenzerlebnis verhilft: die Erfahrung, daß sie in der Lage sind, auf dem Weg eigener Empirie am Prozeß wissenschaftlicher Erkenntnis- und Theoriebildung voll gültig teilzunehmen.

4. Weiterführende Perspektiven

Auch wenn sich die Liste der Vorschläge für eine Vermittlung qualitativer Methoden in pädagogischen Studiengängen noch weiter fortsetzen ließe, darf man sich nicht darüber hinweg täuschen, daß diese Ansätze einer Umorientierung in Zukunft noch einer stärkeren curricularen Absicherung und Akzentuierung bedürfen. Eine stärkere Fokussierung sozialwissenschaftlicher Kasuistik in der pädagogischen Ausbildung könnte zweierlei leisten: Im Blick auf die oben skizzierte Problematik der Diplomstudiengänge könnte sie zu einer stärkeren Bezugnahme auf professionelle pädagogische Praxis und damit zu einer besseren Verzahnung von wissenschaftlicher Ausbildung und professionellen Arbeitsfeldern, zu einer Erweiterung professioneller Kompetenz führen, die sich aus einer „wissenschaftlichen Kompetenz des Theorieverstehens" und einer „beruflichen Kompetenz des Fallverstehens" zusammensetzt (vgl. KRAIMER 1994a, 141).

Im Blick auf die in den Fachhochschulen bis heute vorherrschende Orientierung am curricularen Leitbild einer Vermittlung bloßer Resultate sozialwissenschaftlicher Forschung könnte eine konsequente Fokussierung sozialpädagogischer Kasuistik eine Öffnung der Lehre in Richtung Partizipation am Forschungsprozess bewirken (vgl. DEWE u.a. 1993). Um eine stärkere Orientierung am Prinzip forschenden Lernens quer zur jetzigen Fächerstruktur durchzusetzen, wäre es sinnvoll, nicht nur seminarbezogene oder fachbezogene Vermittlungsformen zu entwickeln, sondern auch fächerübergreifende Projeke zu entwickeln, in denen interdisziplinär an übergreifenden Themen gearbeitet und nach dem Prinzip forschenden Lernen 'geforscht' wird, etwa im Sinne des oben vorgestellten ethnographischen Ansatzes. Vorbild für eine solche Arbeit könnte durchaus die Arbeit der Forschungswerkstätten in den universitären Studiengängen oder Aufbaustudiengängen (Kassel, Magdeburg, Siegen) sein, zumindest vom Organisationsmodell einer interdisziplinären Zusammensetzung und eines Projektbezugs her. Der Einsatz qualitativer Untersuchungsverfahren und die Entwicklung ethnographischer Verfahren können - wie das oben deutlich gemacht wurde - durchaus angepaßt werden an den Kontext der hier vorherrschenden berufspraktischen wie fachpraktischen Fragestellungen und Orientierungen. In diesem Zusammenhang wäre allerdings in Zukunft intensiver die Frage nach abgekürzten Untersuchungsverfahren zu stellen, um eine unnötige Akademisierung der sozial-pädagogischen Ausbildung zu vermeiden (vgl. SCHÜTZE 1994, 280 ff.). Im Rahmen eines interdisziplinär besetzten sozialen Lernarrangements, wie es sich im Werkstattmodell abbildet, könnten dann auch die Sichtweisen und Perspektiven der unterschiedlichen sozialwissenschaftlichen Fach-Disziplinen mit einfließen und zu einer Erweiterung der fachlichprofessionellen Aufmerksamkeit und Orientierung unter den Studierenden führen. Freilich werden sich solche curricularen Überlegungen am Prinzip exemplarischen Lernens orientieren müssen, denn das zentrale Problem, welches sich im Rahmen künftiger Studienreform immer stellen wird, ist die oben bereits erwähnte Tendenz einer zunehmenden Ökonomisierung und Rationalisierung von Studienzeiten und Ausbildungsressourcen. Die Entwicklung einer sozialwissenschaftlichen Perspektive in Form einer ethnographischen Ausbildungs-Werkstatt könnte im Sinne exemplarischen Lernens verstanden werden, wo eine ethnographische Arbeitshaltung einsozialisiert wird, die auf beliebige andere Arbeitsfelder während des Studiums übertragen werden kann. - Verbunden wäre mit einer solchen Perspektive die Hoffnung, daß sich bei den Studierenden im Rahmen einer solchen Lernorganisation ein „professioneller Haltungskern" (SCHÜTZE 1994) entwickelt, welcher über die Studienzeit hinaus wirksam wird und im Kontext profesionellen pädagogischen Handelns die Grundlage schafft für einen reflexiven Umgang mit dem Beruf.

Literatur

ARBEITSGRUPPE BIELEFELDER SOZIOLOGEN (Hg.) 1973: Alltagswissen Interaktion und gesellschaftliche Wirklichkeit. Band 2: Ethnotheorie und Ethnographie des Sprechens. Reinbeck b.Hamburg.
BARTH, Stephan (Red.) 1995: Dokumentation des Forschungspraxisseminars „Soziale Arbeit als Beitrag zur Entwicklung eines Sozialraums". Universität GH Siegen 1995.
BECKER, Helmut/Jörg EIGENBRODT/Michael MAY 1984: Pfadfinderheim, Teestube, Straßenleben: Jugendliche Cliquen und ihre Sozialräume. Frankfurt.
BEHNKEN, Imbke, Olga JAUMANN (Hg.) 1995: Kindheit und Schule. Weinheim und München.
BIENEWALD, Erwin u.a. 1978: Offene Jugendarbeit im Arbeiterviertel. Bensheim.
BOHNSACK Ralf 1993: Rekonstruktive Sozialforschung. Einführung in Methodologie und Praxis qualitativer Forschung. Opladen.
BOHNSACK, Ralf/Peter LOOS/Burkhard SCHÄFFER/Klaus STÄDTLER/Bodo WILD 1995: Die Suche nach Gemeinsamkeit und die Gewalt der Gruppe. Hooligans, Musikgruppen und andere Jugendcliquen. Opladen.
DEWE, Bernd/Wilfried FERCHHOFF/Albert SCHERR/Gerd STÜWE 1993: Professionelles soziales Handeln. Weinheim und München.
FISCHER, Hans (Hg.) 1985: Feldforschungen: Berichte zur Einführung in Probleme und Methoden. Berlin.
FRANZ, Hartmut u.a. 1980: Wie hinter'm Preßlufthammer nur unheimlich schöner. Discokultur in Jugendhäusern. Bensheim.
FRICKE, Wolfgang, Gustav GRAUER 1994: Hochschulsozialisation im Sozialwesen. HIS GmbH. Hannover.
FRIEBERTSHÄUSER, Barbara 1992: Übergangsphase Studienbeginn. Eine Feldstudie über Riten der Initiation in eine studentische Fachkultur. Weinheim und München
FRIEDRICHS, Jürgen 1995: Stadtsoziologie. Opladen.
GÄNGLER, Hans 1994: Akademisierung auf Raten? Zur Entwicklung wissenschaftlicher Ausbildung zwischen Erziehungswissenschaft und Sozialpädagogik. In: KRÜGER/RAUSCHENBACH (Hg.), S. 229-252.
GEBERT, Diether 1991: Organisation. In: FLICK, Uwe u.a. (Hg.): Handbuch Qualitative Sozialforschung. München, S. 299-302.

GEERTZ, Clifford 1987: Dichte Beschreibung. Beiträge zum Verstehen kultureller Systeme. Frankfurt.
GILDEMEISTER, Regine 1992: Neuere Aspekte der Professionalisierungsdebatte: Soziale Arbeit zwischen immanenten Kunstlehren des Fallverstehens und Strategien kollektiver Statusverbesserung. In: Neue Praxis, Nr. 3/1992, S. 207 ff.
GIRTLER, Roland 1984: Methoden der qualitativen Sozialforschung. Anleitung zur Feldarbeit. Wien, Köln, Graz.
GRODDECK, Norbert 1994: Expansion, Qualifizierungsfalle und unterentwickelte Fachkultur. In: GRODDECK/SCHUMANN (Hg.), S. 26-40.
GRODDECK, Norbert, Michael SCHUMANN (Hg.) 1994: Modernisierung Sozialer Arbeit durch Methodenentwicklung und -reflexion. Freiburg.
HAUPERT, Bernhard 1994: Wege und Ziele der Forschung im Rahmen professioneller Sozialer Arbeit. In: WENDT, Wolf Rainer (Hg.): Sozial und wissenschaftlich arbeiten. Freiburg 1994, S. 116-133.
HITZLER, Ronald, Anne HONER 1991: Qualitative Verfahren zur Lebensweltanalyse. In: FLICK, Uwe u.a. (Hg.): Handbuch Qualitative Sozialforschung. München, S. 382-385.
JAKOB, Gisela 1989: Ehrenamtliche Arbeit im Dienst des Selbst. In: Grounded. Arbeiten aus der Sozialforschung (1989), Nr. 2, S. 1-45.
JAKOB, Gisela 1993: Zwischen Dienst und Selbstbezug. Opladen.
KALLMEYER, Werner, Fritz SCHÜTZE 1976: Konversationsanalyse. In: Studium Linguistik 1976, H.1, S. 1-28.
KRAIMER, Klaus 1994a: Zur Frage der Ausgestaltung rekonstruktiver Forschung in der Sozialarbeitswissenschaft. In: WENDT, Wolf Rainer (Hg.), S. 134-142.
KRAIMER, Klaus 1994b: Die Rückgewinnung des Pädagogischen. Aufgaben und Methoden sozialpädagogischer Forschung. Weinheim und München.
KRÜGER, Heinz-Hermann 1994: Allgemeine Pädagogik auf dem Rückzug? Notizen zur disziplinären Neuvermessung der Erziehungswissenschaft. In: KRÜGER/RAUSCHENBACH (Hg.), S. 115-130.
KRÜGER, Heinz-Hermann, Thomas RAUSCHENBACH (Hg.) 1994: Erziehungswissenschaft. Die Disziplin am Beginn einer neuen Epoche. Weinheim und München.
KRÜGER, Heinz-Hermann, Winfried MAROTZKI (Hg.) 1995: Erziehungswissenschaftliche Biographieforschung. Opladen.
KRÜGER, Heinz-Hermann 1995: Bilanz und Zukunft der erziehungswissenschaftlichen Biographieforschung. In: KRÜGER, Heinz-Hermann, Winfried MAROTZKI (Hg.), S. 32-55.
KULTUSMINISTERKONFERENZ und WESTDEUTSCHE REKTORENKONFERENZ 1989: Rahmenordnung für die Diplomprüfung im Studiengang Erziehungswissenschaft. Bonn.
LÜDERS, Christian 1989: Der wissenschaftlich ausgebildete Praktiker. Weinheim.
LAMNEK, Siegfried 1989: Qualitative Sozialforschung. Band 2: Methoden und Techniken. München.
LESSING, Hellmut/Diethelm DAMM/Manfred LIEBEL/Michael NAUMANN 1986: Lebenszeichen Jugend. Kultur, Beziehung und Lebensbewältigung im Jugendalter. Weinheim und München.
MÜLLER, Burkhard 1994: Sozialpädagogisches Können. Ein Lehrbuch zur multiperspektivischen Fallarbeit. Freiburg.
NIEMEYER, Christian 1992: Sozialpädagogik als Wissenschaft und als Profession. In: Neue Praxis. Nr. 6, S. 455-471.
NITTEL, Dieter 1992: Gymnasiale Schullaufbahn und Identitätsentwicklung. Eine biographieanalytische Studie. Weinheim.
NITTEL, Dieter 1991: Report: Biographieforschung. Pädagogische Arbeitsstelle Deutscher Volkshochschulverband. Bonn.

NITTEL, Dieter 1994: Biographische Forschung - ihre historischen Entwicklung und praktische Relevanz in der Sozialen Arbeit. In: GRODDECK/SCHUMANN (Hg.), S. 147-188.
OPPL, Hubert 1992: Künftige Entwicklung von Sozialarbeit/Sozialpädagogik und Konsequenzen für Lehre und Studium. In: Soziale Arbeit, Nr. 3, S. 92-98.
PROJEKT STUDIUM UND BIOGRAPHIE 1990: Projekt Studium und Biographie. Universität Gesamthochschule Siegen. MitarbeiterInnen: Helmut Apel, Steffani Engler, Barbara Friebertshäuser, Jürgen Zinnecker. Projektbericht Nr.9. Manuale Methoden der Feldforschung. WS 1988/89.
PROJEKT KINDHEIT IM SIEGERLAND 1991: Projekt Kindheit im Siegerland. Universität Gesamthochschule Siegen. MitarbeiterInnen: Manuela Lutz, Judith Pasquale, Annette Wojtkowiak, Imbke Behnken, Jürgen Zinnecker. Projektbericht Nr 2. Methoden Manuale. 1991.
RAUSCHENBACH, Thomas 1993: Expansion ohne Konturen? Disziplinrekrutierung im Spiegel von Stellenausschreibungen. In: Erziehungswissenschaft. Mitteilungsblatt der Deutschen Gesellschaft für Erziehungswissenschaft 4. Jg. 1993, Heft 7, S. 90-109.
RAUSCHENBACH, Thomas 1994: Ausbildung und Arbeitsmarkt für ErziehungswissenschaftlerInnen. Empirische Bilanz und konzeptionelle Perspektiven. In: KRÜGER/RAUSCHENBACH 1994, S. 275-294.
REICHWEIN, Susanne, Thomas FREUND 1992: Karrier.en, Action, Lebenshilfe. Jugendliche im Verband. Opladen.
REISS, Gunter (Hg.) 1995: Schule und Stadt. Lernorte, Spielräume, Schauplätze für Kinder und Jugendliche. Weinheim und München.
SCHUMANN, Michael 1992: Sozialpädagogische Kasuistik. In: Soziale Arbeit, Nr. 3, S. 74-78.
SCHUMANN, Michael 1994: Methoden als Mittel professioneller Stil- und Identitätsbildung. In: GRODDECK/SCHUMANN (Hg.), S. 41-67.
SCHUMANN, Michael 1995a: Sozialräumliche und biographische Perspektiven in der Jugendarbeit. In: Neue Praxis, Nr. 6, S. 459-474.
SCHUMANN, Michael 1995b: Sozialraumanalyse und Ethnographie in Jugendhilfe und Jugendarbeit? In: deutsche jugend 5/1995, S. 210-216.
SCHUMANN, Michael 1996: Methoden der Sozialraumanalyse am Beispiel des Siegener Projektes „Weidenau-Ost" (erscheint demnächst in der Zeitschrift „Siegen: Sozial").
SCHÜTZ, Alfred 1974: Der sinnhafte Aufbau der sozialen Welt. Frankfurt.
SCHÜTZ, Alfred/Thomas LUCKMANN 1979: Strukturen der Lebenswelt. Band 1. Frankfurt.
SCHÜTZ, Alfred/Thomas LUCKMANN 1984: Strukturen der Lebenswelt. Band 2. Frankfurt.
SCHÜTZE, Fritz 1993: Die Fallanalyse. Zur wissenschaftlichen Fundierung einer klassischen Methode der Sozialen Arbeit. In: RAUSCHENBACH, Thomas/Friedrich ORTMANN/Marie-E. KARSTEN (Hg.): Der sozialpädagogische Blick. Lebensweltorientierte Methoden in der Sozialen Arbeit. Weinheim und München, S. 191 ff.
SCHÜTZE, Fritz 1994: Ethnographie und sozialwissenschaftliche Methoden der Feldforschung. Eine mögliche methodische Orientierung in der Ausbildung und Praxis der Sozialen Arbeit? In: GRODDECK/SCHUMANN, S. 189-297.
STRAUSS, Anselm 1991: Grundlagen qualitativer Sozialforschung. Datenanalyse und Theoriebildung in der empirischen soziologischen Forschung. München.
STRAUSS, Anselm 1978: A Social World Perspective. In: N.K. DENZIN (Hg.): Studies in Symbolic Interaction, Vol. 1. Greenwich, Connecticut (JAI Press), S. 119-128.
STRAUSS, Anselm 1982: Social Worlds and Legitimation Processes. In: N.K. DENZIN (Hg.): Studies in Symbolic Interaction, Vol 4. Greenwich, Connecticut, S. 171-189.
STUDIENFÜHRER „Außerschulisches Erziehungs- und Sozialwesen" 1989: Universität Gesamthochschule Siegen (Hg.): Studienführer für den Studiengang „Außerschulisches Erziehungs- und Sozialwesen". Siegen.

THIERSCH, Hans 1994: Sozialpädagogik und Erziehungswissenschaft. Reminiszenzen zu einer hoffentlich bald überflüssigen Diskussion. In: KRÜGER/RAUSCHENBACH (Hg.), S. 131-146.

THOLE, Werner 1994: Sozialpädagogik an zwei Orten. Professionelle und disziplinäre Ambivalenzen eines noch unentschiedenen Projektes. In: KRÜGER/RAUSCHENBACH (Hg.), S. 253-274.

WENDT, Wolf Rainer (Hg.) 1994: Sozial und wissenschaftlich arbeiten. Status und Positionen der Sozialarbeitswissenschaft. Freiburg.

WOLF, Willi 1995: Qualitative versus quantitative Forschung.In: KÖNIG, Eckard, Peter ZEDLER (Hg.): Bilanz qualitativer Forschung. Band 1: Grundlagen qualitativer Forschung. Weinheim 1995, S. 309-330.

ZINNECKER, Jürgen 1995: Pädagogische Ethnographie. Ein Plädoyer. In: BEHNKEN, Imbke/Olga JAUMANN (Hg.): Kindheit und Schule. Weinheim und München, S. 21-39.

Gertrud Beck und Gerold Scholz

Fallstudien in der Lehrerausbildung

Überblick

Fallstudien beginnen in der erziehungswissenschaftlichen Diskussion eine bedeutendere Rolle zu spielen. Der erste Teil dieses Beitrages begründet die Berechtigung dieser Entwicklung. Dabei zeichnen wir in einem ersten Schritt Argumentationslinien nach, die eine Neubewertung von Fallstudien zur Folge haben. In einem zweiten Schritt versuchen wir zu beschreiben, was wir unter „Fallstudien" verstehen. Aus den beiden Kapiteln ergeben sich Folgerungen für den Einsatz von Fallstudien in der Lehrerbildung. In diesem zweiten Teil werden zwei Verwendungszusammenhänge von Fallstudien exemplarisch behandelt. Zunächst geht es um Fallstudien als hochschuldidaktisches Mittel in Seminaren. Ein zweiter hochschuldidaktischer Verwendungszusammenhang von Fallstudien ist die Möglichkeit für Studierende, Forschungserfahrungen zu machen, indem sie Fallstudien selbst durchführen.

Die Fallstudie als Methode der Erziehungswissenschaft

Im Jahre 1981 schrieben ERTLE und MÖCKEL: „Es fällt auf, daß Fallberichte in der Erziehungswissenschaft eine geringe Beachtung finden." (ERTLE/ MÖCKEL 1981, S. 9).[1]
Nach unserer Kenntnis trifft diese Einschätzung auch für die neunziger Jahre zu, obwohl sich auf eine Reihe von Beiträgen zu dem Thema verweisen läßt.[2]
Erst in der jüngsten Gegenwart ist ein größeres Interesse an Fallstudien zu verzeichnen. Dies wird begünstigt durch eine Reihe von Erkenntnissen und Entwicklungen.
Angesichts einer zumindest unübersichtlich gewordenen Schul- und Bildungslandschaft ist die Tendenz erkennbar, sich der Analyse der Realität zuzuwenden. Dies im Unterschied zu der Zeit, wo die Konstruktion von Konzepten im Vordergrund stand. Diese empirische Orientierung greift wiederum stärker als zu Beginn der sog. „realistischen Wende" in der Erziehungswissenschaft auf qualitative Verfahren zurück. Wo das Verstehen einzelner Prozesse genauso wichtig ist, wie die Aufarbeitung von Daten für bildungspolitische Konsequenzen werden qualitative Vorgehensweisen den quantitativen ebenbürtig.
Ein dritter Grund für die beginnende Neubewertung von Fallstudien mag auch damit zusammenhängen, daß Fallstudien versprechen, ein der Erziehungswis-

---

[1] Auch Karlheinz Biller konstatiert 1988 einen Widerspruch zwischen der Bedeutung der Kasuistik in verschiedenen Wissenschaftsgebieten und der relativen Bedeutungslosigkeit in der Erziehungswissenschaft. (BILLER 1988, S. 9).
[2] In BILLER 1988 wird ein größerer Teil der Literatur aufgelistet.

senschaft adäquates Paradigma zur Verfügung zu stellen. Denn weder eine soziologische noch eine psychologische Betrachtungsweise können zum Beispiel erklären, was eine Situation zu einer Lernsituation macht.
Die Klärung dessen, was in pädagogischen Handlungen eigentlich geschieht, setzt die Beobachtung einzelner Situationen voraus, in ihrer Bedingtheit und in ihrer Vielfalt. Die pädagogische Theoriebildung bedarf der Kenntnis der Praxis. Hans MERKENS schreibt: „Der flüchtige Eindruck kann diese Kenntnis nicht vermitteln. Was benötigt wird, sind dichte Beschreibungen, wie GEERTZ diesen Typ im Anschluß an RYLE benennt." (MERKENS 1989, S. 615)
Dichte Beschreibungen setzen „dichte Erfahrungen" voraus. Der Verweis auf den Ethnologen Clifford GEERTZ macht auf einen weiteren Hintergrund aufmerksam, der den Diskurs um Fallstudien prägt. Nach einer psychologischen und einer soziologischen Zugriffsweise auf erzieherische und unterrichtliche Realität schiebt sich zur Zeit eine im Kern ethnologische Betrachtungsweise in den Vordergrund. Mit der Übernahme des Kulturbegriffes für erziehungswissenschaftliche Forschung ist auch der Versuch verbunden, eine jeweils einseitige Orientierung am Individuum bzw. seiner Umwelt dadurch zu vermeiden, daß Individuum und Umwelt in ihrer Wechselbeziehung gesehen werden.
Eine weitere, gewissermaßen im Hintergrund verlaufende Diskussion ist für die Bedeutung von Fallstudien nicht unwesentlich. Die grundsätzliche Kritik der Methodik von Wissenschaften hat deutlich gemacht, daß die Behauptung einer objektiven Beschreibung von Realität sich nicht mehr umstandslos aufrechterhalten läßt. Der Einfluß des Beobachters auf das Beobachtete ist in allen Wissenschaftsdisziplinen erkennbar geworden. Jedweder wissenschaftliche Diskurs unterliegt Bedingungen, die er selbst nur reflektieren aber nicht außer Kraft zu setzen vermag. Die Grenze zwischen Beschreibung und Interpretation ist fließend geworden. Das heißt auch, daß jede Beschreibung wiederum hermeneutisch zugänglich ist. Von daher gewinnen hermeneutische Verfahren ein neues Interesse. Dies gilt insbesondere für eine Disziplin wie die Erziehungswissenschaft, zu deren Grundlagen es gehört, nicht eindeutig zwischen Theorie und Praxis oder Wissenschaft und Kunst scheiden zu können. Die Fallstudie erfüllt für die Erziehungswissenschaft von daher ein doppeltes Bedürfnis. Sie stellt einen Bezug zur Praxis her und sie verspricht, zumindest propädeutische Hinweise auf eine Theorie. Denn im einzelnen Fall sind sowohl das Besondere wie das Allgemeine enthalten.
Wenn die bisherigen Argumente eher allgemein gehalten sind, so haben Fallstudien für die Erziehungswissenschaft einen besonderen Wert. Vor allem in den Forschungen zu Lernprozessen von Grundschulkindern ist deutlich geworden, daß es zum Verständnis der realen Lernprozesse notwendig ist, das Kind als Subjekt seines Lernprozesses zu konstruieren. Deutlich wurde, daß Methodologien und folglich auch didaktische Ansätze, in denen Lernen gefaßt wird „... als Folge direkter Übermittlung und/oder Nachahmung und Prägung, wobei die Schülerin und der Schüler als passive Individuen gesehen werden, in denen die äußeren Reize (das Lernangebot) Spuren hinterlassen ... ," (VALTIN 1994, S. 146) den tatsächlich ablaufenden Lernprozessen nicht gerecht werden. Die Gleichsetzung von Lehrprozessen mit Lernprozessen ist falsch. Mit der Auf-

merksamkeit auf Lernprozesse geraten nun Schüler und Schülerinnen in den Mittelpunkt der Beobachtung. Dabei wird zunächst zweierlei erkennbar. Erstens: Kinder denken und fühlen anders als Erwachsene und zweitens: Einzelne Kinder reagieren anders. Die Beobachtung der Lernprozesse von Kindern als Voraussetzung für die Konstruktion pädagogischer Lehrprozesse bedeutet für den erwachsenen Forscher die Auseinandersetzung mit einer Welt, die ihm nicht von allein verständlich wird. Das Konstrukt einer Erkenntnispyramide, in der das Wissen des Kindes im Wissen des Erwachsenen enthalten ist, unterschlägt die Unterschiede zwischen kindlichem und erwachsenem Wahrnehmen, Denken und Fühlen. Eine empirische Erziehungswissenschaft kann nicht länger das Kind bzw. den Schüler und die Schülerin aus der untersuchten Realität ausblenden. Sich auf Kinder als Subjekte ihrer Lernprozesse einzulassen, bedeutet dann methodisch auch, alle Modellannahmen aufzugeben, die mit Reiz-Reaktions-Schemata arbeiten. Das methodische Instrumentarium wird sich am konkreten Beispiel, der konkreten Situation orientieren und versuchen müssen, diese insgesamt zu rekonstruieren.

Zum Fallbegriff

Einer der Gründe für die mangelnde Bedeutung von Fallstudien in der Erziehungswissenschaft sehen wir in der Unklarheit des Fall-Begriffes. Der Versuch, Fallstudien durch die Bestimmung ihres Gegenstandes zu definieren, kann nicht befriedigen. So rubriziert Karlheinz BILLER Autobiographien, Ereignisse, Programme, Institutionen, Erziehungsmaßnahmen und Erziehungstheorien unter der Überschrift „Das Gegenstandsfeld der pädagogischen Kasuistik" (BILLER 1988, S. 38). Die genannten Bereiche können ebensogut Gegenstand anderer methodischer Verfahren sein, ebenso ließen sich in allen denkbaren Feldern Fallstudien durchführen. Wir plädieren dafür, auch in der Erziehungswissenschaft einer methodologischen Erkenntnis zu folgen, die lautet, daß die Methode den Gegenstand konstruiert. Der „Fall" ist so gesehen nicht eine vorfindbare Tatsache, sondern Produkt einer methodischen Herangehensweise. Andere Herangehensweisen führen zu anderen Gegenständen. Jede Methode focussiert ihr Beobachtungsinteresse und vernachlässigt damit zwangsläufig andere Aspekte der Realität. Die Auseinandersetzung zwischen den Methoden kann deshalb auch nicht entlang der Frage objektiv oder nicht erfolgen, sondern unter dem Gesichtspunkt des Erkenntnisgewinnes bei einer Bevorzugung bestimmter Aspekte von Realität und der relativen Ausblendung anderer Aspekte.

Dieser Ansatz, den Fall als Methode und nicht vom Gegenstand her zu bestimmen, ermöglicht auch einen produktiveren Umgang mit einem zweiten Problem der Kasuistik. Dies ist die Abgrenzung von Fallbeobachtung, Falldarstellung und Fallanalyse. Pragmatisch, d.h. als Orientierung während des Forschungsprozesses macht diese Trennung durchaus Sinn. Theoretisch ist sie allerdings deshalb nicht aufrechtzuerhalten, weil evident ist, daß jede Beobachtung theoriegeladen ist. Fallbeobachtung, Falldarstellung und Fallanalyse sind so ineinander verwoben, daß sie sich nicht trennen lassen. Was der Fall ist, ist abhän-

gig, von dem der ihn erzählt - und man kann auch sagen, von denen, denen er erzählt wird.
Da dieser Satz wörtlich gemeint ist, enthält er auch eine Antwort auf das dritte Problem der Kasuistik. Auf die Frage nämlich, wann ein Fall anfängt und wann er aufhört. Es gibt dafür, vom Gegenstand her, kein Kriterium. Wer immer zwei Kinder fragt, warum sie sich streiten, läßt sich auf eine unendliche Geschichte ein. Der Erzähler bestimmt den Anfang und das Ende des Falles. Es ist der Erzähler, der im Erzählen definiert, was für ihn ein Fall ist - und was nicht. Jeder Fall ist eine Konstruktion sozialer Wirklichkeit. Anders gesagt: Die Falldarstellung ist eine Methode der Verständigung über soziale Wirklichkeit. Sie kann die Möglichkeit zur Verständigung deshalb voraussetzen, weil sie bei aller Verschiedenheit der Sprachen, der Wahrnehmungen und Deutungen die intersubjektive Teilhabe von Menschen an einer Lebenswelt anspricht. Die Fallgeschichte überzeugt dann, wenn sie mit der eigenen Lebenswelt in Verbindung gebracht werden kann. Das bedeutet auch, sie überzeugt nur dann, wenn sie mehr darstellt als einen flüchtigen Eindruck, wenn sie, wie es oben hieß, eine dichte Beschreibung bietet, die wiederum auf einer dichten Erfahrung beruht. Der Fall entsteht also in der Interaktion zwischen Erzähler und Zuhörer bzw. Autor und Leser.[3] Vom Zuhörer oder Leser wird erwartet, daß er sagt: „Ja, so könnte es sein." Er soll oder muß nicht sagen: „Ja, so ist es."
Wer etwas erzählen will, muß etwas haben, worüber er erzählen kann, d.h., er muß etwas erfahren haben, er muß „dabei gewesen sein". Die Fallstudie setzt die Teilhabe an Realität voraus. Ihre Daten erhebt die Fallstudie durch teilnehmende Beobachtung. Diese Beobachtung mag durch alle möglichen Verfahren ergänzt werden - Interviews, Video- oder Tonbandaufzeichnungen, Sammlung von Dokumenten etc. All dies sind aber nur Ergänzungen. Ohne die eigene subjektive Erfahrung in der Realität sind sie in bezug auf die Fallstudie ohne Wert. Teilhabe bedeutet u.a. zweierlei. Der Beobachter nimmt teil am Strom der Ereignisse. Er setzt sich der Komplexität, oder wie SCHMITZ es nennt - „der chaotisch mannigfaltigen Ganzheit" (SCHMITZ 1994, S. 6) der Realität aus. Und - was häufig weniger beachtet wird - er nimmt teil an der Interpretation der Situation durch die Beteiligten. Erst seine Teilhabe ermöglicht, sowohl die Ereignisse wie deren Interpretation als Einheit wahrzunehmen.[4]
Für die Fallstudie entscheidend ist nun wiederum, daß sich der Forscher, anders als die übrigen Beteiligten, in einem doppelten Kontext wiederfindet. Hans MERKENS spricht von einer Doppelrolle des teilnehmenden Beobachters: als „normaler Akteur" und „als Forscher" (vgl. MERKENS 1984, S. 34). Der teilnehmende Beobachter hat gleichzeitig zwei Haltungen zu realisieren, nämlich Engagement und Distanz. Ohne Engagement läßt sich die Realität und deren Deutung nicht erfahren. Und ohne Distanz wird die Deutung der anderen Betei-

---

[3] Er entsteht nicht in der Realität. In der Realität exisitieren Situationen. Zum „Fall" werden sie erst, wenn darüber gesprochen oder geschrieben wird.
[4] Direkte Kommunikation hat nicht nur einen Inhalts- und einen Beziehungsaspekt. Sie findet zudem unter bestimmten Bedingungen statt, die sich prägen. Und die Kommunikationsteilnehmer vermitteln sich auch, wie das, was sie kommunizieren zu verstehen ist. Anders wäre z.B. Ironie kaum erklärbar.

ligten nicht als Deutung erkennbar. Um es an einem Beispiel zu sagen: Wenn es in einer Schulklasse klingelt, so kann dies Schülern wie Lehrern selbstverständlich geworden sein. Erst die Distanz ermöglicht es, die scheinbare Selbstverständlichkeit mit der die Klasse auf das Klingeln reagiert wahrzunehmen. Diese Doppelrolle verpflichtet den teilnehmenden Beobachter auch darauf, die Geltungsregeln von Aussagen in beiden Kontexten zu beachten. Seine Fallkonstruktion muß sowohl für die Praktiker nachvollziehbar sein, wie für Wissenschaftler.

Aus dieser Sicht bietet auch eine fiktive Fallgeschichte, wie die von Jürgen HENNINGSEN mit dem Titel „Peter stört" für Theoretiker wie Praktiker einen Erkenntnisgewinn (HENNINGSEN 1967). Denn die Kunstfiguren von Lehrerinnen, Studentinnen und Lehrern, die unterschiedlich auf Peters Störung reagieren - er bemalt sein Buch und zeigt dies seinen Mitschülern - rufen beim Leser den Eindruck hervor, sie schon erlebt zu haben. Dem widerspricht nicht, daß man als Erziehungswissenschaftler in den handelnden Personen der Geschichte Protagonisten bestimmter Erziehungstheorien wiederfindet. Offenbar ruft genau das Zusammenspiel von HENNINGSENS guter Kenntnis der Theorie und einer intimen Kenntnis alltäglicher schulischer Vorgänge den Eindruck hervor, daß die kleine Szene Unterrichtsalltag abbilde, obwohl sie doch konstruiert ist.

Damit soll auch gesagt werden, daß der Fall nicht naiv entsteht. In einer chaotisch-mannigfaltigen Realität ist die Fähigkeit, einen Fall zu konstruieren, abhängig vom Vorhandensein theoretischer Entwürfe dieser Realität. Der Fall exemplifiziert den Schnittpunkt von Realität und Theorie, im Sinne von MERKENS läßt sich auch sagen: Von Wahrnehmung und Spekulation. Im Fall sind Realität und Theorie aufeinander bezogen. Die Fallmethode ist danach jene Methode, die diesen Bezug herstellt.

Nun ließe sich einwenden, daß damit nach beiden Seiten hin jegliche Form der Verallgemeinerung unmöglich gemacht würde. Denn der Alltag erscheint in Form einer Theorie und die Theorie verkleidet als Alltagsgeschichte. Weder für den Alltag noch für die Theorie sei solch ein Fall repräsentativ. Im Sinne der Repräsentativität quantitativer Studien ist dieser Einwand berechtigt. Im Unterschied zu quantitativen Methoden haben Fälle keine Grundgesamtheit. Der einzelne Fall ist zunächst nur repräsentativ für *eine* Möglichkeit einer Konstruktion sozialer Wirklichkeit.[5] Der einzelne Fall kann sich prinzipiell nicht daraus legitimieren, daß er repräsentativ sei für eine bestimmte Realität, denn diese Aussage würde jene Quantifizierung des Feldes voraussetzen, die die Fallstudie nicht vornimmt. Das, was den einzelnen Fall exemplarisch macht, steht nicht in bezug zur Realität, noch zu den Diskursen (Theorien) über Realität. Exemplarisch sind Fälle in bezug auf die Möglichkeiten der Integration von Realität und Diskurs.

In dem Beispiel „Peter stört" ist dies im Kern die Definition der geschilderten Situation als „Störung". Ohne diesen Störungsbegriff wäre die Geschichte kein Fall. Mit dem Begriff „Störung" wird aus dem Fluß der Ereignisse ein Anfang

---

[5] Zu Fragen von Stichproben und Repräsentativität siehe auch MERKENS in diesem Band.

und ein Ende konstruiert, über das sich reden läßt. Indem HENNINGSEN einen sowohl praktisch wie theoretisch verorteten Begriff reflektiert macht er Aussagen über eine bestimmte Praxis wie über eine bestimmte Art und Weise über Praxis zu reden.

An HENNINGSENS kleiner Geschichte „Peter stört" ist ein weiterer Aspekt von Fallstudien leicht erkennbar. Karl Heinz GÜNTHER schrieb 1978: „Der 'besondere Fall' ist es auch, dem sich die erwähnte kasuistisch orientierte pädagogische Literatur vorzugsweise zuwendet. Es werden fast ausschließlich Konfliktfälle dargestellt und diskutiert. Das Alltägliche, Selbstverständliche, Wiederkehrende, immer schon Verstandene und Bewältigte wird selten als Fall vorgestellt, sondern das, was sich als Konflikt, als besonderes Ereignis, als Denkwürdiges und Merkwürdiges, als Unerwartetes und Unvorhergesehenes aus dem Geschehensablauf heraushebt." (GÜNTHER 1978, S. 167)

Die Orientierung am Konfliktfall führt bestenfalls, sofern sich eine große Sammlung solcher Fälle organisieren ließe, zu einer Sammlung von Konflikten. Wobei wir mit „Konflikten" nicht primär Situationen meinen, in denen die handelnden Personen sich widersprechenden Interessen verfolgen. Wenn Szenen zum Fall gemacht werden, dann deshalb, weil Beobachter und handelnde Personen unterschiedliche Interpretationen zur Verfügung haben. Das betrifft die Beziehung Schüler/Lehrer ebenso wie die zwischen Praktiker und Forscher. Der Fall ist zunächst immer ein Konfliktfall zwischen verschiedenen Lesarten einer Situation.

Eine Sammlung von Konfliktfällen fragt dann auch notgedrungen, wie es BINNEBERG tut, nach Analogien. Die Orientierung am Konflikt macht jedoch die Fallmethode eher untauglich für ethnologische oder ethnographische Ansätze. Denn deren Interesse besteht dezidiert darin, das Gewöhnliche und Alltägliche in den Blick zu bekommen. Aus dieser Sicht darf nichts als trivial oder als gegeben vorausgesetzt werden. (Vgl. BOGDAN/BIKLEN 1982)

Die Konsequenz besteht unseres Erachtens darin, teilnehmende Beobachtung als Langzeitbeobachtung zu bestimmen. Erst dadurch, daß sich die Biographien der Teilnehmer im beobachteten Feld und der beobachtenden Person eine Zeit lang miteinander verschränken, besteht die Chance, sowohl an der Kultur des Feldes teilhaben zu können als auch die Chance, gerade das, was dieser Kultur so selbstverständlich ist, zu skandalisieren. Die Langzeitbeobachtung wiederum modifiziert das Verhältnis von Fallbeoachtung, Fallanalyse und Falldarstellung. Sie dokumentiert zunächst so umfassend wie möglich und erst in der Rekonstruktion werden Fälle konstruiert. Damit verschiebt sich auch das Erkenntnisinteresse. Es geht nicht um eine Ansammlung von (Konflikt-) Fällen, sondern um das Erkennen und Nacherzählen von Entwicklungen. Die Fallmethode löst sich insofern auch von der Vorstellung, gewissermaßen „Wesensaussagen" über Personen oder Institutionen treffen zu wollen oder zu können. Diese schon immer problematische Annahme wird hier aufgelöst in eine Beschreibung von Veränderungen, der Bedingungen unter denen bestimmte Veränderungen beobachtbar waren - und zumindest spekulativ - einer Reflexion darüber, welches die Bedingungen der Möglichkeit für bestimmte Veränderungen sind. Erst aus dieser Sicht kann die Fallstudie auch Antworten zu der Frage beitragen, was denn eigentlich eine pädagogische Handlung ist.[6]

Für die Erziehungswissenschaft kann aus unserer Sicht - anders als dies in der Regel in der vorhandenen Literatur gesehen wird - die Fallmethode sich nur auf den „Fall mit" beziehen.[7] Im pädagogischen Alltag kennen wir eine Vielzahl solcher „dies ist ein Fall von" Formulierungen. „Ganz allgemein gesprochen geht es immer um das richtige, d.h. fachgerechte Herstellen einer 'Wenn-Dann-Beziehung': Nämlich zwischen dem jeweiligen Fall und dem 'anerkannten Allgemeinen', auf welches der Fall zu beziehen ist." (MÜLLER 1993, S. 32) Eine Bestimmung dieser „Wenn-Dann-Beziehung" ist in schulischen Kontexten angebracht, wenn es um die Klärung von Zuständigkeiten geht: Dies ist ein Fall, der mit den Eltern besprochen werden muß, oder: Dies ist ein Fall, zu dem ein Erziehungsberater hinzugezogen werden soll.

Der eigentlich pädagogische Fall ist jedoch der „Fall mit". Burkhard MÜLLER schildert auf dem Boden sozialpädagogischer Arbeit Aspekte des „Falles mit", die auch für Lehrerhandeln gelten:

„Pädagogisches Handeln - und jede Fallbearbeitung als 'Fall mit'- unterscheidet sich ... von jeder Art der Fallbearbeitung, die als technische Anwendung eines 'anerkannten Allgemeinen', als 'know how' funktioniert. Erstens ist Arbeit am 'Fall mit' prinzipiell 'Bewältigung von Ungewißheit'. Denn das, was Grundlage und Gegenstand der Zusammenarbeit sein kann (nämlich das notwendige Stück gegenseitigen Vertrauens und die Sache, in der man sich traut), kann nicht im voraus festgestellt sein, sondern muß gemeinsam entdeckt werden. (...) Zweitens hat pädagogisches Handeln (und jede Bearbeitung als 'Fall mit') grundsätzlich den Charakter eines (mindestens) bisubjektiven Handelns. D.h., zu dem, was da gehandelt bzw. produziert wird, gehören immer mindestens zwei: Pädagoge und Adressat. In gewisser Hinsicht kann man sagen: Was immer Sozialpädagogen im Blick auf die Dimension 'Fall mit' tun, es bleibt bloßer Versuch, bloßes Angebot, ja bloße Geste, solange es nicht vom Gegenüber aufgegriffen und durch dessen Mithandeln zu einem Ganzen wird. Drittens muß pädagogische Arbeit diese Abhängigkeit nicht nur als Faktum akzeptieren, sondern selbst wollen. Denn wenn es auf dieser Ebene darum geht, das 'anerkannte Allgemeine' eines 'menschenwürdigen', 'fairen' Umgangs im konkreten Fall praktisch werden zu lassen, dann muß die Abhängigkeit des pädagogischen Handelns vom Handeln seiner Adressaten mehr sein als ein bedauerliches Technologiedefizit; dann muß der Umgang mit ihr gewollt und Ausdruck fachlichen Könnens sein." (MÜLLER 1993, S. 48f.)

Der „Fall mit" ist der des täglichen Umgangs mit Schülern in der Schule. Der „Fall mit" weist nicht Zuständigkeiten zu, sondern verweist auf Denkmodelle - nicht Denkraster - mit deren Hilfe dieser Fall schöpferisch, d.h., kreativ und spekulativ gelöst werden kann.

---

[6] Vgl. BECK/SCHOLZ 1995a, S. 11f.
[7] Zur Unterscheidung von „Fall von", „Fall für" und „Fall mit" siehe MÜLLER 1993. Die meisten Beiträge zur Kasuistik berücksichtigen nur den „Fall von". So u.a.: BILLER, BINNEBERG, GÜNTHER.

Weil es in pädagogischen Situationen darauf ankommt, Situationen kreativ zu lösen und dabei die Sichtweisen von Schülerinnen und Schülern wahrzunehmen und zu berücksichtigen, sind Fallgeschichten in der Lehrerausbildung ein geeignetes Mittel.

Fallgeschichten in der Lehrerausbildung

Für die Frage, welche hochschuldidaktische Bedeutung Fallgeschichten in der Lehrerausbildung haben können, läßt sich zunächst an eine Aussage von Bernhard KORING anknüpfen: „Ich habe zeigen wollen, daß die wesentlichen Gegenstände professioneller pädagogischer Tätigkeit gerade nicht der Lernstoff und auch nicht bestimmte Normen sind; Hauptgegenstand sind vielmehr die individuellen Bedeutungen, also die Lesarten, die die Lernenden bei der Bearbeitung eines Themas selbst hervorbringen." (KORING 1992, S. 57). Denn: „Professionelle pädagogische Tätigkeit strukturiert und begleitet den Prozeß, in welchem die Adressaten versuchen, die Probleme und Bedingungen eigenen Lernens zu artikulieren." (ebd.)

Hier wird zunächst deutlich, daß Fallgeschichten nur ein Moment der Ausbildung sein können. Denn die Normen erzieherischen Handelns und die Begründung für die Auswahl des Lernstoffes lassen sich nicht allein aus Fällen ableiten, spielen aber für den Pädagogen bei der Interpretation der Lesarten und dem Versuch, diese zu strukturieren und zu begleiten, eine Rolle. Insofern spricht MÜLLER auch von einer propädeutischen Funktion der Fallgeschichten, die weder praktische Erfahrungen noch die in einem Studium vermittelbare Theorie ersetzen kann. (Vgl. MÜLLER 1993, S. 150)

Fallgeschichten können aber in einem mehrfachen Sinne „Lesarten" vermitteln. Sie bieten zum einen Lesarten einer Praxis, sie ermöglichen - auch wenn dieser Eindruck sogleich wieder aufzuheben sein wird - einen Einblick in reale Situationen. „Man hat das Gefühl", sagten uns unsere Studenten, als wir von „unserer" Klasse erzählten, die wir beobachteten, „daß man es mit richtigen Kindern zu tun hat."[8] Gemeint waren wohl zwei Tatsachen. Die eine besteht darin, daß die Fallgeschichte zwar einen Ausschnitt aus einem Ganzen konstruiert, aber dennoch und notwendig versucht, eine Situation, eine Szene in ihrer Mannigfaltigkeit darzustellen. Eine Fallgeschichte, die sich nur auf das Handeln der Lehrerin, oder nur auf deren Fragen, oder nur auf den Inhalt des Unterrichtes beziehen würde, ist keine. Die zweite Tatsache liegt darin, daß der Erzähler im Erzählen vermittelt - und das gilt sogar noch für den Autor in einem geschriebenen Text - daß er mehr weiß, als er sagt. Die Fallgeschichte ist eine Erzählung und keine Beschreibung. Als Erzählung vermittelt sie etwas von dem, was man als Zuhörer oder Leser gewissermaßen zwischen den Worten oder Zeilen erfährt. Die Fallgeschichte verweist auf Erfahrung.

---

[8] Wir haben in einer Langzeitstudie eine Grundschulklasse vom ersten bis zum letzten Schultag beobachtet. Wir waren zu zweit an einem Tag in der Woche in der Schule, saßen zwischen den Kindern und protokollierten vor allem deren Handlungen und Interaktionen.

Das läßt sich noch an dem erzählerischen Trick ablesen, den HENNINGSEN benutzt, wenn er die Gedanken der Lehrerin in der Situation protokolliert: „... Dein VW muß heute nachmittag zur Inspektion, nicht vergesssen..." (HENNINGSEN 1967, S. 51)

Die zweite Ebene der Lesarten bezieht sich auf die Möglichkeiten, den Text zu lesen und zu verstehen. Die Fallgeschichte ist, wie jede Erzählung, interpretationsoffen. Die Frage, was ist da eigentlich geschehen?, ruft bei verschiedenen Teilnehmern erst verschiedene Antworten hervor und dann die Frage: Warum haben wir hier verschiedene Antworten? Der Falldarstellung als eine Methode, die Theorie und Praxis aufeinander bezieht, macht deutlich, daß die Theorie mit Praxis aufgeladen ist und jede Praxis theoriebefrachtet. „Es geht", schreibt MÜLLER, „nicht um eine Vermittlung von Theorie und praktischer 'Anwendung', sondern um ein 'Hin und Her' zwischen zwei 'Erkenntniswegen'" (MÜLLER 1993, S. 151)

Die dritte Ebene der Lesarten hat zunächst die didaktische Funktion der Vermittlung von Mehrperspektivität. Die Aufgabe, die die Fallgeschichte nahelegt, besteht darin, sich in die Situation der handelnden Personen in der Geschichte hineinzuversetzen. Die Fallgeschichte provoziert zur Auseinandersetzung: Mit Sinndeutungsversuchen und eigenem mimetischen Vermögen. Dies meint die Fähigkeit, „sich an die Stelle zu setzen". Etwa an die Stelle der Lehrerin, die die Situation beobachtet oder an die von Peter oder anderer Kinder.

Die Fallgeschichte provoziert zur spielerischen und vergleichenden Diskussion der berichteten Erziehung und bezieht dabei den je eigenen Hintergrund mit ein. Die Falldiskussion wahrt so die Komplexität der Situation und ermöglicht - ohne intim zu werden - die Diskussion eben dieses eigenen Hintergrundes.

Diese Möglichkeit, sich in die lebendige Situation hineinzuversetzen, spielt vor allem eine wichtige Rolle in dem Versuch, Studierenden die Andersartigkeit der Lesarten von Kindern nahezubringen. Weil die Fallstudie weder „sachneutral" noch „beziehungsneutral" ist, läßt sich an ihr die oben von Renate VALTIN genannte Forderung aufgreifen, nämlich den Lerngegenstand und das Kind als Subjekt seines Lernprozesses gemeinsam zu betrachten.

Die Fallgeschichte im Seminar ist insofern eine Simulation, mit der ohne Gefährdung der Kinder und ohne Gefährdung der Studierenden in die Grundlagen einer empirischen Beobachtung eingeführt werden kann, die die Beobachtung und Beschreibung tatsächlich verlaufender Lernprozesse - nicht Lehrprozesse - zum Gegenstand hat.

Die Fallgeschichte macht die Mehrperspektivität pädagogischen Handelns deutlich und die jeweilige Abhängigkeit der handelnden Personen voneinander. Die Fallgeschichte ist nicht eine Einübung in richtiges pädagogisches Handeln. Sie hat kein Rezept und darf auch nicht als Rezept gelesen werden. Die Tatsache, daß sie Lesarten anbietet, heißt, daß sie zum Streit provoziert. Zum Mißverständnis der Fallgeschichten als Rezeptgeschichten hat wiederum HENNINGSEN alles notwendige geschrieben: „Gegenstand erziehungswissenschaftlicher Reflexion in der hier vorausgesetzten Bedeutung ist also ganz entschieden nicht Vorentwurf künftigen pädagogischen Handelns, sondern Hermeneutik einer pädagogischen Wirklichkeit, die im Augenblick des Darübersprechens immer schon vorgegeben ist. Freilich ist ein Ziel solcher Reflexion - neben der Einsicht in Sachverhalte - immer auch Ermöglichung künftigen pädagogischen Handelns." (HENNINGSEN 1967, S. 55)

Fallstudien als Forschungserfahrung für Studierende

Das Wissen um die Differenz zwischen Lehren und Lernen macht es für den Pädagogen zwingend, seine Adressaten und sich selbst zu beobachten und das Wahrgenommene zu interpretieren. KORING gliedert die pädagogische Tätigkeit in „Handeln" und „Deuten" und schreibt: „Beides sind die grundlegenden Operationen, die jeder Pädagoge lernen und beherrschen muß." (KORING 1992, S. 61)

Im Kern setzt die Forderung, Deuten als Moment pädagogischer Tätigkeit zu sehen, die Fähigkeit voraus, als Praktiker und in der Praxis zu forschen. Die Lehrertätigkeit impliziert die Fähigkeit zur Forschung. Das bedeutet, daß es Aufgabe der Hochschule ist, Studierenden diese Qualifikation zu vermitteln, ihnen Forschungserfahrungen zu ermöglichen und entsprechende Methoden zu lehren. Wir meinen damit ausdrücklich nicht primär die Fähigkeit, Forschungsergebnisse zu lesen und gegebenenfalls zu kritisieren. Wir meinen dezidiert, eigene Forschungen durchzuführen.[9]

Es ist naheliegend, daß diese Forschung nicht daran gemessen werden kann, ob sie in der Konkurrenz mit professioneller Forschung einen veröffentlichbaren Beitrag zur Fortentwicklung der Wissenschaft leistet oder nicht. Dennoch ist die studentische Forschung prinzipiell den gleichen Kriterien unterworfen wie jede Forschung. So muß sich die Dokumentensammlung und deren Interpretation an den Standards wissenschaftlicher Forschung orientieren. Aufgabe der Lehrenden ist es allerdings, die Forschungsfrage so zu stellen, daß sie von den Studierenden auch bearbeitet werden kann. Die Durchführung einer Fallstudie bietet die Möglichkeit, Fragen zu entwickeln, die sowohl von dem notwendigen Forschungsaufwand, wie dem Schwierigkeitsgrad, der Reichweite der Interpretation etc., den Möglichkeiten von Studierenden angepaßt werden kann.

Diese Abstimmung auf die Möglichkeiten von Studierenden findet in der Regel natürlich überall dort statt, wo Studierende in Forschungen der Hochschule eingebunden werden. Aber dort geschieht eben nicht das, was wir unter „Forschungserfahrungen" verstehen und was wir als Qualifikation für eigenes pädagogisches Handeln für notwendig erachten. In der Einbindung von Studierenden in professionelle Forschung erleben sie in der Regel nur Aspekte der mit dieser Forschung verbundenen Aufgaben und Probleme. Die Durchführung einer Fallstudie kann dagegen den Prozeß von der Entwicklung der Fragestellung, über die Durchführung der Untersuchung bis zu deren Interpretation als eigenständig durchgeführte Forschung ermöglichen. Und allein die Arbeit an einer Fallstudie vermittelt den Studierenden jene Qualifikationen, die sie für ihre Beobachtungsaufgabe in der Praxis benötigen. In diesem Sinne ist die Forschungs-

---

[9] Dies ist auch ein Grund, warum die Ausbildung für die Lehrämter, vor allem für das Lehramt an Grundschulen, eine universitäre Ausbildung sein muß.

erfahrung bei der Durchführung einer Fallstudie Teil einer auf den Beruf hin orientierten Ausbildung. Die Fähigkeit zur empirischen Beobachtung der Adressaten und des eigenen Handelns hat nicht nur die Handlungsfähigkeit des späteren Pädagogen zum Ziel. Sie vermittelt auch jene Qualifikationen, die als Reflexionswissen Voraussetzung dafür sind, daß sich Lehrerinnen und Lehrer während ihrer Berufstätigkeit weiter qualifizieren. Je weniger es darum gehen kann, daß die Universität die richtigen Rezepte für das richtige pädagogische Handeln vermittelt, desto wichtiger wird es, den Blick vom Ende des Studiums und dem Beginn der Berufstätigkeit zu lösen und auf die während der Berufstätigkeit notwendigen Lernprozesse von Lehrenden zu richten.

Die Durchführung einer Fallstudie übt also die Fähigkeit zu einer forschenden Haltung, sie übt die Ausbalancierung der widersprüchlichen Anforderungen nach Engagement und Distanz.

In diesem Zusammenhang besteht die Besonderheit der Fallstudie - und damit deren hochschuldidaktische Qualität - darin, daß die eigene Person immer Teil des Forschungsgegenstandes ist. Die Bestimmung der Fallstudie als Methode, Theorie und Realität aufeinander zu beziehen, oder anders formuliert, sich mit Lesarten auseinanderzusetzen, bedeutet für den studentischen Forscher nicht nur, nach der Tragfähigkeit der eigenen Deutungen zu fragen, sondern insgesamt nach der Bedeutung der eigenen Anwesenheit in dem beobachteten Feld. Wenn die Fallgeschichte im Seminar dazu provoziert, sich an die Stelle der Protagonisten der Geschichte zu versetzen, so verlangt die Fallstudie geradezu danach, sich selbst in einer doppelten Rolle zu sehen: Als Produzent von Dokumenten und als kritischer Leser dieser Dokumente. Diese Fähigkeit kann sowohl als wissenschaftlich gekennzeichnet werden wie als Voraussetzung für professionelles praktisches Handeln von Pädagogen.

Es ist wohl unstrittig, daß die hochschuldidaktische Begründung für die Konfrontation von Studierenden mit Theorien u.a. darin liegt, durch methodisch geleitetes Nachfragen Pauschalisierungen zu vermeiden. Die Erfahrung, daß sich Menschen, Situationen und Gegebenheit anders darstellen, wenn man sie genauer betrachtet, ist in aller Regel ein Lernergebnis der Studierenden aus der Beschäftigung mit Fallstudien.

Ein weiteres Lernergebnis aus der Durchführung einer Fallstudie ist die Einsicht in die Wechselwirkung zwischen der eigenen Person und dem Umfeld. Pauschalisierungen im Sinne einer Zuschreibung von Eigenschaften eines Adressaten, die situationsunabhängig gedacht werden, ist danach nicht mehr möglich.

Die Fallstudie zwingt zur Auseinandersetzung mit den verschiedenen Rollen, in denen Erwachsene in pädagogischen Kontexten von Kindern angesprochen werden.

Wir haben im Zusammenhang mit der von uns durchgeführten Fallstudie[10] einmal ausdifferenziert, was die Ausbalancierung von Engagement und Distanz im Detail bedeutet. Aus der Sicht der Kinder, die wir beobachtet haben, lassen sich

---

[10] Siehe BECK/SCHOLZ 1995a und 1995b.

eine Vielzahl von Rollen/Funktionen beschreiben, die wir Forscher eingenommen haben.

Forscher in Schulklassen sind für Kinder u.a.:
Erwachsene, Hilfslehrer, Mittel zum Zweck, Mitspieler, Personen mit Privatleben, Menschen mit einem speziellen Beruf.

Forscher als Erwachsene repräsentieren zum Beispiel Vorbildfunktionen oder geschlechtsspezifische Möglichkeiten der Zuwendung.[11]

Wenn es evident ist, daß für jeden empirischen Forschungszusammenhang die Frage bedeutend ist, in welcher Situation Dokumente erhoben werden, d.h. in welcher Funktion der Forscher von denen wahrgenommen wird, die er beobachtet, so ist es auch sicher, daß die Vergewisserung über die „Protokollsituation" auch im Kontext pädagogischen Handelns Voraussetzung für eine angemessene Deutung der Situation ist.[12]

Unsere Orientierung an den Kindern in dieser Studie hat seinen Grund darin, daß die Wahrnehmung von pädagogischen Prozessen durch Kinder in der erziehungswissenschaftlichen Forschung weitgehend nicht vorhanden ist. Dies ist ein Grund, warum wir versuchen, Studierende bei der Erstellung von Fallstudien vor allem auf die Beobachtung von Kindern zu lenken. Ein zweiter Grund ist eher didaktisch. Die Beobachtung von Kindern in einer Fallstudie gibt Studierenden die Möglichkeit, Wirkungen eigener Handlungen in einem Raum zu erkunden, ohne sich und die Kinder zu gefährden. Studierende können so Erfahrungen über Wirkungszusammenhänge machen ohne daß sie - und dies im Unterschied zum handelnden Lehrer - unmittelbar handeln müssen und ohne daß diese Handlungen für sie oder für die Schüler weitreichende Konsequenzen haben. Die Fallstudie bietet den Studierenden einerseits einen Zugang zur Komplexität des Alltags und schützt sie und die von ihnen beobachteten Kinder vor den Folgen falscher Handlungen in dieser komplexen Situation.

Die Heranführung von Studierenden an Fallstudien geschieht zunächst über die Auseinandersetzung mit Fallgeschichten. Eine zweite, gewissermaßen voraussetzende Arbeit, besteht in der Vermittlung methodologischen Grundwissens. Das meint eine grundsätzliche Auseinandersetzung mit methodologischen Fragen. Zum Beispiel: der Unterschied zwischen empirischen und spekulativen Methoden, der Unterschied zwischen quantitativen und qualitativen Verfahren, die Bedeutung von Aussagesätzen, Verifikationen und Falsifikationen, die Notwendigkeit der Angemessenheit einer Methode an ihren Gegenstand, die Konstruktion des Gegenstandes durch die Methode usw.

---

[11] Zur Veranschaulichung unsere Liste unter der Kategorie: Forscher als Mittel zum Zweck.
Forscher sind für Kinder Mittel zum Zweck:
- um andere Kinder zu ärgern
- um nicht arbeiten zu müssen
- um etwas auszuprobieren
- um Unterrichtsstoff zu wiederholen
- um andere Kinder zu disziplinieren
- als Schiedsrichter und Wahrheitsbeweis bei Konflikten.

[12] Hier verfügen manche quantitativen Untersuchungen über erhebliche methodische Mängel, da sie diese Frage nicht reflektieren.

In der praktischen Umsetzung ist entscheidend, daß die Studierenden einen Zugang zu einem Feld bekommen und daß sie früh genug (erfahrungsgemäß 1 Jahr vor Abgabe der Arbeit) beginnen. Der Aufenthalt im Feld dauert - je nach Fragestellung - zwischen zwei und vier Monaten. Diese Phase wird durch laufende Gespräche begleitet. Als ein großes Problem für die meisten Studierenden hat sich herausgestellt, daß die Erwartungen der Schulen, die den Zugang ermöglicht haben, zunehmend im Laufe der Datensammlung mit den Erkenntnisinteressen der Studierenden in Konflikt geraten können. Die für die Studierenden praktische Frage besteht darin, ob sie den Lehrerinnen und Lehrern, die sie in ihre Klasse gelassen haben, auch die Protokolle zeigen können, bzw., welche Beobachtungen sie verschweigen sollen. Das betrifft sowohl Fragen der Forschungsethik als auch der Methode, die sich nicht anders als situationsbezogen klären lassen. Hilfreich ist dabei, daß die von uns organisierte gemeinsame Besprechung der Arbeiten der Studierenden ihnen einen Erfahrungsaustausch ermöglicht.

In Anlehnung an WEITZ kann man von drei Phasen einer Fallstudie sprechen: eine Vorbereitungsphase, eine Feldphase und eine Auswertungsphase. Eine Supervision aller drei Phasen ist notwendig. Die Vorbereitungsphase dient der Ermöglichung eines Zuganges zu einem Feld, der Klärung der Fragestellung der Untersuchung sowie der Aufarbeitung der vorhandenen theoretischen Ansätze. Die Studierenden gehen mit einer Art Hintergrundwissen in die teilnehmende Beobachtung. Dieses Hintergrundwissen soll ihnen heuristische Konzepte zur Verfügung stellen. (Vgl. KELLE 1994)

Als für die Studierenden erleichternd hat sich die Bearbeitung von zwei verschiedenen Situationen herausgestellt. Das kann zum Beispiel sein: die Beobachtung von zwei Kindern in einer Klasse, oder einem Kind in zwei Situationen (Kindergarten und Schule). Das ist deshalb erleichternd, weil sich aus der Unterschiedlichkeit der Beobachtungen so etwas ergibt wie „theoretische Sensibilität" (KELLE 1994). Ebenso sinnvoll ist die Vergabe der gleichen Fragestellung an zwei Studierende, die miteinander kooperieren.

Aus den letzten Stichworten ist schon deutlich geworden, daß wir als geeignete Methode der Datengewinnung und der Datenanalyse die „grounded theory" bevorzugen. (Vgl. KELLE 1994) Datengewinnung und Datenanalyse werden dabei nicht getrennt. Die Studierenden betreiben auf der Grundlage ihrer heuristischen Konzepte sowohl eine Selektion der Daten bei der Datengewinnung als auch eine Dimensionalisierung der Daten bei der Analyse. Die Datenanalyse geschieht in einer Art Hin- und Herbewegung. Ausgehend von einem heuristischen Konzept wird in den Daten einerseits nach einer Bestätigung der theoretischen Vorannahmen gesucht und andererseits nach Situationen, die den eingesetzten Hypothesen widersprechen. Diese zwingen dann wiederum zu einer Umformulierung der Hypothesen, womit der Prozeß wieder von vorne beginnt. Solange, bis von einer „theoretischen Sättigung" gesprochen werden kann. Für den Lernprozeß der Studierenden ist uns wichtig, daß sie diesen Prozeß auch dokumentieren, d.h., den Verlauf der Entwicklung und Infragestellung von Hypothesen nachvollziehbar machen. Es geht darum, Annahmen und Schlußfolgerungen in ihrer Begründung nachvollziehen zu können, sich zu vergewissern, was man zu wissen glaubt. Dabei liegt ein Schwerpunkt dieser Reflexion auf der kritischen Distanz gegenüber schnellen Urteilen und der Auseinandersetzung mit der Vermischung von wissenschaftlichen Theorien mit Alltagstheorien. Die Frage der Beeinflußung des Feldes durch die eigene Anwesenheit im Feld ist dabei ebenso wichtig wie die nach der Auseinandersetzung mit der Begründbarkeit der eigenen Alltagstheorien. Unter der Überschrift: „Meine Erkenntnisse aus der Arbeit mit dieser Fallstudie" schrieb eine Studentin: „Zu Anfang meiner Auseinandersetzung mit dem Übergang vom Kindergarten zur Grundschule beurteilte ich ... die Situation in der Schule kritischer als die Kindergartensituation (...) Durch meine Beobachtungen Sandras lernte ich jedoch, daß ein pauschales Urteil über die Arbeitsweisen einer Institution unangebracht ist." (NOÄ-GÜNTHER 1995, S. 137)

Literatur

ALTRICHTER, Herbert/Peter POSCH 1994: Lehrer erforschen ihren Unterricht. Eine Einführung in die Methoden der Aktionsforschung. Bad Heilbrunn. (2. durchges. u. bearb. Aufl.).
ANDERSON, Lorin W./Benjamin B. BURNS 1989: Research in Classrooms. Oxford/New York/Beijing/Frankfurt/Sao Paulo/Sydney/Tokyo/Toronto.
ASTER, Reiner/Hans MERKENS/Michael REPP (Hg.) 1989: Teilnehmende Beobachtung. Werkstattberichte und methodologische Reflexionen. Frankfurt/M.
BAACKE, Dieter/Theodor SCHULZE (Hg.) 1979: Aus Geschichten lernen. Zur Einübung pädagogischen Verstehens. München.
BECK, Gertrud/Gerold SCHOLZ 1995a: Beobachten im Schulalltag. Ein Studien- und Praxisbuch. Frankfurt am Main.
BECK, Gertrud/Gerold SCHOLZ 1995: Soziales Lernen - Kinder in der Grundschule. Reinbek.
BERGER, Peter L./Thomas LUCKMANN 1972: Die gesellschaftliche Konstruktion der Wirklichkeit. Eine Theorie der Wissenssoziologie. Frankfurt/M.
BILLER, Karlheinz 1988: Pädagogische Kasuistik. Eine Einführung. Baltmannsweiler.
BINNEBERG, Karl 1985: Grundlagen der pädagogischen Kasustik. In: Zeitschrift für Pädagogik 6/1985 (31. Jg.), S. 773-788.
BOGDAN, Benjamin C./Sari Knopp BIKLEN 1982: Qualitiative Research for Education. An Introduction to Theory and Methods. Boston/London/Sydney/Toronto.
BUER, Jürgen van 1984: „Quantitative" oder „qualitative" Unterrichtsbeobachtung? - Eine falsche Alternative. In: Unterrichtswissenschaft 3/1984, S. 252-267.
COMBE, Arno/Werner HELSPER 1994: Was geschieht im Klassenzimmer? Perspektiven einer hermeneutischen Schul- und Unterrichtsforschung. Zur Konzeptualisierung der Pädagogik als Handlungstheorie. Weinheim.
DIEHM, Isabell 1993: Erziehung in der Einwanderungsgesellschaft. Konzeptionelle Überlegungen für die Elementarpädagogik. Frankfurt am Main.
EBERWEIN, Hans/Markus MAND (Hg.) 1995: Forschen für die Schulpraxis. Was Lehrer über Erkenntnisse qualitativer Sozialforschung wissen sollten. Weinheim.
ERTLE, Christoph/Andreas MÖCKEL (Hg.) 1981: Fälle und Unfälle der Erziehung. Stuttgart.
FETTERMAN, David 1989: Ethnography. Step by Step. Newbury Park et. al.
FISCHER, Dietlind (Hg.) 1982: Fallstudien in der Pädagogik. Konstanz.
FISCHER, Dietlind (Hg.) 1983: Lernen am Fall. Konstanz.
GARLICHS, Ariane: Forschendes Lernen in der Lehrerausbildung. In: Die Grundschulzeitschrift 95/1996, S. 52-58.
GARZ, Detlef/Klaus KRAIMER (Hg.) 1983: Brauchen wir andere Forschungsmethoden? Beiträge zur Diskussion interpretativer Verfahren. Frankfurt/M.

GEERTZ, Clifford 1994: Dichte Beschreibung. Beiträge zum Verstehen kultureller Systeme. Frankfurt/M. (3. Aufl.).
GÜNTHER, Karl Heinz 1978: Pädagogische Kasuistik in der Lehrerausbildung. Vorbemerkungen zum Diskussionsstand. In: Zeitschrift für Pädagogik, 15. Beiheift, Weinheim und Basel 1978, S. 165-174.
HENNINGSEN, Jürgen 1967: Peter stört. Analyse einer pädagogischen Situation. In: FLITNER/SCHEUERL (Hg.): Einführung in pädagogisches Sehen und Denken. München, S. 51-71.
KELLE, Udo 1994: Empirisch begründete Theoriebildung. Zur Logik und Methodologie interpretativer Sozialforschung. Weinheim.
KIPPENBERG, Hans G./Brigitte LUCHESI (Hg.) 1978: Magie. Die sozialwissenschaftliche Kontroverse über das Verstehen fremden Denkens. Frankfurt/M.
KOEPPING, Klaus-Peter 1987: Authentizität als Selbstfindung durch den anderen: Ethnologie zwischen Engagement und Reflexion, zwischen Leben und Wissenschaft. In: DUERR Hans Peter (Hg.): Authentizität und Betrug in der Ethnologie. Frankfurt/M, S. 7-37.
KORING, Bernhard 1989: Eine Theorie pädagogischen Handelns. Theoretische und empirisch-hermeneutische Untersuchungen zur Professionalisierung der Pädagogik. Weinheim.
KORING, Bernhard 1992: Grundprobleme pädagogischer Berufstätigkeit. Eine Einführung für Studierende. Bad Heilbrunn/Obb.
LEHMANN, Rainer H./Dankwart VOGEL 1984: Einzelfallstudie. Stichwort in LENZEN, Dieter (Hg.): Enzyklopädie Erziehungswissenschaft, Bd. 2, Stuttgart.
MAIER, Hermann/Jörg VOIGT (Hg.) 1991: Interpretative Unterrichtsforschung. Köln.
MANEN, Max van 1989: Researching Lived Experience. Human Science for an Action Sensitive Pedagogy. London/Ontario.
MARTIN, Ernst/Uwe WAWRINOWSKI 1991: Beobachtungslehre. Theorie und Praxis reflektierter Beobachtung und Beurteilung. Weinheim/München.
MAYRING, Philipp 1991: Qualitative Inhaltsanalyse. Grundlagen und Techniken. Weinheim. (4., erw. Aufl.).
MCNIFF, Jean 1993: Teaching als learning. An action research approach. London.
MERKENS, Hans 1984: Teilnehmende Beobachtung und Inhaltsanalyse in der erziehungswissenschaftlichen Forschung. Weinheim und Basel.
MILLS, Richard W. 1992: Observing Children in the Primary Classroom. All in a day. London/New York. (2. Aufl.)
MÜLLER, Burkhard 1993: Sozialpädagogisches Können. Ein Lehrbuch zur multiperspektivischen Fallarbeit. Freiburg.
NOÄ-GÜNTHER, Tanja 1995: Sandras Übergang vom Kindergarten zur Grundschule - Eine Fallstudie. Unver. MS. Frankfurt/M.
RUMPF, Horst 1969: Sachneutrale Unterrichtsbeobachtung. Einige Fragen zu empirischen Forschungsansätzen. In: Zeitschrift für Pädagogik 3/1969, S. 293-314.
SCHMITZ, Hermann 1994: Situationen oder Sinnesdaten - Was wird wahrgenommen? In: Allgemeine Zeitschrift für Philosophie 19 (1994) H. 2, S. 1-21.
SPERBER, Dan 1989: Das Wissen des Ethnologen. Frankfurt/New York.
SPINDLER, George und Louise 1987: Interpretive Ethnography of Education. At Home and Abroad. Hillsdale, New Jersey/London.
VALTIN, Renate 1994: Wie soll die Grundschule der Zukunft aussehen? In: Gesamthochschule Universität Kassel (Hg.): 3. Fachtagung zur Grundschulforschung: 17.-18. Juni 1994; Vorträge und Statements. (Reihe Werkstattberichte; 5) Kassel.
WEITZ, Bernd Otto 1994: Möglichkeiten und Grenzen der Einzelfallstudie als Forschungsstrategie im Rahmen qualitativ orientierter Modellversuchsforschung. Ein Beitrag zur ganzheitlichen Erfassung, Analyse und Darstellung schulischer Praxis und ihrer formativen Weiterentwicklung. Essen.
WRAGG, E.C. 1994: An introduction to classroom observation. London.

Dietlind Fischer

Das Tagebuch als Lern- und Forschungsinstrument

Tagebücher haben in der Pädagogik eine lange Tradition und unterschiedliche Bedeutungen. Als Dokumente der Selbstbeobachtung sind sie für den Autor oder die Autorin Material für die Autobiographie, die wiederum zu einer Quelle für Forschung werden kann. Auch als Materialsammlung für die Weiterverarbeitung in einem Bildungsroman kann das Tagebuch verwendet werden, wie beispielsweise ROUSSEAUs Emile. Veröffentlichte Tagebücher von Lehrern und Lehrerinnen sind häufig als Dokumente der Bearbeitung von Krisensituationen zu lesen, aber auch als Dokumente des Alltags, als Beobachtungs-, Erfahrungs- oder Schulgeschichten. Tagebücher von Jugendlichen werden vielfach als Datenquelle zur Begründung einer Systematisierung von Entwicklungsabläufen in der Adoleszenz oder zur Überprüfung entwicklungspsychologischer Theorien verwendet (z.B. SOFF 1989; vgl. Beitrag von Luise WINTERHAGER-SCHMID in diesem Buch).
Uns interessiert in diesem Zusammenhang vor allem die reflexive Funktion des Tagebuchs als Instrument in Lern-, Fortbildungs- und Forschungsprozessen von Lehrenden:
(1) Wer schreibt Tagebücher und warum? Was macht das Tagebuch zu einer pädagogischen Erkenntnisquelle für den Schreibenden?
(2) Welche Beispiele von Pädagogen-Tagebüchern gibt es und wie nützlich sind sie?
(3) Wie kommt man zum Tagebuchschreiben? Wie findet man Anlässe, Themen, Stil und Darstellungsformen? Wie kann man sein Tagebuch als Reflexionshilfe nutzen?
(4) Was sind Erkenntnispotentiale und Grenzen des Tagebuchs als Forschungsinstrument?

1. Begründungen für das Tagebuchschreiben

Tagebücher sind keine definierten literarischen Kunstformen, sondern alltägliche Schriftstücke, die in chronologischer Datierung das persönliche Erleben der Autorin bzw. des Autors über einen kürzeren oder längeren Zeitraum festhalten. Dem Schreibenden ist das Aktuelle im Prinzip wichtiger als das Geschichtliche, er ist selbst in die Abläufe und Ereignisse involviert als Beobachter und/oder Akteur, und er bzw. sie verknüpft Beobachtungen mit Befindlichkeiten und Folgerungen. Die eigenen Beobachtungen und Erfahrungen werden durch das Aufschreiben fixiert, auf den Begriff gebracht, sortiert, gegliedert, strukturiert, auch selektiv ausgespart und verworfen und so der Erinnerung und reflektierenden Bearbeitung zugänglich gemacht.

Einige Merkmale zeichnen das Tagebuch als Instrument in Forschungsprozessen aus (vgl. ALTRICHTER/POSCH 1990):
- Das Tagebuchschreiben ist vor allem *praktisch*: Es knüpft an alltägliche Fertigkeiten des Erzählens und Aufschreibens an, kann jederzeit und spontan erfolgen, wann immer Zeit und Papier vorhanden ist, bedarf keiner besonderen Vorbereitung und keiner Ausbildung, allenfalls der Einübung.
- Das Tagebuch ist eine *offene* Form, d.h. die Notierungen können unterschiedlicher Art sein, in beliebigem Darstellungsstil und unterschiedlichem Umfang. Die Grundform des Tagebuchschreibens ist in der Regel das Erzählen von Begebenheiten, Ereignissen, Beobachtungen und Prozessen. Diese Grundform ist jedoch beliebig zu extendieren: mit Daten, die mit anderen Forschungsverfahren gewonnen wurden, mit Interpretationen und Kommentaren, mit reflexiven Verdichtungen, Illustrationen, Bilddokumenten und anderem.
- Das Tagebuch hält Ereignisse und Abläufe über einen längeren Zeitraum fest. Die *Kontinuität* des Aufschreibens ermöglicht die Begleitung eines veränderlichen Prozesses bzw. einer Entwicklung von Wahrnehmungen und Erkenntnissen. In der Rückschau können so erfolgreiche oder unwirksame Lernwege erschlossen werden.
- Das Tagebuch ist für den Schreibenden eine *Gedächtnisstütze*, Erinnerungshilfe und auch ein *Ventil* für die Auseinandersetzung mit der eigenen Befindlichkeit, mit kritischen Ereignissen, mit Störungen oder Krisen. Es kommt einem Bedürfnis nach Selbstklärung entgegen, weil durch das Aufschreiben schon eine (selbstkritische) Distanz zum Fluß der Ereignisse und Erfahrungen geschaffen wird.
- Das Tagebuch ist eine *persönliche* und *private* Form: die persönliche Geschichte mit Dingen und Personen steht im Mittelpunkt. Darin steckt eine besondere Chance: die persönliche Vertrautheit mit einem Handlungsfeld, die Nähe zu dem zu Beobachtenden, das Beteiligtsein an Ereignissen und Prozessen stellt eine einzigartige Quelle für dichte und vielfältige Informationen dar, die von keinem Unbeteiligten oder Dritten zu beschaffen wären. Darin steckt zugleich aber auch eine Gefahr für die Erkenntnisgewinnung: die persönliche Nähe kann auch Befangenheit, Betriebsblindheit oder ideologische Verhaftung bedeuten, die durch das Aufschreiben nur wiederholt und perpetuiert wird.

Im Zusammenhang erziehungswissenschaftlicher Theoriebildung ist das Tagebuchschreiben eine - zunächst pragmatische - Möglichkeit, die Beziehung von Erkenntnis und Handeln in der Pädagogik als Handlungswissenschaft in thematischer Focussierung wiederherzustellen, Beobachtungen und Aktionen aufeinander zu beziehen und so die Theorien der Praxis weiterzuentwickeln (vgl. TENORTH 1995). Die Frage, warum „so selten praktische Erfahrung in den Rang und in die Geltung wissenschaftlichen Erkennens aufsteigt" (HENTIG 1982, S. 166) ist sicherlich auch eine der unzureichenden forschungspraktischen Instrumentierung. „Es ist das Problem, wie man der Praxis Sprache gibt, wie man Erfahrung mündig macht, ohne die Wissenschaft beiseite zu schieben" (a.a.O., S. 166).

Das Erzählen im Tagebuch ist dafür eine Möglichkeit: „Erzählte Zeit ist gegliederte Zeit. ... Nur die geformte Erfahrung ist eine Erfahrung, die erinnerbar ist

und weitererzählt werden kann. Die bloße Chronik des „und dann" kann man sich schwer merken. Die Erzählung hebt einen Ereigniszusammenhang heraus, an dem sich etwas zeigt, was bemerkenswert und daher erzählenswert ist" (BUDE 1993, 416).
Die Selbstverständlichkeiten, unüberprüfbaren Plausibilitäten und Routinen alltagspraktischen Handelns werden durch das Beobachten und Aufschreiben (und Weitergeben an unbeteiligte, kritische Dritte, den „kritischen Freund") tendenziell einer reflexiven Bearbeitung zugänglich gemacht, so daß systematische Interpretationsmöglichkeiten aufgesucht und abschließende Interpretationen begründbar werden. Das funktioniert jedoch nicht von selbst, allein durch das Tagebuchschreiben in einer handlungsentlasteten Situation.
Das Tagebuchschreiben von Lehrern bedarf dafür der Einbettung in eine kommunikative Infrastruktur, beispielsweise in den Zusammenhang eines Curriculumentwicklungs- oder Aktionsforschungsprojekts, in Prozesse unterrichtsentwickelnder Lehrerfortbildung oder in Prozesse professionsbezogener Qualifizierung von Lehrerinnen und Lehrern. Dort kann es Wirksamkeiten bei der selbständigen Strukturierung von Lernen entfalten (vgl. FISCHER 1983). Gleichzeitig fördert es die Epistemologie der Praxis: der Ausgangspunkt für die Erforschung ist ein praktisches Ereignis, eine Szene, eine Situation, ein Fall, nicht aber eine vorab definierte Arbeitstheorie. Die eigene Handlungspraxis wird nicht in Begriffen der Theorie analysiert, sondern die Akzente werden auf die Entwicklung von Theorien in Praxiskategorien verschoben (vgl. CONNELLY/CLANDININ 1987, S. 131). Die reflexive Verarbeitung von Praxiserfahrung im oder mit Hilfe des Tagebuchs gibt der Praxis ihre Sprache und strukturiert die persönliche Philosophie in einer narrativen Einheit. Diese letztgenannten Möglichkeiten des Tagebuchschreibens von Lehrenden wurden vor allem in der angelsächsischen Tradition der *Lehrerforschung* (SCHÖN 1983; HOLLY 1984; WALKER 1985; CONNELLY/CLANDININ 1987, 1988, 1990; ENNSCONOLLY 1991) entfaltet. Das Tagebuchschreiben ist dabei ein Instrument, die Reflexivität des Lehrers/der Lehrerin als professionelle Grundqualifikation zu entwickeln und ihn/sie als Modell für die Lernenden zu begreifen, weil für beide als Bildungsziel gilt: unabhängiges Denken, praktisches Kombinieren, moralisches Urteilen, politisches Handeln.

2. Beispiele von Pädagogen-Tagebüchern

Unter den veröffentlichten Tagebüchern von Lehrern ist das „Tagebuch eines Studienrats" (RUMPF 1966, 1968) das einzige aus dem Erfahrungsfeld Gymnasium. Rumpf bearbeitet darin seine Beobachtungen und Schwierigkeiten als Lehrer und präsentiert ein kontrastives Konzept als Handlungsalternative.
In den 70er Jahren erschienen eine Fülle von Lehrertagebüchern aus Hauptschulen (WÜNSCHE 1972; KLINK 1974; ERMER 1975; KUHLMANN 1975; WIMMER 1976; JANSSEN 1977; GÜRGE/HELD/WOLLNY 1978; SCHONEBECK 1978/1979), darunter nur eins von einer Lehrerin (KAGERER 1978). Die Schreibmotive der Autoren sind sehr unterschiedlich (vgl. KRAUSS/ SCHÖN 1979): den einen geht es um Sozialbiographien von Hauptschülern als

"Kindern der Schweigenden Mehrheit" (WÜNSCHE, WIMMER), den anderen um eine Überlebenstechnik für sich selbst (ERMER, JANSSEN), um die Legitimation ihrer Flucht aus der Schule (SCHONEBECK), um die Entwicklung eines tragfähigen pädagogischen Konzepts (KAGERER, KUHLMANN, KLINK) oder auch um die kollegiale Verständigung als Grundlage für kollektive Problemlösungen (GÜRGE u.a.).

Aus dem Grundschulbereich stammen die „Schulgeschichten" (DÖPP 1988; ANDRESEN 1985), denen Tagebücher zugrundeliegen, und ein Tagebuch (KAISER 1989) aus einer besonderen pädagogischen Situation (Klasse mit Aussiedlerkindern aus Osteuropa) jeweils von Lehrerinnen. Es sind Berichte, Szenen und Geschichten aus dem Schulalltag, in denen das pädagogische Credo und das engagierte Interesse an der Unterstützung und Begleitung kindlicher Erfahrungs- und Lernprozesse zum Ausdruck kommt.

Ein besonderes Forschungsinteresse kennzeichnet das Tagebuch einer Lehrerin an einer Gesamtschule (STÜBIG 1995), das „Pädagogische Tagebuch" als Beobachtungshilfe (BUSCHBECK 1995) und die im Aktionsforschungsprojekt „Forschendes Lernen in der Lehrerausbildung" eingesetzten Tagebücher als Werkzeuge der Begleitung (ALTRICHTER u.a. 1989; ALTRICHTER/POSCH 1990; siehe auch ALTRICHTER u.a. in diesem Buch).

Tagebücher wurden neben anderen Forschungsinstrumenten in Projekten der wissenschaftlichen Begleitung und Erforschung von Schulen und Hochschulen eingesetzt (z.B. DIEDERICH/ WULF 1979; FRIEBERTSHÄUSER in diesem Buch); sie sind in den Forschungsberichten jedoch nicht mehr als solche erkennbar.

Weil die Entwicklung der pädagogischen Professionalität darin in besonderer Weise zum Ausdruck kommt, soll auf das Tagebuch von Frauke STÜBIG und auf das Beobachtungstagebuch bei Helene BUSCHBECK ausführlicher eingegangen werden.

Frauke STÜBIG (1995) schreibt ihr Tagebuch über einen Zeitraum von zehn Schulwochen sowie über besondere Vorhaben, die sie im Verlauf des Schuljahres ansetzt (Projektwoche, Eltern- und Schülersprechtag). Der Text ist als „Dokumentation von Lehrerbewußtsein" (S. 210) Ausgangsmaterial für reflexive Gespräche mit einer Gesprächspsychotherapeutin und Freundin. Dabei werden leitmotivische Themen und Handlungsmuster herauspräpariert mit dem Ziel, das berufliche Selbstverständnis zu klären und eine vertiefte Erkenntnis der eigenen Lehrerinnenarbeit zu gewinnen. Hier wird also das Instrument der Selbstreflexion (Tagebuch) weiterverwendet und genutzt für bilanzierende Gespräche zur Entzifferung der eigenen beruflichen Aktivitäten. Die Veröffentlichung dieser doppelten Perspektive auf Unterrichts- und Schulerfahrungen gibt dem Leser die Chance, den Erkenntnisweg nachzuvollziehen und seine Ergiebigkeit zu prüfen. Der Ansatz der Zuordnung von monologischer und dialogischer Reflexion ist als ein Experiment professioneller Selbstentwicklung interessant: die Lehrerin ist Designerin ihrer Professionalität (vgl. CLARK 1992, 83). Eine Grenze liegt -in diesem Fall- in der systematischen Ausklammerung institutioneller und kollegialer Einbindung und Kontextuierung der Lehrerinnenarbeit. Welche Rolle spielt das Gespräch mit den Kolleginnen und Kollegen, die dieselben Schüler und Schülerinnen unterrichten? Läßt sich eine systematische Reflexion der eigenen Arbeit nur mit Supervisions-Szenarien leisten, oder gibt es auch dafür in der schulischen Alltagspraxis Zeit, Raum und Partner? Spielen gemeinsame und geteilte pädagogische Grundmotive, ein vereinbarter Konsens über Bildungs- und Erziehungsprinzipien oder kollegial erarbeitete Handlungspläne in der Schule für die Ausgestaltung der Lehrerrolle gar keine Rolle? Man hat den Eindruck, als sei der Lehrerberuf ein autonomes Geschehen zwischen Lehrerin und Klasse, gleichsam in einem Privatvertrag vereinbart. Eine derartige Sichtweise blendet beispielsweise den organisatorischen und politischen Zusammenhang der Lehrerarbeit aus und begrenzt dadurch auch systematisch den eigenen pädagogischen Handlungsrahmen. Natürlich ist eine Begrenzung von Sichtweisen in Forschungsprozessen legitim, wenn sie sich der Einschränkung bewußt ist.

Helene BUSCHBECK (1995) begründet das Pädagogische Tagebuch mit der didaktischen Aufgabe der Lehrerin, Lernprozesse für Kinder zu organisieren, zu begleiten, zu analysieren und die „Passung" zwischen Anforderungen und den Lern- und Arbeitsmöglichkeiten der Individuen zu ermöglichen. Im Mittelpunkt steht das Beobachten, Dokumentieren und Reflektieren als Tätigkeiten der Lehrenden, wofür das Tagebuchschreiben ein notwendiges Handwerkszeug ist. Die Lehrenden notieren sowohl ihre Beobachtungen an einzelnen Kindern zu bestimmten Zeitpunkten im Schuljahr als auch ihre pädagogischen Impulse und eigenen Befindlichkeiten, um das eigene Verhalten besser überprüfen zu können. Das Interesse an den Lernprozessen der einzelnen Kinder steht im Mittelpunkt. BUSCHBECKs eigener Vorschlag (1985) ist ein „Beobachtungskalender" für ein Vorklassenjahr mit Anregungen und Hilfen für die Überprüfung der pädagogischen Arbeit in ihren Intentionen und Wirksamkeiten.

3. Methodische Anregungen zum Schreiben und Nutzen von Tagebüchern

Die auffällige Tatsache, daß unter jugendlichen Tagebuchschreibern erheblich mehr Mädchen als Jungen sind (vgl. SOFF 1989, 20 f.), läßt vermuten, daß das Tagebuchschreiben eher von Lehrerinnen als von Lehrern als Instrument der Reflexion beruflicher Praxis genutzt wird. Möglicherweise liegt der persönliche Darstellungsstil Frauen näher als Männern.
ALTRICHTER/POSCH (1990, 20ff.) geben einige praktische Anregungen zum Schreiben: Regelmäßig schreiben, möglichst auch zu festgesetzten Zeiten; Durststrecken durchstehen mit einem Partner, dem man Passagen vorliest; literarische und orthographische Maßstäbe außer Acht lassen, um den Schreibfluß nicht zu beeinträchtigen; dicke Hefte mit breitem Rand verwenden, der Rand ist nützlich für nachgehende und strukturierende Kommentare, Änderungen, Ergänzungen und Verweise; Datum und Ort angeben; zur schnelleren Orientierung Zwischenüberschriften, Absätze, Unterstreichungen einbeziehen; zwischen Beobachtungen und Interpretationen unterscheiden; Zwischenbilanzen als vorläufige Analysen einfügen u.a. Als Anregung für *beschreibende Passagen* empfehlen sie „Memos", d.h. kurze und detaillierte Gedächtnisprotokolle über

einzelne Ereignisse, Unterrichtsstunden oder Vorgänge (vgl. BAUER 1995). Das „Clustern" (RICO 1984) wird als eine Methode zum Sammeln und Strukturieren von Beobachtungen und Gedanken und zum Abbau von Schreibhemmungen empfohlen. *Interpretierende Passagen* können mit theoretischen, methodischen oder planerischen Notizen versehen werden.

Damit ähnelt der Tagebuchvorschlag der Form des - in Lehrerfortbildungszusammenhängen entwickelten - *Logbuchs*, das als strukturierte Variante des Tagebuchs zu sehen ist (MERGNER 1994). Jede Entwicklung eines professionellen Selbstverständnisses ist einzigartig und abhängig von der eigenen Lerngeschichte. Diese Lerngeschichte muß erzählt und rekonstruiert werden, damit Erfahrungen eine Stimme bekommen und zum „Lehrer" werden (OBERG/UNDERWOOD 1992). Das Logbuch gibt Perspektiven für derartige Auseinandersetzungen mit der eigenen Lerngeschichte vor, gleichsam als formale Spurrillen, die individuell gefüllt werden. In manchen Lehrerforschungsprojekten wird die Form des Tagebuchs *Diary* oder *Journal* genannt (z.B. HOLLY 1984; TRIPP 1987). Von besonderer Bedeutung für die reflexive Wirksamkeit des Tagebuchs ist die Art seiner *Bearbeitung und Auswertung*.

ALTRICHTER/POSCH (1990) empfehlen eine nachgehende individuelle Bearbeitung der Aufzeichnungen mit kommentierenden theoretischen, methodischen und auch auf eigene Handlungsplanung gerichteten Notizen. Das „schriftliche Nachdenken" in Anlehnung an RICO (1984) ist ein Versuch, Hypothesen zu entwickeln und interpretierend zu prüfen.

Das Gespräch über das Tagebuch oder über Ausschnitte daraus mit einem „kritischen Freund" wird unter anderen von ALTRICHTER/POSCH empfohlen, von KROATH (1995) kritisch untersucht und von STÜBIG (1995) ausführlich dokumentiert und demonstriert. Die monologische Form des Tagebuchs wird dadurch in eine dialogische Situation überführt, so daß das reflexive Potential weiter entfaltet werden kann. Der Dialogpartner kann auch eine Gruppe sein, die beispielsweise im Rahmen veranstalteter Lehrerfortbildung Entwicklungsprozesse reflexiv begleitet und unterstützt.

4. Methoden der Auswertung und Interpretation von Tagebüchern

An dieser Stelle müssen einige pragmatische Hinweise auf Auswertungsmethoden genügen. Sie beziehen sich primär auf die Interpretation von Tagebuchnotizen und Tagebüchern von Dritten. Die Methodenliteratur über Verfahren der Text- und Dokumentenanalyse (z.B. BALLSTAEDT 1982), der Inhaltsanalyse (z.B. P.M. FISCHER 1982) und Interpretation von nicht-reaktiven Texten ist so vielfältig und kaum überschaubar wie die einzelnen qualitativen Studien selbst. In der Regel werden gestufte Vorgehensweisen empfohlen, um das vorsichtige Herantasten an plausible, verständliche und allgemeingültige Deutungen kontrollieren zu können.

Nach meiner Erfahrung ist es nützlich, zunächst mit dem *Paraphrasieren* eines Textes oder Textabschnittes zu beginnen: Welche Erfahrungen und Fragen be-

wegen den Autor/die Autorin? Das Paraphrasieren ist eine erste Stufe des nacherzählenden Vergewisserns und Begreifens; es macht auf kritische oder schwer verständliche Passagen aufmerksam und bereitet die nächste Stufe der Textauslegung vor.
Der nächste Schritt ist schon eine interpretierende Verdichtung des Textes: es werden - aus vorab definierten Fragestellungen oder Interessen heraus - *Kategorien* oder *Klassifikationen* gebildet, wie Überschriften oder Leitmotive den Textpassagen zugeordnet. Sie erleichtern die Strukturierung der Textfülle nach Überschriften, nach Themen, Problemen, Szenen oder Situationen. Es ist nützlich, sich diese *Markierungen* an den Rand des Textes zu schreiben.
Erst dann wird mit dem weitergehenden Interpretieren und Deuten begonnen: Wie ist ein Text oder eine Passage gemeint? Was geht ihm voraus, was folgt danach? Wie kommt der Autor/die Autorin zu ihrer Sichtweise? Welchen Sinn gibt er/sie sich selbst in der Passage? Welcher Sinn könnte noch darüber hinaus darin stecken? Es kommt darauf an, möglichst vielfältige „Lesarten" des Textes zu produzieren, um eine Fülle von Deutungsmöglichkeiten zu erschließen, bevor diese wieder argumentativ eingegrenzt und solange reduziert werden, bis man zu einer plausiblen Deutung gelangt. Es ist empfehlenswert, in einer Gruppe von Interpreten zu arbeiten, um den Beurteilungsprozeß sozial überprüfbar zu halten und nicht der Bestätigung seiner eigenen Vorurteile aufzusitzen.
Schließlich ist - je nach der Fragestellung der Untersuchung von Tagebüchern - der *Vergleich* von einzelnen Textpassagen zum gleichen Thema erforderlich, um zu einer abschließenden Deutung zu gelangen. Auch das Vergleichen von möglichst kontrastiven Passagen, Szenen oder Situationen führt weiter in eine komplexe und angemessene Erkenntnis hinein.
Das sequenzanalytische Verfahren der „Objektiven Hermeneutik" ist eine aufwendige, gut begründete Methode der Auswertung, die hier nicht angemessen dargestellt werden kann und die auch besser in einem praktischen Einführungskurs erlernt werden sollte (z.B. OEVERMANN 1979; 1991).
Die zur Zeit wohl empfehlenswerteste Methode ist die „Grounded Theory" von GLASER & STRAUSS (1967), die inzwischen auch in deutscher Übersetzung als Handbuch für Anfänger erschienen ist (STRAUSS/CORBIN 1996).

5. Kritik und Ausblick

Tagebuchschreiben ist eine Möglichkeit, die Wahrnehmung des persönlichen und professionellen Handelns gleichsam festzustellen, zu fixieren und damit der Reflexion handlungsleitender Motive, Intentionen, Behinderungen oder Wirksamkeiten zugänglich zu machen. Darin liegt eine Chance, Erfahrungen zu strukturieren, zu verarbeiten und damit Theorien der eigenen beruflichen und sozialen Praxis zu entwickeln. Das Tagebuch kann zu einer Quelle für die Erinnerung und längerfristige Klärung von Erfahrungen werden.
Die eigenartige Verknüpfung von subjektivem Erleben und objektivierender Bearbeitung ist auch in dialogischen Situationen der Deutung und Interpretation von Tagebuchtexten nicht voneinander zu trennen. Das besondere Potential von berufsbezogenen Tagebüchern als Lern- und Forschungsinstrumenten liegt

darin, daß Erfahrungen über längere Zeiträume dokumentiert werden können, im Unterschied zu zeitlich begrenzten und eher punktuell fixierenden Forschungsmethoden.

Das Tagebuchschreiben bleibt als subjektorientierte Darstellungsweise ambivalent. Es ist per se kein Garant für Erkenntnisgewinn oder für ergiebige Praxisforschung. Gerade wenn es als Ventil für die Verarbeitung von Enttäuschungen und Krisen gebraucht wird, zur Selbstrechtfertigung oder zur Selbstbespiegelung, liegt für manche Autoren die Gefahr nahe, „daß das Alltägliche begriffslos bleibt und schreibend nur verdoppelt wird" (HAUG 1990, 46). Auch eine „narrative Betulichkeit" (BUDE 1993, 425) des Erzählenden wird ebenso als häufige Gefahr betrachtet wie das Reproduzieren des immer schon Gewußten.

HEINZE/LOSER/THIEMANN (1981) argumentieren vehement gegen die Auffassung, daß Tagebuchschreiben von Lehrern eine angemessene Form der Praxisforschung sei. Das Aufschreiben schulischer Alltagserfahrungen sei eher eine Form der Desorganisation der Praxis, weil es sie privatisiere. Die Veröffentlichung von Lehrertagebüchern sei gerade eine außeralltägliche Handlung, die sich an anonyme Gesprächspartner über den Buchmarkt wendet. Dadurch sei die aufgeschriebene Erfahrung nicht mehr Stoff für die Auseinandersetzung am Handlungsort, und die Einheit von Nachdenken und Handeln würde wieder getrennt. „Praxisforschung als kollektive Auseinandersetzung mit Alltagserfahrungen findet nicht statt" (a.a.O.,41). Die Autoren plädieren demgegenüber für eine Praxisforschung, die nicht das Einzelkämpferideal kultiviert, sondern die institutionelle Dynamik des beruflichen Handlungsfeldes einbezieht, als gemeinsamer Prozeß von Lehrenden und Lernenden organisiert wird und praktische wie politische Folgen intendiert.

Man muß HEINZE u.a. einerseits zustimmen, wenn sie das Tagebuchschreiben und -veröffentlichen ausschließlich als einsames Handeln einsamer Lehrer oder Lehrerinnen bezeichnen; andererseits ist es professionellen Praktikern ebenso wie Wissenschaftlern zuzugestehen, sich selbst als schreibende Individuen zu entwerfen. Die Funktion und Wirksamkeit von pädagogischen Tagebüchern nimmt jedoch eine andere Gestalt an, wenn dialogische oder kommunikative Kontexte der Bearbeitung der im Tagebuch aufgeschriebenen Erfahrungen herangezogen werden.

Frigga HAUG (1990; HAUG/HAUSER 1992) hat mit dem Programm der „kollektiven Erinnerungsarbeit" eine sozialwissenschaftliche Methode entwickelt, die geeignet ist, weitere Konfliktverarbeitungsmuster zu realisieren. Die kollektive Erinnerungsarbeit setzt bei dem themenbezogenen Aufschreiben subjektiver Erfahrung - in Szenen, in Geschichten - an. Es kommt dann jedoch auf die Bearbeitung in einer Gruppe oder einem Kollektiv an, um Distanz zu gewinnen, die Mutmaßungen, impliziten Theorien, ideologischen Beschränkungen und „blinden Flecke" aufzudecken, Zusammenhänge zu untersuchen, die Forschungsfragestellung auszubauen. Obgleich auch Gruppen durchaus ihre „blinden Flecken" haben können, besteht die Chance, daß die Szenen neu geschrieben, angereichert, ergänzt, vorhandene Theorien zu Rate gezogen werden, um so durch „Problemverschiebung" (HAUG 1990, 53) zu einer anderen Qualität der Erkenntnis zu gelangen.

Die kollektive Erinnerungsarbeit wurde für und mit Frauengruppen entwickelt mit dem Ziel, weiblichen Erfahrungen Eingang in die Theoriebildung zu verschaffen. Das Tagebuchschreiben ist - bei einer entsprechenden Einbettung in Forschungs- oder Fortbildungskollektive - eine Chance, weibliche und männliche Erfahrungen auch für die Theoriebildung aufzuschließen.

Literatur

ALTRICHTER, Herbert/Peter POSCH 1990: Lehrer erforschen ihren Unterricht. Eine Einführung in die Methoden der Aktionsforschung. Bad Heilbrunn.
ALTRICHTER, Herbert u.a. (Hg.) 1989: Schule gestalten: Lehrer als Forscher. Fallstudien aus dem Projekt „Forschendes Lernen in der Lehrerausbildung". Klagenfurt: Hermagoras Verlag.
BALLSTAEDT, Peter 1982: Dokumentenanalyse. In: HUBER, Günter L./Heinz MANDL (Hg.): Verbale Daten. Eine Einführung in die Grundlagen und Methoden der Erhebung und Auswertung. Weinheim und Basel, S. 165-176.
BAUER, Karl-Oswald 1995: Qualitativer Zugang zum pädagogischen Handlungsrepertoire von Lehrerinnen und Lehrern. In: EBERWEIN, H./J. MAND (Hg.): Forschen für die Schulpraxis. Weinheim, S. 254-267.
BUDE, Heinz 1993: Die soziologische Erzählung. In: JUNG, T./S. MÜLLER-DOOHM (Hg.): „Wirklichkeit" im Deutungsprozeß. Verstehen und Methoden in den Kultur- und Sozialwissenschaften. Frankfurt, S. 409-429.
BUSCHBECK, Helene 1995: Das Pädagogische Tagebuch - ein Not-wendiges Handwerkszeug im Schulalltag. In: EBERWEIN, Hans/Johannes MAND (Hg.): Forschen für die Schulpraxis. Was Lehrer über Erkenntnisse qualitativer Sozialforschung wissen sollten.Weinheim. S. 171-288.
BUSCHBECK, Helene 1985: Reflektierende Beobachtung. Strukturierungshilfen für Reflektierende Beobachtung. Pädagogisches Zentrum Berlin.
CONNELLY, F. Michael/D. Jean CLANDININ 1990: Stories of Experience and Narrative Inquiry. In: Educational Researcher 19 (1995) 5, S. 2-14.
CONNELLY, F. Michael/D. Jean CLANDININ 1987: On Narrative Method, Biography and Narrative Unities in the Study of Teaching. In: Journal of Educational Thought 21 (1987) 3, S. 130-139.
CONNELLY, F.M./D.J. CLANDININ 1988: Teachers as curriculum planners: Narratives of experience. Toronto/New York: OISE Press.
DIEDERICH, Jürgen/Christoph WULF 1979: Gesamtschulalltag. Die Fallstudie Kierspe. Lehr-, Lern- und Sozialverhalten an nordrhein-westfälischen Gesamtschulen. Paderborn.
DÖPP, Wiltrud 1988: Die Ameise im Feuer. Schulgeschichten. Essen.
EBERWEIN, Hans/Johannes MAND (Hg.) 1995: Forschen für die Schulpraxis. Was Lehrer über Erkenntnisse qualitativer Sozialforschung wissen sollten. Weinheim.
ENNS-CONOLLY, Esther 1991: Fortbildung als Prozess der Selbstentwicklung: Eine Projektbeschreibung. In: Schweizer Schule 78 (1991) 12, S. 3-10.
ERMER, Rudolf Georg 1975: Hauptschultagebuch oder der Versuch in der Schule zu leben. Weinheim/Berlin/Basel.
FISCHER, Dietlind (Hg.) 1993: Lernen am Fall. Zur Interpretation und Verwendung von Fallstudien in der Pädagogik. Konstanz.
FISCHER, Peter Michael 1982: Inhaltsanalytische Auswertung von Verbaldaten. In: HUBER, Günter L./Heinz MANDL (Hg.): Verbale Daten. Eine Einführung in die Grundlagen und Methoden der Erhebung und Auswertung. Weinheim und Basel, S. 179-196.
GLASER, Barney/Anselm L. STRAUSS 1967: The Discovery of Grounded Theory. Chicago: Aldine.

GÜRGE, Fritz/Peter HELD/Marietta WOLLNY 1978: Lehrertagebücher. Möglichkeiten und Grenzen der Arbeit mit Hauptschülern. Bearb. von Gerold Scholz. Bensheim

HAUG, Frigga 1990: Erinnerungsarbeit. Hamburg.

HAUG, Frigga/Kornelia HAUSER 1992: Marxistische Theorien und feministischer Standpunkt. In: KNAPP, G.-A./A. WETTERER (Hg.): Traditionen Brüche. Entwicklungen feministischer Theorie. Freiburg i.B., S. 115-149.

HEINZE, Thomas/Fritz LOSER/Friedrich THIEMANN 1981: Praxisforschung. Wie Alltagshandeln und Reflexion zusammengebracht werden können. München/Wien/Baltimore (bes. Kp. 2).

HENSEL, Horst 1981: Neunmal Schulwetter. Bürokratische Verhinderung der Gesamtschule. Bensheim.

HENTIG, Hartmut von 1982: Erkennen durch Handeln. In: KÖNIG, E./P. ZEDLER (Hg.): Erziehungswissenschaftliche Forschung: Positionen, Perspektiven, Probleme. Paderborn/München, S. 166-195.

HOLLY, Mary 1984: Keeping a Personal-Professional Journal. Seelong: Deaking University Press.

JANSSEN, Bernd 1977: Praxisberichte aus der Hauptschule. Politische Pädagogik zwischen Illusion und Realität. Frankfurt M./Köln.

KAGERER, Hildburg 1978: In der Schule tobt das Leben. Berlin.

KAISER, Astrid 1989: aussiedeln, umsiedeln - ansiedeln, einsiedeln.Pädagogisches Tagebuch über eine Anfangsklasse mit Kindern aus Osteuropa, Kirgisien und Kasachstan. Bielefeld.

KLINK, Job-Günter 1974: Klasse H 7 E. Bad Heilbrunn.

KRAUSS, Hannes/Bärbel SCHÖN 1979: Karriere-Tickets, Erbauungs-Traktate, Selbst-Reflexionen. Anspruch und Probleme schreibender Lehrer. Ein Überblick. In: Päd.extra Jg. 7, H. 7, S. 33-36.

KROATH, Franz 1995: The Role of the Critical Friend in the Development of Teacher Expertise. In: OLECHOWSKI, Richard/Gabriele KHAN-SVIK (Eds.): Experimental Research on Teaching and Learning. Bern et al., S. 83-94.

KUHLMANN, Henning 1975: Klassengemeinschaft. Über Hauptschüler und Hauptschullehrer und den Versuch herauszufinden, wann Schule Spaß machen kann. Berlin

MERGNER, Barbara 1994: Das Logbuch für LehrerInnen und FortbildnerInnen. Unveröff. Arbeitsmaterial Jena.

OBERG, Antoinette/Susan UNDERWOOD 1992: Facilitating Teacher Self-Development: Reflections on Experience. In: HARGREAVES, Andy/Michael G. FULLAN: Understanding Teacher Development. New York: Teachers College Press Columbia University, S. 162-177.

OEVERMANN, Ulrich/T. ALLERT/E. KONAU/J. KRAMBEK 1979: Die Methodologie einer „objektiven Hermeneutik" und ihre allgemeine forschungslogische Bedeutung in den Sozialwissenschaften. In: SOEFFNER, H. G. (Hg.): Interpretative Verfahren in den Sozial- und Textwissenschaften. Stuttgart. S. 352-434.

OEVERMANN, Ulrich 1991: Genetischer Strukturalismus und das sozialwissenschaftliche Problem der Erklärung der Entstehung des Neuen. In: MÜLLER-DOHM, S. (Hg.): Jenseits der Utopie. Theoriekritik der Gegenwart. Frankfurt a.M. S. 267-336.

RICO, Gabriele L. 1984: Garantiert schreiben lernen. Reinbek bei Hamburg.

RUMPF, Horst 1966: 40 Schultage. Tagebuch eines Studienrats. Braunschweig.

RUMPF, Horst 1968: Schule gesucht. Tagebuch eines Studienrats (2) ... aus einer erfundenen Schule. Braunschweig.

SCHÖN, Donald A. 1983: The Reflective Practitioner. How Professionals think in action. New York: Basic Books Inc.

SCHONEBECK, Hubertus von 1978, 1979: Wenn ein Lehrer kinderfreundlich sein will. Aufzeichnungen eines abgesprungenen Hauptschullehrers. In: betrifft-erziehung 11 und 12/1978 und 1 und 2/1979.

SOFF, Marianne 1989: Jugend im Tagebuch. Analysen zur Ich-Entwicklung in Jugendtagebüchern verschiedener Generationen. Weinheim/München.

STRAUSS, Anselm/Juliet CORBIN 1996: Grounded Theory: Grundlagen Qualitativer Sozialforschung. Weinheim.

STÜBIG, Frauke 1995: Schulalltag und Lehrerinnenbewußtsein. Das Tagebuch einer Lehrerin und seine Reflexion im Gespräch mit Birke Mersmann. Weinheim/Basel.

TENORTH, Heinz-Elmar 1995: Engagierte Beobachter, distanzierte Akteure. Eine Ermunterung, pädagogische Grundprobleme wieder zu erörtern. In: Zeitschrift für Pädagogik 41 (1995), 3-12.

TRIPP, D. 1987: Teachers, journals and collaborative research. In: Smith, J. (ed.): Educating Teachers: Changing the Nature of Pedagogical Knowledge. London: Falmer Press, S. 179-192.

WALKER, Rob 1985: Doing Research: A Handbook for Teachers. Cambridge: Cambridge University Press.

WALLACE, M. 1991: Training Foreign Language Teachers. A Reflective Approach. Cambridge: Cambridge University Press.

WIMMER, Wolfgang 1976: Nicht allen das Gleiche, sondern jedem das Seine. Sozialbiographien aus einer Hauptschulklasse. Reinbek.

WÜNSCHE, Konrad 1972: Die Wirklichkeit des Hauptschülers. Berichte von Kindern der Schweigenden Mehrheit. Köln.

Wolfgang Nitsch und Ingo Scheller

Forschendes Lernen mit Mitteln des szenischen Spiels als aktivierende Sozial- und Bildungsforschung

Das szenische Spiel ist in seinen Potentialen für qualitative und aktivierende Sozial- und Bildungsforschung noch weitgehend unerschlossen. Beim Handeln in vorgestellten Situationen und bei der szenischen Reflexion solcher Handlungen können erlebte, vorgestellte und zukünftig mögliche soziale Situationen in ihrer sozialen Dynamik, können innere und äußere Haltungen und Beziehungen der beteiligten Personen aktiviert, erkundet und analysiert werden. (SCHELLER 1982, 230-253; SCHELLER 1989, 26-29) Das Verfahren eignet sich deshalb besonders für Forschungsvorhaben, die sich auf Bildungsprozesse in Gruppen beziehen, bzw. die diese nutzen, um die Haltungen und Beziehungen der Gruppenmitglieder zu sozialen Feldern und Problemen zu untersuchen. Die im Spiel sichtbar werdenden sozialen Beziehungen, Haltungen und Einstellungen können anschließend zum Gegenstand einer distanzierteren, systematischen Auswertung gemacht werden: über Interviews und Inhaltsanalysen schriftlich oder audiovisuell dokumentierte Spielszenen und Gruppengespräche.

Da die konkreten Verfahren des szenischen Spiels noch zu wenig bekannt sind, stellen wir einige von ihnen im folgenden am Beispiel eines Lehr- und Forschungsprojekts vor, in dem wir in zwei Semestern mit ca. 30 Studenten und Studentinnen „Haltungen und Wirkungen von Männern als Dozenten" untersucht haben (vgl. NITSCH/SCHELLER 1996 und ein ähnliches Vorhaben mit LehrerInnen: NITSCH/SCHELLER 1982). Im ersten Semester ging es dabei um die Einführung in die Verfahren des szenischen Spiels und die Auseinandersetzung mit den Männer-Bildern und Haltungen der TeilnehmerInnen. Im zweiten Semester beobachteten jeweils zwei StudentInnen einen Hochschullehrer in allen Sitzungen eines Seminars. Im Projekt wurden diese Beobachtungen mit Mitteln des szenischen Spiels vorbereitet und ausgewertet. Daran schloß sich eine Phase an, in der Interviews mit den Hochschullehrern vorbereitet und durchgeführt wurden. Schließlich erstellten die Studierenden einen Abschlußbericht, in dem sie die Haltung des Hochschullehrers im Seminar beschrieben.

Im ersten Semester setzten sich die Studierenden mit unterschiedlichen Verfahren des szenischen Spiels mit eigenen und fremden Männer-Bildern und -Haltungen auseinander. Dabei ging es vor allem darum, sich in der Konfrontation mit fremden Männerhaltungen eigene Projektions-, Identifikations- und Abwehrprozesse bewußt zu machen und abgespaltene Phantasien, Gefühle und Verhaltensweisen wahrzunehmen und ins eigene Selbstbild zu integrieren (vgl. MÜLLER/SCHELLER 1993, 8-10). Mit Standbildern wurde zunächst die Funktion von Klischee-Bildern und problematischen Männer-Haltungen für das eigene Selbstbild untersucht. Danach wurden bei der szenischen Interpretation einer Dramenszene (aus Ibsens „Nora") (vgl. SCHELLER 1986) und über die szenische Rekonstruktion eigener Erfahrungen dominante Haltungen gegenüber Frauen reflektiert. Schließlich konnten über die systematische Einfühlung in die Situation von Jungen und Mädchen während der Pubertät Entstehungsbedingungen von Männer- und Frauen-Haltungen erkundet werden.

Um den Ursachen für die Ambivalenzen im Selbstbild der Männer auf die Spur zu kommen und zugrundeliegende Wahrnehmungs- und Verhaltensmuster zu erkunden, wurden z.B. Situationen rekonstruiert und interpretiert, in denen die am Projekt beteiligten Männer und Frauen Schwierigkeiten hatten, sich gegenüber einem oder mehreren Männern zu verhalten. Dabei gingen wir von der Annahme aus, daß die Verhaltensschwierigkeiten etwas mit der Tatsache zu tun hatten, daß die Männerhaltungen an eigene ambivalente oder auch abgewehrte Wünsche, Phantasien und Gefühle erinnerten.

Gearbeitet wurde in Gruppen mit jeweils einem Spielleiter bzw. einer Spielleiterin. Die TeilnehmerInnen (TN) demonstrierten und interpretierten nacheinander ihre Situation mit Standbildern mit Hilfe des/der Seminarleiters/in (SL). Dazu suchten sie sich Leute aus der Gruppe, die in ihr Bild paßten, formten sie, ohne zu sprechen, so lange mit den Händen, bis sie dem Bild entsprachen, das sie von der erlebten Situation hatten. Die Mimik machten sie vor. Ein TN wurde in die Position und Haltung gestellt, die sie als Protagonisten in der Situation gehabt hatten. War das Standbild gestaltet, sahen sich zunächst die BeobachterInnen die Situation aus der Perspektive des Protagonisten an, bevor diese(r) das Bild - durch den/die SL angeregt - erklärte und deutete. Er/Sie erläuterte zunächst die Situation, stellte sich dann hinter die Person, die ihn/sie repräsentierte, legte ihr die Hand auf die Schulter und sagte in der Ichform, wie es ihm/ihr in der Situation gerade geht, was mit dem Mann los ist, um den es geht, wie er/sie dessen Haltung interpretiert, was für Gefühle ihn/sie beschäftigen, wo diese im Körper sitzen usw. Um Projektionen auf den Mann herauszuarbeiten, trat der/die ProtagonistIn dann hinter die anderen Personen im Standbild, legte ihnen die Hand auf die Schulter und sagte, was sie gerade denken konnten usw. Waren die psychischen Prozesse deutlich geworden, die zur Verhaltensschwierigkeit beigetragen hatten, brach der/die SL die Interpretation ab und ließ die BeobachterInnen vor dem Hintergrund ihrer Erfahrungen beschreiben, wo die Schwierigkeiten der Protagonisten in dieser Situation gelegen und welche Wünsche, Bedürfnisse und Übertragungen dabei eine Rolle gespielt haben können. Zum Schluß äußerte sich der/die ProtagonistIn zu dem, was er/sie bei der szenischen Rekonstruktion und im Feedback über sich erfahren hatte.

Im zweiten Semester ging es darum, auf der Basis der im ersten Semester gemachten Erfahrungen mit der eigenen Männer-Haltung und dem szenischen Spiel die Haltungen und Wirkungen von Hochschullehrern in Lehrveranstaltungen zu erkunden und mit Mitteln des szenischen Spiels vorzubereiten und auszuwerten. Dabei wurden unter anderen folgenden szenische Spiel-Verfahren verwendet:
- Beschreibung und Nachahmung typischer Körperhaltungen von Hochschullehrern

Um die Studierenden für die Wahrnehmung, Darstellung und Interpretation von Körper- und Sprechhaltungen zu sensibilisieren, aber auch um unsere Haltungen zum Thema zu machen, stellten wir Projektleiter uns als Beobachtungs-Modelle zur Verfügung. Wir gestalteten nacheinander in unserer Weise den ersten Teil einer Sitzung und forderten die Studierenden auf, besonders auf unsere Körperhaltungen und Gesten, auf die Rede-, Argumentations- und Kommunikationsweisen zu achten. Besondere Aufmerksamkeit sollten sie dabei ihren Gefühlen schenken: was fanden sie spannend, was verwirrend, was abstoßend, was langweilig, wo entstand Interesse, wo spürten sie Widerstand usw. Nach der Beobachtung schrieben die TN zunächst ihre Assoziationen auf, entschieden sich dann für den Dozenten, mit dessen Haltung sie sich auseinandersetzen wollten, schrieben auf Zettel Einzelbeobachtungen und ihre Reaktion darauf, kennzeichneten diese mit m (männlich) bzw. w (weiblich) und legten diese in die Mitte des Gruppenkreises. Nachdem alle Beobachtungen notiert worden waren, ordnete die Gruppe die Zettel, suchte nach Mustern und Strukturen und entschied sich schließlich für Körper- und Sprechhaltungen, an denen sie unsere Haltungen als Hochschullehrer demonstrieren konnten, setzten diese in Standbilder und Sprechhaltungen um und suchten nach den Haltungen, mit denen sie darauf reagierten. Im Anschluß daran präsentierten sie die Ergebnisse ihrer Gruppenarbeit im Plenum, wobei sie auch deutlich machten, was sie hinter den äußeren Haltungen vermuteten und wie diese auf sie wirkten. Nacheinander traten sie dabei hinter die Haltungs-Bilder und sagten, was der Dozent in dieser Haltung ihrer Meinung nach gerade dachte, nahmen dann Abstand und erläuterten, wie die Haltung auf sie wirkte und welche Reaktion sie bei ihnen auslöste. Zum Schluß stellten wir uns einer Befragung durch die Studierenden und erläuterten situative, institutionelle und biographische Bedingungen, die in unseren Haltungen ihren Niederschlag gefunden haben könnten.
– Szenische Demonstration: Einstiegsrituale in Lehrveranstaltungen
Einstiegsrituale, die Art und Weise, wie Lehrende in den Seminarraum kommen, sich ihren Ort suchen, ihre Seminarunterlagen ordnen und schließlich die Sitzung eröffnen, geben Aufschluß über die Art, wie Hochschullehrer ihre Haltung und Beziehungen zu den Studierenden im Seminar definieren wollen bzw. können.
Nacheinander demonstrierten Studierende die Art, wie der Hochschullehrer, den sie im Seminar beobachteten, den Raum betritt und die Veranstaltung eröffnet. Sie bauten zunächst den Seminarraum auf, baten die TN, die Rolle von Studierenden zu übernehmen und die entsprechende Sitzordnung einzunehmen und agierten dann in der Rolle des Hochschullehrers, wobei sie das Verhalten immer wieder auch kommentierten.
Nach dem Spiel äußerten sich zunächst die BeobachterInnen über die Haltung und Wirkung des Hochschullehrers. Im Anschluß daran erläuterten die SpielerInnen des Hochschullehrers, wie es ihnen in der Rolle gegangen war und welche Vermutungen sie über die Einstellung der jeweiligen Dozenten in der Situation hatten.
- Szenische Rekonstruktion: Sitzordnungen und Kommunikationsstrukturen
Sitzordnungen, die Art und Weise, wie sich aktiv und passiv verhaltende Stu-

dierende im Raum verteilen und wie Kommunikationskorridore gebildet und aufrechterhalten werden, geben Aufschluß darüber, wie Hochschullehrer sich ihre Beziehung zu Studierenden aufbauen, auf welche Männer und Frauen sie sich beziehen, mit welchen sie in die Konfrontation gehen, welche sie ignorieren, von welchen sie Unterstützung erhoffen, welche ihnen Angst machen usw. Sie wurden - nicht zuletzt, um für die Wahrnehmung solcher Strukturen zu sensibilisieren - szenisch rekonstruiert. Dabei baute ein TN, der das Seminar besuchte, zunächst den Seminarraum mit der entsprechenden Sitzordnung auf und beschrieb ihn dann detailliert im Gespräch mit dem SL. Dann überlegte er, wo die Studierenden saßen, die aktiv am Seminargeschehen teilnahmen, suchte sich aus der BeobachterInnengruppe entsprechende TN heraus und positionierte sie auf den entsprechenden Plätzen. Anschließend gab er auch anderen Seminarteilnehmerinnen, die für die Gruppenstruktur wichtig waren, einen Platz: AußenseiterInnen, KontrahentInnen, unauffällige Randfiguren. Von seinem Platz aus charakterisierte er dann zunächst die positionierten Studierenden und ihr Verhältnis zum Dozenten. Dann begab er sich selbst in die Position des Hochschullehrers und warf von hier aus einen Blick auf das Seminar und die Studierenden und versuchte, diese aus dieser Perspektive des Dozenten zu charakterisieren. Dabei legte er einen besonderer Akzent auf das Verhältnis zu Frauen und Männern. Im Anschluß daran beschrieben und deuteten die BeobachterInnen Vorlieben und Abneigungen des Dozenten und die gruppendynamische Situation im Seminar.

– Szenische Präsentation: Körperhaltungen, Gesten, und Sprechhaltungen: Hochschullehrer beim Referieren

Der Seminarraum wird aufgebaut, die SeminarteilnehmerInnen übernehmen die Rollen der Studierenden und nehmen ihre Plätze ein. Der Student bzw. die Studentin, der bzw. die den Dozenten beobachtet hat, begibt sich auf dessen Platz und referiert in der Art, wie er/sie es bei dem Dozenten beobachtet hat. Im Anschluß daran beschreiben die BeobachterInnen Körperhaltung, Gestik und Sprechhaltung und sprechen über deren Wirkung.

– Szenische Rekonstruktion: Schwierigkeiten beim Umgang mit dem Verhalten von Hochschullehrern

Da wo Studierende Probleme mit dem Verhalten von Hochschullehrern haben, werden sie in der Regel mit Verhaltensweisen konfrontiert, die sie an eigene Unsicherheiten, Ängste und Wünsche erinnern. Weil die eigene Person in Frage gestellt wird, werden andere in Frage gestellt: der verantwortliche Hochschullehrer oder andere Studierende, die eigenen Anteile brauchen so nicht thematisiert zu werden.

Die TN berichteten von Situationen in den Seminaren, in denen sie Probleme mit dem Verhalten des Hochschullehrers im Seminar hatten, und entschieden sich für eine, die sie genauer untersuchen wollten. Der SL forderte den Studenten, der die Situation erlebt hatte, auf, diese noch einmal genau zu beschreiben, baute dann zusammen mit ihm den Raum auf und ließ sich diesen genau beschreiben. Dann suchte sich der Student, der als Protagonist die Szene rekonstruieren sollte, TN aus, die von ihrer äußeren Erscheinung her dem Hochschullehrer bzw. Studierenden ähnelten, die in der Situation eine besondere Rolle gespielt hatten, und teilte diesen ihre Plätze zu. Danach forderte der SL ihn auf, sich nacheinander hinter die Personen zu stellen, die er für das Spiel ausgesucht hatte, ihnen die Hand auf die Schulter zu legen und sie in ihre Rollen einzufühlen: In der ersten Person sprechend, durch Fragen des SL angeregt, entwickelte er nach und nach die Rollen: „Ich heiße Peter, bin 28 Jahre alt und studiere an dieser Uni Germanistik. Hier bin ich nur, weil ich einen Schein machen muß, was hier abläuft ist öde..." Dabei lenkte der SL die Aufmerksamkeit immer wieder auf die Motivation, auf die Einstellung den anderen Studierenden (v. a. dem Protagonisten) und dem Hochschullehrer gegenüber - generell und in der momentanen Situation. Nachdem auf diese Weise alle ihre Rolle bekommen hatten, begab sich der Protagonist an seinen Platz im Seminar und charakterisierte aus seiner Sicht den Hochschullehrer und die Studierenden. Dann beschrieb er noch einmal den Ablauf der Situation und das Verhalten der Beteiligten, bevor die Seminarsituation, in der er wieder seine eigene Rolle übernahm, gespielt wurde. Nach kurzer Zeit unterbrach der SL das Spiel und fragte den Protagonisten, ob es der erlebten Situation entsprach. Wenn das der Fall war, wurde die Szene weitergespielt und schließlich vom Spielleiter abgebrochen, nachdem das Problem klar geworden war. Nacheinander beschrieben nun die BeobachterInnen, wie sie die Situation und das Verhalten des Hochschullehrers, der Studierenden und des Protagonisten wahrgenommen hatten und womit letzterer in dieser Situation wohl Schwierigkeiten gehabt hatte. Im Anschluß daran beschrieben die SpielerInnen aus ihrer Rolle heraus, wie sie die Situation erlebt hatten. Am Schluß nahm der Protagonist Stellung, erläuterte, was ihn an der Haltung des Hochschullehrers gestört hatte und welche eigenen Probleme dabei eine Rolle gespielt hatten.

– Rollengespräche: Interviews mit Hochschullehrern

Bei den Beobachtungen, die die StudentInnen in den Seminaren durchgeführt hatten, waren Haltungsdetails von Hochschullehrern entdeckt und beschrieben worden, die bei ihnen Kritik, Abwehr, aber auch Bewunderung provozierten. Dieses Wissen und die damit verbundenen Gefühle steigerten die Erwartungen und Ängste hinsichtlich des Gesprächs mit dem Hochschullehrer, dem sie ihre Beobachtungen mitteilen sollten, von dem sie aber auch etwas über seine Einstellungen zur Lehre und den Studierenden, über biographische Entstehungsbedingungen der Haltungen erfahren wollten. Um den Erwartungsdruck zu reduzieren und auf die Gespräche vorzubereiten, stellten sie Problempunkte und Fragen zusammen und bereiteten sich in Rollengesprächen auf die Interviews vor. In diesen Gesprächen übernahmen wir als Lehrende die Rollen der Dozenten und spielten diese konfrontativ so aus, daß den Studierenden die Grenzen und Möglichkeiten ihres Vorgehens deutlich wurden. Nach jedem Rollengespräch beschrieben zunächst die BeobachterInnen, wie sie den Gesprächsverlauf erlebt hatten, wo Verständnisschwierigkeiten auftauchten, wo Abwehr provoziert wurde bzw. wo sich der Hochschullehrer öffnete. Im Anschluß daran erläuterten wir als Spieler der Dozenten, wie wir die Haltung der Studierenden wahrgenommen hatten, auf welche Impulse wir uns einlassen konnten, an welcher Stelle wir die Auskunft verweigern mußten. Schließlich sagten die Studierenden, wie es ihnen bei dem Gespräch ergangen war.

An den beschriebenen Verfahren sollte gezeigt werden, daß szenisches Spiel als *Handeln* und Wahrnehmen in *vorgestellten* Situationen und Interaktionsszenen als *eigenständige* aktivierende Untersuchungsform gesehen werden muß, die aber auch geeignet ist, die üblichen qualitativen Untersuchungsformen Interview und teilnehmende Beobachtung vorbereitend zu intensivieren und selbstreflexiv zu begleiten:

– Weil szenisches Spiel als Handeln in vorgestellten (erinnerten, beobachteten, phantasierten) Situationen im Unterschied zu Interviews und Beobachtung auch latente, z.T. abgewehrte und verborgene innere Einstellungen und Gefühle über das Körpergedächtnis wiederbelebt und zum sinnlichen Ausdruck bringt (SCHELLER 1989, 26-28), ist es eine von den Lern- und Forschungssubjekten praktizierte Untersuchungs- und Auswertungsmethode *ihrer* Selbst- und Fremderfahrungen. Auch wenn eine zusätzliche Auswertung dokumentierter Spiel-Prozesse von ForscherInnen vorgenommen wird, sind die TeilnehmerInnen nicht Objekte oder Versuchspersonen, sondern Subjekte einer Untersuchung, die sie im ersten Schritt selbst auswerten.

– Szenisches Spiel kann in besonderem Maße die komplexen Phänomene latenter, vorgestellter, erinnerter Wirklichkeitsmomente im Bewußtsein und der Gefühlswelt von Menschen sinnlich wahrnehmbar und kommunizierbar machen, die soziales Handeln ebenso prägen wie kognitive Handlungsstrategien. Kritische forschungssoziologische Studien (BERGER 1974, 31-98) haben aufgezeigt, wie in der üblichen Interview-Kommunikation eine von Alltags- und Handlungskontexten abgelöste und einseitig kognitive Konstruktion sozialer Wirklichkeit entsteht. Auf der anderen Seite verfehlen auch reine Interaktionsbeobachtungen die mit äußerem Verhalten verbundenen latenten Bedeutungen, Erinnerungen und Phantasien.

– Forschungsmethodologisch betrachtet, ermöglicht dagegen szenisches Spiel eine erweiterte kommunikative Validierung und methodische Triangulation (FLICK u.a. 1991, 427-434) zwischen unterschiedlichen Annäherungsweisen an einen sozialen Gegenstand durch den häufigen, reflektierten Wechsel zwischen relevanten Wahrnehmungs- und Kommunikationsweisen (Beobachten, Gespräche, szenisches Spiel-Handeln, Be-Schreiben), durch die Möglichkeit, im Spiel-Prozeß Handlungen und Haltungen zu unterbrechen, zu wiederholen, zu variieren und Wahrnehmungen aus den Perspektiven unterschiedlicher Personen in einer gleich-zeitigen Situation zu vergleichen.

– Weil szenische Spielprozesse bereits Elemente anderer qualitativer Untersuchungsformen in sich integrieren, können sie zur Einübung, Intensivierung und zur thematischen und emotional selbstreflektiven Auswertung teilnehmender Beobachtung 'im Feld' und von offenen Interviews und Gruppengesprächen genutzt werden. Dies muß jedoch unter der Anleitung ausgebildeter TeamerInnen geschehen, die als SpielleiterInnen die Spielprozesse steuern und den TN helfen können, die im Feld und im Spiel ausgelöste emotionale Dynamik zu reflektieren und zu 'lösen'. Daher sollten bei Forschungsvorhaben in Verbindung mit Bildungsarbeit, bei der mit Mitteln des szenischen Spiels in dieser Richtung gearbeitet wird, ausgebildete PädagogInnen (als 'Forschungs-AndragogInnen') zum Untersuchungsteam gehören (vgl. z.B. STEINWEG u.a.

1986; VOLMERG u.a. 1983; eine Zusatz-Ausbildung für PädagogInnen als Szenische SpielleiterInnen wird an der Universität Oldenburg angeboten).

Literatur

BERGER, Hartwig 1974: Untersuchungsmethode und soziale Wirklichkeit. Frankfurt a.M.

FLICK, Uwe u.a. (Hg.) 1991: Handbuch Qualitative Sozialforschung. München.

MÜLLER, Angelika I./Ingo SCHELLER 1993: Das Eigene und das Fremde. Flüchtlinge, Asylbewerber, Menschen aus anderen Kulturen und wir. Das szenische Spiel als Lernform. Oldenburg.

NITSCH, Wolfgang/Ingo SCHELLER 1982: Gemeinsame Arbeit an Haltungen - abschließende Bemerkungen zu einer Form selbstorganisierter Lehrerfortbildung. In: Westermanns Pädagogische Beiträge 10/1982, S. 448-449.

NITSCH, Wolfgang/Ingo SCHELLER (Hg.) 1996: Haltungen und Wirkungen von Männern als Dozenten. Ein Projektbericht. Oldenburg.

SCHELLER, Ingo 1982: Arbeit an Haltungen oder über Versuche, den Kopf wieder auf die Füße zu stellen - Überlegungen zur Funktion des szenischen Spiels. In: SCHOLZ, Reiner/Peter SCHUBERT (Hg.): Körpererfahrung. Die Wiederentdeckung des Körpers: Theater, Therapie und Unterricht. Reinbek, S. 230-253.

SCHELLER, Ingo 1986: Szenische Interpretation mit Standbildern - dargestellt an Ibsens „Nora". In: Praxis Deutsch 76, S. 60-65.

SCHELLER, Ingo 1989: Wir machen unsere Inszenierungen selber. Szenische Interpretation von Dramentexten. Theorie und Verfahren zum erfahrungsbezogenem Umgang mit Literatur und Alltagsgeschichte(n). Oldenburg.

STEINWEG, Reiner u.a. 1986: Weil wir ohne Waffen sind. Ein theaterpädagogisches Forschungsprojekt zur politischen Bildung. Frankfurt a.M.

VOLMERG, Birgit u.a. 1983: Kriegsängste und Sicherheitsbedürfnis. Frankfurt a.M.

Ursula Carle

Kind-Umfeld-Diagnose zwischen schulischem Handwerkszeug und qualitativem Forschungsverfahren

Was versteht die Praxis unter Kind-Umfeld-Diagnose? Ich fragte einige mir bekannte Lehrerinnen und Lehrer. Das Ergebnis hatte ich nicht erwartet. Lehrkräfte aus Grundschulen, Sonderschulen oder Integrationsklassen kannten den Begriff - auch unter der Bezeichnung Kind-Umfeld-Analyse. Aber woher sie ihn kannten, wußten viele nicht mehr. Kind-Umfeld-Diagnose gehöre, so die Sonderschullehrkräfte, doch zum Handwerkszeug. Verstanden Lehrpersonen aus Grund- und Sonderschulen unter Kind-Umfeld-Diagnose eine Strategie zur Entscheidungsfindung, ob ein Kind in eine Sonderschule umgeschult werden soll, so sahen die Lehrerinnen und Lehrer aus Integrationsklassen darin eine Möglichkeit (sensu „naturalistische Forschungsstrategie"[1]), für alle Kinder ihrer Klasse fortlaufend differenzierte Hinweise über deren Entwicklungsstand, förderungssensitive Bereiche[2] und Quellen der Behinderung des Lernens[3] zu erhalten.
Die Kind-Umfeld-Diagnose ist also ein Verfahren, das der Erforschung und Weiterentwicklung der pädagogischen Situation durch die Betroffenen dient. Im Unterschied zur kindzentrierten Diagnose, die lediglich den Förderbedarf am einzelnen Kind feststellt, bezieht sich die Kind-Umfeld-Diagnose auch auf das Lebensumfeld des Kindes, z.B. das Elternhaus, den konkreten Unterricht der jeweiligen Schule, die das Kind besucht oder künftig besuchen wird oder auf seine Freizeitkontakte. Das Besondere daran ist, daß die Bezugspersonen des Kindes im Team mit den Lehrkräften an der Diagnose, die schon die Förde-

---

[1] Die naturalistische Forschungsstrategie kann als kritische Gegenbewegung zum Modell einer experimentell-statistischen pädagogischen Forschung gesehen werden. Sie ist besonders für Prozeßevaluationen geeignet. Die Forschung findet im natürlichen sozialen Kontext unter Einsatz von qualitativen Forschungsmethoden statt. Ihre Ergebnisse sollen eine Verallgemeinerung durch den Leser auf seine eigene Situation zulassen. Siehe: GUBA/LINCOLN (1981). KROATH (1993).
[2] Unter förderungssensitiven Bereichen verstehe ich für das Kind interessante Tätigkeiten am Übergang zur Zone der nächsten Entwicklung, also solche Lernanlässe, die das Kind mit minimalen Hilfen selbst bewältigen kann, um dabei einerseits seine Strategien der Welterschließung zu erweitern und sich andererseits die Kultur immer differenzierter anzueignen. Siehe: WYGOTSKI (1993).
[3] Das sind dingliche Hindernisse, Beeinträchtigungen durch die jeweilige Behinderung, durch fehlendes oder falsches Vorwissen, durch mangelnde Erfahrung, durch Konstellationen im Beziehungsgeflecht aber auch Behinderungen durch negative Emotionen. Nach OBUCHOWSKI (1982) setzen negative Emotionen das Tätigkeitsniveau herab. Sie stehen damit besonders der Herausbildung neuer Strategien der Welterschließung entgegen.

rung im Blick hat, zusammenarbeiten. Eine Zukunftsvorstellung ist es noch, daß auch das Kind, um das es ja geht, persönlich im Team mitwirkt.
Der folgende Artikel stellt die theoretischen Wurzeln, praktischen Anwendungsweisen, Problempunkte und Entwicklungspotentiale dieses Verfahrens vor.

1. Die sozialökologischen Wurzeln der Kind-Umfeld-Diagnose

Wenn die Kind-Umfeld-Diagnose heute vor allem von der Sonderpädagogik explizit als ihr Handwerkszeug bezeichnet wird, so gehen ihre Wurzeln auf einen ökopsychologischen Ansatz zurück, wie ihn LEWIN (1946) formuliert und BRONFENBRENNER (1981)[4] erweitert hat. Die Sonderpädagogik nahm erst relativ spät davon Kenntnis, daß es nicht immer an der Person des Kindes liegt, wenn es schulische Probleme hat. Zwar wurde bereits in den 70er Jahren darauf hingewiesen, daß Lernbehinderung auch soziokulturelle Gründe haben kann (z.B. BEGEMANN 1970, PROBST 1976, WESTPHAL 1976).

Abb. 1: Gegenstand der Kind-Umfeld-Diagnose: Lebensbereiche und ihre Verbindungen

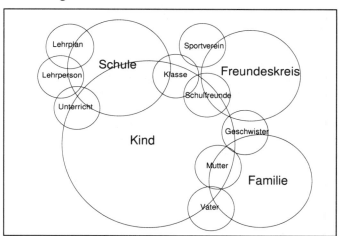

---

[4] Die ökologische Richtung in der Pädagogik und in der Psychologie ist sehr vielschichtig und kann keineswegs nur alleine auf BRONFENBRENNER zurückgeführt werden. Siehe hierzu: SCHULZE (1992, 262-279); FLAMMER (1988, 257-273) und WALTER/OERTER (1979). Der Begriff „ökologisch" meint im Sinne BRONFENBRENNERS „umfeldbezogen", der Begriff „System" steht für eine „ineinandergeschachtelte Anordnung konzentrischer... Strukturen" (1981, 38) und unterscheidet sich erheblich vom Systembegriff der neueren Systemtheorien, wie er etwa von MATURANA/VARELA, V. FOERSTER, SIMON (Familientherapie) oder LÜSSI (Sozialarbeit) gebraucht wird. Wegen dieser Unterscheidung wird in diesem Aufsatz der Begriff „sozialökologisch" für BRONFENBRENNERs Ansatz bevorzugt und auf den Begriff „ökosystemisch", wie ihn HILDESCHMIDT/SANDER verwenden, verzichtet.

Die Vorstellung, daß das Kind auf seinem Entwicklungsweg an vielen unterschiedlichen, teils in Verbindung stehenden Lebensbereichen teilhat (Abb. 1), setzte sich in der Sonderpädagogik aber nur langsam durch, beinhaltet sie doch für die Lehrerinnen und Lehrer viele Unsicherheitsfaktoren. So braucht eine sozialökologische Sichtweise auch einen anderen, nämlich einen aktiven Lernbegriff, der jedes Kind als Akteur seiner Entwicklung sieht, was zugleich eine positive Berücksichtigung der Vielfalt an unterschiedlichen Erfahrungskontexten in einer Klasse voraussetzt (PRENGEL 1993). Damit ändert sich auch die Rolle der Lehrperson. Sie sorgt für eine anregungsreiche Lernumgebung in einer demokratischen schulischen Atmosphäre[5] und für eine förderliche Kooperation des schulischen mit den anderen Lebensbereichen des Kindes[6].

Aus dieser veränderten pädagogischen Perspektive heraus, entwickelten sich didaktische und unterrichtsmethodische Erneuerungen, die auch passende reformpädagogische Ideen wieder aufgriffen. Zuerst öffnete sich der Unterricht in der Grundschule zunehmend für die Bedürfnisse der Kinder. Klassenzimmer wurden zu anregenden Lebensräumen umgestaltet, der 45-Minutentakt vielerorts abgeschafft, um Lernprozesse nicht immer wieder durch organisatorische Zwänge zu stören. Das Kind wird heute mehr und mehr als Subjekt seines Lernens und immer weniger als Objekt des Lehrens oder der Institution angesehen. Die sozialökologische Sichtweise und der veränderte Lernbegriff ließen die Widersprüche des Schulsystems deutlicher sichtbar werden[7]. Auslese als maßgebliches Paradigma paßte nicht zu einer entwicklungsfördernden Schule. So änderte sich nicht nur die Grundschule von innen heraus, zugleich entbrannte Anfang der 80er Jahre eine Diskussion um Sinn und Zweck schulischer Diagnostik[8]. Statt der Zuweisung zu „passenden" Schularten sollte sie nun der Grundlegung einer geeigneten Förderung dienen. Mit der integrierten Eingangsstufe, die derzeit bundesweit diskutiert wird und teilweise bereits eingeführt ist[9], wird nach der offiziellen Abschaffung der Schulreifetests die Konsequenz gezogen, alle Kinder im Schulalter in die Schule aufzunehmen und entwicklungsgemäß zu fördern. Integrative Förderung gilt mehr und mehr als Normalfall und scheitert derzeit eher an der Finanzierbarkeit als an den pädagogischen Möglichkeiten. Auch beim Überprüfungsverfahren zur Feststellung eines besonderen Förderbedarfs wird mehr und mehr auf standardisierte Tests verzichtet und auf andere, weichere und komplexere Verfahren zurückgegriffen, die der Lehrperson geeignete informative Grundlagen für ihren Unterricht

---

[5] LEWIN (1953) fand u.a. heraus, daß in demokratischen Strukturen die SchülerInnen weniger ängstlich sind, weniger unter Streß leiden und weniger häufig körperliche Krankheitssymptome und psychische Beschwerden zeigen. Diese Erkenntnisse wurden auch auf die Lehrtätigkeit übertragen, in den 60er Jahren z.B. auf den Unterrichtsstil von Lehrkräften.

[6] Nach BRONFENBRENNER (1981, 21) ist die Möglichkeit eines Lebensbereiches, als positiver Entwicklungskontext zu wirken von positiven Verbindungen zu anderen Lebensbereichen abhängig.

[7] HOLZKAMP fomuliert diese Widersprüche in seinem Buch „Lernen" (1993).

[8] Z.B. KORNMANN/MEISTER/SCHLEE (1983).

[9] In Hessen seit mehreren Jahren z.B. schon an der Grundschule Lohfelden-Vollmarshausen.

bieten. Tests vermessen, wenn sie noch handhabbar sein sollen, nur winzige Ausschnitte der sozialökologischen Zusammenhänge, unter denen sich ein Kind entwickelt. Um die Komplexität des Bedingungsgeflechts samt der Vernetzung von Diagnose und Förderung erfassen und positiv beeinflussen zu können, bedarf es umfassenderer, empirischer Vorgehensweisen.

Aus diesem Bedarf heraus entstand neben anderen Verfahrensweisen (z.B. Fallstudien, KORNMANN 1988a) die Kind-Umfeld-Diagnose. Das Konzept fußt auf der Sozialökologischen Entwicklungstheorie Urie BRONFENBRENNERS (1981)[10], die im Hinblick auf Veränderungsabsichten vor allem Zusammenhänge zwischen den unterschiedlichen Bedingungen von Entwicklung untersucht, nämlich die Interdependenzen der verschiedenen Systeme, in denen ein Kind agiert. Eine zentrale Erkenntnis ist, daß erfolgreiche Entwicklungsförderung nicht beim Kind alleine ansetzen darf, sondern die Systeme, in denen das Kind lebt, mitfördern muß.

2. Das Verfahren der Kind-Umfeld-Diagnose

Das Verfahren der Kind-Umfeld-Diagnose ist für den Schulbereich[11] vor allem bei HILDESCHMIDT und SANDER bzw. in Schriften, die sich mit dem saarländischen Modell der Einzelintegration behinderter Kinder befassen[12], beschrieben worden. CHRIST/HILDESCHMIDT u.a. (1986) verstehen die verschiedenen Umfelder als zusammenhängend, im Austausch befindlich. Zugleich werden sie als veränderbare Bedingungen kindlicher Entwicklungsmöglichkeiten betrachtet, denn Entwicklung geschieht nach BRONFENBRENNER (1981, 44) durch die tätige und reflektierte Auseinandersetzung mit der Welt und eröffnet eine immer differenziertere, verläßlichere Vorstellung von der Welt. Die kindliche Umwelt ist demnach zugleich Bedingung der kindlichen Entwicklung, Aneignungsziel und als Quelle der tätigen Auseinandersetzung Entwicklungsmotor. Dieser Prozeß schließt die Auseinandersetzung mit Tätigkeiten anderer Personen ein[13]. Die Kind-Umfeld-Diagnose dient dazu, diesen Entwicklungszusammenhang, wie er zwischen der kindlichen Auseinandersetzung mit der Welt und eben dieser Welt als Bedingung der vorhandenen Handlungsmöglichkeiten des Kindes besteht, transparenter und damit für eine Förderplanung zugänglicher zu machen.

Wie das Verfahren strukturiert ist, welchen Verlauf es nimmt und welche Inhalte untersucht und entwickelt werden, hängt von der Verwendung der Kind-Umfeld-Diagnose ab, die in allen pädagogischen Kontexten denkbar ist. Leider gibt es bislang keine detaillierte Verfahrensbeschreibung mit Checklisten und

---

[10] Vgl. HILDESCHMIDT (1988).
[11] Für die Vorschule und den Schulanfang hat NICKEL die Bedeutung des sozialökologischen Ansatzes betont. NICKEL, Horst (1995).
[12] Im Saarland wurden keine Integrationsklassen eingerichtet, sondern Kinder wohnortnah einzeln integriert.
[13] BRONFENBRENNER (1981, 162) vertritt die These, daß optimale Bedingungen für Lernen und Entwicklung dann gegeben sind, wenn das Kind an fortschreitend komplexeren Mustern wechselseitiger Tätigkeit und Interaktion mit anderen Menschen beteiligt wird.

Inventaren. Im folgenden beziehe ich mich daher auf den am besten beschriebenen Anwendungsbereich, nämlich den Übergang eines Kindes in integrativen Unterricht.

2.1 Kind-Umfeld-Diagnose zur Feststellung des besonderen Förderbedarfs

Der bekannteste Anwendungsbereich der Kind-Umfeld-Diagnose liegt im Entscheidungsverfahren bei Anträgen auf integrative Beschulung. Hier diente (und dient) das gutachterliche Ergebnis aus einer Kind-Umfeld-Diagnose als Vorlage für einen Förderausschuß, der auf Antrag gebildet werden kann (Abb. 2). Gegenüber der Schulaufsichtsbehörde sollte dieser Ausschuß, dem Vertreterinnen und Vertreter der Schule, der Schulaufsicht und des Kindes angehören, auf der Grundlage dieses Gutachtens eine Empfehlung erarbeiten.

Abb. 2: Mitglieder im Förderausschuß und Einrichtung des Gremiums[14]

Saarland (Förderausschuß)	Niedersachsen (Förderkommission)
– Eltern – Vertreter der Regelschule – Vertreter der zuständigen Sonderschule – Beauftragter der Schulaufsichtsbehörde (Vorsitz) – weitere Bezugspersonen des Kindes oder Fachleute auf Vorschlag des Förderausschusses	– die Erziehungsberechtigten und auf Wunsch eine Person des Vertrauens* – Lehrkraft, die das Kind unterrichtet oder künftig unterrichten wird* – Sonderschullehrkraft – Leiterin oder Leiter der zuständigen Schule (Vorsitz)
Eltern beantragen schulische Integration ihres Kindes beim zuständigen Schulamt, welches den Förderausschuß einberuft	*beantragt die Feststellung des besonderen Förderbedarfs, und wenn dieser per Gutachten der beiden beteiligten Lehrkräfte gegeben ist, die Förderkommission, jeweils bei der Schulbehörde

Laut Verordnungen erarbeitet also nicht unbedingt der Förderausschuß die Kind-Umfeld-Diagnose. Der Begriff „Kind-Umfeld-Diagnose" wird hier schmaler gebraucht als in der Literatur und in der integrativen Unterrichtspraxis. Teilweise fehlt sogar der Auftrag, nach schulischen Verbesserungsmöglichkeiten zu suchen[15]. Es soll lediglich erhoben werden, ob die vorhandenen Ressourcen integrativen Unterricht ermöglichen. Ein Ausbau dieser Ressourcen braucht nicht angedacht zu werden. Für einen nachhaltigen Erfolg wäre es demgegenüber notwendig, sowohl die vorhandenen Möglichkeiten auszuschöpfen, als auch ihre permanente Erweiterung zu planen.[16]

---

[14] Für das Saarland siehe HILDESCHMIDT, Anne (1988), S. 45; für Niedersachsen unter dem Namen Kind-Umfeld-Analyse: NIEDERSÄCHSISCHER KULTUSMINISTER (1994a).
[15] Z.B. NIEDERSÄCHSISCHER KULTUSMINISTER (1994b).
[16] Zur Notwendigkeit der Erweiterung beider Möglichkeitsräume bei der Planungstätigkeit von Lehrerinnen und Lehrern siehe: CARLE, Ursula (1995a).

Während die Einberufung und Zusammensetzung des Förderausschusses im Verfahren zur Feststellung des besonderen Förderbedarfs in Rechtsvorschriften geregelt ist, sind die Gegenstände und Inhalte der Arbeit weniger exakt beschrieben. HILDESCHMIDT/SANDER (1987, 105) entwickelten einen Leitfaden für die Kind-Umfeld-Diagnose, der im folgenden Schaubild zusammengefaßt ist (Abb. 3). Er soll dem Förderausschuß unabhängig davon, ob bereits irgendwelche Gutachten vorliegen, Anhaltspunkte für eine förderungsbezogene Diagnose liefern, anhand derer schließlich eine Empfehlung bezüglich der Einschulungsentscheidung getroffen werden kann. Der Leitfaden zeigt jedoch auch, daß sich nach wie vor fast alle intendierten Veränderungsbemühungen auf das Kind und seine Situation richten und nicht - wie BRONFENBRENNER es fordert - auf die Entwicklung der jeweiligen Umfelder.

Abb. 3: Gegenstände der Kind-Umfeld-Diagnose

Analysebereiche		Analysegegenstände Aktuelle Umfeldbedingungen	Realisierungsbereiche		Realisierungsinhalte Fördermöglichkeiten der Schule
	Gesellschaft	sozioökonomische Bedingungen		Förderung der Integration	Sicherung der Freiwilligkeit Schritte zur Integration Arbeit am gemeinsamen Gegenstand
	außerschul. Lebensfelder	Handlungsbereiche und bevorzugte Bezugspersonen des Kindes		Förderung der Entwicklung	Art und Umfang der individuellen Förderung Förderpläne
	schulische Situation	Schulart, Klasse, bevorzugte Bezugspersonen, Sozial- und Lernbereiche			
		Bisherige Entwicklungsmöglichkeiten			Fördermöglichkeiten des Umfeldes
	familiär	Spektrum der Tätigkeitsangebote: im familiären Umfeld (Eltern, Geschwister, Großeltern)		familiär	Schulweg Therapie
	nachbarschaftlich	in der Nachbarschaft (Freunde, Bekannte)		nachbarschaftlich	gegenseitige Information Einführung des Kindes in die Schulklasse
	institutionell	in Vereinen, Kindergarten, Vorschule, Schule etc.		institutionell	Hilfsmittel
	kindbezogen:	anstehende Entwicklungsaufgaben			Bereitstellung und Nutzung von Ressourcen
	Sozial- Sach- Ich- Kompetenz	Bereitschaft miteinander zu lernen und zu leben differenziertes Umweltverständis und wichtige Basisfähigkeiten Selbstvertrauen		vorhandene Ressourcen, bereitzustellende Ressourcen	Förderunterricht, Sprachheilunterricht, Elterninitiative, schulärztlicher bzw. schulpsychologischer Dienst Doppelbesetzung im Unterricht bauliche Maßnahmen

Empfehlung für die Schulbehörde

2.2 Das Kind-Umfeld-Diagnose-Team als wissengenerierende und entwickelnde Instanz

In der Praxis finden sich Hinweise auf eine breitere Verwendung der Kind-Umfeld-Diagnose als in den schulischen Vorschriften (z.B. HILDESCHMIDT 1993). So werden oftmals über die rechtlich festgelegten Mitglieder des Förderausschusses hinaus noch weitere Bezugspersonen des Kindes in das Diagnoseteam aufgenommen (HILDESCHMIDT 1988, 50). Oder der Förderausschuß nimmt nicht nur die Funktion wahr, eine Empfehlung für die Schulbehörde zu formulieren, sondern arbeitet als förderungsbezogenes Diagnose-Team über einen längeren Zeitraum zusammen. Dieses Team untersucht die Entwicklungsmöglichkeiten des Kindes in den unterschiedlichen Bezugsfeldern, um Fördermöglichkeiten zu erarbeiten, die nicht nur am Kind ansetzen, sondern in allen Bereichen, in denen eine Veränderung notwendig und machbar erscheint.

2.2.1 Zusammenarbeit im Team

Die Förderausschußmitglieder fungieren als Expertinnen und Experten für die Verhältnisse im jeweiligen Umfeld. Das setzt voraus, daß sie sich die Umfeldstrukturen bewußt machen, um darüber sprechen zu können. Das Verfahren der Teamdiagnose soll helfen, die Lebensrealität des Kindes angemessener zu erfassen. Dabei soll die hinter den Entwicklungszusammenhängen stehende Komplexität, also die vielfältigen Beziehungen zwischen den verschiedenen individuellen und damit (im Sinne BRONFENBRENNERs zugleich sozialen Entwicklungsbereichen stärker hervortreten. So beleuchtet das Team die Bedingungen der Tätigkeit des Kindes in seinen verschiedenen Lebensfeldern und fragt nach Verbesserungsmöglichkeiten. Nicht nur in der Familie, sondern auch in der Schulklasse schlägt der Förderausschuß Veränderungen vor. Gelingt dieser Prozeß, so wird die Kind-Umfeld-Diagnose auch zu einer geeigneten Planungsgrundlage für den Unterricht.

In der Praxis gibt es allerdings zahlreiche Problempunkte, die eine gute Zusammenarbeit behindern. So geht der Anstoß für die Einrichtung eines Förderausschusses oft nicht von den Eltern, sondern allein von der Lehrkraft aus, die sich unsicher ist, wie sie mit dem Kind weiter verfahren soll. Die zuständige Stelle (Schulleitung oder Schulaufsicht) beruft den Förderausschuß ein und übernimmt den Vorsitz. Über diese Konstruktion reproduziert sich die Hierarchie des Schulsystems bis in den Förderausschuß hinein, ohne daß diejenigen Stellen beteiligt sind, die über die Sicherung der notwendigen Ressourcen für eine verbesserte Förderung entscheiden können[17]. Sieht man die Zusammensetzung des Förderausschusses vor dem Hintergrund gegenseitiger Vorbehalte der Beteiligten, dann wird deutlich, wie schwierig im Einzelfall die Ausgangslage des Gremiums sein kann. Denn nicht nur schulinterne Machtstrukturen sind für eine kooperative Zusammenarbeit zu überwinden. Auch zwischen Schule und Familie liegt in festgefahrenen gegenseitigen Erwartungen ein starkes Veränderungshemmnis. Nach HOLTAPPELS (1983, 240ff) erwarten Lehrkräfte von Familien, daß sie dem Kind ein ideales Umfeld bieten. Gibt es Anzeichen dafür, daß die Familie diesem Idealbild nicht gerecht wird, dann wird den häuslichen Verhältnissen schnell die Schuld an schulischen Problemen des Kindes zugewiesen[18].

Reicht es in einem solchen Gremium aus, Experte für eines der Lebensfelder des Kindes zu sein, um das Kind angemessen vertreten zu können? Sind nicht auch ausreichende, auf qualitative Forschung bezogene meßmethodische

---

[17] Teamarbeit erfordert eine gute Vorbereitung und kann durch Hierarchieprobleme massiv behindert werden. Siehe: CARLE (1995b).
[18] Hierzu passen auch die Ergebnisse neuerer Untersuchungen (z.B. FÖLLING-ALBERS 1992). WILMS (1994, 216) warnt sogar davor, daß Lehrerinnen und Lehrer Elternarbeit dazu mißbrauchen könnten, mit den Eltern schließlich ein Machtbündnis gegen die Kinder zu schließen.

Kenntnisse, Kenntnisse der Gruppendynamik, Kenntnisse der Handlungsforschung als Konzept qualitativer Forschung, wissenschaftlich oder im Alltag gewordene Theorien über die Entwicklungswege von Kindern, Kenntnisse über das Schulsystem und insbesondere über die aufnehmende und abgebende Schule und über Fördermöglichkeiten notwendig[19]? Oft fällt es Mitgliedern schwer, sich in einem bezüglich der genannten Kompetenzen vielfältig zusammengesetzten Team als gleichwertig Beteiligte zu betrachten. So besteht die Gefahr, daß einzelne Teammitglieder sich als Forscher, andere sich als Beforschte definieren und damit im kooperativen diagnostischen Prozeß die Macht an sich reißen oder an Macht verlieren. Diese Probleme sind aus der Handlungsforschung hinreichend bekannt.

Voraussetzung für eine gleichberechtigte und sich kooperativ ergänzende Zusammenarbeit ist, daß die Bezugspersonen des Kindes in der Gruppe Vertrauen gewinnen. Dabei hilft, daß nicht nur diagnostiziert wird, sondern zugleich praktische Hilfen für das Kind erarbeitet werden (KORNMANN 1991a). Die Sonderschullehrkraft muß ihre gewohnte ExpertInnenrolle zeitweise zugunsten der neuen Expertenrolle der Eltern zurücknehmen. Dies bringt bei beiden eine gewisse Distanzierung von der eigenen Rolle mit sich und enthält daher die Chance einer veränderten Beobachterposition[20] mit der Folge einer partiellen Bewußtwerdung bislang nicht bewußter Zusammenhänge. Es darf davon ausgegangen werden, daß das Interpretieren eigener alltäglicher Handlungsmuster bereits zu Veränderungen führt (LOSER W. 1980). Ein solcher Interpretationsprozeß muß bei allen Beteiligten einsetzen, damit sie in der Lage sind, ihr eigenes pädagogisches Handeln im Team zu diskutieren. So könnte im Idealfall der Arbeitsprozeß im Förderausschuß nicht nur Diagnoseergebnisse im vordergründigen Sinne erbringen, sondern darüber hinaus bei allen Beteiligten einen Reflexionsprozeß über das eigene Handeln in Gang setzen und Routinen zugänglich und bearbeitbar machen. Der teamdiagnostische Prozeß bereitet somit die Anwendung und Erprobung der geplanten Förderung auf zwei Ebenen vor, erstens durch eine zielgerichtete Planung von Fördervorhaben für das Kind und Suche nach geeigneten Handlungsstrategien (inklusive Umbau von Rahmenbedingungen) und zweitens durch die Fokussierung des Interesses der Beteiligten auf eine Verbesserung ihrer eigenen Tätigkeit im jeweiligen Mikrosystem.

Über das gemeinsame Ziel, hier die bessere Förderung des Kindes durch seine Integration, muß im Team Konsens herrschen[21]. Entscheidend für eine gute Kooperation ist die gegenseitige Akzeptanz der unterschiedlichen Sichtweisen und Erfahrungshintergründe, die wiederum zu unterschiedlichen Beiträgen für

---

[19] Eine grundlegende Einführung bietet KLEBER.
[20] Verschiedene Beobachterstandpunkte von Studierenden der Sonderpädagogik in Beurteilungen von Schülerinnen und Schülern beschreibt ZIMPEL (1994, 102-107), den Beobachterstandpunkt als Einheit von emotionaler Beziehungsstiftung und sprachlich-kognitiver Symbolisierung ebenda S. 9.
[21] Es handelt sich dann um ein Bedeutungssystem, das aus der gemeinsamen Idee der Integration heraus solange existiert, bis die Aufgabe erfüllt ist oder die Idee aufgegeben wird. Auch wenn einzelne Personen wechseln verfolgt eine solche Gruppe ihr Ziel weiter. Vgl. ANDERSON/GOOLISHMAN/WINDERMAN (1986).

den Weg zum gemeinsamen Ziel führen (JUNG/MOLARO-PHILIPPI 1988). Das kann gelingen, wenn die Deutungen der einzelnen Beteiligten nicht zu grundsätzlich voneinander abweichen, also für den jeweils anderen noch akzeptabel sind. Starke Diskrepanzen lassen sich manchmal auch auf methodische Schwächen zurückführen. Wenn nicht geklärt werden kann, woher solche unterschiedlichen Sichtweisen kommen, darf das nicht unter den Tisch fallen, sondern muß für die Endauswertung festgehalten werden. Das Gütekriterium „Hinzuziehung alternativer Perspektiven" (ALTRICHTER/POSCH 1994) ist also nicht alleine durch die Anwesenheit unterschiedlicher Personen erfüllt, sondern die unterschiedlichen Perspektiven müssen außerdem nachvollziehbar festgehalten werden, damit spätere Neubewertungen vorgenommen werden können. Dasselbe gilt auch für die Erprobung der geplanten Maßnahmen. Fehlt ein geeignetes Protokoll, das die Verläufe nachvollziehbar festhält, dann ist keine Überprüfung in der Praxis oder im Förderausschuß möglich.

Gemeinsam entwickelte Förderstrategien beziehen sich sozialökologisch begründet nicht isoliert auf unterrichtliche Angebote, sondern darüber hinaus auf die notwendige Veränderung der schulischen und privaten Rahmenbedingungen. Bedenkt man dies mit, so wird nochmals deutlich, wie wichtig ein stabiles Vertrauensverhältnis im Diagnoseteam ist.

Abb. 4: Bezugspersonen als Bindeglied zwischen Kind und Förderausschuß

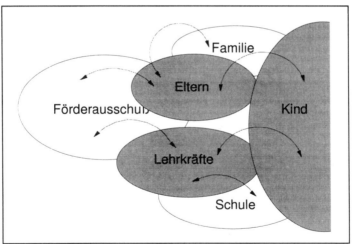

Durch die Mitarbeit einiger Bezugspersonen des Kindes aus dem Lebensfeld Schule und Familie im Förderausschuß wird das Ergebnis des diagnostischen Teams in das jeweilige Lebensfeld mitgenommen und (zur Erfüllung des Teamziels) dort umzusetzen versucht (Abb. 4). Im optimalen Fall besteht während der Umsetzung der Kontakt zwischen den Bezugspersonen aus den verschiedenen Lebensfeldern des Kindes weiter, so daß ein Austausch über Veränderungen erfolgen kann. Es ist (unterschiedlich je Quelle) vorgesehen, daß die Förderausschüsse zumindest alle ein bis zwei Jahre und zusätzlich bei besonderen Anlässen tagen.

2.2.2 Orientierungen für diagnostisches Handeln und Denken

Aber es werden auch Zweifel an der fachlichen Kompetenz des Förderausschusses als Diagnose-Team geäußert. HILDESCHMIDT/SANDER (1987,105) sehen vor allem Ausbildungsbedarf auf seiten der Lehrpersonen, denen förderdiagnostische Kategorien fehlten.

Doch Hinweise, was die förderungsbezogene Diagnose erheben soll, fruchten nur, wenn zugleich Vorstellungen darüber vorhanden sind, was man mit den Hinweisen in der Praxis anzufangen vermag, wie man Kinder überhaupt fördern kann, welchen Beitrag die jeweilige Institution zu leisten in der Lage ist, wie die personellen und kommunikativen Bedingungen verbessert werden können und worauf die Förderung schließlich bezogen auf ein bestimmtes Menschen- und Weltbild hinauslaufen soll (Abb. 5).

Abb. 5: Ebenen der Handlungsregulation im förderdiagnostischen Prozeß

Diagnostisches Denken und Handeln erfordert somit Leitideen, mit deren Hilfe eine grobe Zielrichtung auf längere Sicht hin anvisiert werden kann. Alleine das Schlagwort „integrativer Unterricht" würde allerdings als Leitidee für die Arbeit eines Förderausschusses nicht ausreichen. KORNMANN beschreibt vier theoretische Perspektiven als notwendige Orientierungsgrundlagen für diagnostisches Denken: die bildungstheoretische, die entwicklungstheoretische, die didaktische und die vermittlungsmethodische[22]. Damit steht er in guter schulpädagogischer Tradition. Aber diese vier Bereiche verdichten sich erst durch persönliche Erfahrungen zu pädagogischen Leitideen, zu Bildern, die eine Bewältigung komplexer förderdiagnostischer Anforderungen ermöglichen, indem

---

[22] KORNMANN in seinem Einführungsvortrag zum 3. Münsteraner Grundschulkolleg am 28./29. März 1995. Eine tätigkeitstheoretische Entwicklungsprozeßtheorie beschreibt er in: KORNMANN, Reimer (1991b).

sie richtungsweisend wirken. Ohne konkrete, praxiskonfrontierte Modellvorstellungen von Bildungs- und Entwicklungsprozessen, die eine Erschließung der komplexen Zusammenhänge und ihre Interpretation erleichtern[23], käme eine förderungsbezogene Diagnostik aber trotz gelungener Leitideen nicht aus. Erst solche Modellvorstellungen ermöglichen einen Überblick über denkbare Entwicklungswege. Sie helfen, ein Kind auf seinem eigenen Entwicklungsweg zu finden und zu fördern.

Es ist also unterhalb der generellen Werthaltungen dreierlei notwendig:
1. pädagogische Theorien (Leitideen), die dem förderdiagnostischen Prozeß eine Richtung geben
2. konkrete Modelle, wie die vorhandenen Strukturen beeinflußbar sind (Strategien) und
3. ein förderdiagnostisches Handwerkszeug, das hilft, die Qualität des Prozesses sicherzustellen (Ausführungsweise).

Jedes der Förderausschußmitglieder hat aufgrund seiner persönlichen Lernbiographie auch seine eigenen Leitideen, seine eigenen Modellvorstellungen und seine individuelle Bandbreite förderdiagnostischen Handwerkszeugs. Im Diagnoseteam ist es daher unabdingbar, die verschiedenen Positionen zu klären, damit jede Person weiß, was jede andere meint, wenn sie argumentiert. Die Heuristik auf der folgenden Seite (Abb. 6) macht einige Fragen deutlich, die im Interesse einer höheren Qualität der Arbeit des Diagnoseteams aufgeworfen werden müßten.

Eine pädagogische Orientierung allein reicht aber noch nicht aus, um die Qualität des Arbeitsprozesses und des Arbeitsergebnisses permanent zu verbessern. Hinzukommen muß eine reflektierte Position zur eigenen Arbeitstätigkeit und ihren Bedingungen. Zwar wird die Auseinandersetzung mit der jeweiligen Perspektive der anderen Mitglieder des Förderausschusses auch zu einer Klärung der eigenen Position führen. Sollen jedoch die impliziten Theorien der Beteiligten zu den Fragen der obigen Heuristik bewußtgemacht werden, dann braucht das Team dazu eine professionelle Moderation z.B. mit Hilfe eines Supervisors, die bislang nicht vorgesehen ist.

3. Weiterführende Einsatzmöglichkeiten und Qualitäten der Kind-Umfeld-Diagnose

Wenn die Kind-Umfeld-Diagnose ursprünglich bei Entscheidungsprozessen in Umschulungsverfahren eingesetzt wurde und wird, so handelt es sich dabei oftmals lediglich um die Erhebung von Daten für die Festlegung, in welcher Institution ein Kind relativ besser gefördert werden könnte. Maßstab ist die Vermittlung schulischer Inhalte und Werte. Zwar betrachtet man das Kind sozialökologisch in seinem Umfeld. Kann die Auslesefunktion des Schulsystems jedoch, aus welchen Gründen auch immer, nicht infrage gestellt werden, dann wird nicht weiter nach Veränderungsmöglichkeiten gesucht. Das Kind wird sozialökologisch begründet einem bestehenden Schultyp zugeordnet, in den es

---

[23] Für den Lese-Schreib-Lernprozeß liegen solche Modelle z.B. von DEHN aber auch von GÜNTHER (beschrieben bei SASSENROTH) vor.

aufgrund der festgestellten persönlichen Defizite am besten paßt[24]. Eine solche Sichtweise wird durch die jeweiligen Schulgesetze herausgefordert: „ ...sind im Rahmen der vorhandenen schulorganisatorischen, personellen und sächlichen Möglichkeiten geeignete Formen der gemeinsamen Unterrichtung ... zu entwikkeln" (Saarland)[25]. Der Rahmen scheint festzustehen und ist in knausrigen Zeiten allemal zu knapp bemessen. Die Kind-Umfeld-Diagnose erschöpft sich hier in einer Anwendung als Kind-Umfeld-Erhebungsinstrument (Abb. 7) in einem Untersuchungsrahmen, der nicht auf die Weiterentwicklung der pädagogischen Möglichkeiten zielt.

Abb. 6: Heuristik zur Bewußtmachung impliziter Theorien der Mitglieder des Diagnoseteams

Bildungsbegriff:	Was verstehe ich unter Bildung? Wohin soll der Bildungsprozeß führen? Was bedeutet das in Bezug auf das Kind in seiner aktuellen Situation?
Entwicklungsbegriff:	Wie entwickelt sich der Mensch? in Stufen? in Sprüngen? kontinuierlich? komplex: immer der ganze Mensch? in einzelnen Entwicklungsbereichen unterschiedlich schnell? Gibt es Interdependenzen zwischen einzelnen Entwicklungsbereichen?
	[Modellvorstellung von Entwicklungsprozeß und Entwicklungsrichtung beim Individuum, also von den inneren Bedingungen von Entwicklung (z.B. psychologische Entwicklungstheorien)]
	Welche entwicklungsförderlichen und entwicklungshemmenden Zusammenhänge gibt es? [Modellvorstellungen von den äußeren Bedingungen der Entwicklung, Stärke und Richtung der Einflüsse, Interdependenzen der Bedingungen (z.B. ökosystemische Entwicklungstheorien); Leitfaden zur Kind-Umfeld-Diagnose: z.B. SANDER 1993, 30-35]
	Lassen sich aus dem komplexen Modell menschlicher Entwicklung einzelne förderbare Teilbereiche benennen? (z.B. I-E-P von EGGERT) Wie entwickeln sich diese Teilbereiche? (z.B. entwicklungsorientierte Modelle des Schriftspracherwerbs siehe: SASSENROTH, diagnostisches Inventar bei DEHN; zum Sprachverhalten ausländischer Kinder z.B. KORNMANN/HARTUNG/FRÖHLICH/DECK/ABELE, mathematische Begriffsbildung z.B. PROBST) Welche Entwicklungsbereiche sind gerade einer Förderung zugänglich, sind gerade förderungssensitiv? (z.B. WYGOTSKI's Vorstellung von der Zone der nächsten Entwicklung)
Didaktik:	Welche Lernarrangements passen zu den gerade förderungssensitiven Bereichen und unterstützen zugleich das angestrebte Bildungsziel? Handlungsangebote, die das Kind interessieren, zur aktiven und reflektierten Auseinandersetzung mit der Welt anregen und nur minimaler Hilfen bedürfen [z.B. FEUSERs entwicklungslogische und integrative Didaktik, diagnostische Inventare z.B. KORNMANN 1995, geeignete Inhalte z.B. KAISER oder GIEST]
Methodik:	Welche Methoden des Erziehens und Unterrichtens fördern den intendierten Entwicklungsprozeß?
Arbeitsbegriff:	Wie arbeite ich? Unter welchen persönlichen und äußeren Rahmenbedingungen arbeite ich? Wie läßt sich die Arbeit verbessern? Wie lassen sich die Arbeitsbedingungen verbessern? z.B. für die Arbeitsplanung der Lehrkräfte (CARLE, 1995a), für die Erhöhung des Kooperationsniveaus (CARLE 1995b und CARLE/HOLTAPPELS 1995)

---

[24] Siehe: KRETSCHMANN, Rudolf (1983).
[25] § 4, Abs. 1 des Saarländischen Schulordnungsgesetzes, zit. nach DEPPE-WOLFINGER, Helga/Annedore PRENGEL/Helmut REISER (1990, 122). War das Verfahren der Kind-Umfeld-Diagnose zunächst eindeutig als Grundlage für Integrationsmaßnahmen gedacht, so schreibt bereits 1987 der Saarländische Lehrerinnen- und Lehrerverband, daß er die Kind-Umfeld-Diagnose generell für jede Art der Schullaufbahnentscheidung von behinderten oder von Behinderung bedrohter Kinder als notwendig ansieht. Siehe: SCHLEY, Ernst Joachim (1987).

Wie jedes andere Verfahren kann auch die Kind-Umfeld-Diagnose sowohl zur Unterstützung alltäglicher Entscheidungsfindung als auch zum Zwecke der Forschung genutzt werden. Es kommt auf das Einsatzfeld an. Ein typisches Anwendungsgebiet für die Kind-Umfeld-Diagnose sind Handlungsforschungsprozesse, die Lehrkräfte initiieren, um ihre eigene Arbeit weiterzuentwickeln. In der Handlungsforschung sind es die Betroffenen, die eventuell mit Hilfe von außen ihre eigenen Angelegenheiten untersuchen, um sie zu verbessern. Sie gestalten den Forschungsprozeß, der zugleich Entwicklungsprozeß ist, wesentlich selbst. Daher muß dieser Prozeß so strukturiert werden, daß er einerseits mit der alltäglichen Praxis vereinbar ist, andererseits aber quer zu festgefahrenen Routinen verläuft, um diese überhaupt erst sichtbar und damit einer Veränderung zugänglich werden zu lassen. Hier liegt eine der großen Herausforderungen in jedem Handlungsforschungsprozeß. Im Laufe der Zeit haben sich nämlich bei allen Beteiligten mit den sichtbaren Aspekten der Handlungsroutinen (Ausführungsweisen und Strategien) auch Werthaltungen und subjektive Leitideen (siehe Abb. 5 und 6) herausgebildet, die für das pädagogische Handeln eine orientierende Funktion gewonnen haben. Nur wenn es gelingt, außer dem unmittelbar Sichtbaren auch die Orientierungen in den Erhebungs- und Veränderungsprozeß einzubeziehen, kann die Komplexität von Handlungsfeldern angemessen berücksichtigt werden. Veränderungen sind daher nie aufgrund einer einmaligen Erhebung machbar, vielmehr handelt es sich um einen längerfristigen Prozeß der permanenten Verbesserung, in dem diagnostische Kategorien und vorwegdenkbare Fördermöglichkeiten verknüpft sind.

Abb. 7: Kind-Umfeld-Diagnose zwischen Selektionsinstrument und iterativem Förderungsprozeß

Vorgehen \ Ziel	Institutionelle Umschulungs-Selektion	Umfassendere individuelle Förderung	Ökologische Umfeldentwicklung
Handlungsforschung			Kind-Umfeld-Diagnose als iterativer Kind-Umfeld-Förderungsprozeß
sozialökologisches Treatment		begleitende Kind-Umfeld-Diagnose als Umfeld-Beteiligungsverfahren	
sozialökologische Erhebung	einmalige Kind-Umfeld-Diagnose als Umfeld-Erhebungsinstrument		

Doch auch eine Kind-Umfeld-Diagnose, die Erhebungs- und Entwicklungsprozeß verbindet, kommt möglicherweise über ein sozialökologisches Treatment (Abb. 7) nicht hinaus. Zwar wird das Umfeld des Kindes an der Erhebung beteiligt. Auch steht zu erwarten, daß die Aussagen der Bezugspersonen für eine umfassendere individuelle Förderung des Kindes Anhaltspunkte geben. Trotzdem bliebe die Kind-Umfeld-Diagnose weit hinter dem zurück, was aufgrund ihres theoretischen Ansatzes in ihr steckt. Ist es doch eine Kernaussage BRONFENBRENNERs (1983), daß Entwicklungsförderung einzelner Kinder nur durch Entwicklungsförderung im Umfeld Erfolg verspricht. Auch aus der Sicht des Handlungsforschungsansatzes wäre eine bloße Beteiligung der Bezugspersonen als Datenlieferanten genauso unangemessen wie eine Forschung über den Kopf des Kindes hinweg. Sowohl die Bezugspersonen als auch das Kind wären lediglich Objekte des Forschungsprozesses. Handlungsforschung würde außerdem voraussetzen, daß Erkenntnisse, die zur Entwicklung eines Verfahrens geführt haben, auch bei seiner Anwendung berücksichtigt werden. Die Kind-Umfeld-Diagnose als Verfahren im Handlungsforschungsprozeß wäre deshalb auf die Förderung des gesamten Umfeldes gerichtet und nicht nur isoliert auf das Kind. Alle Beteiligten - auch das Kind - wären Subjekte der Forschung und Entwicklung, würden demnach gemeinsam an der Veränderung der eigenen Möglichkeitsräume arbeiten.

In der Praxis findet sich diese Situation ansatzweise dort, wo behinderte und nichtbehinderte Kinder gemeinsam zum Wohle aller unterrichtet werden sollen. Hier liegt die Auffassung zugrunde, daß prinzipiell jedes Kind, das in einer Sonderschule unterrichtet werden kann, bei entsprechender Gestaltung auch in eine Regelschule integrierbar ist. Es interessiert die Lehrperson deshalb, wie sie geeignete Bedingungen schaffen kann, um jedes einzelne Kind und die Klasse als Lerngemeinschaft am besten zu fördern. Dabei wird sie Bezugspersonen und die Kinder selbst in den Forschungs- und Entwicklungsprozeß einbeziehen. Die Kind-Umfeld-Diagnose dient dann sowohl der Begründung eines besonderen Förderbedarfs, um damit notwendige zusätzliche Ressourcen einfordern zu können, als auch der Weiterentwicklung des Unterichts und der Zusammenarbeit aller Beteiligten.

Ein prozeßorientiertes Verfahren, das die erfolgten Entwicklungen stets wieder mit berücksichtigt, kommt nicht umhin, sich ständig unter neuen Vorzeichen zu wiederholen. So wird die iterative Kind-Umfeld-Diagnose (Abb. 7) zu einer stets aktuellen informativen und planerischen Grundlage für einen fördernden Unterricht und sein Bedingungsgefüge. Sie erschließt Möglichkeiten der qualitativen Verbesserung pädagogischen Handelns, macht die Bedingungen dieses Handelns transparent und erst damit veränderbar. So wird sie zum prozeßbezogenen strategischen Instrument einer integrativen Pädagogik.

4. Kann eine Kind-Umfeld-Diagnose ohne aktive Beteiligung des Kindes gültig und effizient sein?

Verwunderlich ist, daß in der Literatur kaum Hinweise darauf zu finden sind, daß das Kind selbst im Team mitarbeitet. Für Jugendliche schlägt dies PREUSS-LAUSITZ (1988) vor. Demgegenüber wird in der pädagogischen Literatur immer wieder darauf hingewiesen, daß Kinder durchaus in der Lage sind, ihre eigene Situation und Veränderungsmöglichkeiten (auch schulische) zu reflektieren[26]. Ohne sich ernsthaft auf die „Selbstdeutungen, Situations- und Problemdefinitionen" des Kindes einzulassen, ohne das Kind als Akteur und damit zugleich Experte seiner eigenen Entwicklung einzubeziehen, ist aber für die Zukunft kein Bildungsprozeß des Kindes zu erwarten, „im Sinne einer Bildung, die es selber will und als sinnvoll akzeptiert" (MOLLENHAUER/UHLENDORFF, 1995, 12). Selbst im 1991 in Kraft getretenen Kinder- und Jugendhilfegesetz (KJHG) heißt es in § 36: „Die Entscheidung über die im Einzelfall angezeigte Hilfeart soll, wenn Hilfe voraussichtlich für längere Zeit zu leisten ist, im Zusammenwirken mehrer Fachkräfte getroffen werden. Als Grundlage für die Ausgestaltung der Hilfe sollen sie zusammen mit dem Personensorgeberechtigten und dem Kind oder dem Jugendlichen einen Hilfeplan erstellen...". Woran liegt es, daß gerade in der schulischen Kind-Umfeld-Diagnose über das Kind statt mit dem Kind gearbeitet wird? Kann denn in jedem Fall davon ausgegangen werden, daß die Eltern anstelle des Kindes, quasi als Experten des gemeinsamen Mikrosystems, das Kind angemessen vertreten können?

Wird die Sichtweise des Kindes als Akteur seiner eigenen Entwicklung ernst genommen, dann ist es unverzichtbar, das Kind auch am diagnostischen Prozeß zu beteiligen. Nur wenn das Kind sich mit seiner eigenen Entwicklung, seinem Lernprozeß auseinandersetzt, dann kann es diesen auch aktiv beeinflussen. In der Praxis arbeitet das Kind deshalb am alltäglichen förderdiagnostischen Prozeß persönlich mit. Schließlich ist konkrete Förderung nicht möglich, wenn nicht klar ist, wie das Kind beim Lösen seiner Aufgaben gedacht hat oder welche Gründe hinter seinen Handlungen stehen[27]. Darüber kann nur das Kind selbst Auskunft geben, und nur das Kind selbst kann sein Handeln bewußt verändern.

Im offiziellen Förderausschuß hat das Kind bislang jedoch keinen Platz. Folglich kann die Kind-Umfeld-Diagnose nur Teil des gesamten förderdiagnostischen Prozesses sein. Möglicherweise ist der Grund für den Ausschluß des Kindes bei der traditionell mangelnden Subjektorientierung in der sonderpädagogischen Diagnostik und in der Pädagogik (vgl. HOLZKAMP 1993) zu suchen. Er kann aber auch darin liegen, daß das Team weitreichende Diskussionen über schulische Förderungsmöglichkeiten führt, die zu verfolgen und zu beeinflussen man einem Kind - und speziell einem behinderten Kind - nicht zutraut, weil die Erwachsenen sich nicht in der Lage sehen, ihren Diskussionsprozeß in eine für das Kind nachvollziehbare Sprache zu übersetzen. Dies wiederum gibt zum Nachdenken Anlaß, muß doch auch für eine wirksame Förderung eine solche Transformation gelingen. Schließlich ist es denkbar, daß die Konzeption der Kind-Umfeld-Diagnose nur darauf zielt, den besonderen Förderbedarf auf einer sehr allgemeinen Ebene festzustellen, um deren Ausgestaltung bewußt für die Beteiligung des Kindes in seinem alltäglichen Lebensfeld offenzulassen. Diese Position vertraten die von mir informell befragten Lehrkräfte.

---

[26] Siehe z.B. KORNMANN (1988b). Eine Zusammenstellung von Untersuchungen über die Perspektive der Kinder bezüglich Unterricht findet sich bei: FICHTEN (1993) und bei: FROMM (1987).

[27] Für den Mathematikunterricht beschreibt GLÄNZEL (1991) Beispiele, wie Kinder ihre eigenen Fehler interpretieren.

Abb. 8: Kind-Umfeld-Diagnose als Bestandteil eines alltagsorientierten iterativen Forschungs- und Entwicklungsprozesses für integrativen Unterricht

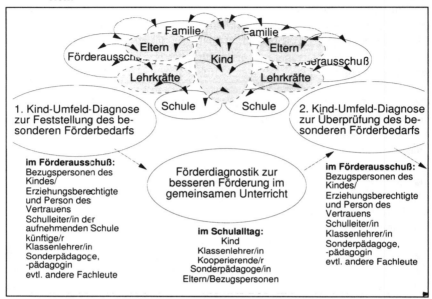

Dann ergibt sich für den förderdiagnostischen Handlungsforschungsprozeß ein Bild, in dem zumindest zwei unterschiedlich zusammengesetzte neue Gruppen agieren, die in der Praxis den förderdiagnostischen Prozeß beim Integrationsvorhaben am Laufen halten, den Förderausschuß (ohne Kind) und die konkret in der Schule zusammenarbeitende Gruppe (mit Kind). Es entsteht dabei eine Wechselwirkung von zwei neuen mit mehreren alten Kooperationsgemeinschaften. Dem Förderausschuß kommt dann langfristig eine Funktion zu, die vielleicht mit der eines „Reflektierenden Teams" verglichen werden könnte (ANDERSEN 1990).

5. Schlußfolgerungen

Die Kind-Umfeld-Diagnose ist ein Forschungsverfahren, das wie kein zweites systematisch mehrere sehr verschiedene Erkenntnisperspektiven berücksichtigt. Diesem methodischen Ansatz können darum komplexe, den Lern- und Lebenslagen der Kinder angemessene Fallstudien gelingen.
Bislang wird die Kind-Umfeld-Diagnose vorwiegend in der Umschulungsdiagnostik bzw. für die Feststellung des besonderen Förderbedarfs angewandt. Zahlreiche andere Anwendungsfelder bieten sich jedoch an. So sind sämtliche pädagogischen Prozesse keine isolierten Angelegenheiten zwischen einer Erziehungs- oder Lehrperson und den Lernenden. Nicht nur bei Übergängen im Schulsystem spielen die Umfelder der einzelnen Personen eine wichtige Rolle.

Wünschenswert wäre es deshalb, wenn sich diese erweiterte Sichtweise auch in anderen pädagogischen Bezügen durchsetzte.

Die kritische Beleuchtung des Verfahrens hat aber auch gezeigt, wo noch Schwachstellen zu finden sind. So ist es - wie alle qualitativen Forschungsprozesse - nur so gut, wie die Möglichkeiten der Beteiligten. Es gilt deshalb, stärker darauf zu achten, daß das Diagnose-Team auf hohem Niveau arbeitsfähig ist. Neben der Weiterentwicklung der Kompetenzen der Teammitglieder ist im Vorfeld die geeignete durch die Betroffenen bestimmte Zusammensetzung des Teams eine wichtige Voraussetzung für seine Funktionsfähigkeit. Die Einrichtung und Konstituierung der Gruppe muß an der Problemstellung und nicht an hierarchischen Strukturen des Schulsystems orientiert erfolgen.

Legt man die Vorstellung zugrunde, daß das Kind sich nur selbst entwickeln kann, dann ist es naheliegend, das Kind von Anfang an persönlich am Diagnoseprozeß als Teammitglied zu beteiligen.

Auch die theoretische Basis des Verfahrens, nämlich der sozialökologische Ansatz BRONFENBRENNERs sollte um neuere systemtheoretische Erkenntnisse erweitern werden, um sowohl das Kind als auch sein Umfeld als autopoietische Systeme begreifen zu lernen[28].

Schließlich erfordert es die dringend notwendige praktisch-methodische Weiterentwicklung der Kind-Umfeld-Diagnose, Praxiserfahrungen zu dokumentieren, zu veröffentlichen und zu diskutieren, um so die Potentiale der Kind-Umfeld-Diagnose über die Praxisforschung hinaus auch der wissenschaftlichen Forschung im engeren Sinne zugute kommen zu lassen.

Literatur

ALTRICHTER, Herbert/Peter POSCH 1994: Lehrer erforschen ihren Untrerricht. Eine Einführung in die Methoden der Aktionsforschung. 2. bearb. Auflage. Bad Heilbrunn.

ANDERSEN, Tom (Hg.) 1990: Das Reflektierende Team. Dialoge und Dialoge über die Dialoge. Systemische Studien Bd. 5. Dortmund: verlag modernes lernen.

ANDERSON, Harlene/Harold GOOLISHMAN/Lee WINDERMAN 1986: Problem determined systems: Towards transformation in family therapy. Journal of Strategic and Systemic Therapies 5(4), S. 1-11.

BEGEMANN, Ernst 1970: Die Erziehung der soziokulturell benachteiligten Schüler. Hannover.

BRONFENBRENNER, Urie 1981: Die Ökologie der menschlichen Entwicklung. Stuttgart (USA 1979).

BRONFENBRENNER, Urie 1983: The context of develeopment end the development of context. In: LERNER, H.M. (Hg.): Developmental Psychology, 22, S. 723-742.

CARLE, Ursula 1995a: Mein Lehrplan sind die Kinder. Weinheim.

CARLE, Ursula 1995b: Kooperation und Teamarbeit in der modernen Schule. In: CARLE, Ursula (Hg.): Gesunde Schule. Öffnung - Kooperation - Bewegung - Integration. Beiträge zur Tagung „Gesunde Schule" Februar 1995 an der Universität Osnabrück. Reihe des Fachbereichs 3, Bd. 14, S. 79-96. Osnabrück.

CARLE, Ursula/Heinz-Günter HOLTAPPELS 1995: Schulzeit und Erziehungsqualität: Neue Perspektiven für Forschung und Entwicklung. In: HOLTAPPELS, Heinz Günter (Hg.): Ganztagserziehung in der Schule. S. 280-294. Leverkusen.

---

[28] So wie es etwa LÜSSI (1995) für die Sozialarbeit geleistet hat.

CHRIST, Klaus/Anne HILDESCHMIDT/Hans MEISTER/Alfred SANDER/Christiane THEIS unter Mitwirkung weiterer Mitarbeiter 1986: Ökosystemische Beratung. Berichte aus dem Projekt „Integrationsorientierte Frühberatung". Reihe: Arbeitsberichte aus der Fachrichtung Allgemeine Erziehungswissenschaft Universität des Saarlandes, Arbeitseinheit Sonderpädagogik.

DEHN, Mechthild 1994: Zeit für die Schrift. Lesenlernen und Schreibenkönnen. 4. überarb. Aufl., zuerst 1988. Bochum.

DEPPE-WOLFINGER, Helga/Annedore PRENGEL/Helmut REISER 1990: Integrative Pädagogik in der Grundschule. Bilanz und Perspektiven der Integration behinderter Kinder in der Bundesrepublik Deutschland 1976-1988. DJI Materialien. Reihe: Integration behinderter Kinder. München.

EGGERT, Dietrich u.a. (o.J.): I-E-P, überarbeitete Fassung, bisher unveröffentlichtes Manuskript, Institut für Sonderpädagogik der Universität Hannover.

FEUSER, Georg 1989. Allgemeine integrative Pädagogik und entwicklungslogische Didaktik. In: Behindertenpädagogik, 28(1), S. 4-48.

FICHTEN, Wolfgang 1993: Unterricht aus Schülersicht. Frankfurt a.M.

FLAMMER, August 1988: Entwicklungstheorien. Psychologische Theorien der menschlichen Entwicklung. Bern.

FÖLLING-ALBERS 1992: Schulkinder heute. Auswirkungen veränderter Kindheit auf Unterricht und Schulleben. Weinheim.

FOERSTER, Heinz v. 1993: Wissen und Gewissen. Versuch einer Brücke. Hg. v. SCHMIDT, Siegfried J. Frankfurt.

FROMM, Martin 1987: Die Sicht der Schüler in der Pädagogik. Untersuchungen zur Behandlung der Sicht von Schülern in der pädagogischen Theoriebildung und in der quantitativen und qualitativen empirischen Forschung. Weinheim.

GIEST, Hartmut 1992: Ökologie in Schule und Unterricht. In Projektgruppe Lern- und Lehrforschung an der Humboldt-Universität. LLF Berichte 1. Berlin: Verein für Bildungsinnovationen und individuelle Lernförderung. S. 54-109.

GLÄNZEL, Angela 1991: Sich der Mathematik annähern. Fragen und Versuche, 56, S. 30-48.

GUBA, Egon G./Yvonna S. LINCOLN 1981: Effective Evaluation. Improving the usefulness of Evaluation. Results through Responsive and Naturalistic Approaches. San Francisco: Jossey-Bass Publication.

HILDESCHMIDT, Anne 1988: Kind-Umfeld-Diagnose. Weiterentwicklung des Konzepts und Anwendung in der Praxis, S. 25-68. In: SANDER, Alfred, u.a. (Hg.): Behinderte Kinder und Jugendliche in der Regelschule. Saarbrücker Beiträge zur Integrationspädagogik. Bd. 2. St. Ingbert.

HILDESCHMIDT, Anne 1993: Kind-Umfeld-Diagnose zur Feststellung des besonderen Förderbedarfs bei Schülern mit Behinderungen. Grundschule 1/1993, S. 15-16.

HILDESCHMIDT, Anne/Alfred SANDER 1987a: Zur Kind-Umfeld-Diagnose als Grundlage schulischer Integrationsentscheidungen. In: Sonderpädagogik im Saarland 19 (1987), S. 6-15.

HILDESCHMIDT, Anne/Alfred SANDER 1987b: Zur Kind-Umfeld-Diagnose als Grundlage schulischer Integrationsentscheidungen. In: Lehrer und Schule heute; 38. Jg. H.4, S. 103-105.

HOLZKAMP, Klaus 1993. Lernen, subjektwissenschaftliche Grundlegung. Frankfurt a. M.

JUNG, Joachim/Iris MOLARO-PHILIPPI 1988: Die 'partnerschaftliche Zusammenarbeit' mit den Eltern in schulischen Integrationsmaßnahmen - Vorstudie zu einem besseren Verständnis aus der Sicht von Eltern behinderter Kinder. S. 153-194. In: SANDER, Alfred, u.a. (Hg.): Behinderte Kinder und Jugendliche in der Regelschule. Saarbrücker Beiträge zur Integrationspädagogik. Bd. 2. St. Ingbert.

KAISER, Astrid 1995: Einführung in die Didaktik des Sachunterrichts. S.144-153. Hohengehren.

KAUTTER, Hans-Jörg/Gerhard KLEIN/Werner LAUPHEIMER/Hans-Siegfried WIEGAND 1988: Das Kind als Akteur seiner Entwicklung. Idee und Praxis der Selbstgestaltung in der Frühförderung entwicklungsverzögerter und entwicklungsgefährdeter Kinder. Heidelberg.

KLEBER, Eduard W. 1992: Diagnostik in pädagogischen Handlungsfeldern. Einführung in Bewertung, Beurteilung, Diagnose und Evaluation. Weinheim.

KORNMANN, Reimer 1995: Was nur Lehrerinnen und Lehrer über Lernprobleme ihrer Schülerinnen und Schüler wissen können: Inventare zur Evaluierung eigenen Unterrichts. S. 364-376. In: EBERWEIN, Hans/Johannes MAND (Hg.): Forschen für die Schulpraxis. Was Lehrer über Erkenntnisse qualitativer Sozialforschung wissen sollten. Weinheim.

KORNMANN, Reimer 1991a: Förderdiagnostik bei ausländischen Kindern. Psychologie, Erziehung, Unterricht. Jg.38, S. 133-151.

KORNMANN, Reimer 1991b: Veränderungen des Gegenstandsbezugs als Indikator kognitiver Entwicklung und Möglichkeiten ihrer förderungsbezogenen diagnostischen Erfassung. Heilpädagogische Forschung, 17 (4), S. 184-191.

KORNMANN, Reimer 1988a: Erkenntnisse aus förderungsbezogenen Fallstudien. Vierteljahresschrift für Heilpädagogik und ihre Nachbargebiete Jg. 57, 255-268.

KORNMANN, Reimer 1988b: Die sich verändernde Welt als Gegenstand und Impuls Handelnden Unterrichts. Zeitschrift für Heilpädagogik 39. Jg., Beiheft 14, S. 49-58.

KORNMANN, Reimer/Heidi HARTUNG/Elenore FRÖHLICH/Arno DECK/Tamino ABELE 1988: Sprachliche Probleme ausländischer Kinder im Unterricht. Ein Vorschlag zur Evaluation von Aspekten eigenen Unterrichts und zur inhaltlichen Strukturierung von Beratungs-Gesprächen im Hinblick auf notwendige pädagogische Fördermaßnahmen. Lernen in Deutschland H4, S. 120-127.

KORNMANN, Reimer/Hans MEISTER/Jörg SCHLEE (Hg.) 1983: Förderungsdiagnostik. Konzept und Realisierungsmöglichkeiten. S. 43-48. Heidelberg.

KROATH, Franz 1993: Lehrer als Forscher. Fallstudien zur Evaluation forschungsorientierter Lehrerfortbildung unter beruflichen Alltagsbedingungen. München: Profil.

KRETSCHMANN, Rudolf 1983: Die unvermeidliche Zweckentfremdung der Förderdiagnostik in einem selektionsorientierten Bildungssystem. In: KORNMANN, Reimer/Hans MEISTER/Jörg SCHLEE (Hg.): Förderungsdiagnostik. Konzept und Realisierungsmöglichkeiten. S. 43-48. Heidelberg.

LEWIN, Kurt 1946: Verhalten und Entwicklung als eine Funktion der Gesamtsituation. In: LEWIN, Kurt (Hg.) 1963: Feldtheorie in den Sozialwissenschaften. Bern, S. 271-329.

LEWIN, Kurt 1953: Die Lösung sozialer Konflikte. Ausgewählte Abhandlungen über Gruppendynamik. Bad Nauheim.

LOSER, Fritz 1980: Alltäglicher Unterricht und die Erforschung des unterrichtlichen Alltags. In: F. THIEMANN (Hg.): Konturen des Alltäglichen. Interpretationen zum Unterricht. (S. 133-166). Königstein.

LÜSSI, Peter 1995: Systemische Sozialarbeit: Praktisches Lehrbuch der Sozialberatung. 3. erw. Aufl., Bern.

MATURANA, Humberto R./Francisco J. VARELA 1987: Der Baum der Erkenntnis. Bern.

MOLLENHAUER, Klaus/Uwe UHLENDORFF 1995: Sozialpädagogische Diagnosen II. Selbstdeutungen verhaltensschwieriger Jugendlicher als empirische Grundlage für Erziehungspläne. Weinheim.

NICKEL, Horst 1995: Vom Kleinkind zum Schulkind. Eine entwicklungspsychologische Einführung für Erzieher, Lehrer und Eltern. München.

NIEDERSÄCHSISCHER KULTUSMINISTER 1994a: Verordnung über sonderpädagogische Förderung. Vom 16. November 1994. Nds. GVBl Nr. 25/1994, S. 502, § 3, Abs. 1.

NIEDERSÄCHSISCHER KULTUSMINISTER 1994b: Ergänzende Bestimmungen (Entwurf) zur Verordnung über sonderpädagogische Förderung Erlaß des MK vom.1994-301-80006/2-VORIS 22410 01..., S. 4.

OBUCHOWSKI, K. 1982. Orientierung und Emotion. Ein grundlagentheoretischer Beitrag zur psychischen Handlungsregulation. Köln.

PRENGEL, Annedore 1993: Pädagogik der Vielfalt. Reihe: Schule und Gesellschaft Bd. 2. Opladen.

PREUSS-LAUSITZ, Ulf 1988: Förderzentren für Integration - wohnortnahe Unterstützung. Berliner Lehrer/innen-Zeitung. 42. Jg. Heft 7-8, S. 4-11.

PROBST, Holger 1976: Lernbehinderte und Normalschüler. Persönlichkeitseigenschaften und sozioökonomischer Hintergrund. Bern.

SANDER, Alfred 1986: Ein Entwurf für Richtlinien zur Förderung der schulischen Integration behinderter Kinder und Jugendlicher in einem Bundesland. Behindertenpädagogik, 25. Jg., H. 2, S. 194-196.

SANDER, Alfred 1993: Kind-Umfeld-Diagnose: Ökologischer Ansatz in der Diagnostik. S. 23-36. In: PÄDAGOGISCHES LANDESINSTITUT BRANDENBURG (Hg.): Kinder mit Förderbedarf. Neue Wege in der sonderpädagogischen Diagnostik. Fachserien Lernort Schule, Heft 2.

SASSENROTH, Martin 1991: Schriftspracherwerb, Entwicklungsverlauf, Diagnostik und Förderung. Bern.

SCHLEY, Ernst Joachim 1987: Vorbemerkung zum Beitrag „Anne Hildeschmidt/Alfred Sander: Zur Kind-Umfeld-Diagnose als Grundlage schulischer Integrationsentscheidungen". Lehrer und Schule heute, 38. Jg., H. 4, S. 103.

SIMON, Fritz B. (2.1991): Meine Psyche, mein Fahrrad und ich. Zur Selbstorganisation der Verrücktheit. Heidelberg.

SCHULZE, Theodor (2.1992): Ökologie. In: LENZEN, Dieter/Klaus MOLLENHAUER (Hg.): Theorien und Grundbegriffe der Erziehung und Bildung. Enzyklopädie Erziehungswissenschaft, Bd. 1, S. 262-279. Stuttgart.

WALTER, Heinz/Rolf OERTER, Hg. 1979: Ökologie und Entwicklung. Donauwörth.

WESTPHAL, Erich 1976: Lebensprobleme und Daseinstechniken lernbehinderter Schüler - eine Herausforderung an die Didaktik. In: Zeitschrift für Heilpädagogik. 27, S. 201-210.

WILMS, Wolf-Rüdiger 1994: Schule - eine Institution der Gewalt? In: WÖLFING, Willi (Hg.): Was ist nur mit unserer Jugend los? Heranwachsen unter Widersprüchen in der Bundesrepublik Deutschland. S. 203-216. Weinheim.

WYGOTSKI, Lew Semjonowitsch 1993: Denken und Sprechen. Frankfurt a.M.

ZIMPEL, André 1994: Entwicklung und Diagnostik. Diagnostische Grundlagen der Behindertenpädagogik. Münster.

Ulrike Graff

Selbstevaluative Forschung in einem feministischen Projekt

Überlegungen zu einem Prozeß in Nähe und Distanz

Dieser Text führt ein in methodische und methodologische Probleme, die sich pädagogischen Forschungsvorhaben stellen, die aus eigener Praxis heraus entwickelt und im gleichen Feld, in dem man zuvor tätig war, durchgeführt werden.

Hintergrund des folgenden Beitrags ist die Untersuchung der Theorie und Praxis des „Mädchentreffs Bielefeld", einer Einrichtung außerschulischer Kultur- und Bildungsarbeit für Mädchen. Seit 2 Jahren arbeite ich als Forscherin in dem Feld, das ich mitinitiiert und gestaltet habe und in dem ich zuvor acht Jahre pädagogisch tätig war. Das Erkenntnisinteresse meiner Studie bezieht sich auf die Pädagogik des Mädchentreffs: Wie realisiert sie sich aus Sicht der Pädagoginnen und der Mädchen in einem Feld, das mit feministischem Konzept bewußt wieder geschlechtshomogen gestaltet wird?

Für diese Forschungskonstruktion ist systematische Selbstreflexion notwendig. Durch die Erforschung eigener Praxis passieren Überschneidungen zwischen der Rolle der Pädagogin und der Rolle der Forscherin, denn untersucht werden jetzt Phänomene und Situationen, an denen die Pädagogin selbst beteiligt war. Dieses direkte Beteiligtsein kann starke Gefühle wie Abwehr, Beschämung, Erschrecken oder auch Begeisterung und Stolz hervorrufen. Das verlangt immer auch, eine selbstreflexive Perspektive einzunehmen, die diese Regungen wahrnimmt und ihren jeweiligen Einfluß auf den Forschungsprozeß einschätzt.

Dieser Beitrag behandelt Studien mit evaluativem Charakter, in denen es um die Auswertung eigener pädagogischer Praxis geht. *Selbstevaluation* wurde von HEINER (1988) definiert als die kontinuierliche systematische Beurteilung eigenen professionellen Handelns in sozialen und pädagogischen Feldern (vgl. auch v. SPIEGEL 1993). Daneben findet sich aber noch eine weitere Form pädagogischer Selbstevaluation, um die es in diesem Artikel geht: Forschung geschieht hier nicht praxisbegleitend, sondern zeitlich versetzt im Anschluß an die eigene Praxis. Die Forschenden haben ihre praktische Arbeit ganz oder teilweise beendet und erheben nun empirisches Material vor allem mit qualitativen, teilweise aber auch mit quantitativen Methoden. Es geschieht häufig, daß PraktikerInnen, die Innovationen in ihrem Feld kreiert haben, anschließend zu dieser Thematik wissenschaftlich arbeiten und sich z.B. mit einer Promotionsschrift dazu wissenschaftlich qualifizieren. Sie gehen einen Schritt aus dem Praxisfeld hinaus, anders als solche PädagogInnen, die Praxisforschung kontinuierlich im Feld betreiben, anders auch als Forschende, die sich von außen als Wissenschaftlerinnen dem Feld annähern. Beispiele sind DÖPP (1990) und IMHOF (1978) für den Bereich Schule und BIDA-WINTER (1991) und DEINET (1992) für den Bereich der offenen Jugendarbeit. In diesem Beitrag soll es nun darum gehen, die spezifischen Stärken und Probleme dieser Forschungsposition und -motivation deutlich zu machen.

Herbert ALTRICHTER (1990), als profilierter Vertreter schulischer Aktionsforschung (vgl. ALTRICHTER in diesem Band), beschreibt die Skala wissenschaftstheoretischer Akzeptanz einer selbstevaluativen Forschung. Sie reicht von *wissenschaftlich nicht akzeptabel*, weil sie „keine kritische Distanz aufbringt", „Laienforschung ist", „nur zu Einzelaussagen führt, nicht allgemeingültig ist" (ebd., 271), bis zu *die einzig akzeptable Forschungskonstruktion*, weil im Sinne emanzipatorischen Gesellschaftsverständnisses Praxis und Wissenschaft zusammengehören, daher Wissenschaft ihre Legitimität aus ihren Aufklärungspotentialen für Gesellschaft bezieht und Praktikerinnen und Praktiker als Betroffene die Garanten für praxisrelevante Forschung sind (vgl. ebd.). Zwischen diesen Polen kann als spezifische Stärke einer selbstevaluativen Forschung gelten, daß sie aufgrund der Kenntnis der Binnenrealität eines Feldes Perspektiven einnehmen und Probleme identifizieren kann, die der Wahrnehmung von außen nicht zugänglich sind. Die Qualität dieses Kontextwissens bildet ein Potential für wissenschaftliche Erkenntnis, das nur innerhalb dieser Forschungskonstellation erschlossen werden kann. Die Probleme einer involvierten Forschungsposition liegen dazu komplementär: Intensive Beziehungen im Feld, der gemeinsame Vergangenheitsbezug, sowie persönliche und politische Loyalitäten produzieren spezifische Blindheiten, die einen Blick von außen nicht verstellen. Mit DEVEREUX (1967) ist von der Selbstbezogenheit jeglicher Sozialforschung auszugehen, damit Methoden nicht unbemerkt zur Bearbeitung der Ängste gegenüber verhaltenswissenschaftlichen Daten dienen. Daher gilt letztlich nicht nur für selbstevaluative Forschung, daß sie systematisch selbstreflexiv arbeiten muß, um das Subjektive im Forschungsprozeß transparent und die spezifische Reichweite der Ergebnisse deutlich zu machen. Darüberhinaus liefern selbstreflexive Verfahren die angemessene Methodik für Untersuchungen, die selbstevaluativ angelegt sind. Beispiele in diesem Sinne sind dialogische Interviews im Rahmen von Handlungsforschungsprojekten (vgl. BRAUN/GEKELER/WETZEL 1989) oder reflexive Gespräche zur Auswertung von Lehrerinnentagebüchern (vgl. STÜBIG 1995).

Ein selbstevaluativer Ansatz ist insofern eine typische Forschungskonstruktion innerhalb der Erziehungswissenschaft, als sich pädagogische Innovationen häufig aus sozialen Bewegungen entwickeln. Aus der Kritik an bestehender, versuchen sie, eine neue, bessere Praxis zu schaffen wie u.a. Reformschulen, Mädchenhäuser, Kinderläden. Dieser Prozeß bedeutet konkret: fachliche Reflexion, theoretische Analyse, bildungspolitische Diskussion, pädagogische Konzeptionsarbeit, experimentelle Praxis sowie Vorstellung der Erfahrungen im Rahmen fachlicher Öffentlichkeit und wissenschaftliche Evaluation. Selbstevaluative Forschung hat daher im pädagogischen Kontext eine lange Tradition als „erziehungswissenschaftliche Selbstvergewisserung". NEILL (1969), NEGT (1975/1976), v. HENTIG (1982) sind einige prominente Vertreter. V. HENTIG spricht in diesem Zusammenhang von der „Rehabilitation der Erfahrung für die Erkenntnis" (ebd., 42). Reflektierte Praxis ist für ihn die Voraussetzung erziehungswissenschaftlicher Theoriebildung.

Nähe und Distanz qualifizieren hier Forschungspositionen, die sich auf die Person der Forschenden beziehen. Nah ist sie, wenn die Forscherin selbst aus dem Feld kommt, das sie untersucht; distanziert ist sie, wenn die Forscherin als externe von außen ein Feld beforscht. In der sozialwissenschaftlichen Methodendiskussion gibt es eine weitere Bedeutung von Nähe und Distanz. Dort bezeichnen Nähe und Distanz oft den realen räumlichen Abstand der Forscherin zu den untersuchten Personen. Dabei legen die Methoden qualitativer Sozialforschung wie narratives Interview und teilnehmende Beobachtung Wert darauf, nah zu sein, um viele genaue und differenzierte Daten wahrnehmen zu können. Sozialforschung, die quantitativ angelegt ist, will demgegenüber eher wenig über viele Menschen erfahren, und das erreicht sie mit Methoden, die auf Distanz zu den Personen bleiben können, wie schriftliche Befragung oder Auswertung von Statistiken (vgl. LAMNEK 1988). Ich beschreibe Praxisforschung als einen Prozeß in Nähe und Distanz, wobei ich beide Begriffe auf eine nahe Forschungsposition beziehe. Damit kann ich die Veränderungen und Bewegungen meiner Forschungsposition zum Ausdruck bringen.

Ich werde in diesem Text zunächst Theoriekonzepte vorstellen, die sich mit Nähe/Distanz und den Bedingungen wissenschaftlicher Erkenntnis beschäftigen. Sie kommen aus der Wissenssoziologie (MERTON 1972), der pädagogischen Praxisforschung (v. KARDOFF 1988) sowie aus der feministischen (THÜRMER-ROHR 1984) und postmodern-pragmatischen (RICHARDSON 1994) Methodologiedebatte. Nach einer kurzen Einführung in das Forschungsfeld und die Fragestellung der Untersuchung werde ich im letzten Teil zeigen, wie ich das Selbstreflexionspostulat der vorgestellten Konzepte methodisch anwende: Ich reflektiere meinen Forschungsprozeß konkret von der Etablierung der Forschung im Mädchentreff bis zur empirischen Materialerhebung.

1. Theoretische Konzepte selbstevaluativer Forschung

1.1 „Insider", „Outsider" und wissenschaftliche Erkenntnis

Robert K. MERTON (1972) erweitert die erkenntnistheoretisch kontroverse Frage nach Nähe und Distanz um die gesellschaftspolitische Dimension. Er rollt Hintergründe und Motive der jeweiligen Standpunkte auf und wendet sie schließlich konstruktiv, indem er Wissenschaftlichkeit nicht an eine bestimmte Position bindet, sondern an Methodik, Autonomie und gesellschaftliche Verantwortung einer Forschungsarbeit. In den politischen Auseinandersetzungen der 60er Jahre in den USA formulieren die zentralen und die marginalen Gruppen „Insider"- und „Outsider"-Doktrinen", um Macht und Einfluß im Bereich der Wissenschaft zu reklamieren. Eine extreme „Outsider"-Doktrin sagt: Ein Innen-Gruppen-Blick ist beschränkt und voreingenommen und nicht in der Lage, die realen Bedingungen der eigenen Existenz zu erkennen. Die „Insider"-

Doktrin hat ihre soziale Basis in den Protestbewegungen diskriminierter Gruppen. Sie sagt in ihrer radikalen Form z.B.: Nur Schwarze können Schwarze verstehen, nur Frauen Frauen, usw. Voraussetzung wissenschaftlicher Erkenntnis ist für sie empathisches Verstehen auf der Basis der Erfahrung gleicher sozialer und kultureller Lebensbedingungen. Für MERTON ist die „Outsider"-Position methodisch kompetent, aber in Gefahr, sozialer Realität nicht gerecht zu werden, wenn sie lediglich „von oben" blickt. Entsprechend bezeichnet er die „Insider"-Position als inhaltlich wichtiges Korrektiv für die „Outsider"-Position, aber sie ist dafür methodisch zu qualifizieren. MERTON löst damit den Streit um die richtige Forschungs*position* auf in der Frage nach den Gütekriterien einer Forschung. Er postuliert zunächst die relative Freiheit, die Autonomie der Wissenschaft; sie ist wichtig, damit nicht Erkenntnis komplett in den Dienst gesellschaftlicher Gruppen gestellt werden kann, im Sinne einer Auftragsforschung, die nur bestätigen, nicht kritisieren darf. Das methodische Instrumentarium von Wissenschaft ermöglicht dann intellektuelle Einsicht, die sich von alltäglicher unterscheidet. So müßten sich „Insider"-und „Outsider"-Perspektiven in ihrem über Partikularinteressen hinausgehenden Streben nach Erkenntnis im Bereich der Wissenschaft ergänzen und verbinden.

1.2 Selbstevaluative Praxisforschung - ein Forschungskonzept

Ein Beispiel für wissenschaftliches Vorgehen mit einer „Insider"-Perspektive im Bereich sozialer oder pädagogischer Arbeit gibt Ernst v. KARDOFF (1988) mit dem Konzept „Praxisforschung als Forschung der Praxis". Dieses Konzept steckt einen methodologischen und forschungspragmatischen Rahmen für meine Untersuchung ab.

Die Elemente dieser Forschung sind an den Bedingungen sozialpädagogischer Praxis orientiert und bilden sich nicht an „akademischen Forschungsfronten" (ebd., 78): Der *Wissenstyp* der Praxisforschung muß Praxiserfahrungen in den Widerständigkeiten sozialer Wirklichkeiten rekonstruieren. Gegenüber dem in traditioneller Wissenschaftstheorie angestrebten allgemeinen Erkenntnisideal ist Praxisforschung „problembezogen, kontextspezifisch, ortsbezogen, auf lokale Interessenlagen, sozial akzeptierte politisch durchsetzbare Pragmatiken gerichtet" (ebd., 79). Sie kann aber die in der Praxis existierenden Problemdeutungen weder einfach übernehmen noch negieren, sondern sie muß das Zustandekommen von Phänomenen erforschen. Sie produziert so die soziale Wirklichkeit des Feldes mit. Praxisforschung kommt damit dem Konzept des sozialen empirischen Konstruktivismus nahe, das sich ebenfalls damit beschäftigt, *wie* sich soziale Realität herstellt, wie die „Choreografien" eines Feldes aussehen (KNORR-CETINA 1989, 93). Für meinen Kontext bedeutet das, danach zu fragen, *wie* sich die Pädagogik eines Mädchentreffs realisiert. V. KARDOFF zeigt ein Spektrum von möglichen *Perspektiven*, die Praxisforschung einnehmen kann: - sie kann Auftragsforschung für das politisch-administrative System sein; - sie kann adressatenbezogen anwaltschaftlich für die Betroffeneninteressen forschen; - sie kann die eigene Fachlichkeit evaluieren. Diese letztgenannte ist die Perspektive meiner Forschung. Die *Forschungsökonomie* von Praxisforschung, ihre personellen, materiellen und zeitlichen Ressourcen, sind in der Regel sehr eng. Sie steht unter der „Vordringlichkeit des Befristeten". Praxisforschung kann von außen oder von innen gemacht werden. Für beide Fälle gilt, daß die *Person der Forscherin* das entscheidende „Forschungsinstrument" ist. Um die Subjektivität einer nahen Forschungsposition transparent zu machen, ist eine begleitende Selbstreflexion notwendig; v. KARDOFF nennt sie „normatives Konzept (...) der Balance zwischen Engagement und Distanzierung" (ebd., 97). Nur so kann der „subjektive Faktor" als Erkenntnisquelle erschlossen werden, um auf unerwünschte Verzerrungen aufmerksam zu werden oder ihn im Sinne von Kontextwissen nutzen zu können. Im letzten Teil dieses Textes finden sich Beispiele dazu.

Praxisforschung verläßt deutlich die Illusion wertfreier Forschung. Dabei gibt sie den Anspruch auf valide Ergebnisse nicht auf. Sie reklamiert Gültigkeit mit den folgenden Operationen. Die Forschung wirkt als *Triangulation* (vgl. SCHRÜNDER-LENZEN in diesem Band), d.h. es werden mehrere Perspektiven auf unterschiedliche Ebenen der Untersuchungsfrage gerichtet, um sie facettenreich und tiefenscharf zu beleuchten (siehe 3.). Ein *Sekundärmaterialvergleich* knüpft empirisch Gefundenes an theoretische Konzepte an und leistet damit „eine Art konsensueller Validierung" (ebd., 94). Die Ergebnisse werden im Sinne *kommunikativer Validierung* ins Feld zurückgegeben und dort bewertet, damit wird die Gültigkeit für die Praxis bereits im Forschungsprozeß überprüft (siehe 4.1.) Eine abschließende Zusammenschau aller im Forschungsprozeß auftauchenden Interpretationen soll als *Perspektivenanalyse* Vergessenes, Reduziertes oder Subsumiertes in die Ergebnisdarstellung zurückführen. Eine *externe Expertenevaluation* hilft als begleitende Forschungssupervision, Fehler und Fallen zu minimieren.

1.3 Forschungsmethode „Betroffenheit"?

Das Thema 'Nähe und Distanz' der Forscherin zu ihrem Forschungsgegenstand wird im feministischen Wissenschaftsdiskurs zentral in bezug auf die Kategorie Geschlecht hin thematisiert. Eine vermeintliche Distanziertheit der Forschenden von ihrem Geschlecht wird kritisiert. Darüberhinaus gibt es eine Debatte um die methodische Nutzung von Nähe im Sinne gemeinsamer Betroffenheit aller Frauen von Sexismus. Die Nähe zwischen Frauen bezogen auf diese Erfahrung sei Bedingung und Methode feministischer Forschung (vgl. MIES 1978). Christina THÜRMER-ROHR (1984) warnt vor einem unkritischen Umgang mit Betroffenheit als „feministischer" Forschungsmethode. Wenn Betroffenheit als Methode genutzt wird, weil Frauen heute in dieser Gesellschaft ein spezifisches Identifikationsvermögen erlernen, und weil Frauen aufgrund der gemeinsamen Erfahrung von „Frauenleben" viele Anknüpfungspunkte zur Identifikation haben, dann liegt in dieser Argumentation eine Falle: Die Frauen beigebrachte Fähigkeit zur Identifikation mit anderen führt hier zur egozentrischen Beschränkung der Untersucherin auf ihre eigene Lebenserfahrung. Identifikation heißt, die Erfahrung eines Gegenübers als der eigenen gleich zu empfinden, und das bedeutet für eine auf Identifikation/gemeinsamer Betroffenheit als Methode basierende Untersuchung, daß nicht das Fremde, Unbekannte, Unverständliche gesucht wird, sondern sich auf das Eigene, Sichere und Bekannte zu beschränken.

„So bleiben Frauen wieder häuslich, bei sich zu hause, auf ihrem eigenen vertrauten Terrain. (...) Sofern es in der Untersuchung also primär darum geht, einen Ausschnitt aus fremder Realität aufzunehmen und zu begreifen, bedarf es einer mißtrauischen Auseinandersetzung mit den eigenen identifikatorischen Bereitschaften. Denn diese sind nicht einfach methodische Spezifika bzw. methodische Hilfen, sondern sie können die notwendige konzentrierte Aufmerksamkeit durchkreuzen und außerdem verhindern, daß im Ergebnis noch zu sortieren ist, wo die eine und wo die andere Frau sich befindet." (ebd., 78)

Diese Ausführungen machen gerade für meine Forschung deutlich, daß man stets selbstreflexive Methoden braucht, um fremde Perspektiven auf das Feld richten zu können, das man aus eigener Erfahrung gut kennt. Mit unreflektierter Identifikation wird man wenig Neues über das Forschungsfeld erfahren. Methoden der Selbstreflexion thematisieren Identifikation, d.h. sie schaffen Distanz zu eigenen Betroffenheiten im Forschungsprozeß. Im feministischen Wissenschaftsverständnis wird von der Selbstbezogenheit jeglicher Forschung ausgegangen, daher gibt es eine ausführliche Beschäftigung mit Praktiken und Formen von Selbstreflexion. Sie wird von Gabriele ABELS (1993 und in diesem Band) als der eigentliche Impuls eines „Female stream" für die sozialwissenschaftliche Methodendiskussion angesehen.

1.4 Forschungsmethode „Schreiben"

Eine naheliegende und einfache, aber vielleicht gerade deshalb unter dem Gesichtspunkt Praxis von Selbstreflexion wenig wahrgenommene Methode ist *Schreiben*. Laurel RICHARDSON (1994) entwickelt *Schreiben* als Forschungsmethode für die qualitative Sozialforschung. Es ist für sie eine Möglichkeit, Transparenz, Prozeßhaftigkeit und Vielschichtigkeit einer Forschung darzustellen. Es geht ihr um *Schreiben* als Forschungsmethode, nicht um *Schreiben* als rein technisches Festhalten fertiger Erkenntnis. Dieses traditionelle Verständnis von *Schreiben* blockiert den realen schriftlichen Denkprozeß, weil es suggeriert, daß das, was ich aufschreibe, richtig sein muß; Vorläufigkeit, Entwicklung sind nicht vorgesehen.

RICHARDSON entwickelt ein Verständnis von *Schreiben* als Methode, wie die Schreiberin etwas über ein Thema herausfinden kann, indem sie *darüber, davon, dadurch* schreibt - als Auseinandersetzung auf dem Papier und nicht der letzte, nur noch ausführende Schritt eines eigentlich abgeschlossenen Prozesses. Die Forscherin erfährt im *Schreiben* etwas über das Thema und sich, sie kann spüren, ob sie etwas verstanden hat oder noch nicht, ob es ihr Spaß macht oder sie ärgert. Diese Affekte begleiten und beeinflussen jeden Arbeitsprozeß, so daß sie als wichtige Daten festgehalten werden können, deren Beachtung praktizierte Selbstreflexion der Forscherin ist.

Schreiben ist keine neue Forschungsmethode. Experimentelles *Schreiben*, sowie die Integration von Literatur, Fiktion haben sich im Rahmen qualitativer Sozialforschung bereits etabliert (vgl. WALKERDINE 1990). RICHARDSON formuliert den Prozeß des *Schreibens* auf dem Hintergrund der postmodernen pragmatisch gewendeten Erlaubnis „das, was ist" (nicht essentialistisch, sondern phänomenologisch gemeint), explizit zu machen und darüberhinaus zu verstärken, zu übertreiben, damit zu experimentieren. Bezogen auf *Schreiben* als Praxis wird es so möglich, die forschungsmethodischen Aspekte von Schreiben stark zu machen. Laurel RICHARDSON vollzieht den folgerichtigen und bisher so nicht gemachten Schritt, *Schreiben* als Forschungsmethode zu qualifizieren.

Die vorgestellten Konzepte beantworten die Frage nach Nähe/Distanz und den Bedingungen wissenschaftlicher Erkenntnis auf verschiedenen Ebenen:
MERTON (1972) und THÜRMER-ROHR (1984) machen deutlich, daß sie grundsätzlich *methodologisch* gar nicht zu entscheiden sei (im Sinne von: entweder eine nahe „Insider"- oder eine distanzierte „Outsider"-Position ermöglicht wissenschaftliche Erkenntnis), sondern jede Forschung kann nur und jeweils konkret *methodisch* auf ihre Wissenschaftlichkeit hin befragt werden. In diesem Sinne formulieren v. KARDOFF (1988) und RICHARDSON (1994) Modelle für selbstevaluative Forschung. Sie stellen Methoden bereit, die einer nahen Forschungsposition analytische und selbstreflexive Distanz erlauben. Dies soll im folgenden mit der Reflexion meines Forschungsprozesses konkret werden.

2. Ein feministisches Projekt: der Mädchentreff

Der Mädchentreff ist eine Einrichtung außerschulischer Mädchenbildungs- und Kulturarbeit. Er ist im Zuge der Frauenbewegung aus der „Pädagoginnen-Gruppe Bielefeld" entstanden. Diese Gruppe hatte sich Anfang der 80er Jahre gegründet, zur Praxisreflexion von Mädchenarbeit in der Jugendarbeit und zur Diskussion theoretischer Konzepte wie feministische Parteilichkeit, Gefühlsarbeit und Koedukation. Die Gruppe hat ihre Energien zur Stärkung der fachlichen Positionen der einzelnen Frauen zunächst nach innen gerichtet. In einer nächsten Phase hat sie ihre Erkenntnisse veröffentlicht (vgl. MÄDCHEN-TREFF BIELEFELD/STEIN-HILBERS 1988), und schließlich ihre Ziele realpolitisch umgesetzt, indem sie eine *neue* pädagogische Einrichtung für Mädchen in Bielefeld geschaffen hat: Als erster in Nordrhein-Westfalen wurde der Mädchentreff 1985 gegründet. Er arbeitet in freier Trägerschaft, finanziert von der Stadt Bielefeld als offene Jugendeinrichtung. Er ist Mitverein im „Paritätischen Wohlfahrtsverband". Er wird getragen von einem Kollektiv von sechs Pädagoginnen. Zielgruppe sind 13-18jährige Mädchen. Das pädagogische Angebot differenziert sich in zwei Bereiche: 1. offener Treffpunkt und Café, 2. Bildungsseminare in Kooperation mit Schulen. Inhalte der Arbeit sind: Selbstbehauptung, Lebensplanung und Berufsorientierung, Fotografie, Musik, Solartechnik, Reisen. Der Mädchentreff arbeitet nach einem Konzept feministischer Mädchenpädagogik. Es macht Geschlechtshomogenität bewußt wieder zu einem Prinzip der Arbeit, da sich zeigt, daß Koedukation oft Jungen fördert und Mädchen benachteiligt (vgl. SPENDER 1985). Der Mädchentreff will deshalb ein Freiraum für Mädchen sein, den sie selbst gestalten, wo sie mit ihren Fähigkeiten und Vorlieben im Mittelpunkt stehen. Sie sollen selbst, ohne direkten männlichen Einfluß, entscheiden können, was sie machen, wer und wie sie sein wollen. Damit soll ein Prozeß von Selbstbestimmung unterstützt werden, der über die Einschränkungen traditioneller Rollenzuschreibungen hinausgehen kann.

3. Die Fragestellung der Untersuchung

Die Studie will untersuchen, wie sich die Praxis eines Mädchentreffs realisiert, ob und wie sie sich ihrem Ziel *Selbstbestimmung für Mädchen* annähert. *Selbstbestimmung* ist ein zentraler Begriff in Theorie und Praxis des Mädchentreffs. Er ist pädagogische Zielkategorie für Konzeption und Planung, und er ist thematisch präsent im Mädchentreff als Ort, wo Lebensplanung und Berufsorientierung in Seminaren oder in offenen Alltagsgesprächen stattfinden. Daher wird Selbstbestimmung als erkenntnisleitender Begriff für die Erschließung des pädagogischen Feldes Mädchentreff gewählt.

Die Studie ist angelegt als qualitativ-empirische Analyse. Sie enthält eine Triangulation von drei Ebenen: 1. der theoretischen Ebene der *Konzeption* des Mädchentreffs; hier wird untersucht, wie sich die Theorie einer Selbstbestimmungs-Pädagogik (vgl. PRENGEL 1993) im Konzept des Mädchentreffs darstellt und wie sie in Angebot und Methoden der Arbeit mit Mädchen umgesetzt wird. Untersuchungsmaterial sind: Konzeption, Arbeitsberichte, Selbstdarstellungen. Die 2. Ebene ist die *pädagogischer Situationen* als konkrete Praxis des Mädchentreffs; diese Situationen werden eingefangen in selbstreflexiven Geschichten der sechs Pädagoginnen zum Thema „Selbstbestimmung" und anschließender Gruppendiskussion dieser Geschichten. Dieses Material eröffnet den subjektiv-professionellen Blick z.B. auf Alltagsbedingungen, Beziehungsdynamiken, Handlungsaspekte in der Analyse von Selbstbestimmungsprozessen (vgl. BAACKE/SCHULZE 1993). Die 3. Ebene ist die der *Adressatinnen*, der Mädchen als Besucherinnen des Mädchentreffs; in Leitfadeninterviews (vgl. WITZEL 1985) werden Mädchen befragt, was Selbstbestimmung für *sie* bedeutet und welchen Stellenwert der Mädchentreff in diesem Zusammenhang für sie hat; anders gesagt: Welche Erfahrungen und Bedingungen erlebten sie im Mädchentreff als förderlich oder hinderlich für eigene Selbstbestimmung. Ein kritischer Vergleich der unterschiedlichen Ergebnisse ermöglicht dann eine Ausdifferenzierung des Begriffs Selbstbestimmung über *Widersprüche*, z.B. zwischen Konzept und Alltag oder zwischen Wahrnehmungen der Mädchen und der Pädagoginnen, und *Konkretisierungen*, z.B. welche Bedingungen schafft der Mädchentreff für Selbstbestimmung in pädagogischen Situationen oder auf welche biografischen Themen beziehen die Mädchen Selbstbestimmung, wie füllen *sie* den Begriff. Im Sinne gegenstandsnaher Theoriebildung (vgl. STRAUSS 1991) will die Studie das Konzept feministischer Mädchenpädagogik durch reflektierte Praxiserfahrung weiterentwickeln.

4. Ein Forschungsprozeß in Nähe und Distanz: konkrete Selbstreflexion

Das traditionelle Wissenschaftsverständnis beurteilt Nähe der Forschenden zum Forschungsgegenstand oft negativ, weil sie subjektiv beschränkte Ergebnisse produzieren kann, Distanz der Forschenden zum Forschungsgegenstand aber positiv, weil sie objektiv allgemeingültige Ergebnisse produzieren kann. Als ich anfing, mich mit diesem Thema zu beschäftigen, war ich unbewußt von dieser Bewertung motiviert: Ich muß meine „negative" Nähe zum Mädchentreff bearbeiten und eine „positive" Distanz erarbeiten/beweisen. Jetzt kann ich differenzierter formulieren: Meine Forschungsposition ist eine nahe, weil ich mit dem Forschungsfeld bekannt bin. In der Phase der Materialerhebung erleichtert sie mir bestimmte Dinge und erschwert mir andere. Diese Position ist positiv für meinen Zugang zum Feld; die Mädchen und Pädagoginnen im Mädchentreff bringen mir als Forscherin Vertrauen und Akzeptanz entgegen; die Mädchen sind bereit mitzuarbeiten und machen persönlich weitreichende Aussagen in den Interviews; in der Gruppendiskussion können sich die Pädagoginnen auf eine offene Reflexion einlassen. Die Position erschwert mir den Rollenwechsel von der Pädagogin zur Forscherin.

Mit diesen Phänomenen werde ich mich im folgenden beschäftigen. Mein Forschungstagebuch ist hier das Material, an dem ich meine Erfahrungen reflektiere. In diesem Sinne verstehe ich *Distanz* als das bewußte Einnehmen einer Position, die mir einen forschenden Blick auch auf mich selbst ermöglicht. Es geht um Distanz von inneren Bildern und Identifikationen, die mich bei der Forschungsarbeit behindern. Als Hinweise darauf, daß etwas nicht stimmt, habe ich Gefühle von Unsicherheit und Ärger erlebt - unbequeme, lästige Regungen, deren Analyse mir jedoch stets Interessantes und Relevantes für meinen Arbeitsprozeß gezeigt hat. Ähnlich beschreibt Maya NADIG (1985) für die Ethnopsychoanalyse die Bedeutung von systematischer Wahrnehmung der Gefühle und Irritationen, die die Forscherin bei ihrer Arbeit methodisch leiten. Es sollen nun eigene Lösungsansätze zum Umgang mit Nähe und Distanz dargestellt werden, um anderen, die ihre eigene Praxis erforschen wollen, einen Weg vorzustellen. Vermutlich wird jedes Untersuchungsfeld, jeder soziale Kontext spezifische Lösungen erfordern, möglicherweise kann das hier geschilderte Vorgehen aber dazu Anregungen vermitteln.

4.1 Die Etablierung der Forschung im Projekt

Das Vorhaben einer wissenschaftlichen Auswertung der Arbeit des Mädchentreffs wird vom ganzen Team hochgeschätzt. Für die Entwicklung eines Forschungskonzeptes und die Formulierung eines Antrages auf Finanzierung habe ich auf die Projekt-Institution „Auszeit" zurückgegriffen. („Auszeit" ist die bezahlte halbjährige Freistellung einer Pädagogin für ein „persönliches" Vorhaben: Reisen, Kinder, Erholung, Bildung.) Damit wurde ein erster distanzierender Schritt gemacht: Austieg aus dem pädagogischen Alltag und Arbeit in der Bibliothek der Universität. Der Ausstieg aus dem Alltagsgeschäft verlangt dar-

überhinaus den Ausstieg aus der Organisations- und Entscheidungsebene, um nicht eine „alte Besserwisserin" zu produzieren. Die Anforderungen einer Forschungsarbeit liegen diametral zu den Anforderungen praktischer Pädagogik. Beide Seiten können jeweils mit Neid auf die Praxis der anderen schauen: „- die eine darf den ganzen Tag am Schreibtisch träumen..." und „- die anderen dürfen spannende Sachen mit den Mädchen erleben...", so daß eine klare Abgrenzung der Arbeitsbereiche notwendig ist. Am Ende des halben Jahres bewilligte das Landesjugendamt Westfalen-Lippe die Förderung eines Forschungsprojektes „Pädagogische Auswertung der Theorie und Praxis des Mädchentreffs Bielefeld".
Übergänge, Schwellen brauchen Aufmerksamkeit, sie müssen deutlich gemacht werden, sonst stolpert man über sie. Diesen Übergang markiert zum einen der Rollenwechsel einer Mädchentreff-*Pädagogin* zur *Forscherin* im Mädchentreff, zum anderen eine Statuserweiterung des *Praxisfeldes* Mädchentreff um das *Untersuchungsfeld* Mädchentreff. Ein „inszeniertes Essen" des Teams ist der Ort, an dem diese Veränderungen mit all ihren Herausforderungen gewürdigt werden konnten. Dabei wurde als symbolische Inszenierung der Qualitäten der einzelnen Person jede Speise einer Frau zugeordnet.
Zu Beginn der empirischen Phase, nach den ersten Probeinterviews, lade ich das Team zum „Forschungssalon" ein, um über das Konzept zu informieren. Diese Gespräche, die in unregelmäßigen Abständen stattfinden, können in der Auswertungsphase für eine kommunikative Validierung der Interpretationen der Interviews und der Gruppendiskussion genutzt werden.
Für die gelungene Etablierung der Forschung im Mädchentreff lassen sich rückblickend folgende Stationen und Bedingungen aufzeigen: Akzeptanz im Team, materielle und zeitliche Freistellung für die Planung, Ausstieg aus der Projekt-Entscheidungsebene, räumliche Trennung des Forschungs-Arbeitsplatzes vom pädagogischen Feld Mädchentreff, bewußte Wahrnehmung der Veränderung des Kollektivs, Etablierung neuer Kommunikationsorte für eine gemeinsame Forschungsprozeßreflexion und für die Validierung der Untersuchung.

4.2 Rollenwechsel von der Pädagogin zur Forscherin

Einen Teil der Interviews habe ich mit Mädchen gemacht, die aktuelle Besucherinnen des Mädchentreffs sind. Ich nutze meine Nähe zum Feld dafür, während der Café-Öffnungszeiten des Mädchentreffs Mädchen um ein Interview zu bitten - vorbereitende Absprachen sind nicht nötig. Allerdings kalkuliere ich ein, daß kein Mädchen Lust hat oder daß andere Dinge gerade wichtiger sind. Forschungstagebuch 9.2.94:

> „Letzten Donnerstag habe ich ein weiteres Probeinterview mit Lilly gemacht. Es hat wieder gut geklappt, d.h. ich bin ins Café gegangen, und Lilly war sofort bereit für ein Gespräch, es passte für sie. Ich habe danach kein Protokoll zur Interviewsituation geschrieben, obwohl ich es mir fest vorgenommen hatte, sondern ich bin einfach noch so im Mädchentreff geblieben, ich mochte noch nicht gehen. Mir wird gerade bewußt, daß es für mich ein komisches Gefühl ist, nur für das Interview zu kommen, und wenn ich's im

Kasten habe, zak-zak zu verschwinden. Ich habe ein schlechtes Gewissen, das sagt, du willst ja nur von den Mädchen 'abziehen'."
Und etwas später - Forschungstagebuch 24.4.94:
„Ich stelle fest, ich bin unsicher im Mädchentreff, weil ich nur komme, um was von den Mädchen zu kriegen; ich will nicht für sie da sein - sondern will, daß sie für mich da sind."
Hier wird deutlich, daß mich der Rollenwechsel im Mädchentreff zunächst verwirrt und unklar macht: „*nur* wegen der Interviews kommen" ist für mich „von den Mädchen 'abziehen'" - „ich will nicht für sie da sein" - produziert ein schlechtes Gewissen. Ich springe offenbar zwischen den Extremen „Pädagogin sein = für die Mädchen da sein" und „Forscherin sein = Hauptsache, die Daten sind im Kasten" hin und her. Meine Reflexion vermittelt zwischen den Polen. Mir wird klar, daß beides Klischees sind, die die Gefahren jeder Rolle darstellen. Wenn ich sie so, als die mir in der Situation zu Verfügung stehenden Modelle im Kopf habe, produziere ich mir ein innerliches Dilemma, einen Un-Ort, denn ich möchte keine der beiden Positionen einnehmen. Mein „komisches Gefühl" und „Unsicherheit" werden verständliche Reaktionen. Zwischen den Polen liegt das für mich akzeptable Modell der forschenden Pädagogin, die den Fokus ihres Handelns von „Orientierung an den Entwicklungsschritten der Mädchen" zu „Orientierung an eigenen Forschungsfragen" verschoben hat.

4.3 Die Schwierigkeit, offene Interviewfragen zu stellen

Das zentrale konzeptionelle Prinzip des Mädchentreffs, *Geschlechtshomogenität*, ist inhaltlich wichtig und fragetechnisch heikel für mich. Im ersten Probeinterview wage ich erst gar nicht, danach zu fragen; ich merke, daß ich selber so sehr hören möchte: „ - ja, es ist toll, daß im Mädchentreff nur Mädchen sind!", daß mir in der Situation keine Frageformulierung einfällt, die nicht suggestiv wäre. Forschungstagebuch 2.2.94:
„Für mich als Pädagogin ist das mädchenspezifische Konzept von zentraler Bedeutung als Thema pädagogischer Praxisentwicklung und jugendpolitischer Diskussion und Legitimation. Es ist so *nah*, daß ich eine *offene* Frage danach, die mit Zustimmung oder Ablehnung beantwortet werden kann, zunächst nicht formulieren kann."
Die Reflexion dieses Konflikts in meiner „Forscherinnengruppe" klärt für mich die Unsicherheit in der Interviewsituation und schafft mir die nötige Distanz für den bewußten Umgang mit einer zentralen Frage meiner Untersuchung. Schließlich kann ich für die folgenden Interviews formulieren: „Wie findest du es, daß im Mädchentreff keine Jungen sind?" Die Antworten der Mädchen sind sehr unterschiedlich und differenziert.

4.4 Auswertungsgedanken und Empathie als Störungen der Erhebung

Ich erlebe zunächst Störungen in der Interviewsituation, die damit zusammenhängen, daß es mir schwerfällt, mich auf die Aufgabe der reinen Material-*Erhebung* einzulassen und nicht schon gleichzeitig auszuwerten. Forschungstagebuch 24.4.94:

„Ich habe Angst, daß die Geschichten der Mädchen nicht ergiebig genug sind, daß die Aussagen und Erfahrungen nicht spezifisch das Konzept der Geschlechtshomogenität betreffen. Ich habe beim Gespräch nicht die Gelassenheit, mich auf die Erhebungssituation einzulassen, sondern ich deute und bewerte sofort: '- das, was sie jetzt sagt, ist gut, das ist unwichtig, das bringt mir nichts'."

Ich mache mir bewußt, daß ein Interview die Material-*Erhebung* ist, in der die Beurteilung der Ergiebigkeit des Materials nicht nötig und nicht möglich ist. Es macht mich eng und unkonzentriert, innerlich mit der Frage beschäftigt zu sein: „Ist das jetzt gut auszuwerten, oder nicht?" Im Rahmen der Auswertung meiner Probeinterviews beschäftige ich mich mit dem Konzept des „Problemzentrierten Interviews" (vgl. WITZEL 1985). Dort wurde in der empirischen Arbeit mit Hauptschülerinnen und Hauptschülern ein für diese Zielgruppe adäquater Gesprächsmodus entwickelt. Für mich ist dabei die Konstruktion der Gesprächsführerin hilfreich: sie soll und darf im Interview alle Fragen, die sie zu einem bestimmten Thema an ihr Gegenüber hat, so weit wie möglich klären. Dabei kann gemeinsames Vorwissen eine Rolle spielen. Es stehen erzähl- und verständnisgenerierende Fragen zur Verfügung. Abstinenz und Nicht-Eingreifen sind anders als im „Narrativen Interview" (vgl. SCHÜTZE 1981) nicht konstitutiv. Dieses Gesprächskonzept paßt zu meiner Beziehung zu den Mädchen, die ich alle mehr oder weniger gut kenne. Eine einseitige Interviewführung wäre künstlich. Die Gespräche sind geprägt von beidseitigem Vorwissen. Das Konzept des „Problemzentrierten Interviews" ist für mich eine Hilfe, mich von der Pädagoginnenrolle zu distanzieren. Nach den ersten Interviews stelle ich fest, Forschungstagebuch 20.5.94:

„Ich bin so „getuned" auf empathisches Verstehen, daß ich oft nicht nachfrage, weil ich *glaube* zu verstehen."

Für das Interview ist es notwendig, die sachlichen Hintergründe unvoreingenommen zu erfragen: „ -wie war das genau, woran erinnerst du dich?" Diese Haltung muß ich sehr bewußt einnehmen. Als Pädagogin bin ich gewohnt, einfühlend mitzudenken und das mitzuteilen. An dieser Stelle denke ich jedoch, daß eine forschende Haltung in diesem Sinne auch pädagogischen Situationen oft gut tun würde.

4.5 Kollektive Erinnerungsarbeit

Um die Ebene pädagogischer Situationen zu erheben, kann ich an die Tradition unseres Kollektivs anknüpfen: an die *Pädagoginnen-Gruppe*, die pädagogische Erfahrungen bewertete, kritisch reflektierte und Neues kreierte - letztlich den Mädchentreff, und an unser *Mädchentreff-Team*, in dem wir unsere Reflexionen immer als kostbaren und produktiven Freiraum für Fallverstehen und für pädagogische Erkenntnis erleben.

In einem zweitägigen Retreat zur Reflexion unserer Pädagogik schreibt jede Pädagogin je zwei Geschichten - eine mit dem Titel „Das war eine gute, gelungene pädagogische Situation mit Mädchen" und die zweite „Das war eine mißlungene Situation - das ging schief". Dann lesen wir uns die Texte gegenseitig vor und diskutieren sie. Diese Gruppendiskussion wird auf Tonkassetten aufgenommen. So erhalte ich als Untersuchungsmaterial eine Reihe konkreter pädagogischer Situationen und ihre kollektive Bewertung: unsere pädagogischen Meinungen, Grundsätze, unsere „Ethik". Pädagogische Erfahrung als Geschichte aufzuschreiben steht in der Tradition „pädagogischer Selbstvergewisserung" als Grundlage erziehungswissenschaftlicher Erkenntnis. Pädagogische Prozesse sind komplex. Die Form der Geschichte erlaubt Vielschichtigkeit in der Selbstreflexion: die Einzigartigkeit der Situation, Beziehungsdynamiken, Vorlieben, Ängste, Intuition der Pädagogin können unter anderem mit einbezogen sein (vgl. v. HENTIG 1988). Für die Erhebung pädagogischer Geschichten als Material der Beurteilung von Selbstbestimmungsprozessen von Mädchen ist meine Nähe zum Feld positiv und produktiv. Die gemeinsame Erinnerung passiert sehr engagiert und in einer konstruktiv selbstkritischen Atmosphäre. Es zeigt sich, daß das Forschungsinteresse ein gemeinsames ist, denn Selbstreflexion ist für unser pädagogisches Selbstverständnis konstitutiv und gleichzeitig ein wichtiges Instrument meiner Forschungsarbeit. Für den gemeinsamen Denkprozess gestalte ich einen „Mädchentreff-Geschichtsraum" mit Plakaten, Fotos, Kalendern, Programmen, Symbolen, Protokollbüchern, um uns für positive und negative Erinnerungen zu erwärmen. Dafür kann ich meine pädagogische Kompetenz nutzen: sie ist für mich das Handwerkszeug für die Umsetzung methodischer Forschungskonzepte wie kollektive „Erinnerungsarbeit" (HAUG 1983) und „Aus Geschichten lernen" (BAACKE/SCHULZE 1993).

Resümee

Nähe und Distanz der Forschenden zu ihrer wissenschaftlichen Arbeit sind Phänomene, die jede Forschung begleiten. Ihre Bewegungen können methodisch durch schriftliche Selbstreflexion und mit Hilfe kollegialer oder professioneller Supervision im Blick behalten werden. Wie diese Reflexionen in einer Forschungsarbeit dargestellt werden können, wenn sie nicht - wie in der Ethnopsychoanalyse - die eigentlichen Forschungsinstrumente sind, sondern interpretative Sozialforschungsmethoden begleiten, dafür gibt es kaum Beispiele. Obwohl Transparenz des wissenschaftlichen Prozesses integraler Bestandteil qualitativer Konzepte ist, wird dieses Element zumeist nur als Hinweis auf ein Forschungstagebuch realisiert. So bleibt zu wünschen, daß Selbstreflexion von den qualitativ Forschenden öfter als bisher kompetent genutzt und veröffentlicht wird.

Literatur

ABELS, Gabriele 1993: Zur Bedeutung des Female-Stream für die Methodendiskussion in den Sozialwissenschaften. Soziologie, Heft 1, S. 6-17.
ALTRICHTER, Herbert/Peter POSCH 1990: Lehrer erforschen ihren Unterricht. Eine Einführung in die Methoden der Aktionsforschung. Bad Heilbrunn.
ALTRICHTER, Herbert 1990: Ist das noch Wissenschaft? Darstellung und wissenschaftstheoretische Diskussion einer von Lehrern betriebenen Aktionsforschung. München.
BAACKE, Dieter/Theodor SCHULZE (Hg.) 1993: Aus Geschichten lernen. München.

BIDA-WINTER, Renate 1991: Das Gespräch im Jugendzentrum. Eine pädagogisch-psychoanalytische Intervention. Frankfurt/M.

BRAUN, Karl-Heinz/Gert GEKELER/Konstanze WETZEL 1989: Subjekttheoretische Begründungen sozialarbeiterischen Handelns. Didaktische Bausteine und dialogische Interviews zur Praxisreflexion und Innovation. Marburg.

DEINET, Ulrich 1992: Das Konzept „Aneignung" im Jugendhaus: neue Impulse für die offene Kinder- und Jugendarbeit. Opladen.

DEVEREUX, Georges 1967: Angst und Methode in den Verhaltenswissenschaften. München.

DÖPP, Wiltrud 1990: Das Modell des Lehrer-Forschers an der Laborschule. Kritische Rekonstruktion der Folgen seiner Institutionalisierung in der Praxis. Bielefeld.

HAUG, Frigga 1983: Erinnerungsarbeit. In: diess., Frauenformen. Bd.2 Berlin, S. 8-40

HEINER, Maja (Hg.) 1988: Selbstevaluation in der sozialen Arbeit. Freiburg.

HENTIG, Hartmut von, 1988: Einführung in die Schulgeschichten von Wiltrud DÖPP, Die Ameise im Feuer. Essen, S. 7-17.

HENTIG, Hartmut von, 1982: Erkennen durch Handeln. Stuttgart.

IMHOF, Margret 1978: Selbsterfahrung in der Schule: Bericht über einen gruppendynamischen Versuch. München.

KARDOFF, Ernst von, 1988: Praxisforschung als Forschung der Praxis. In: HEINER (Hg.), Praxisforschung in der sozialen Arbeit. Freiburg, S. 73-100.

KNORR-CETINA, Karin 1989: Spielarten des Konstruktivismus. Soziale Welt, Sonderband S. 86-96.

LAMNEK, Siegfried 1988: Qualitative Sozialforschung. Bd.1 Methodologie. Weinheim

MÄDCHENTREFF Bielefeld/Marlene STEIN-HILBERS (Hg.) 1988: „Marlene hatte andre Pläne..." Feministische Mädchenarbeit. Bielefeld.

MERTON, Robert K. 1972: Insiders and Outsiders: A Chapter in the Sociology of Knowledge. American Journal of Sociology, 78, S. 9-47.

MIES, Maria 1978: Methodische Postulate zur Frauenforschung. beiträge zur feministischen theorie und praxis, 1, S. 41-63.

NADIG, Maya 1985: Ethnopsychoanalyse und Feminismus - Grenzen und Möglichkeiten. Feministische Studien, 2, S. 105-118.

NEGT, Oskar 1975/1976: Schule als Erfahrungsprozeß - Gesellschaftliche Aspekte des Glocksee-Projekts. In: Ästhetik und Kommunikation, 6/7, 22/23, S. 36-59.

NEILL, Alexander S. 1969: Theorie und Praxis der antiautoritären Erziehung: das Beispiel Summerhill. Reinbek

PRENGEL, Annedore 1993: Pädagogik der Vielfalt. Opladen.

RICHARDSON, Laurel 1994: Writing: A Method of Inquiry. In: DENZIN, Norman K./Yvonna S. LINCOLN (Eds.), Handbook of Qualitative Research. Thousand Oaks/London/New Delhi, S. 516-529.

SCHÜTZE, Fritz 1987: Das qualitative Interview in Interaktionsfeldstudien. Hagen.

SPENDER, Dale 1985: Frauen kommen nicht vor. Sexismus im Bildungswesen. Frankfurt/M.

SPIEGEL, Hiltrud von, 1993: Aus Erfahrung lernen. Qualifizierung durch Selbstevaluation. Münster.

STRAUSS, Anselm L. 1991: Grundlagen qualitativer Sozialforschung. München.

STÜBIG, Frauke 1995: Schulalltag und Lehrerinnenbewußtsein: das Tagebuch einer Lehrerin und seine Reflexion im Gespräch mit Birke Mersmann. Weinheim.

THÜRMER-ROHR, Christina 1984: Der Chor der Opfer ist verstummt. Eine Kritik an Ansprüchen der Frauenforschung. beiträge zur feministischen theorie und praxis, 2, S. 71-84.

WALKERDINE, Valerie 1990: Schoolgirl Fictions. London, New York.

WITZEL, Andreas 1985: Das problemzentrierte Interview. In: JÜTTEMANN, Gerd (Hg.): Qualitative Forschung in der Psychologie. Weinheim und Basel, S. 227-255.

Jochen Kade und Dieter Nittel

Biographieforschung - Mittel zur Erschließung von Bildungswelten Erwachsener

1. Erziehungswissenschaftliche Biographieforschung zum Feld der Erwachsenenbildung

Mehr als bei Kindern und Jugendlichen hat die Lebenspraxis Erwachsener auf Grund des biologischen Alters - gleichsam naturgemäß - eine (ausgeprägte) biographische Dimension. Dieser bei näherer Betrachtung indes kulturelle Zusammenhang von Biographie und Erwachsenenleben ist in modernen Gesellschaften in hohem Maße ambivalent. Es gehört zu den konstitutiven Merkmalen der menschlichen Existenz in der Moderne, daß die Gestaltung des Lebens auch im zeitlichen Verlauf den Menschen als Einzelwesen nicht nur gesellschaftlich ermöglicht, sondern auch zugemutet wird. Für immer neue Schichten und weitere Kreise der Bevölkerung ist ihre Biographie inzwischen zum Thema dauerhafter Selbstreflexion und zum Gegenstand wiederholter praktischer Gestaltungsbemühungen geworden. Die Anfänge dieser Entwicklung liegen in Deutschland im späten 18. Jahrhundert in der Zeit der Romantik und der Aufklärung. Was sich gegenüber diesen historischen Ursprüngen verändert hat, ist zunächst einmal die breitenwirksame Durchsetzung des Projekts der individuellen Gestaltung der eigenen Biographie. Damit ist aber eine qualitative Veränderung im Verhältnis von Biographie und Erwachsenenleben einhergegangen. Sie wird in den Sozialwissenschaften unter dem Stichwort „Biographisierung" erörtert. Mit diesem Konzept wird auf den Sachverhalt abgehoben, daß die Gestaltung des Lebens für den einzelnen nicht nur Möglichkeiten individueller Selbstverwirklichung eröffnet, sondern auch Resultat verinnerlichter gesellschaftlicher Normen ist, deren Verpflichtungscharakter man sich in der Regel nicht ohne nachteilige Folgen dauerhaft entziehen kann. Daher können Prozesse der Biographisierung neben aller Erfahrung von Selbstbestimmung auch mit vielfältigen Leidenserfahrungen verbunden sein (vgl. BECK/BECK-GERNSHEIM 1994). In diesem Sinne spricht Peter ALHEIT von der Notwendigkeit des Erwerbs der modernen Schlüsselqualifikation „Biographizität" (vgl. ALHEIT 1990). Je individueller und reversibler Biographien werden, desto weniger kann man das Erwachsenenleben mit Modellen von Normalbiographien, etwa weiblichen oder männlichen Zuschnitts, noch angemessen beschreiben. Unter dem Druck einer zunehmenden Verzeitlichung des Lebens (vgl. SCHÄFFTER 1993) wird biographische Diskontinuität paradoxerweise schon wieder zu einem stabilen Kennzeichen inmitten einer instabilen Welt.

Vor dem Hintergrund dieser Entwicklungen ist es nur naheliegend, daß die Institutionen, Einrichtungen und Projekte der Erwachsenenbildung immer mehr zu einem gesellschaftlich bedeutsamen Ort werden, an dem sich Individuen mit ihren Biographien auseinandersetzen können. Die Erwachsenenbildung - von der Berufsberatung bis zur pädagogisch inspirierten Sterbehilfe - bekommt somit zusätzlich zur Funktion der Wissensvermittlung die der Begleitung von Biographien. Ihre Aufgabe wird es, etwa die Wucht kritischer Lebensereignisse bzw. Statuspassagen abzufedern und zur Lösung der dabei auftretenden individuellen Probleme beizutragen; „Lösungen", die vielfach in Prozessen der Renormalisierung von Biographien bestehen, d.h. der Synchronisierung von individuellen Veränderungsprozessen mit der Dynamik kollektivgeschichtlicher Entwicklungsverläufe.

Es verwundert aufgrund des skizzierten zeitdiagnostisch außerordentlich brisanten, aber komplexen Zusammenhangs von Bildung und Biographie nicht, daß in der Erwachsenenbildung inzwischen ein relativ breit entwickeltes Spektrum an erziehungswissenschaftlicher Biographieforschung (vgl. KRÜGER/MAROTZKI 1995) zu beobachten ist. Biographische Bildungsforschung findet sich zwar auch außerhalb der Erziehungswissenschaften, etwa in der Soziologie oder der Psychologie (vgl. den Überblick in NITTEL 1991). In methodologischer, grundlagentheoretischer und empirischer Hinsicht besonders einflußreich ist die Biographieforschung aber für die universitäre Erwachsenenbildung geworden. Diese Forschung trägt durch ihre erziehungswissenschaftlich akzentuierten Fragestellungen der wachsenden Abhängigkeit individueller Biographien von Bildungsinstitutionen Rechnung (vgl. auch FRIEBEL u.a. 1993). Ortfried SCHÄFFTERs Plädoyer, angesichts des äußerst geringen Formalisierungsgrades der Erwachsenenbildung die Selbstvergewisserung des wissenschaftlichen Diskurses mehr als bisher durch biograpisch-hermeneutische Ansätze empirisch zu „erden" (vgl. SCHÄFFTER 1992, S. 25 ff.), scheint - wie die Forschungslage zeigt - mehr als nur ein Programm geblieben zu sein.

2. Gegenstandsbereiche der Biographieforschung

Die vorhandenen biographieanalytischen Studien beziehen sich auf alle Bereiche der Erwachsenenbildung, wobei aber deutliche Schwerpunkte bestehen. Die auch in anderen Disziplinen zu beobachtenden (nicht immer gutgemeinten) Versuche, der Biographieforschung die eher „weichen" Themen mit Subjektbezug zuzuteilen, während die bildungspolitisch wesentlich relevanteren Bereiche, in denen Organisationen und Institutionen den Bezugspunkt bilden, der hypothesenüberprüfenden Forschung konventioneller Prägung zugesprochen werden, haben sich indes nicht als erfolgreich erwiesen.

Biographiebezogene Adressaten- und Teilnehmerforschung

Aufgrund der konzeptionellen Nähe zwischen Biographien und Subjektorientierung nehmen biographiebezogene Studien zur Adressaten- und Teilnehmerforschung einen breiten Raum ein. Mit einer frühen Arbeit, die als forschungsbezogenes Lehr-/Lernprojekt entstand, gehen Hermann BUSCHMEYER u.a. (1987) der Bedeutung nach, die die Teilnahme an Bildungsveranstaltungen im Zusammenhang mit der Lebensgeschichte Erwachsener hat. Gegenüber dem identitätstheoretischen Teil, der sich sehr elaboriert präsentiert, wirken die Ergebnisse dieser Studie eher blaß: Daß die Teilnehmerwünsche einen manifesten Charakter haben, während die Teilnehmermotive vielschichtig und latent sind, weiß man bereits aus früheren Untersuchungen. Für die Forcierung biographieorientierter Forschung war die Studie aber nicht unerheblich; sie hat Anschlußarbeiten stimuliert, und sie kann sogar als Vorläufer der „seminarbezogenen Kleinforschung" (TIETGENS) gelten. Theoretisch vertieft behandelt wird die Frage nach der Bedeutung der Erwachsenenbildung bei der Konstruktion und Rekonstruktion von Biographien in mehreren Studien von Jochen KADE. In einer kleineren Studie (vgl. KADE 1985a) wird der biographische Zugang zur Rekonstruktion der nicht-linearen Bewegungslogik von Bildungsprozessen genutzt. Unter Bezugnahme auf biographische Umbruchsituationen wird mit Hilfe der Kategorie „diffuse Zielgerichtetheit" am Fall einer Hausfrau der innere Zusammenhang einer längeren Beteiligungssequenz an Bildungsveranstaltungen rekonstruiert, die auf den ersten Blick völlig kontingent erscheint. Das negative Zentrum solcher diffuser Bildungsbiographien ist der Beruf als identitätsstiftendes Merkmal, eine These, die dann noch in anderen Fallanalysen (vgl. KADE 1986) ausdifferenziert wird. Weil und insofern die Subjekte diese Negativität aus ihrem Bildungshandeln auszugrenzen versuchen, tritt sie in den Brüchen ihrer Bildungsprozesse dennoch in Erscheinung - nämlich als das, was sich gegen die Oberfläche gelingenden Lebens immer erst durchsetzen muß, als rastlose, unbestimmte biographische Suche nach dem Kern des eigenen Selbst. Allerdings gibt es auch Gegenkräfte zur Berufsabhängigkeit von Biographien; dies wird in weiteren Analysen am Fall von beruflich, kulturell und politisch zentrierten Bildungsbiographien aufgezeigt (vgl. KADE 1987). Daß und inwiefern in modernen Gesellschaften die Aneignung von Angeboten der Erwachsenenbildungseinrichtungen mehr durch die Bildungs- und Berufsbiographien der TeilnehmerInnen bestimmt ist als durch institutionelle Arrangements und professionelle Handlungsstrategien, wird in zwei größeren empirischen Studien in mikroskopischer Detailliertheit aufgezeigt. In der 1989 veröffentlichten Studie zur biographischen Aneignung von Bildungsangeboten wird am Beispiel der Volkshochschule (vgl. KADE 1992, 1994) untersucht, in welchem Sinne die Erwachsenenbildung in modernen Gesellschaften von den Teilnehmenden zur Lösung von biographisch situierten Problemen in Anspruch genommen wird. Für die Teilnehmenden - so zeigt die Studie - ist Bildung nur eine Form der identitätsorientierten Aneignung von Erwachsenenbildung. Daneben treten andere Formen. Die TeilnehmerInnen bearbeiten ihre Identitätsprobleme zugleich über die soziale und kulturelle Zugehörigkeit, die sie durch die Teilnahme an Erwachsenenbildung erwerben, und durch die Inanspruchnahme von formellen und informellen Tätigkeitsangeboten unterschiedlichster Art. Es hängt vom individuellen Teilnehmer und seiner je besonderen Biographie ab, welche Aneignungsbeziehung für ihn charakteristisch ist. Die These von der biographisch bestimmten Autonomie und Pluralität der Aneignung von Bildungsangeboten wird aus der Perspektive des lebenslangen Lernens in einer zweiten Studie weiter verfolgt, die Jochen KADE und Wolfgang SEITTER bezogen auf den institutionellen Kontext des Funkkollegs durchgeführt haben (vgl. KADE/SEITTER 1995, 1996). Untersucht wird die Konstitution des lebenslangen Lernens bei Erwachsenen, die über längere Zeit Bildungsangebote des Funkkollegs und anderer Einrichtungen wahrgenommen haben. Die Studie gibt Aufschluß über die Bedeutung des Lernens im Kontext individuell und generationsmäßig unterschiedlicher biographischer Prozesse sowie über die Strategien zur Durchsetzung langjährigen Lernens gegenüber konkurrierenden Lebensansprüchen im Alltag. Biographische Passung, Isolierung des Lernens und soziale Vermittelbarkeit des Lernens kommen als wesentliche Gestaltungsleistungen in den Blick, die von den Subjekten eigenständig erbracht werden müssen, damit längerfristiges Lernen möglich wird. Daß auch Studienerfahrungen als biographische Bildungsprozesse zu verstehen sind, zumindest lebensgeschichtlich gerahmt werden, dies ist der Grundgedanke, der hinter den Beiträgen steht, die in zwei Bänden (vgl. KOKEMOHR/MAROTZKI 1989; MAROTZKI/KOKEMOHR 1990) zu Interviews mit StudentInnen aus der ersten Hälfte der 80er Jahre versammelt sind. Die Beiträge fragen nach den Konstellationen, unter denen Studierende die komplexen Bedingungen der Institution Universität biographisch verarbeiten. Sie zeigen, in welch hohem Maße die moderne Massenuniversität ein Ort riskanter Biographien ist, in dem Erfolg und Scheitern eng beieinander liegen (vgl. auch KOLLER/KOKEMOHR 1994). Über die individuellen Motive und die sozialstrukturell angelegten Ursachen für die Wahl des Fernstudiums klären Interpretationen der Bildungsgeschichte einer Fernstudentin an der Fernuniversität Hagen auf, die auf der Grundlage eines ausgewählten offenen Interviews von verschiedenen Autoren primär in methodologischer und methodischer Absicht im Blick auf die Entwicklung einer sozialwissenschaftlichen Hermeneutik vorgenommen worden sind (vgl. HEINZE/KLUSEMANN/ SOEFFNER 1980). Wiederum eine andere Teilnehmergruppe hat Hartmut WOLF (1985) im Blick. Er untersucht Lebensgeschichten von Absolventen des Zweiten Bildungswegs. Besonders instruktiv sind die Befunde, die sich auf die „individuellen Kosten" des sozialen Aufstiegs via Bildung beziehen. Ein typischer Erfahrungsmodus ist die „biographische Asynchronität", womit die mit dem verspäteten Studium verbundene partielle oder vollständige Trennung von der eigenen Geburtskohorte gemeint ist. Die Umsetzung des bildungspolitischen Prinzips der Chancengleichheit hat, biographisch betrachtet, eben auch ihre Schattenseiten, wie zum Beispiel den Ausschluß aus vorgezeichneten Lebenslaufmustern und damit verbundene Fremdheitserfahrungen.

Lockerer ist die Bindung von biographischen Bildungsprozessen an institutionelle Kontexte in einer Reihe eher zielgruppenorientierter biographischer Untersuchungen angelegt. So arbeiten Harry FRIEBEL, Rita FRIEBEL und Stefan TOTH seit 1980 an einer sehr aufwendigen, noch unabgeschlossenen Langzeitstudie über Bildungs- und Lernprozesse Erwachsener, in der sie den Lebensweg Hamburger Schulabgänger des Jahres 1979 mit Hilfe von kontinuierlich in anderthalbjährigen Phasen mittels standardisierter Fragebogen und Intensivinterviews durchgeführter Erhebungen im Blick auf deren Weiterbildungskarrieren „wissenschaftlich begleiten". Zusätzlich werden Experteninterviews mit Weiterbildungsmanagern von Betrieben durchgeführt, um die institutionellen Zusammenhänge von Weiterbildungsaktivitäten gleichsam aus erster Hand zu erschließen (vgl. FRIEBEL/FRIEBEL/TOTH 1984; FRIEBEL 1995). Die Bedeutung des Lernens im Lebenshaushalt älterer Menschen hat ein größeres Forschungsprojekt von Sylvia KADE (vgl. S. KADE 1992, 1994) zum Gegenstand. Es trägt dem für die gegenwärtige Gesellschaft kennzeichnenden Sachverhalt Rechnung, daß der Anspruch auf Dauerreflexion von Biographie inzwischen auch den Alltag im Alter eingeholt hat. Allerdings vollziehen - so die Autorin - viele ältere Menschen die ihnen möglich gewordene, aber auch gesellschaftlich zugemutete reflexive Dynamisierung ihrer Biographie oft wider Willen - jedenfalls soweit sie nicht durch Bildungsangebote eingehend darauf vorbereitet worden sind. Den Umgang mit kritischen Lebensereignissen im Medium von Erwachsenenbildung, dem Sylvia KADE bezogen auf ältere Menschen auf der Basis von offenen Interviews nachgeht, hat Erika SCHUCHARDT in einer umfangreichen, in zwei Bänden veröffentlichten Studie (vgl. SCHUCHARDT 1980, 1985) mit Hilfe schriftlich verfaßter Autobiographien von Behinderten untersucht. Diese Studie macht deutlich, daß die Verarbeitung von Lebenskrisen eben nicht nur emotionale, sondern auch eine Vielzahl kognitiver Implikationen besitzt. Die Erika SCHUCHARDTS Arbeiten zugrundeliegende relativ vorbehaltslose Bejahung der Erwachsenenbildung spiegelt die optimistische Weltsicht der 70er Jahre ebenso wider wie das darin manifestierte methodische Interesse an der Gewinnung „praxisrelevanter" Bildungsmodelle zur erfolgreichen Bearbeitung von biographischen Krisen.

Einen ersten Einblick in eine größere Studie über Bildungsbiographien spanischer Migrantinnen, eine bislang unter erziehungswissenschaftlichem Gesichtspunkt noch nicht in den Blick gekommene Bevölkerungsgruppe, gibt ein Aufsatz von Wolfgang SEITTER (1996). Daß Migrationsbiographien dieser Personengruppe in hohem Maße Bildungsbiographien sind - so die These -, wird unter drei Aspekten ausgeführt; unter dem Aspekt der starken autodidaktischen Anstrengungen dieser Gruppe, unter dem der Beteiligung am eigenethnischen Vereinswesen und unter dem der biographischen Dauerreflexion.

Berufsbiographien und ihr Wandel in modernen Gesellschaften, ein eingeführtes Thema der Soziologie (vgl. etwa BROSE 1986), werden in neuerer Zeit verstärkt zum Gegenstand erziehungswissenschaftlicher Biographieforschung, wobei auf die Beziehung zur Weiterbildung ein besonderes Augenmerk gelegt wird (vgl. NITTEL/MAROTZKI 1996). Sibylle PETERS hat bezogen auf die Gruppe der Un- und Angelernten am Fall der Metallfacharbeiterausbildung mittels mehrfach kombinierter Quer- und Längsschnittauswertungen von fünf Interviewreihen untersucht, wie sich das biographische Selbstverständnis von Arbeitslosen im Prozeß betrieblicher Umschulung verändert (vgl. PETERS 1991). Diese Veränderungen - so zeigt die Studie - hängen in starkem Maße von den lebensgeschichtlich erworbenen Lernerfahrungen der Arbeitslosen ab. Damit wird es zu einer wesentlichen Aufgabe von Umschulung, die subjektiven Lernbarrieren der TeilnehmerInnen aufzubrechen. Demgegenüber zeigt eine Untersuchung generationsspezifischer Bildungs- und Karriereerfahrungen von

Industriemeistern und Meisterkursabsolventen im betrieblichen Kontext (vgl. HARNEY/KADE 1990) den durch die Expansion des Weiterbildungssystems seit den 60er Jahren forcierten Übergang von konventionellen, auf Abschluß hin angelegten Berufsbiographien zur Weiterbildung als biographisches Endlosprogramm auf. Die alte Industriemeisterkultur, in der der berufliche Werdegang zum Meister eine durch das Gemisch von Erfahrung, Schicksal und heroischer Bewältigung bestimmte „Laufbahn" war, wird verdrängt durch lernbiographische Selbstbezüglichkeit. Aus biographischer Perspektive erweitert sich damit auch der Inhalt von Arbeit. Peter ALHEIT, der in einer ganzen Reihe von Publikationen unter dem Blickwinkel von Arbeit und Bildung berufsbiographische Themen behandelt (z.B. ALHEIT 1988; ALHEIT/REIF 1988), hat auf der Grundlage von empirischer Forschung für eine Erweiterung des Arbeitsbegriffs plädiert, damit auch die Gestaltung von Biographien als ein notwendiges Element von Arbeit anerkannt werden kann (vgl. ALHEIT 1994).

Biographiebezogene Professionsforschung

Berufsbiographien sind für die Erwachsenenbildung nicht nur im Hinblick auf ihre Teilnehmer und Adressaten von Belang, sondern auch mit Blick auf die in ihr tätigen Personen, das Personal der Erwachsenenbildung. Daß etwa BildungsmanagerInnen, FachgebietsleiterInnen, DozentInnen oder KursleiterInnen eine Biographie haben, ist jedoch erst in neuester Zeit ein Thema erziehungswissenschaftlicher (Professions-)Forschung geworden.

Den Habitus von ErwachsenenpädagogInnen, die als hauptberufliche pädagogische Mitarbeiter mit der Planung und Organisation von Bildungsveranstaltungen zu tun haben, hat Wiltrud GIESEKE auf der Basis narrativer Interviews detailliert untersucht (vgl. GIESEKE 1989). Sie rekonstruiert in dieser Studie als biographische Arten der Verarbeitung von Orientierungsproblemen vier Formen, mit denen Pädagogen in der Erwachsenenbildung sich ihre berufliche Realität aneignen: den Differenzierungsmodus, den Spezifizierungsmodus, den Reduktionsmodus und den Reflexionsmodus. Der biographisch konstituierten Berufsidentität einer anderen Gruppe, nämlich der von KursleiterInnen, geht Jochen KADE bezogen auf thematisch und methodisch unterschiedliche Bildungsveranstaltungen in mehreren Fallstudien nach (vgl. J. KADE 1985b, 1989b). So wird die Kursleitertätigkeit als biographische Konsequenz aus der spannungsreichen Suche nach einer Einheit von Arbeit und Leben, als notwendiges Moment einer dynamisierten Biographie, als berufsbiographischer Schwebezustand oder als Möglichkeit der Selbstverwirklichung zwischen Hobby und Beruf rekonstruiert. Weil KursleiterInnen über ein biographisch tief verankertes pädagogisches Selbst- und Handlungsbewußtsein verfügen, sind einer konventionellen Fortbildung, die stark von wissenschaftlicher Belehrung geprägt ist, enge Grenzen gesetzt.

Während diese Studien auf den Bereich der öffentlichen Erwachsenenbildung beschränkt sind, richten sich neuere biographische Untersuchungen zur Professionalisierung verstärkt auf den Bereich der betrieblichen Weiterbildung, der ja auch in der öffentlichen Diskussion im Mittelpunkt steht. Rolf ARNOLD

(1983) wendet sich in seiner Studie über Biographieverläufe von Betriebspädagogen gegen die verbreitete Gleichsetzung von Professionalisierung und Verwissenschaftlichung im Sinne eines technologischen Verständnisses pädagogischen Handelns. Die gerade auch unter dem Gesichtspunkt der Deutungsmusteranalyse außerordentlich ertragreiche Studie verweist auf eine Diskrepanz zwischen dem reifen, sehr anspruchsvollen pädagogischen Handeln und dem eher semiprofessionellen Status der Betroffenen hin. Den Prozeß der Professionalisierung für die Personalwirtschaft im Kontext von Studium und Biographie haben Klaus HARNEY und Dieter NITTEL in einer Fallstudie rekonstruiert (vgl. HARNEY/NITTEL 1995). Diese Arbeit widerlegt die gängige Annahme, die Personengruppe der Erwachsenenbildner im Kontext der betrieblichen Weiterbildung zeichne sich durch besonders wirtschaftsfreundliche Einstellungen und diesbezügliche Gesinnungen aus. Analysiert werden verschiedene biographisch erworbene Habitusformen, die für die in der Wirtschaft tätigen Erwachsenenpädagogen typisch sind, so die biographische Basisdisposition zum mündlichen Virtuosentum, ein heroisches Professionsverständnis und eine besondere Sensibilität im Umgang mit Paradoxien. Die eben erwähnte Studie ist Teil eines größeren Vorhabens (vgl. NITTEL/MAROTZKI 1996), in welchem die Biographie eines in der Wirtschaft tätigen Erwachsenenpädagogen aus der Sicht unterschiedlicher Disziplinen im Blick auf den Zusammenhang von Lernstrategien und Subjektbildung rekonstruiert wird.

Biographiebezogene Institutions- und Organisationsforschung

Es gibt inzwischen eine Reihe zeitdiagnostisch interessierter Arbeiten, die einzelne Einrichtungen der Erwachsenenbildung in den Zusammenhang gesellschaftlicher Veränderungen stellen und zur Aufhellung entsprechender Zusammenhänge Konzepte und Methoden der Biographieforschung nutzen. So weist eine Berliner Studie über selbstorganisierte Projekte (vgl. BECHER/DINTER 1991) die starke Verknüpfung dieser Projekte mit biographischen Dispositionen ihrer Akteure nach, und zwar in Hinblick auf die Entstehungszusammenhänge, die didaktischen Entscheidungen, die Arbeitsformen und die Entwicklungsperspektiven der Projekte. Die Studie erhellt, daß tiefliegende Passungen zwischen den Biographien von Pädagogen aus dem breiten Spektrum der alternativen Weiterbildungsszene in Berlin und den Problemlagen und Weiterbildungsinteressen ihrer jeweiligen Klientel existieren. Diese Entwicklungsdynamik biographie- und milieuabhängiger Bildungseinrichtungen, die auch aus einer Untersuchung von Martin BEYERSDORF über die Veränderungen selbstorganisierter Bildungsarbeit im Spannungsfeld von sozialen Bewegungen und öffentlichem Bildungssystem hervorgeht (vgl. BEYERSDORF 1991), prägt aber offenbar auch die etablierten Institutionen, wie Untersuchungen von Kursleitern an Volkshochschulen (vgl. J. KADE 1989) und der evangelischen Erwachsenenbildung am Fall ihrer ehrenamtlichen Mitarbeiter (vgl. HARNEY/KEINER 1992) zeigen. Die Befunde dieser Studien sind ein deutlicher Hinweis darauf, daß Biographieorientierung ebenso wie Individualisierung inzwischen auch die makrodidaktischen Handlungsebenen der Programmplanung und Institutionsdidaktik erreicht haben (vgl. BECHER/DINTER/SCHÄFFTER 1991). Sie bilden das generierende Potential von institutionellen Strukturen, die Selbstorganisation erzwingen. Biographie erweist sich damit zunehmend als ein übergreifendes Konzept zur Erforschung gerade auch der institutionellen Dimensionen der Erwachsenenbildung. So kann Dieter NITTEL mit den Mitteln biographischer Analyse und unter Bezugnahme auf das systemtheoretische Konzept der Interpenetration (vgl. MÜNCH 1991) den Zusammenhang zwischen der Pädagogisierung der Privatwirtschaft und der Ökonomisierung der öffentlichen Erwachsenenbildung im Detail nachzeichnen (vgl. NITTEL 1996). In diesen Analysen zeigt sich ein Trend zur weitergehenden Entgrenzung pädagogischer Berufsfelder.

Biographiebezogene Geschichtsforschung und Erzählforschung

Unter Bezug auf die sich Anfang der 80er Jahre in den Erziehungswissenschaften abzeichnende Renaissance des Erzählens hat Erhard SCHLUTZ der biographischen Methode bei der Rekonstruktion der Erwachsenenbildungsgeschichte eine Schlüsselrolle zugesprochen (vgl. SCHLUTZ 1985). Inzwischen gibt es einige Ansätze in diese Richtung. Am besten informieren über Zeitzeugen zur Geschichte der Erwachsenenbildung dabei immer noch das „Biographische Handwörterbuch der Erwachsenenbildung" von Joachim KNOLL und Günther WOLGAST (1986) sowie der Interviewband von Sabine HERING (1992). Neben solchen Beispielen einer biographieorientierten Aufarbeitung der Erwachsenenbildungsgeschichte gibt es inzwischen auch eine historisch-systematisch angelegte Monographie zur Bedeutung biographischen Erzählens in der Erwachsenenbildung (vgl. HOF 1995). Auf der Grundlage der Analyse von Bildungsprogrammen aus unterschiedlichen Epochen der Erwachsenenbildung rekonstruiert Christiane HOF eine Entwicklung von der pädagogischen Erzählung, die im Dienst der Vermittlungsbemühungen der Erwachsenenbildner steht, zur biographischen Teilnehmererzählung, die im Kontext einer subjekt- und lebensweltorientierten Erwachsenenbildung gleichsam zum Königsweg von Bildung wird. Unter erziehungswissenschaftlichen Aspekten weitgehend unausgeschöpft ist der große Fundus an autobiographischen Dokumenten aus der Geschichte. So zeigt sich etwa in Oskar Maria GRAFs Autobiographie „Wir sind Gefangene" (GRAF 1982), in wie hohem Maße bereits Anfang des 20. Jahrhunderts Biographien durch personale und mediale Bildungserfahrungen bestimmt sind (vgl. auch EMMERICH 1974, 1975).

3. Biographische Methode und Lebensgeschichte als Themen der organisierten und außerinstitutionellen Erwachsenenbildung

Von der biographischen Forschung, d.h. der Analyse von Lebensgeschichten zum Zwecke der Erkenntnisgewinnung, ist die Erzeugung biographischen Wissens im Kontext von Bildungsveranstaltungen zu unterscheiden. Ihr Zweck ist die „Lösung" von Problemen, die im Zusammenhang der pädagogischen Vermittlungsaufgabe und der Aneignungsleistungen der TeilnehmerInnen entstehen. Lebensgeschichten kommen hierbei als Lerninhalt in Betracht, nicht als Forschungsgegenstand. Es scheint für die Erwachsenenbildung als einer ausgeprägten Handlungswissenschaft kennzeichnend zu sein, daß oft versucht wird, beide Bezüge auf Biographien miteinander zu verschränken.

Der didaktisch-methodische Umgang mit Biographien kann in der Weise erfolgen, daß schriftliche Autobiographien „bedeutender" oder weniger bedeutender Persönlichkeiten des öffentlichen Lebens mit dem Ziel thematisiert werden, das Spannungsverhältnis zwischen Lebensgeschichte und Geschichte transparenter zu machen (vgl. NITTEL 1985, 1986; SCHEUCH/SCHEUCH 1988). So wird in Frauengesprächskreisen beispielsweise die Geschichte der bürgerlichen Frauenbewegung anhand von Autobiographien ihrer Protagonistinnen rekonstruiert; in der Altenbildung versucht man, den Altersbildern und Altersstereotypen berühmter Persönlichkeiten auf der Grundlage ihrer Selbstzeugnisse nachzuspüren. Eine Steigerung des alltagsweltlichen Effekts „Taking the role of the other" (MEAD) ist immer dann zu vermuten, wenn die TeilnehmerInnen sich ihre Lebensgeschichte wechselseitig erzählen und das Ganze durch einen gruppenspezifischen Selbstverständigungsprozeß gerahmt wird. Dieser Ansatz wurde bereits in der von ROSENSTOCK-HUESSY und von TROTTA initiierten Arbeitslagerbewegung Ende der Weimarer Republik in der Erwachsenenbildung erprobt (vgl. FEIDEL-MERTZ 1977; NITTEL 1983) mit dem Ziel, die Fremdheit zwischen jungen Arbeitern, Bauern und Studenten abzubauen und gemeinsame Initiativen zur Bekämpfung der Massenarbeitslosigkeit zu entwickeln.

Ausgehend von der für die Erwachsenenbildung grundlegenden Einsicht, daß Bildung und Lernen eines Menschen in komplexen Verknüpfungen mit seinen biographischen Erfahrungen geschieht, haben sich folgende, jedoch immer noch auf fundierte Didaktisierung angewiesene Ansätze des „biographischen Lernens" in der Praxis als relativ erfolgreich erwiesen (vgl. BUSCHMEYER 1995): Die aus Kanada importierte Methode der „guided biography" (vgl. MADER 1989), die in einem deutsch-deutschen Verständigungsprojekt erprobte Methode des strukturierten Erinnerns (vgl. BEHRENS-COBET 1994) und das „angeleitete biographische Gespräch" (vgl. VÖLZKE 1995, 1990; NITTEL/VÖLZKE 1993). Geschichtswerkstätten und die relativ weitverbreiteten Erzählcafés sind dabei die bekanntesten Orte biographischen Arbeitens. Besonders Wilhelm MADER hat sich um die Weiterentwicklung und die theoretische Fundierung der biographischen Methode in der Erwachsenenbildung verdient gemacht (vgl. MADER 1987, 1988, 1989). Solchen festen Organisationsformen und pädagogisch intentionalen Formen biographischen Arbeitens stehen relativ unscheinbare Arten der biographischen Selbst- und Fremdthematisierung gegenüber, wie etwa Vorstellungsrunden am Anfang von Seminaren, biographisches Sprechen im informellen Rahmen von Alltagssituationen (vgl. KEPPLER 1994) und andere Varianten der gesteigerten Selbstpräsentation. In einer wesentlich machtvolleren Weise nutzen die modernen Massenkommunikationsmittel Biographie als Lerngegenstand. Gerade Talkshows sind ein prägnantes Beispiel dafür, wie Biographien als Medium einer pädagogisch interessierten Kommunikation genutzt werden. So weckt etwa Alfred Biolek beim Fernsehpublikum Verständnis für notorische Ladendiebe, indem er einen Betroffenen dazu bringt, seine Lebensgeschichte zu enthüllen. Ebenso erbringt die durch Steven Spielbergs Film „Schindlers Liste" in Gang gesetzte und durch andere Medien inszenierte öffentliche Diskussion über das biographische Einzelschicksal einer in den Nationalsozialismus verstrickten historischen Person pädagogische Leistungen, die man üblicherweise nur von den klassischen Institutionen der politischen Bildung erwartet (vgl. KADE/LÜDERS 1996).

Literatur

ALHEIT, Peter 1988: Alltagszeit und Lebenszeit. Über die Anstrengung, widersprüchliche Zeiterfahrungen „in Ordnung zu bringen". In: ZOLL, Rainer (Hg.): Zerstörung und Wiederaneignung von Zeit. Frankfurt/M., S. 971-386.
ALHEIT, Peter 1990: Biographizität als Projekt. Der „biographische Ansatz" in der Erwachsenenbildung. (Hg.): Universität Bremen, Forschungsschwerpunkt Arbeit und Bildung. Bremen.
ALHEIT, Peter 1994: Zivile Kultur. Verlust und Wiederaneignung der Moderne. Frankfurt/M., New York.
ALHEIT, Peter/Norbert REIF ^{2}1988: „Das war 'ne echte Familie". Die Geschichte eines Betriebes aus der Sicht der Arbeiter. Frankfurt/M.
ARNOLD, Rolf 1983: Pädagogische Professionalisierung betrieblicher Bildungsarbeit. Explorative Studie zur Ermittlung weiterbildungsrelevanter Deutungsmuster des betrieblichen Bildungspersonals. Frankfurt/M.
BECHER, Martin/Irina DINTER 1991: Neuer Arbeitsplatz Weiterbildung. Selbstorganisierte Projekte in der Berliner Weiterbildung. Berlin.
BECHER, Martin/Irina DINTER/Ortfried SCHÄFFTER 1991: Individualisierung und Biographieorientierung als organisierende Prinzipien der Angebotsentwicklung. In: BRÖDEL, Rainer (Hg.): Erwachsenenbildung am Beginn der Transformation. Hannover.
BECK, Ulrich/Elisabeth BECK-GERNSHEIM 1994: Riskante Freiheiten. Individualisierung in modernen Gesellschaften. Frankfurt/M.
BEHRENS-COBET, Heidi 1995: Gemeinsame thematische Rückblicke: Strukturiertes Erinnern. In: BUSCHMEYER, Hermann 1995, S. 14-22.
BEYERSDORF, Martin 1991: Selbstorganisierte Bildungsarbeit zwischen neuen sozialen Bewegungen und öffentlichem Bildungssystem. Eine explorative Bestandsaufnahme. Hamburg.
BROSE, Hanns-Georg 1986: Berufsbiographien im Wandel. Opladen.
BUSCHMEYER, Hermann 1995: Lebensgeschichte und Politik. Erinnern - Erzählen - Verstehen. Methodische Zugänge zum biographischen Lernen. Soest.
BUSCHMEYER, Hermann, u.a. 1987: Erwachsenenbildung im lebensgeschichtlichen Zusammenhang. Bonn.
EMMERICH, Wolfgang 1975: Proletarische Lebensläufe. Autobiographische Dokumente zur Entstehung der Zweiten Kultur in Deutschland. Band 1: Anfänge bis 1914. Reinbek 1974; Band 2: 1914-1945. Reinbek.
FEIDEL-MERTZ, Hildegard 1977: „Ein Stück gemeinsamen Lebens". Bemerkungen zur Arbeitslagerbewegung in der Weimarer Republik und dem folgenden Text „Das Arbeitslager". In: BERGMANN, Klaus/Günter FRANK (Hg.): Bildungsarbeit mit Erwachsenen. Reinbek, S. 37-44.
FRIEBEL, Harry 1995: Gatekeeping von Weiterbildungskarrieren. In: DERICHS-KUNSTMANN, Karin/Peter FAULSTICH/Rudolf TIPPELT (Hg.): Theorien und forschungsleitende Konzepte der Erwachsenenbildung. Frankfurt/M., S. 113-122.

FRIEBEL, Roswitha/Harry FRIEBEL/Stefan TOTH 1994: Weiterbildungskarrieren im Lebenszusammenhang. In: Projektgruppe Weiterbildung/Erwachsenenbildung: Die „doppelte" Wirklichkeit. Hamburg.
FRIEBEL, Harry, u.a. 1993: Weiterbildungsmarkt und Lebenszusammenhang. Bad Heilbrunn.
GIESEKE, Wiltrud 1989: Habitus von Erwachsenenbildnern. Oldenburg.
GRAF, Oskar Maria 1982: Wir sind Gefangene. Ein Bekenntnis. München.
HARNEY, Klaus/Jochen KADE 1990: Von der konventionellen Berufsbiographie zur Weiterbildung als biographischem Programm - Generationenlage und Betriebserfahrung am Beispiel von Industriemeistern. In: KRÜGER, Heinz H. (Hg.): Abschied von der Aufklärung? Perspektiven der Erziehungswissenschaft. Opladen, S. 211-223.
HARNEY, Klaus/Edwin KEINER 1992: Zum Profil nicht-hauptberuflicher Arbeit in der kirchlichen Erwachsenenbildung. In: JÜTTING, Dieter (Hg.): Situation, Selbstverständnis, Qualifikationsbedarf. Nicht-hauptberufliche MitarbeiterInnen in der DEAE. Frankfurt/M., S. 197-227.
HARNEY, Klaus/Dieter NITTEL 1995: Pädagogische Berufsbiographie und moderne Personalwirtschaft. In: KRÜGER/MAROTZKI (Hg.), S. 332-358.
HEINZE, Thomas/Hans W. KLUSEMANN/Hans-Georg SOEFFNER (Hg.) 1980: Interpretationen einer Bildungsgeschichte. Überlegungen zur sozialwissenschaftlichen Hermeneutik. Bensheim.
HERING, Sabine, u.a. (Hg.) 1992: Die politische Erwachsenenbildung nach dem Kriege. Gespräche. Bonn.
HOF, Christiane 1995: Erzählen in der Erwachsenenbildung. Geschichte - Verfahren - Probleme. Neuwied.
KADE, Jochen 1985a: Diffuse Zielgerichtetheit. Rekonstruktion einer unabgeschlossenen Bildungsbiographie. In: BAACKE, Dieter/Theodor SCHULZE (Hg.): Pädagogische Biographieforschung. Orientierungen, Probleme, Beispiele. Weinheim, S. 124-140.
KADE, Jochen 1985b: Gestörte Bildungsprozesse. Empirische Untersuchungen zum pädagogischen Handeln und zur Selbstorganisation in der Erwachsenenbildung. Bad Heilbrunn.
KADE, Jochen 1986: Über den Einzelfall hinaus. Zur Interpretation von Interviews über Bildungsbiographien Erwachsener. In: SCHLUTZ, Erhard/Horst SIEBERT (Hg.): Stand und Aufgaben der empirischen Forschung zur Erwachsenenbildung. Bremen, S. 54-70.
KADE, Jochen 1987: Ökologie, Bildung und Beruf. Zu Veränderungen im lebensgeschichtlichen Verhältnis von Allgemeinbildung und beruflicher Arbeit. In: SCHLUTZ, Erhard/Horst SIEBERT (Hg.): Zur Entwicklung der Erwachsenenbildung aus wissenschaftlicher Sicht. Bremen, S. 85-104.
KADE, Jochen 1989: Kursleiter und die Bildung Erwachsener. Fallstudien zur biographischen Bedeutung der Erwachsenenbildung. Bad Heilbrunn.
KADE, Jochen ²1992: Erwachsenenbildung und Identität. Eine empirische Studie zur Aneignung von Bildungsangeboten. Weinheim.
KADE, Jochen 1994: Suche nach Zugehörigkeit. Zur Aneignung der Erwachsenenbildung durch die Teilnehmer. In: GARZ, Detlef/Klaus KRAIMER (Hg.): Die Welt als Text. Theorie, Kritik und Praxis der objektiven Hermeneutik. Frankfurt/M., S. 315-340.
KADE, Jochen/Christian LÜDERS 1996: Lokale Vermittlung. Pädagogische Professionalität unter den Bedingungen massenmedialer Wissensvermittlung. In: COMBE, Arno/Walter HELSPER (Hg.): Pädagogische Professionalität. Frankfurt/M., S. 317-345.
KADE, Jochen/Wolfgang SEITTER 1995: Fortschritt und Fortsetzung. Biographische Spuren lebenslangen Lernens. In: KRÜGER/MAROTZKI (Hg.), S. 308-331.
KADE, Jochen/Wolfgang SEITTER 1996: Lebenslanges Lernen - mögliche Bildungswelten. Erwachsenenbildung, Biographie und Alltag. Opladen.

KADE, Sylvia 1992: Altern und Geschlecht. Über den Umgang mit kritischen Lebensereignissen. In: SCHLUTZ, Erhard/Hans Peter TEWS (Hg.): Perspektiven zur Bildung Älterer. Frankfurt/M.
KADE, Sylvia 1994: Individualisierung wider Willen - Lernen im Lebenshaushalt Älterer. In: dies. (Hg.): Individualisierung und Älterwerden. Bad Heilbrunn, S. 139-158.
KEPPLER, Angela 1994: Tischgespräche. Frankfurt/M.
KNOLL, Joachim H./Günther WOLGAST 1986: Biographisches Handwörterbuch der Erwachsenenbildung. Stuttgart.
KOKEMOHR, Rainer/Winfried MAROTZKI (Hg.) 1989: Biographien in komplexen Institutionen. Studentenbiographien I. Frankfurt/M.
KOLLER, Hans-Christian/Rainer KOKEMOHR (Hg.) 1994: Lebensgeschichte als Text. Zur biographischen Artikulation problematischer Bildungsprozesse. Weinheim.
KRÜGER, Heinz H./Winfried MAROTZKI (Hg.) 1995: Erziehungswissenschaftliche Biographieforschung. Opladen.
MADER, Wilhelm 1987: Warum im Alter erzählen? Lebensgeschichte und Kultur. In: Universität Bremen, Institut für Interdisziplinäre Alternsforschung (Hg.): Altern in unserer Zeit. Bremen, S. 190-208.
MADER, Wilhelm (Hg.) 1988: Generationenbeziehungen. Berichte aus einem Lehrprojekt. Bremen.
MADER, Wilhelm 1989: Autobiographie und Bildung - Zur Theorie und Praxis der „Guided Autobiography". In: HOERNING, Erika M./Hans TIETGENS (Hg.): Erwachsenenbildung: Interaktion mit der Wirklichkeit. Bad Heilbrunn, S. 145-154.
MAROTZKI, Winfried/Rainer KOKEMOHR (Hg.) 1990: Biographien in komplexen Institutionen. Studentenbiographien II. Weinheim.
MÜNCH, Richard 1991: Dialektik der Kommunikationsgesellschaft. Frankfurt/M.
NITTEL, Dieter 1983: Die lebensweltlichen Grundlagen der biographischen Methode - unter besonderer Berücksichtigung andragogischer Aspekte. Ein Werkstattbericht. Frankfurt/M.
NITTEL, Dieter (Hg.) 1985: „Lebensgeschichte und Geschichte - Wir erzählen aus unserem Leben". Dokumentation eines Gesprächskreises an der Gesamtvolkshochschule in Kassel. Kassel.
NITTEL, Dieter 1986: „Wissen Sie, ich geh ja gar nicht gern da hin." - Welche Konsequenzen lassen sich aus Einzelfallstudien für die Nutzung von Alteneinrichtungen ziehen? In: OSTERMANN, Klaus u.a. (Hg.): Lebensqualität und Alter. Kassel, S. 49-64.
NITTEL, Dieter 1991: Report: Biographieforschung. Bonn.
NITTEL, Dieter 1996a: Die Pädagogisierung der Privatwirtschaft und die Ökonomisierung der öffentlich verantworteten Erwachsenenbildung - Versuch einer Perspektivenverschränkung mit biographieanalytischen Mitteln. In: Zeitschrift für Pädagogik, H. 5.
NITTEL, Dieter 1996b: Berufsbiographie und Weiterbildungsverhalten. Einige Befunde und ein methodologischer Zwischenruf. In: REPORT. Literatur- und Forschungsreport Weiterbildung, H. 37, S. 10-21.
NITTEL, Dieter/Winfried MAROTZKI (Hg.) 1996: Lernstrategien und Subjektkonstitution. Lebensverläufe von in der Wirtschaft tätigen Erwachsenenpädagogen. Weinheim.
PETERS, Sibylle 1991: Arbeitslose und ihr Selbstbild in einer betrieblichen Umschulung. Lern- und Leistungsfähigkeit in Bilanzierung und Antizipation in einer Metallfacharbeiterausbildung. Weinheim.
SCHÄFFTER, Ortfried 1992: Arbeiten zu einer erwachsenpädagogischen Organisationstheorie. Ein werkbiographischer Bericht. Frankfurt/M.
SCHÄFFTER, Ortfried 1993: Die Temporalität von Erwachsenenbildung. Überlegungen zur zeittheoretischen Rekonstruktion des Weiterbildungssystems. In: Zeitschrift für Pädagogik, H. 3, S. 443-462.

SCHEUCH, Ute K./Erwin K. SCHEUCH 1988: Problematisierung des „historischen Lernens" in der Erwachsenenbildung. In: Erwachsenenbildung, H. 1, S. 37-40.

SCHLUTZ, Erhard 1985: Biographie und Bildungsgeschichte. In: TIETGENS, Hans (Hg.): Zugänge zur Geschichte der Erwachsenenbildung. Bad Heilbrunn, S. 148-162.

SCHUCHARDT, Erika 1980: Soziale Integration Behinderter. Band 1: Biographische Erfahrung und wissenschaftliche Theorie. Band 2: Weiterbildung als Krisenverarbeitung. Braunschweig.

SCHUCHARDT, Erika 1985: Krise als Lernchance. Eine Analyse von Lebensgeschichten. Düsseldorf.

SEITTER, Wolfgang 1996: Bildungsbiographien von spanischen Immigranten. In: REPORT. Literatur- und Forschungsreport Weiterbildung, H. 37, S. 75-84.

VÖLZKE, Reinhard 1990: Die Methode des biographischen Gesprächs in der Sozialpädagogik. Diplomarbeit. Bochum.

VÖLZKE, Reinhard 1995: Das biographische Gespräch in der Bildungsarbeit. Zum professionellen Umgang mit alltagssprachlichem Erzählen. In: BUSCHMEYER (Hg.), S. 23-60.

WOLF, Hartmut K. 1985: Bildung und Biographie. Der Zweite Bildungsweg in der Perspektive des Bildungslebenslaufs. Weinheim u.a.

Sigrid Nolda

Interaktionsanalysen in der Erwachsenenbildung

Die Sicht auf das Lehr-Lerngeschehen als Interaktion ist relativ neu. Sie hat ältere Modelle einer linearen Wissensvermittlung abgelöst und die Aufmerkamkeit auf Verständigung und Reziprozität zwischen Lehrenden und Lernenden gelenkt, aber auch auf Barrieren, die dem entgegenstehen. In der Erwachsenenbildung als Bereich, der durch Freiwilligkeit, allgemeine Zugänglichkeit und Gleichberechtigung von erwachsenen Lehrenden und Lernenden gekennzeichnet ist, ist der im Interaktionsbegriff implizierte Handlungsspielraum notwendig größer als im Schulunterricht, so daß sich die Eigenheiten dieses Bildungsbereichs in besonderer Weise durch Analysen der in ihr stattfindenden Interaktionen bestimmen lassen.

Im folgenden werden nach einer Definition des Begriffs der Interaktion Methoden der darauf bezogenen Forschung und ihre Rezeption in der Erwachsenenbildung vorgestellt. Der Überblick über bisherige Untersuchungen in diesem Bereich leitet zur Formulierung von Perspektiven für die Theorie und Praxis der Erwachsenenbildung über.

1. Zum Begriff von Interaktion

Unter Interaktion wird „die wechselseitige Beeinflussung des Handelns mindestens zweier Personen" (SARGES/FRICKE 1980, 488) oder „die elementare Einheit des sozialen Geschehens, in der Menschen ihr Verhalten aneinander orientieren" (ENDRUWEIT/TROMMERSDORFF 1989, 310) verstanden. Die erste Definition stützt sich auf handlungspsychologische Ansätze und impliziert die Anwendungen meßtechnischer Verfahren. So werden beispielsweise Abläufe von Interaktionen nach dem Grad der Reziprozität differenziert oder ihre Entwicklung in bestimmte Stufen eingeteilt. Die zweite Definition ist vom sogenannten symbolischen Interaktionismus beeinflußt, dessen Grundannahmen das wissenschaftliche Verständnis und die Erfassung menschlicher Interaktion prägen. Der von BLUMER (1969) in den dreißiger Jahren eingeführte Begriff hebt auf die wechselseitige Orientierung sozialer Handlungen ab und betont ihren symbolvermittelten Charakter. Soziale Beziehungen stellen sich demnach als aushandlungsfähig und an gemeinsame Anerkennung gebunden dar.

Symbolische Vorwegnahmen und wechselseitige Klärungsprozesse kennzeichen nicht nur das allgemeine Verständnis menschlicher Interaktionen, sie sind zugleich auch Voraussetzungen für die Deutung konkreter Interaktionen in ihrem Ablauf. Die Spannung zwischen der Ausführung vorgegebener Muster und der Hervorbringung von 'Neuem' kennzeichnet nicht nur die unzähligen konkreten Einzelinteraktionen im Alltag, sie ist auch konstitutiv für die Entstehung von Identität sowie für die Generierung gesellschaftlicher Wirklichkeit (vgl. MEAD 1968, BERGER/LUCKMANN 1970). In Abhebung von Kommunikation ist bei einer Interaktion die gleichzeitige Anwesenheit der Betroffenen vorausgesetzt, die auf der Grundlage eines Sokkels von geteilten Bedeutungen und Verhaltensmustern jeweils die Reaktionen des anderen vorausgreifend berücksichtigen bzw. sich mit dem anderen über die Bedeutung der Situation verständigen können. In der Literatur werden die Begriffe Interaktion und Kommunikation aber auch synonym gebraucht oder wahlweise der eine dem anderen übergeordnet. Relativ häufig ist eine Eingrenzung von Kommunikation auf sprachliche Vorgänge.

Wenn hier der Begriff der Interaktion vorgezogen wird, ist dies auch als Reverenz an den symbolischen Interaktionismus zu verstehen, dessen Grundannahmen das qualitative Forschungsparadigma und dementsprechend die qualitativ-hermeneutische Erwachsenenbildungsforschung bestimmen (vgl. KADE 1994, 300f) und dessen Bedeutung für die Erwachsenenbildung allgemein von TIETGENS (1981) und SCHMITZ (1984) begründet wurde. Der Bezugsrahmen des symbolischen Interaktionismus, dessen Relevanz für die Pädagogik bekanntlich von MOLLENHAUER (1972) und BRUMLIK (1973) dargelegt wurde, ist übrigens weiter zu spannen, als es die deutsche Rezeption nahelegt, die die mikrosoziologische Perspektive bevorzugt, also die Ausrichtung auf die unmittelbare Interaktion zwischen zwei Personen oder in Kleingruppen unter Zurückstellung makrosoziologischer Ansätze (vgl. JOAS 1988).

2. Forschungsmethoden

Der symbolische Interaktionismus ist aber nicht nur eine theoretische, sondern auch eine methodische Richtung (vgl. SCHÜTZE 1987, 520), in der sich eine Vielzahl von Forschungsmethoden entwickelt hat, die das Ziel haben, die betroffenen Menschen selbst zu Wort kommen zu lassen und ihre Situationsdeutungen wissenschaftlich kontrolliert zu erfassen. Dies geschieht mit der Analyse persönlicher Dokumente, mit der teilnehmenden Beobachtung, mit Interviews und mit Ton- und Bildaufzeichnungen von (vorzugsweise sprachlichen) Interaktionen. Auf der Basis dieser technischen Möglichkeiten ist die Konversationsanalyse entwickelt worden, „die empirische Erforschung von sprachlichen Texten, die in natürlichen Kommunikationssituationen hervorgebracht, mit elektronischen Mitteln aufgezeichnet und gespeichert sowie unter dem Gesichtspunkt der Strukturen des Kommunikationsablaufs, der Aktivitäten der beteiligten Interaktionspartner und/oder der von diesen getätigten Bedeutungsvoraussetzungen und -zuschreibungen transkribiert und analysiert werden" (KALLMEYER/SCHÜTZE 1976, 4). Mit der ethomethodologischen Konversationsanalyse (vgl. BERGMANN 1981) steht eine Methode zur Verfügung, die überprüfbare gesprächsorganisationelle und handlungskonstituierende Mikroanalysen von sprachlichen Interaktionen ermöglicht. Sie präzisiert nicht nur Beobachtungsnotizen und -protokolle und macht Rekonstruktionen nachvollziehbar, sondern erweitert den Untersuchungsbereich (etwa auf Phänomene wie Überlappungen, Abbrüche oder Pausen) und geht mit einer Untersuchungsmen-

talität einher, die nicht Vorkommensverteilungen vorher festgelegter Phänomene feststellt, sondern eher auf bisher nicht ins Blickfeld Geratenes, scheinbar Selbstverständliches, für die Beteiligten Unproblematisches, aber die jeweilige Interaktion wesentlich Konstituierendes achtet.
- Linguistische Konversations-, Gesprächs- bzw. Diskursanalysen gehen dagegen eher von vorgegebenen Kategorien aus und stellen deren Vorkommenshäufigkeiten in bestimmten Situationen und Konstellationen fest. So wird beispielsweise von der Pragmalinguistik zunehmend untersucht, wann Frauen das Wort ergreifen, ob und wie sie Themen initiieren und kontrollieren, wann sie mit welchen Folgen Gesprächspartner unterbrechen oder von diesen unterbrochen werden und inwiefern sie sich gesprächskooperativer verhalten als Männer (vgl. KLANN-DELIUS 1987, 772f)).

Interaktion in unterrichtlichen Situationen wurde zunächst im amerikanischen Raum untersucht. Die dort entwickelten Beobachtungs- und Analysesysteme (vgl. BELLACK u.a. 1966, FLANDERS 1970) haben eine Reihe von Weiterentwicklungen und Spezifizierungen erfahren. Vorzugsweise werden didaktische Handlungssequenzen analysiert und Rollen- bzw. Machtverhältnisse untersucht. Besonders hervorzuheben ist die diesbezügliche Erforschung des Fremdsprachenunterrichts (vgl. EDMONDSON/HOUSE 1993, 226ff), in deren Rahmen aber auch ethnographische Ansätze verfolgt werden. Neben der alleinigen oder mit anderen Untersuchungsformen kombinierten Analyse von Audio- oder Videoaufnahmen wird hier auch mit dem Mittel der Introspektion gearbeitet, z.B. mit direkten Befragungen der Lernenden nach dem Unterricht bzw. mit der Aufforderung zur Kommentierung der vorgeführten Aufnahmen.

3. Rezeption in der Erwachsenenbildung

Für die Erwachsenenbildung ist die im Interaktionsbegriff implizierte prinzipielle Wechselseitigkeit insofern von grundlegender Bedeutung, als es sowohl in der Beziehung zwischen der subjektiven Wirklichkeit der Teilnehmenden und der objektiven Wirklichkeit des zu Vermittelnden als auch in der Teilnehmer-Kursleiter-Interaktion immer um eine Beziehung zwischen gleichberechtigten Instanzen bzw. Gesellschaftsmitgliedern geht. Ihr Interesse am interaktionellen Geschehen in Lerngruppen war zunächst eher von der Gruppendynamik geprägt. Von großem Einfluß war in diesem Zusammenhang das entsprechende Buch von BROCHER (1967), das auf der Basis psychoanalytischer Annahmen zu verhaltensprägenden Primärerfahrungen Empfehlungen für den Gruppenprozeß begünstigendes und individuelle Lernwiderstände bearbeitendes Vorgehen formulierte. Zur Sensibilität für die Relevanz von Interaktions- bzw. Kommunikationsprozessen hat daneben die weit rezipierte Kommunikationstheorie von WATZLAWICK u.a. (1969) beigetragen. Deren Axiome und Begrifflichkeiten wie digitale bzw. analoge Kommunikationsformen oder komplementäre bzw. symmetrische Interaktionen werden nach wie vor in der Fortbildungsliteratur verbreitet (vgl. GERL 1991). Auch der Begriff der Metakommunikation ist unter PädagogInnen in der Erwachsenenbildung geläufig. Die von WATZLAWICK als Erklärungsmodell für menschliche Kommunikation entwickelten

Überlegungen werden von pädagogischer und natürlich auch andragogischer Seite in der Regel normativ interpretiert - etwa im Sinne von Plädoyers für symmetrische Interaktionen, für die Ermöglichung metakommunikativer Phasen oder für die Bewußtmachung von bei Lehrenden und Lernenden unterschiedlichen 'Interpunktionen' von Interaktionsabläufen (vgl. HEINZE 1989, 7). Ausgesprochen einflußreich ist auch das von Ruth COHN von vornherein in normative Regeln gefaßte Konzept der themenzentrierten Interaktion, die auf die individuelle Entfaltung der TeilnehmerInnen, auf die Entwicklung zunehmender Offenheit und das Anwachsen des Vertrauens zwischen den am Lernprozeß Beteiligten gerichtet sind. Die - angesichts des institutionelle und gesellschaftliche Bedingungen berücksichtigenden Konzept des „Globe" von COHN nicht unangefochtene - Kritik, daß dabei „die gesellschaftliche Realität nahezu eliminiert und die politische Dimension individuellen und kollektiven Handelns aus(ge)blendet" (GEISSLER/EBNER 1984, 165) wird, hat den Einfluß dieser Richtung nicht wesentlich verringert.

Bei der Rezeption dieser in anderem Kontext entwickelten Vorgaben durch die Erwachsenenbildung sind sowohl reine Übernahmen als auch Anwendungen, die von ihren besonderen Bedingungen oder Problemsituationen ausgehen, zu beobachten. Ein Beispiel für die zweite Rezeptionsform stellen die Arbeiten zum Thema Anfangs- und Schlußsituationen von GEISSLER (1983 und 1992) dar. Verbreitet ist die Sicht auf Interaktionsprobleme als Handlungsprobleme der Lehrenden, die u.a. durch Bewußtmachung zu lösen sind (vgl. z.B. WAHL/MUTZECK 1990).

Immer wieder finden sich auch Plädoyers für die Erforschung von Interaktion in der Erwachsenenbildung. So wird angeregt, „die Wirkung pädagogischer Interventionen innerhalb von Interaktionsstrukturen [...] im einzelnen zu untersuchen" (SCHMITZ 1984, 121). Oder es wird allgemeiner gefordert, „unterrichtsanalytisch auf der Situations-/Interaktionsebene" aufzuzeigen, „mit welchen professionellen Handlungskompetenzen die pädagogische Vermittlungs- und Bildungsaufgabe der Erwachsenenbildung von seiten der Dozenten für bewältigbar gehalten wird und worin sie faktisch im Prozeß der Wissensverwendung besteht" (DEWE 1988, 199). Neben diesen allgemein formulierten Desideraten finden sich aber auch konkrete Vorgaben für die Beobachtung und Analyse von unterrichtlichen Interaktionen, in denen Dimensionen wie „Dominanz des Lehrenden", „Macht des Dozenten", „Kommunikationsökonomie" unterschieden und Beobachtungsaufgaben vom Typ „Wie steuert der Dozent den Lernprozeß? Gibt er komplexe oder einfache Impulse? In welcher Form (offen - verschleiert) und welchem Grad (stark - schwach/zurückgenommen) steuert er die Lernsituation?" (HEINZE 1989, 9) gestellt werden.

4. Untersuchungen im Bereich der Erwachsenenbildung

Ein wesentliches Motiv für die Durchführung von Interaktionsanalysen in der Erwachsenenbildung war es zunächst, die diffus wahrgenommenen Lern- und Verständnisbarrieren bildungsungewohnter TeilnehmerInnen auf den Begriff zu bringen und auf dieser Grundlage didaktische Verfahren oder Verhaltensempfehlungen für KursleiterInnen zu entwickeln, die realen TeilnehmerInnen und interessierten AdressatInnen die Partizipation an Bildung und Wissen ermöglichen oder erleichtern sollten.

Als eine der ersten Untersuchungen zur Interaktion in Veranstaltungen der Erwachsenenbildung kann die Dissertation von SCHALK (1975) gelten, die als komprimiertes und von TIETGENS ergänztes Arbeitspapier im Bereich der Erwachsenenbildung bekannt gemacht wurde (vgl. SCHALK/TIETGENS 1978). SCHALK, dem es um den Aufweis und die Auswirkungen von Sprachbarrieren geht, hat Diskussionsgruppen, die in jeweils veränderter Mischung mit Unterschichts- und Mitttelschichtssprechern besetzt waren, animiert, über unterschiedlich komplexe Themen zu sprechen, und die an schriftsprachliche Normen angelehnten Transkriptionen nach den von BERNSTEIN (1972) vorgegebenen Kennzeichen des elaborierten und des restringierten Sprachgebrauchs (z.B. die Verwendung hypotaktischer oder parataktischer Satzkonstruktionen) analysiert. Er stellt im Ergebnis u.a. fest, daß Mittelschichtsangehörige im Gespräch mit Unterschichtsangehörigen - jedenfalls bei konkreteren Themenstellungen - ihren elaborierten Kode in Richtung des restringierten der Unterschicht verschieben und daß solche Anpassungsleistungen von Vertretern der Unterschicht nicht geleistet werden können (vgl. SCHALK/TIETGENS 1978, 19).

Die Transkriptionen können trotz ihrer idealisierten Form, einigen Auslassungen und dem Fehlen von Markierungen der Geschlechtszugehörigkeit auch heute noch 'reanalysiert' werden. Das ist nicht möglich bei Studien, die - wie das Anfang der siebziger Jahre in Hannover durchgeführte Projekt zur Lehr-/ Lernforschung von SIEBERT/GERL (1975) - mit Beobachtungsprotokollen arbeiten, die auf der Basis von unmittelbaren Kursbeobachtungen entstanden ist. Um festzustellen, ob und unter welchen Bedingungen eine didaktischmethodische Mitbestimmung von KursteilnehmerInnen stattfindet und gefördert wird, wurden dort für über 20 Veranstaltungen der sozio-kulturellen Erwachsenenbildung standardisierte Verlaufsprotokolle erstellt. Man entschied sich für eine Klassifizierung der mündlichen Beiträge von Teilnehmenden und Lehrenden nach ihrer didaktischen Funktion, wobei zwischen Stofforientierung (Information, Informationsfrage, Interpretation, Interpretationsfrage) und Verlaufsorientierung (Anregung, Bestätigung, Wiederholung, Zusammenfassung) unterschieden wurde. Ergänzt wurden die Verlaufsprotokolle durch Einschätzbögen, in denen in Abständen von 10 Minuten der Unterrichtsprozeß und der Lehrstil nach vorgegebenen Kriterien auf einer Skala bewertet wurde (z.B. erarbeitend - referierend).

Nach eigener Einschätzung konnte das Kursleiter-Verhalten „recht zuverlässig erfaßt (werden), nicht aber das Lernverhalten in der Gruppe" (SIEBERT 1977, 48). Festgestellt wurde, daß die überwiegende Mehrheit der beobachteten Kursstunden stoff- und kursleiterorientierte Lehrgespräche waren, bei dem die meisten Lehrenden sich als Fachexperten gaben, daß Teilnehmerfragen überwiegend an KursleiterInnen gerichtet waren und Teilnehmende sich mehr an einer Kenntnisvermittlung, Lehrende dagegen mehr an einer Problematisierung der Informationen interessiert zeigten. Bemerkenswert ist auch die Beobachtung, daß die Kommunikationsstrukturen in den Kursen kaum einer Veränderung unterlagen, Unterrichtsprozesse und Rollenverteilungen also meist konstant blieben.

Aus einem ähnlichen Motiv wurden von Ansgar WEYMANN (1977) in den Jahren 1974 und 1975 Kurse in der politischen Erwachsenenbildung untersucht. Ermittelt werden sollte, ob in der politischen Erwachsenenbildung tatsächlich den in primären und sekundären Bildungssystemen Benachteiligten eine 'zweite Chance' geboten wird. Dabei interessierte konkret, welche Ursachen innerhalb des Unterrichts für eine Begünstigung der bereits im regulären Bildungssystem Erfolgreichen verantwortlich sind und welche didaktischen Konsequenzen für die Erwachsenenbildung zu ziehen sind.

Die in diesem Rahmen durchgeführten 'Kommunikationsanalysen' erforschen unter Berücksichtigung der Kodetheorie Bernsteins, der Sprechakttheorie und des Konzepts der Metakommunikation die Dimensionen Intentionalität, Reziprozität, Digitalität, Analogik, Dominanz, Retrospektivität (vgl. WEYMANN 1977, 106ff.). Der Interaktionsanalyse, die auf Mitschnitten aus neun Kursen beruht (von denen einige beispielhafte Ausschnitte im Bericht wiedergegeben werden) ist ein Satzergänzungs- und ein Wiederholtest beigefügt. Die Analyse der Kursprotokolle führt zu quantitativen Aussagen wie zur „Relation Zeilenzahl zu Häufigkeit der Wortmeldung" (a.a.O.,139), aber auch zu Tendenzaussagen wie „Für retrospektive und bewertende Äußerungen läßt sich feststellen, daß sie infolge einer persönlichen, erzählenden Sprechweise stark von den Hörerern aus der Unterschicht verwendet werden. Die Dozenten gehen auf diese Gesprächsbeiträge nur zögernd ein. Im Punkt Reflexivität ist der Drang der Dozenten, eine kritische Bestandsaufnahme des Lernprozesses der Gruppe anzuregen, immer größer als die Bereitschaft der Hörer, darauf einzugehen." (a.a.O., 155f).

Ebenfalls auf bildungsunerfahrene TeilnehmerInnen bezogen war das von der Bundesregierung geförderte „Bildungsurlaubs-Versuchs- und Entwicklungsprogramms" (vgl. KEJCZ u.a. 1979ff), in dem auf der Basis umfangreicher Beobachtungsprotokolle und Gesprächsmitschriften von Bildungsurlauben, geordnet nach den in den einzelnen Bildungsurlauben vorfindlichen Lehr-Lern-Strategien, vier 'Problemfelder' identifiziert werden, die eine jeweils unterschiedliche Anwendung des Prinzips der Teilnehmerorientierung enthalten. Nach den Problemfeldern („Aufgreifen von Teilnehmererfahrungen", „Kompetenzverteilung", „Verständigung über das Wissensangebot", „Behandlung von Deutungsmustern") wird das Material geordnet und anhand einzelner Textbeispiele interpretiert. Daß die Beteiligten in mehrfacher Hinsicht aneinander vorbeireden und Verständnisstörungen kaum thematisiert werden, ist ein wichtiges Ergebnis der Interaktionsanalyse der Studie, die nicht zuletzt aufgrund ihres Umfangs dem qualitativen Forschungsdesign in der Erwachsenenbildungsforschung zu einem Bedeutungszuwachs verholfen hat.

Aus dem Projekt „Subjektorientiertes Lernen und Arbeiten" der Pädagogischen Arbeitsstelle des Deutschen Volkshochschul-Verbands stammt eine Publikation, die die Transkription eines kleinen Ausschnittes aus einer 'Gruppeninteraktion' zum Anlaß nimmt, den Text zunächst sequenzanalytisch und dann von unterschiedlichen Standpunkten aus zu interpretieren. Im Vordergrund steht die Eigenart von subjektorientiertem Lernen in einem Arbeitslosenselbsthilfeprojekt, bei dem „die Qualität des formal Richtigen hinter das Kriterium einer durchaus kontrovers bleibenden Vorstellung von *sinnerfüllter Lebenspraxis* zurücktritt bzw. sich an ihr erst erweisen muß" (EBERT u.a.1986, 92) Hier geht es einerseits um eine neue pädagogische Form, andererseits um ein Methodenexperiment, in dem der gleiche Text zunächst von der Herausgebergruppe nach der Vorgabe von OEVERMANNs 'objektiver Hermeneutik' lesartenextensiv und dann von weiteren EinzelautorInnen aus unterschiedlichen Perspektiven gedeutet wird.

Ein ähnlich 'offener' Zugang kennzeichnet die Studie „Sprachinteraktion in Prüfungen" von NOLDA (1990), in der das Sprach- und Interaktionsverhalten von PrüferInnen und KandidatInnen in Zertifikatsprüfungen im Bereich Fremdsprachen untersucht wird. Als Vorlage dienen Ton- und Bildaufnahmen von Prüfungsssituationen, die zum Zweck des Prüfertrainings angefertigt wurden. Dabei wird versucht, die Interaktion in dieser speziellen pädagogischen Situation möglichst unvoreingenommen in ihrer Eigengesetzlichkeit zu beschreiben. Dazu dient ein methodisches Vorgehen, das Elemente der objektiven Hermeneutik mit denen der Konversationsanalyse verbindet (sequenzielles Vorgehen, Berücksichtigung auch der unscheinbarsten Elemente, Lesartenvielfalt). Gearbeitet wird mit relativ exakten Transkriptionen, die Schweigen, gefüllte Pausen, Versprecher, Überlappungen und Intonationskurven berücksichtigen und deren Abdruck eine Überprüfung der Interpretationsergebnisse, hier die erstaunlich großen interaktionellen Spielräume von TeilnehmerInnen in Prüfungen einerseits und die Existenz latent hierarchischer Strukturen in betont 'partnerschaftlich' konzipierten pädagogischen Situationen andererseits, ermöglicht.

Vergleichbare methodische Standards kennzeichnet eine kleinere 'interaktionsanalytische Betrachtung' (NITTEL 1993), die sich auf einen Gesprächsausschnitt in einem ökologischen Arbeitskreis bezieht. Sie wendet das Verfahren der Konversationsanalyse im Sinne von KALLMEYER/SCHÜTZE (1976) auf eine Lernsequenz an. Dabei trennt der Autor zwischen einer 'strukturellen Beschreibung' und einer 'analytischen Abstraktion', in der er als Leistung des kollektiven Handelns der Gruppe die „Generierung anspruchsvoller Lernprozesse, den Aufbau kooperativer, arbeitsteiliger Interaktionsstrukturen, die Etablierung eines starken Wir-Gefühls und die Enthierarchisierung von Wissensformen und Erkenntnisstilen" (a.a.O., 50) herausstellt, aber auch auf die Störanfälligkeit des gewählten pädagogischen Vorgehens hinweist.

Nach wie vor treten Interaktionsanalysen im Verbund mit anderen Untersuchungsmethoden auf: entweder 'harten' quantitativen oder anderen 'weichen' wie der teilnehmenden Beobachtung und Interviews - z.B. in einem 1993 begonnenen Forschungsprojekt über das Geschlechterverhältnis in Veranstaltungen der gewerkschaftlichen Bildungsarbeit (vgl. DERICHS-KUNSTMANN 1995).

Aussschließlich der Erforschung der Beziehungen zwischen Interaktion und Wissen in der allgemeinen Erwachsenenbildung widmet sich eine bisher unveröffentlichte Studie von NOLDA (1995). Dort werden anhand von größeren line-by-line-Analysen von Mitschnitten aus zwei unterschiedlichen Kursen im kontrastiven Vergleich Kategorien entwickelt, die dann an weiteren Beispielen aus Kursmitschnitten überprüft, differenziert und erweitert werden. Die solchermaßen aus dem Material geschöpften Kategorien beziehen sich auf Dimensionen wie „Reaktionen auf institutionelle Machtlosigkeit", „Ablauforganisation als indirekte Machtausübung und Sinngebung", „Abgeschwächte Asymmetrie, bedingter Widerstand, thematisierte Differenz" und „Selbstdarstellung und Wir-Identität". In Verbindung mit einer Analyse der in den Kursgesprächen erkennbaren Diskurse (hier im Sinne FOUCAULTs: von möglichen Aussagesystemen) wird der Versuch unternommen, anhand der sprachlichen Verfaßtheit des Kursgeschehens zu einer Gegenstands- und Funktionbestimmung dieses Teils von Erwachsenenbildung zu gelangen, ohne gleich eine pädagogische Bewertung vorzunehmen. Im Ergebnis wird eine Reihe von allgemeinen Einschätzungen und konkreten Ergebnissen aus früheren Untersuchungen bestätigt, revidiert oder durch die Beschreibung neuer Phänomene ergänzt (z.B. zur Funktion quasi-persönlicher Beziehungen, zur Manipulation durch vorgeblich neutrale Positionsbestimmungen, zur Familiarisierung von Wissen, zur didaktischen Funktion von Alltagswissen, zur Selbstdarstellung durch Konfessions- und Emanzipationsdiskurse). Die in diesem Zusammenhang möglich gemachten Beobachtungen und Interpretationen müssen allerdings nicht notwendig als Folge einer verfeinerten Untersuchungsmethode, sondern vor allem auch als Zeichen einer veränderten gesellschaftlichen Situation gesehen werden, die - bei gestiegenem Bildungsniveau der Teilnehmenden - durch Unverbindlichkeit und Autoritätsverlust von Wissen gekennzeichnet ist (vgl. NOLDA 1996). Interaktionsanalysen sind demnach nicht nur für institutionsspezifische, sondern auch für zeitdiagnostische Bildungsforschung von Nutzen.

5. Perspektiven

Als Tendenz ist erkennbar, daß neuere Untersuchungen im Bereich der Erwachsenenbildung entsprechend der gewonnenen Bedeutung konversations- bzw. diskursanalytischer Untersuchungen in anderen Bereichen durch eine größere methodische Bewußtheit, durch eine Berücksichtigung spezieller, neu entstehender oder bisher kaum wahrgenommener Bereiche, durch eine Abnahme des Erkenntnisinteresses an schichtspezifischen Unterschieden und einer Zunahme der Aufmerksamkeit für geschlechtsspezifische Differenzen gekennzeichnet sind.

Das Interesse der Erwachsenenbildung an Fragen der Interaktion ist gewöhnlich ein normatives oder kritisches. Gefragt wird nach der Etablierung einer für die Bildungs- bzw. Lernzwecke optimalen Interaktion, die beispielsweise die Ziele der Teilnehmerorientierung oder der diskursiven Verständigung im Sinne des Modells der idealen Sprechsituation (vgl. HABERMAS 1971) erfüllen soll. So wird etwa als handlungsleitendes Ziel die Vorstellung definiert, „daß es - gerade auch im Hinblick auf die Sicherung themenbezogener Lernerfolge - auf eine methodisch herbeigeführte Dezentrierung der Aktivitäten in der Lerngruppe, d.h. auf eine möglichst gleichmäßige Verteilung von Mitarbeit und Verantwortlichkeit ankommt" (GERL 1979, 524) oder es werden praktische Vorschläge zur Verbesserung des Gruppenklimas in Form von 'Interaktionsübungen' (vgl. z.B. DUSCHA 1992) gemacht.

Im Gegensatz zur Erforschung der Interaktion in Institutionen mit höherem Verbindlichkeits- und Formalisierungsgrad (vgl. BECKER-MROTZECK 1990) nimmt sich die entsprechende Erwachsenenbildungsforschung eher bescheiden aus. Eine Intensivierung gehaltvoller Interaktionsforschung müßte, ausgehend von Phänomen und Problemen im eigenen Feld, Fragestellungen, methodische Standards und Ergebnisse von in anderen Feldern unternommenen Arbeiten verstärkt zur Kenntnis nehmen und für den eigenen Bereich kreativ nutzen. Hier ist weniger an den Nachweis von (tatsächlichen oder vermeintlichen) Defiziten, sondern vor allem an Grundlagenforschung zu denken, die klären könnte, wie sich Erwachsenenbildung in ihren vielfältigen Erscheinungsformen über Interaktion jeweils erst eigentlich konstituiert und von anderen Bereichen der Wissensvermittlung unterscheidet. Damit wird nicht für die Vernachlässigung sozialer Rahmenbedingungen plädiert, sondern für die Einnahme einer Perspektive, die auch im zunächst unscheinbaren interaktionellen Detail die Auswirkung *und* die Produktion gesellschaftlicher Wirklichkeit erkennt.

Eine solche Forschung muß nicht notwendig von einer Verwendung für die Aus- und Fortbildung des pädagogischen Personals in Einrichtungen der Erwachsenenbildung ausgeschlossen sein. Hier bieten sich Formen der gemeinsamen Interpretation von Beschreibungen, Protokollen oder auch Produkten von Interaktionen an, die unter handlungsentlasteten Bedingungen die entsprechende Deutungskompetenz von PraktikerInnen zu entwickeln bzw. zu steigern versuchten (vgl. KADE/DJAFARI 1991).

Literatur

AMMON, Ulrich/N. DITTMAR/K.J. MATTHEIER u.a. 1987: Sociolinguistics - Soziolinguistik. Berlin.

BECKER-MROTZECK, Michael 1990: Kommunikation und Sprache in Institutionen. In: Deutsche Sprache, Heft 2, S. 158-190; Heft 3, S. 241-259.

BELLACK, Anthony/H.M. KLIEBARD/R.T. HYMAN/F.L. SMITH 1966: The Language of the Classroom. New York.

BERGER, Peter/Thomas LUCKMANN 1970: Die gesellschaftliche Konstruktion der Wirklichkeit. Frankfurt/M.

BERGMANN, Jörg R. 1981: Ethnomethodologischen Konversationsanalyse. In: SCHRÖDER, P./H. STEGER (Hg.): Dialogforschung. Düsseldorf, S. 9-51.

BERNSTEIN, Basil 1972: Studien zur sprachlichen Sozialisation. Düsseldorf.

BLUMER, Herbert 1969: Symbolic Interactionism. Perspective and Method. Englewood Cliffs.

BROCHER, Tobias 1967: Gruppendynamik und Erwachsenenbildung. Braunschweig

BRUMLIK, Micha 1973:Der symbolische Interaktionismus und seine pädagogische Bedeutung. Versuch einer systematischen Rekonstruktion. Frankfurt/M.

COHN, Ruth 1975: Von der Psychoanalyse zur themenzentrierten Interaktion. Stuttgart.

DERICHS-KUNSTMANN, Karin 1995: „Im Betrieb müssen Männer und Frauen doch auch zusammenarbeiten!" Zu einem Forschungsprojekt über das Geschlechterverhältnis in der Erwachsenenbildung. In: Literatur- und Forschungsreport Weiterbildung, Heft 35, S. 49-56.

DEWE, Bernd 1988: Wissensverwendung in der Fort- und Weiterbildung. Baden-Baden.
EBERT, Gerhard/W. HESTER/K. RICHTER (Hg.) 1986: Subjektorientes Lernen und Arbeiten - Ausdeutung einer Gruppeninteraktion. Frankfurt/M.
EDMONDSON, Willis/J. HOUSE, 1993: Einführung in die Sprachlehrforschung. Tübingen.
ENDRUWEIT, Günter/Gisela TROMMERSDORFF (Hg.) 1989: Wörterbuch der Soziologie. Stuttgart.
FLANDERS, Neil A.1970: Analysing Teaching Behavior. Reading, Mass.
GEISSLER, Karlheinz A. 1983: Anfangssituationen. Was man tun und besser lassen sollte. München.
GEISSLER, Karlheinz A. 1992: Schlußsituationen. Die Suche nach dem guten Ende. Weinheim.
GEISSLER, Karlheinz A./Hermann G. EBNER 1984: Interaktionsstrukturen in der Erwachsenenbildung. In: SCHMITZ/TIETGENS, S. 160-170.
GERL, Herbert 1991: Lernen als Kommunikation. Frankfurt/M (rev. Fassung von 1976).
HABERMAS, Jürgen 1971: Vorbereitende Bemerkungen zu einer Theorie der Kommunikativen Kompetenz. In: HABERMAS, Jürgen/Niklas LUHMANN: Theorie der Gesellschaft oder Sozialtechnologie - Was leistet die Systemforschung? Frankfurt/M, S. 101-141.
HEINZE, Thomas 1989: Interaktionsanalyse - Leitfaden zur Beobachtung und Analyse von Lehr-Lernprozessen. In: Grundlagen der Weiterbildung - Praxishilfen, S. 1-20.
JOAS, Hans 1988: Symbolischer Interaktionismus. Von der Philosophie des Pragmatismus zu einer soziologischen Forschungstradition. In: Kölner Zeitschrift für Soziologie und Sozialpsychologie, Heft 3, S. 417-446.
KADE, Sylvia 1994: Qualitativ-hermeneutische Erwachsenenbildungsforschung. In: TIPPELT, Rudolf (Hg.): Handbuch Erwachsenenbildung/Weiterbildung. Opladen, S. 296-311.
KADE, Sylvia/Nader DJAFARI 1991: Die dokumentarische Methode in Forschung und Fortbildung. In: TIETGENS, H. (Zus.stellung): Studienbibliothek Erwachsenenbildung, Bd.3: Kommunikation in Lehr-Lern-Prozessen mit Erwachsenen. Frankfurt/M, S. 112-132.
KALLMEYER, Werner/Fritz SCHÜTZE 1976: Konversationsanalyse. In: Studium Linguistik, Heft 1, S. 1-28.
KEJCZ, Yvonna/K.-H. MONSHAUSEN/E. NUISSL/H.-U. PAATSCH/P. SCHENK 1979ff: Bildungsurlaubs-Versuchs- und Entwicklungsprogramm der Bundesregierung. Endbericht, Bd. 1-8, Heidelberg.
KLANN-DELIUS, Gisela 1987: Sex and Language. In: AMMON u.a., S. 767-780.
MEAD, George Herbert 1968: Geist, Identität und Gesellschaft - aus der Sicht des Sozialbehaviorismus. Frankfurt/M.
MOLLENHAUER, Klaus 1972: Theorien zum Erziehungsprozeß. München.
NITTEL, Dieter 1993: „... die leuchten ja gar nicht." Interaktionsanalytische Betrachtung einer Lernsequenz im Arbeitskreis TU WAS. Frankfurt/M.
NOLDA, Sigrid 1990: Sprachinteraktion in Prüfungen. Eine qualitative Untersuchung zum Sprach- und Interaktionsverhalten von Prüfern und Kandidaten in Zertifikatsprüfungen im Bereich Fremdsprachen. Frankfurt/M.
NOLDA, Sigrid 1996: Interaktion und Wissen. Eine qualitative Studie zum Lehr-/Lernverhalten in Veranstaltungen der allgemeinen Erwachsenenbildung. Deutsches Institut fü Erwachsenenbildung: Frankfurt/M.
NOLDA, Sigrid (im Druck): Lehren und Lernen unter den Bedingungen von Unverbindlichkeit und Autoritätsverlust. In: BRÖDEL, Rainer (Hg.): Erwachsenenbildung und Modernisierung. Opladen 1996.
SARGES, Werner/Reiner FRICKE 1986: Psychologie für die Erwachsenenbildung/Weiterbildung. Göttingen.

SCHALK, Hans Christian 1975: Schichtspezifische Sprachunterschiede bei Erwachsenen. Diss. Wien.

SCHALK, Hans Christian/Hans TIETGENS 1978: Schichtspezifischer Sprachgebrauch als Problem der Erwachsenenbildung. Arbeitspapier 73 der PAS/DVV, Frankfurt/M.

SCHMITZ, Enno 1984: Erwachsenenbildung als lebensweltbezogener Erkenntnisprozeß. In: SCHMITZ/TIETGENS 1984, S. 95-123.

SCHMITZ, Enno/Hans TIETGENS (Hg.) 1984 Erwachsenenbildung. Bd.11 der Enzyklopädie Erziehungswissenschaft. Stuttgart.

SCHÜTZE, Fritz 1987: Symbolischer Interaktionismus. In: AMMON u.a., S. 520-553.

SIEBERT, Horst/Herbert GERL 1975: Lehr- und Lernverhalten bei Erwachsenen. Braunschweig.

SIEBERT, Horst 1977: Entstehung und Verlauf eines Forschungsprojekts. In: ders. (Hg.): Praxis und Forschung in der Erwachsenenbildung. Opladen, S. 29-58.

TIETGENS, Hans 1981: Die Erwachsenenbildung. München.

WAHL, Dieter/Wolfgang MUTZECK 1990: Wie Lehrende und Lernende miteinander umgehen - Probleme der sozialen Interaktion. Tübingen.

WATZLAWICK, Paul/J.H. BEAVIN/D.D. JACKSON 1969: Menschliche Kommunikation. Formen, Störungen, Paradoxien. Bern.

WEYMANN, Ansgar 1977: Lernen und Sprache. Empirische Untersuchungen zur Schichtenspezifität von Lernerfolg und verbaler Interaktion. Hannover.

Marianne Horstkemper

Schulische Reformen unterstützen: Konzepte und Methoden der Schulentwicklungsforschung

Während in den Anfängen der Bildungsreformdebatte vor allem strukturelle Veränderungen des Schulsystems im Zentrum der Diskussion standen, ist in den letzten Jahren zunehmend stärker die einzelne Schule als pädagogische Handlungseinheit in den Blick genommen worden. Dieser Perspektivwechsel schlägt sich auch nieder in den Forschungsstrategien, mit denen Reformansätze wissenschaftlich begleitet, analysiert und gestützt werden. In diesem Beitrag befasse ich mich deshalb lediglich mit dem Bereich der Schulentwicklungsforschung, der sich auf die Entwicklung der Einzelschule bezieht. Insgesamt läßt sich Schulentwicklungsforschung sicher nicht umstandslos dem qualitativen Paradigma zuordnen. Gerade die wichtigen Fragen von Bildungsplanung, Gestaltung des Schulsystems, der administrativen Rahmenbedingungen etc. erfordern in hohem Maße fundierte quantifizierende Vorgehensweisen. Exemplarisch soll jedoch an einem spezifischen Praxisfeld - nämlich der Entwicklung und Erprobung geschlechterbewußter Pädagogik - aufgezeigt und veranschaulicht werden, wie sich verschiedene qualitative und quantitative Forschungsmethoden fruchtbar in Schulentwicklungsforschung integrieren lassen.
GLUMPLER (1995, S. 145 f.) skizziert Schulentwicklungsforschung als ein wichtiges Zukunftsfeld feministischer Schulforschung. Bislang spielten dort institutionelle Aspekte oder gar Fragen von Organisationsentwicklung eine eher untergeordnete Rolle. Das ist in mehrfacher Hinsicht bedauerlich. Drei Argumente scheinen mir dabei besonders wichtig: *Zum ersten* halte ich Fragen der Schulentwicklung für zentral bedeutsam. Die Entwicklung und Gestaltung der eigenen Schule in die Hand nehmen, das heißt für Lehrkräfte, aktiv die eigenen Arbeitsbedingungen zu prüfen, zu reflektieren und zu verbessern. Das bedeutet gleichzeitig, den Rahmen für pädagogische Prozesse entscheidend zu beeinflussen. Wer wollte freiwillig auf eine solche Chance verzichten - es sei denn, er oder sie sähe keinerlei Erfolgswahrscheinlichkeit? Viele Schulen nehmen inzwischen diese Herausforderung produktiv auf (vgl. HORSTKEMPER 1995). *Zum zweiten* halte ich gerade Frauen für sehr geeignet, einen solchen Prozeß zu fördern und voranzutreiben. In der Regel verfügen sie insbesondere über hohe kommunikative und soziale Kompetenzen, die dabei unverzichtbar sind. Sie engagieren sich häufig sehr stark in ihrer Lehrerinnenrolle, reflektieren beispielsweise die veränderten Lebensbedingungen heutiger Kinder und Jugendlicher sehr bewußt und suchen nach angemessenen pädagogischen Antworten auf die daraus resultierenden Bedürfnisse, prägen damit ganz entscheidend Schulleben und Schulkultur (vgl. BUCHEN 1991, FLAAKE 1989, HÄNSEL 1991). *Zum*

dritten gehe ich mit der BILDUNGSKOMMISSION NRW (1995, S. 130) davon aus, daß die Analyse und Reflexion der Geschlechterverhältnisse in der Schule verstärkt in die Gestaltungsprinzipien von Schule als „lernender Organisation" (ebd., S. 78) einbezogen werden sollte. Gerade die Verwirklichung weiblicher Ansprüche an eine befriedigende Gestaltung des Schullebens und des Arbeitsklimas dürfte sich förderlich für die Qualität von Schule auswirken - und zwar für *beide* Geschlechter (vgl. KOCH-PRIEWE 1995).

Es gibt also gute Gründe, sich dem Bereich der Schulentwicklung intensiver zuzuwenden und dabei das Potential zu verdeutlichen, wie die methodischen Instrumente der qualitativen Sozialforschung einsetzbar sind, um die Institution Schule als Lebens- und Arbeitsort weiterzuentwickeln. Dazu stelle ich in einem ersten Schritt zunächst den Grundansatz der Organisationsentwicklung dar. In einem zweiten Schritt skizziere ich exemplarisch einige methodische Zugriffe, mit deren Hilfe kollektive Zielfindungs-, Diagnose- und Entscheidungsprozesse gefördert, in konkrete Planungen umgesetzt und anschließend evaluiert werden können. Im dritten Schritt soll dann die Frage nach der Notwendigkeit und dem Ertrag der Einbeziehung der Geschlechterperspektive wieder aufgenommen werden. Verdeutlicht werden soll dies exemplarisch am Beispiel eines Forschungs- und Entwicklungsprojektes, das sich die gezielte Förderung von Mädchen *und* Jungen durch die kontinuierliche Zusammenarbeit von Lehrkräften verschiedener Fächer zum Ziel gesetzt hat. Deutlich wird bei diesem Vorgehen die enge Verschränkung von inhaltlicher Forschungsthematik und methodischem Zugriff. Dies entspricht den methodischen und methodologischen Prinzipien sowohl von Schulentwicklungsforschung als auch von Frauenforschung in besonderer Weise. Beide stellen ihr Erkenntnisinteresse explizit in die Verbesserung von Praxis, stimmen damit ihr Forschungsvorgehen eng mit den Betroffenen ab und legen großen Wert auf die Einbeziehung der beforschten Subjekte in den Prozeß. Dies wird im abschließenden vierten Schritt bilanzierend eingeordnet. Sie knüpfen damit an die seit den siebziger Jahren zu beobachtende Hinwendung zur Aktionsforschung und zur „Alltagswende" in der pädagogischen Forschung an. Hans-Günter ROLFF (1984, S. 187) verweist auf den hohen Erkenntniswert, den die Analyse von schulischen Entwicklungsprozessen im gesellschaftlichen Zusammenhang für die Erarbeitung einer empirisch fundierten Theorie der Schule gerade durch diese methodische und methodologische Neuorientierung bekommt: „Die Konjunktur am Ende der Schulreformepoche brachte allerlei aufschlußreiches Wissen über die Schulkultur, über die Deutung der gelebten Praxis durch Lehrer, Schüler und Eltern. Sie verfeinerte fraglos auch das Methodenrepertoire der Forscher, vor allem in dem Maße, in dem sich klärte, daß qualitative Methoden keine ausschließende Alternative zu quantitativen darstellen, sondern daß beide Ansätze zusammengenommen und von Fall zu Fall dem Gegenstand angemessen unterschiedlich kombiniert werden müssen" (ebd., S. 181). Elke NYSSEN und Bärbel SCHÖN (1992, S. 859) halten fest, daß für die feministische Schulforschung von Anfang an die enge Verbindung von wissenschaftlicher Analyse und Engagement für eine Veränderung der Schulpraxis konstitutiv war. Edith GLUMPLER (1995, S. 151) betont die darin liegende Verweigerung einer Spaltung zwischen Forschern und Beforschten. Harsch kritisiert als Einteilung in „Weißkittelpädagogen" (Forscher) und „Blaukittelpädagogen" (Lehrer) hatte diese Arbeitsteilung immer wieder Hartmut von HENTIG, der in in seiner Bielefelder Laborschule jeden Lehrer gleichzeitig zur Forschung verpflichtete und von allen wissenschaftlichen Mitarbeitern eine Verbindung mit pädagogischer Praxis forderte (GROEBEN u.a. 1988, S. 120; vgl. auch DÖPP in diesem Band). Eine solche Spaltung durch Kooperation weitgehend überwinden zu wollen, ist ein hohes Ziel, das nicht immer und schon gar nicht leicht erreicht wird. Ein solches Vorgehen hat eine Reihe von Vorzügen, ist aber auch mit einer Fülle zusätzlicher Komplikationen und Probleme behaftet (vgl. HORSTKEMPER 1995a). Beides wird im folgenden exemplarisch verdeutlicht.

1. Schulentwicklung als Organisationsentwicklung

Daß heutige Schülerinnen und Schüler anders sind als frühere Generationen, darin stimmen viele Lehrerinnen und Lehrer überein. Daß sich Schulen auf diese Kinder und deren veränderte Lebensbedingungen einstellen, also sich auch ihrerseits verändern und entwickeln müssen, ist dagegen nicht immer unbedingt Konsens. Unübersehbar wächst aber in vielen Kollegien die Bereitschaft, sich dieser Herausforderung zu stellen. Sie fragen sich: Was sind die Bedürfnisse und Besonderheiten unserer eigenen Schülerschaft? Welche spezifischen Angebote an Förderung und Anregung brauchen gerade unsere Kinder und Jugendlichen? Und welche Möglichkeiten haben wir oder könnten wir zusätzlich aktivieren, um darauf besser einzugehen? Viele Schulen bemühen sich um die Entwicklung eines Schulprofils, das sie klar von anderen abhebt. Die Beispiele dafür sind mannigfaltiger Art (vgl. BASTIAN/OTTO 1995, HOLTAPPELS 1995). Sie gruppieren sich z.B. um die sorgfältige Ausgestaltung interkulturellen Lernens, streben die Integration behinderter Kinder in Regelklassen an oder pflegen breitgefächerte Angebote im musisch-kulturellen Bereich. Häufig werden mehrere solcher Ansätze kombiniert und ausgebaut. Ziel ist der Aufbau einer Lernkultur, die auf Selbstaktivierung der Lehrenden wie der Lernenden setzt. „Betroffene zu Beteiligten machen", heißt das Motto (ROLFF 1994, S.7). In gemeinsamer kollegialer Arbeit sollen unterschiedliche pädagogische Zielsetzungen reflektiert, koordiniert und zu einem umfassenden Schulprogramm weiterentwickelt werden, das nicht nur von Schulleitung und Lehrkräften vertreten, sondern auch von Eltern und SchülerInnen mitgetragen wird.
Einen breiten Überblick über die verschiedenen Bestrebungen, pädagogische Ziele neu zu klären und zu reflektieren, Organisationsformen umzugestalten, den Unterricht handlungsorientierter und offener anzulegen und auch die Kompetenzen der Lehrenden zu verbreitern, gibt das von Jörg SCHLÖMERKEMPER (1992) herausgegebene 2. Beiheft der Zeitschrift „Die Deutsche Schule". Daß in diesem Feld immer wieder und vor allen Dingen Kooperations- und innerschulische Fortbildungsprozesse im Zentrum stehen, machen die Berichte von Ursula DÖRGER (1992) Hartmut WENZEL u.a. (1990) oder Reinold MILLER (1992) plastisch deutlich. Schulinterne Lehrerfortbildung, griffig abgekürzt zu SCHILF, versteht sich dabei als ein umfassender Ansatz, der Metho-

den der Organisationsentwicklung einbezieht, dabei aber stets dem Bildungs- und Erziehungsauftrag der Schule verpflichtet ist (vgl. PRIEBE 1995). Ein solches Konzept grenzt sich damit bewußt ab von reinen Management- und Führungsstrategien, wie sie in der Wirtschaft gegen Ende des zweiten Weltkriegs in den USA zunächst entwickelt wurden. Hans-Günter ROLFF (1995) verweist darauf, daß aber schon bei der Entstehung der Organisationsentwicklung nicht nur industrie-soziologische Überlegungen eine Rolle spielten, sondern daß diese damals wie heute ergänzt wurden durch pädagogisch-sozialpsychologische Zugangsweisen. Einer der wichtigsten Vordenker war hier Kurt LEWIN (1953). Seine Feldtheorie beleuchtete die dynamischen Beziehungen zwischen Subjekten und den Gruppierungen, Institutionen und Organisationen, in denen gelebt und gearbeitet wurde. Er entwickelte eine Phasentheorie von Veränderungsprozessen und gehörte zu den Vertretern der Aktionsforschung, die für eine Einbeziehung der „Beforschten" in den Forschungsprozeß eintraten. Seine Typologie demokratischer und nicht-demokratischer Erziehungs- und Führungsstile hat pädagogische Reflexionen ebenso angeregt wie seine Entdeckung der „heimlichen Tagesordnung", die unterhalb der offiziellen Sachlogik häufig den weitaus größeren und auch bedeutsameren Teil des Geschehens in einer Organisation darstellt. In der Erziehungswissenschaft ist dieses Phänomen unter dem Stichwort „heimlicher Lehrplan" untersucht worden. Die Frauenforschung hat sich ihrerseits - aus gutem Grund - der Frage nach den subtilen Mechanismen der Einübung in die hierarchische Zweigliedrigkeit unserer Gesellschaft zugewandt, die sich auch in der Institution Schule finden (vgl. HAGEMANN-WHITE 1984). Auch dies spricht dafür, Konzepte pädagogischer Frauenforschung mit Organisationsentwicklungsansätzen im Bereich der Schule zu verbinden: Letztere bieten ein theoretisch fundiertes, methodisch vielfältig ausgearbeitetes Instrumentarium, Organisationen zu analysieren und unter Einbeziehung *aller* Beteiligten zu gestalten und zeigen damit hohe Affinität zu den schon angesprochenen methodischen und methodologischen Postulaten der Frauenforschung. Diese setzen ebenfalls auf Selbstaufklärung, Aktivierung und Respektierung der Subjekte und distanzieren sich von jeglicher Stellvertreterpolitik, die anderen das überstülpt, was von selbsternannten Autoritäten als gut und richtig erkannt wurde (vgl. DIEZINGER u.a. 1994).

Grundlegend für die Realisierung solcher Entwicklungsansätze, das heben Per DALIN und Hans-Günter ROLFF (1990, S. 7 f.) explizit hervor, ist das Vertrauen in Menschen als mündige und zum Lernen fähige Wesen, die ihre eigene Organisation tragen können und wollen, sie auch von innen heraus weiterzuentwickeln bereit sind. Dafür gilt es, gezielt Lernsituationen im Alltag zu schaffen, und zwar für Personen, Gruppen und das gesamte System. Eine gemeinsame Situationsanalyse bildet dabei die Grundlage für die Problemlösung und den Entwicklungsprozeß. Der Ansatz bei eigenen Stärken, die Suche nach Konsens, aber auch der bewußte Umgang mit Konflikten sind wichtige Aspekte des gemeinsamen Lernprozesses. Zusammenfassend läßt sich ein solcher *Entwicklungsprozeß* kennzeichnen *als ein offenes, planmäßiges, zielorientiertes und langfristiges Vorgehen im Umgang mit Veränderungsforderungen und Veränderungsabsichten in sozialen Systemen.*

2. Lernprinzipien und methodisches Handwerkszeug

Wichtigster Grundsatz ist zunächst einmal, daß der Einsatz von Handlungsstrategien und die Methoden des Entwicklungsprozesses auf den jeweiligen Einzelfall der Institution abgestimmt sein müssen: Auf die aktuellen Themen, Aufgaben und Probleme dieser ganz bestimmten Schule kommt es an, auf ihren pädagogischen Kontext. Fertige Rezepte gibt es also nicht, allerdings erprobte Wege, den wichtigen Fragen auf die Spur zu kommen und personen- wie organisationsorientierte Veränderungen in Gang zu setzen. Dies kann jedoch nur „von innen heraus" - also nicht in erster Linie durch externe Beratung und Empfehlung - geschehen. Experten sind die Angehörigen der Institution selbst, nicht nur die Leitung, auch das Kollegium, technisches Personal, die Schülerschaft und die Eltern. Die Sichtweisen aller Beteiligten können und sollen zum Zuge kommen. Behilflich sind dabei aber in aller Regel externe Berater oder Moderatoren, die von der Schule selbst ausgewählt werden. Sie verstehen sich als „kritische Freunde", die nicht von außen Empfehlungen und Maßnahmen vorschlagen, sondern die gemeinsam mit dem Kollegium die Lage analysieren und Interventionsmöglichkeiten entwickeln.

Drei Lernprinzipien stellt Elmar PHILIPP (1994, S. 25 f.) bei einem solchen systemorientierten Problemlösungsprozeß in den Vordergrund:

– *Lernen aus Diskrepanzen* ist eine wichtige Quelle, um Ist-Soll-Abweichungen festzustellen. Wo klaffen Wunsch und Wirklichkeit spürbar auseinander? Wo und von wem wird alltägliche Realität gleich wahrgenommen oder gar erlitten, vielleicht aber auch ganz unterschiedlich erlebt?

– *Implizites explizieren* soll dabei helfen, verborgene Regeln, Rituale und Verhaltensweisen offenzulegen. PHILIPP spricht von der Metapher des „organisatorischen Eisbergs" oder vom „Titanic-Phänomen" (ebd.) Auf der Ebene der Sachlogik ist lediglich die Spitze des Eisbergs zu sehen, der weitaus größere Teil des Organisationslebens mit all seinen Kämpfen um Status, Macht, Sympathie und den damit verbundenen Ängsten befindet sich dagegen kaum oder nur schwer sichtbar unter der Oberfläche. Hier geht es also um die Erforschung „heimlicher Tagesordnungen", um effektiver und produktiver auf der Sachebene arbeiten zu können, mindestens aber ein Bewußtsein für untergründige Gefährdungen zu entwickeln.

– *Lernen aus Erfahrung* stellt das übergreifende und wohl auch wichtigste Prinzip dar. Es gründet sich auf das von LEWIN bereits formulierte Konzept des Erfahrungslernens, das der kognitiven Analyse des eigenen Handelns und Erlebens einen hohen Stellenwert einräumt: Erst reflektierte Erfahrungen ermöglichen Generalisierungen und Konzeptbildungen sowie die Ableitung von Verhaltensmustern für ähnliche oder auch veränderte Situationen. Wichtigstes Hilfsmittel für solche Reflexionen ist das *Feedback* aus der jeweiligen Umgebung. Konstruktives Feedback zu geben, aber auch produktiv aufnehmen zu können, will gelernt sein. Gerade wenn *alle* Beteiligten die Chance bekommen sollen, ihre Meinung zu äußern, erfordert dies methodische Phantasie und klare Regeln.

Die drei hier knapp skizzierten Lernprinzipien gelten in allen Phasen eines Entwicklungsprozesses, den eine Schule durchläuft, wenn sie sich auf die Beratung durch externe Organisationsentwickler bzw. schulinterne Lehrerfortbildner einläßt. Sie lassen sich in Anlehnung an Detlef SCHNOOR (1995, S. 14) idealtypisch etwa wie folgt kennzeichnen:

Einstiegsphase
Kontaktaufnahme, vorläufige Problemskizzierung, Erwartungen und Rollen klären

Diagnosephase
gemeinsame Analyse und Problembeschreibung unter Einbeziehung aller an und in Schule beteiligten Gruppen

Zielklärungsphase
basierend auf den Ergebnissen der Diagnosephase gemeinsame Ziele formulieren, Prioritäten setzen, konkrete Planungen vornehmen

Implementationsphase
Umsetzung der vereinbarten Ziele, effektives Projektmanagement schaffen, Teamentwicklungsmaßnahmen, Evaluation zur Überprüfung der Zielerreichung

---

Ein solcher Ablauf ist eine modellhafte Beschreibung, die im jeweiligen Einzelfall vielfältig modifiziert werden kann. Die Übergänge zwischen den Phasen können sich fließend gestalten, zuweilen werden Stufen erneut durchlaufen, in unterschiedlichen Gruppierungen und Subsystemen wird das Entwicklungstempo sich unterscheiden. Hilfreich ist ein solches Schema dann, wenn es den Beteiligten Orientierungspunkte für die Selbstvergewisserung an die Hand gibt: Wo stehen wir zur Zeit, an welchem Punkt befinden sich unsere KooperationspartnerInnen, welche Klärungen, welche Aktionen sind derzeit nötig und möglich?

Verantwortlich geplant und koordiniert wird die Entwicklungsarbeit in der Regel durch eine *Steuergruppe*, in der möglichst die unterschiedlichen Interessengruppen innerhalb des Kollegiums und auch ein Mitglied der Schulleitung vertreten sein sollten. Dieses Organ ist von entscheidender Bedeutung, weil hier nicht nur die Weichen für die Diagnose- und Zielklärungsphase gestellt, sondern gleichzeitig die Bedingungen für die Effektivität der Maßnahmen während der Implementationsphase entscheidend geprägt werden. Offenheit der Kommunikation, Konsensfindung oder zumindest Aushandeln von tragfähigen Kompromissen sind die Voraussetzung dafür, daß die Beteiligten sich überhaupt in einen Veränderungsprozeß hineinbegeben. Sie werden dies in aller Regel verweigern, wenn sie sich manipuliert oder in hierarchischen Machtkämpfen für unterschiedliche Positionen funktionalisiert fühlen.

Methodische Umsetzungsmöglichkeiten:

Der Art der Initiation eines solch komplexen Prozesses kommt zweifellos eine besonders hohe Bedeutung zu. Exemplarisch soll an dieser Stelle deshalb auf methodische Ansätze hingewiesen werden, die gerade zu Beginn des Entwicklungsprozesses die von PHILIPP skizzierten Lernprinzipien integrieren und in mehrtägigen Veranstaltungen die Betroffenen motivieren wollen, zu aktiven

Gestaltern ihrer Lernprozesse zu werden. Relativ bekannt ist inzwischen das Konzept der *Zukunftswerkstatt* (JUNGK/MÜLLERT 1989), das auch für die Bereiche Schule und Unterricht vielfach erprobt wurde (BUROW/NEUMANN-SCHÖNWETTER 1995). Hier soll deshalb die erweiterte Variante der *Zukunftskonferenz* kurz vorgestellt werden, die auf Marvin WEISBORD (1992) zurückgeht. Sie eignet sich deshalb besonders gut zur Einleitung von Schul- bzw. Organisationsentwicklungsprozessen, weil sie einen Energieschub für einen umfassenden institutionellen Wandel aufbauen will. Dazu wird zunächst eine Auswahl aller Beteiligten zusammengebracht, die das gesamte System repräsentiert, um in wechselnden Gruppierungen zu arbeiten - z.B. LehrerInnen, Eltern, SchülerInnen, Schulleitung, Schulaufsicht, GemeindevertreterInnen, Verbände, Vereine - kurz: alle für die Zukunft der eigenen Einrichtung wichtigen Schlüsselpersonen. In fünf Phasen setzt sich dieses von einer Steuergruppe und einem Moderatorenteam gebildete Gremium mit der Anforderung auseinander, Wandel durch Selbstorganisation zu erreichen. Erstrebt wird also keine Expertenlösung sondern alle Beteiligten koordinieren ihr je spezifisches Wissen neu und erarbeiten Perspektiven für die Zukunft auf der Basis der Selbstvergewisserung der gemeinsamen Vergangenheit, der Prüfung künftiger Entwicklungen und einer kritischen Bewertung der Gegenwart. Der Entwurf von Visionen setzt dabei Kreativität und Gestaltungskräfte frei, die noch während der Konferenz in konkrete Aktionspläne umgesetzt werden (vgl. BUROW 1996). Eine solche Zukunftskonferenz umfaßt somit sämtliche Phasen des von SCHNOOR beschriebenen Entwicklungsprozesses - sie ist gleichzeitig sein Modell und bereits der „Ernstfall". Reale Schwierigkeiten können direkt erlebt und für die Zukunft besser antizipiert werden, diagnostische Schritte erprobt, Zielklärungsstrategien getestet und unterschiedliche Implementationsvarianten erwogen werden. Das schließt auch die Auseinandersetzungen mit Evaluationsmaßnahmen ein. Erfahrungsbezogenes Lernen wird dabei nicht dazu führen, daß auftretende Schwierigkeiten immer vermieden werden können. Sie sollten aber für alle Beteiligten transparenter geworden sein - und damit weniger überraschend und lähmend. Kerngedanke dieses Verfahrens ist vor allem die Betonung von Gemeinsamkeiten und einigenden Zielen, die Grund genug sind für die Überwindung äußerer und innerer Barrieren.

Auch nach einem sehr gut vorbereiteten und als produktiv erlebten Einstieg wird in aller Regel der Entwicklungsprozeß noch der Unterstützung bedürfen. Ob, in welchem Umfang, durch wen und wie lange in einem solchen Prozeß Hilfe von außen notwendig oder mindestens sehr hilfreich ist, läßt sich nur schwer verallgemeinern. Die konkreten Bedürfnisse und Bedingungen des Einzelfalls sind hierfür entscheidend. Im folgenden Abschnitt soll deshalb ein Fallbeispiel daraufhin befragt werden, in welcher Weise dies mit den Mitteln wissenschaftlicher Begleitforschung geschehen kann.

3. Evaluation von Reformansätzen als Instrument von Schulentwicklung

Berichtet wird hier über ein Projekt, das bereits seit knapp drei Jahren in Rheinland-Pfalz an vier Schulen Konzepte zur bewußten Gestaltung koedukativen Unterrichts entwickelt.[1]) An vier Schulen erarbeiten je sechs Lehrerinnen und Lehrer in geistes- und in naturwissenschaftlichen Fächern (Deutsch, Geschichte, Sozialkunde sowie Mathematik, Physik und Chemie) curriculare, methodische und kommunikative Aspekte des Unterrichts. Dabei werden bewußt männliche *und* weibliche Interessen und Zugangsweisen zu den Lerngegenständen berücksichtigt, der aktive Anteil *beider* Geschlechter an der Gestaltung von Welt verdeutlicht und bestehende Ungleichheiten oder Benachteiligungen an geeigneten Stellen aufgegriffen. Besondere Beachtung wird auch der Interaktionsstruktur im Unterricht geschenkt, sowohl was die Ebene der Schülerinnen und Schüler untereinander betrifft als auch die Beziehungen zwischen Lernenden und Lehrenden. Diese Erarbeitung und Erprobung von Unterrichtsreihen und -materialien wird koordiniert von zwei Lehrerinnen, die mit je halber Stelle an das Pädagogische Zentrum des Landes Rheinland-Pfalz abgeordnet sind. Ihre Aufgabe ist die Praxisanleitung - etwa bei der Erarbeitung didaktisch-methodischer Konzepte in überregional kooperierenden Fachgruppen, aber auch bei der Arbeit in den einzelnen Schulen, also „vor Ort". Die dort gemeinsam in einer Klasse eingesetzten Lehrkräfte sollten im Team Gelegenheit bekommen, ihre Erfahrungen auszutauschen und zu reflektieren, fächerübergreifende Ansätze zu entwickeln und Impulse für eine Sensibilisierung des Kollegiums für die Geschlechterproblematik zu geben. Einbezogen in die Projektarbeit ist also hier nicht die gesamte Schule sondern eine „Pilotgruppe", von deren Arbeit übertragbare Anregungen erhofft wurden.

Zuständig für die Wissenschaftliche Begleitung ist die Universität Koblenz (vgl. HORSTKEMPER/KRAUL 1995). Angelegt ist unsere Forschung als Prozeßevaluation: Wir beschreiben, dokumentieren und analysieren den Verlauf des gesamten Prozesses, melden die Ergebnisse fortlaufend an die Beteiligten zurück und bemühen uns damit, ihre Wahrnehmungen und Situationsdeutungen zu spiegeln, Entwicklungslinien aufzuzeigen und Informationen zu liefern, die notwendig sind, um die Zielerreichung oder mindestens -annäherung zu überprüfen und Kurskorrekturen einzuleiten. Als wissenschaftliche Begleitung sind wir weder weisungsberechtigt noch sonstwie in die schulische Hierarchie eingebunden. Inwieweit die einzelnen Lehrkräfte, die Fachgruppen oder Schulteams Ergebnisse unserer Arbeit für ihre Selbststeuerung nutzen, steht ganz in ihrem jeweiligen Ermessen. Einfluß nehmen können wir lediglich über plausi-

---

[1] Der von der Bund-Länder-Kommission geförderte Versuch „Mädchen und Jungen in der Schule: Kompetenzen entwickeln - die eigene Rolle finden" wird noch bis Anfang 1998 fortgeführt. Hier kann er nur sehr schlaglichtartig skizziert werden. Nähere Informationen gibt ein Reader, der anläßlich einer Fachtagung die Konzeption und erste Ergebnisse des Modellversuchs zusammenfaßt: HORSTKEMPER, Marianne/ Margret KRAUL (Hg.): Koedukation trägt Früchte. Koblenz 1995. Eine Kurzdarstellung findet sich außerdem in: HORSTKEMPER 1995b.

ble Argumentationen, die Aufgabe der eigentlichen Praxisanleitung und -koordination liegt beim Pädagogischen Zentrum. Unsere Rolle ähnelt damit in mancher Hinsicht der von externen Beraterinnen. Allerdings haben uns die Schulen weder freiwillig ausgesucht, noch können sie uns ohne weiteres „kündigen". Zudem wären wir mit der intensiven Beratung von vier Schulen an unterschiedlichen Orten kapazitätsmäßig völlig überfordert. Im Zuge der Arbeit kristallisierte sich allerdings nach und nach immer stärker heraus, wie notwendig eine ausführlichere beratende Unterstützung der Teams gewesen wäre.

Methodische Reflexion:
Der hier vorgestellte Modellversuch wird im folgenden nach Art einer *Fallstudie* daraufhin befragt, welche methodischen Elemente der Schulentwicklung sich bei der Verwirklichung von Reformen als notwendig und nützlich erweisen. Der „Fall" ist dabei die Reformmaßnahme insgesamt, in die vier Schulen, ein Staatsinstitut, die Universität, verschiedene Bezirksregierungen, Einrichtungen der Lehrerfortbildung, VertreterInnen des Bildungsministeriums und vor allem viele hundert SchülerInnen und deren Eltern einbezogen sind. Nach unseren vorn skizzierten Ansprüchen auf Aktivierung und partizipative Beteiligung der Beforschten an Zielfindung und Planung des Innovationsprozesses müssen wir hier zunächst nüchtern feststellen, daß es sich in unserem Fall eher um eine von außen herangetragene Reform handelte: Nicht die betroffenen Schulen selbst haben einen Handlungsbedarf erkannt und um Beratung bei der Entwicklung gemeinsamer Strategien nachgesucht. Vielmehr wurden nach Genehmigung des Modellversuchs Schulen für die Beteiligung zu gewinnen versucht. Von einem ausgiebigen Diskussionsprozeß mit breiter Beteiligung in den Kollegien konnte dabei kaum die Rede sein, schon gar nicht von vorbereitenden Aktivitäten wie Zukunftswerkstätten oder -konferenzen, in denen gemeinsame Grundüberzeugungen gesucht, Differenzen geklärt und Perspektiven entworfen wurden. Den Beginn der Arbeit markierte jedoch eine eintägige Sitzung, an der - bis auf Schüler- und Elternvertreter - alle beteiligten Gruppierungen teilnahmen und erste Erwartungen an die Projektarbeit formulierten. Die Wissenschaftliche Begleitung stellte hier die Grundlinien ihres Konzeptes vor und zeigte dabei die Mitgestaltungsmöglichkeiten der beteiligten Lehrkräfte auf. Von einer Überwindung der Spaltung zwischen „Weiß- und Blaukittel-Pädagogen" kann hier insofern nicht gesprochen werden, als hier kein flexibler und reversibler Austausch zwischen Forschern und Beforschten stattfand. Es gab klare Arbeitsteilungen, die aber das Angebot weitgehender Mitsprache und Kritik einschlossen. Die für die Koordination der curricularen Entwicklungsarbeit zuständigen Lehrerinnen nahmen insofern eine Zwischenposition ein, als sie einerseits halbtags in der Schule arbeiteten, also Kolleginnen mit gleicher Qualifikation und ähnlichen Erfahrungen waren, andererseits aber durch ihre Abordnung in ein Staatsinstitut doch eine andere und hervorgehobene Rolle hatten.

3.1 Einstiegs- und Initiationsphase:
Kollektive Problemanalysen fördern

Nachdem die Projektarbeit knapp ein halbes Jahr lang angelaufen war, wurden an allen vier beteiligten Schulen Gruppeninterviews mit den beteiligten Lehrkräften durchgeführt. Zielsetzung dabei war vor allem, die Sichtweisen sämtlicher beteiligter Lehrkräfte der gemeinsamen Reflexion zugänglich zu machen. Alle drei von PHILIPP (1995) als wichtig hervorgehobenen Lernprinzipien kommen dabei zum Tragen: Zum einen erlaubt gerade das Instrument der Gruppendiskussion die *Herausarbeitung von Diskrepanzen*: Was Lehrerinnen und Lehrer als belastend, veränderungswürdig oder aber als bereichernd und unbedingt bewahrenswert wahrnehmen, kann diametral auseinandergehen - zur Überraschung unserer Lehrkräfte selbst in einer als relativ homogen eingeschätzten reformorientierten Gruppe. Um das erkennen zu können, muß zunächst *Implizites expliziert* werden, müssen unterschiedliche Lesarten und Deutungen pädagogischer Situationen diskutiert werden. Wenn es gelingt, möglichst vielfältige Interpretationen aller Beteiligten reflektierend zusammenzutragen, eröffnet dies nicht nur für die Individuen sondern auch für die Gesamtgruppe neue Möglichkeiten des *Lernens aus Erfahrung*. Indem eigene Sichtweisen hinterfragt, ergänzt, korrigiert oder in einen neuen Kontext gesetzt werden, können auch gemeinsame Fragestellungen präziser formuliert, Ziele abgesteckt und Handlungsperspektiven entwickelt werden - dies kann allerdings durch Gruppendiskussionen nur angestoßen werden. Die kontinuierliche Weiterarbeit mit den daraus gewonnenen Einsichten muß an den jeweiligen Schulen erfolgen.

Methodische Reflexion:
Die Methode der *Gruppendiskussion* (vgl. dazu BOHNSACK in diesem Band) erschien uns vor allem deshalb angemessen, weil sie zum einen eine Fülle von prozessualen Beobachtungen und Informationen liefert, zum anderen aber auch gleichzeitig Anstöße geben und Problemlösungen initiieren kann. Ausführlich beschrieben und auf seine Einsatzmöglichkeiten hin kritisch durchleuchtet wird dieses Verfahren bei LAMNEK (1993, S. 125 ff.). Entwickelt wurde es von Kurt LEWIN (1936), der im Rahmen sozialpsychologischer Kleingruppenexperimente darin vor allem die gruppenprozessualen Aspekte zu klären suchte, die das Verhältnis von Individuum und Gruppe prägten. Wir waren ebenfalls an solchen Erkenntnissen über Teambildungsprozesse an den beteiligten Schulen interessiert, mindestens gleich stark jedoch an den inhaltlichen Aussagen zum Gegenstand der Modellversuchsarbeit. Es ging uns dabei um die Erkundung der Meinungen und Einstellungen der einzelnen ProjektteilnehmerInnen ebenso wie um ein Gesamtmeinungsbild des Teams. Außerdem interessierten uns die Wahrnehmungen der Gruppenmitglieder zu den Reaktionen der nicht-beteiligten Kollegiumsmitglieder einschließlich der Schulleitungen. Gerade in der Gruppendiskussion lassen sich dabei unterschiedliche Sichtweisen und Positionen herausarbeiten, näher beleuchten und miteinander konfrontieren. Insofern handelt es sich nicht nur um ein *ermittelndes* Verfahren sondern es läßt sich auch

einsetzen als *Interventionsinstrument*. Das Instrumentarium der Organisationsentwicklung umfaßt auch das Gruppengespräch, in dem gemeinsam nach Lösungen gesucht wird. LAMNEK (1993, S. 130) klassifiziert dies als *vermittelnde* Gruppendiskussion. Wir haben - mindestens zu diesem Zeitpunkt der Arbeit - vor allem die Absicht verfolgt, gemeinsam mit den Betroffenen ein detailliertes Bild der Situation zu rekonstruieren. Ohne daß dies explizit geplant war, gingen hiervon jedoch eine Reihe von Impulsen zur Selbstverständigung der Beteiligten untereinander aus, weil an den meisten Schulen nach halbjähriger Arbeit dieses das erste längerdauernde gemeinsame Gespräch war, in dem über die Lage reflektiert wurde. Eine inhaltlich-thematische Auswertung der vier Interviews wurde ein knappes Jahr später auf einer gemeinsamen Tagung diskutiert.

Als gemeinsamer Nenner aus allen vier Gruppendiskussionen ließ sich zu Beginn des Reformprozesses die folgende Kritik herausarbeiten: Weder die *Zeit* noch die *Information* sei ausreichend gewesen, um an der eigenen Schule umfassend und in Ruhe über die Mitarbeit nachdenken zu können. *Hoher Zeitdruck* habe schnelle Entscheidungen erzwungen, was sowohl die demokratische Willensbildung als auch die Recherche nach geeigneten und motivierten Kolleginnen und Kollegen oder die Auswahl der Klassen erschwert habe. Teilweise wurden sogar Umbesetzungen während des laufenden Schuljahres erforderlich. All dies fördert in der Regel nicht die Akzeptanz einer ohnehin schon anstrengenden Reformaktivität und auch nicht das reibungslose Anlaufen der Arbeit. Gerade in der Einstiegs- und in der Diagnosephase werden die Weichen für die künftige Arbeit gestellt. Wenn hier Schritte übersprungen oder zu schnell getan werden, kann sich das später verhängnisvoll auswirken. Allerdings ist dieser Punkt in den meisten Schulen offenbar recht gut aufgefangen worden. Es wurden gezielt KollegInnen angesprochen, bei denen die Bereitschaft zur Mitarbeit - mit Recht - vermutet wurde und die auch an einer gemeinsamen pädagogischen Arbeit in einer Klasse interessiert waren. Zu Spannungen und Konflikten kam es vor allen Dingen in der Schule, die am vehementesten - wenn auch keineswegs als einzige - den zweiten kritischen Punkt der *mangelnden Information* kritisierte.

3.2 Zielklärungs- und Implementationsphase: Konkretisierungen stützen

Dieser zweite Punkt der Kritik lief vor allem darauf hinaus, daß - mindestens zu Anfang - viel zu wenig Klarheit geherrscht habe über Ziele, Aufgaben, Umfang und Strategien des Modellversuchs. Die Kolleginnen und Kollegen klagten hier massiv Unterstützung ein bei der Vermittlung der verschiedenen Ebenen, auf denen die Reformarbeit angesiedelt ist: Die fachdidaktische Arbeit mit der Reflexion der Interaktionsbeziehungen von Jungen und Mädchen zu verbinden und dabei das eigene Selbstverständnis bewußt miteinzubeziehen, sich in diesem sensiblen Feld auch noch mit KollegInnen auszutauschen - das ist in der Tat ein sehr komplexes Unterfangen. Wenn es in der Zielklärungsphase nicht gelingt, die eigenen Reformansprüche „kleinzuarbeiten", Arbeitsschritte zu formulieren, die - teils arbeitsteilig, teils gemeinsam - erprobt und überprüft, auch immer wieder in einen gemeinsamen Kontext eingeordnet werden, dann drohen Orientierungslosigkeit und Unzufriedenheit. Allerdings zeigt sich nach inzwischen gut dreijähriger Arbeit sehr deutlich: Unterstützung kann hier nicht lediglich heißen, daß in zentralen Veranstaltungen Wissen angeboten wird. Was sich die Lehrkräfte bislang erfolglos gewünscht haben, weil die Ressourcen dazu bislang nicht zur Verfügung standen, ist eine regelmäßige Team-Supervision, die zweifellos ein wichtiges flankierendes Instrument darstellen könnte.

Methodische Reflexion:
Nun haben wir allerdings eine Reihe weiterer Methoden im Rahmen unserer längsschnittlichen Prozeßevaluation eingesetzt, die Unterstützung für die konkrete Arbeit vor Ort lieferten. Zum einen haben wir die jährlich durchgeführte *standardisierte Befragung* von Schülerinnen und Schülern zu Geschlechtsrolleneinstellungen, Fächerpräferenzen, Lebensplanung und verschiedenen Schulklima-Variablen regelmäßig schulspezifisch aufbereitet und den interessierten Lehrerinnen und Lehrern der beteiligten Schulen wie auch Eltern und SchülerInnen zurückgemeldet. Kontinuierlich erhielten sämtliche Beteiligten somit ein komplexes Bild der Sozialisationswirkungen der eigenen Schule und konnte dies zu den angestrebten Zielen des Modellversuchs in Beziehung setzen. Außerdem erhielten die Lehrkräfte vor jeder neuen Erhebung die Gelegenheit, ihre Wünsche auf Ermittlung bestimmter Sachverhalte anzumelden. Insofern verstand sich die Wissenschaftliche Begleitung auch ein Stück weit als Service-Einrichtung für die gezielte Information aller Beteiligten. In die gemeinsame Interpretation der Ergebnisse schalteten sich mit zunehmendem Alter auch die SchülerInnen mehr und mehr ein. Um diesem hohen Interesse Rechnung zu tragen, wurden zusätzliche Gruppendiskussionen in das Forschungsdesign aufgenommen. In reinen Mädchen-, reinen Jungen- und in geschlechtsgemischten Gruppen erläuterten die Jugendlichen ihre Perspektiven.

Einen weiteren Bestandteil unseres Programms bildete im ersten Jahr die *teilnehmende Beobachtung* (vgl. LAMNEK 1993, S. 239) im Unterricht. In Absprache mit den Lehrkräften hatten wir auf der Basis vorliegender Erkenntnisse zu geschlechtstypischen Formen der Interaktion im Unterricht einen Situationskatalog erarbeitet, der unsere Aufmerksamkeit in vorsichtiger Weise vorstrukturieren sollte. Er blieb aber offen für Erweiterungen, eine quantifizierende Einordnung in vorgegebene Kategorien fand nicht statt. Nach ersten sondierenden Versuchen wurden systematisch Stunden aller beteiligten Lehrkräfte in sämtlichen Fächern ausgewählt, beobachtet, auf Tonband aufgezeichnet und anschließend transkribiert. Das verursacht einen erheblichen Aufwand bereits vor Beginn der eigentlichen interpretativen Auswertung und kostet bei knappen Ressourcen dementsprechend viel Zeit. Eine erste exemplarische Auswertung wurde ebenfalls auf der Sitzung der gesamten Projektgruppe nach etwa 1 ½ Jahren Laufzeit rückgemeldet, an sämtlichen Schulen fanden anschließend Rückmeldungen innerhalb der Projekt-Teams statt. Dies führte in der Regel zu sehr intensiven Diskussionen über die pädagogische Arbeit.

Nach dem Prinzip der *Triangulation* (LAMNEK 1993, S. 402, vgl. dazu auch SCHRÜNDER-LENZEN in diesem Band) haben wir somit mehrere Methoden und Methodologien zur Untersuchung unseres Gegenstandes kombiniert. Je nach Fragestellung nutzen wir sowohl Verfahren des quantitativ-statistischen Vorgehens oder aber dem qualitativen Paradigma verpflichtete Strategien. Gerade im Feld komplexer Entwicklungsprozesse scheint uns eine solche Kombination ausgesprochen fruchtbar. Auf der einen Seite können für die Diagnose von Ausgangslagen (Ist-Zuständen) und zur Beschreibung zwischenzeitlich erreichter Stationen eine Reihe nützlicher Informationen etwa aus Schüler- und Lehrerbefragungen gezogen werden. Wenn diese eingebracht werden in einen gemeinsamen Diskussionsprozeß, so geschieht das in der Regel mit Verfahren aus dem Spektrum qualitativer Forschung, die den Postulaten der Offenheit und Kommunikativität in besonderer Weise entsprechen. Diese werden wiederum sorgfältig dokumentiert und inhaltsanalytisch ausgewertet (vgl. LAMNEK 1973, S. 172 ff.), um erneut mit den Beteiligten reflektiert zu werden.

Die Wissenschaftliche Begleitung suchte somit eine Fülle verschiedener Forschungsstrategien unter dem einigenden Band der Evaluation eines Entwicklungsprozesses zu integrieren. Wir haben hier lediglich die wichtigsten aufgeführt, sie reichen von Feldtagebuch-Notizen bis zur Anfertigung systematischer Schulportraits und suchen sich biographische wie ethnographische Methoden in sämtlichen Spielarten zunutze zu machen. Wichtig war uns hier zu zeigen, daß sie - wie weiter vorn von ROLFF vorgeschlagen - durchaus sinnvoll kombinierbar sind mit quantitativen Verfahren. Der gemeinsame Bezugspunkt ist jeweils die Kommunizierbarkeit mit den Beteiligten.

4. Schulentwicklungsforschung als Aktionsforschung

Genau hier scheint mir allerdings nach meinen bisherigen Beobachtungen die Grenze „klassischer" Begleitforschung bei Modellversuchen - mindestens in dem hier beschriebenen Fall - zu liegen. Wenn die mit viel Engagement und großen Hoffnungen begonnene Projektarbeit zu spürbaren Erfolgen führen soll, müßte zunächst das Postulat der Organisationsentwicklung verwirklicht werden: *Betroffene zu Beteiligten machen*. Das würde bedeuten, weniger auf Zielvorgaben von oben und Input von außen zu setzen, sondern noch sehr viel stärker gemeinsam mit den Lehrkräften - zugeschnitten auf die recht unterschiedlichen schulischen Bedingungen - den Lernprozeß „vor Ort" in Gang zu bringen. Wünschenswert wäre es beispielsweise, wenn die jeweiligen Teams für ihre eigene Institution unter methodischer Anleitung der Frage nachgehen könnten, in welcher Weise die Geschlechterfrage eine Rolle spielt bei dem von PHILIPP (1994) angesprochenen „organisatorischen Eisberg". Wie sind Männer und Frauen verwickelt in die Kämpfe um Status, Macht und Sympathie? Mit welchen Strategien werden Themen und Aktionen durchgesetzt oder abgeblockt? Wie wird das kommunikative Klima erlebt? Wie wird mit Konflikten umgegangen? Wer kann als Verbündete(r) gewonnen werden bei der Unterstützung von Aktionen, der Erschließung von Ressourcen?

Solche Prozesse - das hat unsere Erfahrung bisher ganz deutlich gezeigt - kommen ohne kontinuierliche Unterstützung von außen nicht in Gang. Wir haben seitens der wissenschaftlichen Begleitung als eine flankierende Maßnahme eine Serie von Trainings durchgeführt, in der die am Projekt beteiligten Lehrkräfte ihr eigenes Kommunikationsverhalten reflektieren und erweitern konnten. Beratungs- und Konfliktsituationen standen neben pädagogischen Alltagssituationen im Vordergrund. Die Vermittlung von Moderationstechniken bot Anregungen, wie kooperative Entscheidungs- und Zielfindungsprozesse angegangen werden können. Feedback-Übungen sollten vor allem die Teambildungsprozesse unterstützen und die Möglichkeiten gegenseitiger kollegialer Beratung und Unterstützung ausbauen helfen. Ob diese - von den beteiligten Lehrkräften sehr positiv aufgenommenen Anstöße (vgl. DULLINGER-STOPPER/MOLITOR-SCHWORM/SCHULZE 1996) - für die Arbeit im Modellversuch aus eigener Kraft hinreichend fruchtbar gemacht werden können, wird sich erst noch zeigen müssen. Daß die Integration der Geschlechterperspektive in einen professionell begleiteten Schulentwicklungsprozeß prinzipiell sehr positive Folgen für die Arbeit einer Institution haben kann, beschreibt Barbara KOCH-PRIEWE (1995). Nachdem es gelungen war, die verborgene „Beziehungsarbeit" vieler Kolleginnen sichtbar zu machen, konnten gemeinsame Ansprüche an die zu verwirklichende Schulkultur formuliert werden. Das Ziel war dabei, ein Kommunikationsklima herzustellen, das Männern wie Frauen aktive Beteiligung und Übernahme von Verantwortung erlaubt, Lernen aus Erfahrung also wirklich für alle ermöglicht.

Ansätze qualitativer Sozialforschung können bei der Durchsetzung solcher Zielsetzungen vor allem dann Hilfestellung geben, wenn sie eingebettet sind in Forschungsstrategien, die auf die aktive Einbeziehung der Betroffenen setzen. Schulentwicklungsforschung im hier skizzierten Verständnis versucht eben dies zu leisten. Angesichts der neu belebten Diskussion um die Zukunft der Bildung, die Autonomie der Schule und die Entwicklung von Schulprogrammen eröffnen sich ihr dabei eine Fülle von Aufgaben und Praxisfeldern.

Literatur:

BASTIAN, Johannes/Gunter OTTO (Hg.) 1995: Schule gestalten. Hamburg.
BILDUNGSKOMMISSION NRW 1995: Zukunft der Bildung - Schule der Zukunft. Denkschrift der Kommission „Zukunft der Bildung - Schule der Zukunft" beim Ministerpräsidenten des Landes Nordrhein-Westfalen. Neuwied/Kriftel/Berlin.
BUCHEN, Sylvia 1991: „Ich bin immer ansprechbar". Gesamtschulpädagogik und Weiblichkeit. Weinheim.
BUROW, Olaf-Axel 1996: Zukunftskonferenz: Wie man Zukunft (er-)finden und gestalten kann. In: PÄDAGOGIK Heft 10/96 (im Druck).
BUROW, Olaf-Axel/Marina NEUMANN-SCHÖNWETTER (Hg.) 1995: Zukunftswerkstatt in Schule und Unterricht. Hamburg.
DALIN, Per/Hans-Günter ROLFF 1990: Das Institutionelle Schulentwicklungsprogramm (ISP). Soest.
DIEZINGER, Angelika u.a. (Hg.) 1994: Erfahrung mit Methode. Wege sozialwissenschaftlicher Frauenforschung. Freiburg.

DÖRGER, Ursula 1992: Projekt Lehrerkooperation. Eine pädagogische Konzeption zur Weiterentwicklung von Gesamtschulen. Weinheim und München.
DULLINGER-STOPPER, Kirsten/Annerose MOLITOR-SCHWORM/Irene SCHULZE 1996: Kommunikationstraining für LehrerInnen: Was bringt das? In: PÄDAGOGIK Heft 10/1996, S. 21-24.
FAULSTICH-WIELAND, Hannelore 1991: Koedukation - enttäuschte Hoffnungen? Darmstadt.
FLAAKE, Karin 1989: Berufliche Orientierungen von Lehrerinnen und Lehrern. Frankfurt/New York.
GLUMPLER, Edith 1995: Feministische Schulforschung. In: ROLFF, Hans-Günter (Hg.): Zukunftsfelder von Schulforschung. Weinheim, S. 133-156.
GROEBEN, Annemarie von der/Hartmut von HENTIG/Helga KÜBLER/Annelie WACHENDORFF 1988: Strukturplan der Bielefelder Laborschule. Bielefeld (Impuls-Reihe Band 15).
HÄNSEL, Dagmar 1991: Die männliche und die weibliche Form des Lehrerseins. In: Neue Sammlung 31, Heft 2/1991, S. 187-202.
HAGEMANN-WHITE, Carol 1984: Sozialisation männlich - weiblich? Leverkusen.
HOLTAPPELS, Heinz Günter (Hg.) 1995: Entwicklung von Schulkultur. Ansätze und Wege schulischer Erneuerung. Neuwied.
HORSTKEMPER, Marianne 1995: Die eigene Schule und sich selbst verändern. In: PÄDAGOGIK 2/1995, S. 6-8 (Einführung in den Themenschwerpunkt).
HORSTKEMPER, Marianne 1995a: Chancen und Probleme der Zusammenarbeit von Wissenschaft und Praxis - Erfahrungen in Modellversuchen. In: HOELTJE, Bettina u.a. (Hg.): Wider den heimlichen Lehrplan. Bausteine und Methoden einer reflektierten Koedukation. Bielefeld, S. 200-210.
HORSTKEMPER, Marianne 1995b: Was dürfen Mädchen, was sollen Jungen? In: HEMPEL, Marlies (Hg.): Verschieden und doch gleich. Schule und Geschlechterverhältnisse in Ost und West. Bad Heilbrunn, S.173-189.
HORSTKEMPER, Marianne/Margret KRAUL (Hg.) 1995: Koedukation trägt Früchte. Koblenz (Tagungsreader Universität Koblenz).
JUNGK, Robert/Norbert MÜLLERT 1989: Zukunftswerkstätten. Mit Phantasie gegen Routine und Resignation. München.
KOCH-PRIEWE, Barbara 1995: Über die männliche Kultur hinausgehen. Schulentwicklung aus weiblicher Perspektive. In: PÄDAGOGIK 2/1995, S. 22-24.
LAMNEK, Siegfried 1993: Qualitative Sozialforschung, Band 2, Methoden und Techniken, Weinheim, 2. überarb. Aufl.
LEWIN, Kurt 1936: Principles of Topological Psychology. New York.
LEWIN, Kurt 1953: Die Lösung sozialer Konflikte. Ausgewählte Abhandlungen über Gruppendynamik. Bad Nauheim.
MILLER, Reinhold 1992: Schilf-Wanderung. Weinheim.
NYSSEN, Elke/Bärbel SCHÖN 1992: Traditionen, Ergebnisse und Perspektiven feministischer Schulforschung. In: Zeitschrift für Pädagogik, Jg. 38, Heft 6/1992, S. 855-872.
PHILIPP, Elmar 1994: Gute Schule verwirklichen. Ein Arbeitsbuch mit Methoden, Übungen und Beispielen der Organisationsentwicklung. Weinheim und Basel, 4. Auflage.
PRIEBE, Botho 1995: Gewalt und Gewaltprävention in der Schule. Schulinterne Lehrerfortbildung als Schulentwicklung. In: PÄDAGOGIK 2/1995, S. 25-27.
ROLFF, Hans-Günter 1984: Schule im Wandel. Kritische Analysen zur Schulentwicklung. Essen.
ROLFF, Hans-Günter 1994: Vorwort zu: PHILIPP, Elmar: Gute Schule verwirklichen. Ein Arbeitsbuch mit Methoden, Übungen und Beispielen der Organisationsentwicklung. Weinheim und Basel, S. 7.
ROLFF, Hans-Günter 1995: Die Schule als Organisation erzieht. Organisationsentwicklung und pädagogische Arbeit. In: PÄDAGOGIK 2/1995, S. 17-21.

SCHLÖMERKEMPER, Jörg (Hg.) 1992: Die Schule gestalten. Konzepte und Beispiele für die Entwicklung von Schulen. 2. Beiheft der Zeitschrift „Die Deutsche Schule".
SCHNOOR, Detlev 1995: Gegen den negativen Trend. Eine Gesamtschule gibt sich ein pädagogisches Profil. In: PÄDAGOGIK 2/1995, S. 13-16.
WEISBORD, Marvin (ed.) 1992: Discovering Common Ground. San Farancisco.
WENZEL, Hartmut Bärbel/Matthias WESEMANN/Fritz BOHNSACK (Hg.) 1990: Schulinterne Lehrerfortbildung. Ihr Beitrag zu schulischer Selbstentwicklung. Weinheim, S. 159-180.

Jörg Voigt

Unterrichtsbeobachtung

1. Geschichte der Unterrichtsbeobachtung

Die systematische Beobachtung von Unterricht hat eine lange Tradition. Schon in der Aufklärungspädagogik im 18. Jahrhundert sollte die Beobachtung des Unterrichts in Experimentierschulen zur Entwicklung realitätsnaher Unterrichtstheorien dienen (LOSER 1979, 24ff). Im 19. Jahrhundert entstand in Folge der Etablierung der Regelschule und der Institutionalisierung der Lehrerausbildung eine vielfältige Praxis der Unterrichtsbeobachtung. Die Beobachtungen wurden oft in Unterrichtsberichten verdichtet, die dem Zweck dienten, angehenden Lehrern[1] vorbildlichen Unterricht zur Orientierung oder schlechte Beispiele zur Warnung zu präsentieren (BLOCH 1969; PETRAT 1979).
In unserem Jahrhundert entwickelten sich mit der zunehmenden Differenzierung zwischen Unterrichtspraxis und Unterrichtswissenschaft ein deutliches Problembewußtsein für Methoden der Unterrichtsbeobachtung und eine stärkere Reflexion über Möglichkeiten der Erkenntnisgewinnung durch Unterrichtsbeobachtung (s. z.B. PETERSEN/PETERSEN 1965). Nach dem zweiten Weltkrieg war die deutsche Pädagogik zuerst noch der geisteswissenschaftlichen Tradition verpflichtet, deren Formen der Unterrichtsbeobachtung man zunehmend als methodologisch defizitär erachtete (KLAFKI 1971). Zwei dann folgende „Wenden" in der Erziehungswissenschaft ließen der methodologisch überlegten Unterrichtsbeobachtung eine hohe Bedeutung für die Unterrichtswissenschaft zukommen.
Mit der „realistischen Wende" (ROTH 1962) orientierte sich die Unterrichtsforschung an sozialwissenschaftlichen Mustern, die teilweise eine große Nähe zu naturwissenschaftlichen Zugangsweisen aufwiesen und die deren Anspruch an Objektivität der Erkenntnisse übernahmen. Man versuchte, die Komplexität des Unterrichts mit Hilfe von Variablen, z.B. „Lehrerfertigkeit" und „Schülerleistung", zu reduzieren. Variablen wurden quantifiziert, zwischen den Variablen wurden Kausalbeziehungen mittels statistischer Verfahren entdeckt, und auf diese Weise wollte man eine möglichst präzise Erklärung und Prognose unterrichtlicher Prozesse erzielen. Allerdings hat sich die Hoffnung nicht erfüllt, daß man die Theorie-Praxis-Spanne überwinden könne, indem man Unterrichtsgesetze entdeckte und die Kenntnis der Gesetze zu einer Technologie zu Händen des Lehrers umformte.
Die zweite Wende, die „Alltagswende" (LENZEN 1980) entstand nach den ernüchternden Erfahrungen mit den Bildungsreformen. Die Hinwendung zum

---

[1] Im Beitrag ist bei Verwendung der männlichen bzw. der weiblichen Form jeweils das andere Geschlecht mitgemeint.

Alltag beinhaltete u.a. die Hoffnung, mit qualitativen Methoden besser die Stabilitäten und Eigenbewegungen des Unterrichtsalltags und die Problemsichten und Erfahrungen der in der Alltagspraxis Tätigen erkennen zu können. Methoden der interpretativen Sozialforschung erhielten hohe Aufmerksamkeit und wurden in der Unterrichtsforschung genutzt (TERHART 1978). Man nahm an, daß die Unterrichtsteilnehmer gemäß ihrer Deutungen des Unterrichtsgeschehens eben dieses gestalten. Unterricht galt also nicht mehr als ein Geschehen, das von objektiv meßbaren Faktoren bestimmt sei, sondern die Abhängigkeit des Unterrichts von den Sinnstiftungen der Beteiligten stand im Vordergrund. Deshalb erhielt das „Verstehen" der Handlungen der Subjekte besonderes Gewicht in der Erforschung des Unterrichts. Der Beobachter hatte nicht mehr zu messen, sondern sich in die Wirklichkeit des Unterrichts hineinzudenken, wie sie ein Beteiligter erfahren konnte.

Gleichwohl bedeutete diese Orientierung an der Subjektivität der Unterrichtsteilnehmer nicht, daß eine unmittelbare Lehrersicht eingenommen würde, so daß die Erfahrungen, die Sichtweisen und die Wertvorstellungen der Praktiker durch die Beobachtung schlicht verdoppelt würden. Die Distanz zur untersuchten Unterrichtspraxis blieb in einer interpretativen Forschung erhalten, die sich durch Theoriegeladenheit und methodologische Reflexion auszeichnete.

2. Formen der Unterrichtsbeobachtung

2.1 Freie Beobachtung

Die freie Beobachtung (HOMANS 1960) erlaubt scheinbar eine unbefangene Beschreibung des Unterrichtsgeschehens. Der Beobachter soll völlig theoriefrei den Phänomenen begegnen und sich keiner Beobachtungskriterien bedienen. Das Unterrichtsgeschehen soll zunächst mit Hilfe der Alltagssprache beschrieben werden. Erst nach der ausführlichen Beschreibung werden sukzessiv abstrakte Begriffe gebildet, um ein theoretisches Modell von Unterricht zu erhalten.

Die freie Beobachtung eignet sich zur Gewinnung erster Eindrücke und Vermutungen, wenn die Unterrichtsgeschehnisse von einer Art sind, die der Beobachter zuvor nicht erlebt hatte, z.B. bei Unterrichtsinnovationen. Was dem Beobachter allerdings auffällt, hängt auch von ihm selbst ab. In die vermeintlich phänomenologische Beschreibung gehen Erwartungshaltungen des Beobachters und Zufälligkeiten seiner Aufmerksamkeitsrichtung unkontrolliert ein. So ist unsere Alltagssprache über Unterricht von Metaphern durchsetzt, die schon ein bestimmtes Bild von Unterricht nahelegen. Z.B. kann die Formulierung, daß der Lehrer ein neues Thema „einführe", die Schüler im Sinne der „tabula rasa" erscheinen lassen, die keine relevante Vorerfahrung zu dem Thema hätten. Deshalb sollte der Aufwand einer „Dokumentation" der Unterrichtsgeschehnisse mittels Video- und Audiotechnik nicht gescheut werden. Sie schafft eine objektivierte Grundlage für spätere Interpretationen, obwohl beispielsweise schon die Kameraführung auf Interpretationen des Geschehens beruht.

2.2 Technische Dokumentation von Unterricht

Heute nutzt die qualitative Unterrichtsforschung in der Regel die Video- und Audiotechnik. Der Einsatz der Geräte hat mehrere Vorteile, die das Problem mildern, daß Unterricht verglichen mit anderen Feldern der erziehungswissenschaftlichen Forschung äußerst komplex und mehrdeutig ist:
– Bei den Unterrichtsaufnahmen ist man nicht mehr wie der freie Beobachter dem unwiederbringlichen Fluß der Ereignisse ausgesetzt. Man kann sich von seinen ersten spontanen Interpretationen der Geschehnisse distanzieren und sich durch mehrmaliges Anschauen der Bänder von der Befangenheit in seinen routinierten Deutungsmustern lösen.
– Die Aufmerksamkeitsrichtung kann systematisch variieren. Z.B. läßt sich in der sorgfältigen Analyse des Schüler- und Lehrerhandels erkunden, wie unterschiedlich die Beobachteten dieselbe Unterrichtssituation wahrnehmen, auch wenn sie die gleiche Sprache zu sprechen scheinen (s. z.B. KRUMMHEUER 1992, 69-109).
– Verdeckte Bedingungen und Prozesse des Unterrichts können an zunächst unscheinbaren Indizien erkannt werden. Z.B. können Schülertaktiken in der Doppelbödigkeit einzelner Handlungen erfaßt werden (HEINZE 1980).
– Schlüsselszenen im Unterrichtsverlauf können detailliert untersucht werden. Zum Beispiel werden in Krisensituationen Grundprobleme des Unterrichts und die Normalitätserwartungen der Beteiligten leichter erkennbar, als im „glatt" verlaufenden Unterricht, dessen Selbstverständlichkeiten dem Beobachter wegen seiner eigenen Schulerfahrung nicht bewußt werden müssen.
– Von den Tonbandaufnahmen lassen sich detaillierte Wortprotokolle anfertigen. Zu ihrer Analyse bietet die Pragmalinguistik mit ihrer Konversationsanalyse eine breite Vielfalt methodischer und theoretischer Mittel (s. z.B. CAZDEN 1988).
– Die Veröffentlichung von Niederschriften der Aufnahmen erlaubt den Lesern einer Unterrichtsanalyse, die Interpretationen des Forschers nachzuvollziehen und zu kritisieren.
Allerdings sind bei der technischen Dokumentation neben dem hohen Aufwand einige Probleme zu bedenken:
– Zur Videodokumentation bedarf es in der Regel einer Genehmigung der Schulbehörden, die an mehrere Auflagen geknüpft ist. Zum Beispiel ist im Regelfall die schriftliche Zustimmung von Schülern bzw. Eltern notwendig.
– Der Einfluß des Beobachters auf das Beobachtete wird verstärkt. Kamera und Mikrophon veröffentlichen den ansonsten intimen Bereich des Schulunterrichts, der mit starken Tabus belegt ist. Zum Beispiel kann der Lehrer versucht sein, im Sinne einer Lehrprobe einen Unterricht zu inszenieren, der für den Schulalltag untypisch ist. Der Beobachter kann dieses Problem auf mehrere Weisen eingrenzen: strikte Wahrung der Anonymität, eine vertrauensvolle und ehrliche Zusammenarbeit mit den Beobachteten, eine längere Dauer der Beobachtung, Einnahme einer neugierigen statt der verbreiteten negativ-kritischen Haltung gegenüber Unterricht, Übernahme von Mitverantwortung für den Un-

terricht und der Vergleich mit Unterrichtsstunden, die nicht technisch dokumentiert werden.
– Die Wahl der Kamera- und Mikrophoneinstellungen bedingt die späteren Interpretationsmöglichkeiten. Will man das frontale Unterrichtsgespräch, die Interaktionen zwischen Schülern oder das Handeln einer einzelnen Person dokumentieren? Gegenstand der meisten Unterrichtsbeobachtungen ist das offizielle Unterrichtsgespräch zwischen Lehrer und Schülern. Es ist schwierig, die halb-offizielle Nebenkommunikation zwischen Schülern in einem Klassenraum aufzunehmen. Man ist verleitet, die „Subkultur" der Schüler (WILLIS 1979) zu übersehen.
– Der Blick auf den Unterricht am Bildschirm kann den Eindruck von der Unterrichtsatmosphäre, wie sie ein Teilnehmer erfährt, verfälschen. Die distanzierte Wahrnehmung ist gegenüber dem direkten Erleben sinnlich ärmer. Und es können Ansprüche des Fernsehzuschauers geweckt werden, die beim Schauen des Videobandes den dokumentierten Unterricht als chaotisch einschätzen lassen. Ein zusätzliches Erlebnisprotokoll kann dieses Defizit verringern.
– Um nicht in dem Binnengeschehen von Unterricht befangen zu bleiben, wird die Dokumentation des Unterrichtsprozesses je nach Forschungsinteresse um weitere Notizen ergänzt, die z.B. die Stundenplanung des Lehrers, die Vorgeschichte der Unterrichtseinheit oder die früheren Arbeiten der Schüler betreffen.

2.3 Beobachtungsleitfäden

Eine weitere Möglichkeit der Unterrichtsbeobachtung liegt in der Verwendung von Beobachtungsleitfäden (s. ZIEFUß 1978). Vor der Beobachtung wird festgelegt, auf was geachtet wird. Dieses hält der Beobachter während des Unterrichts in Form eines Protokolls fest.
Die Entwicklung oder Übernahme eines Beobachtungsleitfadens beinhaltet Entscheidungen darüber, welche Phänomene aus dem Unterrichtsgeschehen für die Fragestellung der Untersuchung wichtig sind. Diese Entscheidungen werden wissenschaftlich gefällt, wenn zumindest in Ansätzen ein theoretisches Unterrichtsmodell ausgewiesen wird. So ist die Verwendung von Beobachtungsleitfäden dann hilfreich, wenn schon Vermutungen über Unterricht vorliegen, die nur noch geprüft werden sollen. Damit rückt die Unterrichtsbeobachtung in die Nähe der quantitativen Unterrichtsforschung.
Als Beispiel sei die Untersuchung des „offenen Unterrichts" gewählt. Wenn man kaum eine Vorstellung darüber hat, wie offener Unterricht in der Praxis ausschaut, ist eine freie Beobachtung verschiedener Klassen, in denen laut Aussagen der Lehrer offener Unterricht praktiziert wird, sinnvoll, um erste Eindrücke zu erhalten. Wenn man feststellen will, ob ein bestimmtes Merkmal von offenem Unterricht, das in der Literatur als charakteristisch für diese Unterrichtsform gilt, tatsächlich in dem zu beobachtenden Unterricht feststellbar ist, bietet sich die Entwicklung und Verwendung eines Beobachtungsleitfadens an. In diesem Fall ist theoretisch zu klären, welche Phänomene des Unterrichts für das Merkmal relevant sind; denn ein Merkmal wie „hohe Eigenverantwortung der Schüler für ihre Lernwege" läßt nicht direkt auf ein bestimmtes Schülerver-

halten schließen. Wenn man dagegen untersuchen will, ob sich in einem offenen Unterricht „heimliche" Routinen bilden, die aus den Untersuchungen der traditionellen Unterrichtspraxis und aus den Modellen von offenem Unterricht nicht bekannt sind, ist die Dokumentation mittels Videogerät besser geeignet.

2.4 Teilnehmende Beobachtung

In der qualitativen Forschung wird zwischen teilnehmender und nicht-teilnehmender Beobachtung unterschieden. Übernimmt der Beobachter zugleich die Rolle der Lehrperson, ist die Distanzierung von der Lehrersicht äußerst schwierig; hier ist eine besondere Fähigkeit zur Reflexion und eine hohe Sensibilität notwendig (vgl. RUMPF 1966).

Bei Trennung der Rollen des Lehrenden und des Beobachtenden ist zu bedenken, daß die Schüler den Beobachter zur Lehrerschaft oder zumindest zur Gruppe der Erwachsenen rechnen und sich entsprechend ihm gegenüber verhalten können. Der Beobachter wird z.B. damit rechnen müssen, daß die Schüler ihn bei schwierigen Aufgaben um Hilfe bitten oder daß der Lehrer auch auf die Anwesenheit des Beobachters verweist, wenn er die Schüler zu disziplinieren sucht. Die Erkenntnisse des Beobachters hängen also von der Definition der Beobachterrolle unter allen Beteiligten ab.

Aber auch, wenn der Beobachter sich abseits des Unterrichtsgeschehens zu befinden meint und glaubt, daß er den Unterricht nicht beeinflusse, kann er sich leicht täuschen (DEVEREUX 1976). Insbesondere für den Lehrer ist die Situation der Beobachtung nicht alltäglich, sie kann bei ihm Einstellungen aus der Referendarzeit wachrufen, und sie kann Vorführstunden entstehen lassen. Die Hoffnung wäre trügerisch, daß man den Einfluß der Beobachtung auf den Lehrer minimieren könnte, indem der Beobachter seine Interessen gegenüber dem Lehrer verdecken würde. Denn so verdeckt man nur den Einfluß, weil sich der Lehrer unbemerkt Gedanken über die Interessen des Beobachters machen kann. Das Problem des Einflusses der Beobachtung auf das Beobachtete kann man offensiv angehen, indem man den Einfluß zu erkunden sucht oder indem man im Sinne der Praxisforschung (HEINZE/LOSER/THIEMANN 1981) es darauf anlegt, daß der Unterricht durch die Beobachtung verändert wird. Aus der Beobachtung wird dann schon ein Feldexperiment.

3. Interpretation des Unterrichts

3.1 Methodologische Vorbemerkungen

Die Eigenart der interpretativen Unterrichtsforschung läßt sich in einem groben Kontrast zur quantitativen Unterrichtsforschung verdeutlichen (vgl. TERHART 1978). Die quantitative Unterrichtsforschung versteht in ihrer naturwissenschaftlichen Orientierung den Unterricht als ein Geschehen, das bei Kenntnis bestimmter Anfangsbedingungen vorhersagbar und technologisch gestaltbar sei und in dem Faktoren isoliert werden können, die für das jeweilige Untersuchungsinteresse zentral sind. Dagegen betont die interpretative Unterrichtsforschung die subjektiven Sichtweisen der Lehrer und Schüler und die sinnstiftenden Aktivitäten, durch die Lehrer und Schüler eine innere Ordnung von Unterricht hervorbringen.

Entsprechend der Annahme, daß die beobachteten Subjekte ihre Erfahrungswirklichkeit konstruieren, besteht die Aufgabe der interpretativen Forschung darin, die Erfahrungswirklichkeit der Subjekte zu „re"-konstruieren. Um zu angemessenen Rekonstruktionen der Erfahrungswirklichkeit zu gelangen, muß der Interpret selbst Vorstellungen konstruieren, die er den Beobachteten unterstellt und die möglichst gut zu deren Verhalten passen. Der Interpret sollte deshalb seine eigene Subjektivität nicht verleugnen, sondern sie qualifizieren und reflektieren (SCHÜTZE u.a. 1973).

Für den Forschungsgegenstand Unterricht gelten diese Annahmen auch, obwohl man einwenden könnte, daß gerade Unterricht durch institutionelle und organisatorische Bedingungen von Schule, durch Lehrplanvorgaben, durch Schulbücher u.a. determiniert sei. Solchen Bedingungen wird in der interpretativen Unterrichtsforschung Rechnung getragen, als untersucht wird, wie die Beobachteten diese Bedingungen deuten. Denn erst die Deutung der Bedingungen durch die Subjekte läßt die Bedingungen handlungswirksam werden, oder Bedingungen wie die des Lehrplans werden sogar durch die Handlungen der Unterrichtsteilnehmer konterkariert (s. „Heimlicher Lehrplan", JACKSON 1968).

Im Unterricht handeln Lehrer und Schüler unter unterschiedlichen Voraussetzungen. Zum Beispiel sind ihre sozialen Rollen und ihre fachlichen Kenntnisse und Fähigkeiten unterschiedlich. Deshalb ist es für viele Arbeiten aus der interpretativen Unterrichtsforschung charakteristisch, daß deutlich zwischen Lehrer- und Schülerperspektiven unterschieden wird. Die Unterrichtswirklichkeit ist für den Lehrer eine andere als für den Schüler. Der Wissenschaftler muß darüber hinaus eine dritte Perspektive einnehmen, wenn er nicht nur die Perspektive eines Beobachteten wiedergeben will, wofür die Methode des Interviews bzw. des nachträglich lauten Denkens geeigneter wäre. Diese dritte Perspektive stützt sich in der interpretativen Unterrichtsforschung vornehmlich auf soziologische Theoriebildungen des Symbolischen Interaktionismus und der Ethnomethodologie (ERICKSON 1986; MEHAN 1979; SMITH/GEOFFREY 1968; TERHART 1978).

Verglichen mit feuilletonistischen Darstellungen von Unterricht sind Studien der interpretativen Unterrichtsforschung theoriegeladen. Denn es gibt keine vorurteilslose Interpretation von Unterricht, nur ein theoretisch-perspektivischer Zugang zur Unterrichtswirklichkeit ist möglich (MOLLENHAUER/RITTELMEYER 1977). Der Ausweis theoretischer Annahmen bei der Interpretation von Unterricht folgt den Ansprüchen an wissenschaftliche Reflexion und Redlichkeit, er ermöglicht beobachtete Phänomene durch nicht direkt Beobachtbares zu erklären, und er erlaubt, an einem einzelnen Fall Typisches zu erkennen.

3.2 Methodologische Probleme und methodische Möglichkeiten

In den meisten interpretativen Untersuchungen von Unterricht werden von den Videoaufnahmen Transkripte angefertigt, d.h. detaillierte Protokolle des verbalen und des non-verbalen Handelns (vgl. REDDER 1982). In der Transkription wird das Unterrichtsgeschehen noch stärker interpretiert, als es schon bei den Entscheidungen zur technischen Dokumentation geschieht. Insbesondere ist die Transkription des non-verbalen Handels schwierig: Lächelt der Lehrer ironisch oder erfreut? Die Rede von Dokumenten des Unterrichts soll nicht darüber hinweg täuschen, daß sie schon Produkte von Interpretationen sind.

Jede Unterrichtssituation läßt verschiedene und auch sich widersprechende Interpretationen zu. Experten der interpretativen Unterrichtsforschung können erfahrungsgemäß mehrere Stunden lang immer neue Interpretationen eines Unterrichtsgeschehens entwickeln, das transkribiert wurde und das nur eine Minute dauert. Man könnte sogar von einer Unschärfe-Relation sprechen: Je genauer man einen Transkriptausschnitt betrachtet und je kritischer man seine Interpretationen hinterfragt, umso unbestimmter erscheinen die Phänomene. Zum Beispiel: Warum reagiert ein Lehrer auf einen Schülerbeitrag mit „Hui, oijoijoi" und hochgezogenen Augenbrauen? Drückt der Lehrer expressiv Erstaunen aus? Oder lobt er den Schüler für seinen Beitrag, weil er diesen als kreativ oder anspruchsvoll bewertet? Oder will er vor dem Ausgriff auf etwas Neues warnen, weil er den Schülern allgemein solches nicht zutraut oder weil er Verwirrung hinsichtlich der Aufgabenstellung befürchtet? Trägt das Lehrgang, dem der Lehrer folgt, dazu bei, daß der Lehrer den Schülerbeitrag nicht erwartete?

In der Konkurrenz unterschiedlicher Interpretationen entsteht ein Begründungszwang für die einzelne angebotene Interpretation, auch wenn sie anfangs noch so plausibel und nicht begründungsbedürftig erschien. Argumente für eine einzelne Interpretation finden sich

an Indizien in den Beobachtungsdokumenten,
- in der Explikation von Vorstellungen über den Kontext der Unterrichtssituation, in der der Interpret die Unterrichtssituation eingebettet sieht, und
- in der expliziten Darstellung theoretischer Annahmen der Interpretationsperspektive.

Gerade der letztgenannte Argumentationsstrang ist anspruchsvoll, weil es keine vorurteilslose Interpretation gibt und wir aufgrund unserer frühen und intensiven Erfahrung mit Unterricht sehr weitgehende Deutungsmuster von Unterricht am Bewußtsein vorbei aufgebaut haben. Es ist also nicht nur von Vorteil, daß uns Unterricht vertraut und selbstverständlich erscheint. Uns fällt manches nicht mehr auf, und wir führen im spontanen Verstehen das Selbstverständliche nur auf vermeintlich Bekanntes zurück, das bei genauerer Reflexion als diffus und unbestimmt erscheint. Deshalb gilt die Beobachtung einer Alltagssituation, wie sie Unterricht für uns darstellt, als die edelste Form der Beobachtung (MOLLENHAUER/RITTELMEYER 1977, 162).

Die technischen Aufzeichnungen von Unterricht veröffentlichen eine für die Erziehungswissenschaft faszinierende Mikrokultur. Aufzeichnungen von Unterrichtsprozessen, die in ihrer Grobstruktur vertraut erschienen, offenbaren in ihrer Feinstruktur ein fremdartiges Eigenleben von Unterricht. Zum Beispiel entwickeln sich in der Mikrokultur Routinen der Beteiligten, die ihnen nicht bewußt sind. Lehrerroutinen laufen unbemerkt den Absichten des Lehrers zuwieder (VOIGT 1984); geschlechtsspezifische Schülerroutinen lassen den Lehrer sich über die fachliche Kompetenz der Schüler täuschen (JUNGWIRTH

1990). Der Konzentration auf die Mikrokultur entsprechend sind die Fälle in diesen Studien oft einzelne Unterrichtsstunden. Das birgt die Gefahr, die Bedeutung des Kontextes von Unterricht für das Binnengeschehen aus den Augen zu verlieren. Deshalb sind Erkundungen des Kontextes hilfreich, damit Unterricht nicht nur als Folge einzelner Unterrichtssituationen erscheint. Das kann soweit gehen, daß die Unterrichtsanalyse mit einer Analyse der Institution Schule verbunden wird (EHLICH/REHBEIN 1986).

4. Analyse und Verbesserung von Unterricht

Wegen normativer Ansprüche und Idealvorstellungen in der Didaktik ist der Wille stark, Unterricht zu verbessern. Vor dem Versuch, sorgfältig zu verstehen, ist man als Didaktiker verleitet, eine Bewertung zu fixieren, z.B.: Die Unterrichtssituation ist mißlungen! Hätte der Lehrer schon zu Beginn nur ...! Obwohl solche Bewertungen und Kontraste auch Konturen der betrachteten Unterrichtssituation schaffen, besteht die Gefahr, daß die Eigendynamik und Eigengesetzlichkeit der Unterrichtsprozesse unterschätzt wird. Deshalb neigen interpretative Untersuchungen zum Relativismus, um empfänglich für die zu untersuchende Unterrichtskultur zu sein (TERHART, 1978, 269).

Während die empirisch-analytische Unterrichtsforschung nach der „realistischen Wende" oft Unterrichtsmethoden in ihrer Wirkung erforschte und das Ziel der Effektivierung von Unterricht verfolgte (GAGE 1988), hat sich mit der Alltagswende auch das Bemühen um die Emanzipation des Lehrers mittels der Unterrichtsforschung verstärkt. Der Lehrer sollte nicht mehr nur der Anwender der wissenschaftlichen Technologie von Unterrichtsmethoden sein, deren Hintergrundannahmen ihm verdeckt blieben, sondern er sollte ausgehend von der Aufklärung über seinen Unterricht souveräner eigene Entscheidungen treffen können.

Im Rahmen von Praxisforschung (HEINZE/LOSER/THIEMANN 1981) wird die Unterrichtsbeobachtung durch eine enge Zusammenarbeit zwischen den Unterrichtspraktikern und den Wissenschaftlern bestimmt. Es wird angestrebt, daß beide Seiten eine gemeinsame Sicht auf Probleme und Chancen des Unterrichts entwickeln. Die Unterrichtsbeobachtung dient dann zur Reflexion des Lehrers und so mittelbar zur Verbesserung des Unterrichts. Dem Lehrer werden auch Beobachtungsmethoden angeboten, die er allein oder in Zusammenarbeit mit Kollegen einsetzen kann, um seinen Unterricht zu reflektieren und um ihn gemäß seiner eigenen Idealvorstellungen weiter zu entwickeln (ALTRICHTER/ POSCH 1990).

5. Folgerungen

Neben diesen Ansätzen in der Lehrerfortbildung erhält auch in der Lehrerausbildung die Unterrichtsbeobachtung eine neue Bedeutung (s. z.B. JUNGWIRTH u.a. 1994). Studierende beobachten Unterricht oder führen eigene Unterrichtsexperimente durch und dokumentieren diese. Die Dokumente werden im Seminar theoriegeleitet interpretiert. In diesem Fall erscheinen Verstehen von Theorie und Verstehen von Praxis als zwei Seiten einer Medaille. An der Hochschule vermitteltes theoretisches Wissen und eigene Unterrichtserfahrung werden auf diese Weise miteinander verbunden. Eventuell ergeben sich aus solchen Ansätzen eine Alternative zum Zerfallen der Hochschulausbildung in Praktika und theoretischen Veranstaltungen und eine Alternative zur unbefriedigenden Praxis der Beobachtung und Besprechung von Vorführstunden im Referendariat (s. z.B. MEYER 1982).

Zum Abschluß sei auf eine Gefahr hingewiesen, vor der schon 1980 gewarnt wurde (RIST 1980). Wie die quantitative Forschung eine Flut von Untersuchungen hervorbrachte, die allein schon durch die Methodenwahl Wissenschaftlichkeit beanspruchen wollten, entsteht heute der Eindruck, daß Unterrichtsforschung schon dadurch als wissenschaftlich gelten soll, daß sie qualitative Methoden verwendet. Unterrichtsberichte lesen sich z.T. wie das Feuilleton, und Darstellungen von Unterrichtsszenen haben den Charakter von Anekdoten. Eine systematische Beobachtung und die Mühe einer begleitenden Entwicklung und Darlegung theoretischer Begriffe, die wie Brillen Einsichten ermöglichen, sind notwendig. Denn sonst illustrieren die Ergebnisse der Unterrichtsbeobachtung nur Ansichten und Botschaften des Autors, die vor der Beobachtung feststanden.

Literatur

ALTRICHTER, Herbert/Peter POSCH 1990: Lehrer erforschen ihren Unterricht. Eine Einführung in die Methoden der Aktionsforschung. Bad Heibrunn.
BLOCH, Karl Heinz 1969: Der Streit um die Lehrerfrage im Unterricht der Pädagogik der Neuzeit. Wuppertal.
CAZDEN, Courtney B. 1988: Classroom Discourse. The Language of Teaching and Learning. London.
DEVEREUX, George 1976: Angst und Methode in den Verhaltenswissenschaften. Frankfurt/M.
EHLICH, Konrad/Jochen REHBEIN 1986: Muster und Institution. Untersuchungen zur schulischen Kommunikation. Tübingen.
ERICKSON, Frederick 1986: Qualitative Methods in Research of Teaching. In: WITTROCK, Merlin C. (Hg.): Handbook of Research on Teaching. Third Edition. New York, 119-161.
GAGE, Nathaniel L. 1979: Unterrichten. Kunst oder Wissenschaft? München.
HEINZE, Thomas 1980: Schülertaktiken. München.
HEINZE, Thomas/Fritz W. LOSER/Friederich THIEMANN 1981: Praxisforschung. Wie Alltagshandeln und Reflexion zusammengebracht werden können. München.
HOMANS, George C. 1960: Theorie der sozialen Gruppe. Köln/Opladen.
JACKSON, Philip W. 1968: Life in Classrooms. New York.
JUNGWIRTH, Helga 1990: Mädchen und Buben im Mathematikunterricht. Eine Studie über geschlechtsspezifische Modifikationen der Interaktionsstrukturen. Wien.
JUNGWIRTH, Helga/Heinz STEINBRING/Jörg VOIGT/Bernd WOLLRING 1994: Interpretative Unterrichtsforschung in der Lehrerbildung. In: MAIER, Hermann/Jörg VOIGT (Hg.): Verstehen und Verständigung. Arbeiten zur interpretativen Unterrichtsforschung. Köln, 12-42.
KLAFKI, Wolfgang 1971: Erziehungswissenschaft als kritisch-konstruktive Theorie. Hermeneutik-Empirie-Ideologiekritik. In: Zeitschrift für Pädagogik, 3, 351-385.
KRUMMHEUER, Götz 1992: Lernen mit Format. Weinheim.

LENZEN, Dieter 1980: „Alltagswende". Ein Paradigmenwechsel? In: LENZEN, Dieter (Hg.): Pädagogik und Alltag. Methoden und Ergebnisse alltagsorientierter Forschung in der Erziehungswissenschaft. Stuttgart, 7-25.

LOSER, Fritz 1979: Konzepte und Verfahren der Unterrichtsforschung. München.

MEHAN, Hugh 1979: Learning Lessons. Cambridge.

MEYER, Eberhard W. 1992: Deutschunterricht als Beurteilungssituation. Zum Problem der Lehrproben im Fach Deutsch. Frankfurt/M.

MOLLENHAUER, Klaus/Christian RITTELMEYER 1977: Methoden der Erziehungswissenschaft. München.

PETERSEN, Peter/Else PETERSEN 1965: Die pädagogische Tatsachenforschung. Paderborn.

PETRAT, Gerhardt 1979: Schulunterricht. Seine Sozialgeschichte in Deutschland 1750-1850. München.

REDDER, Angelika (Hg.) 1982: Schulstunden 1. Transkripte. Tübingen.

RIST, Ray C. 1980: Blitzkrieg Ethnography. On the Transformation of a Method into a Movement. In: Educational Researcher, 2, 8-10.

ROTH, Heinrich 1962: Die realistische Wendung in der pädagogischen Forschung. In: Neue Sammlung, 2, 481-491.

RUMPF, Horst 1966: 40 Schultage. Tagebuch eines Studienrats. Braunschweig.

SCHÜTZE, Fritz u.a. 1973: Grundlagentheoretische Voraussetzungen methodisch kontrollierten Fremdverstehens. In: ARBEITSGRUPPE BIELEFELDER SOZIOLOGEN (Hg.): Alltagswissen, Interaktion und gesellschaftliche Wirklichkeit. Band II. Reinbeck, 433-495.

SMITH, Louis M./William GEOFFREY 1968: The Complexities of an Urban Classroom. An Analysis toward a General Theory of Teaching. New York.

TERHART, Ewald 1978: Interpretative Unterrichtsforschung. Kritische Rekonstruktion und Analyse konkurrierender Forschungsprogramme der Unterrichtswissenschaft. Stuttgart.

VOIGT, Jörg 1984: Interaktionsmuster und Routinen im Mathematikunterricht. Theoretische Grundlagen und mikroethnographische Falluntersuchungen. Weinheim.

WILLIS, Paul 1979: Spaß am Widerstand. Gegenkultur in der Arbeiterschule. Frankfurt.

ZIEFUß, Horst 1978: Methoden der Unterrichtsbeobachtung. Braunschweig 1978.

Christian Lüders

Qualitative Kinder- und Jugendhilfeforschung[1]

In der jüngeren - nicht nur erziehungswissenschaftlichen - Fachdebatte um qualitative Sozialforschung spielt die Kinder- und Jugendhilfeforschung praktisch keine Rolle. Schlimmer noch: Blättert man die einschlägigen Handbücher und Sammelbände durch, scheint es sie gar nicht zu geben. In keiner der zuletzt erschienenen Veröffentlichungen taucht sie als ein für die Selbstverständigung qualitativer Sozialforschung relevantes Forschungsfeld auf.
Dieser Befund ist umso irritierender, als nicht nur SozialwissenschaftlerInnen unterschiedlicher Provenienz die Kinder- und Jugendhilfe immer wieder als ein interessantes Feld für qualitative Studien und methodologische Überlegungen betrachten (vgl. z.B. KRONER/WOLFF 1989; LAU/WOLFF 1982; WOLFF 1983, 1986; SCHMITZ/BUDE/OTTO 1989; NAGEL 1992), sondern auch qualitative Verfahren seit etlichen Jahren innerhalb der Kinder- und Jugendhilfeforschung in vielfältiger Weise Anwendung finden. Doch im Gegensatz zu anderen Handlungsfeldern[2] haben sich aus ihrer Mitte - sieht man von einigen wenigen Ausnahmen ab (vgl. z.B. WAHL/HONIG/GRAVENHORST 1982; KREISSL/von WOLFFERSDORFF-EHLERT 1985; HAUPERT 1991; EBERWEIN/KÖHLER 1994) - daraus weder nennenswerte Beiträge zur allgemeinen Debatte um qualitative Methodologien entwickelt noch läßt sich so etwas wie ein eigenständiger Diskurs zur qualitativen Forschung in der Kinder- und Jugendhilfe, z.B. in Form von Readern (als Ausnahme: EBERWEIN 1987), Aufsätzen oder Dokumentationen von Fachtagungen, erkennen. Mit anderen Worten: Qualitative Kinder- und Jugendhilfeforschung hat sowohl methodologisch als auch methodisch - aufs Ganze gesehen - ein bislang bestenfalls unterentwickeltes Bewußtsein von sich selbst. Weil darüber hinaus häufig ungeklärt bleibt, was Kinder- und Jugendhilfe eigentlich ist, verschwimmen die Grenzen und es entstehen Zuordnungsprobleme bzw. Fragen zur Zugehörigkeit. So darf man vermuten, daß

---

[1] Im Anschluß an die vorgegebene, national wie international mittlerweile übliche Terminologie dieses Handbuches wird hier zur Etikettierung des methodologischen Zuganges von *qualitativer* Forschung gesprochen. Angemerkt werden muß aber, daß der Begriff *rekonstruktive* Sozialforschung die Sache besser treffen würde.
Bei dem Bemühen, das Feld in „den Griff zu bekommen", haben mir eine Reihe von Kolleginnen und Kollegen geholfen. Sie alle zu nennen, würde eine lange Liste ergeben. Ausdrücklich erwähnt werden müssen jedoch B. SEIFERT, die für mich eine eigene Literaturrecherche erstellte, und die hilfreichen Kolleginnen aus der Bibliothek des DJI, die ich mehr als einmal bei der Suche nach Texten in Anspruch nehmen mußte.

[2] Vgl. z.B. die Übersicht in FLICK/KARDORFF/KEUPP/v. ROSENSTIEL/WOLFF 1991, 283 ff. oder die Beiträge zu den Forschungsfeldern Bildungsforschung, Schulpädagogik, berufliche Bildung, Erwachsenenbildung, Medienpädagogik, Gerontologie in KÖNIG/ZEDLER (1995).

eine Reihe von AutorInnen, obwohl ihre Studien der Sache nach durchaus einschlägig wären, das Etikett Kinder- und Jugendhilfeforschung brüsk zurückweisen würden. Andere hätten vermutlich Mühe, sich selbst zu verorten. Dritte schließlich würden sich problemlos zuordnen; mitunter müßte man jedoch - aus je unterschiedlichen Gründen - die Frage stellen, ob diese Zuordnung die Sache so ganz trifft.

Vor diesem Hintergrund scheint es zweckmäßig, zunächst den Gegenstand qualitativer Kinder- und Jugendhilfeforschung näher zu bestimmen (Abs. 1). In einem zweiten Schritt sollen einige Besonderheiten dieses Feldes näher beschrieben werden und im Hinblick auf ihre Implikationen für qualitative Zugänge ansatzweise diskutiert werden (Abs. 2). Darauf aufbauend werden in einem dritten Schritt sich aktuell abzeichnende zentrale Herausforderungen für die Weiterentwicklung qualitativer Kinder- und Jugendhilfeforschung skizziert (Abs. 3).

Die Heterogenität und Diffusität des Feldes bringen es zusammen mit der schnell zunehmenden Zahl an Studien unvermeidlich mit sich, daß hier kein vollständiger Überblick über den Stand der Forschung gegeben werden kann. Vieles muß - vor allem aus Platzgründen - ungenannt bleiben, so daß die zitierten Studien hier eher als jeweils *typische* und *illustrierende* Beispiele Erwähnung finden. Es geht um einen ersten Anstoß in der Hoffnung, daß diesem Forschungsfeld zukünftig mehr methodologische Aufmerksamkeit zuteil werde.

1. Qualitative Kinder- und Jugendhilfeforschung - was ist das?

Man könnte es sich leicht machen und antworten: Zur qualitativen Kinder- und Jugendhilfeforschung gehören alle empirischen Studien und Arbeiten, die mit Hilfe qualitativer Verfahren in dem durch das Kinder- und Jugendhilfegesetz (KJHG) kodifizierten Praxis- und Handlungsfeld Forschung betreiben bzw. sich auf diese aus einer methodologischen Perspektive reflexiv beziehen. Qualitative Kinder- und Jugendhilfeforschung wäre also zunächst durch den Einsatz qualitativer Methodologien in einem gesellschaftlich institutionalisierten Praxisfeld definiert. Bei genauerer Betrachtung und vor dem Hintergrund aller zentralen Theoriedebatten der letzten Jahrzehnte[3] zeigt sich dann, daß Kinder- und Jugendhilfe in einem Spannungsfeld mit mindestens drei Eckpunkten, den zuständigen *Institutionen*, den in ihnen tätigen *Professionellen* bzw. *beruflich* oder *ehrenamtlich Tätigen* und den *AdressatInnen*, begriffen werden muß. G. FLÖSSER hat diese Eckpunkte kürzlich als „Strukturmomente organisierter Sozialer Arbeit" bzw. als ihre „inhärenten Konstitutionselemente" bezeichnet (FLÖSSER 1994, 30) und zugleich noch auf die Rolle von Politik und Öffentlichkeit hingewiesen.

---

[3] Z.B. die Debatten zur Funktion von Kinder- und Jugendhilfe zwischen Hilfe und Kontrolle, zur Struktur professionellen Handelns, zur Lebensweltorientierung oder - in jüngerer Zeit - zu den Strukturmaximen des Achten Jugendberichtes der Bundesregierung (vgl. DEUTSCHER BUNDESTAG 1990, 85 ff.).

Da jedoch Politik und Öffentlichkeit bislang eher selten Gegenstand qualitativer Kinder- und Jugendhilfeforschung waren, sollen sie hier vernachlässigt werden. Möchte man also das Feld qualitativer Kinder- und Jugendhilfeforschung abstecken, läßt sich dies graphisch am besten in Form eines Dreiecks darstellen (vgl. ähnlich bei FLÖSSER 1994, 31).[4]

Abbildung 1

Es ist kennzeichnend für den überwiegenden Teil der Studien aus dem Bereich qualitativer Kinder- und Jugendhilfeforschung, daß sie irgendwo im Spannungsfeld *zwischen* den drei Eckpunkten anzusiedeln sind und weniger in den Ecken selbst. Dies ergibt sich gleichsam von selbst: Wer Kinder und Jugendliche ohne Rückbezug auf die jeweiligen Institutionen bzw. die in ihnen professionell, beruflich oder ehrenamtlich Tätigen thematisiert, betreibt Kindheits- bzw. Jugendforschung, aber keine Kinder- und Jugendhilfeforschung. In ähnlicher Weise macht die Rekonstruktion der Logik professionellen, beruflichen oder ehrenamtlichen Handelns im Bereich Kinder- und Jugendhilfe wenig Sinn, wenn man nicht zugleich die spezifischen institutionellen Rahmenbedingungen bzw. die Voraussetzungen auf seiten der Klientel im Blick hat. Dies hat zur Folge, daß man gelegentlich Schwierigkeiten hat, einzelne Studien zu- bzw. einzuordnen. Je nach Lesart mag man sie eher in die Nähe des einen oder anderen „Strukturmomentes" rücken. Um der besseren Klarheit willen soll dennoch im folgenden der Versuch unternommen werden, aus einer thematisch *fokussierenden* Perspektive die drei Eckpunkte detaillierter zu beschreiben.

Institutionen der Kinder- und Jugendhilfe: Zu den Institutionen der öffentlichen und freien Kinder- und Jugendhilfe gehören so unterschiedliche Einrichtungen wie Jugendämter, freie Träger wie z.B. Wohlfahrtsverbände und Initiativen, Jugendverbände, Freizeiteinrichtungen aller Art, Erziehungsheime, offene Wohngruppen, Kindergärten und Horte, die verschiedenen Arten von Beratungsstellen, Einrichtungen des Allgemeinen Sozialdienstes (ASD), der Straßensozialarbeit (z.B. in Form von Notschlafstellen), der außerschulischen kulturellen und politischen Weiterbildung u.a.. Obwohl erst in Ansätzen entwickelt, lassen sich derzeit drei Forschungsschwerpunkte erkennen. Da sind erstens jene quantitativ noch eher randständigen Arbeiten, die sich um die empirische *Deskription* bzw. *Rekonstruktion* der *organisatorischen* und *institutionellen Verfaßtheit* der Einrichtungen, also sowohl ihrer inneren Struktur und Logik als auch ihrer Außenbeziehungen, bemühen. Meist in Kombination mit quantitativen Zugängen werden auf der Basis von ExpertInneninterviews, gelegentlich auch mit Hilfe eth-

---

[4] Angemerkt sei, daß dieses einfache Ordnungsschema nicht auf den Bereich *qualitativer* Kinder- und Jugendhilfeforschung beschränkt ist. Mit seiner Hilfe lassen sich - cum grano salis - auch die in diesem Feld angesiedelten quantifizierenden Studien ordnen.

nographischer Zugänge u.a. Entscheidungsprozesse und -wege, organisatorische Binnenstrukturen, institutionelle Zugänge, Vernetzungen und institutionelle Außenbeziehungen und die Rahmenbedingungen praktischen Handelns zum Thema der Analysen (für den Bereich der Jugendämter vgl. z.B. OTTO 1991; für die Wohlfahrtsverbände in den neuen Bundesländern: ANGERHAUSEN/ BACKHAUS-MAUL/SCHIEBEL 1995). Zweitens gibt es eine Reihe von Arbeiten, die sich aus einer *planenden, beratenden* und an *Reformen interessierten* Perspektive den Einrichtungen der Kinder- und Jugendhilfe nähern. Qualitative Verfahren kommen dabei vor allem im Umfeld der Jugendhilfeplanung, der Organisationsberatung, der Implementationsforschung und der reformorientierten Kinder- und Jugendhilfeforschung zum Einsatz (vgl. z.B. für den Bereich der Tagesbetreuung von Kindern: DEUTSCHES JUGENDINSTITUT 1994).[5] Drittens sind die Studien zu nennen, die primär *evaluative* Interessen - z.B. im Rahmen von sozialpädagogischer Begleitforschung - verfolgen. Im Mittelpunkt dieser Studien steht das Interesse, mit Hilfe qualitativer Daten Aussagen über die Effizienz bzw. Effektivität von Angeboten, Maßnahmen und Institutionen der Kinder- und Jugendhilfe zu erhalten (vgl. z.B. für die Heimerziehung: NIEDERBERGER/ BÜHLER-NIEDERBERGER 1988; für die Familienhilfe: MOCH 1989; für die Erziehungsberatung: STRAUSS/HÖFER/GMÜR 1988).

Professionell, beruflich und ehrenamtlich Tätige in der Kinder- und Jugendhilfe und die Logik ihrer Praxis: Auf den ersten Blick mag nicht nur die Unterscheidung zwischen Institution und Profession, sondern auch die Zuordnung all jener Arbeiten, die sich auf die Rekonstruktion der Struktur und Logik des praktischen Handelns konzentrieren, wenig überzeugen. Die berufliche und professionelle Praxis von ErzieherInnen, SozialarbeiterInnen, SozialpädagogInnen und anderer Berufsgruppen innerhalb der Kinder- und Jugendhilfe ist immer eingebettet in konkrete institutionelle Rahmenbedingungen, so daß diese beiden Aspekte kaum von einander zu trennen sind. In der sozialpädagogischen Fachdiskussion der letzten zwanzig Jahre wurden jedoch die qualitativ-empirischen Analysen zur Struktur professionellen, beruflichen oder ehrenamtlichen Handelns in der Kinder- und Jugendhilfe vornehmlich in *professions-* und weniger in institutionstheoretischen Zusammenhängen diskutiert. So spiegelt die hier vorgenommene Zuordnung dieses Themenblocks eher eine historisch gewachsene, disziplinär spezifische Akzentsetzung und weniger ein systematisches Argument wider. Vor diesem Hintergrund lassen sich derzeit vier Forschungsschwerpunkte zu diesem Themenkomplex ausmachen:

- Eine der markantesten Entwicklungen der letzten Jahre in dem hier interessierenden Zusammenhang ist die mit dem Aufblühen der qualitativen Bio-

---

[5] Kennzeichnend für viele Arbeiten dieses Typus ist, daß sie entweder Produkte von Auftragsforschung oder der kommunalen Jugendhilfeplanung sind und deshalb nur selten den institutionellen Entstehungs- und Veröffentlichungsrahmen - z.B. bei Trägern, Forschungsinstituten oder Verwaltungen - verlassen. Was dann öffentlich zugänglich wird, sind nicht selten *inhaltliche* Konzentrate der Ergebnisse; Methodenfragen und erst recht methodologische Reflexionen spielen dabei naturgemäß so gut wie keine Rolle. Es wäre eine ganz eigene Arbeit, diesen großen Bereich grauer Papiere unter dem Aspekt des Einsatzes qualitativer Verfahren zu sichten.

graphie- und Lebenslaufforschung verbundene Zunahme an Arbeiten, in deren Mittelpunkt der *biographische Blick auf professionell, beruflich* oder *ehrenamtlich Tätige* in der Kinder- und Jugendhilfe steht. Themen sind dabei z.B. die biographischen Hintergründe und Motive ehrenamtlichen Engagements in Wohlfahrtsverbänden, Kirchengemeinden, der Telephonseelsorge, der Heilsarmee, in Initiativen, Projekten u.a. (JAKOB 1993), die Berufsbiographien von HeimerzieherInnen (STAHLMANN 1993; LUDEWIGT/ OTTO-SCHINDLER 1992) und SozialarbeiterInnen (NAGEL 1992). Methodisch überwiegen bei der Datengenerierung in diesem Sektor narrative bzw. biographische Interviews, während bei den Auswertungskonzepten das gesamte Spektrum von F. SCHÜTZEs Verlaufskurven über U. OEVERMANNs latente Sinnstrukturen bis hin zu selbst konstruierten themenbezogenen Auswertungsstrategien anzutreffen ist.

- Eine zweite Gruppe von Arbeiten konzentriert sich auf die Analyse des *professionellen, beruflichen bzw. ehrenamtlichen Selbstverständnisses* und die Rekonstruktion der *Problemwahrnehmung aus der Sicht der PraktikerInnen* (vgl. z.B. aus der Praxis der Erziehungsberatung: KURZ-ADAM 1995, oder des betreuten Wohnens: KLATETZKI 1993). In diesem Segment trifft man vornehmlich auf ExpertInneninterviews, vereinzelt auch auf ethnographische Zugänge.

- Neben den biographietheoretischen Arbeiten und den dichten Beschreibungen der Praxis aus der ethnographischen Perspektive der TeilnehmerInnen sind drittens zu diesem Themenblock eine ganze Reihe von Arbeiten zu zählen, die auf die empirische *Rekonstruktion der Struktur und Logik praktischen Handelns* in der Kinder- und Jugendhilfe abzielen. Exemplarisch zu nennen ist hier die Arbeit von R. SAHLE (1987), die mit Hilfe der objektiven Hermeneutik vier Beratungsgespräche und die daran beteiligten SozialarbeiterInnen in jeweils unterschiedlichen Arbeitsfeldern der Sozialarbeit[6] unter dem Aspekt der Sozialarbeiter-Klient-Beziehung bzw. des beruflichen Selbstverständnisses analysierte. Ebenso einschlägig ist z.B. auch die Studie von St. WOLFF und Th. LAU über die Praxis sozialarbeiterischen Handelns in einer Einrichtung des Allgemeinen Sozialdienstes (vgl. WOLFF 1983; LAU/WOLFF 1983). Im Zentrum dieser Arbeiten stehen Gesprächsanalysen (z.B. bei JUNGBLUT 1983) Interaktionsanalysen, ethnographische Zugänge und gelegentlich ExpertInnengespräche.

- Viertens sind jene Arbeiten zu nennen, die aus einer wissenssoziologischen Perspektive und angeregt durch die Diskussion zur Verwendung sozialwissenschaftlichen Wissens (vgl. LÜDERS 1991) diesem Thema auch in den verschiedenen Praxisfeldern der Kinder- und Jugendhilfe nachgingen (vgl. z.B. KRONER/WOLFF 1989; SCHMITZ/BUDE/OTTO 1989). Eingesetzt wurden dabei vor allem ExpertInneninterviews und Interaktionsanalysen.

---

[6] Bei einem Sozialen Dienst eines Landkreises, einem Allgemeinen Sozialdienst (ASD) in einer Großstadt, einer freien Projektgruppe „Gemeinwesenarbeit" in einem Stadtteil mit einem hohen Anteil von Sozialwohnungen und einer Beratungsstelle für Ehe- und Lebensberatung in einer Großstadt.

AdressatInnen: Im Vergleich zu den beiden zuvor genannten Themenblöcken liegen für die Seite der AdressatInnen relativ zahlreich qualitative Studien vor. Allerdings wäre es verfehlt, nun jede qualitative Jugendstudie hier einordnen zu wollen. Noch nicht einmal jene Studien, die sich im engeren Sinne mit „problematischen", „auffälligen" oder „riskanten" Lebenslagen von Jugendlichen beschäftigen und deren Untersuchungsobjekte potentielle AdressatInnen der Kinder- und Jugendhilfe sein könnten, sollen hier diesem Forschungsfeld der Kinder- und Jugendhilfeforschung zugeschlagen werden. In diesem Sinne wird hier zwischen einer Kindheits-, Jugend- und Familienforschung einerseits und einer AdressatInnenforschung andererseits unterschieden. So gesehen definiert sich die AdressatInnenforschung durch den Umstand, daß die untersuchten Kinder, Jugendlichen und ihre Familien im Zusammenhang mit Maßnahmen und Angeboten der Kinder- und Jugendhilfe gesehen werden. Im Kern können zwei Typen unterschieden werden: Da gibt es erstens Studien, die die Institutionen und die Praxis der Kinder- und Jugendhilfe aus der Sicht der betroffenen bzw. in ihnen engagierten AdressatInnen analysieren. Beispiele hierfür sind die Arbeiten von J. KERSTEN und Chr. v. WOLFFERSDORFF-EHLERT (1980) über die Erfahrungen und Sichtweisen von inhaftierten Jugendlichen, die Studien über BewohnerInnen von Erziehungsheimen (KIEPER 1980; LAN-DENBERGER/TROST 1986; ROMANSKI-SUDHOFF/SUDHOFF 1984), Kindern in Tagesheimen (SCARBATH/PLEWIG/WEGNER 1981), Mitglieder in Jugendverbänden (REICHWEIN/FREUND 1992), AdressatInnen sozialpädagogischer Familienhilfe (ALLERT/BIEBACK-DIEL/OBERLE/SEYFARTH 1994) und die Angehörigen von Jugendcliquen (THOLE 1991). Die meisten dieser Arbeiten verwenden offene Interviews; seltener trifft man auf Protokolle teilnehmender Beobachtung. Zweitens gibt es eine Reihe von Arbeiten, die meistens mit Hilfe biographischer oder narrativer Interviews, gelegentlich auch auf der Basis von Gruppendiskussionen aus einer rückblickenden Betroffenenperspektive die individuellen und kollektiven Erfahrungen mit Angeboten und Maßnahmen der Kinder- und Jugendhilfe in den Blick nehmen. Die Lebenserfahrungen und -entwürfe ehemaliger Heimbewohner (WIELAND/MARQUARDT/PANHORST/SCHLOTMANN 1992) sind dafür ebenso typisch wie die Analysen „gescheiterter" Bildungs- und Ausbildungsverläufe (HELSPER/MÜLLER/NÖLKE/COMBE 1991; NÖLKE 1994).

2. Qualitative Kinder- und Jugendhilfeforschung zwischen Wissenschaft, Politik und Praxis

Der zuvor in groben Zügen skizzierte Forschungs- und Diskussionsstand im Bereich qualitativer Kinder- und Jugendhilfeforschung ist Ausdruck spezifischer Rahmenbedingungen und historisch gewachsener Strukturen. Charakteristisch dafür sind mindestens drei Bedingungen:
Erstens: Das Praxisfeld der Kinder- und Jugendhilfe ist durch eine kaum überschaubare Zahl an Trägern, Maßnahmen und Angeboten gekennzeichnet. Neben politischen Konstellationen spielen heterogene Trägerinteressen, weltan-

schaulicher wie finanzieller Art, und professions- und standespolitische Interessen eine nicht zu unterschätzende Rolle. So ist es kennzeichnend für dieses Feld, daß ein Großteil der Forschung als Auftragsforschung bzw. als anwendungsorientierte Forschung initiiert wird. Für qualitativ orientierte Projekte kann dies in mehrfacher Hinsicht folgenreich sein. Zunächst stößt die sonst in vielen qualitativen Projekten praktizierte Strategie, inhaltliche Fragestellungen mit der Weiterentwicklung von Methoden zu verbinden, an objektive Grenzen. In den meisten Fällen gehen Auftraggeber davon aus, daß das methodische Instrumentarium zur Verfügung steht, überprüft ist und funktioniert. Methodologische Experimente werden auf diese Weise zum Hobby der ForscherInnen, für methodologische Reflexionen verbleibt nur wenig Raum. Die durchaus vorhandenen Forschungserfahrungen können so kaum Eingang in die allgemeine Methodologiediskussion um qualitative Sozialforschung finden.[7]

Die häufige Fokussierung der Fragestellungen auf die Interessen der Auftraggeber bzw. Abnehmer hat darüber hinaus zur Folge, daß auf der einen Seite die Projektfragestellungen im hohen Maße den jeweiligen thematischen Konjunkturen folgen und auf der anderen, daß die Ergebnisse möglichst leicht rezipierbar präsentiert werden müssen. M.a.W. qualitative Zugänge erscheinen überall dort als attraktives Angebot, wo auf Grund der Problemlage Überblicksdaten als wenig hilfreich erscheinen, wo neue undurchsichtige Konstellationen entstanden sind und wo fallbezogene Analysen von Interesse sind; sie geraten allerdings in Schwierigkeiten, wenn es nicht gelingt, die analysierte Wirklichkeit auf ein paar griffige Strukturformeln zu reduzieren. Methodologisch gewendet bedeutet dies, daß den differenzierten Fallanalysen mit über 100 Seiten Länge Fallrekonstruktion ein weiterer Schritt folgen muß: die Verdichtung auf die zentralen Aspekte.

---

[7] Darüber hinaus kennzeichnet es die qualitative Kinder- und Jugendhilfeforschung, daß sie von wenigen Ausnahmen abgesehen, die man an einer Hand abzählen kann, bislang keine erkennbare organisatorische und thematische Kontinuität ausgebildet hat. Verantwortlich dafür ist vor allem der Umstand, daß die Kinder- und Jugendhilfeforschung noch immer nicht als eine notwendige und anerkannte Aufgabe der Universitäten durchgesetzt werden konnte (vgl. DEUTSCHER BUNDESTAG 1990, 174 ff.). Zwar gibt es eine Vielzahl von Qualifikationsarbeiten, vor allem Diplomarbeiten und Promotionen, und kleineren Projekten, in deren Rahmen qualitative Verfahren Anwendung finden; diese haben jedoch überwiegend punktuellen und lokalen Charakter, mit dem Effekt, daß viele kaum das Licht der allgemeinen Fachdiskussion erblicken. Von der VW-Stiftung oder der DFG geförderte Drittmittelprojekte sind eher selten, und Schwerpunktprogramme mit Beteiligung qualitativer Projekte aus der Kinder- und Jugendhilfeforschung wie der Bielefelder Sonderforschungsbereich „Prävention und Intervention im Jugendalter" (vgl. FLÖSSER 1995) oder der Bremer SFB „Statuspassagen und Risikolagen im Lebensverlauf" stellen schon erwähnenswerte Ausnahmen dar. Für die Fachhochschulen gilt, daß umstritten ist, ob und inwiefern Forschung als eine eigene Aufgabe zu begreifen ist. Über einigermaßen kontinuierliche Forschungsressourcen verfügen allein außeruniversitäre Institute wie das Deutsche Jugendinstitut in München (DJI), das Institut für Soziale Arbeit in Münster (ISA), das Institut für Sozialarbeit und Sozialpädagogik in Frankfurt/M. (ISS), das Sozialpädagogische Institut Berlin (SPI). Immerhin versucht seit einigen Jahren die Kommission Sozialpädagogik der DGfE in Form einer eigenen jährlichen Tagung die Entwicklung voranzutreiben.

Unabhängig davon drohen qualitativer Kinder- und Jugendhilfeforschung angesichts des Interesses vieler Auftraggeber an repräsentativen Prozentzahlen immer wieder Schwierigkeiten: auf der einen Seite muß sie gegen den Mythos der großen Zahl ankämpfen und Erwartungen - z.B. im Hinblick auf die Repräsentativität der Ergebnisse - zurückweisen. Auf der anderen Seite gerät sie angesichts vieler offener Fragen im eigenen Haus (Gütekriterien, Probleme der Generalisierung qualitativer Daten etc.) immer wieder in Argumentationsnöte (vgl. dazu die Beiträge von H. OSWALD und H. MERKENS in diesem Band).

Zweitens: Ein bislang wenig diskutiertes Charakteristikum dieses Forschungsfeldes sind die fließenden Übergänge. Wenn K. GREF in einem Grundsatzartikel über die Inhalte, Methoden und Kompetenzen von Streetwork in seinem Resümee festhält: „Streetwork ist (auch) qualitative Sozialforschung" (1995, 20), wird das Problem exemplarisch sichtbar: Selbstverständlich erwerben Streetworker in ihrer Praxis Erfahrungswissen über die Lebenssituationen der von ihnen betreuten Kinder und Jugendlichen und die darauf bezogenen Angebote. Doch muß die Frage erlaubt sein, ob und inwiefern dieser Wissenserwerb systematisch, d.h. methodisch kontrolliert und reflektiert geschieht, weil nur auf diesem Weg die spezifischen Ansprüche sozialwissenschaftlicher Forschung eingelöst werden können.

Die Neigung zur Entgrenzung dessen, was man sinnvollerweise als qualitative *Sozialforschung* bezeichnen könnte, wird vor allem durch die Praxis im Kontext von Jugendhilfeplanung gefördert. Vor dem Hintergrund der Aufforderung des Kinder- und Jugendhilfegesetzes (KJHG), bei der Planung „den Bedarf unter Berücksichtigung der Wünsche, Bedürfnisse und Interessen junger Menschen und der Personensorgeberechtigten für einen mittleren Zeitraum zu ermitteln" (§ 80 Abs. 1.2), also des Prinzips der sogenannten Betroffenenbeteiligung, werden dabei nicht selten qualitative Verfahren bzw. Derivate von ihnen eingesetzt - z.B. ExpertInnengespräche, Gruppendiskussionsverfahren im Rahmen von lokalen Runden Tischen, Zukunftswerkstätten oder ethnographische Zugänge im Kontext von Sozialraumanalysen (vgl. z.B. GLÄSS/HERRMANN 1994; SCHUMANN 1995 a). Das Problem dabei ist nicht nur, daß die Grenzen zwischen Forschung und anderen Formen der Erkenntnisgewinnung unscharf werden; folgenreicher ist vielleicht noch, daß immer wieder der Eindruck entsteht, unter dem Signet „qualitative Sozialforschung" sei nahezu alles möglich und es bedürfe keiner weiteren Anstrengungen im Hinblick auf die methodologische Reflexion des eigenen Vorgehens.

Zusätzlich kompliziert wird diese Diffusität durch eine Debatte und Entwicklung, die seit wenigen Jahren, zum Teil aus dem Zentrum qualitativer Sozialforschung kommend, die Frage stellen, ob und inwiefern qualitative Forschungsverfahren geeignet seien, die Praxis sozialer Arbeit zu verbessern. Angestoßen vor allem durch Überlegungen von F. SCHÜTZE (1979, 1993, 1994) hat sich eine Diskussion entwickelt, in deren Mittelpunkt die Frage steht, welche Bedeutung Verfahren qualitativer Sozialforschung für die sozialpädagogische *Praxis* bzw. für die Begründung einer praxisnahen Theorie der Sozialarbeit erlangen könnten. Anvisiert wird dabei auf der einen Seite - ganz unbescheiden - die Neubegründung einer Sozialarbeitswissenschaft auf der Basis qualitativer Forschungsverfahren (vgl. z.B. HAUPERT 1995 a/b; HAUPERT/KRAIMER 1991) bzw. die „Rückgewinnung des Pädagogischen" in Forschung und Praxis mit Hilfe qualitativer Konzepte (KRAIMER 1994), auf der anderen Seite die Entwicklung pragmatischer Konzepte für die sozialpädagogische Praxis auf der Basis qualitativer Zugänge (für die Jugendarbeit vgl. z.B.: SCHUMANN 1995 b). Ein markantes und mittlerweile auch viel rezipiertes Beispiel hierfür ist der Entwurf einer sozialpädagogisch-hermeneutischen Diagnose, wie sie kürzlich von K. MOLLENHAUER und U. UHLENDORFF vorgelegt wurde. Dort heißt es z.b. an einer Stelle:

„Zweite diagnostische Regel: Das Sprachmaterial muß so erhoben werden, daß nicht von vornherein die subsumtionslogische Blickrichtung dominiert. Wir haben zu diesem Zweck ein möglichst schwach strukturiertes Gespräch/Interview gewählt.... Das lockere und flexible, für die Äußerungen der Gesprächspartnerin oder des Gesprächspartners aber sehr aufmerksame Verhalten bezieht zwar wesentliche Anregungen aus der qualitativen Sozialforschung, beispielsweise dem narrativen Interview, dem Tiefeninterview, den „Variablen" der Gesprächspsychotherapie mit ein, soll aber im ganzen keine dieser theoretisch stilisierten Formen realisieren. Das hat einen pragmatischen Grund: Wir machen hier einen Vorschlag für die Praxis, wollen also Beispiele für Gesprächsführungspraktiken geben, die kein spezialisiertes Training erfordern, sondern die jedem zugänglich sind, der eine pädagogische Ausbildung genossen hat und zu verständnisvollem Eingehen auf die Mitteilungen Jugendlicher bereit ist" (1992, 29 f.).

Wie immer man derartige Versuche im Detail einschätzen mag, in ihrer Mehrheit sind sie derzeit von einer problematischen Erweiterung des Methodenbegriffes gekennzeichnet, weil nicht immer sauber zwischen Methoden im Sinne von Forschungsstrategien und -verfahren und Methoden im Sinne von sozialarbeiterischen bzw. sozialpädagogischen Arbeitsformen unterschieden wird; darüber hinaus wird nur selten ausreichend Aufmerksamkeit der Differenz zwischen Wissenschaft und Praxis, also der Differenz zwischen Erkenntnisgewinnung und Problemlösung geschenkt. Wenn schließlich auch noch Erwartungen geweckt werden, daß man mit Hilfe qualitativer Verfahren inhaltliche Probleme von Disziplinen wie z.B. der Erziehungswissenschaft lösen könne, dann werden einmal mehr Versprechungen gemacht, die Forschung realistischerweise nicht einzulösen vermag.

Drittens schließlich ist ein Problem zu erwähnen, das viele Projekte der qualitativen Kinder- und Jugendhilfeforschung aus der Sicht der im deutschsprachigen Raum mittlerweile etablierten Standards qualitativer Sozialforschung von vornherein suspekt macht: die Parteilichkeit der Forschung. Spätestens, seitdem die Handlungs- und Aktionsforschung sanft eingeschlafen ist, kennzeichnet es aus der Perspektive des mainstreams der Methodologiediskussion „ordentliche" Sozialforschung, daß sie beobachtende Distanz wahrt. Dem steht im Bereich der Kinder- und Jugendhilfe nicht nur die immer wieder formulierte Programmatik entgegen, Anwältin der AdressatInnen sein zu wollen, sondern auch das häufig implizite, gelegentlich auch explizit vorgetragene Selbstverständnis, parteiliche Forschung betreiben zu wollen. Parteiliche Forschung heißt dann z.B. im Rahmen einer biographisch angelegten Studie über sexuellen Mißbrauch von Mädchen „ein verantwortliches Handeln im Sinne der Verbesserung der Chancen von Mädchen und Frauen" (HARTWIG 1990, 118). Parteilichkeit in diesem Sinne setzt auf die Identifikation der ForscherInnen mit benachteiligten Gruppen und Personen, und man hofft auf diesem Weg, neue Fragestellungen und Ergebnisse erzeugen zu können, die in dem sonst üblichen Forschungsbetrieb keine Chancen hätten. Dieser, aus bestimmten normativen und gesellschaftstheoretischen Prämissen begründbare Anspruch führt jedoch immer wieder zu Konfusionen hinsichtlich des Verhältnisses von Parteilichkeit und analytischer Distanz bzw. von Teilnahme und Beobachtung. Nicht nur wissenschaftstheoretisch und methodologisch, sondern auch im konkreten Nachvollzug der einzelnen Projekte verwischt nicht selten die Differenz zwischen Forschungsmethode und praktischer Arbeitsform und den damit jeweils verbundenen Ansprüchen auf systematischen Erkenntnisgewinn einerseits und praktischer Problemlösung andererseits.

3. Herausforderungen

Fragt man vor diesem Hintergrund nach den sich abzeichnenden Herausforderungen, lassen sich zur Zeit zwei Schwerpunkte erkennen. Es bedarf zum einen einer Intensivierung der Frage nach den methodischen und methodologischen Standards (a), zum anderen der Weiterentwicklung qualitativer Forschungskonzepte in zentralen Bereichen der Kinder- und Jugendhilfeforschung (b).

Ad (a): Schon zuvor wurde deutlich, daß die qualitative Kinder- und Jugendhilfeforschung in bezug auf ihre Standards allerorten mit unscharfen Grenzen zu kämpfen hat. Ein Teil der oben beschriebenen Probleme läßt sich sicherlich durch das Einklagen klarer Unterscheidungen zwischen Forschung und anderen Formen der Erkenntnisgewinnung klären. Damit soll keine Hierarchie der Erkenntnisformen behauptet werden, sondern die Differenz ihrer Voraussetzungen, Logiken, Aufgaben und Funktionen.

Zugleich jedoch zeigen eine Reihe der oben beschriebenen „Schwierigkeiten" erstaunliche Gemeinsamkeiten mit jüngeren Debatten um die Weiterentwicklung qualitativer Sozialforschung im englischsprachigen Raum. So ist beispielsweise für N. DENZIN und Y. LINCOLN die nächste Zukunft qualitativer Sozialforschung dadurch gekennzeichnet, daß Theorien nun im Sinne von J. van MAANEN (1988) als Geschichten des Feldes („tales of the field") zu lesen sind, daß das Konzept des distanzierten Feldforschers („aloof researcher") sich erledigt hätte, daß zunehmend handlungsorientierte und sozialkritische Sozialforschung („action-, activist-oriented research"; „social criticism and social critique") an Bedeutung gewinne und daß schließlich „the search for grand narratives will be replaced by more local, smallscale theories fitted to specific problems and specific situations" DENZIN/LINCOLN 1994, 11; vgl. auch LINCOLN/DENZIN 1994; LÜDERS 1996). Selbst wenn man die in diesen Formulierungen enthaltenen postmodernen Untertöne abzieht, bleibt das zentrale Argument zu bedenken, daß mit der zunehmend sichtbar werdenden Kontextualität der Forschung auch ihre Kriterien und Funktionen sich wandeln (vgl.

BONSS/HARTMANN 1985; BONSS/HOHLFELD/KOLLEK 1993). Könnte dies bedeuten, daß auch hierzulande Konzepte parteilicher Sozialforschung in einem neuen Licht erscheinen und daß Projekte aus der Kinder- und Jugendhilfeforschung plötzlich zu methodologischen Trendsettern werden, weil, wer kontextbezogen forscht, gar nicht anders kann, als zu anerkennen, daß (qualitative) Forschung immer auch Herstellung und Veränderung von Kontexten impliziert? Könnte es sein, daß man schon lange um die lokale Begrenztheit der Ergebnisse in vielen Projekten der Kinder- und Jugendhilfeforschung weiß? Man kann dies jedoch nicht offen zugeben und methodologisch reflektieren, weil man glaubt, an methodologischen Standards gemessen zu werden, die man nicht einlösen kann, bzw. weil man sich gezwungen sieht, zugleich Lösungen anzubieten für bislang ungelöste Probleme.[8] Und könnte es sein, daß die qualitative Kinder- und Jugendhilfeforschung zwar über reiche Erfahrungen im Hinblick auf problembezogene und situationsflexible Forschungskonzepte verfügt, diese aber angesichts ihrer scheinbaren Nichtigkeit im Horizont der großen Debatten z.B. um latente Sinnstrukturen, den Text- und Strukturbegriff u.ä. bislang wenig offensiv vertreten hat?[9] Das sind natürlich Spekulationen; sie verweisen jedoch auf die Notwendigkeit, stärker als bisher die Spezifika qualitativer Forschung im Bereich der Kinder- und Jugendhilfe methodologisch zu reflektieren und die vorhandenen Forschungserfahrungen zu systematisieren und in die allgemeine Debatte einzuspeisen.[10]

Ad (b): Eine wesentliche Herausforderung für die qualitative Kinder- und Jugendhilfeforschung wird darin bestehen, die zarten, derzeit vorhandenen Ansätze (s.o.) auszubilden und weiterzuentwickeln. Dabei gilt es nicht nur, die zahlreichen weißen Flecken auf der Karte der Forschungslandschaft mit der Zeit zu verkleinern, sondern auch die im Feld sich abzeichnenden Aufgaben als Her-

---

[8] Zwei Beispiele hierfür sind das nach wie vor offene Problem der Strukturgeneralisierung von Einzelfallanalysen und die Frage nach den Gütekriterien von ethnographischen Texten. So stellt z.B. U. FLICK sehr zu Recht bilanzierend fest, „daß die bisherigen Versuche einer Neuformulierung von Kriterien für qualitative Forschung noch nicht wesentlich weiter geführt haben ...." (FLICK 1995, S. 259 f.). Üblicherweise gibt es auf diesen Hinweis zwei Reaktionsformen: Die einen, ausgestattet mit einer ordentlichen Portion Chuzpe, tun so, als ob dies kein wesentliches Problem sei, und forschen bzw. veröffentlichen fröhlich weiter. Hinweise zur Validität und Reichweite der Daten sucht man bei ihnen vergebens. Die anderen zögern und halten sich vorsichtig im Hintergrund, weil sie sehen, daß sie auch gemeint sind und keine Lösungen anbieten können. Bei den qualitativen Projekte im Bereich der Kinder- und Jugendhilfe neigt man eher zu der zweiten Reaktion.

[9] Dem widerspricht nicht, daß eine Reihe von qualitativ angelegten Studien vermutlich eine wichtige Rolle bei der konzeptionellen Weiterentwicklung und der theoretischen Verständigung über zentrale Probleme der Praxisfelder bzw. der Profession gehabt haben dürften. Bekannteste Beispiele hierfür sind die Arbeit von St. WOLFF (1983) und die daran anschließenden Diskussionen zur sozialpädagogischen Handlungskompetenz und die Untersuchung von S. REICHWEIN und Th. FREUND (1992) für den Bereich der Jugendverbandsarbeit.

[10] So wäre es z.B. eine reizvolle Aufgabe, abgeschlossene qualitative Projekte unter dem Aspekt der praktizierten Abkürzungs- und Generalisierungsstrategien bei der Datenanalyse zu befragen, um aus den dabei gewonnenen Erfahrungen übertragbare Ansätze zu entwickeln.

ausforderungen für die Forschung zu begreifen. Zum Schluß dazu nur zwei knappe Hinweise: Im englischsprachigen Raum finden qualitative Verfahren zunehmend auch im Bereich der Analyse von Organisationen und Institutionen Verwendung (vgl. zuletzt z.B. SCHWARTZMANN 1993; CASSEL/SYMON 1994; MOULY/SANKARAN 1995). Eine elaborierte qualitative Institutionenanalyse gibt es dagegen hierzulande nicht. Zugleich zeigen jedoch jüngere Diskussionen zu Stichworten wie Sozialmanagement, neues Steuerungsmodell, Organisationsentwicklung etc. (vgl. FLÖSSER 1994), daß in Jugendämtern, den freien Trägern wie z.B. Wohlfahrtsverbänden, Selbsthilfeinitiativen und den Einrichtungen der Kinder- und Jugendhilfe erheblicher Forschungsbedarf besteht. Ähnliches gilt für die Evaluationsforschung: Angesichts der notwendigen weiteren Professionalisierung des Feldes und vor dem Hintergrund des wachsenden gesellschaftlichen Drucks, begründet Auskunft über die „Effekte" und „Effizienz" der Kinder- und Jugendhilfe geben zu müssen, kann man sich kaum der Aufgabe entziehen, hierzu tragfähige Verfahren zu entwickeln. Dies gilt auch, wenn man die Möglichkeiten einer Evaluation pädagogischer Prozesse und Institutionen eher skeptisch einschätzt. Und ähnlich wie im Fall der Institutionenforschung mag ein Blick in die englische Literatur anregend wirken (vgl. GUBA/LINCOLN 1989; BURGESS 1993; als Überblick: PITMAN/MAXWELL1 992). Gerade der für qualitative Zugänge konstitutive Einzelfallbezug und der Einsatz kontextsensibler Analysekonzepte eröffnen hier neue Chancen.[11]

Literatur

ALLERT, Tilman/Liselotte BIEBACK-DIEL/Helmut OBERLE/Elisabeth SEYFARTH 1994: Familie, Milieu und sozialpädagogische Intervention. Münster.
ANGERHAUSEN, Susanne/Holger BACKHAUS-MAUL/Martina SCHIEBEL 1995: Zwischen neuen Herausforderungen und nachwirkenden Traditionen. Aufgaben- und Leistungsverständnis von Wohlfahrtsverbänden in den neuen Bundesländern. In: RAUSCHENBACH, Thomas/Christoph SACHSSE/Thomas OLK (Hg.): Von der Wertgemeinschaft zum Dienstleistungsunternehmen. Jugend- und Wohlverfahrtsverbände im Umbruch. Frankfurt/M., S. 377-403.
BONSS, Wolfgang/Heinz HARTMANN 1985: Konstruierte Gesellschaft, rationale Deutung. Zum Wirklichkeitscharakter soziologischer Diskurse. In: BONSS, Wolfgang/Heinz HARTMANN (Hg.): Entzauberte Wissenschaft (Soziale Welt, Sonderband 3). Göttingen, S. 9-46.
BONSS, Wolfgang/Rainer HOHLFELD/Regine KOLLEK (Hg.) 1993: Wissenschaft als Kontext - Kontexte der Wissenschaft. Hamburg.
BURGESS, Robert, G. (Hg.) 1993: Educational Research and Evaluation for Policy and Practice? London & Washington DC Falmer Press.
CASSELL, Catherine/Gillian SYMON (Hg.) 1994: Qualitative Research in Organizational Research. A Practical Guide. London, Thousand Oaks & New Dehli, Sage.
DENZIN, Norman K./Yvonna S. LINCOLN 1994: Introduction. Entering the Field of Qualitative Research. In: DENZIN, Norman K./Yvonna S. LINCOLN (Hg.): Handbook of Qualitative Research. Thousand Oaks, London & New Dehli, Sage, S. 1-17.

---

[11] Vgl. als erste, wenn auch methodisch noch nicht sehr differenzierte Ansätze hierzu in HEINER 1988.

DEUTSCHER BUNDESTAG 1990: Bericht über Bestrebungen und Leistungen der Jugendhilfe - Achter Jugendbericht. Deutscher Bundestag Drucksache 11/6576 vom 6.3.90. Bonn.
DEUTSCHES JUGENDINSTITUT 1994: Orte für Kinder. Auf der Suche nach neuen Wegen in der Kinderbetreuung. München.
EBERWEIN, Hans 1987: Fremdverstehen sozialer Randgruppen. Ethnographische Feldforschung in der Sonder- und Sozialpädagogik. Grundfragen, Methoden, Anwendungsbeispiele. Berlin.
EBERWEIN, Hans/Klaus KÖHLER 1984: Ethnomethodologischer Forschungsmethoden in der Sonder- und Sozialpädagogik. Die Notwendigkeit einer interdisziplinären Kulturanalyse für die Integration von Randgruppen. In: Zeitschrift für Pädagogik 30, S. 363-380.
FLICK, Uwe 1995: Qualitative Forschung. Theorie, Methoden, Anwendung in Psychologie und Sozialwissenschaften. Reinbek bei Hamburg.
FLICK, Uwe/Ernst v. KARDORFF/Heiner KEUPP/Lutz v. ROSENSTIEL/Stephan WOLFF (Hg.) 1991: Handbuch qualitative Sozialforschung. Grundlagen, Konzepte, Methoden und Anwendungen. München.
FLÖSSER, Gaby 1994: Soziale Arbeit jenseits der Bürokratie. Über das Management des Sozialen. Neuwied, Kriftel & Berlin.
FLÖSSER, Gaby 1995: Prävention und Intervention im Kindes- und Jugendalter. Begriffliche Entzauberung am Beispiel eines Forschungsprogramms. In: Diskurs. Studien zu Kindheit, Jugend, Familie und Gesellschaft, Heft 1, S. 61-67.
GLÄSS, Holger/Franz HERRMANN 1994: Strategien der Jugendhilfeplanung. Theoretisch und methodische Grundlagen für die Praxis. Weinheim & München 1994.
GREF, Kurt 1995: Was macht Streetwork aus? Inhalte - Methoden - Kompetenzen. In: BECKER, Gerd/Titus SIMON (Hg.): Handbuch aufsuchende Jugend- und Sozialarbeit. Weinheim & München, S. 13-20.
GUBA, Egon G./Yvonna S. LINCOLN 1989: Fourth Generation Evaluation. Newbury Park, London & New Dehli, Sage.
HARTWIG, Luise 1990: Sexuelle Gewalterfahrungen von Mädchen. Konfliktlagen und Konzepte mädchenorientierter Heimerziehung. Weinheim & München.
HAUPERT, Bernd 1991: Vom narrativen Interview zur biographischen Typenbildung. Ein Auswertungsverfahren, dagestellt am Beispiel eines Projektes zur Jugendarbeitslosigkeit. In: GARZ, Detlef/Klaus KRAIMER (Hg.): Qualitativ-Empirische Sozialforschung. Konzepte, Methoden, Analysen. Opladen, S. 213-254.
HAUPERT, Bernd 1995 a: Vom Interventionismus zur Professionalität. Programmatische Überlegungen zur Gegenstandsbestimmung der Sozialen Arbeit als Wissenschaft, Profession und Praxis. In: neue praxis 25, S. 32-55.
HAUPERT, Bernhard 1995 b: Konturen einer Sozialarbeitswissenschaft. Programmatische Überlegungen zur Gegenstandsbestimmung einer Theorie Sozialer Arbeit. In: Sozialarbeit. Fachblatt des schweizerischen Berufsverbandes dipl. SozialarbeiterInnen und SozialpädagogInnen 27. Jg., H. 5, S. 12-21.
HAUPERT, Bernhard/Klaus KRAIMER 1991: „Ich bin ein Bauernbub" - Zur Analyse lebensgeschichtlicher Interviews in der Sozialarbeit/Sozialpädagogik. In: Archiv für Wissenschaft und Praxis der Sozialen Arbeit 22, S. 193-202.
HEINER, Maja (Hg.) 1988: Selbstevaluation in der sozialen Arbeit. Fallbeispiele zur Dokumentation und Reflexion beruflichen Handelns. Freiburg/Br.
HELSPER, Werner/Hermann J. MÜLLER/Eberhard NÖLKE/Arno COMBE 1991: Jugendliche Außenseiter. Zur Rekonstruktion gescheiterter Bildungs- und Ausbildungsverläufe. Opladen.
JAKOB, Gisela 1993: Zwischen Dienst und Selbstbezug. Eine biographieanalytische Untersuchung ehrenamtlichen Engagements. Opladen.
JUNGBLUT, Hans-Joachim 1983: Entalltäglichung durch Nicht-Entscheidung. Eine konversationsanalytische Studie zur Konstitution von Sprechhandlungen im Kontext der Jugendhilfeadministration. Frankfurt/Main.

KERSTEN, Joachim/Christian von WOLFFERSDORFF-EHLERT 1980: Jugendstrafe. Innenansichten aus dem Knast. Frankfurt/Main.
KIEPER, Marianne 1980: Lebenswelten „verwahrloster" Mädchen. Autobiographische Berichte und ihre Interpretation. München.
KLATETZKI, Thomas 1993: Wissen, was man tut. Professionalität als organisationskulturelles System. Eine ethnographische Interpretation. Bielefeld.
KÖNIG, Eckard/Peter ZEDLER (Hg.) 1995: Bilanz qualitativer Forschung. 2 Bde. Weinheim.
KRAIMER, Klaus 1994: Die Rückgewinnung des Pädagogischen. Aufgaben und Methoden sozialpädagogischer Forschung. Weinheim und München.
KRAIMER, Klaus/Bernhard HAUPERT 1992: Obdachlosigkeit in der Schweiz - Sozialarbeitsforschung als Lebensweltanalyse: ein Werkstattbericht In: Sozialarbeit. Fachblatt des schweizerischen Berufsverbandes dipl. SozialarbeiterInnen und SozialpädagogInnen 24. Jg., H. 3, S. 14-27.
KREISSL, Reinhard/Christian von WOLFFERSDORFF-EHLERT 1985: Selbstbetroffenheit mit summa cum laude? Mythos und Alltag der qualitativen Methoden in der Sozialforschung. In: BONSS, Wolfgang/Heinz HARTMANN (Hg.): Entzauberte Wissenschaft. Zur Relativität und Geltung soziologischer Forschung (Soziale Welt, Sonderband 3). Göttingen, S. 91-110.
KRONER, Wolfgang/Stephan WOLFF 1989: Pädagogik am Berg. Verwendung sozialwissenschaftlichen Wissens als Handlungsproblem vor Ort. In: BECK, Ulrich/Wolfgang BONSS (Hg.): Weder Sozialtechnologie noch Aufklärung? Frankfurt/Main, S. 72-121.
KURZ-ADAM, Maria 1995: Modernisierung von innen? Wie der gesellschaftliche Wandel die Beratungsarbeit erreicht. In: KURZ-ADAM, Maria/Ingrid POST (Hg.): Erziehungsberatung und Wandel der Familie. Opladen, S. 175-195.
LANDENBERGER, Georg/Rainer TROST 1988: Lebenserfahrungen im Erziehungsheim. Identität und Kultur im institutionellen Alltag. Frankfurt/Main.
LAU, Thomas/Stephan WOLFF 1982: Wer bestimmt hier eigentlich, wer kompetent ist? - Eine soziologische Kritik an Modellen kompetenter Sozialarbeit. In: MÜLLER, Siegfried/Hans-Uwe OTTO/Hilmar PETER/Heinz SÜNKER (Hg.): Handlungskompetenz in der Sozialarbeit/Sozialpädagogik I. Bielefeld, S. 261-302.
LAU, Thomas/Stephan WOLFF 1983: Der Einstieg in das Untersuchungsfeld als soziologischer Lernprozeß. In: Kölner Zeitschrift für Soziologie und Sozialpsychologie 35, S. 417-437.
LINCOLN, Yvonna S./Norman K. DENZIN 1994: The Fifth Moment. In: DENZIN, Norman K./Yvonna S. LINCOLN (Hg.): Handbook of Qualitative Research. Thousand Oaks, London & New Dehli, Sage, S. 575-586.
LUDEWIGT, Irmgart/Martina OTTO-SCHINDLER 1992: „... und irgendwann wühlt man sich wieder ans Tageslicht". Ansprüche und Formen sozialpädagogischen Handelns von Heimerzieherinnen und Heimerziehern (Niedersächsische Beiträge zur Sozialpädagogik und Sozialarbeit, Bd. 8). Frankfurt/M., Bern, New York & Paris.
LÜDERS, Christian 1991: Spurensuche. Ein Literaturüberblick zur Verwendungsforschung. In: OELKERS, Jürgen/Heinz-Elmar TENORTH (Hg.): Pädagogisches Wissen (27. Beiheft der Z.f.Päd.). Weinheim, S. 415-437.
LÜDERS, Christian 1996: Between stories - Neue Horizonte der qualitativen Sozialforschung? In: Sozialwissenschaftliche Literatur Rundschau, Heft 31/32, 19. Jg., S. 19-29.
MOCH, Matthias 1990: Familienergänzende Erziehungshilfe im Lebensfeld. Eine Untersuchung an einem Modellprojekt. Frankfurt/Main.
MOLLENHAUER, Klaus/Uwe UHLENDORFF 1992: Sozialpädagogische Diagnosen. Über Jugendliche und schwierigen Lebenslagen. Weinheim & München.
MOULY, V. Suchitra/Jayaram K. SANKARAN 1995: Organizational Ethnography. An Illustrative Application in the Study of Indian R & D Settings. New Dehli, Thousand Oaks & London, Sage.

NAGEL, Ulrike 1992: Sozialarbeit als Krisenmangement. In: MEUSER, Michael/ Reinhold SACKMANN (Hg.): Analyse sozialer Deutungsmuster: Beiträge zur empirischen Wissenssoziologie. Pfaffenweiler, S. 71-87.

NIEDERBERGER, Josef Martin/Doris BÜHLER-NIEDERBERGER 1988: Formenvielfalt in der Fremderziehung. Zwischen Anlehnung und Konstruktion. Stuttgart 1988.

NÖLKE, Eberhard 1994: Lebensgeschichte und Marginalisierung. Hermeneutische Fallrekonstruktion gescheiteter Sozialisationsverläufe von Jugendlichen. Wiesbaden.

OTTO, Hans-Uwe (unter Mitarbeit von Karin BÖLLERT, Horst BRÖNSTRUP, Gaby FLÖSSER, Gabriele HARD und Ann WELLINGER) 1991: Sozialarbeit zwischen Routine und Innovation. Professionelles Handeln in Sozialadministrationen. Berlin & New York.

PITMAN, Mary Anne/Joseph A. MAXWELL 1992: Qualitative Approaches to Evaluation: Models und Methods. In: LeCOMPTE, Margaret D./Wendy L. MILLROY/ Judith PREISSLE (Hg.): The Handbook of Qualitative Research in Education. San Diego, New York, Boston, London, Sydney, Tokyo & Toronto, Academic Press, S. 729-770.

REICHWEIN, Susanne/Thomas FREUND 1992: Jugend im Verband: Karrieren, Action, Lebenshife. Hrsg. von der Jugend der Deutschen Lebens-Rettungs-Gesellschaft. Opladen.

ROMANSKI-SUDHOFF, Martina/Heribert SUDHOFF 1984: Alltagswissen von Heimjugendlichen. Grundlagen für eine alltagsorientierte Nachbetreuung. Frankfurt/Main.

SAHLE, Rita 1987: Gabe, Almosen, Hilfe. Fallstudien zu Struktur und Deutung der Sozialarbeiter-Klient-Beziehung. Opladen.

SCARBATH, Horst/Hans-Joachim PLEWIG/Thomas WEGNER 1981: Selbstthematisierung von Kindern im Tagesheim angesichts drohender Devianz. In: Zeitschrift für Pädagogik 27, S. 363-378.

SCHWARTZMANN, Helen B. 1993: Ethnography in Organizations (Qualitative Research Methods, Vol. 27). Newbury Park, London & New Dehli, Sage.

SCHUMANN, Michael 1995 a: Sozialraumanalyse und Ethnographie in Jugendhilfe und Jugendarbeit? In: deutsche jugend 43, S. 210-216.

SCHUMANN, Michael 1995 b: Biographische Kommunikation und Ethnographie in der Jugendarbeit. In: deutsche jugend 43, S. 309-315.

SCHMITZ, Enno/Heinz BUDE/Claus OTTO 1989: Beratung als Praxisform „angewandter Aufklärung". In: BECK, Ulrich/Wolfgang BONSS (Hg.): Weder Sozialtechnologie noch Aufklärung? Frankfurt/Main, S. 122-148.

SCHÜTZE, Fritz 1979: Möglichkeiten und Probleme der Anwendung qualitativer Forschungsverfahren in der Sozialarbeit. Kassel, Unveröffentl. Ms. 1979.

SCHÜTZE, Fritz 1993: Die Fallanalyse. Zur wissenschaftlichen Fundierung einer klassischen Methode der Sozialen Arbeit. In: RAUSCHENBACH, Thomas/Friedrich ORTMANN/Maria-Eleonora KARSTEN (Hg.): Der sozialpädagogische Blick. Lebensweltorientierte Methoden in der Sozialen Arbeit. Weinheim & München, S. 191-221.

SCHÜTZE, Fritz 1994: Ethnographie und sozialwissenschaftliche Methoden der Feldforschung. Eine mögliche Orientierung in der Ausbildung und Praxis der Sozialen Arbeit. In: GRODDECK, Norbert/Michael SCHUMANN (Hg.): Modernisierung Sozialer Arbeit durch Methodenentwicklung und -reflexion. Freiburg/Br., S. 189-297.

STAHLMANN, Martin 1993: Die berufliche Sozialisation in der Heimerziehung. Erziehende im Spannungsfeld von Grenzsituationen, Leitbildern und Berufsbiographie (Beiträge zur Heil- und Sonderpädagogik). Bern, Stuttgart & Wien.

STRAUS, Florian/Renate HÖFER/Wolfgang GMÜR 1988: Familie und Beratung. Zur Integration professioneller Hilfe in den Familienalltag. Ergebnisse einer qualitativen Befragung. München.

THOLE, Werner 1991: Familie - Szene - Jugendhaus. Alltag und Subjektivität einer Jugendclique. Opladen.
Van MAANEN, John 1988: Tales of the Field: On Writing Ethnography. Chicago, University of Chicago Press.
WAHL, Klaus/Michael-Sebastian HONIG/Lerke GRAVENHORST 1982: Wissenschaftlichkeit und Interessen. Zur Herstellung subjektivitätsorientierter Sozialforschung. Frankfurt/Main.
WIELAND, Norbert/Uschi MARQUARDT/Hermann PANHORST/Hans-Otto SCHLOTMANN 1992: Ein Zuhause - kein Zuhause. Lebenserfahrungen und -entwürfe heimentlassener junger Erwachsener. Freiburg/Br.
WOLFF, Stephan 1983: Die Produktion von Fürsorglichkeit. Bielefeld.
WOLFF, Stephan 1986: Das Gespräch als Handlungsinstrument. Konversationsanalytische Aspekte sozialer Arbeit. In: Kölner Zeitschrift für Soziologie und Sozialpsychologie 38, S. 55-84.

Heino Reimers und Waldemar Pallasch

Entwurf eines Designs für die begleitende Forschung in der Supervisionsausbildung

In dem folgenden Beitrag wird der Entwurf eines Untersuchungsdesigns für ein Projekt zur Supervisionsausbildung vorgestellt, welches derzeit noch nicht abgeschlossen ist. Aus diesem Grunde kann noch nicht über Ergebnisse, sondern nur über erste Erfahrungen mit einem speziell für diese Untersuchung entwickelten Verfahren der Datenerhebung berichtet werden.
Nach traditioneller empirischer Forschungsdiktion stellt sich auch in bezug auf die Supervisionsausbildung als einem *längerfristigen Prozeß* grundsätzlich die Frage, eine formative oder eine summative Evaluation - oder auch beides - in Erwägung zu ziehen. Zwischen dieser durchaus sinnvollen, wenngleich eher formalen Akzentuierung beider Evaluationsansätze ist im konkreten Fall unter der vordringlichen Zielfrage im Rahmen eines Projekts zu entscheiden. Die Entscheidung der Autoren für ein eher formatives Evaluationsverfahren unter Einsatz von Methoden der qualitativen Sozialforschung hat folgende Gründe: Das im folgenden beschriebene Projekt zur Supervisionsausbildung von Lehrerinnen und Lehrern ist ein sehr komplexes, über ca. 2,5 Jahre andauerndes pädagogisch-psychologisches Ausbildungsvorhaben, welches sich nicht so durchführen läßt, daß es im Sinne traditioneller experimenteller Forschungsvorhaben evaluierbar wäre. Trotz vorgegebener Ausbildungsziele ergeben sich bei den Ausbildungsteilnehmerinnen und -teilnehmern im Verlaufe der gesamten Ausbildungszeit die unterschiedlichsten Lern- und Veränderungsprozesse. Aus ausbildungsdidaktischen Gründen erweist es sich für die Ausbilder in der Regel als notwendig und vorrangig, auf diese Prozesse bereits während der Ausbildung einzugehen und hin und wieder von den vorgegebenen Schritten des Ausbildungsplans abzuweichen. Neben der dadurch bedingten Nicht-Kontrollierbarkeit von Variablen begünstigt ein weiterer Aspekt die Bevorzugung eines formativen Evaluationsverfahrens. Aufgrund des langen Ausbildungszeitraums erscheint es sinnvoll, bereits erkennbare Defizite der Ausbildung möglichst frühzeitig zu erkennen, um einzelne Ausbildungselemente, soweit möglich, schon während des Ausbildungsprozesses ständig zu optimieren und besser auf die auszubildenden Supervisorinnen und Supervisoren abzustimmen. Die hier entwickelte Form der Evaluation dient den Ausbildern somit in diesem Projekt nicht der reinen Datenerhebung, sondern primär dem Zweck, im Sinne der Handlungsforschung in einem gleichberechtigten Diskurs mit den Auszubildenden bereits während der Ausbildung durch die Forschungsergebnisse wieder auf den Ablauf der Ausbildung selbst praxisverändernd Einfluß nehmen zu können.
Auf die Diskussion grundlegender methodologischer Fragen der qualitativen Forschung wird in diesem Beitrag zugunsten einer möglichst genauen Be-

schreibung des methodischen Vorgehens verzichtet. So werden nach einer Vorstellung des Ausbildungsprojektes zur unterrichtlichen Supervision vor allem die Methoden der Datenerhebung (qualitative/offene Interviews und nichtsprachliche Symbolisierungsformen/Lebenslinien) näher beschrieben, die den Verfahren der qualitativen Sozialforschung zuzurechnen sind.

1. Das Kieler Supervisionsmodell (KSM) - Grundriß eines Ausbildungsprojektes

1.1 Ausgangssituation: Die Arbeit mit Lehrerinnen und Lehrern

Derzeit erlebt die Supervision als eine besondere Form der Aus-, Fort- und Weiterbildung im schulischen Bereich einen großen Zuwachs.
Supervisionsangebote werden dabei vor allem mit psychologischem Akzent von Psychologen angeboten. Derartige Supervisionsangebote zeichnen sich dadurch aus, daß sie vorrangig die Beziehungen der Lehrerinnen und Lehrer zu ihren Schülern, Kollegen, Vorgesetzten oder auch Eltern im Sinne der Humanistischen Psychologie thematisieren und mit deren Methoden bearbeiten.
Das im folgenden zu beschreibende Kieler Supervisionsmodell (KSM) versucht jedoch auch Aspekte der Didaktik und Methodik verstärkt in die Supervisionsarbeit einzubeziehen, ohne dabei personenorientierte Aspekte auszuklammern. Da es in diesem Beitrag um den Entwurf eines Designs für die begleitende Forschung in der Supervision geht und nicht um die Supervision selbst, kann dieses Supervisionsmodell hier nur in seinen wesentlichen Elementen vorgestellt werden. Eine ausführliche Grundlegung findet sich vor allem in PALLASCH (1993) und in PALLASCH u.a. (1993).
Eine weitere Frage, die sich in diesem Zusammenhang stellt, ist die Frage der Abgrenzung der Supervision von der Therapie, der Beratung, dem Training oder der Psychohygiene. Sie wird an dieser Stelle ebenfalls nicht näher diskutiert (zu dieser Frage siehe PALLASCH 1992; PALLASCH 1993, 34-47; PALLASCH/MUTZECK/REIMERS (Hg.) 1996; PALLASCH/REIMERS 1995a, 4; PALLASCH/REIMERS 1995b).
Das Kieler Supervisionsmodell ist quasi als Folgeprodukt aus unserer konkreten Fortbildungsarbeit mit Lehrerinnen und Lehrern im Rahmen eines Forschungsprojekts zum sogenannten 'Offenen Unterricht' entstanden. Die im Rahmen dieser Arbeit entstandenen Formen von Unterrichtsbesprechungen unterschieden sich in mehrerer Hinsicht von den traditionellen Formen, und dies vor allem in drei Punkten:
(1) Die Lehrkräfte wünschten von sich aus, also freiwillig, eine Reflexion ihrer unterrichtlichen Arbeit.
(2) Die Lehrkräfte verstanden sich in diesen Gesprächen als Experten in ihrem Arbeitsfeld 'Unterricht und Unterrichten' und fühlten sich bei diesen Besprechungen als gleichwertige und gleichberechtigte Partner.
(3) Die Probleme, Konflikte, Friktionen und Schwierigkeiten, das heißt die Frage- und Problemstellungen, die sich im Rahmen ihrer Variante des Ein-

stiegs in die Öffnung des Unterrichts ergaben, wurden *von den Lehrkräften selbst* in diese Gespräche eingebracht.
Für die weitere Entwicklung unserer Arbeit waren folgende Aspekte bzw. folgende Erfahrungen maßgebend:
a) Begrüßt wurde von den beteiligten Lehrerinnen und Lehrern vor allem die Möglichkeit, sich über die eigene Praxis in einem bewertungsfreien Raum auszutauschen.
b) Es bedurfte zur Anleitung dieses Austausches lediglich eines neutralen Moderators, der es verstand, diesen Austausch unter den Lehrerinnen und Lehrern so anzuleiten, daß er unter den Aspekten der *Freiwilligkeit, Gleichberechtigung* bzw. *Gleichwertigkeit* und der *'Orientierung an dem thematischen Interesse der Lehrkraft'* stattfand.

Aufgrund dieser Erfahrungen erschien es uns naheliegend, die Supervision auch für den Rahmen unserer schulischen Fort- und Weiterbildungsaufgaben nutzbar zu machen.

1.2 Supervision für den schulischen Bereich: Unterrichtliche Supervision

Eine Übertragung der Supervision auf den schulischen Bereich mußte aus unserer Sicht die Kennzeichen übernehmen, die für die Supervision im allgemeinen gelten und sie für den unterrichtlichen Bereich spezifizieren:
Wir verstehen unter Supervision zusammenfassend die angeleitete Reflexion bzw. Anregung zur Selbstreflexion der beruflichen Tätigkeit unter Einbeziehung persönlicher Anteile im Sinne einer Kompetenzerweiterung. Auf die unterrichtliche Tätigkeit von Lehrerinnen und Lehrern übertragen definieren wir dementsprechend die unterrichtliche Supervision als Arbeitsgrundlage für uns wie folgt:

Unter unterrichtlicher Supervision verstehen wir die vorurteilsfreie Wahrnehmung und Beobachtung von Unterricht und darüber hinaus die wert-offene Reflexion des gesamten beruflichen Tuns auf der Basis symmetrischer Kommunikation. Wir verstehen Supervision ferner als eine berufsbegleitende Arbeitsform, in der bereits ausgebildeten Lehrkräften der Raum und die Möglichkeit geschaffen wird, über ihr berufliches Tun mit einem pädagogischen Experten zu reflektieren. Der Supervisor als 'Klärungskatalysator' hilft dem Supervisanden 'mit sich selbst in Kontakt zu treten', indem er Hilfe zur Selbsthilfe anbietet.

Diese von uns so definierte *unterrichtliche Supervision* haben wir (in Anlehnung an SCHÖNIG 1990, 220) für unsere Supervisionsarbeit mit Lehrkräften noch weiter präzisiert:

Unterrichtliche Supervision ist die systematische Anregung und Anleitung zur Selbstreflexion und Selbstkontrolle des Lehrers/der Lehrerin durch einen Supervisor oder eine Supervisorin auf der Basis gleichwertiger Kommunikation, mit dem Ziel
– das berufliche Wissen zu erweitern,
– das methodisch-didaktische Können zu verbessern und

– *pädagogische und persönliche Zielvorstellungen, Perspektiven, Einstellungen, Haltungen, Verhaltensweisen und Verhaltensmuster zu korrigieren. Neben fachlichen Aspekten werden auch persönlichkeitsspezifische Fragen bzw. Probleme einbezogen, wenn sie direkt oder indirekt die berufliche Arbeit beeinflussen bzw. beeinträchtigen.*

Die unterrichtliche Supervision umfaßt somit folgende drei Ebenen:
(1) die methodisch-didaktische Ebene (der Unterricht, das Unterrichten);
(2) die zielperspektivische Ebene (die Ziele und Absichten des Lehrers);
(3) die persönlichkeitsorientierte Ebene (der Lehrer als individuelle Persönlichkeit).

1.3 Ausbildung zur unterrichtlichen Supervision

Bisher wurde in diesem Beitrag lediglich unser inhaltliches Verständnis von unterrichtlicher Supervisionsarbeit kurz skizziert. Hinter dem Begriff 'Kieler Supervisionsmodell' verbirgt sich jedoch nicht nur ein Konzept für die unterrichtliche Supervision, sondern vor allem ein Ausbildungskonzept. Die eingangs erwähnte Erfahrung, daß Lehrerinnen und Lehrer im Rahmen der Einführung des Offenen Unterrichts sehr an einem Austausch in einem bewertungsfreien Raum interessiert waren und sich ein neutraler Moderator für diesen Austausch als sehr hilfreich erwies, führte bei uns zu der Überlegung, Lehrerinnen und Lehrer selbst als Supervisorinnen und Supervisoren für den Bereich der unterrichtlichen Supervision - also für ihr eigenes Berufsfeld - auszubilden.

Lehrerinnen und Lehrer als Supervisorinnen und Supervisoren - dies scheint vordergründig betrachtet nicht gut denkbar zu sein, da ihnen erfahrungsgemäß die psychologischen Qualifikationen fehlen, die sie dazu befähigen würden, selbst eine Supervision durchführen zu können.

Aufgrund jahrelanger Erfahrungen in der Lehrerfortbildung im Bereich der Lehrertrainings haben die Autoren dieses Beitrages feststellen können, daß viele Lehrerinnen und Lehrer jedoch durchaus zumindest eine positive Affinität zu psychologisch bestimmten Fortbildungsinhalten hatten und im Anschluß an Trainingsveranstaltungen oft das Bedürfnis verspürten, die Fortbildungsinhalte weiter in ihr Kollegium zu tragen.

Mit der Ausbildung von Lehrerinnen und Lehrern als Supervisorinnen und Supervisoren ist zudem noch ein anderer Vorteil verbunden:

PÜHL (1992, 8) unterscheidet zwei Kompetenzen, über die ein Supervisor oder eine Supervisorin verfügen sollte: Es sind die *Feld-* und die *Beratungskompetenz*. Übertragen auf das Arbeitsfeld Schule (genauer: Unterricht) wird unter Feldkompetenz die Beherrschung der pädagogischen bzw. unterrichtlichen (didaktischen) Sachverhalte und Methoden verstanden, während unter Beratungskompetenz die spezifische Fähigkeit verstanden wird, Supervision ziel-, gruppen- und kontextadäquat durchzuführen.

Für den engumgrenzten Bereich der unterrichtlichen Supervision bedeutet dies folglich, daß der Supervisor als ausgebildeter Lehrer über unterrichtspraktische Erfahrungen verfügen sollte (Feldkompetenz) und sich die Beratungskompetenz im Rahmen einer zusätzlichen Ausbildung aneignen muß. Das Kieler Supervisionsmodell hat sich zum Ziel gesetzt, eben jene Beratungskompetenz zu vermitteln.

1.4 Ausbildung als Modellversuch

Im Rahmen eines zunächst auf drei Jahre angelegten dreijährigen 'Modellversuchs Unterrichtliche Supervision', gefördert von der Bund-Länder-Kommission und der Ministerin für Frauen, Bildung, Weiterbildung und Sport des Landes Schleswig-Holstein, in enger Kooperation mit dem Landesinstitut Schleswig-Holstein für Praxis und Theorie der Schule (IPTS) und durchgeführt von der Erziehungswissenschaftlichen Fakultät der Universität Kiel, wird derzeit eine Ausbildungskonzeption mit dem Ziel erprobt, geeignete Lehrerinnen und Lehrer für die Tätigkeit als *Unterrichtliche Supervisoren bzw. Supervisorinnen* zu schulen. Die Ausbildung findet in zwei getrennten Gruppen mit jeweils dreißig Teilnehmern statt. Die Zusammensetzung der Teilnehmerinnen und Teilnehmer ist absichtsvoll sehr heterogen: Lehrerinnen und Lehrer aller Schularten, Mentoren, Schulleiter, Studienleiter und Seminarleiter. Ziel dieses Modellversuchs ist es, mit Hilfe spezifisch als Supervisorinnen und Supervisoren ausgebildeter Lehrkräfte die alltägliche Schulpraxis bzw. -arbeit von Lehrerinnen und Lehrern aller Schularten und Schulstufen zu optimieren. Grundlage dieser ca. 2½-jährigen Ausbildung ist das bereits erwähnte Kieler Supervisionsmodell, welches bereits vorher an einer Pilotgruppe erprobt wurde.

Dieses Modell besteht aus den drei Stufen:

A *Basisqualifikationen* (mehrjährige schulpraktische Tätigkeit als Voraussetzung für den Erwerb der Feldkompetenz),

B_1 *Zusatzqualifikationen - 1. Phase* (Grundlegende Vermittlung von acht Zusatzqualifikationen (siehe Abb. 1) als erste Stufe des Erwerbs einer Beratungskompetenz, Dauer ca. 14 Monate) und

B_2 *Zusatzqualifikationen - 2. Phase* (Praktische Erprobung/Umsetzung der acht Zusatzqualifikationen als zweite Stufe des Erwerbs einer Beratungskompetenz, Dauer ca. 16 Monate),

wobei lediglich die Vermittlung der Zusatzqualifikationen (1. und 2. Phase, B_1 und B_2) Teil des eigentlichen Ausbildungsprogramms sind.

1.5 Die Zusatzqualifikationen

Die Ausbildung selbst umfaßt somit zwei Phasen. In der ersten Phase (B_1) werden acht - zunächst isoliert erscheinende - Qualifikationselemente als Zusatzqualifikationen in jeweils mehrtägigen Kompaktveranstaltungen grundlegend vermittelt (siehe Abb. 1).

Diese Zusatzqualifikationen sind dabei jeweils mit verschiedenem Schwerpunkt auf den drei Ebenen der methodisch-didaktischen, der zielorientierten und der persönlichkeitsorientierten Ebene angesiedelt. In der zweiten Phase (B_2) wenden die auszubildenden Supervisorinnen und Supervisoren ihre erworbenen Zusatzqualifikationen in ihrer eigenen Supervisionspraxis mit Lehrerinnen und Lehrern an, wobei sie über einen längeren Zeitraum noch von den ausbildenden Trainern begleitet werden und sich regelmäßig zu gemeinsamen Treffen mit anderen Ausbildungsteilnehmern zur Reflexion der eigenen Supervisionspraxis zusammenfinden.

Abb. 1: Zusatzqualifikationen für die unterrichtliche Supervision

Zusatzqualifikationen für die unterrichtliche Supervision

GRUNDLEGENDE ZUSATZQUALIFIKATIONEN

Wahrnehmung und Beobachtung
Voraussetzung für die Fähigkeit, erzieherische bzw. sozial-emotionale Interaktionen - auch auf der Mikroebene - zu erkennen und zu analysieren

Pädagogisches Selbstkonzept
Voraussetzung für die Fähigkeit, die (subjektiv-)theoretischen Bezüge zu erschließen bzw. die ziel- und berufsperspektivischen Motive, Einstellungen und Haltungen zu erkennen

Pädagogisch-therapeutische Gesprächsführung
Voraussetzung für die Fähigkeit, den Supervisanden personen- und zieladäquat anzusprechen bzw. pädagogisch-diagnostisch arbeiten zu können

ZUSATZQUALIFIKATIONEN FÜR DIE KONFLIKT-/PROBLEMBEARBEITUNG

Pädagogische Werkstattarbeit
Voraussetzung für die Fähigkeit, Sachkonflikte kreativ und zieladäquat zu bearbeiten und die Supervisanden in selbständiger Arbeit zu konkreten Ergebnissen bzw. Lösungen zu führen

Individuelle Fallbearbeitung
Wissen und Beherrschen von Konflikt- bzw. Problembearbeitungsstrategien (Konzepte, Methoden, Verfahren), die als Hilfe dem Supervisanden zur Bearbeitung angeboten werden können

Gruppendynamik
Wissen um gruppendynamische Prozesse und deren Wirkungen und das Beherrschen gruppendynamischer Interventionstechniken, um die Supervisionsgruppe arbeitsfähig zu machen bzw. zu halten

ÜBERGREIFENDE ZUSATZQUALIFIKATIONEN

Pädagogische Moderation
Voraussetzung für die Fähigkeit, die Supervisionsgruppe zieladäquat unter Einbeziehung geeigneter Methoden (Didaktisierung, Visualisierung, Transparenz, Gesprächsformen) zu lenken und zu leiten

Selbsterfahrung
Voraussetzung für das Erkennen und Verstehen der Wirkungen eigener (biographischer) Anteile bei sich selbst und auf andere

Die additive Auflistung dieser einzelnen Zusatzqualifikationen in diesem Schaubild vermittelt ein eklektisches Bild bzw. verführt zu einer rein summativen Betrachtungsweise. Dem ist weder in der Ausbildung noch in der Praxis so. Bereits in der Ausbildung bemühen wir uns darum, die einzelnen Zusatzqualifikationen miteinander zu verbinden bzw. zu verzahnen. So wird - obwohl gesondert ausgewiesen und bearbeitet - beispielsweise die Zusatzqualifikation 'Selbsterfahrung' während der gesamten Ausbildung ständig thematisiert bzw. angesprochen und durch Übungen praktisch vermittelt. Die Gesamtdauer der Ausbildung beträgt 2,5 Jahre, wobei unabhängig von den gemeinsamen Treffen in kleinen Arbeitsgruppen die gesamte Ausbildungsgruppe einmal im Monat zu jeweils einer ein- oder zweitägigen Kompaktveranstaltung zusammenkommt.

Auch wenn den an der Thematik der Supervision interessierten Leser diese Kurzdarstellung eines sehr komplexen Vorhabens möglicherweise nicht recht befriedigen wird und sich ihm daher einige Fragen stellen, die hier nicht beantwortet werden können, so müssen wir für weitere Details auf von uns bereits andernorts publizierte Schriften verweisen (s.o.). Die hier vorgenommene Kurzdarstellung dient lediglich als Grundlage dafür, das nähere Vorgehen bei der Evaluation dieses Modellversuchs nachvollziehbar zu erläutern.

2. Entwurf eines Untersuchungsdesigns für die qualitativ orientierte Begleitforschung in der Supervisionsausbildung

2.1 Begründung des methodologischen Zugangs

Wie sich aus der vorstehenden näheren Beschreibung des Kieler Supervisionsmodells als Ausbildungsmodell zur unterrichtlichen Supervision unschwer erkennen läßt, handelt es sich um ein sehr komplexes Vorhaben, welches im Hinblick auf eine Evaluation im wissenschaftlichen Sinne vielfältige Fragen aufwirft.

Bisherige empirische Untersuchungen zur Wirksamkeit einer bestimmten Supervisionspraxis oder gar einer Ausbildung zur Supervision liegen nach Kenntnis der Autoren dieses Beitrags kaum vor. Eine neuere Arbeit von SCHUMACHER (vgl. 1995) versucht über den Einsatz prozeßanalytischer Untersuchungsmethoden die Interaktionsprozesse in Beratungs- und Supervisionsgesprächen zu analysieren. In einem Sammelband zur pädagogischen Supervision (vgl. PETERMANN (Hg.) 1995) werden in mehreren Beiträgen Evaluationsansätze zur Supervision vorgestellt, die mit Hilfe von Videoaufzeichnungen, Expertenhearings, Zeitleistenverfahren, sozio-emotionaler Interaktionsanalyse, Repertory-Grid-Technik und letztlich auch über standardisierte und nicht-standardisierte Befragungsmethoden die Wirksamkeit von Supervisionssitzungen herauszuarbeiten versuchen.

Eine Hauptfragestellung im Rahmen der Evaluation des hier vorgestellten Ausbildungsvorhabens wäre naturgemäß eine möglichst objektive, an einer Kontrollgruppe zu vergleichende *Überprüfung eines durch die Ausbildung bedingten Kompetenzzuwachses* der auszubildenden Supervisorinnen und Supervisoren.

Naheliegend erscheint es somit, herauszuarbeiten, ob diese Ausbildung ihre Ziele erreicht hat. Es muß also gefragt werden, ob im Hinblick auf die obengenannten Ziele die ausgebildeten Supervisorinnen und Supervisoren in ihrer Supervisionsarbeit es mit Hilfe der durch die Ausbildung erworbenen Zusatzqualifikationen erreichen, daß ihre Lehrerinnen und Lehrer als Supervisanden im Rahmen der Supervision

- *ihr berufliches Wissen erweitern,*
- *ihr methodisch-didaktisches Können verbessern und*
- *ihre pädagogischen und persönlichen Zielvorstellungen, Perspektiven, Einstellungen, Haltungen, Verhaltensweisen und Verhaltensmuster korrigieren können.*

Die Beantwortung dieser Frage ist jedoch erst gegen Ende der Ausbildung möglich, also erst dann, wenn die ausgebildeten Supervisorinnen und Supervisoren Supervisionsveranstaltungen durchgeführt bzw. praktische Supervisionsarbeit geleistet haben. Sie könnte über die Beobachtung und Auswertung der von den Supervisoren durchgeführten Supervisionsveranstaltungen und vor allem auch über eine Befragung der an den Supervisionsveranstaltungen als Supervisanden teilnehmenden Lehrerinnen und Lehrer erfolgen.

Im Rahmen eines derart komplexen Ausbildungsverfahrens ist es jedoch angebracht, bereits eine die Ausbildung begleitende formative Evaluation vorzunehmen, deren Ergebnisse wiederum als Korrektiv für die Ausbildungspraxis genutzt werden können.

Die Fragestellung einer derartigen, die Ausbildung begleitenden Evaluation kann sich jedoch nur auf die Untersuchung des *subjektiv* erlebten Kompetenzzuwachses der auszubildenden Supervisoren beschränken. Eine Untersuchung des *subjektiv* erlebten Kompetenzzuwachses hätte den Vorteil, daß (im Sinne der Handlungsforschung) bereits die weitere zweite Phase der Ausbildung (B_2) besser auf noch vorhandene Defizite, auf spezifische Fragestellungen, auf spezielle Wünsche usw. der Supervisorinnen und Supervisoren, z.B. im Hinblick auf das verstärkte Training bestimmter Elemente, o.ä. abgestimmt werden kann. Naheliegend wäre es dabei, zu untersuchen, ob die in den einzelnen Zusatzqualifikationen vermittelten Elemente in den Ausbildungsveranstaltungen auch so vermittelt wurden, daß die Supervisoren, z.B. im Hinblick auf die Zusatzqualifikation 'Wahrnehmung und Beobachtung' (s. Abb. 1), am Ende der Ausbildung eher das Empfinden haben, erzieherische bzw. sozial-emotionale Interaktionen -auch auf der Mikroebene- besser erkennen und analysieren zu können.

Auf ein direktes Abfragen dieser einzelnen Elemente wird jedoch im Rahmen der begleitenden Forschung zu diesem Ausbildungsprojekt verzichtet. Der Grund liegt darin, daß die Elemente der einzelnen Zusatzqualifikationen nicht isoliert vermittelt werden, weil sie sich sowohl inhaltlich als auch formal während des Ausbildungsablaufs überlappen und zum Teil jeweils für mehrere Zusatzqualifikationen relevant sind. Zudem können die Teilnehmerinnen und Teilnehmer sich in diesem Stadium der Ausbildung zu einigen Zusatzqualifikationen im Hinblick auf einen subjektiv erlebten Kompetenzzuwachs nur sehr schwer äußern, da sie deren Anwendung noch zu wenig selbst erprobt haben. Letztlich ergeben sich im Verlaufe einer Ausbildung mit stark personenorientierten Ausbildungsanteilen immer auch Lern- und Veränderungsprozesse, die in dem formalen Zielkatalog der Ausbildung nicht explizit genannt werden, jedoch implizit vorhanden sind und einen erheblichen Einfluß auf das Verhalten der einzelnen Teilnehmer in den Ausbildungsveranstaltungen und damit auch auf den Ausbildungsverlauf selbst haben.

Aus diesen Gründen bietet es sich daher an, die Untersuchung des subjektiv erfahrenen Kompetenzzuwachses in der begleitenden Forschung zu dieser Supervisionsausbildung auf einem weniger vorstrukturierten bzw. weniger standardisierten Niveau vorzunehmen.

Die zentrale Fragestellung wird dabei allgemeiner formuliert. Sie lautet:

Haben sich im Verlaufe der ersten Phase der Ausbildung - *bedingt durch die Ausbildung* - Veränderungen für die Supervisorinnen und Supervisoren ergeben, die sich für die Befragten auch schon auf ihre jetzige eigene Berufstätigkeit auswirken?
Welche dieser Veränderungen lassen sich dabei als - *bedingt durch die Ausbildung - subjektiv* erlebten Kompetenzzuwachs der auszubildenden Supervisorinnen und Supervisoren identifizieren?
Unter diesen Voraussetzungen und im Hinblick auf diese Fragestellung ist es nachvollziehbar, daß die Autoren schon bei der Genese des Projekts im Hinblick auf eine Evaluation ein Untersuchungsdesign im Sinne *qualitativen* Vorgehens in den Blick genommen haben.
Im Rahmen der anschließenden näheren Darstellung des Untersuchungsvorhabens wird nicht näher auf die vieldiskutierte Kontroverse zwischen quantitativer und qualitativer Sozialforschung eingegangen. Hier sei auf die einschlägige Literatur (MAYRING 1993; LAMNEK 1993a; KÖNIG/ZEDLER (Hg.) 1995; FLICK u.a. (Hg.) 1991) und die Beiträge in diesem Band verwiesen.

2.2 Einzelfallanalyse und Handlungsforschung

Im folgenden wird vielmehr direkt auf den Untersuchungsplan als Ganzes eingegangen und dessen Entwurf erläutert. Das Untersuchungsdesign selbst stellt eine Mischform aus Einzelfallanalyse und Handlungsforschung (zu diesen Begriffen siehe MAYRING 1993, 26ff.) dar:

Abb. 2: Untersuchungsdesign für die qualitativ orientierte Begleitforschung in der Supervisionsausbildung

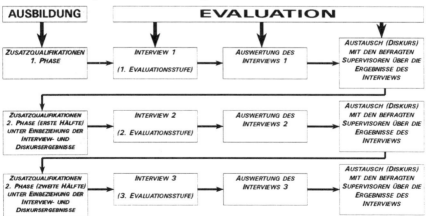

Wie aus Abbildung 2 zu entnehmen ist, werden im Verlaufe der gesamten Ausbildung jeweils drei Interviews zu drei verschiedenen Zeitpunkten der Ausbildung eingesetzt, in denen die auszubildenden Supervisoren im Hinblick auf durch die Ausbildung bedingte Veränderungen in ihrer beruflichen Tätigkeit - insbesondere im Hinblick auf einen subjektiv erlebten Kompetenzzuwachs - befragt werden. Die Ergebnisse aus den Interviews werden den Teilnehmern jeweils im Anschluß an die Interviews mitgeteilt, woran sich dann ein Austausch (Diskurs) über die Ergebnisse mit den Ausbildern anschließt. Die jeweils in dem ersten und zweiten Interview ermittelten Ergebnisse und das daran anschließende Gespräch sind dann ggf. Anlaß für die Ausbilder, bestimmte Aspekte der Ausbildung, Inhalte, Übungselemente usw. verstärkt auf die Teilnehmer der Ausbildungsgruppen abzustimmen.

Insbesondere die Dokumentation des prozeßhaften individuellen Verlaufs der durch die Ausbildung bedingten Veränderungen bei den einzelnen Supervisoren (Einzelfallanalyse) und der bereits im Ausbildungs- und Forschungsprozeß stattfindende Diskurs mit ihnen (Handlungsforschung) sind somit die wesentlichen Elemente dieses Designs. Diese schon aus dem Design hervorgehende starke 'Probandenorientierung' schlägt sich auch in der Form des eingesetzten Interviewtyps nieder.

2.3 Qualitative (offene) Interviews

Aufgrund der qualitativen Orientierung im Rahmen der Begleitforschung zur Supervisionsausbildung werden als Methoden explorative Verfahren der Befragung eingesetzt, zu denen verschiedene Formen teil- und nichtstandardisierter Interviews gehören. Diese unterscheiden sich jeweils nur in Nuancen voneinander, so daß eine Abgrenzung voneinander schwer fällt (siehe hierzu z.B. HOPF 1991; MAYRING 1993; LAMNEK 1993b). Gemeinsam ist ihnen, daß sie (bewußt) den Befragten einen relativ großen Antwortspielraum lassen und daher vom Interviewer einiges Geschick verlangen, mit der relativ offenen Kommunikationssituation im Interview umzugehen. Aufgrund ihres offenen und (im Hinblick auf die Daten) qualitativen Charakters werden diese Interviews auch unter dem Oberbegriff 'Offene Interviews' oder 'Qualitative Interviews' zusammengefaßt.

Einen guten Überblick im Hinblick auf die Begriffsbestimmung qualitativ orientierter Interviewformen liefert MAYRING (1993, S. 45).

In der hier vorgestellten ersten Evaluationsstufe der Begleitforschung zu diesem Ausbildungsprojekt kommt ein Interviewtyp zum Einsatz, der sich im Sinne dieser Begriffsbestimmung MAYRINGs wie folgt beschreiben läßt. Es handelt sich bei dem hier eingesetzten Interview

– um ein offenes Interview mit vielen Freiheitsgraden für den Befragten,
– ein weitgehend unstrukturiertes Interview mit weitgehend unbeschränkten Freiheitsgraden für den Interviewer und
– im Hinblick auf die Auswertung mit qualitativ-interpretativen Techniken in erster Linie um ein qualitatives Interview.

Der Charakter der Gesprächsführung wird in diesen Interviews vor allem von den fünf von MERTON/KENDALL (1979) aufgestellten Kriterien für ein fokussiertes Interview bestimmt, welche auf alle Formen qualitativer bzw. offener Interviews übertragen werden können (zur Problematik bei der konkreten Umsetzung dieser Kriterien in Interviewgesprächen siehe HOPF (1978)). Es han-

delt sich um die Kriterien *'Nicht-Beeinflussung'*, *'Spezifität'*, *'Erfassung eines breiten Spektrums'*, *'Tiefgründigkeit'* und *'Personaler Kontext'*.
Um diesen Kriterien zu entsprechen, wird in den Interviews das personen- bzw. partnerzentrierte Gesprächsverhalten im Sinne ROGERS (1972) als Datenerhebungsmethode praktiziert. Dabei wird in Kauf genommen, daß sich in den Interviews nicht alle befragten Supervisoren zu den gleichen Themen und auch nicht zu den gleichen Themen gleich differenziert äußern, so daß man keine vollständige Datenmatrix erhält, wie z.B. in standardisierten Fragebogenuntersuchungen. Dies kann aufgrund des explorativen Charakters dieser Interviews aber auch nicht als Nachteil angesehen werden, denn gerade diese 'freie Gewichtung der Themen' bietet weitere Analysehinweise auf den subjektiv erworbenen Kompetenzzuwachs der Interviewpartner.

2.4 Nicht-sprachliche Symbolisierungsformen - Lebenslinien

Da es in den Interviews um die Erfassung des durch die Ausbildung bedingten subjektiv erlebten Kompetenzzuwachses bzw. allgemein erlebter Veränderungen über einen längeren Zeitraum geht und dabei die Prozeßhaftigkeit bzw. der prozeßhafte Wandel einzelner Aspekte des erlebten Kompetenzzuwachses bzw. der erlebten Veränderungen herausgearbeitet werden soll, ist es sinnvoll, zusätzlich zu dem Erhebungsinstrument des offenen Interviews ein Erhebungsinstrument zu verwenden, welches Veränderungen über ein zeitliches Kontinuum hinweg prozeßhaft zu ermitteln und nachvollziehbar zu protokollieren vermag. Entscheidend ist dabei auch, daß für die Probanden eine mit- und nachvollziehbare Form der Protokollierung verwendet wird, die es ihnen ermöglicht, während des gesamten Interviews aktiv auf dessen Verlauf und die angesprochenen Inhalte einzuwirken. Dies gilt insbesondere für die Möglichkeit, bereits Gesagtes zu revidieren, Änderungen vorzunehmen, den Vorschlägen des Interviewers zu widersprechen, ihn im Hinblick auf die Aspekte, die er glaubt, verstanden zu haben, zu korrigieren usw.
Ein für diesen Zweck hilfreiches Instrument stellt die sogenannte 'Lebenslinienübung' von FISCHER (vgl. 1985, 1986) dar, welche bereits in abgewandelter Form in Verbindung mit einer Ratingskala im Rahmen einer Untersuchung zu Veränderungen in der beruflichen Biographie von Lehrkräften (vgl. REIMERS 1996) erprobt wurde (siehe Abb. 3):
Diese Skizze besteht aus einer siebenstufigen Ratingsskala auf der Y-Achse, während die X-Achse das zeitliche Kontinuum des Ausbildungsverlaufs der gesamten zweieinhalbjährigen Ausbildung darstellt. Die X-Achse ist in die drei Abschnitte - erste Ausbildungsphase - erste Hälfte der zweiten Ausbildungsphase - zweite Hälfte der zweiten Ausbildungsphase - eingeteilt. Jeweils am Ende der einzelnen Abschnitte werden alle Teilnehmer der Ausbildung interviewt, so daß bei insgesamt 60 Teilnehmern 180 Interviews über den Gesamtzeitraum der Ausbildung entstehen.
Beispielhaft sind drei Verlaufskurven eingezeichnet, die jedoch hier bereits den Verlauf während der gesamten Ausbildung wiedergeben. Bei den ersten in diesem Projekt durchgeführten Interviews enden die Verlaufskurven naturgemäß

noch im ersten Drittel dieser Skizze an der ersten senkrechten Achse (INTERVIEW 1).

Abb. 3: Ratingskala zur Ermittlung des prozeßhaften Verlaufs subjektiv wahrgenommener Veränderungen im Verlaufe der Supervisionsausbildung

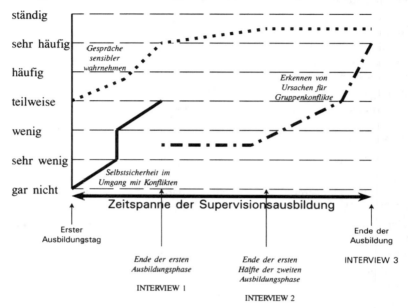

Das gesamte Interview ist so angelegt, daß in dem zweiten oder dritten Interview jeweils
a) die begonnenen Kurven fortgesetzt werden können, so daß eine Gesamtentwicklung über den Gesamtzeitraum der Ausbildung erkennbar wird (z.B. die Kurve 'Gespräche sensibler wahrnehmen'),
b) die begonnenen Kurven nicht fortgesetzt werden, wenn die damit verbundenen Themen keine Bedeutung mehr haben (z.B. die Kurve 'Selbstsicherheit im Umgang mit Konflikten') oder
c) neue Kurven im zweiten oder dritten Abschnitt begonnen werden können, wenn neue Themen im Rahmen der Ausbildung eine Bedeutung erhalten haben (z.B. die Kurve 'Erkennen von Ursachen für Gruppenkonflikte').

Die genauere Form des Einsatzes dieser Skizze im Interviewgespräch wird im folgenden Abschnitt erläutert.

3. Konkretes methodisches Vorgehen bei der Datenerhebung

3.1 Vorinformationen für die Befragten zum Ablauf des Interviews

3.1.1 Vorinformationen zum Verhalten der Befragten und des Interviewers

Zu Beginn werden die auszubildenden Supervisoren als Befragte über den Sinn und Zweck des Interviews informiert. Es wird dabei besonders darauf hingewiesen, daß sich die Untersuchung nicht ausschließlich auf die Untersuchung des Lernerfolgs bezüglich der acht Zusatzqualifikationen beschränkt, sondern allgemein die individuell unterschiedlichen Selbsteinschätzungen des Lernzuwachses im Verlaufe der Supervisionsausbildung aufgearbeitet werden sollen. Ferner werden die Interviewpartner darauf hingewiesen, daß sie den Interviewverlauf frei nach ihren Bedürfnissen inhaltlich und formal steuern können. Das heißt, sie können den Interviewer jederzeit unterbrechen, etwas korrigieren, was ihnen im nachhinein als nicht mehr passend erscheint, Aussagen ganz streichen, Formulierungsangebote oder -hilfen des Interviewers ablehnen usw. Zusätzlich wird ihnen noch die Information gegeben, daß es nicht das Ziel ist, ihre Äußerungen zu bewerten, sondern daß der Interviewer ausschließlich (im Sinne des dialog-konsens-theoretischen Wahrheitskriteriums, vgl. GROEBEN/ SCHEELE 1977) *verstehen* möchte, was sie als Befragte mitteilen und daher im Gesprächsverlauf häufig überprüfen wird, ob er sie richtig verstanden hat, indem er bei einzelnen Aspekten gegebenenfalls noch einmal nachfragt.

3.1.2 Vorinformationen zum Koordinatensystem

Im Anschluß an die Vorinformationen zum Verhalten des Interviewers und der Befragten wird letzteren das Koordinatensystem erläutert. Es wird ihnen angeboten, daß der Interviewer das Einzeichnen der Kurven vornimmt, um ihnen mehr Gelegenheit zu geben, sich auf das zu konzentrieren, was sie mitteilen möchten. Die Befragten haben jedoch bei der Gestaltung der Verlaufskurven, wie bei den Interviewaussagen auch, jederzeit die Möglichkeit, den Verlauf der Linien durch den Interviewer ändern zu lassen.

3.1.3 Vorinformationen zur Tonaufzeichnung

Die befragten Supervisorinnen und Supervisoren werden über Sinn und Zweck der Tonaufzeichnung mit Hilfe eines Kassetten- oder Videorekorders informiert. Ferner wird ihnen der vertrauliche Umgang mit den von ihnen mitgeteilten Informationen zugesichert.

3.2 Durchführung des Interviews

3.2.1 Eintragung von Verlaufskurven in das Koordinatensystem

Die Supervisorinnen und Supervisoren werden anschließend darum gebeten, Aspekte zu ihrer Ausbildung (Einstellungen, persönliche Veränderungen, veränderte Wahrnehmungen, verändertes Kompetenzempfinden, theoretische Fragestellungen o. ä.) zu nennen, die für sie im ersten Teil der Ausbildung bestimmend oder bedeutungsvoll waren und sich u. U. auch in diesem Zeitraum verändert haben. Sie werden zusätzlich darum gebeten, deren Häufigkeitsgrad in den jeweiligen Phasen einzuschätzen und in Form einer Linie im Sinne einer 'Fieberkurve' zu beschreiben. Die befragten Supervisorinnen und Supervisoren nennen diese Aspekte nach eigener Wahl, also ohne daß bestimmte Themen von seiten des Interviewers fest vorgegeben werden. Es wird lediglich quasi im Sinne eines abgeschwächten Leitfadens als Anregung auf die acht Zusatzqualifikationen verwiesen. Zur Erleichterung der Interviewpartner trägt der Interviewer die jeweiligen Einschätzungen als Verlaufskurven mit farbigen Stiften in die Skizze ein, wobei er ständig überprüft, ob die Befragten seinen Eintragungen zustimmen.

Die Eintragung der Verlaufskurven bezieht sich dabei nur auf die Hauptaspekte der genannten Merkmale. Die Eintragung aller Nebenaspekte eines genannten Merkmals würde die Zeichnung zu sehr verkomplizieren.

3.2.2 Der Gesprächsverlauf während des Interviews

Das eigentliche Interview beginnt immer mit der Eingangsfrage:
„Was hat sich im Laufe der Ausbildungszeit in Ihrem beruflichen Dasein als Lehrer/in, als Ausbilder/in von Lehramtsanwärtern oder auch allgemein als Fortbildner/in in der Lehrerfortbildung *durch die Ausbildung bedingt* verändert? Welche Aspekte, die Ihnen wichtig sind oder bedeutend erscheinen, haben sich im Laufe dieser Zeit *durch die Ausbildung bedingt* gewandelt? Oder gibt es auch Aspekte, die Ihnen vielleicht wichtig sind, die im Verlaufe des ersten Ausbildungsabschnittes *trotz der Ausbildung* im Rahmen Ihrer beruflichen Tätigkeit jedoch gleichgeblieben sind und sich nicht verändert haben? Sämtliche Aspekte, die Sie nennen, können sich auf alle möglichen Inhalte beziehen, die mit der Ausbildung in Zusammenhang stehen, also z.B. die Ausbildungsveranstaltungen selbst, die Zusatzqualifikationen usw. Ihre Äußerungen können sich auf Ihren Unterricht, die Eltern, die Schulleitung, die Kollegen, die Schüler, die Lehramtsanwärter, die Kollegen in den Fortbildungsveranstaltungen, sie selbst als Person und andere Aspekte, die zu ihrer beruflichen Tätigkeit gehören, beziehen. Was hat sich also *durch die Ausbildung bedingt* verändert, was ist mehr geworden, was ist weniger geworden, was ist gleich geblieben? Es interessiert mich dabei, was Sie von sich selbst aus in unser Gespräch einbringen, was Sie für sich in bezug auf Ihre in der Ausbildung erworbenen Kompetenzen als wichtig empfinden."

Im Anschluß an diese Eingangsfrage äußern die Supervisorinnen und Supervisoren Aspekte ihrer Entwicklung, die sich bei ihnen selbst im Verlaufe der Ausbildung aus ihrer Sicht ergeben haben. An einer geeigneten Stelle bittet der Interviewer die Befragten, den von ihnen benannten Aspekt in dem Koordinatensystem einzuschätzen und ihn dort von dem Interviewer in Form einer Verlaufskurve einzeichnen zu lassen.

Äußert der Befragte z.B., daß er es im Verlaufe der Ausbildung immer mehr gelernt hat, den Ablauf von Gesprächen sensibler wahrzunehmen, da er mittlerweile sicherer erkennt, daß in vielen Gesprächen die Gesprächsbeteiligten Bedürfnisse nur versteckt äußern, Konflikten mit beschwichtigenden Formulierungen aus dem Weg gehen u.a., so bittet der Interviewer den Befragten eine Verlaufskurve in die oben abgebildete Skizze einzutragen, die wiedergibt, wie häufig der Befragte im Verlaufe der gesamten Ausbildungszeit das Gefühl hatte, Gespräche in diesem Sinne sensibel wahrnehmen zu können. Wie oben in der Abbildung 3 beispielhaft erkennbar, schätzt der Befragte sich so ein, daß er über diese Fähigkeit bereits zu Beginn der Ausbildung teilweise und am Ende des ersten Drittels der Ausbildung sehr häufig verfügte. Im weiteren Verlauf der Ausbildung ist diese Kompetenz aus der subjektiven Sicht des Befragten dann sukzessive immer mehr angestiegen, bis es sich auf einem Level zwischen 'ständig' und 'sehr häufig' eingependelt hat.

In dieser Form werden dann im weiteren Verlauf des Gesprächs weitere Aspekte in Form von Verlaufskurven als Gesprächsprotokoll in die Skizze eingetragen. Dieses kurze Beispiel kann nur einen kleinen Einblick in das Gesprächsverhalten des Interviewers geben. Der im Bereich qualitativer Interviews kundige Leser dieses Beitrages weiß, daß die Interviewgespräche nicht immer in dieser hier beschriebenen geradlinigen Form ablaufen. Wichtig ist in einem derartigen Fall auch ein Katalog mit Verhaltensregeln für den Interviewer für die von dem üblichen Gesprächsablauf abweichenden Gesprächssituationen. Dieser Gesichtspunkt kann jedoch in diesem Beitrag aus Platzgründen nicht mit in die Darstellung einbezogen werden, da das Vorgehen des Interviewers dann im Detail an mehreren ausführlichen Textbeispielen eines Interviewtranskripts erläutert werden müßte.

Zusammenfassend läßt sich jedoch festhalten: Die wichtigste Verhaltensweise des Interviewers liegt vor allem darin, sich über personenzentriertes Gesprächsverhalten zu vergewissern, ob er die Befragten in bezug auf die von ihnen mitgeteilten Inhalte richtig *verstanden* hat bzw. ihnen zu signalisieren, daß er ihre Äußerungen *nicht bewerten*, sondern nur *verstehen* möchte und er aus diesem Grunde auch hin und wieder Fragen in ähnlicher Form wiederholt. Hinweise darauf gibt der Interviewer mehrfach im Verlauf des Gesprächs, vor allem dann, wenn der Eindruck entsteht, daß die Befragten sich nicht ganz im klaren darüber sind, wie sie antworten möchten. Der Interviewer bemüht sich also während des Gesprächs mit den Befragten mehrfach um eine metakommunikative Klärung der Gesprächssituation, um eine vertrauensvolle Atmosphäre herzustellen oder aufrechtzuerhalten.

Ziel des Interviews ist es, das Gespräch durch ein nicht-artifizielles Arrangement so zu gestalten, daß es einer natürlichen Gesprächssituation möglichst nahe kommt. Es bleibt anzumerken, daß für die Durchführung derartiger Interviews eine Ausbildung in der partnerzentrierten Gesprächsführung Voraussetzung ist (vgl. PALLASCH 1990).

Sowohl die Verlaufsskizzen selbst als auch die Interviewtexte, die in Form eines Exzerpts von dem Interviewer transskribiert werden, werden gleichermaßen zur späteren Auswertung der Interviews herangezogen.

4. Erste Erfahrungen

Wie bereits eingangs mitgeteilt, kann über Ergebnisse im eigentlichen Sinne noch nicht berichtet werden. Derzeit finden die ersten Interviews mit den Supervisorinnen und Supervisoren der ersten Ausbildungsgruppe statt. Jedoch bestätigt sich in den Interviewgesprächen eine Vermutung, die den Entwurf dieses Designs mitbestimmt hat: Die von den Befragten eingebrachten Themen befassen sich in diesem Stadium der Ausbildung nicht nur und nicht schwerpunktmäßig mit dem durch die Ausbildung angestrebten Kompetenzzuwachs in den einzelnen Zusatzqualifikationen, sondern auch mit Aspekten der eigenen Lehrerpersönlichkeit im eigenen Unterricht (z.B. veranlaßt durch die im Rahmen der Ausbildung ausgewerteten eigenen Unterrichtsstunden) und vor allem mit Aspekten der eigenen Position in der Ausbildungsgruppe.

Das Verfahren, das Interview in Form einer begleitenden Skizze zu protokollieren, erwies sich sowohl für den Interviewer als auch für die Befragten für die Strukturierung des Interviewgesprächs als sehr hilfreich. Die parallel vorgenommene Darstellung von Interviewbeiträgen in Form von zeitabhängigen Verlaufskurven übernahm im Interviewgespräch vor allem die Funktion eines Kristallisationspunktes, der den Befragten besonders die Prozeßhaftigkeit der durch die Ausbildung bedingten Veränderungen vor Augen führte. Die Befragten machten ausgiebig Gebrauch von der Möglichkeit, bestimmte Aspekte ihrer mitgeteilten Themen zu präzisieren, sie mit anderen Themen (Linien) in Beziehung zu setzen oder auch Gesagtes zu revidieren. Gerade letzteres wurde mit dieser Form der Befragung als offenem, qualitativem Interview intendiert und hat den Diskurs der Autoren als Interviewer mit den Befragten in diesem Stadium der Ausbildung sehr bereichert.

Literatur

FISCHER, Peter 1985: Biographie als Anstoß zur Selbstreflexion. Möglichkeiten einer subjektzentrierten therapeutischen Diagnostik. In: FISCHER, Peter (Hg.): *Therapiebezogene Diagnostik - Ansätze für ein neues Selbstverständnis* (S. 39-56). Tübingen.

FISCHER, Peter 1986: *Diagnostik als Anleitung zur Selbstreflexion. Möglichkeiten einer subjektzentrierten therapeutischen Diagnostik* (Dissertation). Landau: Erziehungswissenschaftliche Hochschule Rheinland-Pfalz, Landau.

FLICK, Uwe/Ernst von KARDOFF/Heiner KEUPP/Lutz von ROSENSTIEL/Stephan WOLFF (Hg.) 1991: *Handbuch Qualitative Sozialforschung. Grundlagen, Konzepte, Methoden und Anwendungen.* München.

GROEBEN, Norbert/Brigitte SCHEELE 1977: *Argumente für eine Psychologie des reflexiven Subjekts. Paradigmawechsel vom behavioralen zum epistemologischen Menschenbild.* Darmstadt.

HOPF, Christel 1978: Die Pseudo-Exploration - Überlegungen zur Technik qualitativer Interviews in der Sozialforschung. *Zeitschrift für Soziologie, 2*, 97-115.

HOPF, Christel 1991: Qualitative Interviews in der Sozialforschung. Ein Überblick. In: FLICK, Uwe/Ernst von KARDOFF/Heiner KEUPP/Lutz von ROSENSTIEL/Stephan WOLFF (Hg.): *Handbuch Qualitative Sozialforschung. Grundlagen, Konzepte, Methoden und Anwendungen* (S. 177-182). München.

KÖNIG, Eckard/Peter ZEDLER (Hg.) 1995: *Bilanz qualitativer Forschung. Band I: Grundlagen qualitativer Forschung.* Weinheim.

LAMNEK, Siegfried 1993a: *Qualitative Sozialforschung. Band 1. Methodologie* (2. Aufl.). Weinheim.
LAMNEK, Siegfried 1993b: *Qualitative Sozialforschung. Band 2. Methoden und Techniken* (2. Aufl.). Weinheim.
MAYRING, Philipp 1993: *Einführung in die qualitative Sozialforschung. Eine Anleitung zu qualitativem Denken* (2. Aufl.). Weinheim.
MERTON, Robert K./Patricia L. KENDALL 1979: Das fokussierte Interview. In: Christel HOPF/Elmar WEINGARTEN (Hg.): *Qualitative Sozialforschung* (S. 171-204). Stuttgart.
PALLASCH, Waldemar 1990: *Pädagogisches Gesprächstraining. Lern- und Trainingsprogramm zur Vermittlung therapeutischer Gesprächs- und Beratungskompetenz* (2. Aufl.). Weinheim, München.
PALLASCH, Waldemar 1992: Pädagogische Supervision. Die Idealformel? Pädagogische Wesenszüge der Supervision in Abgrenzung zu therapeutischen und psychologischen Ansätzen. *Sozialmagazin, 9,* 23-27.
PALLASCH, Waldemar 1993: *Supervision. Neue Formen beruflicher Praxisbegleitung in pädagogischen Arbeitsfeldern* (2. Aufl.). Weinheim, München.
PALLASCH, Waldemar/Wolfgang MUTZECK/Heino REIMERS (Hg.) 1996: *Beratung - Training - Supervision. Eine Bestandsaufnahme über Konzepte zum Erwerb von Handlungskompetenz in pädagogischen Arbeitsfeldern.* (2. Aufl.) Weinheim, München.
PALLASCH, Waldemar/Heino REIMERS 1995a: Supervision und Unterrichtspraxis. Fachlicher Austausch statt Kontrolle. *Deutsche Lehrerzeitung, 25,* 4-5.
PALLASCH, Waldemar/Heino REIMERS 1995b: Pädagogische Supervision. Das Kieler Konzept zur unterrichtlichen Supervision. In: Franz PETERMANN (Hg.): *Pädagogische Supervision* (S. 24-52). Salzburg.
PALLASCH, Waldemar/Heino REIMERS/Detlef KÖLLN/Volker STREHLOW 1993: *Das Kieler Supervisionsmodell (KSM). Manual zur unterrichtlichen Supervision.* Weinheim, München.
PETERMANN, Franz (Hg.) 1995: *Pädagogische Supervision.* Salzburg.
PÜHL, Harald (Hg.) 1992: *Handbuch der Supervision.* (2. Aufl.) Berlin.
SCHÖNIG, Wolfgang 1990: *Schulinterne Lehrerfortbildung als Beitrag zur Schulentwicklung.* Freiburg i. Br.
SCHUMACHER, Bernd 1995: *Die Balance der Unterscheidung. Zur Form systemischer Beratung und Supervision.* Heidelberg.
REIMERS, Heino 1996: *Veränderungen in der Berufsbiographie von Lehrkräften. Eine qualitative Erhebung am Beispiel der Öffnung des Unterrichts in Grund- und Hauptschulen Schleswig-Holsteins* (Unveröff. Dissertation). Kiel: Universität Kiel.
ROGERS, Carl R. 1972: *Die klientenzentrierte Gesprächspsychotherapie.* München.

Teil V
Hinweise für Forschende

Georg Rückriem und Joachim Stary

Wissenschaftlich arbeiten – Subjektive Ratschläge für ein objektives Problem

Wissenschaftliches Arbeiten, als qualitative Methode verstanden, stellt ein schwieriges objektives Problem dar - unabhängig davon, daß es auch subjektive Schwierigkeiten bereitet. Entgegen vielen Autoren aus der Ratgeberliteratur zu diesem Thema sind wir der Meinung, daß Ratschläge nur dann wirklich hilfreich sein können, wenn sie von der objektiven Seite des Problems ausgehen.
Wir wollen auf den folgenden drei Seiten zunächst diese Herangehensweise an den Gegenstand etwas ausführlicher darlegen und begründen. Im Anschluß daran stellen wir - unterteilt in die Kapitel „1. Literatur-Recherche", „2. Lesen", „3. Schreiben" und „4. Vortragen" unseres Erachtens empfehlenswerte - weil hilfreiche - Literatur vor. Sie können - wenn Sie die theoretische Reflexion des Gegenstands weniger interessiert - diese ersten Seiten überspringen und sogleich mit dem ersten oder auch einem anderen Sie interessierenden Kapitel beginnen.
Wissenschaft begegnet uns in der Regel als fertiges Produkt wissenschaftlicher Tätigkeit, als wissenschaftliche Literatur. Die Tätigkeit selbst - gewissermaßen der gesellschaftliche Produktionsprozeß dieser Literatur wie auch sein je geschichtliches Selbstverständnis, d.h. die Auffassung davon, was denn „Wissenschaft" ist -, erschließt sich uns nur über die Untersuchung bzw. den Nachvollzug der vielfältigen einzelnen Handlungen, der methodischen Vorgehensweisen, mit deren Hilfe wir diese Tätigkeit realisieren.
Methodisches Vorgehen ist allerdings seinerseits eine komplexe Fähigkeit, die aus vielen Teilfähigkeiten besteht, die wiederum zahlreiche Fertigkeiten bzw. Techniken voraussetzen. Solche Techniken des wissenschaftlichen Arbeitens sind Operationen, mit deren Hilfe Wissenschaftler ihre wissenschaftlichen Handlungen an die existierenden - subjektiven wie objektiven, individuellen wie gesellschaftlichen, persönlichen wie institutionellen - Bedingungen anpassen. Sie sind also strikt auf diejenigen Methoden bezogen, die durch sie realisiert werden sollen und bilden nur in Verbindung mit ihnen wirklich effektive wissenschaftliche Fähigkeiten. Die Kenntnis einer Technik des wissenschaftlichen Arbeitens kann natürlich auch getrennt von wissenschaftlichen Handlungen durchaus nützlich sein; aber sie stellt für sich genommen noch keine wissenschaftliche Fähigkeit dar, noch begründet sie eine solche. Die abstrakte, vom Prozeß der wissenschaftlichen Tätigkeit abgezogene und bloß formale Aneignung bzw. Vermittlung von Techniken verbessert die Fähigkeit zum wissenschaftlichen Arbeiten nur in dem Maße, wie diese bereits vorhanden ist. Techniken können Fähigkeiten weder hervorbringen noch ersetzen, sondern nur effektivieren. Wer jedoch weiß, was Wissenschaft ist und wie man sie „macht", für den sind Techniken wertvolle Hilfestellungen.

Das zentrale Problem für Studierende und angehende Wissenschaftlerinnen besteht daher zunächst und vor allem darin, ob und wie es ihnen unter diesen Bedingungen gelingt, in den zirkulären Zusammenhang von Wissenschaft, wissenschaftlichem Handeln und technischen Operationen einzudringen. In der Praxis des Wissenschaftsbetriebs wird dieses Problem bisher als das individuelle Problem der Studierenden betrachtet. In der Regel erwarten die Hochschulen von den Studierenden, daß sie die operativ-technischen Voraussetzungen der wissenschaftlichen Tätigkeit bereits beherrschen und machen diese nur selten zum Inhalt ausdrücklicher Vermittlungsprozesse; andererseits beklagen sie die fehlende Kenntnis dieser Voraussetzungen und legen sie nicht selten den Studierenden individuell zur Last.

Diese schon seit dem 18. Jahrhundert konstatierte Praxis hat jedoch ihren objektiven Grund in der geschichtlich-gesellschaftlichen Entwicklung der wissenschaftlichen Tätigkeit selbst: Das Verständnis der Techniken des wissenschaftlichen Arbeitens veränderte sich zwingend im Zusammenhang mit den Veränderungen im Verständnis des methodischen Vorgehens bzw. der wissenschaftlichen Tätigkeit und ihrer gesellschaftlichen Organisation - und dies nicht nur in den einzelnen wissenschaftlichen Disziplinen, sondern im gesamten gesellschaftlichen Wissenschaftsbetrieb (vgl. STARY 1994). Abstrakt gesprochen: Tätigkeit, Handlung und Operation stellen einen systematischen Zusammenhang dar, innerhalb dessen jede Veränderung des Systems sich zugleich auf alle Elemente auswirkt, wie umgekehrt bestimmte Veränderungen von Elementen das ganze System beeinflussen können. Es gibt also keine allgemeinen operativ-technischen Formen des wissenschaftlichen Arbeitens, die von diesem Zusammenhang unabhängig wären und die man wie Algorithmen beschreiben und vermitteln könnten. Es gibt allenfalls heuristische Regeln; aber ihre Nützlichkeit und Effektivität für den Nutzer hängt völlig davon ab, daß dieser sie auf den systematischen Zusammenhang von Tätigkeit und Handlung sinnvoll beziehen kann. Man könnte sagen, daß es der allgemein gewordene Pluralismus in der Wissenschaft vollends unmöglich bzw. sinnlos macht, Techniken des wissenschaftlichen Arbeitens in allgemeiner Form zu vermitteln.

Ein weiterer Grund besteht darin, daß im Zuge der fortschreitenden Arbeitsteilung und Spezialisierung der wissenschaftlichen Tätigkeit einzelne ihrer Elemente gewissermaßen ihren Platz im System gewechselt haben: Immer mehr operativ-technische Fertigkeiten - wie z.B. auch das wissenschaftliche Lesen und Schreiben - wurden im Prozeß des Wissenschaftsbetriebs so wichtig, daß man sie zum Gegenstand wissenschaftlicher Forschung machte, um zu untersuchen, wie man sie den gesellschaftlichen Anforderungen entsprechend verbessern und effektivieren könnte. Das machte es notwendig zu prüfen, ob ihnen womöglich noch elementarere Fertigkeiten zugrunde liegen, von deren Beherrschung ihre optimale Ausführung abhängt, d.h. sie erhielten den Stellenwert von komplexen Handlungen. Wiederum abstrakt formuliert: Unter bestimmten Bedingungen können Operationen zu Handlungen und diese zu Tätigkeiten werden, und umgekehrt können Handlungen den Stellenwert von Operationen annehmen. Es gibt also keine ein für allemal als Technik des wissenschaftlichen Arbeitens beschreibbare Fähigkeit und daher auch keine fixierbare Einführung in solche. Jede Vermittlung muß sich nach dem Stellenwert richten, den die angestrebte Fähigkeit im Systemzusammenhang - als elementare Fertigkeit oder komplexe Handlung - jeweils einnimmt. Die Algorithmisierung von Operationen des wissenschaftlichen Arbeitens ist eine ausschließlich subjektive Leistung. Sie kann zwar angeleitet werden, existiert aber als eine Fähigkeit nur als Produkt des handelnden Subjekts, d.h. des Studierenden. Anders: Der Algorithmus kann nicht als Algorithmus, sondern nur im Prozeß der Algorithmisierung einer bereits geläufigen Handlung durch den Handelnden angeeignet werden. An der Aneignung dieser Handlung selber und dem damit verbundenen konsequenten und mühsamen Lernprozeß geht daher kein Weg vorbei.

Unter diesen Umständen zu lernen, was wissenschaftliches Arbeiten ist, heißt daher zunächst, sich mit diesem Problem vertraut zu machen, die innere Abhängigkeit zwischen den Elementen des Systems und ihrem jeweiligen Stellenwert zu verstehen und zu handhaben. Dafür ist es notwendig, konkret deutlich zu machen, daß methodisches Handeln immer im Kontext eines spezifischen Wissenschaftsverständnisses steht und daß die Vermittlung von Techniken ohne Rückbezug auf die methodische Vorgehensweise, deren Realisierung sie sicherstellen sollen, weder sinnvoll noch erfolgreich wäre, wie inzwischen die - allerdings seltenen - empirischen Untersuchungen bestätigen (vgl. z.B. FRANCK/STARY 1980).

Andererseits ist es natürlich unter bestimmten Voraussetzungen durchaus möglich und für klar definierte Zwecke auch sinnvoll und hilfreich, die gängigen oder bekanntesten technisch-operativen Verfahren getrennt von ihrem systematischen Zusammenhang bzw. Stellenwert zu dokumentieren. Etwas anderes ist es allerdings, mit einer Veröffentlichung solcher abstrakt-isolierten Dokumentationen die Aussicht, ja die Illusion zu verbinden, damit zugleich auch entsprechende wissenschaftliche Fähigkeiten zu vermitteln bzw. zu erwerben. Wenn daher der - wie auch immer notgedrungen weitgehende - Verzicht der Hochschulen auf eine allgemeine Vermittlung von Techniken des wissenschaftlichen Arbeitens einen Markt für eine Spezialliteratur provoziert, die sich dieser Aufgabe widmet, dann ist es nach unserer Auffassung für die Leser - die Studierenden und angehenden Wissenschaftlerinnen - dringend geboten, die expliziten und impliziten Ansprüche und Versprechungen zu prüfen, die damit verbunden werden. Jedoch macht der inzwischen erreichte Umfang dieser Literatur jeden Versuch einer enzyklopädischen Behandlung dieses Problems von vornherein unmöglich. Selbst bei einer Einschränkung auf einzelne Disziplinen oder auf bestimmte Technik-Bereiche würde der dafür erforderliche Umfang noch die hier gebotenen Grenzen sprengen.

Wir werden uns daher mit einer subjektiven Lösung aus dieser Schlinge ziehen: Aus der Fülle der möglichen Gegenstände wählen wir nur diejenigen aus, die als Schlüsselqualifikationen für das wissenschaftliche Arbeiten zu begreifen sind - *Recherchieren, Lesen, Schreiben und Vortragen* - und verzichten darüber hinaus auf jede Klassifizierung oder kritische Rezension der gesamten vorliegenden Literatur zu diesem Thema. Statt dessen beschränken wir uns auf die Empfehlung einiger weniger Texte, deren Lösungsvorschläge für die jeweils spezifischen Probleme wir aufgrund unserer Praxis persönlich besonders interessant finden.

1. Literatur-Recherche

Das zu bewältigende Problem beschrieb Gernot WERSIG vor erst zwanzig Jahren noch einigermaßen optimistisch: „Je mehr eine neue Erkenntnis davon abhängig wird, immer mehr bereits existierende Daten und Erkenntnisse zugrundelegen zu müssen, desto stärker treten für sie auch Probleme der Bewältigung der zunehmenden Komplexität wissenschaftlicher Erkenntnisse auf, die zwangsläufig zu einer Reduktion der Zunahmegeschwindigkeit führen müssen." (1973, 98) Tatsächlich hat die Zunahmegeschwindigkeit der Produktion neuen Wissens nicht nur nicht abgenommen, sondern mit der gesellschaftlichen Einführung der Informations- und Kommunikationstechnologie und ihrer sprunghaft wachsenden Internationalisierung sogar noch zugenommen. Die Informationsmenge verdoppelt sich nach aktuellen Schätzungen spätestens alle 15 Jahre, und die Halbwertszeit des wissenschaftlichen Wissens sinkt in zunehmend mehr Wissenschaftsbereichen bereits unter die Schwelle von vier Jahren.

Wie kann man unter solchen Bedingungen den Stand des Wissens zu irgendeiner wissenschaftlichen Frage überhaupt noch feststellen? Mit anderen Worten, die Bewältigung der Informationslawine wird zu einem speziellen Problem und zu einer eigenständigen komplexen Fähigkeit im Rahmen des wissenschaftlichen Arbeitens. Die entscheidende Frage ist heute nicht mehr: Welches ist die für mein Thema wichtigste bzw. neueste Literatur? sondern: Welche Datenbanken und Suchstrategien gibt es, um diese Literatur zu finden? Wer nach aktuellen Standards wissenschaftlich arbeiten will, der muß wissen, wo und wie man das verfügbare Wissen abrufen kann. Er muß die allgemeinen und die fachspezifischen Informationsspeicher und ihre medialen Repräsentationen (Bücher, Microfiches, CD-ROM, Mailbox, Internet, World Wide Web) kennen. Andererseits sind gerade die neuen informationstechnologischen Möglichkeiten nur unter einer bestimmten Bedingung hilfreich: Sie setzen voraus, daß man weiß, was man denn eigentlich wissen will, oder anders: Nur wenn man sie auf die „ihnen gemäße Art" befragt, können sie überhaupt antworten. Das ist natürlich (aber eben nicht nur) eine technische Frage, die man mit der Beherrschung der angemessenen Software lösen könnte.

Ein Beispiel: Wenn ich im Rahmen einer empirischen Arbeit nicht nur statistische Resultate erzielen will, sondern mich insbesondere für die existierenden Formen zur Erhebung inhaltlicher Aspekte interessiere, reicht es unter Umständen nicht aus zu wissen, daß ich unter dem Schlagwort „qualitative Methoden der Sozialforschung" suchen muß, da man wichtige und gegebenenfalls sogar entscheidende Literaturhinweise eher unter den Schlagwörtern „interpretative Forschung", „oral history", „narrative Methoden", „grounded Theory" usw. finden würde.

Meine Literatursuche ist daher nur in dem Maße effektiv, wie es mir gelingt, inhaltlich einerseits möglichst präzise, andererseits möglichst „breite" Gegenstandsumschreibungen, in der Fachsprache: *Prädikatoren*, zu benutzen. Noch

wichtiger ist es, diejenigen Prädikatoren zu kennen, nach denen die Hersteller der allgemeinen oder fachspezifischen Informationsspeicher das gespeicherte Wissen ordnen. Die Suche nach aktueller Literatur setzt insofern ein inhaltliches Vorwissen voraus.
Das Problem der Literatur-Recherche besteht daher insgesamt aus *drei Teilproblemen*:
1. Was will ich wissen?
2. Wo kann ich es finden?
3. Wie muß ich suchen?
1. Hilfsmittel zur Bewältigung dieses Teilproblems sind *Lexika* zur disziplinspezifischen Fachsprache und *Thesauri*. Lexika enthalten vor allem Erklärungen der in einer Disziplin geläufigen Termini oder Begriffe. Thesauri sind dagegen lediglich Verzeichnisse der Wörter einer Fachsprache. Da es zur Zeit aber weder ein Verzeichnis aller deutschsprachigen (ja nicht einmal der pädagogischen) Wörterbücher und Lexika, noch einen für alle (auch nicht der erziehungswissenschaftlichen) Datenbanken verbindlichen Thesaurus gibt, können wir an dieser Stelle nur empfehlen, sich in den jeweiligen Universitätsbibliotheken vor Ort sachkundig zu machen. Es gibt jedoch durchaus bereits Ansätze zur Vereinheitlichung der dort benutzten Thesauri als Folge der inzwischen entstandenen regionalen Bibliotheksverbünde (Westdeutscher BV, Bayrischer BV, Hessischer BV, Norddeutscher BV, Berlin-brandenburgischer BV, Südwestdeutsche BV und der Niedersächsischer BV, dem sich Sachsen-Anhalt angeschlossen hat), die ihre Kataloge computerisieren, um sie für die On-Line-Recherche zugänglich machen und dafür (leider noch unterschiedliche) Software benutzen.
2. Auch für dieses Teilproblem gibt es keine zusammenfassende Literatur. Zu den (für Deutschland) wichtigsten Informationsverzeichnissen gehören:
– das *„Verzeichnis lieferbarer Bücher"* (VLB), das von der Buchhändler-Vereinigung jährlich neu herausgegeben wird und alle im deutschen Buchhandel erhältlichen Schriften auflistet. Das VLB gibt es in jeder Buchhandlung und steht auch in vielen Universitätsbibliotheken als CD-ROM zur Verfügung, die sechsmal im Jahr aktualisiert wird und eine sehr komfortable Auswertung gestattet, deren Ergebnis man auf Diskette speichern und am eigenen PC weiterverarbeiten kann.
– das Bestandsverzeichnis der *„Deutschen Bibliothek"* (DB) in Frankfurt am Main. Es liegt ab 1986 als CD-ROM vor. Es erfaßt auch Hochschulschriften (der Bestand von 1945 - bis 92 liegt auf CD-ROM vor) und „graue" Literatur, das sind Veröffentlichungen von Institutionen, Vereinen, Behörden usw., die man nicht über den Buchhandel, sondern nur bei den Autoren, Herausgebern oder Institutionen selbst beziehen kann. Das Bestandsverzeichnis der *„Deutschen Bücherei"* in Leipzig liegt dagegen bislang nur in Buchform vor. Das VLB als auch die DB verzeichnen allerdings keine Zeitschriftenaufsätze. Gerade Zeitschriftenaufsätze sind aber die aktuellsten Quellen des wissenschaftlichen Diskussionsstandes.
– die *fachspezifischen Bibliographien*: Wichtiger noch als die allgemeinen sind die fachrelevanten Literaturverzeichnisse, weil nur sie (in der Regel) auch

Zeitschriftenaufsätze (häufig sogar mit einer kurzen Inhaltsangabe) nachweisen. Eine - allerdings nur bis zum Jahr 1982 reichende - Zusammenstellung der erziehungswissenschaftlichen Bibliographien kann man an der Hochschule der Künste beziehen:

STARY Joachim 1982: Bibliographie pädagogischer Bibliographien. In: Norbert FRANCK/Georg RÜCKRIEM/Joachim STARY, Projekt Studientechniken. Beiträge III. Berlin: Hochschule der Künste (= Materialien 2/1982)

Immer mehr Bibliographien werden heute auf CD-ROM in den Bibliotheken bereitgestellt, so z.b. die für die Erziehungswissenschaft relevanten Datenbanken ERIC, SOCIOFILE, PSYNDEX, SOLIS, EG-LIT. Eine zusammenfassende Auflistung aller erreichbaren CD-ROMs findet man allerdings zur Zeit wegen der schnellen Veränderungen in diesem Bereich allenfalls bei größeren Software-Anbietern.

Eine für den erziehungswissenschaftlichen Bereich besonders relevante Bibliographie, die auch Zeitschriftenaufsätze und „graue" Literatur enthält, ist die auf CD-ROM vorliegende Bibliographie „FIS-Bildung" (Sammelzeitraum 1980ff).

Eine bis zum Jahr 1994 aktualisierte Zusammenstellung pädagogischer Bibliographien hat Friedrich ROST vorgelegt.

ROST, Friedrich 1995: Auswahlbibliographie. In: Lenzen, Dieter (Hg.) Erziehungswissenschaft. Ein Grundkurs. Reinbek b. Hamburg: Rowohlt (2. verb. Aufl.), S. 625-646

Darüber hinaus ist es in jedem Fall sinnvoll, auch folgende Möglichkeiten zu nutzen:
- die *Kataloge* der jeweiligen *Bibliotheken* bzw. *Bibliotheksverbünde*;
- die *Verlagsprospekte* vor allem der großen Fachverlage. Für die Erziehungswissenschaft sind das u.a. die Verlage Beltz, Klett, Juventa, Deutscher Studien Verlag, Schöningh, Herder, in deren Verteiler man sich aufnehmen lassen kann, um unaufgefordert über die neuesten Publikationen informiert zu werden.

3. Die Suchstrategien für die herkömmlichen Informationsverzeichnisse sind schon immer ausführlich beschrieben worden (vgl. z.B. HEIDTMANN 1978) und können daher hier übergangen werden.

Einen raschen Überblick und leicht verständlichen Einstieg in das Thema „Informationssuche in Datenbanken" bietet:
- *MENZEL, Georg 1995: Information auf Knopfdruck. Informationsbeschaffung aus Datenbanken. In: Handbuch Hochschullehre. Bonn: Raabe Verlag 1995, Bd. 1.5, S. 1-24*

Die bislang ausführlichsten Informationen über die Beschaffung erziehungswissenschaftlicher Literatur im Internet bieten die Abteilung „Pädagogik und Informatik" der Humboldt-Universität Berlin:
- *http://www.educat.hu-berlin.de/wwwpaed/*

und die als Übersichtartikel vorliegende Zusammenstellung von ROST:
- *ROST, Friedrich 1995: Erziehungswissenschaftlich relevante elektronische Dienstleistungsangebote. In: DIEPOLD, Peter/Diann RUSCH-FEJA (Hg.):*

Elektronische Informationsdienste im Bildungswesen. 2. GIB-Fachtagung 17.-18. November 1994 in Berlin. Berlin: GIB, S. 37-62
Neu ist die Literatursuche durch On-Line-Recherche. Das Internet, die international verbreitetste und komfortabelste Vernetzung von Informationsspeichern, ermöglicht die Recherche in den Informationsbeständen von zur Zeit 500 Bibliotheken bzw. Bibliotheksverbünden, darunter die „Library of Congress" in den USA. Die für die Suche nach erziehungswissenschaftlicher Literatur interessanteste nationale Bibliothek ist Erlangen, die mit dem System ELIS arbeitet. Verfügt man über die technischen Voraussetzungen sowie eine Zugangsberechtigung zum Internet (für Universitätsangehörige ist sie noch kostenfrei), kann man nicht nur vom heimischen PC aus recherchieren, sondern darf zudem sicher sein, über das schnellste und effektivste Verfahren zu verfügen. Auch in absehbarer Zeit wird das Internet für Wissenschaftler die wichtigste Informationsquelle bleiben.

Von den zahlreichen Einführungen ins Internet gefiel uns am besten:
- *KROL, Ed 1995: Die Welt des Internet. Handbuch und Übersicht. Bonn: O'Reilly*

„Der KROL" gilt als Klassiker des Genres. Er gibt eine erfreulich verständliche und dem recht komplexen Gegenstand angemessene Einführung. Im einzelnen beschreibt er, was das Internet ist, wie es entstand, wie es funktioniert, wie man sich in ihm bewegt, wie man den Zugang erhält, welche Dienste es anbietet (Gopher, Telnet, FTP, e-mail, WorldWideWeb) und wie man Daten und Menschen im Internet findet. Der umfangreiche Anhang, der - nach Sachgebieten geordnet - Auskunft über Informationsressourcen und Adressen gibt, dürfte allerdings zu einem großen Teil schon beim Erscheinen überholt sein. Das ist allerdings angesichts der Aktualisierungsrate des Internet von durchschnittlich 24 Stunden (!) unvermeidbar und schmälert auch nicht den Wert dieses Standardwerkes. Allerdings: Auch „der KROL" bietet keine Hilfestellung dafür an, wie man im Internet Literatur recherchiert!

2. Lesen

Lesen ist keineswegs eine einfache und für gebildete Menschen „eigentlich selbstverständliche" Fähigkeit, wie niemand geringerer als GOETHE bestätigt: „Die guten Leutchen wissen nicht, was es einem für Zeit und Mühe gekostet, um Lesen zu lernen. Ich habe achtzig Jahre dazu gebraucht und kann jetzt noch nicht sagen, daß ich am Ziel wäre." (GOETHE in einem Brief an ECKERMANN vom 25. 1. 1830) Diese vielleicht überraschende Selbstaussage hat ihren objektiven Grund. Jürgen GRZESIK, dem wir dieses Zitat entnehmen, bezeichnet das Lesen als eine „hochkomplexe Fähigkeit", die sich aus zahlreichen Teilfähigkeiten oder operativen Fertigkeiten zusammensetzt, von denen jede auch in anderen Fähigkeitskomplexen auftritt (GRZESIK 1990, 9). Weil aber das Lesen eine so hochkomplexe Fähigkeit ist, kann es nicht verwundern, daß es auch höchst unterschiedliche „Grade der Lesekompetenz" (ebd.) gibt. Daher hatte nicht nur GOETHE Probleme mit dem Lesen. Unsere Erfahrungen im Rahmen der Lehrerausbildung sowie der hochschuldidaktischen Fort- und

Weiterbildung zeigen, daß die meisten Studierenden erhebliche Schwierigkeiten haben. Sie wissen in der Regel nicht, was sie lesen sollen bzw. wie sie die Auswahl ihrer Lektüre gestalten, wie sie ihren Leseprozeß organisieren, wie sie ihre Aufmerksamkeit beim Lesen oder das Lesetempo beeinflussen, wie sie sicherstellen können, das Gelesene auch zu verstehen bzw. dann auch zu behalten usw. Es verwundert daher nicht, daß viele Studierenden höchst ungern und wenn, dann sehr chaotisch lesen, große Verständnisschwierigkeiten haben und das Gelesene schnell wieder vergessen.

Obwohl das Lesen heute eine der wichtigsten professionellen Qualifikationen von Wissenschaftlern und Studierenden ist, gibt es kaum irgendwo spezielle universitäre Veranstaltungen zur Vermittlung dieser Fähigkeit. Andererseits gibt es auch keine umfassende Theorie des Textverstehens, die nach BREDENKAMP und WIPPICH (1970) auch noch gar nicht möglich ist. Selbst GRZESIK beansprucht für seine „operative Theorie des Textverstehens" nur „die Sicherheit einer subjektiven Hypothese" (1990, 387). BAUMANN meint sogar, daß „das methodische Instrumentarium fehlt, den Leseprozeß exakt zu analysieren". (1977, 360) Mit Bezug auf das Lesen von Studierenden formuliert ANDERSON: „One cannot be sure what a student is doing when he is looking at the pages of a textbook." (1970, 349) Selbst noch 20 Jahre später resümiert der Herausgeber der kürzlich auf deutsch erschienenen „Cambridge Enzyklopädie der Sprache": „Die wissenschaftliche Untersuchung der bei der visuellen Erfassung und Verarbeitung von Sprache zu beobachtenden Vorgänge steht noch am Anfang." (CRYSTAL 1993, 208)

Wo die Leseforschung wichtige Differenzierungen hervorgebracht hat - wie z.B. die Unterscheidung des allgemeinen Lesevorganges in „Prozesse der Dekodierung, der semantischen Integration und der Lösung von Verstehensproblemen" oder die Identifizierung relevanter Merkmale des Lesers wie „sein Wissen über die im Text angesprochenen Themen, sein Sprachwissen und nicht zuletzt sein Interesse, seine Meinungen und Einstellungen" (GÜNTHER/ STROHNER/TERHORST 1986, 8; vgl. auch BALLSTAEDT u.a. 1981, GROEBEN 1981, GRZESIK 1990), kulminieren die handlungsrelevanten Schlußfolgerungen in der Feststellung, „daß es keine Universalstrategie für den gesamten Leseprozeß geben kann" (GRZESIK 1990, 385). GRZESIKs Konsequenz: „Es hat deshalb keinen Sinn, ein einziges Schema zu trainieren, sondern es muß die Fähigkeit entwickelt werden, hochflexibel in den unterschiedlichsten Lesesituationen den Verlauf der Lesetätigkeiten selbst steuern zu können." (a.a.O., 386)

Da aber vor allem das wissenschaftliche Lesen - nicht zuletzt aufgrund der sich trotz elektronischer Datenverarbeitung eher noch vergrößernden Produktion schriftlicher Texte - eine sogar zunehmend wichtigere Rolle im Wissenschaftsbetrieb spielt und so ein wachsendes gesellschaftliches Bedürfnis erzeugt, erscheinen immer mehr Publikationen, die sich trotz der Warnung der Theoretiker auf die technisch-operative Seite des Leseproblems konzentrieren und praktische Hilfestellungen anbieten. Zu den wenigen empfehlenswerten Monographien, die sich mit dieser Absicht auf das Leseproblem konzentrieren, gehören:

- FRIEDRICH, Helmut F. u.a. 1987: *Vom Umgang mit Lehrtexten. Ein Lern- und Lesestrategieprogramm,* Tübingen: *Deutsches Institut für Fernstudien an der Universität Tübingen (DIFF)*
Die erste These der Autoren: Lesen ist nicht mehr nur eine selbstverständliche Kulturtechnik, sondern hat sich im Wissenschaftsbereich längst zu einer professionellen Tätigkeit weiterentwickelt, die man nicht mehr quasi nebenher aneignen oder in mehr oder weniger zufälliger Weise ausüben kann, sondern systematisch trainieren muß. Ihre zweite These: Lesen ist kein „passivrezeptives Geschehen", sondern ein differenzierter Prozeß, dessen Richtung und Qualität der Leser selbst höchst aktiv und entsprechend seinen entwickelten Fähigkeiten steuert. Die dritte These: Der Prozeß des Umgangs mit Literatur gliedert sich in mehrere Phasen und setzt sich aus mehreren elementaren Operationen zusammen, die in jeder Phase unterschiedlich ausfallen. Lesen ist dabei nur eine Phase im Gesamtprozeß. Die vierte These: Lesen selbst ist ein Prozeß der Bedeutungskonstruktion, in den die Ziele bzw. Motive des Lesers, sein Vorwissen und seine speziellen Erfahrungen eingehen und mit dem neuen Wissen in einer fortlaufenden Auseinandersetzung verknüpft werden.
Im Laufe dieses Prozesses entstehen spezifische Probleme, zu deren Bewältigung die Autoren besondere Strategien anbieten: 1. zur formalen Analyse von Sätzen, 2. zur Analyse des formalen Aufbaus von Texten, 3. zur Verknüpfung von neuer Information mit dem eigenen Vorwissen, 4. zum Erfassen der zentralen Inhalte eines Textes, 5. zur kontrollierenden Wiedergabe von Texten und 6. zur Selbststeuerung beim Lesen.
Ein Buch nach der besten didaktischen Tradition des DIFF: als Lehr- und Lernprogramm konzipiert, mit klaren orientierenden Ankündigungen, problembezogenen Einleitungen, übersichtlich strukturierten Darstellungen, unterstützenden Zusammenfassungen und Übungsbeispielen zur Selbstkontrolle (die sich allerdings auf einen besonders einfachen Beispielstext beziehen, dessen Schwierigkeitsgrad und Anspruchsniveau von der weit überwiegenden Mehrzahl der üblichen akademischen Texte erheblich überboten wird).
- STARY, Joachim/Horst KRETSCHMER 1994: *Umgang mit wissenschaftlicher Literatur. Eine Arbeitshilfe für das sozial- und geisteswissenschaftliche Studium.* Frankfurt am Main: Cornelsen Verlag Scriptor
Der erste und keineswegs zweitrangige Vorteil dieses Buches gegenüber anderen liegt in seinem Erscheinungsjahr: Die Verfasser haben so ziemlich alles zusammengetragen und verarbeitet, was an aktueller Literatur (auch international) zum Thema Leseforschung und Lesehilfe existiert. Der zweite Vorteil: Es beschränkt sich nicht auf das Lesen in einem engen Verständnis, sondern bezieht - wie der Titel belegt - auch die anderen wichtigen Handlungen ein, ohne die das wissenschaftliche Lesen ganz ineffektiv wäre: Was man über Textsorten, über den Zusammenhang von Lesen, Verstehen und Lernen bzw. über Wörter, Sätze und Argumente wissen sollte; welche allgemeinen Lesemethoden es gibt; wie man Texte bearbeitet und Gelesenes festhalten kann (inklusive der Möglichkeiten des Computergebrauchs); wie man

Texte in Gruppen bearbeitet und schließlich was man lesen sollte und wie man schneller lesen kann. Der dritte Vorteil: Der Text ist leicht verständlich geschrieben, unter Verwendung von Schemata, Tabellen und Visualisierungen sehr übersichtlich angeordnet und wegen der zahlreichen treffenden wie überraschenden Aphorismen vorzugsweise aus den „Sudelbüchern" von Georg Christoph LICHTENBERG auch vergnüglich zu lesen.

3. Schreiben

Die Fähigkeit zum wissenschaftlichen Schreiben ist in aller Regel kein Lernziel an deutschen Gymnasien. Ist schon das Wissen über Textsorten, -typen und die ihnen eigenen Baupläne bzw. Argumentationsstrukturen bei den meisten Studienanfängern - und nicht nur bei ihnen - sehr gering, so sind ihre Fähigkeiten im Umgang mit Schreibstörungen und Schreibblockaden, ihre Kenntnisse vom Schreiben als einem Prozeß mit spezifischer Struktur und ihr Wissen über die soziale Organisation des Schreibens bzw. über das Schreiben als spezifische kognitive Tätigkeit wie auch als körperliche Arbeit ausgesprochen unterentwickelt. Zwar kennt man inzwischen die typischen Schreibprobleme von Studierenden genauer (eine gute Zusammenfassung findet man z.B. bei HOLLMANN, FRANK, RUHMANN 1995) und weiß auch, daß mangelnde Fähigkeiten im wissenschaftlichen Schreiben ein wesentlicher Grund überlanger Studienzeiten sind. Gerade dies aber belegt den außerordentlich hohen Stellenwert, den die Fähigkeit zum wissenschaftlichen Schreiben bereits in den universitären Ausbildungsgängen tatsächlich einnimmt. Außerhalb Deutschlands, vor allem in den USA, gehört diese Fähigkeit darüber hinaus (und neben der Lehrbefähigung) zu den zentralen, gesellschaftlich geforderten professionellen Qualifikationen von Wissenschaftlern überhaupt, von deren Ausprägung ihre Karriere maßgeblich bestimmt wird. Die neuere Diskussion auch in Deutschland um Notwendigkeit und Formen der Evaluation der Hochschulen und Wissenschaftler bezieht deren Publikationstätigkeit ausdrücklich ein.

Trotzdem steckt in Deutschland die Forschung zum Gegenstand „wissenschaftliches Schreiben" noch in den Kinderschuhen (vgl. ANTOS/KRINGS 1989). So verwundert es auch nicht, daß die Universitäten diese Qualifikation eher voraussetzen, statt zu vermitteln. Die wenigen existierenden Initiativen von einzelnen Hochschullehrern, die Probleme der Studierenden in Schreiblabors oder Schreibwerkstätten bearbeiten (einen ausführlichen Überblick bietet VON WERDER 1992), bleiben entweder Ausnahmen oder finden ihren institutionellen Rückhalt allenfalls in psychologischen Beratungsstellen statt in den Studienordnungen und Ausbildungsplänen.

Ähnliches gilt für die formale Seite des wissenschaftlichen Schreibens. Die Universitäten - wie alle Wissenschafts- und Forschungsbetriebe - erwarten, daß die Verfasser wissenschaftlicher Texte bestimmte formale Regeln einhalten. Diese auch international anerkannten und gepflegten Konventionen sind kein Ausdruck pedantischer Willkür, sondern gewährleisten, daß jeder, der diese Konventionen kennt, wissenschaftliche Texte „dekodieren" kann (was jedoch noch nicht unbedingt bedeutet, daß er auch den Sinngehalt dieser Texte ver-

steht), wie umgekehrt, daß jeder, der diese Konventionen einhält, in der „scientific community" zur Kenntnis genommen werden kann (was jedoch nicht unbedingt bedeutet, daß er es auch wird). Faktisch verschiebt die Organisation des Studienbetriebs der Universitäten die Aneignung dieses Regelwerks durch die Studierenden ans Ende des Studiums und d.h. in die Phase der Abfassung der Abschlußarbeit, was ihre subjektiven Schreibprobleme noch verschärft.
Das wissenschaftliche Schreiben verursacht daher - wenigstens - vier verschiedene Teilprobleme:
1. Was ist und wie lernt man wissenschaftliches Schreiben?
2. Welches sind und wie bewältigt man Schreibschwierigkeiten?
3. Was ist und wie verfaßt man eine wissenschaftliche Abschlußarbeit?
4. Was sind und wo erfährt man etwas über die formalen Regeln für die Gestaltung wissenschaftlicher Texte?

Die Literatur, die die von den wachsenden Schwierigkeiten und Bedürfnissen der Studierenden (und Hochschullehrern) verursachte Marktlücke nutzt, ist inzwischen kaum noch überschaubar. In der Regel behandeln die Autoren die Probleme aber ausschließlich auf der operativ-technischen Ebene und beschränken sich auf die Entwicklung formaler Regeln und Verhaltensvorschläge, ohne auch nur zu berücksichtigen, daß Regeln im Bereich des wissenschaftlichen Schreibens keine Algorithmen sind und daher die Fähigkeit voraussetzen, zu prüfen, ob sie auf bestimmte konkrete Fälle überhaupt anwendbar sind bzw. wie sie gegebenenfalls angepaßt werden müssen. Von den vielen Veröffentlichungen zu den bezeichneten Teilproblemen haben uns die folgenden besonders gefallen:
1. Zur Frage: Was ist und wie lernt man wissenschaftliches Schreiben?
- *BECKER, Howard S. 1993: Die Kunst des professionellen Schreibens. Ein Leitfaden für die Geistes- und Sozialwissenschaften. Frankfurt am Main, New York: Campus Verlag (= Campus Studium 1085)*
Das ist das - soweit wir wissen - einzige Buch, das wissenschaftliches Schreiben als eine berufliche Tätigkeit beschreibt, die im Kontext seiner sozialen Organisation, also des universitären Wissenschaftsbetriebes behandelt werden muß. BECKER kann so z.B. erklären, daß und inwiefern die Universitäten die von ihnen beklagten Schreibprobleme der Studierenden selbst produzieren; wie schlechter Schreibstil mit der schlechten Qualität von Theorien zusammenhängt („Stilfragen sind Theoriefragen"); daß das wissenschaftliche Schreiben nicht nur eine Form des disziplinären Diskurses und der öffentlichen Kommunikation, sondern auch eine Form der Professionalisierung ist, was dazu führt, daß der oft kritisierte rhetorische Schreibstil sich aus dem Karrierezwang der Wissenschaftler ergibt usw. Indem BECKER solche Zusammenhänge aus dem Kontext seiner persönlichen Erfahrung beschreibt, kann er Studienanfängern überzeugend vermitteln, daß beinahe die meisten ihrer Schreibprobleme keine individuellen Ursachen haben, sondern höchst plausibel aus den strukturellen Bedingungen des Universitätsbetriebes erklärt werden können.
BECKER beläßt es aber nicht dabei, sondern behandelt das wissenschaftliche Schreiben auch in seiner Eigenschaft als eine kognitive Tätigkeit, d.h. als

einen strukturierten Prozeß spezifischer Handlungen wie Aufnehmen, Sortieren, Entwerfen, Entwickeln, Strukturieren, Kommunizieren, Entscheiden, Korrigieren usw. BECKER bekämpft die Illusion, es gebe nur eine einzige richtige Fassung und gute Schreiber zeichneten sich dadurch aus, nur druckreife Texte zu produzieren. Dagegen setzt er den ständigen Prozeß von Entwerfen und Korrigieren, betont den Stellenwert der Rohfassung als Entdeckung und Bewußtmachung bereits existierender inhaltlicher Vorentscheidungen bzw. als Entwicklung der Forschungslogik und besteht darauf, daß das Korrigieren eine dem Schreiben zumindest gleichberechtigte Fähigkeit ist. Er beschreibt am eigenen Beispiel die ganz wesentliche Bedeutung der Diskussion mit Freunden und Kollegen für sein wissenschaftliches Schreiben und erklärt in diesem Zusammenhang das Reden zu einer „Strategie des Schreibens".

Für sehr hilfreich halten wir schließlich, was BECKER über das Schreiben als körperliche Arbeit und über die psychische Seite des Schreibens sagt: über das Schreiben als Vergegenständlichung der Person, als Interiorisierungsprozeß, der mit äußeren Handlungen beginnt und erst später mit inneren Handlungen endet, über Schreiben als Prozeß des Verarbeitens, Verabschiedens und Loslassens.

Insgesamt: In seiner Fülle der behandelten Aspekte, der plausiblen Erklärungen, der überzeugenden Anregungen und praktischen Hilfestellungen kennen wir kein vergleichbares Buch.

2. Zur Frage: Welches sind und wie bewältigt man Schreibstörungen?
- KRUSE, Otto 1993: *Keine Angst vor dem leeren Blatt. Ohne Schreibblockaden durchs Studium.* Frankfurt am Main, New York: Campus Verlag (= Campus Studium 1074)

Studierende, die dieses Buch gelesen haben, werden wohl nicht schon gleich sämtliche „Angst vor dem leeren Blatt" (die selbst für die meisten berufsmäßig schreibenden Autoren so normal ist wie das Lampenfieber für den Vortragenden) verloren haben, aber vielleicht haben sie Lust am Schreiben gewonnen. Jedenfalls ist dieses Buch dazu durchaus geeignet. Einerseits - das unterscheidet ihn in erfreulicher Weise von anderen Ratgebern - verzichtet KRUSE darauf, seinen ratsuchenden Lesern vorzugaukeln, das Schreiben wissenschaftlicher Texte ließe sich im kreativen Schnellspurt bewältigen: sozusagen HABERMAS beim Waldlauf verstehen, POPPER bei entspannter New Age Musik reflektieren oder eine Seminararbeit in der Badewanne verfassen. Andererseits beschreibt er zahlreiche kreative Verfahren, die geeignet sind, die Angst vor dem Schreiben abzubauen und sogar Lust zum Schreiben zu entwickeln. Dabei weiß er, daß alle diese Verfahren nur Vor- bzw. Lockerungsübungen sind, Mutmacher, um Vertrauen zu sich selbst und seinen Fähigkeiten zu entwickeln, sich schriftlich und auch wissenschaftlich zu äußern. Das Buch ist nicht nur problem-, sondern auch leserbezogen aufgebaut. Es verlangt nicht, daß man es von Anfang bis zum Ende liest, sondern ermöglicht verschiedene Quereinstiege und bedürfnisorientierte Teillektüre. Es ist sehr systematisch und übersichtlich aufgebaut und in einer gut verständlichen Sprache und einer ansprechenden Form geschrieben.

3. Zur Frage: Was ist und wie verfaßt man eine wissenschaftliche Abschlußarbeit?
- *ECO, Umberto 1993: Wie man eine wissenschaftliche Abschlußarbeit schreibt. Doktor-, Diplom- und Magisterarbeit in den Geistes- und Sozialwissenschaften. Heidelberg: C.F. Müller Verlag (= UTB 1512) (Milano 1977)*
Die präziseste und vollständigste Kurzfassung des Inhalts stammt von ECO selbst und sei darum zitiert: „Dieses Buch will nicht erläutern, wie man wissenschaftlich arbeitet', und sich auch nicht mit dem Wert des Studiums auf theoretische Weise befassen. Es stellt nur einige Überlegungen zu der Frage an, wie man einer Prüfungskommission eine vom Gesetz vorgeschriebene Arbeit vorlegen kann, die eine bestimmte Zahl maschinengeschriebener Seiten umfaßt, von der man erwarten kann, daß sie mit dem vorgesehenen Promotionsfach zu tun hat und daß sie den Doktorvater nicht in einen allzu traurigen Zustand versetzt. (...) Das Buch gibt Auskunft darüber, 1) was man unter einer Abschlußarbeit versteht; 2) wie man das Thema sucht und die Zeit für seine Bearbeitung einteilt; 3) wie man bei der Literatursuche vorgeht; 4) wie man das gefundene Material auswertet; 5) wie man die Ausarbeitung äußerlich gestaltet." (3) Auch ECOs Beschreibung der Leser, für die er schreibt, ist nicht kürzbar: Er schreibt für „die *anderen* Studenten, die vielleicht gleichzeitig einer Arbeit nachgehen", die in einer Stadt wohnen, „in der es statt einer Buchhandlung nur Schreibwarengeschäfte gibt, die auch Bücher führen", „die sich ihre Examensfächer nach dem Preis der vorgeschriebenen Bücher und Unterlagen auswählen müssen", „denen kein Mensch je erklärt hat, wie man ein Buch in der Bibliothek sucht und in welcher Bibliothek" (2) - m.a.W. für die sozial benachteiligten Studierenden in der italienischen Massenuniversität. Das mindert jedoch keineswegs den Wert seiner Hinweise auch für deutsche graduierte Studenten oder Hochschullehrer. Natürlich gibt es durchaus vergleichbare Bücher auch von deutschen Autoren. Was dieses Buch von ihnen gleichwohl unterscheidet, ist der persönliche Erfahrungshintergrund, von dem aus ECO schreibt und die unmittelbare Ansprache seiner Leser, die er praktiziert.
4. Zur Frage: Was sind und wo erfährt man etwas über die formalen Regeln für die Gestaltung wissenschaftlicher Texte?
- *RÜCKRIEM, Georg/Joachim STARY/Norbert FRANCK 1995: Die Technik wissenschaftlichen Arbeitens. Eine praktische Anleitung. Paderborn: Schöningh Verlag, 9. Auflage (= UTB 724)*
Auf achtzehn eng bedruckten Seiten stellen die Verfasser die formalen Regeln der Beleg- bzw. Zitationstechnik, der Titelangabe, der Behandlung von Anmerkungen und Abkürzungen sowie der Gestaltung von Literaturverzeichnissen mitsamt der bekannten Alternativen in systematisierter und übersichtlicher Form dar. Marginalien und Übersichtsgraphiken erleichtern das Auffinden der benötigten Regeln; zahlreiche Beispiele unterstützen ihre Anwendung.

Abschließend noch ein empfehlender Hinweis - sozusagen außer der Reihe - auf ein ganz außergewöhnliches Buch:

- QUENEAU, Raymond 1990: Stilübungen. Frankfurt am Main: Suhrkamp Verlag (= Suhrkamp Bibliothek 1053)
QUENEAU stellt 108 (!) Stilvariationen für die Darstellung einer kleinen Szene in einem Autobus vor, die nicht nur äußerst anregend, sondern auch höchst vergnüglich zu lesen sind.

4. Vortragen: Gelesenes und Geschriebenes anderen mitteilen

Mündliche Vorträge und Referate sind in den Sozial- und Geisteswissenschaften neben Aufsätzen und Monographien die entscheidenden Formen des wissenschaftlichen Austauschs und der Diskussion. Die Fähigkeit zum angemessenen mündlichen Vortrag gehört daher mit Recht in diesen Fachbereichen zu den zentralen Leistungsanforderungen für Studierende (und Lehrende). Jedoch gelten gerade die mündlich vorzutragenden Referate für viele Studierenden als die frustrierendsten und mit den stärksten Ängsten besetzten Seminarerlebnisse und für viele Hochschullehrer als die am heftigsten zu kritisierenden Leistungsmängel. Die von beiden Seiten gleichermaßen empfundenen Defizite betreffen insbesondere Fragen wie: Wie baue ich meinen Vortrag auf? Wie eröffne ich ihn? Wie erhalte ich die Aufmerksamkeit meiner Zuhörer? Wie lange rede ich? Welche Medien setze ich ein? usw.

Daß der Wissenschaftsbetrieb auch zu diesen Defiziten keine dezidierten Angebote bereit hält, sondern statt dessen auf den naturwüchsigen Prozeß der Hochschulsozialisation vertraut, obwohl Studierende kaum je die Möglichkeit haben, Hochschullehrer beim Verfassen eines Vortrags zu beobachten, braucht nach allem hier nicht mehr im einzelnen wiederholt zu werden. Besonders nachteilig ist darüber hinaus, daß Lehrende sehr häufig auch noch die Lernmöglichkeiten vernachlässigen, die in einer anschließenden Besprechung auch der formalen Aspekte des studentischen Vortrags durch die Studierenden selbst liegen.

Die nach unserer Erfahrung wichtigsten Teilprobleme betreffen daher:
1. den Prozeß der Erstellung und Strukturierung eines Vortrags bzw. Referats,
2. die Vorbereitung und mündliche Präsentation und
3. die Rückmeldung nach dem Vortrag.

Unter den Veröffentlichungen zu diesen Teilproblemen favorisieren wir folgende:
1. Zur Erstellung von Referaten und Thesenpapieren:
- FRANCK, Norbert/Joachim STARY 1984: Wie beiß' ich mich durch? Lern- und Arbeitstechniken. In: HENNIGER, Wolfgang (Hg.): UNI-Start. Das Orientierungsbuch für Studienanfänger. Königstein/T.: Athenäum, S. 114-118

Die beiden Autoren fassen in diesem knappen und sehr dicht geschriebenen Text ihre äußerst umfangreiche Kenntnis der Literatur zum Thema und praktischen Erfahrungen aus ihren Lehrveranstaltungen und Kursen in didaktisch gut bearbeiteter und daher leicht nachvollziehbarer Form zusammen. In allen behandelten Punkten erhalten Fortgeschrittene hilfreiche Hinweise auf weiterführende Literatur.

2. Zur Vorbereitung und mündlichen Präsentation von Referaten:
- *BROMME, Rainer/Riklef RAMBOW 1993: Verbesserung der mündlichen Präsentation von Referaten: Ein Ausbildungsziel und zugleich ein Beitrag zur Qualität der Lehre. Das Hochschulwesen 41, 1993, 6, S. 289-295*
Dies ist zwar „nur" ein Aufsatz, aber ein sehr hilfreicher. Seine zentralen Voraussetzungen: 1. Es gibt keine „optimale" Lösung und schon gar keinen „einzigen" Weg, sondern immer nur „bessere" oder „schlechtere" Präsentationen, je nachdem wie sie das Verhältnis von Ziel, Zuhörern und Methode bewältigen. 2. Die Kunst der Präsentation ist keine angeborene Fähigkeit, sondern Resultat eines langfristigen und systematischen Lernprozesses. Unter dieser Voraussetzung behandeln die Verfasser u.a.: die wichtigsten Aspekte der Vorbereitung, die Funktion und die Erstellung eines orientierenden Leitfadens, das Zeitmanagement, die Behandlung von Fachbegriffen und Eigennamen, den Einsatz von Folien, den Umgang mit der eigenen Kritik des referierten Textes, die Reaktion auf Zwischenfragen, die Probleme bei Gruppenpräsentationen usw.

3. Zur Rückmeldung nach Referaten:
- *PREISER, Siegfried 1993: Feedback nach Referaten. Ein Beitrag zur Verbesserung der Lehre. Das Hochschulwesen 41, 1993, 2, S. 114-116*
Die zentrale These, von der PREISER ausgeht, um die oben beschriebenen Probleme zu bearbeiten, lautet: Studierende sind implizite Experten auf dem Gebiet der Lehre; es kommt daher darauf an, ihr Vorwissen zu explizieren und in Handlungswissen umzusetzen. Als Beleg berichtet er über das Ergebnis einer Aufforderung an 40 Seminarteilnehmer, je drei Erfahrungen zum Thema „Was mich an Präsentationen am meisten stört" zu notieren. Das Resultat ist eine eindrucksvolle Dokumentation der Vielfalt der negativen Erfahrungen wie auch der analytischen Kompetenz der Studierenden, aber auch ein äußerst hilfreicher Kanon von Anregungen und Orientierungen. Die sich anschließende zweite These des Verfassers: Verbindet man das regelmäßige Feedback mit einer Rückmeldung darüber, so eröffnet man damit den Studierenden die zusätzliche Möglichkeit, auch am Beispiel ihres Lehrers zu lernen. Nach PREISERs Erfahrung ist dies ein wichtiger Faktor nicht nur für die formale Verbesserung der Präsentation von Lehrenden und Lernenden, sondern auch für die inhaltliche Verbesserung der Qualität des Studiums.

Als Abschluß übernehmen wir gerne das „letzte Wort" Howard S. BECKERs an die Leser seines Buches: „Die Lektüre dieses Buchs wird nicht alle Ihre Schreibprobleme lösen. Vermutlich löst sie noch nicht einmal ein einziges. Kein Buch, kein Autor, kein Experte - niemand außer Ihnen selbst kann Ihre Probleme lösen. Es sind die Ihrigen. Sie selbst müssen sie bewältigen. Vielleicht aber kann das, was ich gesagt habe, Sie zur Lösung Ihrer Probleme oder zumindest zur Arbeit an ihnen anregen." (BECKER 1994, 214)

Literatur

ANDERSON, Richard C. 1970: Control of Student Mediating Process During Verbal Learning and Instruction. Review of Educational Research 40, 1970, 3, S. 349-369.

ANTOS, Gerd/Hans P. KRINGS (Hg.) 1989: Textproduktion: ein interdisziplinärer Forschungsüberblick. Tübingen.

BALLSTAEDT, Steffen-Peter u.a. 1981: Texte verstehen, Texte gestalten. München.

BAUMANN, Manfred 1977: Lehrbuchtexte als Bedingung effektiven Lernens. In: Zur Psychologie der Lerntätigkeit. Berlin, S. 360-371.

BREDENKAMP, Jürgen/Werner WIPPICH 1970: Lern- und Gedächtnispsychologie. Bd. 2. Stuttgart.

CRYSTAL, David 1993: Die Cambridge Enzyklopädie der Sprache. Frankfurt am Main, New York.

FRANCK, Norbert/Joachim STARY 1980: Studientechniken. Eine Analyse internationaler Forschung zu ihrer Bedeutung. Hamburg.

GROEBEN, Norbert 1982: Leserpsychologie: Textverständnis - Textverständlichkeit. Münster.

GRZESIK, Jürgen 1990: Textverstehen lernen und lehren. Geistige Operationen im Prozeß des Textverstehens und typische Methoden für die Schulung zum kompetenten Leser. Stuttgart.

GÜNTHER, Udo/Hans STROHNER/Eva TERHORST 1986: Über das Lesen von Texten. Bielefelder Beiträge zur Sprachlehrforschung 15, 1/2, S. 8-42.

HEIDTMANN, Frank 1978: Wie finde ich pädagogische Literatur? Berlin (2. Aufl.).

HOLLMANN, Detlef/Andrea FRANK/Gabriele RUHMANN 1995: Wenn die Worte fehlen ..... Das Schreiblabor: Beratung für Studierende und Lehrende. In: Handbuch Hochschullehre. Bonn, A 3.5, S. 1-16.

STARY, Joachim 1994: Hodegetik oder „Ein Mittel gegen das Elend der Studierunfähigkeit". Das Hochschulwesen, 42, 4, S. 160-164.

WERDER, Lutz von 1992: Kreatives Schreiben von Diplom- und Doktorarbeiten. Milow.

WERSIG, Gernot 1973: Informationssoziologie. Hinweise zu einem informationssoziologischen Teilbereich. Frankfurt am Main.

Hannelore Faulstich-Wieland und Barbara Friebertshäuser

Forschungsmittel beantragen - Kriterien und Hinweise

Um Forschungsvorhaben realisieren zu können, brauchen Forschende finanzielle Mittel. Bei der Suche nach Finanzierungsmöglichkeiten für geplante Projekte fehlen häufig Basisinformationen über Fördereinrichtungen und wissenschaftsfördernde Institutionen. Auch die Qualifizierung und Förderung des wissenschaftlichen Nachwuchses benötigen finanzielle Ressourcen. Aber die Quellen sind manchmal so unbekannt wie die Wege, die zu ihnen führen.
Dieser Beitrag möchte einige Hinweise geben und Kriterien der Forschungsförderung benennen, um Wege zur Finanzierung von Forschung aufzuzeigen. Dabei liegt der Schwerpunkt der Darstellung auf Hinweisen zur Beantragung von Forschungsmitteln bei der Deutschen Forschungsgemeinschaft (DFG). Denn zum einen gehört die DFG zu den größten Forschungsförderern der Bundesrepublik Deutschland und besitzt deshalb auch für die Erziehungswissenschaft eine vorrangige Bedeutung. Und zum anderen kann man davon ausgehen, daß die dort geltenden Kriterien einen Maßstab definieren, dessen Erfüllung auch bei anderen Forschungsförderern und Finanziers Erfolg verspricht. Am Ende des Beitrages stehen einige kommentierte Literaturhinweise zum Thema „Institutionen und Netzwerke zur Forschungsförderung".

Die Deutsche Forschungsgemeinschaft (DFG)

Die Deutsche Forschungsgemeinschaft ist eine Selbstverwaltungsorganisation der deutschen Wissenschaft. Zu ihren Aufgaben gehört die finanzielle Unterstützung von Forschungsvorhaben, die Beratung von Parlamenten und Behörden in wissenschaftlichen Fragen, die Koordinierung der Grundlagenforschung und deren Abstimmung mit der staatlichen Forschungsförderung sowie die Förderung der wissenschaftlichen Beziehungen zum Ausland. Die Mittel für die Bewältigung dieser Aufgaben erhält die DFG vom Bund und von den Ländern.
Das Selbstverwaltungsprinzip beinhaltet, daß die wissenschaftlichen Mitglieder der Organe der DFG von „der Wissenschaft" gewählt werden. Alle Gremien sind mehrheitlich mit WissenschaftlerInnen besetzt. Die Verteilung der Mittel geschieht auf der Basis von Begutachtungen. GutachterInnen werden in direkter, allgemeiner, geheimer Wahl durch alle WissenschaftlerInnen, die mindestens seit drei Jahren promoviert sind, gewählt. Die Wahlvorschläge werden durch die Wissenschaftsorganisationen vorgenommen, d.h. für die Erziehungswissenschaft durch die Deutsche Gesellschaft für Erziehungswissenschaft (DGfE). Die Amtszeit der FachgutachterInnen beträgt vier Jahre, wobei einmalige Wiederwahl möglich ist. Insgesamt gibt es in der DFG 37 Fachausschüsse

für 180 Fachgebiete mit 508 FachgutachterInnen. Die Entscheidung über einen Antrag trifft der Hauptausschuß der DFG. Er hat 37 Mitglieder, davon 19 WissenschaftlerInnen aus der Mitte des Senats, je acht werden von Bund und Ländern und zwei vom Stifterverband für die Deutsche Wissenschaft bestimmt. Die DFG bietet 19 verschiedene Förderungsmöglichkeiten:
- Sachbeihilfen
- Reisebeihilfen
- Stipendien
- Postdoktoranden-Programm
- Programm zur Förderung von Habilitationen
- Heisenberg-Programm
- Gerhard Hess-Programm
- Forschungssemester
- Gastprofessuren
- Wissenschaftliche Auslandsbeziehungen
- Teilnahme an wissenschaftlichen Kurzlehrgängen und Ferienkursen
- Rundgespräche und Kolloquien
- Deutsche oder internationale wissenschaftliche Veranstaltungen in der Bundesrepublik Deutschland
- Druckbeihilfen
- Schwerpunktprogramme
- Forschergruppen
- Hilfseinrichtungen der Forschung
- Graduiertenkollegs
- Sonderforschungsbereiche

Im Jahr 1995 wurden von der DFG insgesamt 1.808,2 Mill. DM für Forschungsförderungen ausgegeben. Von den 1995 abschließend bearbeiteten 12 963 Anträgen mit einem Gesamtvolumen von 2.537,7 Mill. DM wurden 70,2% der Anträge und 48,8% der Antragssumme bewilligt. Etwas mehr als ein Fünftel der Anträge wurde ungekürzt bewilligt, knapp ein Viertel wurde abgelehnt, fast die Hälfte wurde gekürzt bewilligt (vgl. Abb. 1).

Abb. 1: 1995 in der Allgemeinen Forschungsförderung (Normalverfahren und Schwerpunktprogramme) erledigte Anträge:

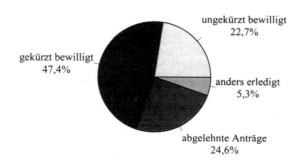

In der Fächergruppe Theologie, Philosophie, Psychologie, Pädagogik wurden im Normal- und Schwerpunktverfahren etwas weniger Anträge bewilligt: 63,7% konnten gefördert werden, 32,6% wurden abgelehnt (vgl. Abb. 2). Es handelte sich dabei um 684 Anträge, von diesen wurden bewilligt: 369 Sachbeihilfen, 17 Forschungsstipendien, 3 Ausbildungsstipendien, 1 Forschungssemester, 17 Reisenbeihilfen und 29 Druckbeihilfen.
Die Bewilligungen insgesamt betrugen für die vier Fächer:
1992   60,5 Mio. DM
1993   53,6 Mio. DM
1994   73,3 Mio. DM
1995   76,9 Mio. DM
(alle Angaben aus: DFG: Jahresbericht 1995 - Band 1: Aufgaben und Ergebnisse)

Abb. 2: 1995 in der Fächergruppe Theologie, Philosophie, Psychologie, Pädagogik erledigte Anträge im Normal- und Schwerpunktverfahren

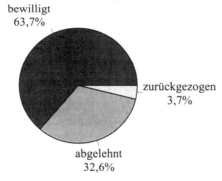

Die genannten Zahlen verdeutlichen, daß die Erfolgschancen für einen Antrag bei der DFG keineswegs so niedrig liegen, wie dies gerüchteweise des öfteren verlautet. Vielmehr machen sie deutlich, daß es sich sehr wohl lohnt, Arbeit in einen Antrag zu stecken. Damit dieser sich in die Reihe der Bewilligungen einreihen kann, werden im folgenden einige Hinweise gegeben, deren Beachtung zumindest die Chancen erhöhen mögen. Dabei konzentrieren wir uns bei der Darstellung allerdings auf die Anträge im Normalverfahren und auch hierbei schwerpunktmäßig auf Sachbeihilfen und Stipendien. Für alle Beantragungsformen existieren Merkblätter, auf denen die Voraussetzungen, die Förderung und die jeweilige Form der Antragstellung detailliert dargestellt werden. Diese können bei folgender Adresse angefordert werden:
Deutsche Forschungsgemeinschaft (DFG)
Dr. Manfred Nießen
Kennedyallee 40
53175 Bonn
Tel.: 0228/885-1 oder -2381

Der Weg eines Antrags im Normalverfahren

Der entscheidende Unterschied zwischen Sachbeihilfen und Stipendien besteht darin, daß Stipendien zur Finanzierung der beantragenden Person dienen, Sachbeihilfen dies jedoch gerade ausschließen. Darüberhinaus erfordern Stipendien den Nachweis der Formalqualifikationen (Promotion, z.T. Habilitation), während im Rahmen von Sachbeihilfen auch Promotionen möglich sind. Sachbeihilfen können von Personen beantragt werden, die mindestens promoviert sind.
Im folgenden einige stichpunktartige Grundklärungen zu Sachbeihilfen:
- Ein möglicher Irrtum liegt in der Bezeichnung „*Sach*beihilfen", diese umfassen aber auch *Personal*kosten!
- Allerdings ist es nicht möglich, als Antragsteller oder Antragstellerin Personalkosten für sich selbst zu beantragen (indem man sich beispielsweise über das Forschungsprojekt eine eigene Stelle schaffen möchte). Die Personalkosten können für Projekt-Mitarbeiterinnen und Mitarbeiter beantragt werden und dienen diesen in der Regel zur wissenschaftlichen Qualifizierung (Promotion), auch die Finanzierung von Hilfskräften ist möglich.
- Es sind keine Schreib*kräfte*, sondern nur Schreib*arbeiten* finanzierbar.
- Eine Grundausstattung und Infrastruktur ist für ein Projekt notwendig.
- Nicht-promovierte MitarbeiterInnen werden nach BAT IIa/2 bzw. als wissenschaftliche Hilfskraft bezahlt.
- Promotion ist im Projekt möglich und erwünscht, allerdings gibt es keine „Projekte zur Promotion".
- Im Normalverfahren werden keine Tagungs- und Kongreßreisen, sowie Reisen zu entsprechenden Veranstaltungen bewilligt. (Dazu gibt es gesonderte Möglichkeiten der Beantragung.)
- Auch Druckkosten werden im Normalverfahren nicht bewilligt. (Auch dazu können gesonderte Anträge formuliert werden.)
- Die Bewilligung erfolgt in der Regel für zwei Jahre, längerfristige Projekte sind möglich, dies ist von vornherein zu beantragen (und zu begründen).

Wie in Abbildung 3 veranschaulicht, wird ein Antrag auf Sachbeihilfe oder für ein Stipendium zunächst von der Geschäftsstelle der DFG an zwei GutachterInnen geschickt, und zwar entweder an die gewählten FachgutachterInnen oder an WissenschaftlerInnen, deren Arbeitsschwerpunkte im Bereich des Antrags liegen. Diese begutachten den Antrag unabhängig voneinander - in der Regel innerhalb von drei Wochen - und schicken Unterlagen und Gutachten zurück an die Geschäftsstelle. Von dort werden Antrag und beide Gutachten an den Ausschußvorsitzenden/die Ausschußvorsitzende des Fachausschusses gesandt, von dem/der ein abschließendes Gesamtvotum abgegeben und wiederum an die Geschäftsstelle geschickt wird. Von der Geschäftsstelle wird aus den Gutachten eine Vorlage für den Hauptausschuß der DFG, der ca. alle sechs Wochen tagt, erstellt. Dieses Gremium entscheidet über Bewilligung, Teilbewilligung oder Ablehnung eines Antrags.

Die Entscheidung wird von der Geschäftsstelle der Antragstellerin/dem Antragsteller zugeleitet. Aus dem Verfahren wird deutlich, daß von der Antragstellung bis zu einer Entscheidung mindestens ein Zeitraum von einem halben Jahr einkalkuliert werden sollte.

Im Fall einer Ablehnung werden in vielen Fällen Hinweise gegeben, weshalb ein Antrag gescheitert ist. Im Fall der Bewilligung wird an der Institution der Antragstellerin/des Antragstellers ein Drittmittelkonto eingerichtet, über das alle Finanzangelegenheiten abgewickelt werden. Über die Verwendung der Mittel sind die jeweiligen AntragstellerInnen rechenschaftspflichtig. Nach Abschluß eines Forschungsvorhabens ist ein Bericht an die DFG zu verfassen. Es wird großer Wert darauf gelegt, daß Ergebnisse aus DFG-Forschungen veröffentlicht werden, d.h. Veröffentlichungen - auch spätere - sollten einem solchen Bericht beigelegt bzw. nachgereicht werden. Die Berichte gehen ebenfalls an die GutachterInnen zur Stellungnahme und spielen bei künftigen Beantragungen eine Rolle.

Abb. 3: Begutachtung von Anträgen im Normalverfahren bei der DFG

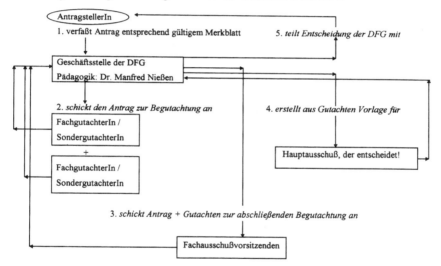

Bewilligungskriterien

Die Merkblätter der DFG geben zumeist detaillierte Hinweise, wie Anträge zu verfassen sind. Bei der Begutachtung von Anträgen gibt es entsprechend eine Reihe von Kriterien, auf die besonders geachtet wird. Im folgenden sollen die wichtigsten - wiederum eher stichpunktartig benannt werden (vgl. auch Abb. 4):
- *Thema und Fragestellung*
  Beim Thema sollte es sich um ein präzise Fragestellung handeln, globale Themen sind eher ungeeignet. Die DFG fördert theoriegeleitete, methodisch kontrollierte Forschung, die auf Grundlagen oder auf Anwendung gerichtet sein kann. Die praktische und thematische Relevanz des Themas sollte deutlich werden.

– *Stand der Forschung und eigene Vorarbeiten*
 Dieser Teil sollte aus sich heraus verständlich sein und deutlich werden lassen, wo das geplante Vorhaben einsetzt (noch offene/ungeklärte Punkte der bisherigen Forschung) und wieso die AntragstellerInnen bzw. die BearbeiterInnen geeignet sind, die Lücken bisheriger Forschung zu füllen.
– *Ziele und Arbeitsprogramm*
 Dies ist der entscheidene Teil des Antrags! Bei der Begutachtung wird hier geprüft, ob die vorgesehenen Methoden adäquat sind für die Bearbeitung der Fragestellung, ob die vorgesehenen Arbeiten zeitlich angemessene Einheiten aufweisen, ob bei einer Aufteilung der Arbeiten auf mehrere Personen dies von der Arbeitsteilung möglich und sinnvoll, von den vorhandenen Qualifikationen her angemessen ist.
 Auch bei qualitativ arbeitenden Projekten ist es wichtig, die logische Entwicklung der methodischen Instrumentarien aus der Fragestellung zu verdeutlichen. Zur Explikation der methodischen Instrumente gehört auch die Angabe, ob für die Auswertung qualitativ erhobenen Materials Auswertungsstrategien und Analyseinstrumente vorliegen. Nach Expertenaussagen muß man bei qualitativen Verfahren ein zeitliches Verhältnis von Erhebungsphase und Auswertungsphase von 1:2 veranschlagen, d.h. die Auswertungszeit dauert mindestens doppelt so lange wie die Erhebungszeit.
– Der *Gesamtumfang* des Antrags sollte ca. 20 Seiten umfassen, für das Arbeitsprogramm ist etwa die Hälfte vorzusehen.

Abb. 4: Kriterien für die Begutachtung eines Antrags

– Praktische und thematische Relevanz des Themas
– Klare Darstellung und Verständlichkeit
– Präzise Explikation der Fragestellung
– Logische Entwicklung der methodischen Instrumentarien aus der Fragestellung
– Explikation der methodischen Instrumente, die eingesetzt werden sollen
– Machbarkeit des Vorhabens und Bearbeitbarkeit der Fragestellung mit den angeführten Mitteln im vorgegebenen Zeitrahmen.
– Vermittelbarkeit der Ergebnisse (Einschätzung anhand bisheriger Publikationen, ob die/der Antragsteller die Sache auswerten und darstellen kann)

Sachbeihilfen müssen nicht sofort „Großprojekte" beinhalten, sondern können auch für ein Jahr z.B. für studentische Hilfskräfte oder für wissenschaftliche Hilfskräfte beantragt werden. Entscheidend ist dafür der Umfang des Arbeitsprogramms - die Qualitätsanforderungen an den Antrag im Hinblick auf die Einordnung des Vorhabens in die Forschung und die Begründung des Arbeitsprogramms bleiben gleich. Dennoch sind kleinere Anträge mit präzisen Fragestellungen leichter zu überblicken, zu bewältigen, schaffen vorzeigbare Erfolge, auf denen dann größere Anträge aufbauen können. Bei der Begutachtung von erneuten Anträgen werden die Ergebnisse/Erträge der bisherigen DFG-geförderten Forschungen berücksichtigt.

Für die Bewilligungschance eines Projektes ist es sehr günstig, wenn auf eine *Vorstudie* zurückgegriffen werden kann. Die DFG betont immer wieder, daß ihr die zusätzliche forschungsinterne Förderung an der Hochschule der Antragstellerin/des Antragstellers wichtig ist. Hier bereits eingeworbene Mittel oder einen Projektkontext, in den der Antrag eingebettet ist, vorweisen zu können, erhöht die Bewilligungschancen. Das Gleiche gilt für die Kooperation mit anderen WissenschaftlerInnen, die von der DFG gewünscht und positiv beurteilt wird.

Hilfestellung bei Beantragungen

Die FachgutachterInnen der DFG sowie der für die Erziehungswissenschaft zuständige Fachreferent der DFG, Dr. Manfred Nießen, sind in der Regel bereit, vor dem Einreichen von Anträgen Informationen, Hilfestellungen, Tips zu geben und umfassend zu beraten. Ein Anruf im Vorfeld der Beantragung kann viele Fragen klären helfen. Die Universitäten haben DFG-Vertrauensdozenten, die jeweils die Kopie eines Antrages und das Ergebnis der Bewilligung erhalten - sie sind sicher in der Lage, Kontakte herzustellen, sofern diese nicht sowieso im eigenen Arbeitszusammenhang bestehen. Die Kommissionen der DGfE haben Forschungsbeauftragte benannt, die ebenfalls Hilfestellung bei Beantragungen geben können. Oft hilft allerdings auch, den Erstentwurf eines Antrages mehreren KollegInnen zum Lesen zu geben, weil viele Fehler bei der Antragstellung vermeidbar sind, wenn „Fremde" das Papier kritisch gegengelesen haben.

Kommentierte Literaturhinweise zum Thema: „Institutionen und Netzwerke zur Forschungsförderung"

Forschungsfinanzierung und Förderung leisten in der Bundesrepublik Deutschland unterschiedliche Institutionen. Neben der Deutschen Forschungsgemeinschaft (DFG) und weiteren Großforschungseinrichtungen gehören dazu: Ministerien des Bundes und der Länder, Stiftungen und Forschungsressorts der verschiedenen Hochschulen bis hin zu kommunalen Einrichtungen. Sie stellen Forschungsfonds oder Forschungsmittel zur Verfügung oder besitzen spezielle Programme zur Förderung der Forschung und Wissenschaft. Dazu kann man auch die diversen Graduiertenkollegs zählen, die sowohl von der Deutschen Forschungsgemeinschaft (DFG) wie auch von einzelnen Ländern an den verschiedenen Hochschulen eingerichtet wurden, aber auch zum Beispiel das Lise-Meitner-Programm in Nordrhein-Westfalen, das im Rahmen des Hochschulsonderprogramms speziell Wissenschaftler*innen* fördert. Auf europäischer Ebene existieren größere Rahmenprogramme, in denen Forschungsprojekte angesiedelt werden können.

Im folgenden werden einige Publikationen kurz vorgestellt, die mit Hinweisen und Adressen auf dem Weg zur Forschungsförderung weiterhelfen können.[1]

---

[1] Für einige Materialien und Informationen zum Thema „Forschungsförderprogramme für Frauen" danken wir Friederike Heinzel ganz herzlich.

Hochschul- und wissenschaftsfördernde Institutionen im Überblick. Bundesweites Forschungshandbuch '96. Hrsg. Ministerialrat Dr. Peter Großkreutz, Ministerium für Bildung, Wissenschaft und Weiterbildung, Postfach 3220, 55022 Mainz (Preis 17,50 DM).
Die Broschüre stellt auf 285 Seiten vor, welche hochschul- und wissenschaftsfördernden Institutionen in Deutschland einschließlich einiger übernationaler Förderprogramme existieren. Über 400 Förderinstitutionen und Programme sind darin verzeichnet, die mittels einer Fragebogenerhebung um die entsprechenden Basisinformationen gebeten wurden. So findet man die jeweiligen Schwerpunktsetzungen der Forschungsförderer und ihre Adressen. Ein ausführliches Namens- und Sachregister im Anhang erleichtert die Orientierung.

Materialien zur Bildungsplanung und zur Forschungsförderung. Herausgegeben von der Bund-Länder-Kommission für Bildungsplanung und Forschungsförderung. (Kostenloser Bezug über: Bund-Länder-Kommission für Bildungsplanung und Forschungsförderung, Geschäftsstelle, Friedrich-Ebert-Allee 39, 53113 Bonn, Tel.: 0228/5402-0, Telefax: 0228/5402-150)
Mit den „Materialien zur Bildungsplanung und zur Forschungsförderung" veröffentlicht die Bund-Länder-Kommission für Bildungsplanung und Forschungsförderung Unterlagen zur Situation und Planung in bestimmten Bereichen des Bildungswesens und der gemeinsamen Forschungsförderung. Die Veröffentlichungen dienen insbesondere der Information der verantwortlichen Stellen und der fachlich interessierten Öffentlichkeit. Es handelt sich um Berichte und Dokumentationen, die bei der Geschäftsstelle der BLK (obige Adresse) angefordert werden können. Dazu zwei Beispiele:
Heft 39: Zweiter Zwischenbericht über die Umsetzung der insbesondere Frauen fördernden Maßnahmen im Zweiten Hochschulsonderprogramm (HSP II) im Jahr 1992. *In diesem Bericht finden sich auf 46 Seiten Hintergrundinformationen und Dokumentationen über verschiedene Maßnahmen, darunter auch Kontaktstipendien, Wiedereinstiegsstipendien, Werkverträge, Promotionsstipendien, Habiliationsstipendien und Programme einzelner Länder und Stiftungen.*
Heft 48: Modellversuche in der Bewährung. 2. Bericht zur Umsetzung von Modellversuchen im Bildungswesen. *In dieser Dokumentation werden auf 253 Seiten allgemeine Informationen zur Modellversuchsförderung des Bundes und der Länder gegeben, ausgewählte Modellversuche in verschiedenen Bereichen vorgestellt und Auswertungsberichte und Fachtagungen dokumentiert.*

Das Bundesministerium für Bildung, Wissenschaft, Forschung und Technologie (Hg.) 1996: Förderfibel. Förderung von Forschung, Entwicklung und Innovation. Bonn. (Bezug kostenlos über das BMBW, Referat Öffentlichkeitsarbeit, 53170 Bonn, Telefax: (0228) 57-3917)
Die im Januar 1996 erschienene Broschüre präsentiert auf 225 Seiten Programme des Bundes, der Länder und der Europäischen Union zur Förderung von Forschung, die primär der Technologie- und Forschungsförderung in Unternehmen der gewerblichen Wirtschaft dienen sollen. Die staatliche Förderung von Forschung und Entwicklung in der Wirtschaft (kurz: FuE-Förderung) um-

faßt 23 Fachprogrammen des BMBW, die von der Meeresforschung bis zu Transport und Verkehr reichen. Dazu gehören auch die Bereiche „Gesundheitsforschung"(S.27f), „Arbeit und Technik"(S.29f) und „Wissenschaftliche und technische Informationen (Fachinformation) (S.59)". In diesen drei Bereichen werden auch Themen wie „Gesundheitsvorsorge" oder „multimediale Information" genannt, hier wären Projektkooperationen mit erziehungswissenschaftlichen Forschungsprojekten denkbar. Hilfreich können auch die Hinweise auf Fachinformationszentren, Informationsvermittlungsstellen und Transferstellen an den Hochschulen sein (S.117ff). Die Broschüre stellt unter anderem auch Fördermaßnahmen der Europäischen Union und der einzelnen Bundesländer vor und gibt zahlreiche Adressen bekannt.

Auf dem Weg zur Chancengleichheit im Arbeitsleben. Beitrag der EU-Förderprogramme zur beruflichen Bildung von Frauen. Carola Busch. Hrsg. vom Bildungswerk der Hessischen Wirtschaft e.V. 1996. (Kostenlos erhältlich beim Bildungswerk der Hessischen Wirtschaft e.V., Emil-von-Behring-Straße 4, 60439 Frankfurt am Main. Tel.: 069/95808-271/-272, FAX: 069/95808-259)
Diese 108 Seiten umfassende Broschüre stellt die verschiedenen Aktionsprogramme der Europäischen Union vor. Interessant ist insbesondere die Zusammenstellung von Informationsmaterialien, die bei der Beantragung und Durchführung von EU-Projekten behilflich sein sollen. Hilfreich sind auch die zahlreichen Adressen, bei denen weitere Informationen angefordert werden können. Angeboten werden alle Informationen dieser Broschüre auch als ein Multimedia-Programm auf CD-Rom bzw. Disketten, diese sind gegen eine Schutzgebühr von 8,- DM beim Bildungswerk der Hessischen Wirtschaft e.V. unter obiger Adresse erhältlich. Sie präsentieren die verschiedenen Informationen und einzelnen Programme im Überblick mit Kommentaren und musikalisch unterlegt.

GRACE - Europäische Datenbank über Frauenforschung. Informationen: Universität Bielefeld (IFF), Frau Lehmann, Postfach 100 131, 33501 Bielefeld, Tel.: 0521/106 45 70
Dieses Netzwerk, angelegt als elektronische Datenbank, dient zur Vermittlung von Kontakten und zur Bereitstellung von Informationen für alle an Frauenforschung Interessierten. Abrufbar sind auch nationale und internationale Arbeitskontakte. Das Informationszentrum startet auch eigene Aktivitäten zur Vernetzung von Frauenforschung. Hilfreich sind auch die dort aktuell gespeicherten Adressen anderer Netze und Einrichtungen.

Handbuch Forschungsförderung der Informations- und Beratungsstelle des Förderprogramms Frauenforschung (Band 1). Ein Leitfaden für Frauen. Hrsg. Der Senator für Jugend und Familie. Die Frauenbeauftrage des Senats. Berlin 1988.
Die Broschüre informiert auf 220 Seiten über Berlin-bezogene Forschungsförderungsmöglichkeiten, aber auch über allgemeine Forschungsförderungseinrichtungen. Neben deren Anschrift und Zielsetzung erfährt man die verschiedenen Förderungsarten (Stipendien, Forschungsprojekte, sonstige Förderungen), die Voraussetzungen, Form des Antrages, Höhe der Einzelzuwendungen, An-

sprechpartnerInnen und ähnliche nützliche Hinweise. Leider dokumentiert die Broschüre den Stand von 1988, doch viele Adressen und Informationen bleiben für Jahre relevant.

Aktuelle Hinweise und Informationen über den Stand der Frauenforschung in Berlin und in der Bundesrepublik Deutschland insgesamt erhält man auch über die „Zentraleinrichtung zur Förderung von Frauenstudien und Frauenforschung an der Freien Universität Berlin", Königin-Luise-Str. 34, 14195 Berlin, Tel.: 030/838-6256 oder -3378.

Deutsche Gesellschaft für Erziehungswissenschaft

Standards erziehungswissenschaftlicher Forschung

Vorbemerkung zum Thema: „Ethische Prinzipien der Forschung"

Für jede empirisch arbeitende Forschung sind ethische Prinzipien von Bedeutung. Insbesondere für die qualitative Forschung stellen sich ethische Fragen mit besonderer Brisanz, denn durch ihre Forschungszugänge arbeitet sie mit vielfältigen personenbezogenen Daten (Autobiographien, Biographien, persönlichen Aussagen, Daten aus Interviews, Gruppendiskussionen und anderen Dokumenten). Neben den ethischen Prinzipien innerhalb der Wissenschaftsgemeinde (scientific community), zu denen Redlichkeit im Umgang mit Ergebnissen und Wahrung der wissenschaftlichen Prinzipien gehören, eröffnet sich in der empirischen Forschung auch immer die Dimension der Verantwortung gegenüber den Erforschten, denen möglichst kein Schaden durch die Forschung mittel- und unmittelbar entstehen soll, sowie das Problem des Datenschutzes. Ethische Prinzipien diskutiert man in den verschiedenen Wissenschaftsdisziplinen jeweils mit unterschiedlichen Schwerpunktsetzungen.[1] Dennoch existieren im Bereich der empirischen Forschung vorwiegend gemeinsame Problemstellungen[2]. Auch im internationalen Diskurs finden sich naturgegeben die gleichen Fragen und Themen.[3] In der amerikanischen Diskussion verknüpfen sich Ethik und Politik eng miteinander.[4]

In der Bundesrepublik Deutschland haben in den vergangenen Jahren die Diskussionen um Fragen des Datenschutzes eine Sensibilisierung auch gegenüber den verschiedenen Formen der Befragung in wissenschaftlichen Kontexten bewirkt. Datenschutzbeauftragte auf Bundes- und Landesebene, in Städten und

---

[1] Eine umfangreiche Dokumentation diverser Publikationen zu ethischen Fragen, sowohl in den Teildisziplinen der Erziehungswissenschaft wie auch in anderen Wissenschaften, wurde den Herausgeberinnen von Prof. Dr. Klaus BECK, Mainz, zur Verfügung gestellt. Wir danken Klaus Beck herzlich für seine kollegiale Hilfe. Interessierte können sich an Barbara Friebertshäuser wenden.

[2] Vgl. HOPF, Christel 1991: Zwischen Betrug und Wahrhaftigkeit - Fragen der Forschungsethik in der Soziologie. In: Soziologie 2/91, Mitteilungsblatt der Deutschen Gesellschaft für Soziologie. (S. 174-196).

[3] Siehe z.B.: British Educational Research Association 1992: Ethical Guidelines for Educational Research. Publishes by British Educational Research Association, Scottish council for Research in Education, 15 St John Street, Edinburgh EH8 8JR.

[4] PUNCH, Maurice 1994: Politics and Ethics in Qualitative Research. In: DENZIN, Norman K. & Yvonna S. LINCOLN (Eds.): Handbook of Qualitative Research. Thousand Oaks, London, New Delhi: Sage. (p. 83-97).

Kommunen, sowie in den verschiedenen Behörden (z.B. auch an den Hochschulen) wachen darüber, daß keine personenbezogenen Daten gespeichert und damit für mißbräuchliche Zwecke benutzt werden. Für Forschung resultieren daraus Auflagen an das Forschungsdesign, die Forschungszugänge und den Umgang mit personenbezogenen Daten. Wichtig wird die Einbeziehung forschungsethischer Fragen bei jeder Form von Forschung. Für die qualitative Forschung stellen sich forschungsethische Fragen im gesamten Forschungsprozeß. Die Problemfelder reichen von der Frage der informierten Einwilligung der Erforschten (z.B. bei der Methode der teilnehmenden Beobachtung) bis zur Wahrung der Rechte der Erforschten in der Publikation (Anonymisierung, Schutz vor jeglichem Schaden durch die Forschung)[5]. Ethische Fragen bedürfen der kritischen Diskussion in und außerhalb der Wissenschaft, denn viele ethische Forderungen und Postulate erweisen sich insbesondere in der konkreten Umsetzung als schwierig, hier beginnen die Diskussionen meist nicht bei den globalen Postulaten, sondern den Fragen im Detail. Der folgende Text soll dazu anregen, sich im Zusammenhang mit qualitativer Forschung in der Erziehungswissenschaft mit ethischen Fragen und Problemen in der eigenen Forschungspraxis auseinanderzusetzen, für diese Fragen zu sensibilisieren und dazu ermutigen, einen Diskurs über ethische Prinzipien in der Wissenschaft in Gang zu halten.

Wir veröffentlichen dazu an dieser Stelle noch einmal die von der Deutschen Gesellschaft für Erziehungswissenschaft (DGfE) herausgegebenen „Standards erziehungswissenschaftlicher Forschung. Resolution der Deutschen Gesellschaft für Erziehungswissenschaft". Dieser Text wurde bereits 1986 in der Zeitschrift für Pädagogik (Heft 4; S.597-602) veröffentlicht. Derzeit erarbeitet der Vorstand der DGfE einen neuen Ethik-Code für die Erziehungswissenschaften. Da die Neufassung zur Zeit der Fertigstellung dieses Handbuches noch nicht vorliegt, drucken wir den bisherigen Text an dieser Stelle ab und hoffen, damit die Diskussion anzuregen.[6]

Deutsche Gesellschaft für Erziehungswissenschaft

Standards erziehungswissenschaftlicher Forschung

Resolution der Deutschen Gesellschaft für Erziehungswissenschaft

Wissenschaft ist nicht nur ein begriffliches, sondern auch ein soziales System. Wissenschaftler können die ihnen zugewiesene Aufgabe nur unter der Voraussetzung erfüllen, daß die Freiheit von Forschung und Lehre gesichert ist. Mit diesem grundgesetzlich verbürgten Recht korrespondieren Pflichten, insbesondere die Pflicht, für die Gewährleistung der Würde des Menschen einzutreten. Bestrebungen, die Freiheit der Forschung direkt oder indirekt einzuschränken,

---

[5] Siehe dazu FRIEBERTSHÄUSER in diesem Handbuch.
[6] Wir danken dem Vorsitzenden der Deutschen Gesellschaft für Erziehungswissenschaft, Prof. Dr. Dieter LENZEN, für die freundliche Zustimmung zum Abdruck dieses Beitrages.

und die auch in der Erziehungswissenschaft geführte Diskussion um die soziale Verantwortung des Wissenschaftlers für Vollzug und Resultat wissenschaftlichen Handelns veranlassen die Deutsche Gesellschaft für Erziehungswissenschaft, Standards erziehungswissenschaftlicher Forschung zu formulieren.
Erziehungswissenschaft soll unser Wissen über und unser Verständnis für Voraussetzungen, Abläufe und Wirkungen von Erziehungsprozessen vermehren und dazu beitragen, dieses Wissen und Verständnis zum Wohle einzelner Menschen und der Gesellschaft zu nutzen. Erziehungswissenschaftler sollen ihre Fachkompetenz nur für Ziele einsetzen, die mit diesen Prinzipien vereinbar sind, und sich nach Kräften bemühen, den Mißbrauch ihrer Wissenschaft zu verhindern.
Um diese Ziele zu erreichen, verpflichten sich die Mitglieder der Deutschen Gesellschaft für Erziehungswissenschaft, die nachfolgend formulierten Prinzipien zu beachten:
– Freiheit und gesellschaftliche Verantwortung des Wissenschaftlers
– Verantwortung des Wissenschaftlers für die Einhaltung professioneller Standards
– Verantwortung des Wissenschaftlers für die Information und den Schutz der von Untersuchungen betroffenen Personen.

1. Zur Freiheit und gesellschaftlichen Verantwortung des Wissenschaftlers

1.0

Das Grundrecht der Wissenschaftsfreiheit (Art. 5 Abs. 3 GG) erlegt jedem Wissenschaftler die Verantwortung für Form und Inhalt seiner wissenschaftlichen Tätigkeit auf. Freiheit und Verantwortung des einzelnen Wissenschaftlers können durch seine Dienstpflichten im Rahmen demokratischer Institutionen begrenzt, aber die Grundrechte dürfen dadurch nicht außer Kraft gesetzt, sondern müssen im Rahmen der wissenschaftlichen Aufgaben beachtet werden.

Aus diesen Grundsätzen ergeben sich nachstehende Folgerungen:

1.1

Nach § 3 Abs. 2 des Hochschulrahmengesetzes umfaßt die Freiheit der Forschung „insbesondere die Fragestellung, die Grundsätze der Methodik sowie die Bewertung des Forschungsergebnisses und seine Verbreitung".
Erziehungswissenschftler haben ihre Fragestellungen, ihre Methoden, ihre Interpretationen und ihre Ergebnismitteilung zu verantworten und sind nicht nur berechtigt, sondern verpflichtet, verfassungswidrige Eingriffe in diesen Verantwortungsbereich abzuwehren.

1.2

Diese Grundsätze gelten für Erziehungswissenschaftler auch in weisungsabhängiger Stellung und auch bei Auftragsforschung. Auflagen sind nur insoweit zulässig, als sie ihrerseits verfassungsrechtlich gerechtfertigt sind.

1.3

Alle Erziehungswissenschaftler sollen bei der Veröffentlichung ihrer Ergebnisse angeben, ob für diese Arbeit ein Auftrag und/oder eine projektbezogene Finanzierung gegeben war und welche Auflagen ihnen zur Fragestellung, zur Methode, zur Interpretation und zur Publikation gemacht wurden.

1.4

Die Freiheit der Forschung von Fremdbestimmung ist gleichzeitig ein Appell an die moralische Verantwortung des Forschers, innerhalb der wissenschaftlichen Gemeinschaft demokratische Arbeitsformen zu fördern und neue Fragestellungen und Denkansätze ohne Rücksicht auf ihre Herkunft unvoreingenommen zu prüfen.

1.5

Wenn Mitglieder der DGfE unter Berufung auf ihre Kompetenz als Forscher und Hochschullehrer zu bildungspolitischen oder pädagogisch-praktischen Fragen Stellung nehmen, dann sind sie verpflichtet, Tragweite und Grenzen wissenschaftlicher Aussagen deutlich zu beachten und sich darum zu bemühen, darüber hinausgehende Folgerungen und Wertungen als solche erkennbar zu machen.

2. Zur Verantwortung des Wissenschaftlers für die Einhaltung professioneller Standards

2.0

Professionelle Standards einer Wissenschaft kennzeichnen Stadien in der historischen Entwicklung der Wissenschaften und der Gesellschaft. Sie sind stets im Kontext der historischen, gesellschaftlich mitbestimmten Entwicklung von Interessen, Fragestellungen und Methoden zu sehen. Ihre Anerkennung und Durchsetzung ist auch innerhalb der Wissenschaft immer ein konflikthafter Prozeß, der prinzipiell nie abgeschlossen ist. Professionelle Standards sind also begrenzt gültige Konventionen, an denen der einzelne Wissenschaftler sein Vorgehen messen, erläutern und seine eigene Position begründen kann.

Erziehungswissenschaftler müssen die Freiheit der Erkenntnisgewinnung mit der Selbstverpflichtung verbinden, ihr Vorgehen in Entsprechung zum jeweiligen Untersuchungsziel darzustellen, zu begründen und rationaler Kritik zugänglich zu machen. Daraus ergeben sich Folgerungen:

2.1

Jeder Wissenschaftler soll die normativen, theoretischen und methodischen Voraussetzungen offenlegen, die in seine Fragestellungen und Vorgehensweisen eingehen. Diese Forderung bezieht sich auch auf eine mögliche Parteinahme für bestimmte Interessengruppen, Weltanschauungen usw.

2.2

Jeder Wissenschaftler soll angeben, wie der Wahrheitsgehalt seiner Aussagen überprüft werden kann und welche Kriterien der Gewißheit er selbst zugrunde gelegt hat.

2.3

Jeder Wissenschaftler muß auf die Verständlichkeit und Kritisierbarkeit seiner Aussagen achten. Alternative Ansätze dürfen nicht verschwiegen werden.

2.4

Jeder Wissenschaftler ist gehalten, Forschungsergebnisse offenzulegen, auch dann, wenn sie der eigenen Theorie bzw. den eigenen Hypothesen widersprechen oder im Hinblick auf bestimmte politische Positionen als nicht opportun gelten.

3. Zur Verantwortung des Wissenschaftlers für die Information und den Schutz der von Untersuchungen betroffenen Personen

3.0

Das Grundrecht auf Forschungsfreiheit ist formal unbeschränkt. Es findet aber seine Grenze dort, wo es andere Grundrechte verletzt. Gerade der Erziehungswissenschaftler muß das Spannungsverhältnis von Art. 5 Abs. 3 zu Art. 1 und Art. 2 Abs. 1 des Grungesetzes kennen und die Würde sowie die freie Persönlichkeitsentfaltung der Menschen achten, die sich seiner wissenschaftlichen Kompetenz anvertrauen. Die abwägende Entscheidung ist ein konflikthaltiger Vorgang, wie die Diskussion um Persönlichkeitsschutz und Forschungsfreiheit zeigt. „Dabei auftretende Konflikte lassen sich nur lösen, indem ermittelt wird, welche Verfassungsbestimmung für die konkret zu entscheidende Frage das höhere Gewicht hat (BVerfGE 28. 243. [261]).

Die Datenschutzgesetze konkretisieren Aspekte des Persönlichkeitsschutzes. Wissenschaftliche Untersuchungen müssen dabei berücksichtigen, daß die Schutzbedürftigkeit der betroffenen Personen sich in verschiedenen Lebensbereichen unterschiedlich darstellt.

Hinsichtlich der Informationen und der Datenweitergabe gelten insbesondere für empirische Untersuchungen folgende Grundsätze:

3.1 Grundsätze zur Information und Datenweitergabe

3.1.1
Grundsätzlich sollen die Betroffenen über Ziele, Methoden und Ergebnisse der Untersuchung informiert werden, sofern das Ziel dieser oder einer späteren Untersuchung nicht dadurch gefährdet und/oder die Betroffenen nicht dadurch unnötig belastet werden. Als Betroffene gelten die unmittelbar in eine Untersuchung einbezogenen Personen, bei Minderjährigen auch ihre gesetzlichen Vertreter. Die Minderjährigen selbst sollen in altersangemessener Form informiert werden, unbeschadet des Einwilligungsrechtes der gesetzlichen Vertreter.

3.1.2
Wenn Namen der Betroffenen in den Dateien enthalten sind oder durch enthaltene Anschriften, Geburtsdaten, persönliche Leistungsmerkmale u.ä. oder eine Kombination dieser Daten leicht erschlossen werden können, liegt eine „personenbezogene Verarbeitung von Untersuchungsdaten" vor.
Eine „Verarbeitung faktisch anonymer Daten" liegt dann vor, wenn die Dateien keine Namen enthalten und eine Reidentifikation einen Aufwand erfordern würde, der nach vernünftigem Ermessen in keinem Verhältnis zum Informationswert der so zu erhaltenden Daten steht oder wenn die Reidentifikation nur durch strafrechtlich relevante Handlungen möglich wäre.

3.1.3
Untersuchungsergebnisse werden normalerweise ohne Personenbezug veröffentlicht. Sollen Ergebnisse personenbezogen publiziert werden, so muß dazu in jedem Falle eine schriftliche Einwilligung eingeholt werden.

3.1.4
Sofern eine Information der Betroffenen vorgesehen bzw. notwendig ist (vgl. 3.2., 3.4.), muß angegeben werden, wer die Daten zu wissenschaftlichen Zwecken verarbeitet. Eine Weitergabe personenbezogener Daten ist nur mit schriftlicher Einwilligung der Betroffenen zulässig.

Diese Grundsätze müssen sinngemäß für verschiedene Untersuchungsarten konkretisiert werden. Folgende Regelungen sollten bei der Beantragung und Genehmigung eingehalten werden:

3.2

Forschungen, in denen personenbezogene Daten *anonym* verarbeitet werden, erfordern nur eine vorherige Information und Einwilligung von Elternvertretern, Lehrern, Heimleitern, Behörden, ggf. Schüler-, Jugend- bzw. Teilnehmervertretern o.ä., nicht aber zwingend die Information und Einwilligung *aller* Betroffenen, sofern es sich um die Untersuchung von Vorgängen handelt, die in der betreffenden pädagogischen Institution ohnehin ablaufen (z.B. der „normale Unterricht" in einer Klase, die jährlichen Aktivitäten in einem Jugendhaus usw.) bzw. um die Verwertung von Daten, die dort üblicherweise registriert werden (z.B. schriftliche Arbeiten, mündliche Prüfungsleistungen, Schulleistungstests u.ä.). Jedoch wird auch in diesen Fällen, soweit möglich, die Information *aller* Betroffenen empfohlen, sofern dadurch nicht Hawthorne-Effekte oder andere Verfälschungstendenzen zu befürchten sind.

3.3

Werden bei Untersuchungen mit personbezogener, anonymer Datenverarbeitung Forschungsinstrumente eingesetzt, die über die in der betreffenden pädagogischen Institution ohnehin üblichen Verfahren und Datenregistrierungen im Sinne von 3.3. hinausgehen - z.B. Intelligenztests, Persönlichkeitsfragebogen, für Forschungszwecke eingesetzte Tonband- oder Videoaufzeichnungen, standardisierte oder nichtstandardisierte Interviews u.ä. -, so ist die vorherige Einwilligung aller Betroffenen zum Einsatz dieser Verfahren einzuholen. Dabei soll über Ziel und Methode der Untersuchung soweit informiert werden, wie es das Untersuchungsziel erlaubt. Eine Verweigerung der Teilnahme ist nur für die Datenerhebungen mit Hilfe der besonderen Forschungsverfahren, nicht aber für die Teilnahme an den üblichen Vorgängen in der betreffenden pädagogischen Institution zulässig.

3.4

Es sollte jeweils sorgfältig geprüft werden, wieweit bei manchen Untersuchungen - beispielsweise von impliziten Theorien, Einstellungen, Vorurteilsbildungen usw. oder bei Untersuchungen über die Wirkung manipulierter Vorinformationen zum Beispiel auf die Aufsatzbeurteilung von Lehrern - zunächst ein Verschweigen des Untersuchungszieles oder gar eine vorläufige Falschinformation der Betroffenen unvermeidbar ist.

Für Untersuchungen dieses Typs gilt:
- Bei personbezogener Datenverarbeitung muß jeder Betroffene nachträglich über das eigentliche Untersuchungsziel informiert werden, und er muß die Möglichkeit erhalten, die Löschung der von ihm erhobenen Daten zu verlangen.
- Bei anonymer Datenverarbeitung ist es notwendig, die Betroffenen nachträglich über das eigentliche Untersuchungsziel zu informieren und ihnen die Notwendigkeit der Informationszurückhaltung zu klären, sofern nicht spätere Untersuchungen dieser Art dadurch gefährdet werden.

3.5

Untersuchungen, bei denen begrenzte psychische Belastungen der Betroffenen nicht ausgeschlossen werden können, sind nur zulässig, wenn die Erkenntnisse nicht auf andere Weise gewonnen werden können und wenn alle Vorkehrungen für eine geeignete Nachbetreuung getroffen werden, durch die mit Sicherheit über die Untersuchung hinausreichende Beeinträchtigungen ausgeschlossen werden können.

Sachregister

Abduktion 332
Ablaufsmuster, institutionelles 452
Absolutismus 228
Abstraktion, analytische 452
Abwehr 708
Adoleszenz, weibliche 365
Adoleszenzphase 499
AdressatIn 800
AdressatInnenforschung 800
Aggression in der Schule 441
Akteur 266
Aktions- und Praxisforschung 511
Aktionsbild 229
Aktionsforschung 599; 640; 770
Allgemeines 158; 188; 605
Alltag 58; 786
Alltagsgeschichte 222; 299
Alltagskultur 203
Alltagsleben 346
Alltagsmethode 496
Alltagspraxis 288
Alltagswende 309; 770
Alltagswissen 665; 674
Als-ob-Verhältnis 462
Altenbildung 753
Alter und Verbalisierungsfähigkeit des Kindes 401
Alters- und Statusunterschied in der Interviewsituation 408
Altersnorm 448
Ambiguität 194
Ambivalenz 311
Amplifikation 334
Analyse, komparative 499
Analyse, mikro und makrostrukturelle 490
Analyse, phänomenologische 216
Analyse, sequentielle 205
Analyse, tiefenhermeneutische 468
Analysierbarkeitsprinzip 197
Analytisch 765
Anamnese 616
Androzentrismus 132; 133; 143
Aneignung 301; 304
Annahme, theoretische 790
Anonymisierung 546; 572
Ansatz, interpretationskonstruktivistischer 112

Ansatz, ökopsychologischer 712
Ansätze, ethnographische 397; 412
Ansicht 606
Anthropologen 236
Anthropologie 222; 228; 235; 242
Anthropologie, historische 259
Anthropologie, physische und sittliche 222; 229
Anthropologie, visuelle 275
Arbeit 746; 750; 751
Arbeiten, wissenschaftliches 831
Arbeiterjugend 317
Arbeiterlebenserinnerung 300
Arbeitsbündnis, therapeutisches 181
Arbeitsklima 770
Arbeitsloser 749
Arbeitslosigkeit 119
Arbeitsprogramm 852
Arbeitsschritt 88; 512
Argumentationskonfiguration 555
Arrangement, nicht-artifizielles 825
ASKSAM-Programm 572
Aspekt, ethischer 521
Assoziation 334
Asynchronität, biographische 748
Aufbaustudiengang 673
Aufklärung 221; 231; 242; 309; 310; 526; 745
Aufklärung, zweite 237
Aufmerksamkeitsrichtung 204
Auftragsforschung 801; 860
Ausbildung 661; 665; 666; 667; 668; 670; 673; 674; 676
Ausblendung 606
Ausführungsweise 721
Auslese 713
Ausschnitt 606
Außenperspektive 603
Äußerung, autobiographische 249
Äußerung, manifeste 538
Auswahlverfahren, theoriegeleitetes 374
Auswertung 313; 319; 403; 404; 409; 410; 482; 483; 486; 488; 489; 499; 513; 525; 704; 709
Auswertung, computergestützte 572
Auswertungskategorie 547
Auswertungsleitfaden 555

Auswertungslogik 461
Auswertungsstrategie 525; 565
Auswertungsverfahren 427; 499
Autobiographie 58; 247; 259; 341; 342; 343; 344; 345; 346; 349; 350; 351; 352; 353; 693
Autobiographieforschung 60
Autobiographieforschung, pädagogische 349
Autobiographisch 328
Autonomie 747

Balint-Gruppe 180
Baustein, didaktischer 616
Bedeutung 248; 250; 251; 257; 261; 267
Bedeutungsgewebe 268
Bedeutungsschicht 198; 207
Bedingung, geschichtliche 250
Befehlshaushalt 318
Befragung 398; 409; 818
Befragung, als offenes, qualitatives Interview 826
Befragung, biographische 672
Befragung, exploratives Verfahren der 820
Befragung, standardisierte 127
Befragungsmethode, nicht-standardisierte 817
Befragungsmethode, standardisierte 817
Befragungstechnik 123
Befund, quantitativer 127; 128
Begleitforschung 817; 819; 820
Begleitforschung, wissenschaftliche 126
Begrenztheit 611
Begrenzung 609
Begründungszusammenhang 482
Begutachtung 847
Behavioristisch 159
Behinderung 611; 711
Beobachten 789
Beobachter 89; 90; 221
Beobachter, sich selbst beobachtender 221; 227
Beobachter, teilnehmender 221; 681
Beobachtermodell 90
Beobachterperspektive 89; 90
Beobachterprotokoll 232
Beobachtung 34; 520; 614
Beobachtung, Einfluß der 789
Beobachtung, experimentelle 614
Beobachtung, nicht-teilnehmende 520

Beobachtung, teilnehmende 242; 390; 498; 503; 586; 612; 681; 789
Beobachtung, verdeckte 520
Beobachtungsbericht 523
Beobachtungskalender 697
Beobachtungsleitfaden 522
Beobachtungsmethode, unsystematische und systematische 522
Beobachtungsprotokoll 614
Beobachtungstagebuch 696
Beobachtungsverfahren 398
Beratung 612; 812; 827
Beratungsforschung 461
Beratungsgespräch 603
Beratungskompetenz 814
Bericht 851
Beruf 747; 750
Berufsberatung 746
Beschränktheit 610
Beschreibung 73; 79; 80; 84; 86; 235
Beschreibung, dichte 200; 473; 679
Beschreibung, strukturelle 451; 452; 455
Besonderes 158
Betontheitsrelief 607
Betriebspädagoge 751
Betroffenheit 135; 136
Bewußtmachung 722
Beziehung, interaktive 468
Beziehung, pädagogische 253; 613
Beziehung, wissenschaftlich-explorative 471
Beziehungsdynamik 468; 470; 473
Bezugsperson 724
Bezugsperson des Kindes 715
Bias 13; 508; 570
Bildhermeneutik 249; 258
Bildung 247; 254; 256; 263; 264; 344; 345; 350; 353; 746; 747; 750; 752; 753
Bildung, visuelle 254
Bildungs- und Berufsverlauf 482
Bildungsbiographie 636
Bildungsforschung 746
Bildungsprozeß 725
Bildungsprozesse 704
Bildungsreform 31; 628
Bildungsroman 58; 693
Bildungsschicksal 345
Bildungstheoretisch 323
Bildungstheorie 255
Bildwerk, überliefertes 290

Biographie 60; 257; 323; 332; 745; 746; 747; 749; 750; 751; 752; 753
Biographieanalyse 668
Biographieforschung 323; 330; 343; 349; 350; 351; 352; 386; 445; 497; 498; 745; 746; 749; 751
Biographieforschung, erziehungswissenschaftliche 509
Biographieforschung, interkulturell vergleichende 51
Biographiekonstruktion 456; 457
Biographisierung 745
Biographizität 338
Blick, androzentrischer und sexistischer 508
Blick, fotografischer 270
Blickrichtung 605; 606; 611
Blickwinkel 618
Bottom-Up-Verfahren 167
Brauchbarkeit, gesellschaftliche 234
Brechung, pragmatische 452
Bürgertum 224

Case based learning 162
Case work 59
Case, multiple 100
Chaostheorie 238
Chicago School 84; 85; 507
Code 584; 587
Code-and-Retrieve 593
Codieren 548; 555
Codieren, konsensuelles 556
Codierleitfaden 548
Codierung 544
Computersimulation 163
Computersoftware 584; 586
Cultur 222
Cultur, physische und sittliche 229
Curriculumentwicklung 629

Darstellungstechnik 252
Data, missing 76
Daten, alltägliche 288
Daten, Auswertung qualitativer 584; 585; 586; 587
Datenabstract 313
Datenaufbereitung 572
Datenbank Asksam 579
Datenerhebung 323; 572
Datenmatrix 821
Datenorganisation 584
Datenquelle 693

Datenschutz 393; 526; 857
Daten-Triangulation 107
Dauer, Raum der inneren 356
Dauer, Zeitstruktur der inneren 355
DDR 144; 146; 148; 149; 150; 151; 152; 153; 154; 155; 156
Defizite 722
Demonstration, szenische 706
Denkbild 226
Denken, dezentrierendes 610
Denken, diagnostisches 720
Denken, philosophisches 219
Denkendes Sehen 242
Design, experimentelles 163
Deskription 290; 506
Deskriptivität 614
Deutsche Gesellschaft für Erziehungswissenschaft 847
Deutung 438; 615
Deutung, stellvertretende 465
Deutungsmotiv 615
Deutungsmusteranalyse 751
Devianzforschung 62
Dezentrierung 610
Diagnose 613; 616; 803
Diagnoseteam 716
Diagnostik, förderungsbezogene 721
Dialog 614
Dialog, strukturierter 439
Dialog-Konsens-Methode 436; 437; 438; 439; 442; 443; 444
Didaktik, mehrperspektivische 604
Differenz, generationsspezifische 362
Differenz, kulturelle 236
Dilemma-Interview 372
Diplomarbeit 672
Diskrepanz 778
Diskurs 231; 235; 288; 630; 632; 765; 820; 826
Diskurs, gleichgerechtigter 811
Diskursanalyse 195; 198
Diskursorganisation 496; 500
Diskursprozeß 496
Distanz 34; 35; 681; 688
Diversität 194; 197
Doing gender 137
Dokumentation 786
Dokumentation, fotografische 518
Dokumentation, prozeßbegleitende 616
Dokumentenanalyse 34; 517
Dramaturgie des Diskurses 496

Drittes Reich 317
Drittmittelkonto 851

Ebene 333; 335; 336; 605
Ebene, individuelle 608
Ebene, kollektive 608
Ebene, universelle 608
Effizient 724
Einfühlung, systematische 705
Einmaligkeit 608
Einrichtungsportrait 613
Einstellung 610
Einverständnis 526
Einzelfall 75; 98
Einzelfallanalyse 474; 563; 819
Einzelfallhilfe 59
Einzelfallrekonstruktion 461
Einzelfallstudie 104; 605
Einzelintegration 714
Einzelinterview 468
Einzelperson 606
Einzelschicksal 754
Einzigartigkeit 183
Elementarteilchen 605
Eltern 715; 771
Emanzipation 310
Empathie 159; 347
Empirie 38
Empirieparadigma 159
Empirismus 221; 222
Empirismus, konstruktiver 223
Empirismus, logischer 88
Engagement 681; 688
Entdeckungszusammenhang 482
Entdifferenzierung 296
Entgrenzung 611
Entwicklung 683; 714
Entwicklung, Erforschung der weiblichen 366
Entwicklung, Momentaufnahme der eigenen 354
Entwicklung, Theorie jugendlicher 365
Entwicklungsaufgabe 335
Entwicklungsförderung 724
Entwicklungspsychologie 345
Entwicklungsstand 711
Entwicklungstheorie, sozialökologische 714
Entwicklungsweg 713
Erfahrung 231; 237; 324; 630; 693; 694; 698; 699; 700; 701; 745; 750
Erfahrung, kollektive 492

Erfahrung, reflektierte 630
Erfahrungsmodi 336
Erfahrungsraum, konjunktiver 497
Erfahrungsverarbeitung 337
Erfahrungsverarbeitung, Schichten der 330
Erfaßbares 210
Erfassen 209; 210; 215
Erfindung 615
Erfindung, pädagogische 601
Erfindung, soziale 618
Erforschter 36
Ergebnisse, Reproduzierbarkeit von 494; 496
Erhebung 127; 483; 486; 499
Erhebungstechnik 119; 202
Erhebungsverfahren 499
Erhebungsverfahren, gesprächszyklisches 469
Erinnern 273
Erinnerung, Kindheits- 341
Erinnerungsarbeit, kollektive 700
Erinnerungsinterview 312; 313; 314; 318
Erkenntnisakt, organischer 233
Erkenntnisblockade 566
Erkenntnisinteresse 159; 603; 611
Erkenntnisobjekt 232
Erkenntnisquelle 247; 288
Erkenntnisreichweite 599
Erkenntnisse, systemtheoretische 727
Erkenntnissituation 610
Erkenntnissubjekt 232; 233
Erkenntnistheorie 610
Erkenntnistheorie, organische 223; 229
Erleben, Kontinuität des 362
Erlebnisschichtung 497
Erwachsenenbildung 662; 664; 668; 671; 745; 746; 747; 749; 750; 751; 752; 753; 756; 758; 760
Erwachsener 745; 747; 748
Erzählanreiz 402
Erzählaufforderung 449; 450
Erzählcafé 753
Erzählkoda 450
Erzählung 460
Erzieher 36; 347; 348
Erziehung, religiöse 345
Erziehungseinfluß 344
Erziehungsforschung 47; 460
Erziehungsinstitution 347
Erziehungsinstitution, Familie als 347
Erziehungsmentalität 261
Erziehungsmilieu 179

Erziehungspraxis 318; 319
Erziehungsratgeber 345
Erziehungswissenschaft, empirische 56
Erziehungswissenschaft, Geschichte der 347
Erziehungswissenschaft, kritisch-konstruktive 14
Erziehungswissenschaft, reflexive 15; 287
Ethik 652; 857
Ethnographie 79; 97; 193; 200; 207; 208; 505
Ethnographie, pädagogische 616
Ethnologe 98
Ethnologie 228
Ethnologisch 679
Ethnomethodologie 14; 496
Ethnozentrismus 508
Evaluation 82; 87; 613; 616
Evaluation, formative 811; 818
Evaluation, summative 811
Evaluationsforschung 481; 806
Evaluationsverfahren, formatives 811
Evidenzbild 229
Exhaustationsprinzip 541
Experiment 57; 619
Experimentbericht, reformpädagogischer 616
Experte 483; 484; 485; 486; 717
Expertengespräch 516
Expertenhearing 817
Experteninterview, narratives 446
Expertenrolle 718
Expertenwissen 481; 483; 484; 485; 490; 491
ExpertInnenbegriff 483
ExpertInnen-Interview 374
Expertokratisierung 483; 490
Exploration 99
Exzerpierung 313

Fachhochschule 668
Fall 607; 684
Fallanalyse 544; 662; 663; 664; 676; 680; 747
Fallarbeit 58; 613; 616; 662; 664; 668; 675
Fallarbeit, multiperspektivische 604
Fallbegriff 680
Fallbeobachtung 680
Fallbericht 184
Falldarstellung 680

Falldiskussion 686
Fallinterpretation, vertiefende 563
Fallrekonstruktion 461
Fallstudie 59; 183; 643; 714
Fallstudie, erziehungswissenschaftliche 510
Fallstudie, theoriegeleitete 172
Fallstudien 177; 510; 572
Fallübersicht 544
Fallverständnis 663
Fallverstehen 673; 675
Fallwissen 665
Familie, bürgerliche 347; 352
Familienerziehung 258; 347
Familienforschung, historische 296; 298
Familiensituation 619
Feedback 705; 773
Fehler 617
Fehlinterpretation 566
Fehlschluß 213; 214; 219
Fehlschluß, interpretationsidealistisch(verabsolutierend)er 213
Feldanalyse 668
Felder, thematische 336
Felderschließung 669
Feldforschung 104; 105; 124; 503
Feldforschung, ethnographische 60; 386; 504
Feldforschung, sozialökologische 669
Feldkompetenz 814
Feldnotiz 34; 548
Feldtagebuch 518; 781
Feldtheorie 772
Felduntersuchung 669
Feldzugang 487; 513; 514
Feststellung des besonderen Förderbedarfs 713; 715
Feudalismus 228
Fiktionalitätsprinzip 197
Focus group 492
Focussierungsmetapher 495; 496
Folgewirkung 51
Förderausschuß 616; 715
Förderausschußmitglied 717
Förderbedarf 616; 711
Förderung 712
Förderung, integrative 713
Förderungsmöglichkeit 848
Forschen und Heilen 180
Forscher 30; 34; 35; 36; 38; 39
Forscherin, Involvierung der 650
Forschung 332

Forschung und Entwicklung 653
Forschung, empirisch-psychoanalytische 163
Forschung, hermeneutisch orientierte 251
Forschung, Parteilichkeit der 803
Forschung, psychoanalytische 400
Forschung, Subjekt der 724
Forschung, theoriegeleitete 165
Forschungsbeauftragter 853
Forschungsbericht 565
Forschungserfahrung 678
Forschungsfeld, Öffnung des 475
Forschungsförderung 847
Forschungsfreiheit 861
Forschungsgegenstand 28; 30
Forschungsgeschichte 518
Forschungsgruppe 410; 451
Forschungslogik, qualitative 48
Forschungslogik, quantitative 48
Forschungsmethodologie 124
Forschungspraxis 126
Forschungsprozeß 511
Forschungssituation 546
Forschungsstrategie, naturalistische 711
Forschungstagebuch 472; 518; 547
Forschungsteam 548
Forschungstraditionen 16
Forschungsvorhaben, traditionell experimentelles 811
Forschungswerkstätte 450
Fortbildung 612; 766
Fotobefragung 280
Fotografie 265; 504; 518
Fotografin 269
Fotointerview 280; 403
Frage, ikonologische 255
Frage, konfrontative 471
Fragebogen 569
Fragebogenuntersuchung, standardisierte 821
Fragenkatalog 616
Fragestellung 608
Frankfurter Institut für Sozialforschung 493
Französische Revolution 221; 222
Frauen 132; 133; 134; 135; 136; 137; 139; 142; 143; 760
Frauen im pädagogischen Diskurs 300
Frauenförderung 135
Frauenforschung 300; 362; 772
Frauenforschung, Methode in der 131
Frauengeschichte 294; 296

Frauengesprächskreis 753
Freiheitsgrad für den Befragten 820
Freiheitsgrad für den Interviewer 820
Fremddeutung 436
Fremdverstehen, ethnographisches 616
Friedensbewegung 317
Frühidealismus 236
Fundamentalphilosophieren 218
Fundamentum inconcussum 218
Funkkolleg 748

Galaxis 605
Ganzheit 194
Ganzheitlich 27
Gate keeper 101; 103; 515
Gedächtnisprotokoll 697
Gedankenbild 221; 223; 226; 227; 230
Gegenstand, musealer 302
Gegenstandsbereich 604
Gegenstandswahrnehmung 226
Gegenübertragung 181; 468; 478
Gegenübertragungsaspekte 619
Gegenübertragungsreaktion 363
Geist (Seele) 239
Geisteswissenschaft 31
Geltungsbegründung 459; 536
Gemeinsamkeit, Kontrast in der 500
Gemeinschaft 648
Generalisierbarkeit 72; 83; 294
Generalisierung 75; 83; 84; 98; 489; 602
Generation 252; 253; 311; 312; 317; 318; 319; 320; 321
Generationenfolge 261
Generationenporträt 318
Generationenvergleich 356
Generationenverhältnis 253; 318; 321; 606
Generationszusammenhang 497
Genetisch 536
Gesamtformung, biographische 498
Gesamtgestalt 451; 452
Geschichte 58; 309; 312; 313; 317; 320; 321; 322; 614; 633; 696; 700; 752; 753
Geschichtetheit 194
Geschichtswerkstatt 753
Geschlecht 148; 150; 152; 154; 155; 764; 765
Geschlecht des Interviewers bzw. Interviewerin 408
Geschlechterforschung 136; 139; 140
Geschlechtsrolle 304

Sachregister

Gesellschaftlich 302
Gesellschaftsgeschichte 242
Gesellschaftsstruktur 310
Gesetz 608
Gesetzmäßigkeit 608
Gespräch 460; 612
Gespräch, ero-episches 373
Gespräch, Sokratisches 461
Gespräche, selbstreflexive 471
Gesprächsfolge 470
Gesprächsführung 820
Gesprächsführung, partnerzentrierte 825
Gesprächsinteraktion, wiederholte 137; 468
Gesprächssituation, natürliche 825
Gesprächsverhalten 821
Gesprächsverhalten, personenzentriertes 825
Gesprächsverlaufsprotokoll 473
Gestalt 336
Gestalttherapie 619
Gesundheit 620
Glaubensleben 346
Going native 514
Goldene Regel 604
Gottesperspektive 610
Graffiti 251; 258
Grammatisch 248; 257
Großeltern 319; 322
Größendimension 605
Großerzählung, autobiographische 499
Großgruppe 494
Großstadtforschung 507
Grounded theory 30; 80; 86; 99; 451; 454; 553; 587; 592; 690
Grundlagenforschung 35; 38
Grundsatz, hermeneutischer 250
Grundzug, motivationaler 605; 607
Gruppen 704; 705
Gruppenarbeit 612; 706
Gruppendiskussion 124; 126; 127; 128; 374; 516; 635
Gruppendiskussionsverfahren 492
Gruppendynamik 760
Gruppenforschung 57
Gruppengespräch 704
Gruppeninterpretation 474
Gruppeninterview 492; 778
Gruppenmeinung 493
Gruppenportrait 613
Gruppenprozeß 603
Gruppensupervision 474

Gültig 724
Gültigkeit 496
Gütekriterium 133; 652; 719
Gütekriterium in der qualitativen Forschung 559

Habitus 251; 750
Habitus, forschender 612
Haltung 704; 705; 706; 708
Haltung der Interviewerin oder des Interviewers 406
Handeln 209; 210; 211; 213; 217; 218; 720
Handeln, kommunikatives 497
Handeln, milieuspezifisches 496
Handlung 249
Handlungsentwurf 599
Handlungsforschung 35; 36; 511; 602; 628; 718; 723; 811; 818; 819; 820
Handlungsinventarliste 672
Handlungsperspektive 612
Handlungsroutine 723
Handlungsschemata, biographisches 452
Handlungstheoretisch 640
Handlungsvalidierung 111
Häufigkeitsangabe 560
Haupterzählung 449; 450
Hermeneutik 32; 36; 38; 41; 247; 248; 264; 286; 297; 459
Hermeneutik, dialogische 436
Hermeneutik, ikonographische 254; 255
Hermeneutik, kunstgeschichtliche 253; 263
Hermeneutik, monologische 436
Hermeneutik, objektive 50; 60; 280; 312; 315; 332; 410; 535; 764
Hermeneutik, phänomenologische 255
Hermeneutik, strukturale 535
Hermeneutisch 279
Hessisches Institut für Lehrerfortbildung 402; 412
Heterogenität 194; 201
Hierarchie 319
Hinsicht 606
Historie 309
Historisch 46
Historismus 31; 222
Historizität 250; 260
Hobby 750
Hochschuldidaktisch 678
Hochschulsozialisationsforschung 47
Hochschulunterricht 347

Horizont 605
Horizonterweiterung 612
Horizont-Struktur 609
Hospitation 612
Hypothese 28; 124; 257; 258; 259; 261; 262; 511; 606
Hypothese generieren 545
Hypothese überprüfen 545

Ich, Entdeckung des 360
Ich, Narzißtische Liebe zum eigenen 355
Ideal 346
Idealtyp 112
Idealtypus 112
Identifikationsmethode 619
Identität 345
Identitätsbildungskonzept 360
Identitätsbildungsprozeß 345
Identitätsfindung 311
Ideologiekritik 38
Ikonographie, pädagogische 256
Imagination, aktive 334
Immanent 499
Imperativ, kategorischer 232; 240
Imperialismus, erkenntnismäßiger 219
Imprägniertheit 210
Indexierung 313
Individualbiographie 301
Individualisierung 51; 602
Individualstruktur 310
Individuation 366
Individuation in Verbundenheit 366
Informant 34; 97; 101; 102; 103; 388; 515
Inhaltsanalyse 409; 410; 586; 594; 595; 704
Inhaltsanalyse, qualitative 60; 381; 410
Initiation 513
Innenperspektive 603
Innovation 615
Institution 746; 751; 754
Institutionen der Kinder- und Jugendhilfe 797
Institutionenanalyse, qualitative 806
Institutionsanalyse 669
Instruktionen, Verständlichkeit der 407
Integration 771
Integrationsklasse 711
Interaktion 251; 252; 253; 261; 263; 758
Interaktion, themenzentrierte 637; 761
Interaktionismus, symbolischer 32; 85; 137; 447; 496; 537; 758; 759

Interaktionsanalyse 668
Interaktionsanalyse, sozio-emotionale 817
Interaktionsbedeutung 465
Interaktionsfeldstudie 446
Interaktionstheorie 258
Intercodierer-Reliabilität 559
Interdependenzen von Individierung und Enkulturation 359
Interdisziplinarität 28; 29
Interesse, hermeneutisches 253
Intern 215
Interpretandum 213
Interpretat 211; 213; 218
Interpretation 30; 34; 36; 41; 107; 330; 331; 332
Interpretation, dokumentarische 495
Interpretation, formulierende 499; 500
Interpretation, reflektierende 499; 500
Interpretation, zusammenfassende 552
Interpretationismus 209; 210; 211; 214; 215; 216; 217; 220
Interpretationismus, interner 209; 210; 211; 214; 215; 216; 220
Interpretationsgruppe 450
Interpretationshandlung 213
Interpretationsimprägniertheit 209; 210; 211; 213; 219
Interpretationsimprägniertheit, Grundsatz der 210
Interpretationskonstrukt 213; 215; 217; 437
Interpretationskonstrukt, sekundäres 217
Interpretationsontologisierend 213
Interpretationsperspektive 612
Interpretationsprozeß 213
Interpretationsrahmen 288
Interpretationsresultat 213
Interpretationstheorie 603
Interpretationszirkel 218
Interpretativität 209; 212; 213
Interpretieren 495
Interpretierend 211
Intersubjektivität, reziproke 236
Intervention 30; 36; 615; 616
Intervention, mäeutische 460
Interventionsinstrument 779
Interview 35; 97; 103; 106; 516; 569; 635; 704; 708; 709
Interview- und Legetechnik 441
Interview, Auswertung des 409; 410

Interview, biographisches 35; 343; 346; 498
Interview, Durchführung des 823
Interview, episodisches 373
Interview, erzählgenerierendes 372
Interview, ethnographisches 403
Interview, fokussiertes 35; 372; 403; 820
Interview, narratives 35; 60; 373; 403; 417; 460; 586
Interview, narratives biographisches 328
Interview, offenes 35; 486; 820
Interview, Ort des 404
Interview, problemzentriertes 372
Interview, qualitatives 396; 820; 825; 826
Interview, qualitatives/offenes 812
Interview, semistrukturiertes 402
Interview, standardisiertes 123
Interview, teilstandardisiertes 402; 820
Interviewdauer 405
Interviewer 825
Interviewerin, Grundhaltung der 573
Interviewform 402; 403
Interviewführung 487; 488
Interviewleitfaden 375; 550
Interviewpartner 97; 103
Interviewprotokoll 315
Interviewsituation 404; 407; 408; 410
Interviewtechnik 371
Interviewtranskript 545
Interviewtyp 820
Introspektion, autobiographische 347
Inventar 616
Investigator-Triangulation 107
Irritation 471; 472; 474; 475; 476; 477

Jahrhundert, 19. 299; 300; 305; 307
Jugend, Geschichte der 346
Jugend, Selbstverständnis der 346; 350
Jugend, weibliche 298
Jugendarbeit 492
Jugendforschung 316; 321; 492
Jugendforschung, empirisch-soziologische 358
Jugendforschung, historische 298
Jugendhilfeplanung 802
Jugendlicher 745
Jugendlicher, Erfahrungswelt des 345
Jugendlicher, Selbstbild des 346
Jugendpsychologie, verstehende 360
Jugendstudie 125
Jugendsubkultur 611

Jugendtheorie, lebensphilosophisch inspirierte 360
Junge 611

Karikatur 259
Karriere, institutionelle 482
Kartierung, kognitive 416
Kasuistik 59; 602
Kategorie 512; 584; 585; 587; 588; 591; 593; 699; 723
Kategorienbildung 489
Kategorienbildung am Material 549
Kategorisierungsprozeß 572
Kieler Supervisionsmodell 812; 814; 815
Kind 679; 715; 725
Kind als Informant 396; 398; 410
Kind, Annäherung an die Welt des 406
Kind, Innensicht des 345
Kinder 745
Kinder- und Jugendhilfeforschung 795
Kinder- und Jugendhilfegesetz 796
Kinder, Antwortverhalten der 408
Kinderanalyse 180
Kinderarbeit 298; 299; 300; 308
Kindergruppe 619
Kinderladenbewegung 179
Kinderpsychotherapie 180
Kindersurvey 399
Kinderwelt, Zugang zur 404
Kindheit 47; 254; 258; 259; 263; 298; 299; 300; 301; 302; 305; 306; 307; 308; 342; 346; 349; 350; 351; 352; 353
Kindheit heute 611
Kindheit im Siegerland 281; 669; 672; 676
Kindheit, Entdeckung der 341
Kindheit, Geschichte der 298; 305; 306; 308; 346; 350
Kindheit, Wandel der 302; 305
Kindheits- und Bildungsgeschichte 348
Kindheits- und Sozialisationsforschung 343
Kindheitserinnerung 342; 343; 345; 347; 352
Kindheitsforschung 266; 396; 397; 398; 399; 400; 411; 412; 413
Kindheitsgeschichte 316; 320
Kindheitsraum, sozialer 301
Kind-Umfeld-Analyse 711
Kind-Umfeld-Diagnose 616; 711
Klasse 299

Klassifikation 235; 254; 699
Klassizismus 228
Kleinforschung 747
Kleinkind, Pädagogik des 345
Klient 656
Kode 553
Kodieren 488
Kodieren, offenes 553
Kodieren, theoretisches 552
Kodierung 569
Koedukation 776
Kollektiv 273
Kollektivbiographie 301
Kollektivschicksal 311
Kombination 118; 122; 124; 125; 126; 128; 129
Kommunikation 759; 760
Kommunikationstheorie 32
Kommunikativ 496
Kompetenz, hermeneutische 262
Kompetenz, professionelle 59
Komplexität 192; 193; 194; 196; 198; 199; 200; 201; 202; 203; 204; 205; 206; 207; 208; 723
Komplexitätserhöhung 138
Komplexitätsproduktion 196
Komplexitätsreduktion 194; 195; 196; 199; 201; 202; 204; 206; 207
Komponente, grammatische 248
Konfliktfall 683
Konfrontationserfahrung 473
Konstitutionsinterpretationismus 211
Konstruktbildung 107
Konstrukt-Interview 373
Konstruktion 107; 221; 231; 681
Konstruktionstheorie 603
Konstruktivismus 38; 89; 193; 195; 196; 197; 198; 207; 208
Konstruktivismus, empirisch sozialer 195
Konstruktivismus, kognitiver 195
Konstruktivismus, radikaler 195
Konsultation 180
Kontaktanzeige 315
Kontext, äußerer 539
Kontext, innerer 539
Kontext, personaler 821
Kontext, sozialökologischer 606
Kontrastgruppe 517
Kontrastierung 452; 453; 455
Kontrolle, intersubjektive 525
Kontrollmechanismus 522
Konversation 765

Konversationsanalyse 759; 764
Konzeption, methodische 299
Konzeptualisierung, soziologische 489
Kooperationsbereitschaft 405
Körper 188; 250; 253; 259
Körper (Sinne) 239
Körpergedächtnis 709
Körperhaltung 619; 705; 706; 707
Korrekturhören 546
Korrespondenz 216
Kosmos 605
Kräfte, Antagonismus der 229
Kriegszeit, Erinnerung an die 346
Kritische Theorie 13
Kritisch-konstruktiv 14
Kritzelbild 258
Kultur 239; 247; 249; 251; 253; 254; 261; 263; 504; 509
Kultur- und Zivilisationsgeschichte, spätaufklärerische 242
Kultur, Denkbilder der 230
Kultur, Skala der 237
Kulturanthropologie 137; 506
Kulturbegriff 679
Kulturdifferenz 238
Kulturen, fremde 509
Kulturgeschichte 223; 242
Kulturpubertät 357
Kulturrelativismus 237
Kulturtheorie 236; 238
Kulturzone 225
Kultusministerkonferenz 667
Kunstlehre 463
Kurzbiographie 313; 569

Laie 483; 484
Landkarte, narrative 414
Landkarten versus Beobachter-Modell 88
Landkartenmodell 88
Landschaft 606; 609
Längsschnittuntersuchung 38
Langzeitbeobachtung 683
Leben, Philosophie des 223; 238
Lebensabschnitt 603
Lebensereignisse, kritische 335
Lebenserfahrung 325; 326; 327; 328; 334; 335
Lebensgeschichte 122; 311; 313; 320; 445; 447; 448; 449; 450; 451; 452; 453; 454; 456; 458; 747; 752; 753; 754
Lebenskonstruktion 335

Lebenskurven 569
Lebenslinienübung 821
Lebensphilosophie 221; 234; 239
Lebensraum, biografisch erinnerter 414
Lebenssituation 157
Lebensumfeld 711
Lebenswelt 34; 58; 59; 504
Lebenswelt-Analyse 511; 668
Lebensweltforschung 428
Lebensweltlichkeit 242
Lebenszusammenhang 603
Lehre 253; 261
Lehrerausbildung 685; 792
Lehrerbildung 678
Lehrerforschung 599
Lehrerperspektive 617
Lehrkraft 715; 771
Lehr-Lern-Kultur 261
Lehr-Lern-Situation 260; 261
Lehrperson, Rolle der 713
Leib 253
Leistungsdokumentation 617
Leitbild 346
Leitdifferenz, erkenntnistheoretische 498
Leitfaden 88; 375; 483; 487
Leitfaden für die Kind-Umfeld-Diagnose 716
Leitfaden-Interview 35; 372; 402; 544; 586
Leitidee 720
Leitidee, subjektive 723
Lern- und Lebensprozesse 234
Lernbegriff 713
Lernbehinderung 712
Lernen, forschendes 618; 671; 673
Lernfähigkeit 237
Lernforschungsprojekt 668; 669; 670
Lernkultur 771
Lernmaterial 618
Lernprozeß 234; 345
Lernsituation 345
Lernstörung 178
Lernweg 618
Lernwerkstatt 618
Lesart 540
Lesen 831; 832; 833; 837; 838; 839; 846
Literatur-Recherche 831; 834; 835; 837
Logbuch 698
Lokal- und Universalkultur 237
Lokalkultur 237

Machbarkeit 72; 78
Macht 216; 220; 760
Machtstruktur 717
Mädchen 135; 140; 142; 611
Mädchenkindheit 345; 352
Mädchenkindheit, bürgerliche 300
Mädchentagebuch 365; 367
Mädchentreff Bielefeld 737
Mäeutisch 461
Männlich 298
Marktforschung 492
Material, alltagskulturelles 517
Material, autobiographisches 290; 302
Material, ikonographisches 299; 302
Materialsammlung 693
Materialübersicht, quantifizierende 560
Medienpädagogik 271
Mehrperspektivität 686
Meinung, latente 493
Memo 569; 578; 585; 592
Memos 697
Mensch 222
Mensch, Geschichtlichkeit des 238
Mensch, natürlicher 236
Mensch, sittlicher 236
Menschenbild 438
Menschheit, Geschichte der 242
Menschheitsgeschichte 222; 229
Mental mapping 416
Mentalität 273; 287; 311
Mentalitätsprofil 317
Messung 27
Meßvorgang 107
Metainterpretierend 211; 220
Metakommunikation 763
Metapsychologie 159
Metasymbolisch 211
Methode 328; 461
Methode, analogische 64
Methode, ethnographische 633
Methode, Gültigkeit einer 494
Methode, qualitative 124
Methode, qualitative und quantitative 118
Methode, quantitative 159; 436
Methode, Sokratische 437
Methodenausbildung 667; 668
Methodendebatte 124; 129
Methodenkombination 123; 125; 129; 505
Methodenkomplexität 192; 193; 195; 202
Methodenplan 119

Methodologie 649
Methodologie, reflexive 15
Methodologisch 209; 211; 215; 216; 535
Migration 606
Migrationsbiographie 749
Mikro- und Makroperspektive 605
Mikrokultur 791
Mikroperspektive 317; 320
Mikrosystem 718
Milieuanalyse 498
Milieubegriff 497
Milieuforschung 492
Modalisierung 336
Modell, didaktisches 254
Modellversuch 777
Moderationsmethode 618
Modernisierung 318
Modernisierung, Prozeß der 338
Modernisierung, reflexive 51
Möglichkeitsraum 724
Monographie 504
Monolog, innerer 614
Motivation 405; 406
Multiperspektivität 235; 619
Multitrait-multimethod-matrix 107

Nachfrage 450
Nachkriegszeit, Erinnerung an die 346
Nähe 34
Nationalsozialismus 299; 305; 307; 754
Natur 222
Natur- und Geschichtstheorie 228
Natur- und Kulturwissenschaft 221; 222
Natur- und Menschheitsgeschichte 239; 240
Natur, Plan der 240
Naturabsicht 240
Naturgeschichte 239
Naturzustand 238
Netzinterview 373
Neuhumanismus 234
Neukantianismus 222
Neuorientierung 609; 613; 615
Nicht-Beeinflussung 821
Nichtdenkbares 219
Nochnichtdenkbares 219
Normalbiographie 745

Objekt 221
Objektive Hermeneutik, Verfahren der 363
Objektivität 242; 603

Objektivitätsprinzip 197
Objektssphäre 222
Offenheit 29; 547
Offenheit, Prinzip der 109
Offenheit, technische 547
Offenheit, theoretische 547
Off-Line-Forschung 160
Ökonomie 606
On-Line-Forschung 160
Operationalisieren 77
Operationalisierung 75
Oral History 312; 313; 314; 315; 316; 318; 320; 321
Oral-history-Forschung 43
Ordnung, symbolische 153
Organisation 746
Organisation, lernende 770
Organisationsanalyse 669
Organisationsentwicklung 612; 618; 769
Organismus 234; 238
Orientierung 720
Orientierungsgrundlage 720
Orientierungsmuster, kollektives 494; 495
Orientierungsrahmen 499; 500

Paar-Gruppe, pädagogische 254; 258
Pädagogenautobiographie 347; 348
Pädagogik, geisteswissenschaftliche 31; 196; 197
Pädagogik, Geschichte der 56
Pädagogik, geschlechterbewußte 769
Pädagogik, integrative 601; 724
Pädagogik, marxistische 144; 145; 151
Pädagogik, psychoanalytische 60; 157; 177
Pädagogik, Wissenschaftscharakter der 57
Paradigma, interpretatives 494; 496; 662
Paraphrase 488
Paraphrasieren 698
Paraphrasiert 554
Parteilichkeit 132; 135; 136; 140; 145; 146
Passung 606; 697; 751
Pédagogie institutionnelle 179
Peer-groups 492
Person 309; 311; 313
Persönlichkeitsideal, neuhumanistisch-klasssisches 228
Persönlichkeitsstruktur 609
Perspektive des Kindes 398; 413

Sachregister

Perspektive, lebenslauftheoretische 397
Perspektive, sozialisationstheoretische und entwicklungspsychologische 397
Perspektive, sozialstrukturelle 397
Perspektivenerweiterung 609
Perspektiven-Triangulation 108
Perspektiventriangulation, systematische 604
Perspektivenübernahme 604
Perspektivenüberwindung 610
Perspektivität 604
Perspektivitätstheorie 603
Perspektivwechsel 135; 226; 769
Petitio tollendi 217
Phänomen, soziales 216; 217
Phänomenologie 32; 604
Phase, explorative 513
Philanthrophismus 234
Philosophie, nichtarchimedische 218
Pilotgruppe 776
Pluralisierung 318
Pluralität 602; 747
Policy Forschung 482
Position, exzentrische 355
Postmoderne 242
Postskriptum 381
Praktikabilität 652
Praktikerin 640
Praktikerwissen, Veröffentlichung von 648
Praktikum, ethnographisches 671
Präsentation 304
Präsentation, szenische 707
Praxis 720
Praxisforschung 36; 41; 599; 792
Praxisreflexion 603
Praxiswerkstatt 671
Primärinterpretation 212
Prinzip, ethisches 526
Probandenorientierung 820
Probeinterview 550
Problem, forschungsethisches 525
Produktionstechnik 256
Produktivität, bürgerliche 225
Professionalisierung 483; 490; 664; 666; 750; 751
Professionalität 642
Professionell 648
Professionell, beruflich und ehrenamtlich Tätige in der Kinder- und Jugendhilfe 798
Projektgruppe Jugendbüro 268

Projektmanagement 774
Projektportrait 613
Promotion 850
Protokoll 185
Protokollierung 821
Prozeß, gesamtbiographischer 335
Prozeß, innerbiographischer 333
Prozeß, interbiographischer 336
Prozeß, transbiographischer 336
Prozeßanalyse 496
Prozesse, kulturelle 235
Prozeßhaftigkeit 446
Prozeßstruktur 336; 496
Prozeßstrukturen des Lebenslaufes, Herausarbeitung von 410
Psychiatrisierung 447
Psychoanalyse 177
Psychoanalytisch-kulturtheoretisch 362
Psychohygiene 812
Psychologie, humanistische 812
Publikation 860
Punkt, archimedischer 218

Qualitätssicherung 569; 575; 579
Quantifizierung 27; 120
Quantitativ 27; 28; 33; 39
Quantitative Daten 516
Quantitativ-empirisch 28
Quasiquantifizierung 76; 83
Quelle 693; 694; 699
Quellenanalyse, historisch-hermeneutische 286
Quellenmaterial 298; 299; 300; 301; 302; 304; 305
Quellentext, wissenschaftlicher 433

Radikalinterpretationismus 219
Rahmen 499
Ratgeberliteratur 300; 315
Ratingskala 821; 822
Raum, primärer 415
Raumzeichnung 524
Raum-Zeit 417
Raum-Zeitkartierung 403
Realentsprechung 218
Realgruppe 494
Realismus 211; 215; 220; 535
Realismus, pragmatischer 215
Realität, sekundäre institutionalisierte 217
Reflective Practitioner 641
Reflexionsbild 223; 229

Reflexivität 196; 200; 695
Regel 536
Regelklasse 771
Regelmäßigkeit, entwicklungspsychologische 362
Reiz, exotischer 273
Rekonstruktion 36; 112; 290; 294; 296; 297; 459; 683; 705; 707
Rekonstruktion, historische 291; 293
Rekonstruktion, szenische 706; 707
Rekonstruktions-Adäquanz 436
Relativismus 216
Relevanz, theoretische 71; 72; 84
Reliabilität 77; 559
Relief 607
Repertory-Grid-Technik 383; 817
Repräsentation 100
Repräsentation, inhaltliche 100; 104
Repräsentation, Krise der 508
Repräsentativität 84; 100; 102
Repräsentativität, statistische 100; 104
Republikaner 228
Republikanismus 228
Republikanismus, städtischer 224
Ressource 715
Rolle 705; 706; 707; 708; 760
Rolle, soziale 520
Rollengespräch 708
Romantik 745
Routine 723

Sachbeihilfe 848
Sampling, theoretical 454
Sampling, theoretisches 80
Säuglings-Darstellungen 254
Schemainterpretation 209
Schicht 328
Schicksal 750
Schlüsselperson 515
Schneeball-System 374
Schneeballsystem 102
Schreiben 519; 831; 832; 833; 840; 841; 842; 846
Schreiben, autobiographisches 354; 356
Schreiben, weibliche Kultur des 362
Schreibhandlung 364
Schritte qualitativer Forschung 90
Schulaufsicht 715
Schulaufsichtsbehörde 715
Schule, Autonomisierung der 637
Schule, Erinnerung an die 347
Schulentwicklungsforschung 769

Schüler, Schülerin 657; 771
Schüleraufsatz 341; 345; 346; 349
Schülerbiographie 635
Schulerinnerung 344; 347
Schülerportrait 613; 616
Schulforschung 399
Schulforschung, ethnographische 507
Schulgeschichte 693; 696; 701
Schulgesetz 722
Schulleben 770
Schulleitung 771
Schulpädagogik 664; 668
Schulprofil 771
Schulprogramm 771
Schulreifetest 713
Schulsystem 713; 769
Schulsystems, Hierarchie des 717
Schultyp 721
Schulversuch 179
Segmentierung 103
Sehe-Punckt 607
Selbst- und Fremderfahrung 709
Selbstbefragung 616
Selbstbeobachtung 342; 347; 525; 693
Selbstbestimmung 311; 745
Selbstbild 704; 705
Selbstdeutung 436
Selbstentwicklung 696; 701
Selbsterfahrung 612; 619
Selbstevaluation 616; 731
Selbstgegenwart, lebendige 364
Selbstinterpretation 437
Selbstläufigkeit 499
Selbstorganisation 230; 236
Selbstorganisationsmodell 238
Selbstportrait 259; 613
Selbstreferentialität 194
Selbstreflexion 181; 518; 696; 739; 745
Selbstreflexivität 196
Selbststeuerung 437
Selbsttäuschung 437
Selbstversuch 618
Selbstverwirklichung 311
Selbstwahrnehmung, Schulung der 478
Selektionsinstrument 723
Selektionskriterium 204
Separatismus 138
Sequenzialität 451
Sichtbarkeit 524
Sichtweise, subjektive 790
Signal, non-verbales 391
Sinn, sozialer 266

Sinnauslegung, extensive 540
Sinne, Rehabilitierung der 237
Sinnebene, latente 477
Sinnebene, manifeste 476; 477
Sinnerzeugung, Prozeß individueller 364
Sinngehalt, dokumentarischer 496; 499
Sinngehalt, immanenter 495
Sinnkonstruktion 445
Sinnstruktur, latente 335; 470; 537; 538
Situation 27; 36; 705; 706; 707; 709
Situation, curriculare 335
Situation, vorgestellte 704; 709
Situationsanalyse 599
Sonderpädagogik 662; 664; 668; 712
Sonderschule 711
Sonderschullehrkraft 718
Sozialarbeitswissenschaft 802
Soziales 216; 217
Sozialforschung, empirische 118; 119
Sozialforschung, interpretative 74; 445
Sozialforschung, qualitative 482
Sozialforschung, Verfahren der qualitativen 812
Sozialforschung, visuelle 416
Sozialfotografie 276
Sozialgeschichte 298; 301; 306; 307; 308; 346
Sozialgeschichtlich 299; 300; 308
Sozialisation 482
Sozialisation, politische 468
Sozialisationforschung 310
Sozialisationsbereich 304
Sozialisationsforschung 47; 139; 140; 300; 301; 302; 304; 305; 306; 397; 399; 400; 411; 412
Sozialisationsforschung, historische 43; 300; 302; 346
Sozialkonstruktivismus 197; 198; 199
Sozialpädagogik 662; 668; 670; 671; 674; 675; 676; 677
Sozialraumanalyse 668; 670; 676
Sozialraum-Erkundung 672
Soziologie 746; 749
Soziologie, phänomenologische 496
Soziologie, verstehende 32
Soziologie, visuelle 275
Spätaufklärung 234; 236
Spätaufklärung, anthropologische 236
Spezialist 484
Spezifität 821
Spiegel 615
Spiel, szenisches 614; 704; 705; 710

Spielleiter 705; 708
Spielszene 704
Spontaneindruck 227
Sprachbarriere 762
Sprechhaltung 706; 707
Spurensicherung 614
Stadtgeschichte 316; 320
Stand, sozialer 299
Standardisieren 77
Standardisierung 71; 75; 76; 78; 79; 80
Standbild 704; 705; 710
Standort 605
Standort und Gerichtetheit 606
Statistik 57
Statuspassage 447; 746
Stegreiferzählung 416
Stegreifzeichnung 416
Stelle, blinde 312
Sterbehilfe 746
Stichprobe 486
Stichproben-Ziehung 374
Stipendien 848
Strategie 718; 721
Struktur- und Dilemmainterview 402
Struktur, thematische 500
Strukturalismus 36; 536
Strukturhypothese 541
Struktur-Lege-Technik 373; 438
Struktur-Lege-Verfahren 439; 442; 443; 444
Studie, religionspädagogische 345
Studienführer 'Außerschulisches Erziehungs- und Sozialwesen' 668; 676
Studium und Biographie 669; 672; 676
Stundenportrait 613
Subjekt 221; 679
Subjekt, aktiv realitätsverarbeitendes 400
Subjekt, organologisches 231
Subjekt, Selbstkonstitution des 356
Subjektivität 525; 790
Subjektmodell, epistemologisches 110
Subjekt-Objekt-Relation 232
Subjekt-Objekt-Subjekt 231; 232; 236
Subjekt-Objekt-Verhältnis 231
Subkultur 251; 258
Suggestivfrage 376
Supervision 180; 612; 619
Supervision, unterrichtliche 813; 814; 816
Survey-Technik 123
System 714

Szene, analoge 474
Szenenportrait 613; 618

Tabelle 560
Tagebuch 648; 693; 694; 695; 696; 697; 698; 699; 700; 701; 702; 703
Tagebuchaufzeichnungen, Re-Interpretation psychologisch relevanter 363
Tagebuchdokumentationen 357
Tagebuchforschung, phänomenologische 355
Tagebuch-Interpretation, phänomenologische 363
Tagebuchschreiben 612; 618
Tageslaufinterview 403
Tageslaufprotokoll 672
Tagesordnung 773
Tätigkeit, pädagogische 348
Tatsachenermittlung 242
Team 711
Teamdiagnose 717
Technik, qualitativ-interpretative 820
Teildisziplin, erziehungswissenschaftliche 47
Teilnehmererzählung 752
Telefoninterview 371
Test 398; 714
Test, projektiver 157
Testverfahren, projektives 171
Text 328; 536; 614
Text, autobiographischer 327; 328
Text, Interpretation von autobiographischem 332
Textanalyse 447; 451; 538; 671
Textanalyse, formale 451
Textanalyse, tiefenhermeneutische 473
Textinterpretation, psychoanalytische 410
Textsinn, manifester 476
Themen-Klassifikation 253
Theoretical sampling 108; 564
Theorie 73; 81; 84; 85
Theorie, gegenstandsbezogene 454
Theorie, implizite 722
Theorie, kritische 536
Theorie, naive 110
Theorie, subjektive 33; 107; 110; 437; 438; 439; 443
Theoriegenerierung 447; 454; 455
Theorieimprägnieren 210
Theorien-Triangulation 108

Theorieorientiert 545
Theorieverstehen 673
Theoriewerkstatt 671
Therapeutisierung 464
Therapie 812
Therapieform 159
Tiefeninterview 157; 170
Tiefeninterview, psychoanalytisches 404
Tieferliegend 493
Tiefgründigkeit 821
Tonaufzeichnung 823
Top down approach 102; 103
Top-Down-Verfahren 167
Totaleindruck 225; 226; 228
Training 812; 818
Transformationsproblematik Ost-West 569
Transkription 392; 472; 488; 546; 572; 790
Transkriptionsfehler 575
Transzendental 209; 211; 215; 220
Triangulation 107; 108; 125; 192; 267; 280; 431; 505; 636; 780
Trieb 188
Türwächter 101; 102
Typenbildung 97; 107; 109; 499; 500; 555; 572
Typisches im Individuellen 63
Typologie 500; 555

Übergangsobjekt 367
Überkreuzfokussierung, doppelte 524
Überprüfbarkeit 216; 611
Überprüfbarkeit, intersubjektive 562
Übertragung 181; 468; 475; 478; 705
Umbruch 287; 293; 295
Umschulung 749
Umschulungsverfahren 721
Unbewußtes 158
Unendlichkeit 621
Ungleichheit, soziale 497
Unitarismus, anthropologischer 236
Universalismus 40
Universalzivilisation 237
Universität 666; 668
Universität, Geschichte der deutschen 347
Unsagbares 219
Unsichtbarkeit 524
Unterricht, integrativer 720
Unterricht, offener 601; 617; 812; 814

Unterrichtliche Supervision, Modellversuch 815
Unterrichtsbeobachtung 785
Unterrichtsforschung, interpretative 789
Unterrichtsinhalt 617
Unterrichtssituation 617
Unterrichtsstunde 603
Untersuchungsausschnitt 608
Untersuchungsdesign 819
Untersuchungseinheit 603
Untersuchungsform 709
Untersuchungsgruppe 512
Untersuchungsmethode, prozeßanalytische 817
Untersuchungsplan 819
Urinterpretation 212; 215; 216

Validierung 122
Validierung, kommunikative 110; 669
Validierung, Prinzip der kommunikativen 332
Validierungsstrategie 107
Validität 559; 650
Validität, Gütekriterium der 604
Validitätsproblem 83
Variable 28
Varianz 78
Verallgemeinerbarkeit 651
Verallgemeinerung 73; 505; 605
Verarbeitungsweise, idiosynkratische 167
Verbalisierung 619
Vereinigungsprozess, deutsch-deutscher 51
Verfahren, hermeneutisches 196; 247; 248
Verfahren, inhaltsanalytisches 398
Verfahren, narrationsstrukturelles 50
Verfahren, offenes 496
Verfahren, prozeßorientiertes 724
Verfahren, quantitatives 505
Verfahren, rekonstruktives 496
Verfahren, standardisiertes 496
Vergesellschaftung 153
Vergleich 235; 512
Vergleich, interkultureller 296
Vergleich, kontrastiver 453
Vergleich, minimaler und maximaler 374
Vergleich, thematischer 489
Vergleichsgruppe 126
Verhandlungshaushalt 318

Verlauf, Dokumentation des prozeßhaften individuellen 820
Verlaufskurve 452; 458
Vermischung 48
Veröffentlichung 526
Veröffentlichungspraxis, herrschende 566
Verschiedenheit 137
Verschriftung 546
Verständnis, pädagogisches 266
Verstehen 73; 112; 247; 248; 249; 257; 495
Verstehen, idealtypisches 107; 112
Verstehen, psychoanalytisches 363
Verstehen, szenisches 187; 475
Verstehensprozeß 290
Verwendung, gesellschaftliche 257
Verwissenschaftlichung 196; 666; 751
Verzeitlichungstheorie 238
Videoaufzeichnung 522; 817
Vielfalt 136; 137; 141; 142; 713
Vielschichtigkeit 194; 621
Vignette 183
Visualisierungsmethode 618
Vollerhebung 97
Vollkommenheit, individuelle 234
Vor- und Nachbereitung 390
Vorgehen, rekonstruktives 489
Vorgehensweise, sequentielle 539
Vorgehensweise, sequenzanalytische 539
Vorinterpretation, Rekonstruktion der 554
Vorschulerziehung 179
Vortragen 831; 833; 844
Vorurteile 222; 241
Vorurteilstheorie 234
Vorverständnis, theoretisches 548

Wachstumskrise 335
Wahrheit 39; 158; 196
Wahrheit, visuelle 268
Wahrheitskriterium, dialogkonsenstheoretisches 436; 438; 823
Wahrheitskriterium, falsifikationstheoretisches 436
Wahrnehmung 610
Wahrnehmungsmodus 611
Wandel 302; 303; 305; 306; 307; 749
Wandel, sozialer 489
Wandervogel 317
Wandlungsprozess, biographischer 452
Weiterbildung 749; 750

Weiterbildungssystem 750
Welt 209; 210; 211; 213; 214; 215; 216; 217; 218
Welterfassung 14; 209; 210; 219
Weltkultur 224
Weltraum 605
Wende, realistische 16; 678
Werkstattarbeit 612
Wesen, symbolisches 211
Wesensschau 216
Widersprüche 713
Widerspruchsverbotsprinzip 217
Wiederholungszwang 181
Wirklichkeit 288; 296; 508; 601
Wirklichkeitsgefühl 268
Wirkmacht 290
Wirtschaftsgeschichtlich 300
Wissen 764
Wissenschaft 12; 30; 31; 39
Wissenschaftsdefinition 601
Wissenschaftstheorie, marxistische 144
Wissensform 65
Wohnumfeld 415
Wunschantwort 409

Zeichen 257; 262
Zeit, Zeiterfahrung der subjektiven 355
Zeitbudgetanalyse 672
Zeitleiste 616
Zeitleistenverfahren 817
Zeitmessung 524
Zeitreihenanalyse 38
Zeitverwendungsbogen 120; 121; 122
Zentraleinrichtung 131; 140; 141; 142; 143
Zentralperspektive 604
Zirkel, hermeneutischer 363
Zivilisation 223; 224; 230; 242
Zivilisations- und Geschichtstheorie 228
Zivilisationsbild 229
Zivilisationsgesellschaft 224; 238
Zögling 36
Zufall 240
Zukunftskonferenz 775
Zukunftswerkstatt 618; 775
Zusammenhangshypothese 550
Zwiegespräch 616

Personenregister

Abel, Günter 213; 214; 220
Abele, Tamino 722
Abels, Gabi 131; 139; 736; 743
Abels, Heinz 346; 349
Achenbach, Gerd B. 464
Ackermann, Friedhelm 540; 542
Addams, Jane 662
Adelman, Clem 652; 654; 659
Adorno, Theodor W. 201; 208; 494
Agar, Michael H. 98; 104
Aichhorn, August 179; 180; 183; 189
Ainsworth, Mary D. Salter 550; 566
Alemann, Heine von 482; 490
Alheit, Peter 338; 745; 750; 754
Allen, Woody 287
Allert, Tilman 800; 806
Alt, Robert 298; 305
Altman, Irwin 415; 416
Altrichter, Herbert 511; 528; 599; 600; 601; 614; 617; 621; 640; 649; 653; 654; 655; 656; 657; 658; 659; 694; 701; 719; 732; 743; 792; 793
Amann, Wiebke 65
Ammon, Ulrich 766
Andersen, Tom 726
Anderson, Harlene 718
Anderson, Lorin W. 838; 846
Anderson, Nels 79; 86
Angerhausen, Susanne 798; 806
Antos, Gerd 840; 846
Apel, Helmut 281; 432; 510; 518; 528
Apel, Karl Otto 463
Arbeitsgruppe Bielefelder Soziologen 663; 674
Argelander, Annelies 358
Aries, Philippe 259; 278; 282; 298; 299; 305; 316
Arnold, Rolf 750; 754
Asmus, Gesine 277; 278; 282
Aster, Reiner 97; 103; 104; 106; 510; 520; 528; 530; 532; 533
Atkinson, Paul 507; 528
Atteslander, Peter 93; 95; 371; 393; 482; 490; 511; 528
Aufenanger, Stefan 58; 63; 65; 271; 282; 372; 382; 393; 523; 530; 539; 540; 542; 543

Baacke, Dieter 46; 49; 52; 58; 60; 61; 65; 67; 162; 173; 343; 349; 350; 352; 353; 364; 368; 369; 370; 416; 428; 460; 509; 528; 570; 580; 633; 638; 738; 743
Babanski, Juri K. 148; 150; 154
Babing, Heide 151; 154
Bacher, Johann 397; 400; 410; 413
Bachrach, Henry M. 164; 173
Backhaus-Maul, Holger 798; 806
Bahrdt, Hans Paul 415; 549; 567
Bailey, K.D. 113; 116
Ballhausen, Anne 469; 478
Ballstaedt, Steffen-Peter 838; 846
Balmer, K. 573; 581
Bambach, Heide 601; 617; 621; 633; 634; 638
Barth, Anne-Rose 373; 383; 384; 393
Barth, Stephan 669; 670; 674
Barthel, Otto 346
Barthels, Marc 443
Barthes, Roland 268; 274; 282
Barton, Allen H. 82; 86; 562; 566
Bast-Haider, Kerstin 136; 140; 570; 581
Bastian, Johannes 347; 350; 771; 782
Bateson, Gregory 275
Bätschmann, Oskar 250; 253
Bauer, Adam 396; 398; 410
Bauer, Karl W. 277; 282
Bauer, Karl-Oswald 523; 524; 528
Baumann, Gerhart 355; 368
Baumann, Manfred 838; 846
Baume, Brita 570; 581
Bäumer, Gertrude 343; 350
Baus, Magdalena 570; 581
Becher, Martin 751; 752; 754
Beck, Gertrud 523; 528; 688
Beck, Klaus 857
Beck, Ulrich 50; 52; 317; 599; 600; 601; 617; 621; 745; 754
Becker, Dietrich 110; 116
Becker, Hellmuth 179; 189
Becker, Helmut 662; 674
Becker, Howard S. 72; 85; 86; 275; 507; 521; 528; 841; 842; 845
Becker-Mrotzeck, Michael 766

Becker-Schmidt, Regina 131; 132; 136; 137; 139; 140; 551; 552; 555; 566; 570; 571; 581
Beck-Gernsheim, Elisabeth 745
Beer, Ursula 131; 132; 133; 136; 140; 143
Begemann, Ernst 712
Behnken, Imbke 47; 52; 148; 280; 301; 305; 316; 357; 362; 368; 371; 374; 396; 400; 401; 403; 404; 405; 406; 407; 408; 409; 410; 411; 413; 414; 415; 417; 421; 510; 528; 531; 534; 661; 662; 674; 677
Behrend, R. 573
Behrens-Cobet, Heidi 753; 754
Bellack, Anthony 760; 766
Belting, Hans 253
Bender, Thomas 159; 174
Benedict, Ruth 507
Benjamin, Jessica 366
Benjamin, Walter 282
Benkmann, Reimer 523; 528
Benner, Dietrich 17; 18; 20; 98; 99; 104; 105; 600; 621
Bentler, Annette 91; 95
Berg, Christa 300; 305; 306; 307
Berg, Eberhard 508; 523; 525; 528; 529; 530
Berg, Jan Hendrik van den 298
Berg, Ronald 279; 282
Berge, Marianne 151; 154
Berger, Hans 148; 154
Berger, Hartwig 709; 710
Berger, Heinrich 198
Berger, Peter 197; 198; 207; 208; 632; 638; 759; 766
Berggold, Jörg B. 89; 95
Bergmann, Jörg R. 759; 766
Bergs-Winkels, Dagmar 103; 105
Berliner, D.C. 641; 658
Berna, Jacques 400; 401; 411
Bernfeld, Siegfried 45; 178; 180; 183; 189; 342; 349; 354; 355; 356; 357; 358; 359; 360; 362; 363; 364; 367; 368
Bernstein, Basil 762; 766
Bertaux, Daniel 337; 338
Bertels, Lothar 416
Bertlein, Hans 45; 52
Bertlein, Hermann 298; 305; 346; 350
Bertram, Barbara 148
Bertram, Hans 148

Bettelheim, Bruno 179; 189
Beyersdorf, Martin 751; 754
Bida-Winter, Renate 732; 744
Bieback-Diel, Liselotte 800; 806
Bienewald, Erwin 662; 674
Biklen, Sari Knopp 683; 691
Bilden, Helga 131; 132; 135; 137; 139; 140; 570; 581
Biller, Karlheinz 58; 59; 61; 63; 65; 511; 528; 678; 680; 684; 691
Billig, Michael 97; 105
Bimmer, Andreas C. 298; 302; 305; 308; 389; 395
Binneberg, Karl 57; 64; 65; 162; 173; 511; 528; 613; 621; 683; 684; 691
Bion, Wilfried 188; 189
Bird, Katherine 585
Birkhan, Georg 443
Bittner, Günther 178; 186; 187; 189
Bittner, Ulrike 461
Blankertz, Herwig 234; 243
Bloch, Karl Heinz 785; 793
Blok, Anton 506; 528
Blos, Peter 166; 173; 363; 368; 369
Blumer, Herbert 85; 88; 95; 99; 105; 447; 457; 496; 500; 552; 566; 758; 766
Boas, Franz 507; 665
Bock, Gisela 132; 133; 137; 140
Bock, Marlene 374; 393
Bödeker, Hans-Erich 241; 243
Boehm, Gottfried 250; 254; 255; 259
Bogdan, Benjamin 683; 691
Bogumil, Jörg 631; 638
Bohleberger, Werner 166; 171; 173; 174; 175
Bohne, Gerhard 345; 350
Böhnisch, Lothar 319; 320
Bohnsack, Ralf 124; 129; 448; 450; 456; 457; 494; 495; 497; 498; 499; 500; 501; 528; 662; 674
Bois-Reymond, Manuela du 528
Boldyrev, N.I. 145
Bollnow, Otto Friedrich. 461
Bolz, Alexander 148; 154; 155; 156
Bombyk, Marti 131; 143
Bonss, Wolfgang 13; 20; 805; 806; 808; 809
Booth, Charles 373
Borrmann, Rolf 151; 154
Borscheid, Peter 316
Bortz, Jürgen 520; 528

Bos, Winfried 545; 566
Bosse, Hans 186; 187; 189
Bourdieu, Pierre 13; 20; 266; 274; 276; 279; 281; 282; 508; 509; 525; 529
Bourgeois, L.J. 100; 105
Bowlby, John 550; 566
Braun, Karl-Heinz 599; 616; 621; 732; 744
Braun, Kathrin 139; 140
Bredenkamp, Jürgen 838; 846
Breidenstein, Georg 397; 401; 403; 411; 412; 633
Breit, Gotthard 604; 621
Breyvogel, Wilfried 317
Brinkmann, Erika 396; 411
Brocher, Tobias 766
Bromme, Rainer 641; 658; 845
Bronfenbrenner, Urie 304; 305; 712; 713; 714; 716; 717; 724; 727
Brose, Hans-Georg 749; 754
Brügelmann, Hans 58; 65; 162; 173; 511; 529
Brumlik, Micha 304; 307; 459; 759; 766
Buchen, Sylvia 769; 782
Bucher, Judith 269; 274; 283
Buchner, Jutta 281; 283
Büchner, Peter 52; 65; 267; 283; 318; 396; 401; 402; 403; 405; 406; 407; 408; 411; 412; 528
Bude, Heinz 50; 52; 64; 65; 335; 338; 453; 455; 457; 695; 795; 799; 809
Bühler, Charlotte 45; 52; 356; 357; 358; 359; 360; 362; 365; 367; 369
Bühler, Doris 510; 529
Bühler-Niederberger, Doris 798; 809
Bukowa, Anja 586; 593
Bulmer, Martin 84; 86
Bungert, Martin 443
Burgess, Ernest W. 85; 87
Burgess, Robert 806
Burkhardt, Anke 570; 581
Burlingham, Dorothy 179; 189
Burow, Olaf-Axel 602; 618; 621; 775; 782
Burton, Sheila 135
Buschbeck, Helene 523; 529; 602; 612; 617; 621
Buschmeyer, Hermann 747; 753; 754; 757
Busemann, Adolf 346; 350

Caesar-Wolf, Beatrice 540; 542
Campbell, Donald 107; 116
Campbell, R.H. 243
Campe, Joachim Heinrich 56; 234; 243
Carle, Ursula 600; 616; 621; 715; 717; 722
Carlstein, Tommy 417
Carnap, Rudolf 88; 95
Cassel, Catherine 806
Cazden, Courtney B. 787; 793
Chladenius, J. M. 607; 622
Chodorow, Nancy 366
Chomsky, Noam 537
Christ, Klaus 714
Christmann, Ursula 383; 393
Clandinin, D. Jean 695
Clarke, John 509; 529
Clausen, Bernhardt 469; 478
Clausen, Lars 81; 86
Claussen, Claus 402; 411
Clifford, James 201; 208; 506; 529
Cloer, Ernst 47; 52; 300; 301; 304; 306; 316; 345; 350
Clostermeyer, Claus-Peter 237; 243
Coe, Brian 272; 283
Cohn, Ruth 761; 766
Collier, John 275; 280; 283; 654
Combe, Arno 800; 807
Connelly, F. Michael 695
Cook, James 221
Cook, Judith A. 131; 141; 142
Corbin, Juliet 80; 87; 455; 457; 553; 554; 568; 587; 592; 593; 595
Cordier-Kanand, Ulrike 618; 619; 622
Cressey, Paul G. 79; 86
Cronbach, Lee J. 650; 651; 658
Crystal, David 838; 846

D'Wright, Janet 131; 143
Dalin, Per 772; 782
Damm, Diethelm 662; 675
Dammann, Rüdiger 506; 507; 529
Damon, William 402; 411
Danilov, M.A. 145
Dann, Hanns-Dietrich 110; 116; 373; 383; 384; 393; 436; 438; 441; 442; 443; 444
Dannhauer, Heinz 151
Datler, Wilfried 177; 178; 179; 181; 182; 187; 189; 191
Dausien, Bettina 132; 140

De Haan, Gerhard 510; 530; 586
De Mause, Lloyd 298; 299; 306; 346; 350
Deck, Arno 722
Dehn, Mechthild 721
Deinet, Ulrich 732; 744
Deneke, Friedrich-Wilhelm 61; 68; 163; 176
Denzin, Norman K. 12; 20; 97; 102; 105; 106; 107; 108; 116; 125; 505; 508; 528; 529; 532; 552; 567; 804; 806; 808
Deppe-Wolfinger, Helga 722
Derichs-Kunstmann, Karin 764; 766
Devereux, Georges 377; 393; 519; 525; 529; 732; 744; 789; 793
Dewe, Bernd 59; 65; 508; 529; 666; 671; 673; 674; 761; 767
Dewey, John 654; 658
Dexter, Lewis Anthony 483; 490
Dick, Andreas 655; 658
Dieckmann, Andreas 371; 393; 520; 529
Diederich, Jürgen 98; 105
Diem-Wille, Gertrud 186; 187; 189
Diepold, Peter 836
Diesterweg, Friedrich Adolph Wilhelm 348; 350
Diezinger, Angelika 12; 20; 131; 137; 140; 141; 142; 143; 772; 782
Dilthey, Wilhelm 44; 53; 98; 105; 197; 325; 338; 342; 350; 459
Dinter, Irina 751; 752; 754
Dittrich, Eckart 300; 306; 307
Dittrich-Jacobi, Juliane 300
Djafari, Nader 766; 767
Dölling, Irene 149; 150; 154
Döpp, Wiltrud 599; 600; 601; 616; 622; 628; 630; 633; 636; 638; 732; 744
Dörger, Ursula 771; 783
Dörner, Andreas 287; 297
Downs, Roger M. 417
Droescher, Lili 343; 350
Du Bois-Reymond, Manuela 47; 52; 276; 280; 282; 283; 301; 305; 306; 316; 318; 355; 369; 400; 404; 405; 408; 409; 411; 412; 417; 510; 528
Dudek, Peter 45; 53
Dullinger-Stopper, Kirsten 782; 783
Duncker, Ludwig 604; 622; 623
Durkheim, Emile 494; 498; 501

Ebbutt, Dave 649
Ebert, Gerhard 764; 767
Eberwein, Hans 530; 600; 601; 622; 624; 795; 807
Ebner, Hermann G. 761; 767
Ecarius, Jutta 47; 51; 53; 54; 309; 316; 317; 318; 528
Eco, Umberto 843
Edelmann, Walter 437; 444
Edelstein, Wolfgang 400; 411; 604; 622
Edmondson, Willis 760; 767
Eggert-Schmidt-Noerr, Annelinde 475
Ehinger, Wolfgang 619; 622
Ehlich, Konrad 462; 792; 793
Eigenbrodt, Jörg 662; 674
Eisenhart, Kathleen M. 100
Eisner, Elliot 39; 40; 41
Elias, Norbert 310; 317
Elliott, John 642; 646; 648; 649; 652; 654; 655; 657; 658; 659
Emmerich, Wolfgang 752; 754
Endruweit, Günter 758; 767
Engel, Uwe 74; 86
Engelhardt, Dietrich 238; 243
Engels, Friedrich 148; 154
Engler, Steffani 118; 126; 129; 507; 510; 515; 528; 529
Englisch, Felicitas 276; 283; 540; 542
Enns-Conolly, Esther 695
Erbslöh 482
Erdheim, Mario 519; 532
Erickson, Frederick 790; 793
Erikson, Erik 166; 173; 335; 338; 360; 369
Ermer, Rudolf Georg 695; 696
Ertle, Christoph 57; 63; 65; 180; 184; 189; 510; 529; 678; 691
Esser, Elke 482; 491
Ewert, Michael 228; 229; 243

Fabian, Bernhard 236; 244
Fabian, Rainer 273; 279; 283
Fahrig, Hermann 401
Falkenberg, Regina 346; 353
Faller, Hermann 159; 173; 175
Faltermaier, Toni 62; 63; 64; 65
Fatke, Reinhard 61; 65; 66
Faulstich-Wieland, Hannelore 126; 129
Faust-Siehl, Gabriele 400; 411
Federn, Ernst 182; 190
Feidel-Mertz, Hildegard 753; 754
Feiniger, Andreas 270; 283

Felber, Christina 570; 581
Fellmann, Ferdinand 219; 220
Fend, Helmut 361; 369; 637; 638
Fengler, Christa 81
Fengler, Thomas 81
Ferchhoff, Wilfried 65; 124; 125; 129; 529
Feyerabend, Paul 13; 20; 88; 95
Fichten, Wolfgang 655; 659; 725
Fidgor, Helmuth 181; 186; 189
Filding, Jane L. 108
Filding, Nisel G 108
Filipp, Sigrun-Heide 335; 338
Finch, Janet 134; 141
Fischer, Aloys 599; 602; 618; 622
Fischer, Dietlind 58; 66; 162; 164; 174; 511; 529; 695; 698; 701
Fischer, Hans 505; 506; 507; 512; 518; 520; 529; 533; 668; 674
Fischer, Peter 821; 826
Fischer, Rotraut 225; 228; 229; 243
Fischer, Wolfgang 498; 501
Fischer, Wolfram 43; 49; 53
Fischer-Rosenthal, Wolfram 43; 44; 53; 123; 129
Fiske, Donald 107; 116
Flaake, Karin 769; 783
Flammer, August 712; 728
Flanders, Neil A. 760; 767
Fleck, Christian 80; 86
Flecken, Margarete 300; 304; 306; 346; 350
Flick, Uwe 12; 21; 89; 90; 95; 96; 108; 109; 111; 116; 119; 124; 125; 129; 130; 163; 174; 192; 208; 372; 373; 378; 386; 387; 388; 393; 394; 395; 402; 411; 431; 482; 490; 505; 519; 520; 525; 529; 531; 544; 546; 547; 567; 568; 569; 581; 709; 710; 819; 826
Flitner, Wilhelm 349; 350
Flösser, Gaby 796; 797; 801; 806; 807; 809
Flusser, Vilem 269; 272; 283
Foerster, Heinz v. 712; 728
Fölling, Werner 331; 338; 339
Fölling-Albers, Maria 396; 400; 411; 717
Fonow, Mary Margaret 131; 141; 142
Fontana, Andrea 372; 373; 388; 391; 393
Forster, Georg 221; 222; 223; 224; 225; 226; 227; 228; 229; 230; 231; 233; 234; 235; 236; 237; 238; 239; 240; 241; 242; 243; 244

Forster, Johann Reinhold 241
Franck, Norbert 833; 836; 843; 844; 846
Frank, Andrea 372; 393; 840; 846
Frank, Anne 362
Franke, Elk 539; 542
Franz, Hartmut 662; 674
Freud, Anna 182; 189
Freud, Sigmund 81; 86; 160; 174; 178; 179; 180; 181; 182; 183; 189; 334; 338; 476; 478
Freund, Thomas 48; 54; 662; 676; 800; 805; 809
Frey, James H. 371; 372; 373; 388; 391; 393
Fricke, Reiner 758; 767
Fricke, Wolfgang 666; 674
Friebel, Harry 746; 748; 749; 754; 755
Friebertshäuser, Barbara 12; 21; 47; 53; 60; 66; 388; 391; 394; 402; 432; 510; 511; 515; 516; 519; 528; 529; 530; 544; 547; 548; 599; 613; 662; 665; 667; 674
Friedrich, Helmut 836; 839
Friedrich, Walter 151; 154
Friedrichs, Jürgen 124; 130; 371; 391; 394; 515; 520; 530; 533; 559; 567; 668; 674
Frisch, Fritz 358
Frisch, Max 277; 283
Fröhlich, Elenore 722
Fromm, Martin 89; 95; 373; 383; 394; 400; 411; 725
Frommer, Jörg 159; 173; 175
Früh, Werner 587; 594
Fuchs, Hedwig 358; 359; 362
Fuchs, Martin 508; 523; 525; 528; 529; 530
Fuchs, Werner 43; 53; 124; 125; 130; 314; 327; 331; 338; 342; 346; 350; 351; 386; 391; 394; 470; 478
Fuchs, Wolfgang 655; 659
Fuchs-Heinritz, Werner 47; 48; 50; 53; 446; 448; 457
Fuhs, Burkhard 65; 267; 279; 281; 282; 283; 284; 318; 403; 411; 528
Fürstenau, Peter 157; 174

Gachowetz, Helmut 512; 530
Gage, Nathaniel 792; 793
Gamm, Hans-Jochen 45; 53; 63; 66
Gängler, Hans 667; 674
Garber, Jörn 18; 19; 234; 243; 599

Garbino, James 396; 406; 407; 411
Garfinkel, Harold 137; 141; 496; 501; 663
Garlichs, Ariane 148; 167; 169; 170; 171; 174; 175; 186; 190; 400; 401; 404; 409; 412; 509; 615; 618; 622
Garz, Detlef 60; 66; 132; 141; 371; 393; 459; 465; 523; 525; 530; 536; 539; 542; 543; 547; 558
Garz, Hans-Günter 180; 181; 182; 184; 186; 190
Gebert, Diether 669; 674
Geer, Blanche 72; 86; 521; 528
Geertz, Clifford 32, 41; 80; 86; 200; 201; 202; 206; 207; 208; 267; 276; 283; 473; 478; 506; 507; 508; 509; 523; 525; 530; 665; 675; 679; 692
Geiersbach, Paul 79; 86
Geissler, Karlheinz 761; 767
Gekeler, Gert 732; 744
Gelis, Jacques 298; 306
Geoffrey, William 790; 794
Gergen, Kenneth J. 198; 208
Gerhard, Ute 136; 141
Gerhardt, Uta 63; 66; 112; 116
Gerl, Herbert 760; 762; 766; 767; 768
Gestrich, Andreas 301; 306
Geulen, Dieter 397; 411; 604; 622
Giddens, Anthony 109; 117; 417; 460; 495; 499; 501
Giebeler, Cornelia 136
Giegler, Helmut 587, 594
Gieseke, Wiltrud 483; 490; 750; 755
Giest, Hartmut 722
Gildemeister, Regine 59; 66; 138; 141; 509; 510; 530; 663; 675
Gill, Merton M. 163; 174
Gilligan, Carol 366; 367; 369
Gillis, John R. 298; 306; 316
Girtler, Roland 79; 86; 373; 386; 389; 390; 394; 507; 514; 519; 522; 524; 530; 668; 675
Glänzel, Angela 725
Glaser, Barney G. 63; 66; 78; 80; 83; 85; 86; 99; 102; 105; 108; 109; 117; 196; 208; 451; 452; 454; 455; 457; 500; 501; 507; 512; 525; 530; 552; 553; 555; 564; 567; 587; 594; 648; 659
Glasersfeld, Ernst von 89; 95; 195; 208
Gläss, Holger 802; 807
Glumpler, Edith 769; 770; 783
Gmür, Wolfgang 798; 809

Goeppert, Sebastian 475; 478
Goerlitz, Dietmar 415
Goethe, Johann Wolfgang 837
Goffman, Erving 80; 85; 86; 199; 250; 267; 279; 283
Goldwyn, Ruth 557; 561; 567
Goolishman, Harold 718
Göppel, Rolf 179; 189; 190
Gorelik, Sherry 136
Göstemeyer, Karl-Franz 99; 104; 105
Gotowos, Athanassios E. 523; 530
Göttner-Abendroth, Heide 131; 136
Gottschall, Arnulf 602; 618; 622
Graf, Alfred 343; 344; 347; 351
Graf, Oskar Maria 752
Grant, Linda 134
Grathoff, Richard 497
Grauer, Gustav 666; 674
Graumann, C.F. 604; 606; 607; 609; 610; 611; 612; 622
Gravenhorst, Lerke 795; 810
Gregor-Dellin, Martin 347; 351
Greverus, Ina-Maria 509; 530
Griese, M. Hartmut 148; 154; 155; 156
Groddeck, Norbert 508; 530; 533; 662; 664; 666; 667; 675; 676
Groeben, Annemarie von der 633; 638; 771; 783
Groeben, Norbert 89; 95; 110; 111; 117; 436; 437; 438; 439; 440; 443; 444; 823; 826; 838; 846
Grösch, J. 573
Gründer, Karlfried 238; 243
Grunert, Cathleen 47; 54
Gruschka, Andreas 254
Gruschke, Heike 618
Grzesik, Jürgen 837; 838; 846
Gstettner, Peter 363; 369; 655; 658
Guba, Egon 711; 806; 807
Gudjons, Herbert 607; 619; 623
Günter, Roland 276; 283
Günther, Karl Heinz 61; 66; 683; 684; 692; 721
Günther, Udo 838; 846
Gunz, Josef 654; 659
Gürge, Fritz 695
Gurwitsch, Aron 497; 501
Guthke, Jürgen 151

Haag, Fritz 511; 530; 655; 659
Haberkorn, Heinz 269; 270; 273; 283

Habermas, Jürgen 159; 174; 438; 444; 497; 537; 543; 765; 767; 842
Hackl, Bernd 640; 659
Häffner, Ralph 240; 243
Haft, Henning 18; 21; 67
Hagemann-White, Carol 131; 133; 136; 137; 138; 139; 141; 571; 772; 783
Hagstedt, Herbert 400; 412
Hahn, Alois 327; 338
Hahn, Erich 348; 351
Halbwachs, Maurice 325; 338
Hameyer, Uwe 601; 623; 650; 659
Hammersley, Martyn 507; 528
Hänsel, Dagmar 769; 783
Hansen, Sylvie 636; 638
Hardach, Gerd 299; 306; 346; 347; 351
Hardach-Pinke, Irene 299; 346
Harney, Klaus 50; 53; 750; 751; 755
Hart, Roger 416
Hartge, Thomas 344; 347; 351
Hartinger, Andreas 396; 400; 401; 405; 406; 407; 408; 412
Hartmann, Heinz 805; 806; 808
Hartung, Heidi 722
Hartwig, Luise 804; 807
Haskell, Francis 258
Hastenteufel, Paul 58; 66; 159; 162; 174; 511; 530
Haubl, Rolf 354; 361; 362; 368; 369
Haug, Frigga 137; 141; 743
Haupert, Bernd 60; 66
Haupert, Bernhard 280; 283; 312; 461; 465; 540; 542; 663; 675; 795; 803; 807; 808
Hauser, Cornelia 137; 141
Hauser-Schäublin, Brigitta 508; 531
Havighurst, Robert I. 335; 338
Heckmann, Gustav 437; 444; 464
Hehl, Franz-Josef 58; 67
Heichert, Brigitte 618
Heidegger, Martin 459; 464
Heidtmann, Frank 836; 846
Heilhecker, Paul 151
Heiligenmann, Ursula 59; 66
Heindl, Johann Baptist 348; 351
Heiner, Maja 511; 531; 731; 744
Heinritz, Charlotte 341; 342; 345; 346; 350; 351
Heinz, Margarete 469; 478
Heinz, Walter 47; 48; 53

Heinze, Thomas 474; 478; 511; 531; 535; 542; 603; 623; 629; 638; 748; 755; 761; 767; 787; 789; 792; 793
Heinzel, Friederike 371; 374; 410; 469; 475; 479; 599
Heitmeyer, Wilhelm 50; 53
Held, Peter 695
Heller, Peter 178; 189
Hellpach, Willy 344; 345; 351
Hellstern, Gerd-Michael 586; 593
Helmers, Hermann 346; 351
Helsper, Werner 691; 800; 807
Helwerth, Ulrike 153
Helwig, Gisela 148; 154
Hempel, Marlies 131; 149; 152; 154
Hengst, Heinz 277; 282; 302; 306
Hennig, Claudius 619; 622
Henningsen, Jürgen 45; 53; 58; 66; 343; 344; 345; 351; 369; 682; 683; 686; 687
Hensel, Inken 523; 531
Hentig, Hartmut von 278; 600; 601; 623; 628; 629; 630; 631; 633; 638; 694; 732; 743; 744; 771; 783
Heppner, Gisela 522; 531; 562; 567
Herbart, Johann Friedrich 44
Herber, Hans-Jörg 64; 66
Herberger, Maximilian 602; 623
Herder, Johann Gottfried 236; 239; 244
Hering, Sabine 18; 21; 752; 755
Herlyn, Ulf 416
Hermann, Ulrich 311; 316
Hermanns, Harry 323; 338; 372; 373; 387; 394; 449; 450; 457
Herrlitz, Hans-Georg 247; 296; 297
Herrmann, Franz 802; 807
Herrmann, Ulrich 18; 23; 44; 47; 53; 64; 66; 298; 300; 301; 305; 306; 341; 342; 343; 345; 347; 349; 351; 352; 603; 604; 623
Hertzler, J. O. 604; 623
Herwartz-Emden, Leonie 102; 105
Herweg, Rachel Monika 286; 292; 293; 294
Herzig, Arno 234
Herzog, Walter 89; 95
Hetzer, Hildegard 358
Heuser, Magdalena 356; 358; 361; 362; 366; 369
Hewitt, M. 298; 307
Hildebrand-Nilshorn, Martin 400
Hildebrandt, Karin 570; 582

Hildenbrand, Bruno 459; 460; 461
Hildeschmidt, Anne 712; 714; 715; 716; 720
Hill, Paul B. 482; 491
Hiller, Gotthilf Gerhard 604; 623
Hirblinger, Heiner 186; 190
Hirsch, Gertrude 48; 53
Hirschauer, Stefan 138; 141
Hirschmann, Albert O. 229; 243
Hitzler, Ronald 287; 296; 297; 484; 485; 490; 491; 496; 497; 501; 668; 675
Hoecker, Beate 469; 479
Hoeppel, Rotraud 345; 347; 351; 352
Hoerning, Erika M. 335; 339; 340
Hof, Christiane 752; 755
Höfer, Renate 798; 809
Hoffmann, Dietrich 66
Hoffmann, Erika 345; 352
Hoffmann-Riem, Christa 109; 117; 323; 339; 449; 457
Hoffmeyer-Zlotnik, Jürgen H.P. 90; 95; 105; 393; 394; 529
Hofmann, Christiane 186; 190
Hohlfeld, Rainer 805; 806
Hollmann, Detlef 840; 846
Holm 482
Holtappels, Heinz Günter 717; 722; 771; 783
Holzkamp, Klaus 713; 725
Holzmann, Philipp 163
Homans, George C. 786; 793
Honer, Anne 482; 484; 490; 491; 497; 501; 668; 675
Honig, Michael-Sebastian 298; 305; 306; 400; 412; 413; 795; 810
Hönigswald, Richard 56; 66
Honneth, Axel 600; 623
Hopf, Christel 12; 110; 117; 123; 124; 130; 372; 376; 377; 394; 395; 534; 544; 545; 546; 547; 549; 550; 551; 557; 559; 561; 564; 565; 566; 567; 568; 820; 826; 827; 857
Horkheimer, Max 494
Horowitz, Mardi J. 164; 174
Hörster, Reinhard 18; 21; 599; 616; 623
Horstkemper, Marianne 769; 771; 776; 783
House, Jane 760; 767
Hradil, Stefan 498; 501
Huber, Günter 593; 594
Huber, Günther L. 93; 95

Huberman, A. Michael 102; 105; 585; 586; 594
Hucke, Jochen 483; 490
Huhg-Hellmuth, Hermine 362
Hülst, Dirk 396; 412
Humboldt, Alexander von 221; 222
Humboldt, Wilhelm von 44
Hunt, David 298; 307
Hürlimann, Bettina 299; 307
Hurrelmann, Klaus 125; 130; 397; 398; 400; 411; 412
Huschke-Rhein, Rolf 523; 531
Husserl, Edmund 665
Hustler, David 649; 659
Hyams, Helge-Ulrike 289; 297

Imbert, Francis 179; 190
Imdahl, Max 254; 255
Imhof, Margret 732; 744
Immerfall, Stefan 631; 638
Ingenkamp, Karlheinz 13; 21; 134; 141; 398; 412
Itard, Jean-Marc Gaspard 16; 17; 21

Jackson, Philip W. 790; 793
Jacob, Joachim 471
Jacobs, Jerry 584; 595
Jahoda, Marie 118; 119; 122; 123; 130; 372; 394; 507; 515; 517; 519; 522; 524; 531
Jakob, Gisela 48; 53; 323; 446; 449; 457; 460; 547; 553; 564; 662; 675; 799; 807
James, D. 536; 542
Jansen, Mechthild M. 474
Janssen, Bernd 695
Jaumann, Olga 400; 411; 413; 531; 661; 662; 674; 677
Jayaratne, Tobi 134; 135; 141; 142
Jeggle, Ulrich 43; 53
Jeggle, Utz 276; 278; 281; 283; 507; 515; 531; 532
Joas, Hans 759; 767
Jockelhövel-Poth, Annemarie 474
Johansen, Erna M. 299; 307
Joos, Magdalena 397; 413
Jorkowski, Renate 601; 623
Jung, Carl Gustav 334
Jung, Joachim 719
Jung, Thomas 67; 266; 283; 509; 525; 531
Jungblut, Hans-Joachim 799; 807

Jungk, Robert 775; 783
Jungwirth, Helga 791; 792; 793
Jürs, Ilstraut 144; 155
Jüttemann, Gerd 63; 65; 66; 159; 174

Kabat Vel Job, Otmar 151; 155
Kächele, Horst 164; 174
Kade, Jochen 50; 53; 747; 748; 749; 750; 751; 754; 755; 756
Kade, Sylvia 759; 766; 767
Kaemmerling, Ekkehard 253
Kagerer, Hildburg 695
Kaiser, Astrid 348; 352; 722
Kaiser, Franz-Josef 58; 66
Kallmeyer, Werner 448; 449; 453; 457; 668; 675; 759; 764; 767
Kamlah, Wilhelm 88; 92; 95
Kamp, Johannes Martin 18; 21
Kant, Immanuel 88; 95; 310
Kapp, Volker 327; 338
Kardoff, Ernst von 733; 734; 735; 737; 744
Karsten, Marie Eleonore 67
Katz, Daniel 372; 394
Kauermann-Walter, Jaqueline 482
Kaufmann, Franz-Xaver 317
Keck, Rudolf W. 343; 352
Kegan, Robert 465; 466
Kegler, Ulrike 601; 623
Keiner, Edwin 751; 755
Kejcz, Yvonne 763; 767
Kelchtermans, Geert 655; 659
Kelle, Helga 396; 397; 401; 403; 405; 406; 407; 408; 411; 412; 510; 633; 638
Kelle, Udo 455; 457; 553; 567; 585; 594; 690; 692
Keller, Heidi 397; 400; 402; 411; 412
Keller, Monika 604; 622
Kelley, Florence 662
Kelly, George A. 88; 89; 95; 438; 444
Kelly, Kevin 605; 623
Kelly, Liz 135
Kemper, Herwart 463
Kempowski, Walter 347; 352
Kendall, Patricia L. 372; 378; 379; 820; 827
Keppler, Angela 753; 756
Kerkhoff, Engelbert 58; 66
Kersten, Joachim 800; 808
Kessler, Suzanne 137
Kieper, Marianne 800; 808

Kieselbach, Thomas 166; 174
Kirchhöfer, Dieter 147; 148; 152; 155; 400; 403; 412
Kirk, Jerome 77; 86
Klafki, Wolfgang 14; 21; 47; 53; 305; 307; 317; 348; 352; 464; 602; 617; 623; 624; 655; 659; 785; 793
Klann-Delius, Gisela 760; 767
Klatetzki, Thomas 799; 808
Kleber, Eduard W. 718
Klein, Joseph 602; 624
Klein, Regina 474
Kleinespel, Karin 635; 636; 637; 638
Klewitz, Marion 47; 53
Klika, Dorle 47; 52; 298; 301; 306; 307; 316; 343; 345; 346; 350; 352
Klimpel, Paul 144; 155
Klinger, Cornelia 132; 142
Klink, Job-Günter 695
Kluge, Norbert 630; 638
Kluge, Susann 586; 594
Klusemann, Hans-W. 748
Knapp, Gudrun-Axeli 153; 155
Knauer, Sabine 523; 531; 600; 624
Knigge-Tesche, Renate 601; 623
Knoll, Joachim 752; 756
Knorr-Cetina, Karin 192; 193; 195; 196; 197; 198; 208; 734; 744
Koch-Priewe, Barbara 770; 782; 783
Köckeis-Stangel, E. 108; 117
Kohl, Karl-Heinz 224; 235; 506; 507; 509; 525; 531
Kohlberg, Lawrence 464; 537
Köhler, Gabriele 485; 486; 490
Köhler, Klaus 795; 807
Köhler, Lotte 170; 174
Köhler, Ursula 299; 306; 307
Kohli, Martin 43; 46; 49; 53; 498; 501
Kokemohr, Rainer 47; 54; 60; 66; 748; 756
Kollek, Regine 805; 806
Koller, Hans-Christoph 60; 66
Kondylis, Panajotis 231; 234; 237
König, Eckard 12; 18; 21; 33; 40; 89; 91; 93; 95; 96; 373; 383; 384; 385; 394; 395; 819; 826
König, G. 603; 604; 606; 610; 622; 624
König, Hartmuth 188; 190
König, René 22; 511; 520; 528; 531; 532
Könnecker, Marie-Luise 299; 307
Koolwijk, Jürgen van 482; 490
Köppen, Sigrid 148; 155

Kordes, Hagen 18; 21; 67
Koring, Bernhard 685; 687; 692
Körner, Jürgen 159; 174; 181; 190; 365; 369
Kornmann, Reimer 616; 624; 713; 714; 718; 720; 722; 725; 729
Korte, Jochen 601; 624
Koselleck, Reinhart 312; 314; 321; 604; 624
Kossakowski, Adolf 151
Kößler, Gottfried 300; 304; 307; 345; 352
Kraimer, Klaus 60; 66; 132; 141; 393; 438; 459; 460; 461; 465; 511; 525; 530; 531; 539; 542; 543; 662; 663; 665; 673; 675; 803; 807; 808
Krall, Hannes 657; 659
Kramer, Helgard 142
Kramer, Rita 17; 21
Krapp, Andreas 67
Krappmann, Lothar 77; 80; 86; 397; 400; 401; 402; 412; 510; 524; 531
Kraul, Margret 18; 21; 776
Kraus, Wolfgang 82; 86
Krause, Christina 153; 155
Krauss, Hannes 695; 702
Kreissl, Reinhard 795; 808
Kreppner, Kurt 415; 433
Kretschmann, Rudolf 722
Kretschmer, Horst 549; 568; 839
Krings, Hans P. 840; 846
Kriz, J. 574; 582
Kroath, Franz 657; 659; 711; 729
Kröber, Günter 144; 155
Krohn, Dieter 464
Krol, Ed 837
Kromrey, Helmut 482; 490
Kroner, Wolfgang 795; 799; 808
Krüger, Heinz-Hermann 12; 18; 21; 22; 23; 29; 43; 44; 47; 48; 50; 51; 52; 53; 54; 60; 67; 125; 130; 309; 310; 316; 317; 318; 386; 394; 395; 396; 397; 401; 402; 403; 404; 405; 408; 409; 410; 411; 412; 445; 446; 448; 457; 458; 459; 509; 528; 531; 661; 667; 668; 674; 675; 676; 677; 746; 755; 756
Krüger, Helga 47; 48; 53; 530
Krumm, Volker 57; 67
Krummheuer, Götz 787; 793
Krumrey, H.-V. 318
Kruse, Otto 842

Küchler, Manfred 570; 572; 579; 582
Kuckartz, Udo 84; 113; 117; 546; 548; 556; 586; 588; 590; 593; 594
Kuczynski, Jürgen 298; 307
Küger, Christine 618
Kuhlmann, Henning 695
Kuhn, Thomas, S. 88; 89; 96
Kulke, Christine 469; 479
Kunt, Ernö Miskalc 278; 284
Kupky, Oskar 358
Küppers, Waltraud 358; 369
Kuratle, Regina 655; 659
Kurz-Adam, Maria 799; 808

Labov, William 449; 458
Laitko, Hubert 144; 155
Lambrich, Hans-Jürgen 530
Lambrou, Ursula 633; 638
Lamnek, Siegfried 12; 22; 90; 96; 108; 117; 124; 125; 129; 130; 314; 372; 394; 402; 409; 410; 412; 468; 470; 479; 482; 490; 505; 514; 520; 531; 545; 562; 567; 632; 635; 637; 638; 661; 675; 733; 744; 778; 779; 780; 781; 783; 819; 820; 827
Landenberger, Georg 800
Lang, Sabine 399; 412
Laplanche, Jean 184; 186; 190; 334; 339; 555; 567
Larcher, Dietmar 67
Lassahn, Rudolf 302; 307
Lather, Patti 134; 142
Latka, Maria 358
Lau, Thomas 795; 799; 808
Laufer, Moses 166; 174
Lay, Wilhelm August 17
Lazarsfeld, Paul F. 82; 86; 118; 120; 123; 130; 507; 531; 562; 566
Le Goff, Jaques 296; 297
Leber, Aloys 179; 187; 190
LeCompte, Margaret 12; 22
Legewie, Heiner 93; 96; 504; 507; 531
Legutke, Michael 655; 659
Lehmann, Albrecht 325; 339
Lehmann, Rainer H. 58; 67
Leibnitz, Gottfried Wilhelm 14; 22; 604; 606; 624
Leifert, Sighart 469; 478
Leithäuser, Thomas 159; 174; 475; 479
Leitner, Hartman 456; 458
Lejeune, Philippe 341; 352

Lenk, Hans 112; 117; 209; 211; 217; 436; 438; 444
Lenssen, Margrit 540; 542; 543
Lenz, Karl 281
Lenzen, Dieter 13; 21; 22; 23; 58; 67; 252; 254; 259; 287; 296; 297; 298; 302; 307; 505; 532; 785; 794; 836; 858
Lenzen, Klaus-Dieter 633; 638; 639
Leppin, Elke 414
Lessing, Hellmut 662; 675
Leuzinger-Bohleber, Marianne 148; 155; 158; 159; 164; 167; 169; 170; 171; 173; 174; 175; 178; 183; 184; 186; 190; 396; 400; 401; 402; 404; 406; 407; 408; 409; 410; 602; 609; 615
Levinas, Emmanuel 459; 462
Levinson, Stephen C. 540; 542
Lewin, Kurt 67; 608; 624; 628; 639; 649; 654; 659; 712; 713; 729; 772; 773; 778; 783
Liben, Lynn 417
Lichtenberg, Georg Christoph 840
Lichtenstein-Rother, Ilse 602; 624
Liebel, Manfred 662; 675
Liebow, Elliot 73; 87
Lincoln, Yvonna S. 12; 20; 97; 102; 105; 106; 505; 508; 528; 529; 532; 711; 728; 804; 806; 807; 808
Lindner, Bernd 51; 54; 148; 155
Lindner, Rolf 389; 394; 507; 515; 532
Lippitz, Wilfried 345; 352; 403; 412; 416; 511; 532; 604; 624
Loch, Werner 49; 54; 335; 339; 462; 464; 570; 582
Loer, Thomas 540; 542
Lofland, John 518; 532
Loos, Peter 528; 662; 674
Lorenz, Jens Holger 617; 624
Lorenzen, Paul 88; 92; 95
Lorenzer, Alfred 159; 175; 400; 412; 413; 470; 473; 474; 475; 476; 477; 479
Loser, Fritz W. 603; 623; 718; 785; 789; 792; 793; 794
Lotz, Walter 619; 625
Lovinger, Jane 358
Lübke, Sylvia-Iris 638; 639
Luborsky, Lester 164; 175
Luckmann, Thomas 89; 96; 196; 197; 198; 207; 208; 267; 284; 325; 339; 355; 370; 415; 632; 638; 661; 676; 759; 766

Lüders, Christian 12; 18; 22; 23; 109; 117; 508; 523; 532; 600; 624; 666; 667; 675; 754; 755; 799; 804; 808
Ludewigt, Irmgart 799; 808
Lüdtke, Arnold 314; 321
Lüdtke, Hartmut 515; 520; 530; 532
Luhmann, Niklas 192; 194; 198; 199; 208
Lüscher, Kurt 317
Lüssi, Peter 712; 727; 729
Lutz, Manuela 371; 414; 418
Lyotard, Jean Francois 605

Maas, Ellen 279; 284
Maccoby, Eleanor E. 372
Maccoby, Nathan 372
Macha, Hildegard 570; 579; 582
Mader, Wilhelm 753; 756
Maeder, Christoph 484; 490; 491
Main, Mary 557; 561; 567
Malinowski, Bronislaw 275; 284; 506; 665
Mand, Johannes 530; 600; 601; 622; 624
Mandl, Heinz 93; 95
Mangold, Werner 492; 493; 494; 495; 501
Mannheim, Karl 14; 15; 311; 317; 495; 497; 498; 499; 501; 502; 663
Mannoni, Maud 179; 190
Marcelos, Carlos 82
Marcus, G.E. 201; 208
Marotzki, Winfried 12; 18; 21; 22; 23; 38; 40; 44; 47; 50; 51; 54; 60; 67; 267; 284; 288; 297; 324; 325; 331; 336; 338; 339; 340; 364; 370; 386; 387; 395; 459; 509; 531; 570; 582; 661; 675; 746; 748; 749; 751; 755; 756
Marquard, Uschi 800; 810
Marsal, Eva 440; 444
Martin, Ernst 523; 532
Marx, Karl 146; 498
Mathes, Rainer 593; 594; 595
Mattenklott, Gundel 362; 369
Matthes, Joachim 498
Matthes-Nagel, Ulrike 296; 297
Matthews, Gareth B. 402; 413
Maturana, Humberto R. 89; 96; 198; 208; 712; 729
Maurer, Friedemann 49; 54; 162; 175
Maus, Heinz 16; 22
Maxwell, Joseph A. 806; 809

May, Michael 662; 674
Mayntz, Renate 520; 532
Mayring, Philipp 60; 67; 94; 96; 372; 381; 395; 410; 544; 546; 549; 551; 552; 554; 559; 567; 587; 589; 594; 637; 639; 819; 820; 827
McKenna, Wendy 137; 142
Mead, George Herbert 84; 87; 605; 624; 665; 759; 767
Mead, Margaret 275; 507
Meek, Ronald M. 238; 243
Mehan, Hugh 790; 794
Mehler, Frank 179; 190
Meier, Arthur 148; 151; 155
Meister, Hans 713
Meister, Jörg 729
Melchers, Wilhelm 347; 352
Melzer, Wolgang 331; 338; 339
Menzel, Georg 836
Merkelbach, Valentin 402; 411
Merkens, Hans 17; 18; 22; 97; 104; 105; 106; 512; 516; 525; 528; 532; 679; 681; 682; 691; 692
Mertens, Wolfgang 159; 175
Merton, Robert K. 85; 87; 372; 378; 379; 395; 492; 502; 733; 734; 737; 744; 820; 827
Meumann, Ernst 17
Meuser, Michael 483; 484; 485; 487; 490; 491
Meyer, Ahlrich 232; 243
Meyer, Birgit 469; 479
Meyer, Eberhard W. 793; 794
Meyer, Wolfgang 397; 413
Meyer-Drawe, Käte 604; 608; 624
Meyer-Renschhausen, Elisabeth 18; 22
Michael, Marianne 638; 639
Mickel, Wolfgang 469; 479
Miehle, August 345; 352
Mies, Maria 131; 134; 135; 136; 142; 571; 579; 582; 735; 744
Miles, Matthew B. 102; 105; 585; 586; 594; 595
Miller, Marc L. 77; 86
Miller, Reinold 771; 783
Millroy, Wendy 12; 22
Misch, Georg 44; 54; 327; 339
Mitterauer, Michael 298; 307; 316
Möckel, Andreas 57; 63; 65; 184; 510; 529; 678; 691
Modell, Arnold 159; 175
Molaro-Philippi, Iris 719

Molitor-Schworm, Annerose 782; 783
Moll, Jeanne 177; 190
Mollenhauer, Klaus 18; 22; 181; 190; 254; 258; 259; 304; 307; 465; 511; 532; 725; 759; 767; 790; 791; 794; 803; 808
Montessori, Maria 17
Moravia, Sergio 16; 22; 231
Moret, Esther 602
Morgan, David L. 102; 105; 492; 502
Moritz, Karl Philipp 342; 347; 352
Morocutti, Ines 643; 647; 658; 659
Morris, Jenny 136; 142
Morrison, Philip 605; 624
Morse, Janice M. 100; 101; 105
Moser, Heinz 511; 532; 599; 600; 603; 624; 629; 639; 655; 659
Moser, Ulrich 159; 160; 161; 165; 175
Mouly, V. Suchitra 806; 808
Muchow, Hans Heinrich 298; 307; 416; 429; 510; 532
Muchow, Martha 416; 429; 510; 532
Muck, Mario 179; 190
Mulder van de Graaf, Josè 97; 103; 105
Müller, Angelika I. 704; 710
Müller, Burkhard 58; 67; 180; 190; 511; 532; 604; 616; 625; 663; 675; 684; 685; 686; 692
Müller, Ernst 531; 638
Müller, Harry 151; 154
Müller, Hermann 800; 807; 808
Müller, Siegfried 508; 532
Müller, Ursula 131; 132; 134; 135; 142
Müller, Walter 123; 124; 130
Müller, Wolfgang C. 58; 59; 60; 62; 67
Müller-Doohm, Stefan 36; 40; 41; 67; 266; 283; 509; 525; 531
Müller-Petersen, Else 22; 523; 532
Müllert, Norbert 775; 783
Münch, Richard 752; 756
Muth, Jacob 614; 625
Mutschler, Susanne 300; 301; 306; 307; 316
Mutzeck, Wolfgang 761; 768; 812; 827

Nadel, George H. 238; 243
Nadig, Maya 132; 133; 137; 142; 471; 475; 476; 479; 518; 519; 525; 532; 739; 744
Nagel, Ulrike 483; 484; 485; 489; 490; 491; 795; 799; 809
Nassehi, Arnim 456; 458

Nauck, Bernhard 397; 412; 413
Naumann, Michael 662; 675
Nave Levinson, Pnina 292
Nedelmann, Carl 179; 189
Negt, Oskar 732; 744
Neidhardt, Wolfgang 179; 190
Neill, Alexander 732; 744
Nelson, Leonard 437; 463
Nerdinger, Friedemann W. 275; 284
Neudert, Lisbeth 164; 175
Neuffer, Manfred 59; 67
Neukirch, Martina 153; 155
Neumann, Karl 298; 302; 307; 308
Neumann-Schönwetter, Marina 775; 782
Neuner, Gerhart 148; 150; 154
Nickel, Horst 149; 150; 151; 154; 155; 156; 714
Nicolas, Bärbel 600; 617; 625
Niederberger, Josef Martin 798; 809
Niemann, Mechthild 520; 532
Niemeyer, August Herrmann 342; 347; 352
Niemeyer, Christian 67; 667; 675
Niemeyer, Rolf 44
Niessen, Manfred 494; 496; 502
Niethammer, Lutz 46; 54; 312; 313; 314; 321
Nitsch, Wolfgang 704; 710
Nittel, Dieter 47; 54; 446; 448; 458; 662; 663; 665; 668; 669; 675; 676; 746; 749; 751; 752; 753; 755; 756; 764; 767
Noä-Günther, Tanja 691
Noffke, Susan E. 654; 657; 660
Nolda, Sigrid 758; 764; 765; 767
Nölke, Eberhard 800; 807; 809
Noll, Heike 618
Nonne, Friedhelm 655; 660
Nunberg, Hermann 182; 190
Nyssen, Elke 770; 783

Oakley, Anne 134; 142
Oberle, Helmut 800; 806
Obliers, Rainer 443
Obuchowski, Kazimierz 711
Oechsle, Mechthild 52; 53; 355; 369
Oelkers, Jürgen 58; 67
Oerter, Rolf 712
Oevermann, Ulrich 50; 54; 60; 67; 90; 96; 312; 315; 331; 332; 335; 339; 363; 370; 410; 459; 465; 478; 479; 535; 536; 537; 538; 541; 542; 543

Olesen, Virginia 133; 142
Olk, Thomas 50; 53
Oppl, Hubert 666; 676
Oppolzer, Siegfried 18; 22
Ortmann, Friedrich 67
Osterhoff, Julia 531
Ostner, Ilona 134; 135; 142
Oswald, Hans 77; 80; 86; 396; 400; 401; 402; 405; 406; 407; 409; 412; 470; 510; 516; 524; 525; 531
Otto, Claus 795; 798; 799; 808; 809
Otto, Gunter 253; 771; 782
Otto, Hans-Uwe 508; 532
Otto, Karlheinz 151; 155; 156
Otto, Maria 253
Otto-Schindler, Martina 799
Oubaid, Monika 348; 352
Oury, Fernand 179; 190

Pairce, Charles S. 64
Pallasch, Waldemar 602; 619; 625; 812; 825; 827
Panhorst, Hermann 800
Panofsky, Erwin 604; 625
Park, Robert E. 85; 87
Parmentier, Kurt 167; 175
Parmentier, Michael 254; 259
Patry, Jean-Luc 504; 532; 533
Patton, Michael Q. 82; 87; 101; 106
Patzak, Melitta 131; 142
Peitsch, Helmut 223; 243
Pelzmann, Linda 119; 130
Penrose, Virginia 469; 479
Peter, Hilmar 67
Petermann, Franz 58; 67; 268; 275; 276; 284; 396; 398; 399; 413; 817; 827
Peters, Sibylle 749; 756
Petersein, Alfred 148; 155
Petersen, Else 785; 794
Petersen, Peter 17; 22; 523; 532; 785; 794
Petillon, Hanns 396; 400; 401; 403; 405; 406; 407; 409; 410; 412; 413
Petrat, Gerhardt 785; 794
Petrik, Regina 187; 190
Petzold, Hilarion 654; 660
Pfeiffer, Rolf 173; 174; 175
Pfister, Oskar 177; 190
Pflug, G. 238; 243
Philipp, Elmar 773; 774; 778; 781; 783
Piaget, Jean 537; 610; 627
Pickerodt, Gerhart 224; 244

Pinchbeck, I. 298; 307
Piskunow, A.I. 144; 145; 156
Pitman, Mary Anne 806; 809
Platon 437; 444
Plaut, Fred 334; 340
Plessner, Helmut 355; 370
Plewig, Hans-Joachim 800; 809
Plötz, Rudolf 147; 156
Pöggeler, Franz 247; 258
Pollock, Friedrich 493; 502
Pongratz, Ludwig J. 348; 353
Pontalis, Jean Bertrand 184; 186; 190; 334; 339; 555; 567
Popitz, Heinrich 81; 87; 549; 552; 554; 565; 567
Popper, Karl R. 12; 13; 22; 88; 96; 99; 106; 195; 208
Posch, Peter 653; 655; 657; 658; 660; 694; 701; 719; 792; 793
Possehl, Kurt 59; 67
Postman, Neil 302; 307
Prange, Klaus 348; 349; 353
Prein, Gerald 585; 594
Preiser, Siegfried 845
Preissle, Judith 12; 22
Prengel, Annedore 12; 15; 22; 136; 139; 142; 150; 378; 395; 396; 397; 600; 601; 603; 618; 619; 623; 625; 713; 722; 738; 744
Preuss-Lausitz, Ulf 305; 308; 724
Priebe, Botho 772; 783
Probst, Gilbert 649; 656
Probst, Holger 712; 722; 730
Prodoehl, Hans Gerd 224; 244
Prokop, Ulrike 474
Prondczynsky, Andreas von 600; 625
Pross, Helge 134; 135; 142
Protz, Siegfried 144; 145; 156
Pühl, Harald 814; 827
Punch, Maurice 134; 143; 527; 532

Quandt, Siegfried 298; 308
Queneau, Raymond 844
Quindau, Ilka 475; 479

Racker, Heinrich 186; 190
Radke, Heidrun 149
Radtke, Frank-Olaf 65
Ramseger, Jörg 98; 105
Raub, Steffen 649; 656
Raudisch, Bernward 618
Raulff, Ulrich 296; 297

Rauschenbach, Thomas 67; 317; 666; 667; 668; 674; 675; 676; 677
Rauscher, Horst 144; 145; 146; 147; 156
Redder, Angelika 790; 794
Redl, Fritz 179; 190
Regan, Linda 135
Rehbein, Jochen 792; 793
Reichardt, Hanns 345; 353
Reicherts, Jo 290; 535; 543
Reichertz, Jo 90; 96; 109; 117; 525; 533
Reich-Ranicki, Marcel 347; 353
Reichwein, Susanne 48; 54; 662; 676; 800; 805; 809
Reif, Norbert 750; 754
Reim, Thomas 446; 448; 458
Reimers, Heino 602; 619; 625; 812; 821; 827
Reinartz, Anton 532
Reinecke, Jost 468; 479
Reinharz, Shulamit 131; 134; 135; 143
Reiser, Helmut 617; 619; 620; 625; 722
Reiss, Gunter 662
Renftle, Susanne 298; 306
Richardsen, Laurel 733; 736; 737; 744
Richardson, Stefan 377; 395
Richmond, Mary 662
Richter, Dieter 298; 302; 308
Richter, Hans Günther 253
Ricoeur, Paul 188; 190; 331; 339; 364; 367; 370
Riedel, Manfred 244
Riedel, Wolfgang 231; 236; 239; 244
Riegel, Enja 601; 625
Rieker, Peter 549; 551; 567; 568
Riemann, Gerhard 446; 451; 453; 458; 459; 662
Riessman, Catherine Kohler 136; 143
Rist, Ray C. 35; 40; 793; 794
Rittelmeyer, Christian 18; 22; 247; 273; 296; 297; 790; 791; 794
Ritter, Joachim 238; 243
Robinson, Jane 656; 660
Röd, Wolfgang 232; 244
Roessler, Wilhelm 45; 54
Roethe, Thomas 540; 542
Roger, Jaques 238; 244
Rogers, Carl R. 821; 827
Röhner, Charlotte 601; 625
Rohnstock, Katrin 153
Rohr, Lilo 475; 479
Rolff, Hans-Günter 637; 639; 770; 771; 772; 781; 782; 783

Roller, Edeltraud 593; 595
Romanski-Sudhoff, Martina 800; 809
Rose, Lotte 186; 190
Rosenbaum, Heide 298; 308
Rosenfield, Israel 161; 175
Rosenthal, Gabriele 323; 325; 328; 329; 331; 332; 336; 339; 450; 456; 458
Rossi, Peter H. 82; 87
Rößler, Wilhelm 316; 346
Rost, Friedrich 836
Roth, Gerald 161; 175
Roth, Heinrich 16; 22; 67; 785; 794
Roth, Jörg Kaspar 180; 190
Roth, Leo 12; 16; 18; 22; 520; 527; 530; 533; 601; 604; 623; 625
Roth, Lutz 298; 306
Roth, Philipp 286
Rottenburg, Richard 97; 103; 105
Rousseau, Jean-Jacques 44; 54; 56
Rückriem, Georg 831; 836; 843
Rudolph, Barbara 618
Ruhmann, Gabriele 840; 846
Rumpf, Horst 695; 789; 794
Ruprecht, Horst 18; 23
Rusch-Feja, Diann 836
Rutschky, Karin 345; 347; 353

Sagara, Eda 302; 308
Sager, Peter 268; 284
Sahle, Rita 799; 809
Sallmann, Klaus 238; 244
Salomon, Alice 662
Salzgeber, Stefan 657; 658
Salzmann, Christian Gotthilf 56
Salzwedel, Werner 144; 156
Sampson, H. 164; 176
Sanden-Marcus, Martina 549; 551; 567; 568
Sander, Alfred 712; 714; 716; 720
Sander, Uwe 48; 54
Sankaran, Jayaram K. 806; 808
Sarges, Werner 758; 767
Sartre, Jean Paul 325; 339
Sassenroth, Martin 721; 722
Scarbath, Horst 800; 809
Schaar, Katrin 586; 595
Schaeffer-Hegel, Barbara 533
Schäfer, Burkhard 662; 674
Schäfer, Gerd 179; 191
Schäfer, Josef 280; 283
Schäffer, Burkhard 528

Schäffter, Ortfried 745; 746; 752; 754; 756
Schalk, Hans Christian 762; 768
Schapp, Wilhelm 460
Scharfe, Martin 281; 283
Scharnhorst, Erna 150; 151; 153; 156
Schauf, Gabriele 586; 595
Scheele, Brigitte 110; 111; 117; 383; 393; 437; 439; 440; 442; 443; 444
Scheerer-Neumann, Gerheid 617; 626
Schein, Edgar H. 97; 106
Schelle, Brigitte 823; 826
Scheller, Ingo 704; 705; 709; 710
Schenk, Herrard 299; 308
Scherr, Albert 65; 529
Scheuch, Erwin 753
Scheuch, Ute 753
Scheuerl, Hans 344
Schiebel, Martina 798; 806
Schiefele, Hans 67
Schiek, Gudrun 146; 147; 156
Schiersmann, Christiane 531
Schiffler, Horst 247; 258
Schille, Joachim 151; 156
Schings, Hans-Jürgen 236
Schlee, Jörg 713
Schlegel, Friedrich 222
Schlegel, Uta 148; 151; 156
Schleiermacher, Friedrich Daniel 181; 191; 248; 249; 251; 317
Schley, Ernst Joachim 722
Schlömerkemper, Jörg 771; 784
Schlotmann, Hans-Otto 800; 810
Schlumbohm, Jürgen 299; 308
Schlutz, Erhard 752; 755; 756; 757
Schmid, Pia 357; 362; 368; 370
Schmid, Volker 157; 158; 178; 180; 181; 189; 191; 602; 609; 623
Schmidt, Beate 566
Schmidt, Christiane 376; 531; 546; 547; 550; 551; 566; 567
Schmidt, Siegfried, J. 89; 96
Schmidt, Vera 179; 191
Schmidtchen, Gerhard 469; 480
Schmied-Kowarzik, Wolfdietrich 509; 533
Schmitt, Hanno 18; 23; 599; 622
Schmitz, Enno 759; 761; 767; 768; 795; 799; 809
Schmitz, Hermann 681; 692
Schmitz, Lilo 511; 533
Schmucki, Barbara 269; 274; 283

Schneider, Henri 173; 174; 175
Schnell, Rainer 119; 130; 482; 491
Schnelle-Schneyder, Marlene 269; 271; 284
Schnoor, Detlef 774; 775; 784
Schöler-Macher, Bärbel 469; 480
Scholl, Armin 468; 480
Scholz, Gerold 523; 528; 586; 595; 599; 600; 601; 617; 621; 678; 688
Scholz, Günther 147
Schön, Bärbel 695; 702; 770; 783
Schön, Donald A. 641; 642; 647; 660; 695
Schönau, Walter 475; 480
Schonebeck, Hubertus von 695
Schonig, Bruno 347; 348; 350; 353
Schönig, Wolfgang 813; 827
Schorr, Karl-Eberhard 199; 208
Schrader, Achim 119; 130
Schratz, Michael 66; 67
Schröder, Achim 511; 533
Schröer, Norbert 290; 297; 486; 491; 525; 533
Schründer, Agi 58; 67; 505; 532
Schründer-Lenzen, Agi 113; 116; 117; 553; 569; 586; 595
Schuchardt, Erika 749; 757
Schuler, Heinz 527; 533
Schultz, Dagmar 570; 583
Schulze, Irene 782; 783
Schulze, Theodor 18; 23; 29; 44; 46; 48; 49; 52; 54; 55; 58; 60; 65; 67; 162; 173; 254; 258; 259; 266; 284; 323; 324; 328; 331; 334; 337; 338; 340; 341; 343; 345; 347; 348; 349; 350; 352; 353; 364; 368; 369; 370; 445; 458; 509; 528; 570; 712; 730; 738; 743
Schulze, Thomas 633; 638
Schumacher, Bernd 817; 827
Schumann, Michael 508; 530; 533; 599; 600; 601; 622; 626; 662; 664; 666; 669; 670; 672; 675; 676; 802; 803; 809
Schünemann, Rainer 586; 595
Schütz, Alfred 89; 96; 109; 110; 117; 196; 197; 207; 208; 267; 284; 325; 339; 355; 370; 415; 484; 485; 491; 496; 661; 663; 665; 676
Schütze, Fritz 48; 50; 55; 60; 62; 67; 93; 96; 312; 313; 315; 318; 323; 328; 331; 335; 336; 339; 340; 373; 386;

387; 395; 403; 410; 413; 417; 418; 431; 445; 446; 448; 449; 451; 452; 453; 455; 456; 457; 458; 460; 462; 471; 480; 498; 499; 502; 509; 511; 533; 572; 583; 600; 601; 602; 604; 613; 616; 619; 626; 633; 639; 662; 663; 664; 665; 668; 669; 672; 673; 674; 675; 676; 742; 759; 764; 767; 768; 790; 794; 802; 809
Schwandt, Thomas A. 195; 197; 208
Schwartz, Howard 584; 595
Schwartzmann, Helen B. 806; 809
Schwarz, Gieslinde 153
Schwärzel, Wiltrud 530
Seidmann, Peter 604; 625
Seiffke-Krenke, Inge 358; 361; 370
Seitter, Wolfgang 748; 749; 755; 757
Seitz, Rita 138; 143
Selman, Robert L. 402; 413
Seyfarth, Elisabeth 800; 806
Seyfarth-Stubenrauch, Michael 47; 52; 301; 306; 308; 316; 336; 340; 345; 346; 347; 350; 353
Sheatsley, Paul B. 372; 395
Shorter, Bani 334; 340
Shorter, Edward 298; 308
Siebert, Horst 762; 768
Sieder, Reinhard 298; 307
Siegel, Elisabeth 349; 353
Silbereisen, Rainer 400; 413
Simon, Fritz B. 712; 730
Sladek, Horst 99; 104; 105
Smith, Dorothy 134; 143
Smith, Louis M. 790; 794
Smuda, Manfred 536; 543
Sneed, Joseph D. 651; 660
Soeffner, Hans-Georg 287; 296; 297; 496; 502; 748; 755
Soff, Marianne 357; 358; 362; 370; 693
Sokrates 437; 463; 464
Sommer, Jörg 436; 444
Sontag, Susan 265; 271; 284
Spanhel, Dieter 49; 55
Sparrow, Shelagh 656; 660
Spender, Dale 738; 744
Spiegel, Hiltrud von 731; 744
Spieker, Ira 300; 308
Spiel, Walter 179; 191
Spittler, Gerd 81
Spöhring, Walter 482; 491
Spranger, Eduard 357; 359; 360; 370
Sprondel, Walter M. 484; 485; 491

Staden, Hans 506
Städtler, Klaus 528; 662; 674
Stagl, Justin 506; 507; 508; 533
Stahlmann, Martin 799; 809
Stanley, Liz 134; 143
Starke, Kurt 148; 156
Starobinski, Jean 224; 236; 244
Stary, Joachim 549; 568; 831; 832; 833; 836; 839; 843; 844; 846
Stea, David 417
Stein, Ruth 188; 191
Stein-Hilbers, Marlene 737
Steinweg, Reiner 709; 710
Stenhouse, Lawrence 511; 533; 640; 641; 642; 646; 660
Stern, Clara 45
Stern, Daniel 170; 175
Stern, William 45
Steward, Barbara 656; 660
Stewart, Abigail J. 134; 135; 141
Stickelmann, Bernd 531; 638
Stierand, Günter 144; 156
Stollberg-Rilinger, Barbara 232
Stopper, Heinz 298; 308
Stössel, Angelika 443
Stott, Frances 396; 406; 407; 411
Strätz, Rainer 522; 523; 533
Straumann, M. 573; 581
Straus, Roger 79; 87
Strauss, Anselm L. 63; 66; 78; 80; 81; 83; 85; 86; 87; 99; 102; 105; 108; 109; 111; 117; 196; 205; 208; 451; 452; 454; 455; 457; 458; 487; 491; 500; 501; 507; 512; 525; 530; 533; 552; 553; 554; 555; 558; 564; 567; 568; 577; 578; 583; 587; 592; 593; 594; 595; 648; 659; 661; 664; 676; 738; 744
Strauss, Florian 798
Strenger, Carlo 159; 175; 182; 188; 191
Strohner, Hans 838; 846
Strupp, Hans H. 164; 175
Stübig, Frauke 602; 625; 732; 744
Stückrath, Fritz 416
Stuhr, Ulrich 61; 68; 163; 176
Sturm, Gabriele 125; 130; 135; 143
Stüwe, Gerd 65; 529
Sudhoff, Heribert 800; 809
Südmersen, Ilse M. 546; 568
Sutherland, Edwin H. 79; 87
Symon, Gillian 806

Szepansky, Gerda 153
Szypkowski, Beate 474; 475; 480

Talbot, William Henry Fox 269; 284
Tappe, Imbke 279; 284
Tarnai, Christian 545; 566
Tenorth, Heinz-Elmar 12; 18; 23; 99; 106; 694
Terhart, Ewald 47; 55; 58; 63; 68; 459; 507; 511; 533; 602; 605; 626; 786; 789; 790; 792; 794
Terhorst, Eva 838; 846
Teuteberg, Hans 316
Thaler, Michaela 655; 658
Thalhammer, Manfred 186; 187; 189
Thiemann, Friedrich 603; 623; 626; 789; 792; 793
Thiersch, Hans 18; 23; 58; 59; 60; 68; 180; 511; 533; 668; 677
Thole, Werner 666; 667; 668; 677; 800; 810
Thomae, Hans 43; 55
Thomas, Christine 573; 583
Thomas, William I. 79; 85; 87
Thonhauser, Josef 66; 67
Thun, Friedemann Schulz von 618; 626
Thürmer-Rohr, Christina 134; 136; 138; 143; 733; 735; 737; 744
Tiemann, Friedrich 110; 117
Tietgens, Hans 47; 55; 747; 756; 757; 759; 762; 767; 768
Tillmann, Klaus-Jürgen 398; 413
Tkocz, Christian 449; 457
Toth, Stefan 748; 749; 755
Trapp, Ernst Christian 16; 44
Trappe, Heike 149
Trescher, Hans-Georg 179; 187; 190
Treumann, Klaus 124; 125; 130
Treutlein, Gerhard 439; 444
Trommersdorff, Gisela 758; 767
Trost, Rainer 800; 808

Uhle, Reinhard 459
Uhlendorff, Uwe 511; 725; 803; 808
Uhlig, Kurt 341; 343; 344; 345; 353
Uhlig, Ludwig 228; 244

Valla, Victor V. 656; 660
Valtin, Renate 396; 400; 401; 402; 413; 679; 686; 692
Van Maanen, John 804
Varela, Francisco G. 198; 208

Varela, Francisco J. 712
Vasquez, Aida 179; 190
Vierhellig, Jutta 463
Villar, Luis 82; 87
Villaume, Peter 234; 243
Vogel, Dankwart 58; 67
Vogel, Georg 443
Vogel, Ludwig 345; 353
Voges, Wolfgang 332; 339; 340
Vogt, Ludgera 287; 297
Voigt, Jörg 791; 793; 794
Völker, Hella 633; 639
Vollbrecht, Ralf 48; 54; 55
Vollmer, Gerhard 65; 68; 605; 626
Volmer, Gerda 93; 95; 373; 383; 384; 385; 394
Volmerg, Birgit 475; 479; 710
Volmerg, Ute 494; 496
Völzke, Reinhard 753; 757

Wacker, Ali 166; 174
Wacquant, Loie J. D. 13; 20; 508; 529
Wagenschein, Martin 349; 353
Wagner-Winterhager, Luise 298; 308; 366; 370
Wahl, Dieter 761; 768
Wahl, Diethelm 440; 441; 444
Wahl, Klaus 795; 810
Wahl, Viktor 298; 308
Waletzky, Joshua 449; 458
Walker, Rob 695
Walkerdine, Valerie 737; 744
Wallerstein, Robert S. 164; 176
Wallrabenstein, Wulf 617; 626
Walter, Heinz 712
Walter, Wolfgang 484; 487; 490; 491
Walther, Rosemarie 151; 156
Warzecha, Birgit 602; 617; 626
Watson-Franke, Maria-Barbara 508; 533
Watzlawick, Paul 760; 768
Wawrinowski, Uwe 523; 532
Webb, Eugene Johr. 107; 117
Weber, Max 64; 112; 117
Weber-Kellermann, Ingeborg 278; 284; 298; 299; 302; 308; 346; 353; 389; 395
Wegner, Thomas 800; 809
Wehrspaun, Charlotte 601; 626
Weidmann, Angelika 507; 533
Weigert, Edgar 523; 533
Weigert, Hildegund 523; 533
Weiland, Irmi 618; 619; 626

Weinberg, Martin S. 513; 533
Weingarten, Elmar 12; 21; 534
Weinreich, Harald 540
Weisbord, Marvin 775; 784
Weishaupt, Horst 33; 40
Weiss, Florence 278; 285
Weiss, Joseph 164; 176
Weitz, Bernd Otto 690; 692
Weizmann, Eben 585; 595
Weltsch, Ilse 358
Welz, Rainer 606; 626
Wendt, Wolf Rainer 666; 675; 677
Wengeroff, Pauline 293
Wensierski, Hans-Jürgen von 43; 51; 54; 55; 386; 394; 446; 457; 458
Wenzel, Hartmut 604; 625; 771; 784
Werder, Lutz von 547; 568; 840; 846
Wersig, Gernot 834; 846
Wessel, Harald 145; 156
West, Candace 137; 143
West, Michael 656; 660
West-Leuer, Beate 626
Westphal, Erich 712; 730
Wetterer, Angelika 138; 141; 142; 570; 583
Wetzel, Konstanze 732; 744
Weymann, Ansgar 763; 768
Whyte, William Foot 507; 521; 527; 534
Wiater, Werner 348; 353
Widlöcher, Daniel 253
Wiedemann, Peter 552; 553; 568
Wiedenhöft, Almut 167; 169; 176
Wiegand, Wilfried 269; 270; 271; 284; 285
Wieland, Norbert 800; 810
Wierling, Doro 313; 314; 322
Wierling, Dorothea 43; 55
Wiersing, Erhard 343; 352
Wild, Bodo 528; 662; 674
Wildt, Johannes 530
Wilk, Liselotte 281; 317; 397; 399; 400; 401; 407; 408; 409; 410; 413
Williams, Colin J. 513; 533
Willis, Paul 499; 509; 534; 788; 794
Wilms, Wolf- Rüdiger 717
Wilson, Thomas P. 109; 117; 570
Wimmer, Reiner 604; 626
Wimmer, Wolfgang 695; 696
Winderman, Lee 718
Windmann, Sabine 396; 398; 399; 413
Wineman, David 179; 190
Winkel, Rainer 348; 353

Winkeler, Rolf 247; 258
Winkler, Ameli 619; 626
Winkler, Helmut 449; 457
Winkler-Calaminus, Martina 464
Winter, Ilselore 345; 353
Winter, Richard 653; 656; 660
Winterhager-Schmid, Luise 179; 181; 189; 191; 366; 370; 693
Wippich, Werner 838; 846
Wirbel, Ute 599
Wise, Sue 134; 143
Wittgenstein, Ludwig 214; 220
Witzel, Andreas 372; 379; 381; 392; 395; 544; 547; 549; 551; 552; 554; 568; 738; 742; 744
Woesler de Panafieu, Christine 131; 132; 143
Wohlrab-Sahr, Monika 131; 136
Wohlwill, Joachim F. 415; 416
Wöhrmann, Klaus-Rüdiger 463
Wolcott, Harry S. 34; 40
Wolf, Hartmut K. 748; 757
Wolf, Willi 665; 668; 677
Wolff, Siegfried 461; 462
Wolff, Stephan 267; 285; 795; 799; 805; 807; 808; 810
Wolffersdorff-Ehlert, Christian 795; 800; 808
Wolgast, Günther 752; 756
Wollmann, Hellmut 483; 490
Wollny, Marietta 695
Worobjow, G.W. 144; 145; 156
Wronsky, Siddi 662
Wudtke, Hubert 304; 307
Wuggenig, Ulf 74; 86; 275; 276; 281; 285
Wulf, Christoph 17; 18; 23; 98; 105; 259

Wünsche, Konrad 99; 106; 247; 254; 255; 256; 258; 259; 264; 601; 626; 627; 695; 696
Wurmser, Leon 159; 176
Wygotski, Lew Semionowitsch 711; 730

Yerushalmi, Yosef Hayim 290

Zedler, Peter 12; 18; 21; 33; 40; 819; 826
Zeiher, Hartmut J. 400; 417; 428; 510; 534
Zeiher, Helga 396; 400; 401; 403; 405; 406; 408; 409; 410; 413; 417; 428; 510; 534
Zeil-Fahlbusch, Elisabeth 604; 610; 611; 627
Zeisel, Hans 119; 123; 130; 507; 531
Zelditch, Morris Jr. 515; 534
Zeller, R.A. 650; 660
Zentraleinrichtung 143
Zeppelin, Ilka 165; 175
Ziefuß, Horst 788; 794
Ziehen, Julius 347; 353
Zimmerman, Don H. 137; 143
Zimpel, André 718
Zinnecker, Jürgen 47; 52; 124; 130; 200; 208; 280; 301; 305; 316; 357; 358; 359; 367; 370; 371; 374; 396; 397; 398; 399; 400; 401; 411; 413; 414; 417; 421; 510; 511; 528; 529; 531; 532; 534; 601; 602; 616; 627; 638; 661; 677
Zitzlaff, Dietrich 469; 479
Znaniecki, Florian 85; 87
Zulliger, Hans 177; 180; 183; 191
Zur Lippe, Rudolf 615
Zurhorst, G. 324; 340
Zwiebel, Ralf 172; 176

Die Autorinnen und Autoren

Abels, Gabi, Jg. 1964, Dipl. Politologin, Wissenschaftliche Mitarbeiterin und Doktorandin am Wissenschaftszentrum Berlin für Sozialforschung (WZB).
Altrichter, Herbert, Dr. phil., Jg. 1954, Professor für Pädagogik und Psychologie an der Universität Linz.
Beck, Gertrud, Dr. phil., Jg. 1938, Professorin am Institut für Schulpädagogik der Elementar- und Primarstufe der Johann Wolfgang Goethe-Universität Frankfurt/Main.
Behnken, Imbke, Dr. phil., Jg. 1941, wissenschaftliche Mitarbeiterin am Fachbereich Erziehungswissenschaft der Universität-Gesamthochschule-Siegen.
Bentler, Annette, Jg. 1959, Dipl. Pädagogin, wissenschaftliche Angestellte im Fach Erziehungswissenschaft an der Universität Paderborn.
Bohnsack, Ralf, Dr. phil., Jg. 1948, Professor am Fachbereich Erziehungswissenschaft, verantwortlich für das Zusatzstudium „Qualitative Methoden in den Sozialwissenschaften" an der Freien Universität Berlin.
Carle, Ursula, Dr. phil., Jg. 1951, Akademische Rätin am Fachbereich Schulpädagogik an der Universität Osnabrück.
Döpp, Wiltrud, Dr phil., Jg. 1941, Lehrerin an der Laborschule Bielefeld und wissenschaftliche Mitarbeiterin an der Fakultät für Pädagogik der Universität Bielefeld.
Ecarius, Jutta, Dr. phil., Jg. 1959, Dipl. Pädagogin, wissenschaftliche Assistentin am Fachbereich Erziehungswissenschaften an der Martin-Luther-Universität Halle-Wittenberg in Halle (Saale).
Engler, Steffani, Dr. phil, Jg. 1960, Dipl. Pädagogin, wissenschaftliche Assistentin an der Professur für Frauenforschung der Westfälischen Wilhelms-Universität Münster.
Fatke, Reinhard, Dr. phil, Jg. 1943, Professor am Pädagogischen Institut der Universität Zürich.
Faulstich-Wieland, Hannelore, Dr. phil., Jg. 1948, Professorin für Erziehungswissenschaft unter besonderer Berücksichtigung der Schulpädagogik an der Universität Hamburg.
Fischer, Dietlind, Jg. 1944, Dipl. Pädagogin, Volksschullehrerin a.D., wissenschaftliche Mitarbeiterin am Comenius-Institut Münster.
Friebertshäuser, Barbara, Dr. phil., Jg. 1957, Dipl. Pädagogin, Habilitationsstipendiatin am Lehrstuhl Allgemeine Pädagogik an der Otto-von Guericke-Universität Magdeburg.
Fuhs, Burkhard, Dr. phil., Jg. 1956, Dipl. Pädagoge und Europäischer Ethnologe, Habilitationsstipendiat der Deutschen Forschungsgemeinschaft (DFG) an der Philipps-Universität Marburg.
Garber, Jörn, Dr. phil., Jg. 1942, wissenschaftlicher Mitarbeiter am Interdisziplinären Zentrum zur Erforschung der Europäischen Aufklärung an der Martin-Luther-Universität Halle-Wittenberg in Halle (Saale).
Garlichs, Ariane. Dr., Jg. 1936, Professorin im Bereich Lehrerausbildung an der Universität-Gesamthochschule Kassel.
Garz, Detlef, Dr. phil, Jg. 1949, Professor für Allgemeine Erziehungswissenschaft an der Carl von Ossietzky Universität Oldenburg.
Graff, Ulrike, Jg. 1957, Dipl. Päd., Doktorandin an der Fakultät für Pädagogik der Universität Bielefeld.
Heinritz, Charlotte, Jg. 1954, Dipl. Pädagogin, Mit-Herausgeberin und Redakteurin der Zeitschrift BIOS - Zeitschrift für Biographieforschung und Oral History; Lehrbeauftragte an der Universität-Gesamthochschule-Siegen.
Heinzel, Friederike, Dr. phil., Jg. 1962, wissenschaftliche Assistentin am Fachbereich Erziehungswissenschaften an der Martin-Luther-Universität Halle-Wittenberg, Institut für Grundschulpädagogik, Köthen.
Hempel, Marlies, Dr. paed., Jg. 1951, wissenschaftliche Mitarbeiterin am Institut für Grundschulpädagogik der Universität Potsdam.

Herweg, Rachel Monika, Dr. phil., Jg. 1960, Judaistin, Erziehungswissenschaftlerin und Familientherapeutin, Wissenschaftliche Mitarbeiterin am Institut für Allgemeine Pädagogik der Freien Universität Berlin und Geschäftsführerin der Deutschen Gesellschaft für Erziehungswissenschaft.

Horstkemper, Marianne, Dr. phil., Jg. 1949, Professorin für Schulpädagogik an der Hochschule Vechta,

Jakob, Gisela, Dr. phil., Jg. 1959, Dipl. Pädagogin, wissenschaftliche Assistentin im Lehrbereich Sozialpädagogik am Fachbereich Erziehungswissenschaften an der Martin-Luther-Universität Halle-Wittenberg in Halle (Saale).

Kade, Jochen, Dr. phil., Professor am Fachbereich Erziehungswissenschaften an der Universität Frankfurt/Main.

Kelle, Helga, Dr. phil., Jg. 1961, Dipl. Pädagogin, wissenschaftliche Mitarbeiterin in einem von der Deutschen Forschungsgemeinschaft (DFG) geförderten Projekt zur politischen Sozialisation von Mädchen und Jungen an der Universität Bielefeld.

Klika, Dorle, Dr. phil., Jg. 1953, Erziehungswissenschaftlerin, wissenschaftliche Assistentin am Fachbereich Erziehungswissenschaft, Institut für Allgemeine Pädagogik an der Universität Hildesheim.

Klinkhammer, Monika, Jg. 1964, Dipl. Pädagogin, Psychotherapeutin in Analytischer Gestalttherapie, wissenschaftliche Mitarbeiterin im Projekt: „Zur beruflichen Sozialisation von Wissenschaftlerinnen in Ost- und Westdeutschland" an der Universität Augsburg.

König, Eckard, Dr. phil., Jg. 1944, Professor für Erziehungswissenschaft an der Universität Paderborn.

Kraimer, Klaus, Dr. phil, Jg. 1951, Professor für Interventionslehre und Pädagogik an der Kath. Hochschule für Soziale Arbeit in Saarbrücken.

Krüger, Heinz-Hermann, Dr. phil., Jg. 1947, Professor für Allgemeine Erziehungswissenschaft an der Martin-Luther-Universität Halle-Wittenberg in Halle (Saale).

Kuckartz, Udo, Dr. phil., Jg. 1951, Privatdozent für empirische Erziehungswissenschaft am Fachbereich Erziehungswissenschaft, Psychologie und Sportwissenschaft der Freien Universität Berlin.

Lenk, Hans, Dr. phil., Dr. h.c. mult., Jg. 1935, Professor für Philosophie an der Universität Karlsruhe (TH).

Leuzinger-Bohleber, Marianne, Dr. phil, Jg. 1947, Professorin für Psychoanalytische Psychologie an der Universität-Gesamthochschule Kassel und Psychoanalytikerin in freier Praxis.

Lobenwein, Waltraud, Jg. 1970, Mag., Projektassistentin am Institut für Wirtschaftspädagogik und Personalwirtschaft der Universität Innsbruck.

Lüders, Christian, Dr. phil, Jg. 1953, Leiter der Abteilung „Jugend und Jugendhilfe" am Deutschen Jugendinstitut München.

Lutz, Manuela, Jg. 1960, Dipl. Pädagogin, wissenschaftliche Mitarbeiterin in einem von der Deutschen Forschungsgemeinschaft (DFG) geförderten Projekt zur Kindheitsforschung an der Universität-Gesamthochschule Siegen.

Macha, Hildegard, Dr. phil., Jg. 1946, Professorin, Lehrstuhl für Pädagogik und Erwachsenenbildung an der Universität Augsburg.

Maring, Matthias, Dr. phil, Dipl. rer. pol., Jg. 1950, wissenschaftlicher Assistent am Institut für Philosophie an der Universität Karlsruhe (TH).

Marsal, Eva, Dr. päd., Jg.1948, Dipl. Psychologin, wissenschaftliche Mitarbeiterin im Fach Philosophie an der Pädagogischen Hochschule Karlsruhe.

Merkens, Hans, Dr. phil., Jg. 1937, Professor für Allgemeine Pädagogik an der Freien Universität Berlin.

Meuser, Michael, Dr. phil., Jg. 1952, wissenschaftlicher Assistent am Institut für empirische und angewandte Soziologie der Universität Bremen.

Mollenhauer, Klaus, Dr. phil., Jg. 1928, Professor für Pädagogik emerit. an der Universität Göttingen.

Nagel, Ulrike, Dr. phil., Jg. 1947, Privatdozentin, Gastprofessorin an der Universität-Gesamthochschule Kassel, Fachbereich Sozialwesen.

Nitsch, Wolfgang, Dr., Jg. 1938, Professor für Wissenschaftstheorie der Erziehungs- und Sozialwissenschaften an der Universität Oldenburg.

Nittel, Dieter, Dr. phil., Jg. 1954, Dipl. Pädagoge, wissenschaftlicher Mitarbeiter des Deutschen Instituts für Erwachsenenbildung in Frankfurt, Lehrbeauftragter an der Universität Frankfurt/M., Fachbereich Erziehungswissenschaften; zur Zeit dort Vertretungsprofessor für Erwachsenenbildung unter besonderer Berücksichtigung der beruflichen Bildung.

Nolda, Sigrid, Dr. phil., Privatdozentin an der Johann-Wolfgang Goethe-Universität Frankfurt/M., wissenschaftliche Mitarbeiterin am Deutschen Institut für Erwachsenenbildung, zur Zeit Vertretung einer Professur für Erwachsenenbildung an der Philipps-Universität Marburg/Lahn.

Oswald, Hans, Dr. phil., Jg. 1935, Professor für Erziehungswissenschaft am Institut für Pädagogik an der Universität Potsdam.

Pallasch, Waldemar, Dr. sc. paed., Dipl.-Päd., Jg. 1938, Professor an der Erziehungswissenschaftlichen Fakultät der Christian-Albrechts-Universität zu Kiel.

Prengel, Annedore, Dr. phil., Jg. 1944, Professorin für Erziehungswissenschaft an der Martin-Luther-Universität Halle-Wittenberg, Institut für Grundschulpädagogik, Köthen.

Reimers, Heino, Dr. sc. paed., Dipl.-Pädagoge, Jg. 1958, Grund- und Hauptschullehrer, wissenschaftlicher Mitarbeiter an der Erziehungswissenschaftlichen Fakultät der Christian-Albrechts-Universität zu Kiel.

Rückriem, Georg, Dr. phil., Jg. 1934, Professor an der Hochschule der Künste Berlin, Direktor des Instituts für Allgemeine Pädagogik im Fachbereich Erziehungs- und Gesellschaftswissenschaften, Berlin.

Scheller, Ingo, Dr. phil., Jg. 1938, Privatdozent, Akademischer Oberrat für Curriculumentwicklung im Bereich Kommunikation/Ästhetik der Universität Oldenburg.

Schmid, Volker, Dr. phil., Jg. 1941, Professor für Verhaltensgestörtenpädagogik an der Pädagogischen Hochschule Ludwigsburg, Fakultät für Sonderpädagogik in Reutlingen.

Schmidt, Christiane, Dr. phil., Jg. 1951, wissenschaftliche Assistentin am Institut für Sozialwissenschaften an der Universität Hildesheim.

Scholz, Gerold, Dr. phil., Jg. 1944, Professor am Institut für Schulpädagogik der Elementar- und Primarstufe der Johann Wolfgang Goethe-Universität Frankfurt/Main.

Schründer-Lenzen, Agi, Dr. phil, Jg. 1951, Privatdozentin im Fachbereich Erziehungs- und Unterrichtswissenschaften der Technischen Universität Berlin, Gastprofessorin an der Hochschule der Künste, Berlin.

Schulze, Theodor, Dr. phil., Jg. 1926, Professor für Pädagogik emerit. an der Universität Bielefeld.

Schumann, Michael, Dr. phil., Jg. 1942, Professor für Sozialpädagogik an der Universität-Gesamthochschule Siegen.

Stary, Joachim, Dr. phil., Jg. 1950, Dipl. Pädagoge, wissenschaftlicher Angestellter am Fachbereich Erziehungswissenschaft, Arbeitsstelle Hochschuldidaktische Fortbildung und Beratung an der Freien Universität Berlin.

Terhart, Ewald, Dr. phil., Jg. 1952, Professor für Schulpädagogik an der Ruhr-Universität Bochum.

Voigt, Jörg, Dr. phil., Jg. 1955, Institut für Didaktik der Mathematik (IDM) der Universität Bielefeld, zur Zeit Vertretungsprofessur an der Universität Münster.

Welte, Heike, Jg. 1965, Mag., Universitätsassistentin, Projektmitarbeiterin und Vertragsassistentin an den Universitäten Innsbruck und Linz

Winterhager-Schmid, Luise, Dr. phil., (bis 1992 Name: Luise Wagner-Winterhager), Professorin für Erziehungswissenschaft an der Pädagogischen Hochschule Ludwigsburg.

Zinnecker, Jürgen, Dr. phil., Jg. 1941, Professor für Erziehungswissenschaft und Sozialpädagogik an der Universität-Gesamthochschule Siegen.